Methodenkompetenz

Immer, wenn es um diese Methoden geht, mit denen historische Informationen herausgearbeitet und gedeutet werden sollen, sind die Verben in grüner Schrift gehalten.

Untersuchen: Texte, Karten, Schaubilder und Bilder nach bestimmten Gesichtspunkten auswerten

Herausarbeiten, erschließen: Wichtiges aus einem Text, einer Karte, einem Schaubild oder einem Bild heraussuchen und selbstständig im Zusammenhang → *erläutern*

Ordnen, einordnen: ein oder mehrere Sachverhalte in eine Reihenfolge bringen oder in einen übergeordneten Zusammenhang einfügen

Gliedern: einen Raum, eine Zeit oder einen Sachverhalt → *untersuchen* und nach bestimmten Gesichtspunkten sinnvoll → *ordnen*

Vermutungen anstellen, Fragestellungen entwickeln, Fragen notieren, überlegen: einen Sachverhalt betrachten, eigenständig Probleme erkennen und eigene Fragen an die Geschichte stellen oder mögliche Lösungen vorschlagen

Analysieren: Materialien und dargestellte Sachverhalte nach bestimmten Kriterien erschließen und geordnet (strukturiert) und ohne Wertung (unkommentiert) → *darstellen*

Interpretieren: Aussagen aus Quellen heraussuchen, → *analysieren* und nach bestimmten Gesichtspunkten → *erläutern* und → *beurteilen*

Vergleichen, gegenüberstellen: Gemeinsamkeiten, Ähnlichkeiten und Unterschiede von Sachverhalten nach bestimmten Gesichtspunkten → *darstellen*

Erstellen, gestalten (Schaubild, Grafik, Video etc.), verfassen (Rede, Lexikonartikel etc.): einen Sachverhalt nach bestimmten Gesichtspunkten in einer geeigneten Form anschaulich → *darstellen*

Rollen spielen, Szene nachstellen: zu einem historischen Sachverhalt oder einer historischen Person verschiedene Perspektiven einnehmen und spielend nachvollziehen

Skizzieren: ein Problem oder einen Sachverhalt auf das Wesentliche untersuchen, knapp und in groben Zügen → *schildern*

Sich informieren, nachschlagen, erkunden, herausfinden, recherchieren, eine Umfrage machen: sich über einen bestimmten Sachverhalt oder ein Thema selbstständig Kenntnis schaffen und nachforschen

Kommunikationskompetenz

Geschichte muss dargestellt, erzählt und diskutiert werden. Dort, wo es vor allem um verschiedene Arten der Kommunikation geht, sind die Verben in blauer Schrift abgebildet.

Nennen, aufzeigen, aufzählen, auflisten, wiedergeben, feststellen: einem Text, einer Karte oder einem Schaubild / Bild Informationen entnehmen und mit eigenen Worten festhalten

Beschreiben, erzählen, schildern, (nach)zeichnen, darstellen, schreiben (Brief, Bericht): Sachverhalte → *ordnen* und sprachlich so darstellen, dass sich eine klare Vorstellung ergibt

Charakterisieren: historische Sachverhalte, Strukturen, Entwicklungen, Personen mit ihren typischen Merkmalen nach bestimmten Kriterien beschreiben und strukturiert → *darstellen*

Zusammenfassen, zusammenstellen: inhaltliche Schwerpunkte eines Sachverhaltes geordnet hervorheben

Erklären: einen Sachverhalt so darlegen, dass Inhalte und ihre Zusammenhänge verständlich werden

Erläutern: wie → *erklären*, aber noch durch zusätzliche Informationen oder Beispiele veranschaulichen

Diskutieren: sich mit (gegensätzlichen) Auffassungen anderer aufmerksam auseinandersetzen und darauf mit eigenen Antworten reagieren

Argumentieren: eine Meinung für oder gegen eine Sichtweise vertreten, die Gründe sachlich darlegen und beweisen

Hypothesen entwickeln: zu einem bestimmten Sachverhalt oder Problem eine begründete Vermutung aufstellen und das zu erwartende Ergebnis nach bestimmten Kriterien wissenschaftlich → *überprüfen*

Präsentieren, vorstellen: ein Thema vortragen und mithilfe von Texten, Bildern, Grafiken oder digitalen Medien (PowerPoint-Präsentation etc.) anschaulich vor Publikum → *darstellen*

Urteilskompetenz

Wenn Ursachen für bestimmte Entwicklungen gegeben, Sach- und Werturteile reflektiert und eigene Meinungen begründet werden sollen, sind die Verben orange gedruckt.

Prüfen, überprüfen: Sachverhalte, Vermutungen und Urteile auf ihre Richtigkeit hin kontrollieren

Unterscheiden: zwei Sachverhalte im Hinblick auf bestimmte Merkmale → *vergleichen*, die Unterschiede erkennen und → *erklären*

Begründen: zeigen, warum etwas so ist, und das mit dem Material und/oder der Darstellung belegen

Beurteilen: Sachverhalte und Probleme nach bestimmten Gesichtspunkten → *prüfen*, ihre Bedeutung für die Geschichte bestimmen und → *begründet* einschätzen

Bewerten und Stellung nehmen: zu einem Sachverhalt eine gut überlegte (reflektierte) Meinung finden und diese → *begründet* formulieren

Nachweisen: die Richtigkeit oder das Vorhandensein von Sachverhalten, Vermutungen oder Urteilen → *feststellen* und belegen

Erörtern: sich mit einem Problem auseinandersetzen und abschließend dazu → *Stellung nehmen*

BUCHNERS KOLLEG
GESCHICHTE

Ausgabe Rheinland-Pfalz

Herausgegeben von
Markus Reinbold

C.C.Buchner

Buchners Kolleg Geschichte

Ausgabe Rheinland-Pfalz

Unterrichtswerk für die gymnasiale Oberstufe

Herausgegeben von
Markus Reinbold

Bearbeitet von
Dieter Brückner, Bernhard Brunner, Bert Freyberger, Peer Frieß, Christoph Hamann, Klaus Dieter Hein-Mooren, Heinrich Hirschfelder, Stephan Kohser, Maximilian Lanzinner, Lorenz Maier, Ulrich Nonn, Thomas Ott, Bernhard Pfändtner, Markus Reinbold, Markus Sanke, Reiner Schell, Rolf Schulte, Wolfgang Wagner, Jürgen Weber und Helmut Willert unter Beratung von Thomas Sandkühler und Mitarbeit der Verlagsredaktion

Dieses Werk folgt der reformierten Rechtschreibung und Zeichensetzung. Ausnahmen bilden Texte, bei denen künstlerische, philologische oder lizenzrechtliche Gründe einer Änderung entgegenstehen.

Auf verschiedenen Seiten dieses Buches finden sich Mediencodes mit Verweisen auf Internetadressen. Haftungshinweis: Trotz sorgfältiger inhaltlicher Kontrolle wird die Haftung für die Inhalte externer Seiten ausgeschlossen.

1. Auflage, 1. Druck 2017
Alle Drucke dieser Auflage sind, weil untereinander unverändert, nebeneinander benutzbar.

Redaktion: Markus Brogl
Assistenz: Kerstin Schulbert

Umschlag: Artbox, Bremen
(unter Verwendung folgender Abbildungen: Wandmalerei mit dem Brandenburger Tor auf Resten der Berliner Mauer, East Side Gallery, Berlin-Friedrichshain; Foto der Porta Nigra in Trier)
Layout, Satz und Karten: Artbox, Bremen
Druck und Bindung: Firmengruppe Appl, aprinta Druck, Wemding

www.ccbuchner.de

ISBN: 978-3-661-**32019**-9

Mit Buchners Kolleg Geschichte lernen und arbeiten

Das vorliegende Werk ist **Lern- und Arbeitsbuch** zugleich. Es enthält einerseits Material für den Unterricht und ist andererseits für die selbstständige Wiederholung des Unterrichtsstoffes und für eine systematische Vorbereitung auf das Abitur geeignet.

Die **Einführungsseiten** leiten in Text und Bild in die drei Großkapitel ein.

Orientierungsseiten stehen am Beginn der zwölf Themenkapitel. Die Chronologie stellt zentrale Daten mit prägnanten Erläuterungen zusammen. Der problemorientierte Überblickstext skizziert die Stoffauswahl und vermittelt die Relevanz des Themas. Durch übergreifende Arbeitsaufträge werden Anregungen für die Wiederholung und Vertiefung des Stoffes gegeben.

Jedes Kapitel ist geteilt in einen **Darstellungs- und Materialienteil.**
Die Darstellung ist in überschaubare Einheiten gegliedert und vermittelt ein Verständnis für die historischen Zusammenhänge und Strukturen. Wichtige Begriffe und Personen werden bei der Erstnennung kursiv hervorgehoben oder farbig gekennzeichnet, wenn sie in der Randspalte erläutert werden.

Platon (428/27-348/47 v. Chr.): griechischer Philosoph. Er und Aristoteles gelten als Begründer der europäischen Philosophie.

Die Materialien decken alle wichtigen Quellengattungen ab. Sie veranschaulichen und vertiefen einzelne Aspekte, stellen kontroverse Sichtweisen dar und thematisieren weiterführende Fragen. Unterschiedliche Aufgabenarten und -formen helfen bei der Erschließung der Texte, Statistiken, Diagramme, Karten, Grafiken und Bilder. Darstellungen und Materialien sind durch Verweise miteinander vernetzt.

▸ M1, ▸ M2, ▸ M3

Die Farbgebung bei den Aufgaben dient der Zuordnung zu den Kompetenzen und korrespondiert mit den Erläuterungen hinten im Buch. Weiterführende und vertiefende Arbeitsaufträge sind mit einem Plussymbol gekennzeichnet.

1. 2. 3.
+

Zur Ergänzung der Materialienteile werden auf den Doppelseiten **„Geschichte kontrovers“** Standpunkte von Wissenschaftlern präsentiert, die zur Diskussion anregen und der eigenen Urteilsfindung dienen sollen.

Geschichte kontrovers

Die **Methodenkompetenz** wird auf zwei Ebenen gefördert:
- Arbeitsaufträge zu den Materialien trainieren den sicheren Umgang mit Methoden.
- Thematisch integrierte Methoden-Bausteine führen auf optisch hervorgehobenen Sonderseiten zentrale historische Arbeitstechniken für die eigenständige Erarbeitung und Wiederholung an einem konkreten Beispiel vor.

Geschichte als Schaubild

Um auf die Filmausschnitte (**„Geschichte in Clips“**) und die Internetseiten zugreifen zu können, muss in das Suchfeld unserer Homepage (*www.ccbuchner.de*) der jeweilige Code eingegeben werden.

▸ **Geschichte In Clips:**
Zur Ausrufung der Republik siehe Code 32019-14

Die **Abschlussseiten** bieten eine übersichtliche Zusammenfassung wichtiger Aspekte des jeweiligen Kapitels in Form von Texten und Schaubildern. Themen- und fächerübergreifende Arbeitsaufträge regen zur Anwendung der erworbenen Kompetenzen an.

Inhalt

Fundamente europäischer Geschichte

Fundamente politischer Ordnung und Mitbestimmung in der Antike

Macht und Herrschaft im christlichen Mittelalter

Neues Denken – neue Welt

Die geistige und politische Revolution

Die Industrialisierung verändert Wirtschaft und Gesellschaft

Deutschlands langer Weg zur Demokratie

Deutschland auf dem Weg zum Nationalstaat

Die Weimarer Republik

Nationalsozialistische Gewaltherrschaft

Die deutsch-deutsche Geschichte nach 1945

Die Welt nach 1945: Konfrontation, Kooperation und Neuordnung

Der Ost-West-Konflikt

Die europäische Integration

Globale Krisen und Herausforderungen des 21. Jahrhunderts

Anhang

Wir leben in einer Zeit, in der Europa vor großen politischen, wirtschaftlichen und sozialen Herausforderungen steht. Die Frage nach dem, was die gemeinsame europäische Identität ausmacht, führt zurück in die Antike, das Mittelalter und die Frühe Neuzeit. Obwohl Europa nie eine Einheit bildete, obwohl seine Grenzen fließend waren und im Lauf der Geschichte stets neu bestimmt wurden, gibt es doch kulturelle Gemeinsamkeiten.

Die Kultur der griechischen Antike schuf das Fundament, auf dem das europäische säkulare Welt- und Menschenbild sowie Kunst und Wissenschaft beruhen. Wir Europäer verdanken der römischen Antike unsere Rechts- und Staatsvorstellung, der Spätantike das christliche Weltverständnis, dem Mittelalter neben den Stadtgründungen die europäischen Nationen und Staaten, der Renaissance um 1500 die Aneignung des antiken Erbes mitsamt dem Aufbruch in die Neue Welt und der Frühen Neuzeit die Grundlegung der modernen Lebenswelt, basierend auf den Gedanken von Absolutismus und Aufklärung. Die europäische Kultur der Moderne verklammert daher das wissenschaftlich-rationale Denken und die christliche Religion, die Expansion einer freien Wirtschaft und die Stabilität der staatlichen Ordnung.

Das Wachsen Europas war seit dem Mittelalter begleitet von inneren Konflikten und äußeren Kriegen. Die Expansion Europas in andere Erdteile schuf einerseits die Grundlage für wachsenden Wohlstand, verursachte aber andererseits große Probleme und großes Leid aufseiten der kolonisierten Völker. Zugleich entstand durch die enge Vernetzung, aber auch durch eine andauernde Konkurrenz der europäischen Nationen in Politik, Wirtschaft und Wissenschaft eine Dynamik, die die Modernisierung vorantrieb.

Die Entstehung der Industriegesellschaft wird genauso der Modernisierung zugerechnet wie die Amerikanische und die Französische Revolution, die grundlegende Freiheits- und Menschenrechte garantierten und dem modernen Verfassungsstaat mit den Prinzipien von Volkssouveränität und Gewaltenteilung den Weg ebneten. Dennoch war der Weg zu demokratischer Teilhabe aller, auch der Frauen, lang und sollte bis zum 20. Jahrhundert dauern.

Fundamente europäischer Geschichte

Fundamente politischer Ordnung und Mitbestimmung in der Antike

◄ **„Blick in Griechenlands Blüte."**
Ausschnitt aus einem Gemälde von Karl Friedrich Schinkel, 1825 (Kopie von Wilhelm Ahlborn, 1836).
Dargestellt wird der Bau eines Tempels für die Göttin Arete (Tugend). In einem Text zu dem Gemälde erinnert Schinkel an den „Sinn des griechischen Volkes, überall Andenken seines Daseins und Wirkens für die Nachwelt zurückzulassen".

Attische Polis / Entstehung der Römischen Republik	**um 800 v. Chr.**	In Griechenland entstehen Stadtstaaten (Poleis) wie Athen.
	um 594 v. Chr.	Der Reformer Solon beendet die Aristokratie in Athen durch politische Reformen.
	508/07 v. Chr.	Kleisthenes führt in Athen den Grundsatz der politischen Gleichheit (Isonomie) ein.
	ca. 500 v. Chr.	Der Adel vertreibt die Könige in Rom und gründet eine Republik.
	494-297 v. Chr.	In den römischen Ständekämpfen erreichen die Plebejer eine Teilhabe an der Macht.
	490 v. Chr.	Schlacht von Marathon: Niederlage eines persischen Heeres gegen die Athener
	480 v. Chr.	Die Flotte Athens und seiner Verbündeten besiegt bei Salamis die überlegene persische Streitmacht.
	478/77 v. Chr.	Unter Führung Athens wird ein Seebund gegen Persien gegründet („Delisch-Attischer Seebund").
	ab 462 v. Chr.	Perikles entwickelt mit seinen Reformen die Demokratie weiter. Blütezeit der griechischen Philosophie, Literatur und Kunst.
	um 450 v. Chr.	In Rom wird das „Zwölf-Tafel-Gesetz" aufgestellt.
Hellenismus	**338 v. Chr.**	Der makedonische König Philipp II. übernimmt in Griechenland die Herrschaft. Sein Sohn, Alexander der Große, folgt ihm 336 v. Chr. und erobert ein Weltreich.
Rom wird Weltmacht / Ende der Römischen Republik	**291 v. Chr.**	Rom erreicht die Vorherrschaft in Italien.
	2. Jh. v. Chr.	Rom erobert den gesamten Mittelmeerraum.
	82 - 79 v. Chr.	Sulla errichtet eine auf seine Truppen gestützte Diktatur.
	46 v. Chr.	Caesar unterwirft Rom nach seinem Sieg im Bürgerkrieg einer neuen Diktatur.
Römische Kaiserzeit	**27 v. Chr. - 14 n. Chr.**	Octavian (Augustus) beendet die Bürgerkriege rivalisierender Feldherren und erhält vom Senat umfassende Vollmachten: Beginn des Prinzipats.
	117	Größte Ausdehnung des Römischen Reiches vom Atlantik bis ans Kaspische Meer.
	395	Das Römische Reich wird in eine Ost- und eine Westhälfte geteilt.

Fundamente europäischer Geschichte in der Antike Im Jahr 1776 während der Amerikanischen Revolution (siehe dazu Seite 154-161) und 1789 während der Französischen Revolution (siehe dazu Seite 162-175) wurde nach Modellen von und Erfahrungen mit Demokratie in der Geschichte gesucht. Dabei griffen die politisch Verantwortlichen immer wieder auf die Muster der griechischen „demokratía", „Herrschaft des Volkes", aber auch auf die römische „res publica", „öffentliche Angelegenheit", zurück. Schon damals erörterten Philosophen und politisch Aktive, wie ein Gemeinwesen gestaltet sein muss, um Probleme und Aufgaben im Zusammenleben von Menschen verbindlich zu regeln. Im Lauf der Geschichte haben sich ganz unterschiedliche politischen Ordnungsvorstellungen und Partizipationsmöglichkeiten (lat. participare: „teilnehmen") entwickelt, die sich positiv oder negativ auf das Leben des einzelnen Menschen oder auf soziale Gruppen ausgewirkt haben.

Auch wenn uns vieles in der antiken Welt heute fremd oder ungerecht erscheint – so wie die Sklaverei oder die Ungleichheit von Mann und Frau – sind wir noch immer fasziniert, wie und warum sich im 6. Jahrhundert v. Chr. die Demokratie entwickelte und sich Kulturen in der Antike ausdehnten. So zeigen die Erscheinungsformen der griechischen Kolonisation oder des römischen Imperiums Grundmuster westlicher Expansion. Und auch wenn wir erfahren wollen, welche Wurzeln unser abendländisches Menschenbild hat, blicken wir weit zurück in die Geschichte. Für uns Europäer haben fast alle Wissenschaften ihren Ursprung im antiken Griechenland. Die griechischen Philosophen entwickelten das systematische Denken und das methodisch strenge Vorgehen in den Wissenschaften. Diese Philosophie beeinflusst unser Denken noch heute. Auch in der Architektur und der Kunst ist das antike Erbe deutlich sichtbar.

Griechen und Römer hinterließen uns jedoch nicht nur Kunstwerke, die durch Jahrhunderte hindurch Maßstäbe setzten. Sie brachten nicht nur viele berühmte Denker hervor. Sie überlieferten uns nicht nur Mythen und Erzählungen, die uns immer wieder begegnen, etwa in Filmen und Erzählungen. Vielmehr sind wesentliche Fragen und Probleme, mit denen sie sich beschäftigten, immer noch aktuell. Es ist daher leicht möglich zu erkennen, in welcher lang andauernden Tradition wir heute stehen.

Im Ringen um Herrschaftsformen und politische Mitsprache des Einzelnen, in der Lösung innergesellschaftlicher oder äußerer Konflikte und in der Schaffung wirtschaftlicher Grundlagen durch Handel, Expansion oder Migration erkennen wir zentrale Triebkräfte einer lange dauernden Entwicklung. Sie begann in der europäischen Antike und hat heute eine globale Dimension erreicht.

- *Welche Auswirkungen hatten Reformen für die Entwicklung Athens?*
- *Wie funktionierte die politische Partizipation in der Polis der Athener?*
- *Welche Rolle spielte Alexander der Große bei der Ausbreitung des Hellenismus?*
- *Was unterschied die Verfassung der Römischen Republik von der Demokratie in Athen?*
- *Welche Konsequenzen hatte die Ausdehnung des Römischen Reiches?*
- *Worin gründete die Verwundbarkeit der Römischen Republik?*

Ein neues Denken entsteht

▲ **Thales von Milet.**
Mosaik, Anfang des 3. Jh. n. Chr.

Thales von Milet (ca. 624-546 v. Chr.): griechischer Kaufmann, Astronom, Naturphilosoph und erster Mathematiker, der Beweise für seine Sätze gab. Er gilt als Begründer von Philosophie und Wissenschaft.

Mythos und Logos Wer hat die Welt erschaffen? Warum wechseln die Jahreszeiten? Woher kommen Tag und Nacht? Diese und ähnliche Fragen haben sich die Menschen schon seit frühester Zeit gestellt. Die ersten Antworten darauf fanden sie, indem sie die Naturerscheinungen göttlichen Mächten zuordneten. Was sich dem menschlichen Verstand entzog, wurde in mündlich überlieferten Erzählungen oder Sagen von Göttern und Heroen (griech. mythos) in eine leicht fassliche Form gebracht und von Generation zu Generation weitergegeben.

So entstanden im Lauf der Zeit aus einzelnen lokalen Götterkulten ausdifferenzierte Götterwelten. Um sich die Gnade der Götter zu sichern, wurden ihnen Tempel errichtet, Priester bestellt und Opfer dargebracht. In den Epen des Sängers Homer, der „*Ilias*" über den Trojanischen Krieg und der „*Odyssee*" über die Irrfahrten des Helden Odysseus, greifen die Götter direkt in das Geschehen ein. Homer war der erste Dichter des Abendlandes, dessen Werke aufgezeichnet wurden.

Im 6. Jahrhundert v. Chr. begannen in Milet und Ephesos an der kleinasiatischen Küste Männer über den Ursprung der Welt nachzudenken, ohne dabei auf göttliche Mächte oder Mythen zurückzugreifen. Sie versuchten, die Welt mit dem Verstand (griech. logos) zu erfassen. Denker und Forscher wie **Thales von Milet** beobachteten die Vorgänge in der Natur, die Sterne, die Sonne und zogen daraus ihre Schlüsse. Gestützt auf Kenntnisse der Babylonier sagte Thales die Sonnenfinsternis von 585 v. Chr. voraus. Entscheidend für die weitere Entwicklung war jedoch nicht, welche Antworten die Männer auf ihre Frage gaben, sondern wie sie zu den unterschiedlichen Antworten gelangten. An die Stelle des Mythos setzten sie Beobachtung, Erfahrung, Logik und Vernunft (▸ M1). Mythen dienten jedoch bis zum Ende der Antike in der griechischen und römischen Welt auch weiterhin zur Weltdeutung und Welterklärung.

Sokrates (427-399 v. Chr.): griechischer Philosoph aus Athen. Er philosophierte im Gespräch (Dialog). Sokrates wurde wegen seines radikalen Fragens zum Tode verurteilt.

Platon (428/27-348/47 v. Chr.): griechischer Philosoph. Er und Aristoteles gelten als Begründer der europäischen Philosophie.

Der Beginn der Philosophie Das Streben nach Erkenntnis und Wahrheit aus „Liebe zur Weisheit" (griech. philosophia) trieb diese ersten Philosophen an. Eine der Fragen, die sie sich stellten, war die nach dem Grundbaustein der Welt. Hinter den unendlich vielfältigen Erscheinungsformen der Welt glaubten sie etwas stets Gleichbleibendes, ein allen Dingen zugrunde liegendes Prinzip (griech. arché) finden zu können. Thales z.B. war der Meinung, dass das Wasser der Urstoff des Universums ist: ohne Wasser kein Leben. Weil er und die anderen Denker seiner Zeit sich vorrangig mit dem Wesen und dem Ursprung der Natur beschäftigten, werden sie als „Naturphilosophen" oder auch als „Vorsokratiker" bezeichnet, da sie vor dem Mann lebten und wirkten, der durch sein systematisches Denken die nächste Zäsur brachte: **Sokrates**, dem wohl bedeutsamsten Anreger der europäischen Philosophie. Ihm wird der bezeichnende Satz zugeschrieben: „Ich weiß, dass ich nicht weiß." In schier unerschöpflichen Dialogen entwickelte der Mann aus Athen eine neue Form des Nachdenkens nach – modern ausgedrückt – wissenschaftlich-dialektischer Methodik (▸ M2).

In den „sokratischen Lehrgesprächen", die Sokrates mit seinen Schülern führte, wurden die Antworten auf aufgeworfene Fragen kritisch hinterfragt und logisch weiterentwickelt. Sein Ziel war es, durch unablässiges Fragen das Gute und das Gerechte herauszufinden. Wie kann der Mensch die Wahrheit erkennen? Gibt es ein Leben nach dem Tod? Was ist gut oder böse? Sokrates selbst hinterließ keine Schriften. Seinem Schüler **Platon** sind die Informationen über seine Lehre zu verdanken.

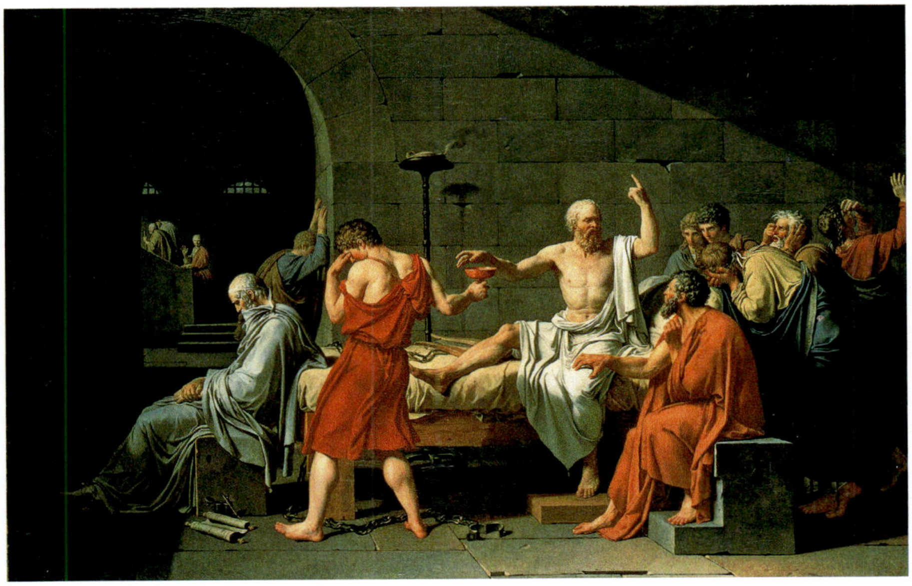

◄ **„Tod des Sokrates."**
Gemälde (130 x 196 cm) von Jacques-Louis David, 1787. Sokrates wurde 399 v. Chr. von zwei Bürgern Athens angeklagt. Sie beschuldigten ihn, Götter der Polis nicht anzuerkennen und für die Verehrung neuer Gottheiten einzutreten. Außerdem wurde ihm ein verderblicher Einfluss auf die Jugend vorgeworfen. Der Strafantrag forderte den Tod. Die Mehrheit der 501 Geschworenen des Gerichtshofes verurteilte Sokrates. Er musste einen Becher mit Gift trinken.

Da Sokrates und die anderen Philosophen des 5. und 4. Jahrhunderts v. Chr. bei ihren Antworten immer weniger Rücksicht auf die religiöse Weltdeutung nahmen, entstand Unruhe zwischen den Anhängern des alten Glaubens und den Befürwortern der „logischen" Sichtweise. Eines der ersten Opfer dieser Auseinandersetzungen wurde Ende des 5. Jahrhunderts der Sophist (Lehrer der Weisheit) *Protagoras* aus Athen. Weil er den Götterglauben öffentlich angezweifelt hatte, wurde er angeklagt und zum Tode verurteilt. Er floh, fand aber bei der Überfahrt nach Sizilien den Tod. Seine Schriften wurden verbrannt. Ein anderes Opfer wurde Sokrates. Auch ihn verurteilten die Athener zum Tode. Er nahm das Urteil an und lehnte es ab zu fliehen, um die Rechtsordnung zu respektieren.

Vom Marktplatz in die Akademie ■ Kein Wunder, dass die Philosophen mit ihren Stellungnahmen zu Fragen des öffentlichen Lebens vorsichtiger wurden. Sie gingen – einfach gesagt – vom Marktplatz in die Schule und begannen dort, systematisch über das Leben und die Natur nachzudenken. So gründete Platon, der durch Sokrates zur Philosophie gekommen war, um 385 v. Chr. in Athen eine bedeutende Lehranstalt: die *Akademie*. Sie blieb über 900 Jahre bis 529 n. Chr. bestehen. Aus ihr ging **Aristoteles** hervor, Platons Schüler und einer der bedeutendsten Denker aller Zeiten.

Aristoteles und seine Schüler erforschten alle Wissensgebiete von Physik und Biologie bis zu Ethik und Politik. Die von Aristoteles gesammelten Erkenntnisse etwa zu den Gattungen der Tiere und Pflanzen, zu den physikalischen Vorgängen auf der Erde und in der Atmosphäre sowie zu geologischen Phänomenen (z.B. Erdbeben, Erosion, Gezeiten oder Vulkanismus) waren für lange Zeit wegweisend.

Einen besonderen Stellenwert nahm die Mathematik ein. Neben der Arithmetik, der Lehre vom Rechnen mit natürlichen Zahlen, gewann an der Wende vom 4. zum 3. Jahrhundert v. Chr. vor allem die Geometrie an Bedeutung. Mathematik und Geometrie wurden zu selbstständigen Wissenschaften, in denen es allgemeine und beweisbare Lehrsätze gab. Einige, wie etwa der „Satz des Thales" oder der „Satz des Pythagoras", sind bis heute Grundlagen der Mathematik.

Aristoteles (384-322 v. Chr.): griechischer Philosoph, Wissenschaftler und Schüler Platons. Nach dessen Tod ging Aristoteles ins Ausland und wurde in Makedonien Erzieher Alexanders des Großen. Rund zehn Jahre später kehrte er zurück und gründete in Athen eine Schule. Zu seinen wichtigsten Werken gehört seine „Politik", mit der im Mittelalter die Vor- und Nachteile der Monarchie erörtert worden sind.

Die Auseinandersetzung mit der antiken Philosophie ist bis heute aktuell. Der um 1947 verstorbene britische Mathematiker und Naturphilosoph Alfred North Whitehead meinte sogar, dass die philosophische Tradition Europas lediglich „aus einer Reihe von Fußnoten zu Platon besteht“.

Solon (um 640-561 v. Chr.): athenischer Gesetzgeber und Dichter aus adliger Familie. Obwohl seine Reformen durch eine ungesetzliche Alleinherrschaft (Tyrannis) beseitigt wurden, galt er später als Begründer der athenischen Demokratie.

Hekataios von Milet (ca. 560-485/475 v. Chr.): Geschichtsschreiber und Geograf. Er verfasste eine Reisebeschreibung der ihm bekannten Erde und das älteste erhaltene Geschichtsbuch.

Recht und Moral, Staat und Gesellschaft Die Denker und Philosophen machten sich auch Gedanken zu Politik und Gesellschaft: Wie sollen wir leben? Welches ist die beste Staatsform? Bereits Sokrates prägte die Vorstellung des sogenannten „ethischen Individualismus“: Der Mensch habe sich als Teil der Gemeinschaft zwar nach deren Zielvorgaben zu richten, solle aber auch zu seinen eigenen Überzeugungen (die ihm eine innere Stimme göttlichen Ursprungs eingibt – das „daimonion“) stehen. Zwei Generationen später beschrieb Aristoteles den Menschen als „zoon politikón“, ein soziales, auf Gemeinschaft angelegtes Lebewesen, das nach individueller Glückseligkeit gemäß den Normen und Werten der eigenen Polis strebte.

Recht und Moral sollten dabei in größtmöglicher Übereinstimmung stehen. Platon skizzierte in seinem Werk „Politeia“ („Der Staat“) eine ideale Gesellschaft, die jedem Bürger einen festen, durch besondere Leistung erworbenen Platz innerhalb einer hierarchischen Ständeordnung von Wächtern (philosophisch basierte Staatsführung), Kriegern (Garantie von Sicherheit) und Erwerbstätigen (Ernährung) zuwies. Aristoteles verglich Verfassungen miteinander und entwickelte daraus eine Staatsformenlehre. In ihr werden den drei „guten“ Verfassungen, die alle auf das Wohl der Allgemeinheit ausgerichtet sind (Monarchie, Aristokratie und Politie, der Herrschaft der Vernünftigen), die drei „entarteten“ Verfassungen gegenübergestellt, die nur dem Eigennutz der herrschenden Einzelnen oder Gruppen dienen (Tyrannis, Oligarchie und Demokratie).

Der Athener **Solon** legte um 600 v. Chr. mit seinen politischen, sozialen und rechtlichen Reformen die Grundlagen für eine Demokratie. Er machte zwar die politischen Rechte der Bürger vom Einkommen abhängig, übergab jedoch einen Teil der Rechtsprechung an Volksgerichte, in die Bürger unabhängig von der Herkunft und dem Vermögen berufen werden konnten.*

▼ Karte nach Hekataios von Milet, um 500 v. Chr.
Rekonstruktionsversuch von Jörg-Peter Röhl, 2000 (vereinfacht).
Die Karte entstand nach Angaben aus dem überlieferten Werk von Hekataios. Er zeigt die Erde als eine von einem Ozean umflossene Scheibe und teilt die bewohnte, durch Küstenumrisse gekennzeichnete Landmasse in einen nördlichen und einen südlichen Teil.

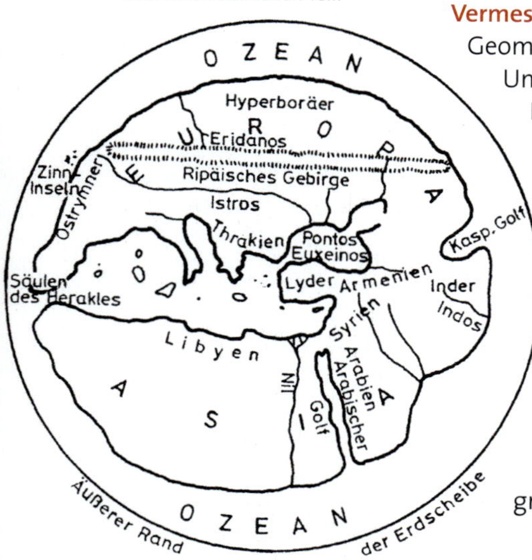

Vermessung der Welt Die Erkenntnisse in den Naturwissenschaften, vor allem in der Geometrie, förderten auch das Interesse der Menschen an ihrer nahen und fernen Umgebung. Dies äußerte sich im Streben nach immer exakterer Vermessung der Erde und nach Erkenntnissen über fremde Länder, Menschen und Lebensweisen. Durch astronomisch basierte Berechnung von Erdwinkeln ließen sich Erdradius und Erdumfang schätzen. Das Wissen über die Erde bereicherte auch die Erfahrungsberichte Reisender. **Hekataios von Milet** und andere Forschungsreisende dieser Zeit verfassten exakte Reisebeschreibungen, auf deren Grundlage Karten angelegt werden konnten. Schrittweise wurden damit Aussagen zum Verhältnis von Land- und Wassermasse sowie zur Verteilung von Kontinenten und Ländern präziser. Versuche, die erkannte Kugelgestalt der Erde auf die ebene Kartenfläche zu projizieren, führten dabei zunächst noch zu krassen Verzerrungen und falschen Perspektiven. Im 2. Jahrhundert n. Chr. wurde eine erste realistische Weltkarte entworfen, die bereits auf einem Koordinatensystem von Längen- und Breitengraden basierte und noch im Mittelalter genutzt wurde.

* Vgl. dazu ausführlich Seite 16 f.

M1 „Vom Mythos zum Logos“

Der römische Dichter und Philosoph Lukrez, der die Naturphilosophie des Griechen Epikur im Rom des 1. Jahrhunderts v. Chr. bekannt macht, äußert sich in seinem Lehrgedicht „Über die Natur der Dinge“ zum Verhältnis von Göttern und Menschen in der griechischen Frühzeit:

Als das Leben der Menschen darnieder schmählich auf Erden lag, zusammengeduckt unter lastender Furcht vor den Göttern, welche das Haupt aus des Himmels Gevierten prahlerisch streckten droben mit schauriger Fratze herab den Sterblichen [drohend], erst hat ein Grieche gewagt, die sterblichen Augen dagegen aufzuheben und aufzutreten als erster dagegen; den nicht das Raunen von Göttern noch Blitze bezwangen noch drohend donnernd der Himmel; nein, nur umso mehr noch den scharfen Mut seines Geistes reizte, dass aufzubrechen die dichten Riegel zum Tor der Natur als erster er glühend begehrte. Also siegte die Kraft des lebendigen Geistes, und weiter schritt er hinaus die flammumlohten Mauern des Weltballs, und das unendliche Weltall durchstreift' er männlichen Sinnes; bringt von dorten zurück als Sieger, was zu entstehen, was aber nicht es vermag, begrenzte Macht einem jeden endlich wie sie gesetzt und der tief verhaftete Grenzstein. Drum liegt die Furcht vor den Göttern unter dem Fuß, und zur Rache wird sie zerstampft, uns hebt der Sieg empor bis zum Himmel. Jenes befürchte ich dabei, dass vielleicht du könntest vermeinen, ruchlosen Lehren zu folgen unsrer Vernunft und die Straße einzuschlagen der Sünde. Demgegenüber hat öfters jene Furcht vor den Göttern verursacht Frevles und Böses.

Lukrez, Über die Natur der Dinge 1,62 - 68; zitiert nach: Karl Hönn, Lukrez. Die Bibliothek der Alten Welt, Zürich 1956, S. 73

Erläutern Sie, wodurch nach Lukrez die Menschen die „Furcht vor den Göttern“ verlieren.

M2 Sokratisches Lehrgespräch

Platon dokumentiert in seinen Dialogen philosophische Gespräche des Sokrates mit seinen Schülern:

SOKRATES: So muss sich deutlich machen, wer etwas erklärt. Wohlan, lass uns nun dieses gemeinschaftlich betrachten, ob es eine rechte Geburt ist oder ein Windei! Wahrnehmung, sagst du, sei Erkenntnis?

THEAITETOS: Ja.

SOKRATES: Und gar keine schlechte Erklärung scheinst du gegeben zu haben von der Erkenntnis, sondern welche auch

▸ Sokrates im Kreis seiner Schüler. *Kupferstich von 1754 nach einem Gemälde von Bartolomeo Pinelli.*

Protagoras gibt, nur dass er diese nämliche auf eine etwas andere Weise ausgedrückt hat: Er sagt nämlich, der Mensch sei das Maß aller Dinge, der seienden, wie sie sind, der nichtseienden, wie sie nicht sind. Du hast dies doch gelesen!

THEAITETOS: Oftmals habe ich es gelesen.

SOKRATES: Nicht wahr, er meint dies so: Wie ein jedes Ding mir erscheint, ein solches ist es auch mir, und wie es dir erscheint, ein solches ist es wiederum dir. Ein Mensch aber bist du sowohl als ich.

THEAITETOS: So meint er es unstreitig.

SOKRATES: Wahrscheinlich doch wird ein so weiser Mann nicht Torheiten reden. Lass uns ihm also nachgehen! Wird nicht bisweilen, indem derselbe Wind weht, den einen von uns frieren, den andern nicht? Oder den einen wenig, den andern sehr stark?

THEAITETOS: Jawohl.

SOKRATES: Sollen wir nun in diesem Falle sagen, dass der Wind an und für sich kalt ist oder nicht? Oder sollen wir dem Protagoras glauben, dass er dem Frierenden ein kalter ist, dem Nichtfrierenden nicht?

THEAITETOS: So wird es wohl sein müssen.

SOKRATES: Und so erscheint er doch jedem von beiden?

THEAITETOS: Freilich.

SOKRATES: Dieses „erscheint“ ist aber eben das Wahrnehmen?

THEAITETOS: So ist es.

SOKRATES: Erscheinung also und Wahrnehmung ist dasselbe in Absicht auf das Warme und alles, was dem ähnlich ist? Denn wie ein jeder es wahrnimmt, so scheint es für ihn auch zu sein.

Platon, Theaitetos 151 St. 1 E - 152 St. 1 B; zitiert nach: www.opera-platonis.de/Theaitetos.html [23.09.2013]

1. *Erläutern Sie, was nach Sokrates Erkenntnis bedeutet.*
2. *Nennen Sie die Gründe für seine Ansicht.*
3. *Erklären Sie das methodische Prinzip, das die philosophischen Gespräche des Sokrates kennzeichnet.*

\+ *Recherchieren Sie ggf. im Internet unter dem Begriff „Maieutik“.*

Die Polis der Athener

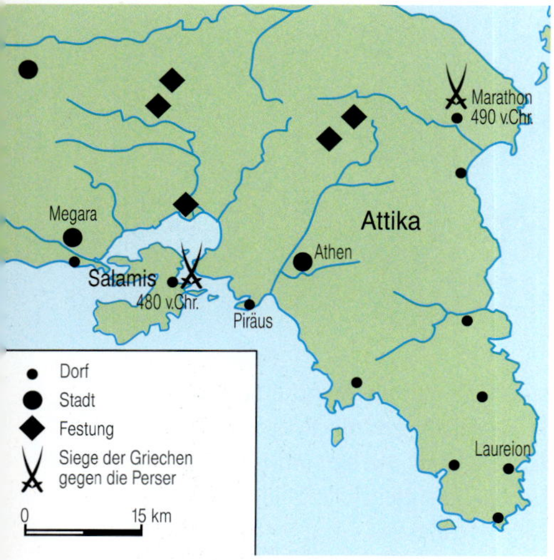

▲ **Athen im 6. Jh. v. Chr.**
Zur Polis Athen gehörte die Halbinsel Attika. Mit etwa 2550 km² ist sie so groß wie Luxemburg oder das Saarland.

Sparta: Stadtstaat auf der Peloponnes. Gegründet nach 1000 v. Chr. von den Dorern im Tal des Flusses Eurotas. Aus der frühen Siedlung entwickelte sich später Sparta. Im 7. Jh. v. Chr. entstand die spartanische Staatsform durch den Gesetzgeber Lykurg. An der Spitze standen zwei Könige, die ihr Amt vererbten. Verwaltet wurde Sparta von fünf Aufsehern (Ephoren). Ein „Rat der Alten" (Gerusia) beriet sie dabei. Unter dem Vorsitz der Ephoren tagte monatlich die Volksversammlung mit allen wehrfähigen Männern von über 30 Jahren. Gemeinsam entschieden sie über Gesetze, Verträge, Krieg und Frieden. Hielten der „Rat der Alten" und die Könige einen Volksbeschluss für falsch, konnten sie ihn für ungültig erklären.

Das archaische Griechenland In der archaischen Zeit Griechenlands (um 750-500 v. Chr.) bestimmte der *Oikos* (wörtlich: „das Haus" bzw. „die Hausgemeinschaft") das soziale und politische Leben der Griechen. Der Oikos war ein meist von mehreren verwandten Familien mit Sklaven und Abhängigen betriebener landwirtschaftlicher Hofkomplex, der primär für den Eigenbedarf produzierte (Subsistenzwirtschaft). Die Häupter der größeren Oikoi einer Region bildeten den Adel. Im Lauf der archaischen Zeit siedelte sich zunächst der Adel jeweils einer Region in einem *Polis* (selbstverwaltete Bürgergemeinschaft, „Stadtstaat") genannten Zentrum an. Dort befanden sich Kultplätze und es entstand bescheidener Marktverkehr. Am Ende der archaischen Zeit bildete je eine Polis das namengebende politisch-wirtschaftliche Siedlungszentrum einer Region.

Die Landnot führte seit dem 8. Jahrhundert zu neuen Siedlungsgründungen vornehmlich an den Küsten Italiens und des Schwarzen Meeres. Kolonien wurden nach dem Muster des Mutterlandes als selbstständige Poleis gegründet. Für die Kolonisten, die gleich große Landanteile erhielten, gewann der Gleichheitsgedanke an Bedeutung, zumal sie der gemeinsame Aufbau in einem fremden Umfeld zusätzlich zusammenschweißte. Die Kolonisation förderte den griechischen Handel, sie gab aber auch der Gleichheitsidee im Mutterland Auftrieb.

Auf der Halbinsel Attika war der Prozess der Polisbildung um 700 v. Chr. abgeschlossen. Das Zentrum Attikas bildete Athen. Neben **Sparta** war Athen die bedeutendste von über 1000 Poleis in der griechischen Welt (einschließlich der Kolonien). Anfangs war Athen eine Monarchie. Seit dem 8. Jahrhundert v. Chr. regierten in Athen keine Könige mehr, sondern eine Gruppe von Adligen (*Aristokratie*). Sie teilten sich Macht und Verantwortung für den Staat. Damit nicht ein Einzelner zu mächtig werden konnte, wählten sie zunächst drei, später neun Männer aus ihren Reihen, die als *Archonten* die Regierung übernahmen: Sie führten die Truppen, sprachen Recht und beaufsichtigten die Verehrung der Götter. Die Archonten amtierten seit dem Ende des 7. Jahrhunderts nur ein Jahr. Danach kamen sie in den Adelsrat, der auf dem „Hügel des Ares" tagte und daher *Areopag* hieß. Er überwachte die Archonten.

Solons Reformen Die ständige Verkleinerung der Höfe durch erbrechtlich vorgeschriebene Teilungen unter den Söhnen brachte viele Bauern in wirtschaftliche Not. Die Einführung der Geldwirtschaft ermöglichte zwar Hypotheken aufzunehmen. Es wurde Geld an Bauern verliehen, die dafür mit ihrem Grundbesitz hafteten. Die Zinslast aber trieb immer mehr Kleinbauern in die Schuldknechtschaft, die oft in Versklavung endete. Viele Kleinbauern forderten daher Schuldentilgung und eine Landreform. Handwerker und Händler Athens unterstützten die Bauern. Denn seit die Athener in Schlachtreihen (*Phalanx*) Krieg führten, stellten Bürger und Bauern die Mehrheit der schwerbewaffneten *Hopliten*. Aufgrund ihrer militärischen Pflichten und Leistungen wollten sie auch an der Herrschaft beteiligt sein.

Im frühen 6. Jahrhundert führten die sozialen Spannungen zwischen adligen Grundeigentümern und der verarmten bäuerlichen Mittelschicht die Polis an den Rand des Bürgerkrieges. Völlig zerstritten wählten die Athener 594 v. Chr. den angesehenen Adligen Solon* zum „Schiedsrichter": Er erhielt besondere Vollmachten, strich die Schulden der Bauern, verbot die Versklavung der einheimischen Bevölkerung und erließ neue

* Vgl. zu ihm auch Seite 14.

Gesetze. Den Großgrundbesitz tastete Solon – anders als von den Bauern gefordert – allerdings nicht an.

Solon machte nicht mehr die Götter, sondern alle Bürger für das Wohl Athens verantwortlich. Er regelte die Rechte und Pflichten der wehrfähigen Athener neu und teilte sie nach ihrem Einkommen in vier „Klassen" ein: Wer 500 **Scheffel** jährliche Einkünfte besaß, gehörte zur obersten Klasse. Diesen blieb das Archontat vorbehalten. Darunter kamen „Reiter" mit 300 Scheffeln, die die mittleren Beamten stellten, und mittlere Bauern mit 200 Scheffeln, die niedrige Ämter bekleiden konnten. Theten, d.h. Bürger mit weniger als 200 Scheffeln, die nicht als Hopliten dienten, besaßen zwar das Stimmrecht in der Volksversammlung, als „Passivbürger" blieben sie aber von allen Ämtern ausgeschlossen.

Der Areopag bestimmte weiterhin die Politik. Er musste sich die Macht nun aber mit anderen Einrichtungen teilen: Die Verwaltung der Polis übernahm ein *Rat der 400*, in den nur Bürger aus den drei oberen Klassen gewählt werden durften. Er bereitete alle öffentlichen Angelegenheiten vor, über die die Volksversammlung entschied. Einen Teil der Rechtsprechung übernahmen Volksgerichte. In sie konnten Bürger unabhängig von Herkunft und Vermögen berufen werden.

Nach Solons Reformen war Athen keine Aristokratie mehr, sondern eine *Timokratie*: Nicht die Geburt, sondern Vermögen und Ansehen entschieden über die Rechte der Bürger. Solons Idee: Wer reich ist und nicht arbeiten muss, kann viel für den Staat leisten, vor allem für die Sicherheit der Polis. Zudem machte Solon durch die Einführung der *Popularklage* jeden Athener zum potenziellen Staatsanwalt und Ankläger jedes Missetäters. Um Willkür zu verhindern, wurden die Gesetzestafeln öffentlich aufgestellt. So suchte Solon das Interesse der Athener am Staat zu wecken und durch Gesetze das Verantwortungsprinzip zu stärken. Im 4. Jahrhundert v. Chr. wurde Solon von den Athenern zwar als „Vater der Demokratie" angesehen, doch davon konnte zu seiner Zeit noch keine Rede sein – das Volk herrschte nicht.

Scheffel: alte Volumeneinheit für trockene Güter wie Getreide, Mehl und Früchte, ca. 52 l. In Athen galt folgende Rechnungseinheit: 1 Scheffel = 1 Schaf = 1 Drachme.

▲ Silbermünze.
Vorder- und Rückseite einer Münze aus Athen, um 460 v. Chr.
Vögel galten den Griechen als Abgesandte des göttlichen Willens. Die Eule war verbunden mit der Göttin Athene, sie wurde zum Zeichen der Polis Athen. Die Silbermünzen waren über Jahrhunderte in Gebrauch.
- *Erklären Sie die Redewendung, man müsse „nicht Eulen nach Athen tragen".*

50 Jahre Tyrannis ■ Solons Reformen hielten nicht lange. Dem alten Adel gingen sie zu weit, den ärmeren Bürgern nicht weit genug (▸ M1). Die Unzufriedenheit der Armen in der Stadt und der kleinen Bauern auf dem Land nutzte der Adlige *Peisistratos* aus, um 560 v. Chr. eine Alleinherrschaft zu errichten. Die Griechen nannten sie *Tyrannis*, da die Herrscher ihre Macht weder geerbt noch durch Wahl übernommen hatten. Außerdem unterlag sie keiner Kontrolle.

Der Form nach ließ Peisistratos die politische Ordnung Solons bestehen. Allerdings bekamen nur seine Anhänger wichtige Ämter. Zugleich kümmerte sich Peisistratos um die Masse der Bevölkerung. Er beschlagnahmte den Großgrundbesitz seiner Gegner und verteilte ihn an bedürftige Bauern. Durch den Bau von Tempeln und Straßen verschaffte er Handwerkern Arbeit und Brot. Viele Athener akzeptierten daher seine Alleinherrschaft. Nach dem Tode des Peisistratos übernahmen dessen Söhne die Macht. Sie sollen selbstherrlich regiert haben. Einer von ihnen wurde deshalb ermordet, den zweiten vertrieben Adlige mithilfe der Spartaner im Jahre 510 v. Chr.

Kleisthenes ■ Nach dem Sturz der Tyrannis entbrannte zwischen den adligen Geschlechtern erneut ein Kampf um die Macht. In den Jahren 508/07 v. Chr. setzte sich **Kleisthenes** durch, indem er die Macht des Volkes stärkte. Er ließ die Einteilung der Bürger in vier Einkommensklassen ebenso bestehen wie die Aufgaben der Archonten und des Areopags. Dafür änderte er die Zusammensetzung der athenischen Bürger in

Kleisthenes (ca. 570-507 v. Chr.): athenischer Staatsreformer aus adliger Familie; vermutlich im Jahr 525/24 v. Chr. zum leitenden Beamten (Archon) ernannt, als welcher er die Volksversammlung reformierte. Er gilt als Begründer der attischen Demokratie.

▲ **Tonscherben eines Ostrakismos.**
Mit diesen Scherben (Ausnahme rechts unten) wurde Themistokles, athenischer Feldherr und Politiker, im Jahr 470 v. Chr. aus Athen verbannt.

den öffentlichen Einrichtungen grundlegend: Sie wurden nicht mehr aus vier, sondern aus zehn Verbänden (*Phylen*) zusammengestellt, wobei jede Phyle aus drei geografisch voneinander getrennten Bezirken (*Trittyen*) bestand: Stadtgebiet, Küsten- und Binnenregion. Diese Zusammensetzung der Phylen zerschnitt die alten Einflussbereiche der Adelsfamilien. Alle Phylen hatten einen etwa gleich hohen Bevölkerungsanteil. Jede stellte ca. 1000 Hopliten. Jedem Phylenregiment stand ein Stratege als Kommandeur vor.

Kleisthenes führte auch den *Ostrakismos*, das Scherbengericht, ein. Zur Hälfte des Amtsjahres entschied die Volksversammlung über die Durchführung dieses Verfahrens. Bei positivem Votum mussten in einer zweiten Volksversammlung 6000 gültige Scherben als „Stimmzettel“ abgegeben werden. Der Politiker, dessen Namen am häufigsten auftauchte, wurde für zehn Jahre verbannt.

Mit Kleisthenes beginnt für einige Historiker die Demokratie in Athen. Doch dieser Begriff wurde damals noch nicht benutzt, stattdessen sprach man von **Isonomie**. Darunter verstand man den von Kleisthenes eingeführten Grundsatz der politischen Gleichheit aller Staatsbürger. Alle wehrfähigen Bürger hatten das gleiche Rede- und Stimmrecht in der Volksversammlung.

Isonomie: griech. isos: „gleich“; nemein: „verteilen“

Themistokles (um 525-459 v. Chr.): Staatsmann und athenischer Feldherr. Er siegte in der Schlacht bei Salamis gegen die Perser und begründete damit den Aufstieg Athens. Er wurde um 471 v. Chr. durch das Scherbengericht verbannt und floh nach Persien.

Perserkriege und Demokratie ■ Von 500 bis 494 v. Chr. beteiligte sich Athen am erfolglosen Kampf der Griechen Kleinasiens gegen das Perserreich, dessen Expansion 546 v. Chr. die Ägäis erreicht hatte (▸ M3, M4). Nachdem Athens Hopliten 490 v. Chr. bei Marathon eine überlegene persische Strafexpedition besiegt hatten, setzte der Adlige **Themistokles** den Bau einer Flotte von 200 *Trieren* zur Perserabwehr durch. Trieren waren Kriegsschiffe eines neuen Typs, die auf jeder Seite von drei Reihen Ruderern – pro Triere etwa 170 Mann – angetrieben wurden. Als Ruderer wurden die bisher vom Kriegsdienst befreiten Theten eingesetzt. Ziel war, die gegnerischen Schiffe durch Abfahren ihrer Ruder manövrierunfähig zu machen und mit dem Rammsporn zu versenken. 480 v. Chr. gelang der Flotte Athens und seiner Verbündeten bei der Insel Salamis die Vernichtung der überlegenen persischen Flotte.

Durch den Sieg über Persien stieg Athen zur Großmacht auf. Auch innenpolitisch führten Flottenbau und -krieg zu gravierenden Veränderungen. Die Theten beanspruchten aufgrund ihrer gewachsenen militärischen Bedeutung auch mehr Mitsprache. Gemäß dem Grundsatz, nach dem der Kriegsdienst zu politischer Mitbestimmung berechtigt, forderten die Theten aktive Mitwirkung. Ihre politische Gleichberechtigung wurde in den folgenden Jahrzehnten durchgesetzt.

Perikles (um 490-429 v. Chr.): athenischer Staatsmann. Er war von vornehmer Herkunft und leitete seit 443 als jährlich wiedergewählter Politiker die Geschicke der athenischen Demokratie. Seine Zeit gilt als Glanzzeit Athens. 431 begann er den Peloponnesischen Krieg um die Vorherrschaft Athens in Griechenland.
Ein Jahr später wurde er abgesetzt.

Die radikale Demokratie in Athen ■ Durch die Verfassungsreformen der Adligen **Perikles** und *Ephialtes* 462/61 v. Chr. wurden der Areopag entmachtet und Athen in eine radikale Demokratie umgewandelt (griech. demos: „Volk“; kratein: „herrschen“). Dem Areopag wurden alle Kontrollrechte im Bereich der Gesetzgebung und der Exekutive entzogen und dem Rat der 500, der Volksversammlung und dem Volksgericht übertragen. Zur Volksversammlung (*Ekklesía*) erhielten alle männlichen Bürger nach zweijährigem Militärdienst mit dem 20. Lebensjahr Zutritt. Sie überwachte die Beamten, entschied über die Gesetze, die Staatsfinanzen, die Flotten- und Baupolitik, Krieg und Frieden. Jedes Mitglied hatte Rede- und Antragsrecht. Die Ekklesía tagte mindestens vierzigmal im Jahr. Gültige Beschlüsse erforderten die Anwesenheit von mindestens 6000 Bürgern und eine einfache, durch Handheben festgestellte Mehrheit. Abgesehen von der Blutgerichtsbarkeit, die beim Areopag blieb, wurden alle Rechtsverfahren von der Ekklesía selbst entschieden. Dazu wurde ein Volksgericht gebildet, dessen 6000 Mitglieder alljährlich neu gelost wurden.

Einen Ausschuss der Ekklesía stellte der auf Kleisthenes zurückgehende *Rat der 500* (Boulé) dar. Jeder Athener konnte zweimal in seinem Leben Ratsherr werden. Das Gremium, in das jede Phyle für ein Jahr 50 geloste Ratsherren entsandte, arbeitete Beschlussvorlagen für Gesetze oder Verträge aus und bereitete die Versammlung vor. Die Ekklesía konnte die Ratsvorlagen jederzeit verändern oder ersetzen. Der Rat kontrollierte im Auftrag der Volksversammlung auch die Beamten und empfing die Gesandtschaften. Durch die *Prytanie* war die Polis zu jeder Tages- und Nachtzeit handlungsfähig. Im monatlichen Wechsel stellten jeweils 50 aus jeder Phyle geloste Ratsherren (Prytanen) das höchste Organ Athens. Der täglich durch das Los neu bestimmte Vorsitzende der Prytanie leitete auch die Volksversammlung und fungierte als „Staatsoberhaupt" Athens. Eine zweite Amtszeit war für ihn ausgeschlossen.

Die Verwaltung der Stadt übernahmen ca. 700 durch das Los bestimmte Beamte. Ihre Aufgabenbereiche waren eng beschnitten. Die Amtszeit betrug maximal ein Jahr. Jeden Monat legten die Beamten vor dem Rat Rechenschaft ab. Bei Beanstandungen drohte ihnen Anklage.

Herrschaft des Volkes Den Reformen des Kleisthenes und des Perikles verdankte die Bürgerschaft Athens den Aufstieg zum uneingeschränkten staatlichen Souverän. Die Verfassung sicherte dem Volk die ungeteilte, direkte Macht und verhinderte die Herrschaft Einzelner über das Volk. Im Sinne dieser demokratischen Gleichberechtigung war es konsequent, dass Athen den Bürgern für die Teilnahme an der Politik schließlich *Diäten* (Tagegelder) zahlte. In ihren Genuss kamen Ratsherren, Richter und Besucher der Volksversammlung. Die Diäten sollten verhindern, dass drohender Verdienstausfall arme Bürger von der Teilnahme an der Demokratie abhielt.

In der Staatsform, die alle Macht in der frei entscheidenden Volksversammlung konzentrierte, kam dem Prozess der Willensbildung und Entscheidungsfindung in der Versammlung höchste Bedeutung zu. Redefreiheit und -recht hatten prinzipiell alle Bürger. Aber nur eine Minderheit machte davon wirklich Gebrauch, die Mehrheit blieb passiv und nahm nur ihr Abstimmungsrecht wahr. Entscheidungen kamen durch die in der Versammlung wirkenden Kräfte, die Redner und Reden, zustande. In der frühen Demokratie verschaffte dies den in Rhetorik und öffentlichem Auftreten erfahrenen Adligen Vorteile. Zunehmend wurden die entscheidenden Richtlinien der Politik nicht mehr in institutionellen Ämtern bestimmt, sondern es kam darauf an, sich immer wieder neu in der Volksversammlung und im Rat mit seinen Vorschlägen durchzusetzen. Wem dies durch Einfluss und rhetorisches Geschick häufig gelang, der galt als „Demagoge". Der Begriff besaß zunächst keinen negativen Beiklang. Perikles ist ein Beispiel dieses Politikstils: Er selbst blieb oft im Hintergrund, ließ Entscheidungen durch seine Anhänger herbeiführen und trat selbst nur in wichtigen Situationen auf (▸ M2). Gleichzeitig sicherte er seine in der Verfassung nicht vorgesehene Stellung ab, indem er regelmäßig das einzige noch durch Wahl vergebene Amt, das des Strategen, bekleidete, das dadurch zunehmend einen politischen Charakter gewann.

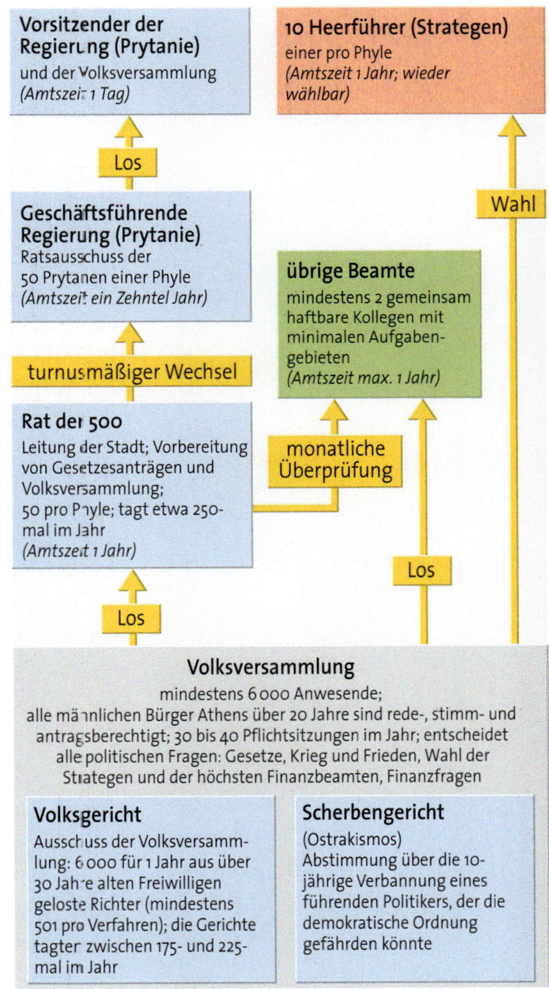

▲ **Verfassung der attischen Demokratie ab 462 v. Chr.**

- *Vergleichen Sie die Verfassung mit Solons Reformen (siehe Seite 16 f.) und erläutern Sie die Veränderungen.*
- *Erörtern Sie Vor- und Nachteile der Verfassung.*

▲ **In einer Tongrube.**
Tontäfelchen aus Korinth, 6. Jh. v. Chr.
Mit einer Hacke löst ein Arbeiter (Sklave?) den Ton von der Wand, ein anderer sammelt ihn in einen Korb ein, ein dritter hebt einen Korb aus der Mulde. Von oben hängt ein Wassergefäß herab.

■ *Erklären Sie, wozu die Griechen den Ton vor allem benötigten.*

Wirtschaft und Gesellschaft ■ Auf dem Höhepunkt seiner Großmachtstellung und Demokratisierung unter Perikles besaß Attika ca. 300 000 Einwohner, von denen 100 000 in Athen wohnten. Attika konnte diese Bevölkerung nicht ernähren. Athen war daher auf Getreideimporte aus Skythien, Phönizien, Ägypten und Sizilien angewiesen und ohne Kontrolle der Seewege extrem verwundbar. Der Export von Agrarprodukten war gesetzlich beschränkt. Seinen Wohlstand verdankte Athen den Silberbergwerken an der Südküste Attikas, den Zahlungen seiner Verbündeten, seiner führenden Stellung im Seehandel und einem hoch entwickelten, für den Export produzierenden Handwerk.

Ca. 150 000 Personen (einschließlich Frauen und Kinder) besaßen das seit 452 v. Chr. zum exklusiven Geburtsrecht erklärte Bürgerrecht. Zugang zur Volksversammlung hatten aber höchstens 50 000 wehrfähige Männer. Von ihnen stellten die als Hopliten kämpfenden oberen drei Vermögensklassen 20 000, die Theten 30 000 Mann.

Die kleine Elite der 500-Scheffler bildeten adlige Großgrundbesitzer sowie „neureiche" Großkaufleute und Besitzer von handwerklichen Großbetrieben, die mit Sklaven arbeiteten. Die Masse der Bürger umfasste die wenig vermögenden Klein- und Mittelbauern des ländlichen Attika. Trotz der Tagegelder scheuten sie die aufwändige regelmäßige Teilnahme an der Ekklesía. In ihr dominierten die vielen Kleinhandwerker, kleine Händler, Wirte und die oft als Tagelöhner lebenden Theten Athens. Sie vor allem profitierten ökonomisch von der Demokratie, die ihnen mit den Werften des Piräushafens, den von Perikles initiierten Prachtbauten und der Flotte sichere Einkünfte bot.

Handel, Gewerbe und Geistesleben der Stadt empfingen wichtige Impulse von ca. 30 000 Immigranten aus allen Teilen Griechenlands, den *Metöken* („Mitbewohner"). Prominente Metöken fanden sich (z. B. neben dem Geschichtsschreiber *Herodot*) vor allem unter den Philosophen und Künstlern. Den politisch, aber keineswegs sozial deklassierten Nicht-Bürgern blieb die Teilnahme an der Demokratie verwehrt. Dennoch verlangte die Polis Steuern und Kriegsdienst von ihnen.

Frauen waren grundsätzlich von allen Rechten ausgeschlossen und ihr Leben lang von einem männlichen Vormund abhängig: Zunächst der Vater, nach dessen Tod der ältere Bruder und schließlich der Ehemann entschieden für sie und vertraten sie auch vor Gericht. Doch war die rechtliche und soziale Stellung der Frauen in der griechischen Staatenwelt sehr unterschiedlich ausgeprägt: Das Leben einer freien Bürgerin, einer Sklavin, der Frau eines reichen Metöken oder einer Bürgerin aus ärmerer Schicht unterlag jeweils anderen Bedingungen, über die antike Quellen jedoch kaum Auskunft geben. Im Privatbereich herrschte eine strikte Geschlechtertrennung vor. Männer übernahmen die Aufgaben außerhalb des Hauses wie landwirtschaftliche und handwerkliche Arbeiten sowie politische Ämter. Den Frauen waren die Aufgaben in und um Haus und Familie zugewiesen, sie konnten aber im Kult auch öffentliche, zum Teil sogar Priesterfunktionen übernehmen.

Sehr unsicher ist die Zahl der Sklaven. Sie ist auf ungefähr 120 000 Personen zu schätzen. Sklaven galten dem in Athen lehrenden Aristoteles als „beseelter Besitz". Sie waren weitgehend rechtlos und Eigentum ihres Besitzers. Die Lebensumstände der Sklaven hingen von der eigenen Tätigkeit und vom Charakter des Herrn ab. Die meisten arbeiteten als Handwerker. Auf den Großbaustellen der Akropolis verrichteten sie die gleichen Tätigkeiten wie die Theten. Besonders schwere Arbeits- und Lebensbedingungen hatten die ohne jede Perspektive sich totarbeitenden Bergwerks- und Steinbruchsklaven. Sklaven in den Häusern der Reichen lebten dagegen unter relativ komfortablen Umständen. Dazu zählten sehr unterschiedlich spezialisierte Diener, vom Verwalter bis hinab zum gering geschätzten und von den Kindern oft wegen seiner Härte gefürchteten *Paidagogos* („Kinder(aus)führer").

▲ **Schauspieler.**
Vasenmalerei (Ausschnitt), um 350 v. Chr.
Der Schauspieler hat nach der Aufführung einer Tragödie seine Maske zum Applaus abgenommen.

▲ **Dionysos-Theater am Südhang der Akropolis in Athen.**
Foto, um 1990.
Dramenwettbewerbe waren Bestandteil des Festes zu Ehren des Gottes Dionysos. Auf den 78 Sitzreihen fanden etwa 17000 Zuschauer Platz. Der Bau war so geplant, dass die Darsteller auch in den hinteren Reihen – dort durften auch Frauen Platz nehmen – verstanden wurden.
▪ *Beurteilen Sie die politische und gesellschaftliche Bedeutung der Aufführungen.*

Größe und Grenzen des demokratischen Athen ▪ Der Flottenbau und die Selbstbehauptung gegen die persische Großmacht brachten Athen nicht nur den einzigartigen Durchbruch zur radikalen Demokratie. Parallel dazu entfaltete Athen in der Blütezeit des 5. Jahrhunderts v. Chr. in vielen Lebensbereichen eine beispiellose Dynamik. Mit der attischen Demokratie eng verbunden war die Einführung und Entfaltung des Theaters. *Aischylos*, *Sophokles* und *Euripides* entwickelten die Tragödie und schufen Werke, die bis heute inszeniert werden, wie die „Orestie" oder die „Antigone". Dass offene Politik- und Gesellschaftskritik in der athenischen Demokratie möglich waren, verdeutlichen die Komödien des *Aristophanes* (445-385 v. Chr.). *Thukydides* (um 460-399/96 v. Chr.) begründete die kritische Geschichtsschreibung und führte sie auf eine in der gesamten Antike nicht wieder erreichte Höhe. Die Philosophen Sokrates und Platon prägten durch ihr radikales Fragen und Denken bei ethischen und politischen Themen die Geistesgeschichte Europas.*

Das Bauprogramm auf der Akropolis, in dem Führungsanspruch und Selbstbild des demokratischen Athen ihren Niederschlag fanden, trug entscheidend zur Ausprägung des klassischen Kunststils bei, der die europäische Kunst später entscheidend beeinflussen sollte. Die Finanzierung der Prachtbauten zeigt allerdings die Schattenseite der attischen Demokratie: Nach dem Sieg über das Perserreich schlossen Befreier und Befreite 478/77 v. Chr. einen Seebund gegen Persien (*Delisch-Attischer Seebund*). Die Mitglieder waren neben Athen Städte (Poleis) und Inseln des ägäischen Raums. Sie verpflichteten sich, Schiffskontingente zu stellen oder Ausgleichszahlungen zu leisten. Im Beschlussorgan des Attischen Seebundes, das auf Delos tagte, erhielt jedes Mitglied eine Stimme. Die meisten Mitglieder zogen schon bald Beitragszahlungen dem Bau, der Bemannung und dem Unterhalt eigener Trieren vor. Athen sprang in die Bresche

* Siehe Seite 12.

Peloponnesischer Krieg: Krieg um die Hegemonie in Griechenland zwischen Sparta, dessen militärische Stärke auf seinem Hoplitenheer beruhte, und Athen, das die Hochrüstung im Wesentlichen auf seine Flotte verlegt hatte. Die Athener schlossen sich in ihre starken Mauern ein, die mit den Langen Mauern die Verbindung zum Hafen Piräus und damit den freien Zugang zum Meer sicherten. Aufgrund der Strategie des Perikles musste die Bevölkerung Attikas, die hinter den Mauern zusammengepfercht war, jedoch bald darauf zusehen, wie ihr Land von den Spartanern verwüstet wurde. Im Jahr 430 v. Chr. brach die Pest aus und raffte mehr als ein Fünftel der Athener dahin, darunter auch Perikles, der 429 v. Chr. starb.

und rüstete mit Bundesmitteln zusätzliche Schiffe aus. Dies verschob die militärischen Kräfteverhältnisse im Bund. Athen nutzte diese Entwicklung, um seine ursprüngliche Hegemonie (Führungsrolle) allmählich in eine offene Herrschaft über die Verbündeten umzuwandeln. Kriegs- und beitragsmüde Bundesgenossen wurden mit Gewalt diszipliniert und mussten noch vorhandene Schiffe ausliefern.

Das Bündnis wandelte sich durch die Politik der attischen Demokratie zu einem despotisch regierten Seereich, das die gesamte Ägäis sowie die Küsten Kleinasiens, des Bosporus und weiter Teile des Schwarzen Meeres umschloss. So demokratisch und herrschaftsfeindlich die Politik Athens auch im Innern war, anderen Städten gegenüber trat Athen als skrupelloser Tyrann auf. Es waren schließlich die Tribute der Untertanen aus dem Seereich, die die Vollendung der attischen Demokratie, die Diätenzahlungen und das glanzvolle Bauprogramm ermöglichten.

Verfall der Demokratie im Peloponnesischen Krieg ■ Athens schneller Aufstieg zur Seemacht steigerte das gegenseitige Misstrauen zwischen Spartanern und Athenern im Lauf des 5. Jahrhunderts v. Chr. noch weiter. Sie waren sich schon in den Perserkriegen häufig uneinig gewesen. Nun bedrohte die Außenpolitik Athens und des von ihm beherrschten Seebundes die Spartaner, die den *Peloponnesischen Bund* anführten. Sie fürchteten um ihre Unabhängigkeit. Der Machtkampf schwelte lange, ehe im Jahr 431 v. Chr. der **Peloponnesische Krieg** ausbrach, der mit Unterbrechungen 27 Jahre dauerte (▸ M5).

Erst mit der Besetzung von Athen im Jahr 404 v. Chr. errang Sparta den endgültigen Sieg. Die Demokratie wurde beseitigt und eine Kommission von 30 Männern („die Dreißig") eingesetzt, die in den folgenden Jahren eine Terrorherrschaft ausübten. Zwar lag die Herrschaft der Athener mit der Auflösung des Seebundes in Trümmern. Doch bald darauf ausbrechende Bruderkriege zwischen den Poleis brachten ständig wechselnde Koalitionen zustande. Der Niedergang Athens hatte ein Machtvakuum hinterlassen. Sparta blieb jedoch langfristig zu schwach, um ganz Griechenland zu beherrschen.

Wiege der Demokratie? ■ Zwar war die athenische Demokratie nicht von Dauer, es bleibt aber die Frage: War das antike Athen die Wiege der Demokratie?

In allen großen politischen Umbrüchen der Neuzeit wie der „Glorious Revolution" in England 1688/89, der Amerikanischen Revolution 1776, der Französischen Revolution 1789* und der Oktoberrevolution 1917 in Russland erinnerten die Akteure an Athen als freiheitlichen Staat oder an die direkte Beteiligung der Bürger. Noch heute wird die „direkte" Versammlungsdemokratie der Athener unserer „indirekten" parlamentarischen Demokratie als Maßstab gegenübergestellt. Der historische Vergleich macht die Unterschiede deutlich. Bemerkenswert ist, dass wir bis heute Begriffe wie „Freiheit" und „Gleichheit" untersuchen, indem wir von griechischen Denkern wie Aristoteles ausgehen.

◂ **Spartanischer Krieger.**
Etwa 13 cm hohe Figur, die Teil eines Bronzegefäßes ist, das um 530 v. Chr. entstand. Auf dem Schlachtfeld sollen die Spartiaten rote Hemden getragen haben, damit das Blut nicht zu sehen war. Im Gegensatz zu den anderen Griechen trugen sie lange Haare.

* Vgl. ausführlich auf Seite 135 ff.

M1 Kritik an Solon

Aristoteles berichtet in einer um die Mitte des 4. Jahrhunderts v. Chr. verfassten Schrift:

Nachdem er den Staat in der besagten Weise geordnet hatte, trat man an ihn heran und beschwerte sich über seine Gesetze. Als man die einen Bestimmungen ablehnte, nach anderen genau fragte, wollte er weder diese Dinge ändern noch durch seine Anwesenheit Hass auf sich ziehen, und unternahm daher eine Handels- und Bildungsreise nach Ägypten, nachdem er erklärt hatte, er werde innerhalb von zehn Jahren nicht zurückkehren; denn er glaube, es sei nicht gerecht, dass er bleibe und die Gesetze auslege; vielmehr solle jeder die schriftlich niedergelegten Bestimmungen befolgen. Zugleich ergab es sich auch, dass wegen seines Schuldenerlasses viele der Vornehmen eine feindliche Haltung gegen ihn eingenommen hatten und dass beide Parteien ihren Sinn geändert hatten, weil seine Regelung ihre Erwartungen nicht erfüllte. Denn das Volk hatte geglaubt, er werde alles neu verteilen, die Vornehmen hingegen, er werde die frühere Ordnung wiederherstellen oder doch nur wenig ändern. Solon aber widerstand beiden Parteien (stáseis) und anstatt sich auf eine davon, auf welche er wollte, zu stützen und als Tyrann zu herrschen, nahm er es lieber in Kauf, bei beiden verhasst zu werden, indem er das Vaterland rettete und als Gesetzgeber sein Bestes tat.

Aristoteles, Staat der Athener 11; zitiert nach: Hans-Joachim Gehrke und Helmuth Schneider (Hrsg.), Geschichte der Antike. Quellenband, Stuttgart 2007, S. 38

1. *Erklären Sie die Reaktionen auf Solons Politik.*
2. *Verfassen Sie eine Rede, die Solon zur Verteidigung seiner Politik gehalten haben könnte.*
3. *Erörtern Sie, ob Solons Absicht, für zehn Jahre Athen*
+ *zu verlassen (vgl. Zeile 10 f.), richtig war.*

M2 „... eine Herrschaft des Ersten Mannes"

Der Athener Thukydides (um 460 - 399/96 v. Chr.) beurteilt den Politiker Perikles:

Denn solange er [Perikles] die Stadt leitete im Frieden, führte er sie mit Mäßigung und erhielt ihr ihre Sicherheit, und unter ihm wurde sie so groß, und als der Krieg ausbrach, da hatte er, wie sich zeigen lässt, auch hierfür die Kräfte richtig vorausberechnet. Er lebte dann noch zwei Jahre und sechs Monate, und nach seinem Tode wurde seine Voraussicht für den Krieg erst recht deutlich. Denn er hatte ihnen [den Athenern] gesagt, sie sollten sich nicht zersplittern, die Flotte ausbauen, ihr Reich nicht vergrößern während des Krieges und die Stadt nicht aufs Spiel setzen, dann würden sie siegen. Sie aber taten von allem das Gegenteil und rissen außerdem aus persönlichem Ehrgeiz und zu persönlichem Gewinn den ganzen Staat in Unternehmungen, die mit dem Krieg ohne Zusammenhang schienen und die, falsch für Athen selbst und seinen Bund, solange es gut ging, eher einzelnen Bürgern Ehre und Vorteil brachten, im Fehlschlag aber die Stadt für den Krieg schwächten. Das kam daher, dass er, mächtig durch sein Ansehen und seine Einsicht und in Gelddingen makellos unbeschenkbar, die Masse in Freiheit bändigte, selber führend, nicht von ihr geführt, weil er nicht, um mit unsachlichen Mitteln die Macht zu erwerben, ihr zu Gefallen redete, sondern genug Ansehen hatte, ihr wohl auch im Zorn zu widersprechen. Sooft er wenigstens bemerkte, dass sie zur Unzeit sich in leichtfertiger Zuversicht überhoben, traf er sie mit seiner Rede so, dass sie ängstlich wurden, und aus unbegründeter Furcht hob er sie wiederum auf und machte ihnen Mut. Es war dem Namen nach eine Volksherrschaft, in Wirklichkeit eine Herrschaft des Ersten Mannes.

Thukydides, Geschichte des Peloponnesischen Krieges, übersetzt von G. P. Landmann, München 1991, S. 161 f.

1. *Arbeiten Sie heraus, worin Thukydides die Leistung des Perikles sieht.*
2. *Erläutern und diskutieren Sie Thukydides' Urteil über die attische Demokratie zur Zeit des Perikles.*

▲ **Perikles.**
Idealisierte Marmorbüste mit korinthischem Helm, römische Kopie aus dem 2. Jh. n. Chr. nach einem griechischen Original um 440 - 430 v. Chr. Fundort: Tivoli, Villa Hadriana, Höhe: 58,4 cm. London, British Museum. Weitere Kopien des Kopfes befinden sich im Vatikan und in Berlin.

M3 Herodot – „Vater der Geschichtsschreibung“?

Herodot von Halikarnassos (ca. 485 v. Chr. - ca. 424 v. Chr.) wird von Cicero als „Vater der Geschichtsschreibung“ bezeichnet. Der Historiker Manfred Clauss (geb. 1945) erläutert seine Methode:

Als Quelle für die Geschichte Griechenlands steht Herodot aus einer Vielzahl von Gründen einzigartig da. [...] In einem Siedlungsgebiet in engster Nachbarschaft zum Perserreich erhielt er seine Ausbildung. Ein Aufenthalt in Athen ermöglichte das Eindringen in die Welt des dortigen Kunstschaffens. Reisen verschafften ihm zahllose Gelegenheiten, durch eigene Anschauung zu Vergleichen und Urteilen zu gelangen. Im Laufe dieser Reisen ergab sich aus dem geografisch-ethnografischen [= völkerkundlichen] Interesse fast von selbst das historische, ging er doch von der Aufzeichnung des Gesehenen zu Berichten über größere Zusammenhänge über, von der Erzählung einzelner Geschichten zur Darstellung von Geschichte.

Die historischen Fakten als Augenzeuge an Ort und Stelle zu klären, andere Zeugen und Sachverständige zu befragen, deren Auskünfte und die eigenen Beobachtungen mitzuteilen: Dies entwickelte Herodot zu seiner Methode. Ein großes Thema beherrscht sein Werk, das landläufig „Historien“ genannt wird und später von alexandrinischen Gelehrten in neun Bücher eingeteilt wurde: die Beschreibung des Gegensatzes zwischen Europa und Asien.

Um dieser Geschichtsschreibung gerecht zu werden, müssen wir das Menschenbild verstehen, das ihr zugrunde lag. Die Zeit sah den Menschen nicht allein auf sich selbst gestellt, das Gesamtgeschehen in einem Volk oder zwischen den Völkern nicht nur als notwendiges Ergebnis des Zusammenwirkens nachweisbarer Kräfte. Einzelmensch und Gesamtheit existierten in einem höheren Zusammenhang, aus dem im letzten Grund die entscheidenden Gedanken und Antriebe kamen, die der Mensch als seine eigenen erfuhr und zu verantworten hatte.

Herodots Darstellung ist bestimmt durch die Informationen, die ihm in der damaligen Zeit zur Verfügung standen. Es sind dies – neben seinen Vorläufern – Erzählungen von Augenzeugen, Erzählungen von Söhnen und Enkeln über ihre Väter und Großväter, Erinnerungen an Erzählungen von Vätern und Großvätern. Er sprach mit Männern, die eine Erinnerung bis in das 6. Jahrhundert hatten; denn 150 bis 200 Jahre reicht das kollektive Gedächtnis zurück. Jenseits dieses Zeitraums verschwimmt die Erinnerung zu einer diffusen Ahnung an längst vergangene Zustände.

Manfred Clauss, Einführung in die Alte Geschichte, München 1993, S. 72

1. *Erstellen Sie ein Schaubild zur Methode des Herodot als Geschichtsschreiber.*
2. *Beurteilen Sie, inwiefern Herodot eine glaubwürdige Quelle zu den Perserkriegen ist.*
3. + *Diskutieren Sie, ob das erwähnte Menschenbild Herodots modern ist.*

M4 Herodot – ein selbsternannter Historiker?

Der US-amerikanische Schriftsteller Gore Vidal (1925 - 2012) lässt in seinem historischen Roman „Creation“ den persischen Gesandten in Athen, Cyrus Spitama, im Jahre 445 v. Chr. Folgendes sagen:

Ich bin blind, aber nicht taub. Und diese Unvollkommenheit meines Unglücks war es, die mich gestern zwang, nahezu sechs Stunden einem selbsternannten Historiker zuzuhören, dessen Ausführungen über die „persischen Kriege“[1] (wie das die Athener zu benennen belieben) ein einziger haarsträubender Unfug waren. Wäre ich jünger und von höherem Rang, so hätte ich mich von meinem Sitz im Odeon erhoben und ihn zur Rede gestellt – solchermaßen ganz Athen schockierend.

Nun denn, ich kenne ja die Ursprünge der griechischen Kriege. Er hingegen nicht. Wie denn auch? Woher sollte das ein Grieche wissen? Ich habe den größten Teil meines Lebens am Hof in Persien zugebracht, und auch jetzt, in meinem fünfundsiebzigsten Jahr, diene ich dem Großen König wie zuvor seinem Vater – meinem geliebten Freund Xerxes, und noch früher dessen Vater, einem Helden, den selbst die Griechen als Dareios den Großen kennen.

Gore Vidal, Creation (dt. Ich, Cyrus), zitiert nach: Josef Wiesehöfer, Das antike Persien. Von 550 v. Chr. bis 650 n. Chr., Zürich 1993, S. 9 f.

1. *Erklären Sie, wie das Urteil über Herodot zustande kommt.*
2. *Diskutieren Sie, ob die Verwendung des Romanauszugs für den Geschichtsunterricht taugt.*

[1] **Persische Kriege**: der Aufstand der griechischen Poleis von 500 bis 494 v. Chr. und der persische Feldzug in Griechenland, der mit dem Sieg der Griechen bei Salamis 480 v. Chr. endete

M5 „Die Verfassung, nach der wir leben"

Laut Thukydides hält Perikles 431 folgende Rede auf die athenischen Gefallenen des ersten Kriegsjahres des Peloponnesischen Krieges:

Die Verfassung, nach der wir leben, vergleicht sich mit keiner der fremden; viel eher sind wir für sonst jemand ein Vorbild als Nachahmer anderer. Mit Namen heißt sie, weil der Staat nicht auf wenige Bürger, sondern auf eine größere Zahl gestellt ist, Volksherrschaft (demokratía). Nach dem Gesetz haben in dem, was jeden Einzelnen angeht, alle gleichen Anteil; der Geltung nach aber hat im öffentlichen Wesen den Vorzug, wer sich irgendwie Ansehen erworben hat, nicht nach irgendeiner Zugehörigkeit, sondern nach seinem Verdienst; und ebenso wird keiner aus Armut, wenn er für die Stadt etwas leisten könnte, durch die Unscheinbarkeit seines Namens verhindert. Sondern frei leben wir miteinander im Staat und im gegenseitigen Geltenlassen des alltäglichen Treibens, ohne dem lieben Nachbar zu grollen, wenn er einmal seiner Laune lebt, und ohne jedes Ärgernis zu nehmen, das zwar keine Strafe, aber doch kränkend anzusehen ist. [...] Wir vereinigen in uns die Sorge um unser Haus zugleich und unsre Stadt, und den verschiedenen Tätigkeiten zugewandt, ist doch auch in staatlichen Dingen keiner ohne Urteil. Denn nur bei uns heißt einer, der daran gar keinen Anteil nimmt, nicht ein stiller Bürger, sondern ein schlechter, und nur wir entscheiden in den Staatsgeschäften selber oder denken sie doch richtig durch. Denn wir sehen nicht im Wort eine Gefahr fürs Tun, wohl aber darin, sich nicht durch Reden zuerst zu belehren, ehe man zur unnötigen Tat schreitet. Denn auch darin sind wir wohl besonders, dass wir am meisten wagen und doch auch, was wir anpacken wollen, erwägen, indes die andern Unverstand verwegen und Vernunft bedenklich macht. Die größte innere Kraft aber wird man denen mit Recht zusprechen, die die Schrecken und Freuden am klarsten erkennen und darum den Gefahren nicht ausweichen. Auch im Edelmut und der Treue ist ein Gegensatz zwischen uns und den meisten. Denn nicht mit Bitten und Empfangen, sondern durch Gewähren gewinnen wir uns unsre Freunde. Zuverlässiger ist aber der Wohltäter, da er durch Freundschaft sich den, dem er gab, verpflichtet erhält – der Schuldner ist stumpfer, weiß er doch, er zahlt seine Leistung nicht zu Dank, sondern als Schuld. Und wir sind die einzigen, die nicht so sehr aus Berechnung des Vorteils wie aus sicherer Freiheit furchtlos andern Gutes tun.

▲ Statue des Thukydides vor dem österreichischen Parlament in Wien.
Foto von 2006.
Wer das Parlamentsgebäude in Wien betritt, passiert die Statuen von vier griechischen und vier römischen Geschichtsschreibern. Sie sollen die Abgeordneten des Parlaments ermahnen, Entscheidungen zu treffen, die auch vor dem Urteil der Geschichte Bestand haben können.

[...] Zusammenfassend sage ich, dass insgesamt unsre Stadt die Schule von Hellas sei.

Thukydides, Der Peleponnesische Krieg 2,37-41,2 (gekürzt); zitiert nach: Hans-Joachim Gehrke und Helmuth Schneider (Hrsg.), Geschichte der Antike. Quellenband, Stuttgart 2007, S. 128 f.

1. *Charakterisieren Sie den vorbildlichen Bürger, wie er in der Rede des Perikles entworfen wird. Welche Stärke gewinnt die attische Polis durch die Demokratie?*
2. *Begründen Sie, warum es sich bei der Darstellung um ein Ideal handelt und inwiefern dem die attische Demokratie nicht gerecht wurde.*
3. *Vergleichen Sie mit dem Idealbild eines Bürgers in unserer parlamentarischen Demokratie.*

Geschichte kontrovers

Die attische Demokratie – Muster unserer heutigen Demokratie?

Die Geschichtswissenschaft ruft uns stets ins Bewusstsein, dass die jeweilige Gegenwart eine weit zurückreichende kulturelle wie politische Prägung aufweist. Um sich in dieser Gegenwart orientieren zu können, müssen wir dieses Erbe aber bewusst wahrnehmen und es erkennen, denn es ist uns nicht natürlich angeboren.

Der Begriff „Demokratie“ stammt aus der politischen Ideenwelt der griechischen Antike und leitet sich von kratos: „Herrschaft“, und demos: „Volk“, ab. Die Demokratie ist tief als Fundament in den heutigen europäischen Staatsverfassungen verwurzelt.

Doch stellt die griechische Idee der „Isonomie“, d. h. die Gleichheit der Bürger bei politischen Entscheidungen, wirklich ein Muster der heutigen Demokratie dar? Und unterscheiden sich die antiken Vorstellungen von heutigen Auffassungen? Vertreter der Geschichts- wie der Politikwissenschaft haben diese Fragen kontrovers beantwortet.

M1 Demosherrschaft in Athen

Wolfgang Schuller, Professor für Alte Geschichte an der Universität Konstanz, wägt ab, welche Aspekte zur Bewertung der athenischen Demokratie berücksichtigt werden müssen:

Nimmt man nun noch hinzu, dass die athenische Demokratie nur zum geringeren Teil durch eigenständige Bestrebungen des Demos errungen war, sondern dass die Schritte auf dem Wege dahin teils aus Adelsrivalitäten resultierten, teils Rückwirkungen außenpolitischer Faktoren, insbesondere des Seebundes, waren, und vergegenwärtigt man sich, dass auch in der voll entwickelten Demokratie die Normalzahl von gut 6 000 Teilnehmern an der Volksversammlung in Relation zu der Gesamtbevölkerung in der Größenordnung von 30 000 gesehen werden muss, dass überhaupt die politischen Entscheidungen nicht nur in einem „rationalen Diskurs“ in der Volksversammlung fielen, sondern dass es Absprachen und Führungspersönlichkeiten gab sowie die aus (nicht demokratisierbarer) unterschiedlicher Bildung und Erziehung resultierende unterschiedliche Fähigkeit, in der Volksversammlung sich verständlich zu machen und selber zu verstehen – dann liegt das Verdikt[1] nahe, es habe sich gar nicht um eine Demokratie gehandelt.

Aber diese Einwände übersehen, dass es bei der Entstehung der Demokratie außer eigene Ziele verfolgenden Adligen auch einen Demos gegeben hat, dessen Unterstützung damit gewonnen wurde, dass man ihn zunehmend an der Herrschaft beteiligte, ein Ziel also, das jedenfalls von einem aktiven Teil der Bevölkerung angestrebt worden sein muss. Er übersieht weiter, dass die Beteiligten selber – und zwar alle, sowohl die Angehörigen des Demos wie die seine Herrschaft Kritisierenden – von Demokratia, also von Demosherrschaft, sprachen und die Demokratie damit zutreffend von den vorherigen Regierungsformen des Adels- und des Hoplitenstaates unterschieden. Dass Frauen keine politischen Rechte haben, ist weiter ein Faktum, das vor dem 20. Jahrhundert n. Chr. überall eine politische Selbstverständlichkeit war, und dass Personen, die das Bürgerrecht einer staatlichen Gemeinschaft nicht besitzen, demgemäß von der politischen Mitwirkung ausgeschlossen sind, ist ja kein ganz abwegiger Gedanke.

Das Messen der athenischen Demokratie an einem Ideal der uneingeschränkten und gleichen real ausgeübten Mitwirkung aller Bewohner eines Territoriums ist also unhistorisch. Schließlich wird übersehen, dass, selbst wenn man das doch tun will, der Grad der Partizipation, wie er in Athen innerhalb der gegebenen Gesellschaftsstruktur (und trotz der großen räumlichen Entfernungen in Attika) erreicht war und jahrhundertelang erfolgreich angedauert hat, in der bisherigen Menschheitsgeschichte nie wieder verwirklicht worden ist.

Wolfgang Schuller, Griechische Geschichte (Oldenbourg Grundriss der Geschichte), München 2002, S. 38 f.

1 **Verdikt**: negatives Urteil, Urteilsspruch

M2 Zustimmung, aber keine Mitbestimmung

Urs Marti, Professor für Politikwissenschaften und politische Philosophie an der Universität Zürich, bewertet die athenische Demokratie:

Gemäß der Auffassung, die sich in Athen im fünften vorchristlichen Jahrhundert durchgesetzt hat, ist Demokratie eine Verfassung, in der das Volk die beratende und gesetzgebende Gewalt, die entscheidende und verordnende Gewalt sowie die Gerichtsgewalt ausübt. [...] Tatsächlich ist Athen während knapp zwei Jahrhunderten, von den Reformen des Kleisthenes (509-507) bis zur endgültigen Unterwerfung der griechischen Stadtstaaten durch Makedonien (322), über längere Zeitspannen hinweg, unterbrochen durch militärische Besetzungen und oligarchische Regimes, eine Demokratie gewesen. [...]
Vieles jedoch ist an dieser Ordnung, an modernen Maßstäben gemessen, nicht demokratisch. Der Bürgerstatus steht nur freien Männern zu, die waffenfähig sind, Steuern zahlen und deren Eltern beide aus Attika stammen. Nach Schätzungen hatte Attika im fünften und vierten Jahrhundert mindestens zweihunderttausend Einwohner, die Anzahl der Bürger betrug hingegen lediglich zwanzig- bis vierzigtausend [...]. Frauen, Sklaven und Zugewanderte bleiben ausgeschlossen. Die Bürger sind nicht vollständig gleich, sondern in Zensusklassen – also nach Maßgabe ihres Vermögens – aufgeteilt, denen unterschiedliche politische Rechte zukommen. Überdies werden die Entscheidungen von einer kleinen Minderheit getroffen, genau besehen kann das Volk in seiner Mehrheit einer Politik zwar zustimmen, aber es kann nicht wirklich mitbestimmen, es lässt sich, wie zeitgenössische Kritiker eingewendet haben, von Demagogen leicht beeinflussen und wird von skrupellosen Führern für deren eigene Interessen instrumentalisiert. Zu erwähnen ist schließlich, dass Athen in der demokratischen Periode eine kriegerische und imperialistische Macht gewesen ist. Die athenische Demokratie beruht, so lässt sich sagen, auf einer Externalisierung[1] der Herrschaft [...]. Frei und tendenziell gleich sind die Bürger Athens; herrschaftsunterworfen sind in unterschiedlichem Grad Frauen, Sklaven, Metöken, das heißt ortsansässige Fremde ohne politische Rechte, sowie Bewohner der eroberten Gebiete.

Urs Marti, Demokratie. Das uneingelöste Versprechen, Zürich 2006, S. 83ff.

[1] **Externalisierung**: Verlagerung nach außen

▲ **Die Pnyx mit Rednertribüne, in klassischer Zeit Ort der athenischen Volksversammlung.**
Undatiertes Foto.

M3 Eine Kulturbildung der Freiheit

Christian Meier, Professor für Alte Geschichte an der Ludwig-Maximilians-Universität München, nimmt Stellung:

Meine These ist, daß mit den Griechen etwas ganz Neues in der Weltgeschichte kam und daß dies zentral zu dem gehört, was Europa seitdem, zumindest für zweieinhalb Jahrtausende ausgezeichnet hat. In einer höchst wechselvollen Geschichte. [...] Das Neue, das mit den Griechen in die Welt kam, war eine Kulturbildung ohne irgend nennenswert prägende Rolle einer Monarchie, grob gesagt: eine Kulturbildung der Freiheit statt der Herrschaft. [...] Auch religiöse Instanzen spielten in diesem Zusammenhang keine nennenswerte Rolle. Nie haben Priesterschaften bei den Griechen Macht ausgeübt.

Christian Meier, Die griechisch-römische Tradition, in: Hans Joas und Klaus Wiegandt (Hrsg.), Die kulturellen Werte Europas, Frankfurt am Main 2005, S. 96-98

1. *Zeigen Sie anhand von M1 und M2 die Kontroverse auf.*
2. *Überprüfen Sie die Stellungnahmen M1 und M2 anhand der Informationen im Darstellungstext auf Seite 16-22 (Sachurteil).*
3. *Arbeiten Sie die Kriterien heraus, nach denen die Historiker in M1 und M2 urteilen (Werturteil).*
4. *Die athenische Demokratie – Muster der Demokratie? Nehmen Sie unter Bezug auf M3 Stellung und leiten Sie Ihre Position mit einer These ein.*

Das Weltreich Alexanders des Großen

Aufstieg der Makedonen unter Philipp II. Die Zerstrittenheit der griechischen Stadtstaaten nutzte der Makedonenkönig *Philipp II.*, der 338 v. Chr. eine Vormachtstellung errang, als er in der Schlacht von Chaironeia (338 v. Chr.) das Heer der Athener und Thebaner* besiegte. In der Folge prägten die beiden attischen Redner *Isokrates* (436-338 v. Chr.) und *Demosthenes* (384-322 v. Chr.) das zwiespältige Bild, das in Griechenland vom makedonischen König gezeichnet wurde. Der eine sah in ihm den Hoffnungsträger einer Einheit der Hellenen, der andere verabscheute ihn und die Makedonen als Räuber und Mörder. Nach Philipps Ermordung gelangte sein 20-jähriger Sohn *Alexander* 336 v. Chr. auf den Thron. Er hatte griechische Lehrer gehabt, unter ihnen Aristoteles. Die griechische Mythologie war ihm also vertraut, und man sagt, er habe sich deren Heldengestalten zum Vorbild genommen.

Eroberung des Perserreiches Äußerer Feind waren die Perser. Bereits Philipp II. hatte versucht, einen gemeinsamen Kampf der Griechen gegen das Perserreich zu organisieren. Er kam damit dem Verlangen der Griechen nach Rache für die Verwüstungen entgegen, die man im Zuge der Perserkriege rund 150 Jahre vorher erlitten hatte. Im Jahre 334 v. Chr. begann Alexanders Siegeszug gegen die Perser unter dem Großkönig *Dareios III.* Mit dem Sieg 333 v. Chr. in der Schlacht von Issos unterwarf Alexander Kleinasien und sicherte sich den Kriegsschatz der Perser. Er festigte seine Macht mit äußerster Strenge und versuchte sie durch die Einsetzung einheimischer Statthalter zu sichern. Nachdem er im Süden Ägypten erobert und die Hafenstadt Alexandria gegründet hatte, sicherte er sich 331 v. Chr. endgültig die Herrschaft über das Perserreich: Er ließ sich nach der Schlacht von Gaugamela zum König von Asien ausrufen, zog triumphal durch das Ischtar-Tor in Babylon ein und nahm Platz auf dem Thron der Perserkönige in Susa, der Hauptstadt. Dort fiel ihm der Königsschatz der Perser in die Hände.

Verschmelzung der Kulturen? Letzte Etappe seines Eroberungszuges war Indien, von dem er einen Großteil unterwerfen konnte (▸ M1). Obwohl Alexander noch weiter nach Osten marschieren wollte, nahm er Rücksicht auf die Stimmung seiner Truppen und begann mit dem Rückmarsch nach Susa. Dort versuchte er die Verschmelzung von persischer, griechischer und makedonischer Kultur. Er selbst heiratete 324 v. Chr. zwei persische Prinzessinnen und passte sich den Sitten am dortigen Hof an. Von seinen Beamten und Soldaten erwartete er ebenfalls, Perserinnen zu heiraten und so eine gemeinsame Basis für ein Reich zu schaffen, das sich aus unterschiedlichen Völkern und damit auch Mentalitäten zusammensetzte. Mit der Verbreitung der griechischen Kultur im östlichen Mittelmeerraum begründete Alexander das Zeitalter des *Hellenismus* (▸ M2).

Zerfall des Weltreiches nach Alexanders Tod Doch das Weltreich Alexanders wurde vor allem durch das persönliche Charisma und die Führungsstärke des Herrschers zusammengehalten. Nachdem Alexander 323 v. Chr. im Alter von nur 32 Jahren auf einem neuerlichen Feldzug erkrankt und gestorben war, zerfiel das Reich im Zuge der sogenannten *Diadochenkämpfe* unter den Feldherren Alexanders. Teile seines Großreiches überdauerten den Zerfall, so das Ptolemäerreich in Ägypten, das Reich der Seleukiden in Syrien und das der Antigoniden in Makedonien.

* **Theben**: Polis, die im Lauf des 4. Jh. v. Chr. zu einer der bedeutendsten Mächte aufstieg

** griech. diádochoi: „Nachfolger"

M1 Die Eroberungszüge Alexanders

M2 Wegbereiter des Hellenismus?

Der deutsche Historiker Manfred Clauss (geb. 1945) bewertet die historische Leistung Alexanders des Großen:

Die Beurteilung der geschichtlichen Bedeutung Alexanders hat von der Tatsache auszugehen, dass sein Werk in jeder Hinsicht unvollendet blieb. Das Reich, das er beherrschen wollte, hatte weder seine äußeren Grenzen erreicht, noch war es im Innern definitiv organisiert. Das Heer, Alexanders Machtinstrument, war bis zuletzt in Umbildung begriffen. Nach Alexanders frühem Tod brach sein Reich, dieser nur halbfertige Bau, in den Kämpfen der Diadochen zusammen; einen konstruktiven, stabilen Neubau hat Alexander der Nachwelt nicht hinterlassen: Er war in erster Linie der große Zerstörer. Die im Perserreich geeinigte und geordnete Welt des alten Orients hat er ebenso zerschlagen wie das Zeitalter der griechischen Polis. Doch hat dieses ganze Eroberungs- und Zerstörungswerk auch einen positiven Aspekt. Es schuf Raum für neue Verhältnisse, die sich schon vorbereitet hatten und deren Kommen nun beschleunigt wurde. In diesem Sinne war Alexander der Wegbereiter für die Ausbreitung der griechischen Kultur, für die Epoche des Hellenismus. Er, der selbst von der griechischen Bildung durchdrungen war, eröffnete dem Griechentum im Osten ungeahnte Möglichkeiten. Durch ihn und nach ihm strömten griechische Söldner und Siedler, Beamte und Kaufleute in großer Zahl dorthin [...].

Der Hellenismus zeigte sich vor allem in der zunehmenden Verbreitung der griechischen Sprache [...]. Für die Entwicklung des Wirtschaftslebens hat Alexander entscheidende Impulse gegeben: Innerhalb seines Reiches wurden wirtschaftliche Schranken und Verkehrsgrenzen niedergelegt, neue Handelswege erschlossen [...], die Erzeugung und der Austausch von Gütern intensiviert. Indem er die gehorteten persischen Königsschätze zu Münzgeld [...] ausprägen ließ und somit eine Währung für den Handelsraum schuf, setzte er eine erhebliche wirtschaftliche Konjunktur in Gang. Alexanders größte Bedeutung lag auf politischem Gebiet, in der Art seines monarchischen Herrschertums und mehr noch in seinem universalen Staatsgedanken. Die absolute Monarchie wurde durch ihn zur typischen Regierungsform der hellenistischen Zeit. Da der ungebundene Wille des Herrschers ausschlaggebend war, wurde er von der Gottheit her begründet.

Manfred Clauss, Einführung in die Alte Geschichte, München 1993, S. 96 f.

1. *Nennen Sie in einer Tabelle alle negativen und positiven Aspekte der Herrschaft Alexanders, die Clauss anführt.*
2. *Überprüfen Sie die Bezeichnung „der große Zerstörer“ (Zeile 10 f.) an der Bilanz, die der Autor zieht.*
3. *Verfassen Sie ein Gutachten zu dem Vorschlag, als Namenspatron des EZB-Gebäudes in Frankfurt am Main Alexander den Großen auszuwählen, da er eine einheitliche Währung für einen einheitlichen Handelsraum – vergleichbar mit dem Euro in der EU – geschaffen habe.*

Die Römische Republik

▲ **Aus der Gründungssage Roms.**
Münze, Anfang des 2. Jh. v. Chr.
- *Recherchieren Sie die Gründungssage Roms und benennen Sie die Hauptakteure.*
- *Beschreiben Sie die abgebildete Szene. Welcher Augenblick der Sage ist dargestellt?*

Roms Anfänge Mit seiner rund tausendjährigen Geschichte, die sich in sechs **Epochen** unterteilen lässt, prägt das Römische Reich bis heute die Kultur Europas. Den Ausgangspunkt bildete eine kleine Siedlung, die im 11. Jahrhundert v. Chr. an einer strategisch günstigen Stelle am Tiber entstand. Könige aus dem Volk der *Etrusker* fassten in der ersten Hälfte des 6. Jahrhunderts v. Chr. den losen Siedlungsverband zu einem Stadtstaat zusammen und gaben ihm mit der Anlage des Forums als Markt- und Versammlungsplatz einen religiösen, politischen und wirtschaftlichen Mittelpunkt. Tempel, Häuser aus Stein und die erste Kanalisation wurden errichtet und die Stadt mit einer Mauer umgeben. Ein etruskischer König übte die Herrschaft aus. Ihn beriet der *Senat*, ein Ältestenrat aus den Sippenhäuptern der meist latinischen* Adelsfamilien. Das von der römischen Geschichtsschreibung überlieferte Datum 21. April 753 v. Chr. mit dem Gründerkönig Romulus gehört demnach ins Reich der Legenden.

Grundlagen der römischen Gesellschaft Die römische Gesellschaft setzte sich aus einer kleinen grundbesitzenden Elite, den *Patriziern* (lat. patres: „die Väter"), und einer wesentlich größeren Gruppe römischer Bürger, den *Plebejern* (lat. plebs: „die Menge"), zusammen. Das Patriziat bestand aus den Oberhäuptern der reichen grundbesitzenden Familien, den *patres familias*. Zur römischen „familia" gehörten nicht nur Eltern und Kinder, sondern alle Generationen einer Familie mit Sklaven und Freigelassenen.

Die Plebejer waren persönlich frei. Sie besaßen zwar anfangs keine politischen Mitbestimmungsrechte, aber später waren sie zur *Volksversammlung* zugelassen, in der der Adel und die vermögenden, zum Wehrdienst als Hopliten fähigen Bürger dominierten. Die Plebejer betätigten sich als Kleinbauern, Kleinhändler, Handwerker und Tagelöhner. Von ihrem Verdienst konnten sie meist gerade so überleben. Da sich das Patriziat streng abkapselte, wurden selbst von außen zuziehende Adelsfamilien, von wenigen Ausnahmen abgesehen, den Plebejern zugerechnet.

Sklaven gehörten nicht zu den römischen Bürgern. Sie waren meist Kriegsgefangene und galten rechtlich nicht als Person, sondern als Sache. Einige arbeiteten für ihre Besitzer im Bergbau oder auf Feldern. Bessergestellte Sklaven verrichteten Tätigkeiten als Köche, Handwerker, Ärzte und Lehrer. Das römische Bürgerrecht erwarben sie erst bei ihrer Freilassung. Sie standen dann allerdings immer noch auf der niedrigsten sozialen Stufe der Bürgerschaft, blieben ihren Herren durch Dienstleistungen verpflichtet und hatten ihnen Gehorsam zu leisten.

Von der Monarchie zur Adelsrepublik Um 500 v. Chr. vertrieb das Patriziat den letzten etruskischen König und errichtete eine Adelsrepublik. Zwar verband Patrizier und Plebejer eine feste soziale Treuebeziehung, das *Klientelwesen***. Doch der Herrschaft des Patriziats drohten zwei Gefahren. So wollte die Plebs eine Machtbeteiligung und eine Demokratisierung erreichen. Gefährlicher waren jedoch die Bestrebungen einzelner Patrizier, sich an die Spitze des Gemeinwesens zu stellen. Denn die grundbesitzende Aristokratie insgesamt wollte ihre Herrschaft bewahren. Sie konnte aber die Staatsgewalt und die unterschiedlichen Regierungsgeschäfte nicht als Gruppe ausüben. Die

Epochen der römischen Geschichte: Die Geschichte Roms wird meist in sechs Epochen unterteilt:
- Königszeit: 8.-6. Jh. v. Chr.
- Frühe Republik: ca. 500-340 v. Chr.
- Mittlere Republik: 340-133 v. Chr.
- Späte Republik („Revolutionszeit"): 133-30 v. Chr.
- Kaiserzeit (Prinzipat): 30 v. Chr.-284 n. Chr.
- Spätantike: 284-476 oder 565 n. Chr.

Das Ende der Antike ist dabei nicht exakt zu datieren, die Übergänge zum Frühmittelalter sind fließend. Wichtige Einschnitte stellen die Absetzung des letzten weströmischen Kaisers Romulus Augustulus (476 n. Chr.) und die Erneuerung des Römischen Reiches unter Justinian (527-565 n. Chr.) dar.

* Die Latiner waren ein Volk in Italien. Sie bewohnten das Gebiet südlich des Unterlaufs des Flusses Tiber.
** Siehe Seite 33, Abbildung.

Aristokraten mussten die Macht also delegieren, jedoch ihren Missbrauch zugleich verhindern.

Die Verfassung der Republik Die Aristokratie übertrug die Staatsgewalt demgemäß einer vierstufigen Beamtenhierarchie, der Magistratur. An deren Spitze standen zwei *Konsuln*. Sie waren mit dem Imperium, der fast unumschränkten zivilen und militärischen Höchstgewalt, ausgestattet. Auch beriefen und leiteten sie Volksversammlungen und Senatssitzungen und führten das Heer. Den anderen Beamten gegenüber besaßen sie ein Weisungs-, dem Amtskollegen gegenüber ein Blockaderecht. Dies sowie die Beschränkung der Amtszeit auf ein Jahr (*Annuität*) setzten ihrer Macht Grenzen.

Verließen die Konsuln die Stadt, fiel die Staatsleitung an die sonst für die Rechtsprechung zuständigen *Prätoren*. Die nachgeordneten *Ädilen* kümmerten sich um Märkte, Tempel und öffentliche Ordnung; die *Quästoren* verwalteten die Staatskasse. Die hohen Staatsämter konnten nur in einer bestimmten Reihenfolge (*cursus honorum*) und mit einem festgesetzten Mindestalter übernommen werden. Der Weg zum Konsulat, das frühestens mit 43 Jahren bekleidet werden durfte, führte zunächst über das Amt eines Quästors (ab 30 Jahre), dann eines Prätors (ab 40 Jahre). In der Regel konnte man sich erst nach zehn Jahren zum zweiten Mal um das Konsulat bewerben.

Rechtlich bildete der Senat in der Republik nicht mehr als eine Versammlung von ca. 300 ehemaligen Amtsträgern. Faktisch war er jedoch jahrhundertelang das unumstrittene Machtzentrum der Republik. Seine Entscheidungen repräsentierten die versammelte Autorität aller Adelsgeschlechter sowie die politische Erfahrung aller jemals politisch Verantwortlichen.

Der Senat besetzte die Geschworenengerichte und er bestimmte die Steuersätze für die Bürger und für die Bewohner der dauerhaft unterworfenen Gebiete (*Provinzen**). Ferner empfing er ausländische Gesandtschaften, verhandelte mit ihnen und schloss Verträge mit fremden Staaten. Die Senatoren entschieden, wie viele Truppen im Kriegsfall ausgehoben und eingesetzt werden sollten. Sie ernannten auch die Oberkommandierenden und gewährten einen Triumph für den siegreichen Feldherrn. Schließlich konnte der Senat in Krisensituationen den Staatsnotstand erklären und den Konsul beauftragen, mit allen Mitteln die Sicherheit wiederherzustellen. Wenn beide Konsuln beispielsweise auf einem Feldzug umkamen, konnte der Senat einen *Zwischenkönig* (*interrex*) berufen, der umgehend die Wahl der Nachfolger leitete. Drohte Gefahr für den Staat, durfte der Konsul im Auftrag des Senats für sechs Monate einen *Diktator* ernennen. Dieser besaß unbeschränkte Vollmachten und konnte nach eigenem Ermessen alle Maßnahmen treffen, um den Notstand zu beseitigen. Der Diktator ernannte bei seinem Amtsantritt einen Reiteroberst als seinen Vertreter bei Abwesenheit. Der Reiterführer war die rechte Hand des Diktators und der nächsthöhere Beamte. Er war außerdem berechtigt, ähnlich wie ein Prätor, Truppen anzuführen.

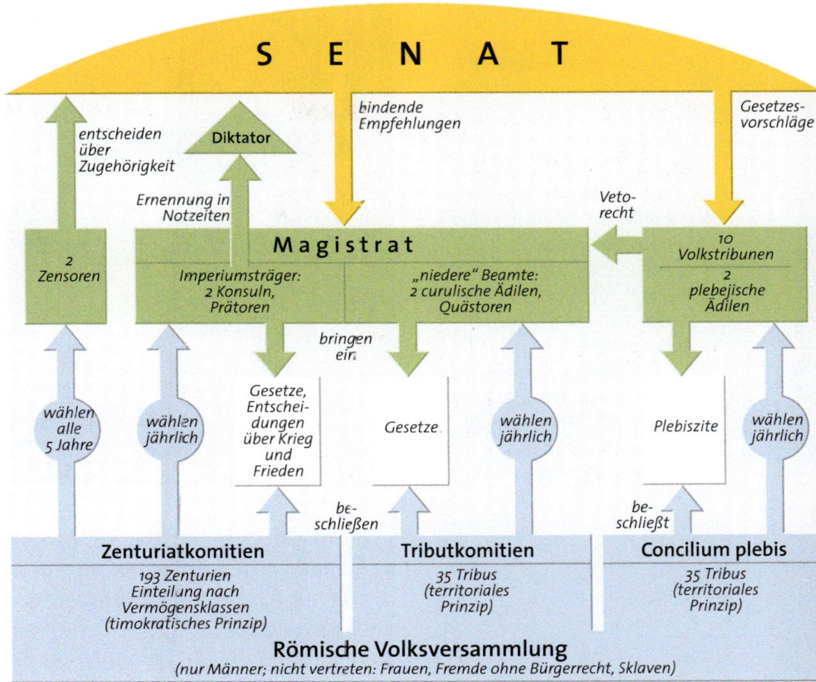

▲ **Verfassung der Römischen Republik ab 250 v. Chr.**
Vgl. dazu auch den Methoden-Baustein auf Seite 40 f.

* Siehe Seite 34.

▶ **Der Senat tagt.**
Fresko von Cesare Maccari im Palazzo Madama in Rom (Sitz des italienischen Senats), 1888. Konsul Cicero (106-43 v. Chr.) klagt den aus einer alten Patrizierfamilie stammenden Catilina (um 108-62 v. Chr.) an.

- *Recherchieren Sie zu diesem historischen Ereignis. Nehmen Sie dazu auch Lexika oder geeignete Internetseiten zu Hilfe.*
- *Analysieren Sie anschließend, welche Aussageabsichten und Geschichtsdeutungen des Malers in dem Gemälde deutlich werden.*

Ein „Rat" des Senats (*Senatus consultum*) besaß für Magistrate die Qualität eines kritik- und widerspruchslos auszuführenden Befehls. Wagten sie dennoch, dem Senat zu trotzen, blieb ihnen die weitere Ämterlaufbahn verschlossen und die Streichung von der Senatsliste war ihnen sicher. Diese Liste revidierten alle fünf Jahre zwei aus den ehemaligen Konsuln gewählte *Zensoren*.

Neben dem Senat und den Magistraten stellten die Volksversammlungen (*comitia*) die dritte Macht in der Römischen Republik dar (▶ M1). Zur Volksversammlung waren alle wehrfähigen Männer Roms zugelassen. Frauen, Fremde ohne Bürgerrechte und Sklaven blieben davon ausgeschlossen. Die Römische Republik besaß mehrere Formen von Volksversammlungen, die auf unterschiedlichen Zuordnungskriterien basierten. Es gab das gentilizische* Ordnungsprinzip der Kuriatsversammlungen, das timokratische** der Zenturiatsversammlungen und das territoriale der Tributversammlungen.

gentes (lat. gens: „Geschlecht", „Sippenverband"): Alle patrizischen Familien, die sich auf einen gemeinsamen Stammvater berufen konnten, bildeten eine gens.

Die *Kuriatsversammlung* (*comitia curiata*) war die Versammlungsform der Königszeit, bei der die **gentes** Roms in 30 Kurien zusammengetreten waren, je zehn aus den drei Stadtbezirken (*tribus*). Selbst noch in republikanischer Zeit behielten sie das Recht, die Amtsgewalt der höheren Beamten zu bestätigen. In den ersten Jahren der Auseinandersetzung zwischen Patriziern und Plebejern wurde die Heeresversammlung, auch *Zenturiatsversammlung* (*comitia centuriata*) genannt, als neue Volksversammlung eingerichtet. Im Gegensatz zu den Kuriatsversammlungen besaßen die Plebejer hier Stimmrecht. Allerdings wurden die römischen Bürger entsprechend ihrem Besitz fünf Vermögensklassen zugeordnet und dann auf 193 Abstimmungseinheiten, die Zenturien, aufgeteilt. Jede dieser Einheiten entschied nach dem Mehrheitsprinzip, wie sie sich zu einem Antrag verhielt. Die Zenturie besaß bei der eigentlichen Abstimmung eine Stimme. Die Ritter und Mitglieder der Nobilität besetzten aufgrund ihres großen Vermögens die Mehrheit der Zenturien und hatten damit das stärkste Gewicht an Stimmen. Die Zenturiatsversammlung stimmte über Gesetze ab, wählte die Konsuln, die Prätoren und die Zensoren, hatte zudem die Entscheidungsgewalt über Krieg und Frieden und kontrollierte die Strafgerichtsbarkeit.

Die Volksversammlung fand am häufigsten in Form der *Tributversammlungen* (*comitia tributa*) statt. Sie wählten die Ädile und Quästoren. In der comitia tributa waren die Bürger innerhalb der 35 Wohnbezirke, in die das römische Staatsgebiet eingeteilt war, stimmberechtigt. In die Bürgerlisten der vier Stadttribus wurde nahezu die gesamte ärmere Bevölkerung eingeschrieben, während die 31 Landtribus, und damit

* **gentilizisch**: aus Geschlechtern bzw. Familien bestehend
** **time** (griech.): „das Vermögen"

31 Stimmen, dem zahlenmäßig viel kleineren Besitzbürgertum vorbehalten blieben, sodass hier die *Proletarier* benachteiligt waren.

Formal bildeten Volk und Volksversammlungen ein starkes Gegengewicht gegen die adligen Senatoren und Magistrate, indem sie über Krieg und Frieden, die Gesetze und Magistratswahlen entschieden. Tatsächlich kontrollierte der Senat über die Magistrate aber auch die Volksversammlungen. Von sich aus durfte das Volk nicht aktiv werden. Allein der leitende Beamte war befugt, Anträge zu stellen oder Kandidaten zur Wahl zu präsentieren. Bei Abstimmungen oder Wahlen konnte das Volk nur zustimmen oder ablehnen. War der Magistrat mit dem Ergebnis der Abstimmung nicht zufrieden, musste er es nicht verkünden. Er hatte das Recht, den Abstimmungsvorgang beliebig oft wiederholen zu lassen.

Die Ständekämpfe Der Adel nutzte sein Machtmonopol in der frühen Republik, um sich Vorteile bei der Landverteilung zu sichern und viele Plebejer in die Schuldknechtschaft herabzudrücken, die der Sklaverei gleichkam. Da die plebejische Mittelschicht aber als Rückgrat der Hoplitenphalanx unersetzlich war, stiegen ihr Selbstbewusstsein und ihr Unwille über die drückende Adelsherrschaft.

Der politische und soziale Gegensatz zwischen der kleinen Schicht des großgrundbesitzenden Adels und der großen Menge der Plebejer führte zu Auseinandersetzungen, die sich mehr als zwei Jahrhunderte hinzogen (*Ständekämpfe*). In deren Verlauf konnten die Plebejer eine fast vollständige Gleichstellung mit den Patriziern erreichen. Sie schufen sich eigene Organe, die später auch von den Patriziern anerkannt wurden. Seit 450 v. Chr. wurden jährlich zehn *Volkstribune* gewählt (▸ M2). Sie leiteten die Volksversammlung der Plebejer (*concilium plebis*). Dort wurden *Plebiszite* (Volksbeschlüsse) gefasst.

In den Ständekämpfen erzwang die Plebs mit Wehrdienstverweigerung und Streiks schrittweise die Abschaffung der sozialen, rechtlichen und politischen Privilegien des Patriziats. Um 450 v. Chr. machte zunächst die Veröffentlichung des *Zwölf-Tafel-Gesetzes* das Recht für Plebejer kontrollier- und einklagbar. Es sollte die Plebejer vor der Willkür der Patrizier schützen und blieb über Jahrhunderte die einzige Gesetzessammlung. Die auf dem Forum Romanum aufgestellten zwölf Tafeln enthielten unter anderem Angaben zum Ablauf eines Prozesses, zum Familien- und Erbrecht, zum Vertragsrecht sowie zu Strafverfahren und Strafrecht. Nachdem damit die Patrizier das Monopol auf Rechtskenntnis verloren hatten, fiel um 445 v. Chr. die soziale Schranke des Heiratsverbotes zwischen den Ständen. 367 v. Chr. erreichten die Plebejer den Zugang zum Konsulat, 326 v. Chr. wurde die Schuldknechtschaft aufgehoben. Es folgten 287 v. Chr. die Anerkennung der Volkstribunen als Magistrate (Staatsbeamte) und 287 v. Chr. der Plebiszite als Staatsgesetze (*lex Hortensia*).

Das Patriziat schloss also Kompromisse, erhielt aber prinzipiell die Adelsherrschaft. Es fand in den führenden Plebejerfamilien Verbündete. Gemeinsam mit der plebejischen Elite verschmolz es zu einem neuen Adel, der *Nobilität* (lat. nobilitas: „die Namhaften"). Sie stand an der Spitze der Gesellschaft und lenkte die Geschicke Roms. Die Autorität dieser adligen Führungsschicht, die aus 20 bis 30 führenden Großfamilien bestand, beruhte endgültig nicht mehr auf dem Vorrecht der Geburt, sondern auf der Machtstellung, die sie durch die Bekleidung hoher Staatsämter innehatte. Im Lauf der Zeit schloss sich die Nobilität immer stärker gegen aufstrebende Konkurrenten ab. Diese „neuen Männer" (*homines novi*) besaßen keine Vorfahren aus der Nobilität und mussten außerordentliche Fähigkeiten vorweisen, um überhaupt in ein hohes Amt gewählt zu werden (▸ M3). Nur reiche und angesehene, oft mit adligen Familien verwandte Bürger besaßen die Voraussetzung, diesen Karrieresprung zu vollziehen.

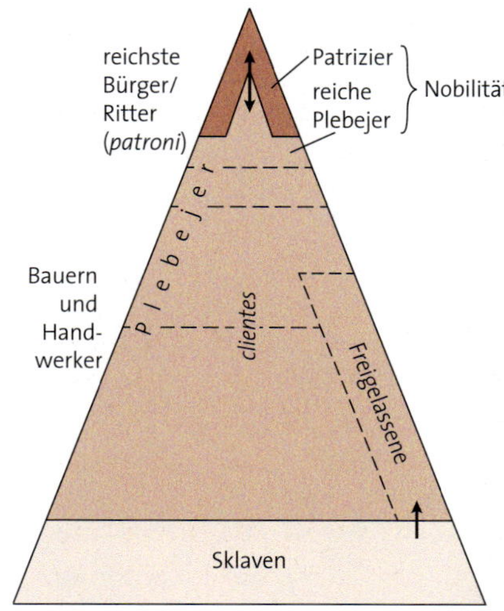

▲ Die sozialen Verhältnisse in der Republik.
Nach: Louis de Blois und Robert J. van der Spek, Einführung in die Alte Welt, Stuttgart 1994, S. 127 (leicht verändert)

Mittellose römische Bauern und Handwerker, aber auch freigelassene Sklaven unterstellten sich als Klienten (lat. clientes: „Schutzbefohlene") dem Schutz eines gesellschaftlich höherstehenden und materiell bessergestellten Patrons (lat. patronus: „Schutzherr"). Unter dem Klientelwesen verstand man ein Treueverhältnis auf Gegenseitigkeit. Der Patron schützte seine Klienten vor sozialer Not, vertrat sie vor Gericht und in der Politik. Dagegen verpflichteten sich die Klienten, den Patron bei seinen Geschäften zu unterstützen.

- *Erklären Sie anhand des Schaubildes die Beziehungen zwischen den Bevölkerungsgruppen der römischen Gesellschaft. Gehen Sie dabei auf die Mengen- und möglichen Machtverhältnisse zwischen den einzelnen Gruppen ein.*
- *Setzen Sie das Schaubild in Beziehung zu M3 (siehe Seite 38) und prüfen Sie, inwieweit sich die von Ihnen erarbeiteten Machtverhältnisse (erste Arbeitsfrage) dort wiederfinden.*
- *Arbeiten Sie den Durchlässigkeitsgrad der Gesellschaft heraus.*

Jahr	Fläche
nach 500	822 km²
396	1510 km²
340	1902 km²
338	5289 km²
298	7600 km²
290	14000 km²
280	17390 km²
264	24000 km²
180	55000 km²

▲ Ausdehnung des römischen Herrschaftsgebietes bis 180 v. Chr.
Nach: Boris Dreyer, Die Innenpolitik der römischen Republik 264-133 v. Chr., Darmstadt 2006, S. 90 (gekürzt)

- *Beschreiben Sie die Statistik.*
- *Arbeiten Sie heraus, welche materialkritischen Aspekte (Skalierung, Ermittlung der Daten, Aussagekraft) zu beachten sind.*
- *Erstellen Sie mit den Daten ein Linien-/Kurvendiagramm.*
- *Erklären Sie, welche Rückschlüsse sich aus der Analyse der Statistik auf die Situation in Rom und in den von Rom beherrschten Gebieten ziehen lassen.*

Die Expansion der Republik ■ Von ca. 400 bis 129 v. Chr. errichtete die Stadtrepublik Rom in einer beispiellosen Expansion ein den Mittelmeerraum umfassendes Weltreich. Dessen Aufbau gliederte sich in drei Regionen: Von 400 bis 272 v. Chr. unterwarf Rom die Apenninenhalbinsel. Von 264 bis 201 v. Chr. eroberte es im Ringen mit der nordafrikanischen Handelsrepublik Karthago das westliche Mittelmeer und bis 129 v. Chr. große Teile des hellenistisch geprägten östlichen Mittelmeerraumes. Das Mittelmeer war dadurch zum Meer Roms geworden, zum *mare nostrum* (dt. „unser Meer“). Aus der Sicht der Zeitgenossen waren die Römer damit zur Weltmacht aufgestiegen, weit und breit gab es über Jahrhunderte keinen Staat, der ihre Vorherrschaft bedrohen konnte – das *Imperium Romanum* (dt. „Römisches Weltreich“) war geboren.

Herrschaft in Italien ■ Die Römer lebten auf der italienischen Halbinsel nicht allein. Sie waren von verschiedenen Stämmen eingekreist und mussten sich mehrmals gegen die Angriffe ihrer Nachbarn verteidigen. Rom entwickelte verschiedene Formen der Herrschaftsausübung in Italien, um sich gegen seine Feinde erfolgreich behaupten zu können. Die benachbarten Latiner wurden bis 338 v. Chr. völlig in den römischen Stadtstaat integriert. Auch Städte anderer Völker Italiens nahm Rom später in seinen Staatsverband auf, aber mit einem Bürgerrecht zweiter Klasse ohne politische Rechte.

Die meisten Städte und Stämme Italiens wurden nach ihrer Unterwerfung autonome *Bundesgenossen* (*socii*). Sie mussten sich durch unkündbare Bündnisverträge jeweils einzeln an Rom binden und verloren ihre außenpolitische Souveränität. Bündnisse mit Dritten blieben nur der Hegemonialmacht Rom gestattet. Auf Roms Anordnung mussten festgelegte Truppenkontingente gestellt werden. Befestigte *Militärkolonien* dienten zur Kontrolle der neuen Verbündeten.

Provinzsystem ■ Außerhalb Italiens behandelte Rom Besiegte als steuerpflichtige und rechtlose Untertanen. Deren Städte blieben begrenzt autonom, wurden aber den Weisungen eines Statthalters unterworfen, der jeweils für eine größere Region – Provinz genannt – zuständig war. Dessen militärische und zivile Macht war nahezu unbeschränkt. Sie unterlag anders als die der Magistrate keiner Kontrolle durch den Senat oder Amtskollegen. Es war zwar möglich, gegen die Ausbeutung durch einen Statthalter zu klagen, dafür musste aber erst ein geeigneter Anwalt, der für die Interessen der Provinz eintrat, gefunden werden. Da Statthalter kein reguläres römisches Staatsamt bekleideten, aber für einen Magistrat („pro magistratu“) und mit dessen Amtsgewalt handelten, hießen sie *Promagistrate* und fungierten zum Teil auch als Heerführer.

Zur Minimierung des Verwaltungsapparates verzichtete Rom auf die staatliche Erhebung der Provinzialsteuern. Die Zensoren verpachteten das Recht zum Steuereinzug in einzelnen Provinzen gegen Höchstgebot an private Pachtgesellschaften. Die Steuerpächter (*publicani*) zahlten der Staatskasse im Voraus feste Summen und trieben dann Steuern nach eigenem Gutdünken ein. Die Differenz zwischen Pacht und Einnahmen ergab ihren Gewinn. Der war oft ungeheuer, da die Statthalter schamloser Ausbeutung selten Schranken setzten.

Rückwirkungen der Expansion ■ Die Sachzwänge der fernen Eroberungskriege und der Provinzialverwaltung erforderten bald die Verlängerung der Promagistraturen. Damit wurde auch das zweite fundamentale Verfassungsprinzip, die Beschränkung der

Amtszeit, durchbrochen. Konsulat und Prätur verkamen im Lauf der Expansion zunehmend zum Sprungbrett für anschließende lukrative Promagistraturen. Feldherren und Statthaltern eröffneten sich ungeheure Möglichkeiten der Bereicherung. Große militärische Leistungen verschafften unvergleichbares Prestige. Nobiles, die als Promagistrate – im Osten gottähnliche – Verehrung und schrankenlose Macht genossen hatten, ließen sich nach Ablauf ihrer Kommandos zunehmend schwerer in den Senat integrieren. Dort wartete auf sie oft eine neiderfüllte Mehrheit. Denn dort hatten viele den Weg zu Macht, Reichtum und Ruhm durch Ämter (Prätur und Konsulat) nie erreicht. Die wachsende Ungleichheit untergrub ab 200 v. Chr. zunehmend Zusammenhalt und Machtbalance des Adels und damit die Fundamente seiner Herrschaft.

Spätere soziale Spannungen hatten ihren Ursprung auch in dem Grundsatz, dass Geldgeschäfte nicht mit dem Ethos und der Würde der Nobilität vereinbar waren. Dementsprechend legte die *lex Claudia* von 218 v. Chr. ein Verbot von Steuer- und Handelsgeschäften für diesen Stand fest. Der Teil der Oberschicht, der weiter Geldgeschäfte betreiben wollte, gehörte fortan dem von politischen Karrieren ausgeschlossenen *Ritterstand* an. Die lex Claudia zwang Senatoren, in landwirtschaftlichen Besitz zu investieren. Sicherheit und Ansehen dieser Anlage zogen auch die Ritter an. Beide Gruppen setzten dabei auf eine mit Sklaven betriebene Gutswirtschaft mit ausgedehnter Weidewirtschaft und intensivem Wein- und Olivenanbau. Seit Roms Feldherren im 2. Jahrhundert zunehmend zu Massenversklavungen schritten, um ihre Kassen zu füllen, herrschte kein Mangel an Sklaven als billigen Arbeitskräften.

Den Kleinbauern bereitete der oft jahrelange Kriegsdienst außerhalb Italiens schwere Probleme. Daraus resultierende Verschuldung und offene Gewalt der Gutsbesitzer zwangen immer mehr von ihnen zur Aufgabe. So endeten viele stolze Eroberer der Mittelmeerwelt am Ende in den elenden Reihen der besitzlosen und von staatlicher Getreideversorgung lebenden stadtrömischen Proletarier. Das barg sozialen Sprengstoff und gefährdete zudem Roms militärische Macht. Da nur wehrpflichtig war, wer ein Mindestvermögen für die Anschaffung der Waffen besaß, gingen der Weltmacht gegen Ende des 2. Jahrhunderts v. Chr. zusehends die Rekruten aus.

Agrar- und Heeresreform ■ Im Jahr 133 v. Chr. legte der Nobilis *Tiberius Gracchus* als Volkstribun Vorschläge für eine Agrarreform zur Lösung des Kleinbauern- und Militärproblems vor. Großgrundbesitz sollte grundsätzlich auf 125 Hektar beschränkt, darüber hinausgehender Besitz an Proletarier ausgegeben werden. Als führende Nobiles einen Senatsbeschluss und das Veto eines anderen Tribunen gegen das Vorhaben erwirkten, griff Tiberius zum doppelten Verfassungsbruch: Er setzte seinen gegnerischen Tribunkollegen per Volksbeschluss ab und brachte gegen alle Regeln seine Wiederwahl durch. Senatorische Gegner ließen Tiberius daraufhin ermorden. Dessen ungeachtet knüpfte sein Bruder *Gaius* 123 v. Chr. an Tiberius' Politik an. Um sich abzusichern, übertrug er die Entscheidung über Todesurteile per Gesetz exklusiv der Volksversammlung. Dagegen reklamierte der Senat das Recht, den Staatsnotstand zu erklären und die Konsuln zur Tötung erklärter Staatsfeinde – auch ohne Gerichtsurteil – zu ermächtigen. Als der Senat diesen Beschluss gegen Gaius fasste, wählte der den Freitod.

Die Auseinandersetzung um die Gracchischen Reformversuche spaltete die Nobilität dauerhaft in zwei Gruppen. Die *Optimaten* (lat. optimus: „der Beste") wollten die herkömmliche Ordnung und den Senat als einzig legitimen Ort für politische Entscheidungen bewahren. Die *Popularen* (lat. populus: „das Volk") suchten dagegen ihre Ziele als Tribunen oder Konsuln gegen die Senatsmehrheit mit Volksbeschlüssen durchzusetzen (▸ M4).

Filmtipp:
Rom. TV-Serie von Michael Apted, 2005. Die Serie zeichnet die Geschehnisse vom Vorabend des Bürgerkrieges (siehe Seite 36) bis zur Machtübernahme des Augustus in einer fiktiven Geschichte nach.

▲ **Träger eines Legionsadlers.**
Bronzestatue von einer Pferderüstung, 1. Jh. n. Chr.
Zur Heeresreform des Marius gehörte auch eine Vereinheitlichung der Feldzeichen. So wurde der Adler – das Zeichen Jupiters – alleiniges Erkennungszeichen der Legion.

▲ **Lucius Cornelius Sulla (um 138/34 - 78 v. Chr.).**
Porträtbüste, um 100 v. Chr.
■ *Arbeiten Sie heraus, welchen Eindruck von Sullas Charakter die Büste erweckt.*

Gegen den Willen des Senats löste der Populare *Gaius Marius* als Konsul (ab 104 v. Chr.) Roms Rekrutenproblem durch eine grundlegende Heeresreform. Er rekrutierte besitzlose Proletarier als Berufssoldaten, rüstete sie mit Staatsmitteln aus und band sie mit Soldzahlungen und Bauernhöfen als Entlassungsprämien nach Ablauf der 16-jährigen Militärzeit als Heeresklientel fest an den Feldherrn. Das verschaffte ehrgeizigen Generälen ein neues, auch innenpolitisch einsetzbares Machtpotenzial (▸ M5).

Das Ende der Republik Ersten Gebrauch davon machte der Optimat und Konsul *Sulla*, der im Dauerkonflikt von Popularen und Optimaten zweimal zum Mittel des Staatsstreichs griff. 88 v. Chr. sicherte Sulla sich und seinen Legionen damit die Führung eines Krieges im Osten, der reiche Beute versprach. Bei seiner Rückkehr 82 v. Chr. erzwang der zum Staatsfeind erklärte Sulla seine dauerhafte Ernennung zum Diktator „für die Neuordnung der Republik". Diese bestand aus der faktischen Abschaffung des Volkstribunats und der Ermordung seiner Gegner. Dem Terror seiner *Proskriptionen* (öffentliche Listen mit Namen von Todeskandidaten) fielen ca. 1700 Senatoren und Ritter zum Opfer. 79 v. Chr. hielt Sulla die Optimatenherrschaft für dauerhaft gesichert und legte die Diktatur nieder. Der politische Dammbruch, den er ausgelöst hatte, war jedoch irreparabel.

Sullas Ordnung wurde durch ein 60 v. Chr. geschlossenes Bündnis dreier führender Nobiles zerstört. **Caesar**, der Führer der Popularen, *Pompeius*, der vom Senat enttäuschte Patron der größten Heeresklientel, und *Crassus*, der reichste Römer seiner Zeit, verabredeten, „es solle nichts geschehen, was einem der drei missfiele". Die Macht des „Drei-Männer-Bundes" (*Triumvirat*) beruhte auf Caesars Rückhalt bei der Plebs, Pompeius' Feldherrenruhm sowie Crassus' Finanzen. Dem vermochte der Senat nichts entgegenzusetzen. Die Triumvirn sicherten sich für ein Jahrzehnt Roms wichtigste Statthalterschaften und alle Legionen.

Als Crassus 52 v. Chr. bei einem Kriegszug fiel und Pompeius sich auf die Seite des Senats schlug, da er auf Caesars Eroberungen in Gallien eifersüchtig war, zerbrach das Triumvirat. Am 1. Januar 49 v. Chr. forderte der Senat vom Prokonsul Caesar, sein Heer aufzulösen und als Privatmann nach Rom zurückzukehren. Dies hätte Caesars politisches Ende bedeutet. Als Caesar nahe stehende Volkstribunen dagegen ihr Veto einlegten, rief der Senat den Staatsnotstand aus. Caesar reagierte, indem er seine Legionen nach Italien und in den Bürgerkrieg führte. Nach vier Jahren hatte der aufständische Prokonsul jeden Widerstand unterdrückt. Anders als Sulla schonte er seine Gegner, hatte jedoch keine Absicht, die ihm übertragene unbegrenzte Diktatur jemals wieder aus den Händen zu geben. Als sich alle Hoffnungen auf eine Wiederherstellung der Senatsherrschaft zerschlugen, bildete sich eine schlagkräftige Opposition. 60 Verschwörer aus deren Reihen ermordeten Caesar am 15. März 44 v. Chr. während einer Senatssitzung.

Doch ihr unrealistischer Traum von der Wiederherstellung der Republik durch Mord verflüchtigte sich rasch. Caesars Generäle *Antonius* und *Lepidus* verbündeten sich mit Caesars 19-jährigem Adoptivsohn **Octavian** zum *2. Triumvirat*, einer kaum bemäntelten Militärdiktatur. Ihre innenpolitischen Gegner schalteten sie wie Sulla mit Proskriptionen und Bürgerkrieg aus. Am Ende duellierten sich die Sieger in einem weiteren Bürgerkrieg. Die Entscheidung fiel nach fast 14 Jahren Bürgerkrieg 31 v. Chr. in der Seeschlacht bei Aktium an der Küste Griechenlands zu Octavians Gunsten. Damit war die Revolutionszeit der Römischen Republik beendet und die Zeit der römischen Kaiser begann.

Caesar (Gaius Julius C., 100 - 44 v. Chr.): römischer Feldherr und Staatsmann. Als Statthalter von Provinzen in Oberitalien und Gallien unterwarf er zwischen 58 und 51 v. Chr. alle nicht schon mit Rom verbundenen gallischen Völker. Er begann 49 v. Chr. einen Bürgerkrieg, um seine Machtansprüche durchzusetzen. Ab 48 v. Chr. wurde er zum Diktator ernannt, 44 v. Chr. von Angehörigen des Senats ermordet. „Caesar" wurde zum Beinamen, später zum Titelbestandteil der römischen Kaiser.

Octavian, später **Augustus** (63 v. Chr. - 14 n. Chr.): Großneffe Caesars, der ihn zum Erben eingesetzt hatte. Octavian begründete nach 31 v. Chr. in Rom den Prinzipat. 27 v. Chr. verlieh ihm der Senat wegen seiner Verdienste (Friedenssicherung) den Ehrentitel „Augustus" („der Erhabene"). Der Monat August wurde nach ihm benannt. Die meisten späteren Kaiser übernahmen die Bezeichnung „Augustus" in ihren Kaisertitel.

M1 Die „gemischte Verfassung“

Der griechische Geschichtsschreiber Polybios (um 200 - um 120 v. Chr.), der mit etwa 30 Jahren nach Rom verschleppt worden ist, beschreibt die Verfassung der Römischen Republik so:

So gerecht und angemessen aber [...] waren die Rollen verteilt und wurden in diesem Zusammenspiel die politischen Aufgaben gelöst, dass auch von den Einheimischen niemand mit Bestimmtheit hätte sagen können, ob das Gemeinwesen aristokratisch, demokratisch oder monarchisch war. [...] Denn wenn man seinen Blick auf die Amtsgewalt der Konsuln richtete, erschien das Gemeinwesen vollkommen monarchisch und königlich, wenn auf die des Senats, wiederum aristokratisch, und wenn man auf die Machtfülle der Menge sah, schien sie unzweifelhaft demokratisch. [...]
Obwohl jeder der drei Teile solche Macht hat, einander zu schaden oder zu helfen, so besitzen sie doch in allen kritischen Situationen eine solche Übereinstimmung, dass man unmöglich ein besseres politisches System finden kann. Denn wenn eine von außen her sie alle gemeinsam bedrohende Gefahr zum gemeinsamen Handeln und zur Zusammenarbeit zwingt, dann entfaltet dieses Gemeinwesen eine solche Kraft, dass weder eine notwendige Maßnahme versäumt wird, denn alle wetteifern miteinander, Mittel zu ersinnen und das Unheil abzuwehren, noch die Ausführung eines Beschlusses zu spät kommt, da alle zusammen und jeder Einzelne Hand anlegt, um das Beabsichtigte durchzuführen. Daher ist dieses Gemeinwesen dank seiner eigentümlichen Verfassung unwiderstehlich, und es erreicht alles, was es sich vorgesetzt hat. Wenn sie dann aber nach Abwendung der äußeren Gefahren im Genuss des Reichtums, den ihre Erfolge ihnen eingebracht haben, im Überfluss leben und, von Schmeichlern oder durch eigene Sorglosigkeit verführt, hochmütig und stolz werden, wie dies so zu geschehen pflegt, da kann man erst richtig erkennen, wie diese Verfassung durch sich selbst ein Heilmittel dagegen findet. Denn wenn einer der drei Teile die ihm gezogenen Grenzen überschreitet und sich eine größere Macht anmaßt, als ihm zusteht, dann erweist sich der Vorteil dessen, dass keiner der Teile für sich besteht, sondern von den anderen zurückgehalten und in seinen Plänen gehindert werden kann und ein Gegengewicht hat; keiner der Teile kann in seiner Macht zu sehr wachsen, keiner kann die anderen Teile verachten. Alle bleiben in dem gewohnten Zustand, und jedes aggressive Vorgehen wird gehindert, und von Beginn an fürchtet der eine den Widerstand der anderen.

Polybios, Historien 6, 11 ff.; zitiert nach: Hans-Joachim Gehrke und Helmuth Schneider (Hrsg.), Geschichte in der Antike. Quellenband, Stuttgart 2007, S. 215 f. und 218 (übersetzt nach H. Drexler)

1. *Polybios bezeichnet die politische Ordnung Roms als „gemischte Verfassung“. Erklären Sie diese Aussage.*
2. *Beurteilen Sie Polybios' Einschätzung der römischen Verfassung. Gehen Sie hierbei besonders auf seine Darstellung des Zusammenwirkens der Institutionen ein.*
3. + *Der Historiker Fergus Millar deutet die Verfassung der Römischen Republik als Demokratie. Nehmen Sie Stellung zu dieser These.*

M2 „Sich mit Füßen treten lassen“

Der griechische Schriftsteller Plutarch (46-125 n. Chr.) äußert sich über das Amt des Volkstribuns:

Man glaubt, dass das Tribunat eher etwas ist, das das Amt zügelt und diesem entgegengesetzt ist, als ein wirkliches Amt. Denn seine Befugnis und Gewalt besteht darin, der Gewalt eines Beamten entgegenzutreten und ihre allzu große Befugnis zu beschneiden. [...] Da das Tribunat seinen Ursprung vom Volke ableitet, ist das Volkselement in ihm stark, und es ist von großer Bedeutung, dass der Tribun nicht gegenüber den andern überheblich ist, sondern sich im Auftreten, in Kleidung und Lebensweise den gewöhnlichen Bürgern angleicht. Würde steht dem Konsul und Prätor an, der Tribun aber muss [...] sich „mit Füßen treten lassen“, darf keine stolze Miene zeigen, nicht schwer zugänglich noch barsch dem Volke gegenüber sein. [...] Daher ist es Brauch, dass die Tür seines Hauses nie verschlossen ist, sondern offen bleibt, Tag wie Nacht, wie ein Hafen und eine Zuflucht für alle, die der Hilfe bedürfen. Je mehr er aber in seinem Auftreten sich erniedrigt, umso mehr steigert sich seine Macht [...], und durch die Ehre, die man ihm zollt, wird seine Person hochheilig und unverletzlich.

Plutarch, Röm. Fragen 81 (283); zitiert nach: Walter Arend (Bearb.), Altertum. Geschichte in Quellen, München [3]1978, S. 412 (übersetzt von Walter Arend)

1. *Arbeiten Sie die Rolle der Volkstribune im Vergleich zu den anderen „ordentlichen“ Ämtern heraus.*
2. *Charakterisieren Sie, welches Konfliktpotenzial zwischen Volkstribunat und den ordentlichen Magistraturen besteht.*
3. *Das Amt des Volkstribuns wurde zunehmend von Mitgliedern der Nobilität (siehe Seite 33) besetzt. Beurteilen Sie diese Entwicklung aus Sicht der unterschiedlichen gesellschaftlichen Gruppen der Römischen Republik.*
4. + *Verfassen Sie auf der Grundlage Ihres Urteils eine Rede, die Sie als Vertreter der Plebejer und deren Interessen halten.*

M3 Ratschläge an einen homo novus

Der aus dem Ritterstand stammende Politiker Quintus Tullius Cicero (102-43 v. Chr.) erteilt seinem älteren Bruder Marcus Tullius Cicero Ratschläge für die Bewerbung um das Amt des Konsuls. In einem Brief aus dem Jahre 64 v. Chr. heißt es:

Bedenke, um welche Bürgerschaft es sich handelt, worum du dich bewirbst und wer du bist. Jeden Tag musst du dir, wenn du zum Forum hinuntergehst, dies klarmachen: „Ich bin ein Neuling [homo novus]; ich bewerbe mich um das Consulat, es handelt sich um Rom."
Die Neuheit deines Namens wirst du unschwer durch deinen Ruhm als Redner ausgleichen. Schon immer hat die Beredsamkeit eine besondere Würde verliehen; wer für würdig befunden wird, Consulare[1] vor Gericht zu verteidigen, kann nicht für unwürdig gehalten werden, selbst Consul zu werden. [...]
Ferner achte darauf, dass die große Zahl deiner Freunde und ihr Rang in Erscheinung tritt; du hast auf deiner Seite, was nur wenige homines novi gehabt haben: alle Steuerpächter [publicani], fast den gesamten ordo equester[2], zahlreiche dir ergebene Landstädte, viele Menschen jeden Standes, die du verteidigt hast, [...] dazu sehr viele Jünglinge, die mit dir durch das Studium der Redekunst verbunden sind; Tag für Tag sind die Freunde in großer Zahl präsent. Dies alles musst du festhalten, indem du ermahnst und bittest und auf jede Weise die Leute zu der Einsicht zu bringen suchst, dass es keine andere Gelegenheit mehr geben wird für diejenigen, die dir verpflichtet sind, sich dir erkenntlich zu zeigen, und für diejenigen, die etwas von dir wollen, sich dir zu verpflichten.
Auch dürfte einem homo novus das Wohlwollen der Nobiles und am meisten das der Consulare helfen; es ist nützlich, gerade von denen der Stellung und des Ranges für wert gehalten zu werden, deren Rang und Würden du erlangen willst. [...]
Außerdem musst du dich um die Jünglinge aus der Nobilität bemühen, um sie für dich zu gewinnen oder um sie zu halten, wenn sie dir bereits gewogen sind; auf diese Weise wird dein Ansehen erheblich gefördert werden. Sehr viele hast du bereits auf deiner Seite; lass sie wissen, welchen Wert du auf sie legst! [...]
Sehr hilfreich ist für dich angesichts deiner Herkunft aus einer Familie ohne Vorfahren im Senat überdies der Umstand, dass unter den Nobiles, die sich mit dir bewerben, keiner zu behaupten wagt, es sei geradezu selbstverständlich, dass ihnen die Zugehörigkeit zur Nobilität mehr nütze, als dir deine Fähigkeiten. [...]
[...] [A]ber es gibt viele, die dir es neiden; denn als Mann, der aus dem Stand der equites [Ritter] stammt, erstrebst du die höchste Stellung im Gemeinwesen, und es ist gerade insofern die höchste Stellung, als dieses Amt einem tapferen, redegewandten, unbescholtenen Mann viel mehr Ansehen einbringt als jedem anderen.
[...] Und gerade diejenigen, die aus consularischen Familien stammen, die aber die Stellung ihrer Vorfahren nicht erreicht haben, beneiden dich, wie ich vermute, es sei denn, der eine oder andere besitzt eine große Wertschätzung für dich. Auch die homines novi unter den Prätoriern, soweit sie sich nicht durch eine von dir erwiesene Wohltat verpflichtet fühlen, wollen nicht, glaube ich, dass du sie an Ehre übertriffst. [...]
Auch ist bei dieser Bewerbung wesentlich darauf zu achten, dass die Republik [res publica] ihre Hoffnung auf dich setzt und Ehrenvolles erwartet. Allerdings solltest du während deiner Bewerbung weder im Senat noch in der Volksversammlung zu politischen Tagesereignissen Stellung nehmen, du solltest vielmehr Folgendes dir zur Regel machen: Der Senat muss aufgrund deiner Lebensführung glauben, dass du für seine Autorität eintreten wirst, die equites [Ritter] sowie die guten und reichen Bürger müssen angesichts deines bisherigen Lebens glauben, dass du dich um Ruhe [otium] und friedliche Verhältnisse bemühen wirst, die Menge [multitudo] muss aufgrund der Tatsache, dass du in deinen Äußerungen in den Volksversammlungen [contiones] und vor Gericht als Mann des Volkes aufgetreten bist, glauben, dass du ihren Interessen nicht ablehnend gegenüberstehst.

Quintus Tullius Cicero, Denkschrift über die Bewerbung 2-7, 13, 53; zitiert nach: Hans-Joachim Gehrke und Helmuth Schneider (Hrsg.), a.a.O., S. 252-254 (übersetzt nach Helmut Kasten)

[1] **Consulare**: ehemalige Konsuln
[2] **ordo equester**: Gemeint ist hier der Ritterstand. Reiche und angesehene, oft mit adligen Familien verwandte römische Bürger konnten sich aufgrund ihres Vermögens im Kriegsfall ein Pferd und teure Waffen leisten, sie wurden daher Ritter (equites) genannt. Ein Teil von ihnen wartete auf die Gelegenheit, in ein hohes Amt und in die Nobilität aufgenommen zu werden. Andere waren Großkaufleute, Großunternehmer, Bankiers, Reeder oder Gutsbesitzer und hielten sich von der aktiven Politik fern.

1. *Analysieren Sie M3 in Gruppenarbeit hinsichtlich*
a) der Eigenschaften des Bewerbers,
b) der Rolle von Freunden und der Nobilität,
c) der Bedeutung des öffentlichen Ansehens,
d) der Bedeutung der Konkurrenz.

2. *Arbeiten Sie aus dem Text das Selbstverständnis der Nobilität heraus.*

3. *Erläutern Sie ausgehend vom Text, welche Voraussetzungen und Strategien notwendig waren, um in Rom in die Führungsschicht aufzusteigen.*

M4 Reformstau in der Römischen Republik?

Der Historiker Karl Christ bewertet 2008 die Reformbemühungen in der Römischen Republik zwischen 121 und 78 v. Chr.:

Einmal erschienen vielen Optimaten offensichtlich auch die bescheidensten und nur allzu berechtigten, ja geradezu unvermeidbaren Reformansätze bereits als Revolution, jede Veränderung der Gesellschafts-, Wirtschafts- und Verfassungsstruktur als eine Veränderung zum Schlechteren. Diese Einstellung entsprach nicht nur schichtenspezifischen Interessenlagen, sie entsprach ebenso eindeutig den Traditionen der römischen Führungsschicht, ihrem Selbstverständnis wie ihrer Ideologie. Die zweite Beobachtung [...] ließe sich auch bei anderen Reformbestrebungen inmitten revolutionärer Konstellationen [...] aufzeigen. Es ist die Tatsache, dass in vielen Fällen kompromissbereite Reformer die unmittelbaren und die indirekten Folgen ihrer Initiativen ebenso wenig vorausgesehen haben wie die konsequenten Revolutionäre. In diesem Zusammenhang ist nicht Sulla, sondern Marius die bemerkenswerteste Figur. Der erfolgreiche militärische Spezialist und Feldherr hat das geschaffen, was heute zumeist als die Heeresgefolgschaft der späten Republik bezeichnet wird. Konkrete militärische Aufgaben [...] zwangen ihn zum Aufbau jenes Heeres, das zum wichtigsten Machtinstrument der späten Republik werden sollte. Doch an die gesellschaftlichen und politischen Auswirkungen und Folgen seiner organisatorischen Maßnahmen hat Marius wohl keinen Augenblick gedacht. Jedenfalls hat er gezögert, die Konsequenzen aus der von ihm herbeigeführten Entwicklung zu ziehen, Konsequenzen, die freilich dann erst von Caesar rigoros und völlig skrupellos gezogen worden sind. Indessen steht Marius in seiner Anerkennung der Bindungen an Tradition und System nicht allein. Sie begegnet, wenn auch in einer im Einzelnen unterschiedlichen Stärke, bei Tiberius Gracchus ebenso wie [...] bei Cinna. [...] In Rom stellten Reformer, die alle Brücken hinter sich abbrachen [...] die Ausnahme dar. In der Regel wurde stets versucht, die Krisen innerhalb der bestehenden Strukturen zu überwinden. Diese Versuche erwiesen sich freilich nicht schon deswegen als von Anfang an aussichtslos, weil die Reformer über keine organisierte und konstante Anhängerschaft verfügten, sondern sich von Projekt zu Projekt um immer neue, wechselnde Interessengruppen bemühen mussten. Aber mehr noch als das Scheitern dieser häufig genug zersplitterten Ansätze trug das Verhalten der Reaktion, die hartnäckige Opposition des Octavius[1], das repressive Vorgehen gegen Livius Drusus, gar nicht zu reden von den Proskriptionen Sullas zu einer Verschärfung der Konfliktlage bei [...].

Karl Christ, Krise und Untergang der römischen Republik, Darmstadt ⁷2010, S. 228 f.

1. *Gliedern Sie den Text nach Sinnabschnitten.*
2. *Charakterisieren Sie ausgehend vom Text die Rolle der genannten Personen für die Reform der Römischen Republik und legen Sie hierzu eine Übersicht an.*
3. *Prüfen Sie auf Basis Ihres Hintergrundwissens, ob Christ in seiner Beurteilung der Personen zuzustimmen ist.*

M5 Die Römische Republik – Freiheit für wenige?

Der britische Historiker Greg Woolf beleuchtet in einem 2015 erschienenen Band die Zeit der Römischen Republik:

Die Zeit der Republik hat beinahe fünfhundert Jahre gedauert, vom späten 6. Jahrhundert v. Chr. bis zum ausgehenden 1. Jahrhundert v. Chr. Sie galt später als eine Zeit der Freiheit und des frommen Anstands. Es waren die Reichen, die in den Genuss der Freiheit kamen, und darunter vor allem die aristokratischen Familien, die gemeinsam die politischen Ämter und die religiöse Führung monopolisierten. [...] Die Anführer der römischen Eroberungen brachten Schätze heim, mit denen sie die Stadt schmückten, sowie Geld, mit dem sie Land kaufen oder pachten konnten, und Sklaven, mit denen sie es bebauen konnten. Wie die meisten Städte der Antike stützte sich Rom auf eine Armee von Bürgern.

Zu Beginn waren die meisten von ihnen Bauern, die sich zu Feldzügen einfanden, die in für die Landwirtschaft verhältnismäßig ruhigen Zeiten unternommen wurden. Viele zogen reichlichen Gewinn aus den Eroberungen. Diejenigen, die nahe genug an der Stadt Rom lebten, hatten einen gewissen Einfluss in den politischen Versammlungen, die die Beamten wählten und die wichtigsten Entscheidungen trafen, wie etwa die, ob man in den Krieg ziehen sollte oder nicht. Aber Rom gelangte doch niemals zu der Art demokratischer Verhältnisse, wie man sie in Athen geschaffen hatte, wo die Reichen gezwungen waren, ihren Reichtum zu verbergen und einen Teil davon für öffentliche Zwecke aufzuwenden.

In Rom blieb die Macht in Händen der Wenigen. Ämter bekleidete man zwar nur für ein Jahr, aber ehemalige Beamte saßen lebenslang in einem Rat, dem Senat, der in Wahrheit die Regierung, die Gesetzgebung, den Staatskult und die auswärtige Politik leitete.

Greg Woolf, Rom. Die Biographie eines Weltreichs, Stuttgart 2015, S. 19 f.

1. *Fassen Sie Woolfs Darstellung in einem Schaubild zusammen (siehe Methoden-Baustein auf Seite 40 f.).*
2. *Diskutieren Sie die Regierungspraxis in der Zeit der Römischen Republik.*

[1] **Marcus Octavius** legte als Volkstribun Einspruch gegen das Agrargesetz des Tiberius Gracchus aus dem Jahre 133 v. Chr. ein.

Geschichte als Schaubild

Der Aufbau und die Arbeitsweise eines Staates sind komplex und oft kompliziert. In der Verfassung ist die Grundordnung eines politischen Gemeinwesens zusammengefasst. Verfassungen legen dabei nicht nur die Grundstruktur und die politische Organisation eines Staates fest, sondern sie regeln auch das Verhältnis und die Kompetenzen der einzelnen Staatsgewalten untereinander und bestimmen, welche Rechte die Bürger eines Staates besitzen.

Verfassungsschemata analysieren

Schaubilder können helfen, solche komplexen Zusammenhänge und Beziehungen zu veranschaulichen. Sie sind konstruierte Hilfsmittel und ersetzen keine historischen Quellen und Darstellungen. Grafiken vereinfachen, lassen Aspekte weg und berücksichtigen Entwicklungen und Veränderungen nur bedingt. Ihre Vorteile sind, dass sie Wesentliches deutlich und Vergleiche leichter möglich machen. Jedes Schaubild muss aber zunächst einmal richtig gelesen und dann geprüft werden. Die folgenden Fragen sollen helfen, Verfassungsschemata richtig zu analysieren und auszuwerten.

Beschreibung

- Welches politische System zeigt das Verfassungsschema?
- Wie ist das Schema aufgebaut (hierarchisch, von unten nach oben, von links nach rechts, konzentrisch)?
- Gibt es einen schlüssigen Ansatz zur Beschreibung des Schemas? Verändert sich die Art der Beschreibung, wenn an einer anderen Stelle begonnen wird?
- Welche Ämter und Einrichtungen werden erwähnt? Wer hat Zugang zu ihnen, wer nicht?
- Welche Teile der Bevölkerung werden genannt, welche nicht?
- Welche Elemente sind zu erschließen (Bezugspfeile, Farben, Symbole, Größenverhältnis der Elemente)?

Analyse und Interpretation

- In welcher Beziehung stehen die einzelnen Elemente der Verfassung zueinander? Welche Institutionen stehen „oben“, welche „unten“?
- Wer hat welche Aufgaben, Rechte und Pflichten?
- Welche Institutionen der Verfassung sind am bedeutsamsten?
- Welche Grundprinzipien der Verfassung lassen sich aus dem Schaubild herausarbeiten?
- Welche „Stärken“ und „Schwächen“ der Verfassung sind zu erkennen?
- Welche Grundform hat das dargestellte politische System (Diktatur, Oligarchie, Demokratie etc.)?

Beurteilung und Dekonstruktion

- Welche Elemente der Verfassung werden korrekt erfasst, welche bleiben in ihrer Darstellung unklar?
- Inwieweit stimmt die Darstellung mit der historischen Wirklichkeit überein? (Welche Aspekte werden vereinfacht oder weggelassen? Inwieweit berücksichtigt das Schema historische Veränderungen im Staatsaufbau?)
- In welcher Weise müsste das Schaubild verändert werden, um den tatsächlichen Aufbau des Staates angemessener zu erfassen?

Methoden-Aufgabe:
Analysieren Sie das Verfassungsschema gemäß den einzelnen Gliederungspunkten.

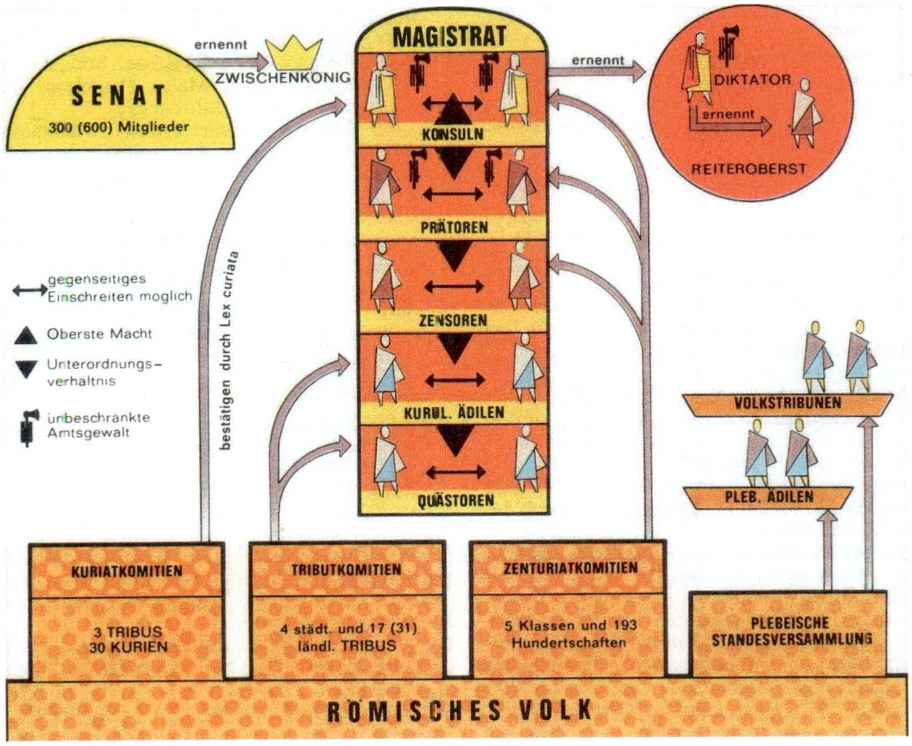

◄ **Die Verfassung der Republik.**
Nach: dtv-Atlas Weltgeschichte, Bd. 1, München [32]1998, S. 74

Tipps

Gliedern Sie Ihre Analyse erkennbar in die drei Schritte Beschreibung, Interpretation und Beurteilung. Machen Sie deutlich, dass Sie das Schema genau betrachtet, verstanden und kritisch reflektiert haben. Ermitteln Sie dazu jeweils Antworten auf die oben genannten Leitfragen. Zusammenfassend ergibt sich folgendes Vorgehen:

Beschreibung ◆ Hier sollten Sie zunächst den Aufbau (die Struktur) des Schemas darstellen, die verschiedenen Elemente und die verwendeten Symbole nennen und die Mittel der Darstellung und der Hierarchisierung (Pfeile, Farbgebung usw.) erwähnen.

Analyse und Interpretation ◆ Hier erfolgt die Erläuterung des Schemas, d.h. es werden die durch die oben genannten Darstellungsmittel hervorgerufenen Beziehungen (Abhängigkeiten, Ursachen und Folgen, Konflikte, Bedeutung unterschiedlicher Ebenen) in einen Erklärungszusammenhang gestellt. Zudem sollten Sie die beabsichtigte Wirkung der Verfassung und ihre eventuellen Konstruktionsfehler oder -risiken erkennen.

Beurteilung und Dekonstruktion ◆ Am Ende ist Ihr Hintergrundwissen gefragt: Vor dem historischen Kontext (tatsächliche Machtverhältnisse, historische Abläufe, herrschende Konflikte usw.) schätzen Sie die Qualität der schematischen Darstellung begründet ein (z.B. ob die wesentlichen Sachverhalte berücksichtigt und übersichtlich dargestellt sind). Dabei sollte deutlich werden, was das Verfassungsschema leistet, was es eventuell verzerrt oder verschweigt und welche Wirkung durch die Art der vorliegenden Darstellung erzeugt wird.

ATHEN – von der Aristokratie zur Demokratie

8. Jh. v. Chr.	Aristokratie (Adelsherrschaft)	Gruppe von Adligen regiert als Archonten, die der Areopag überwacht
594 v. Chr.	Timokratie (▸ Solonische Reformen)	Abschaffung der Schuldknechtschaft, Schaffung von vier Einkommensklassen, politische Rechte richten sich nach dieser Klasse
560 v. Chr.	Tyrannis (▸ Alleinherrschaft von Peisistratos)	Weder geerbte noch durch Wahl erlangte, sondern unkontrollierte Macht eines Einzelnen; jedoch Beibehaltung der bisherigen Institutionen
508 v. Chr.	Demokratie (▸ Verfassung von Kleisthenes)	Isonomie (politische Gleichheit der Bürger), Einführung des Ostrakismos, Einteilung in zehn Phylen
462 v. Chr.	Radikale Demokratie (▸ Verfassung von Perikles und Ephialtes)	Volksherrschaft der Vollbürger, ausgenommen Frauen, Sklaven, Fremde

Weltsicht und Kultur im antiken Griechenland

- Mythos und Logos sind die zentralen Begriffe für den **Ursprung von Religion und Wissenschaft** in Europa: In Götter- und Heldensagen fanden die Griechen Erklärungen für Naturerscheinungen. Ab dem 6. Jh. v. Chr. entwickelte sich ein Denken, das sich an Naturbeobachtung, Erfahrung, Logik und Vernunft orientierte und den Beginn der Wissenschaften markiert. Besonders in der Mathematik beruhen bis heute wesentliche Erkenntnisse auf antiken Denkern wie Thales oder Pythagoras.

Entwicklung der griechischen Poleis bis zum Hellenismus

- Die **Kultur** erlebte in der Hochphase der attischen Demokratie eine Blütezeit: das **Theater** mit Tragödien (Aischylos, Sophokles, Euripides) und Komödien (Aristophanes), die kritische **Geschichtsschreibung** (Herodot, Thukydides), die **Architektur** der Akropolis mit ihrem später als klassisch bezeichneten Stil.
- Ausgehend von Sokrates suchten **Philosophen** nach den Fundamenten für ethisch richtiges Verhalten.
- Platon, ein Schüler von Sokrates, gründete 385 v. Chr. die **Akademie**, in der in verschiedenen Wissensbereichen geforscht wurde und aus der berühmte Philosophen wie Aristoteles hervorgingen.
- **Oikos** (Hausgemeinschaft) und **Polis** (Stadtstaat) waren die Kerne der griechischen Gesellschaft, die sich durch Kolonien an den Küsten des Mittelmeeres den Siedlungsraum erweiterte.
- Führende Poleis waren **Athen und Sparta**. Im 8. Jh. v. Chr. vollzog sich in Athen der Wechsel von der Monarchie (Königsherrschaft) zur Aristokratie (Adelsherrschaft), in Sparta herrschte eine Oligarchie (Herrschaft der Wenigen).
- Die Grundlage einer Entwicklung zu einer rechtlich gesicherten und demokratisch verfassten Gemeinschaft legten in Athen die **Solonischen Reformen** um 600 v. Chr. Die Macht des Volkes wurde nach einigen Rückschlägen durch die **Reformen von Kleisthenes** erweitert. Nach den für die Griechen erfolgreichen **Perserkriegen** (ca. 500-479 v. Chr.) wurde 462 v. Chr. unter **Perikles** der Adel entmachtet und die **Volksherrschaft (Demokratie)** verwirklicht. Allerdings darf man diese Art der Demokratie nicht mit der unseren gleichsetzen, zumal Frauen, Sklaven und Fremde von der politischen Mitsprache, die nur die Vollbürger innehatten, ausgeschlossen blieben.
- Der Aufstieg zur Seemacht im Zuge der Perserkriege ermöglichte Athen die Hegemonie (Führungsrolle) im gesamten östlichen Mittelmeerraum. Es kam zum Konflikt mit Sparta, der im **Peloponnesischen Krieg** (431-404 v. Chr.) mit der Niederlage Athens endete.
- Das Machtvakuum, das durch den Niedergang der anderen Poleis entstanden war, füllten die Makedonier unter Philipp II. und seinem Sohn **Alexander, der ein Weltreich eroberte**, das bis nach Indien reichte. In dieser Phase des **Hellenismus** breitete sich die griechische Kultur vom östlichen Mittelmeer über Ägypten und das Perserreich bis nach Indien aus und trat in Wechselwirkung mit der orientalischen Kultur.

Das Römische Reich

- **Patrizier** als grundbesitzende Elite und **Plebejer** als das Gros der Bürger bildeten die römische Gesellschaft. Beide Gruppen verband das **Klientelwesen**. Kernzelle war die „**familia**", die umfassender zu verstehen ist als unsere moderne Familie. Sklaven besaßen kein Bürgerrecht.
- Konflikte um die Landverteilung und Schuldknechtschaft führten im 5. und 4. Jh. v. Chr. in die **Ständekämpfe** zwischen Patriziern und Plebejern. Letztere konnten zentrale Forderungen durchsetzen, so die Wahl von **Volkstribunen** und die Möglichkeit von **Volksbeschlüssen** (Plebiszite). Privilegien des Patriziats wurden abgeschafft. Führende Plebejer und Patrizier verschmolzen zu einer neuen Führungsschicht, der **Nobilität**.
- Um das Problem der Verarmung der Kleinbauern zu lösen, die sich im Zuge des Militärdienstes nicht um ihr Land kümmern konnten und der Konkurrenz der senatorischen Gutsbetriebe nicht gewachsen waren, legte der Volkstribun Tiberius Gracchus eine **Agrar- und Heeresreform** vor. Diese spaltete die Nobilität in Optimaten (Anhänger des Senats) und Popularen (Volksbeschlüsse als Machtbasis).
- Das **Ende der Republik** wurde von **Sulla** als Diktator besiegelt, der das Volkstribunat abschaffte und seine Gegner ermorden ließ.
- Das 60 v. Chr. geschlossene **Triumvirat** aus **Caesar**, Pompeius und Crassus zerbrach acht Jahre darauf und führte in den **Bürgerkrieg**, den Caesar mit seinem Heer für sich entschied. Er amtierte als Diktator, wurde jedoch 44 v. Chr. im Zuge einer Verschwörung ermordet.
- Octavian, Caesars Adoptivsohn, setzte sich 31 v. Chr. in der Seeschlacht bei Aktium gegen seinen Rivalen Marcus Antonius durch und läutete als **Augustus** die römische **Kaiserzeit** (Prinzipat) ein.

ROM – vom Königtum zur Republik, von der Republik zum Kaisertum

Königszeit
8.-6. Jh. v. Chr.
Etruskische Könige

Frühe Republik
ca. 500-340 v. Chr.
Ausbildung einer aristokratisch geführten Republik; das Machtzentrum bildet der Senat.
Die Patrizier (Oberhäupter der adligen gentes) üben die Herrschaft aus.
Beginn der Ständekämpfe, in denen Plebejer mehr Rechte für sich erstreiten wollen.

innenpolitische Entwicklungen	außenpolitische Entwicklungen
340-133 v. Chr. – Mittlere Republik Bis 287 v. Chr. Ständekämpfe: Die Plebejer erstreiten die Aufhebung des Heiratsverbots zwischen Patriziern und Plebejern sowie politische Mitspracherechte. Entwicklung einer vierstufigen Magistratur nach den Prinzipien der Kollegialität und Annuität	Vielzahl von Kriegen Unterwerfung Latiums
133-30 v. Chr. – Späte Republik Krise anlässlich der Notlage der Bauern: Versuch einer Agrarreform durch die Gracchen; Machtkämpfe Einzelne mächtige Feldherren erringen große Macht zulasten des Senats. Heeresreform des Marius: Das Heer wird zur Machtbasis seiner Feldherren. Nach Caesars Ermordung erkämpft sich Octavian die Vorherrschaft.	Aufstieg zur Weltmacht: Unterwerfung der Apenninnenhalbinsel Sieg über den Rivalen Karthago in drei Kriegen Unterwerfung von weiten Teilen des hellenistischen Ostens
30 v. Chr.-284 n. Chr. – Kaiserzeit (Prinzipat) Institutionen der Römischen Republik formal noch intakt de facto vererbbare Alleinherrschaft des Princeps/Kaisers	Eroberung von Gallien, Teilen Kleinasiens und Nordafrikas
284-476/565 n. Chr. – Spätantike Reichsreform unter Diokletian Konstantin der Große macht Konstantinopel zur neuen Hauptstadt. Christentum wird Staatsreligion Reichsteilung 476 Ende des Weströmischen Reiches	Beherrschung des gesamten Mittelmeerraumes (mare nostrum = unser Meer) Größte Ausdehnung des Imperium Romanum unter Trajan 117 n. Chr.

1. *Die radikale Demokratie Athens und die Römische Republik repräsentieren unterschiedliche Regierungsformen. Vergleichen Sie, wie jeweils versucht wurde, das Problem des Machtmissbrauchs durch Amtsträger zu lösen.*
2. *Stellen Sie am Beispiel römischer Städte, wie z. B. Köln, Trier, Xanten und Mainz, den Verlauf und die Ergebnisse der Romanisierung und Urbanisierung des linksrheinischen Germanien vor.*
3. *Weisen Sie mithilfe einer Zusammenstellung nach, dass die heutige Zeit durch die griechische und römische Antike geprägt ist. Wählen Sie für Ihre Darstellung eine geeignete Präsentationsform.*

Macht und Herrschaft im christlichen Mittelalter

◄ Der Heilige Petrus setzt Papst und Kaiser ein.
Nachzeichnung eines heute verlorenen Mosaiks im Lateranpalast des Papstes in Rom. Das Originalbild ist kurz vor der Kaiserkrönung Karls des Großen entstanden.
Der Heilige Petrus überreicht Papst Leo III. ein Pallium (das Abzeichen des Papstes, das auch Petrus selbst trägt); König Karl übergibt er eine Fahne.

Frühmittelalter

seit ca. 498 – Seit der Taufe König Chlodwigs, dem Begründer des fränkischen Großreiches, werden die Könige nicht mehr von heidnischen Göttern, sondern durch das christliche Gottesgnadentum gerechtfertigt.

622 – In Medina begründet Muhammad ein islamisches Gemeinwesen; die islamische Zeitrechnung beginnt.

seit dem 8. Jh. – Reiterheere sind den zu Fuß kämpfenden Bauernheeren überlegen; das Lehnswesen breitet sich aus.

751 – Mit der kirchlichen Salbung Pippins I. legitimieren die Karolinger ihr Königtum im Frankenreich.

800 – Der fränkische König Karl der Große wird vom Papst zum ersten abendländischen Kaiser gekrönt.

962 – Mit der Krönung Ottos I. durch den Papst zum Kaiser des Heiligen Römischen Reiches beginnt die Verbindung deutscher Königs- und Kaiserwürde.

Hochmittelalter

1002-1024 – Heinrich II. sichert sich über den Ausbau des Reichskirchensystems die Verfügungsgewalt über die Kirche.

1077 – Heinrich IV. leistet Papst Gregor VII. Buße vor der Burg Canossa („Gang nach Canossa"): Höhepunkt des Investiturstreites.

1088 – Die erste Universität Europas wird in Bologna gegründet.

1096-1099 – Der erste Kreuzzug führt zur Einnahme Jerusalems und zur Gründung von Kreuzfahrerstaaten im Heiligen Land; zugleich beginnen mit ihm Pogrome gegen die Juden.

1122 – Das Wormser Konkordat beendet den Investiturstreit im Deutschen Reich.

2. Hälfte 12. Jh. – Im Deutschen Reich entwickelt sich mit dem Rittertum eine adlige Laienkultur.

13.-15. Jh. – In den Städten kämpfen Gruppen der Einwohnerschaft um Macht und Verfassung.

1220 – Kaiser Friedrich II. verzichtet auf eine Reihe königlicher Hoheitsrechte im Gebiet der geistlichen und weltlichen Fürsten.

Spätmittelalter

1370 – Der Städtebund der Hanse ist auf dem Höhepunkt der Macht.

1453 – Mit der Einnahme Konstantinopels durch die Türken endet das Oströmische Reich.

Herrschaft auf christlichem Fundament? Zu der europäischen Tradition zählt ganz unbestritten auch das Christentum. Die Herrschaft von Einzelnen oder Gruppen über andere Menschen wurde im Mittelalter – auch gegen Widerstände – mit der begründenden Formel „von Gottes Gnaden“ versehen, damit sie befolgt wurde. Politische Herrschaft wurde so legitimiert. Die christliche Legitimation von Herrschaft bildete sich im Hochmittelalter in Auseinandersetzung mit dem Papsttum heraus. Sie führte dazu, dass die weltliche und geistliche Sphäre als getrennte Bereiche gedacht wurden – eine Vorstellung, die sich in anderen Teilen der Welt auf diese Weise nicht durchgesetzt hat. Dass es eine getrennte weltliche Sphäre gab, begünstigte ab dem 18. Jahrhundert jedoch den Durchbruch freiheitlicher Ordnungen auf dem europäischen Kontinent. Auch der föderalistische Aufbau der Bundesrepublik Deutschland hat mittelalterliche Wurzeln; diese liegen in den Landesherrschaften, etwa Brandenburg, Sachsen, Württemberg oder Bayern. Auch hier hat die Geschichte uns und unsere Ordnungsvorstellungen bis in die heutige Zeit geprägt.

Der Begriff „Mittelalter“ als Epoche zwischen Antike und Neuzeit entstand erst im 15. Jahrhundert, als Humanisten wie Petrarca nach einer Abgrenzung zur von ihnen verehrten antiken Kulturepoche einerseits und ihrer Gegenwart andererseits suchten. „Die Menschen des Mittelalters wissen also nicht, dass sie in einer Epoche namens ‚Mittelalter‘ lebten“, so der Historiker Jörg Schwarz. Grob ist die Zeit zwischen 500 und 1500 mit der Bezeichnung gemeint, die Übergänge sind aber fließend. Eckdaten sind die Taufe des Frankenkönigs Chlodwig (500) sowie u.a. die Entdeckung Amerikas durch Kolumbus (1492) oder der Beginn der Reformation (1517).

Das noch immer gängige Schlagwort vom „dunklen Mittelalter“ lässt auf Unwissenheit, weit verbreitetes Analphabetentum, raue Sitten, Fehden und grausame Strafen schließen. Dabei ist auch im Mittelalter Fortschritt erkennbar. Im frühen Mittelalter (ca. 500 - 950) gab es noch überschaubare Ansiedlungen von Menschen auf dem Fundament der Grundherrschaft. Im hohen Mittelalter (ca. 950 - 1250) begann mit dem Denken der Scholastik der „Triumphzug beweisender Vernunft im Abendland“ (Johannes Fried). Zudem rangen Kaisertum und Papsttum um die Vorherrschaft in der Christenheit, das Lehnswesen etablierte sich als Basis der Gesellschaft. Im späten Mittelalter (ca. 1250 - 1500) waren zahlreiche Städtegründungen zu verzeichnen, kaufmännisches Denken entwickelte sich. Und mit der Ständeordnung hinterließ das Mittelalter der Frühen Neuzeit die soziale Architektur der Gesellschaft.

- *Wie sah die Gesellschafts- und Herrschaftsordnung im Mittelalter aus und wie wurde sie gerechtfertigt?*
- *Welche Rolle spielte die Kirche für die weltliche Herrschaft und inwiefern änderte sich dies durch den Konflikt zwischen Kaiser und Papst?*
- *Wie setzte sich die Einwohnerschaft der mittelalterlichen Städte zusammen und was bedeutete die Entwicklung städtischer Freiheit für die Menschen des Mittelalters?*
- *Inwiefern wurde das mittelalterliche Europa durch das christliche Weltbild und Einflüsse anderer Kulturräume geprägt?*

Die christliche Legitimation von Herrschaft

Die Ausweitung des Christentums in Europa Die Verbindung des christlichen Glaubens mit germanischen Lebens- und Herrschaftsformen und dem Erbe der Antike formte das christliche Abendland. Im Frühmittelalter erfassten Christentum und Kirche, die sich in der Spätantike im Römischen Reich durchgesetzt hatten, auch den keltischen und germanischen Raum. Die dünn besiedelten Gebiete im Norden und Osten Europas wurden zuletzt christianisiert. Dabei spielte Waffengewalt eine deutlich geringere Rolle als Missionstätigkeit.

Bald bildeten auch viele slawische Stämme und Völker sowie die Ungarn und Balten einen Teil des abendländischen Kulturkreises. Die meisten slawischen Völker und die Bulgaren wurden allerdings von Byzanz aus für den christlich-orthodoxen Glauben gewonnen. Die von oströmischen Missionaren entwickelte kyrillische Schrift weist Russen, Serben und Bulgaren bis heute als Angehörige der orthodoxen Kirche aus.

Machtpolitische Gegensätze und theologische Streitigkeiten innerhalb der christlichen Welt bewirkten einen wachsenden Entfremdungsprozess zwischen der „griechischen“ Kirche im Osten und der „lateinischen“ im Westen. 1054 kam es zur endgültigen Trennung der griechisch-orthodoxen Kirche des christlichen „Morgenlandes“ von der katholischen Kirche des „Abendlandes“, an deren Spitze der Papst stand.

Der Anspruch des Papstes auf den **Primat** der gesamten Kirche ließ sich daher nur in der lateinischen Westkirche durchsetzen.

▲ **Karl der Große und sein Sohn Pippin als Gesetzgeber.**
Buchmalerei aus dem „Liber legum“ des Lupus von Ferrières, Oberitalien, vor 991. Links oben sitzt Karl auf einem Thron, neben ihm Pippin auf einem Faltstuhl, darunter ein Schreiber am Pult.

- *Beschreiben Sie das Bild.*
- *Interpretieren Sie die Aussage.*

Primat (lat. primus: „erster“, primatus: „erste Stelle, erster Rang“): Vorrangstellung des Papstes als Inhaber der obersten Kirchengewalt

Pippin I., der Jüngere (714-768): fränkischer Hausmeier, seit 751 König der Franken. Er war Vater Karls des Großen und begründete das Königshaus der Karolinger.

Karl der Große (747/48-814): seit 768 König der Franken und seit 774 der Langobarden. Mit seiner Kaiserkrönung 800 durch den Papst erneuerte er das weströmische Kaisertum. Er gilt als „Vater Europas“ und „Urvater“ der Deutschen sowie der Franzosen.

Das Frankenreich als neue politische Führungsmacht Das „christliche“ Europa war also zweigeteilt: Das Oströmische Reich (auch Byzantinisches Reich genannt) mit Konstantinopel als Hauptstadt war geprägt durch griechische Kultur und Sprache. Zugleich setzte es bis 1453 die Tradition des Römerreiches fort, als dessen einzig legalen Erben sich der oströmische Kaiser (*Basileus*) zunächst verstand.

Das Weströmische Reich ging bereits im 5. Jahrhundert im Verlauf der Völkerwanderung unter. Auf seinem Boden errichteten germanische Völker eigene Reiche, die aber keinen dauerhaften Bestand hatten, so die *Ost-* und die *Westgoten*, die *Burgunder*, *Vandalen* und *Langobarden*. Eine Ausnahme bildete das Reich der *Franken*, die langsam über den Rhein nach Westen vordrangen.

Das Frankenreich entwickelte sich seit 500 im westlichen Europa zur Vormacht des „Abendlandes“. Vorstöße arabischer Reitertruppen über die Pyrenäen wurden 732 in einer Doppelschlacht zurückgewiesen. Als ein Wechsel in der fränkischen Herrscherdynastie vollzogen wurde – von den *Merowingern* zu den *Karolingern* –, begann die für Europa folgenreiche Verbindung zwischen den fränkischen Königen und dem Papsttum: Da ihm die königliche Abstammung fehlte, ließ sich der Karolinger **Pippin I.** 751 durch kirchliche Salbung als „König von Gottes Gnaden“ legitimieren. Nach einem Sieg über die Langobarden schenkte er 756 „dem heiligen Petrus“ eroberte Gebiete in Italien. Durch diese „Pippinische Schenkung“ wuchs der päpstliche Herrschaftsbereich zum mittelitalischen Kirchenstaat (▸ M1).

Der fränkische Herrscher **Karl der Große** stand wenige Jahrzehnte später an der Spitze eines westlichen „Universalreiches“, welches das heutige Frankreich, Belgien, Holland, Deutschland bis zur Elbe und Oberitalien umfasste.

Die deutschen Könige werden zu Kaisern im Abendland Zwei bis drei Jahrhunderte später hatte sich die politische Gestalt Europas gefestigt. Aus dem „Universalreich“ Karls des Großen war im 9. Jahrhundert neben einem eigenen Herrschaftsbereich in einem Teil Italiens (*Reichsitalien*) ein westfränkisches und ein ostfränkisches Königreich entstanden, aus denen später die Nationalstaaten Frankreich und Deutschland hervorgingen. Bald nach dem Aussterben des fränkischen Herrschergeschlechts der Karolinger im Ostreich wählten die deutschen Hochadligen den Sachsenherzog und später seine Nachkommen zum König. Seit **Otto I.**, einer der Sachsenkönige, 962 die Kaiserkrone in Rom empfangen hatte, krönten die Päpste stets die deutschen Könige, zu deren Herrschaftsgebiet auch Oberitalien und Burgund gehörten, zum Kaiser. Nach dem Regierungsantritt im Deutschen Reich brachen sie deswegen möglichst bald zu einer „Romfahrt“ auf. Die deutschen Herrscher – nach den Sachsen (919 - 1024) auch die Königsdynastien der *Salier* (1024 - 1125) unter **Konrad II.** und seinen Nachkommen und der *Staufer* (1138 - 1254) – hatten dem Verständnis der Zeit nach das Erbe des weströmischen Kaiserreiches angetreten. Nach verbreiteter mittelalterlicher Vorstellung war nach dem Römischen Reich die Gründung eines neuen Weltreiches nicht möglich. Eine solche hätte – so die damalige Überzeugung – das Ende der Welt bedeutet. Zur Betonung seiner heilsgeschichtlichen Bedeutung setzte sich für das Herrschaftsgebiet der Kaiser seit dem 12. Jahrhundert die Bezeichnung „Heiliges Reich“ bzw. im 13. Jahrhundert „Heiliges Römisches Reich“ durch, später noch ergänzt durch den Zusatz „Deutscher Nation“.

▲ **Reichskrone.**
Seit der Zeit Konrads II. (1024 - 1039) wurden die meisten deutschen Könige mit der Reichskrone, dem bedeutendsten Herrschaftszeichen, zu Kaisern des Römischen Reiches gekrönt. Die Reichskrone ist Teil des besterhaltenen Kronschatzes des Mittelalters, zu dem auch die anderen königlichen Herrschaftszeichen, das Reichsschwert, der Reichsapfel, das Zepter und die Krönungsgewänder zählen.

Der König – mehr als nur ein Herrscher Die Mitwirkung der Bischöfe und des Papstes bei der Krönung, vor allem aber die Salbung, die seit dem 8. Jahrhundert zum Krönungsritual gehörte, machte den König im mittelalterlichen Reich der Franken und später im Heiligen Römischen Reich zu einer geweihten Person und verlieh seiner Herrschaft die erforderliche Legitimation. Sie zeigte, dass er „von Gottes Gnaden“ und in seinem Auftrag herrschte. Weite Teile des feierlichen Krönungsgottesdienstes glichen einer Priester- oder Bischofsweihe. Sie hob den König zum „Stellvertreter Christi“ auf Erden und damit weit über andere weltliche Herren heraus.

Weltliche und geistliche Gewalt Mit der Kaiserkrönung Karls des Großen in Rom hatte der Papst im Jahr 800 demonstriert, dass er den mächtigen Herrscher des Frankenreiches als Nachfolger der römischen Imperatoren ansah und ihm – und nicht Ostrom – den Schutz der Kirche und des Christentums überantwortete. Seither galt die Kaiserkrönung als Recht des Papstes. Sie verhalf seinem Anspruch auf eine herausgehobene Stellung unter den Bischöfen, die der Papst aus der Nachfolge des Petrusamtes ableitete, auch real zur Geltung. Als Gegenleistung verpflichtete sich der Herrscher, die römische Kirche und den Papst gegen ihre Feinde zu beschützen. Umgekehrt setzten die Kaiser als Schutzherren der Kirche immer wieder in ihren Augen unwürdige Päpste ab und griffen in Papstwahlen ein.

Otto I., der Große (912 - 973): ostfränkischer König und römisch-deutscher Kaiser aus der Herrscherdynastie der Ottonen. Er errichtete zahlreiche Bistümer und machte die Reichskirche zur Stütze seiner Herrschaft. Nach dem Vorbild Karls des Großen ließ er sich 962 in Rom zum Kaiser krönen.

Konrad II. (990 - 1039): ab 1024 König des Ostfrankenreiches, ab 1026 König von Italien, 1027 in Rom Krönung zum römisch-deutschen Kaiser. Als gewählter Nachfolger des kinderlosen Ottonen Heinrich II. begründete er die Herrscherdynastie der Salier. Er baute die Stellung des Reiches weiter aus und fasste das ostfränkisch-deutsche, das italische und burgundische Königreich unter der Regierung des deutschen Königs und römischen Kaisers zusammen.

◂ **Die Zeichen des Bischofs: Stab und Ring.**
Stab des Erzbischofs Anno von Köln und Ring des Erzbischofs Aribo von Mainz, 11. Jh. Seine Herrschaftszeichen erhielt der Bischof vom König bei der Investitur, der Einsetzung in sein Amt.

Aus ihrer sakralen Stellung heraus bezogen die Herrscher auch das Recht, die Kirche ganz selbstverständlich in die politische Ordnung einzubeziehen. Die Könige bestimmten, wer Bischof oder Abt wurde, und setzten ihn in sein Amt ein (**Investitur**). Geeignete Kandidaten wurden häufig in ihrer Umgebung ausgebildet und mussten sich erst im Königsdienst bewähren. Bistümer und Klöster erhielten reiche Schenkungen, Grund und Boden mit den dazugehörigen Leibeigenen als Lehen und die Erlaubnis, königliche Rechte auszuüben. Dafür hatten sie dem König bei der Verwaltung des Reiches zu helfen, mussten ihn und sein Gefolge beherbergen, wenn er durch das Reich zog, Bewaffnete für das königliche Heer zur Verfügung stellen und für das Seelenheil des Herrschers beten.

Königtum und Kirche, Kaisertum und Papsttum waren also eng und vielfältig miteinander verflochten. Dieses sogenannte „*Reichskirchensystem*“ konnte vom König allerdings nur so lange erfolgreich praktiziert werden, als sein Recht, kirchliche Würdenträger selbst zu ernennen, nicht infrage gestellt war.

Investitur (von lat. investire: „bekleiden“): die Einsetzung in ein Amt durch symbolische Einkleidung oder Übergabe von Gegenständen, etwa bei der Bischofsinvestitur durch die Übergabe von Ring und Stab

Aus Kritik wird ein Konflikt Schon seit dem 10. Jahrhundert hatten vor allem Mönche den Bischöfen und Äbten vorgeworfen, sich zu sehr weltlichen Aufgaben zu widmen und ihren eigentlichen Auftrag der Seelsorge zu vernachlässigen. Sie forderten eine Rückkehr der Kirche zur Armut nach dem Vorbild der Urkirche sowie ein Verbot, kirchliche Ämter und Sakramente gegen Geld, also gegen materielle Leistungen, zu vergeben.

Ab der Mitte des 11. Jahrhunderts richtete sich die Kritik schließlich auch gegen den römisch-deutschen König: Dieser sei kein Geistlicher, sondern ein Laie, und habe daher nicht das Recht, Päpste, Bischöfe und Äbte einzusetzen. Damit wurde das bisherige Verhältnis von weltlicher und geistlicher Gewalt infrage gestellt. Wenn die Reformer sich durchsetzten, verlor der König seine sakrale Stellung und die Kontrolle über Bischöfe und Äbte, also seine zuverlässigsten Helfer, sowie über die ihnen übertragenen Rechte und Besitzungen. Damit verlor er einen wichtigen Teil seiner Herrschaftslegitimation und einen erheblichen Teil seiner Macht. Es ging in diesem sogenannten *Investiturstreit* also nicht nur um das Recht der Einsetzung hoher Geistlicher, sondern vielmehr um die Macht.

Daher führten Papst **Gregor VII.** und König **Heinrich IV.**, der Enkel Konrads II., die Auseinandersetzung mit unerbittlicher Härte. Gregor VII., ein ehemalige Mönch, wollte nicht nur die Kirche vor Eingriffen weltlicher Herrscher schützen, sondern die päpstliche Autorität steigern. Dazu musste die geistliche Macht der weltlichen, der Papst dem König oder Kaiser übergeordnet sein (▸ M2, M3).

Auf dem Höhepunkt des Konfliktes forderte Heinrich IV. – unterstützt von zahlreichen deutschen Bischöfen, die sich schon wiederholt gegen die wachsende Macht des Papstes gewehrt hatten – Gregor VII. 1076 zum Rücktritt auf (▸ M4). Gregor VII. antwortete wenig später: Er schloss den gekrönten und gesalbten Herrscher aus der Gemeinschaft der Gläubigen aus, sprach ihm die Herrschaft über das Reich ab und verbot allen Christen, ihm als König zu dienen – ein unerhörter Vorgang, der die bisherigen Verhältnisse geradezu auf den Kopf stellte.

Gregor VII., eigentlich Hildebrand von Soana (um 1020-1085): Mönch oder Kanoniker, ab 1073 Papst. Er setzte sich für eine Reform der Kirche ein, die vom Papst allein geleitet werden sollte. Deshalb geriet er in Streit mit König Heinrich IV. (Investiturstreit).

Heinrich IV. (1050-1106): seit 1056 deutscher König und seit 1084 römischer Kaiser. Mit ihm und Papst Gregor VII. erreichte der Investiturstreit seinen Höhepunkt. 1105 musste er auf Druck seines Sohnes Heinrich V. abdanken.

▲ **„Der König bittet den Abt, Mathilde auch fleht er an."**
Buchmalerei (etwa 16,5 x 14 cm), um 1115.
Die Bildunterschrift ist die Übersetzung der lateinischen Bildinschrift. Am Fuß der Burg Canossa trafen sich 1077 der gebannte Kaiser Heinrich IV., dessen Taufpate, Abt Hugo von Cluny, und Mathilde, die einflussreiche Markgräfin von Tuscien. Heinrich wird mit ihnen seinen Bußgang besprochen haben.

Canossa und die Folgen Die Reichsbischöfe mussten sich zwischen Papst und Kaiser entscheiden. Viele blieben unschlüssig, was den Machtverlust des Kaisers deutlich machte. Einige einflussreiche deutsche Fürsten sahen die Gelegenheit, um ihre eigene Macht gegenüber dem Königtum zu stärken: Sie forderten von Heinrich, sich bis zum Februar 1077 vom Kirchenbann zu lösen. Andernfalls wollten sie einen neuen König wählen.

Im Winter 1077 zog Heinrich IV. daher über die Alpen, zeigte sich barfüßig im Büßergewand vor der Burg Canossa, in die der Papst sich zurückgezogen hatte, und erzwang durch die damit gezeigte Reue die Lösung vom Bann. Der „Gang nach Canossa" war zwar ein taktischer und politischer Erfolg Heinrichs IV., beschädigte aber die sakrale Legitimation des Königtums, d.h. seinen Anspruch, direkt von Gott als Herrscher eingesetzt zu sein, und löste die Frage nach dem Investiturrecht des Königs nicht.

Ein Kompromiss kam erst unter seinem Sohn **Heinrich V.** mit dem sogenannten Wormser Konkordat, einem Vertrag zwischen König und Papst, im Jahr 1122 zustande (▶ M5). Der König verzichtete auf die Investitur der Bischöfe und Äbte mit Ring und Stab, also mit den Symbolen des geistlichen Amtes. Er durfte jedoch den durch Geistliche Gewählten in dessen weltlichen Herrschafts- und Aufgabenbereich einsetzen, indem er ihm ein Zepter überreichte.

Diese Lösung band die geistlichen Würdenträger mit einem Treueid, wie ihn auch die weltlichen Fürsten leisteten, an den König. Aber der König konnte die Person des Bischofs oder Abtes nicht mehr wie früher eigenmächtig bestimmen. Dies bedeutete auf die Dauer, dass aus Vertrauten des Königs und geistlichen Reichsverwaltern eigenständige geistliche Fürsten werden konnten, deren vorrangiges Interesse wie bei den weltlichen Fürsten dem eigenen Territorium galt.

Historische Weichenstellung: die Ermöglichung des weltlichen Staates Bei der Beurteilung des Investiturstreites unterscheiden Historiker rückblickend länger- und mittelfristige Auswirkungen. Schnell zeigte sich, dass die Könige ihre über die Priesterschaft hinausgehobene Sonderstellung verloren hatten. Dies bedeutete jedoch noch keine „Entsakralisierung" des Königtums. Wie alle europäischen Herrscher beriefen sich auch die deutschen Könige und Kaiser bis weit in die Neuzeit auf ihre durch Gott legitimierte weltliche Herrschaft. So betonten die staufischen Herrscher im 12. Jahrhundert die „Heiligkeit" des Reiches.

Die römisch-deutschen Kaiser fanden auch neue Wege, um ihre weltliche Macht zu begründen, indem sie auf das antike römische Kaiserrecht zurückgriffen: Nach römischem Recht stand es dem Kaiser zu, eine durch Gesetze abgesicherte Ordnung zu schaffen. Langfristig aber wurden die geistliche und weltliche Sphäre immer mehr als getrennte und jeweils eigenständige Bereiche betrachtet. Dies ermöglichte die Herausbildung eines säkularen, rein aus innerweltlichen Zwecken begründeten Staatsverständnisses: Staaten haben demnach hauptsächlich die Aufgabe, ein friedliches Zusammenleben der Menschen zu sichern. Aber erst im Zeitalter der Aufklärung konnte dies mit der Entsakralisierung der monarchischen Gewalt und dem Ende der absolutistischen Herrschaft allmählich umgesetzt werden. Für diese lange Entwicklung schuf der „Investiturstreit" im Hochmittelalter die Grundlagen.

Heinrich V. (1081/86 - 1125): Sohn Kaiser Heinrichs IV. und letzter Herrscher der Salier-Dynastie. Er war seit 1099 Mitkönig, ab 1106 König; 1111 wurde er zum Kaiser gekrönt. Um die Abdankung seines Vaters zu erzwingen, nahm er diesen 1105 gefangen. 1122 schloss er mit Papst Calixt II. im Wormser Konkordat einen Kompromiss im Investiturstreit.

M1 Das Bündnis zwischen den Karolingern und dem Papsttum

Mit der Königskrönung Pippins 751 beginnt die Herrschaft der Karolinger im Frankenreich. Diese sind als Verwalter der Königsgüter mächtiger und einflussreicher geworden als das Herrschergeschlecht der Merowinger. Über den Wechsel in der Herrscherdynastie berichten die Reichsannalen:

749. Bischof Burkhard von Würzburg und der Kaplan Folrad wurden zu Papst Zacharias gesandt, um wegen der Könige in Franzien zu fragen, die damals keine Macht als Könige hatten, ob das gut sei oder nicht. Und Papst Zacharias gab Pippin den Bescheid, es sei besser, den als König zu bezeichnen, der die Macht habe, als den, der ohne königliche Macht blieb. Um die Ordnung nicht zu stören, ließ er kraft seiner apostolischen Autorität den Pippin zum König machen.
750. Pippin wurde nach der Sitte der Franken zum König gewählt und gesalbt von der Hand des Erzbischofs Bonifatius und von den Franken in Soissons zum König erhoben. Hilderich aber, der [merowingische] Scheinkönig, wurde geschoren und ins Kloster gesteckt.

Zitiert nach: Wolfgang Lautemann (Bearb.), Mittelalter. Reich und Kirche. Geschichte in Quellen, München ²1978, S. 56 f.

1. *Nach hergebrachter Vorstellung war mit dem Geschlecht der Merowinger das jeweils an die Söhne weitergegebene „Königsheil" verbunden. Beschreiben Sie, wie demgegenüber die Legitimierung der neuen Dynastie gelang.*

2. *Bewerten Sie die in der Quelle wiedergegebene Art des Herrschaftswechsels.*

3. + *Mit den geschilderten Ereignissen bildeten sich enge Beziehungen zwischen den Karolingern und dem Papsttum heraus, die diesem seinerseits Schutz gegen die germanischen Langobarden gewährten und ihm bei der Errichtung des Kirchenstaates halfen. Diskutieren Sie die möglichen Vor- und Nachteile dieser Verbindung von geistlicher und weltlicher Gewalt für die Beteiligten.*

▲ **Papst Gregor VII., neben einem Schreiber sitzend.**
Buchmalerei aus dem 11. Jh.
Gregor VII. nannte sich nach Papst Gregor I., der im 6. Jh. lebte. Seine Lehren hatten großen Einfluss auf die Kirche. Wie sein berühmter Vorgänger wollte Papst Gregor VII. die Kirche vor falschen Lehren schützen.

M2 „Dictatus papae"

Im Jahre 1075 stellt Papst Gregor VII. seine kirchenrechtlichen Grundsätze zusammen:

1. Einzig und allein von Gott ist die römische Kirche gegründet.
2. Nur der römische Papst trägt zu Recht den Titel des universalen Papstes.
3. Er ganz allein kann Bischöfe absetzen und auch wieder einsetzen.
4. Sein Legat, auch wenn er einen geringeren Grad bekleidet, führt auf jedem Konzil den Vorsitz vor den Bischöfen; er kann diese absetzen. [...]
6. Von anderer Gemeinschaft ganz abgesehen, darf man mit Exkommunizierten sich nicht einmal in demselben Hause aufhalten.
7. Nur er darf, wenn es die zeitliche Notwendigkeit verlangt, neue Gesetze erlassen, neue Gemeinden gründen, aus einer Kanonie eine Abtei machen und umgekehrt, ein reiches Bistum teilen und arme zu einem einzigen zusammenlegen.
8. Nur er verfügt über die kaiserlichen Insignien.
9. Alle Fürsten haben die Füße einzig und allein des Papstes zu küssen.
10. Nur sein Name darf in der Kirche genannt werden.
11. In der ganzen Welt gilt nur dieser Papsttitel.
12. Der Papst kann Kaiser absetzen. [...]
14. Er kann in der ganzen Kirche, wie er will, Kleriker ordinieren. [...]

16. Keine Synode darf ohne seine Weisung eine allgemeine genannt werden.

17. Gegen seine Autorität kann kein Kapitel und kein Buch als kanonisch gelten.

18. Sein Entscheid kann von niemandem aufgehoben werden, er selbst aber kann Urteile aller anderen Instanzen aufheben.

19. Über ihn besitzt niemand richterliche Gewalt. [...]

21. Wichtigere Rechtsfälle aller Kirchen müssen vor ihn gebracht werden.

22. Die römische Kirche hat nie geirrt und wird nach dem Zeugnis der Heiligen Schrift auch in Ewigkeit nicht irren.

23. Wenn der römische Papst in kanonischer Wahl erhoben ist, dann wird er ohne Zweifel [...] heilig durch die Verdienste des heiligen Petrus, wie auch viele Kirchenväter bestätigen. [...]

25. Auch ohne Beschluss einer Synode kann er Bischöfe ein- und absetzen.

26. Wer nicht mit der römischen Kirche übereinstimmt, kann nicht als katholisch [rechtgläubig] gelten.

27. Er kann Untertanen vom Treueid gegen unbillige [Herrscher] entbinden.

Zitiert nach: Wolfgang Lautemann, Mittelalter, a.a.O., S. 291 f.

1. *Erläutern Sie, welche Sätze des Diktats in erster Linie den Klerus betreffen und welche Punkte sich gegen die weltliche Gewalt richten.*

2. *Arbeiten Sie den Grundgedanken heraus, der hinter der Niederschrift des Papstes steht.*

3. *Stellen Sie dar, welche Mittel das Oberhaupt der Kirche zur Verfügung haben muss, um seine Überzeugungen in der Praxis durchsetzen zu können.*

M3 Brief Gregors VII. an Heinrich IV.

Nachdem König Heinrich IV. im Jahr 1071 den erzbischöflichen Stuhl in Mailand mit einem vom Papst exkommunizierten Kandidaten besetzt hat und entgegen Zusicherungen 1075 erneut einen eigenen Kandidaten aus der königlichen Hofkapelle für den Mailänder Erzstuhl ernennt, sendet ihm Papst Gregor VII. im Dezember 1075 folgendes Schreiben:

Bischof Gregor, Knecht der Knechte Gottes, [entbietet] König Heinrich Gruß und apostolischen Segen, jedoch nur, wenn er dem apostolischen Stuhl gehorcht, wie es sich für einen christlichen König geziemt. Wenn wir überlegen und sorgfältig bedenken, dass wir dem strengen Richter Rechenschaft ablegen müssen über die Verwaltung des Dienstes, den uns der heilige Petrus, der Apostelfürst, übertragen hat, senden wir Dir nur unter Zweifel den apostolischen Segen, da Du nach dem Urteil des apostolischen Stuhls und einer synodalen Untersuchung als jemand bezeichnet wirst, der wissentlich Gemeinschaft mit Exkommunizierten[1] hält. Wenn dies wahr ist, kannst Du – wie Du selber weißt – weder die Gnade göttlichen noch apostolischen Segens empfangen, es sei denn, Du würdest zuerst die Exkommunizierten von Dir trennen und zur Buße zwingen und bezüglich Deiner Verfehlung durch angemessene Reue und Wiedergutmachung Absolution[2] und Nachlass erlangen. Daher geben wir Deiner Erhabenheit den Rat, dass Du Dich, falls Du Dich in dieser Sache schuldig fühlst, durch baldiges Schuldbekenntnis um Rat an einen kirchlich gesonnenen Bischof wendest, der Dir mit unserer Erlaubnis eine angemessene Buße für diese Schuld auferlegt, Dich losspricht und uns mit Deiner Zustimmung das Maß Deiner Buße wahrheitsgemäß in einem Brief mitteilen mag.

Im Übrigen scheint es uns höchst sonderbar, dass Du uns so zahlreiche Briefe voll Ergebenheit und durch die Gesandten Deiner Erhabenheit Worte voll solcher Demut übermitteln lässt, Dich einen Sohn der heiligen Mutter Kirche und unseren nennst, in Treue untergeben, in der Liebe einzigartig und vorzüglich in der Ergebenheit, und Du Dich schließlich mit Worten der Liebe und Ehrerbietung empfiehlst, in der Sache selbst aber und im Handeln als trotzig, den kanonischen und apostolischen Verfügungen in dem, was die kirchliche Religiosität am meisten fordert, als widerspenstig zeigst. Denn, vom Übrigen ganz zu schweigen, wie Du das geachtet, was Du uns in der Mailänder Angelegenheit durch Deine Mutter und durch unsere bischöflichen Mitbrüder, die wir zu Dir entsandt haben, versprochen hattest, und in welcher Gesinnung Du das versprochen hast, das zeigt die Sache selbst. Und nun fürwahr, um Wunde auf Wunde zuzufügen, hast Du gegen die Vorschriften des apostolischen Stuhls die Kirchen von Fermo und Spoleto, wenn überhaupt von einem Menschen eine Kirche geschenkt oder vergeben werden kann, an Personen übertragen, die uns noch unbekannt sind und denen die Hand vorschriftsgemäß aufzulegen nicht erlaubt ist, wenn sie nicht bewährt und vorher wohl bekannt sind.

Zitiert nach: Johannes Laudage und Matthias Schrör (Hrsg.), Der Investiturstreit. Quellen und Materialien (Lateinisch – Deutsch), Köln ²2006, S. 104-113, Nr. 29

1. *Arbeiten Sie heraus, wogegen sich Papst Gregor VII. in dem Schreiben wendet. Welche Argumente führt er gegen Heinrich IV. an?*

2. *Charakterisieren Sie Gregors Wortwahl.*

3. *Beurteilen Sie sein Vorgehen.*

[1] Der Papst spielt auf königliche Ratgeber an, die bereits unter Gregors Vorgänger Alexander II. exkommuniziert worden waren.

[2] **Absolution**: Freispruch, Lossprechung von einer Sünde

◄ **Heinrich IV. vor dem Burgtor zu Canossa.**
Gemälde von Eduard Schwoiser, 1860.

- *Analysieren Sie das Gemälde. Welche Haltung des Malers gegenüber Heinrich IV. und den historischen Ereignissen lässt sich erschließen?*
- *Heutige Historiker bescheinigen dem Gemälde, es liege im Trend der damaligen Zeit vor den Einigungskriegen von 1864, 1866 und 1870/71, die „reich an heroischen Gesten" gewesen sei. Überlegen Sie, inwiefern Themenwahl und Darstellung aus einer nationalen Haltung heraus erklärbar sind. Erläutern Sie, welche Rolle dem Papst und Heinrich IV. hierbei jeweils zukommt.*

M4 „Steige herab!"

König Heinrich IV. antwortet Papst Gregor VII. mit einem Brief vom 27. März 1076:

Heinrich nicht durch widerrechtliche Aneignung, sondern durch Gottes rechtmäßige Anordnung König, an Hildebrand, nicht mehr Papst, sondern den falschen Mönch.

[...] Du schrecktest nicht nur nicht davor zurück, die Lenker der Kirche, nämlich Erzbischöfe, Bischöfe und Priester, gleichsam Gesalbte des Herrn, anzutasten, nein, wie Knechte, die nicht wissen, was ihr Herr treibt, zertratest Du sie unter Deinen Füßen. Durch diese Misshandlung gewannst Du den Beifall aus dem Mund des Pöbels. Sie alle hältst Du für unwissend, aber nur Dich allein für allwissend, doch dieses bemühtest Du Dich nicht zum Aufbau, sondern zur Zerstörung zu gebrauchen; deshalb glauben wir mit Recht, der heilige Gregor, dessen Namen Du Dir angemaßt hast, habe dies über Dich prophezeit, als er sagte: „Durch den Überfluss der Untergebenen wird der Geist der Vorgesetzten häufig hochfahrend und meint, er wisse mehr als alle, wenn er sieht, dass er mehr als alle kann." Und wir haben dies alles erduldet, während wir uns bemühten, die Ehre des apostolischen Stuhls zu bewahren. Aber Du hast unsere Demut als Furcht ausgelegt und Dich nicht gescheut, Dich sogar gegen die uns von Gott vergebene königliche Herrschaft zu erheben, Du hast anzudrohen gewagt, Du würdest uns sie wegnehmen, als ob wir das Königtum von Dir empfangen hätten, als ob in Deiner und nicht in Gottes Hand sowohl König- als auch Kaisertum seien. Dieser unser Herr Jesus Christus hat uns zum Königtum, Dich aber nicht zur geistlichen Herrschaft berufen. [...] Auch mich, der ich, wenn auch unwürdig unter Gesalbten, zum Königtum gesalbt worden bin, hast Du angetastet, mich, über den die Überlieferung der heiligen Väter gelehrt hat, dass ich allein von Gott gerichtet werden darf, und versichert, dass ich wegen keines Verbrechens abgesetzt werden darf, es sei denn, ich falle vom Glauben ab, wovon ich weit entfernt bin [...]. Auch der wahre Papst selbst, der heilige Petrus, ruft laut: „Fürchtet Gott, ehret den König." Du aber entehrst mich, weil Du Gott, der mich eingesetzt hat, nicht fürchtest. Deshalb nahm der heilige Paulus, der den Engel vom Himmel, wenn dieser etwas anderes verkündete, nicht verschonte, in dieser Sache auch Dich nicht aus, der auf Erden etwas anderes lehrt. Er sagt nämlich: „Wenn jemand, ob ich oder ein Engel vom Himmel, euch ein anderes Evangelium verkündete, als wir verkündigt haben, so sei er verflucht." Daher steige Du, der Du durch diesen Fluch und das Urteil aller unserer Bischöfe und unser eigenes verdammt bist, herab, räume den von Dir angemaßten heiligen Stuhl; ein anderer steige auf den Thron des heiligen Petrus, einer, der keine Gewalttat mit Frömmigkeit überdeckt, sondern die Heil bringende Lehre des heiligen Petrus lehrt. Ich Heinrich, König von Gottes Gnaden, sage Dir mit allen unseren Bischöfen: Steige herab, steige herab, Du auf ewig Verdammter!

Zitiert nach: Johannes Laudage und Matthias Schrör (Hrsg.), Der Investiturstreit, a.a.O., S. 122-125, Nr. 24

▲ **Die „Zweischwerterlehre".**
Darstellung aus dem Dresdner Sachsenspiegel um 1350, Ausschnitt eines Faksimiles von 1902.
Christus verleiht Kaiser und Papst gleichberechtigt die Schwerter der geistlichen und weltlichen Macht. Diese ursprüngliche Vorstellung der sogenannten „Zweischwerterlehre" erfuhr später eine kirchliche Umdeutung. Nach dieser hatte der Papst sowohl das weltliche als auch das geistliche Schwert erhalten. Das weltliche wurde dann an den Kaiser bei dessen Krönung weitergereicht, wodurch dieser sich der päpstlichen Gewalt unterstellte – eine Interpretation, die kein Kaiser dulden wollte.

1. *Erklären Sie die Anrede Gregors als „falscher Mönch".*
2. *Erläutern Sie Heinrichs IV. Auffassung vom Königtum. Vergleichen Sie mit dem Dictatus papae (M2).*
3. *Begründen Sie, warum der König sich dem Anspruch des Papstes entgegenstellen musste.*

M5 Ein Lösungsvorschlag

In dem anonymen Traktat „De investitura episcoporum" von 1109, einer gelehrten Abhandlung eines unbekannten Mönches oder Domgeistlichen, heißt es zum Investiturproblem:

Es kommt nämlich nicht darauf an, ob der König und Kaiser mittels eines Wortes oder eines Befehls, eines Stabes oder irgendeiner anderen Sache, die er in der Hand halten mag, den Bischof investiert oder inthronisiert, da dieser ja am Tag der Weihe kommt, Ring und Stab auf den Altar legt und sie als Zeichen des Hirtenamtes von der Stola und der Autorität des seligen Petrus empfängt; passender ist allerdings die Einweisung mit dem Stab, der bekanntlich eine zweifache Bedeutung hat, d.h. ein weltliches und geistliches Symbol ist. Der Arbeiter nämlich ist im Hinblick auf die geistlichen Güter, die ausgesät werden müssen, seines Lohnes wert, wenn er weltliche Güter (Temporalien) zu empfangen hat, dann geschieht dies gemäß dem, was Paulus sagt: „Wenn wir die geistlichen Güter bei Euch aussäen, dann ist es keine große Sache, wenn wir Fleischliches" – d.h. die Temporalien – „von Euch ernten". Die vorausgehende Investitur durch den König mit dem Grundbesitz und dem Vermögen der Kirche verschafft Ruhe und Frieden gegenüber Tyrannen und Räubern; dann aber folgt die Weihe, damit der bischöfliche Bann sich im Verein mit dem Königsbann zum gemeinsamen Heil auswirkt; und wenn die Bischöfe wegen der Regalien den Königen Mannschaft und Treueid leisten müssen, dann geschieht dies besser vor der Weihe […].

Zitiert nach: Johannes Laudage und Matthias Schrör (Hrsg.), Der Investiturstreit, a.a.O., S. 200 f., Nr. 58

1. *Erklären Sie, wie der Verfasser die Einweisung mit dem Stab beschreibt und welche Rolle er der Verleihung von Temporalien beimisst.*
2. *Vergleichen Sie den Text mit dem in der Darstellung skizzierten Wormser Konkordat. Inwiefern zeigt der Traktat mögliche Lösungswege aus dem Investiturstreit?*

Geschichte kontrovers

Die Kreuzzüge – ein Kampf der Religionen?

Unter einem „Kreuzzug“ versteht man im heutigen Sprachgebrauch laut Duden eine „mit großem Eifer geführte Kampagne für oder gegen etwas“. Der damalige US-Präsident George W. Bush rief nach den Terroranschlägen vom 11. September 2001 zum „Kreuzzug gegen den Terror“ auf. Seinen Ursprung hat der Begriff im Mittelalter, als Papst **Urban II.** 1095 zu einem Kreuzzug ins Heilige Land aufrief. Die insgesamt sieben Kreuzzüge waren eine Konfrontation hauptsächlich zwischen den christlichen Kreuzfahrern und Muslimen. Nach der Eroberung Jerusalems 1099 wurden vier Kreuzfahrerstaaten gegründet. 1291 verloren die Christen mit Akkon die letzte dortige Festung. Unter Historikern ist umstritten, inwieweit es sich bei den Kreuzzügen um religiöse, machtpolitische oder wirtschaftliche Konflikte handelte.

Urban II.: geboren um 1035 in Frankreich. Zunächst Kleriker in Reims, später kurze Zeit Prior im Reformkloster Cluny. In dessen Auftrag nach Rom gesandt. Mitarbeiter vom Reformpapst Gregor VII. 1084/85 als Gesandter in Deutschland. 1088 zum Papst gewählt, musste sich gegen einen „Gegenpapst“ Kaiser Heinrichs IV. behaupten. Gestorben 1099.

▲ Papst Urban II. ruft 1095 zum Kreuzzug auf.
Holzschnitt, 1482.
Auf dem Spruchband steht „Deus lo vult!“ (Gott will es!). Diesen Satz soll die Menge nach der Kreuzzugspredigt Urbans ausgerufen haben. Er wurde zur Losung der Kreuzritter.

M1 Der Kreuzzug, ein eigentümliches Phänomen

Martin Kaufhold, Professor für Mittelalterliche Geschichte an der Universität Augsburg, nähert sich dem Phänomen der Kreuzzüge auf folgende Weise:

Der Kreuzzug war ein eigentümliches Phänomen, eine Mischung aus religiöser Begeisterung und fanatischer Brutalität, kultureller Neugier und rücksichtsloser Machtpolitik. Die Kreuzzüge nach Jerusalem, die man auch als bewaffnete Wallfahrten bezeichnet hat – weil sie die Idee eines religiös motivierten Zuges zu den heiligen Stätten mit der Idee eines gerechten Krieges verbanden –, waren ein befristetes Phänomen, das seinen militärischen Erfolg der Zerstrittenheit der arabischen Welt verdankte. Im 13. Jahrhundert mussten die Christen erkennen, dass der Kampf kein erfolgversprechendes Mittel war, um den Zugang zu den heiligen Stätten zu sichern. Die Kreuzzugsidee hat sicher manche noble Tat hervorgebracht, aber das Übermaß der Gewalt ist kaum zu übersehen. Die Idee eines Krieges gegen die Ungläubigen mobilisierte den heimischen Pöbel, dem der Weg nach Jerusalem zu weit war, zum Überfall auf die jüdischen Nachbarn, und sie bot sich auch als wohlfeiles Instrument gegen alle politischen Gegner an. So führte man schließlich Kreuzzüge gegen die Wenden, gegen die Stedinger Bauern, gegen die Staufer, gegen den König von Aragón, und Papst Bonifaz VIII. führte sogar einen Kreuzzug gegen seine eigenen Kardinäle. Die inflationäre Degeneration einer problematischen Bewegung, die nach einer langen Vorgeschichte am 27. November 1095 von Papst Urban II. angestoßen worden war, ist im späten Mittelalter unübersehbar.

Martin Kaufhold, Wendepunkte des Mittelalters. Von der Kaiserkrönung Karls des Großen bis zur Entdeckung Amerikas, Ostfildern 2004, S. 46 f.

M2 Gottes Krieger

Der US-amerikanische Religionssoziologe Rodney Stark lehrte an der University of Washington und ist nun Co-Leiter des Instituts für Studien der Religion an der Baylor University. Er widmet sich dem Bild, das wir von Christentum und Morgenland im Mittelalter haben:

Seit Langem ist die Auffassung verbreitet, dass zu einer Zeit, da Europa im „finsteren Mittelalter“ vor sich hin döste, Wissenschaft und Bildung in der islamischen Welt in voller Blüte standen. Wie Bernard Lewis, eine Kapazität auf diesem Gebiet, in seiner jüngsten Studie schreibt, hatte der Islam „im Hinblick auf die Künste und Wissenschaften das höchste kulturelle Niveau in der Geschichte der Menschheit erreicht. [...] [D]as mittelalterliche Europa [ging] bei den Muslimen in die Lehre und war in gewisser Weise abhängig von der islamischen Welt.“ Dann aber hätten die Europäer plötzlich und sprunghaft Fortschritte gemacht: „Sie ließen das islamische Erbe – die Wissenschaften, die

Technologie und schließlich auch die Kultur – weit hinter sich." Daher die Frage, die Lewis im Titel seines Buches stellt: What went wrong? („Was ist schiefgelaufen?")
Dieses Kapitel ist meiner Antwort auf Lewis' Frage gewidmet: Nichts ist schiefgelaufen. Der Glaube, es habe einmal eine muslimische Kultur gegeben, die der europäischen überlegen war, ist bestenfalls eine Illusion.
Selbst wenn wir einräumen, dass gebildete Araber über eine überlegene Kenntnis der klassischen Autoren verfügten, dass sich unter ihnen hervorragende Mathematiker und Astronomen befanden, so bleibt doch festzuhalten, dass die Muslime auf vielen technischen Gebieten weit im Rückstand lagen. Man denke an Sättel, Steigbügel, Hufeisen, Wagen und Karren, Zugpferde und Geschirre, effektive Pflüge, Armbrüste, das Griechische Feuer, den Schiffbau, die Kenntnisse der Seeleute, produktive Landwirtschaft, leistungsfähige Rüstungen und gut ausgebildete Fußtruppen. Insofern ist es kaum verwunderlich, dass die Kreuzfahrer Tausende von Kilometern marschieren und einen Feind schlagen konnten, der ihnen zahlenmäßig überlegen war – dies allerdings nur so lange, wie die Menschen und Staaten Europas bereit waren, ihren Kampf zu unterstützen. [...]
Die Kreuzzüge fanden nicht ohne vorhergehende Provokationen statt. Sie waren nicht die erste Runde des europäischen Kolonialismus. Sie wurden nicht wegen Land, Beute oder aus Bekehrungsabsichten geführt. Die Kreuzritter waren keine Barbaren, die die kultivierten Muslime schlecht behandelten. Sie glaubten ernsthaft, dass sie in Gottes Bataillonen dienten.

Rodney Stark, Gottes Krieger. Die Kreuzzüge in neuem Licht, übersetzt von Klaus Binder und Bernd Leineweber, Berlin 2013, S. 83, 110 und 344

M3 Der Kampf ums Paradies

Der Autor ist ein US-amerikanischer Mittelalterhistoriker und Orientalist, der an der University of Pennsylvania lehrt und sich mit den Ursachen der Kreuzzüge und deren Bedeutung für heutige internationale Konflikte beschäftigt:

Was die islamische Geschichte nicht erklären kann, ist die weit verbreitete moderne Darstellung der Kreuzzüge als Geburtsstunde eines angeblich epochalen Zusammenpralls zwischen „Islam und Christentum". So sehr fränkische und muslimische Ideologen auch bemüht waren, ihre Konflikte als totalen Krieg gegen die Feinde Gottes darzustellen, und so sehr viele, vielleicht die meisten Franken und Muslime gehofft haben mögen, es sei so, war die Wirklichkeit doch eine ganz andere. Dies war kein Kampf Islam gegen Christentum, sondern bestenfalls ein Konflikt zwischen „fränkischen" Völkern einerseits und bestimmten muslimischen Gemeinschaften andererseits, in dem allgemeine Ansprüche auf religiöse Wahrheit oder einen Heiligen Krieg fast immer hinter spezifische regionale und politische Interessen zurücktraten. [...] Die Kreuzzüge, aus welcher Perspektive man sie auch betrachtet, können moderne Konflikte nicht erklären, und ihre Motivation lässt sich nicht als Vorgeschichte oder Inspiration für zeitgenössische Auseinandersetzungen deuten. Mittelalterliche Muslime und Christen zogen für ihre eigenen Ideale und Ziele in den Krieg, nicht für unsere.

Paul M. Cobb, Der Kampf ums Paradies. Eine islamische Geschichte der Kreuzzüge, übersetzt von Michael Sailer, Darmstadt 2015, S. 347 f.

1. *Recherchieren Sie zum Thema „Kreuzzüge" und arbeiten Sie die Motive der beteiligten Gruppen heraus.*
2. *Führen Sie eine Podiumsdiskussion durch. Bilden Sie zu deren Vorbereitung drei Gruppen. Jede Gruppe erarbeitet die Position eines Historikers in Form einer These und Argumenten, die diese These stützen. In der nun daran anschließenden Podiumsdiskussion tritt ein Vertreter/eine Vertreterin als jeweiliger Historiker auf. Die Lehrkraft oder ein Schüler/eine Schülerin moderieren, das Plenum wird in einer zweiten Diskussionsphase beteiligt.*
3. *Erörtern Sie die Positionen der drei Historiker unter Berücksichtigung der Leitfrage.*

◄ **Saladin-Denkmal, Damaskus.**
Foto von 2009.
Saladin (1137/38 - 1193) vereinigte die muslimischen Kräfte. Durch seine Siege über die Kreuzfahrer und die Eroberung Jerusalems wurde er zu einem Mythos, verklärt zum größten Helden der muslimischen Welt und zum vorbildhaften Herrscher. In Damaskus erinnert ein Denkmal an seine Erfolge. Es wurde 1993 anlässlich des 800. Todestages von Saladin vom syrischen Diktator Assad feierlich eingeweiht. Die Figuren hinter dem Reiter stellen besiegte Kreuzfahrerherrscher dar, den König von Jerusalem und den Fürsten von Antiochia, die beide in der Schlacht von Hattin 1187 gefangen genommen wurden.

Wurzeln des modernen Föderalismus im Heiligen Römischen Reich

Erben oder wählen? Die Nachfolge der römisch-deutschen Könige war lange Zeit nicht eindeutig geregelt. Meist folgte der älteste Sohn seinem Vater auf den Thron. Oft wurde der Sohn schon als Kind zum Nachfolger bestimmt und zu Lebzeiten des Vaters gekrönt. Dies setzte aber die Zustimmung der Herzöge, Grafen und Bischöfe voraus. Sie beanspruchten das Recht, den König zu wählen. Insofern bestand im Reich keine Erbmonarchie wie in Frankreich oder England, sondern ein *Wahlkönigtum*. Pläne der Staufer, das Reich in eine Erbmonarchie zu verwandeln, scheiterten am Widerstand der mächtigen Fürstenhäuser. Nach dem Ende des staufischen Herrscherhauses wählten die deutschen Fürsten bis 1273 ausländische Herrscher zu ihren Königen.

▶ **Die sieben Kurfürsten bei der Königswahl Graf Heinrichs von Luxemburg.** *Illustration aus dem Codex Balduini Trevirensis, um 1340. Von links nach rechts: die Erzbischöfe von Köln, Mainz, Trier, in der Mitte der Pfalzgraf bei Rhein, dann der Herzog von Sachsen, der Markgraf von Brandenburg sowie der König von Böhmen.*

Die „Goldene Bulle" Im Lauf der Zeit wurde der Kreis der wahlberechtigten Fürsten kleiner. Seit 1257 trafen sie sich zur Königswahl in der Freien Reichsstadt Frankfurt am Main. 1273 wählten erstmals sieben Kurfürsten (kür: prüfende Wahl) den König und künftigen Kaiser des Heiligen Römischen Reiches.

Unter Kaiser *Karl IV.* wurden die Bedingungen der Wahl bekräftigt und 1356 auf dem Nürnberger Hoftag verkündet. Dieses Reichsgesetz erhielt später die Bezeichnung „Goldene Bulle", weil das Schriftstück mit einer Goldblechkapsel (Kapsel = Bulle) versiegelt war. Es bestimmte, dass die Königswahl „binnen Jahr und Tag" nach dem Tod eines Königs stattfinden musste. Derjenige sollte König sein, der bei der Wahl die meisten Stimmen der Kurfürsten erhielt. Dies sollte Gegenkönige verhindern. Der gewählte König durfte ohne Krönung durch den Papst den Titel eines Kaisers führen. Der vornehmste und mächtigste unter den geistlichen Kurfürsten, der Erzbischof von Mainz, erhielt das besondere Recht, die offene Abstimmung zu leiten und seine Stimme als Letzter abgeben zu dürfen. Damit ihre Zahl gleich blieb, durften die Kurfürstentümer nicht geteilt werden. Die rheinischen Erzbischöfe gaben sie an ihre gewählten Nachfolger weiter. Die vier weltlichen Kurfürsten vererbten Besitz und Stimmrecht an ihre

Literaturtipp:
Dietmar Willoweit, Reich und Staat. Eine kleine deutsche Verfassungsgeschichte, München 2013

ältesten Söhne. Das Königswahlrecht machte die Kurfürsten zu den höchsten Würdenträgern nach dem König. Sie verstanden sich als die Vertreter des Reiches und seiner Rechte gegenüber dem König. Er war nicht der alleinige Gebieter über das Königreich, sondern dessen Oberhaupt und Verwalter. Stark war er nur, wenn er sich auf einen großen Familienbesitz stützen konnte oder die Mehrheit der Fürsten auf seiner Seite hatte. Um Mehrheiten zu erreichen, wurden den Kurfürsten nicht selten zusätzliche Einkünfte und Vorrechte versprochen.

Das Ständewesen entsteht Im Mittelalter übte der Herrscher seine Gewalt also nicht alleine und unkontrolliert, sondern eingeschränkt durch Mitsprache aus, hier durch die der Fürsten des Reiches. Damals äußerte sich diese Mitsprache jedoch noch nicht in festen, institutionalisierten Formen eines Parlaments, sondern durch Zustimmung, die auf Mitsprache und Beratung beruhte („*konsensuale Herrschaft*"). „Rat und Hilfe" wurden beispielsweise bei Hof- und **Reichstagen** des Königs ausgeübt (▸ M1). Dort traf sich ein Personenkreis, für den die persönliche oder politische Nähe zum Herrscher bestimmend war, zu Beratungen mit dem König.

Auf den Hoftagen und Versammlungen von König oder Herzögen im Mittelalter ging es um die im Vergleich zum heutigen Staat wenigen zentralen Aufgaben der politischen Ordnung: Die Menschen sollten vor Feinden von außen geschützt werden, und im Innern galt es, Recht und Frieden zu sichern. Das Herrschaftsgefüge war durch wenige schriftliche Vereinbarungen, nicht aber durch eine Verfassung im heutigen Sinne festgelegt. Anders als im modernen Staat, der durch Beamte mittels einer flächendeckenden Bürokratie einheitlich verwaltet wird, waren im mittelalterlichen „Personenverbandsstaat" die persönlichen Beziehungen der Machteliten, der adligen Führungsgruppen, für die Organisation von Herrschaft maßgebend. Das Gerüst für diese Beziehungen bildete das *Lehnswesen*, das es so nur in Europa gab.*

Seit dem 14. und 15. Jahrhundert beanspruchte ein sich verfestigender Kreis von Herrschaftsträgern ein korporatives Mitspracherecht, wenn der König oder der Landesherr wichtige Entscheidungen traf. Grund dafür war, dass sich etwa seit dem frühen 13. bis zum Beginn des 15. Jahrhunderts das Herrschaftsgefüge gewandelt hatte. An die Stelle der persönlichen Beziehungen zwischen Herrscher und Vasall war das *Ständewesen* getreten. Die Vasallen beanspruchten den Status (Stand), politisch mitzubestimmen. Auf Reichsebene traten dem König oder Kaiser die **Reichsstände** gegenüber. Eine hierarchische Ebene darunter bildeten sich in den Fürstentümern die „Landstände" – Adel, Geistlichkeit, Städte, manchmal auch die Bauernschaft. Sie traten den Landesherren (Kurfürsten, Fürsten) als Vertreter des „Landes" entgegen. Wie im Ständewesen üblich, erreichten sie ihren Status durch einen Zusammenschluss, der durch einen Eid bekräftigt wurde.

Landesherren und Landstände Aus der politischen Mitsprache der Landstände, nicht der Reichsstände, entwickelten sich im Heiligen Römischen Reich die Vorformen der Volksvertretungen. Der Grund dafür liegt in der Entwicklung der eigenen Herrschaft der Reichsfürsten. Diese verfügten seit dem Hochmittelalter immer selbstverständlicher über ursprünglich vom König wahrgenommene, dann aber übertragene Rechte. In zwei Fürstengesetzen verzichtete Kaiser **Friedrich II.** 1220/32 auf die Ausübung von

* Vgl. dazu die Seiten zum Thema „Die mittelalterliche Ständegesellschaft" in diesem Band (Seite 63 ff.).

Reichstag: Vollversammlung der Reichsstände und zentrales Verfassungsorgan des Reiches; musste zu allen wichtigen, das Reich betreffenden Angelegenheiten befragt werden und konnte dazu Beschlüsse fassen. So regelte er das Münzrecht und Probleme der inneren Sicherheit, beschäftigte sich mit außenpolitischen Fragen, entschied über Steuern, Krieg und Frieden und vermittelte seit der Reformation in konfessionellen Auseinandersetzungen. Vom „Reichstag" als einer festen Institution kann jedoch erst ab 1495 (Wormser Hof- und Reichstag, siehe Seite 60) gesprochen werden.

Reichsstände: Im Heiligen Römischen Reich zählten dazu alle Fürsten, Grafen, Freiherren und Reichsstädte (nicht jedoch die Reichsritter), die allein dem Kaiser unterstanden und zusammen mit ihm das Reich vertraten. Die Reichsstände hatten Sitz und Stimme im Reichstag. Sie mussten die vom Reichstag bewilligten Steuern aufbringen und im Kriegsfall das Reichsheer stellen.

Friedrich II. (1194-1250): Enkel von Friedrich I. Barbarossa und letzter Herrscher aus dem Geschlecht der Staufer. Er wurde 1198 König von Sizilien, 1215 zum deutschen König und 1220 zum Kaiser gekrönt. Zentrum seiner Herrschaft war Sizilien. Aufgeschlossen für naturwissenschaftliches Denken und die Künste, verknüpfte er antikes, arabisches und christliches Wissen. Von den Zeitgenossen wurde er als „stupor mundi" (lat.: „Staunen der Welt") geachtet und gefürchtet. Er gilt als der „erste moderne Herrscher".

▲ **Das Reich zur Zeit der Staufer.**

Hoheitsrechten im Gebiet der geistlichen und weltlichen „Landesherren“. Im selben Jahr band er die Landesherren jedoch an die Mitwirkung der „Vornehmen und Großen des Landes“ bei der Schaffung neuer Gesetze (▸ M2); das waren meist Kleriker, Adlige und Vertreter der Städte.

Zu „Landesherren“ wurden diejenigen Fürsten, denen es gelang, die höhere Gerichtsbarkeit und die Verantwortung für die Wahrung des Friedens über ein „Land“ (Territorium) an sich zu ziehen, das dadurch zu einem Gebiet mit einer gewissen Rechtseinheit wurde. Dazu bauten sie Gerichte und Behörden auf, in denen Amtleute den Willen des Landesherrn durchsetzten. Ebenbürtige alte Adelsfamilien, die den Landesherrn unterlagen, wurden ihrer Hoheit unterstellt. Viele alte Adelsfamilien und damit mögliche Gegner der Landesherren starben zudem in diesem Zeitraum aus. Erleichtert wurde die Durchsetzung der Landesherrschaft noch dadurch, dass ein großer Teil des Adels in den Territorien auf ursprünglich unfreie Ministeriale zurückging. Seit dem 11. Jahrhundert hatten König und Adel diese Dienstmänner zu herausgehobenen Militär- und Verwaltungsaufgaben herangezogen. Viele erhielten Dienstlehen, die im Lauf der Zeit erbliches Eigentum wurden, und rückten in den Stand des (niederen) Adels auf, blieben dem Landesherrn jedoch verpflichtet. Auch die meisten Klöster ihrer Territorien konnten die Landesherren ihrer Hoheit unterstellen. Adel, Geistlichkeit, Städte und Gemeinden wurden somit in die zweite Reihe zurückgedrängt und formierten sich zu mitspracheberechtigten Ständen, die den Landesherren auf Landtagen gegenübertraten.

Aus „Rat und Hilfe“ wird Recht Den Königen und Landesherren reichten ihre Einkünfte nicht, um Kriege und Hofhaltung zu finanzieren. Die von den Ständen auf den Reichs- und Landtagen gewährten Hilfen bestanden schon seit dem 13. Jahrhundert zunehmend in Geldleistungen aus Steuern und Abgaben. Diese weiteten sich mit den wachsenden politischen und militärischen Aufgaben noch aus. Die Stände forderten daher als Gegenleistung ein Mitspracherecht.

Die Steuerbewilligung begründete somit die Mitsprache in den Ständeversammlungen, die Vorläufer unserer Parlamente waren. Damit hatten die Stände ein Druckmittel in der Hand, um den Herrscher in seiner Politik zu beeinflussen. Der wachsende Geldbedarf der Herrscher führte schließlich dazu, dass sich neben den adligen und geistlichen Ständen auch die aufsteigenden Städte ihre Mitgliedschaft in den Ständeversammlungen sichern konnten. Die direkt dem Kaiser oder König unterstehenden Reichsstädte nahmen dann an den Reichstagen teil, die Städte aber, die der Herrschaft eines Landesherrn unterstanden, beteiligten sich an den Landtagen der Territorien.

Die korporative Mitsprache innerhalb des Ständewesens seit dem Mittelalter und bis um 1800 bildete eine Grundlage der modernen parlamentarischen Mitsprache. Vom modernen Parlamentarismus heute unterscheidet sie aber, dass die Mitwirkungsrechte innerhalb der Gesellschaft ungleich waren. In der Regel hatten mehr als 90 Prozent der Bevölkerung, so die Masse der Bauern, keinerlei politische Mitbestimmung.

▲ **Kaiser Maximilian I.**
Gemälde (74 x 61,5 cm) von Albrecht Dürer, 1519.

Kaiser und Reich Der Wormser Hof- und Reichstag von 1495 markiert den Übergang von den Hoftagen des Mittelalters zu den Reichstagen der Frühen Neuzeit. Die Reichstage wurden nun aus allen Teilen des Reiches besucht. Auf dem Reichstag von 1495 einigten sich die Reichsstände und Kaiser **Maximilian I.** auf eine neue innere Ordnung des Reiches. Der Reichstag wurde zur obersten rechtlichen und politischen Institution, auf dem für das ganze Reich Entscheidungen getroffen wurden.

Das Heilige Römische Reich Deutscher Nation bestand aus über 300 reichsunmittelbaren Gebieten, die keinen anderen Herrn als den Kaiser über sich hatten. Die Bandbreite umfasste ein unbedeutendes Reichsdorf wie Gochsheim bei Schweinfurt, kleine und größere geistliche und weltliche Herrschaften, schwächere oder auch mächtigere Reichsstädte, beachtliche Territorien wie Bayern oder Sachsen, sowie Österreich und Brandenburg-Preußen, die als aufsteigende Großmächte immer wieder eine aktive Rolle in der europäischen Politik spielen konnten.

Im Reichstag vertreten waren allerdings nur solche Reichsunmittelbaren, die durch finanzielle Beiträge an das Reich, etwa für ein Reichsheer, ihr Teilnahmerecht erworben hatten. Sie hatten sich als Reichsstände zu drei Kollegien (*Kurien*) zusammengeschlossen: erstens die sieben Kurfürsten; zweitens geistliche und weltliche Fürsten, also Fürsten, Bischöfe, Prälaten, Grafen und Freiherren; sowie drittens die Reichsstädte. Die Reichsritter waren zwar reichsunmittelbar, aber keine Reichsstände.

Die Kurfürsten galten als „Säulen des Reiches". Sie trafen Entscheidungen für das ganze Reich, vor allem dann, wenn der Kaiser selbst nicht aktiv wurde oder wenn während eines Krieges kein Reichstag stattfand.

Die zweite Kurie der Fürsten, Prälaten und Grafen umfasste Mitglieder ganz verschiedenen Ranges und politischen Gewichts. Nur den geistlichen und weltlichen Fürsten als ranghöchster adliger Gruppe stand das Recht zu persönlichem Erscheinen und Stimmabgabe auf den Reichstagen zu. Die Prälaten, Grafen und Herren waren von niedrigerem Rang. Sie besaßen ein gemeinsames Stimmrecht. Ihre meist kleinen Herrschaftsgebiete prägten das einem Flickenteppich ähnelnde Kartenbild des Reiches.

Die Reichsstädte galten als Teil des Königsbesitzes und waren entweder schon im Mittelalter vom König gegründet oder gefördert worden oder hatten sich von der Herrschaft eines anderen Stadtherrn (oft eines Bischofs) unabhängig gemacht.

Sie alle waren keine Untertanen, sondern traten dem König und Kaiser selbstbewusst als Inhaber eigener, autonomer Herrschaftsrechte gegenüber. Weder sie noch der Kaiser waren aber für sich souverän. Erst in der Gemeinschaft von „Kaiser und Reich" bildeten und repräsentierten sie das Heilige Römische Reich Deutscher Nation (▸ M3). Damit war das Reich ein „ausgeprägt dezentrales, föderatives Gebilde" (A. Gotthard), die „Einheit und Vielfalt" im Reich eine Vorstufe des **Föderalismus**.

Maximilian I. (1459 - 1519): seit 1486 deutscher König, seit 1493 Erzherzog von Österreich und seit 1508 Kaiser des Heiligen Römischen Reiches aus der Dynastie der Habsburger. 1495 initiierte er auf dem Reichstag zu Worms eine umfassende Reichsreform.

Föderalismus (von lat. foedus, foedera: „Bund", „Bündnis", „Vertrag"): bezeichnet die Selbstständigkeit einzelner Glieder, die zu einer Gesamtheit zusammengeschlossen sind, etwa Länder, Bundesstaaten oder Kantone innerhalb eines Staates bzw. Reiches. Die Reichsstände bildeten im Heiligen Römischen Reich Deutscher Nation einen solchen föderativen Zusammenschluss.

Reichskreise: schlossen die Reichsstände eines Raumes zu politischen Einheiten zusammen. Die zehn Reichskreise waren: Burgund, Österreich, Niedersachsen, Obersachsen, Niederrhein-Westfalen, Kurrhein, Oberrhein, Schwaben, Franken und Bayern.

Ewiger Landfrieden: auf dem Wormser Reichstag 1495 getroffener Beschluss zur Friedenswahrung. Er untersagte im Reich für immer die Fehde, d.h. die gewaltsame Selbsthilfe, und das „Raubrittertum". Trotzdem wurden bis weit in das 16. Jh. noch Fehden geführt.

Einrichtungen des Reiches Das Reich hatte keine zentrale Regierung mit Behörden und Ämtern, keine regelmäßigen Steuereinnahmen und kein stehendes Heer. Dennoch gelang es ihm, innen- und außenpolitische Probleme zu lösen und ein Zusammengehörigkeitsgefühl der Bewohner zu entwickeln. Dabei hatte es nur wenige Einrichtungen, den Reichstag, zwei höchste Gerichte und zehn **Reichskreise**, in denen Reichsbeschlüsse vollzogen wurden.

Die wichtigste Aufgabe des Reichstages bestand in der Sicherung des Reiches. Die Reichsstände nutzten ihn aber auch, um den Zuwachs der kaiserlichen Macht zu verhindern. Jedoch konnte der Reichstag nichts über den Kopf des Kaisers hinweg entscheiden. Verbindliche Beschlüsse, sogenannte Reichsabschiede, setzten beiderseitiges Einvernehmen voraus.

Von Bedeutung waren auch die beiden höchsten Gerichte des Reiches: Das auf dem Wormser Reichstag 1495 eingerichtete *Reichskammergericht* (ab 1527 fest in Speyer, ab 1690 in Wetzlar) sollte eine friedliche Lösung von Konflikten und damit den **Ewigen Landfrieden** innerhalb des Reiches garantieren. Dieses Gericht wurde von den Reichsständen bestimmt und war von der persönlichen Rechtsprechung des Kaisers, dem bislang höchsten Richter des Reiches, unabhängig. Um sich in Rechtsangelegenheiten gegenüber den Ständen zu behaupten, gründete Maximilian I. 1497 den *Reichshofrat*. Er wurde vom Kaiser eingesetzt und hatte seinen Sitz seit dem 16. Jahrhundert in Wien. Bei den obersten Reichsgerichten konnte Berufung gegen Entscheidungen der landesherrlichen oder reichsstädtischen Gerichte eingelegt werden. Die Gerichte arbeiteten schwerfällig. Trotzdem trugen sie langfristig zu einer vergleichbaren Rechtsprechung im Reich bei.

Zur Durchsetzung des Ewigen Landfriedens wurde das Reich 1512 in zehn Reichskreise eingeteilt. Zu ihren Aufgaben gehörte es, den Frieden zu sichern, Münz- und Geldwesen zu regeln, Urteile des Reichskammergerichts zu vollstrecken und Truppen für das Reichsheer zu stellen. Nach neueren Forschungen war die Arbeit der Reichskreise sehr effizient.

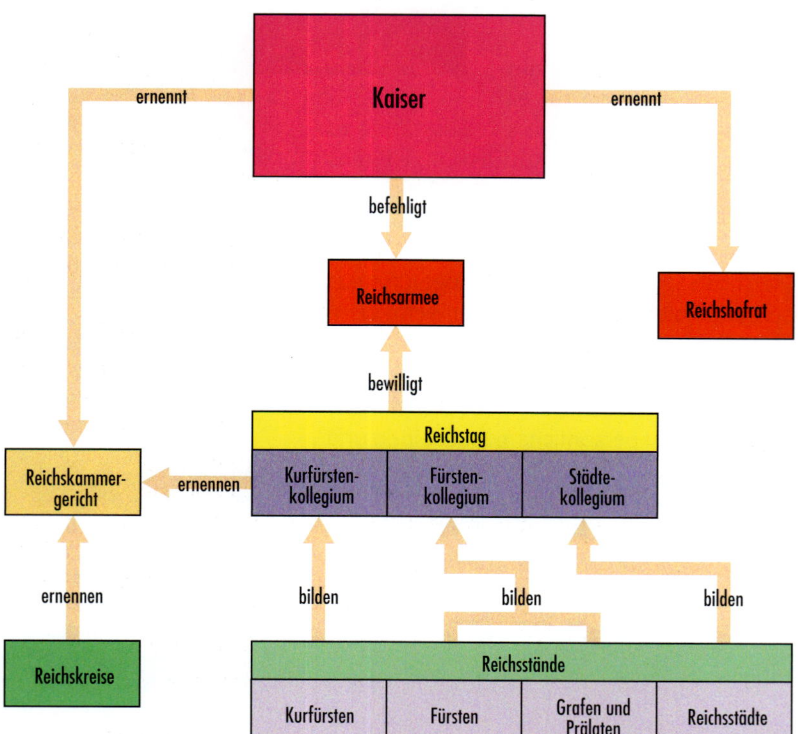

▲ **Die Einrichtungen des Heiligen Römischen Reiches Deutscher Nation.**

M1 Der Fürstenspruch von Würzburg 1121

Im Herbst 1121 fassen die Großen des Reiches auf einer Versammlung in Würzburg ohne den Kaiser den folgenden Beschluss:

Das ist der Beschluss, auf den sich die Fürsten im Streit zwischen dem Herrn Kaiser und dem Reich verständigt haben: Der Herr Kaiser möge dem Apostolischen Stuhl gehorchen. Und über die böswillige Anklage, die die Kirche gegen ihn vorbringt, soll mit Rat und Beistand der Fürsten zwischen ihm und dem Herrn Papst ein Vergleich geschlossen werden, und der Friede soll so sicher und unverbrüchlich sein, dass der Herr Kaiser das erhalte, was ihm und dem Reich gehört, und die Kirche und jede andere das Seinige ruhig und friedlich besitze. [...] Wenn aber der Herr Kaiser diesen Ratschlag außer Acht lassen sollte, dann werden die Fürsten dennoch den Treueid so einhalten, wie sie ihn einander geschworen haben.

Zitiert nach: Johannes Laudage und Matthias Schrör (Hrsg.), Der Investiturstreit. Quellen und Materialien, Köln 2006, S. 225

1. *Erläutern Sie die Forderungen der Fürsten an den Kaiser. Stellen Sie vor dem historischen Hintergrund Überlegungen zu ihren Motiven an.*
2. *Beurteilen Sie die Bedeutung des Fürstenspruchs von 1121.*
3. \+ *Vergleichen Sie den von den Fürsten formulierten Lösungsvorschlag mit der im Jahre 1122 im Wormser Konkordat getroffenen Vereinbarung (siehe dazu Seite 49).*

M2 Reichsspruch über das Recht der Landstände (1231)

Heinrich (VII.) wird 1220 von den deutschen Fürsten zum König gewählt und von seinem Vater, Kaiser Friedrich II., als (Mit-)Regent für den deutschen Reichsteil eingesetzt. In dieser Position steht Heinrich zwischen den Fürsten, denen gegenüber er die Interessen des Königtums zu wahren versucht, und dem auf Ausgleich mit den Fürsten bedachten Kaiser. Im Jahr 1231 erlässt er folgenden Reichsspruch über das Recht der Landstände:

Heinrich, von Gottes Gnaden Römischer König und allzeit Mehrer des Reiches, entbietet allen Getreuen des Reiches seine Huld und alles Gute.

Wir wünschen, es möge allen bekannt sein: Als Wir zu Worms einen feierlichen Hoftag durchführten, wurde der Antrag gestellt, in Unserer Gegenwart möge entschieden werden: Darf einer der Landesherren irgendwelche Erlasse oder neue Gesetze machen, ohne dass die Vornehmen und Großen des Landes irgendwie hinzugezogen worden wären. In dieser Sache wurde unter der erbetenen Zustimmung der Fürsten Folgendes entschieden: Weder Fürsten noch andere sonst dürfen Erlasse oder neue Gesetze machen, es sei denn man erlangt zuvor die Zustimmung der Vornehmen und Großen des Landes. Zur Rechtskraft dieses Spruches also, die für immer und ewig gelten soll, haben Wir dieses Schriftstück abfassen und mit Unserem Siegel versehen lassen.

Die Folgenden sind Zeugen: Siegfried Erwählter[1] von Mainz und die Erzbischöfe von Magdeburg und von Trier; die Bischöfe von Würzburg, von Regensburg – zugleich Kanzler des kaiserlichen Hofes –, von Worms und von Chur und recht viele andere.

Zitiert nach: Quellen zur deutschen Verfassungs-, Wirtschafts- und Sozialgeschichte bis 1250, ausgewählt und übersetzt von Lorenz Weinrich, Darmstadt 1977, S. 422 f., Nr. 108

1. *Analysieren Sie, was der Reichsspruch bewirken soll. Welche Positionen des Königs und der Landesherren werden aus dem Reichsspruch deutlich?*
2. *Erläutern Sie, wem die Regelung von 1231 entgegenkam.*
3. \+ *Begründen Sie, inwiefern der Reichsspruch von 1231 eine Neuerung darstellte. Gestalten Sie ein Plakat, auf dem diese Regelung aus Sicht des Königs öffentlichkeitswirksam dargestellt wird.*

M3 Ritual und Verfassungswirklichkeit

Die Historikerin Barbara Stollberg-Rilinger untersucht die Verfassungswirklichkeit im Alten Reich:

Das Reich des ausgehenden Mittelalters und der beginnenden Neuzeit gehorchte der Logik einer Präsenzkultur, d.h. es wurde dadurch zu einem Ganzen integriert, dass sich die Akteure von Zeit zu Zeit persönlich an demselben Ort versammelten. Seine Ordnung wurde [...] immer wieder aufs Neue erzeugt, indem sie pars pro toto[2] öffentlich aufgeführt wurde. Das geschah in symbolisch-rituellen, feierlichen und förmlichen, mit dem zeitgenössischen Wort: *solennen* Akten, die durch vielerlei symbolische Markierungen aus dem alltäglichen Handlungsfluss herausgehoben waren: vor allem Krönungen, Lehnsinvestituren, Reichstagseröffnungen und -abschiede. Die äußeren Formen waren wesentlich. Denn die Ordnung, die diese Rituale erzeugten, war konkret, nicht abstrakt.

Man musste sie sehen können: [...] Kaiser, Römischer König und Kurfürst, Reichsfürst, Reichsgraf, Reichsstadt und so fort

[1] gewählter, aber noch nicht geweihter Erzbischof von Mainz
[2] **pars pro toto** (lat.: „ein Teil für das Ganze“): rhetorisches Stilmittel, mit dem ein Ganzes durch einen Teil bezeichnet wird (z.B. „ein kluger Kopf“ statt „ein kluger Mensch“)

▲ Sitzung des Reichstages im Rathaus zu Regensburg unter dem Vorsitz Kaiser Ferdinands III., 13. bis 23. Juni 1653.
Zeitgenössisches Flugblatt, koloriert. Nürnberg, Paul Fürst, 1653. An der Stirnseite des Saales, unter dem Baldachin, thront der Kaiser. Auf der langen Bank an der Wandseite sitzen die weltlichen, ihnen gegenüber die geistlichen Reichsfürsten. Dem Thron gegenüber, an der Rückseite des Saales, befinden sich die Bänke der Vertreter der Reichsstädte.

- *Erklären Sie, wie die Platzierung der Vertreter der Reichsstädte zu deuten ist.*

– was das war und wer es war, zeigte und erwies sich in rituellen Akten. [...] Die Repräsentation des Reiches beruhte auf Identität, nicht auf Stellvertretung. Die Versammlung von Kaiser, Kurfürsten und Fürsten war das Reich, und zwar in einem doppelten Sinne. In den solennen Akten wurde die Majestät des Reiches nicht nur zur Anschauung gebracht und sinnlich erfahrbar dargestellt, sondern auch im rechtstechnischen Sinne hergestellt, d.h. was von ihnen in bestimmten Formen beschlossen oder vollzogen wurde, galt verbindlich als vom ganzen Reich als politischem Körper pars pro toto beschlossen oder vollzogen. [...]

Da die symbolisch-rituellen Details des Gehens, Stehens, Sitzens, Anredens und so fort gemäß der Logik der Präsenzkultur den Status der Einzelnen definierten und die Ordnung des Ganzen manifestierten, glaubte niemand, sie preisgeben zu können, ohne den eigenen Status zu gefährden. Mit jedem Verstoß gegen das geringste Detail wurde stets die grundsätzliche *quaestio Status* aufgeworfen, immer schien die Ordnung des Ganzen auf dem Spiel zu stehen. Der Westfälische Frieden verstärkte diese Eigentümlichkeit der Reichsordnung, indem er ausdrücklich *alle* bestehenden Rechte, Freiheiten und Privilegien aller Reichsglieder gegen Veränderung schützte. [...] Die Diskrepanz zwischen Veränderungsbedürftigkeit und Veränderungsfähigkeit der Reichsverfassung wurde immer größer, [...] der Umgang mit den Problemen immer komplizierter. Kaum jemand konnte das alles noch überschauen; das Reichsrecht wurde zur „Geheimwissenschaft" von Spezialisten. [...]
Zugleich entwickelten sich aber auch neue Maßstäbe der Aufrichtigkeit und Authentizität, der Eindeutigkeit und Einfachheit. Sie speisten sich aus ganz verschiedenen, alten und neuen Quellen: aus pietistischer[1] Frömmigkeit und Verachtung aller weltlichen Äußerlichkeiten, aus rationalistischem Kosten-Nutzen-Kalkül, aus strengem vernunftrechtlichen Systemgeist und aus einem neuen Pathos der Natürlichkeit. All das mündete in die Entzauberung der Reichssolennitäten: Die alten Kleider erschienen als lächerliche Verkleidung, die Erzämter als Lappalien, die ganze Krönung als Komödie, die Reichsversammlung als Manege eitler kleiner Männer und die Thronbelehnung als *leeres Schattenwerk eitler Ceremonien*.

Barbara Stollberg-Rilinger, Des Kaisers alte Kleider. Verfassungsgeschichte und Symbolsprache des Alten Reiches, München 2008, S. 299-314

1. *Analysieren Sie Funktion und Bedeutung von Ritualen für die Menschen im Alten Reich, wie sie Barbara Stollberg-Rilinger darstellt.*
2. *Arbeiten Sie die Gründe für ihre Bewertung der Reichsverfassung heraus.*
3. \+ *„Nähe und Distanz als Machtmittel": Diskutieren Sie diese These. Berücksichtigen Sie dabei auch moderne Beispiele.*

[1] **Pietismus** (von lat. pietas: „Pflichtgefühl", „Frömmigkeit"): eine nach 1650 aufkommende protestantische Reformbewegung, steht auch für schwärmerische Frömmigkeit

Die mittelalterliche Ständegesellschaft

Die ständische Gesellschaft Die Gesellschaft des Spätmittelalters und der Frühen Neuzeit war eine Ständegesellschaft. Sie wies jedem Einzelnen eine Position oder einen Rang zu, einen „Stand". Dieser beruhte auf der Abstammung aus einer gesellschaftlichen Gruppe oder auch auf der Zugehörigkeit zu einem bestimmten Beruf. Vom jeweiligen Stand hingen der soziale Status, die Rechte und Pflichten ab, die jeder Einzelne in der Gesellschaft zu übernehmen hatte.

Die soziale Hierarchie war genau festgelegt (▸ M1): Es galt als gottgewollt, dass es Herrschende und Abhängige gab, dass die Kinder eines Leibeigenen auch leibeigen waren und die Kinder der Stadtadligen (*Patriziat*, auch als „Geschlechter" bezeichnet) ebenfalls zur städtischen Oberschicht gehörten. Geistliche und Adel genossen als erster und zweiter Stand Vorrechte gegenüber allen anderen Gruppen der Gesellschaft. Dazu gehörten die Befreiung von Steuern, ein eigener Gerichtsstand und das Monopol auf hohe Ämter und Einnahmen. Das Stadtbürgertum hatte das Recht zur Ausübung eines bestimmten Gewerbes und die Verwaltungsautonomie. Die Rechte der Bauern bestanden im Nutzungsrecht am Gemeindeeigentum sowie dem Wahlrecht zu den Ämtern der Dorfgemeinde.

Diese Ordnung galt bis an die Schwelle des 19. Jahrhunderts. Sie wurde durch die Ständelehre, die Dreiteilung der Gesellschaft in Adel, Geistlichkeit und Bauernstand, gerechtfertigt, die Theologen im Mittelalter entwickelt hatten. Dabei ist allerdings zu berücksichtigen, dass die Stände weder im Mittelalter noch in der Neuzeit homogene Blöcke waren. In jedem Stand gab es Unterschiede in Bezug auf Rang, Ansehen und Vermögen und im Verlauf der Zeit kamen neue Gruppen hinzu, so etwa das Bürgertum.

▲ **Ständebaum.**
Zeichnerische Wiedergabe des Holzschnitts eines unbekannten Meisters aus der ersten deutschen Ausgabe von Francesco Petrarcas „De remediis utriusque fortunae" (Von den Heilmitteln gegen Glück und Unglück) von 1532.
Eine Deutung besagt, das Bild offenbare unter dem Eindruck des deutschen Bauernkrieges (siehe Seite 108) eine revolutionäre Gesinnung. Eine andere Auslegung bietet der dazugehörige Text. Es ist ein Dialog zwischen der „Freude", die sich ihres adligen Standes rühmt, und der „Vernunft", die ihr erwidert, Adelsstand und Besitz seien vergänglich.
- *Analysieren Sie das Bild. Welche Vorstellungen einer Gesellschaft werden erkennbar?*
- *Vergleichen Sie mit der Abbildung auf Seite 69 und bestimmen Sie Gemeinsamkeiten und Unterschiede. Welches Modell entspricht eher der Realität? Erläutern Sie jeweils den Standpunkt des Malers.*

Die Geistlichen Die Geistlichkeit oder auch der Klerus war neben dem Adel einer der beiden „privilegierten", der übrigen Bevölkerung übergeordneten Stände und galt in der Regel als der „erste Stand". Die Angehörigen des katholischen Klerus waren von der Steuerzahlung befreit und unterstanden allein der bischöflichen Gerichtsbarkeit. Pfarrer, Mönche und Nonnen nahmen in der Hierarchie des Klerus die unteren Ränge ein. Sie stammten meist aus bürgerlichen oder bäuerlichen Familien. Bischöfe und Erzbischöfe wurden in der Regel von adligen Familien gestellt. Hohe geistliche Ämter dienten den nachgeborenen Adelssöhnen als standesgemäße Lebensversorgung. Höchstes Ziel der geistlichen Laufbahn war die Wahl zum Bischof und die Erhebung in den Reichsfürstenstand. Vergleichbar war die Herkunft der Äbte und Äbtissinnen. Während die Vorsteher der einfachen, landsässigen Klöster vielfach aus bürgerlichen, selten aus bäuerlichen Familien stammten, blieben die Posten in den bedeutenden Reichsklöstern meist dem Adel vorbehalten.

Bischofskirchen und Klöster waren auch Zentren weltlicher Territorien. Die geistlichen Landesherren, also die Bischöfe und Äbte, bemühten sich ebenso wie die weltlichen Landesherren, konkurrierende Besitzansprüche auszuräumen und ihre Einflussgebiete zu zusammenhängenden Territorien auszuweiten.

Die evangelischen Landeskirchen boten keine vergleichbaren Positionen, die der Adel zu besetzen wünschte. Die evangelischen Pfarrhaushalte bildeten ein relativ homogenes Milieu, dessen Angehörige in ihren eigenen Kreisen heirateten. Sie versuchten, die unter Bürgern und Landbevölkerung begehrten Stellen möglichst an ihre Kinder weiterzugeben.

Literaturtipp:
Wie groß war die Macht des Adels im Mittelalter? Diese und andere Fragen beantwortet Claudia Märtl in ihrem Band „Die 101 wichtigsten Fragen. Mittelalter", München ²2007

Der Adel Der Adel bestimmte das politische, soziale und kulturelle Geschehen im Reich. Kennzeichen seiner herausgehobenen Stellung waren seine Abstammung und sein Selbstverständnis, über andere Menschen Macht auszuüben. Er beanspruchte die führenden Positionen in Staat, Kirche und Gesellschaft. Adlige durften Titel führen, genossen weitgehende Steuerfreiheit und durften nur von Angehörigen des eigenen Standes abgeurteilt werden. In sich war der Adel jedoch stark differenziert. Es gab den reichsunmittelbaren, also direkt Kaiser und Reich unterstehenden, sowie den landsässigen, von einem Landesherrn abhängigen Adel. Der Kaiser und die reichsunmittelbaren weltlichen und geistlichen Adligen (Kurfürsten, Herzöge sowie reichsunmittelbare Grafen und Herren) waren als Angehörige des Hochadels und als Landesherren auf den Reichstagen vertreten.

Rang und Bedeutung der Adligen hingen zudem jeweils von ihrer wirtschaftlichen Lage und ihrem Besitz, ihren Ämtern und Privilegien ab. Unabhängig von ihrem Rang verband die Angehörigen des Adels ein verpflichtendes Ethos. Danach gehörten der Kriegsdienst, die Bewirtschaftung der eigenen Güter, die Jagd sowie „Rat und Hilfe" für König oder Landesfürsten zu ihren vornehmsten Tätigkeiten. Den Lebensunterhalt mit Arbeit zu verdienen, galt als unehrenhaft. Den Landesfürsten gelang es im 14. und 15. Jahrhundert, ihre Einflussbereiche durch Eheschließungen, Erbschaften, Kauf, Tausch und Kriege zu zusammenhängenden Territorien auszubauen. Damit gerieten viele Adlige unter ihre Herrschaft und wurden „landsässig".

„armer Mann": hier in der Bedeutung von „schwach", Person mit minderem Rechtsstatus

▲ Menschen gestalten die Landschaft.
Gemälde aus einer Handschrift, um 1500.
Die Gebetbücher der Adligen enthielten Monatsbilder mit den typischen Tätigkeiten der Jahreszeit, hier das Monatsbild für März. Die Bauern werden zwar in Kleidung und Gesichtszügen derber gezeichnet als die Herren, ihre Arbeit wird aber hoch geschätzt.

Der „gemeine Mann" So wie dem König oder Kaiser auf Reichsebene die Reichsstände gegenübertraten, nahmen Adel, Geistlichkeit, Städte und manchmal auch die Bauernschaft als „Landstand" diese Aufgabe gegenüber dem Landesherrn wahr. Die Bauern waren jedoch nur in einigen Teilen des Reiches ein „Stand" in diesem Sinne, etwa in Teilen Südwestdeutschlands oder im Territorium des Erzbischofs von Salzburg. In den anderen Gegenden galt der Bauer als der **„arme Mann"**, der nicht herrschaftsfähig war, sondern Schutz bedurfte und daher der Obrigkeit unterstand. Die Geschichtswissenschaft hat dafür den Begriff „unterständische Schicht" geprägt. Seit etwa 1500 bezeichneten sich Bauern und städtische Einwohner ohne Bürgerrecht, wie Gesellen und Dienstboten, oder die Bürger ohne Zugang zu den Ämtern als der „gemeine Mann".

Das Lehnswesen Der größte Teil des Grundbesitzes befand sich in der Hand des Königs oder in den Händen von Adligen, Bischöfen oder Klöstern, die das Land als Vasallen des Königs als *Lehen* erhalten hatten (*Lehnswesen*). Der König, der seine Herrschaft durch seine Herkunft, die Anerkennung durch die Fürsten und die Gnade Gottes legitimierte, regierte ohne feste Hauptstadt (Reisekönigtum). Er benötigte in allen Regionen Personen, die für ihn Verwaltungsaufgaben übernahmen. Diese fand er im Adel und in der Kirche. Als oberster Lehnsherr ging er ein persönliches Rechtsverhältnis mit den höchsten Adligen seines Reiches ein. Diese Beziehung wurde durch einen öffentlichen gegenseitigen Treueid bekräftigt: Der Lehnsherr verpflichtete sich zu „Schutz und Schirm“, der Lehnsmann zu „Rat und Hilfe“. Die Kronvasallen, die direkt vom König belehnt wurden, vergaben einen Teil ihrer Lehen an Dienstleute (Ministerialen) zur Bewirtschaftung weiter. So entstand ein System von Vasallen und Untervasallen, das durch ein Geflecht persönlicher Treuebeziehungen zusammengehalten wurde. Aus dem Ertrag der Lehen sollte der Vasall seine Dienstpflichten erfüllen und einen angemessenen Lebensstil bestreiten können. Das Vasallitätsverhältnis endete mit dem Tod von einem der beiden Partner oder bei Treuebruch; dann konnte das Lehen vom Lehnsgeber wieder eingezogen werden („Heimfall“).

Im Lauf der Jahrhunderte setzte sich die Erblichkeit der Lehen durch: Zulasten des hohen Adels konnten die Ministerialen erreichen, dass ihr Lehen nur dann an den Lehnsherrn zurückfiel, wenn sie ohne Erben starben. So bildete sich aus den ursprünglich vom Hochadel abhängigen Dienstleuten der eigene Stand des niederen Adels, der als bewaffneter Ritterstand ein eigenes Standesbewusstsein pflegte. Durch die veränderte Kriegsführung mit Feuerwaffen und Söldnerheeren verloren die Ritter jedoch zunehmend ihre Funktion im Kampf. Viele Familien verarmten und die Ritter gerieten zum großen Teil in die Abhängigkeit mächtiger Territorialherren. Als Ausgleich für den Verlust der Selbstständigkeit boten die Landesherren den Rittern attraktive Aufgaben im Militär, in der Verwaltung und den vielen Hofämtern an den Residenzen. Diese entwickelten sich zwischen dem 16. und ausgehenden 18. Jahrhundert zu politischen, kulturellen und wirtschaftlichen Zentren. Der höfische Lebensstil wurde im absolutistischen Zeitalter zur Leitkultur des Adels und des reichen Bürgertums. Mit seinen prunkvollen Festen, Banketten und Jagdgesellschaften, dem Hofzeremoniell und einer festen Rangordnung galt der Hof als Gradmesser fürstlicher Größe und verlieh auch demjenigen Glanz und Ansehen, der dort eine Stellung einnahm. Bürgerliche, die sich durch besondere Dienste auszeichneten, wurden von Kaisern und Fürsten in den Adelsstand erhoben (*Nobilitierung*). Die Landesherren konnten sich so eine loyale Elite heranziehen und diese dem alten Adel entgegensetzen.

▲ **Spiel auf Leben und Tod.**
Buchmalerei aus der Manesischen Liederhandschrift, Anfang 14. Jh.
Das Turnier war Unterhaltung und sportliches Training für den Kampf. Die Tjost ist ein turniermäßiger Zweikampf: Zwei Ritter reiten gegeneinander an und versuchen, den Gegner mit der Lanze aus dem Sattel zu stoßen.

Die Grundherrschaft als Fundament der Ständegesellschaft Die Grundherren übertrugen Teile ihres Landes Bauern ohne eigenen Grundbesitz, den sogenannten Hörigen oder Grundholden, zur Nutzung und stellten ihnen einen Hof mit den notwendigen Geräten zur Verfügung (▸ M2). Dafür beanspruchten sie nicht nur Abgaben aus den Erträgen. Vielmehr mussten die Bauern für den Herrenhof (Fronhof, althochdeutsch frô: „Herr“) unterschiedliche Frondienste leisten oder Zugvieh und Geschirr bereitstellen (Hand- und Spanndienste). Darüber hinaus übte der Grundherr die Aufsicht über die Grundholden aus und besaß das Recht, bei Strafe zu gebieten und zu verbieten. Zudem war er Gerichtsherr über die von ihm abhängige bäuerliche Bevölkerung. Im Gegenzug hatte er Schutz und Sicherheit zu gewähren. Zu den Abgaben und Diensten für die Überlassung des Landes konnten Buß- und Gerichtsgelder hinzukommen, außerdem Abgaben an die Kirche. Die bäuerliche Bevölkerung musste also viele Ansprüche erfüllen, die sich auf mehrere „Herren“ verteilen konnten, wenn die Grundherrschaften zersplittert waren. Alle diese Forderungen waren nicht immer schriftlich festgehalten, sondern mündlich überliefert und gewohnheitsrechtlich festgelegt.

Die *Grundherrschaft* prägte die Gesellschaft auf dem Land vom frühen Mittelalter bis ins späte 18. Jahrhundert. Mehr als drei Viertel der Bevölkerung der vorindustriellen Zeit gehörten ihr an. Der Begriff stammt allerdings nicht aus der Zeit selbst; erst die moderne Geschichtswissenschaft bezeichnet damit die Verfügungsgewalt über Grund und Boden mit den darauf lebenden Menschen – die „Herrschaft über Land und Leute“.

▲ **Adel, Geistliche (Klerus) und Bauern.**
Malerei aus einer französischen Handschrift, 14. Jh.

Herrschaft und Freiheit auf dem Land Die Untertanen standen in unterschiedlicher Abhängigkeit zum Grundherrn. Diese reichte vom bloßen Pachtverhältnis bis zur Leibeigenschaft.

Neben hörigen Bauern, die das vom Grundherrn geliehene Land unter den festgelegten Bedingungen selbstständig bewirtschafteten, gab es das unfreie Gesinde. Es arbeitete in persönlicher Abhängigkeit, oft auch in Leibeigenschaft auf dem Herrenhof und dem umliegenden Land. Leibeigene durften ohne Genehmigung ihres Herrn weder heiraten noch wegziehen. Wenn es einem Leibeigenen allerdings gelang, das Territorium einer Stadt zu erreichen und dort dauerhaft Aufnahme zu finden, entkam er der Rechtsprechung des Grundherrn.* Der Abhängigkeitsgrad bestimmte Art und Umfang der Frondienste. Ein unfreier Bauer musste gewöhnlich mehr Dienste und Abgaben leisten als ein freier Bauer.

Das Verhältnis zwischen Grundherren und Bauern war zwar durch Ungleichheit und Abhängigkeit gekennzeichnet, doch rechtlos waren die Bauern nicht. Es ist vielfach belegt, dass sie Widerstand leisteten, wenn sie ihre „alten“ Rechte, die durch ihre Generationen übergreifende Dauer als unumstößlich galten, durch Landes- und Grundherren bedroht sahen. Im 15. und 16. Jahrhundert erhoben sich immer wieder Bauern in verschiedenen Regionen gegen ihre Obrigkeiten. Sie verweigerten Dienste und Abgaben und rotteten sich zu bewaffneten „Haufen“ zusammen. Im Bauernkrieg von 1524 bis 1526, der größten Erhebung der Bauern in Europa, wurde die ständische Ordnung auch grundsätzlich infrage gestellt.** Die Aufstände wurden niedergeschlagen, jedoch machte die Obrigkeit den Bauern nun mehr Zugeständnisse, da die Grundherren ein Interesse daran hatten, die Arbeitskräfte auf dem Land zu halten.

Selbstbewusstsein durch Abgrenzung Der Platz des Einzelnen in der Gesellschaft ergab sich zwar durch die Zugehörigkeit zu einem Stand – gesichert war er dadurch jedoch nicht. Die öffentliche Wertschätzung einer Person und ihr sozialer Status hingen nicht allein von Herkunft und Vermögen ab, sondern waren vor allem durch Ehre und soziales Prestige bestimmt. Davon besaß der Adlige mehr als der Bürger und dieser wiederum mehr als der Bauer. Da die Ehre einer Person von der Beachtung anderer abhing, musste das, was man war, durch angemessenes Verhalten und einen standesgemäßen Lebensstil öffentlich gezeigt werden. Je höher der Rang, desto höher hatte der Aufwand bei der Größe und Ausstattung der Häuser, bei Festen, Kleidung und Schmuck oder der Zahl der Bediensteten zu sein. Wie wichtig es war, seine Position immer wieder zu sichern, zeigen die Kämpfe um die Rangordnungen, die Sitzordnung in der Ratsstube und im Kirchengestühl sowie die Prozessionsfolge bei Empfängen oder Begräbnissen.

Die soziale Rangordnung spiegelte sich in den von der Obrigkeit erlassenen Kleiderordnungen.*** Diese legten genau fest, welche Kleidung für welchen Stand oder Rang angemessen war. Um den eigenen Stand zu sichern, waren die Menschen besonders darauf bedacht, sich „nach unten“, d.h. gegenüber unteren Schichten und Randgruppen, abzugrenzen. Wichtigstes Mittel zur Abgrenzung war die „standesgemäße Heirat“, auf die nicht nur Adel und Patriziat, sondern auch Kaufleute, Handwerker und Bauern Wert legten.

* Siehe Seite 75.
** Siehe Seite 108.
*** Vgl. dazu den Methoden-Baustein auf Seite 72 f. sowie Seite 80.

Am Rande der Gesellschaft Alle ständischen Gruppen, selbst die Unterschichten, grenzten sich von den Randgruppen ab. Zu diesen gehörten jene Minderheiten, die nicht den gesellschaftlichen Normen entsprachen: Gauner und Räuber, Bettler und Vaganten sowie „unehrliche Leute". Als „unehrlich" galt, wer nur über ein geringes Maß oder gar keine „Ehre" verfügte, weil er unehelich geboren war oder einer „unehrenhaften" Arbeit nachging. Dies galt vor allem für Henker, Abdecker und Totengräber, die täglich mit Leichen und Aas umgehen mussten, auch für Bader, Barbiere und Chirurgen, Dirnen und Hurenwirte, aber in manchen Gegenden sogar für Müller, Zöllner und Kesselflicker sowie die „schmutzigen" Berufe der Gassen- und Schornsteinfeger.

Wer einen unehrlichen Beruf ausübte, musste nicht arm sein. So konnte ein Henker oder ein Müller durchaus zu Wohlstand gelangen. Aus- und Abgrenzung sowie der Ausschluss der „unehrlichen Leute" von allen „ehrlichen Berufen", öffentlichen Ämtern und meist auch dem Bürgerrecht führten jedoch häufig zum Abstieg in die Kriminalität. Auch das „fahrende Volk" der Gaukler, Schausteller und Akrobaten war mit dem Makel der Unehrlichkeit behaftet. Nichtsesshaftigkeit und Vagantentum wurden als unchristlicher Müßiggang und Quelle von Bettelei und Kriminalität angesehen und von den Obrigkeiten bekämpft. Davon waren besonders die Sinti und Roma (**„Zigeuner"**) betroffen, die zu Beginn des 15. Jahrhunderts nach Westeuropa gekommen waren und bald auf Abwehr stießen. Ausschlaggebend dafür mögen die Fremdartigkeit von Aussehen, Sprache, Kultur und nomadischer Lebensweise gewesen sein, die bei der sesshaften Bevölkerung das negative Bild von den „Zigeunern" als unheimlichen Fremden erzeugte. Von der Obrigkeit den Gaunern und Vaganten zugerechnet, wurden sie jahrhundertelang als „herrenloses Gesindel" verfolgt und ausgegrenzt.

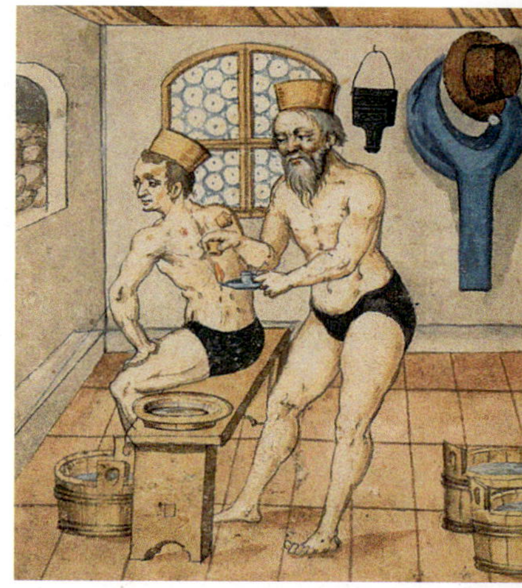

▲ Ein Bader in Nürnberg beim Setzen von Schröpfköpfen während eines Schwitzbades.
Buchillustration von 1612. Die medizinische Grundversorgung der breiten Bevölkerung sicherten neben den Wundärzten und Barbieren die Bader. Zu ihren Dienstleistungen gehörte das Haareschneiden genauso wie das Zähneziehen, die Wundversorgung und das Schröpfen. Dabei wurde die Haut aufgeritzt und ein Schröpfglas aufgesetzt, um durch den Unterdruck die „schlechten Körpersäfte" aus der Wunde zu ziehen.

„Zigeuner": herabsetzende Fremdbezeichnung für die vor ca. 1000 Jahren aus Nordwestindien ausgewanderten Volksgruppen, die sich als „Sinti" (von der indischen Region Sindh) und „Roma" (von „Rom" = Mann, Ehemann, Mensch; für die Gruppen südosteuropäischer Herkunft gebrauchter Name) bezeichnen. Entgegen aller Vorurteile: Die Mehrheit der Sinti und Roma war und ist sesshaft.

Die Stellung der Juden in der Frühen Neuzeit Seit dem 10. Jahrhundert gab es entlang der „Hauptverkehrsadern" an Rhein, Main und Donau jüdische Gemeinden. Juden waren als Mitbürger in der christlichen Gesellschaft akzeptiert, gleichzeitig trugen sie zur dynamischen Entwicklung der Städte in Deutschland bei. Der christliche Antijudaismus, der auf religiösen Vorurteilen und falschen Beschuldigungen wegen angeblichen Ritualmorden, Hostienschändungen und Brunnenvergiftungen beruhte, gipfelte zunächst in der Zeit der Kreuzzüge und später vor allem in Krisenzeiten (Pestepidemie ab 1348) in Ausschreitungen gegen Juden als Andersgläubige und angebliche „Christusmörder". Hinzu kamen wirtschaftliche Motive wegen des „Judenwuchers" im Kredit- und Pfandgeschäft, in dem viele Juden (aber auch Christen!) arbeiteten, da sie von Ämtern, Gilden, Zünften, Schulen und Universitäten ausgeschlossen blieben. Gegen hohe Abgaben übernahm die Obrigkeit zwar den Schutz der jüdischen Bevölkerung, doch an ihrer gesellschaftlichen Stellung änderte das im Spätmittelalter wenig.

Seit dem 15. Jahrhundert wurde die jüdische Bevölkerung in mehreren Wellen aus Reichsstädten und Territorien ausgewiesen; es waren die Ortsansässigen und Obrigkeiten, die sich jeweils für oder gegen eine Duldung der Juden entschieden. Bis auf Weiteres blieben die Juden als Kreditgeber jedoch unverzichtbar. Deshalb durften sie sich nach den Verfolgungen oftmals erneut niederlassen. Größere Judengemeinden gab es Ende des 16. Jahrhunderts jedoch nur noch in Prag, Worms, Friedberg (Hessen) und Frankfurt am Main (▸ M3). Wo man auf die Ausweisung verzichtete, wurden die Juden in Ghettos oder verschließbare Judengassen abgedrängt. Sie mussten hohe „Schutzgelder" und andere Abgaben zahlen. „Judenordnungen" schränkten das Leben weiter ein. Vor allem das seit 1530 vorgeschriebene Tragen des „gelben Flecks"* stigmatisierte die Juden öffentlich.

Internettipp:
Zur Geschichte der Juden im Mittelalter siehe auch Code 32019-01

* Siehe dazu Seite 73.

▲ Jüdische Wanderspielleute (Klezmer).
Zeichnung von Hans Bol, um 1560.

Nach der Vertreibung aus den Städten entstand in kleinen Landgemeinden ein Landjudentum, das sich insbesondere in den kleinen Territorialstaaten Südwestdeutschlands einschließlich des heutigen Bayerisch-Schwaben niederließ, und dort vor allem in den Gebieten, in denen die Habsburger Kaiser den Juden Reichsschutz gewährten. Da ihnen nahezu alle Berufe versperrt waren, verdienten viele Landjuden ihren Lebensunterhalt im Klein- und Zwischenhandel mit Vieh, Getreide und Hopfen, als Hausierer mit Stoffen und Kleidung aus städtischen Manufakturen oder sie zogen als Trödel- und Betteljuden durch die Lande.

Einigen wenigen Juden gelang es im 17. und 18. Jahrhundert, als Bankiers und Finanziers an den Fürstenhöfen Ansehen zu erwerben („Hofjuden"). Im Zeitalter der Aufklärung bildete sich eine jüdische Elite heraus, die den Grundstein für den geistigen, später auch gesellschaftlichen Aufstieg des Judentums legte. Immer mehr Gebildete forderten die Anerkennung der Juden als gleichberechtigte Staatsbürger. Erst mit den um 1800 einsetzenden Reformen wurde dieses Ziel allmählich verwirklicht.*

Möglichkeiten und Grenzen sozialen Aufstiegs ■ Trotz vieler unveränderlicher Merkmale war die Ständeordnung in der Frühen Neuzeit auch durch sozialen Wandel geprägt: Die traditionellen Geburts- und Berufsstände differenzierten sich aus, neue soziale Gruppen stiegen auf, alte Eliten ab. Die meisten Menschen blieben zwar in dem Stand, in den sie hineingeboren waren, ein sozialer Aufstieg war jedoch in wenigen Fällen durch Vermögen, Bildung und – bei Frauen fast ausschließlich – über Heirat möglich. In den Kirchen boten sich die besten Möglichkeiten, die Standesschranken zu überwinden. Wie der Adel waren das Bürgertum und wohlhabende Bauern darauf bedacht, ihren nachgeborenen Söhnen angesehene geistliche Ämter und Einnahmen (Pfründe) zu sichern. Manchmal gelang auch ein Aufstieg aus einfachen Verhältnissen, wenn ein Verwandter, Pate oder Freund der Familie dem Schützling zunächst Schule und Studium finanzierte und ihm danach durch gezielte Fürsprache (Patronage) zu einer Pfarrerstelle oder einer Position als Abt oder Äbtissin eines Klosters verhalf.

In den Städten war ein sozialer Aufstieg nur in den von den Zünften gesetzten Grenzen möglich, so der Sprung vom Handwerksgesellen zum Meister durch die Heirat einer Meisterwitwe. Vielfach schafften es Familien über ein oder zwei Generationen, sich mit erfolgreichem Handel ein Vermögen zu erarbeiten und durch Einheirat in das Patriziat aufgenommen zu werden. Patrizische Familien wiederum bemühten sich durch den Erwerb von Grundbesitz um die Aufnahme in die landsässigen Adelsfamilien. In seltenen Fällen, wie bei der Augsburger Unternehmerfamilie Fugger, gelang sogar der Aufstieg in den Grafenstand.

	1500	1800
Adel (herrschender Stand)	1-2%	1%
Bürger (Stadtbewohner)	20%	24%
Bauern (Landbewohner)	80%	75%
davon: Hofbesitzer	60%	35%
Landarme und besitzlose Familien	20%	40%

▲ Verteilung der Stände in Deutschland um 1500 und 1800.
Nach: Paul Münch, Lebensformen in der Frühen Neuzeit 1500 bis 1800, Berlin 1992, S. 77

In der Frühen Neuzeit gewannen Bildung und akademische Abschlüsse als Aufstiegsfaktoren an Bedeutung. Seit dem 15. Jahrhundert konnten in den wachsenden städtischen und landesherrlichen Verwaltungen, den Universitäten, dem Militär und in den Reichsinstitutionen Juristen und andere akademisch Gebildete aus dem Stadtbürgertum in hohe Positionen aufsteigen, dabei als qualifizierte Beamte im Fürstendienst sogar den begehrten Adelsbrief erhalten. Im 16. Jahrhundert kam der Doktorgrad einem Adelstitel gleich. Am Ende des 18. Jahrhunderts überdeckte das bürgerliche Leistungsethos die traditionellen Leitbilder, die den Führungsanspruch des Adels begründet hatten.

* Siehe dazu Seite 145.

▶ **„Die drei Stände der Christenheit."**
Gemälde von Bartholomäus Bruyn d. Ä., um 1530/40.
▪ *Erklären Sie, welche Personen dargestellt werden, und ordnen Sie diese den Ständen zu. Welche Rolle nehmen sie in der Gesellschaft ein? Welche Gruppen fehlen?*

M1 „Gott hats ausgetheilt"

Der bayerische Wallfahrtspriester Christoph Selhamer wird durch seine wortgewaltigen und einfallsreichen Predigten bekannt, die das Leben des Volkes farbig schildern. 1703 beschreibt er Wesen und Aufgabe der einzelnen Stände:

Gott hats schon recht ausgetheilt. Er hat einem jeden Menschen sein gewisse Stell und Handthierung verordnet, die ein jeder fleissig behaupten soll. Großen Herrschafften hat er Sinn und Verstand, Gewalt und Oberhand, Schwerdt und Scepter geben, daß sie Land und Leuth weißlich und vorsichtig regieren sollen. Denen Geistlichen hat er Fried und Lieb, Andacht und Gottesfurcht, nüchteren und keuschen Lebens-Wandel, Seeleifer und inbrünstiges Gebett aufgetragen, so sie für alle andere insgesambt ordentlich verrichten sollen. Den Soldaten hat er Muth und Hertz, langwierige Gesundheit und starcke Kräfften, Gehorsam und Gedult ertheilt, daß sie im Feld mit dem Feind keck herumschlagen, alle ihre Landsleuth von allen feindseeligen Einfall beschützen, den lieben fried ins Land bringen und darin erhalten sollen. Den Bauren aber [...] hat er frisch und gesunds Leben, Muth und Krafft zur steten Arbeit verschafft, daß sie durch ihren Feldbau und Viehzucht sich und alle andere ernähren und erhalten sollen. Also laut der Weid-Spruch: Tu rege, tuque protege, tuque labora. Du regier, und du bleib beym Brevier, Du streit, und der bleib bey der Arbeit. Eben darum seyd ihr Bauern höchlich zu rühmen, und in hohen Werth zu halten, weil ihr alle andere mit dem liebseeligen Brot versehen solt.

Der protestantische Theologe Erasmus Alber verfasst 1530 ein Gedicht über die Stände:

Fein ordentlich hat Gott die Welt
mit dreien Ständen wohl bestellt:
Ein Stand muss lehrn, der andre nähren,
der dritt muss bösen Buben wehren.
Der erst Stand heißt die Priesterschaft,
der zweit Stand heißt die Bauernschaft,
der dritt, das ist die Obrigkeit.
Ein jeder Stand hat sein Bescheid[1].
Und keiner sei so unverschampt,
dass er dem andern greif ins Amt,
kein Stand den anderen veracht,
Gott hat sie alle drei gemacht.
Und lebten wir in solcher Weis,
wir hätten hier das Paradeis.
Doch wer will gut sein hier auf Erden?
Nach dieser Welt wird's besser werden.

[1] **Bescheid**: Bestimmung, Aufgabe

Erster Text zitiert nach: Richard van Dülmen, Kultur und Alltag in der Frühen Neuzeit, Bd. 2, München 1992, S. 179
Zweiter Text zitiert nach: Detlef Plöse und Günter Vogler (Hrsg.), Buch der Reformation. Eine Auswahl zeitgenössischer Zeugnisse (1476-1555), Berlin 1989, S. 53

1. *Arbeiten Sie heraus, wie Selhamer und Alber die Gesellschaft gliedern. Welche Aufgaben werden den Ständen zugewiesen? Wie wird diese Verteilung gerechtfertigt?*

2. *Erläutern Sie die Ziele und Funktionen, die nach Meinung der Verfasser eine solche Gesellschaftsordnung zu erfüllen hat.*

3. *Vergleichen Sie die Texte und analysieren Sie, welche Sicht einer Gesellschaft und einer Weltordnung jeweils deutlich werden. Schließen Sie aus der Art der Darstellung auf die Haltung der Verfasser.*

M2 Neuerungen in der Landwirtschaft

Der Historiker Werner Rösener ist ein Fachmann für Agrargeschichte. Für eine breite Leserschaft beschreibt er wesentliche Neuerungen in der mittelalterlichen Landwirtschaft:

Der größere Teil bäuerlicher Tätigkeit im Mittelalter galt der Feldarbeit. [...] Bestellt wurde ein Acker nur alle zwei Jahre, die Leerzeit dazwischen sollte er ruhen, man nennt es die Feldgraswirtschaft. Später, im Hochmittelalter, setzte sich mehr und mehr die Dreifelderwirtschaft durch: Im ersten Jahr wuchs auf der Fläche Wintergetreide, im zweiten Sommerkorn, im dritten lag sie brach und diente dem Vieh als Weide, was außer der Erholung des Bodens noch Dungzufuhr bewirkte. Dung wurde jedenfalls aufgetragen. Jedes Gehöft hatte seinen Misthaufen. Das Düngen ist eine alte agrarische Kulturtechnik, Dungtransporte gehörten zu den Fronarbeiten.

Vor der Aussaat musste der Boden gelockert werden, was mittels einer Hacke oder mithilfe eines Pfluges geschah. Die älteste und ursprünglichste Pflugform, gebräuchlich noch bis ins Hochmittelalter hinein, war ein simpler Baumast, der als Deichsel diente, versehen mit einem gegen die Zugrichtung gewendeten metallenen Sporn, der die Erde aufriss. Gezogen wurde er, wenn nicht von Menschen, dann durch Zugtiere, die in Mitteleuropa zunächst Ochsen waren. [...] Dann kam der Schollenpflug auf. Nachweisbar seit dem 1. Jh., hat er sich bis zum Hochmittelalter überall in Europa durchgesetzt. Er war eine technologisch fast revolutionäre Erfindung: Er lief auf Rädern, was seinen Einsatz erleichterte, und war ausgestattet mit einem Messer und einer asymmetrischen Pflugschar, die den Boden nicht mehr bloß ritzte, sondern umwälzte. [...] Zusätzlich kam die Egge in Gebrauch, mit der sich die umbrochenen Schollen zerkleinern und glätten ließen. Als Zugvieh wurde der Ochse jetzt mehr und mehr ersetzt durch das Arbeitspferd, außerdem stand ein anderes Zaumzeug zur Verfügung: Anstelle der bis dahin allein gebräuchlichen Riemen, die alle Last auf die Brust des Zugtieres legten, [so]dass sie leicht dessen Fell wund scheuern konnten, traten das gepolsterte Joch oder das Kummet[1], das die Zuglast auf eine größere Körperfläche der eingeschirrten Tiere verteilte, was wiederum die Arbeitszeiten zu verlängern und die Arbeitsleistung zu steigern vermochte. Die Hufe der Pferde wurden beschlagen. Auch das erhöhte die Ausdauer der Tiere.

Man lernte es noch, sie im Vierergespann einzuschirren. Die vermehrte Zugkraft, die das erbrachte, inspirierte ihrerseits den Wagenbau: Neben dem zweirädrigen Karren, der bis dahin einzig in Gebrauch war und den so schon die Antike kannte, gesellte sich nunmehr der vierrädrige Wagen, geeignet für das Bewegen von schweren und sperrigen Lasten, ebenso geeignet für den Personentransport. [...] Man erfand die Schubkarre, als eine eminent wichtige und vielfach einsetzbare Gerätschaft. Das Spatenblatt wurde jetzt aus Eisen gefertigt. Die Ernte erfolgte nicht mehr bloß mit der Sichel, sondern mit der Sense, und das eingefahrene Getreide wurde nicht mehr vermittels Füßen oder Tierhufen gedroschen, sondern mit dem Flegel. Die Weiterverarbeitung des Korns zu Mehl, lange eine Arbeit für die Bauersfrau, entwickelte sich zu einer Spezialtätigkeit, der sich ein dann eigener Berufsstand widmete, unter Zuhilfenahme von fließendem Wasser oder von Wind als Antriebskraft. Der Müller wurde zu einem der ersten spezialisierten Handwerker im ländlichen Raum neben dem Schmied.

Man darf annehmen, dass dergleichen Neuerungen in aller Regel von den Klöstern ausgingen, denn dort gab es schon früh die spezialisierten Handwerker, die dergleichen zu verfertigen oder zu handhaben wussten. Dort gab es die erforderlichen Mittel für die entsprechenden Investitionen, und dort gab es Agrarbesitz, auf dem sich die Innovationen beispielhaft ausprobieren ließen.

[1] **Kummet**: gepolsterter Kragen, der dem Zugtier um den Hals gelegt wird; daran sind Riemen zum Pflug oder Wagen befestigt

Werner Rösener, Landwirtschaft im Mittelalter, in: Das Mittelalter. Die Welt der Bauern, Bürger, Ritter und Mönche, herausgegeben von Dieter Hägermann, München 2001, S. 94-105, hier S. 59-61

1. *Veranschaulichen Sie durch einfache Skizzen einige beschriebene Veränderungen in der mittelalterlichen Landwirtschaft.*
2. + *Recherchieren Sie, bis wann diese Geräte in der Landwirtschaft eingesetzt wurden und von welchen Geräten und Maschinen sie ersetzt wurden.*
3. *Vergleichen Sie, wie sich die Feldarbeit heutiger Landwirte gestaltet.*

M3 Frankfurter „Judenstättigkeit"

Im August 1614 werden die Frankfurter Juden während des vom Lebkuchenbäcker und Zunftmeister Vincenz Fettmilch angeführten „Fettmilch-Aufstandes" aus der Stadt vertrieben, sie können jedoch nach der Niederschlagung der Revolte unter kaiserlichem Schutz zurückkehren. Die 1617 vom Kaiser bestätigte „Judenstättigkeit" des Frankfurter Rates gesteht den Juden erstmals ein dauerhaftes Aufenthaltsrecht in der Stadt zu. Es ist an folgende Regeln gebunden:

Die Juden sollen sich bei Nacht, auch an den Sonntagen und anderen hochzeitlichen Festen der Christen in der Judengasse aufhalten und in der Stadt nicht finden lassen. Dazu dies große Tor, hinten und vornen an der Judengasse alsdann schließen und zuhalten und weiter nicht denn die kleinen Türlein öffnen.

Und sollen die Juden an den Sonn- und Feiertagen keinen Handel treiben. [...]

Item [Ferner] soll den Juden auf dem Markt oder in der Stadt öffentlich ohne Erlaubnis keine Läden oder Kramstand zu halten gestattet, jedoch ihnen unbenommen sein, ihre Feilschaft durch die Stadt und Gasse ungehindert zu tragen und zu verkaufen.

Wenn es demnach durch Eines Ehrbaren Rats Befehl vor diesem beschlossen gewesen ist, dass man, wann sich ein fremder Jud oder Jüdin mit eines Juden Tochter oder Sohn zu Frankfurt verheiratet und er in die Stättigkeit aufgenommen worden ist, von den fremden Juden oder Jüdinnen zwölf Goldgulden fordern oder nehmen solle, so ist solches nunmehr auf fünfundzwanzig Goldgulden erhöht worden. [...]

Dieweil allbereit fünfhundert und etliche dreißig in die Stättigkeit zu Frankfurt eingeschrieben, dass fernerhin die Zahl über fünfhundert Hausgesäß nicht mehr sein, noch des Ends geduldet werden sollen.

Zum andern, dass künftig über sechs fremde Personen jährlich nicht zur Stättigkeit aufgenommen noch zugelassen werden sollen. [...]

Ferner, unter den eingeborenen Juden soll jährlich über zwölf Paar zu verheiraten nicht verstattet werden.

Ferner, dieweil bei den Juden viel überflüssiges Gesind bisher bemerkt worden, so soll förderhin diese Ordnung unter ihnen gehalten werden, dass einem über eine Magd und einen Knecht, der Zahl nach zu halten, nicht erlaubt werde.

Zum Beschluss sollen die Bürger, wie auch die Handwerksgesellen bei den Eidespflichtigen, damit sie der Kais. Maj. sodann Herren Bürgermeistern und Rat verwandt sein, schuldig sein, die gemeine Judenschaft samt oder sonders in- oder außerhalb der Gassen unmolestieret[1] und unbeleidiget verbleiben zu lassen.

Zitiert nach: Michael Wolffsohn und Uwe Puschner, Geschichte der Juden in Deutschland. Quellen und Kontroversen. Ein Arbeitsbuch für die Oberstufe des Gymnasiums, München 1992, S. 50 f.

1. *Arbeiten Sie heraus, welche Folgen die „Judenstättigkeit" für die Lebensbedingungen der Juden sowie ihre rechtliche und wirtschaftliche Stellung hatte.*
2. *Stellen Sie die Ziele der Stadt Frankfurt nach dem Aufstand zusammen.*
3. ➕ *Recherchieren Sie Hintergründe und Ablauf des „Fettmilch-Aufstandes". Präsentieren Sie Ihre Ergebnisse in Form eines Kurzreferats.*
4. *Informieren Sie sich, ob an anderen Orten ähnliche Auseinandersetzungen stattfanden. Vergleichen Sie Gründe oder Motive für die Ausweisung der Juden und die Wiederansiedlung andererseits.*

[1] von lat. molestare: „belästigen", „stören"

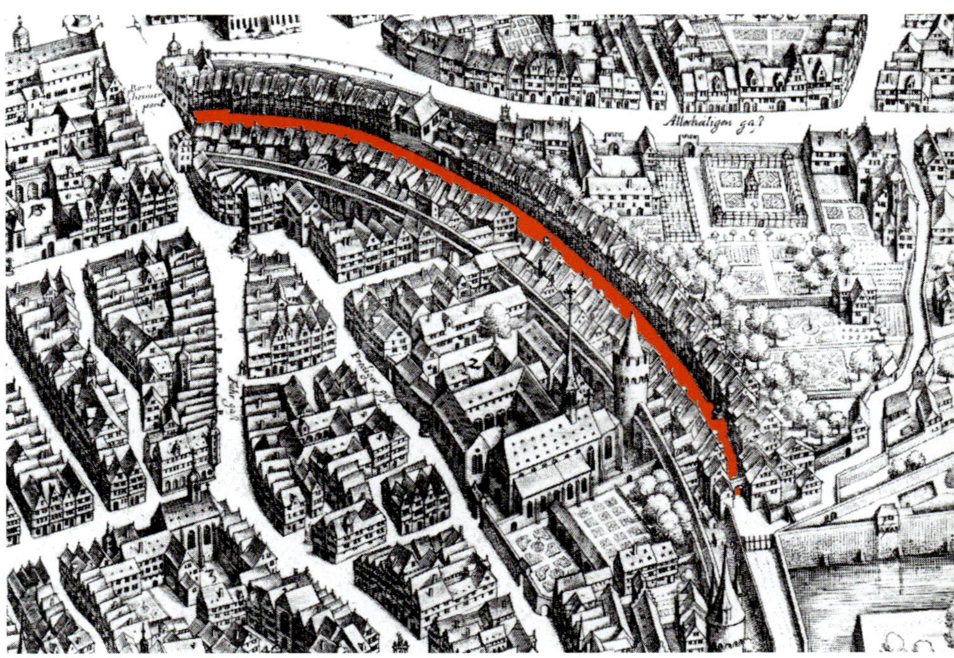

▸ Stadtplan von Frankfurt am Main mit Judengasse.
Ausschnitt aus einem Kupferstich von Matthäus Merian d. Ä., 1628.
In der Freien Reichsstadt Frankfurt am Main mussten die Juden auf Anordnung des Kaisers seit 1492 in einem Ghetto am Rande der Stadt in einer etwa 300 Meter langen „Judengasse" leben. Zu Beginn des 16. Jh. wohnten dort in rund 20 Wohnhäusern etwa 200 Menschen; bis zum Beginn des 17. Jh. stieg die Zahl auf über 2 700 Personen in 197 Häusern. Erst 1811 wurde der Ghettozwang aufgehoben.

Schriftliche Quellen als erzählte Geschichte

Schriftliche Quellen sind Texte, die in einem bestimmten geschichtlichen Zusammenhang geschrieben wurden und im Original oder als Abschrift überliefert worden sind. Dazu gehören ganz unterschiedliche Quellengattungen wie Urkunden, Gesetze, Protokolle, Flugblätter, Briefe, Reden, Lebenserinnerungen und Tagebücher sowie Akten, Zeitungsartikel, Chroniken und Annalen – kurz: alle Textquellen, aus denen Kenntnisse über die Vergangenheit gewonnen werden können.

Schriftliche Quellen interpretieren

Geschichtsschreibung ist der Versuch, die Vergangenheit zu rekonstruieren und zu interpretieren. Dabei sind wir besonders auf schriftliche Quellen angewiesen. Unterschieden werden kann bei Textquellen zwischen „Traditionsquellen“ und „Überrestquellen“: Als Tradition werden in der Geschichtswissenschaft Quellen bezeichnet, die nicht nur für Zeitgenossen, sondern bewusst für die Nachwelt geschrieben worden sind, wie vor allem Chroniken, Annalen oder (Auto-)Biografien. Zum Überrest zählen demgegenüber Quellen, die wie Urkunden, Gesetzestexte oder Policey-Ordnungen, Rechnungen, Protokolle oder Briefe für die jeweilige Gegenwart verfasst wurden. Dies entspricht in etwa der Unterscheidung von deskriptiven und normativen Quellen. Während die einen aus zeitgenössischer Perspektive Sachverhalte beobachtend oder kommentierend darstellen, handelt es sich bei normativen Quellen um Vorgaben, die nicht unbedingt die gesellschaftliche Realität zeigen, sondern den Anspruch, der in ihnen formuliert wird, z.B. in Gesetzen oder Parteiprogrammen.
Keine Quelle „spricht für sich“. Der Historiker muss die Vergangenheit aus den Quellen rückblickend erschließen, formale Merkmale klären, den Inhalt kritisch prüfen und in den historischen Kontext einordnen. Darüber hinaus sind sie immer durch die Sichtweise und die Intention des Verfassers geprägt.
Die Schlüsse, die wir aus Quellen ziehen, hängen aber immer auch von unserem Vorwissen und unseren sozialen, politischen und religiösen Einstellungen ab.

Formale Kennzeichen
- Wer ist der Verfasser oder Auftraggeber, was weiß man über ihn?
- Um welche Quellengattung handelt es sich (Tradition oder Überrest)?
- Wann, wo und aus welchem Anlass wurde der Text verfasst?

Textinhalt
- Was ist Gegenstand des Textes? Was wird thematisiert?
- Wie ist der Text aufgebaut? Welche Merkmale kennzeichnen ihn (Sprache, Stil)?

Historischer Kontext
- Welchen Zeitraum, welche Ereignisse oder welche Personen behandelt die Quelle?
- In welchem Bezug steht der Verfasser zu dem, was er berichtet (Handelnder, Zeitzeuge oder Geschichtsschreiber)?

Intention und Wirkung
- An wen wendet sich der Text?
- Welche Absichten verfolgen Verfasser oder Auftraggeber mit dem Text?

Einordnung und Bewertung
- Wie lässt sich die Quelle in die Überlieferung einordnen und bewerten?
- Als wie glaubwürdig ist die Quelle einzustufen?

Methoden-Aufgabe:

Interpretieren Sie die Quelle in den fünf genannten Schritten.

Kleiderordnung: „Von unordentlicher und köstlicher Kleidung“

Überschrift des auf dem Reichstag zu Augsburg 1530 erlassenen kaiserlichen Reichsabschiedes

Römischer Kayserlicher Majestät Ordnung und Reformation guter Policen, im Heiligen Römischen Reich, zu Augsburg Anno 1530 auffgericht.

[...]

Einleitung der Kleidervorschriften mit Adressaten, Absicht und Zweck der Ordnung

IX. Von unordentlicher und köstlicher Kleidung.

Nachdem ehrlich, ziemlich und billich, daß sich ein jeder, weß Würden oder Herkommen der sey, nach seinem Stand, Ehren und Vermögen trage, damit in jeglichem Stand unterschiedlich Erkäntüß seyn mög, so haben Wir Uns mit Churfürsten, Fürsten und Ständen nachfolgender Ordnung der Kleidung vereiniget und verglichen, die Wir auch bey Straff und Pön, darauff gesetzt, gänzlich gehalten haben wöllen. [...]

Bestimmungen für die drei Schichten von Stadtbewohnern

XI. Von Bürgern und Inwohnern in Städten.

Bestimmungen für einfache Bürger

§. 1. Item: Nachdem in Städten gemeiniglich dreyerley Bürger und Inwohner sind, als gemeine Bürger und Handwercker, Kauff- und Gewerbs-Leut, und andere, so im Rath von Geschlechten, oder sonst ehrlichs Herkommens, und ihrer Zinß und Renthen sich ernehren. Darauff so setzen, ordnen und wöllen Wir, daß die gemeine Bürger, Handwercker, und gemeine Krämer, kein Gold, Silber, Perlin, Sammet oder Seyden, noch gestickelt, zerschnitten, oder [...] köstlich Futter tragen, sonder sich mit ziemlicher gebührlicher Tracht, auch von rauhen Futtern, mit [...] Füchsen, Iltes, Lämmern, und dergleichen, begnügen lassen sollen. [...]

Bestimmungen für Kaufleute und Gewerbetreibende

XII. Von Kauff- und Gewerbs-Leuten.

§. 1. Item: Sollen die Kauff- und Gewerbs-Leut in Städten kein Sammet, Damast, Atlaß oder seyden Röck, Gold, Silber, Perlin, Seyden, Gold, und silberne Haarhauben tragen. Doch mögen sie Schamlotten* Röck, auch Seyden Wammes, ausserhalb Sammet und Carmesin Atlaß, unverbremt**, deßgleichen gülden Ring tragen. [...]

Bestimmungen für vornehme Bürger und Familien, aus denen die Stadträte kommen

XIII. Bürger in Städten, so vom Rath, Geschlechten, oder sonst fürnehmes Herkommens sind, und ihrer Zinß und Renthen geleben.

§. 1. [...] die sollen sich in aller massen in ihrer Kleidung erzeigen, als jetzo von Kauff- und Gewerbeleuten vermeldt worden: Doch ausgenommen, daß sie Schamlote Röck, mit drey Elen Sammet zum höchsten verbremet, deßgleichen Marderfutter und kein bessers, auch Sammeten und Seyden Wammes, ausgescheiden Carmesin, und Seyden Haarhauben, an- und aufftragen mögen. [...]

Bestimmungen für die Juden

XXII. Von der Jüden Kleidung

§. 1. Deßgleichen, daß die Jüden einen gelben Ring an dem Rock oder Kappen allenthalben unverborgen, zu ihrer Erkäntnüß, öffentlich tragen.

Auftrag an die zuständigen Obrigkeiten, für Einhaltung und Vollzug der Vorschriften in ihren Herrschaftsbereichen zu sorgen

Strafbestimmungen für Übertretungen unter Einschaltung kaiserlicher Instanzen

§. 2. Und damit diese Unsere Satzung und Ordnung der übermäßigen unordentlichen Kleidung und Kleinoder, desto festiglicher gehalten und vollzogen werde, so gebieten Wir allen und jeden Churfürsten, Fürsten, Prälaten, Graffen, Freyen, Herrn, Rittern, Knechten, Schuldheissen, Bürgermeistern, Richtern und Räthen, hiemit ernstlich, und wöllen, daß sie für sich selber diese Unser Ordnung strenglich halten, auch gegen ihren Unterthanen festiglich vollziehen, also, wo jemands in dem übertretten und überfahren, soll ein jede Oberkeit dieselbe, bey Verlierung des Kleids oder Kleinots, so wider diß Unser Ordnung getragen, darzu einer Geldbuß, so zweyfächtig als viel, als das Kleid oder Kleinod werth, der Bürgerlichen Oberkeit des Orts zu werden, straffen. Und ob einige Oberkeit in der Straff und Handhabung säumig und hinläßig erfunden [...] alsdann soll Unser Fiscal gegen solcher hinläßigen Oberkeit, und auch den überfahrenden Unterthanen, auf obgemeldte Pön und Straff procediren und vollfahren.

* Kleidungsstoff aus Kamelhaar ** verbremen oder verbrämen = am Rand verzieren (meist mit Pelz)

Zitiert nach: www.uni-muenster.de/FNZ-Online/sozialeOrdnung/staendische/quellen/kleider.htm [19.03.2013]

Die Stadt und ihre Bürger im Mittelalter: das Ringen um die städtische Freiheit

Jahr	Stadt	Einwohner (Schätzungen)
Anfang 14. Jh.	Köln	40 000
ca. 1325	Paris	80 000
1338	Venedig	120 000
1339	Florenz	120 000
1350	Hamburg	10 000
1350	Gent	60 000
1350	Genua	60 000
1370	Prag	30 000
1387	Frankfurt a. M.	10 000
1431	Nürnberg	22 000

▲ **Einwohner einiger mittelalterlicher „Großstädte".**
Nach: Der Große Ploetz, Freiburg [35]2008, S. 431, und Heiner Jansen u. a., Der historische Atlas Köln. 2000 Jahre Stadtgeschichte in Karten und Bildern, Köln 2003, S. 78

Civitas: im Römischen Reich die Bürgergemeinde, eine autonome Gebietskörperschaft, bestehend aus Zentralort und umliegendem Territorium. Die Kirchenorganisation in der Spätantike wählte *civitates* als Bischofssitze. Mittelalterliche Quellen nennen in der Regel nur Bischofsstädte *civitas*, andere Städte *oppidum* oder *urbs*.

Christianisierung: Im Römischen Reich wurde das Christentum 391 n. Chr. zur alleinigen Staatsreligion erklärt. Dies war Voraussetzung für die Christianisierung, d. h. für die Gewinnung der noch heidnischen Bevölkerung für das Christentum. Im Mittelalter wurde die Christianisierung durch die Missionierung fortgesetzt.

Art und Größe mittelalterlicher Städte Was ist eine Stadt? Ein Lexikon definiert sie als „eine nach der Einwohnerzahl größere Siedlung mit geschlossener Bebauung, hoher Bebauungsdichte, Arbeitsteilung ihrer Einwohner, mit Anziehungskraft auf ihre Umgebung (Herrschaftssitz eines Gebietes, Handelsplatz, kultischer Mittelpunkt u. a.)" (Brockhaus). Einer solch allgemeinen Definition kann man sicher zustimmen; dass aber zwischen einer Stadt des alten Orients wie z. B. Babylon, einer römischen und einer mittelalterlichen Stadt größte Unterschiede bestehen, versteht sich von selbst.

Die griechisch-römische Antike war eine ausgesprochene Stadtkultur, während dem Mittelalter – zumindest in den nicht von den Römern eroberten Gebieten – Städte zunächst fremd waren. Bis zum Spätmittelalter waren hier weit über 90 Prozent der Bevölkerung landwirtschaftlich tätig. Dem frühen Mittelalter fehlte gar ein eigener Begriff für „Bauer" (mittelhochdeutsch *gebure* bezeichnete den Nachbarn oder den Dorfgenossen), weil fast jeder Bauer war. Hinzu kommt die äußerst dünne Besiedlung auf höchst eingeschränktem Lebensraum. Innerhalb riesiger Waldgebiete, Ödland, Sümpfen und Mooren wurden allmählich durch Rodung Anbauflächen geschaffen. Mangels statistischer Quellen lässt sich die Bevölkerungsgröße nur vorsichtig schätzen: In der Übergangszeit von der Spätantike zum Frühmittelalter (5.-7. Jahrhundert) nimmt man einen Bevölkerungsrückgang um etwa ein Drittel an (für West- und Mitteleuropa von ca. 9 auf ca. 5,5 Millionen). Mit der deutlichen Zunahme seit dem 9. Jahrhundert dürfte um 1000 eine Verdoppelung erreicht worden sein (ca. 12 Millionen), gefolgt von einem besonders kräftigen Wachstum vom 11. bis zum frühen 14. Jahrhundert mit schließlich fast erreichter Verdreifachung (um 1340 ca. 35,5 Millionen). Die schweren Pestepidemien ab 1347/48 („Schwarzer Tod") führten zu einem dramatischen Rückgang mit katastrophalen Einbußen von oftmals mehr als 50 Prozent.

Auch für die mittelalterlichen Städte müssen wir von viel geringeren Größenordnungen als heute ausgehen. Die allermeisten zählten weniger als 2000 Einwohner; viele mit nur wenigen Hundert würden wir heute eher als Dorf bezeichnen. Gerade noch eine Handvoll zählte gegen Ende des Mittelalters mehr als 20 000 Menschen. Die größte Stadt Deutschlands war damals Köln mit ca. 40 000 Einwohnern. Das römische Trier als zeitweilige Kaiserresidenz beherbergte um 300 etwa 60 000 Menschen; im 6./7. Jahrhundert lebten hier noch einige Tausend, bis in der ersten Hälfte des 14. Jahrhunderts wieder an die 10 000 Einwohner erreicht wurden.

Wurzeln der Stadtentstehung Die mittelalterlichen Städte gehen auf ganz unterschiedliche Wurzeln zurück. Die Römerstädte westlich des Rheins und südlich der Donau gingen auch in der Zeit der Germaneneinfälle nicht völlig unter; insbesondere ihre kirchliche Funktion als Bischofssitze sicherte den **civitates** in der zunehmenden **Christianisierung** ihr Überleben (so Trier, Mainz, Köln, Worms, Speyer, Straßburg). Auch römische Legionsfestungen (*castra*) konnten zu Städten werden (Bonn, Jülich, Regensburg). Alle befestigten Siedlungen mit römischen Mauern galten den Germanen als Burgen. Deshalb enden viele Städtenamen auf -burg, und deshalb kam es auch zur

Bezeichnung „Bürger“. Rechts des Rheins konnten sich ebenso Klöster, Stifte und befestigte Pfalzen und Burgen weltlicher Herren (*burgi* oder *vici*) zu Städten entwickeln. Manche wurden dann Bischofssitze und erreichten damit den Rang einer *civitas*. Schließlich sind die zahlreichen Kaufmanns- und Händlersiedlungen in günstiger Verkehrslage an Flussübergängen, Fernstraßen und Brücken zu nennen (Frankfurt, Erfurt; „Furt“ = Flussübergang). Sie schlossen sich oft an herrschaftliche Burgen an (Hamburg, Magdeburg).

Aber nicht nur vorhandene ältere Siedlungen konnten zu Städten werden; im Hochmittelalter (ca. 950-1250) setzte eine Welle von fürstlichen oder königlichen Neugründungen von Städten ein. Mit Freiburg im Breisgau als ältester Gründungsstadt auf deutschem Boden (▸ M1) begann um 1120 eine erste wahre Städtegründungsperiode, die die Zahl in Deutschland auf über 3000 anschwellen ließ und den Anteil der Stadtbevölkerung auf geschätzte zwölf Prozent der Gesamtbevölkerung steigerte. „Der Anteil der städtischen Bevölkerung erhöhte sich zwar noch auf etwa 18 bis 20 v.H.* bis 1800, erfuhr aber damit keine so grundsätzliche Änderung wie von der Mitte des 12. bis zur Mitte des 14. Jh. (und wie im Zusammenhang mit der Industrialisierung seit dem 19. Jh.)“ (F.-W. Henning).

▲ Konrad von Zähringen verleiht Freiburg im Breisgau das Stadtrecht.
Teil eines Glasgemäldes von Fritz Geiges, 1899.

Die Bewohner der Stadt ▪ Infolge der deutlichen Bevölkerungszunahme im Hochmittelalter gab das Land immer mehr Menschen an die Stadt ab. Die mittelalterlichen Städte wuchsen nur durch Zuzug. Gerade die unfreien Bauern der ländlichen Grundherrschaften lockte die Stadt mit einem freieren und leichteren Leben, größerer Sicherheit, beruflichen Aufstiegschancen und mehr Geselligkeit. Die Grundherren versuchten – oft mit Gewalt – die Abwanderung zu verhindern. Sie konnten in der Regel noch ein Jahr lang ihre Hörigen zurückfordern, danach galten diese als freie Stadtbewohner. „Wer binnen Jahr und Tag unangefochten in der Stadt wohnt, kann weiter frei und ungestört darin bleiben“ heißt es schon in einer Urkunde aus dem frühen 12. Jahrhundert. Eine spätere Formulierung dafür lautete: „Stadtluft macht frei“.

Insgesamt umfasste die städtische Bewohnerschaft ein breites soziales Spektrum. Nur ein Teil besaß das Bürgerrecht und war damit vollgültiges Mitglied der Stadtgemeinschaft. Das war die Ober- und Mittelschicht: von den Stadtadligen (Patriziat) und den vermögenden Fernhandelskaufleuten über die städtischen Beamten, die Kleinhändler und Handwerksmeister bis zu den (auch in der Stadt!) Landwirtschaft betreibenden „Ackerbürgern“.** Alle unselbstständigen Lohnempfänger, die zwar persönliche Freiheit genossen, aber politisch rechtlos blieben, zählten zur Unterschicht. Hierzu gehörten auch die gesellschaftlichen Randgruppen: dauerhaft Kranke, Arme und Bettler, ferner diejenigen, die einen „unehrlichen“ Beruf ausübten.

Seit dem 12. Jahrhundert schlossen sich die Handwerker zunehmend in **Zünften** zusammen. Je mehr der Einfluss des Stadtherrn zurückging, umso mehr gewannen die Zünfte und andere Genossenschaften an Eigenleben. Meist erhielten sie das Recht der Kontrolle über die Produktion ihrer Zunftgenossen, das Versammlungsrecht und damit die Möglichkeit, in Mitgliederversammlungen auf dem Zunfthaus ihre Belange selbst zu regeln. In den großen Handelsstädten bildeten sich oft Handelsgesellschaften, von denen die bedeutendsten Handel in der ganzen damals bekannten Welt trieben.

Zunft: genossenschaftlicher Zusammenschluss der Handwerksmeister eines Gewerbes (vgl. heute die Innung). Sie regelten die wirtschaftlichen Belange (Herstellung und Absatz der Produkte, Rohstoffbeschaffung, Verkaufspreise). Außerdem boten die Zünfte ihren Mitgliedern gesellige Zusammenkünfte und soziale Unterstützung (für Kranke, Witwen und Waisen; Sorge für das Begräbnis). Jeder selbstständige Gewerbetreibende musste beitreten („Zunftzwang“).

* **v. H.** = von Hundert, d.h. Prozent
** Vgl. Seite 85.

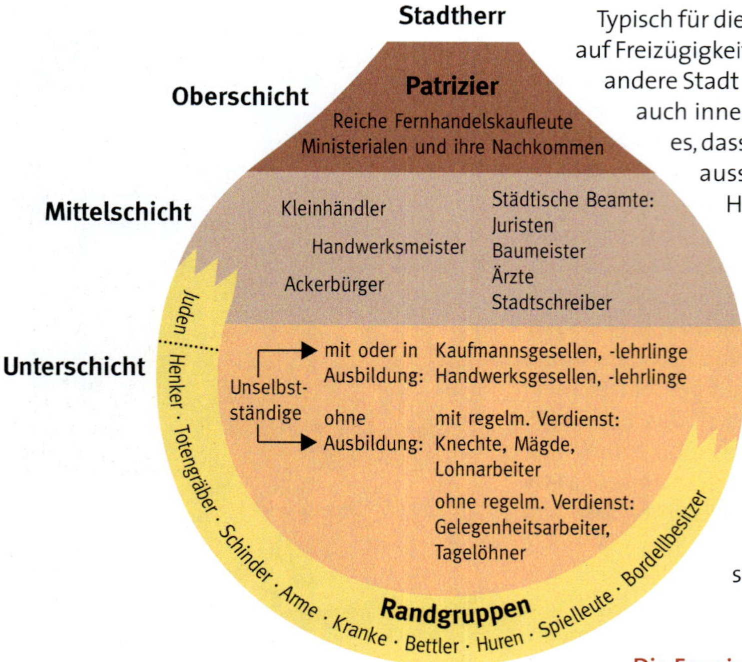

▲ **Schichtenmodell einer mittelalterlichen Stadt.**
Nach einem Entwurf von Birgit Ballasch.

Typisch für die Einwohner der Städte war die soziale Mobilität. Ihr Recht auf Freizügigkeit erlaubte es ihnen, ihre Heimatstadt zu verlassen, in eine andere Stadt zu wechseln und dort das Bürgerrecht zu erwerben. Aber auch innerhalb der eigenen Stadt zeigte sich soziale Mobilität: sei es, dass reiche Familien verarmten und aus der Führungsschicht ausschieden, sei es, dass Handwerker durch erfolgreichen Handel mit ihren Produkten den Aufstieg schafften. Manche verzichteten sogar auf die eigene handwerkliche Produktion und wurden angesehene Kaufleute. Selbst Angehörigen der Unterschichten gelang zuweilen der Aufstieg. Denn zunehmend bestimmte nicht mehr ihr ursprünglicher Geburtsstand ihre Chancen. Vielmehr wurde wirtschaftlicher Reichtum zum entscheidenden Gradmesser und entschied faktisch über die Zugehörigkeit zur Oberschicht. Die Aufsteiger waren den führenden Familien ein Ärgernis. Dass der Frieden in der Stadt gefährdet war, zeigen die seit dem späteren Mittelalter sich häufenden innerstädtischen Auseinandersetzungen.

Die Frau in der mittelalterlichen Stadt ■ Nur schwer statistisch erfassbar ist das Geschlechterverhältnis in mittelalterlichen Städten. Zumindest in manchen spätmittelalterlichen Städten gab es einen Frauenüberschuss (in Köln lag er bei ca. 20 Prozent). Besonders alleinstehende Frauen lebten oft in drückenden Verhältnissen. Aber auch verheiratete Frauen – besonders aus den unteren und mittleren Schichten – waren meist neben Haushaltsführung und Kindererziehung noch beruflich tätig, sei es in eigener Tätigkeit, sei es als Mitarbeiterin im Betrieb des Ehemanns. Wurden sie Witwen, erlaubten die Zünfte ihnen häufig die eigenständige Fortführung des handwerklichen Betriebes. In vielen Zünften fanden sich Männer und Frauen als gleichberechtigte Mitglieder. Selbst reine Frauenzünfte sind in einigen Städten bezeugt: in Köln etwa für Garnmacherinnen, Goldspinnerinnen und das Seidengewerbe. Oft konnte es dann zu einer Arbeitsteilung zwischen den Ehepartnern kommen. Während die Frauen den Gewerbebetrieb unterhielten, besorgten die Ehemänner den Absatz der Produkte. Aber es gab auch selbstständige Handelstätigkeit von Frauen, die auf eigenverantwortlicher Gewinn- und Verlustbasis handelten. Besonders in der Oberschicht traf man zuweilen auf durchaus erfolgreiche und angesehene Unternehmerinnen.

Städtisches Wirtschaftsleben ■ Bei städtischer Wirtschaft im Mittelalter denkt man zu Recht vorrangig an Handwerk, Gewerbe und Handel. Aber es darf nicht das falsche Bild erweckt werden, nur in den Städten hätten Handwerker gelebt und nur auf dem Land Bauern. Auch im Rahmen der ländlichen Grundherrschaft gab es häufig unfreie Handwerker, die mit einer Bauernwirtschaft ausgestattet waren und Teile ihrer handwerklichen Produktion als Abgaben leisteten. Und andererseits fanden sich auch innerhalb der Städte landwirtschaftlich genutzte Flächen.

Den engen Zusammenhang von agrarischer Wirtschaft und Handwerk erkennt man auch daran, dass im Frühmittelalter oft Personen, die eine spezialisierte landwirtschaftliche Tätigkeit ausübten, zu den Handwerkern zählten: so etwa Gärtner, Kuhhirten, Schweinehirten und Schäfer. Aber auch Kunstmaler, Glasmaler, Münzmeister, ja sogar Schauspieler und Gaukler und – für uns heute noch überraschender – Ärzte galten als Handwerker. Es gab eben noch keine eigentlichen „akademischen" Berufe; „studiert" wurde nur in Kloster- und Domschulen. Erst im Spätmittelalter bildeten sich dann mit den zahlreich entstehenden Universitäten (z.B. Prag 1348, Erfurt 1379 oder Heidelberg 1385) auch nicht-theologische akademische Berufe aus, z.B. Juristen und studierte Ärzte. Letztere unterschied man als „Leibärzte" (*medici*) von den weiterhin als Handwerker geltenden „Wundärzten" (*chirurgi*).

Die große Bedeutung und z.T. hohe Spezialisierung mittelalterlicher Handwerker spiegelt sich noch heute in verbreiteten Familiennamen: von der Masse der „Schmied" (Schmidt, Schmitz u.Ä.), „Müller", „Weber", „Maurer", „Zimmermann" bis zu den ganz speziellen und daher weniger häufigen wie „Stellmacher" (Wagenbauer), „Leinenweber" oder „Seifensieder". Auch die Schmiede spezialisierten sich wieder als Goldschmiede, Eisenschmiede, Hufschmiede, Grobschmiede. Vom Grundbedarf der Menschen aller Schichten her waren Textilherstellung, Bautätigkeit und Schmiedekunst sowie natürlich Bäcker und Fleischer die wichtigsten Handwerkszweige. Dabei bildeten Textilarbeiten schon früh die Domäne der Frauen – sei es als harte Arbeit (▸ M2), sei es als Freizeitbeschäftigung vornehmer Damen (noch bis weit in die Neuzeit porträtierte man sie gerne am Spinnrad oder mit dem Stickrahmen). Zwar traf man schon in den frühmittelalterlichen Städten auf Werkstätten einzelner Handwerker, die noch heute aus Viertel- und Straßennamen vertraute Konzentration einzelner Handwerkszweige in bestimmten Wohnbezirken (z.B. „Färbergasse", „Gerberau", „Fleischstraße", „Brotstraße") ist jedoch erst eine Erscheinung des späten Mittelalters.

▲ Handwerker in einer mittelalterlichen Stadt, hier: Stiefelmacher.
Miniatur, um 1210.

Von der erzbischöflichen Stadtherrschaft zur Freien Reichsstadt Die mittelalterliche Stadt war kein herrschaftsfreier Raum, sie unterstand zunächst einem Stadtherrn. Auch Stadtbürger waren Untertanen. Stadtherr konnte der Bischof sein, der König oder ein weltlicher Herr (wie in Freiburg der Herzog Konrad von Zähringen; vgl. M1, Seite 81). Die zunehmende Ausweitung des Handels- und Geldwesens stärkte die Wirtschaftskraft und das Selbstbewusstsein der Städte, die sich bemühten, ihre Rechtsstellung gegenüber dem Stadtherrn zu stärken. In manchen Gründungsstädten wurden die Bürger von Anfang an mit umfassenden Freiheiten ausgestattet (wie z.B. in Freiburg). Denn die Stadtgründer erkannten, welch großen Nutzen die neue Lebens- und Organisationsform Stadt auch ihnen brachte, wirtschaftlich, militärisch und zivilisatorisch. Seit der Ottonenzeit (919-1024) erlangten zahlreiche Bischöfe für ihre Stadt königliche Hoheitsrechte wie das Münzrecht, das Zoll- und Marktrecht, das Befestigungsrecht und die eigene Gerichtsbarkeit. Da aber die Stadtherren diese Rechte nicht mit den Bürgern teilen wollten, setzte vielerorts ein zäher Kampf um deren Ausübung ein. Auch wenn die Städter zuweilen Rechte erkauften, kam es doch immer wieder zu gewaltsamen Erhebungen und sogar zu blutigen Auseinandersetzungen.

In Köln griffen die Bürger erstmals 1074 zu den Waffen gegen ihren Stadtherrn, Erzbischof *Anno II.* (1056-1075), um für sich Herrschaftsfreiheit und Selbstbestimmung zu erreichen (▸ M3). Anno hatte das Osterfest in Köln mit seinem Gast, dem Bischof von Münster, gefeiert. Für dessen Rückreise nach den Feiertagen ließ er ein Kaufmannsschiff beschlagnahmen, das schon für die Ausfahrt beladen war. Freie Kaufleute konnten sich bei Reisen und Transporten auf alte Privilegien berufen. Sie waren nicht verpflichtet, geistlichen und weltlichen Herren zu dienen. Schon der karolingische Kaiser *Ludwig der Fromme* hatte ihnen zugesichert, „ihre Schiffe nicht für Unseren Bedarf wegzunehmen". Ein heftiges Handgemenge artete bald in regelrechte Kämpfe

Literaturtipp:
Jörg Schwarz, Stadtluft macht frei. Leben in einer mittelalterlichen Stadt, Darmstadt 2008
Eine lebendig erzählte Geschichte verschiedener Städtetypen, sozialer Gruppen und Konflikte, die anschaulich Beispiele aus Köln, Mainz und anderen Städten schildert.

▲ Köln, Stadtansicht.
Kolorierter Holzschnitt aus der Schedel'schen Weltchronik, 1493.
Da die Bevölkerung stetig zunahm, mussten die Stadtbefestigungen im Laufe der Zeit immer wieder erweitert werden. Köln wurde die größte Stadt des Heiligen Römischen Reiches und hatte im 14. Jh. etwa 40 000 Einwohner.

in der Stadt aus, man belagerte den Erzbischof in seinem Palast. Nur mit knapper Not konnte er sich vor der aufgebrachten Menge retten. Vier Tage nach seiner Flucht erschien er mit einem Heer vor der Stadt, die Bürger ergaben sich reuig. Die Anführer erwarteten harte Strafen. Anno schloss seine Strafmaßnahmen damit ab, dass er von den Anführern einen Eid verlangte, ihm die Stadt nach bestem Vermögen gegen die Gewalt aller Menschen zu bewahren. „Im Augenblick seines Triumphes über die Bürger anerkannte einer der mächtigsten Männer auf dem Kölner Erzstuhl, dass er aus eigener Kraft seine Stadtherrschaft nicht aufrechterhalten konnte" (Hugo Stehkämper).

Unter Erzbischof *Friedrich I.* (1100-1131) gelang dem Bürgertum ein weiterer Aufstieg. In seiner Zeit erwähnt eine Kölner Quelle, dass „in Köln eine Schwurgemeinschaft (*coniuratio*) für die Freiheit gebildet worden ist". Es wurde eine Genossenschaft der angesehensten Bürger (*meliores*) mit zwei jährlich wechselnden Bürgermeistern an der Spitze gegründet und das Ganze mit einem feierlichen Schwur beeidet. Die Stadtgemeinde entwickelte sich zu einer Rechtskörperschaft – eine unabdingbare Voraussetzung für die Stadtautonomie. Mit einem ersten Stadtsiegel und einem Bürgerhaus für ihre Versammlungen schuf sich die Stadt selbstbewusst eigene Symbole.

Aber die Bürger hatten weiterhin Anlass, ihrem Stadtherrn zu misstrauen. 1180 gestand der machtbewusste *Philipp von Heinsberg* in einer Urkunde, „in rechtsverletzender Anmaßung" Verträge gebrochen und die Stadt geschädigt zu haben. Als erster der Bischöfe sah er sich genötigt, „alle Rechte der Bürger und der Stadt sowie alle guten und gesetzlichen Rechtsgewohnheiten" zu bestätigen. Auch seinen Nachfolgern untersagte er, die städtischen Satzungen anzufechten. Im gleichen Jahr erhielt die Stadt auch eine Bestätigung des Kaisers. *Friedrich Barbarossa* (1152-1190), keineswegs ein Freund Kölns, bekräftigte mit kaiserlicher Vollmacht die erzbischöfliche Anerkennung der städtischen Rechte und drohte Philipp und seinen Nachfolgern bei Missachtung sein Einschreiten an. Bis ins 17. Jahrhundert sollte Köln immer wieder königliche und kaiserliche Verbürgungen seiner städtischen Rechte erhalten.

Im 13. Jahrhundert erhielt die Stadt sogar mehrere Rechtsbestätigungen von päpstlicher Seite. Das alles bedeutete indes nicht die generelle Aufhebung der erzbischöflichen Stadtherrschaft. Aber die Rechtsbeglaubigungen seitens der beiden höchsten Gewalten der Christenheit – Kaiser und Papst – stärkten die Stellung der Stadt und ihr Selbstbewusstsein. Die unterschiedlichen Rechtsauffassungen von Stadtherr und Stadt führten jedoch immer wieder zu Konflikten. Als die Bürger 1216 einen Rat und damit eine eigene, nicht auf den Stadtherrn vereidigte „Behörde" einrichteten, rief das Strafaktionen des Erzbischofs hervor. Nach immer neuen Konflikten ließ sich 1258 *Konrad von Hochstaden* auf den Versuch eines rechtlichen Ausgleichs mit den Bürgern ein. Es wurde ein Schiedsgericht aus fünf angesehenen Geistlichen bestimmt: „von dem ehrwürdigen Vater, dem Erzbischof von Köln, einerseits und den Kölner Bürgern andererseits gemeinsam erwählte Schiedsrichter", wie es hieß. Der Schiedsspruch – in einer umfangreichen Urkunde (zehn Druckseiten!), dem sogenannten „*Großen Schied*", festgehalten – listete zunächst 53 erzbischöfliche und 21 städtische Beschwerden auf, die von den fünf Schiedsrichtern geprüft und dann entschieden wurden.

Damit hatte Köln eine weitere Etappe auf dem langen Weg der Stadt zur Freiheit innerhalb des Reichsverbandes erreicht. Aber es sollte noch über 200 Jahre dauern, bis 1475 Kaiser *Friedrich III.* (1440-1493) in einem Privileg erklärte, die Stadt Köln sei nur Kaiser und Reich unmittelbar zugehörig. Keinem Erzbischof sei es zukünftig erlaubt, die Stadt als „seine Stadt" zu bezeichnen oder ihre Bewohner als „seine Bürger und Getreuen" anzusprechen. Köln hatte den Höhepunkt seiner Autonomie erlangt, es war nun „Freie Reichsstadt".

▲ **Gotisches Siegel der Stadt Köln.**
Moderner Abdruck aus dem Kölnischen Stadtmuseum. Die Inschrift lautet: „SANCTA COLONIA DEI GRACIA ROMANE ECCLESIE FIDELIS FILIA" (Das heilige Köln, von Gottes Gnaden getreue Tochter der römischen Kirche).

Bürgerkämpfe in der Stadt ■ Nicht nur im Verhältnis zwischen Stadtherr und Stadt, auch innerhalb der städtischen Einwohnerschaft entbrannten seit dem 14. Jahrhundert immer wieder Kämpfe um Einfluss und Macht. Die Patrizier waren kaum bereit, ihre beherrschende Stellung im Rat beschneiden zu lassen. Aber zunehmend machten ihnen die wohlhabender gewordenen Zünfte und aufsteigende Kaufmannsfamilien diesen Vorrang streitig. Oft erhoben diese ihre Forderungen gerade dann, wenn die Stadt in unruhigen Zeiten unter finanziellen Schwierigkeiten litt. Dabei wurden Vorwürfe laut wie Geheimwirtschaft und korruptes Verhalten, mangelhafte Amtsführung und letzthin daraus entstehender Schaden für das Gemeinwohl. Insbesondere das „Ungeld" (Akzise), eine indirekte Steuer auf Verzehr (Wein und Bier, Lebensmittel), und seine häufige Erhöhung (Spanne zwischen 1 und 17 Prozent) lösten erbitterten Streit aus.

Nicht überall erhoben sich die Bürger, und die Reaktionen der Patrizier unterschieden sich von Stadt zu Stadt. Wenn in Nürnberg die Aufständischen den Rat verjagten, anschließend aber rücksichtslos niedergeschlagen wurden, so kam es anderwärts zur stärkeren Vertretung der Zünfte im Rat. Im neu gebildeten Augsburger Rat stellten sie gar die Mehrheit. Neben den Zünften sah man dort immer häufiger wohlhabende Kaufleute. Zuweilen vermitteln die Quellen den Eindruck, dass sich solche Bewegungen wie ein Flächenbrand ausbreiteten. Offenbar steckte eine Stadt eine benachbarte andere an. In Städten mit verbreitetem Textilexport, wie etwa in Konstanz und Augsburg oder im Norden in Stendal, aber auch in flandrischen und italienischen Städten, waren es häufig die Weber, die sich erhoben.

So auch 1370 in Köln. Hier war es das mitgliederstarke „Wollenamt", die genossenschaftliche Vereinigung der Weber und der von diesen abhängigen Hilfsgewerbe, das sich an die Spitze der kommunalen Opposition setzte. „Weber" wurde bald von einer

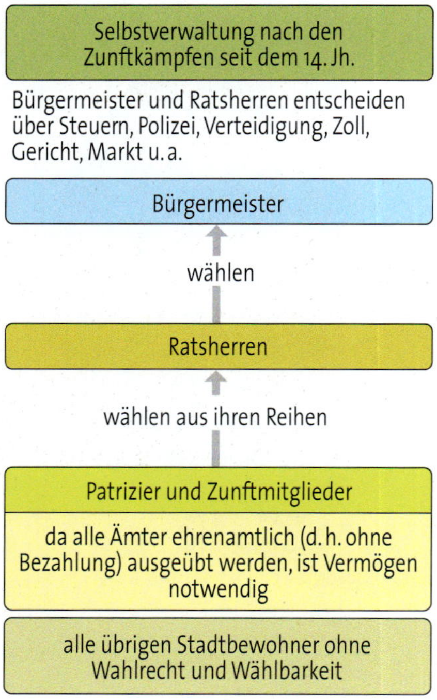

▲ Entstehung der städtischen Selbstverwaltung.
Nach: Ernst Bruckmüller und Peter Claus Hartmann (Hrsg.), Putzger. Historischer Weltatlas, Berlin ^{103}2001, S. 69
Die Entwicklung der städtischen Selbstverwaltung seit dem 14. Jh. war uneinheitlich. Nicht in allen Städten regierten (wie in der Grafik angegeben) Patrizier und Zunftmitglieder gemeinsam. In Regensburg, Schwäbisch Hall oder Mülhausen im Elsass konnten sich die Zünfte z. B. politisch nicht gegen die Patrizier durchsetzen. Dafür übernahmen sie aber z. B. in Straßburg, Augsburg, Ulm und Zürich die führende Rolle im Stadtregiment.

Berufsbezeichnung geradezu zu einem Parteinamen. Schon im Mai 1369 entfachte ein Prozess gegen einen mutmaßlichen Straßenräuber Tumulte. Die Weber, unzufrieden mit dem sich in ihren Augen zu lange hinziehenden Prozess, warteten das Urteil nicht ab, stürmten das Gefängnis und schlugen dem Mann den Kopf ab. Es folgten Ausschreitungen gegen den Rat, die sich im „*Weberaufstand*" entluden. Die Macht der Zünfte wuchs. Im Juli 1370 erreichten die Weber sogar eine Änderung der städtischen Verfassung. Während dem „Engen Rat" weiterhin nur Angehörige des Patriziats angehörten, wurde der „Weite Rat" organisatorisch umgestaltet. Von ursprünglich 82 wurde er auf 50 Mitglieder verkleinert und sollte nur noch von Vertretern der Handwerker und Kaufleute beschickt werden. Seine Kompetenzen wurden erweitert. Vor allem im städtischen Finanzwesen konnten die Weber Änderungen erreichen, die die reichen Kaufleute und Patrizier belasteten, sie selbst aber verschonten, z. B. die Einführung einer direkten Vermögenssteuer und einer Abgabe auf Weinimporte. Eine Kölner Chronik vermerkte dazu kritisch: „Es war wunderlich und fremd anzusehen, als Köln [...] allzeit regiert war [...] von fünfzehn adligen Geschlechtern. [...] An deren Stelle saßen nun die Weber."

Als die Weber aber widerrechtlich in die städtische Rechtspflege eingriffen und einen zum Tode verurteilten Zunftgenossen gewaltsam dem Henker entrissen, rief das nicht nur den Widerstand der Patrizier, sondern auch der Kaufleute und anderer Zünfte hervor. Krawalle arteten zu blutigen Straßenschlachten aus. Die aufständischen Weber erlitten eine vernichtende Niederlage. Die „Weberschlacht" vom 20. November 1371 fand ein breites Echo in Kölner Chroniken und Dichtungen, so in dem epischen Gedicht *Weverslaicht*.

Der Sieg der Geschlechter (Patriziat) bedeutete eine restaurative Wendung in der stadtkölnischen Politik und führte letztlich zu einer wirtschaftlichen und politischen Schwächung der Zünfte. Nicht nur an der „Weberschlacht" beteiligte Zunftangehörige wurden hart bestraft, sondern das Wollenamt als solches wurde ganz aufgehoben. Der „Weite Rat" wurde nochmals verkleinert und durch ein geändertes Wahlverfahren praktisch auf patrizische Familien und Kaufleute beschränkt.

Gegen Ende des 14. Jahrhunderts setzten starke Gruppen, besonders mehrere *Gaffeln**, die nach mehr politischem Einfluss strebten, die herrschenden Geschlechter zunehmend unter Druck. Mit dem „Verbundbrief" von 1396 wurde ein neuer Rat begründet, der jetzt von 22 Gaffeln gewählt wurde. Damit war die alte Geschlechterherrschaft beseitigt. Der Verbundbrief und spätere Bestätigungen bildeten über Jahrhunderte das „Grundgesetz" der Freien Reichsstadt Köln.

In den Bürgerkämpfen haben manche Historiker Ansätze einer Demokratisierung sehen wollen. Davon kann aber keine Rede sein. Denn selbst da, wo den bürgerlichen Mittelschichten der Griff nach dem Stadtregiment gelang, blieben die Unterschichten weiterhin von jeder Mitsprache ausgeschlossen. Mit Beginn der Neuzeit um 1500 wurde jegliche Durchlässigkeit erschwert. Im selben Maß, in dem der Adel sich vom wirtschaftsstarken Bürgertum durch Stammbäume und Wappen abzuheben trachtete, bauten die bürgerlichen Ratsfamilien nun eigene Schranken auf. Vor allem Kleiderordnungen sollten ständische Unterschiede auch in der Stadt festhalten. Diese verfügten für Männer und Frauen aller städtischen Schichten, welche Kleidung, Hüte, Ketten oder Schuhe sie tragen durften.

* **Gaffeln**: in Köln ursprünglich Bezeichnung für unterschiedliche Korporationen (benannt wohl nach der Tranchiergabel, die bei Festgelagen Verwendung fand), seit dem 14. Jh. für Kaufleutekorporationen, seit dem „Verbundbrief" für die neu geschaffenen, verfassungsmäßigen politischen Korporationen der wahlberechtigten Kölner Bevölkerung

M1 Das Gründungsprivileg für Freiburg im Breisgau

Herzog Konrad von Zähringen (um 1090 - 1152) verleiht im Jahr 1120 – die Zeitangabe ist umstritten – einer Gruppe von Kaufleuten folgende Vorrechte:

Bekannt sei allen Künftigen und Gegenwärtigen, dass ich, Konrad, in einem Ort meines Eigentums, nämlich Freiburg, im Jahre nach der Fleischwerdung des Herrn 1120 einen Markt begründet habe. Mit den von überall her zusammengerufenen angesehenen Kaufleuten habe ich in einer beschworenen Vereinbarung beschlossen, diesen Markt zu beginnen und auszubauen.

Deshalb habe ich in dem gegründeten Markt jedem Kaufmann ein Grundstück zum Hausbau als Eigentum zugeteilt und entschieden, dass mir und meinen Nachfolgern als Zins jedes Jahr am Fest des heiligen Martin[1] von jedem Grundstück ein Schilling öffentlicher Münze zu zahlen sei. So sei allen bekannt, dass ich gemäß ihrer Bitte und Hoffnung die Privilegien, die folgen, bewilligt habe. Und es erschien mir ratsam, wenn sie in einer Urkunde niedergeschrieben würden, damit sie während langer Zeit im Gedächtnis gehalten würden, sodass meine Kaufleute und ihre Nachkommen von mir und meinen Nachfahren dieses Privileg in aller Zeit behaupten können.

1. Ich verspreche Frieden und Sicherheit des Weges allen, die meinen Markt aufsuchen, in meinem Machtbereich und Herrschaftsgebiet. Wenn jemand von ihnen in diesem Gebiet beraubt wird, werde ich, wenn er den Räuber namhaft macht, dafür sorgen, dass ihm das Geraubte zurückgegeben wird, oder ich werde es bezahlen.
2. Wenn einer meiner Bürger stirbt, soll seine Frau mit seinen Kindern alles besitzen und ohne jede Einschränkung behaupten, was ihr Mann hinterlassen hat.
3. Allen Besitzern am Markt verleihe ich, dass sie der Rechte meines Volkes und der Landsleute teilhaftig werden, soweit ich es vermag, das heißt, dass sie frei von Herrschaftsrechten die Weiden, Flüsse, Gehölze und Wälder benutzen.
4. Allen Kaufleuten erlasse ich den Zoll.
5. Niemals werde ich meinen Bürgern einen anderen Vogt[2], niemals einen anderen Priester ohne Wahl vorsetzen, sondern wen immer sie dazu wählen, sollen sie unter der Bedingung meiner Bestätigung haben.
6. Wenn ein Zwist oder Rechtsstreit unter meinen Bürgern entsteht, soll er nicht nach meinem Gutdünken oder dem ihres Rektors[3] entschieden, sondern er soll gerichtlich verhandelt werden nach der Gewohnheit und dem Recht aller Kaufleute, besonders aber der von Köln.
7. Wenn jemand durch Mangel am Lebensnotwendigen dazu genötigt wird, soll er seinen Besitz verkaufen, wem immer er will. Der Käufer aber soll von dem Grundstück den festgelegten Zins zahlen.
8. Damit meine Bürger den vorgenannten Versprechungen keinen geringen Glauben zuwenden, habe ich ihnen Sicherheit geleistet, indem ich mit zwölf meiner namhaftesten Ministerialen[4] auf die Reliquien der Heiligen geschworen habe, dass ich und meine Nachfolger das oben Genannte immer erfüllen werden. Und damit ich nicht in irgendeiner Notlage diesen Eid breche, habe ich mit meiner Rechten dem freien Manne [*es fehlt ein Name*] und denen, die den Markt beschworen haben, unverletzlich Treue in dieser Sache geschworen. Amen.

Zitiert nach: Hartmut Boockmann, Das Mittelalter, München ³1997, S. 142 f.

▲ **Das älteste Siegel von Freiburg im Breisgau, vor 1218.**

1. *Stellen Sie die von Herzog Konrad ausgehenden Aktivitäten beim Gründungsvorgang Freiburgs zusammen.*
2. *Welche unterschiedlichen Vorteile sollten die Bürger der Stadt Freiburg genießen? Versuchen Sie, Einzelprivilegien gruppenweise zu ordnen.*
3. *Diskutieren Sie, welche Vorteile Könige und Fürsten von der Gründung einer Stadt erwarten konnten.*

[1] 11. November
[2] Der **Vogt** (von lat. advocatus) wurde zwar von den Bürgern gewählt, blieb aber zugleich Vertreter des Stadtherrn; wahrscheinlich übte er die herrschaftliche Gerichtsbarkeit in Freiburg aus.
[3] Wohl der in Abschnitt 5 genannte Vogt.
[4] **Ministerialen**: ursprünglich unfreie Dienstmannen, die schließlich zum niederen Adel aufstiegen

M2 Ein junges Ehepaar sorgt für seinen Lebensunterhalt

Aus der spätmittelalterlichen Autobiografie des späteren Augsburger Bürgers Burkart Zink:

Danach, das war als man das Jahr 1419 zählte, kam ich wieder nach Augsburg zu einem reichen Mann, Jos Kramer [...]. Er hatte das Amt des städtischen Baumeisters inne. Doch gehörte er der Gemeinde an, und zwar der Weberzunft. Jedoch übte er sein Handwerk nicht aus, weil er dessen nicht bedurfte. Er trieb Handel mit Pelzwerk aus der Steiermark und auch anderen Handel mit Venedig und so weiter. [...] Für den übernahm ich all seine Geschäfte mit Venedig, mit Frankfurt und mit Nürnberg. Er war in der Tat ein tüchtiger Mann und tat mir Gutes. [...]
Als ich bei meinem Herrn war, da nahm ich meine erste Frau [...]. Sie war eine arme tüchtige Frau und gab mir nicht mehr als ein kleines Bett und eine kleine Kuh und sonst kleine geringwertige Dinge wie Pfannen und so weiter. Das war alles keine zehn Pfund wert. So hatte ich gewiss auch nicht viel: Ich hatte gute Kleider und wenig bares Geld, doch war ich ein wenig imstande, gut dienen zu können, und das tat ich willig und gern. Und mein Herr war mir gewogen – das war all unser Gut, das wir zusammenbrachten. Meine Frau hieß Elisabeth und war damals meines Herrn Jos Kramer Magd, während ich sein Diener war [...]. Und als wir nun miteinander Hochzeit gehabt hatten, da wusste ich gewiss nicht, was ich tun sollte, denn ich hatte nichts, da ich die Huld meines Herrn nicht hatte und hatte die Huld verloren, denn es ärgerte ihn, dass ich meine Frau genommen und ihn nicht deshalb um Rat gefragt hatte, und er wollte mir weder raten noch helfen. So wusste ich nicht, was ich anfangen sollte. Doch hatte ich meine Frau lieb, und ich war gern bei ihr, und so überlegte ich mit meiner Ehefrau, die mir zugeneigt war und mich tröstete und sagte: „Mein Burkart, lass es dir wohl sein und verliere nicht den Mut. Lass uns einander helfen. Wir werden wohl auskommen. Ich will mit dem Rad spinnen und in jeder Woche gegen vier Pfund Wolle spinnen, das sind 32 Pfennig." Und da die Frau so trostreich war, schöpfte ich Mut und dachte: Ich kann doch ein bisschen schreiben. Ich will sehen, ob ich einen Geistlichen finden kann, der mir etwas zu schreiben gibt. Wie wenig du auch verdienst: Deine Frau nimmt 32 Pfennig ein, und die Preise sind niedrig. Vielleicht hilft Gott dazu, dass wir einigermaßen auskommen. So gab es einen Geistlichen an der Kirche Unserer Lieben Frau, der hieß Herr Konrad Seybolt von Memmingen, der war Kaplan an der Pfarrkirche zu Unserer Lieben Frau [...]. Der gute Herr war froh, dass ich gern schreiben wollte [...] und sagte: „Willst du für mich schreiben, so will ich dir ein ganzes Jahr zu schreiben geben und will es dir gut bezahlen." [...] Und also begann ich zu schreiben und schrieb in dieser Woche vier Sextern von großem Papier [...] und brachte die vier Sexternen dem Herrn. Es gefiel ihm gut, dass ich so rasch angefangen hatte, und ihm gefiel auch die Schrift gut, und er versprach mir vier Groschen für einen Sextern. Also schrieb ich ihm gegen fünfzig Sextern und erwarb genug Geld. Und meine Frau und ich saßen zusammen, und ich schrieb und sie spann, und wir erwarben oft und gut drei Pfund in einer Woche. Doch haben wir oft die ganze Nacht zusammengesessen. Und es erging uns wohl, und wir erwarben, was wir brauchten. Und man soll wissen, dass eine große Seuche herrschte, als wir unsern Hausstand begründeten. Die fing im Herbst an, als man das Jahr 1420 zählte, und viele starben, und alle Dinge waren billig. [...] Auch als mein Herr nun sah, dass ich mich wohl einrichtete und emsig schrieb und genug einnahm, stellte er mich wieder ein, und ich führte ihm seinen Handel, wie ich das vorher auch getan hatte.

Zitiert nach: Hartmut Boockmann, Das Mittelalter, München ³1997, S. 367ff.

1. *Carakterisieren Sie die gesellschaftliche Stellung Jos Kramers, des Arbeitgebers von Burkart. Wie erklären Sie sich sein Verhalten gegenüber Burkart Zink?*
2. *Skizzieren Sie, welche Güter Mann und Frau in die Ehe einbrachten.*
3. + *Erörtern Sie, worin Reiz und Probleme von Autobiografien liegen.*

M3 Aufstand gegen den Erzbischof im Jahr 1074

Der Geschichtsschreiber Lampert von Hersfeld schildert in seinen Annalen ausführlich den Aufstand der Kölner Bürger:

Der Erzbischof feierte das Osterfest in Köln, und bei ihm war der Bischof von Münster, den er im Gedenken an die vertraute Freundschaft zur Teilnahme an den Freuden des hohen Festes eingeladen hatte. Als nun die Osterfeiertage beinahe vorüber waren und dieser sich anschickte abzureisen, erhielten diejenigen, welche für das Haus des Erzbischofs sorgten, den Befehl, ein geeignetes Schiff für seine Rückreise zu besorgen. Nachdem alle eingehend gemustert und besichtigt waren, beschlagnahmten sie ein Schiff, das einem gewissen sehr reichen Kaufmann gehörte, welches ihnen für diesen Zweck geeignet schien, ließen die Waren, die es geladen hatte, ausladen und befahlen, es unverzüglich im Dienste des Erzbischofs segelfertig zu machen. Als das die Knechte, die das Schiff zu bewachen hatten, verweigerten, drohten sie mit Gewalt, wenn diese nicht sofort ihre Befehle ausführten. Jene eilten, so rasch sie konnten, zu dem Schiffseigner, meldeten die Sache und fragten, was zu tun sei.

Dieser hatte einen erwachsenen Sohn, der nicht weniger durch Kühnheit als durch Körperkräfte ausgezeichnet und sowohl wegen verwandtschaftlicher Beziehungen als auch wegen seiner Verdienste bei den vornehmsten Einwohnern der Stadt im höchsten Maße beliebt und anerkannt war. Dieser sammelte seine Knechte und junge Leute aus der Stadt, so viele er in aller Hast zu seinem Beistand zusammenraffen konnte, begab sich in fliegender Eile zu dem Schiff und verjagte gewaltsam die Diener des Erzbischofs, die energisch auf der Beschlagnahmung des Schiffes bestanden. Als darauf der Stadtvogt[1] mit demselben Ziel heranrückte und ein neues Handgemenge hervorrief, wehrte er auch diesen mit der gleichen Hartnäckigkeit ab und jagte ihn davon. Schon eilten beiden Seiten Freunde bewaffnet zu Hilfe, und alles schien auf eine schlimme Auseinandersetzung und einen gefährlichen Kampf hinzudeuten. Als man den Erzbischof benachrichtigte, in der Stadt tobe ein schwerer Aufruhr, schickte er sofort Leute aus, um die Volkserhebung zu beruhigen, und drohte voller Zorn, er werde die aufrührerischen jungen Leute bei der nächsten Gerichtssitzung mit der verdienten Strafe züchtigen. [...] Kaum konnte man dem Kampf einigermaßen Einhalt tun. Im Gegenteil hörte der junge Mann, trotzigen Sinnes und durch den ersten Erfolg übermütig gemacht, nicht auf, überall zum Aufruhr zu hetzen. [...]
Nach dem Mittag, als sich der Tag schon zum Abend neigte und zum Zorn noch Trunkenheit wie Öl zum Feuer kam, stürmten sie aus allen Teilen der Stadt zum Palast des Erzbischofs, und während dieser an einem belebten Ort mit dem Bischof von Münster speist, greifen sie ihn an, schleudern Geschosse, werfen Steine, töten einige von den Beistehenden, jagen die übrigen, die geschwächt sind durch Schläge und Wunden, in die Flucht. [...] Den Erzbischof retten die Seinen mit Mühe und Not aus dem Gedränge der Feinde und der Wolke von Geschossen und schleppen ihn in die Kirche des hl. Petrus (*der alte Dom*), deren Türen sie nicht nur durch Riegel und Balken, sondern auch durch große davorgewälzte Blöcke sichern.
Draußen rasen und brüllen wie über die Ufer schäumende Wasserfluten die Gefäße des Teufels voll vom Weine des Zorns Gottes, laufen durch alle Gemächer des Palastes, brechen die Türen auf, plündern die Schätze, zerschlagen die Weinfässer [...]. Andere dringen in die Kapelle des Erzbischofs ein und plündern den Altar, reißen die Bischofsgewänder auseinander, und während sie alle gottesdienstlichen Geräte mit eifernder, nein geifernder Gründlichkeit zugrunde richten, entdecken sie dort jemanden, der sich aus Furcht in einen Winkel verkrochen hat, und töten ihn im Glauben, es sei der Erzbischof, nicht ohne frohlockende Schmährede, sie hätten nun endlich einmal der leichtfertigsten Zunge Mäßigung beigebracht. Doch als sie erfuhren, dass sie die Ähnlichkeit getäuscht hatte und der Erzbischof sich in der Kirche des hl. Petrus sowohl durch die Heiligkeit des Ortes als auch die Festigkeit der Mauern schützte, rotten sie sich von allen Seiten zusammen, umlagern die Kirche und bemühen sich mit großem Fleiß, die Mauer zu durchbrechen, zuletzt drohen sie sogar, Feuer anzulegen, wenn ihnen der Erzbischof nicht sofort ausgeliefert werde. Als nun die im Innern sahen, dass die Bevölkerung entschlossen auf seinem Tod bestand und die Menschen nicht allein durch Trunkenheit, die ja mit der Zeit abzunehmen pflegt, sondern auch durch zähen Hass und eine gewisse fanatische Wut angetrieben wurden, raten sie ihm zu dem Versuch, mit veränderter Kleidung aus der Kirche zu fliehen und die Belagerer zu täuschen; dadurch könne er das heilige Gebäude vor der drohenden Einäscherung und sich vor der Todesgefahr retten. [...] Ein schmaler Zugang führte aus der Kirche in den Schlafsaal und wieder heraus in den Vorhof und in das Haus eines Domherrn, das an die Stadtmauer angrenzte. Dieser hatte nach Gottes gnädiger Fügung zur Rettung des Erzbischofs wenige Tage vor dem Ausbruch des Aufruhrs von diesem die Erlaubnis erhalten, die Stadtmauer zu durchbrechen und sich eine kleine Hintertür anzulegen. Dort führte man den Erzbischof hinaus, und nachdem man für seine und seiner Begleiter Flucht Pferde herbeigeschafft hatte, ritt er davon, durch die Finsternis der dunklen Nacht aufs Günstigste davor geschützt, von Entgegenkommenden erkannt zu werden. [...]
So rückte der Erzbischof am vierten Tage nach seiner Flucht, von einem stattlichen Heer geschützt, vor die Stadt. Als die Kölner das bemerkten und erkannten, dass sie dem Angriff einer so großen erbitterten Menge weder an der Mauer noch in offener Schlacht standhalten konnten, da erst begann ihre Wut zu verrauchen, ihre Trunkenheit zu schwinden; und von großem Schrecken erschüttert, schickten sie ihm Friedensboten entgegen, durch welche sie sich schuldig bekannten und bereit erklärten, jede Strafe auf sich zu nehmen, wenn ihr Leben geschont werde. [...]

Quellen zur Geschichte der Stadt Köln, herausgegeben vom Förderverein Geschichte in Köln e.V., Bd. 1: Antike und Mittelalter, Köln 1999, S. 121-126

[1] Der **Stadtvogt** (lat. advocatus urbis) leitete die Hochgerichtsbarkeit und die Verteidigung als Vertreter des Stadtherrn, weil Geistliche kein Blut vergießen durften.

1. *Fassen Sie zusammen, was Ihnen der Text über die Stellung des Erzbischofs als Stadtherr und Reichsfürst sagt.*
2. *Verfassen Sie einen Brief des Erzbischofs an einen Vertrauten, in dem er den Konflikt aus seiner Sicht schildert.*
3. *Diskutieren Sie, wie sich aus dem vergleichsweise geringfügigen Anlass ein solch gewalttätiger Aufstand entwickeln konnte. Welche Erklärungen lassen sich dafür finden?*

Bürgerliche und bäuerliche Arbeitswelten

Leben und Arbeiten auf dem Land Auch am Ende des 18. Jahrhunderts war Getreide noch immer das wichtigste Grundnahrungsmittel für die Bevölkerung. Fisch und Fleisch aßen nur die Reichen regelmäßig. Die Viehhaltung diente der Versorgung mit Milchprodukten. Die landwirtschaftliche Produktion war daher nicht nur Grundlage der bäuerlichen, sondern auch der bürgerlichen Arbeitswelt.

Die ländlichen Lebens- und Arbeitsbedingungen waren durch die Grundherrschaft und die Agrarwirtschaft geprägt. Wiesen, Weiden und Wald wurden für die Vieh- und Holzwirtschaft genutzt. Doch die Ackerfläche bildete den wichtigsten Bereich der **Flur**. Sie war nach dem System der Dreifelderwirtschaft in drei große Bereiche, das Sommerfeld, das Winterfeld und das Brachfeld, eingeteilt. Oft konnten die Bauern ihre Äcker nicht bestellen, ohne über die der anderen Bauern zu gehen. Um zu vermeiden, dass die Saat geschädigt und die Ernte gefährdet wurde, gab die Dorfgemeinde vor, was auf den einzelnen Feldern angebaut, wann gemeinsam gepflügt, gesät, gedüngt oder geerntet wurde. Diese Normierung wird Flurzwang genannt. Die Bauern achteten argwöhnisch darauf, dass keiner von ihnen etwa durch Neuerungen des Anbaus den Flurzwang durchbrach. Der Zwang zu gemeinschaftlichen Regelungen und Vorgehensweisen der Dorfgemeinschaft trug dazu bei, die Beharrungskräfte in der Landwirtschaft zu stärken.

Flur: ursprünglich Bezeichnung für Landschaft, später für die landwirtschaftliche Nutzfläche einer Siedlung

Die Größe der bäuerlichen Anwesen war sehr unterschiedlich. Die durch Erbteilung immer kleiner werdenden Höfe brachten immer seltener ausreichende Erträge. Oft konnten die Bauern kaum ihren Lebensunterhalt sichern, geschweige denn Abgaben an den Grundherrn oder Steuern zahlen. Für nachgeborene Söhne und Töchter blieb oft nur die Möglichkeit, sich neben der Bewirtschaftung solcher kleinstbäuerlichen Stellen zusätzlich als Tagelöhner zu verdingen. Während wohlhabenden Bauern Grundstücke von einem bis zwei Tagwerk (3 000 bis 6 000 m^2) und mehr zur Verfügung standen, besaßen die ärmsten, die Söldner (auch „Häusler") und Tagelöhner, oft nur 150 bis 200 m^2 Grund. Die Großbauern errichteten auf ihrem Hof Scheunen und Ställe, lagerten Heu und hielten Zugvieh, während die bäuerliche Unterschicht oft nicht mehr als eine bescheidene Hütte und einen kleinen Kräutergarten besaß. Der jährliche Zyklus von Aussaat und Ernte, Viehtrieb und Düngung bestimmte den Arbeitsalltag und den Jahreslauf der Landbevölkerung. Erst der Winter brachte eine Ruhephase, die aber für Reparaturen, Schnitz- und Handwerksarbeiten genutzt wurde.

▲ **Feste und Vergnügungen der Bauern.**
Bemalter Holzteller, 1547.
Auf dem Land wurde nicht nur gearbeitet. Es gab viele Feiertage, an denen die Menschen die Zwänge des Alltags ablegten und ausgelassen feierten. In der Mitte des Tellers ist eine Hochzeitsszene dargestellt. Der Tellerrand zeigt weitere Vergnügungen: Pferderennen, Schwertlaufen und Gläserbalancieren, Kugelspiel, Schwertkampf und Lanzenstechen, Wallfahrten, Hahnenfangen und eine Marktszene mit Buden.

Auf den Höfen arbeiteten die Menschen meist nur für den eigenen Bedarf. Die Produktivität des Dorfes war so in erster Linie an der Subsistenz orientiert, d.h. an der Deckung der Eigenversorgung der zum Lebenserhalt notwendigen Güter, nicht an einer Produktion für den Markt. Mindestens einmal pro Woche war der städtische Markt auch Treffpunkt der Bauern aus der Umgebung, wo sie Geflügel, Eier, Gemüse und Milchprodukte anboten. Auch dörfliches Handwerk und Gewerbe arbeitete nur für den bäuerlichen Bedarf. Außer Gastwirt und Bader hatten sich Schuster, Lederer und Sattler niedergelassen. In den Schmieden wurden die Werkzeuge für die Arbeit auf Hof und Feld hergestellt und die Hufe der Pferde beschlagen. Die Müller mahlten das Getreide, die Bäcker machten Brot daraus.

▲ **Der Augsburger Perlachplatz im Winter.**
Ölgemälde (225 x 358 cm) wahrscheinlich von Heinrich Vogtherr d. J., Augsburg, um 1545.

- *Beschreiben Sie die verschiedenen Personengruppen und versuchen Sie, deren Tätigkeit und Stellung zu identifizieren.*

Leben und Arbeiten in der Stadt Abgesehen von den kleinen **Ackerbürgerstädten**, die sich kaum von größeren Dörfern oder Märkten unterschieden, standen Handel und Handwerk im Mittelpunkt der Städte. Dort hatte sich im Mittelalter ein neues, nichtfeudales Ethos der Arbeit ausgebildet. Nicht mehr die Arbeit wurde verachtet, sondern der Müßiggang. Damit gewann auch das Erlernen und Ausüben eines Berufes höhere Bedeutung. Je größer die Stadt, desto stärker differenzierte sich das Handwerk aus. Die Spezialisierung brachte Verbesserungen in der Produktion und Qualitätssteigerung mit sich.

Die Arbeitsbedingungen, Verdienstmöglichkeiten, Löhne und Gewinne in Handel und Handwerk waren unterschiedlich, in beiden Sektoren herrschte ein großes Gefälle. Bei den Handwerkern der gehobenen Gewerbe, wie das der Goldschmiede oder Instrumentenbauer, waren die Arbeitsbedingungen vergleichsweise angenehm, so mancher gelangte zu Wohlstand. Im Gegensatz dazu mussten die Weber oft in dunklen, feuchten Kellerräumen von Sonnenaufgang bis Sonnenuntergang an ihren Webstühlen arbeiten, die Gerber, Färber und Walker viele Stunden im kalten Wasser stehen. Trotzdem verdienten sie selten mehr als das Nötigste zum Leben. Der größte Teil des Einkommens wurde für Nahrungsmittel, Wohnung und Brennholz aufgewendet. Der kleine Gemüsegarten hinter dem Haus oder vor den Toren der Stadt war für viele Handwerkerfamilien unverzichtbar.

Etwas günstigere Bedingungen herrschten in den Residenzstädten. Hier entstanden durch die Bedürfnisse des fürstlichen Hofes zusätzliche berufliche Möglichkeiten. Neben den privilegierten Hoflieferanten konnten dies vor allem Kunsthandwerker, aber auch Kutschenmacher, Waffenschmiede, Schneider oder Perückenmacher für sich nutzen.

Ackerbürgerstadt: Stadt, in denen der größere Teil der Einwohner landwirtschaftlich tätig ist und Gewerbe und Handel nur eine bescheidene Rolle für ein lokal begrenztes Absatzgebiet spielen

▲ **Georg Gisze.**
Porträt von Hans Holbein d. J., Öl auf Eichenholz (93,3 x 85,7 cm), 1532.
Gisze, ein Kaufmann aus Danzig, in seinem engen Kontor im Londoner Stalhof an der Themse, in dem viele deutsche Kaufleute ihre Niederlassungen hatten. Der Tisch ist bedeckt mit einem anatolischen Teppich, darauf steht eine venezianische Vase mit Nelken, Rosmarin und Basilikum, daneben ein Sandstreuer zum Trocknen der Tinte, auf dem Brett links ein Geschäftsbuch, eine Münzwaage und ein Siegelstempel. Darunter der Name des Kaufmanns und seine Devise: Nulla sine merore voluptas (Kein Vergnügen ohne Kummer).

- *Interpretieren Sie Giszes Devise. Wofür könnten die Begriffe „Vergnügen“ und „Kummer“ stehen?*

Märkte, Messen und Fernhandel Schon im Mittelalter entstanden örtliche Märkte, die als Wochenmärkte meist am Freitag oder Samstag gehalten wurden (wie auch heute noch in vielen Städten). Hier verkauften ortsansässige Handwerker ihre Erzeugnisse und kauften selbst die benötigten Nahrungsmittel, die von Bauern der Grundherrschaft aus ihren Überschüssen angeboten wurden. Dieser mengenmäßig geringe Warenverkehr wurde von den Erzeugern selbst abgewickelt – aber eben nur an einem Tag in der Woche, da die überwiegende Arbeitszeit des Handwerkers von der Produktion in der Werkstatt beansprucht wurde. Zwar gab es noch Tauschhandel, aber zunehmend setzte sich der Geldhandel durch. Auf einen weiteren Umkreis bezogen und von überregionaler Bedeutung waren die mehrere Tage dauernden, jährlich veranstalteten Jahrmärkte. Da sie zu bestimmten kirchlichen Feiertagen abgehalten wurden, nannte man sie auch „Messen“. Einer der ältesten bezeugten ist der Jahrmarkt von Saint Denis vor Paris, der am 9. Oktober, dem Tag des heiligen Dionysius, begann und auf das frühe Mittelalter zurückgeht. Solche Jahrmärkte zogen die Landbevölkerung aus weitem Umkreis in die Städte. Neben den geschäftlichen Aktivitäten kam man der Verehrung des kirchlichen Schutzpatrons an dessen Jahrestag nach. Man erfreute sich am geselligen Leben. Abgeschlossen wurde der Markttag häufig in einer Taverne, wo dann auch kräftig gezecht wurde. Die typische Verbindung von geschäftlichen Aktivitäten, kirchlicher Verehrung des örtlichen Schutzpatrons und Unterhaltung lebt noch heute in den „Jahrmärkten“ weiter („Kirmes“, „Kirchweih“).

Auf Messen handelten zunehmend hauptberufliche Kaufleute, teils auf eigene Rechnung, teils auf Rechnung adliger Teilhaber, von Fürsten oder Äbten (▸ M1). Die wichtigsten Handelsgüter – Getreide, Vieh, Wein, Salz, Eisen – wurden auf Fuhrwerken oder Schiffen von Messe zu Messe transportiert, wobei die Wasserwege bevorzugt wurden. So war etwa Mainz ein wichtiger Umschlagplatz für den Getreidehandel: Aus Franken wurde es auf dem Main herangeschafft und auf dem Rhein weiter bis nach Friesland transportiert. In den Quellen begegnen uns dabei oft Klagen über den Wucher der Kaufleute. Man warf ihnen vor, nach überdurchschnittlich guten Ernten Getreide günstig aufzukaufen, um es dann in Mangelzeiten mit hohem Gewinn zu verkaufen. Außerhalb der Reichsgrenzen entwickelten sich seit dem 13. Jahrhundert die Messen der Champagne zu Zentren des europäischen Handels. Hier trafen sich die Händler aus Italien und dem Mittelmeerraum, aus Süddeutschland und aus den Niederlanden. Später kamen andere Messestädte hinzu, sie konkurrierten mit den Champagne-Messen: Chalon-sur-Saône und seit dem 15. Jahrhundert Genf, Lyon und besonders dann Frankfurt am Main, noch heute eine der wichtigsten Messestädte.

Die Fernhändler bildeten denn auch die angesehenste Gruppe der Kaufleute. Sie zogen über die Grenzen des Reiches hinaus und suchten Beziehungen zu den Zentren des damaligen „Welthandels“, zu den nordischen Ländern, zum Mittelmeerraum und zum Orient. Dabei standen sie unter Schutz und Aufsicht des Königs, waren aber auch besonders privilegiert, vorrangig durch Zollbefreiungen. Die Handelswege der Ostsee wurden von Skandinaviern und Friesen beherrscht. Friesen waren auch im ganzen Reichsgebiet sehr aktiv. Ihre Niederlassungen reichten bis Mainz, Worms und Straßburg, und noch heute erinnert in Köln das „Friesenviertel“ daran. Beim Orienthandel waren vor allem jüdische Händler führend.

Kaufmanns- und Städtebünde Im späteren Mittelalter schlossen sich häufiger Fernhändler zusammen, um gemeinsam mit stärkerer Kapitalkraft eigenständige Fernhandelssysteme aufzubauen. So entstanden in Süddeutschland verschiedene Handelsgesellschaften für den Mittelmeerhandel.

Am bedeutsamsten wurde jedoch der Städtebund der *Hanse*. Dieser Bund bestimmte nicht nur lange die wirtschaftliche, politische und kulturelle Entwicklung im niederdeutschen Raum, sondern betrieb auch eine erfolgreiche Wirtschaftspolitik jenseits seiner Grenzen. Noch heute lassen die „Hansestädte" etwas von der führenden Rolle im mittelalterlichen Wirtschaftsleben erahnen.

Am Anfang der Entwicklung stand die Bildung von *Kaufmannshansen*. Mittels dieser genossenschaftlichen Zusammenschlüsse hofften die Kaufleute, ihre gemeinsamen Interessen durchzusetzen. Sie wollten den Schutz ihrer Waren – beispielsweise vor Seeräubern – verbessern und durch ein geschlossenes Auftreten die zahllosen Zölle in den unterschiedlichen Herrschaftsgebieten bekämpfen, dazu wertvolle Handelsprivilegien im Ausland gewinnen. Die Heimatstädte machten sich die Interessen ihrer Kaufleute zu eigen und schlossen sich seit dem späten 13. Jahrhundert selbst zusammen. An der Spitze des relativ locker organisierten Bundes stand Lübeck. Der Hanse gehörten im 15. Jahrhundert rund 70 aktive und 100 weitere Städte an der Nord- und Ostseeküste und im Binnenland an. Die wichtigsten Entscheidungen wurden auf den Lübecker Hansetagen getroffen.

Die Hanse kann bis zum ausgehenden 15. Jahrhundert als mächtigster Interessenverband des Mittelalters bezeichnet werden. In den nordeuropäischen Wirtschaftszentren besaß sie privilegierte Handelsplätze („Kontore", in Brügge und London im Westen, Bergen im Norden und Nowgorod im Osten). Die große Leistung der Hanse bestand darin, einen Wirtschaftsraum um Nord- und Ostsee zu schaffen und Massengüter wie Getreide, Holz und Fisch aus dem Osten und Norden in die bevölkerungsreichen Gewerbezentren West- und Mitteleuropas zu verfrachten, die dafür handwerkliche Produkte und Salz lieferten.

Insgesamt war der Handel die wichtigste Quelle der städtischen Wirtschaftsmacht. Damit waren auch die Fernhändler eine tonangebende und angesehene Schicht.

Verlag und Manufaktur: Vorboten der Moderne Städtische Kaufleute waren daran interessiert, große Mengen preiswerter Waren abzusetzen. Die hohen Qualitätsnormen der städtischen Zünfte waren da ebenso hinderlich wie deren Lohnforderungen. So ließen die Fernhändler lieber die wachsende Zahl von Nebenerwerbsbauern, von Söldnern und Tagelöhnern für sich arbeiten, die sich von ihren kleinen Äckern nicht ernähren konnten, durch keine Zunft geschützt wurden und gezwungen waren, auch für niedrige Löhne zu arbeiten. Auf diese Weise entstand seit dem späten Mittelalter eine neue Form der Produktion: das *Verlagswesen*. Der Kaufmann legte den ländlichen Arbeitern Rohstoffe und Werkzeuge vor und bezahlte ihre Arbeitskraft. Die gefertigten Produkte verkaufte der Verleger schließlich auf eigene Rechnung.

Im Verlagswesen wurde nicht mehr wie im traditionellen Handwerk von dem selbstständigen Handwerksmeister für den jeweiligen Auftraggeber gefertigt, sondern von angestellten Lohnarbeitern in Heimarbeit standardisierte Massenware für einen größeren Markt hergestellt. Arbeit und Kapital, etwa für Werkzeuge, Rohstoffe oder Materialien, lagen nicht mehr in einer Hand. Das Einkommen eines Heimwebers hing davon ab, wie viel der Verleger nach seiner Einschätzung des Marktes zu zahlen bereit war. Die kapitalistische Marktwirtschaft begann sich auszubilden (▸ M2).

Internettipp:
Zur Hanse siehe Code 32019-02

▲ Die Hanse-Kogge, Highlight der Dauerausstellung des Deutschen Schifffahrtsmuseums Bremerhaven.
Foto von 2007.
Die Kogge wurde 1962 im Europahafen von Bremen gefunden. Sie ist 23,3 Meter lang und 7,6 Meter breit und wurde vermutlich im Jahr 1380 gebaut. Koggen waren zwischen dem 12. und dem 14. Jh. der dominierende Schiffstyp im Nord- und Ostseehandel. Die hier gezeigte Hanse-Kogge hatte einen Laderaum von rund 150 Kubikmetern und konnte etwa 80 Tonnen tragen. Damit gehörte sie zu einem kleineren Modell, denn Aufzeichnungen aus dem 14. Jh. zeigen, dass größere Koggen damals schon bis zu 200 Tonnen Gewicht transportieren konnten.

▸ **Garn-Manufaktur.**
Stich, Ende des 18. Jh.

Die Heimarbeiter, zu einem Großteil Frauen und Kinder, spannen z. B. Garn, webten Tuche, flochten Weidenkörbe und töpferten einfache Gebrauchskeramik. Vom Flachsanbau über die Garnproduktion bis hin zur Leinen- oder Lodenweberei entwickelte sich ein ausgedehntes ländliches Gewerbe (▸ M3).

Noch ausgeprägter wies das *Manufakturwesen* in die Zukunft. Gemessen am handwerklichen Familienbetrieb handelte es sich um „Großbetriebe", auch wenn es nur wenige Arbeiter gab. In den Manufakturen wurden Waren wie Spiegel, Teppiche, Hüte oder Stoffe für einen größeren Markt hergestellt. Die Arbeit in der Manufaktur erfolgte noch vorwiegend mit der Hand, jedoch erlaubte es die große Zahl der Mitarbeiter, die Fertigung in einzelne Schritte zu zerlegen. Durch die Arbeitsteilung unter einem Dach ließen sich mehr Waren kostengünstiger herstellen, unter anderem weil für die einfachen Arbeitsgänge billige ungelernte Arbeiter, Frauen und Kinder eingestellt werden konnten. Zudem entfielen die Zwischentransporte der Halbfertigwaren von Werkstatt zu Werkstatt. So formten etwa in einer Porzellanmanufaktur Fachkräfte die Rohmasse, andere brannten sie, die nächsten glasierten, und abschließend verzierten Maler die Ware mit einem Dekor. Wie im Verlagswesen standen sich auch hier Unternehmer und Lohnarbeiter gegenüber, wurden Werkzeuge und Geräte von den Unternehmern gestellt. Der Arbeiter übte seine Tätigkeit nun auch nicht mehr zu Hause aus, sondern ging dazu in den Betrieb: Der „moderne Arbeitsplatz" entstand, die letzte Vorstufe zur „Fabrik" war erreicht. Da sich mit den neuen Produktions- und Arbeitsformen wie Arbeitsteilung, Spezialisierung und Marktorientierung moderne Merkmale des Wirtschaftens herausbildeten, spricht die Geschichtswissenschaft auch von „Protoindustrialisierung". Eine Steigerung der Produktivität in größerem Ausmaß setzte jedoch erst im 19. Jahrhundert durch den vermehrten Einsatz von Maschinen ein. Der wirtschaftliche Wandel hinterließ Spuren: Das Verlagswesen sowie die Manufakturen machten dem zünftigen Handwerk das Überleben teilweise schwer. Die Zahl der zunftfreien Lohnarbeiter wuchs; aus ihnen entstand allmählich der „vierte Stand". Seit dem Ende des 18. Jahrhunderts wurde in vielen Ländern über die Abschaffung der Zünfte und die Einführung der Gewerbefreiheit diskutiert.

M1 Geschäftsreisen

Das ausführliche Rechnungsbuch eines Freiburger Kaufmanns von 1487/88 lässt folgende Aktivitäten erkennen:

Er kauft hauptsächlich Weinstein, d.h. weinsaures Kalium, einen Niederschlag aus Weinfässern, der damals als Medizin und zu verschiedenen anderen Zwecken benutzt wurde, aus den Weindörfern westlich und südlich der Stadt Freiburg. Dann transportiert er diese sehr schwere Ware auf dem Landweg über Kappel am Rhein nach Straßburg, worauf er mit einem Schiff nach Frankfurt am Main zur Frühjahrsmesse fährt. In Frankfurt verkauft er den Weinstein gegen Tuch aus dem Norden unter Zuschuss von Bargeld, weil der Stoff wertvoller als der Weinstein war. Mit diesem Tuch kehrt er sofort wieder in die hiesige Gegend zurück und verkauft es auf den Märkten in und um Freiburg. Danach macht er eine zweite Fahrt nach Frankfurt zur Zeit der Herbstmesse mit den gleichen Waren und unter den gleichen Geldverhältnissen. Auf beiden Reisen treibt er als Nebengeschäft Handel mit Tragpferden, weil der Weinstein erheblich schwerer als das zurücktransportierte Tuch war. Während der Handel auf den beiden Reisen im Jahre 1487 und auf der ersten Fahrt im Jahre 1488 auf die geschilderte Weise verlief, wurde sein Tauschvorhaben im Jahre 1488 durch einen Schiffsunfall und eine daraus folgende Beschädigung eines großen Teils des Weinsteins offenbar erheblich beeinträchtigt. Infolgedessen musste er sein Verfahren im restlichen Teil des Jahres nach vorheriger Beratung mit seinem geldgebenden Handelspartner stark ändern. Alle Verkäufe wurden nur noch gegen Bargeld vollzogen und neue, möglichst gewinnreiche Waren zu handeln versucht. So handelt er auf der zweiten Reise von 1488 und im restlichen Teil dieses Jahres mit folgenden neuen Waren: Branntwein, Messern und Pferden. Daneben betrieb er den An- und Verkauf von Tuch in der bisherigen Form. Der Ertrag wurde aber auch dadurch nicht wesentlich gehoben. Er setzte sich also neue Reiseziele. München und Augsburg kamen zu Frankfurt hinzu. Aber die Marktverhältnisse in diesen neuen Städten waren ihm ziemlich fremd. Als er nach München kam, um Sensen zu kaufen, konnte er dort keine fertige Ware finden. Er musste infolgedessen in Augsburg Messer kaufen. Am Ende des Jahres war er aus diesem Grunde noch sehr tief bei seinem Handelspartner verschuldet, und die Bereinigung des hieraus entstandenen Streites vor dem Freiburger Gericht sollte noch Jahre dauern, wenigstens bis 1495, in welchem Jahr er eine Verteidigung gegen die Appellation[1] an die königlichen Räte vorbereitet hat.

Steven W. Rowan, Die Jahresrechnungen eines Freiburger Kaufmanns 1487/88, in: Stadt und Umland, herausgegeben von Erich Maschke und Jürgen Sydow, Stuttgart 1974, S. 234 f.

▲ Ein mittelalterlicher Fernhändler und seine Kundin.
Abbildung aus der berühmtesten mittelhochdeutschen Liederhandschrift (der sogenannten „Manessischen Handschrift") aus der ersten Hälfte des 14. Jh.
Die Abbildung zeigt, wie ein Fernhändler einer interessierten Kundin Luxusgüter wie kostbar gearbeitete Lederwaren und modische Taschen anpreist, die er auf dem Saumtier transportiert und nun zur Besichtigung aufgehängt hat. Die Frau wird durch ihre vornehme Kleidung und ihr Schoßhündchen auf dem Arm als adlige Dame gekennzeichnet.

1. *Stellen Sie anhand einer Karte die Entfernungen fest, die der Freiburger Kaufmann in einem Jahr zurücklegen muss.*

2. *Analysieren Sie, welche Probleme der reisenden Kaufleute diese Momentaufnahme zeigt.*

3. *Erstellen Sie in Partnerarbeit einen Gefahrenkatalog, in dem die Risiken des Reisens um 1500 aufgelistet werden.*

[1] **Appellation**: dt. Berufung

M2 Was ist Frühkapitalismus?

Eine Darstellung zur deutschen Wirtschaftsgeschichte sieht folgende Erscheinungsformen, die den Begriff „Frühkapitalismus" am Beginn der Frühen Neuzeit rechtfertigen:

Die wirtschaftlichen Erscheinungsformen der beginnenden Neuzeit werden in der Literatur häufig als *Frühkapitalismus* bezeichnet. Man geht dabei im Allgemeinen davon aus, dass sich hier verbunden haben:

- eine *Anhäufung von Kapital im Produktionsbereich*
- *mit* einer *erwerbswirtschaftlichen Einstellung*, die W. Sombart als *Wirtschaftsgesinnung* bezeichnet hat.
- Die Wirtschaftsgesinnung, auf privat- und individualwirtschaftlicher Basis stehend, sieht als höchstes Ziel die Gewinnmaximierung an, d.h. die Erzielung eines möglichst hohen Ertrages des eingesetzten Kapitals. [...]

Entscheidend war:

- Erst mit der *Ausbildung der Stadtwirtschaft* und vor allem mit der parallel verlaufenden *Arbeitsteilung* wurden die Produktionsverhältnisse so weit entwickelt,
- dass sich nunmehr eine *kapitalintensive Wirtschaftsweise* herausbilden konnte.
- Die *Sammlung des Kapitals in der Hand der Fernkaufleute* und Großunternehmer (die erst durch die Kapitalsammlung zu solchen wurden)
- war bereits Ausfluss der erwerbswirtschaftlichen Gesinnung und
- damit eine wichtige Voraussetzung zur Weiterentwicklung der Wirtschaft (durch die Beschäftigung Kapitalarmer).

Franz Mathis widmet sich in seinem Werk zur Wirtschaftsgeschichte des 16. Jahrhunderts der Bedeutung des Verlagssystems für die Entwicklung des Frühkapitalismus:

Was die Bergwerks- und Hüttenunternehmer als „frühkapitalistisch" kennzeichnete, waren nicht nur ihre besonders großen, letztlich aber vielfach nur vorübergehenden Vermögen, sondern mindestens ebenso sehr die von ihnen praktizierte Trennung von Arbeit und Kapital sowie die Größe ihrer Unternehmen, die über den Rahmen eines Handwerksbetriebes weit hinausging. Beides war im Prinzip auch bei den Verlegern gegeben, mit dem Unterschied, dass die von diesen beschäftigten Arbeitskräfte noch nicht in einem zentralisierten Betrieb zusammengefasst waren, sondern nach wie vor dezentralisiert in ihren städtischen und ländlichen Werkstätten arbeiteten. Aus der Sicht der Unternehmer handelte es sich in beiden Fällen um die Beschäftigung einer Vielzahl von Menschen, die im Auftrag der Gewerken oder der Verleger bestimmte Produkte herstellten, die dann von diesen auf den Markt gebracht wurden. Eine so gestaltete Arbeitsorganisation unterschied sich grundlegend von der Produktionsweise selbstständiger, unmittelbar für den Markt arbeitender Handwerksmeister. Sie nahm bereits einige wesentliche Kennzeichen der modernen kapitalistischen Industrieproduktion vorweg und kann daher in diesem Sinne als frühkapitalistisch bezeichnet werden.
Der Übergang vom handwerklichen Meisterbetrieb, in dem Arbeit und Kapital in einer Hand vereinigt und die Produktion in erster Linie auf den lokalen Markt ausgerichtet war, zum frühkapitalistischen Unternehmen, in dem Arbeit und Kapital getrennt und die Produkte für ferner liegende Märkte bestimmt waren, lässt sich allerdings [...] nicht erst im 16. Jahrhundert beobachten. Sowohl im Bergbau als auch im Verlagswesen reichen frühkapitalistische Produktionsverhältnisse bis ins 14./15. Jahrhundert und teilweise noch weiter zurück; in Westeuropa ist das Verlagssystem seit dem 13. Jahrhundert überliefert. Das 16. Jahrhundert sah daher diesbezüglich nichts grundlegend Neues, sondern erlebte lediglich eine Intensivierung und Ausweitung von Produktionsformen, die bereits seit längerer Zeit bekannt waren.

Der Volkswirtschaftler Werner Sombart hat in seinem Werk „Der moderne Kapitalismus" (1902) den Begriff „Frühkapitalismus" geprägt:

Auf allen Gebieten des menschlichen Lebens ringt dieser neue „unternehmende" Geist sich zur Herrschaft durch. [...] Dieser selbe Geist beginnt nun auch das Wirtschaftsleben zu beherrschen. Er durchbricht die Schranken der auf geruhsamer Genügsamkeit aufgebauten, sich selbst im Gleichgewicht haltenden, statischen, feudal-handwerksmäßigen Bedarfsdeckungswirtschaft und treibt die Menschen in die Wirbel der Erwerbswirtschaft hinein. Erobern heißt hier im Gebiete des materiellen Strebens erwerben: eine Geldsumme vergrößern. Und nirgends findet das Unendlichkeitsstreben, findet das Machtstreben ein seinem innersten Wesen so sehr gemäßes Feld der Bestätigung wie in dem Jagen nach dem Gelde, diesem völlig abstrakten, aller organisch-natürlichen Begrenztheit enthobenen Wertsymbole, dessen Besitz dann immer mehr auch als Machtsymbol erscheint. [...] Dann aber dringt dieser Geist der Eroberung auch in das Wirtschaftsleben ein, und damit tritt der Kapitalismus in die Erscheinung.

Erster Text: Friedrich-Wilhelm Henning, Das vorindustrielle Deutschland 800 bis 1800, Paderborn u.a. [5]1994, S. 213 f.
Zweiter Text: Franz Mathis, Die deutsche Wirtschaft im 16. Jahrhundert, München 1992, S. 38
Dritter Text zitiert nach: Michael North (Hrsg.), Deutsche Wirtschaftsgeschichte. Ein Jahrtausend im Überblick, München [2]2005, S. 117

1. *Fassen Sie die Kennzeichen für den Begriff „Frühkapitalismus" für jeden Text zusammen.*
2. *Vergleichen Sie die Begriffsbestimmungen in Bezug auf Gemeinsamkeiten und Unterschiede.*
3. *Arbeiten Sie heraus, worin sich der Frühkapitalismus gemäß der Definition Friedrich-Wilhelm Hennings von den vorherigen Wirtschaftsformen unterscheidet. Erörtern Sie, was ihn vom ausgebildeten Kapitalismus der Moderne unterscheidet.*
4. *Nehmen Sie Stellung, inwieweit der Begriff „Frühkapitalismus" einen Gewinn an Systematik für das historische Erkennen bringt. Überprüfen Sie Ihr Urteil, indem Sie das Verlagswesen als „frühkapitalistisch" charakterisieren.*

M3 „In Haus und Hof vollzieht sich das Berufsleben"

In einem Buch mit Quellen und Berichten zum Alltag der Menschen im 18. Jahrhundert heißt es über die Lebens- und Arbeitsverhältnisse der Bauern und Handwerker:

In Haus und Hof vollzieht sich großenteils das Berufsleben. Das bedarf, was das ganze Bauernvolk betrifft, die Mehrheit des Volkes damals, keiner Erläuterung; an lebendiger Anschauung fehlt es auch heute nicht, wenn man die Motorfahrzeuge, das moderne Gerät in Abzug bringt. Auch die Handwerkshäuser alter Art leben noch, bei aller Wandlung, an tausend Plätzen; Meisterhaushalt und Werkstatt unter einem Dach oder über den Hof benachbart. Doch war das Zusammenleben damals dichter, dicker. Gesell und Lehrbuben wohnten im Haus, saßen am Familientisch und hatten zu essen, was sie Meisterin gekocht hatte und ihnen vorsetzte. „Die Rüben, die Rüben, die haben uns vertrieben. Hätt' die Meisterin Fleisch gekocht, so wären wir geblieben." So ein grauer Altgesell (ledig natürlich, denn er durfte ja nicht heiraten – wenn den Meister allenfalls der Schlag hinwegraffte, bekam er vielleicht die saure und runzelige Wittib und war dann selber Meister, ein gemachter Mann, ein Glückspilz), der Altgesell hatte im besten Fall sein eigenes schmales Bett, ganz selten sogar ein eigenes Kämmerchen, wo er das Seine an den Nagel hängen konnte. In der Regel genügte für die Kerls eine Kammer, und man legte mehrere in ein Bett, die Lehrbuben allemal. Sie schliefen auch so, dafür war gesorgt bei einem Arbeitstag von 12 oder 14 Stunden. [...]

Die alte häusliche Selbstversorgung und Vorratswirtschaft können wir uns nicht umfassend genug vorstellen. Schweine und Hühner wurden beim oder im Haus gehalten, wenn möglich auch eine Kuh, und wenn ein Stadtgraben da war, ein Fluss am Städtchen floss, Gänse und Enten; auch hatte man Bienenvölker. Wer vor dem Tor ein Gütchen besaß, und das hatten viele, zog dort, was er brauchte und Himmel und Erde gewährten, Wein und Obst, Kohl und Rüben, Küchenkräuter, Salat und Rettich, die neumodischen Kartoffeln [...], Hafer für die Pferde, wenn man eigene hielt, Brotgetreide, das man mahlen ließ. Das Eindünsten von Gemüse und Obst war noch nicht erfunden, dafür hatte das Weibervolk mit dem Putzen, Hobeln, Einsalzen und Einstampfen von Kohl oder Kraut mächtig zu tun, mit dem Herrichten und Trocknen von Pilzen, Zwetschgen, Birn- und Apfelschnitzen. Der Schlachttag, zu winterlicher Zeit, war ein eigener Festtag [...]. Doch ist diese ganze häusliche Ökonomie nicht darauf beschränkt, den leeren Bauch zu füllen und den Durst zu löschen. Es werden Lichter gegossen, es wird gesponnen und gewebt – das Spinnen, ein beliebtes winterabendliches Geschäft, gemeinsam reihum in den Häusern, mit Geschichtenerzählen und Gesang, das junge Mannsvolk zu später Stunde vor der Tür versammelt, um die vom Singen und Lachen ermunterten Mädchen heimzuführen durchs Dunkel, Anlass zu häufigem Kanzeldonner – Strümpfe werden gestrickt, Fäustlinge, Bauchbinden und Nachtmützen; in manchen Häusern verstehen sich die Frauenzimmer auf die Anfertigung von Geldbörsen und Strickbeuteln. Wer wenig oder beinah gar nichts kann, kann sich immer noch in den müßigen Abendstunden nützlich machen, indem er Anfeuerungsholz und Fidibusse[1] herstellt. Und hundertfach erwächst aus der häuslichen Ökonomie eine kleine Hausindustrie, – hölzernes Küchengerät, Siebe, Körbe ... bis hinauf zu kostbarer Stickerei und zur Uhrenherstellung.
Es ist ein solches Haus eine zwar nicht gerade autarke, aber doch stark entwickelte und in sich geschlossene Produktions- und Konsumgemeinschaft.

Peter Lahnstein, Report einer „guten alten Zeit". Zeugnisse und Berichte 1750-1805, München [2]1979, S. 20-22

1. *Beschreiben Sie Besonderheiten und Funktion des „Hauses" in der vormodernen Gesellschaft. Wie gestaltete sich das Zusammenleben?*
2. *Begründen Sie, worin die Bedeutung der „häuslichen Ökonomie" für die Menschen lag. Was konnte diese Einheit gefährden oder zerstören?*

[1] **Fidibus**: harzreicher Holzspan oder Papierstreifen zum Anzünden von Feuer

Die christliche Legitimation von Herrschaft

- Das **Frankenreich** wurde seit 500 in Westeuropa zur Vormacht. Beim Übergang von den Merowingern zu den Karolingern band sich das fränkische Königtum an das Papsttum, indem sich Pippin I. 756 zur Legitimation als „König von Gottes Gnaden" durch den Papst salben ließ.
- Durch die **Kaiserkrönung Karls des Großen** im Jahr 800 wurde deutlich, dass der Papst den Frankenkönig zum Schutzherrn der Christenheit erhob.
- Otto der Große und seine Nachfolger als ostfränkische Könige zogen nach Rom, um ihre Herrschaft zu sichern. Unter deren Herrschaft setzte sich die Bezeichnung **„Heiliges Römisches Reich"** durch.
- Durch das **Reichskirchensystem** mit der Verzahnung von Königtum und Kirche, Kaisertum und Papsttum wurden beide Machtgruppen gestärkt. Aus seiner sakralen Stellung leitete der König das Recht zur Investitur der Bischöfe ab.
- Der **Investiturstreit** war ein Machtkampf zwischen Papst und Kaiser um die Vorherrschaft im abendländisch-christlichen Europa. Im **Wormser Konkordat** von 1122 kam es zu einer Kompromisslösung des Investiturstreites: Der König konnte die Bischöfe und Äbte nicht mehr frei bestimmen, auch wenn diese durch einen Treueid an den König gebunden waren. So entstanden eigenständige geistliche Fürstentümer.

Wurzeln des modernen Föderalismus im Heiligen Römischen Reich

- Das Heilige Römische Reich war keine Erbmonarchie. 1356 wurde auf dem Nürnberger Hoftag die **Goldene Bulle** verkündet: Sieben Kurfürsten, drei geistliche und vier weltliche, haben den König zu wählen, der damit auch Anspruch auf den Kaisertitel hatte.
- Alle das Reich betreffenden Fragen wurden auf **Reichstagen** behandelt (innere Sicherheit, Krieg und Frieden, Steuern), die aber erst 1495 zu einer festen Einrichtung wurden.
- Vorformen der politischen Mitsprache bildeten die **Landstände**.

Strukturmerkmale der Ständegesellschaft

- Klerus, Adel und städtisches Bürgertum bzw. Bauern bildeten die **drei Stände**, denen eine je eigene Rolle zugewiesen wurde: beten, herrschen, arbeiten.
- Eine feudale Wirtschafts-, Herrschafts- und Besitzstruktur stellte die **Grundherrschaft** dar. Adel und Klerus verfügten dabei über Grundbesitz mitsamt Verfügungsgewalt über Land und Menschen und übten Gerichtsbarkeit und Verwaltung aus. Im Gegenzug für die erhaltenen Abgaben und Frondienste mussten sie ihren Grundholden Schutz gewähren.
- Das **Lehnswesen** bildete die Grundlage für den **Personenverbandsstaat** bis zum Hochmittelalter.

Die Stadt und ihre Bürger im Mittelalter: das Ringen um die städtische Freiheit

- Im Hoch- und Spätmittelalter kam es zu einem enormen Anstieg von königlichen und fürstlichen **Städtegründungen**. Zuvor gab es ehemalige Römerstädte oder Städte, die aus befestigten Burgen, Pfalzen oder Klöstern entstanden waren.
- Anders als auf dem Land gab es einen gewissen Grad an **sozialer Mobilität**: Der wirtschaftliche Erfolg bestimmte über Auf- und Abstieg mit. Soziale Spannungen führten seit dem 14. Jh. im Kampf um Einfluss und Macht vermehrt zu **Bürgerkämpfen**.
- Seit dem 14. Jh. entwickelten sich verschiedene Formen der **städtischen Selbstverwaltung**, bei der Vertreter der Patrizier und der Zünfte den Stadtrat bildeten, der einen Bürgermeister wählte. Steuern, Zölle, Markt, Gerichtswesen und Sicherheit oblagen den städtischen Amtsträgern.

Von der Hände Arbeit leben – bürgerliche und bäuerliche Arbeitswelten

- Die Kleinbauern arbeiteten oft nur für die **Selbstversorgung** und mussten sich oft noch als Tagelöhner verdingen, während die wohlhabenden Bauern auch für den **Markt** produzieren konnten.
- In den Städten dominierten Handel und Handwerk, auch wenn dort ebenfalls Ackerbauern beheimatet waren. Das Handwerk erfuhr eine zunehmende **Spezialisierung**.
- **Wochenmärkte** und jährliche **Messen** belebten den Handel und vergrößerten den Einfluss der Kaufleute.
- **Fernhändler** schlossen sich im Spätmittelalter zu **Kaufmannsbünden** zusammen. **Städtebünde** wie die Hanse vertraten gemeinsame wirtschaftliche und politische Interessen in einem größeren Wirtschaftsraum.
- Mit dem **Verlagswesen** entwickelten Kaufleute ein System der Produktion von Waren in Heimarbeit durch kostengünstige Lohnarbeiter. Hier und in den Manufakturen begann sich eine Vorform der Arbeitsteilung des Kapitalismus herauszubilden.

Das Lehnswesen – Fundament der mittelalterlichen Gesellschaftsordnung*

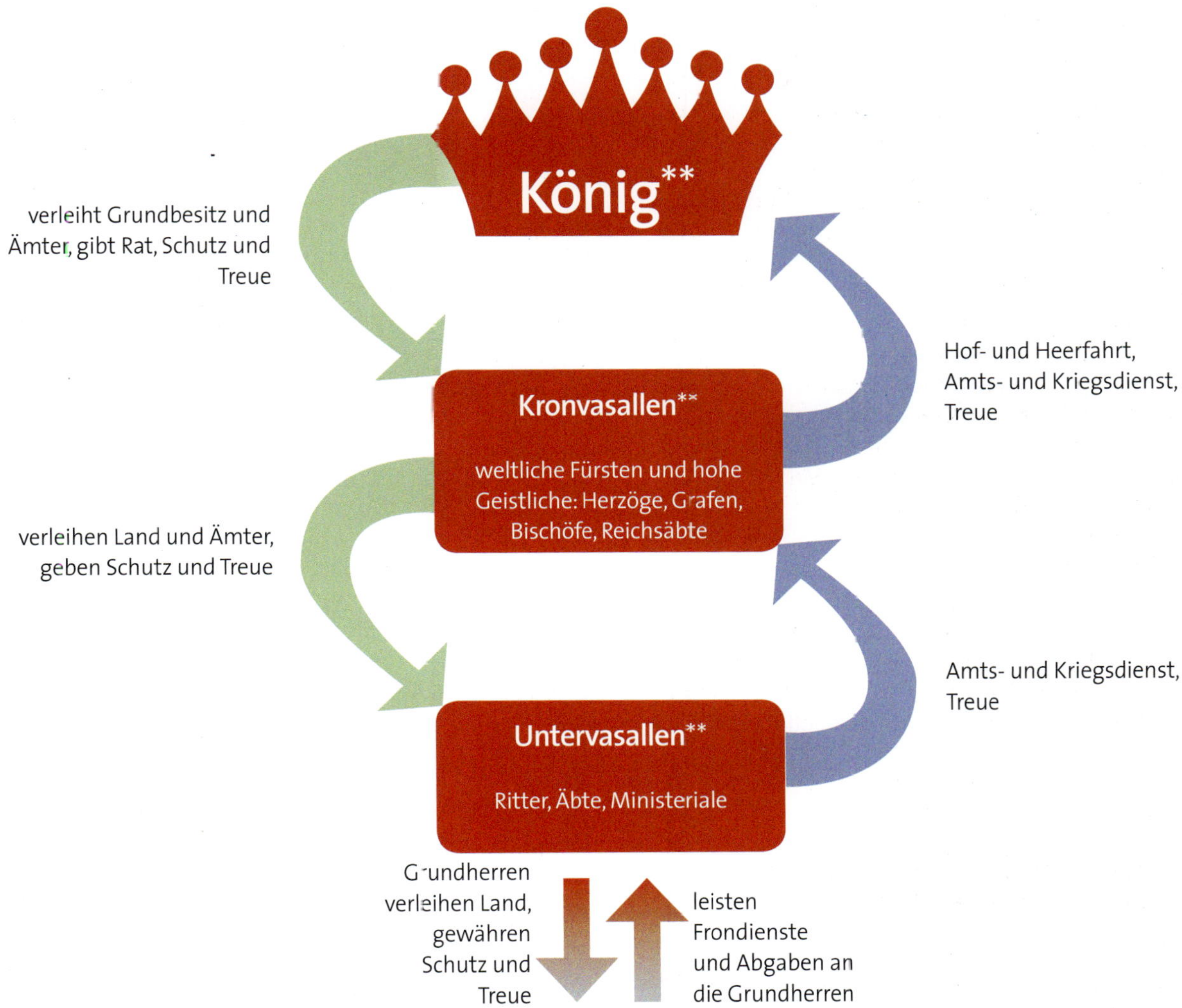

* Die Grafik zeigt ein idealtypisches Ordnungsmodell. Die tatsächlichen Lehnsbedingungen waren durch zahlreiche Überschneidungen oftmals komplizierter.
** Grundherren

1. *Die Trennung von weltlicher und geistlicher Gewalt im Mittelalter und die moderne Trennung von Kirche und Staat: Arbeiten Sie Gemeinsamkeiten und Unterschiede heraus.*
2. *Neben der Hanse gab es im Hoch- und Spätmittelalter noch weitere Städtebünde, z. B. den Rheinischen Städtebund, den Schwäbischen Bund oder den Nürnberger Herrenbund. Schließen Sie sich zu kleinen Teams zusammen und bereiten Sie eine PowerPoint-Präsentation vor, in der Sie über einen dieser Bünde berichten (Mitglieder, Ziele des Bundes etc.).*
3. *Tragen Sie Beispiele dafür zusammen, wie in Werbung, Comics, Filmen, Werken der Literatur und Musik oder Baukunst an das Mittelalter angeknüpft wird. Prüfen Sie an einem Einzelbeispiel genauer die „historische Richtigkeit" der Mittelalter-Rezeption.*

Neues Denken – neue Welt

◂ **„Die Erschaffung Adams."**
Ausschnitt aus dem Deckenfresko der Sixtinischen Kapelle in Rom von Michelangelo, 1508-1512.

Renaissance	1350-1600	Ausgehend von Italien beginnen mit der Renaissance das Denken, die Wissenschaft und die Kunst der Neuzeit.
	um 1450	Johannes Gutenberg erfindet den Buchdruck mit beweglichen Lettern.
Beginn der europäischen Expansion	1492	Christoph Kolumbus landet in Amerika; das Zeitalter der Entdeckungen beginnt.
	1498	Vasco da Gama gelangt auf dem Seeweg nach Indien.
	1. Hälfte 16. Jh.	Spanische Konquistadoren erobern weite Teile Mittel- und Südamerikas.
	15./16. Jh.	Die Renaissance erlebt ihren Höhepunkt. Mit dem Humanismus ist sie die wesentliche Geistesbewegung der Zeit.
Reformation und Bauernkrieg	1517	Luther veröffentlicht seine 95 Thesen gegen den Ablasshandel; die Reformation beginnt.
	1519-1556	Kaiser Karl V. regiert durch die Besitzungen in Amerika ein Weltreich.
	1524-1526	Die regionalen Aufstände ländlicher und städtischer Unterschichten (Bauernkrieg) werden blutig niedergeschlagen.
Konfessionalisierung/ Entstehung des frühmodernen Staates	ab etwa 1530	Herrscher und Fürsten in Europa sagen sich von der römischen Kirche los und führen in ihren Ländern einen neuen Glauben ein.
	ab etwa 1550	Der Calvinismus breitet sich in Europa aus.
	1555	Im Augsburger Religionsfrieden sichert der Kaiser den lutherischen Reichsständen Frieden und ihren Besitz zu; eine Staatsordnung mit zwei Konfessionen wird begründet.
	1580-1630	Die Hexenverfolgungen erreichen im Heiligen Römischen Reich einen Höhepunkt.
	1600	Englische Kaufleute begründen die East India Company, die wichtigste Handelskompanie. Sie ist Träger des britischen Handels- und Kolonialreiches in Asien bis 1813.
Dreißigjähriger Krieg	1618-1648	Aus einem konfessionellen Konflikt entsteht der Dreißigjährige Krieg. Er endet mit dem Westfälischen Frieden, der Europa und dem Reich eine stabile Ordnung gibt.

Zwischen alter Ordnung und neuem Denken ■ Wann endete das Mittelalter, wann begann die Neuzeit? In den Jahren um 1450, als Gutenberg den Buchdruck erfand? 1492 mit der „Entdeckung“ Amerikas? Oder 1517 mit den Thesen Luthers? Historiker haben dazu unterschiedliche Meinungen – und dennoch sind sie sich einig, dass eine Epochentrennung von Mittelalter und Neuzeit sinnvoll ist. Denn in der Ära um 1500 vollzog sich in Gesellschaft, Wirtschaft und Politik ein einmaliger Umbruch in der Geschichte Europas. Rückblickend scheint er den Beginn einer neuen, bis 1800 reichenden Epoche zu markieren, für die in der Geschichtswissenschaft der Begriff „Frühe Neuzeit“ geprägt worden ist. Dabei sollte nicht übersehen werden, dass in dieser Zeit viele Entwicklungen fortgeführt wurden, die schon ein oder zwei Jahrhunderte zuvor eingesetzt hatten.

Die Einflüsse der Renaissance und des Humanismus befreiten das Denken der Menschen aus den Beschränkungen der Kirche, indem sie die Kultur der Antike belebten und den Menschen zum Maß aller Dinge erklärten. Wissenschaftliche Erkenntnisse von Forschern wie Nikolaus Kopernikus und Galileo Galilei sowie die Entdeckung Amerikas durch Kolumbus 1492 stellten das mittelalterliche Weltbild infrage. Das Ausgreifen der Europäer nach Übersee, die Eroberung und Ausbeutung der unterworfenen Gebiete setzten einen globalen Handel in Gang, der die Vormachtstellung Europas in der Welt begründete. Gleichzeitig revolutionierte der Buchdruck die Verbreitung von Informationen und Bildung. Er sorgte auch dafür, dass sich die Kritik an den Missständen in Kirche und Christenheit rasch ausbreitete. So führten die 1517 von Martin Luther veröffentlichten Thesen zur Reformation und zur Spaltung der europäischen Christenheit in verschiedene Konfessionen. Die neue reformatorische Lehre trug auch dazu bei, dass sich kleinere Aufstände der ländlichen und städtischen Unterschichten 1525 zum Bauernkrieg ausweiteten.

Die weit tragenden Veränderungen zerstörten somit festgefügte politische und soziale Traditionen. Die Menschen erfasste eine tiefe Verunsicherung, sodass ihr Bedürfnis nach neuer Ordnung wuchs. Die Könige und Fürsten reagierten, indem sie die staatliche Organisation verbesserten, vor allem die Rechtsprechung und den Schutz vor Gewalt. Der frühmoderne Staat, der so allmählich in den Territorialstaaten entstand, bändigte die religiöse Zersplitterung. Er zwang den Untertanen eine einheitliche Konfession auf – in Deutschland die katholische, die lutherische oder die reformierte. Dadurch nahm die Macht des Staates weiter zu. Es war schließlich das Streben, den Machtgewinn zu nutzen, und es waren Gegensätze der Konfessionen, die den verheerenden Dreißigjährigen Krieg verursachten. In ihm kämpften Spanien und Frankreich um die Vorherrschaft in Europa. Der Schauplatz allerdings war das konfessionell gespaltene Heilige Römische Reich Deutscher Nation, dessen Bewohner in einem zuvor nie gekannten Ausmaß unter dem Krieg litten. Erst nach langen Verhandlungen konnte der verheerende Krieg, der die Mitte Europas drei Jahrzehnte immer wieder in ein Schlachtfeld verwandelte, im Westfälischen Frieden 1648 beigelegt werden.

- *Was zeichnete die Renaissance und den Humanismus als wesentliche Geistesbewegungen der Frühen Neuzeit aus?*
- *Zu welchen tief greifenden Veränderungen in Gesellschaft, Wirtschaft und kulturellem Leben führte das neue Welt- und Menschenbild?*
- *Welche Auswirkungen hatte die Reformation und inwiefern führte sie zu neuen Formen der Staatlichkeit?*
- *Welche Ursachen und Folgen hatten die europäischen Entdeckungen und Eroberungen seit dem 16. Jahrhundert?*

Renaissance und Humanismus: ein Umbruch

Renaissance – Begriff und Bedeutung Das französische Wort *Renaissance* bedeutet „Wiedergeburt". Es wird verwendet für die Wiederbelebung von Kunst und Wissenschaft des antiken Griechenland und Rom, die als klassisch, also als vorbildlich, gelten. Diese „Wiederbelebung" wurde im Zeitraum von etwa 1350 bis 1600 besonders intensiv in Italien, aber auch in anderen europäischen Ländern betrieben.

Die Wiederentdeckung der antiken Klassik gilt als der Beginn der Moderne, weil sie einen fundamentalen Wandel bewirkte. Intellektuelle und Künstler aus dem Bürgertum befreiten sich aus der Enge des kirchlichen Weltbildes, das im Mittelalter Wissenschaft und Kunst in die Bahnen der Bibelauslegung zwang. Sie machten stattdessen die Natur und den Menschen selbst zum Gegenstand eines vorurteilsfreien Denkens und kreativen Gestaltens.

▸ **Die ideale Stadt.**
Gemälde eines unbekannten Florentiner Künstlers des späten 15. Jh.
Die Stadtarchitektur ist der Antike nachempfunden und setzt sich bewusst von der verwinkelten Enge der mittelalterlichen Stadt ab. Entwürfe wie der abgebildete beeinflussten die Raumgestaltung in der Stadtplanung während der gesamten Neuzeit.

Filmtipp:
Florenz und der Geist der Renaissance. Dokumentation, Deutschland 2004, Regie: Stephan Bleek

Italien – Wiege der europäischen Renaissance Die Kultur der europäischen Renaissance wurde in italienischen Stadtstaaten begründet. Dort war das Erbe der Antike nie erloschen, das um 1350 erneut Attraktivität gewann, danach bis um 1600 intensiv erschlossen und weiterentwickelt wurde. Italien litt zwar unter wiederkehrenden Pestepidemien und Kriegen, zugleich aber nahmen Handel und Wirtschaft einen ungeahnten Aufschwung. Alte Adelsgeschlechter starben aus, Bürgerliche kamen zu Reichtum und Macht. So ergriff der Bürger und Bankier *Cosimo Medici* in der Republik Florenz die Herrschaft. Der Rang der neuen Herrscher und Dynastien konnte sich nicht mehr aus dem Stammbaum der Familie ableiten. Er musste nun aus erworbenem Prestige kommen, aus dem wirtschaftlichen oder militärischen Erfolg und in wachsendem Maß aus der Förderung von Kunst und Wissenschaft. Der freie Geist der Antike passte zu dem rasanten sozialen Wandel besser als die engen Vorgaben der Kirche. Gelehrte und Künstler schufen in der Nachfolge antiker Vorbilder viel bestaunte Werke. Von ihrem Ruhm profitierten nicht zuletzt die Auftraggeber, die Fürsten, deren Residenzen sich zu Zentren der Renaissance ausbildeten. Doch holten ebenso altadlige Dynastien die Gelehrten, Architekten und Maler an ihre Höfe, etwa die Este in Ferrara oder die Gonzaga in Mantua. Auch sie festigten damit ihr Ansehen, waren aber ebenso wie alle Menschen begeistert von den neuartigen Palästen, Bildern, Plastiken und Ideen.

Die Herrscher, Adligen und Bürger nördlich der Alpen bestaunten das Aufblühen von Kunst und Wissenschaft. Am meisten aber waren Gelehrte, Architekten, Maler und Handwerker von den Errungenschaften der Renaissance fasziniert. Sie lernten von den Italienern und suchten sie zu übertreffen. Die Renaissance wurde daher – endgültig im 16. Jahrhundert – zu einer europäischen Erscheinung, gefördert und getragen von Menschen aus den oberen Schichten.

Leonardo da Vinci – Maler und Universalgelehrter Den Typus des Renaissancemenschen verkörpert in einzigartiger Weise **Leonardo da Vinci**. Er war einer der ganz großen Maler, Kunsttheoretiker, Naturforscher und Erfinder seiner Zeit, ein Universalgenie. Als Künstler fragte Leonardo, wie Mensch und Natur abzubilden waren, um ihr Wesen zum Ausdruck zu bringen (▸ M1). Obwohl es noch als frevelhaft galt, sezierte er Leichen, um die Anatomie des menschlichen Körpers zu erforschen. Die Mathematik half ihm, Probleme der Bildperspektive zu lösen. Um die Natur adäquat darzustellen, vertiefte er sich in die Optik, Biologie, Geografie und Geologie. In allen diesen Wissenschaftszweigen gelangte er zu neuen Erkenntnissen, weil er zeichnerische Gestaltungskraft, analytisches Denken und Erfindungsgeist vereinte. Berühmte Zeugnisse seines künstlerischen Schaffens sind das Bildnis der *Mona Lisa* oder die Reiterplastik des Mailänder Herzogs *Francesco Sforza*. Der Visionär und Erfinder konzipierte zudem den architektonischen Idealplan einer Stadt, hinterließ aber ebenso Konstruktionszeichnungen zu Kränen, Kriegsschleudern, Taucherglocken und sogar einen Flugkörper für Menschen, dessen Funktionen dem Vogelflug nachgebildet waren.

Leonardo da Vinci (1452-1519): italienischer Maler, Kunsttheoretiker, Bildhauer, Naturforscher und Erfinder.
Der Sohn eines Notars lebte überwiegend in Florenz und Mailand.

Was wollten die Renaissancekünstler und -gelehrten? Leonardo da Vinci suchte das Neue in Kunst und Wissenschaft wie kein anderer. Dabei waren Künstler und Gelehrte der Zeit überzeugt, dass die Antike Beispielhaftes erreicht hatte. Deshalb trugen sie die antiken, oftmals vergessenen Texte zusammen, erstellten davon Neuausgaben und studierten sie. Ebenfalls untersuchten sie Abbildungen, Plastiken und Bauten der Antike, um Formen und Techniken kennenzulernen.

Aber die Renaissance wollte nicht nur das Wissen und das Können der Antike reproduzieren, sondern bewusst Neues erschließen. Die Methode dazu stammte ebenfalls aus der Antike, nämlich genau zu beobachten und keine übernatürlichen Erklärungen zuzulassen. Die Suche nach neuem Wissen und die vorurteilsfreie Erklärung sind bis heute die Kernziele der Wissenschaft geblieben.

Dies ist ein erster Grund, weshalb die Historiker die Renaissance als Zeitenwende vom Mittelalter zur Neuzeit verstehen: Das wissenschaftliche Denken der Neuzeit wurde vorbereitet. Der zweite Grund ist: Das Verständnis von Natur und Mensch änderte sich durch die Renaissance radikal. Das christliche Mittelalter sah in der Natur eine unveränderbare Schöpfung, und es sah den Menschen in einer von Gott gestifteten Ordnung (*ordo*), in die er sich zu fügen hatte. Die Ungleichheit der Menschen, Gewalt und Not wurden als Folge der Erbsünde gedeutet. Das hatte der Mensch hinzunehmen, weil es Gottes Wille war. Das mittelalterliche Weltbild also fixierte eine gottgegebene, statische Ordnung.

Die Renaissance dagegen stellte nicht die christliche Offenbarung, sondern den Menschen in den Mittelpunkt der Welterklärung. Sie wandte sich nicht vom Evangelium ab, gab sich aber mit dessen Aussagen nicht zufrieden. Vielmehr erkannte sie den Menschen als Individuum, das für sich selbst steht und das sich und die Welt verändert. Die Renaissance also entwarf eine menschengewollte, dynamische Ordnung.

▲ **Selbstbildnis im Pelzrock.**
Ölgemälde (67 x 49 cm) von Albrecht Dürer, 1500. Die Inschrift am oberen rechten Rand lautet übersetzt: „So malte ich, Albrecht Dürer aus Nürnberg, mich selbst mit meinen eigenen Farben im Alter von 28 Jahren.' Nach mehreren Reisen nach Italien wurde Dürer 1512 „Kaiserlicher Maler" für Maximilian I. Im gleichen Jahr schrieb er: „Die hohe Kunst des Malens wurde vor vielen hundert Jahren von den mächtigen Königen hoch geschätzt. Sie machten die hervorragenden Künstler reich und behandelten sie mit Auszeichnung, da sie fühlten, dass die großen Meister auf der Stufe mit Gott stehen."

Beschreiben und interpretieren Sie die Komposition des Bildes. Ziehen Sie dafür auch die zitierte Notiz Dürers heran.

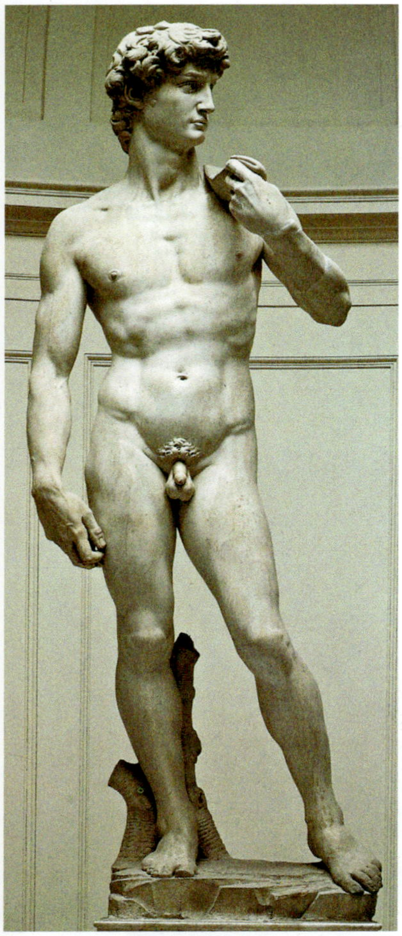

▲ **David.**
Statue von Michelangelo, 1501-1504.
Michelangelo schuf die erste nachantike Kolossalfigur aus Marmor (5,5 m hoch). Er bildete David anders als üblich nicht als Sieger, sondern vor dem Kampf mit Goliath ab. Die Gestaltung weicht provozierend von der antiken Klassik ab mit zu großen Händen und Füßen sowie hervortretenden Adern.

Die Kunst In der Kunst wurde der anonyme Handwerker des Mittelalters vom schöpferischen Individuum abgelöst, dessen Gestaltungskraft in der Formung einzigartiger Kunstwerke zum Ausdruck kam. Dieses Verständnis des Künstlers als einer kreativen Persönlichkeit hat Gültigkeit bis heute.

Die Malerei strebte danach, die reale Welt abzubilden. Die Maler betrieben hierzu intensive Studien zu Farben, Formen, Proportionen und Kompositionstechniken. Die antiken Projektionsregeln wurden stetig erweitert. Die Parallelperspektive lieferte ein naturnahes Abbild, die Zentralperspektive stellte die räumliche Tiefendimension her. Zu allen Zeiten wurden vollendete Technik und Formgebung in den Bildwerken Leonardo da Vincis, *Raffaels* (1483-1520) und *Michelangelos* (1475-1564) gepriesen. Der Nürnberger *Albrecht Dürer* (1471-1528) lebte etwa zwei Jahre lang in Italien, um bedeutende Renaissancekünstler kennenzulernen. Dabei eignete er sich die Themen und den Stil der venezianischen Malerei an, was ihm so überzeugend gelang, dass sogar der große Venezianer *Tizian* (um 1488-1576) Anregungen Dürers aufgriff.

Auch die Plastik suchte Realitätsnähe, wobei sie sich auf die Darstellung des menschlichen Körpers und der Bewegung konzentrierte. Der Florentiner *Donatello* (um 1386-1466) schuf um 1430 die erste frei stehende Skulptur seit der Antike. Ihren Höhepunkt erreichte die Bildhauerkunst in den Werken Michelangelos.

Wie die Bildhauer ahmten auch die Architekten die antiken Vorbilder nach. Aber sie wandelten den Formenkanon ab, den die alten Meister zu den Fassaden, Giebeln, Steinbalken, Bögen, Säulen und Ornamenten ausgebildet hatten. Sie vermieden jede Monumentalität und erstrebten stattdessen Harmonie und ein dem Menschen angepasstes Maß. Dies gelang musterhaft im Bau von Villen, Stadtresidenzen und Schlössern. Sie trugen dem Bedürfnis nach Repräsentation ebenso Rechnung wie die mächtigen Kirchenbauten. Weltberühmtes Beispiel ist die Peterskirche zu Rom, die auf einen Entwurf von *Donato Bramante* (1444-1514) aus dem Jahr 1505 zurückgeht, aber auch von Raffael und Michelangelo gestaltet wurde. Mit ihrer Einweihung 1626 hatte die katholische Christenheit eine überwältigende Hauptkirche. Sie war zu Ehren Gottes mit höchster menschlicher Schöpferkraft ausgestaltet worden.

Renaissance-Humanisten Die Künstler lernten an Objekten, die meist bruchstückhaft aus der Antike überliefert waren, und sie lernten aus alten Schriften, die freilich durch das Abschreiben über Jahrhunderte hinweg verfälscht waren. Die Texte mussten gründlich geprüft werden. Waren sie echt? Wer hatte sie verfasst? Ließ sich das Original rekonstruieren? Antworten setzten einen wissenschaftlichen Umgang mit Latein und Griechisch voraus, der wiederum eine intensivere Pflege dieser Sprachen in Unterricht und Bildung zur Folge hatte.

Die antiken Kulturen der Römer und Griechen wurden nun anhand der Texte systematisch erforscht, der Wissenschaftszweig der *klassischen Philologie* entstand. Die Deutung der lateinischen und griechischen Texte wurde betrieben von *Humanisten* – Lehrern und Studenten, die sich mit Grammatik, Rhetorik und Poetik beschäftigten. Davon ist der Begriff *Renaissance-Humanismus* abgeleitet. Darunter ist zum einen die sprachliche Gelehrsamkeit zu verstehen, zum anderen die menschliche (humane) Wert- und Lebenshaltung, die sich aus dem Studium der antiken Kultur ableitete.

Die Renaissance-Humanisten hatten einen umfassenden Anspruch, der in drei Richtungen zielte: Sie wollten ihre Persönlichkeit und den Menschen überhaupt moralisch bessern, sogar vervollkommnen. Sie setzten sich zum Ziel, sämtliche aus der Antike überlieferten Schriften zu erfassen. Sie beschäftigten sich mit allen Gebieten von Kunst und Wissenschaft, die sie in den überlieferten Texten beschrieben fanden, und hatten den Ehrgeiz, diese weiterzuentwickeln.

▸ **Fernrohre.**
Mit diesen beiden von ihm selbst angefertigten Fernrohren führte Galilei seine Beobachtungen durch. Galilei hat die Fernrohre nicht erfunden. Die Idee, durch Kombination von zwei Linsen entfernte Gegenstände größer erscheinen zu lassen, scheint zuerst in Italien um 1590 entwickelt worden zu sein. Gebaut wurde das erste Fernrohr wahrscheinlich 1608 von einem Brillenmacher in Holland.

Literatur ■ In der Literatur knüpften als erste die Italiener *Francesco Petrarca* (1304-1374) und *Giovanni Boccaccio* (1313-1375) zwar bewusst an die antiken Muster an, schufen aber mit dem Sonett bzw. der Novelle (im „Decamerone“ Boccaccios) zugleich neue literarische Formen, die bis in unsere Gegenwart in Gebrauch sind. In Italien, Spanien, Frankreich und England wurden die antiken Muster nicht nur in der neulateinischen Dichtung, sondern ebenso in den Volkssprachen verwendet, in Deutschland erst sehr spät im 17. Jahrhundert. Eine volkssprachliche Literatur blühte auf, parallel dazu bildete sich ein national-vaterländisches Bewusstsein aus. Am meisten Beachtung fand von den frühen volkssprachlichen Dichtern *William Shakespeare* (1564-1616), dessen Dramen noch auf allen großen Bühnen der Welt gespielt werden.

Wissenschaft – die Astronomie ■ Unter allen Wissenschaftszweigen des Renaissance-Humanismus hatte natürlich die Philologie, die Wissenschaft der Textdeutung, einen herausgehobenen Platz. Unter den Disziplinen, die sich mit dem Menschen und seiner Umwelt befassten, schob sich die Astronomie in den Vordergrund. Den Lauf der Gestirne zu kennen, versprach großen Nutzen. Die Sterne dienten den Seefahrern zur Orientierung, und sie bestimmten das Leben der Menschen – davon waren fast alle überzeugt. Auch konnten die Astronomen mit verblüffenden Voraussagen von Himmelserscheinungen (z.B. Finsternissen) die Mitmenschen beeindrucken.

Genauere Beobachtung und Berechnung führten schließlich **Nikolaus Kopernikus** zur Annahme, dass die Erde nicht im Mittelpunkt des Kosmos stand, sondern um die Sonne kreiste. **Galileo Galilei** und **Johannes Kepler** lieferten die endgültigen Beweise (▸ M2). Das neue *heliozentrische Weltbild* war mehr als eine wissenschaftliche Entdeckung. Seine Verbreitung wurde von der Kirche mit der Todesstrafe bedroht, weil es dem Wortlaut der Bibel widersprach und es den Menschen gleichsam aus dem Zentrum an den Rand der Schöpfung abschob.

Das richtige Verhalten ■ Ein breites Schrifttum widmete sich dem menschlichen Verhalten und der Politik. *Erasmus von Rotterdam* (1466/69-1536), einer der führenden Köpfe des europäischen Humanismus, verfasste Schriften zu einer christlich-tugendhaften Lebensführung, die in den Schulen Europas noch lange gelehrt wurde. Im Gegensatz zu den Kirchenmeinungen nahm er an, dass der Mensch von Natur aus gut sei. Auch warb er für Toleranz und den Bildungsanspruch der Frau.

Ähnliche Beachtung erfuhren die politischen Ratschläge des florentinischen Diplomaten und Schriftstellers *Niccolò Machiavelli* (1469-1527). In seinem Werk *Il principe* („Der Fürst“) begründete er den Staat aus der Notwendigkeit, den inneren und äußeren Frieden zu bewahren. Daraus zog er den Schluss, dass sich das staatliche Handeln an dieser Aufgabe, nicht an Gott oder dem Gewissen zu orientieren habe. Er geriet damit in Gegensatz zur Kirche, legte aber den Grundstein zur neuzeitlichen Staatslehre. Sie sieht den Staat nicht mehr religiös als Heilsgemeinschaft, sondern rational als Zweckgemeinschaft.

Nikolaus Kopernikus (1473-1543): Kirchenmann und Astronom. Er fand durch Berechnungen heraus, dass sich die Planeten um die Sonne bewegen (heliozentrisches Weltbild) und die Erde sich um die eigene Achse dreht.

Galileo Galilei (1564-1642): italienischer Mathematiker, Physiker und Philosoph. Er befasste sich mit allen Fragen der Physik. Da er öffentlich für das heliozentrische Weltbild eintrat, geriet er mit der Kirche in Konflikt. In einem Prozess musste er 1633 seine Vorstellungen widerrufen und wurde zu Hausarrest verurteilt.

Johannes Kepler (1571-1630): deutscher Astronom. Er beschrieb u.a. die Umlaufbahn der Planeten, machte die Optik zum Gegenstand der Wissenschaft und half, die Theorien Galileis zu beweisen.

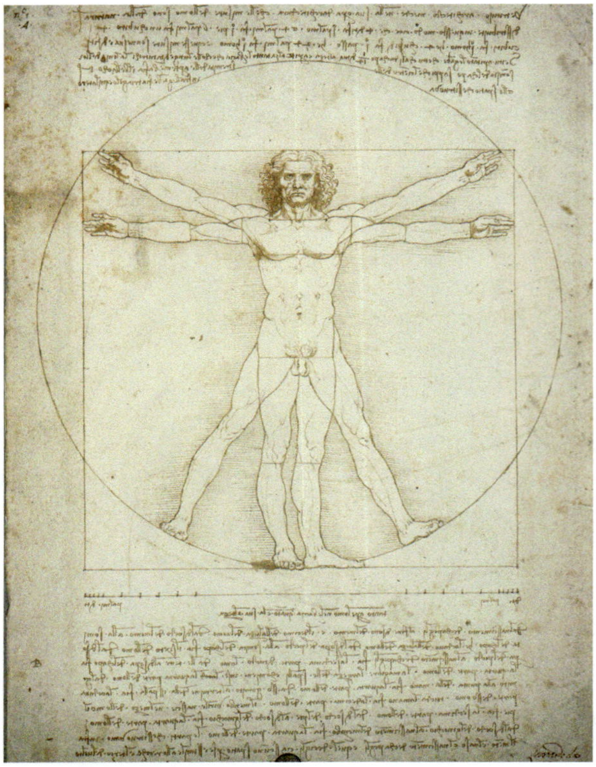

▲ **Menschlicher Körper in Kreis und Quadrat.**
Skizze von Leonardo da Vinci, um 1485-1490.

M1 Das Maß des Menschen

Die Renaissancekünstler beschäftigen sich intensiv mit dem Problem, wie der Mensch mittels geometrischer Figuren darzustellen sei. Der folgende Text und die Zeichnung stammen aus den Notizbüchern Leonardo da Vincis (wahrscheinlich 1490). Er folgt hier einer Abhandlung des antiken Architekten Vitruv (1. Jh. v. Chr.), fügt aber eigene Beobachtungen hinzu:

Der Baumeister Vitruv schreibt in seinem Buch über die Baukunst, dass die Maße des Menschen von der Natur folgendermaßen eingeteilt sind: Vier Finger breit sind eine Handbreite und vier Handbreiten ein Fuß, sechs Handbreiten machen eine Elle und vier Ellen einen Mann und zwei Ellen einen Schritt und vierundzwanzig Handbreiten einen Mann, und aus diesen Maßen bestehen seine Bauten.
Wenn du deine Beine so weit auseinanderstellst, dass du um ein Vierzehntel kleiner wirst, und wenn du deine Arme so hochhebst, dass du mit den Mittelfingern die vom Scheitel ausgehende Linie berührst, wisse, dass der Mittelpunkt deiner ausgestreckten Gliedmaßen dein Nabel ist und dass der Raum zwischen deinen Beinen ein gleichschenkeliges Dreieck ist.
Der Mensch kann seine Arme so weit ausbreiten, wie er groß ist. Vom Haaransatz bis unter das Kinn misst der Mensch ein Zehntel seiner Größe; von unterhalb des Kinns bis zum Scheitel ein Achtel; von der Brust bis zum Scheitel ein Sechstel; von der Brust bis zum Haaransatz misst er den siebten Teil seiner gesamten Größe; von den Brustwarzen bis zum Scheitel den vierten Teil; die größte Breite der Schultern beträgt den vierten Teil seiner gesamten Größe, vom Ellbogen bis zu den Fingerspitzen den fünften Teil; vom Ellbogen bis zum Anfang der Schulter den achten Teil; die ganze Hand beträgt den zehnten Teil der gesamten Größe.

Zitiert nach: André Chastel (Hrsg.), Leonardo da Vinci. Sämtliche Gemälde und die Schriften zur Malerei, übersetzt von Marianne Schneider, München 1990, S. 291-293

1. *Überprüfen Sie die Zahlenverhältnisse, die Vitruv für die Maße des Menschen ansetzt (Handbreite : Fuß : Schritt : Größe). Inwieweit halten sie einer exakten Nachprüfung nicht stand?*
2. *Erörtern Sie, inwieweit andere Proportionen zutreffen. Diese hat Leonardo im Anschluss an den abgedruckten Textausschnitt notiert. Beschreiben Sie den Nutzen einer solchen Bestimmung von Proportionen.*
3. *Die Renaissancekünstler und -gelehrten glaubten an bedeutungsvolle Beziehungen zwischen Natur und Zahl, die es herauszufinden galt. Erläutern Sie, inwiefern diese Annahme Auswirkungen auf die Entwicklung des naturwissenschaftlichen Denkens hatte.*

M2 Warum entfernte Kopernikus die Erde aus der Mitte der Schöpfung?

Um 1500 herrscht die Auffassung, dass die Planeten und die Sonne in Kugelschalen befestigt sind, die sich um die Erde drehen. Nikolaus Kopernikus, Jurist und Arzt aus Thorn (heute Polen), hält die Vorstellung für plausibler, dass sich alle Planeten einschließlich der Erde auf Kugelschalen um die Sonne bewegen. Er verfasst dazu 1509 eine kleine Abhandlung, in welcher er mathematische Belege ankündigt. Seine Schrift „Über die Umläufe der Himmelskörper" erscheint jedoch erst im Jahr seines Todes. Kopernikus widmet sie Papst Paul III., dem er in der Vorrede in persönlicher Anrede erklärt, wie er auf seine „hominis philosophi cogitationes" (Überlegungen eines Philosophen) gekommen ist und wie sie zu verstehen seien:

Nichts anderes hat mich dazu gebracht, über eine andere Berechnungsart der Bewegungen der Weltkugeln nachzudenken, als das Begreifen der Tatsache, dass die Mathematiker bei ihrer Untersuchung selbst nicht ins Reine kommen. [...]

▶ **Das heliozentrische Weltbild des Kopernikus.**
Illustration aus Andreas Cellarius' „Harmonia macrocosima", 1661.
Die lateinische Inschrift lautet übersetzt: „Plan des kopernikanischen Planetensystems oder des Systems des gesamten erschaffenen Universums, basierend auf der Hypothese des Kopernikus".

Aufgrund dessen nahm ich mir die Mühe, die Bücher aller Gelehrten, die ich in die Hand bekommen konnte, nochmal in der Absicht zu lesen, um nachzuspüren, ob nicht einmal einer vermutet hätte, die Bewegungen der Weltkugeln seien anders, als die Leute sie ansetzten, die [zur Zeit des Kopernikus] an den Schulen Mathematik lehren. Und ich fand tatsächlich bei Cicero[1]: Als Erster habe Hiketas[2] die Meinung vertreten, die Erde bewege sich. Später habe ich auch bei Plutarch[3] gefunden, dass noch andere dieser Meinung waren. [...] Indem ich also die Bewegungen angesetzt habe, die ich der Erde in dieser Arbeit weiter unten beilege, habe ich nach vieler, langer Beobachtung endlich gefunden: Wenn man die Bewegungen der übrigen Wandersterne auf eine Kreisbewegung der Erde bezieht und entsprechend dem Umlauf jedes Sterns die Rechnung macht, so folgen daraus nicht nur deren Erscheinungsbilder, sondern auch bei allen Sternen und Kreisläufen sind Anordnung und Größe, und überhaupt das ganze Himmelsgeschehen selbst, so verknüpft, dass in keinem Teil von ihm etwas umgestellt werden kann, ohne bei den übrigen Teilen und überhaupt im ganzen All Verwirrung [anzurichten].

[1] **Cicero**: römischer Politiker und Schriftsteller im 1. Jh. v. Chr., nach 1500 viel gelesener und viel zitierter Autor
[2] **Hiketas**: griechischer Philosoph im 4. Jh. v. Chr.
[3] **Plutarch**: griechischer Geschichtsschreiber und Philosoph im 1. Jh. n. Chr.

Wenn es vielleicht doch Dummschwätzer geben wird, die, ob sie schon jedes mathematischen Wissens unkundig sind, darüber ein Urteil sich anmaßen und aufgrund irgendeiner Stelle der SCHRIFT, die sie zu ihrem Zweck bös verdreht haben, sich erfrechen sollten, dies mein Vorhaben zu tadeln und zu verunglimpfen, so halte ich mich mit denen nicht auf, dermaßen dass ich im Gegenteil ihr Urteil als leichtfertig verachte. [...]
Was ich in der Sache zustande gebracht habe, überlasse ich dem Urteil Deiner Heiligkeit zuvörderst und dem aller anderen gelehrten Mathematiker. Und um nicht den Eindruck zu erwecken, ich verspräche über den Nutzen des Werks Deiner Heiligkeit mehr, als ich halten kann, gehe ich nun zum Vorhaben über.

Nicolaus Copernicus, Das neue Weltbild, übersetzt und herausgegeben von Hans Günter Zekl, Hamburg 2006, S. 71-79

1. *Erklären Sie, warum Kopernikus die Kreisbewegung der Erde als plausible Überlegung erscheint.*
2. *Arbeiten Sie heraus, mit welchen Einwänden Kopernikus auf der Grundlage des gesunden Menschenverstandes und der Bibel zu rechnen hatte.*
3. *Erörtern Sie, welche Funktion den antiken Autoritäten und der Mathematik in den Erklärungen der Vorrede zukommt.*

Karten als Informationslandschaft

Karten ermöglichen eine Orientierung in Raum und Zeit. Sie können neben der geografischen auch die zeitliche Dimension von Ereignissen und Entwicklungen veranschaulichen. Wir unterscheiden historische Karten und Geschichtskarten. Historische Karten wurden in einer vergangenen Epoche erstellt und zeigen Verhältnisse entsprechend dem damaligen Verständnis und Kenntnisstand. Demgegenüber vermitteln Geschichtskarten den gegenwärtigen Wissensstand. Beide Kartentypen können zur Gruppe der thematischen Karten gehören, die bestimmte Informationen topografisch abbilden, etwa Verkehr, Wetter, Sprachen, Religionen, Ethnien oder Wahlergebnisse.

Mit Karten arbeiten

Karten sind keine „neutralen" oder „objektiven" Medien. Ganz im Gegenteil: Seit es Karten gibt, stellen sie interpretierende Deutungen der Welt dar. Denn sie reflektieren das Wissen und Denken ihrer Entstehungszeit. So rücken etwa mittelalterliche Weltkarten des Abendlandes ganz selbstverständlich Jerusalem als Zentrum des Christentums in den Kartenmittelpunkt.

Als maßstäblich verkleinerte, auf das Wesentliche reduzierte und durch vielfältige Symbole kodierte „Raummodelle" stellen Karten Sachverhalte aus Politik, Wirtschaft, Kultur oder Gesellschaft zu einer bestimmten Zeit in einem ausgewählten Raum dar. Karten können bestimmte Darstellungsabsichten verfolgen, z.B. kulturelle oder politische Wertschätzungen zum Ausdruck bringen oder Herrschaftsansprüche darstellen, indem sie strittige Grenzverläufe fixieren. Damit beeinflussen Karten das Geschichtsbild, d.h. die aktuelle Weltsicht des Betrachters. Für die Arbeit mit Karten ist deshalb die Kenntnis des historischen und thematischen Hintergrundes genauso wichtig wie die „Übersetzung" der Legende und der Symbole.

Formale Kennzeichen

- Um welchen Kartentyp handelt es sich?
- Wer hat die Karte entworfen oder in Auftrag gegeben?
- Wann und wo ist die Karte entstanden oder publiziert worden?

Karteninhalt

- Auf welchen Raum, welche Zeit und welches Thema bezieht sich die Karte?
- Welche Bedeutung haben die Farbflächen (Länder, Glaubensrichtungen etc.), welche die Symbole (Orte, Bodenschätze, Güter, Handelswege oder Ereignisse)?
- Lässt sich durch den Vergleich mit anderen Karten / weiteren Quellen feststellen, ob bestimmte Gegebenheiten oder Entwicklungen hervorgehoben oder ausgeklammert werden?

Historischer / aktueller Kontext

- In welchen historischen / politischen Zusammenhang lässt sich die Karte einordnen?
- Welche Ursachen, Entwicklungen und Folgen lassen sich aus der Karte ablesen?

Bewertung und Intention

- An welche Adressaten wendet sich die Karte?
- Welche Aussageabsicht verfolgt sie?
- Auf welche wissenschaftliche oder politische Diskussion geht sie ein?
- Ist eine bestimmte Sichtweise, eine politisch-ideologische Zielsetzung erkennbar?
- Welche Fragen kann die Karte beantworten, welche nicht?

Methoden-Aufgabe:

Interpretieren Sie die historische Karte. Folgen Sie dem erläuterten Gliederungsschema.

◂ **Weltkarte von Hartmann Schedel.** *1493.*

Tipps

Formale Kennzeichen ◆ Informationen zum Autor und der Datierung und der Verweis auf die Charakteristika der historischen Karte sollten erfolgen.

Karteninhalt ◆ Hier ist auf die Weltkarte, aber auch die Illustration einzugehen.

Historischer Kontext ◆ Die Weiterentwicklung im Vergleich zu mittelalterlichen Karten und der topografische Ansatz sind zu erläutern.

Bewertung und Intention ◆ Neuerungen wie die Art der Projektionsfläche und Altes wie der Schöpfungsbezug sind zu berücksichtigen. Die Frage, inwieweit sich die neuesten Erkenntnisse der Entdeckungsfahrten da Gamas (1487/88) oder Kolumbus' (1492) in der Karte widerspiegeln, ist als Bewertungsgrundlage ebenfalls wichtig.

Reformation, Konfessionalisierung und Staatsbildung

▲ **Martin Luther als Mönch.**
Gemälde (43,4 x 29,5 cm) von Lucas Cranach dem Älteren, um 1522.

Martin Luther (1483-1546): Theologe und Reformator. Als Sohn eines zu Wohlstand gekommenen Bergmanns in Eisleben/Thüringen geboren, sollte Luther Jurist werden, brach das Studium jedoch ab und trat 1505 in das Kloster der Augustiner-Eremiten in Erfurt ein. Als Mönch und Priester promovierte er 1512 zum Doktor der Theologie. 1517 veröffentlichte er seine 95 Thesen über den Ablass in Wittenberg, bestritt später die Führungsrolle des Papstes und die Unfehlbarkeit der Konzilien. 1520 wurde Luther der Prozess gemacht, ein Jahr später die Reichsacht über ihn verhängt. Er übersetzte die ganze Bibel neu, verfasste zahlreiche Lehrwerke und Kirchenlieder.

Die 95 Thesen Luthers ... Ein Brief gilt bis heute als der Beginn der *Reformation*: der Brief des Theologen **Martin Luther** vom 31. Oktober 1517. Darin bat er seinen Kirchenoberen, Erzbischof *Albrecht von Magdeburg*, dem Mönch *Johann Tetzel* das Ablasspredigen in Sachsen und Brandenburg zu verbieten. Luther legte ein Begleitschreiben bei, das in 95 Thesen eine theologische Diskussion zum Ablass vorbereitete. Die Kirche ließ in dieser Zeit Ablassbriefe verkaufen, die den Gläubigen von zeitlichen Sündenstrafen lossprachen, die im Fegefeuer abzubüßen waren. Zugrunde lag die Vorstellung, dass die Seelen der Menschen nach dem Tod im Fegefeuer „gereinigt" werden müssten, bevor sie ins Paradies eingehen könnten. Aber der Gläubige musste zugleich Buße tun, z.B. sich an einer Wallfahrt oder einer Prozession beteiligen. Der geschäftstüchtige Prediger Tetzel ließ freilich seine frommen Kunden im Glauben, mit dem Kauf eines Briefes sofort von jeder Sündenstrafe frei zu sein. Luther dagegen erinnerte an die Buße.

Der Beginn der Reformation wurde über Jahrhunderte hinweg als Bild überliefert: Luther in wehendem Gewand an der Schlosskirche zu Wittenberg, wo er seine 95 Thesen noch am 31. Oktober anschlug. Ob das tatsächlich so war, ist ungeklärt und eher unwahrscheinlich. Fest steht, dass die Thesen noch im Dezember 1517 in ganz Deutschland bekannt wurden. Manche waren schon reformatorisch, besonders die These 62: „Der wahre Schatz der Kirche ist das allerheiligste Evangelium von der Herrlichkeit und Gnade Gottes." Der Satz deutete die Überzeugung an, dass der wahre Glaube nur auf dem Evangelium gründen könne, nicht auf den kirchlichen Dogmen und Lehren. Luther widersprach damit offen der Kirche, weshalb der Papst einen Ketzerprozess gegen ihn eröffnen ließ.

... und die Folgen Die Autorität der Kirche wurde also massiv angegriffen – nicht zum ersten Mal. Aber nie zuvor war in so kurzer Frist eine so gewaltige Bewegung in Gang gekommen. Die Zeitgenossen bezeichneten sie als evangelisch, erst 200 Jahre später verwendete man dafür den Begriff Reformation. Er ist abgeleitet von lateinisch „reformatio", was die Erneuerung eines ursprünglichen, besseren Zustandes meint. Genau das wollten Luther und seine Anhänger: einen ursprünglichen, bibelnahen Zustand des Christentums, und das zog immer mehr Menschen an.

Nicht nur Prediger verkündeten die evangelische Botschaft. Bis 1525 verkauften die Händler von Druckerzeugnissen mehrere Millionen Exemplare der Lutherschriften, obwohl wahrscheinlich kaum mehr als fünf Prozent der Menschen lesen konnten. Die neuen Druckmedien entfalteten ihre revolutionäre Wirkung. Sie verbreiteten die reformatorischen Lehren umgehend im Reich und bald auch in ganz Europa. Fünfzig Jahre danach, um 1570, bekannten sich große Teile Europas und rund zwei Drittel der Deutschen zu einer neuen evangelischen Glaubensrichtung. Die Verteilung der Bevölkerung auf katholische und evangelische Gebiete verfestigte sich; sie blieb in den Grundzügen erhalten bis in unsere Tage. Der Brief eines bis dahin unbekannten Theologen hatte mithin geradezu unglaubliche Auswirkungen. Wie ist das zu erklären?

Frömmigkeit und Kritik an der Kirche Die Menschen des 15. Jahrhunderts verspürten ein wachsendes Bedürfnis, mit frommen Werken für ihr Heil vorzusorgen. Sie wollten in den Himmel kommen, die Gnade Gottes gewinnen und spendeten deshalb immer größere Summen für Altäre, für die Ausstattung von Kirchen, Messen oder die Bezahlung eines Predigers. Die Verehrung Marias und der Heiligen wurde intensiver, ebenso der Glaube an die Wunderkraft der Reliquien – der Knochen, der Kleider und der Asche verstorbener Heiliger. Gleichermaßen wuchs das Vertrauen in die Wunderkraft von Heiligenbildern. Von den Heiligen versprach man sich Schutz und Beistand, auch Wunder in persönlicher Not. Zahlreiche Texte und Bilder aus der Zeit um 1500 zeugen bis heute von der tiefen Angst vor dem Tod und dem Letzten Gericht. Daraus vor allem ist die tiefe Frömmigkeit zu erklären, der Wunsch, zu büßen und sich von Schuld zu befreien.

Jedoch fand diese Frömmigkeit wenig kirchliche Unterstützung, im Gegenteil. Gerade die Frommen empörten sich über die Mängel der Kirche. Deren Erscheinungsbild passte immer weniger zu den gestiegenen Ansprüchen der Gläubigen. Diese Spannung erzeugte die Sprengkraft, die zur Spaltung der abendländischen Kirche führte. Viele Dorfpfarrer hatten keine Ausbildung, einzelne kannten nicht einmal die Zehn Gebote. Ihre Hauptsorge galt ihren Einkünften sowie den Abgaben und Diensten der Bauern. Zum Ärgernis wurden Klöster, die nicht mehr dem religiösen Leben dienten, sondern nur noch dem Wohlleben der Mönche und Nonnen. Die Bischöfe im Reich verstanden sich nicht als Seelsorger, sondern als weltliche Herrscher, die ihr geistliches Fürstentum regierten und daraus hohe Einkünfte bezogen. Dem Papst und der Kurie, den Kirchenbehörden in Rom, warfen Kritiker vor, die kirchlichen Abgaben aus dem Reich für Prachtbauten und Luxus zu verprassen.

▲ **Der Garten der Lüste.**
Triptychon (220 x 195 cm) von Hieronymus Bosch. Ausschnitt aus dem rechten Innenflügel, um 1500.
So drastisch stellten sich die Menschen damals die Strafe für ihr sündiges Leben vor. Kein Wunder, dass sie noch zu Lebzeiten alles taten, um die befürchteten Qualen nach dem Tod zu verhindern.

Filmtipp:
Luther. Spielfilm, Deutschland 2003; Regie: Eric Till

Die evangelische Lehre Obwohl er als Theologe rasch Karriere gemacht hatte, war Luther in seinem religiösen Empfinden unsicher. Wie konnte er als sündhafter Mensch das Heil erlangen? Gute Werke schienen ihm nicht zu genügen, ebenso nicht ein entsagungsvolles Mönchsleben, letztlich auch nicht die Sakramente der Kirche. Luther suchte die Antwort in der Bibel, die er unablässig studierte. Die richtungweisende Aussage fand er schließlich im ersten Römerbrief des Apostels Paulus: „Der aus dem Glauben Gerechte wird leben." Dies deutete Luther so, dass der Mensch nur durch den Glauben an Gott das Seelenheil erlangen könne, nicht durch fromme Werke. Der Mensch konnte mithin nicht aus eigener Kraft selig werden. Er musste auf die Gnade Gottes vertrauen.

Luther formulierte seine Lehren seit 1518 in einer Serie von Druckschriften. Zwei Grundsätze waren dabei mit der römischen Kirche nicht mehr vereinbar: die ausschließliche Orientierung an der Bibel und das alleinige Vertrauen auf den Glauben.

Evangelische Theologen fassten diese Grundsätze lateinisch in die Formeln *sola scriptura* („allein die Schrift") und *sola fides* („allein der Glaube"). Die Kirche vertrat die gegenteiligen Prinzipien. Neben der Bibel sollte die kirchliche Tradition gelten, und für

▲ **Einführung der Reformation in Norddeutschland.**

das Seelenheil der Menschen blieben fromme Werke unverzichtbar.

Luther beließ, weil er die kirchliche Tradition bestritt, von den sieben Sakramenten* nur noch zwei: die Taufe und das Abendmahl, die er unmittelbar aus der Bibel begründen konnte. Das Abendmahl wurde den Gläubigen nun in Gestalt von Brot und Wein, nicht mehr allein in Gestalt des Brotes gereicht. Die neue Form machte die Lehre Luthers beliebt, ebenso der Gottesdienst in deutscher statt in lateinischer Sprache.

Die größte Wirkung hatte Luthers Übersetzung des Evangeliums, die 1534 in einer Gesamtausgabe erschien. Das Werk wurde zum Bestseller und gab der Entstehung der deutschen Hochsprache einen entscheidenden Impuls. Als wegweisender Reformator fand Luther dennoch immer weniger Gehör, je weiter die evangelische Bewegung über ihre Anfänge hinauswuchs.

* **Sakramente** sind Riten, die die unsichtbare Wirklichkeit Gottes vergegenwärtigen sollen.

Die evangelische Bewegung Die Reformation ist nicht denkbar ohne die Unzufriedenheit vieler Menschen mit der Kirche. Sie ist ebenso wenig denkbar ohne den *Buchdruck*, der um 1450 erfunden wurde. Allein von 1517 bis 1523 verfünffachte sich die Gesamtzahl aller Drucke – einzelne Flugblätter mit Bildern, Flugschriften mit wenigen Seiten, aber auch Bücher. Die anschwellende Papierflut informierte Gelehrte, Geistliche und Bürger vor allem über die neuen Glaubenslehren. Historiker sprechen von einer *reformatorischen Öffentlichkeit*, in der die evangelische Bewegung diskutiert und weitergetragen wurde. Als wichtige Multiplikatoren unter den Lutheranhängern wirkten Mönche, städtische Pfarrer und junge Gelehrte, die nicht nur aus den Drucken vorlasen, sondern in Predigten andere überzeugten.

Deshalb fasste die evangelische Bewegung zuerst in den Städten Fuß, wo man las und die Drucke kaufen konnte, erst danach in den Dörfern. In den Städten wiederum nahm zuerst die mittlere Schicht der Handwerker die neuen Lehren auf, dann folgten die oberen Schichten, die in der Stadt regierten. Nur die Bürgermeister und Ratsherren aber, die überwiegend aus der Oberschicht kamen, konnten rechtskräftig neue Kirchen- und Lebensformen begründen. Indem sie evangelische Prediger beriefen und neue Kirchenordnungen erließen, schufen sie eine christliche Heilsgemeinschaft, die sich von der alten Kirche löste (▸ M1). Weil dies unabhängig von Kaiser, Fürsten und Landesherren geschah, bezeichnete man den Prozess als *Reformation von unten*, auch als Gemeinde- oder Volksreformation. Sie breitete sich im Lauf der 1520er-Jahre in der Mitte und im Südwesten des Reiches aus.

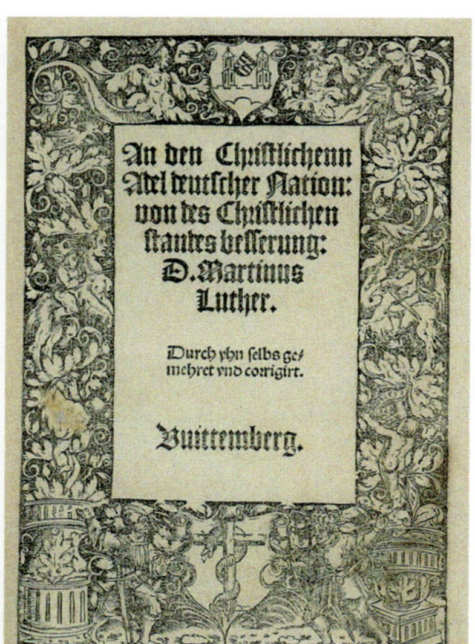

◂ **„An den christlichen Adel deutscher Nation: von des christlichen Standes Besserung."**
Titel einer Druckschrift von Martin Luther aus dem Jahr 1520. Sie war die populärste der frühen Publikationen Luthers, von der in den ersten drei Wochen schon 4 000 Exemplare vertrieben wurden. Darin ruft er nicht nur den Adel, sondern alle weltlichen Obrigkeiten zum Bruch mit dem Papsttum auf.

Luther und die Auffächerung der evangelischen Bewegung Die Gemeindereformation berief sich auf Luther. Von Anfang an jedoch hatte die evangelische Bewegung viele Führer, teils Mitstreiter mit selbstständigen Vorstellungen, teils Gegner Luthers.

Die evangelische Bewegung fächerte so in ungezählte Richtungen auf. **Philipp Melanchthon** etwa, der das evangelische Kirchen- und Schulwesen ordnete, war ein enger Vertrauter Luthers, aber doch nicht völlig auf seiner Linie. **Ulrich Zwingli** hingegen, der für die Schweiz maßgebend wurde, rückte entschieden weiter von der alten Kirche ab als Luther. Der Thüringer **Thomas Müntzer** schließlich glaubte, auf biblischer Grundlage eine völlig neue Gesellschaftsordnung aufbauen zu können. Er wollte zum Entsetzen Luthers einen christlichen Gottesstaat errichten und jede weltliche Obrigkeit abschaffen.

Reich und Reformation Die römisch-katholische Kirche missbilligte Luthers Lehre und forderte ihn auf, sie zu widerrufen. Aber Luther weigerte sich und brach öffentlich mit der Kirche. Daraufhin verhängte der Papst den Bann über ihn. Der erst 19 Jahre alte, seit 1519 regierende Kaiser **Karl V.** wollte die Einheit der katholischen Kirche erhalten. Die höchsten Obrigkeiten im Reich, Kaiser Karl V. und die Fürsten, luden Luther im Jahr 1521 vor ihren Wormser Reichstag. Der Reformator blieb sich jedoch treu und verweigerte den geforderten Widerruf. Im Gegenzug verhängte der Kaiser im *Wormser Edikt* die Reichsacht über ihn und seine Anhänger (▸ M2). Wer geächtet war, war vogelfrei, also rechtlos. Jeder durfte ihm straflos Gewalt antun. Es war Luthers Glück, dass sein Landesherr, Kurfürst *Friedrich der Weise*, ihn auf der Wartburg in Sicherheit brachte und damit ihn und seine Lehre schützte. Jedoch konnte der Reformator Kursachsen nicht verlassen.

Die Vollstreckung der Reichsacht oblag allerdings nicht dem Kaiser, sondern den Fürsten, weil nur sie in den Territorien des Reiches regierten. Einige vollstreckten das Edikt nicht, sodass der Reichstag 1526 den Vollzug des Ediktes überhaupt aussetzte. Drei Jahre später beschloss der Reichstag jedoch mit den Stimmen der katholischen Fürstenmehrheit, dass es wieder gelten sollte. Der Grund war, dass nach 1526 in Sachsen und Hessen eine evangelische Kirchenorganisation entstand. Die nun evangelischen Pfarrer, Diener und Lehrer wurden aus den eingezogenen Kirchengütern finanziert. Die vormaligen Eigentümer mussten den Verlust hinnehmen, darunter Erzbischöfe und Bischöfe, die selbst Fürsten des Reiches waren. Sie waren es, die seit 1529 den Vollzug des Wormser Ediktes und damit die Ächtung aller Evangelischen forderten. Die Macht, dies durchzusetzen, hatte nur der Kaiser, der aber seit 1521 nicht mehr im Reich weilte.

Als König und Fürst in Spanien, (Süd-)Italien und den Niederlanden hatte Karl V. es mit zwei großen Gegnern zu tun. Der erste war König *Franz I.* von Frankreich, der Ansprüche auf italienische Besitzungen Karls erhob und sie seit 1521, wenngleich vergebens, zu erobern suchte. Der zweite Gegner war der Sultan des türkischen Osmanischen Reiches, *Suleiman I.* Er attackierte mit gewaltigen Flotten Inseln und Küsten des Mittelmeeres. Zugleich eroberten die Türken Südosteuropa bis weit nach Ungarn hinein und bedrohten sogar Österreich und das Reich in immer neuen Kriegen.

Im Jahr 1530 kehrte Karl V. endlich nach Jahren der Abwesenheit ins Reich zurück. Er wollte und konnte die immer zahlreicheren evangelischen Fürsten und Städte nicht mit Gewalt in die Schranken weisen. Noch hoffte er auf die freiwillige Rückkehr der evangelischen Fürsten zur alten Kirche. Aber diese beharrten beim Augsburger Reichstag 1530 auf ihrem Glauben, nicht anders als Luther 1521. Der Kaiser verlangte eine Bekenntnisschrift, die einheitlich die evangelischen Glaubenssätze definierte, um anschließend darüber zu verhandeln. Das Resultat war das *„Augsburger Bekenntnis“*

Philipp Melanchthon (1497-1560): humanistischer Philologe, Theologe, neulateinischer Dichter und Reformator. Er wurde 1518 als Professor des Griechischen nach Wittenberg berufen und organisierte während der Reformation das Unterrichtswesen. Neben Martin Luther war er eine treibende Kraft der Reformation und wurde auch „Lehrer Deutschlands“ („Praeceptor Germaniae“) genannt.

Ulrich (Huldrych) Zwingli (1484-1531): Schweizer Reformator. Ihm und dem von ihm beeinflussten Genfer Reformator Jean Calvin (vgl. Seite 109) ging es vor allem um die Einheit von Kirchen- und Bürgergemeinde. Anders als Luther verwarfen sie die „leibliche Gegenwart“ Christi im Abendmahl und akzeptierten in der Kirche nur das, was ausdrücklich in der Bibel stand. Luther lehnte die Vorstellungen der Zwinglianer und Calvinisten ab.

Thomas Müntzer (1486/90-1525): Pfarrer, Theologe und Revolutionär in der Zeit des Bauernkrieges. Müntzer widersprach Luther und wollte Gottes Reich schon auf Erden verwirklichen. Er rief zum Kampf gegen die Gottlosen und die Obrigkeit auf. 1525 wurde er hingerichtet.

Karl V. (1500-1558): König (ab 1519) und Kaiser (ab 1530) des Heiligen Römischen Reiches aus dem Geschlecht der Habsburger. Er herrschte über große, weit über Europa und Südamerika verstreute Gebiete. Karl V. versuchte vergeblich, die religiöse Einheit des Reiches zu bewahren. 1556 dankte er als Kaiser ab.

(*Confessio Augustana*) (▸ M3). Der Text zog allerdings keine Einigung nach sich, sondern bewirkte das Gegenteil. Die Confessio wurde zur Richtschnur der neuen evangelischen Kirchen und ist es bis heute geblieben.

Bauernkrieg (1524-1526): Bauern griffen ab 1524 in Mittel- und Süddeutschland zu Hunderttausenden zu den Waffen gegen ihre Herren, weil sie sich fortwährenden Rechtsbrüchen und großer Unterdrückung ausgesetzt sahen. So wie die Reformatoren die Herrschaft der römischen Kirche an der Bibel geprüft und zurückgewiesen hatten, so glaubten die Bauern, nun die weltliche Herrschaft verwerfen zu können. Ihr Widerstand schien ihnen mit dem natürlichen Recht und aus dem Evangelium begründet. Die „Revolution des Gemeinen Mannes", wie der Bauernkrieg auch genannt wurde, scheiterte jedoch; an die 100 000 Bauern sollen getötet worden sein.

Fürstenreformation Dem **Bauernkrieg** folgte die Wende von der evangelischen Bewegung (als Volksreformation) zur *Fürstenreformation*. Luther hatte 1525 eine flammende Schrift „Wider die räuberischen und mörderischen Rotten der Bauern" verfasst, in der er sich ganz hinter die Obrigkeit stellte und diese zur rücksichtslosen Gegengewalt aufrief. Luther stand nicht allein. Viele Wortführer der Reformation hatten die Sorge, dass die evangelische Bewegung jede kirchliche und politische Gemeinschaft auflöste. In der Tat konnte die Reformation nur in einer Neuordnung überleben, die von den Fürsten und der staatlichen Organisation getragen wurde.

Zu den beiden bereits genannten tragenden Pfeilern der Reformation, nämlich der Unzufriedenheit der Menschen mit der katholischen Seelsorge und dem Buchdruck mit seiner Massenwirkung, kam später somit noch ein dritter hinzu: Die evangelische Bewegung wurde nach 1525 in einer politischen Ordnung gebändigt. Die Volksreformation wurde in einer Fürstenreformation weitergeführt. Das bedeutete: Die Fürsten bauten Landeskirchen auf, die das Fortbestehen der Reformation sicherstellten.

Wie und wo vollzog sich dieser Wandel? Luther selbst entwarf für Kursachsen ein Modell der neuen Kirche, das die Landesherren, die sächsischen Kurfürsten, mit ihren Amtsträgern in den Jahren 1527 bis 1542 verwirklichten. Katechismen, also Lehrbücher für die Glaubensunterweisung, formulierten die Lehrsätze des Glaubens, Mess-, Tauf- und Trauungsordnungen normierten die religiösen Praktiken. Pfarrer und Schulen wurden auf Einhaltung der Glaubensnormen überprüft. Der Kurfürst zog die kirchlichen Güter ein, bezahlte davon aber weiterhin die Pfarrer, die Armenfürsorge und einen Teil der Schulen. Ein „Konsistorium", eine Oberbehörde, in der Theologen und Räte des Landesherrn saßen, leitete das Kirchenwesen Kursachsens. Die letzte Entscheidung lag beim Kurfürsten. Dieses Modell der Landeskirche mit dem Fürsten an der Spitze wurde zum Vorbild im ganzen Reich. Außerhalb Deutschlands, in England und Skandinavien, standen ebenfalls die Herrscher an der Spitze ihrer von Rom unabhängigen Staatskirchen.

Heinrich (Henry) VIII. (1491-1547): König von England und Irland aus dem Haus der Tudors. Berühmt-berüchtigt wurde er wegen seiner sechs Eheschließungen, von denen zwei mit Scheidung und zwei mit Hinrichtung der Ehefrauen endeten. Da aus seiner ersten Ehe kein männlicher Thronfolger hervorgegangen war, suchte er den Papst um eine Scheidung an. Als dieser ablehnte, sagte sich Heinrich von der römisch-katholischen Kirche los und ernannte sich selbst zum Oberhaupt der englischen Kirche, worauf er exkommuniziert wurde. Dadurch legte er die Grundlage für die protestantische Reformation in England.

Ausbreitung der Reformation im Reich und in Europa Gleichzeitig mit Kursachsen bildete Hessen eine Landeskirche aus, dann folgten unter anderem Pommern, Mecklenburg, 1542 Schleswig-Holstein, in den 1550er-Jahren schließlich Württemberg, (Kur-)Pfalz und (Kur-)Brandenburg. Um 1570 hatten die evangelischen Fürstentümer im Reich eine Kirchenordnung, die in den Grundzügen der kursächsischen entsprach. Damit war die Reformation verstetigt, der überwiegende Teil Deutschlands evangelisch. Bei der katholischen Kirche verblieben nur die Fürstentümer am Niederrhein, am Main und der äußerste Süden mit Bayern und den habsburgisch-österreichischen Territorien.

Die Reformation in Deutschland strahlte auf Europa aus. Die skandinavischen Länder im Norden, unmittelbar von Luther beeinflusst, sagten sich gänzlich von der römischen Kirche los. Dies war auch der Fall in England, wo König **Heinrich VIII.** 1535 eine englische Nationalkirche begründete. Die Lehren Luthers wurden ebenso im Westen und Süden Europas wahrgenommen, aber dort nur vereinzelt. Italien und Spanien hielten am katholischen Glauben fest. Im östlichen Mitteleuropa, in Ungarn und Polen, verbreiteten sich die neuen Lehren flächenhaft.

▶ Die Bekenntnisse in Europa am Ende des 16. Jh.
Durch die sogenannte „Gegenreformation“ versuchte die katholische Kirche, durch Zwang und Reformen Terrain zurückzugewinnen. Das Konzil von Trient (1545-1563) war eine Reaktion auf die Reformation: Durch die Definition ihrer Glaubenslehre grenzte sich die katholische Kirche vom evangelischen Glauben ab und reformierte ihre inneren Strukturen.

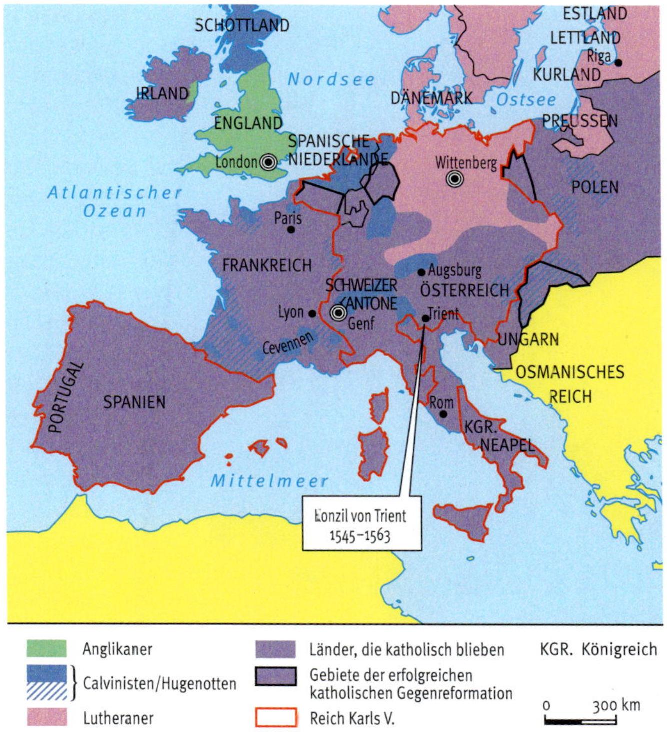

Der Calvinismus Eine neuartige Dynamik erhielt die Reformation in Europa ab der Mitte des 16. Jahrhunderts durch den *Calvinismus*. Der Name leitet sich ab vom Initiator, dem Schweizer Reformator *Jean Calvin* (1509-1564). Er begründete in Genf 1541 eine christliche Heilsgemeinschaft, in der penibel die Kirchendisziplin und das Verhalten der Bürger überwacht wurden. Der Calvinismus unterwarf so die Gläubigen nach dem Genfer Vorbild einer strengen kirchlichen Zucht, die im äußersten Fall auch den Widerstand gegen den Staat verlangte. Das war politisch von hoher Bedeutung. Langfristige soziale Auswirkungen hatte die calvinistische *Prädestinationslehre*. Danach ist dem Einzelnen vorausbestimmt, ob ihn Gott für das ewige Heil erwählt hat; der Grad der Erwählung zeigt sich bereits an den irdischen Lebensverhältnissen, also auch am wirtschaftlichen Wohlstand.

Der Calvinismus verbreitete sich in Varianten seit etwa 1550 über Europa, von der Schweiz ins Reich hinein, in die Niederlande, nach Frankreich, England, Schottland und nach Mittelosteuropa.

Innere Kriege in Frankreich und den Niederlanden In Frankreich wandten sich dem Calvinismus rund fünf bis zeitweilig zehn Prozent der Bevölkerung zu. Sie wurden **Hugenotten** genannt. Unter ihnen befanden sich zahlreiche Familien des hohen Adels, die um Unabhängigkeit und Macht kämpften. Eine Serie von inneren Kriegen, in denen die Hugenotten gegen den König und eine katholische Adelsfraktion standen, erschütterte das Land seit 1562. Erst König *Heinrich IV.* (1553-1610) versöhnte die Kriegsparteien mit dem *Edikt von Nantes* 1598, das den Hugenotten eine begrenzte Religionsausübung im katholischen Frankreich gewährte.

Die Niederlande, die damals in etwa die heutigen Benelux-Staaten umfassten, wurden vom spanischen König *Philipp II.* (1527-1598) regiert. Er bestrafte jede Abweichung vom katholischen Glauben, versuchte, jeden politischen Widerstand mit äußerster militärischer Gewalt zu brechen, und trieb rigoros, auch widerrechtlich, Steuern ein. Es waren vor allem die calvinistischen Bürger in den Nordprovinzen der Niederlande, die sich nicht unterwarfen, sondern unbeugsam seit 1568 gegen die spanische Übermacht Krieg führten. 1581 sagten sich sieben Nordprovinzen von Spanien los und fanden zu einem eigenen republikanischen Staatswesen zusammen. Spanien nahm das nicht hin, musste aber 80 Jahre nach dem Beginn der Kämpfe 1648 die Unabhängigkeit der Nordprovinzen anerkennen, die sich nun die *Vereinigten Niederlande* nannten.

Hugenotten: Anhänger der reformatorischen Lehre in Frankreich, deren Glaube stark vom Calvinismus geprägt war. Seit 1530 wurden sie in Frankreich unterdrückt; 1685 erreichte die Verfolgung einen Höhepunkt und löste eine große Fluchtwelle in protestantische Gebiete Europas, nach Amerika und Südafrika aus.

▲ **Menno Simons, Führer der Mennoniten.**
Geboren 1496 in Witmarsum (Friesland), gestorben 1561 in Wüstenfeld bei Bad Oldesloe. Holzstich nach einem zeitgenössischen Bildnis.
Obwohl Schleswig-Holstein um 1600 rein lutherisch war und die religiöse Einheit ihrer Territorien von den Fürsten als politische Notwendigkeit gesehen wurde, wurde die Ansiedlung religiöser Minderheiten geduldet und – mit Blick auf wirtschaftliche Interessen – auch gefördert. Neben den Mennoniten, einer evangelischen Freikirche, die ihren Ursprung in den Täuferbewegungen der Reformationszeit hatte, fanden auch andere Glaubensflüchtlinge wie Hugenotten, Quäker und Juden Aufnahme.

Konfessionalisierung Der Begriff *Konfessionalisierung* ist abgeleitet von „Konfession", d.h. dem „Bekenntnis" einer christlichen Religionsgemeinschaft. Er bezeichnet einen historischen Prozess im 16. und 17. Jahrhundert. In dessen Verlauf suchten die europäischen Staatswesen durchzusetzen, dass ihre Bevölkerung nur einer einzigen Konfession angehörte, entweder der katholischen, einer evangelischen oder calvinistischen. Denn die meisten Obrigkeiten waren überzeugt, dass nur die Einheit der Konfession den inneren Frieden und die Existenz eines Staatswesens zu sichern vermochte. Wie konnte erreicht werden, dass alle Bewohner eines Staates der gleichen Konfession angehörten? Die entscheidenden Maßnahmen waren:

- Staatliche Amtsträger kontrollierten, ob die Menschen die jeweilige Konfession auch wirklich praktizierten, also ob sie den Gottesdienst besuchten oder am Abendmahl teilnahmen.
- Wer dies nicht tat oder gar offen konfessionell abwich, musste schwere Nachteile in Kauf nehmen und im äußersten Fall das Land verlassen.
- Schulen und Universitäten erzogen streng nach der Konfession des Landes.
- Die staatlichen Amtsträger wurden, meist durch einen Eid, auf die Konfession verpflichtet.

Auf diese Weise wurde der katholische Glaube in Spanien, Italien und ab 1685 in Frankreich sowie der evangelische in den skandinavischen Ländern gesichert. Im anglikanischen England gefährdeten katholische und calvinistische „Dissenters" die politische Stabilität. Auch in Mittelosteuropa vermengten sich die Konfessionen, während die Fürstentümer in Deutschland entweder rein katholisch, evangelisch oder calvinistisch waren. Besonders auf Betreiben des spanischen Königs Philipp II. versuchte der Katholizismus auf die Herausforderung des Protestantismus zu reagieren: durch eine Verbesserung der Priesterausbildung, die Gründung des Jesuitenordens und die Überwachung der Glaubenslehre durch die Inquisition.

Der frühmoderne Staat entsteht Die Einheit der Konfession begünstigte die Regenten und ihre Verwaltung, also den „Staat". Sie konnten die Herrschaft im Innern wie noch nie zuvor ausbauen. Die Verwaltungen wurden größer, obgleich nicht immer effizienter. Schulen und Universitäten bildeten in wachsender Anzahl treue Kirchen- und Staatsdiener aus.

Die Kriege zwischen den europäischen Mächten führten dazu, dass viele Staaten ab der Mitte des 17. Jahrhunderts stehende Heere unterhielten. Diese Veränderungen kosteten gewaltige Summen, die aus Steuern aufgebracht wurden. Die Steuern vervielfachten sich deshalb zwischen 1550 und 1650. Von da an wurden die Untertanen und später die Bürger in Europa regelmäßig hoch besteuert.

In dieser Zeit wurden auch die Fundamente des modernen Staates gelegt. Er verlangt zwar heute von seinen Bürgern keine bestimmte Konfession mehr, aber immer noch gebietet er über die Verwaltung, das Bildungswesen, das Militär und die Steuern. Deshalb bezeichnen die beschriebenen Veränderungen bis 1650 die Entstehungsphase des *frühmodernen Staates*.

M1 Die erste evangelische Ordnung

Der Rat der Stadt Wittenberg beschließt, beeinflusst von evangelischen Predigern, im Januar 1522 die erste evangelische Gemeindeordnung. Sie wird im Druck verbreitet und dient als Vorbild für andere Ordnungen, unter anderem in der Einrichtung eines „Gemeinen Kastens" zur Armenfürsorge:

Erstlich ist einhelliglich beschlossen, dass der Zehnte[1] der Gotteshäuser, Priesterschaft und bestimmter Gewerbe in einen gemeinen Kasten[2] gelegt wird. Dazu sind verordnet zwei des Rats, zwei von der Gemeinde, und ein Schreiber, die den Zehnten einnehmen, verwalten und damit arme Leute versorgen. [...]

Es sollen auch keine Bettler in unserer Stadt gelitten werden, die alters- oder krankheitshalber zu arbeiten nicht geschickt sind, sondern man soll diese zur Arbeit treiben oder aus der Stadt verweisen. Wer aber ohne Schuld wegen Krankheit oder sonst in Armut ist, soll aus dem gemeinen Kasten durch die Verordneten in ziemlicher Weise versorgt werden. [Bettelverbot auch für Mönche und auswärtige Schüler]

Aus dem gemeinen Kasten soll man auch die armen Handwerksleut beleihen, die ihr Handwerk nicht kontinuierlich ausüben können, damit sie einen Lebensunterhalt haben. Sie sollen aber zur festgelegten Zeit das Geld ohne Zins zurückzahlen, wenn sie dazu in der Lage sind. [Unterstützung aus dem gemeinen Kasten auch für Waisen und Kinder armer Leute]

Wenn aber die Einkünfte zu solchen guten Werken nicht genügen, so soll jeder, er sei Priester oder Bürger, nach Vermögen jährlich eine Summe Geldes zur Armenfürsorge geben.

Da der Zehnte der Priester, die wir jetzt haben, auch in den gemeinen Kasten geht, soll jeder, nachdem er bisher acht Gulden jährlich für seine Vigilien[3] erhalten hat, mit sechs Gulden auskommen. Weil Messen und Vigilien abgebaut werden, sollen die Priester stattdessen arme, kranke Menschen besuchen und trösten, doch sollen sie niemand zu einem Testament veranlassen.

Die Bilder und Altäre in den Kirchen sollen weggeschafft werden, damit Abgötterei vermieden wird, denn drei Altäre ohne Bilder sind genug.

Die Messe soll so gehalten werden, wie sie Christus beim Abendmahl eingesetzt hat [Hinweise zum Ablauf]. Es mag auch der Kommunikant die konsekrierten Hostien[4] in die Hand nehmen und selbst in den Mund schieben, ebenso den Kelch nehmen und daraus trinken.

Es ist künftig auch nicht gestattet, dass unehrliche Personen[5] sich in der Stadt aufhalten, vielmehr sollen sie heiraten. Wollen sie das nicht tun, wenn sie eine Wohnung haben, soll man sie vertreiben. Wohnen sie zur Untermiete, soll der Vermieter bestraft und sie selbst aus der Stadt vertrieben werden.

Sofern Mitbürger und Bewohner der Stadt fünf oder sechs Prozent Zinsen bezahlen, aber ohne Vermögen sind, lösen wir den Kredit aus dem gemeinen Kasten ab, sodass sie dem gemeinen Kasten nur noch vier Prozent Zins zu zahlen haben, bis sie den Kredit ablösen.

Auch soll man insbesondere darauf achten, dass man armer Leute Kinder, nämlich Knaben, die zur Schule und zum Studium geeignet sind, sich dies aber nicht leisten können, unterstützt, damit man jederzeit gelehrte Leute hat, die das Evangelium und die Schrift predigen, und damit auch in den weltlichen Behörden an geschickten Leuten kein Mangel ist. Die nicht Geeigneten soll man zum Handwerk oder zur Arbeit anhalten, denn dort braucht man sie.

Zitiert nach: Ulrich Köpf (Hrsg.), Reformationszeit 1495-1555, Stuttgart 2001, S. 200-203 (sprachlich normalisiert)

1. *Gliedern Sie die Regelungen der Ordnung nach Bereichen. Wo liegen die Schwerpunkte?*
2. *Die jüngere reformationsgeschichtliche Forschung spricht von einer neuen „christlichen Heilsgemeinschaft", die durch die evangelische Bewegung in den Gemeinden entstand. Überprüfen Sie die Tragfähigkeit dieses Begriffes anhand der Ordnung.*
3. *Verfassen Sie eine Erwiderungsschrift vonseiten eines Vertreters der römischen Kirche.*

[1] **Zehnt**: zehnprozentige Steuer (Geld oder Naturalien)
[2] hier: gemeinsame Kasse
[3] **Vigil**: Feier zur Vorbereitung auf ein kirchliches Fest
[4] **konsekrierte Hostien**: geweihte (in ihrem Wesen gewandelte) Hostien, d. h. Abendmahlsbrote
[5] **unehrliche Personen**: Henker, Abdecker, Totengräber, Nachtwächter, Chirurgen, Schäfer, Prostituierte oder Bettler, vgl. dazu auch Seite 67

▲ **Luther spricht vor Kaiser Karl V. am 18. April 1521 in Worms.**
Historiengemälde (66 x 125 cm) von Anton von Werner, um 1877. Das Bild ist die Nachbildung eines 3,50 x 7,00 m großen Wandbildes, das Anton von Werner 1870 für die Aula der Kieler Gelehrtenschule gemalt hat. Die Originalunterschrift lautet: „Hier stehe ich, ich kann nicht anders, Gott helfe mir, Amen."

- *Erläutern Sie, welche Deutung der Person und Lehre Luthers das Bild vermittelt.*
- *Analysieren Sie, auf welcher Seite der Maler steht.*
- *Beurteilen Sie, inwiefern das Bild ein „Schlüsselereignis" der Reformation darstellt.*

M2 Das Wormser Edikt 1521

Kaiser Karl V. unterzeichnet das Wormser Edikt am 12. Mai 1521, ab 26. Mai 1521 wird der Druck gefertigt. Vom päpstlichen Legaten Hieronymus Aleander stammt der Entwurf für den Erlass, der fast unverändert nach Ende des Reichstages von einigen Kurfürsten und Fürsten in der Residenz des Kaisers akzeptiert wird. Der Legat ist einer der bedeutendsten gelehrten Philologen Europas:

Am ersten zu Lob dem Allmächtigen und Beschirmung des christlichen Glaubens [...] haben wir [...] den gedachten Martin Luther, als ein von Gottes Kirchen abgesondertem Glied und einen verstockten Spalter und offenbaren Ketzer – von unseretwegen und Euch allen und jedem insonderheit – zu achten und zu halten erkannt und erklärt, und tun das wissentlich in Kraft dies Briefs. Und gebieten darauf Euch allen und jedem besonders bei den Pflichten, damit Ihr uns und dem heiligen Reiche verwandt seid, auch Vermeidung der poenae criminis laesae majestatis[1] und unserer und des Reichs Acht und Aberacht und dazu des Verlusts und des Entzugs aller Regalien[2], Lehen, Gnaden und Freiheiten, so Ihr bisher von unseren Vorfahren, uns und dem heiligen Reiche in einigen Weg gehabt, von römischer kaiserlicher Macht ernstlich mit diesem Brief und Willen, dass Ihr sämtlich und sonderlich nach Verlauf der genannten zwanzig Tage, die mit dem vierzehnten Tag des gegenwärtigen Monats Mai enden, den erwähnten Martin Luther nicht übernachten lasst, empfangt, zu essen oder zu trinken gebt, noch ihm mit Worten oder Werken heimlich oder öffentlich Hilfe, Unterstützung, Beistand noch Vorschub leistet. Vielmehr sollt Ihr, wo Ihr ihn trefft, erkennt und seiner Person mächtig werdet, ihn gefangen nehmen und uns unversehrt zuschicken oder [...] uns verständigen und ihn mittlerweile gefangen halten, bis Euch von uns Bescheid gegeben, was Ihr weiter nach Ordnung der Recht gegen ihn unternehmen sollt. Ihr werdet für ein solches heiliges Werk, auch Eure Mühe und Kosten ziemliche Ergötzlichkeit empfangen. Aber gegen seine Mitverwandten, Anhänger, Beschützer, Begünstigenden, Gönner und Nachfolger samt derselben bewegliche und unbewegliche Güter sollt Ihr in Kraft der heiligen Konstitution und unserer und des Reichs Acht und Aberacht in dieser Weise handeln: nämlich sie niederwerfen und fangen und ihre Güter zu Euren Händen nehmen und sie zu Eurem eigenen Nutzen verwenden und behalten, ohne dass Euch jemand hindern darf, es sei dann, dass sie glaubhaft dartun, dass sie diesen unrechten Weg verlassen und päpstliche Absolution erlangt haben.

[1] **poenae criminis laesae majestatis**: Strafe für Majestätsverbrechen
[2] **Regalien**: vom Kaiser verliehene Sonderrechte

[...] [Ebenso gebieten wir, dass von Euch keiner Luthers] Ansicht beipflichte, diese auch nicht halte, predige oder verteidige, auch nicht in anderer Weise, wie Menschensinn das bedenken kann, unterstütze, unangesehen, ob darin etwas Gutes, um den einfältigen Menschen damit irrezuführen, mit ausgedrückt wäre. Dann wie die allerbeste Speise, die mit einem kleinen Tropfen Gift vermischt ist, von allen Menschen gemieden wird, umso mehr sollen solche Schriften und Bücher, mit denen so manches Gift für die Seelen und Verdammung verbunden ist, von uns allen nicht allein vermieden, sondern auch aus dem Gedächtnis aller Menschen gelöscht und ausgetilgt werden, damit sie niemand schaden oder ewig töten.

Zitiert nach: www.uni-muenster.de/FNZ-Online/politstrukturen/reformation/quellen/edikt.htm [18.03.2013] (sprachlich modernisiert)

1. *Fassen Sie die wesentlichen Aussagen des Ediktes zusammen. Charakterisieren Sie besonders die angedrohten Strafen.*

2. + *Analysieren Sie die sprachlichen Formen nach ihren Besonderheiten. Kalkulieren Sie dabei ein, dass vor allem der Satzbau in der Übertragung in heutiges Deutsch erheblich vereinfacht wurde. Schließen Sie aus den sprachlichen Besonderheiten auf den Adressatenkreis.*

3. *Die überlieferten Quellen erlauben es nicht, die Umstände zu rekonstruieren, ob und wie das Edikt den Untertanen mitgeteilt wurde. Entwickeln Sie in Kleingruppen Möglichkeiten, wie das geschehen konnte, und stimmen Sie über das überzeugendste Konzept im Plenum ab. Berücksichtigen Sie dabei, dass auf dem Land, wo mehr als 80 Prozent der Menschen lebten, weniger als 10 Prozent lesen konnten.*

M3 Der Staatsrat Kaiser Karls V. erwägt das Vorgehen gegen die Lutheraner

Am 25. Juni 1530 verliest der sächsische Kanzler Christian Beyer vor dem Kaiser und dem versammelten Reichstag zu Augsburg die „Confessio Augustana". In ihr legen die evangelisch-lutherischen Reichsstände und Städte – erstmals und für Jahrhunderte verbindlich – ihr Bekenntnis fest. Der Kaiser holt von seinem Staatsrat ein Gutachten ein, wie er nun vorgehen solle:

Man kann es bei dieser Frage nicht bewenden lassen, ohne sich davon anderes zu erwarten als eine Verschlechterung und einen nicht wiedergutzumachenden, verfahrenen Zustand. Auch kann ohne Konzil nichts entschieden werden. Wenn also die besagten Lutheraner verweigern, sich dem Urteil S. Mt.[1] zu unterwerfen, scheint es, dass man ihnen einen vernünftigen und passenden Termin für dieses besagte Konzil vorschlagen soll, um sie so mit Beweisen unserer vernünftigen Haltung zu überhäufen. Dies soll allerdings nur unter der Bedingung erfolgen, dass bis dahin die besagten Lutheraner von allen gegen unseren hl. Glauben und unsere hl. Kirche eingeführten Neuerungen Abstand nehmen, zumindest insoweit dass sie damit genau und mit voller Wirkung das auf dem Reichstag zu Worms erlassene Edikt[2] einhalten und befolgen.

Man muss die Lutheraner mit Milde zu einer der beiden Möglichkeiten überreden, nämlich es entweder S. Mt. oder dem Konzil zu überlassen, über die Sache zu entscheiden. Wenn die besagte Milde nichts nützt, dann muss es mit Strenge geschehen, wenn auch mit nicht zu offenkundiger und den Umständen angepasster.

[Man soll mit ihnen nicht disputieren.] Wenn die besagten Lutheraner den Kaiser nicht als Richter annehmen und auch nicht den Weg des besagten Konzils einschlagen wollen, sondern halsstarrig bleiben, dann muss man auch die Meinung des Herrn Legaten[3] einholen darüber, mit welchen Mitteln man hart gegen sie vorgehen und das geteilte Volk wieder gewinnen könnte, aber auch die Adligen und die Städte. Gibt es schließlich kein anderes Mittel als Gewalt, dann soll man die Methoden, die man diesbezüglich anwenden könnte, studieren und schriftlich festlegen.

Zitiert nach: Alfred Kohler (Hrsg.), Quellen zur Geschichte Karls V., Darmstadt 1990, S. 164 f.

1. *Arbeiten Sie aus dem Gutachten die Handlungsmöglichkeiten heraus, die der Staatsrat entwickelt.*

2. *Erörtern Sie, weshalb dem Staatsrat ein Konzil der römischen Kirche als wünschenswert erscheint, um der Glaubensspaltung zu begegnen.*

3. *Das Bekenntnis zur evangelischen Lehre war streng genommen Ketzerei und damit im äußersten Fall mit der Todesstrafe bedroht. Begründen Sie, weshalb der Staatsrat dennoch Milde vorschlägt.*

[1] **S. Mt.**: Abkürzung für „Seine Majestät"
[2] Vgl. M2; das Wormser Edikt wurde 1529 noch einmal bestätigt, jedoch von den Evangelischen nicht anerkannt.
[3] **Legat**: päpstlicher Gesandter

Europäische Expansion und frühneuzeitliche Kolonialisierung

▲ **Astrolabium und Quadrant.**
Astrolabium (oben) aus dem Besitz von König Alfons X. von Kastilien und León (1221-1284); Quadrant (unten) aus Italien, vor 1627.
Die Seefahrer bestimmten mithilfe des Astrolabiums und des Quadranten den Sonnenstand oder die Höhe des Polarsterns und errechneten daraus den Breitengrad, auf dem das Schiff sich gerade befand.
- *Erklären Sie, inwieweit die Navigationsinstrumente eine wichtige Voraussetzung für die europäische Expansion darstellen.*

Erschließung außereuropäischer Kontinente Seit dem 16. Jahrhundert errichteten Europäer ein weltweites Netz von Kolonial- und Handelsreichen. Europa wurde Mittelpunkt einer weiträumigen, aber bis um 1800 noch schwach ausgebildeten Weltwirtschaft. Besonderheiten der beginnenden *Europäischen Expansion* waren:

- Die Europäer unternahmen seit dem 15. Jahrhundert systematisch große Fahrten über die Weltmeere. Dabei entdeckten sie Amerika und bis dahin ihnen unbekannte Teile Afrikas, Asiens und der Weltmeere (▸ M1).
- Im Lauf des 16. Jahrhunderts eroberten die Spanier große Gebiete in Mittel- und Südamerika, die als Siedlungskolonien genutzt wurden. In Afrika und Asien dagegen besetzten Portugiesen, Spanier, Holländer und Engländer nur einzelne Handelsplätze, in denen sie Niederlassungen errichteten.
- Das Ausgreifen in die Welt erforderte um 1600 neue Organisationsformen der Kaufleute, mit denen sie das nötige Kapital aufbringen und den Handel über große Distanzen dauerhaft einrichten konnten.

Entdeckung des Seewegs nach Indien Die Portugiesen begaben sich zuerst auf die Weltmeere, indem sie seit 1415 die Atlantikküste Afrikas in südlicher Richtung zu erschließen begannen. Ihr Ziel war, jenseits von Afrika direkten Anschluss an den Handel mit den Schätzen des Fernen Ostens zu gewinnen, mit Gold, Sklaven, Pfeffer, Muskat oder Zimt. Von diesem Handel profitierten bislang arabische Kaufleute, außerdem Venedig mit seinem Handelsnetz, das in den Vorderen Orient reichte.

Dass gerade die Portugiesen nach neuen Routen suchten, hatte mehrere Gründe: Portugal lag nach damaliger Vorstellung am vermeintlich direkten Seeweg zum Fernen Osten. Zudem mussten die Portugiesen mehr als andere Europäer von der Seefahrt leben und erzielten beim Schiffsbau und in der Navigation große Fortschritte, da sie die raue See des Atlantik kannten. Hinzu kamen wie bei allen Europäern unglaubliche Kühnheit und Entdeckerfreude, die durch den Geist der Renaissance geweckt wurden, aber auch der Wunsch, das Christentum zu verbreiten.

Die Südspitze Afrikas lag weiter entfernt als vermutet. *Bartolomeu Diaz* umsegelte sie 1487 und nannte sie *Kap der Guten Hoffnung*, weil nun die Fahrt über den Indischen Ozean zu den märchenhaften Gewürzinseln möglich schien. Eine portugiesische Expedition unter *Vasco da Gama* erreichte in der Tat 1498 die Westküste Indiens.

Das Handelsreich in Südostasien Der Entdecker da Gama begegnete wie seine Nachfolger in Asien einer feindlichen Welt, die sie mit überlegenen Schiffskanonen bekämpften. Sie besetzten nur Hafenstädte, brachten aber die Seewege mit äußerster Brutalität unter Kontrolle. Die Portugiesen konnten so im 16. Jahrhundert ein Handelsreich mit einer Reihe von Stützpunkten von der arabischen Halbinsel bis nach Japan errichten. Der König sicherte es politisch und militärisch ab. Er vergab Rechte, finanzierte Eroberungen und erhielt dafür einen Teil der Erträge. Erst im 17. Jahrhundert wurden die Portugiesen durch die starke Konkurrenz der Niederländer verdrängt. Die Niederländer wiederum mussten die Vormacht im Indien- und Ostasienhandel im 18. Jahrhundert den Engländern überlassen.

Die Europäer entdecken Amerika Mehr als bei Portugal führte bei Spanien der Zufall Regie. Die überseeische Expansion Spaniens begann mit der Atlantiküberquerung von **Christoph Kolumbus** im Jahr 1492. Kolumbus, ein Seefahrer aus Genua, hatte sich die Theorie des Astronomen *Paolo Toscanelli* zu eigen gemacht, dass die Erde eine Kugel sei und dass man Indien in westlicher Richtung erreichen könne. Jedoch scheiterte Kolumbus beim Versuch, den portugiesischen Hof für eine solche Fahrt zu begeistern. Die Portugiesen hielten ganz richtig die von Toscanelli errechneten Entfernungen für viel zu gering. Kolumbus überzeugte aber den spanischen Hof, der ihm drei Schiffe zur Verfügung stellte. Mit ihnen landete er nach zwei Monaten Fahrt am 12. Oktober 1492 auf einer der Bahamainseln östlich von Kuba. Kolumbus, der das Land sofort für Spanien in Besitz nahm, glaubte sich auf einer Insel vor Asien zu befinden.

Weitere Fahrten, so des Florentiners *Amerigo Vespucci* von 1501 bis 1504 zu den Küsten Südamerikas, vor allem aber die Weltumsegelung von *Fernando Magellan* zwischen 1519 und 1522, klärten und erweiterten das geografische Wissen. Magellan, der wohl fähigste und kühnste aller Seefahrer um 1500, bewies den letzten Zweiflern, dass die Erde eine Kugel und Amerika ein eigener Kontinent war. Außerdem erkundete er als erster Europäer die ungeheure Weite des Pazifischen Ozeans und die Lage der legendären Gewürzinseln. Nach dreijähriger Fahrt kam nur eines von den fünf Schiffen seiner Expedition zurück, Magellan selbst war von Bewohnern der Philippinen erschlagen worden.

Christoph Kolumbus (1451-1506): Seefahrer und Entdecker. Er versuchte, in westlicher Richtung nach Indien zu kommen; dabei entdeckte er 1492 Amerika.

Filmtipp:
1492. Die Eroberung des Paradieses; Regie: Ridley Scott, 1992

DVD-Tipp:
Mit Kompass und Schwert. Die Eroberung der Neuen Welt, Gründwald: FWK 2010

Kolonialreiche in Amerika im 16. und 17. Jahrhundert Den Spaniern gehörte gemäß dem *Vertrag von Tordesillas* von 1494 der neue Kontinent Amerika, nur die Küste des späteren Brasilien fiel an die portugiesische Krone. Die spanischen *Konquistadoren* (Eroberer) brachten in wenigen Jahrzehnten große Teile Mittel- und Südamerikas unter ihre Herrschaft. Die indianischen Völker erlagen den europäischen Hieb- und Schusswaffen, in Massen jedoch den eingeschleppten Seuchen. Der spanische Kleinadlige *Hernán Cortés* erkämpfte ebenso wagemutig wie skrupellos mit rund 1000 Mann zwischen 1519 und 1521 die Herrschaft über das Aztekenreich Mexikos, dessen Kultur in der Folge verfiel. Schätzungen zufolge verringerte sich in dieser Zeit die Bevölkerung Mexikos von 25 auf drei Millionen. Der Spanier *Francisco Pizarro* nahm von 1531 bis 1534 ebenfalls mit einigen wenigen Söldnern das Inkareich in den Anden ein. Er ermordete dessen König *Atahualpa* und raubte das Gold der Inka.

Nach den Konquistadoren kamen die Siedler, die in den *Kolonien* tropische Produkte und Getreide anbauten, ferner die spanischen Beamten, welche die neu gebildeten Vizekönigreiche Mexiko und Peru verwalteten. Die Indios verloren ihr Land und wurden zu Sklavendiensten gezwungen. Man bürdete ihnen „die härtesten, schwersten und drückendsten Lasten auf, die nicht einmal Vieh ertragen kann", empörte sich der in den spanischen Kolonien tätige Bischof und zeitgenössische Kritiker *Bartolomé de Las Casas*. Das Königreich Spanien profitierte von den enormen Silberlieferungen aus Mexiko und aus Potosí (Peru). Die dortigen Minen wurden mit indianischen Zwangsarbeitern betrieben (▸ M2). Der Silberstrom floss von Europa aus zum größten Teil weiter in den Handel mit Asien. Das Kolonialreich der Spanier übertraf an Ausdehnung und Ertrag die amerikanischen Kolonien der Portugiesen (ab dem 16. Jahrhundert), Engländer und Franzosen (ab dem 17. Jahrhundert) bei Weitem.

▲ **„Conquistadore."**
Stich (19,5 x 14 cm) von Bernardo de Vargas Machuaca, um 1599. Der unten abgesetzte Wahlspruch lautet übertragen: „Mit Degen und Zirkel. / Mehr und mehr und mehr und mehr."

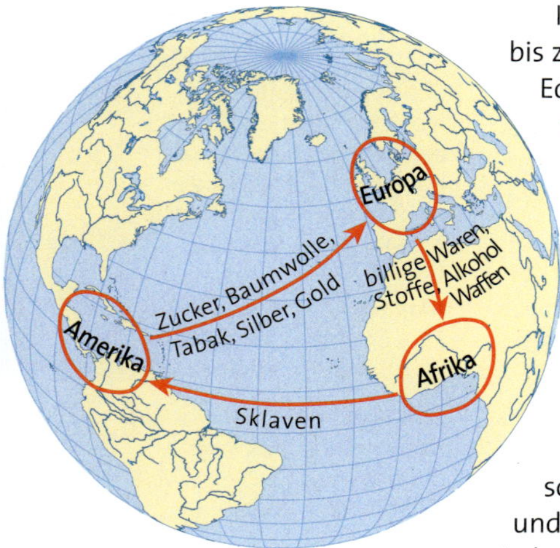

▲ **Der atlantische Dreieckshandel (16.-18. Jh.).**

Im 16. Jahrhundert spielte sich ein Dreieckshandel im atlantischen Raum ein, der bis zum beginnenden 19. Jahrhundert aufrechterhalten wurde. Aus Amerika wurden Edelmetalle, später auch Zucker, Tabak und Baumwolle in europäische Häfen verfrachtet. Von dort brachten Schiffe billigen Schmuck, Waffen, Branntwein und Textilien zu westafrikanischen Handelsplätzen, wo sie Sklaven für die amerikanischen Märkte einluden.

Der weltweite Austausch von Waren wurde begleitet vom Austausch der Nutzpflanzen, der die Ernährungsgrundlage der Weltbevölkerung verbesserte (▶ M3). Der interkontinentale Handel war kein zufälliges Nebeneinander, sondern ein Welthandelssystem. Einbezogen waren alle Weltmeere und Kontinente außer Australien. Europa war der zentrale Markt und die Drehscheibe dieses Welthandels, dessen Dimensionen im 16. Jahrhundert noch bescheiden waren. Im Lauf der Zeit wuchs das System, was die Frequenz der Fahrten, die Erschließung der Räume und die Palette der Handelsgüter betraf. Plantagenprodukte und Luxuswaren wie Pfeffer, Zucker, Kaffee, Tee oder Tabak wurden zu Massenwaren. Jedoch war die Expansion nicht nur ein wirtschaftlicher, sondern ebenso ein politischer und kultureller Prozess, der als „Europäisierung" der Welt beschrieben wird. Die politische Expansion begann mit der Bildung von Vizekönigreichen in Mittel- und Südamerika. Sie setzte sich im 17. Jahrhundert mit den Koloniegründungen der Engländer und Franzosen in Nordamerika fort.

Der Frühkapitalismus der Handelshäuser Mit den weltweiten Verflechtungen wuchsen die wirtschaftlichen Organisationsformen. Das Mittelalter kannte den Typus des Kaufmanns, der selbst mit seiner Ware über das Land zog und eine angemessene Entlohnung seiner Arbeitskraft anstrebte. Er wurde seit dem 14. Jahrhundert abgelöst – obgleich nicht verdrängt – von Handelshäusern. Mit ihnen verbreitete sich im 15./16. Jahrhundert der *Frühkapitalismus*. Diese neue Wirtschaftsform zeichnete sich dadurch aus, dass die Kaufleute bei hohem Kapitaleinsatz maximalen Gewinn zu erzielen suchten. Dieses Bestreben hatte auch die Ausweitung der Produktion und der internationalen Verbindungen zur Folge.

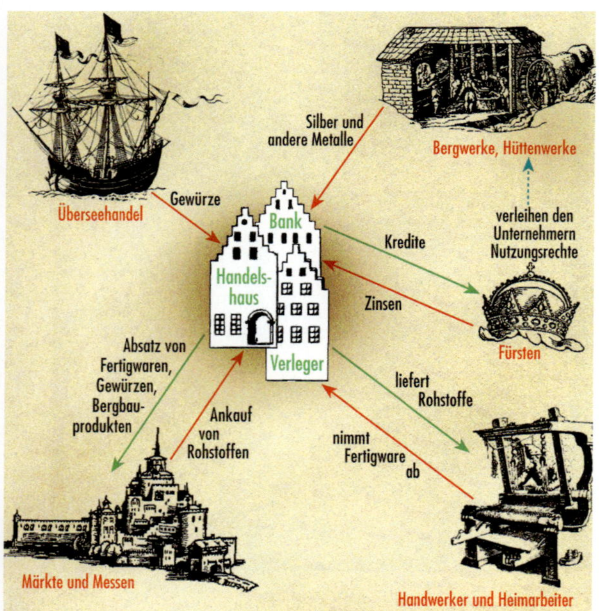

▲ **Eine Handelsgesellschaft um 1500.**
■ *Erläutern Sie die Geschäftsfelder und ihren Zusammenhang.*

Die Handelshäuser wurden von Kaufleuten vor Ort geleitet, während Mitarbeiter die auswärtigen Geschäfte abwickelten. Die Kapitalgrundlage der Handelshäuser stammte aus dem Fernhandel oder aus einer Beteiligung mehrerer Kaufleute, die ihr Kapital zur Verfügung stellten. Die Geschäftsbereiche erstreckten sich auf den (Fern-)Handel, das Verlagswesen und Geldgeschäfte.

Besonders einträglich war der Fernhandel, der aus den enormen regionalen Preisunterschieden satte Gewinne erwirtschaften konnte. Dafür musste man jedoch ein Nachrichten- und Geschäftsnetz aufbauen, das ständig auf den Markt reagierte. Die großen Handelshäuser der Kaufmannsfamilie *Medici* in Florenz und der *Fugger* in Augsburg unterhielten zu diesem Zweck schon im 15. Jahrhundert in ganz Europa auswärtige Geschäftsstellen (Faktoreien). Die Handelshäuser betätigten sich auch im Verlagswesen, indem sie Heimarbeitern Rohstoffe (z. B. Tuche) gaben, die daraus Fertigprodukte (Kleider) herstellten. Das Handelshaus mit seinen Marktbeziehungen übernahm den Verkauf. Außerdem wurden hohe Gewinne im Bergbau erzielt. Die Handelshäuser verfügten daher zeitweilig über ein gewaltiges Kapital, das sie für den teuren Schiffsbau

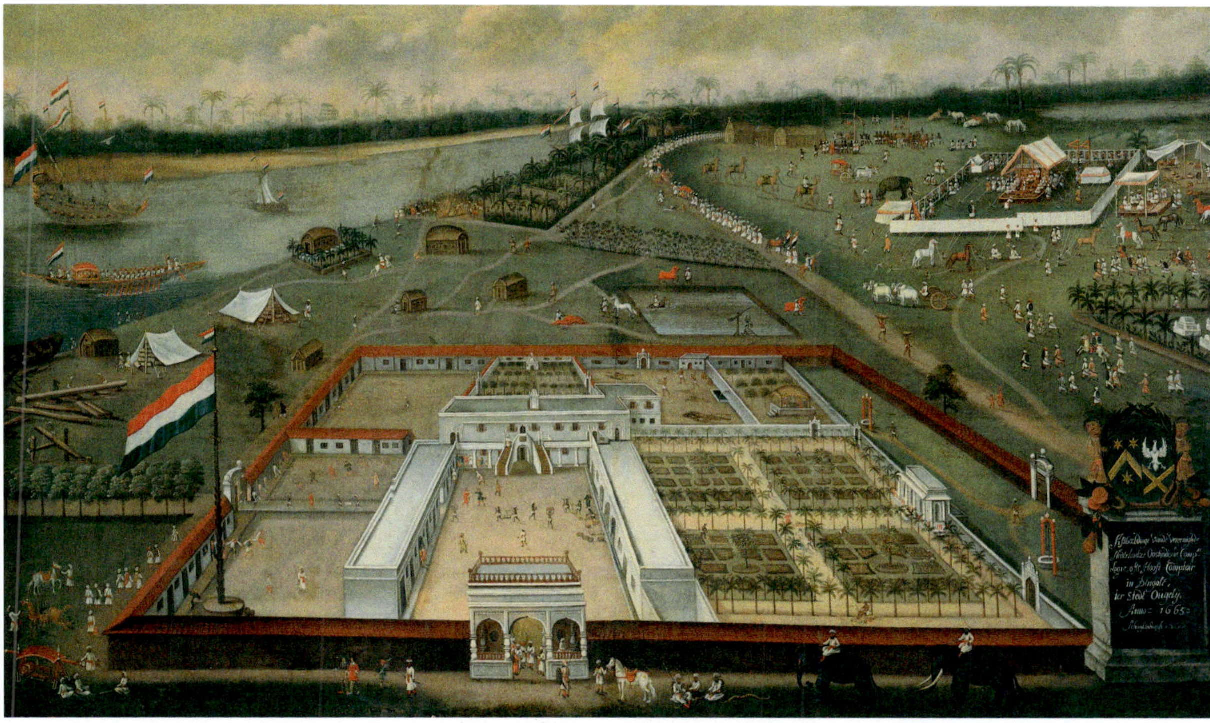

▲ **Hauptniederlassung der Vereinigten Ostindischen Handelskompanie (VOC) in Hugli-Chinsurah.**
Gemälde (Öl auf Leinwand, 203 x 316 cm) von Hendrick van Schuylenburgh, 1665.
In Hugli-Chinsurah saß das Direktorium für Bengalen, das drei Dörfer gepachtet hatte. Die Niederlassung diente als Kontor sowie als Unterkunft für indische Kaufleute und Weber, mit denen die niederländische VOC in Vertragsbeziehungen stand. Tuche waren der Hauptexportartikel Bengalens.

einsetzen oder an Fürsten verleihen konnten. Weil diese Kredite oft nicht mehr zurückgezahlt wurden, auch die Gewinne aus dem Bergbau und anderen Geschäftszweigen zurückgingen, gerieten die Handelshäuser um 1600 in eine Krise.

Der Kapitalismus der (Handels-)Kompanien ■ Die Handelshäuser gaben der europäischen Expansion in Amerika, Afrika und Asien im 16. Jahrhundert noch den notwendigen organisatorischen Rückhalt, verloren aber danach ihre Bedeutung. An ihre Stelle traten die (Handels-)Kompanien, die im 17. und 18. Jahrhundert weltweit den Handel und die koloniale Ansiedlung organisierten. Am erfolgreichsten waren die *niederländische* und die *englische Ostindienkompanie*. Die Kompanien entsprachen insoweit heutigen Aktiengesellschaften, als die Anteilseigner Kapital zur Verfügung stellten, womit sie ein Recht auf Gewinnanteile erwarben. Solche Kapitalbeteiligungen kannten schon die Handelshäuser, desgleichen die Buchführung oder das Betreiben von Faktoreien. Aber die Kompanien waren darüber hinaus mit staatlichen Rechten ausgestattet. Sie bauten eine eigene Verwaltung auf, hatten das Recht, selbstständig Verträge zu schließen und Krieg zu führen, und sie erhielten ein Handelsmonopol, die Ostindienkompanien z. B. für den Indischen und Pazifischen Ozean. Auch die Kompanien strebten danach, den Gewinn aus dem eingesetzten Kapital zu maximieren. Sie operierten in noch größerem Maßstab als die Handelshäuser und noch intensiver im Handel. Deshalb bezeichnet man ihre Wirtschaftsform als Kaufmanns- oder Handelskapitalismus.

M1 Bedeutende Entdeckungsfahrten bis 1522

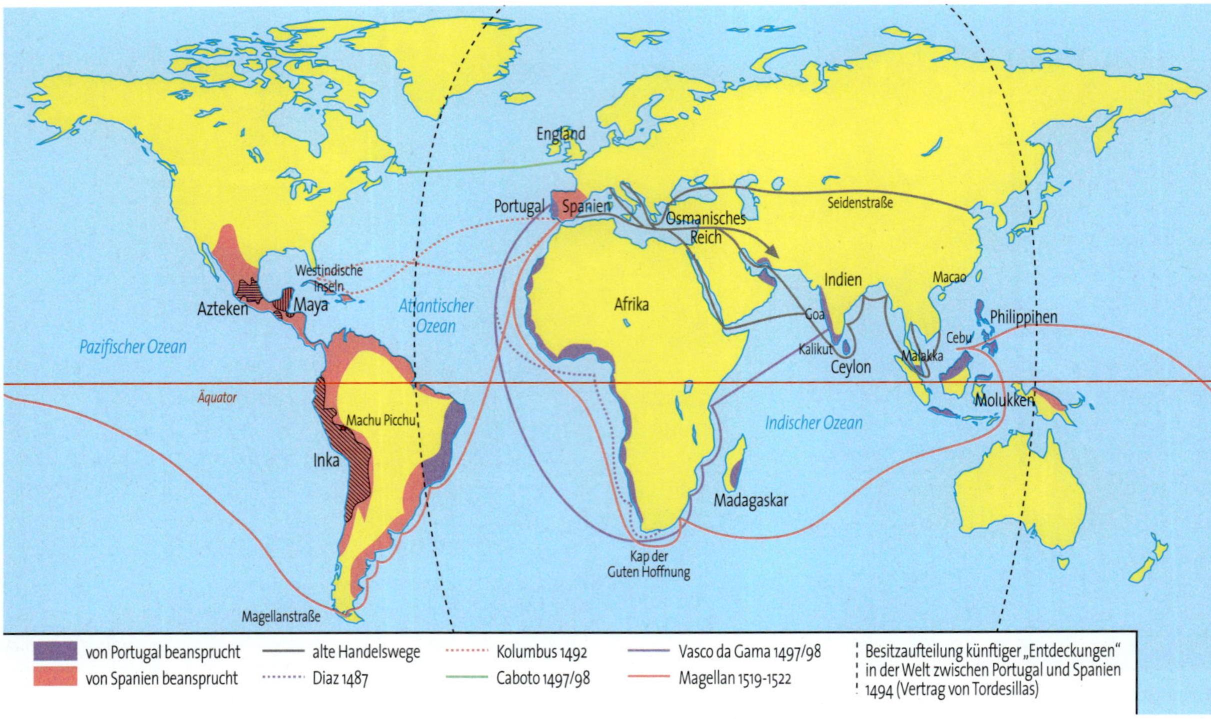

1. *Listen Sie die „Entdeckungsfahrten" chronologisch auf.*
2. *Stellen Sie die Voraussetzungen für diese Fahrten dar.*
3. *Überprüfen Sie, inwiefern mit den „Entdeckungsfahrten" ein neuer Abschnitt der Weltgeschichte begann. Präsentieren Sie Ihre Ergebnisse in Form einer These.*

M2 Sklaverei oder Freiheit für die Indios?

Seit 1520 versuchen Kaiser Karl V. und seine Kolonialbehörden in Spanien, die Ausbeutung oder Versklavung der Indios zu verhindern. Die Konquistadoren und Siedler in Amerika leisten jedoch erbitterten Widerstand. 1539 beruft Karl V. eine „junta" (Kommission) ein, die bis 1542 die „Neuen Gesetze" zur Befreiung der Indios erarbeitet. Ihr gehört auch Bartolomé de Las Casas an, der schärfste Kritiker der Zustände in der Neuen Welt:

Wir ordnen an und befehlen, dass künftig aus keinem Grunde, sei es Krieg oder welcher sonst, weder zur Strafe für Aufruhr noch im Wege des Loskaufens noch auf andere Weise irgendein Indianer zum Sklaven gemacht werde. Wir wollen, dass sie als Unsere, der Krone von Kastilien, Untertanen behandelt werden, denn das sind sie. Niemand darf sich der Indianer als Naborias [leibeigene Dienerschaft, Zwischenstufe zwischen Sklave und freiem Indianer] oder zu anderer Dienstbarkeit bedienen ohne deren Einverständnis.
Da Wir befohlen haben, dafür zu sorgen, dass künftig die Indianer auf keine Weise mehr zu Sklaven gemacht werden, ordnen Wir an und verfügen Wir ferner hinsichtlich derer, die bisher gegen Vernunft und Recht und gegen die erlassenen Verordnungen und Befehle als solche gehalten worden sind, dass die Gerichtshöfe die Parteien vorladen, ohne langwieriges Verfahren summarisch und in aller Kürze den Tatbestand ermitteln und sie in Freiheit setzen, wenn die Personen, die sie als Sklaven behalten haben, keinen Rechtstitel dafür vorweisen können, dass sie sie nach dem Gesetz als Sklaven halten und besitzen dürfen. Und damit die Indianer nicht mangels Leuten, die ihre Sache wahrnehmen, unrechtmäßigerweise für Sklaven angesehen werden, befehlen Wir, dass die Gerichte Personen einsetzen, die diese Angelegenheit für die Indianer betreiben und aus den gerichtlichen Strafgeldern bezahlt werden, und zwar Leute, die vertrauenswürdig und gewissenhaft sind.
Wir befehlen weiter, dass die Gerichtshöfe besondere Aufmerksamkeit darauf verwenden, dass die Indianer nicht als Lastträger eingesetzt werden. Kann dies in einer Region nicht vermieden werden, so soll es so geschehen, dass für das Leben, die Gesundheit und die Erhaltung der genannten India-

ner durch das Tragen unmäßiger Lasten keine Gefahr entsteht; auch soll es nicht gegen ihren eigenen Willen oder ohne Bezahlung geschehen. Wer dem zuwiderhandelt, soll scharf und ohne Ansehen der Person bestraft werden.
Da Uns berichtet worden ist, dass die Perlenfischerei ohne die gebührende Ordnung betrieben worden ist, was den Tod vieler Indianer und Neger zur Folge gehabt hat, befehlen Wir, dass bei Todesstrafe kein freier Indianer gegen seinen Willen zu solcher Fischerei gezwungen werden darf. Auch sollen der Bischof und der oberste Richter von Venezuela dafür sorgen, dass Vorkehrungen getroffen werden, die ihnen für die Erhaltung der dem genannten Fischereigeschäft obliegenden Indianer und Neger geeignet scheinen, damit die Todesfälle aufhören. Sollten diese Amtspersonen zur Einsicht gelangen, dass bei den genannten Indianern und Negern die Gefahr des Todes nicht beseitigt werden kann, soll die Perlenfischerei aufgegeben werden; denn Wir schätzen, wie es sich von selbst versteht, den Schutz ihrer Leben höher als den Gewinn, den Wir aus der Perlenfischerei zu ziehen vermögen.

Zitiert nach: Urs Bitterli (Hrsg.), Die Entdeckung und Eroberung der Welt. Dokumente und Berichte, Bd. 1, München 1980, S. 59 f.

1. *Untersuchen Sie, zu welchen Arbeiten die Indianer in der Vergangenheit gezwungen wurden.*
2. *Beschreiben Sie den Status und die Rechte, die den Indianern künftig zukommen sollen.*
3. *Beurteilen Sie die Rolle der Gerichtshöfe.*
4. *Die „Neuen Gesetze" wurden in den amerikanischen* ✚ *Vizekönigreichen nicht vollzogen. Entwickeln Sie Hypothesen, warum dies so war.*

M3 Die „Globalisierung" der Nutzpflanzen

Einen vernachlässigten Aspekt des Welthandels der Frühen Neuzeit erläutert der Historiker Reinhard Wendt:

Im Geschäft mit asiatischen Nahrungs- und Genussmitteln waren europäische Kaufleute nicht nur am Direkthandel interessiert, um ihre Gewinnspannen zu vergrößern, sondern auch an der Eigenerzeugung, wenn es denn ihre technischen und naturräumlichen Möglichkeiten erlaubten. Mit Zuckerrohr taten dies die Venezianer schon im Spätmittelalter in der Levante[1], und seitdem begleitete Zucker als eine Art „Leitprodukt" viele Stadien der europäischen Expansion. Es gehörte deshalb wesentlich zur Erschließung der Neuen Welten, nach bislang unbekannten, ökonomisch attraktiven Nutzpflanzen ebenso zu suchen wie nach Möglichkeiten, diese in heimischen oder anderen vom Mutterland kontrollierten Regionen zu kultivieren.
Die Vernetzung der Kontinente führte zu einem erstaunlich raschen botanischen Austausch zwischen klimatisch verwandten Regionen unter kolonialer Kontrolle. Die folgenden Beispiele verdeutlichen das [...]. [...] Eine Reihe überseeischer Feldfrüchte, Gemüsearten und Obstsorten konnte auch in Europa heimisch gemacht werden: Kartoffeln oder Mais etwa, Tomaten oder verschiedene Bohnensorten, Kürbisse oder der Apfel aus China, die Apfelsine (Citrus sinensis), die portugiesische Händler in Südostasien kennengelernt hatten. Allerdings dauerte es in der Regel mindestens bis ins 18. Jahrhundert, bevor sich importierte wie akklimatisierte Ernährungsprodukte einen festen Platz in europäischen Nahrungsgewohnheiten erobern konnten. Gewürze machten Fleischgerichte bekömmlicher und abwechslungsreicher. Soziokulturelle und -ökonomische Veränderungen – Reformation, Aufklärung, Industrialisierung – begünstigten die Verbreitung der stimulierenden „Muntermacher" Kaffee, Tee und Kakao. Die Kalorien, die die Kartoffel lieferte, sicherten die Ernährung für eine wachsende Zahl von Menschen, die ihr Auskommen nicht mehr in der Landwirtschaft fanden. Die Gefahr von Hungerkrisen sank. Bevölkerungsvermehrung, Verbreitung der Kartoffel sowie gewerbliche und industrielle Entwicklung waren Prozesse, die parallel verliefen und sich gegenseitig bedingten.

Reinhard Wendt, Seit 1492: Begegnung der Kulturen, in: Anette Völker-Rasor (Hrsg.), Frühe Neuzeit, München 2000, S. 69-86, hier S. 84

1. *Beschreiben Sie den Austausch der Pflanzen.*
2. *Erläutern Sie die Bedeutung des Austausches für den Anbau, die Nahrungsmittelversorgung und die Ernährungsgewohnheiten in Europa.*
3. *Erörtern Sie, ob in Bezug auf die europäische Expansion von „Globalisierung" gesprochen werden kann.*

▸ **Maya-Zeichnung, Anfang des 16. Jh.**

[1] **Levante**: Gebiet zwischen Mittelmeerküste und Jordangraben

Geschichte kontrovers

Die Entdeckung Amerikas – Kulturbegegnung oder Zusammenstoß der Kulturen?

Unzählige nationale wie internationale Feiern fanden im Jahr 1992 zum 500-jährigen Jubiläum der Entdeckung Amerikas durch Christoph Kolumbus statt. In Mexiko wurde eine hochrangige „Nationale Kommission" ins Leben gerufen, die die Vorstellung von der „Entdeckung und Eroberung" durch die Idee der „Begegnung der zwei Welten" zu ändern suchte. Dennoch sind die Folgen der gemeinsamen Geschichte Europas und Amerikas weiterhin hoch umstritten. Während die eine Seite den Austausch von Wissen und den Fortschritt durch eine Begegnung der Kulturen betont (seit 1937 ist der „Columbus Day" zudem nationaler Feiertag in den USA), heben andere die lange Geschichte der Unterdrückung und Ausbeutung hervor. Besteht ein Zusammenhang zwischen der globalen Ungleichheit in der heutigen Welt und der Europäisierung der Erde, die mit den Entdeckungsfahrten begann?

M1 „Der größere Teil der indianischen Bevölkerung [...] dankte es den neuen Herren"

Der deutsch-chilenische Historiker Ernst Samhaber verfasst mehrere Bücher zur Geschichte Lateinamerikas und zu den Entdeckungsreisen der Frühen Neuzeit. In einem in den 1970er-Jahren veröffentlichten Band zur Weltgeschichte heißt es:

Die weltgeschichtliche Bedeutung der spanischen Eroberung Amerikas lag zunächst darin, dass zwei scheinbar so mächtige Reiche beim ersten Ansturm zusammenbrachen, sodann aber in der gründlichen Umgestaltung des Erdteils. Europäische Lebensformen, die europäische Landwirtschaft, die spanische Sprache und das Christentum setzten sich in weiten Bereichen durch. Die Spanier haben einen sehr viel fester organisierten Staat in Mexiko und Peru aufgebaut, als das Azteken und Inka möglich gewesen war. Eine geordnete Verwaltung reichte bis in das letzte Indianerdorf hinein. [...]
Siedler haben die ersten Pflanzungen angelegt, die Viehherden gezüchtet, die Bergwerke in Betrieb genommen und schließlich die Expeditionen ausgerüstet, die immer neues Land suchten. Die Konquistadoren waren raue Gesellen, aber auch nicht härter als die christlichen Adligen damals gegenüber ihren Bauern in Europa. [...] Die schlimmsten Opfer kosteten die eingeschleppten Krankheiten: Pocken und andere Seuchen rafften häufig ein Drittel der Bevölkerung hinweg. Da bei den kurzen Kriegen der Widerstand bald zusammenbrach, blieben ihre Verluste an Toten begrenzt.
Dagegen hörten die entsetzlichen Kriege auf, die vorher das Hochland von Mexiko verwüstet und Zehntausende zum Opferstein gebracht hatten. [...] Der größere Teil der indianischen Bevölkerung atmete erleichtert auf, und er dankte es den neuen Herren durch Treue in mancher Stunde der Not. [...]
Es kann kein Zweifel sein, dass das Sozialprodukt in den spanischen Kolonien erheblich anstieg. Der Pflug erwies sich dem alten Hackbau weit überlegen. Mit Pferd und Maultier war ein Verkehr über weite Strecken möglich, sodass entfernte Gebiete erschlossen werden konnten. Die Haustiere vermehrten sich hier recht schnell. Bald erfüllten riesige Herden von teilweise wieder verwilderten Tieren die endlosen Steppen. Gewürze gab es kaum; Tabak, Kakao und Tomaten waren zunächst keine Exportartikel. Die Kosten der Kolonialverwaltung wurden ausschließlich von der Silberausfuhr gedeckt.

Ernst Samhaber, Weltgeschichte, Gütersloh 1976, S. 332 und 346

M2 „Die Massaker [...] nahmen nie ein Ende"

Der uruguayische Schriftsteller Eduardo Galeano veröffentlicht 1971 eine Geschichte Lateinamerikas, die in den folgenden zwanzig Jahren mehrfach neu aufgelegt und in zahlreiche Sprachen übersetzt wird. 2009 erscheint „Die offenen Adern Lateinamerikas" in neuer Übersetzung in Deutschland:

Die amerikanischen Kolonien waren im Zuge der Expansion des Handelskapitals entdeckt, erobert und kolonisiert worden. Europa streckte seine Arme nach der ganzen Welt aus. Weder Spanien noch Portugal profitierten von dem unaufhaltsamen Vorwärtsschreiten des kapitalistischen Merkantilismus, obwohl es ihre Kolonien waren, die einen Großteil des Goldes und Silbers lieferten, das diese Expansion nährte. [...] Es waren andere europäische Regionen, die den modernen Kapitalismus hervorbrachten, wobei ihnen die Plünderung der Ureinwohner Amerikas von großem Nutzen war. [...] Gold, Silber, Zucker; die koloniale Wirtschaft, die mehr zulieferte als sie konsumierte, entwickelte sich in Abstimmung auf die Bedürfnisse des europäischen Marktes und ihm zu Diensten. Im 16. Jahrhundert war der Wert der lateinamerikanischen Edelmetallexporte während langer Perioden viermal so hoch wie die Einfuhren, die vor allem aus Sklaven, Salz, Wein, Öl, Waffen, Tuchwaren und Luxusartikeln bestanden. Die Rohstoffe flossen den aufstrebenden europäischen Nationen zu, die sie anhäuften. Das war die vorrangige Mission, mit der die ersten Eroberer gekommen waren, wenn sie den aussterbenden Indios darüber hinaus auch die Bibel brachten, mit beinahe so viel Nachdruck wie die Peitsche. Die wirtschaftliche Organisation der spanischen Kolonien hing von jeher ganz vom Außenhandel ab und konzentrierte sich folglich auf den Exportsektor, der Einkünfte und Macht bündelte. [...]

Doch nicht aller Überschuss floss nach Europa ab. Die koloniale Ökonomie finanzierte auch die Verschwendungssucht der Händler, Mineneigentümer und Großgrundbesitzer, die sich den Nießnutz der Arbeit der Eingeborenen und Schwarzen unter dem eifersüchtigen, allmächtigen Blick der Krone und ihrer engsten Verbündeten, der Kirche, untereinander aufteilten. [...] Die herrschenden Klassen hatten nicht das geringste Interesse, die Binnenwirtschaft zu diversifizieren[1] oder das technische und kulturelle Niveau der Bevölkerung anzuheben [...]. [...] *Das Kapital, das nach Abzug des Löwenanteils, der in den primitiven Anhäufungsprozess des europäischen Kapitalismus strömte, in Amerika verblieb, förderte in diesen Regionen keinen zu Europa analogen Prozess, mit dem der Grundstein für eine industrielle Entwicklung gelegt worden wäre, sondern floss in den Bau großer Paläste und imposanter Kirchen, in Schmuck und Kleidung und Luxusgerätschaften, in die Unterhaltung einer großen Dienerschaft und verschwenderischer Feste.* [...]

Die Indios erlitten und erleiden – und bringen damit das Drama ganz Lateinamerikas auf den Punkt – den Fluch ihrer eigenen Reichtümer. Als die goldenen Sandbänke des Río Bluefields in Nicaragua entdeckt wurden, verjagte man umgehend den an den Ufern siedelnden Stamm der Carcas, und so erging es allen Indios in den fruchtbaren Tälern und an Bodenschätzen reichen Landstrichen südlich des Río Bravo[2]. Die Massaker an den Eingeborenen, die mit Kolumbus begannen, nahmen nie ein Ende.

Eduardo Galeano, Die offenen Adern Lateinamerikas. Die Geschichte eines Kontinents. Aus dem Spanischen von Angelica Ammar, Wuppertal ³2012, S. 47-50 und 72 (Hervorhebungen im Original)

[1] **diversifizieren**: ein Unternehmen oder einen Konzern auf verschiedene Wirtschaftszweige umstellen, um von Entwicklungsschwankungen einzelner Branchen unabhängig zu werden

[2] **Río Bravo** (auch Río Grande): Grenzfluss zwischen Mexiko und den USA; südlich dieses Flusses beginnt Lateinamerika

M3 Keine Schwarz-Weiß-Malerei

Der Historiker Reinhard Wendt wägt ab, welche Folgen die Eroberung der neuen Welt für die Ureinwohner hatte:

Der Aufbau formeller Kolonialherrschaft wurde immer wieder von Widerstand begleitet. In den Kernzonen war er zwar nicht erfolgreich, doch das Schwarz-Weiß-Bild von den einheimischen Opfern, die der Willkür kolonialer Täter wehrlos ausgeliefert gewesen seien, lässt sich nicht aufrechterhalten. Manche Bevölkerungsgruppen entdeckten durchaus Vorteile in einer Kooperation mit den Europäern. Da die vorkoloniale Zeit keineswegs frei von Gewalt und Unterdrückung war, fanden Spanier und Portugiesen immer wieder Verbündete. Von den ökonomischen Möglichkeiten, die Kontakte mit dem Westen boten, profitierten auch Einheimische. Für manche mag das Christentum plausiblere Antworten auf geistliche Probleme gegeben haben als vorkoloniale Glaubensvorstellungen. Westliches Wissen erwies sich nicht selten auch für einheimische Interessen als nützlich. [...]

Am anderen Ende der Skala ist das Aussterben amerikanischer Völker zu beklagen, die dem Zusammenstoß mit den Europäern nichts entgegenzusetzen hatten. Versklavung, Arbeitszwang, Ausbeutung in Bergwerken und landwirtschaftlichen Betrieben, der Zusammenbruch gesellschaftlicher und familiärer Strukturen, die eigene Machtlosigkeit und die der Götter, an die man geglaubt hatte – all das trug zur Vernichtung zahlreicher indianischer Ethnien[1] bei. [...] Bei aller Unmenschlichkeit, die man Konquistadoren, Grundbesitzern und Bergwerksbetreibern attestieren muss, lässt sich dieses massenhafte Sterben nicht allein auf Gewalt, Mord oder Krieg zurückführen, zumal die Spanier ein ökonomisch bestimmtes Interesse an der Arbeitskraft und nicht am Tod der Indianer hatten. Entscheidend für die demografische Katastrophe waren Krankheiten wie Pocken, Pest, Typhus, Malaria, Gelbfieber, Grippe, Masern, Mumps oder Diphtherie, die Europäer und Afrikaner eingeschleppt hatten und gegen die das Immunsystem der Indianer wehrlos war.

Reinhard Wendt, Seit 1492: Begegnung der Kulturen, in: Anette Völker-Rasor (Hrsg.), Frühe Neuzeit, Oldenbourg Geschichte Lehrbuch, München 2000, S. 69-86, hier S. 81 f.

1. *Arbeiten Sie heraus, welche Argumente die Autoren anführen, die entweder die These einer „Kulturbegegnung" oder die eines „Kulturzusammenstoßes" stützen.*
2. *Zeigen Sie anschließend anhand von M1 bis M3 die Kontroverse mit ihren jeweiligen Begründungen auf.*
3. *Die Entdeckung Amerikas – Fluch oder Segen für den Kontinent und seine Bewohner? Nehmen Sie Stellung.*

[1] **Ethnien**: Völker oder Völkerschaften (umgangssprachlich)

Renaissance und Humanismus

- Die **Wiederentdeckung der antiken Klassik** ging von den italienischen Stadtstaaten Mitte des 14. Jh. aus und durchdrang bis ca. 1600 das restliche Europa.
- Die erfahrbare **Natur** und der **Mensch** rückten ins Zentrum von Wissenschaft und Kunst.
- Der Universalgelehrte **Leonardo da Vinci** steht idealtypisch für den Renaissancemenschen, der als Maler, Naturforscher und Erfinder bisherige Schranken im Denken überwand.
- Während das mittelalterliche Weltbild von einer festgefügten göttlichen Ordnung ausging, erkannten die Vordenker der Renaissance in den antiken Vorbildern Wege, um die Natur und den Menschen auf der Basis von **Experiment und Beobachtung** vorurteilsfrei verstehen zu lernen.
- Die gelehrten **Humanisten** wie Erasmus von Rotterdam hatten das Ziel, durch das **Studium antiker Texte** eine Weiterentwicklung des Menschen und der Gesellschaft zu fördern.
- In der **Literatur** wurden antike Formen, ausgehend von Petrarca und Boccaccio, weiterentwickelt. In der **Astronomie** setzte sich gegen den Widerstand der Kirche mit Kopernikus, Galilei und Kepler das heliozentrische Weltbild durch. Machiavelli schuf die Anleitung für ein an Machtpolitik orientiertes **Herrschaftsverständnis**.

Reformation, Konfessionalisierung und Staatsbildung

- Bereits im 15. Jh. wuchs die **Kritik am Erscheinungsbild der Kirche** (mangelnde Priesterausbildung, Verweltlichung des Klerus, Gewinnorientierung der Klöster).
- Der Theologe **Martin Luther** prangerte 1517 den **Ablasshandel** in 95 Thesen an und forderte die Rückbesinnung auf das Evangelium als Kern des Glaubens (*sola scriptura*) und das Vertrauen auf die Gnade Gottes (*sola fides*).
- Die römisch-katholische Kirche reagierte mit der Aufforderung an Luther, seine Lehre zu widerrufen, und der **Verhängung des Kirchenbanns**, als Luther dies verweigerte.
- Auf dem **Wormser Reichstag 1521** verhängte Kaiser Karl V., der die Glaubenseinheit im Reich unbedingt erhalten wollte, die **Reichsacht** über Luther. Dieser wurde aber von seinem Landesherrn Friedrich dem Weisen auf der Wartburg in Sicherheit gebracht, wo er die Bibel ins Deutsche und damit in die Volkssprache übersetzte.

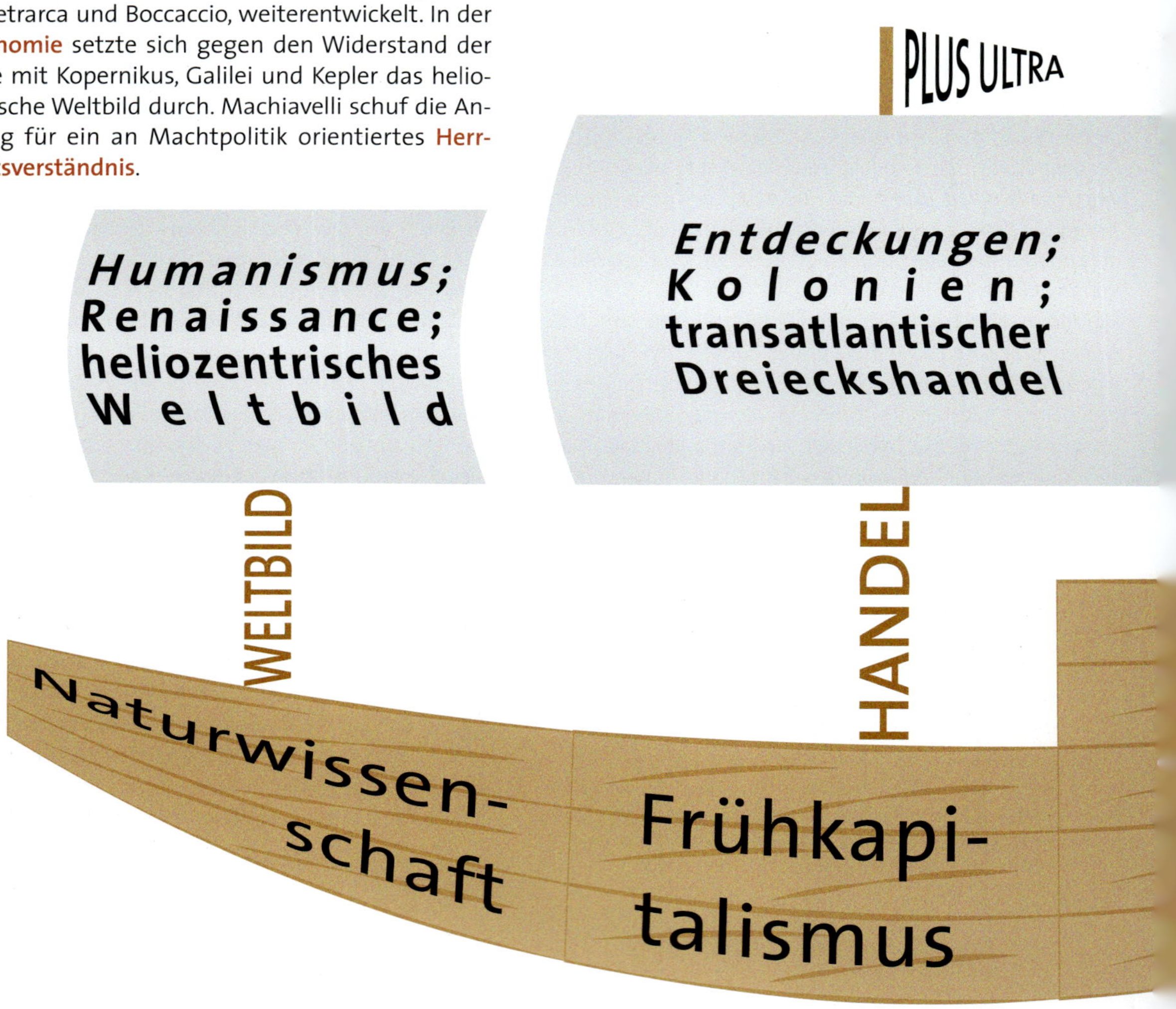

- Mit der **Confessio Augustana**, dem Bekenntnis der protestantischen Reichsfürsten 1530, begann die Ausformung der neuen Konfession, die 1555 im **Augsburger Religionsfrieden** im Heiligen Römischen Reich anerkannt wurde. Jeder Landesherr konnte nun die Konfession in seinem Territorium bestimmen (*cuius regio, eius religio*).
- Mitte des 16. Jh. breitete sich die protestantische Lehre des **Calvinismus** von Genf ausgehend in Europa aus, den Süden ausgenommen. Zentral für den Calvinismus ist der Glaube an die Vorherbestimmung des Menschen zu ewigem Heil oder ewiger Verdammnis (**Prädestinationslehre**).
- Den Prozess im 16. und 17. Jh., in den Fürstentümern mit der religiösen Einheit durch eine der drei christlichen Konfessionen den inneren Frieden einer Gesellschaft zu wahren und die Macht der Fürsten auszubauen, nennt man **Konfessionalisierung**. Sie ebnete den Weg für den frühmodernen Staat mit den ihn tragenden Säulen Verwaltung, Bildungswesen, Militär und Steuersystem.

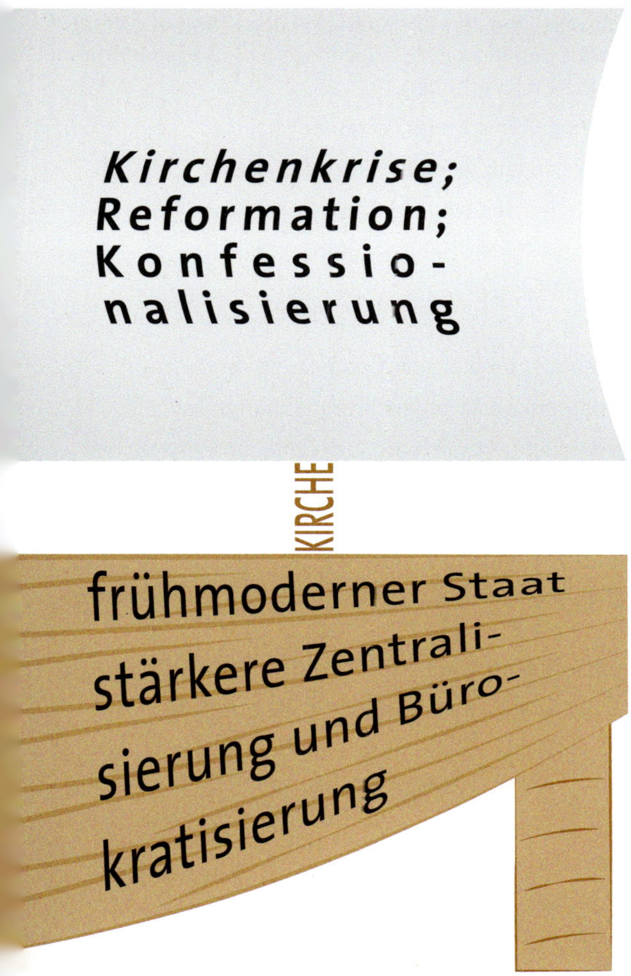

Europäische Expansion und frühneuzeitliche Kolonialisierung

- Mit der **Entdeckung Amerikas durch Christoph Kolumbus 1492** beschleunigte sich die Eroberung und Kolonisation der Neuen Welt, die im **Vertrag von Tordesillas 1494** nach einer päpstlichen Schenkung zwischen Spanien und Portugal aufgeteilt wurde.
- Die Konquistadoren Cortés und Pizarro eroberten 1519-1534 das Azteken- bzw. Inkareich und schufen so die Voraussetzung für die **wirtschaftliche Ausbeutung der Kolonien**. Vor allem Spanien profitierte von den Silberlieferungen aus Mexiko und Peru, wo Indios als Zwangsarbeiter rekrutiert wurden.
- Es bildete sich ein „**Dreieckshandel**“ zwischen Afrika, Amerika und Europa heraus – eine erste Form des globalen Handels. Teil davon waren die Verschleppung von Afrikanern als Sklaven nach Amerika.
- **Frühkapitalistische Handelsformen** zeigten sich im Zusammenspiel von Kapitaleinsatz, Fernhandel und Krediten und machten Familien wie die Medici in Florenz oder die Fugger in Augsburg reich. Abgelöst wurden die Handelshäuser im 17. und 18. Jh. von sogenannten Handelskompanien, die zentrale Kennzeichen heutiger Aktiengesellschaften entwickelten.

1. *Beurteilen Sie, ob man von der Renaissance als dem Beginn der Moderne sprechen kann.*
2. *Beschreiben Sie die Ausbildung des frühmodernen Staates und die Folgen für Herrscher und Beherrschte.*
3. *Diskutieren Sie, inwiefern sich die europäische Expansion von der Globalisierung heute unterscheidet. Nennen und erläutern Sie dabei auch Ähnlichkeiten, die Sie erkennen.*
4. *Nehmen Sie begründet Stellung, ob Sie die Darstellung der Epoche als Schiff für geeignet halten.*

Die geistige und politische Revolution

◂ **„Le Serment du Jeu de Paume."**
Lavierte Federzeichnung auf Papier von Jacques-Louis David, 1791.
Mit seinen Bildern feierte David die Französische Revolution und wurde später von Napoleon zum Hofmaler ernannt.
Diese Zeichnung vom „Ballhausschwur" war als Vorlage für ein Gemälde gedacht, das in einer Größe von 9 x 6 m im Sitzungssaal der Nationalversammlung hängen sollte. Sie gibt nicht den tatsächlichen Hergang der Ereignisse wieder, sondern will durch die Darstellung eines feierlichen Moments, in dem der Präsident der Nationalversammlung die Hand zum Schwur hebt, die Geburtsstunde der Verfassunggebenden Nationalversammlung feiern. So fand beispielsweise die im Vordergrund dargestellte Verbrüderung eines Ordensgeistlichen, eines Weltgeistlichen und eines protestantischen Pfarrers nachweislich nicht statt.

Rationalismus und Aufklärung	**17./18. Jh.**	Rationalismus und Aufklärung prägen Europa. Kritisches Verstandes- und Vernunftdenken, Freiheit, Selbstbestimmung und Toleranz gelten als höchste Werte.
	1651	In seinem Hauptwerk „Leviathan" entwirft der englische Philosoph und Staatstheoretiker Thomas Hobbes eine rationale Begründung (Legitimation) des Staates.
Zeitalter des Absolutismus	**1648 - 1789**	Im Zeitalter des Absolutismus leiten die Fürsten ihre Stellung von Gott ab und regieren weitgehend losgelöst (absolut) von den Gesetzen und den Ständen. Mit der staatlich gelenkten Wirtschaftspolitik des Merkantilismus fördern sie das einheimische Gewerbe, um die Steuereinnahmen zu erhöhen.
	1661 - 1715	König Ludwig XIV., genannt der „Sonnenkönig", regiert Frankreich.
	1690	John Locke begründet das Widerstandsrecht bei einer Willkürherrschaft.
Aufgeklärter Absolutismus	**1740 - 1786**	Friedrich II. regiert in Preußen im Zeichen des aufgeklärten Absolutismus.
	1748	Charles de Montesquieu entwickelt das Prinzip der Gewaltenteilung.
	1762	Jean-Jacques Rousseau fordert die Volkssouveränität, weil er allen Menschen die gleichen Rechte zuerkennt.
	1781	Joseph II. von Österreich leitet sozial- und religionspolitische Reformen ein.
Amerikanische Revolution	**1776 - 1783**	Dreizehn britische Kolonien in Nordamerika erkämpfen ihre Unabhängigkeit.
	1776	Die „Virginia Bill of Rights" wird verkündet und zum Vorbild der inneramerikanischen und europäischen Verfassungsentwicklung.
	1789	Der Verfassungskonvent verabschiedet die Bundesverfassung der Vereinigten Staaten von Amerika. George Washington wird erster Präsident der USA.
Französische Revolution	**17.6.1789**	Die Deputierten des Dritten Standes wandeln die Generalstände in Frankreich in eine Nationalversammlung um.
	14.7.1789	Die städtische Volksbewegung zeigt ihre Macht; in Paris wird die Bastille erstürmt.
	4.8.1789	„Augustbeschlüsse" der Nationalversammlung; die feudalen Privilegien sollen abgeschafft werden.
	1792	Die Monarchie wird abgeschafft und die Republik eingeführt.
	21.1.1793	Ludwig XVI. wird hingerichtet.
	27.7.1794	Robespierre und seine Anhänger werden gestürzt.
	1799	Nach einem Staatsstreich erklärt Napoleon Bonaparte die Revolution für beendet.

Wer schützt das Individuum gegen die wachsende Staatsgewalt? Renaissance und Reformation werteten das Individuum auf und stellten die Autorität der Herrschenden und der Kirche infrage. Aber der Anspruch auf Freiheit führte auch zu Kämpfen und zur Kirchenspaltung. Die frühmodernen Staaten Europas unterbanden nach 1555 (Augsburger Religionsfrieden) die inneren Konflikte und schufen neue, konfessionsgebundene Ordnungen, denen sich die Untertanen anzupassen hatten.

Im Gegensatz zu den Monarchien Spanien, Frankreich und England blieb das Heilige Römische Reich Deutscher Nation nach dem Dreißigjährigen Krieg (1618-1648) ein lockerer Verbund zahlreicher Einzelstaaten. Dort und in Europa setzte sich die Herrschaftsform des Absolutismus durch, in der die Fürsten versuchten, unabhängig von den Ständen zu regieren. Auf der einen Seite entstand im Zeitalter des Absolutismus zwischen 1650 und 1790 der moderne Machtstaat, der das Individuum immer stärker für seine Zwecke disziplinierte. Auf der anderen Seite forderten die Denker der Aufklärung für die Untertanen unveräußerliche Rechte ein, um sie vor der Herrschaftsgewalt zu schützen.

Die absolute Monarchie zeichnete sich aus durch das stehende Heer, regelmäßige Steuern, den Ausbau der Verwaltung und die Schwäche der ständischen Parlamente, die zuvor die Regierung kontrolliert hatten. Damit fiel dem König oder dem Fürsten die Souveränität zu, d.h. die nicht oder nur wenig beschränkte Hoheitsgewalt. Im Dienst der absolutistischen Monarchen erhielt das Bürgertum Zugang zu einflussreichen Ämtern, die bislang den privilegierten Ständen, dem Adel und dem Klerus, vorbehalten waren.

Rationalisten und Denker der europäischen Aufklärung setzten fort, was die Renaissance begonnen hatte. Sie erhoben den Anspruch, die Natur, die Gesellschaft und den Menschen einer voraussetzungslosen Prüfung zu unterziehen, lehnten sich aber nicht mehr direkt an antike Vorbilder an. Sie richteten sich gegen die absolutistische Herrschaft und forderten die Kontrolle und Teilung der Staatsgewalt sowie die Volkssouveränität. Damit begründeten sie nicht nur die moderne Wissenschaft, sondern auch die politische Konzeption eines Bürgers, der seine Rechte gegen den Staat verteidigen konnte.

Im amerikanischen Unabhängigkeitskrieg (1776-1783) erkämpften sich die 13 Kolonien die Unabhängigkeit vom Mutterland Großbritannien, in Frankreich beseitigten die Revolutionäre die Ständeordnung. 1792 wurde die Monarchie abgeschafft und eine Republik eingeführt. Diese wurde von zunehmend radikalisierten Jakobinern gesteuert. Nach dem Ende der Terrorherrschaft folgte mit der Direktoratsverfassung eine Zwischenetappe, bevor Napoleon die Alleinherrschaft errang und 1799 die Revolution für beendet erklärte. Bis dahin hatte letztlich nur das wohlhabende Bürgertum seine wirtschaftlichen und politischen Interessen durchsetzen können.

Im späten 18. Jahrhundert wurden also zentrale moderne staatliche Prinzipien entwickelt. Die amerikanische und französische Verfassung von 1789 und 1791 verankerten grundlegende Menschenrechte und teilten die staatliche Gewalt in eine gesetzgebende, ausführende und richterliche. Beide Verfassungen verfügten außerdem, dass jedes staatliche Handeln an Recht und Gesetz gebunden und das Eigentumsrecht garantiert war. Menschenrechte, Gewaltenteilung und Rechtsstaatlichkeit sind die Grundlagen demokratischer Verfassungen bis heute.

- *Was unterschied die absolute Monarchie König Ludwigs XIV. vom aufgeklärten Absolutismus in Brandenburg-Preußen und in Österreich?*
- *Welche Grundlagen und Prinzipien, die den modernen Verfassungsstaat bis heute prägen, wurden von den Aufklärern formuliert, und von welchem Menschenbild ließen sie sich leiten?*
- *Worin lagen die Ursachen für die bürgerlichen Revolutionen in Amerika und Frankreich?*
- *Welche Trägergruppen handelten aus welchen wirtschaftlichen, sozialen oder politischen Motiven heraus?*
- *Welche Gemeinsamkeiten und Unterschiede lassen sich beim Vergleich beider Revolutionen erkennen?*

Die absolute Monarchie am Beispiel Ludwigs XIV.

▲ **Das Zeichen des Königs.**
Teil des Schlosstors von Versailles. Foto von 1990.
▪ *Ludwig XIV. ging als „Sonnenkönig" in die Geschichte ein. Für ihn stellte die Sonne „das lebendigste und schönste Sinnbild eines großen Herrschers" dar. Nennen Sie mögliche Gründe dafür.*

Absolutismus Der Begriff *Absolutismus* ist abgeleitet aus dem lateinischen „princeps legibus (ab)solutus", was heißt: Der Herrscher ist befreit von den Gesetzen. Damit wird auf seine Machtfülle verwiesen. Denn im Absolutismus hatte der (Allein-)Herrscher prinzipiell die Staatsgewalt inne, er war auch oberster Gesetzgeber und Richter. Ständeparlamente, in denen Adel, Geistliche und Bürger vertreten waren, kontrollierten ihn nicht oder nur wenig.

Die Staatsform des Absolutismus bildete sich im 17. Jahrhundert aus, in dessen Verlauf es Königen und Fürsten in ganz Europa gelang, ihren politischen Willen gegen die Ständeparlamente und gegen den hohen Adel durchzusetzen. Dies geschah mithilfe eines wachsenden Verwaltungsapparates, eines stehenden Heeres und auf der Grundlage von regelmäßigen Steuern. Der Adel und die Kirche wurden mehr und mehr der Hoheitsgewalt des absoluten Herrschers unterworfen. Die Untertanen hatten nach absolutistischer Auffassung kein Recht auf Widerstand. Die Könige und Fürsten leiteten ihre Herrschaft unmittelbar von Gott ab („Gottesgnadentum"). Weil in vielen Staaten Europas von etwa 1650 bis 1790 eine solche absolute Monarchie existierte, sprechen die meisten Historiker vom Zeitalter des Absolutismus.

Die Macht der Herrscher war jedoch nicht völlig uneingeschränkt. Die absolutistischen Fürsten standen zwar über den einfachen Gesetzen, hatten aber die Grundgesetze (z. B. das Eigentumsrecht), das Naturrecht (z. B. Recht auf Leben) und die Gebote der Religion zu achten. Auch die Untertanen waren nicht „absolut" dem Willen des Monarchen unterworfen. Adel und Klerus übten weiterhin niedere Gerichts- und Verwaltungsrechte über diejenigen Bauern aus, denen sie Land verliehen. Der Adel besaß außerdem Vorrechte. Er besetzte die hohen Ämter in der Regierung und in der Armee, auch entzog er sich weitgehend der Besteuerung. Bürger und Bauern bewahrten ihre althergebrachten Sozial- und Lebensformen. Zu diesen Formen gehörten die soziale Organisation in Dorf und Stadt, ausufernde Feste, Wallfahrten und Prozessionen, genauso das Fernbleiben vom Gottesdienst, Fluchen und Saufen. Das alles erwies sich als resistent gegen die Flut königlicher Erlasse. Es gab zu wenige königliche Amtsträger zur Überwachung; und diese mussten zu Pferd oder zu Fuß sehr lange Wegstrecken bewältigen. Außerdem hatten die Herrscher trotz aller Verbote mit dem Widerstand und dem Aufruhr der Bauern zu rechnen.

Der Begriff Absolutismus ist also nicht mit unumschränkter Herrschaftsgewalt gleichzusetzen. Vielmehr bezeichnet er diejenige Staatsform in der europäischen Geschichte, in der Rechtsprechung, Gesetzgebung und Regierungsgewalt in der Hand des Monarchen lagen. Der absolute König besaß somit die Souveränität, d.h. die unbeschränkte, umfassende Staatsgewalt (▸ M1). Der Absolutismus war eine Vorstufe des heutigen souveränen Staates. In unserer parlamentarischen Demokratie liegt die Staatsgewalt prinzipiell beim Volk und im Vollzug aufgeteilt zwischen den obersten Gerichten, dem Parlament und der Regierung.

Ludwig XIV. (1638-1715, genannt „Sonnenkönig"): König von Frankreich. Er entmachtete den alten Adel und regierte weitgehend „losgelöst" von den Gesetzen und den Ständen. Die wirtschaftliche Macht des Landes steigerte er durch die Einführung des Merkantilismus. In zahlreichen Kriegen versuchte er, die Vorherrschaft (Hegemonie) Frankreichs auf dem Kontinent durchzusetzen.

Das Beispiel Ludwigs XIV. Die absolute Monarchie prägte sich vorbildhaft in Frankreich während der Regierung König **Ludwigs XIV.** aus, der von 1661 bis 1715 regierte (▸ M2). Woran lag das?

1. Es war die Person Ludwigs XIV. selbst, der gewissenhaft, kompetent und sehr selbstständig regierte. Ein Berater vermerkte etwas übertreibend: „Der König sieht alles,

hört alles, beschließt alles, befiehlt alles." Ludwig XIV. herrschte und entschied tatsächlich allein, aber nach gründlicher Beratung durch seine Minister und den Staatsrat. Der Satz „L'État c'est moi" („Der Staat bin ich") stammt wohl nicht von ihm, wie oft zu lesen ist. Aber er verdeutlicht die herausragende Stellung des Königs in den Augen der Zeitgenossen. Sie unterschieden noch nicht zwischen Staat und König. Der König verkörperte die Ordnung der Welt und sicherte damit das Wohl der Untertanen.

2. Dass Frankreich schließlich Vorbild der absoluten Monarchie wurde, lag an historischen Erfahrungen. Das Land hatte schwer unter den inneren Kämpfen des mächtigen Hochadels gelitten, zuletzt um 1650. Die Mehrheit der adligen und bürgerlichen Eliten war daher überzeugt, dass nur ein starker König den inneren Frieden sichern konnte. Bei ihm sollte daher die Souveränität liegen.
3. Dass gerade Frankreich in Europa nachgeahmt wurde, ergab sich auch aus seiner Vormachtstellung in Europa, die es im **Französisch-Spanischen Krieg** mit dem Sieg über Spanien (1659) errungen hatte. Frankreich verfügte über die stärkste Militärmacht, stand aber auch an der Spitze der Entwicklung in Wissenschaft, Technik und Kunst. Die Prachtentfaltung am Hof Ludwigs XIV. trieb andere Fürsten zur Nachahmung. Moden in Kleidung und Verhalten, die am französischen Hof üblich waren, fanden weite Verbreitung unter den europäischen Eliten.

Französisch-Spanischer Krieg (1635-1659): Konflikt, der im Rahmen des Dreißigjährigen Krieges (1618-1648) ausgetragen wurde. Der Krieg beendete die fast zweihundertjährige habsburgisch-spanische Vormachtstellung in Europa und leitete die französische Hegemonie auf dem Kontinent ein. Im Pyrenäenfrieden von 1659 musste Spanien Gebiete an Frankreich abtreten. Darüber hinaus wurde das Land innen- und außenpolitisch so geschwächt, dass der Machtverfall Spaniens in Europa nicht länger aufzuhalten war.

Der Hof zu Versailles Der König mit seinem Hof vereinigte also politische Macht und kulturellen Glanz. Das Schloss von Versailles brachte dies sinnfällig zum Ausdruck. Die Baumaßnahmen in einem sumpfigen Gelände südwestlich von Paris dauerten fünf Jahrzehnte. Das Schloss war seit 1682 ständige Residenz der Könige Frankreichs, die bis dahin noch zwischen ihren Schlössern in Paris und an der Loire hin- und hergereist waren, gefolgt von Reitern, Höflingen, Wagen und Sänften, einem Tross von einigen Kilometern Länge. Nun also residierte der König nur noch an einem Ort, auf den das ganze Land die Blicke richten sollte (▸ M3).

In Versailles wurden alle Straßen, Plätze, auch der ausgedehnte Park mit seinen Wegen auf die Schlossanlage in der Mitte ausgerichtet. Im Mittelpunkt der geometrischen Anordnung der Bauten lagen das Paradeschlafzimmer und die Regierungsräume des Königs, sichtbares Zeichen für die zentrale Position des Herrschers im Königreich und im Staatsgefüge. Wie der Bau selbst demonstrierte auch das Hofleben die Erhabenheit des Königs. Prinzen, Bischöfe, hoher Geblütsadel, Minister, Generäle, Gelehrte, Dichter und Künstler lebten monate- oder jahrelang am Hof. Sie nahmen an den großartigen Aufzügen, Empfängen, Bällen, Feuerwerken, den Theater- und Musikdarbietungen, den Jagden und den Glücksspielen teil. Aber sie hatten auch die Verpflichtung, sich einem strengen Zeremoniell zu unterwerfen.

▸ **Ludwig XIV.**
Ölgemälde von Hyacinthe Rigaud, 1701.
Das Gemälde (277 x 194 cm) hing im Thronsaal von Versailles. Dort war es so hoch angebracht, dass die Füße des Königs – der selbst nur etwa 1,60 m maß – auf Augenhöhe der Betrachter waren. Heute befindet es sich im Museum Louvre in Paris.
Das Bild zeigt den König, wie er sich selbst sah und wie er gesehen werden wollte. Beschreiben Sie Aussehen und Haltung des Königs. Analysieren Sie die Wirkungsabsicht des Gemäldes.

▲ **Gründung der „Académie royale des sciences".**
Ölgemälde (348 x 590 cm) von Henri Testelin, 1667. Jean-Baptiste Colbert (links) stellt Ludwig XIV. die Mitglieder der 1666 gegründeten naturwissenschaftlichen Akademie vor. Ihre Mitglieder sollten mit ihren Arbeiten die Wissenschaft und Wirtschaft fördern sowie den Ruhm des Königs und das internationale Ansehen Frankreichs vergrößern.

Filmtipp:
Der König tanzt; Regie: Gérard Corbiau, 2000

Die Zivilisierung der Lebensformen am Hof Der Hof hatte für die absolute Monarchie eine kaum zu überschätzende Bedeutung. Er repräsentierte die Würde des Königs und damit des Staates, und zwar nach innen gegenüber den Untertanen, aber auch nach außen gegenüber den konkurrierenden Mächten. Die verschwenderische Inszenierung dieser Würde beeindruckte und steigerte die politische Wirkung. Daher war der Aufwand, den wir heute noch in den Bauten, Gärten, Möbeln, Teppichen und Kunstgegenständen bestaunen, nicht nur Selbstzweck, sondern auch Teil der Politik.

In Versailles, wie an jedem Hof, liefen die politischen Fäden zusammen. Dort entschieden der König und seine Behörden über die Geschicke des Landes. Der Hof zog mächtige Adlige in seinen Bann, die nun besser in das Staatsgefüge integriert wurden. Deshalb entflammten Adels- und Bürgerkriege bis zum Ende der absoluten Monarchie 1789 in Frankreich nicht mehr. Schließlich konzentrierte der Hof die kulturellen Leistungen und Entwicklungen. Er versammelte die herausragenden Wissenschaftler und Künstler des Landes. Die *Académie royale des sciences* (Königliche Akademie der Wissenschaften) wurde vom Hof aus gegründet, sie förderte gezielt die Naturwissenschaften. Der Dichter *Jean-Baptiste Molière* (1622-1673) konnte seine Komödien zur Aufführung bringen, obwohl sie den Höflingen ein strenges, standesübergreifendes Tugendideal vorhielten. Die zivilisierten höfischen Lebensformen wirkten vorbildhaft für die Oberschichten in Frankreich und Europa. Der „courtisan" (Hofmann) hatte tapfer und hilfsbereit zu sein, lärmenden Streit zu vermeiden, sich Bildung und Umgangsformen anzueignen. Der Bautypus von Versailles, das höfische Zeremoniell, die zivilisierten Lebensformen und Ideale verbreiteten sich mit dem Leitbild der absoluten Monarchie in ganz Europa.

Bürokratie, Steuern, Militär Unter Ludwig XIV. zählte man in Frankreich etwa 40 000 Amtsträger des Königs, die ihr Amt meist gekauft hatten und es vorwiegend als ihre Einnahmequelle betrachteten, weniger als öffentliche Aufgabe. Sie befolgten die Weisungen von oben nur unzureichend. Ludwig XIV. reformierte zunächst die zentrale Regierung des Landes, indem er die Zuständigkeiten besser regelte. Wichtiger noch war, dass er den *Intendanten* in den nun gebildeten rund 30 Verwaltungsbezirken umfassende Vollmachten für die Gerichts-, Steuer-, Militär- und allgemeine Verwaltung übertrug. Das neuartige Amt eines Intendanten besetzte der König überwiegend mit bezirksfremden Bürgerlichen, von denen er sich mehr Gehorsam erhoffte. Der alteingesessene Adel wurde dadurch entmachtet oder verlor seine Ämter. Ihm boten sich durch den Dienst am Hof und im Heer neue Chancen. Um die Intendanten wuchs ein neuer, ebenfalls vom Hof weisungsabhängiger Verwaltungsapparat, der die Aufgaben der traditionellen, oft vererbbaren Ämter übernahm. Dadurch erst wurden eine straffere Lenkung von oben und eine effizientere Verwaltung möglich, die den Willen des Königs besser durchsetzte. Es ist kein Zufall, dass das Wort *Bürokratie*, ein neuer Begriff für die „Herrschaft der Amtsträger", bald nach der Regierungszeit Ludwigs XIV. in Frankreich geprägt wurde.

Infolge der Verwaltungsreformen erzielte der König höhere Steuereinnahmen. Die regelmäßig eingetriebenen Steuern waren vor allem zwischen 1620 und 1680 stark angehoben worden. Um 1680 musste ein französischer Bauer 34 Tage im Jahr arbeiten,

▲ **Spielkartenmanufaktur in Paris.**
Gemälde, um 1680.
Die größere Anzahl von Mitarbeitern erlaubte es, die Fertigung des Produktes in Einzeltätigkeiten zu zerlegen. Durch die Arbeitsteilung unter einem Dach ließen sich mehr Waren kostengünstiger herstellen, weil für die einfachen Arbeitsgänge billige ungelernte Arbeiter, Frauen und Kinder eingestellt wurden und die Zwischentransporte der Halbfertigwaren von Werkstatt zu Werkstatt entfielen.

um seine Steuer zu bezahlen. 1550 waren es nur sieben Tage gewesen. Dabei verblieb stets ein hoher Anteil der Steuern in den Taschen der Steuereinnehmer. Diese wurden nun schärfer kontrolliert, sodass Ludwig XIV. die Erträge schon in wenigen Jahren verdoppeln konnte.

Die Steuern flossen vor allem in die Finanzierung des stehenden Heeres, dessen Umfang von 1665 (45 000) bis 1703 (400 000) enorm anwuchs. Stehende Heere in Friedenszeiten kannte man im 16. und beginnenden 17. Jahrhundert noch nicht. Das französische Heer wurde im Innern gegen revoltierende Bauern eingesetzt, wobei es natürlich auch als beständige Abschreckung wirkte. Vor allem aber eroberte es in den äußeren Kriegen neue Provinzen. Die Heeresreformen Ludwigs XIV. waren ähnlich vorbildhaft wie sein Hof. Er ließ Kasernen und Festungen bauen, führte einheitliche Uniformen und Bewaffnung ein, errichtete Ausbildungsstätten für Offiziere, und er traf Vorsorge für Kriegsinvaliden; das alles hatte es zuvor in diesem Ausmaß noch nicht gegeben.

Wirtschaftspolitik (Colbertismus) ■ Ebenfalls erstmals im großen Maßstab betrieb der Generalkontrolleur der Finanzen, **Jean-Baptiste Colbert**, eine umfassende Wirtschaftspolitik mit dem Ziel, die Einnahmen und den Reichtum des Staates zu steigern. Als Mittel dazu förderte er den Außenhandel und die gewerbliche Produktion im Innern. Hochwertige Waren wurden ausgeführt: Textilien, Wandteppiche, Spiegel, Parfüm, Porzellan, Waffen. Hingegen sorgten Schutzzölle gegenüber Einfuhren für eine aktive Handelsbilanz. Das Ziel war also, mehr zu exportieren als zu importieren. Um die Produktion im Inland zu steigern, begünstigte Colbert die neuartigen *Manufakturen*, in denen, anders als im Handwerksbetrieb, eine Vielzahl von Beschäftigten in Arbeitsteilung große Mengen hochwertiger Waren herstellte. Außerdem beseitigte er einen Großteil der Binnenzölle und verbesserte die Verkehrswege. Der Bau des *Canal du Midi* verband den Atlantik mit dem Mittelmeer. Diese Wirtschaftspolitik, die den Wohlstand des Landes hob, um die Staatseinnahmen zu steigern, nannte man später *Merkantilismus* oder *Colbertismus* (▸ M4).

Colberts planmäßige staatliche Wirtschaftsförderung stieß bald an ihre Grenzen. Frankreich war ein durch und durch agrarisches Land, anders als die traditionellen Handels- und Gewerberegionen Europas, etwa Oberitalien oder die Niederlande. Vor

Jean-Baptiste Colbert (1619-1683): französischer Staatsmann und Begründer des Merkantilismus (Colbertismus) sowie der „Académie royale des sciences“ (1666). Unter Ludwig XIV. sanierte er als Finanzminister den Staatshaushalt, um die hohen Aufwendungen für den königlichen Hofstaat und die Kriege zu finanzieren. Er holte Fachkräfte ins Land und förderte Manufakturen, um teure Importe aus dem Ausland zu vermeiden. Colbert schuf die Basis der französischen Wirtschafts- und Kolonialpolitik.

allem die Niederlande und England behielten gegenüber Frankreich wirtschaftlich die Oberhand, auch in Übersee, in Nordamerika (Kanada), in der Karibik und in Ostasien, obwohl die französische Krone eine energische Ansiedlungs- und Handelspolitik betrieb. Colbert wurde später zu Recht vorgeworfen, die Landwirtschaft vernachlässigt zu haben.

Die Kriege des Königs, die fast drei Jahrzehnte andauerten, führten am Ende zu einer gewaltigen Überschuldung. Auch wirkte sich für die Wirtschaft Frankreichs verhängnisvoll aus, dass Ludwig XIV. 1685 das *Edikt von Nantes* (von 1598) und damit die Rechte der calvinistischen Hugenotten aufhob, weiterhin ihren Glauben auszuüben. Der Katholizismus wurde wieder zur alleinigen Staatsreligion. Mehr als 300 000 der insgesamt etwa eine Million zählenden Hugenotten verließen das Land. Da ein Großteil von ihnen spezielle Fertigkeiten in der Textil- und Luxuswarenherstellung und in anderen Wirtschaftszweigen besaß, machte sich dieser Verlust zum einen für die französische Wirtschaft bemerkbar. Zum anderen lösten die Hugenotten in den Niederlanden, in Brandenburg und in der Schweiz, wohin sie flüchteten, einen Modernisierungsschub aus, der wiederum die Konkurrenten Frankreichs stärkte.

▲ **Bauernfamilie.**
Gemälde (113 x 159 cm) von Louis oder Antoine Le Nain, um 1640/45.

Die Bevölkerung auf dem Land ■ Die Landbewohner machten nahezu 90 Prozent der etwa 20 Millionen Franzosen aus. Sie verfügten als Eigentümer nur über etwa ein Drittel des Grund und Bodens. Zwei Drittel gehörten Adligen, Bürgern oder Klerikern, die das Land selbst bewirtschafteten oder es an Bauern vergaben. Dies geschah zum Teil in Form einer Pacht, zum Teil in Form einer Herrschaftsbeziehung zwischen Grundherren und Bauern. Bei einer solchen Grundherrschaft hatten die Bauern für die Nutzung eines Hofes Natural- und Geldabgaben sowie Dienste zu leisten. Außerdem hatten sie die Bannrechte des Grundherrn zu beachten; sie durften also nur dessen Mühlen, Backhäuser oder Weinpressen gegen Entgelt benutzen. Die Grundherren waren oftmals auch Gerichts- und Polizeiherren der Bauern und überwachten die Einhaltung der öffentlichen Ordnung. Schwere Kriminaldelikte (Mord, Raub, Diebstahl usw.) kamen jedoch vor die Gerichte des Königs.

Die Bauern regelten aber in den Versammlungen der Pfarrbezirke und Gemeinden ihre eigenen Angelegenheiten durchaus selbst. Das betraf Grenzziehungen, die Nutzung des gemeinsamen Grundeigentums (Allmende), die gegenseitige Hilfe nach einem Brand oder Hagelsturm, mitunter sogar die Erhebung von Steuern. Die Intensivierung der königlichen Verwaltung schmälerte die eigenen Zuständigkeiten der Gemeinden, bot aber höhere Rechtssicherheit und schützte besser vor der Willkür der Grundherren. In dieser Hinsicht brachte der absolutistische Staat also Vorteile. Jedoch bedrängte er die Landbewohner im Gegenzug mit wachsenden Steuern. Die Steuerlast, dazu die hohen Abgaben an den Grundherrn und die Zehnten an die Kirche beließen den Bauern oftmals nur das Existenzminimum.

Seit 1624 brachen, beginnend im Südwesten Frankreichs, immer neue Aufstände aus, die erst nach den Erhebungen in der Bretagne 1675 verebbten. In diesem Zeitraum stiegen die Steuern sehr rasch, obwohl wiederholte Erntekrisen und Seuchenzüge die Erträge minderten. Dennoch wurden die Steuern rücksichtslos eingetrieben. Aufstände wurden später selten, weil Ludwig XIV. 1675 und erneut 1702/04 gegen die rebellischen Bauern im Languedoc Truppen einsetzte, mehr noch weil die Intendanten für eine gerechtere Verteilung der Steuerlast sorgten, die außerdem nur noch geringfügig wuchs.

◀ Die Ausstrahlung von Versailles auf die europäischen Schloss- und Stadtanlagen.
■ *Beschreiben Sie, was die Grafik aussagt.*

Die absolute Monarchie in Europa Ludwig XIV. verstand es meisterhaft, seine monarchische Herrschaft propagandistisch aufzuwerten. Auch konnte er tatsächlich Erfolge vorweisen. Frankreich dehnte als führende Macht in Europa sein Staatsgebiet links des Rheins und an der Grenze zu den Niederlanden beträchtlich aus. Die Hofhaltung in Versailles, die Reformen in Verwaltung, Militärwesen und Wirtschaft überzeugten die Staatsmänner und Gebildeten überall in Europa. Deshalb versuchten auch andere europäische Monarchien, zu ähnlichen Lösungen wie Frankreich zu kommen.

Die absolute Monarchie leitete Entwicklungen ein, die für den modernen Staat grundlegend waren. Der König oder der regierende Fürst konzentrierte die Rechte, die man im 19. Jahrhundert als die staatlichen Hoheitsrechte ansah: das Monopol der legitimen Gewaltanwendung, das Monopol der auswärtigen Politik, die Gerichts-, Militär-, Steuer- und Verwaltungshoheit. Die Souveränität lag ausschließlich beim Herrscher. Er und seine Minister konnten die politische Mitsprache des Adels und der Geistlichkeit zurückdrängen, die Verwaltung reformieren und die Wirtschaftskraft stärken. Aber das gelang immer nur unvollkommen. Daher hatten die absoluten Monarchien unterschiedliche Ausprägungen. So erreichten die spanischen Könige nicht mehr, als die regionalen Sonderrechte im Ostteil der Halbinsel zu beseitigen und dadurch die Steuereinnahmen zu steigern. In Deutschland entwickelte Preußen infolge einer wirksamen Verwaltungs-, Militär- und Wirtschaftspolitik ein anerkanntes Muster der absoluten Monarchie. Dagegen kam die Modernisierung Habsburg-Österreichs nur schwer voran, weil es sehr verschiedenartige Länder mit ebenso verschiedenartigen Sonderrechten vereinigte. Die habsburgische Monarchie reichte vom Herzogtum Mailand über Österreich, Böhmen, Ungarn bis nach Belgrad und Siebenbürgen im Osten. Russland wurde um 1700 von Zar **Peter I.** gemäß westlichen Vorbildern modernisiert, jedoch wirkte der Machtfülle des Herrschers die riesige Weite des Landes entgegen.

Überwiegend im Norden Europas findet man die nichtabsolutistischen Vorläufer des modernen Staates. In England, Polen und Schweden teilten die Könige die Macht mit den Großen des Landes, meist den Adligen. Sie bewilligten die Steuern, wirkten bei der Gesetzgebung mit und kontrollierten die Monarchen.

▲ Zar Peter I. in der Kleidung eines holländischen Schiffsbauern.
Anonymes Gemälde, um 1698.

Peter I., der Große (1672-1725): russischer Zar (seit 1682) und Kaiser (seit 1721). Er machte Russland zu einer Großmacht und regierte autokratisch, d.h. in uneingeschränkter Selbstherrschaft. Er setzte zahlreiche Reformen durch und versuchte, das Russische Reich nach Westeuropa zu öffnen.

M1 Jean Bodin über die Souveränität

Der 1530 in Angers geborene Jean Bodin ist zunächst Karmelitermönch, bevor er seit 1561 als Advokat am Pariser Parlament tätig wird. Kurz nach der Veröffentlichung seines Hauptwerkes „Six Livres de la République" wird er in innenpolitische Streitereien verwickelt und muss die Hauptstadt verlassen. Bodin stirbt 1596. Die hier abgedruckten Auszüge stammen aus Buch 1, 8. und 10. Kapitel:

Der Begriff Souveränität beinhaltet die absolute und dauernde Gewalt eines Staates, die im Lateinischen „majestas" heißt. [...] Souveränität bedeutet höchste Befehlsgewalt.[1]
[...] Souveränität wird weder durch irgendeine Gewalt, noch durch menschliche Satzung, noch durch eine Frist begrenzt.
[...] Die Inhaber der Souveränität sind auf keine Weise den Befehlen eines anderen unterworfen, geben den Untertanen Gesetze, schaffen überholte Gesetze ab, um dafür neue zu erlassen. Niemand, der selbst den Gesetzen oder der Befehlsgewalt anderer untersteht, kann dies tun. Darum gilt, dass der Fürst von der Gewalt der Gesetze entbunden ist.
[...] Was allerdings die Gesetze Gottes und der Natur betrifft, so sind alle Fürsten auf dieser Erde an sie gebunden. Es liegt nicht in ihrer Macht, gegen sie zu verstoßen, wenn sie nicht des beleidigenden Aufbegehrens gegen Gott schuldig werden wollen, unter dessen Größe sich alle Monarchen der Welt beugen und vor dem sie ihr Haupt in Furcht und Ehrerbietung neigen müssen. Die absolute Gewalt der Fürsten und Herrschenden reicht nicht an die Gesetze Gottes und der Natur heran.
[...] Was die Grundgesetze der Monarchie angeht, insofern sie unmittelbar mit der Krone verknüpft sind, wie es beim Salischen Gesetz[2] der Fall ist, so darf der Fürst nicht von ihnen abweichen [...], denn auf sie stützt sich und auf ihnen beruht die souveräne Majestät.
[...] Größe und Majestät eines wirklich souveränen Herrschers zeigen sich, wenn die Stände des ganzen Volkes versammelt sind und in aller Untertänigkeit dem Herrscher ihre Anträge und Bitten vortragen, ohne die geringste Befehls- oder Entscheidungsgewalt oder auch nur eine beratende Stimme zu haben. Was der König nach seinem Gutdünken annimmt oder verwirft, befiehlt oder verbietet, hat Gesetzeskraft. [...]

Wenn also ein souveräner Fürst die Naturgesetze nicht verletzen darf, die auf Gott, dessen Abbild er ist, zurückgehen, so darf er fremdes Eigentum nicht konfiszieren, es sei denn, es gibt eine Rechtfertigung und vernünftige Begründung. Diese ist gegeben im Falle eines Kaufes oder Tausches oder für den Fall einer legitimen Konfiszierung im Interesse der Staatserhaltung, um einen sonst nicht zu erreichenden Frieden abschließen zu können.
[...] Das hervorragendste Merkmal der fürstlichen Souveränität besteht in der Machtvollkommenheit, Gesetze für alle und für jeden Einzelnen zu erlassen, [...] ohne dass irgendjemand zustimmen müsste. [...] Diese Gewalt, Gesetze zu machen oder aufzugeben, umfasst zugleich alle anderen Rechte und Kennzeichen der Souveränität [...]: die Entscheidung über Krieg und Frieden, das Recht der letzten Instanz, das Ernennungs- und Absetzungsrecht für die obersten Beamten, das Besteuerungsrecht, das Begnadigungsrecht, das Münzrecht und die Festsetzung des Geldwerts.

Jean Bodin, Über den Staat (Six Livres de la République). Auswahl, Übersetzung und Nachwort von Gottfried Niedhart, Stuttgart 1976, S. 19 f., 24 ff., 28 f., 37 und 42 f.

1. *Arbeiten Sie anhand des Textes die Bedeutung des Begriffes „Souveränität" heraus.*
2. *Erläutern Sie, welche Rechte und Freiheiten dem Inhaber der Souveränität zustehen und welche Schranken ihm gesetzt sind.*

[1] In der lateinischen Fassung lautet die berühmte Souveränitätsformel, aus der sich die Epochenbezeichnung des Absolutismus herleitet: Majestas est summa in cives ac subditos legibus soluta potestas = Die Souveränität ist die höchste und von den Gesetzen entbundene Gewalt über Bürger und Untertanen.
[2] Das **„Salische Gesetz"** regelte die französische Thronfolge: Erbfolge ausschließlich für den Erstgeborenen und nur über die männliche Linie.

M2 Der Herzog von Saint-Simon beurteilt Ludwig XIV.

Der Herzog Louis von Saint-Simon hat seit 1694 „Mémoires" („Denkwürdigkeiten") zum Hof und zur Regierung Ludwigs XIV. verfasst, die erst 1788 gedruckt erscheinen. Aus Enttäuschung, weil ihm der König kein hohes politisches Amt überträgt, verlässt er 1702 den Hof. Er tritt später für die Rechte der Stände und des hohen Adels ein, dem er selbst angehört. Über Ludwig XIV. heißt es bei Saint-Simon:

Der König forderte die ständige Gegenwart nicht nur des gesamten hohen, sondern auch des niederen Adels bei seinem Lever[1], bei seinem Coucher[2], bei seinen Mahlzeiten, wenn er durch die „Appartements"[3] ging oder bei den Spaziergängen in den Gärten von Versailles, auf denen ihn nur einige Höflinge begleiten durften, immer und überall ließ er die Blicke wachsam nach rechts und nach links schweifen, er sah und bemerkte einen jeden, keiner entging seiner Auf-

[1] **Lever**: Zeremonie beim Aufstehen
[2] **Coucher**: Zeremonie beim Zubettgehen
[3] Hier sind Zimmerfluchten im Schloss gemeint.

merksamkeit, selbst jene nicht, die nicht die geringste Hoffnung hegten, gesehen zu werden; er registrierte genauestens die Abwesenheit derer, die zum Hof gehörten, oder derer, die nur vorübergehend zu erscheinen pflegten; er rechnete die allgemeinen und besonderen Ursachen dieses Nichterscheinens zusammen, und er versäumte keine Gelegenheit, die Betreffenden dementsprechend zu behandeln. [...]

Seine Neugier bewog ihn, dem Polizeipräfekten unerhörte Vollmachten zu gewähren. Die Polizeibeamten wurden in Frankreich mehr als die Minister – ja sogar von diesen selbst – gefürchtet, und jedermann, auch die Prinzen von Geblüt, nahm die größte Rücksicht auf sie. Der König erhielt von ihnen nicht nur sachliche Berichte, er ließ sich zu seinem Vergnügen auch noch sämtliche Pariser Liebeshändel und Skandalgeschichten erzählen.

Aber das schlimmste Auskunftsmittel, dessen sich der König bediente, war das Öffnen der Privatbriefe; dies geschah lange Zeit, ohne dass man das Geringste davon ahnte. [...]

Niemand verstand es, Gunstbeweise mit größerer Anmut zu spenden und dergestalt den Preis seiner Wohltaten zu erhöhen; niemand vermochte seine Aussprüche, sein Lächeln, ja sogar noch seine Blicke so teuer zu verkaufen wie er. Durch die Unterschiede, die er machte, und durch sein majestätisches Gebaren verlieh er allem eine gewisse Kostbarkeit, wozu die Seltenheit und die Kürze seiner Bemerkungen nicht wenig beitrugen. Sobald er sich mit der belanglosesten Frage jemandem zuwandte, richteten sich die Blicke aller Umstehenden auf den Betreffenden; es war dies eine Auszeichnung, die man zur Kenntnis nahm und die stets zur Erhöhung des Ansehens beitrug. So verhielt es sich mit all den Aufmerksamkeiten, den Auszeichnungen und Bevorzugungen, die er nach Maßgabe verteilte. Niemals ließ er sich hinreißen, jemandem ein beleidigendes Wort zu sagen, und wenn er jemanden zu ermahnen oder zu tadeln hatte – was selten der Fall war –, so tat er es immer in freundlichem Ton, niemals barsch oder im Zorn.

Zitiert nach: Sigrid von Massenbach (Übers. u. Hrsg.), Die Memoiren des Herzogs von Saint-Simon, Frankfurt am Main/Berlin 1991, S. 290-292

1. *Der Herzog von Saint-Simon war kein unvoreingenommener Beobachter, aber er wird überwiegend durch andere Quellen bestätigt. Entwerfen Sie ein Bild der Herrscherpersönlichkeit Ludwigs XIV.*
2. *Erläutern Sie, wie sich das Verhalten des Königs auf die Hofangehörigen auswirkte.*
3. *Erklären Sie, warum der Hof ein so geeignetes Instrument war, den Adel in die Monarchie einzufügen.*

M3 Die Bilanz Ludwigs XIV.

Der Historiker Klaus Malettke (geb. 1936) zieht eine Bilanz der Regierung des „Sonnenkönigs“:

Unter Ludwig XIV. wurde der monarchische Absolutismus in Frankreich ausgebaut und verfestigt. Die königliche Zentralverwaltung und die Provinzialadministration wurden effektiviert. Zu Recht ist der endgültige Auf- und Ausbau eines straffen Netzes von etwa dreißig Intendanten, die als jederzeit abberufbare Funktionsträger des Königs in den Provinzen und als Gegengewicht gegen die traditionellen Amtsträger (officiers) und partikulare Gewalten etabliert wurden, als eine der bedeutendsten innenpolitischen Entwicklungen der Herrschaft Ludwigs XIV. bezeichnet worden. Ebenso gehören die Gesetzgebungswerke des Königs auf dem Gebiet der Rechtspflege, des Forstwesens, des Handels, der Handelsschifffahrt und des Sklavenhandels zu den großen Leistungen seiner Regierung.

Über diesen Erfolgen dürfen aber nicht die Grenzen seiner Leistungen auf dem Felde der Innenpolitik verkannt werden. Die [...] strukturellen Gegebenheiten und die aggressiven außenpolitischen Ambitionen des Königs, die besonders nach 1672 deutlich werden, setzen den Reformimpulsen ein vorzeitiges Ende. Dies hatte zur Folge, dass die Rechts- und Verwaltungsreformen und die vielfältigen merkantilistischen Förderungsmaßnahmen kein dauerhaftes und in die Zukunft weisendes Bündnis eingehen konnten. Vielmehr erwies sich auch im Frankreich Ludwigs XIV., dass die langfristigen merkantilistischen Konzepte durch die Kriegs- und Repräsentationspolitik des Königs zugunsten kurzfristiger fiskalischer Vorteile instrumentalisiert wurden.

Klaus Malettke, Ludwig XIV. von Frankreich. Leben, Politik und Leistung, Göttingen 1994, S. 156 f.

1. *Erklären Sie, was der Autor mit „kurzfristige[n] fiskalische[n] Vorteile[n]“ (Zeile 26 f.) meint.*
2. *Überprüfen Sie Malettkes Urteil anhand der Informationen aus dem Verfassertext.*

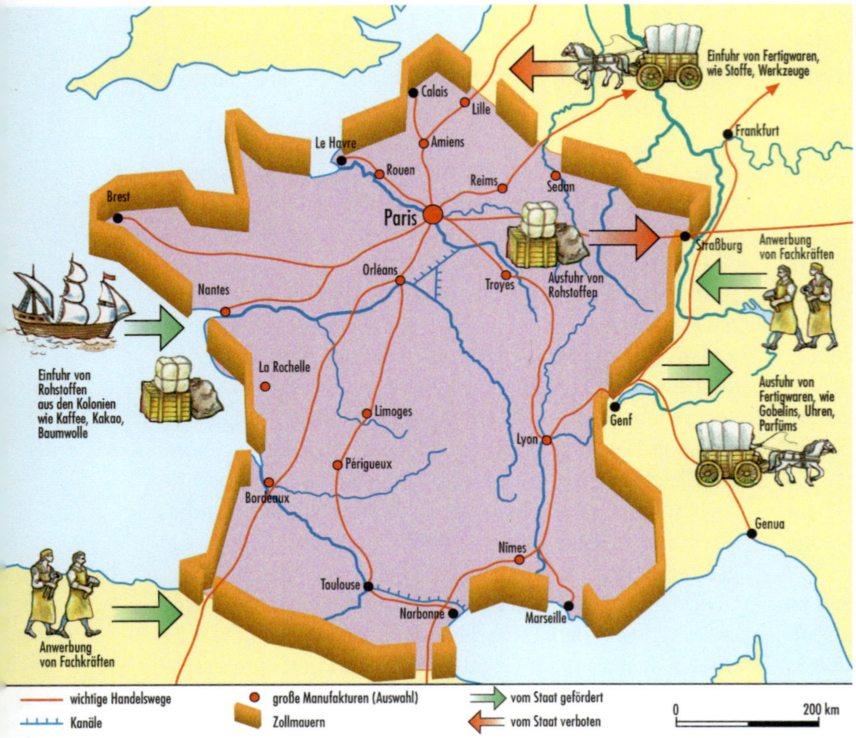

▲ **Wie die merkantilistische Wirtschaft funktionieren sollte.**

M4 Grundsätze der Colbert'schen Wirtschaftspolitik

Jean-Baptiste Colbert (1619-1683), seit 1665 unter Ludwig XIV. Oberkontrolleur der Finanzen, verfasst 1664 eine Denkschrift, in welcher er die Grundlagen staatlicher Wirtschaftspolitik darlegt. Viele der Vorschläge werden in den nachfolgenden Jahrzehnten verwirklicht. Colbert schreibt:

Ich glaube, man wird ohne Weiteres in dem Grundsatz einig sein, dass es einzig und allein der Reichtum an Geld ist, der die Unterschiede an Größe und Macht zwischen den Staaten begründet. Was dies betrifft, so ist es sicher, dass jährlich aus dem Königreich einheimische Erzeugnisse (Wein, Branntwein, Weinessig, Eisen, Obst, Papier, Leinwand, Eisenwaren, Seide, Kurzwaren) für den Verbrauch im Ausland im Wert von 12 bis 18 Millionen Livres hinausgehen. Das sind die Goldminen unseres Königreiches, um deren Erhalt wir uns sorgfältig bemühen müssen. [...] Außer den Vorteilen, die die Einfuhr einer größeren Menge Bargeld in das Königreich mit sich bringt, wird sicherlich durch die Manufakturen eine Million zurzeit arbeitsloser Menschen ihren Lebensunterhalt gewinnen. Eine ebenso beträchtliche Anzahl wird in der Schifffahrt und in den Seehäfen Verdienst finden, und die fast unbegrenzte Vermehrung der Schiffe wird im gleichen Verhältnis Größe und Macht des Staates vermehren. Dies sind die Ziele, nach denen der König meines Erachtens aus guter Gesinnung und Liebe zu seinem Volk streben sollte. Als Mittel, sie zu erreichen, schlage ich vor: Durch einen Conseilbeschluss[1] mit Beteiligung des Königs möge Seine Majestät allen Untertanen seinen Entschluss verkünden. Alle im Dienst des Königs Stehenden sollen die Vorteile, die den Untertanen des Königs daraus erwachsen, öffentlich erörtern; die am Hof erscheinenden Kaufleute sollten mit allen Anzeichen der Gewogenheit und des guten Willens empfangen, in allen Angelegenheiten ihres Handels unterstützt und zuweilen, wenn sie mit wichtigen Angelegenheiten kommen, im Conseil Seiner Majestät gehört werden. [...] Es sollte jährlich eine bedeutende Summe für Wiederherstellung der Manufakturen und die Förderung des Handels durch Conseilbeschluss ausgeworfen werden. Desgleichen bezüglich der Schifffahrt: Zahlung von Gratifikationen[2] an alle, die neue Schiffe kaufen oder bauen oder große Handelsreisen unternehmen. Die Landstraßen sollten ausgebessert, die Zollstationen an den Flüssen aufgehoben, die kommunalen Schulden weiterhin abgelöst werden. Man bemühe sich unablässig, die Flüsse im Innern des Königreiches schiffbar zu machen, soweit sie es noch nicht sind; man prüfe sorgfältig die Frage einer Verbindung der Meere.

Zitiert nach: Fritz Dickmann (Bearb.), Renaissance, Glaubenskämpfe, Absolutismus. Geschichte in Quellen, Bd. 3, München ^{3}1982, S. 448

1. *Stellen Sie die Ziele und Mittel Colbert'scher Wirtschaftspolitik aus dem Text und der Karte zusammen.*

2. *Der schottische Wirtschaftsphilosoph Adam Smith schreibt 1776: „Räumt man alle Begünstigungs- und Beschränkungssysteme völlig aus dem Weg, so stellt sich die natürliche Freiheit in der Wirtschaft von selbst her und die Wirtschaft eines Landes wird so am besten blühen. Das Staatsoberhaupt wird so ganz von der Pflicht entbunden, den Gewerbefleiß der Untertanen zu überwachen und in den Wirtschaftsablauf einzugreifen." Vergleichen Sie den Grundgedanken von Adam Smith mit dem entsprechenden Grundsatz von Colbert. Welche Einwände hätte ein Verfechter des Merkantilismus gegen den Vorschlag von Adam Smith erhoben?*

[1] **Conseilbeschluss**: Beschluss des königlichen Rates
[2] **Gratifikation**: zusätzliches Entgelt zu besonderen Anlässen

Der englische Parlamentarismus bis zur Glorious Revolution

Voraussetzungen In England konkurrierte das Parlament mit dem König. Parlamente als Vertretungen der Stände, nämlich der Adligen, der Bürger und der Kleriker, waren auch in den absoluten Monarchien nicht ganz verschwunden. Dort hatten sie jedoch nur noch formell, nicht mehr wirklich die Rechte, Steuern zu bewilligen und an der Gesetzgebung mitzuwirken. In England dagegen verteidigten die beiden Kammern des Parlaments, das *House of Lords* (Oberhaus) und das *House of Commons* (Unterhaus), ihre starke Stellung gegenüber dem König. Sie konnten sich auf die *Magna Charta Libertatum* aus dem Jahr 1215 berufen, die der königlichen Willkür Grenzen setzte. Der König konnte nur dann Steuern erheben und Gesetze erlassen, wenn das Parlament nach Beratung zustimmte. Die beiden Kammern sprachen prinzipiell für das ganze Land, vertraten aber tatsächlich die Interessen ihrer Mitglieder, nämlich der Hochadligen (*Lords*), des „gewöhnlichen" Landadels (*Gentry*) und der großen Kaufleute. Sie hatten zwei wichtige Anliegen: zum einen die Begünstigung von Landbesitz und Handel, zum anderen die Bewahrung der Konfession.

Die Wirtschaft in England war weniger durch überkommene Rechts- und Herrschaftsverhältnisse eingeschränkt als in den Monarchien des Kontinents. Die Gesetzgebung nach 1550 erhöhte die ohnehin guten Marktchancen, die sich für die englische Gentry in der Landwirtschaft und im Überseehandel ergaben. Das sollte in den Augen des Parlaments so bleiben. Außerdem wünschten der Adel und die Mehrheit im Land das Fortbestehen der 1535 begründeten Kirche von England. Die förmliche Lossagung von Rom hatte dem Adel zwei Drittel des vormaligen englischen Klosterguts eingebracht. Die Erwerbungen standen auf dem Spiel, wenn das Land wieder katholisch wurde. Aber da war noch ein anderes Problem: Von der Kirche Englands lösten sich mehr und mehr die *Puritaner*, deren Name vom lateinischen „puritas", Reinheit, abgeleitet ist. Sie verlangten eine radikalere Abkehr von altkirchlich-katholischen Traditionen als die Kirche von England und kritisierten z.B. die unveränderte altkirchliche Organisation mit dem Anspruch der Bischöfe, in der Nachfolge der Apostel zu stehen. Die Mehrheit des Parlaments jedoch verfolgte langfristig das Ziel, die Kirche von England zu erhalten. Die Parlamentarier wollten weder zurück zur katholischen Kirche noch eine Auflösung der gesamtenglischen Bischofskirche.

Mehrheitlich verfolgten Adlige und Bürger also konservative Ziele, nämlich die Wirtschaftsform und die Konfession so zu bewahren, wie sie im 16. Jahrhundert entstanden waren. Die politischen Entscheidungen traf aber auch in England der König, das Parlament konnte nur reagieren. Seit 1603 herrschte König *Jakob I.* aus der Dynastie der *Stuarts*, die bis dahin in Schottland regiert hatten und nun erstmals England (mit Irland) und Schottland in Personalunion vereinigten. Der Stuartkönig missachtete wiederholt die Rechte des Ober- und Unterhauses. Diese erzwangen indessen unter seinem Nachfolger *Karl I.* 1628 die *Petition of Right*, die nachdrücklich das Recht der Steuerbewilligung durch das Parlament bestätigte und willkürliche Verhaftungen verbot.

Bürgerkrieg und Ende Karls I. Der König jedoch fügte sich nicht, sondern erhob eigenmächtig neue Abgaben und baute seine zentrale Verwaltung auf Kosten der Gentry aus, die im Unterhaus stark vertreten war. Außerdem straffte er als Oberhaupt der Kirche von England die Kirchenorganisation, die er nun auch den (calvinistisch-)purita-

▲ **Die Hinrichtung Karls I.**
Ausschnitt aus dem Gemälde eines unbekannten Künstlers, um 1649.

- *Laut Überlieferung war der Schauplatz der Enthauptung durch Soldaten und ein schwarzes Tuch weitgehend abgeschirmt. Begründen Sie, warum der – wahrscheinlich schottische – Maler dennoch das Volk teilhaben ließ.*

nischen Schotten aufzwingen wollte. Als sich diese erhoben, verweigerte das Unterhaus dem König die Hilfe und verabschiedete 1641 ein Dokument, das die Souveränität dem Parlament übertrug und die hierarchische anglikanische Bischofskirche auflöste. Darüber brach der Bürgerkrieg aus, der zugleich eine Revolution gegen das Königtum war.

Der traditionell royalistische Adel im Norden und Westen hielt weithin dem König die Treue, während der Osten und Süden mit den Handelsstädten, allen voran London, das Parlament unterstützte. Die Royalisten unterlagen 1645 dem schlagkräftigen Heer der Parlamentarier, das *Oliver Cromwell*, ein Adliger des Unterhauses, organisiert und geführt hatte. Der Sieg jedoch spaltete das mittlerweile puritanisch besetzte Unterhaus in Presbyterianer und in Independenten. Die Presbyterianer, deren Name vom griechischen „presbýteros“, der (Kirchen-)Älteste, abgeleitet ist, wollten den landesweiten Kirchenverband beibehalten. Dagegen lehnten die Independenten (aus engl. „independent“, unabhängig) jede überregionale Kirchenorganisation ab; die einzelnen Gemeinden sollten ihre Unabhängigkeit bewahren. Die Minderheit der Independenten, die freilich das Heer auf ihrer Seite hatten, setzte sich durch. Um endgültig auch den König auszuschalten, verurteilten sie Karl I. wegen Tyrannei zum Tod und ließen ihn 1649 hinrichten.

Von der Republik zur Restauration Die Sieger erklärten England 1649 zum „*Commonwealth*“, das „durch die Repräsentanten des Volkes im Parlament, ohne König und Oberhaus“ regiert wurde. Damit war England Republik, auch wenn der unpopuläre Begriff vermieden wurde; die Republik galt als schlechte Staatsform. Tatsächlich hatten ohnehin Cromwell und die Armee die Macht. Dies kam 1653 in einer Verfassung zum Ausdruck, die Cromwell zum „Lord Protector“ und damit faktisch zum Militärdiktator machte. Den Königstitel, den ihm das Parlament 1657 anbot, wies er jedoch zurück. Auch Schottland und Irland wurden in die neue Protektoratsverfassung einbezogen. In der Außenpolitik errang Cromwell zur gleichen Zeit triumphale Siege gegen die Kolonialmächte Holland und Spanien. Sie begründeten die Weltgeltung Englands zur See.

Nach Cromwells Tod 1658 übernahm wieder das Parlament die Führung, das unter der Militärdiktatur geringe Mitbestimmungsrechte hatte. Es zog aus den Bürgerkriegen die Konsequenz, dass das Land einen starken König brauchte. Aber er sollte durch ein starkes ständisches Parlament in die Schranken gewiesen werden. Daher wurde der Sohn Karls I. 1660 als *Karl II.* zum neuen König erhoben. Man bezeichnete die Wiedereinsetzung der Stuarts als „Restauration“, die „Wiederherstellung“ des früheren, durch die Revolution unterbrochenen Zustands. Die Staatskirche stützte weiterhin den König, ließ aber den Puritanern und den Katholiken einen gewissen Freiraum. Dennoch wanderten viele „Dissenters“ („Abweichler“), die nicht der Kirche Englands angehörten, nach Amerika aus.

▲ **Oliver Cromwell (1599-1658).**
Porträt von Peter Lely, 1654. Der Puritaner Cromwell glaubte an die (göttliche) Auserwähltheit Englands.

Neuerliche Konflikte zwischen Krone und Parlament hatten 1679 die *Habeas-Corpus-Akte* zur Folge, die Schutz vor willkürlicher Verhaftung durch königliche Beamte garantierte (▸ M1). Da der katholische Stuartkönig *Jakob II.*, der Bruder Karls II., schließlich eine bedrohlich katholikenfreundliche Politik betrieb, setzte ihn das Parlament 1689 ab.

Die „Glorious Revolution" und die Folgen Die Absetzung war Teil eines Vorgangs der Jahre 1688/89, den die Briten *„Glorious Revolution"* nennen; „glorreich", weil kein Blut vergossen wurde.

Was war geschehen? Jakob II. besetzte rechtswidrig hohe Ämter mit Katholiken. Nach der Geburt eines Thronfolgers im Juni 1688 befürchteten Mitglieder des Parlaments eine katholische Dynastie und eine allgemeine Rekatholisierung des Landes. Daher riefen sie den protestantischen *Wilhelm von Oranien*, den Erbstatthalter der Vereinigten Niederlande, zu Hilfe, der im November 1688 mit einer Flotte in England landete und rasch die Sympathie von Armee und Bevölkerung gewann. Jakob II. floh nach Frankreich. Ein neu gewähltes Parlament übertrug nach der Absetzung des Stuartkönigs dem Oranier Wilhelm (III.) die englische Krone.

▲ Wilhelm von Oranien und Maria, Tochter Jakobs II., werden als Herrscherpaar eingesetzt.
Ausschnitt aus einem Kupferstich von James Northcole, 1790.

Ein revolutionärer Umsturz war das nicht, vielmehr der gelungene Versuch, die Ziele der Restauration von 1660 mit einem anderen König und einer anderen Dynastie durchzusetzen. Wie bisher sollte neben dem König ein starkes Parlament stehen. Die Staatskirche bestand unverändert weiter. Diese Ziele entsprachen den Interessen des konservativen grundbesitzenden Adels, der seine politische Macht und die Konfession des Landes absicherte. Die Gentry besetzte regelmäßig mehr als die Hälfte der 500 Sitze des Unterhauses. Im Oberhaus saßen am Ende des 17. Jahrhunderts rund 180 Mitglieder („Lords"), hohe Adlige (*Peers*) und Geistliche, die meist den König unterstützten. Diejenigen, die Handel, Finanzgeschäfte und Gewerbe betrieben, vor allem Bürgerliche, waren jedoch von der Mitsprache nicht ausgeschlossen. Auch blieb die soziale Mobilität zwischen Adel und höherem Bürgertum erhalten, die in England weit höher war als auf dem Kontinent.

Die *„Bill of Rights"*, 1689 vom Parlament zum Gesetz erhoben und vom neuen König Wilhelm III. gebilligt, legte das Fundament für eine ständisch-konstitutionelle Monarchie (▸ M2). Demgemäß beging der König künftig einen Rechtsbruch, wenn er ohne Einwilligung des Parlaments Gesetze aufhob, Steuern einzog und ein stehendes Heer unterhielt. Der König entschied allerdings weiterhin über die Ernennung der Minister, die Einberufung des Parlaments, die Außenpolitik und damit über Krieg und Frieden.

Noch war 1689 die Souveränitätsfrage des „king in parliament" nicht entschieden. Hatte der König oder das Parlament die letzte Entscheidungsgewalt? Die Regierungspraxis begünstigte den König. Aber seine Herrschaft beruhte auf einem Vertrag, nicht mehr auf dem Gottesgnadentum. Das Parlament verfügte über die Steuern und das stehende Heer und hatte somit ein stets wirksames Kontrollrecht. Es wurde insbesondere vom Unterhaus ausgeübt, das regelmäßig neu gewählt werden musste, ab 1716 alle sieben Jahre. Nur wer Besitz hatte, durfte wählen. Der Wahl- und Besetzungsmodus änderte sich im 18. Jahrhundert nicht, wodurch der Einfluss des Landadels und der städtischen Unternehmer, aber auch die Stellung des Parlaments gefestigt wurde. Dies trug entscheidend dazu bei, dass sich in der Praxis die eigentliche Regierungsgewalt vom König zum Parlament hin verlagerte.

◄ **Cromwell-Statue in Westminster, London (errichtet 1899).**

- *Beschreiben Sie die Darstellung Oliver Cromwells.*
- *Sie sind vom Rat der Stadt London, der die Beseitigung des Denkmals erwägt, beauftragt, die Bedeutung Cromwells zu beurteilen. Verfassen Sie ein Gutachten.*

M1 Habeas-Corpus-Akte vom 27. Mai 1679

Im Mittelalter konnte der englische König jeden Bürger inhaftieren lassen. Die Befugnisse und Grenzen der Macht des Königs sind zwischen Krone und Parlament je nach Machtverhältnis ausgehandelt worden. Seit der Magna Charta von 1215 kommt es immer wieder zu wichtigen Urkunden, die die persönliche Freiheit der Engländer sichern.

Wann immer eine oder mehrere Personen einen an einen Sheriff, Kerkermeister, Beamten oder an eine sonstige Person, in deren Gewahrsam sie sich befinden, gerichteten Habeas-Corpus-Erlass vorweisen und der besagte Erlass dem besagten Beamten überreicht oder im Kerker oder Gefängnis bei irgendeinem Unterbeamten oder Unterkerkermeister oder bei den Stellvertretern der besagten Beamten oder Kerkermeister hinterlassen wird, so müssen der besagte Beamte oder die besagten Beamten oder seine oder ihre Unter-Beamten, Unter-Kerkermeister und Stellvertreter innerhalb von 3 Tagen nach der vorerwähnten Überreichung des Erlasses (sofern es sich bei der besagten Verhaftung nicht um Verrat oder Treubruch handelt und dies im Haftbefehl klar und besonders zum Ausdruck kommt) den Erlass sowie den so Verhafteten oder Eingesperrten leibhaftig zu dem oder vor den derzeitigen Lordkanzler oder Lordsiegelbewahrer von England oder die Richter oder Barone des besagten Gerichtshofes, von dem der besagte Erlass ergangen war, oder vor eine solche andere Person oder vor solche andere Personen, denen der Erlass gemäß den darin enthaltenen Vorschriften wieder zugestellt werden muss, bringen oder bringen lassen – und zwar gegen Zahlung oder Angebot der Zahlung der Unkosten der Überführung des Gefangenen (welche durch den Richter oder Gerichtshof, die sie zuerkannten, festgestellt und auf dem Erlass vermerkt werden müssen und 12 Pence pro Meile nicht übersteigen dürfen) und gegen Sicherheitsleistung durch einen von dem Gefangenen selbst in Höhe der Kosten für seine Rückführung ausgestellten Schuldschein (falls er von dem Gerichtshof oder Richter, vor den er gemäß der wahren Absicht dieses Gesetzes gebracht wird, in die Haft zurückgesandt wird) sowie gegen die Versicherung, dass er auf dem Wege keinen Fluchtversuch unternehmen werde; und sie müssen dann auch die wahren Gründe seiner Haft oder Einkerkerung bescheinigen, es sei denn, die Verhaftung der besagten Person sei an einem Orte erfolgt, der mehr als 20 Meilen von dem Ort oder den Orten entfernt ist, an dem ein solches Gericht oder eine solche Person wohnt oder wohnen wird; und wenn die Entfernung größer als 20 Meilen ist, jedoch 100 Meilen nicht überschreitet, muss dies innerhalb von spätestens 10 Tagen, wenn sie größer ist als 100 Meilen, innerhalb von spätestens 20 Tagen, nach der oben erwähnten Überreichung [des Erlasses] geschehen.

Zitiert nach: www.verfassungen.eu/gb/gb1679.htm [20.10.2016]

1. *Fassen Sie den Inhalt der Bestimmungen in einem Satz zusammen.*
2. *Erläutern Sie die Bedeutung des Gesetzes für die englische Monarchie.*
3. *Recherchieren Sie unter dem Stichwort „Untersuchungshaft", wie die Strafverfolgung in der Bundesrepublik geregelt ist, und vergleichen Sie die Verfahren.*

▲ **Die Landung Wilhelms III. von Oranien in Torbay im Jahre 1688.**
Gemälde von William Turner (1832).
Turners Gemälde zeigt den König vor dessen triumphaler Ankunft in Torbay an der südenglischen Küste.

- *Beschreiben Sie das Gemälde.*
- *Erläutern Sie, inwiefern die Stilisierung Wilhelms als „Retter Englands“ zum Ausdruck kommt.*

M2 Die „Bill of Rights“ vom 23. Oktober 1689

Die „Bill of Rights“ wird 1688 von einem neu berufenen Parlament entworfen, im Februar 1689 von König Wilhelm III. und Königin Maria angenommen, im Oktober vom Parlament als Gesetz mit der Bezeichnung verabschiedet: „An Act declaring the rights and liberties of the subject and settling the Succession to the Crown“.

Die geistlichen und weltlichen Lords und die Gemeinen haben sich aufgrund von Ladungen und Wahlen heute in einer vollzähligen und freien Vertretung der Nation versammelt und aufs Sorgsamste die besten Maßregeln zur Erlangung des vorgenannten Zieles in ernste Erwägung genommen. Sie erklären daher zuerst (so, wie es ihre Vorfahren im gleichen Falle gewöhnlich getan haben) zur Sicherung und Wahrung ihrer alten Rechte und Freiheiten:

I. Die angemaßte Befugnis, kraft königlicher Autorität ohne Zustimmung des Parlaments Gesetze oder die Ausführung von Gesetzen auszusetzen, ist ungesetzlich.

II. Die angemaßte Befugnis, durch königliche Autorität Gesetze oder die Ausführung von Gesetzen aufzuheben, wie sie in der Vergangenheit angemaßt und ausgeübt wurde, ist ungesetzlich.

III. Die Bestallung für die Errichtung des früheren Gerichtshofes der Kommissare für kirchliche Angelegenheiten und alle anderen Bestallungen und Gerichtshöfe gleicher Art sind ungesetzlich und verderblich.

IV. Die Erhebung von Steuern für den Gebrauch der Krone unter dem Vorwand [königlichen] Vorrechts ohne Bewilligung des Parlaments für längere Zeit und in anderer Weise, als sie bewilligt ist oder werden soll, ist ungesetzlich.

V. Es ist das Recht der Untertanen, an den König Gesuche zu richten. Alle Verhaftungen und Verfolgungen um solcher Petitionen willen sind ungesetzlich.

VI. Das Aufstellen und Halten einer stehenden Armee im Königreich in Friedenszeiten, außer mit Zustimmung des Parlaments, ist ungesetzlich.

VII. Die protestantischen Untertanen können Waffen zu ihrer Verteidigung führen, wie es ihrem Stand gemäß und von Rechts wegen erlaubt ist.

VIII. Die Wahl der Mitglieder des Parlaments soll frei sein.

IX. Die Freiheit der Rede, der Debatten und des Verfahrens im Parlament soll vor keinem Gerichtshof oder sonst außerhalb des Parlaments verfolgt oder untersucht werden.

Zitiert nach: Dietmar Willoweit und Ulrike Seif (Hrsg.), Europäische Verfassungsgeschichte, München 2003, S. 238-240

1. *Die Rechte des Königs sind in der „Bill of Rights“ nur indirekt ausgedrückt. Beurteilen Sie, in welchem Verhältnis die Rechte des Königs und die des Parlaments stehen.*
2. *Vergleichen Sie die Stellung des englischen Königs infolge der „Bill of Rights“ mit derjenigen Ludwigs XIV. von Frankreich.*

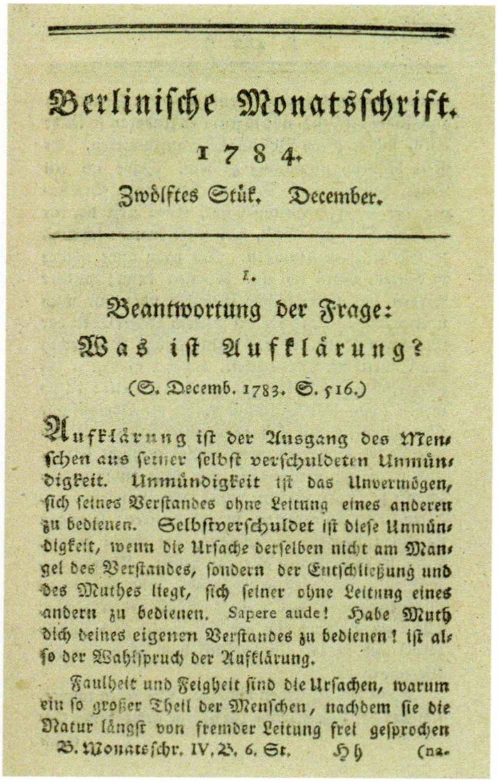

Berlinische Monatsschrift.

1784.

Zwölftes Stük. December.

1.

Beantwortung der Frage:

Was ist Aufklärung?

(S. Decemb. 1783. S. 516.)

Aufklärung ist der Ausgang des Menschen aus seiner selbst verschuldeten Unmündigkeit. Unmündigkeit ist das Unvermögen, sich seines Verstandes ohne Leitung eines anderen zu bedienen. Selbstverschuldet ist diese Unmündigkeit, wenn die Ursache derselben nicht am Mangel des Verstandes, sondern der Entschließung und des Muthes liegt, sich seiner ohne Leitung eines andern zu bedienen. Sapere aude! Habe Muth dich deines eigenen Verstandes zu bedienen! ist also der Wahlspruch der Aufklärung.

Faulheit und Feigheit sind die Ursachen, warum ein so großer Theil der Menschen, nachdem sie die Natur längst von fremder Leitung frei gesprochen

B. Monatsschr. IV. B. 6. St. Hh (na-

▲ **Erste Seite des berühmten Aufsatzes von Immanuel Kant zu der Frage „Was ist Aufklärung?", 1784.**

Das politische Denken der Aufklärung

Was ist Aufklärung? Diese Frage beantwortete **Immanuel Kant** 1784 in einem berühmten Aufsatz, der seither so oft zitiert wurde wie kaum ein anderer (▸ M1). *Aufklärung* sei die Befreiung aus selbstverschuldeter Unmündigkeit, aus dem „Unvermögen, sich seines Verstandes ohne Leitung eines anderen zu bedienen". Kant rief jeden auf, sich seines eigenen „Verstandes zu bedienen". Hinter dem Aufruf stand ein Weltbild, das man so zusammenfassen kann:

1. Die Vernunft macht den eigentlichen Wesenskern des Menschen aus; mit ihrer Hilfe lässt sich über Wahrheit und Irrtum entscheiden.
2. Weil die Welt und der Mensch vernunftgemäß angelegt sind, kann die kritische Vernunft die Ordnung der Welt und die Bestimmung des Menschen erkennen.
3. Damit befreit sich der Mensch aus den Zwängen des Irrationalen. Er kann sich und die Gesellschaft vervollkommnen und als letztes Ziel das Glück für alle erreichen.

Dieses Weltbild teilten Gebildete in ganz Europa, Philosophen ebenso wie Juristen, Ärzte, Lehrer oder Staatsmänner. Es hatte seine Wurzeln im wissenschaftlichen Denken um 1600, war um 1700 eine Geisteshaltung von wenigen Gebildeten und wandelte sich im 18. Jahrhundert zur machtvollen Bewegung, die schließlich das politische und soziale Leben in Europa radikal umwälzte. Deshalb wählen historische Werke zum 18. Jahrhundert neben „Absolutismus" auch die Epochenbezeichnungen „Zeitalter der Vernunft" oder „Zeitalter der Aufklärung". „Aufklärung" ist eine Ableitung aus dem französischen Schlagwort des „siècle des lumières" (Jahrhundert der Erleuchtung), das um 1700 aufkam. Die Lichtmetapher fand Eingang auch in andere Sprachen (z.B. englisch „enlightenment"), da die Aufklärung eine europäische Bewegung war und die Aufklärer Frankreichs am meisten Beachtung fanden.

Die Anfänge: messende Beobachtung und Rationalismus Gelehrte wie *Galileo Galilei* revolutionierten um 1600 das Verständnis der Naturforschung. Wie schon in der Renaissance üblich, prüften sie den überlieferten Wissenskanon durch Beobachtung. Zusätzlich setzten sie nun auch mathematische Methoden ein, insbesondere aber die bahnbrechende Methode des Experiments. Mit ihrer Hilfe gelang es ihnen, den manchmal trügerischen Augenschein der Beobachtung zu kontrollieren. Das Misstrauen gegenüber der eigenen Wahrnehmung stand somit am Anfang der modernen Naturwissenschaft. Noch galten die Werke des Aristoteles. Darin konnte man lesen, dass ein Körper umso schneller fällt, je schwerer er ist. Dem Anschein nach flog eine Feder langsamer zu Boden als ein Stein. Galilei bewies durch seine Experimente und Messungen, z.B. mit Kugeln und schiefen Ebenen, dass alle Körper gleich schnell fallen. Experimente, Messungen und mathematische Operationen blieben Methoden der Naturwissenschaften bis heute.

René Descartes versuchte nicht nur, „das Buch der Natur mithilfe der Mathematik zu lesen", wie es Galilei für sich formulierte, sondern auch den Menschen und die lebende Welt mit mathematisch-logischen Operationen zu erschließen. Damit begründete er den *Rationalismus*. Die Rationalisten vertraten den Standpunkt, dass die menschliche „ratio", die „Vernunft", die gesamte Welt erkennen könne. Dies sei deshalb möglich, weil die Welt nach logischen Gesetzen aufgebaut sei. Das hieß in der Konse-

Immanuel Kant (1724-1804): bedeutender Philosoph der Aufklärung. Er hatte Naturwissenschaften, Theologie, Philosophie und klassische Literatur studiert, war erst Hauslehrer und dann Professor in Königsberg.

René Descartes (1556-1650): französischer Philosoph, Mathematiker und Naturwissenschaftler. Er gilt als Begründer des modernen frühneuzeitlichen Rationalismus und der modernen Philosophie. Von ihm stammt der berühmte Grundsatz „Ich denke, also bin ich".

◄ **Isaac Newton als Werbeträger: Beobachtung einer Mondfinsternis Anfang des 18. Jh.**
Sammelbildchen der Compagnie Liebigs Fleisch-Extrakt, 1900. Isaac Newton gilt als Vater der klassischen Mechanik und, gemeinsam mit dem Wissenschaftler Gottfried Wilhelm Leibniz (1646-1716), als Begründer der Infinitesimalrechnung. Aufgrund seiner Erkenntnisse in Mathematik und Physik zählt er zu den größten Wissenschaftlern aller Zeiten.

quenz, dass der menschliche Verstand alle Rätsel der Welt lösen konnte, einer Welt, die sich die Rationalisten als Maschine vorstellten. Diese Auffassung verfestigte sich zur unumstößlichen Gewissheit durch die Entdeckungen von **Isaac Newton**, des berühmtesten Wissenschaftlers seines Zeitalters. Denn Newton schien mit seinen Entdeckungen zu bestätigen, dass die Vernunft das Tor zu den Fundamentalgesetzen der Natur aufstieß. Sein 1666 formuliertes Gravitationsgesetz, nach dem sich alle Körper auf der Erde und im Weltraum gegenseitig anziehen, erklärte die Fallgesetze Galileis ebenso wie die Bahnen der Planeten um die Sonne, die **Johannes Kepler** einst mathematisch beschrieben hatte. Damit erbrachte Newton den Beweis, dass die Naturgesetze auf der Erde wie im Universum gelten.

Isaac Newton (1643-1727): englischer Naturwissenschaftler, Physiker und Mathematiker. Er baute das erste Spiegelteleskop. Sein Werk „Principia Mathematica" gilt als eines der wichtigsten wissenschaftlichen Werke überhaupt.

Das Gravitationsgesetz war ein früher Höhepunkt wissenschaftlicher Grundlagenforschung. Viele berühmt gewordene Entdeckungen der Mathematik und Physik vor 1800 fallen ebenfalls ins 17. Jahrhundert, die Infinitesimalrechnung (um 1680), die Wahrscheinlichkeitsrechnung (um 1700), das Druck-Volumen-Gesetz der Gase (1662) oder die Entdeckung der Wellenform des Lichts (1690). Die Biologie und Chemie folgten im 18. Jahrhundert, etwa mit der Systematik aller Lebewesen (1735) bzw. der Oxidationstheorie (1789). Ebenso wurden die bedeutenden Erfindungen vorwiegend im 18. Jahrhundert gemacht, das Porzellan (1708/09), der Blitzableiter (1752), die Dampfmaschine (1765), die Spinnmaschine (1767/69) und der Heißluftballon (1783).

Wissen und Öffentlichkeit Wissenschaftlich-technische Neuerungen waren Leistungen Einzelner, zunehmend spielte auch die Wissensorganisation eine Rolle. Deren Träger waren nicht die Universitäten, sondern die staatlichen Akademien der Wissenschaften. Sie versammelten die berühmtesten Gelehrten des Landes. Diese beschäftigten sich vorrangig mit naturwissenschaftlichen Problemen und technischen Fragen der Schifffahrt oder der Landwirtschaft, aber auch mit Philosophie und Kulturwissenschaft. 1662 erhielt die Londoner Akademie ihre Gründungsurkunde; es folgten Akademien in Paris (1666), Berlin (1700), St. Petersburg (1725) und Boston (1780).

Internettipp:
Die Homepage des Deutschen Museums in München gibt Informationen über viele Meisterwerke der Naturwissenschaft und Technik der vergangenen Jahrhunderte; siehe Code 32019-03

Im 18. Jahrhundert erfasste die entstehende bürgerliche Öffentlichkeit immer weitere Kreise der Bevölkerung. Immer mehr Menschen konnten lesen, die Zahl der jährlich veröffentlichten Bücher stieg, ebenso die Auflagenstärken der Zeitungen und Zeitschriften. In Lexika und Enzyklopädien wurde das Wissen der Zeit gesammelt, systematisiert und einem größeren Publikum bekannt gemacht. Menschen aller Schichten schlossen sich in Lesegesellschaften zusammen, um Zugang zu möglichst vielen der noch teuren Druckerzeugnisse zu haben.

Jean Bodin (1529/30-1596): französischer Theologe und Jurist. Der frühe Befürworter des Absolutismus gilt als Begründer des modernen Souveränitätsbegriffes, den er in seinem Hauptwerk „Sechs Bücher über den Staat" ausarbeitete; vgl. M1, Seite 132.

Thomas Hobbes (1588-1679): englischer Mathematiker, Staatstheoretiker und Philosoph. In seinem 1651 veröffentlichten Hauptwerk „Leviathan" entwickelte er seine Staatstheorie, nach der sich der Einzelne zu Schutzzwecken der absoluten Gewalt des Staates unterwirft.

Der Zweck des Staates Die Rationalisten und Aufklärer unterzogen auch den Staat ihren strengen Kriterien der Vernunft, um wie in den Naturwissenschaften fundamentale Gesetze aufzufinden, die dann für alle gelten sollten. Ihre Theorien, die sie in Büchern veröffentlichten und mit anderen Gelehrten diskutierten, entfalteten später eine ungeheure Wirkung in der politischen Realität. Nach den Religions- und Bürgerkriegen des 16. und 17. Jahrhunderts suchten gelehrte Köpfe mehr denn je die Antwort auf die Frage nach dem besten Staat und nach Wegen des friedlichen Zusammenlebens aller Menschen. Die Begründer der modernen Staatslehre gingen von der Annahme aus, dass alle Menschen ein Recht auf persönliche Freiheit, auf Unversehrtheit von Leib und Leben und auf Eigentum besitzen. Solche Gedanken sind bereits bei mittelalterlichen Theologen zu finden, die als Quelle dieser Rechte Gott ansahen. Die rationalistischen und aufklärerischen Denker lösten sich jedoch zunehmend von der theologischen Herleitung und erklärten diese Rechte zu einem naturgegebenen Sachverhalt.

Um diese natürlichen Rechte zu sichern, schließen die Menschen einen (gedachten) „Vertrag" ab, einen sogenannten Gesellschaftsvertrag. Dieses Vertragsdenken wurzelt in alten Traditionen, denn auch die ständischen Freibriefe und Wahlkapitulationen waren Herrschaftsverträge, in denen die Rechte der Beherrschten gesichert wurden. Aber der Gedanke des Gesellschaftsvertrages geht weiter: In ihm ist festgelegt, wer „staatliche" Herrschaft ausübt, d.h., wer in der Gemeinschaft die erforderlichen Gesetze zum Schutz von Leben und Eigentum erlässt und wer über ihre Einhaltung wacht. Die Antworten der Staatsdenker zu diesen Fragen fielen unterschiedlich aus.

Ein Grundgedanke, zwei Folgen Ausgehend von der rationalen, „vernünftigen" Begründung des Staates gelangten die Zeitgenossen zu zwei völlig gegensätzlichen Vorstellungen von der erstrebten politischen Ordnung. Beide stellten einen Gegenentwurf zu den traditionellen ständischen Freiheiten dar. Aus der Erfahrung der religiös-konfessionellen Kriege heraus ließ sich – wie es **Jean Bodin** und ähnlich **Thomas Hobbes** taten – der monarchische Absolutis-

◄ Titelbild des „Leviathan" von Thomas Hobbes.
Englische Erstausgabe von 1651.
Der lateinische Text am oberen Rand stammt aus dem alttestamentarischen Buch Hiob und lautet übersetzt: „Es gibt keine Macht auf Erden, die ihm gleichkommt."

- *Recherchieren Sie, woher Hobbes den Titel „Leviathan" entlehnte.*
- *Analysieren Sie die einzelnen Bildelemente. Schließen Sie daraus und aus der Bedeutung des „Leviathan" auf die mögliche „Botschaft" der Schrift.*

mus, die umfassende Herrschaftsgewalt des Fürsten und sein Gesetzgebungsmonopol, begründen. Hobbes betrachtete die Überantwortung der Freiheitsrechte des Einzelnen an den Herrscher als ein Instrument, das den Kampf aller gegen alle zu unterbinden vermochte und jedem den ihm zustehenden Spielraum zuteilte.

Ebenso konsequent dem Vernunftdenken verpflichtet war die Vorstellung von der Entstehung politischer Gemeinwesen als freiwilliger Zusammenschluss von Individuen, von „Hausvätern". In ihnen erkannte sich das Bürgertum wieder, dem die relativ starre Sozialstruktur der ständischen Gesellschaft wenig Raum für gesellschaftlichen Aufstieg und politische Einflussnahme ließ. Freier Erwerb und Sicherung von Eigentum bei Entfaltung aller seiner Fähigkeiten – so stellte sich das bürgerliche Denken den Zweck des Gesellschaftsvertrages vor.

John Locke – Gesellschaftsvertrag und Widerstandsrecht Der Engländer **John Locke** veröffentlichte 1690 anonym sein Werk „Two Treatises of Government" (▸ M2). In der tagespolitischen Diskussion in England nach der **Glorious Revolution** sollte es den Standpunkt der göttlich legitimierten absoluten Monarchie widerlegen und die Position des Parlaments stärken.

Wie bei Hobbes formiert sich das Gemeinwesen nach Locke zum Schutz von Leben und Eigentum durch den Gesellschaftsvertrag. Doch bei ihm ist neben der ausführenden (exekutiven) die gesetzgebende (legislative) Gewalt oberste Gewalt im Staat. Diesen Gewalten sind durch das natürliche Recht jedes Menschen auf Freiheit seiner Person und Unversehrtheit seines Eigentums Schranken gesetzt. Ausdrücklicher Bestandteil des Zusammenlebens ist das Mehrheitsprinzip, dem sich jeder fügen müsse. Werden diese Schranken durchbrochen, hat die Gemeinschaft das Recht, die Gewalten abzusetzen. Locke formulierte also eine Art Grundrechtegarantie und leitete aus ihr ein Widerstandsrecht ab.

Montesquieu – die Teilung der Staatsgewalt Der Franzose **Charles de Montesquieu** informierte sich eingehend über die englische Regierungspraxis. Seine Erfahrungen legte er seinem 1748 erschienenen Werk „De l'esprit des loix" zugrunde (▸ M3). Unter dem „Geist" der Gesetze verstand Montesquieu die gemeinschaftliche Mentalität eines Volkes oder einer Nation, welche von Umweltfaktoren wie Landesnatur, Klima und sozialen Faktoren wie Sitten, Religion, Stellung der Frau etc. geprägt ist und auf die Gesetze einwirkt. Die Gesetze eines Landes müssen also der Mentalität eines Volkes angepasst sein. Übergreifendes Ideal der Gesetzgebung ist die politische Freiheit.

Mit Blick auf England, wo Freiheit als Verfassungszweck galt, und in freier Weiterführung von Locke entwickelte Montesquieu das Postulat der Gewaltenteilung. Die drei im Staat bestehenden fundamentalen Gewalten Legislative, Exekutive und Judikative sind auf drei unabhängig voneinander handelnde Träger zu verteilen. Nur diese Trennung verhindere missbräuchliche Machtausübung.

Als Angehöriger des französischen Hochadels blieb Montesquieu den Fähigkeiten und Möglichkeiten des Volkes gegenüber misstrauisch. Seine Beteiligung an der Legislative hielt er zwar für richtig, jedoch nur in Form eines Repräsentativsystems, d.h. durch Abgeordnete. Gemeinsam mit Locke formulierte Montesquieu damit die Grundsätze des modernen Verfassungsstaates.

John Locke (1632-1704): englischer Wissenschaftler und Staatsmann. Er lehrte in Oxford und verfasste naturwissenschaftliche, medizinische, philosophische und politische Schriften.

Glorious Revolution: In England scheiterte das Streben der Könige nach einer absolutistischen Herrschaft am Widerstand des Parlaments, das seit dem 14. Jh. bestand. Nach der Hinrichtung König Karls I. 1649 entstand für kurze Zeit eine Republik. Am Ende der unblutigen Revolution von 1688/89, der „Glorious Revolution", legte 1689 die „Bill of Rights" Rechte und Pflichten des Parlaments und der Könige fest. Sie machte England zur konstitutionellen Monarchie (vgl. Seite 137).

Charles(-Louis Baron de Secondat) de Montesquieu (1689-1755): französischer Rechtsgelehrter und Schriftsteller. Sein Werk „Vom Geist der Gesetze" zählt zu den wichtigsten staatstheoretischen Schriften der Aufklärung und begründet bis heute die Vorstellung von der Gewaltenteilung.

Jean-Jacques Rousseau (1712-1778): Schriftsteller, Philosoph und Pädagoge aus Genf, der in Paris lebte und arbeitete. In seinen politischen Schriften berief er sich auf die Demokratie der griechischen Polis und das Naturrecht. Er ging von dem Grundsatz der Volkssouveränität aus und machte die „volonté générale", den allgemeinen Willen, zur Richtschnur des politischen Handelns.

Volkssouveränität: Das Volk ist Träger der Staatsgewalt; es übt sie aus durch Wahlen, Abstimmungen und Organe, die von ihm beauftragt sind.

Rousseau – direkte Demokratie und politische Tugend Der aus Genf stammende **Jean-Jacques Rousseau** ging noch weiter. Auch er nahm den vorgeschichtlichen Naturzustand des Menschen als Ausgangspunkt. Sobald der Mensch in ihm nicht länger verharren kann, muss eine Gesellschaftsform gefunden werden, die den Einzelnen schützt, durch die jedoch jeder „frei bleibt wie zuvor" (▸ M4).

Durch einen Gesellschaftsvertrag entsteht der Staat, dessen Zweck die Wahrung des Gemeinwohls ist. Mit Abschluss des Vertrages verlieren die Menschen zwar ihre natürlichen Freiheiten, doch sie gewinnen dafür die Freiheit von Staatsbürgern und behalten ihre Souveränität. Diese ist nicht übertragbar und auch nicht teilbar. Daher kennt der Staat nach Rousseau keine Gewaltenteilung und keine parlamentarische Repräsentation.

Er forderte nach dem Vorbild der antiken demokratischen Polis, dass alle staatliche Gewalt uneingeschränkt und direkt beim Volk liegen müsse. Gemäß seinem Grundsatz der **Volkssouveränität** war Herrschaft nur mit Zustimmung der Bürger rechtmäßig. Dieser Übergang des Menschen aus dem vorbürgerlichen in den bürgerlichen Zustand bedeutete für ihn eine sittliche Erhöhung. Vernunft und Gesetz treten an die Stelle von Instinkt und Begierde. Der Mensch kann auf höherer Stufe zur Tugend und in den Idealzustand des vorgeschichtlichen Naturzustandes zurückkehren.

Rousseau hat die Frage nach der Legitimierung von Herrschaft mit letzter Konsequenz beantwortet und die antimonarchischen und antiständischen Denkmodelle zwingend zu Ende gedacht. Die Wirkung seiner Staatstheorie war revolutionär und entfaltete erstmals in der *Französischen Revolution* ihre ganze Sprengkraft. Seine, Lockes und Montesquieus Theorien beeinflussten die politische Entwicklung in Europa und Nordamerika und trugen wesentlich zur Entstehung von Verfassungen und Menschenrechtserklärungen seit dem 18. Jahrhundert bei.

Kirchenkritik Die Aufklärer prüften auch die Glaubenssätze der Kirchen und Religionen am Maßstab der Vernunft. Damit verfehlten sie jedoch das Wesen der Religion, denn Offenbarung lässt sich grundsätzlich nicht mit Logik prüfen. Die Aufklärer indessen ließen nicht gelten, was der Vernunft widersprach, und zogen daraus ihre eigenen Schlussfolgerungen:

1. Sie lehnten den Zwang und den Herrschaftsanspruch der Konfessionskirchen ab. Religion wurde zur Sache des Gewissens, also des Individuums erklärt. Die Erziehung zum Gebrauch der Vernunft würde vermeintlich allen Menschen den Weg weisen, das Gute zu erkennen und zu tun.
2. Daraus folgte, dass es den Wahrheitsanspruch einzelner Religionen nicht geben konnte. Jeder Mensch und jede Religion hingen nur individuellen religiösen und moralischen Überzeugungen an. Aber die Religionen ließen sich auf den gemeinsamen Kern des Glaubens an einen Gott zurückführen und waren somit gleichwertig. Deshalb, so die Forderung, sollten sich Christen, Juden, Muslime und andere Religionen gegenseitig respektieren. Daraus leitete sich das Gebot der Toleranz ab.
3. Allerdings endete die Toleranz der Aufklärer, wenn es um Glaubenssätze der Offenbarungskirchen ging, vor allem um Höllenstrafen, die Belastung durch die Erbsünde oder die Erlösung durch den Kreuzestod. Das alles galt als vernunftwidrig. Die rationalistische Betrachtung führte konsequent zur Konzeption einer Vernunftreligion oder „natürlichen" Religion, die sich zu folgenden Glaubenssätzen bekannte: zum Dasein Gottes, zur Unsterblichkeit der Seele und zur Pflicht, Gott zu verehren und sich sittlich zu verhalten.

▸ **Lavater und Lessing bei Moses Mendelssohn.**
Ölgemälde (70 x 58 cm) von Moritz Daniel Oppenheim, 1856.
Das Gemälde zeigt ein imaginäres Treffen des jüdischen Philosophen und politischen Publizisten Moses Mendelssohn (sitzend links, 1729 - 1786), des bekannten Dramatikers und Philosophen Gotthold Ephraim Lessing (stehend) und des Schweizer Theologen Johann Caspar Lavater (sitzend rechts, 1741 - 1801). Mendelssohn, der in Dessau geboren wurde und nach einer rabbinischen Ausbildung 1742 nach Berlin ging, war seit 1753 eng mit Lessing befreundet. Er gilt bis heute als Pionier, der unter den deutschen Juden den Gedanken der Aufklärung und Emanzipation verbreitete.
▪ *Beschreiben Sie das Gemälde.*

4. Eine verbreitete Konsequenz war der *Deismus*. Man könne zwar die Vollkommenheit Gottes in seiner Schöpfung erkennen, nicht jedoch einen bestimmten Gott oder eine allein wahre Religion. Die Vernunft müsse mithin die Existenz Gottes anerkennen, jedoch jeden Glauben an eine allein gültige Offenbarung zurückweisen.

Die Haskala und die bürgerliche Gleichstellung der Juden ▪ Deutsch-jüdische Philosophen und Aufklärer wie der Dessauer *Moses Mendelssohn* oder Schriftsteller wie **Gotthold Ephraim Lessing** hatten sich bereits vor der Französischen Revolution Gedanken über die gesellschaftliche Integration der Juden gemacht und zur gegenseitigen Achtung und Toleranz von Christen, Juden und Muslimen aufgerufen (→ 1779, *Nathan der Weise*).

Den jüdischen Aufklärern um Moses Mendelssohn ging es bei der *Haskala** vor allem um die Modernisierung der jüdischen Gesellschaft. So forderte Mendelssohn die deutschen Juden trotz vorhandener, diskriminierender Gesetze dazu auf, auch sprachlich Teil der deutschen Gesellschaft und Kultur zu werden. Daher verfasste er die meisten seiner Werke auch konsequent in deutscher Sprache. Es sollte jedoch noch fast ein Jahrhundert dauern, bis die Emanzipation der deutschen Juden Wirklichkeit wurde.

In Frankreich hatte die „Erklärung der Menschen- und Bürgerrechte", als Präambel der Verfassung von 1791 vorangestellt, zwar allgemein gültige Vorsätze zur Wahrung dieser Rechte formuliert, aber die große religiöse Minderheit der Juden noch nicht mit den übrigen Bürgern gleichgestellt. Am 27. September 1791 wurde daraufhin ein Gesetz beschlossen, das den 40 000 vor allem im Elsass und in Lothringen lebenden Juden alle bürgerlichen Rechte und zugleich die politische Gleichstellung mit den übrigen Bürgern eröffnete. Die französische Gesetzgebung ging damit über die Toleranzpatente der Österreicher hinaus, die bereits zwischen 1781 und 1789 die bürgerliche (rechtliche und wirtschaftliche) Stellung der Juden verbessert, aber keine politische Gleichstellung eröffnet hatten. In den folgenden französischen Eroberungszügen am Anfang des 19. Jahrhunderts wurde das Gesetz, auch wenn es später teilweise wieder zurückgenommen wurde, zum Ausgangspunkt und Maßstab der Judenemanzipation in einigen europäischen Staaten.**

In den meisten deutschen Staaten erlangten die Juden die vollkommene rechtliche Gleichstellung erst in den 1860er-Jahren. Nach der Reichsgründung im Jahr 1871 wurden sie schließlich zu deutschen Staatsbürgern jüdischen Glaubens.

Gotthold Ephraim Lessing
(1729-1781): Lessing stammte aus einer Pastorenfamilie und wurde als drittes von zwölf Kindern in Kamenz (Sachsen) geboren. Er besuchte die Fürstenschule in Meißen, begann in Leipzig mit dem Studium der Theologie, interessierte sich aber mehr für Medizin, Naturwissenschaften und für die Literatur. Ab 1748 arbeitete er als freier Journalist und Autor in Berlin. 1767 ging er nach Hamburg, um am Aufbau des neu gegründeten Deutschen Nationaltheaters mitzuwirken. Ab 1770 übernahm er die Leitung der berühmten Bibliothek von Wolfenbüttel. Er starb 1781 in Braunschweig.

* **Haskala**: die Aufklärung; aus dem Hebr. „sechel", „Verstand", abgeleitet
** Siehe dazu Seite 182.

M1 Was ist Aufklärung?

In seinem 1784 erschienenen Aufsatz zur Frage „Was ist Aufklärung?" gibt der Philosoph Immanuel Kant eine wegweisende Antwort:

Aufklärung ist der Ausgang des Menschen aus seiner selbst verschuldeten Unmündigkeit. Unmündigkeit ist das Unvermögen, sich seines Verstandes ohne Leitung eines anderen zu bedienen. Selbstverschuldet ist diese Unmündigkeit, wenn die Ursache derselben nicht am Mangel des Verstandes, sondern der Entschließung und des Mutes liegt, sich seiner ohne Leitung eines anderen zu bedienen. Sapere aude! Habe Mut, dich deines eigenen Verstandes zu bedienen! ist also der Wahlspruch der Aufklärung.

Faulheit und Feigheit sind die Ursachen, warum ein so großer Teil der Menschen, nachdem sie die Natur längst von fremder Leitung freigesprochen (naturaliter majorennes), dennoch gerne zeitlebens unmündig bleiben; und warum es anderen so leicht wird, sich zu deren Vormündern aufzuwerfen. Es ist so bequem, unmündig zu sein. Habe ich ein Buch, das für mich Verstand hat, einen Seelsorger, der für mich Gewissen hat, einen Arzt, der für mich die Diät beurteilt u.s.w., so brauche ich mich ja nicht selbst zu bemühen.

Ich habe nicht nötig zu denken, wenn ich nur bezahlen kann; andere werden das verdrießliche Geschäft schon für mich übernehmen. Dass der bei Weitem größte Teil der Menschen (darunter das ganze schöne Geschlecht) den Schritt zur Mündigkeit, außer dem, dass er beschwerlich ist, auch für sehr gefährlich halte: dafür sorgen schon jene Vormünder, die die Oberaufsicht über sie gütigst auf sich genommen haben. Nachdem sie ihr Hausvieh zuerst dumm gemacht haben und sorgfältig verhüteten, dass diese ruhigen Geschöpfe ja keinen Schritt außer dem Gängelwagen, darin sie sie einsperreten, wagen durften, so zeigen sie ihnen nachher die Gefahr, die ihnen drohet, wenn sie es versuchen, allein zu gehen. Nun ist diese Gefahr zwar eben so groß nicht, denn sie würden durch einige Mal Fallen wohl endlich gehen lernen; allein ein Beispiel von der Art macht doch schüchtern und schreckt gemeiniglich von allen ferneren Versuchen ab.

Zitiert nach: Norbert Hinske (Hrsg.), Was ist Aufklärung? Beiträge aus der Berlinischen Monatsschrift, Darmstadt [4]1990, S. 452 f.

1. *Erläutern Sie, welche Ursachen Kant für die Unmündigkeit des Menschen verantwortlich macht.*
2. *Diskutieren Sie, welcher Auftrag für Individuum und Gesellschaft sich aus Kants Feststellungen ableiten lässt.*

▲ **Immanuel Kant.**
Porträt von 1768.
Immanuel Kant (1724-1804) war der wohl bedeutendste Philosoph der Aufklärung. Sein Werk markiert den Übergang zur idealistischen Philosophie des 19. Jh.

M2 Über die Regierung

Der 1632 geborene John Locke erlebt als Jugendlicher den englischen Bürgerkrieg, später die Republik und schließlich die Restauration der Monarchie. Als Anhänger des Parlaments flieht er 1683 nach Amsterdam. Nach der „Glorious Revolution" kehrt er 1689 nach England zurück. Ein Jahr später veröffentlicht er seine Schrift „Two Treatises of Government", die einen großen Einfluss auf die späteren Staatstheorien haben sollte:

Das große Ziel, mit welchem die Menschen in eine Gesellschaft eintreten, ist der Genuss ihres Eigentums in Frieden und Sicherheit, und das große Werkzeug und Mittel dazu sind die Gesetze, die in dieser Gesellschaft erlassen worden sind. Das erste und grundlegende positive Gesetz aller Staaten ist daher die Begründung der legislativen Gewalt – so wie das erste und grundlegende natürliche Gesetz, welches selbst über der legislativen Gewalt gelten muss, die Erhaltung der Gesellschaft und (soweit es vereinbar ist mit dem öffentlichen Wohl) jeder einzelnen Person in ihr ist. Diese legislative Gewalt ist nicht nur die höchste Gewalt des Staates, sondern sie liegt auch geheiligt und unabänderlich in jenen Händen, in die die Gemeinschaft sie einmal gelegt hat. [...]

Bei der Schwäche der menschlichen Natur, die stets bereit ist, nach der Macht zu greifen, dürfte es jedoch eine zu große Versuchung darstellen, wenn dieselben Personen, die die Macht haben, Gesetze zu geben, auch die Macht in den Händen hätten, sie zu vollstrecken, wobei sie sich selbst von dem

Gehorsam gegen die Gesetze, die sie erlassen, ausschließen und das Gesetz in seiner Gestaltung wie auch in der Vollstreckung auf ihren eigenen persönlichen Vorteil ausrichten könnten und damit schließlich von den übrigen Gliedern der Gemeinschaft gesonderte Interessen verfolgten, die dem Ziel von Gesellschaft und Regierung zuwiderlaufen. In wohlgeordneten Staatswesen, in denen nach Gebühr das Wohl des Ganzen berücksichtigt wird, wird deshalb die legislative Gewalt in die Hände mehrerer Personen gelegt, welche nach ordnungsgemäßer Versammlung selbst oder mit anderen gemeinsam die Macht haben, Gesetze zu geben, sobald dies aber geschehen ist, wieder auseinandergehen und selbst jenen Gesetzen unterworfen sind, die sie geschaffen haben. [...]

Wann immer deshalb die Gesetzgeber danach trachten, dem Volk sein Eigentum zu nehmen oder zu zerstören oder es als Sklaven in ihre willkürliche Gewalt zu bringen, versetzen sie sich dem Volk gegenüber in den Kriegszustand. Dadurch ist es jeden weiteren Gehorsams entbunden und der gemeinsamen Zuflucht überlassen, die Gott für alle Menschen gegen Macht und Gewalt vorgesehen hat. Wann immer daher die Legislative dieses grundlegende Gesetz der Gesellschaft überschreiten und aus Ehrsucht, Furcht, Torheit oder Verderbtheit den Versuch unternehmen sollte, entweder selbst absolute Gewalt über Leben, Freiheit und Besitz des Volkes an sich zu reißen oder sie in die Hände eines anderen zu legen, verwirkt sie durch einen solchen Vertrauensbruch jene Macht, die das Volk mit weit anderen Zielen in ihre Hände gegeben hatte, und die Macht fällt zurück an das Volk, das dann ein Recht hat, zu seiner ursprünglichen Freiheit zurückzukehren und durch die Errichtung einer neuen Legislative (wie sie ihm selbst am geeignetsten erscheint) für seine eigene Sicherheit und seinen Schutz zu sorgen – denn zu diesem Ziel befinden sie sich in der Gesellschaft.

Was ich hier über die Legislative im Allgemeinen gesagt habe, gilt auch von dem höchsten Träger der Exekutive. Da man in ihn ein zweifaches Vertrauen gesetzt hat, einmal als Teil der Legislative und zum anderen durch die höchste Vollziehung der Gesetze, handelt er beidem zuwider, wenn er sich unterfängt, den eigenen Willen nach Belieben zum Gesetz der Gesellschaft zu erheben.

John Locke, Über die Regierung, herausgegeben von Peter Cornelius Mayer-Tasch, Stuttgart 1983, S. 101 ff., 111 und 167 (übersetzt von Dorothee Tidow)

1. *Skizzieren Sie, wie Locke die Gewaltenfrage im Staat löst. Erläutern Sie seine Ansicht.*

2. *Zeigen Sie auf, welche Grenzen Locke den staatlichen Gewalten setzt und wie er das Recht des Volkes auf politische Neuordnung im Einzelnen begründet.*

M3 Vom Geist der Gesetze

Der Jurist und Schriftsteller Charles-Louis Baron de Secondat de Montesquieu unternimmt von 1729 bis 1731 eine Reise nach England, informiert sich über die dortige Politik und liest John Locke (M2). Das Ergebnis seiner Studien fasst er 1748 in seiner Schrift „De l'esprit des loix" zusammen. Sie erscheint anonym in Genf und wird drei Jahre später in Frankreich verboten:

Es gibt in jedem Staat drei Arten von Vollmacht: die legislative Befugnis, die exekutive Befugnis in Sachen, die vom Völkerrecht abhängen, und die exekutive Befugnis in Sachen, die vom Zivilrecht abhängen. Aufgrund der Ersteren schafft der Herrscher oder Magistrat Gesetze auf Zeit oder für die Dauer, ändert geltende Gesetze oder schafft sie ab. Aufgrund der zweiten stiftet er Frieden oder Krieg, sendet oder empfängt Botschaften, stellt die Sicherheit her, sorgt gegen Einfälle vor. Aufgrund der dritten bestraft er Verbrechen oder sitzt zu Gericht über die Streitfälle der Einzelpersonen. Diese letzte soll richterliche Befugnis heißen, und die andere schlechtweg exekutive Befugnis des Staates. [...]

Sobald in ein und derselben Person oder derselben Beamtenschaft die legislative Befugnis mit der exekutiven verbunden ist, gibt es keine Freiheit. Es wäre nämlich zu befürchten, dass derselbe Monarch oder derselbe Senat tyrannische Gesetze erließe und dann tyrannisch durchführte. Freiheit gibt es auch nicht, wenn die richterliche Befugnis nicht von der legislativen oder der exekutiven Befugnis geschieden wird. Die Macht über Leben und Freiheit der Bürger würde unumschränkt sein, wenn jene mit der legislativen Befugnis gekoppelt wäre, denn der Richter wäre Gesetzgeber. Der Richter hätte die Zwangsgewalt eines Unterdrückers, wenn jene mit der exekutiven Gewalt gekoppelt wäre.

Alles wäre verloren, wenn ein und derselbe Mann beziehungsweise die gleiche Körperschaft entweder der Mächtigsten oder der Adligen oder des Volkes folgende drei Machtvollkommenheiten ausübte: Gesetze erlassen, öffentliche Beschlüsse in die Tat umsetzen, Verbrechen und private Streitfälle aburteilen. [...]

In einem freien Staat soll jeder Mensch, dem man eine freie Seele zugesteht, durch sich selbst regiert werden: Daher müsste das Volk als Gesamtkörper die legislative Befugnis innehaben. Da dies in den großen Staaten unmöglich ist und in den kleinen Staaten vielen Nachteilen unterliegt, ist das Volk genötigt, all das, was es selbst nicht machen kann, durch seine Repräsentanten machen zu lassen. [...]

Die exekutive Befugnis muss in den Händen eines Monarchen liegen, weil in diesem Zweig der Regierung fast durchweg unverzügliches Handeln vonnöten ist, das besser von einem als von mehreren besorgt wird. Was hingegen von der legislativen Befugnis abhängt, wird oft besser von mehreren angeordnet als von einem.

Es gäbe keine Freiheit mehr, wenn es keinen Monarchen gäbe und die exekutive Befugnis einer bestimmten, aus der legislativen Körperschaft ausgesuchten Personenzahl anvertraut wäre, denn die beiden Befugnisse wären somit vereint. Dieselben Personen hätten an der einen und der anderen manchmal teil – und somit könnten sie immer daran teilhaben. Es gäbe keine Freiheit mehr, wenn die legislative Körperschaft eine beachtliche Zeitspanne nicht zusammenberufen worden wäre.

Montesquieu, Vom Geiste der Gesetze, Stuttgart 1984, S. 212 ff., 215 f. und 218 f. (übersetzt von Kurt Weigand)

1. *Zeigen Sie auf, worin nach Montesquieu das Ziel der Staatsverfassung liegen sollte.*
2. *Erläutern Sie, welchen Weg er vorschlägt, um dieses Ziel zu erreichen.*
3. *Erörtern Sie, ob man Montesquieu als den „Retter" oder den „Totengräber" der Monarchie bezeichnen kann.*
4. *Lesen Sie im Grundgesetz die Artikel 20 (2) und 38 (1).*
+ *Prüfen Sie, ob sie Ideen Montesquieus enthalten.*

M4 Herrschaft und allgemeiner Wille

Einer der einflussreichsten Schriftsteller der Aufklärung ist Jean-Jacques Rousseau. Er veröffentlicht 1762 in Amsterdam sein politisches Hauptwerk „Du contrat social ou principes du droit politique" („Vom Gesellschaftsvertrag oder Prinzipien des Staatsrechtes"). Diese Schrift über die vertragstheoretische Grundlegung der Gesellschaft beginnt mit der Feststellung: „Der Mensch ist frei geboren, und überall liegt er in Ketten." Um ihn daraus zu befreien, schlägt Rousseau vor:

„Finde eine Form des Zusammenschlusses, die mit ihrer ganzen gemeinsamen Kraft die Person und das Vermögen jedes einzelnen Mitgliedes verteidigt und schützt und durch die doch jeder, indem er sich mit allen vereinigt, nur sich selbst gehorcht und genauso frei bleibt wie zuvor."

Das ist das grundlegende Problem, dessen Lösung der Gesellschaftsvertrag darstellt. [...]

Wenn man also beim Gesellschaftsvertrag von allem absieht, was nicht zu seinem Wesen gehört, wird man finden, dass er sich auf Folgendes beschränkt: Gemeinsam stellen wir alle, jeder von uns, seine Person und seine ganz Kraft unter die oberste Richtschnur des Gemeinwillens; und wir nehmen, als Körper, jedes Glied als untrennbaren Teil des Ganzen auf.

Dieser Akt des Zusammenschlusses schafft augenblicklich anstelle der Einzelperson jedes Vertragspartners eine sittliche Gesamtkörperschaft, die aus ebenso vielen Gliedern besteht, wie die Versammlung Stimmen hat, und die durch ebendiesen Akt ihre Einheit, ihr gemeinschaftliches Ich, ihr Leben und ihren Willen erhält. Diese öffentliche Person, die so aus dem Zusammenschluss aller zustande kommt, trug früher den Namen Polis, heute trägt sie den der Republik oder der staatlichen Körperschaft, die von ihren Gliedern Staat genannt wird, wenn sie passiv, Souverän, wenn sie aktiv ist, und Macht im Vergleich mit ihresgleichen. Was die Mitglieder betrifft, so tragen sie als Gesamtheit den Namen Volk, als Einzelne nennen sie sich Bürger, sofern sie Teilhaber der Souveränität, und Untertanen, sofern sie den Gesetzen des Staates unterworfen sind. [...] Damit nun aber der Gesellschaftsvertrag keine Leerformel sei, schließt er stillschweigend jene Übereinkunft ein, die allein die anderen ermächtigt, dass, wer immer sich weigert, dem Gemeinwillen zu folgen, von der gesamten Körperschaft dazu gezwungen wird, was nichts anderes heißt, als dass man ihn zwingt, frei zu sein [...].

Aus dem Vorhergehenden folgt, dass der Gemeinwille immer auf [...] das öffentliche Wohl abzielt: woraus allerdings nicht folgt, dass die Beschlüsse des Volkes immer gleiche Richtigkeit haben. Zwar will man immer sein Bestes, aber man sieht es nicht immer. Verdorben wird das Volk niemals, aber oft wird es irregeführt, und nur dann scheint es das Schlechte zu wollen.

Es gibt oft einen beträchtlichen Unterschied zwischen dem Gesamtwillen und dem Gemeinwillen; dieser sieht nur auf das Gemeininteresse, jener auf das Privatinteresse und ist nichts anderes als eine Summe von Sonderwillen: Aber nimm von ebendiesen das Mehr und das Weniger weg, das sich gegenseitig aufhebt, so bleibt als Summe der Unterschiede der Gemeinwille. [...] Um wirklich die Aussage des Gemeinwillens zu bekommen, ist es deshalb wichtig, dass es im Staat keine Teilgesellschaften gibt und dass jeder Bürger nur seine eigene Meinung vertritt.

Jean-Jacques Rousseau, Vom Gesellschaftsvertrag, neu übersetzt und herausgegeben von Hans Brockard, Stuttgart 1977, S. 10, 21 und 30 ff.

1. *Prüfen Sie, welchen Nutzen der Gesellschaftsvertrag dem Einzelnen wie allen Bürgern bringen soll.*
2. *Arbeiten Sie Rousseaus Menschenbild heraus.*
3. *Analysieren Sie, wie Rousseau „Souveränität" bestimmt und welche Konsequenzen sich aus dieser Definition für die Verfassung ergeben.*
4. *Rousseau ist für eine direkte Demokratie. Diskutieren*
+ *Sie anhand aktueller Beispiele, ob und mit welchen Mitteln diese Position in einem bevölkerungsreichen Staat wie Deutschland durchsetzbar ist.*
5. *Arbeiten Sie Gemeinsamkeiten und Unterschiede der Theorien Lockes, Montesquieus und Rousseaus heraus.*

Der aufgeklärte Absolutismus

Wie passen Absolutismus und Aufklärung zusammen? Diese Frage scheint berechtigt. Denn in der absoluten Monarchie stieg der Herrscher zum alleinigen Inhaber der Souveränität auf, der sich sogar über Gesetze hinwegsetzen durfte. Die Aufklärer hingegen vertraten die Auffassung, dass jede legitime Herrschaft auf dem Vertrag des Herrschers mit den Untertanen beruhe, dass die staatliche Gewalt zu teilen sei und dass alle sich dem Recht zu beugen hätten. Das waren unvereinbare Gegensätze. Dennoch besteht eine Verbindung. Die Herrschaftsform des Absolutismus, wie sie im 17. Jahrhundert entstanden war, wurde nämlich im Lauf des 18. Jahrhunderts durch Reformimpulse aus der Gedankenwelt der Aufklärung verändert. Die absolutistischen Könige oder Fürsten behielten ihre uneingeschränkte Regierungsgewalt, bemühten sich allerdings, für mehr Wohlstand in ihren Staaten zu sorgen. Die Ziele kamen aus dem aufgeklärten Denken, das die Herrscher wie ihre Berater meist schon während der Ausbildung kennenlernten. Sie strebten rationale, also aus der Vernunft begründete Reformen an, in Wirtschaft, Verwaltung, Bildung, in der Justiz und im Militärwesen. Klar erkennbar bildete sich der *aufgeklärte Absolutismus* ab der Mitte des 18. Jahrhunderts aus, vor allem in Brandenburg-Preußen unter König **Friedrich II.** und in Österreich unter Kaiser **Joseph II.** Preußen und Österreich lieferten auch das Vorbild für die kleineren Staaten im Reich und in Italien (▸ M1, M2).

Friedrich II., der Große (1712-1786): 1740-1786 König von Preußen. Nach seinem Regierungsantritt eroberte er Schlesien. Friedrich der Große regierte im Sinne des aufgeklärten Absolutismus, verbesserte Verwaltung, Rechtswesen und Landwirtschaft.

▲ **Joseph II.**
Gemälde des österreichischen Malers Anton von Maron, 1775.

Joseph II. (1741-1790): Kaiser seit 1765. Er regierte in den österreichischen Erblanden bis 1780 gemeinsam mit seiner Mutter, Kaiserin Maria Theresia. Sie lehnte seine vom aufgeklärten Absolutismus bestimmte Reformpolitik ab.

Brandenburg-Preußen Friedrich II. richtete in einer langen Regierungszeit von 1740 bis 1786 sein Augenmerk auf die Verwaltung, das Militär, die Wirtschaft und die Justiz. „Eine gut geleitete Staatsregierung muss ein ebenso festgefügtes System haben wie ein philosophisches Lehrgebäude", notierte er in seinem politischen Vermächtnis 1752. Einerseits betrachtete Friedrich II. sich als den „ersten Diener des Staates", andererseits aber hielt er den Staat für sein Eigentum. Er praktizierte eine herrische, aus seiner Sicht rationale Selbstregierung. Der Staat war für ihn – anders als noch für Ludwig XIV. von Frankreich – eine von der Person des Herrschers gelöste Einheit.

Friedrich II. beließ die Verwaltung Preußens in der strengen Hierarchie, wie er sie 1740 vorgefunden hatte, überwachte sie aber schärfer. Das stehende Heer erweiterte er bis 1780 von 80 000 auf 203 000 Mann (▸ M3). Die Soldaten ließ er rücksichtsloser prügeln und drillen, als dies sonst in Europa üblich war. Sie sollten lernen, sich auf dem Schlachtfeld schneller zu bewegen und zu schießen als ihre Gegner. Der König erreichte sein Ziel; wie so oft war ihm die Effizienz der Mittel wichtiger als ethische Bedenken. Mit Geschick und Glück nutzte er dann auch sein Militärpotenzial, um das Staatsgebiet Preußens erheblich zu vergrößern. Im *Siebenjährigen Krieg* sicherte er den Besitz Schlesiens, das zuvor zu Habsburg-Österreich gehört hatte, 1772 annektierte er das zuvor polnische Westpreußen mit Kulm und Ermland. Friedrich II. gewann diese Gebiete durch einen Angriffskrieg und durch Gewalt. Dennoch beeindruckte er seine Zeitgenossen wie die Nachwelt durch seine Kühnheit und Intelligenz.

Unbestreitbare Fortschritte erzielte er in der Wirtschaftspolitik. Haushaltspläne ermöglichten die bessere Abstimmung von Einnahmen und Ausgaben. Er betrieb einen gezielten Landesausbau, die Trockenlegung von Sumpfgebieten und die Anlage von 900 Dörfern. So konnte er 300 000 Menschen in seinem Staatsgebiet neu ansiedeln, darunter 20 000 Hugenotten aus Frankreich. Seine Verwaltung unterstützte planmäßig den Handel, den Bergbau und das Textilgewerbe, vorwiegend durch den Bau von Straßen und Kanälen.

Am stärksten von der Aufklärung bestimmt war die Justizpolitik Friedrichs II. Er verzichtete selbst auf die Ausübung seiner richterlichen Gewalt, vereinheitlichte das Recht im ganzen Land, schaffte die Folter ab und sorgte für eine unabhängige, jedermann zugängliche Rechtsprechung mit gut ausgebildeten Richtern. Preußen war damit dem modernen Rechtsstaat näher gerückt. Das von Juristen in seinem Auftrag ausgearbeitete Gesetzbuch, das *Allgemeine Preußische Landrecht*, konnte erst Jahre nach Friedrichs Tod eingeführt werden, blieb aber bis 1900 in Kraft. Trotz vieler Erlasse erreichte Friedrich II. allerdings wenig zur Verbesserung der Schulen und Universitäten, da er das hierfür benötigte Geld nicht zur Verfügung stellte. Ebenso begünstigte er den Adel allzu einseitig auf Kosten der minderberechtigten Bürger und der unterjochten Bauern.

▲ **Kaiserin Maria Theresia.** *Gemälde von Martin van Meytens, 1759.*

Österreich Im österreichischen Teil des Habsburgerreiches begann Kaiserin *Maria Theresia** (1717-1780) mit Reformen, die dann ihr Sohn Joseph II. im Geist der Aufklärung im Übermaß vorantrieb. Maria Theresia errichtete um 1750 eine hierarchische Verwaltung mit besser als zuvor ausgebildeten Beamten. Auch folgte sie dem Beispiel Preußens im Landesausbau und in der Besiedlung von Neuland, entlang der Donau, in Ungarn und im Banat. Dort ließen sich Bauern nieder, die im Westen, vor allem in Südwestdeutschland, angeworben wurden.

Joseph II., der zunächst zusammen mit seiner Mutter, ab 1780 allein regierte, setzte zahlreiche Forderungen der Aufklärung um. Er gewährte in einem „*Toleranzpatent*" neben den Katholiken erstmals auch Lutheranern, Calvinisten und orthodoxen Griechen die private Religionsausübung und bürgerliche Rechte. Die Konfessionen waren aber noch nicht völlig gleichgestellt. Großes Aufsehen erregten die Säkularisation von 700 Klöstern und die Aufhebung der Leibeigenschaft. Nicht so weit wie Preußen kam Joseph II. in der Vereinheitlichung des Rechts und der Verbesserung der Rechtsprechung. Als der Kaiser freilich in der Zentralisierung seines Reiches zu weit ging und auch noch überall Deutsch als Amtssprache einführte, überspannte er den Bogen. In den Österreichischen Niederlanden und in Ungarn brachen Revolten aus. Ein großer Teil der Reformen wurde wieder rückgängig gemacht.

Bildung, Schüler und Studenten Die Bildung des Menschen war für die Aufklärer der Schlüssel zur Besserung der Welt. Sie sprachen gern von „Emporbildung". Darunter verstanden sie eine Erziehung zum Gebrauch des Verstandes und zur Mündigkeit, aber auch die Qualifizierung zu bestimmten Berufen, wie es der Nutzen für die Gesellschaft gebot. Die Qualifizierung interessierte naturgemäß die Fürsten und Politiker unter den Aufklärern. Deren Blick richtete sich auf die Schulen und Universitäten.

Die Elementarschulen waren bis etwa 1750 in einem erbärmlichen Zustand, vor allem auf dem Land, wo die Kinder zum Teil gar nicht, zum Teil unregelmäßig zur Schule gingen. Längst nicht alle lernten Schreiben und Rechnen. In Preußen wie in anderen Staaten unterrichteten Messdiener, Handwerker oder frühere Soldaten, die die Kinder heftig prügelten. Die weiterführenden Schulen hatten ein sehr unterschiedliches Niveau. Die meisten bereiteten nicht wirklich auf die Universität vor. Einige brachten den Schülern wenigstens das Lateinische bei, das immer noch die vorherrschende Bildungs-

* **Maria Theresia** übernahm den Titel im Jahr 1745 nach der Krönung ihres Gatten Franz I. Stephan zum Kaiser. Sie selbst war jedoch keine gekrönte Kaiserin, sondern regierende Erzherzogin von Österreich und Königin von Ungarn und Böhmen.

▸ „Der Unterricht der Kinder um Gottes willen, teils durch das Buch der Natur und Sitten, teils durch das Buch der Religion."
Kupferstich aus Johann Bernhard Basedows „Elementarwerk" von D. N. Chodowiecki, 1774.
In dem von Basedow in Dessau gegründeten Philanthropinum („Pflanzschule") wollten die Lehrer durch möglichst große Anschaulichkeit und mithilfe spielerischer Elemente nicht nur Wissen vermitteln, sondern die Kinder auch charakterlich formen. Gemäß der Vorstellung der Aufklärer, dass alle Menschen dieselben Möglichkeiten haben, wurden Kinder unterschiedlichster Herkunft unterrichtet.

sprache war. Die Universitäten verstanden sich seit dem 16. Jahrhundert als Ausbildungsstätten, die für den Nachschub der Pfarrer und der rechtskundigen Beamten zu sorgen hatten. Die Studenten hatten demgemäß vor allem Texte aus der Theologie und Rechtswissenschaft auswendig zu lernen.

Die Reformpläne der Aufklärer stellten die Elementarschule voran, die nun alle Heranwachsenden besuchen sollten. Preußen verfügte 1763 die *allgemeine Schulpflicht* für Kinder zwischen fünf und 14 Jahren. Es dauerte freilich fast ein Jahrhundert, bis diese Verfügung wirklich durchgesetzt war. Auch die Lehrer sollten besser werden, wozu Joseph II. in Wien eine eigene „Normalschule" zu ihrer Ausbildung einrichtete. Aber die Lehrer verdienten weiterhin so schlecht, dass sie von Nebenverdiensten leben mussten. So wurden die Reformziele bei den Elementarschulen verfehlt. Nicht ganz so negativ ist die Bilanz für die weiterführenden Schulen und Universitäten. Dort schwand der Einfluss der Pfarrer und Ordensgeistlichen, die konfessionelle Erziehung aber bestand fort. Immerhin trat der Unterricht in Latein und Griechisch zurück zugunsten des Französischen, der Mathematik und der Naturkunde. Die Universitäten reformierten das Studium des Rechts, um die Absolventen besser auf die berufliche Praxis vorzubereiten. Aber im Ganzen bewegte sich noch wenig. Der große Umbruch, der die Struktur der Gymnasien und Universitäten bis heute bestimmt, kam erst ab 1810.

Bildung für Frauen? Den Mädchen und Frauen waren die weiterführenden Bildungswege, vor allem die Universitäten, verschlossen. Das Idealbild des Bildungsbürgertums erwartete, dass Frauen Lesen, Schreiben, Rechnen, Musizieren, Französisch sprechen und Zeichnen beherrschten. Erworben wurden diese Fertigkeiten an katholischen Ordensschulen, vielfach im Privatunterricht durch eigene Lehrer oder die Eltern. *Dorothea Christiana Erxleben* (1715-1762) und *Dorothea Schlözer* (1770-1825), die 1754 bzw. 1787 den Grad eines Doktors der Medizin bzw. der Philosophie erwarben, waren die ersten promovierten Frauen in Deutschland und als solche Ausnahmen. Der Vater Dorothea Schlözers, der Historiker *August Ludwig Schlözer*, sah die Ausbildung seiner Tochter geradezu als Experiment an, um die Befähigung von Frauen zu höherer Bildung zu beweisen. Das vorherrschende Leitbild der guten, untadeligen Mutter hingegen forderte ein anderes Verhalten. Die Frau sollte zwar im intellektuellen wie im seelischen Bereich die Gefährtin des Mannes sein, um so den Familienzusammenhalt zu festigen. Gelehrsamkeit aber war allein Sache des Mannes. Das Ideal der Zeit trennte somit noch zwischen der emotionsbesetzten Privatsphäre als der Welt der Frau und der Erwerbssphäre als der Welt des streitbaren Mannes.

▲ **Friedrich der Große nach dem Siebenjährigen Krieg.**
Ölgemälde (126 x 94,3 cm) von Johann Heinrich Franke, nach 1763. Das Bild wurde in zahlreichen Kopien und Varianten verbreitet und hat die Vorstellung vom „Alten Fritz“ bis heute geprägt.

M1 Große Ideale und gute Vorsätze eines Prinzen 1737/38

Der folgende Text, gedacht für eine Flugschrift, wird 1737/38 vom Kronprinzen Friedrich, dem späteren Preußenkönig Friedrich II., verfasst, dann aber nicht veröffentlicht. Er ist ein frühes Zeugnis, wie sehr das politische Denken Friedrichs von der Aufklärungsphilosophie beeinflusst ist:

Nachdem ich das Benehmen der Staatsmänner Europas durchgegangen, das politische System der verschiedenen Höfe nach Maßgabe meiner Einsicht entwickelt und die gefährlichen Folgen des Ehrgeizes gewisser Fürsten gezeigt habe, wage ich die Sonde noch tiefer in die Wunde des politischen Körpers zu führen und das Übel bis in seine Wurzeln zu verfolgen, um seine geheimsten Ursachen zu entdecken. Gelingt es meinen Betrachtungen, das Ohr einiger Herrscher zu finden, so bieten sich ihnen hier Wahrheiten, die sie aus dem Mund ihrer Höflinge und Schmeichler nie vernommen hätten. Ja, vielleicht werden sie erstaunt sein, dass diese Wahrheiten sich neben sie auf den Thron setzen.
Mögen sie denn erfahren, dass ihre falschen Prinzipien die vergiftete Quelle des europäischen Elends sind. In Folgendem liegt der Irrtum der meisten Fürsten: Sie glauben, Gott habe aus besonderer Rücksicht für sie und eigens ihrer Größe, ihrem Glück und Hochmut zuliebe das Gewimmel der Völker geschaffen, deren Wohlfahrt ihnen anvertraut ist, und ihre Untertanen seien nichts weiter als Werkzeuge und Diener ihrer zügellosen Leidenschaften. Sobald das Prinzip, von dem man ausgeht, verkehrt ist, müssen die Folgen unweigerlich immer verhängnisvoller werden. Daher jener unbändige Drang nach falschem Ruhme, jenes glühende Verlangen, alles zu erobern, die harten Auflagen, mit denen das Volk bedrückt wird, die Trägheit der Herrscher, ihr Dünkel, ihre Ungerechtigkeit, ihre Unmenschlichkeit, ihre Tyrannei und alle Laster, die die Menschennatur erniedrigen. Legten die Fürsten diese falschen Ideen ab und gingen auf den Ursprung ihres Amtes zurück, sie sähen, dass ihre Würde, auf die sie so eifersüchtig sind, dass ihre Erhebung nur das Werk der Völker ist, dass die Abertausende, die ihnen anvertraut sind, sich nicht einem Einzigen sklavisch unterwarfen, um ihn mächtiger und furchtgebietender zu machen, dass sie sich vor einem Mitbürger nicht beugten, um Märtyrer seiner Launen und Spielball seiner Einfälle zu sein, sondern dass sie den unter sich erwählten, den sie für den Gerechtesten hielten, um sie zu regieren, den Besten, um ihnen ein Vater zu sein, den Menschlichsten, um Mitleid mit ihrem Missgeschick zu haben und es zu lindern, den Tapfersten, um sie gegen ihre Feinde zu beschirmen, den Weisesten, um sie nicht zur Unzeit in verderbliche, zerstörerische Kriege zu verwickeln, kurz, den rechten Mann, um den Staat zu repräsentieren, den, dessen souveräne Macht eine Stütze für Recht und Gesetz ist und nicht ein Mittel, um ungestraft Verbrechen zu begehen und Tyrannei auszuüben.

Zitiert nach: Gustav Berthold Volz, Die Werke Friedrichs des Großen, Bd. 1: Denkwürdigkeiten zur Geschichte des Hauses Brandenburg, Berlin 1913, S. 242 f.

1. *Arbeiten Sie heraus, welche Gedanken der Aufklärung sich Friedrich als Kronprinz zu eigen gemacht hat.*
2. *Untersuchen Sie: Welche Rechtfertigung fürstlicher Herrschaft lehnt er ab, welche befürwortet er?*
3. *Erklären Sie an konkreten Formulierungen Friedrichs Herrschaftsrechtfertigung und überprüfen Sie seinen Anspruch an der Praxis der Herrschererhebung in Brandenburg-Preußen.*

M2 Drei Wege zum modernen Staat

Der Historiker Harm Klueting erkennt 1995 in der Staatenwelt Europas im 18. Jahrhundert drei wichtige Entwicklungstypen:

Am Ende des 18. Jahrhunderts standen so in Europa drei Hauptfaktoren nebeneinander oder einander gegenüber:
– In England mit seinen von kontinentalen Verhältnissen wesentlich verschiedenen politischen und sozialen Strukturen, die seit der „Glorious Revolution" von 1688 im Zeichen des Parlamentarismus und des Systems der „Checks and Balances" zwischen König, Lords und Commons standen, kam seit dem Ende des Siebenjährigen Krieges – mit dem Übergang des Textilgewerbes zur Massengüterproduktion in Verbindung mit der Mechanisierung der Arbeitsabläufe durch den Einsatz von Spinnmaschinen und der Anwendung der 1765 erfundenen Dampfmaschine – die Industrielle Revolution zum Durchbruch.
– In Frankreich führten die mangelnde Reformfähigkeit des Regierungssystems und die Konservierung der Steuerprivilegien des Adels in einem lang dauernden Prozess [...] in eine schließlich irreversible Krise des Absolutismus. So mündete in Frankreich die Schwäche des Absolutismus in die politische Revolution.
– In der österreichischen Monarchie hingegen scheiterte der theresianisch-josephinische Reformabsolutismus an einem Übermaß an Reformen, an seinem Versuch der Nivellierung der Kräfte der Tradition in Gestalt von Adel und Kirche und somit an seiner Stärke. Gegen diese Stärke erhoben sich – wenn auch im Wesentlichen nur an der Peripherie des Herrschaftsgebietes – revolutionäre Kräfte, die in der ständischen Tradition Alteuropas wurzelten.
Polen und Russland, die italienische Staatenwelt, die iberischen und die skandinavischen Königreiche, die nördlichen Niederlande und die Eidgenossenschaft, die kleineren deutschen Reichsstände und der preußische Staat erscheinen dabei als Übergangs- und Randzonen, Nebenschauplätze oder Sonderformen.

Harm Klueting (Hrsg.), Der Josephinismus. Ausgewählte Quellen zur Geschichte der theresianisch-josephinischen Reformen, Darmstadt 1995, S. 56 f.

1. *Erklären Sie den Unterschied zwischen „Revolutionen" und „revolutionären Kräften", von denen die Rede ist. Ordnen Sie ein: Welche waren umstürzend, welche restaurativ?*
2. *Erläutern Sie mithilfe des darstellenden Teiles, wen die theresianisch-josephinischen Reformen betrafen.*

M3 Die europäischen Staaten um 1780

Dem aufgeklärten Absolutismus geht es darum, ein leistungsfähiges Staatswesen zu schaffen. Die Leistungsfähigkeit drückt sich aus in Bevölkerungszahlen, Staatseinkünften und Heeresgrößen. Die nachstehenden Zahlen stammen, was die Staatseinkünfte und Heeresgrößen betrifft, aus zeitgenössischen Quellen. Wo sich die Landesgrenzen zwischen 1700 und 1780 verändert haben, wird für 1700 die Zahl angegeben, die sich mit dem Gebietsumfang von 1780 deckt:

	Bevölkerung (geschätzt 1700)	Bevölkerung (geschätzt 1780)	Staatseinkünfte (Gulden 1780)	Stehendes Heer (Anzahl 1780)
Preußische Monarchie	4,0 Mio.	5,7 Mio.	32,0 Mio.	203 000
Kurpfalz-bayerische Staaten	1,6 Mio.	2,2 Mio.	10,0 Mio.	24 000
Österreichische Monarchie	17,0 Mio.	19,5 Mio.	100,0 Mio.	278 000
Vereinigte Niederlande	1,3 Mio.	2,3 Mio.	23,0 Mio.	36 000
Schweden	1,6 Mio.	3,0 Mio.	6,0 Mio.	46 000
Polen	3,2 Mio.	4,0 Mio.	ca. 3,0 Mio.	15 900
Russland	15,5 Mio.	37,0 Mio.	56,0 Mio.	470 000
Großbritannien u. Irland	9,3 Mio.	11,0 Mio.	112,0 Mio.	58 378
Frankreich	20,0 Mio.	26,0 Mio.	156,0 Mio.	224 000
Spanien	8,2 Mio.	11,0 Mio.	56,0 Mio.	90 000
Osmanisches Reich	–	12,0 Mio.	–	–

Nach: Ilja Mieck, Wirtschaft und Gesellschaft Europas von 1650 bis 1850, in: Wolfram Fischer u. a. (Hrsg.), Handbuch der europäischen Wirtschafts- und Sozialgeschichte, Bd. 4, Stuttgart 1993, S. 1-233, hier S. 49-51 und 54

1. *Begründen Sie, warum die Bevölkerungszahlen für das 18. Jahrhundert in der Regel nur unsichere Schätzgrößen sind.*
2. *Unterscheiden Sie Zonen dynamischen und wenig dynamischen Bevölkerungswachstums in Europa. Recherchieren Sie, warum es im 18. Jahrhundert zu einem beschleunigten Bevölkerungswachstum kam.*
3. *Um 1780 lässt sich in Europa von einer Pentarchie sprechen, d. h. von fünf bestimmenden Großmächten: Großbritannien, Frankreich, Preußen, Österreichische Monarchie, Russland. Begründen Sie, inwieweit sich dies in den Zahlen zu Staatseinkünften, Bevölkerung und Heer widerspiegelt.*

„American Revolution": Eine Nation erschafft sich selbst

Europäer in Nordamerika Nordamerika rückte im 17. Jahrhundert in das Interesse Europas. Spanier, Franzosen, Niederländer und vor allem Engländer machten sich dort Konkurrenz. Auf der Suche nach Gold, Silber und anderen wertvollen Rohstoffen eroberten zunächst die Spanier fast ganz Süd- und Mittelamerika und drangen in den Süden des nordamerikanischen Kontinents vor. Die Franzosen, Niederländer und vor allem die Engländer besiedelten hingegen später die Ostküste Nordamerikas. Nachdem bereits mehrere von England aus gestartete Versuche gescheitert waren, gelang es im Jahre 1607 einer privaten Handelsgesellschaft, der „London Company of Virginia", mit dem Stützpunkt **Jamestown** die erste dauerhafte angelsächsische Siedlung in der „Neuen Welt" zu errichten. Die Geschäftsleute hofften auf Gewinne durch Gold- und Silberfunde sowie andere koloniale Waren. Missernten, Krankheiten und Konflikte mit den Ureinwohnern, den **„Indianern"**, drohten das Projekt jedoch scheitern zu lassen. Erst als 1612 mit dem Anbau von Tabak in Plantagenwirtschaft begonnen wurde, stabilisierte sich die Kolonie Virginia – benannt nach der englischen Königin *Elisabeth I.*, der „Jungfräulichen" – und erwirtschaftete erste Gewinne. Weitere englische Ansiedlungen an der Südostküste Nordamerikas folgten.

Jamestown: benannt nach König James I., der von 1603 bis 1625 England regierte

„Indianer": Die Namensgebung geht auf den Irrtum von Christoph Kolumbus zurück, der 1492 glaubte, in Indien gelandet zu sein. Der Begriff gilt heute als diskriminierend und wird in den USA meist durch die Bezeichnung „Native Americans" oder indigene Bevölkerung ersetzt.

Im Gegensatz zu diesen Kolonien im Süden entstanden die sogenannten Neuengland-Kolonien an der Nordküste nicht aus wirtschaftlichen, sondern aus religiösen Motiven. Als erste erreichten 1620 die „Pilgerväter" (*Pilgrim Fathers*), eine Gruppe strenggläubiger **Puritaner**, die Küste bei Plymouth. Sie hatten sich von der anglikanischen Staatskirche abgewandt und wurden in England unterdrückt und verfolgt. In der „Neuen Welt" hofften sie, ihre religiösen und politischen Vorstellung verwirklichen zu können. Noch während der Überfahrt hatten sie an Bord ihres Schiffes „Mayflower" die Grundzüge ihrer zukünftigen Ordnung in einem Gesellschaftsvertrag niedergelegt, dem sogenannten *Mayflower-Compact*. Darin verpflichteten sie sich, streng nach christlichen Regeln zu leben.

Puritaner (lat. puritas: „Reinheit"): Selbstbezeichnung der Angehörigen einer strenggläubigen protestantischen Glaubensrichtung in England und Schottland, die vor allem durch den Reformator Johann Calvin geprägt wurde. Sie gerieten im 16. Jh. in Konflikt mit der anglikanischen Staatskirche, da sich diese nach ihrer Ansicht nicht weit genug vom Katholizismus gelöst hatte.

Weitere Puritaner und andere religiöse Minderheiten folgten. Englische Katholiken siedelten sich in Maryland, **Quäker** und Hugenotten in Pennsylvania an. In Rhode Island wurden erstmals Kirche und politisches Gemeinwesen getrennt und die religiöse Freiheit des Einzelnen rechtlich abgesichert.

Quäker: protestantische Sekte, die sich auf die Gleichheit aller Menschen beruft. Aus ihrem Bibelverständnis heraus lehnen sie Eid, Kriegsdienst und Sklaverei sowie kirchliche und staatliche Autoritäten ab. Sie wurden daher in Europa zeitweise verfolgt.

Der Zustrom von Einwanderern aus ganz Europa nahm rasch zu. 1690 lebten etwa 200 000 Auswanderer im Gebiet der britischen Kolonien, 1790 fast vier Millionen. Vor allem in den Mittelatlantik-Kolonien zwischen Virginia und Neuengland herrschte religiöse Toleranz und ethnische Vielfalt. Trotz ihrer unterschiedlichen Herkunft, Religion und Sprache verband die Kolonisten das gemeinsame Ziel, ein freies und besseres Leben aufzubauen.

Viele Amerikaner: „Native Americans" ... Die bunt gemischte amerikanische Gesellschaft, später als „melting pot" bezeichnet, schloss die „Native Americans", die indianischen Ureinwohner, von vornherein aus. Diese besiedelten in Hunderten verschiedener Stämme den nordamerikanischen Kontinent, lebten als nomadische Jäger und Sammler oder betrieben Ackerbau und Viehzucht. Für die ersten europäischen Siedler waren die Indianer zunächst wichtige Handelspartner und Verbündete gegen gemeinsame Feinde.

▸ **Die „Gründerstaaten“ und die koloniale Besitzverteilung in Nordamerika bis 1763.**

Brit. Kolonien
Brit. Erwerbungen bis 1763
Franz. Territorium bis 1763
Span. Territorium
Siedlungsgrenze der kgl. Proklamation von 1763
Heutige Grenzen der „Gründerstaaten“
Creek Indianerstämme (Auswahl)

1 New Hampshire (1622/29)
2 Massachusetts (1629)
3 Connecticut (1633)
4 Rhode Island (1636)
5 New York (1664)
6 New Jersey (1664)
7 Pennsylvania (1681)
8 Maryland (1634)
9 Delaware (1664)
10 Virginia (1607)
11 North Carolina (1663)
12 South Carolina (1663)
13 Georgia (1733)
(in Klammern die Gründungsjahre der Kolonien, die aber auch anders angegeben werden)

0 500 km

Als die Siedler jedoch immer weiter in den Lebensraum der indigenen Bevölkerung eindrangen, häuften sich die bewaffneten Konflikte. Dabei unterlagen die Ureinwohner fast immer, weil sie über keine Feuerwaffen verfügten. Die meisten Weißen sahen sich dabei als Eroberer im Recht. Denn in puritanischen Augen galt die Verdrängung und Vernichtung der Ureinwohner als gerechtfertigt, da die „sündhaft Ungläubigen“ und „Wilden“ dem göttlichen Gebot, sich die Erde untertan zu machen, angeblich nicht nachgekommen waren und demnach keinen Anspruch auf das Land hatten.

Für die „Native Americans“ bedeutete die Besiedlung durch die Europäer das Ende ihrer Kultur und langfristig die physische Vernichtung. Die meisten starben an eingeschleppten Krankheiten. Kriege, Vertreibungen, Zwangsarbeit, Alkoholismus und Hungersnöte dezimierten ihre Zahl zusätzlich. Heute schätzt man, dass sich die Zahl der Ureinwohner auf dem Gebiet der USA und Kanadas von ursprünglich sechs bis sieben Millionen innerhalb von nur hundert Jahren um mehr als 90 Prozent verringerte.

... und Afroamerikaner ■ Seit 1619 führten nach und nach alle britischen Kolonien afrikanische Zwangsarbeiter ein. Anfangs wurden sie nach Ablauf einer vereinbarten Arbeitszeit in die Freiheit entlassen. Doch mit Einführung der Erblichkeit der Sklaverei blieben die Schwarzen auf Lebenszeit mit Kind und Kindeskindern persönlicher Besitz ihrer weißen Herren. Um 1770 lebten etwa 500 000 schwarze Sklaven in den englischen Kolonien, das war mehr als ein Fünftel der Bevölkerung in den 13 Kolonien. Ihre Nachkommen und der blühende Sklavenhandel ließen ihre Zahl rasch ansteigen. Besonders in den Plantagen der südlichen Kolonien wurden die billigen Arbeitskräfte eingesetzt. Bis zur Mitte des 19. Jahrhunderts wurde der Süden der USA zur größten Sklavenhaltergesellschaft der Welt.

▲ **Phillis Wheatley.**
Stich aus ihrem 1773 veröffentlichten Gedichtband.
- *Beschreiben Sie das Leben von Phillis Wheatley. Recherchieren Sie dazu im Internet.*
- *Überprüfen Sie die Behauptung, dass Sklavinnen damals doppelt unterdrückt waren.*

Privilegierte, Unterdrückte und Auserwählte ■ So unterschiedlich wie die Motive für ihre Gründung war auch die wirtschaftliche und gesellschaftliche Entwicklung der Kolonien. Im Süden gaben die reichen Plantagenbesitzer den Ton an, die einen aristokratischen Lebensstil nach englischem Vorbild entwickelten. Die Bewirtschaftung der großen Tabak-, später auch Reis- und Baumwollplantagen beruhte auf der Ausbeutung unfreier Arbeitskräfte. Anfangs arbeiteten dort auch mittellose Europäer als „Sklaven auf Zeit“, bis sie die Kosten ihrer Überfahrt abgearbeitet hatten. Schon bald verrichteten ausschließlich afrikanische Sklaven die Arbeit. Die Hautfarbe bestimmte die rechtliche und soziale Stellung. Neben der strikten Rassenhierarchie entwickelte sich ein großes soziales Gefälle zwischen reichen und armen Weißen.

▶ **„Pilgrim Fathers – The First Thanksgiving at Plymouth."**
Gemälde von Jennie Augusta Brownscomb, 1912.
Im Herbst 1621, ein Jahr nach ihrer Ankunft in Plymouth, beschlossen die Pilgerväter nach der Ernte gemeinsam mit dem benachbarten Wampanoag-Stamm ein Fest zu feiern. Daraus entwickelte sich der Thanksgiving-Day, eine Art Erntedankfest, das in den USA als staatlicher Feiertag immer am vierten Donnerstag im November begangen wird. Eng mit dem Gründungsmythos verbunden, ist die Tradition fest im US-amerikanischen Selbstverständnis verankert.
Analysieren Sie die Stilelemente des Gemäldes. Erläutern Sie seine Aussage.

In den Mittelatlantik- und Neuengland-Kolonien ließ das Klima eine Plantagenwirtschaft nicht zu. Daher spielte dort die Sklaverei keine große Rolle. Vielmehr lebten die Siedler von konventioneller Landwirtschaft, von Handwerk und Handel, an den Küsten zudem von Schiffbau und Walfang. Aber auch hier herrschten unter den Kolonisten von Anfang an große soziale Unterschiede – zwischen Etablierten und Neuankömmlingen, Reichen und Armen, Gebildeten und Ungebildeten.

Die Puritaner prägten die entstehende amerikanische Gesellschaft entscheidend. Sie glaubten an ihre göttliche Auserwähltheit und waren der Überzeugung, einen besonderen Platz in der Geschichte einzunehmen. Wirtschaftlicher Erfolg galt für sie als Zeichen der Auserwähltheit, daher waren sie zielstrebig und fleißig – eine Einstellung, die maßgeblich zum wirtschaftlichen Aufschwung der Kolonien beitrug. Die Kehrseite dieses Auserwähltheitsglaubens waren ein ausgeprägter Durchsetzungswille und oftmals Intoleranz gegenüber Andersdenkenden. Wer gegen die engen Normen der Gemeinden verstieß, wurde ausgegrenzt oder sogar bestraft. Auch in der „Neuen Welt" waren Außenseiter nicht vor Hexenprozessen sicher.

Vorbild England Die englischen Kolonien fühlten sich zunächst als Teil des Empire und standen loyal zur Krone. Verwaltung, Rechtsprechung, Wirtschaft und Kultur orientierten sich am englischen Vorbild.

Mit zunehmender wirtschaftlicher Bedeutung wuchs Englands Interesse an den nordamerikanischen Kolonien. Sie sollten dem Mutterland als Absatzmärkte und Rohstofflieferanten dienen. Um mehr Kontrolle über die Kolonien zu erlangen, ersetzte der König die bis dahin frei gewählten Gouverneure durch seine Beamten.

Politische Mitbestimmungsrechte waren – wie in England – an Bedingungen wie Eigentum, Steueraufkommen und Aufenthaltsdauer gebunden. Ärmere Bürger, Frauen und Sklaven blieben von der politischen Entscheidungsfindung und Mitbestimmung ausgeschlossen. In den nördlichen Kolonien konnten etwa drei Viertel, in den südlichen bis zu 50 Prozent der weißen Männer an den Wahlen zu den Repräsentativversammlungen (*assemblies*) teilnehmen. In England waren dagegen in der Mitte des 18. Jahrhunderts nur 15 Prozent der männlichen Bevölkerung wahlberechtigt. In keinem Land der Welt gab es zu dieser Zeit mehr soziale Gerechtigkeit und Mitbestimmungsrechte als in den englischen Kolonien.

Vom Vorbild zum Feindbild Die Kolonien mit ihren um 1770 etwa 2,5 Millionen Einwohnern durften bestimmte Waren wie Zucker und Tabak nur nach England ausführen, außerdem Produkte aus Europa nur über britische Firmen einführen. Diese Beschränkungen durch das Mutterland wurden zunehmend als Ärgernis empfunden und vielfach durch einen florierenden Schmuggel umgangen. Der **Siebenjährige Krieg** hatte die englischen Staatsschulden zudem so stark anwachsen lassen, dass man in London beschloss, die Bürger der Kolonien an den Kosten des Krieges zu beteiligen. Die Regierung in London erhöhte 1764 die Zölle für Einfuhren aus den nordamerikanischen Kolonien und verlangte 1765 eine geringfügige – in England seit Langem erhobene – Gebühr für Kaufverträge, Schuldscheine, Testamente und Druckerzeugnisse aller Art wie Zeitungen oder Kalender (*Stamp Act*). Da die Kolonisten keine Vertreter ins englische Parlament wählen durften, weigerten sie sich, die Steuern und Zölle zu zahlen, und boykottierten britische Waren: „No taxation without representation!“ Die Regierung in London nahm die Steuererhöhungen zurück. Sie war aber nicht bereit, den Kolonisten das geforderte Selbstbesteuerungsrecht zuzugestehen. Dadurch wurde aus dem Streit um Abgaben ein Kampf um politische Rechte.

Der Kampf begann, als sich 1770 aus einem Streit zwischen englischen Soldaten und Bürgern der Stadt Boston eine Straßenschlacht entwickelte, bei der fünf Kolonisten starben (*Boston Massacre*). Höhepunkt der Auseinandersetzung wurde die Versenkung einer großen Teeladung im Hafen von Boston am 16. Dezember 1773. Während die Aktion in den Kolonien als *„Boston Tea Party“* gefeiert wurde, empörte sich die britische Regierung über die offene Rebellion und unterstellte die Kolonie Massachusetts dem Kommando des Militärs.

Siebenjähriger Krieg (auch „French and Indian War“ genannt, 1756-1763): unter anderem in Nordamerika ausgetragener Krieg zwischen England und Frankreich, durch den England die Vorherrschaft in Nordamerika für sich entschied. Im Frieden von Paris (1763) musste Frankreich auf Kanada und die Gebiete östlich des Mississippi verzichten.

Kampf um Unabhängigkeit: the Revolutionary War Als Reaktion auf diese „Intolerable Acts“ trafen sich im September 1774 Vertreter aus zwölf Kolonien (alle außer Georgia) zum „Ersten Kontinentalkongress“ in Philadelphia. Die Abgeordneten beschlossen, keinen Handel mehr mit England und seinen anderen Kolonien zu treiben. Eine Abspaltung der Kolonien vom Mutterland stand noch nicht zur Diskussion. Erst als der britische König die „Rebellen“ mit Gewalt zu unterwerfen versuchte, kam es im April 1775 zu Gefechten. Unmittelbar nach Ausbruch des Krieges versammelten sich die Delegierten aller Kolonien zum „Zweiten Transkontinentalen Kongress“, der bis 1789 an wechselnden Orten tagte. **George Washington** wurde zum Oberbefehlshaber ernannt. Die „Kontinentalarmee“, die er aus allen Kolonien zusammenstellte, bestand aus schlecht ausgebildeten Freiwilligen mit dürftiger Ausrüstung. Sie waren jedoch hoch motiviert, den gemeinsamen Kampf gegen die als Willkür empfundenen Machtansprüche der Regierung in London aufzunehmen. Mit den Gefechten setzte eine breit angelegte Kampagne der Aufständischen, die sich selbst „Amerikaner“ und „Söhne der Freiheit“ nannten, für die Unabhängigkeit ein.

Die Kolonisten erstritten sich ihre Freiheit in einem fast acht Jahre dauernden Krieg. Sie kämpften dabei nicht nur gegen die Engländer und die etwa 30 000 Söldner, die diese aus deutschen Kleinstaaten angeheuert hatten, sondern auch gegen etwa ein Drittel der eigenen Bevölkerung, das weiterhin zur britischen Krone hielt. Militärisch entscheidend war das Eingreifen des absolutistischen Frankreich. Es unterstützte die aufständischen Amerikaner gegen den Rivalen England. Nach langen Verhandlungen musste die englische Krone im *Frieden von Versailles* 1783 die Vereinigten Staaten als „freie, souveräne, unabhängige Staaten“ anerkennen.

George Washington (1732-1799): Plantagenbesitzer, Offizier und Politiker, ab 1775 Befehlshaber der Kontinentalarmee im Amerikanischen Unabhängigkeitskrieg (1775-1783), 1787 Vorsitzender des Verfassungskonvents in Philadelphia und von 1789 bis 1797 erster Präsident der USA (Federalist). Er festigte die republikanische Demokratie u.a. durch Bildung eines Kabinetts und Neutralitätspolitik; eine dritte Amtszeit lehnte er ab. Washington war der populärste Amerikaner seiner Zeit und gilt bis heute als Nationalheld.

Zensuswahlrecht: Wahlsystem, bei dem das Wahlrecht an den Nachweis von Besitz, Einkommen oder Steuerleistung (Zensus) gebunden ist. Das allgemeine Männerwahlrecht wurde in den USA 1830 eingeführt.

Thomas Jefferson (1743-1826): Rechtsanwalt aus Virginia; nach der Unabhängigkeit der Vereinigten Kolonien 1785-1789 amerikanischer Gesandter in Frankreich, 1789-1794 Außenminister und 1801-1809 der dritte Präsident der USA

Thomas Paine (1737-1809): englischer Journalist und Politiker; emigrierte 1774 nach Amerika, wurde Aktivist im Kampf gegen die Sklaverei; 1776 Veröffentlichung seiner Schrift „Common Sense", die in kurzer Zeit zwölf Auflagen erlebte und die öffentliche Meinung sowie schließlich die Unabhängigkeitserklärung entscheidend beeinflusste. Paine gilt als einer der geistigen Gründerväter der USA.

„Streben nach Glück" Die Kolonien erarbeiteten bereits während des Krieges eigene Verfassungen. Die erste von ihnen, die *„Virginia Bill of Rights"* vom 12. Juni 1776, setzte die Staatslehre der europäischen Aufklärer um. Sie enthielt erstmals eine Liste von Menschenrechten, legte darüber hinaus die Gewaltenteilung, die regelmäßige Wahl der Abgeordneten nach einem **Zensuswahlrecht** für Männer, die Einberufung von Geschworenengerichten, Presse- und Religionsfreiheit sowie das Recht auf Widerstand fest. Diese Verfassung beeinflusste die folgende inneramerikanische und europäische Verfassungsentwicklung maßgeblich.

Von ebenso weitreichender Bedeutung erwies sich die am 4. Juli 1776 verkündete Unabhängigkeitserklärung (*Declaration of Independence*). Sie war in einem Ausschuss des Kontinentalkongresses von **Thomas Jefferson** entworfen worden. Entscheidenden Einfluss nahm der Journalist **Thomas Paine** mit seiner Streitschrift „Common Sense" (Gesunder Menschenverstand; ▸ M1), mit der er die Abgeordneten des Transkontinentalkongresses endgültig davon überzeugte, die vollständige Unabhängigkeit von England anzustreben. In der „Declaration of Independence" erklärten die Abgeordneten die Herrschaft des englischen Königs zur widerrechtlichen Tyrannei (▸ M2).

Identität in Urkundenform Am 25. Mai 1787 kamen die 55 Delegierten des Kontinentalkongresses aus zwölf Staaten in Philadelphia zusammen und erarbeiteten unter dem Vorsitz von Washington auf der Grundlage der 1781 ratifizierten Konföderationsartikel einen neuen Verfassungsentwurf, den sie am 17. September 1787 verabschiedeten. Er sah einen föderativen Staatenbund mit einer republikanischen Verfassung und einem starken Präsidenten an der Spitze vor. Die Bundesverfassung nahm den Einzelstaaten von ihrer Souveränität nur so viel, wie der Staatenbund brauchte, um den Handel im Innern zu ordnen und die Nation nach außen wirkungsvoll zu vertreten und zu schützen. Sie schuf dazu ein System der Gewaltenteilung und der wechselseitigen Kontrollen (*checks and balances*). Die Regelung des Wahlrechts blieb weitgehend den Einzelstaaten überlassen. Frauen, Sklaven und Ureinwohner hatten kein Recht zu wählen, außerdem schloss das Zensuswahlrecht überall den größten Teil der Bevölkerung von den Wahlen aus.

Bis 1788 hatten die meisten Staaten die Bundesverfassung angenommen. Im Februar 1789 wurde George Washington zum ersten Präsidenten der Vereinigten Staaten von Amerika gewählt. Während seiner Regierungszeit nahm der Kongress die Bill of Rights als Verfassungszusätze (*amendments*) in die Bundesverfassung auf. Die Stellung der Frau in Politik und Gesellschaft sowie das Problem der Ungleichbehandlung der afroamerikanischen Sklaven blieben noch unberücksichtigt, obwohl entsprechende Forderungen bereits bestanden. Insgesamt garantierte die Verfassung mit den „amendments" jedoch Rechte und Freiheiten, von denen die Europäer zu dieser Zeit nur träumen konnten.

Die Annahme der Verfassung und die Bildung der ersten Bundesregierung schlossen eine außerordentliche Entwicklung ab: Menschen unterschiedlicher sozialer Herkunft hatten gemeinsam gegen den Herrschaftsanspruch eines Königs gekämpft, um in einem eigenen Nationalstaat zu leben. Die Landnahme, der siegreiche Kampf um die Unabhängigkeit und der erfolgreiche Zusammenschluss zu einem souveränen, demokratischen Staat lasen sich in den Augen der Amerikaner als eine nationale Erfolgsgeschichte (▸ M3). Sie ließ aus dem puritanischen Glauben, „Auserwählte" zu sein, die Überzeugung entstehen, Amerika sei eine „auserwählte Nation", deren zukünftige Aufgabe darin bestehe, ihre Werte überall dort durchzusetzen, wo sie nicht galten.

M1 Common Sense

Der aus England emigrierte Steuereinnehmer Thomas Paine veröffentlicht 1776 in Philadelphia seine Streitschrift „Common Sense“[1] anonym. Sie erreicht innerhalb von drei Monaten eine Auflage von 120 000 Exemplaren und ist damit der erste politische Bestseller Amerikas:

Da ganz Europa der Absatzmarkt für unseren Handel ist, sollten wir keine parteiische Verbindung mit einem Teil davon eingehen. Es liegt im wahren Interesse Amerikas, sich aus europäischen Streitigkeiten herauszuhalten, was es niemals tun kann, solange es durch die Abhängigkeit von Großbritannien zum Zugewicht in der Waagschale der britischen Politik wird.

In Europa gibt es einfach zu viele Königreiche, als dass es lange in Frieden leben könnte, und sobald zwischen England und irgendeiner fremden Macht ein Krieg ausbricht, wird der amerikanische Handel *wegen seiner Bindung an Großbritannien* ruiniert. [...] Das Blut der Getöteten, die klagende Stimme der Natur schreien: ES IST ZEIT, SICH ZU TRENNEN. Sogar die Entfernung voneinander, in der der Allmächtige England und Amerika geschaffen hat, ist ein starker und natürlicher Beweis dafür, dass die Herrschaft des einen über den anderen niemals im göttlichen Plan lag. [...]

Um die Sache auf einen Punkt zu bringen: Ist die Macht, die eifersüchtig auf unseren Reichtum ist, geeignet, uns zu regieren? Wer auch immer auf diese Frage mit Nein antwortet, ist ein Unabhängiger, denn Unabhängigkeit bedeutet nichts anderes, als dass entweder wir unsere eigenen Gesetze machen werden, oder der König, der größte Feind, den dieser Kontinent hat oder haben kann, uns sagen wird: *Es soll keine anderen Gesetze geben als solche, die mir gefallen.* [...]

Aber wo bleibt, sagen einige, der König von Amerika? Ich sage dir, mein Freund, er regiert oben im Himmel und richtet keine Gemetzel unter der Menschheit an so wie der königliche Untermensch aus Großbritannien. Aber damit es nicht so aussieht, als ob es uns an irdischen Ehren mangelt, soll man einen Tag bestimmen, an dem feierlich die Charta proklamiert wird: Sie soll dann auf das göttliche Gesetz, das Wort Gottes, gelegt und herbeigebracht werden, darauf eine Krone, an der die Welt erkennen mag, dass, wenn wir eine Monarchie anerkennen, in Amerika ALLEIN DAS GESETZ KÖNIG IST. Denn wie in absoluten Regierungen der König das Gesetz ist, *sollte* in freien Ländern das Gesetz König sein und nichts anderes. Aber damit nicht später Missbrauch betrieben wird, sollte die Krone nach der Zeremonie zerstört und unter das Volk verstreut werden, das ein Recht darauf hat.

Eine eigene Regierung ist unser natürliches Recht; und wenn man ernsthaft über die Vergänglichkeit menschlicher Dinge nachdenkt, wird man zur Überzeugung kommen, dass es sehr viel sicherer und weiser ist, uns gelassen und überlegt eine eigene Verfassung zu schaffen, solange wir noch die Möglichkeit dazu haben, als ihre Entstehung der Zeit und dem Zufall anzuvertrauen.

Thomas Paine, Common Sense, übersetzt und herausgegeben von Lothar Meinzer, Stuttgart 1982, S. 37, 45 f. und 52 f.

[1] **Common Sense**: Der Ausdruck bedeutet zugleich gesunder Menschenverstand, Gemeinsinn, Nüchternheit und praktische Vernunft.

1. *Erläutern Sie Paines Haltung zur Monarchie. Analysieren Sie die sprachliche Gestaltung seiner Ausführungen.*
2. *Arbeiten Sie heraus, auf welche verfassungsrechtlichen Prinzipien das unabhängige Amerika gegründet werden soll.*
3. *Verfassen Sie aus Sicht der englischen Regierung eine Antwort auf Paines Forderungen.*

M2 Declaration of Independence

Der Zweite Kontinentalkongress beschließt am 2. Juli 1776, dass die 13 Vereinigten Kolonien freie und unabhängige Staaten sind. In der am 4. Juli 1776 vom Kongress gebilligten Unabhängigkeitserklärung der „Vereinigten Staaten von Amerika“ heißt es:

Wenn es im Laufe der Menschheitsgeschichte für ein Volk notwendig wird, die politischen Bande zu lösen, die es mit einem anderen Volke verbunden haben, und unter den Mächten der Erde den selbstständigen und gleichberechtigten Rang einzunehmen, zu dem natürliches[1] und göttliches Gesetz es berechtigen, so erfordert geziemende Achtung vor den Ansichten der Menschen, dass es die Gründe darlegt, die es zur Absonderung bewegen.

Folgende Wahrheiten bedürfen für uns keines Beweises: Dass alle Menschen gleich geschaffen sind; dass sie von ihrem Schöpfer mit gewissen unveräußerlichen Rechten ausgestattet sind, dass dazu Leben, Freiheit und das Streben nach Glück gehören, dass zur Sicherung dieser Rechte Regierungen unter den Menschen eingesetzt sind, die ihre rechtmäßige Autorität aus der Zustimmung der Regierten herleiten; dass, wenn immer irgendeine Regierungsform diesen Zielen ab-

[1] **Naturrecht**: Lehre von einem Recht, das im Wesen des Menschen begründet ist – unabhängig von Kultur, Zeit und Ort. Dagegen steht das geschichtlich gewordene, gesetzte und daher veränderliche („positive“) Recht.

◄ Unterzeichnung der Unabhängigkeitserklärung am 4. Juli 1776.
Gemälde von John Trumbull, 1786 - 1797. Thomas Jefferson überreicht dem Präsidenten des Zweiten Kontinentalkongresses die Unabhängigkeitserklärung. Links von ihm (im braunen Anzug) steht John Adams, rechts von Jefferson der Schriftsteller, Naturwissenschaftler und Politiker Benjamin Franklin. Im Hintergrund die Delegierten des in Philadelphia tagenden Kongresses.

träglich wird, das Volk berechtigt ist, sie zu ändern oder abzuschaffen und eine neue Regierung einzusetzen und diese auf solchen Prinzipien zu errichten und ihre Gewalten solchermaßen zu organisieren, wie es ihm zur Gewährleistung seiner Sicherheit und seines Glücks am ratsamsten erscheint. Die Vernunft gebietet freilich, dass seit Langem bestehende Regierungen nicht aus geringfügigen und flüchtigen Anlässen geändert werden sollten; und dementsprechend hat alle Erfahrung gezeigt, dass die Menschen eher geneigt sind zu leiden, solange die Missstände erduldbar sind, als sich durch Beseitigung altgewohnter Formen Recht zu verschaffen. Aber wenn eine lange Reihe von Missbräuchen und Übergriffen, die ausnahmslos das gleiche Ziel verfolgen, die Absicht deutlich werden lässt, das Volk unumschränktem Despotismus zu unterwerfen, so ist es sein Recht wie auch seine Pflicht, eine solche Regierung zu beseitigen und durch neue schützende Einrichtungen für seine künftige Sicherheit Vorsorge zu treffen. [...]

Die Regierungszeit des jetzigen Königs von Großbritannien ist voll wiederholt begangenen Unrechts und ständiger Übergriffe, die alle unmittelbar auf die Errichtung einer unumschränkten Tyrannei über unsere Staaten abzielen. [...]
[*Es folgt eine Auflistung von 18 Beschwerden, darunter:*]

Er hat es abgelehnt, andere Gesetze zugunsten großer Bevölkerungskreise zu verabschieden, wenn diese Menschen nicht auf das Recht der Vertretung in der Legislative verzichten wollten, ein Recht, das ihnen unschätzbar wichtig ist und nur Tyrannen schrecken kann. [...]

Er hat wiederholt Volksvertretungen aufgelöst, weil sie mit männlicher Festigkeit seinen Eingriffen in die Rechte des Volkes entgegengetreten sind. [...]

Er hat Richter in Bezug auf ihre Amtsdauer, die Höhe und den Zahlungsmodus ihrer Gehälter von seinem Willen allein abhängig gemacht.

Er hat eine Unzahl neuer Behörden eingerichtet und Schwärme von Beamten hierhergeschickt, um unser Volk zu belästigen und seine Substanz aufzuzehren.

Er hat in Friedenszeiten bei uns ohne die Zustimmung der gesetzgebenden Körperschaften stehende Heere unterhalten. [...]

Er hat sich mit anderen zusammengetan, um uns einer Form der Rechtsprechung zu unterwerfen, die unserer Verfassung fremd und von unseren Gesetzen nicht anerkannt war; und er hat seine Zustimmung zu ihren angemaßten gesetzgeberischen Handlungen erteilt [...].

Er hat seinen Herrschaftsanspruch hier aufgegeben, indem er uns als außerhalb seines Schutzes stehend erklärte und Krieg gegen uns führte. [...]

Er schafft zum gegenwärtigen Zeitpunkt große Heere fremder Söldner heran, um das Werk des Todes, der Verwüstung und der Tyrannei zu vollenden, das er bereits mit solcher Grausamkeit und Heimtücke begonnen hat, wie sie in den barbarischsten Zeiten kaum ihresgleichen finden, und die des Oberhauptes einer zivilisierten Nation gänzlich unwürdig sind. [...]

Er hat Erhebungen in unserer Mitte angeschürt und sich bemüht, auf die Bewohner unserer Grenze zur Wildnis hin die erbarmungslosen indianischen Wilden zu hetzen, deren Kriegführung bekanntlich darin besteht, alles ohne Rücksicht auf Alter, Geschlecht oder Zustand niederzumachen. [...]

Daher tun wir, die in gemeinsamem Kongress versammelten Vertreter der Vereinigten Staaten von Amerika, unter Anrufung des obersten Weltenrichters als Zeugen für die Rechtschaffenheit unserer Absichten, im Namen und Auftrag des wohlmeinenden Volkes unserer Kolonien feierlich kund zu wissen, dass diese Vereinigten Kolonien freie und unabhängige Staaten sind und rechtens sein sollen; dass sie von jeglicher Treuepflicht gegen die britische Krone entbunden sind, und dass jede politische Verbindung zwischen ihnen und dem Staate Großbritannien vollständig gelöst ist und sein soll; und dass sie als freie und unabhängige Staaten das uneingeschränkte Recht haben, Krieg zu führen, Frieden zu schließen, Bündnisse einzugehen, Handel zu treiben und alle sonstigen Handlungen vorzunehmen und Tätigkeiten auszuüben, zu denen unabhängige Staaten rechtens befugt sind.

Zitiert nach: Udo Sautter, Die Vereinigten Staaten. Daten, Fakten, Dokumente, Tübingen/Basel 2000, S. 148 und 150

1. *Analysieren Sie den Aufbau der Unabhängigkeitserklärung. Arbeiten Sie die Aussagen der einzelnen Abschnitte heraus.*
2. *Erläutern Sie die doppelte Funktion der Unabhängigkeitserklärung.*
3. *Prüfen Sie Funktion und Stichhaltigkeit der gegen den englischen König vorgebrachten Anklagepunkte.*
4. *Die Unabhängigkeitserklärung wurde von Thomas Paines Überlegungen beeinflusst (M2). Arbeiten Sie die Einflüsse heraus.*
5. *Erörtern Sie die Wirkung der Erklärung in der amerikanischen Bevölkerung und bei ausländischen Regierungen.*
6. *Beurteilen Sie, welche politische Bedeutung die Erklärung über den aktuellen Anlass hinaus hatte.*

M3 „Mehr als ein Unabhängigkeitskampf“

Der Historiker Horst Dippel schreibt 1985 zur Bedeutung der Amerikanischen Revolution:

Der von der Amerikanischen Revolution ausgehende moderne Konstitutionalismus mit seiner verfassungsrechtlichen Verankerung der Menschenrechte, dem Prinzip der Gewaltentrennung und der Festsetzung von Verfassung als höherrangigem Recht hat [...] zur Weiterwirkung der Amerikanischen Revolution erheblich beigetragen. In der außeramerikanischen Perspektive lag in diesen Bereichen ihre entscheidende Bedeutung [...]. Damit war, so schien es, erstmals ein moderner Staat konstituiert worden, dessen verfassungsmäßige Ordnung Vorbild sein konnte. Das neuartige und bis dahin beispiellose System des amerikanischen Föderalismus stellte in diesem Zusammenhang fraglos einen der originärsten Beiträge dar. [...]

Die Amerikanische Revolution war sicher mehr als lediglich ein Unabhängigkeitskampf, mehr als ein Dutzend Verfassungsdokumente. Den aufgeklärten Zeitgenossen in Europa galt sie als ein „Prinzip Hoffnung“, als der Beweis, dass die Ideale der Aufklärung, Freiheit und Menschenrechte, keine irreale Theorie waren, sondern unmittelbar praktisch umgesetzt werden konnten. [...]

Die weltpolitische Bedeutung der Amerikanischen Revolution ergibt sich in besonderem Maße aus inneramerikanischer Sicht. Die Amerikanische Revolution ist die Geburtsstunde der Vereinigten Staaten von Amerika, eines staatlichen Gebildes, das bislang weder in dieser noch in anderer Form existiert hatte. [...]

Erst die Amerikanische Revolution hat [...] den Amerikaner geschaffen, der sich nicht mehr primär als Virginier oder New Yorker fühlte, sondern ein neues, provinzübergreifendes Zusammengehörigkeitsgefühl entwickelte, das nicht nur bislang bestehende politisch-geografische Grenzen übersprang, sondern sich auch anschickte, ethnische und religiöse Barrieren zu überwinden auf dem Weg zu einer neuen Identität als „Amerikaner“.

Horst Dippel, Die Amerikanische Revolution 1763-1787, Frankfurt am Main 1985, S. 113-115

1. *Begründen Sie, warum es bei der Beurteilung der Amerikanischen Revolution sinnvoll sein kann, zwischen einer inner- und einer außeramerikanischen Sicht zu unterscheiden.*
2. *Erörtern Sie die Bedeutung des „amerikanischen Föderalismus“ und nehmen Sie Stellung.*
3. *Beurteilen Sie die Aussagen aus der Sicht der Ureinwohner und der Afroamerikaner.*

Die Französische Revolution

▲ **„Man muss hoffen, dass dieses Spiel bald vorbei ist."**
Figurengruppe aus einer Radierung (19 x 14 cm) eines unbekannten Künstlers von 1789. Das Bild fand als Flugblatt weite Verbreitung. Auf dem Taschentuch der unteren Figur ist vermerkt: „Salz- und Tabaksteuern, Grundsteuer, Zehnt, Frondienst, Militärdienst", auf dem Säbel steht „gerötet von Blut", auf dem Stock „mit Tränen getränkt".

- *Beschreiben Sie die drei Figuren des Bildes und ordnen Sie sie den Ständen zu. Welche Missstände werden angeprangert?*

Generalstände (frz. états généraux): Versammlung von Repräsentanten der drei Stände Klerus (Erster Stand), Adel (Zweiter Stand) und Bürgertum (Dritter Stand). Sie wurden erstmals 1302 vom König einberufen, zuletzt 1614, meist um über Steuern zu beraten. Erst 1789 wurden sie zur Lösung einer Finanz- und Staatskrise wieder einberufen.

Patrioten: Vaterlandsfreunde; hier die Ständevertreter, die gegen die Privilegien des Klerus und Adels kämpften

Das vormoderne Frankreich Die Ideen der Amerikanischen Revolution wurden auch nach Frankreich exportiert und trafen nicht nur bei Intellektuellen, sondern auch beim „gemeinen Volk" auf Interesse. In der Zeit nach Ludwig XIV., der 1715 gestorben war, wurden die inneren Schwächen des absolutistischen Modells deutlich. Seine Nachfolger verfügten nicht mehr über die Autorität und Kompetenz, die der „Sonnenkönig" noch besessen hatte. Die krisenhafte finanzielle Lage des Staates spitzte sich zu, einen immer größeren Teil der Staatseinnahmen verschlangen die Tilgungen und Zinszahlungen für die Kredite.

„Absolut" war die Herrschaft des Monarchen also nicht. Verschiedene Personengruppen und Institutionen hatten in unterschiedlichem Maß Anteil an der Herrschaft in Frankreich. Manche Provinzen hatten Privilegien und Sonderrechte für ständische Gruppen. Es gab vor der Revolution Binnenzölle, die in verschiedene Kassen flossen, ohnehin regional unterschiedliche Gesetze, Maße und Gewichte. Auch das Steuersystem war kompliziert, in verschiedenen Regionen galten ganz unterschiedliche Tarife. Gegen die vom Adel beherrschten *„Parlements"* (so hießen in Frankreich die regionalen Gerichtshöfe), die königliche Maßnahmen blockieren konnten, war eine zentralistische Politik kaum möglich. Die ständischen Zwischengewalten schränkten also die Macht des Monarchen erheblich ein. Das vorrevolutionäre Frankreich war noch kein einheitlicher Nationalstaat moderner Prägung, sondern eher ein Verbund unterschiedlicher Teilherrschaften unter einer Krone.

Die gesellschaftliche Verteilung von politischem Einfluss und der Erfüllung von Pflichten war in Frankreich noch vormodern. Die Gesellschaft war in drei Stände gegliedert. Klerus und Adel, die beiden obersten Stände, bildeten nur einen winzigen Bevölkerungsanteil, verfügten aber über gewaltigen Landbesitz und Macht. Diese beiden Stände waren von Steuern befreit, im Gegensatz zum Dritten Stand, den Bauern und Bürgern, die von politischer Einflussnahme weitgehend ausgeschlossen waren.

Die Einberufung der Generalstände König *Ludwig XVI.* (1754-1793), der seit 1774 regierte, war bei den Franzosen durchaus beliebt, galt aber als schwacher Monarch, der an Regierungsaufgaben wenig interessiert war. Seiner Frau *Marie Antoinette* (1755-1793) wurde Arroganz, Eitelkeit und Prunksucht nachgesagt. Um die Finanzkrise zu lösen, wurden verschiedene Modelle entwickelt, die auch eine Steuerpflicht der ersten beiden Stände vorsahen. Diese Vorschläge scheiterten allesamt am hartnäckigen Widerstand des Adels. Im Jahr 1787 entschied der König schließlich widerwillig, die **Generalstände** einzuberufen, die zum letzten Mal im Jahr 1614 getagt hatten. Sie sollten über eine Steuerreform beraten.

Die Einberufung dieses Gremiums war – auch wenn es nur beratende Funktion hatte – ein politisches Ereignis von höchster Bedeutung, denn der König gab damit einen Teil seines Anspruchs auf Alleinregierung preis. In ganz Frankreich wählten die Stände in getrennten Abstimmungen Vertreter aus ihrer Mitte. Wahlrecht im Dritten Stand hatte jeder männliche Franzose über 25 Jahre, der Steuern entrichtete.

Der Wahlkampf politisierte die Bevölkerung. Begriffe wie *Freiheit, Gleichheit, Glück, Souveränität* und *Repräsentation*, die schon zuvor den amerikanischen Unabhängigkeitskampf geprägt hatten, wurden zu Schlagwörtern. Die Position der **Patrioten** fand ihren programmatischen Ausdruck in einer im Januar 1789 von dem dreißigjährigen

Emmanuel Joseph Sieyès veröffentlichten Flugschrift mit dem Titel „Was ist der Dritte Stand?“ (▸ M1). Im Zusammenhang mit der Wahl hatten die Menschen auch die Gelegenheit, ihre politischen und sozialen Anliegen in Beschwerdehefte, die *Cahiers de doléances*, eintragen zu lassen. Sie sind erstrangige Quellen für die sozialen Verhältnisse und Konflikte im **Ancien Régime** und vermitteln Einblicke in Probleme, die den Menschen in Frankreich auf den Nägeln brannten. Die Monarchie stand bei dieser ersten modernen Volksbefragung nicht zur Diskussion.

Unter den Generalständen, die am 5. Mai 1789 zusammengekommen waren, verfügten der Erste und Zweite Stand über jeweils 300, der Dritte Stand über 600 Abgeordnete. Abgestimmt wurde nach Ständen und nicht nach Köpfen. Jeder Stand verfügte nur über eine Stimme. Klerus und Adel erwarteten, eine weitere Schwächung der absolutistischen Monarchie durchsetzen zu können. Mit ihrer Zweidrittelmehrheit konnten sie Forderungen des Dritten Standes abwehren, einen Teil der Steuerlast zu übernehmen. Aber bereits die Zusammensetzung der Delegierten war eine Überraschung: Im Ersten Stand wurden nicht, wie erwartet, Bischöfe und Äbte, sondern ganz überwiegend einfache Priester gewählt. Auch im Zweiten Stand musste der hohe Adel dem niederen weichen. Daher gab es sowohl im Klerus als auch im Adel Abgeordnete, denen die Nöte der einfachen Bevölkerung nicht gleichgültig waren und die in Opposition zu ihren Standesgenossen standen. Der Dritte Stand war fast ausschließlich durch Vertreter des städtischen Bürgertums repräsentiert. Es überwogen mit Abstand bürgerliche Rechtsanwälte.

Die Revolution der Deputierten ▬ Nach ergebnislosen Debatten über eine Änderung des Stimmengewichtes in den Generalständen vollzogen Abgeordnete des Dritten Standes einen revolutionären Akt. Sie erklärten sich am 17. Juni 1789 zur *Nationalversammlung* (*Assemblée Nationale*) und beanspruchten für sich, die gesamte französische Nation zu vertreten. 149 Kleriker und zwei Adlige schlossen sich ihnen an. Rousseaus Lehre von der **Volkssouveränität** aufgreifend, verkündete Sieyès, „dass es der Versammlung – und nur ihr – zukommt, den Gesamtwillen der Nation auszudrücken und zu vertreten; zwischen dem Thron und dieser Versammlung kann kein Veto, keine Macht des Einspruchs stehen“.

Das war revolutionär! Die an Stand und Auftrag ihrer Wähler gebundenen Deputierten (*imperatives Mandat*) hatten sich eigenmächtig (*souverän*) zu Abgeordneten der gesamten Nation erklärt, die nur noch dem Allgemeinwillen (*Volonté générale*) dienen wollten. Damit hatte der Dritte Stand nicht nur den ersten Schritt vom politisch unmündigen Untertanen zum mitbestimmenden Staatsbürger (*Citoyen*) vollzogen, sondern darüber hinaus die Nation als politische Gemeinschaft rechtsgleicher Bürger gefordert. In ihr sollte es keine rechtlichen Unterschiede der drei Stände mehr geben. Als die Krone daraufhin kurzfristig den Versammlungsraum der Deputierten des Dritten Standes schloss, zogen die reformbereiten Abgeordneten aller drei Stände in eine nahe gelegene Ballsporthalle und beteuerten am 20. Juni in einer improvisierten Erklärung, dem *Ballhausschwur*, „niemals auseinanderzugehen und sich überall zu versammeln, wo es die Umstände gebieten sollten, so lange, bis die Verfassung des Königreiches ausgearbeitet ist und auf festen Grundlagen ruht“. Angesichts der Entschlossenheit der Deputierten gab der König sein alleiniges Recht preis, Ständeversammlungen einzuberufen, zu vertagen oder aufzulösen. Feierlich erklärte sich daraufhin am 9. Juli 1789 die Mehrheit der Abgeordneten zur *Verfassunggebenden Nationalversammlung* (*Assemblée Nationale Constituante*). Sie teilten von da an ihre Souveränität mit derjenigen des Königs.

Emmanuel Joseph Sieyès (1748-1836): Angehöriger des Klerus und Politiker. Er war einer der einflussreichsten Wortführer des Dritten Standes, wurde Abgeordneter des Nationalkonvents und unterstützte 1799 als Mitglied der Regierung den Staatsstreich Napoleons.

Ancien Régime: Mit dem Begriff Ancien Régime (frühere Herrschaftsform) wird die feudale Herrschafts- und Gesellschaftsordnung vor der Französischen Revolution von 1789 bezeichnet.

Volkssouveränität: Das Volk ist Träger der Staatsgewalt; es übt sie aus durch Wahlen, Abstimmungen und Organe, die von ihm beauftragt sind.

◂ **„Die Erstürmung der Bastille."**
Ölgemälde von Charles Thévenin, 1793.
Die Bastille wurde Ende des 14. Jh. zur Verteidigung gegen die Engländer erbaut und später zum Staatsgefängnis gemacht. Sie hatte 1,5 Meter dicke Mauern und acht ungleich hohe Rundtürme, der höchste maß 22 Meter. Die im Bild gezeigte blau-weiß-rote Trikolore (lat. tricolor: „dreifarbig") ist eine Kombination aus den Farben der Stadt Paris und dem weißen Lilienbanner der Monarchie. Offiziell wurde die Trikolore erst 1794 zur Nationalflagge erklärt.

- *Das Gemälde deutet den Sturm auf die Bastille als nationales Ereignis. Erklären Sie die Aussage.*
- *Von dem Bild gibt es auch eine Fassung, die statt der Trikolore eine weiße Fahne zeigt. Überlegen Sie, inwiefern sich damit die Bildaussage verändert.*

Nationalgarde: am 11./12. Juli 1789 in Paris entstandene Bürgerwehr, die sich vornehmlich aus Mitgliedern des Bürgertums zusammensetzte. Die Nationalgarde sollte die Bevölkerung schützen und für Ruhe und Ordnung sorgen; damit begann die bürgerliche Selbstverwaltung. Sie konnte aber nicht verhindern, dass eine aufgebrachte Menge aufgrund von Gerüchten, königliche Truppen würden die Stadt angreifen, am 14. Juli 1789 die Bastille stürmte. Die Nationalgarde bestand mit Unterbrechungen bis 1871.

Sansculotten (frz. sans-culotte: „ohne Kniebundhosen"): revolutionäre Stadtbewohner, die von ihrer körperlichen Arbeit lebten. Kennzeichen der Sansculotten waren die rote Jakobinermütze, die Pike und das brüderliche Du.

Feudalordnung (lat. feudum: „Lehen"): Herrschaftsform in überwiegend agrarischen Gesellschaften, die auf Grundbesitz beruht, den ein Lehnsmann (Vasall) von einem Lehnsherrn erhält. Der Feudalismus prägte die Wirtschafts- und Gesellschaftsordnung der meisten Länder im Mittelalter und in der Frühen Neuzeit.

Der 14. Juli 1789 und die städtische Volksrevolution Mit der Genehmigung der Verfassunggebenden Nationalversammlung (*Konstituante*) wollten sich Ludwig XVI. und seine Berater an die Spitze der Bewegung setzen, um so die Entwicklung bestimmen zu können. Da aber gleichzeitig eine neue reformfeindliche Regierung einberufen wurde und Truppen zusammengezogen wurden, befürchtete die Bevölkerung in Paris eine politische Wende. Soziale Probleme verschärften die Lage. Die Brotpreise hatten einen schwindelerregenden Höhepunkt erreicht. Überall in Paris wurden Volksreden gehalten und Demonstrationen durchgeführt. Eine **Nationalgarde** unter *Marie-Joseph Lafayette* (1757-1834), der schon an der Amerikanischen Revolution beteiligt war, übernahm nun die militärische Macht in Paris. Am Vormittag des 14. Juli 1789 entwendeten aufgebrachte Bürger aus den Arsenalen der Stadt Waffen, und Tausende marschierten nun zum Pariser Staatsgefängnis, zur *Bastille*, wo Schießpulver und Munition gelagert waren. Der Zug bestand vorwiegend aus **Sansculotten**, kleinen städtischen Handwerkern, Händlern, Wirten und Tagelöhnern. Die Verteidiger der Bastille wurden überwältigt, Pulver und Blei erbeutet und einige Gefangene befreit. Die Eroberung der Bastille gab den Aufständischen in Paris ein nicht mehr zu nehmendes Bewusstsein von Macht. Sie hatten die „Ketten der Knechtschaft" (*Rousseau*) gesprengt – und ganz Europa nahm das staunend zur Kenntnis.

Umsturz der Macht- und Eigentumsverhältnisse In vielen Regionen Frankreichs erhoben sich nun die Bauern gegen ihre Herren. Die Nationalversammlung beschloss daher in einer stürmischen Nachtsitzung vom 4./5. August 1789 die völlige Beseitigung der **Feudalordnung**: Die Leibeigenschaft und die grundherrliche Gerichtsbarkeit wurden abgeschafft und die Bauern sollten sich von ihren Abgaben und Diensten gegenüber den Grundherren freikaufen können. Hierzu war allerdings nur eine kleine Zahl von Bauern in der Lage. Abgeschafft wurden ferner die Steuerprivilegien des Ersten und Zweiten Standes, die Käuflichkeit der Ämter und die Zünfte.

In einem zweiten Schritt wurde am 26. August 1789 die *Erklärung der Menschen- und Bürgerrechte* verabschiedet. Marquis de Lafayette hatte der Nationalversammlung am 11. Juli den Entwurf der Erklärung vorgelegt. Sie sollte Teil der zu erarbeitenden Verfassung werden und verkündete nach dem Vorbild der Virginia Bill of Rights von 1776 die wirkungsmächtigsten Prinzipien der Französischen Revolution von 1789: die

Freiheit des Individuums (*Liberté*), die Gleichheit der Bürger (*Egalité*) sowie, weniger deutlich und wirksam, die Brüderlichkeit (*Fraternité*) aller Menschen. Die „Charta der modernen Demokratie“ (*François Furet*) hatte jedoch noch Lücken. So löste sie die noch schwache Forderung nach der Gleichberechtigung der Geschlechter nicht ein.

Von zentraler Bedeutung während der Verfassungsberatungen war die Frage, welche Kompetenzen dem Monarchen künftig zugestanden werden sollten. Seine Exekutivgewalt wurde nicht infrage gestellt, aber in der Gesetzgebung räumte die Mehrheit der Deputierten dem König nur noch ein aufschiebendes Einspruchsrecht (*suspensives Veto*) ein, mit dem er Gesetze zwar nicht generell verhindern, aber für vier Jahre blockieren konnte. Trotz dieser Zugeständnisse wollte der König die Verfassung zunächst nicht anerkennen.

Während man in Versailles die Verfassung beriet, hungerten viele Einwohner von Paris. Mit der Bemerkung „Die Männer trödeln, die Männer sind feige, jetzt nehmen wir die Sache in die Hand“ zogen am 5. Oktober 1789 etwa 6 000 Frauen nach Versailles, um gegen die Not zu demonstrieren; ihnen folgten rund 20 000 Nationalgardisten. Im Verlauf des Protestes erkannte Ludwig XVI. die von der Verfassunggebenden Nationalversammlung erarbeiteten Verfassungsartikel an, auch die Menschenrechtserklärung. Um ihn besser kontrollieren zu können, wurde der König gezwungen, mit seiner Familie in die Hauptstadt zu ziehen; die Abgeordneten folgten ihm. Paris wurde Zentrum der Macht.

▲ **Olympe de Gouges.**
Pastellminiatur von 1785.
Die 1748 geborene Schriftstellerin verfasste 1791 die „Erklärung der Rechte der Frau und Bürgerin“. Frauen übernahmen im revolutionären Alltag eine wichtige Rolle. Sie demonstrierten gegen Missstände, entsandten Deputationen und meldeten sich mit Petitionen und Streitschriften zu Wort. Einige organisierten sich auch in eigenen Klubs, die allerdings im Oktober 1793 verboten wurden. Später stellten Frauen auch eigene freiwillige Regimenter für den Kampf gegen die Feinde der Revolution auf. Trotzdem wurden ihre Forderungen, sie in Ausbildung, Beruf, Ehe und Familie besserzustellen, kaum berücksichtigt. Darüber hinaus blieben sie weiterhin ohne Wahlrecht und wurden von der Mitarbeit in Kommunen und im Parlament ausgeschlossen. Es kam auch zu verbalen Diskriminierungen in der Presse. Einige Frauen wurden ins Gefängnis geworfen, andere starben auf dem Schafott. Auch Olympe de Gouges ereilte dieses Schicksal, sie wurde am 3. November 1793 hingerichtet.

Die Arbeit der Konstituante Die Revolution lähmte Handel und Gewerbe. Der Staat nahm kaum noch Steuern ein. Zur Sanierung des Staatshaushaltes beschlossen die Abgeordneten auf Vorschlag des Bischofs von Autun, *Charles Maurice Talleyrand*, die Verstaatlichung der Kirchengüter. Orden und Klöster wurden aufgelöst. Die Versteigerung der kirchlichen Güter begann. Die Nationalisierung der Kirchengüter hatte eine staatliche Kirchenverfassung zur Folge. Der Staat übernahm die sozialen Aufgaben des Klerus, wie den Unterhalt von Schulen, die Kranken- und Armenpflege, und machte aus Bischöfen und Geistlichen Staatsdiener.

Eine weitere spektakuläre Entscheidung der Abgeordneten war die Abschaffung des erblichen Adels am 19. Juni 1790. Bei den folgenden Bemühungen, Staat und Wirtschaft neu zu ordnen, konnten die Abgeordneten zum Teil auf die im Ancien Régime begonnenen Reformen zurückgreifen. Die nun durchgeführten Verwaltungs-, Justiz-, Finanz-, Steuer- und Gemeindereformen griffen ineinander und wurden parallel zu einer Neueinteilung des Landes in 83 etwa gleich große Verwaltungsbezirke (*Départements*) vollzogen. Die Binnenzölle fielen und die Berufs- und Gewerbefreiheit wurde eingeführt. Ganz im Sinn der neuen Wirtschaftsordnung wurde auch den Handwerkern und Arbeitern das Recht auf Vereinigung und Streik im Juni 1791 genommen; die Regelung blieb bis 1864 bzw. 1884 bestehen.

Frankreich wird konstitutionelle Monarchie Durch einen Fluchtversuch ins Ausland, der am 20. Juni 1791 scheiterte, verlor Ludwig XVI. seine Glaubwürdigkeit und sein Ansehen – bei den Deputierten und in der Bevölkerung. Die Mehrheit der Abgeordneten wollte dennoch die Revolution beenden, um endlich wieder zu stabilen Verhältnissen zurückzukehren. Am 14. September 1791 musste Ludwig XVI. einen Eid auf die von der Konstituante verabschiedete Verfassung ablegen. Aus Frankreich war eine **konstitutionelle Monarchie** geworden. Der König stand nicht mehr „über dem Gesetz“, sondern regierte „nur durch dieses“, wie es die Verfassung bestimmte.

Konstitutionelle Monarchie: Regierungsform, in der die absolute Macht des Monarchen durch eine Verfassung gesetzlich begrenzt wird. Ein König steht zwar weiterhin an der Spitze des Staates, an der Gesetzgebung aber wirkt ein Parlament mit.

▲ **„Unité – Indivisibilité – De La République. Liberté – Égalité – Fraternité Ou La Mort."**
Plakat (61,5 x 45 cm), Herbst 1793.
Der Anschlag zeigt die Trikolore, die Jakobinermütze mit Kokarde, ein mit Eichenkranz eingefasstes Motto und ein Rutenbündel (lat. fasces); das altrömische Abzeichen symbolisiert die staatliche Strafgewalt über Leben und Tod. Plakatanschläge wie diese waren Teil einer neuen politischen Kultur, die sich während der Revolution entwickelt hatte. Sie drückte sich in unzähligen öffentlichen Versammlungen, Reden, Demonstrationen, zahlreichen – oft nur kurzlebigen, aber zum Teil auflagenstarken – Zeitungen, Plakaten, Bildern und Grafiken aus. Einen besonderen Stellenwert hatten die großartig inszenierten Revolutionsfeiern, die an den solidarischen Aufbruch und die gemeinsamen Ziele erinnerten. Theater, Dichtung, Musik, Malerei wurden ebenfalls vom Revolutionsverlauf beeinflusst oder versuchten ihrerseits, die Massen zu beeinflussen.
- *Erläutern Sie die „Botschaft" des Plakates.*

Filmtipp:
Leb wohl, meine Königin!
Regie: Benoît Jacquot, 2011

Die Verfassung, der die Menschenrechte vorangestellt wurden, änderte nichts an der Rechtsungleichheit zwischen Männern und Frauen. Die Gleichheit der Bürger und Bürgerinnen fand zudem im Zensus- und Männerwahlrecht ihre Grenzen (▸ M2). Die Bevölkerung wurde in politisch berechtigte (steuerzahlende) Aktivbürger (*Citoyens actifs*) und schutzbefohlene Passivbürger (*Citoyens passifs*) eingeteilt. Das Wahlrecht war indirekt. Von den 4,3 Millionen Aktivbürgern erfüllten nur etwa 45 000 die Voraussetzungen, als Wahlmann kandidieren zu können. Die Wahlmänner konnten grundsätzlich jeden Aktivbürger zum Abgeordneten wählen.

Herausbildung politischer Gruppen Die neue *Gesetzgebende Nationalversammlung* (*Assemblée Nationale Législative*) trat am 1. Oktober 1791 zusammen. Von den 745 Deputierten bildeten 345 die politische Mitte. In den Gruppierungen, die sich in der Nationalversammlung nach und nach herausbildeten, zeigten sich die neuen Machtverhältnisse. Die Grenzen verliefen dabei nicht mehr entlang der Standeszugehörigkeit, sondern zwischen sozialen Schichten mit ihren unterschiedlichen Interessen.

Die *Feuillants* vertraten in der Nationalversammlung die konstitutionelle Monarchie, verteidigten die Interessen der traditionellen Eliten und wollten das Ancien Régime geringfügig reformieren. Das Großbürgertum setzte sich ebenfalls für die konstitutionelle Monarchie und für ein Zensuswahlrecht ein.

Die *Girondisten*, benannt nach ihren Wortführern, die aus dem Départment Gironde kamen, vertraten die Interessen des gehobenen Bürgertums, das beanspruchte, die gesamte Nation zu repräsentieren. Sie wollten die Errungenschaften der Verfassung schützen und befürworteten daher einen Krieg gegen die Invasionsarmeen, die die Revolution rückgängig machen und die alte absolutistische Ordnung wiederherstellen wollten.

Die *Jakobiner* vertraten die Interessen des Kleinbürgertums. Sie trieben die Revolution vor allem nach 1791/92 maßgeblich voran, als Frankreich durch Invasionsarmeen bedroht wurde, die das Ancien Régime restaurieren wollten. In der Phase der Krise und Radikalisierung der Revolution waren sie verantwortlich dafür, dass die Revolution in eine *Terrorherrschaft* umschlug. Die Führer der Jakobiner wurden in der letzten Phase der Revolution ab 1794 durch bürgerliche Kräfte liquidiert.

Die Revolution in Gefahr Im Innern wie nach außen war die Lage in Frankreich 1791/92 alles andere als stabil. Die städtische Volksbewegung war enttäuscht. Die Revolution hatte den Massen weder das Wahlrecht noch bessere Lebensverhältnisse gebracht. Viele Adlige waren emigriert und hetzten bei ihren europäischen Standesgenossen gegen die Revolution. Österreich und Preußen drohten offen mit Gewalt gegen die Revolution, was in Frankreich als ungeheure Provokation empfunden wurde.

Im Frühjahr 1792 erklärte die Nationalversammlung Preußen und Österreich den Krieg, obwohl die Truppen noch völlig unorganisiert waren. Eine Armee europäischer Staaten rückte unter dem Herzog von Braunschweig in Frankreich ein. Zugleich verschlechterte sich die Lebensmittelversorgung, in einigen französischen Regionen erhoben sich die Königstreuen gegen die Staatsgewalt. In dieser angespannten Situation stürmten am 10. August 1792 bewaffnete Volksmassen das königliche Stadtschloss in Paris, die *Tuilerien*. Der König wurde gefangengesetzt und im Januar 1793 wegen Verrats an der Revolution durch die *Guillotine* hingerichtet, später auch Königin Marie Antoinette. Das Ausland reagierte entsetzt (▸ M3). Frankreich war in die zweite, radikale Phase der Revolution eingetreten. Die konstitutionelle Monarchie war gescheitert.

Nach dem Sturm auf die Tuilerien ordnete die Gesetzgebende Versammlung die Einberufung eines *Nationalkonvents* (*Convention Nationale*) an. Er wurde Anfang September 1792 von allen Männern über 21 Jahren gewählt. Der Nationalkonvent erarbeitete eine neue Verfassung, die Frankreich zur demokratischen Republik erklärte. Tatsächlich trat sie nie in Kraft, stattdessen übertrug der Konvent einem „*Wohlfahrtsausschuss*" (*Comité de salut public*) die Regierungsgeschäfte. Um dem militärischen Druck der ausländischen Armeen standhalten zu können, wurde erstmals die allgemeine Wehrpflicht (*Levée en masse*) eingeführt. Das Volksheer konnte die Interventionstruppen zurückdrängen und grenznahe ausländische Regionen erobern.

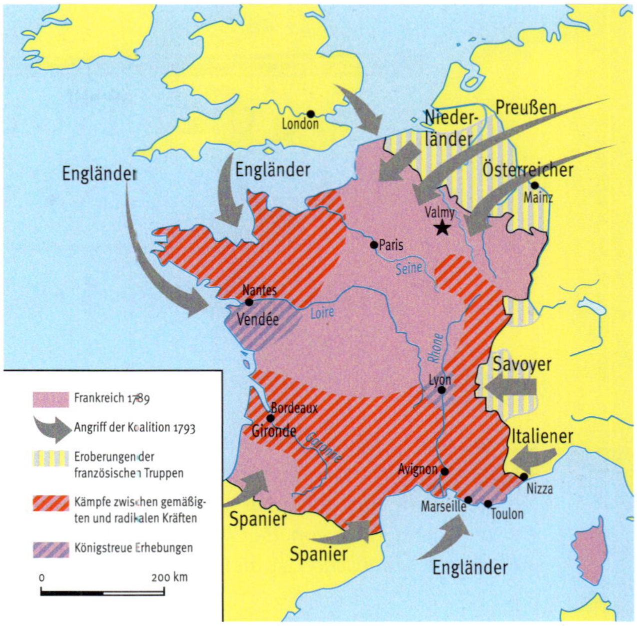

▲ **Die belagerte Republik im Sommer 1793.**
Auseinandersetzungen zwischen den Regierungstruppen und ausländischen Armeen oder gegenrevolutionären Gruppen. In diesen Kämpfen fielen hunderttausende Menschen. Allein der Bürgerkrieg zwischen der königlich-katholisch gesinnten Landbevölkerung und den republikanischen Revolutionstruppen in der Vendée von 1793 bis 1796 führte in einigen Gemeinden zu einem Bevölkerungsverlust von 25 bis 35 Prozent.

Der „große Terror" und das amtliche Ende der Revolution In dieser Situation entwickelte sich die Diktatur des Wohlfahrtsausschusses unter **Maximilien Robespierre**. Er stand seit Juli 1793 an der Spitze des Gremiums. Um der wirtschaftlichen Krisen im Land und der militärischen Bedrohung Herr zu werden, griff der Wohlfahrtsausschuss zu Zwangsmaßnahmen bis hin zu Einschüchterung, Folter und Mord politischer Gegner. In dieser Schreckenszeit wurden etwa 50 000 tatsächliche und vermeintliche Feinde der Revolution durch die Guillotine hingerichtet. Robespierre war der Überzeugung, dass die „revolutionäre Tugend" durch Terror geschützt und gefestigt werde (▸ M4). Nach über einem Jahr Schreckensherrschaft kippte im Nationalkonvent allerdings die Stimmung. Robespierre wurde der Tyrannei bezichtigt, im Juli 1794 von der Parlamentsmehrheit gestürzt und bald darauf selbst ohne Gerichtsverfahren zusammen mit 105 seiner engsten Anhänger ohne Prozess hingerichtet.

Nach der Terrorherrschaft übernahm ein fünfköpfiges Direktorium die Macht. Im August 1795 verabschiedete der Nationalkonvent eine neue Verfassung, es war die dritte seit 1791 (▸ M5). Mit ihr wurde das Zensuswahlrecht wieder eingeführt. Hungerrevolten wurden in der Folgezeit weiterhin mit Gewalt niedergeschlagen, insgesamt setzte eine restaurative Phase ein. Gestützt wurde das Direktorium durch die Armee und einen jungen General, der Frankreich in den Revolutionskriegen sehr erfolgreich gedient hatte: **Napoleon Bonaparte**. Er stürzte die Regierung schließlich am 9. November 1799 und brach den Widerstand des Parlaments mit Waffengewalt.

Das vermögende Bürgertum wurde damit letztlich zum Gewinner der Revolution. Es hatte von der Veräußerung der Nationalgüter am stärksten profitiert und den Adel endgültig aus wichtigen Positionen in Verwaltung und Militär verdrängt. Die städtischen Unterschichten und die kleinen Bauern, aber auch die Frauen gehörten zu den Verlierern. Ihre soziale und politische Lage hatte sich nicht wesentlich verbessert.

Napoleon sollte im folgenden Jahrzehnt fast ganz Europa erobern. Seine verheerenden Kriegszüge, in deren Verlauf bis 1815 etwa fünf Millionen Menschen (Soldaten und Zivilisten) umkamen, gestalteten den Kontinent völlig um. Sie lösten in vielen Staaten weitreichende Reformen aus, die als politische und soziale Reaktionen auf die Französische Revolution interpretiert werden können.

Maximilien Robespierre (1758-1794): Rechtsanwalt, seit 1789 Mitglied der Nationalversammlung; sicherte sich seit 1793 eine fast unumschränkte Machtstellung. Die Verschärfung seiner Terrormaßnahmen führte schließlich zu seinem Sturz.

Napoleon Bonaparte (1769-1821): geboren auf Korsika, General, Oberbefehlshaber in Italien, ab 1799 Erster Konsul, ab 1804 „Kaiser der Franzosen", starb in der Verbannung auf der Atlantikinsel St. Helena

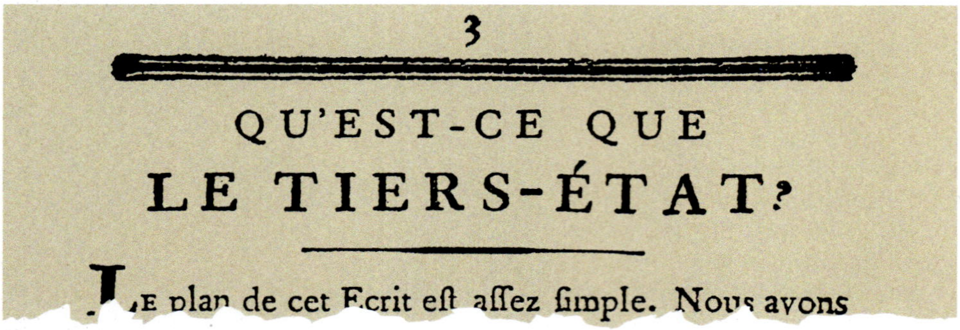
3

QU'EST-CE QUE
LE TIERS-ÉTAT?

LE plan de cet Ecrit eſt aſſez ſimple. Nous avons

◄ **Überschrift des ersten Kapitels der Schrift „Was ist der Dritte Stand?“ von Emmanuel Joseph Sieyès.**

M1 „Qu'est-ce que le tiers-état?“

Der katholische Geistliche Emmanuel Joseph Sieyès, genannt Abbé Sieyès, verfasst Ende 1788 die Schrift „Qu'est-ce que le tiers-état?“. Sie wird kurze Zeit später anonym veröffentlicht, erreicht eine Auflage von über 30 000 Exemplaren und wird damit zur maßgeblichen „Kampfschrift“ des Dritten Standes:

Der Plan dieser Schrift ist ganz einfach. Wir haben uns drei Fragen vorzulegen.

1. Was ist der Dritte Stand? ALLES.
2. Was ist er bis jetzt in der politischen Ordnung gewesen? NICHTS.
3. Was verlangt er? ETWAS ZU SEIN. [...]

Also, was ist der Dritte Stand? Alles, aber ein gefesseltes und unterdrücktes Alles. Was wäre er ohne den privilegierten Stand? Alles, aber ein freies und blühendes Alles. Nichts kann ohne ihn gehen; alles ginge unendlich besser ohne die anderen. [...]

Was ist eine Nation? Eine Körperschaft von Gesellschaftern, die unter einem *gemeinschaftlichen* Gesetz leben und durch dieselbe *gesetzgebende Versammlung* repräsentiert werden usw. [...]

Der Dritte Stand umfasst also alles, was zur Nation gehört; und alles, was nicht der Dritte Stand ist, kann sich nicht als Bestandteil der Nation ansehen. Was also ist der Dritte Stand? ALLES. [...]

Unter dem Dritten Stand muss man die Gesamtheit der Bürger verstehen, die dem Stand der gewöhnlichen Leute (*l'ordre commun*) angehören. Alles, was durch das Gesetz privilegiert ist, einerlei auf welche Weise, tritt aus der gemeinschaftlichen Ordnung heraus, macht eine Ausnahme für das gemeinschaftliche Gesetz und gehört folglich nicht zum Dritten Stand. [...]

Der Dritte Stand hat bis zur Stunde keine wahren Vertreter auf den Generalständen gehabt. Er hat also keinerlei politische Rechte. [...]

Was verlangt der Dritte Stand? Etwas zu werden. [...]

Man kann die wirklichen Forderungen des Dritten Standes nur nach den authentischen Beschwerden beurteilen, welche die großen Stadtgemeinden (*municipalités*) des Königreichs an die Regierung gerichtet haben. Was sieht man da? Dass das Volk etwas sein will, und zwar nur das Wenigste, was es sein kann. [...] Es will haben 1. echte Vertreter auf den Generalständen, das heißt Abgeordnete, die aus seinem Stand kommen und die fähig sind, die Interpreten seines Willens und die Verteidiger seiner Interessen zu sein. Was nützt es ihm, an den Generalständen teilzunehmen, wenn das dem seinen entgegengesetzte Interesse dort dominiert? [...] Es verlangt weiter 2. eine Zahl von Vertretern, die derjenigen ebenbürtig ist, welche die beiden anderen Stände zusammen besitzen. Diese Gleichheit der Vertretung wäre indessen völlig illusorisch, wenn jede Kammer eine eigene Stimme besäße. Der Dritte Stand verlangt deshalb 3., dass die Stimmen nach Köpfen und nicht nach Ständen gezählt werden. [...]

Ich bitte zu beachten, welch gewaltiger Unterschied zwischen der Versammlung des Dritten Standes und den Versammlungen der beiden anderen Stände besteht. Ersterer vertritt fünfundzwanzig Millionen Menschen und berät über die Interessen der Nation. Die beiden letzteren haben, sollten sie zusammentreten, nur die Vollmacht von ungefähr zweihunderttausend Einzelpersonen und denken nur an ihre Vorrechte. Man wird sagen, der Dritte Stand allein könne keine „Generalstände“ bilden. Nun, umso besser, dann wird er eben eine „Nationalversammlung“ bilden!

Zitiert nach: Eberhard Schmitt und Rolf Reichardt (Hrsg.), Emmanuel Joseph Sieyès. Politische Schriften 1788-1790, München/Wien [2]1981, S. 119, 123-125, 127, 130, 131 und 180

1. *Erklären Sie, was die Ausführungen von Sieyès zu einer „Kampfschrift“ macht.*
2. *Verfassen Sie eine Definition des Begriffes „Nation“ aus dem Artikel.*
3. *Begründen Sie anhand des Textes, warum nur der Dritte Stand die Nation vertreten könne.*

M2 Für und wider das Zensuswahlrecht

Der Parlamentsadvokat Orry de Mauperthuy schreibt am 4. Dezember 1789 in der „Chronique de Paris":

Trotzdem gibt es eine Klasse von Menschen und Mitbrüdern, die infolge der schlechten Gestaltung unserer Gesellschaften zur Vertretung der Nation nicht berufen werden können. Das sind die heutigen Proletarier. Nicht weil sie arm und bloß sind, sondern weil sie nicht einmal die Sprache unserer Gesetze verstehen. Überdies ist ihre Ausschließung nicht ewig, sondern nur ganz vorübergehend. Vielleicht wird sie ihren Wetteifer anstacheln, unseren Beistand herauszufordern. In wenigen Jahren werden sie an unserer Seite sitzen, und wie man es in einigen Schweizer Kantonen sieht, wird ein Hirt, ein Bauer von der Donau oder vom Rhein, der würdige Vertreter seines Volkes sein. Noch besser wäre es (wenn hieraus der sterbenden, aber noch nicht toten Aristokratie kein Beistand erwüchse), sich lediglich auf das Vertrauen der Wähler zu verlassen. Das ist der einzige unverletzliche Grundsatz [...].

Am 20. April 1791 hält der 31-jährige Abgeordnete Maximilien Robespierre[1] aus dem nordfranzösischen Arras in dem im April 1790 gegründeten „Club des Cordeliers"[2] eine Rede über das Zensuswahlrecht. Sie wird gedruckt und findet so große Verbreitung:

Alle Menschen, die in Frankreich „geboren und wohnhaft" sind, sind Mitglieder jener politischen Gemeinschaft, die man die französische Nation nennt; das heißt, sie sind französische Bürger. Sie sind es von Natur aus und durch die allem voranstehenden Grundsätze der Menschenrechte. Die Rechte, die an diesen Titel geknüpft sind, hängen weder von dem Vermögen ab, das jeder von ihnen besitzt, noch von der Höhe der Steuer, die ihm auferlegt wird, denn es ist nicht die Steuer, die uns zu Bürgern macht. Die Eigenschaft, Bürger zu sein, verpflichtet nur, zu den gemeinsamen Ausgaben des Staates beizutragen, und zwar je nach den Möglichkeiten des Einzelnen. Gewiss, Sie können den Bürgern Gesetze geben, aber sie als Bürger ignorieren, das können Sie nicht.

[1] Siehe Seite 167.

[2] **Club des Cordeliers**: Klubs wie der Jakobinerklub und der Club des Cordeliers wurden während der Französischen Revolution zum Sammelpunkt politisch interessierter Bürger und Mandatsträger. Mitglieder waren zumeist Akademiker und Angehörige des Besitzbürgertums. Im Club des Cordeliers sammelte sich die kleinbürgerliche städtische Volksbewegung (Sansculotten). In den Klubs wurde einerseits die Arbeit von Deputierten und Stadtverordneten diskutiert und vorbereitet, andererseits wurden von hier aus Petitionen und Demonstrationen in Gang gebracht.

▸ **Maximilien Robespierre.** *Anonymes französisches Gemälde (60 x 49 cm), um 1790.*

Die Anhänger des Systems, das ich hier angreife, haben diese Wahrheit selbst gespürt, denn sie haben es nicht gewagt, denjenigen, die sie zur politischen Enterbung verurteilten, die Eigenschaft des Bürgers einfach zu bestreiten, sondern sie haben sich darauf beschränkt, den Grundsatz der Gleichheit, den sie notwendigerweise voraussetzen, durch die Unterscheidung von aktiven und passiven Bürgern zu umgehen. Sie haben sich darauf verlassen, dass die Menschen mit Worten leicht zu regieren sind, und so haben sie uns hinters Licht zu führen versucht, indem sie die offensichtlichste Vergewaltigung der Menschenrechte in diesen neuartigen Begriff gekleidet haben. [...]
Das Volk verlangt nur das Notwendige, es will nur Gerechtigkeit und Ruhe; die Reichen dagegen erheben auf alles ihren Anspruch, sie wollen überall an Einfluss gewinnen und alles beherrschen. Der Missbrauch ist das Werk und Wirkungsfeld der Reichen; sie sind die Geißel des Volkes: Das Interesse des Volkes ist das Allgemeininteresse, das Interesse der Reichen ist das Einzelinteresse; und Sie wollen das Volk machtlos und die Reichen allmächtig machen! [...]
Ach! Wer könnte also den Gedanken ertragen, das Volk seiner Rechte beraubt zu sehen durch eben die Revolution, die nur durch den Mut des Volkes und die liebevolle und großmütige Anhänglichkeit, mit der es seine Repräsentanten verteidigt hat, möglich gewesen ist! Verdanken Sie denn den reichen und den großen Leuten diesen ruhmreichen Aufstand, der Frankreich und auch Sie gerettet hat?

Erster Text zitiert nach: François-Alphonse Aulard, Politische Geschichte der französischen Revolution: Entstehung und Entwicklung der Demokratie und der Republik 1789-1804, Bd. 1, Verdeutschg. von Friedrich von Oppeln-Bronikowski, München 1924, S. 56 f.
Zweiter Text: Maximilien Robespierre, Ausgewählte Texte, Hamburg ²1989, S. 40 f. und 48 ff. (übersetzt von Manfred Unruh, stark gekürzt)

1. *Arbeiten Sie die unterschiedlichen Positionen zum Zensuswahlrecht heraus und nehmen Sie Stellung.*
2. *Erläutern Sie, worauf sich Robespierre in seiner Argumentation stützt.*

M3 Schiller über die Revolution in Frankreich

Aus einem Brief des Dichters Friedrich Schiller an den Herzog von Schleswig-Holstein-Augustenburg vom 13. Juli 1793:

Der Versuch des französischen Volkes, sich in seine heiligen Menschenrechte einzusetzen und eine politische Freiheit zu erringen, hat bloß das Unvermögen und die Unwürdigkeit desselben an den Tag gebracht und nicht nur dieses unglückliche Volk, sondern mit ihm auch einen beträchtlichen Teil Europas und ein ganzes Jahrhundert in Barbarei und Knechtschaft zurückgeschleudert. Der Moment war der günstigste, aber er fand eine verderbte Generation, die ihn nicht wert war und weder zu würdigen noch zu benutzen wusste. Der Gebrauch, den sie von diesem großen Geschenk des Zufalls macht und gemacht hat, beweist unwidersprechlich, [...] dass derjenige noch nicht reif ist zur bürgerlichen Freiheit, dem noch so vieles zur menschlichen fehlt.

[...] In den niederen Klassen sehen wir nichts als rohe gesetzlose Triebe, die sich nach aufgehobenem Band der bürgerlichen Ordnung entfesseln und mit unlenksamer Wut ihrer tierischen Befriedigung zueilen. Es war also nicht der moralische Widerstand von innen, bloß die Zwangsgewalt von außen, was bisher ihren Ausbruch zurückhielt. Es waren also nicht freie Menschen, die der Staat unterdrückt hatte, nein, es waren bloß wilde Tiere, die er an heilsame Ketten legte. Hätte der Staat die Menschheit wirklich unterdrückt, wie man ihm Schuld gibt, so müsste man Menschheit sehen, nachdem er zertrümmert worden ist. Aber der Nachlass der äußeren Unterdrückung macht nur die innere sichtbar und der wilde Despotismus der Triebe heckt alle jene Untaten aus, die uns in gleichem Grad anekeln und schaudern machen.

Auf der anderen Seite geben uns die zivilisierten Klassen den noch widrigeren Anblick der Erschlaffung, der Geistesschwäche und einer Versunkenheit des Charakters, die umso empörender ist, je mehr die Kultur selbst daran Teil hat. [...]

Die Aufklärung, deren sich die höheren Stände unseres Zeitalters nicht mit Unrecht rühmen, ist bloß theoretische Kultur und zeigt [...] so wenig einen veredelnden Einfluss auf die Gesinnung, dass sie vielmehr bloß dazu hilft, die Verderbtheit in ein System zu bringen und unheilbarer zu machen. [...] Daher die Beschränktheit im Denken, die Kraftlosigkeit im Handeln, die klägliche Mittelmäßigkeit im Hervorbringen [...]. Und so sehen wir den Geist der Zeit zwischen Barbarei und Schlaffheit, Freigeisterei und Aberglauben, Rohheit und Verzärtelung schwanken und es ist bloß das Gleichgewicht der Laster, was das Ganze noch zusammenhält.

Zitiert nach: www.friedrich-schiller-archiv.de/briefe/briefe-an-herzog-von-augustenburg [14.07.2016]; orthografisch an aktuelle Rechtschreibung angepasst

1. *Fassen Sie die Position Schillers kurz zusammen.*
2. *Ordnen Sie den Brief in den Verlauf der Revolution von 1789 bis zum Zeitpunkt des Erscheinens ein.*
3. *Nehmen Sie Stellung zu Schillers Freiheitsbegriff (vgl. Zeile 12 f.).*

M4 Robespierre über Tugend und Terror

Maximilien de Robespierre, Wortführer im zwölfköpfigen Wohlfahrtsausschuss, sagt am 5. Februar 1794 vor dem Konvent:

Hier könnten wir die Erörterung unserer Theorie beenden, wenn ihr das Schiff der Republik nur bei Windstille zu steuern hättet. Aber das Unwetter tobt; und die Bedingungen der Revolution erlegen euch eine weitere Aufgabe auf. [...] Außen umstellen euch die Tyrannen; im Innern verschwören sich alle Freunde der Tyrannei; sie verschwören sich solange, bis das Verbrechen ohne Hoffnung sein wird. Man muss die inneren und äußeren Feinde der Republik ersticken oder mit ihr zugrunde gehen. Bei dieser Sachlage muss die oberste Maxime eurer Politik sein, das Volk durch Vernunft zu führen, die Feinde des Volkes durch Terror zu beherrschen. Wenn die Triebkraft der Volksregierung in Friedenszeiten die Tugend ist, so ist die Triebkraft der Volksregierung in Zeiten der Revolution zugleich Tugend und Terror; die Tugend, ohne die der Terror unheilvoll ist, der Terror, ohne den die Tugend machtlos ist. Der Terror ist nichts anderes als das schlagfertige, unerbittliche, unbeugsame Recht, er ist somit eine Emanation[1] der Tugend [...]. Die Regierungsform der Revolution ist die Gewaltherrschaft der Freiheit über die Tyrannei. [...] Nur den friedlichen Bürgern schuldet die Gesellschaft ihren Schutz; und Bürger sind in der Republik nur die Republikaner. Royalisten, Verschwörer sind für die Republik nur Ausländer, mehr noch, Feinde [...]. Die Menschheitsbedrücker bestrafen ist Milde; ihnen verzeihen ist Unmenschlichkeit.

Maximilien de Robespierre, Über die Prinzipien der politischen Moral. Mit einem Essay von Uwe Schultz, übersetzt von Kurt Schnelle, Hamburg 2000, S. 19-21, 22 und 25

1. *Geben Sie Robespierres Lagebeschreibung der Revolution in eigenen Worten wieder.*
2. *Erklären Sie, wie er Tugend und Terror verknüpft.*
3. *Diskutieren Sie seinen Standpunkt unter dem Aspekt*
+ *„Revolution und Gewalt".*
4. *Erstellen Sie ein Flugblatt, das gegen Robespierres Position in deutlichen Thesen Stellung bezieht.*

[1] **Emanation**: Ausfluss

M5 Staatsform und Wahlrecht von 1789 bis 1795

Zwischen 1789 und 1799 werden in Frankreich vier Verfassungen verabschiedet. Sie alle dokumentieren unterschiedliche Stadien der Revolution und sind Ausdruck eines intensiven Erfahrungs- und Lernprozesses. Die Festlegung der Regierungsform und die Wahlrechtsbestimmungen zeigen die Spannbreite der Bemühungen auf, die Ausübung und die Beteiligung der Bevölkerung an der Macht zu regeln:

	Ancien Régime (Wahlordnung von 1789)	Verfassung von 1791	Verfassung von 1793 (trat nicht in Kraft)	Verfassung von 1795
Regierungsform	absolutistische Monarchie	konstitutionelle Monarchie	Republik	Republik
Staatsoberhaupt	König	König	–	5 Direktoren
Vertretungssystem	Generalstände (beratende Funktion) 1. Stand: ca. 300 Vertreter 2. Stand: ca. 300 Vertreter 3. Stand: ca. 600 Vertreter	Nationalversammlung für 2 Jahre (etwa 745 Vertreter aus 83 Départements)	Nationalrepräsentation für 1 Jahr (je 1 Abgeordneter auf 40 000 Einwohner, 749 Abgeordnete, zuzüglich 28 aus den Kolonien)	– Rat der Alten (250 Mitglieder) – Rat der Fünfhundert (beide Räte wurden alljährlich zu einem Drittel erneuert)
Wahlverfahren	nach Ständen	indirekt	direkt	indirekt
Wahlberechtigung (in den Urversammlungen)	– Männer (beim Adel auch Frauen) – 25 Jahre – Eintragung in die Steuerliste	– Männer – 25 Jahre – fester Wohnsitz seit einem Jahr – weder Tagelöhner noch Dienstleute – Steuerleistung im Wert von 3 Arbeitstagen – Mitglied der Nationalgarde – Bürgereid	– Männer – 21 Jahre – ein Jahr in Frankreich	– Männer – 21 Jahre – ein Jahr in Frankreich und/oder (ehemaliger) Soldat – Jungwähler sollten lesen und schreiben können und einer qualifizierten Arbeit nachgehen
Voraussetzungen, um als Wahlmann bestellt zu werden Eigentum/Einkommen im Wert von – in Städten über 6 000 Einwohner – in Städten unter 6 000 Einwohner – auf dem Land	–	– aktives Bürgerrecht – 25 Jahre – 200 Arbeitstagen – 100-150 Arbeitstagen – ca. 150 Arbeitstagen	–	– aktives Bürgerrecht – 25 Jahre – 100 Arbeitstagen – 150 Arbeitstagen – 150-200 Arbeitstagen
Zahl der Wahlmänner	–	etwa 45 000	–	etwa 30 000
Voraussetzungen, um als Abgeordneter gewählt zu werden	–	aktives Bürgerrecht	aktives Bürgerrecht	Rat der Fünfhundert: – 30 Jahre – fester Wohnsitz seit 10 Jahren Rat der Alten: – 40 Jahre – fester Wohnsitz seit 15 Jahren

1. *Erläutern Sie die in den Verfassungen aufgeführten Begriffe und Stichwörter.*
2. *Analysieren Sie die gesellschaftlichen Interessen, die in den Verfassungen ihren Niederschlag gefunden haben.*

Historische Fachliteratur als interpretierte Vergangenheit

Historische Fachliteratur ist ein Sammelbegriff für wissenschaftliche Veröffentlichungen. Darin entwickeln Historikerinnen und Historiker Darstellungen der Geschichte aus Quellen und aus Fachliteratur. Letztere umfasst Textsorten wie wissenschaftliche Bücher eines Autors (Monografien), Aufsätze in Sammelbänden eines oder mehrerer Herausgeber oder in (Fach-)Zeitschriften, gedruckte Vorträge, Lexikonartikel und Rezensionen (Buchbesprechungen). Im Gegensatz zur Primärliteratur, also den historischen Quellen, spricht man hier von Sekundärliteratur.

Umgang mit historischer Fachliteratur

Die Literatur über die Französische Revolution ist unüberschaubar. Ein Verzeichnis der Aufsätze und Bücher zu dem Thema von 1985 enthält über 42 000 Titel. Um Ordnung in die ständig wachsende Zahl der Veröffentlichungen zu einem Thema zu bringen, liest man Forschungsberichte und bedeutende historische Werke. Durch Buchbesprechungen kann man sich zudem über Neuerscheinungen informieren.

Da es keine objektive, ein für alle Mal gültige oder richtige und verbindliche Geschichtsschreibung gibt, fällt die Beurteilung historischer Fachliteratur schwer. Die Einordnung ist abhängig ist von der Person, die die Forschung betreibt, von der Zeit, in der geforscht wird, von den Fragen, die der Untersuchende an die Vergangenheit stellt, von den ausgewerteten Quellen und der Literaturauswahl, sodass der Vergleich verschiedener Darstellungen unabdingbar ist.

Formale Kennzeichen

- Wer ist der Autor / die Autorin?
- Welche Funktion, welchen Beruf oder welche Stellung hat er / sie?
- Welche Textsorte liegt vor (z. B. Lexikonartikel, Fachbuch, Essay oder Rezension)?
- Wann, wo und aus welchem besonderen Anlass (Jubiläum, Jahrestag etc.) ist der Text veröffentlicht worden?

Textinhalt

- Was wird thematisiert?
- Wie ist der Text aufgebaut? Welche besonderen Merkmale gibt es (Sprache, Stil)?
- Mit welchen Argumenten bzw. Belegen (Quellen, Sekundärliteratur) begründet der Autor / die Autorin seine / ihre Aussagen?
- Welche Behauptungen oder Thesen werden aufgestellt?

Historischer Kontext

- Welchen Zeitraum, welches Ereignis oder welche Person behandelt der Text?
- Auf welche wissenschaftliche / politische Diskussion geht der Autor / die Autorin ein?
- In welchem Bezug steht der Autor / die Autorin zum behandelten Thema?

Intention

- An welche Adressaten wendet sich der Text?
- Welche Aussageabsicht hat er?
- Welchen Standpunkt nimmt der Autor / die Autorin ein?

Bewertung

- Wurde das Thema schlüssig und überzeugend bearbeitet oder ist die Argumentation lückenhaft? Wurden mehrere Perspektiven berücksichtigt?
- Nimmt der Autor / die Autorin Wertungen vor oder stellt er / sie Vermutungen auf?
- Wie lässt sich der Text bzw. die Publikation insgesamt einordnen und bewerten?

M1 „Im Zentrum der modernen Weltgeschichte"

Albert Soboul fasst das Ergebnis der Revolution 1973 wie folgt zusammen:

Zehn Jahre revolutionäre Ereignisse hatten allerdings die Lage in Frankreich im Wesentlichen in Übereinstimmung mit den Wünschen der Bourgeoisie und Besitzenden grundlegend verändert. Die alte Aristokratie war samt ihren Privilegien und ihrer früheren gesellschaftlichen Bedeutung zerschlagen, und die letzten Spuren der Feudalität waren beseitigt. Mit der radikalen Zerstörung der gesamten feudalen Hinterlassenschaft, der Befreiung der Bauern von den Herrenrechten, den kirchlichen Zehnten und – eingeschränkt – auch von den kollektiven Zwängen (*contraintes communautaires*), mit der Aufhebung der Zunftmonopole und der Herstellung des nationalen Marktes beschleunigte die Fran-

zösische Revolution die Entwicklung des Übergangs vom „Feudalismus" zum Kapitalismus und bildete zugleich eine ihrer entscheidenden Etappen. Indem sie andererseits die provinziellen Besonderheiten und die lokalen Vorrechte aufhob und die Staatsgewalt des Ancien Regime zerbrach, schuf sie vom Direktorium bis zum Empire die Voraussetzungen eines modernen Staates, der den wirtschaftlichen und sozialen Interessen der Bourgeoisie entsprach. [...]
Die Französische Revolution steht damit im Zentrum der modernen Weltgeschichte, am Kreuzweg verschiedener gesellschaftlicher und politischer Strömungen, welche die Nationen entzweit haben und noch weiterhin entzweien werden. Ihr Enthusiasmus begeistert die einen, die an die Kämpfe für Freiheit und Unabhängigkeit und an ihren Traum von der brüderlichen Gleichheit denken – bei anderen löst er Hassgefühle aus. Den einen bedeutet ihr aufgeklärter Geist einen Angriff auf Privileg und Tradition – andere sehen darin maßlose Vernunft, die mit ihrer gewaltigen Kraft die ganze Gesellschaft neu ordnen wollte. Die Revolution, ob bewundert oder gefürchtet, lebt weiter im Bewusstsein der Menschen.

Albert Soboul, Die große Französische Revolution. Ein Abriss ihrer Geschichte (1789-1799), übersetzt von Joachim Heilmann und Dietfrid Krause-Vilmar, Frankfurt am Main ⁵1988, S. 571 ff.

M2 Einfluss auf die politische Kultur Europas

Rolf E. Reichardt schreibt 1998:

Überall wirkte die Revolution bei unzufriedenen Gruppen als Anstoß, überfällige Reformen und Veränderungen im jeweils eigenen Land energischer zu betreiben. Überall löste sie eine Welle politischer Publizistik von neuer Radikalität und sozialer Reichweite aus, welche die revolutionären Grundvorstellungen und Schlagworte verbreitete. Überall verband sich damit sowohl eine neuartige Klubkultur als auch eine internationale Freiheits- und Gleichheitssymbolik – beides nach französischem Vorbild. Überall wurden durch die so bewirkten Akkulturationsprozesse[1] neue soziale Gruppen und Schichten an die Politik herangeführt beziehungsweise zusätzlich politisiert, überall erkämpften sich diese Gruppen unter Rekurs[2] auf die Revolution Zugang zum Politischen: die Intellektuellen auf der Apenninenhalbinsel, das mittlere Bürgertum im Alten Reich, die kleinen Leute auf den Britischen Inseln. Überall bildeten sich in Auseinandersetzung mit der Revolution deutlicher als zuvor gegensätzliche politische Lager heraus. So hat die Französische Revolution, wie unterschiedlich sie auch vordergründig auf einzelne Länder einwirkte, letztlich wichtige Impulse zur Herausbildung einer gemeinsamen, tendenziell demokratischen politischen Kultur Europas gegeben.

Rolf E. Reichardt, Das Blut der Freiheit. Französische Revolution und demokratische Kultur, Frankfurt am Main ³2002, S. 331

[1] **Akkulturation**: Übernahme fremder geistiger und materieller Kulturgüter durch Einzelpersonen oder ganze Gruppen
[2] **Rekurs**: Rückgriff auf etwas

Methoden-Aufgabe:
Vergleichen Sie die beiden Sekundärtexte.

Tipps

Gehen Sie nach dem oben skizzierten Schema vor.

Formale Kennzeichen ◆ Wichtig bei der Recherche zu den Autoren und ihrem Wirkungsbereich ist es, ihren ideologischen Standpunkt zu ermitteln, um ihre Position einordnen zu können. Gerade beim Thema Französische Revolution spielt es eine Rolle, ob die Darstellung aus bürgerlicher oder marxistischer Sicht erfolgt.

Textinhalt ◆ Hier ist neben der Erläuterung von Stil und Textaufbau die Konzentration auf zentrale inhaltliche Aussagen geboten. Statt einer Nacherzählung der Texte sollen Kernaussagen prägnant, aber sachlich wiedergegeben werden.

Historischer Kontext ◆ Hier muss je nach Thema eine innerhalb eines zeitlichen Rahmens betrachtete Entwicklung, ein dargestelltes Ereignis, eine betrachtete Person oder eine Streitfrage in ihrer Bedeutung aufgezeigt werden. In diesem Fall handelt es sich um Erklärungsmuster für die Französische Revolution.

Intention ◆ Jede Publikation hat ihr Publikum und eine Wirkungsabsicht, die gemeinhin in der Aufklärung des Lesers über ein Thema besteht. Die Form der Veröffentlichung (Monografie, Artikel in einer Fachzeitschrift, Zeitungsartikel etc.) zeigt bereits Leserkreis und Intention an. Da es sich in der Geschichtswissenschaft oft um Fragen der Geschichtsdeutung handelt, ist die konkrete Zielsetzung des Autors zu beleuchten. Aufschluss gibt meist dessen anfangs ermittelter ideologischer Standort.

Bewertung ◆ Durch eine vergleichende Betrachtung und auf dem Fundament eigenen Wissens kann eine Einschätzung zur Stichhaltigkeit der Argumentation und zur Position des jeweiligen Autors erfolgen. Da sich die meisten historischen Problemfragen multikausal erklären lassen, bietet sich oftmals eine differenzierte Bewertung an.

Geschichte kontrovers

Die Französische Revolution – Bruch oder Kontinuität?

Die Französische Revolution gilt als Muster einer klassischen Revolution. Sie wird von Historikern nach wie vor zu den folgenreichsten Ereignissen in der neueren Geschichte der westlichen Welt gezählt. Doch vor allem hinsichtlich der Bewertung, welche Tragweite die Ereignisse am Ende des 18. Jahrhunderts für Staat und Gesellschaft in Frankreich, aber auch für die politische Kultur im restlichen Europa hatten, bestehen große Differenzen. Ob diese Revolution tatsächlich einen tiefen Bruch darstellte und einen rasanten sozialen Wandel nach sich zog oder ob es vielmehr zwischen dem vor- und nachrevolutionären Frankreich beträchtliche Kontinuitäten gab, ist umstritten. Stellen die Jahre von 1789 bis 1799 also nur einen Mythos dar?

M1 1789 – Beginn einer „neuen Zeit"?

Der Bamberger Historiker Eberhard Schmitt hat sich Anfang der 1980er-Jahre intensiv mit der Französischen Revolution befasst. Er schreibt:

Die Historie geht [...] im Allgemeinen implizit von der Annahme aus, dass 1789 einen völligen Bruch in der französischen und europäischen Geschichte bedeutet habe, dass mithin der Erzähler dieser Geschichte mit dem Ende des Ancien Régime zu enden oder mit dem Anfang der „neuen Zeit" – 1789 – zu beginnen habe. [...]
Es spricht [...] vieles dafür, die eigentliche historische Zäsur in der französischen Geschichte erst mit dem Jahr 1792 anzusetzen, mit der Abschaffung der Monarchie und dem Übergang zur Konventsherrschaft der Girondisten und Jakobiner. Die Einführung eines republikanischen Kalenders [...] weist darauf hin, dass auch den Zeitgenossen der Bruch mit der Vergangenheit erst jetzt als irreparabel erschien. Vom Herbst 1792 an häuften sich auch jene Projekte, die eine völlige Umwandlung des Kults, des Erziehungssystems, des Regierungssystems und nicht zuletzt der Wirtschafts- und Sozialordnung anvisierten und die allesamt einen erstaunlichen Glauben an die totale Änderungsfähigkeit der menschlichen Gesellschaft offenbarten.

Eberhard Schmitt, Einführung in die Geschichte der Französischen Revolution, München ^{2}1980, S. 88 - 90

M2 Keine revolutionären Veränderungen

Die amerikanische Historikerin Lynn Hunt lehrt u. a. in Berkeley, Peking und Paris. Sie kommt zu folgender Einschätzung:

In meinen Augen waren die sozialen und ökonomischen Veränderungen im Gefolge der Französischen Revolution nicht revolutionär. Die Adligen erhielten ihre Titel und ein Gutteil ihres Landbesitzes zurück. Obwohl beträchtliche Mengen Land während der Revolution den Besitzer wechselten, blieb die Struktur des Grundbesitzes im Wesentlichen dieselbe; die Reichen wurden noch reicher und die Kleinbauern festigten ihre Position dank der Aufhebung der Feudalabgaben. Der industrielle Kapitalismus wuchs nach wie vor im Schneckentempo. Im Bereich der Politik dagegen änderte sich fast alles. Tausende von Männern und auch viele Frauen sammelten unmittelbare Erfahrungen in der politischen Arena; sie redeten, lasen und hörten auf neue Weise; sie wählten, sie traten in neue Organisationen ein; und sie gingen für ihre politischen Ziele auf die Straße. Die Revolution wurde zur Tradition, und die Republik blieb eine fortdauernde Möglichkeit. Danach konnten Könige nicht mehr ohne Versammlung regieren, und die Beherrschung der öffentlichen Angelegenheiten durch den Adel provozierte neue Revolutionen. Folglich blieb Frankreich im neunzehnten Jahrhundert die bürgerlichste Politik in ganz Europa, obwohl es zu keiner Zeit die führende Industriemacht war. Erklärungsbedürftig ist daher nicht die Entstehung einer neuen Produktionsweise oder einer ökonomischen Modernisierungsbewegung, sondern die Herausbildung einer politischen Kultur der Revolution. [...]
Die Französische Revolution verwirrt uns noch heute, weil sie so viele zentrale Merkmale moderner Politik hervorgebracht hat. Sie war nicht lediglich ein Beispiel für die Gewalt und Instabilität, die durch den Modernisierungsprozess ausgelöst werden können, oder ein wesentlicher Schritt auf dem Weg zum Kapitalismus oder ein Glied im Prozess der Herausbildung des autoritären Staates, obwohl sie zu alldem beigetragen haben dürfte. Wichtiger ist die Tatsache, dass sie den Augenblick kennzeichnet, da die Politik als eine Tätigkeit mit gewaltigen Möglichkeiten, als Agent zielstrebiger Veränderung, als Gussform für Charakter, Kultur und soziale Beziehungen erkannt wurde.

Lynn Hunt, Symbole der Macht, Macht der Symbole. Die Französische Revolution und der Entwurf einer politischen Kultur, übersetzt von Michael Bischoff, Frankfurt am Main 1989, S. 252, 256, 264 und 282

M3 Als Symbol der Moderne überstrapaziert?

Der Historiker Jens Ivo Engels lehrt an der Technischen Universität Darmstadt Geschichte. In einem Aufsatz schreibt er im Jahr 2003:

Die Große Französische Revolution des Jahres 1789 markiert einen der folgenreichsten Brüche in der neueren Geschichte der westlichen Welt. [...]
Jedoch ist nicht zu übersehen, dass die Französische Revolution als Symbol der Moderne Gefahr läuft, überstrapaziert zu werden. Auf dem Gebiet der Politik- und Staatsgeschichte und auch im Feld der Kulturhistorie fällt es leicht, Argumente für den epochalen Charakter der Französischen Revolution zu finden. Dies gilt jedoch in sehr viel geringerem Maße für den Bereich der Sozial- und Wirtschaftsgeschichte. Nun ist die Industrialisierung mit ihren wirtschaftlichen, sozialen, aber auch kulturellen und ökologischen Folgen unbestreitbar eine der wichtigsten Grundtatsachen der Moderne. Ausgerechnet zu diesem Thema aber kann die Geschichte der Französischen Revolution wenig Erhellung bieten, und zwar sowohl auf europäischer wie auf französischer Ebene. Wohl ist es denkbar, einen Zusammenhang zwischen Wirtschaftsliberalismus und Freiheitsidealen sowie Abschaffung des Feudalismus herzustellen. Auch galten dem Schutz des bürgerlichen Eigentums viele Initiativen der Revolutionäre. Doch gingen die entscheidenden Impulse für den industriellen Take off von demjenigen europäischen Land aus, das am wenigsten von der Revolution und ihren Folgen berührt war: Großbritannien. Es spricht sogar vieles dafür, dass die Revolutionszeit Frankreichs Entwicklung auf den Gebieten Landwirtschaft, Handel, Industrie, Finanzen und Demografie eher verlangsamte. [...] Doch in der Wirtschaftspolitik orientierten sie sich weniger am Feind als am Vorbild jenseits des Ärmelkanals.
Auf dem Gebiet der Demografie, der Wirtschaftsstruktur und selbst der Wirtschaftspolitik hatte die Revolution auch in Frankreich selbst keine oder nur geringe Wirkung von Dauer. Der Verkauf der Kirchenländereien etwa zementierte die klein- bis mittelbäuerliche Struktur auf dem Lande, die faktisch schon zuvor bestanden hatte. Ein Übergang zur marktorientierten Landwirtschaft wurde eher behindert. [...] So gilt allgemein der Befund, dass die sozialstrukturellen und ökonomischen Folgen der Revolution eher gering zu veranschlagen sind.

Jens Ivo Engels, Kontinuitäten, Brüche, Traditionen. Die Französische Revolution von 1789, in: Klaus E. Müller (Hrsg.), Historische Wendeprozesse: Ideen, die Geschichte machten, Freiburg im Breisgau 2003, S. 204-230 und 314-316, hier S. 206 und 210 f.

M4 Ein epochales Ereignis

Der Historiker Hans-Ulrich Thamer lehrt Geschichte an der Universität Münster. In seiner Studie zur Französischen Revolution, die erstmals im Jahr 2004 erschienen ist, heißt es:

Kaum ein Ereignis hat die Geschichte der Moderne so tief geprägt wie die Französische Revolution von 1789 bis 1799. Sie eröffnete eine Phase grundstürzender Veränderungen der politischen, sozialen und kulturellen Verhältnisse in Frankreich. Als ein epochales Ereignis hat die Französische Revolution weit über den nationalen französischen Rahmen hinaus tiefe Spuren in der politischen und sozialen Entwicklung anderer Länder hinterlassen. Sie wurde zum Motor des Verfassungswandels und der Entstehung liberaler politischer Kulturen. Sie wurde zum Laboratorium der Moderne, indem sie in der kurzen Spanne eines Jahrzehnts die unterschiedlichsten Verfassungsformen entwickelte, die für das 19. und 20. Jahrhundert wirkungsmächtig werden sollten, von der konstitutionellen Monarchie über die Republik bis zur bonapartistischen Diktatur; indem sie die Grundlagen einer bürgerlich-individualistischen Eigentums- und Gesellschaftsverfassung schuf; indem sie zum ersten Mal eine demokratische politische Kultur entfaltete und damit den Durchbruch zur politischen Freiheit erkämpfte; indem sie einen fundamentalen Prozess der Politisierung der Gesellschaft und der Ideologisierung der politischen Sprache auslöste und dabei zugleich die Selbstgefährdung demokratischer Ordnung demonstrierte. Ihre historisch-politische Bedeutung reicht darum bis in die Gegenwart.

Hans-Ulrich Thamer, Die Französische Revolution, München [4]2013, S. 7

1. *Arbeiten Sie aus M1 bis M4 heraus, welche Argumente die Autoren für oder gegen die These eines Bruchs anführen.*
2. *Zeigen Sie auf, welche Themen besonders kontrovers gesehen werden.*
3. *Überprüfen Sie die Stellungnahmen der Historiker anhand der Informationen im Darstellungstext auf den Seiten 162-167. Berücksichtigen Sie zum Vergleich auch die Texte aus dem Methoden-Baustein auf Seite 172 f.*
4. *Die Französische Revolution – Bruch oder Kontinuität? Nehmen Sie Stellung.*

Absolutismus unter Ludwig XIV. von Frankreich

- Unter Ludwig XIV. etablierte sich die absolute Monarchie, die von Theoretikern wie Jean Bodin mit dem **Konzept des souveränen Herrschers** entwickelt worden war. Nach diesem Modell sollte der König die Geschicke des Landes allein bestimmen.
- **Grundlagen der absolutistischen Macht** waren die Konzentration des Hochadels in Versailles, der Aufbau einer effizienten Verwaltung mit loyalen Beamten, ein bis auf 400 000 Mann anwachsendes stehendes Heer, eine protektionistische Wirtschaftspolitik (Merkantilismus) und eine eigene Ausprägung des Katholizismus (Gallikanismus).
- Kehrseite der Hofhaltung und Kriege war eine **immense Staatsverschuldung**, die auch durch die Steigerung der Einkünfte durch Finanzminister Colbert nicht ausgeglichen werden konnte.
- Die Bauern hatten den Großteil der Steuerlast zu tragen, während Adel und Klerus von Steuerzahlungen befreit waren. Angesichts der sozialen Ungleichheit wuchs die **Unzufriedenheit im Land**.

Parlamentarismus in England

- Seit der **Magna Charta Libertatum** 1215 brauchte der König bei Steuererhebungen und Gesetzen die Zustimmung des Parlaments, das die Stände Adel, Klerus und Bürgertum vertrat.
- Im **Konflikt zwischen König Karl I. und dem Parlament** wegen der Umgehung der parlamentarischen Rechte brach 1641 der Bürgerkrieg aus. Oliver Cromwell als Anführer des Parlamentsheeres besiegte die königlichen Truppen und wandelte England in eine Militärdiktatur um.
- Nach Cromwells Tod 1660 entschied sich das Parlament aus Gründen der Stabilität für die Einsetzung Karls II. zum neuen König. Einen neuerlichen Konflikt mit dem Parlament löste 1679 die **Habeas-Corpus-Akte**, die vor willkürlichen Verhaftungen schützte.
- Im Zuge der **„Glorious Revolution“** 1688/89 wurde der katholische König Jakob II. abgesetzt und von dem Protestanten Wilhelm von Oranien abgelöst.
- Voraussetzung für die Inthronisation war die **„Bill of Rights“**, die das Parlament vorgelegt hatte. Die Ständevertreter kontrollierten nun den König bei Gesetzgebung, Steuererhebung und dem Unterhalt eines stehenden Heeres.

Aufklärung

- Die Ideen der Aufklärung (u.a. Montesquieu: Gewaltenteilung; Rousseau: Volkssouveränität; Voltaire: Religionsfreiheit; Kant: Vernunftdenken) bewegten Monarchen wie Friedrich II. von Preußen zu **Reformen in Wirtschaft, Verwaltung, Bildung, Justiz und Militär**. Die Ideen beflügelten später die Revolutionen in Amerika und Frankreich.

Amerikanische Revolution

- 1770 lebten in den Kolonien 2,5 Millionen **Einwanderer** und 500 000 **Sklaven** aus Afrika, die meist auf Plantagen in den Südstaaten eingesetzt wurden.
- 1776 erfolgte im Streit um als zu hoch empfundene Steuern und Zölle bei gleichzeitig fehlender Vertretung im englischen Parlament („No taxation without representation“) die **Unabhängigkeitserklärung** der 13 amerikanischen Kolonien, dem ein siegreicher Krieg gegen das Mutterland folgte.
- 1789 wurde nach **Annahme der amerikanischen Bundesverfassung** George Washington zum ersten US-Präsidenten gewählt.

Französische Revolution

- Aus einer Finanz- und Hungerkrise entwickelte sich die Revolution in Frankreich. Als ihr Beginn wird noch heute der **Sturm auf die Bastille am 14. Juli 1789** gefeiert (französischer Nationalfeiertag).
- Die Vertreter des Dritten Standes, die sich zur **Nationalversammlung** erklärt hatten, verabschiedeten 1789 die **Erklärung der Menschen- und Bürgerrechte** und 1791 eine **Verfassung** nach den Prinzipien der Volkssouveränität und der Gewaltenteilung.
- Radikale Jakobiner setzten sich gegen gemäßigte Girondisten durch und regierten durch den Wohlfahrtsausschuss seit 1793 im Rahmen einer republikanischen Verfassung; der König wurde im Januar 1793 hingerichtet. Die **Phase der Schreckensherrschaft** löste eine Welle von Hinrichtungen von (angeblichen) Gegnern der Revolution aus.
- Nach dem Sturz des Jakobiners Robespierre im Juli 1794 verabschiedete der Nationalkonvent eine **Direktoratsverfassung**, bis General **Napoleon Bonaparte** im November 1799 die Macht an sich riss und die Revolution für beendet erklärte.

Vier Beispiele eines Staatsaufbaus

M1 England nach der „Glorious Revolution“

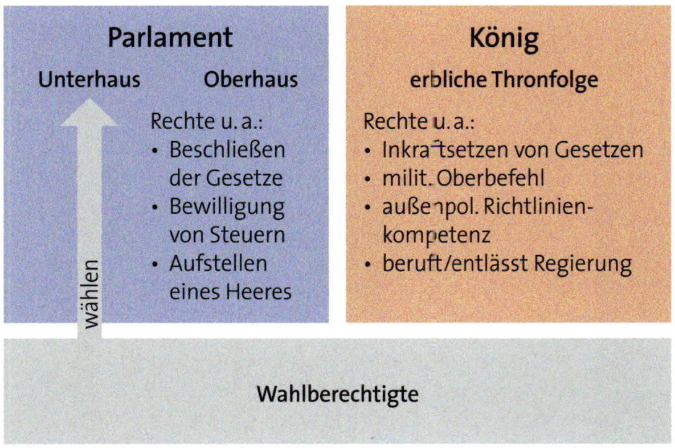

Staatsform: parlamentarische Monarchie
Prinzipien: Gewaltenteilung, monarchisches Prinzip, Ständesystem

M2 Frankreich unter Ludwig XIV.

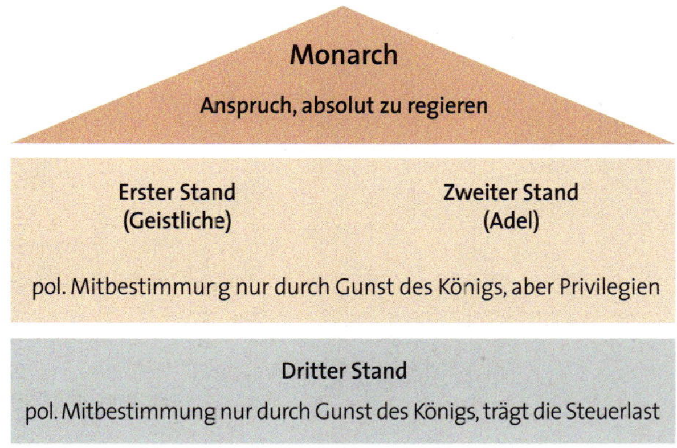

Staatsform: absolute Monarchie
Prinzipien: Souveränität des Monarchen

M3 Staatsorgane der USA (1787)

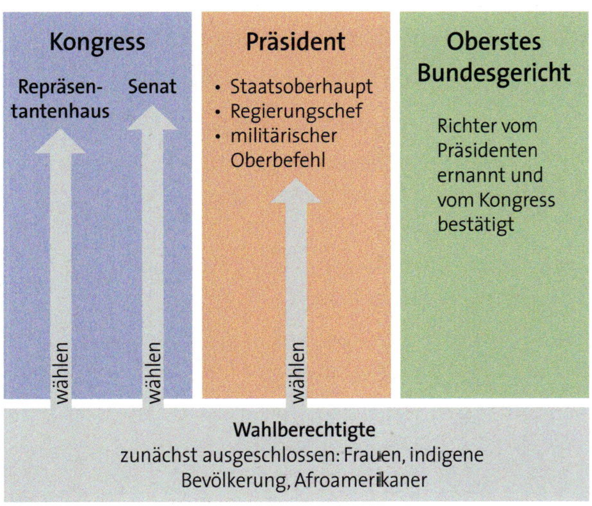

Staatsform: parlamentarische Demokratie
Prinzipien: Volkssouveränität, Gewaltenteilung, Föderalismus

M4 Oberste Staatsorgane in Frankreich (1791)

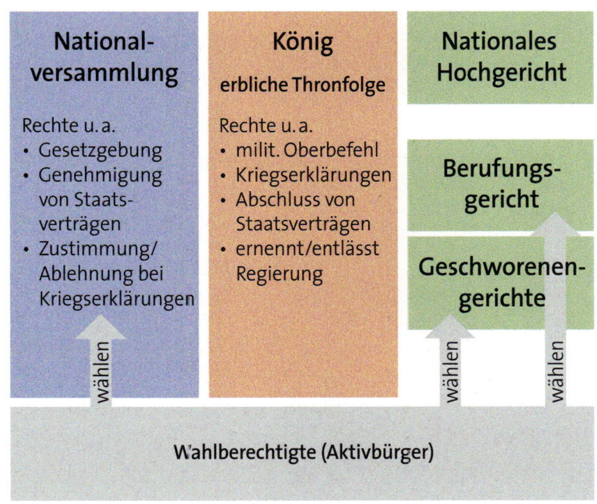

Staatsform: konstitutionelle Monarchie
Prinzipien: monarchisches Prinzip, Zensuswahlrecht, Gewaltenteilung

1. *Erläutern Sie, inwiefern sich die abgebildeten Schaubilder von Verfassungsschemata unterscheiden.*

2. *Bewerten Sie die vier Schemata:*
   a) *Prüfen Sie, ob die Gewalten in M2–M4 gleich stark sind.*
   b) *Überprüfen Sie, inwieweit das Prinzip der Selbstbestimmung des Volkes jeweils enthalten ist.*

3. *Vergleichen Sie mit der Verfassung der Bundesrepublik Deutschland: Welche Grundsätze in der politischen Entwicklung Englands, der USA und Frankreichs finden sich in ihr? Wo gibt es spezifische landesgeschichtliche Besonderheiten?*

Die Industrialisierung verändert Wirtschaft und Gesellschaft

◀ **Die Harkort'sche Fabrik auf Burg Wetter an der Ruhr.**
Ölgemälde von Alfred Rethel, 1834.
In der vom preußischen Staat erworbenen Ruine richteten Friedrich Harkort und Heinrich Kamp die Mechanische Werkstätte Harkort & Co. ein.

Industrieller Aufbruch und Liberalisierung	um 1760	In England beginnt die Industrielle Revolution.
	1807-1811	In Preußen setzt die Bauernbefreiung ein, 1810 wird die Gewerbefreiheit eingeführt.
	1825	Erste Eisenbahnstrecke (Stockton – Darlington) für den Personenverkehr eröffnet.
	1834	Durch den Deutschen Zollverein entsteht ein Binnenmarkt ohne Handelsbarrieren.
Durchbruch der Industrialisierung, Soziale Frage und Arbeiterbewegung	1835	Die erste deutsche Eisenbahnstrecke verläuft zwischen Nürnberg und Fürth.
	ca. 1840	Die Industrialisierung gelangt auf dem europäischen Kontinent zum Durchbruch. Auch in den deutschen Ländern setzt ein enormer wirtschaftlicher Aufschwung ein, der bis in die 1870er-Jahre anhält.
	1848/49	Revolution von 1848/49; die Arbeiter- und Frauenbewegung beginnt sich zu organisieren und Lösungen für die Soziale Frage zu finden.
	ab 1850	In verschiedenen deutschen Staaten gründen sich Großbanken auf Aktienbasis, z.B. die Darmstädter Bank für Handel und Industrie (1853) sowie die Deutsche Bank (1870).
	ca. 1860-1914	Etwa 16 Millionen Menschen wandern auf der Suche nach neuen Arbeitsplätzen vom Osten in den industrialisierten Westen des Deutschen Reiches.
Aufstieg zum Industriestaat	1871-1873	Die Gründung des Deutschen Reiches löst einen wirtschaftlichen Boom aus („Gründerzeit"), der in eine bis 1895 anhaltende Phase verlangsamten Wachstums („Große Depression") umschlägt.
	ca. 1875-1910	In Deutschland entstehen industrielle Ballungszentren, die Wohn- und Arbeitsbedingungen der Arbeiterschaft verschlechtern sich.
	1878-1890	Mit dem „Sozialistengesetz" will Bismarck die Arbeiterbewegung ausschalten.
Massenproduktion und Massengesellschaft	um 1880	Mit der Serienfertigung von normierten Einzelteilen beginnt die Massenproduktion.
	1883-1889	Staatliche Sozialgesetze schaffen einen Rechtsanspruch auf finanzielle Leistungen im Alter, bei Krankheit oder Unfall.
	ab 1890/95	Durch den Aufschwung in den „modernen" Industrien (Elektrotechnik, Chemie und Maschinenbau) steigt Deutschland zu einer der größten Industrienationen auf.
	1895-1913	Ein wachsendes Realeinkommen ermöglicht breiteren Schichten Freizeitaktivitäten und Massenkonsum.

War die Veränderung Europas durch die Industrielle Revolution ein Fortschritt? Die Industrialisierung Europas, die Mitte des 18. Jahrhunderts in England begann, löste einen tief greifenden Wandlungsprozess aus. Er veränderte die traditionelle Arbeits- und Lebenswelt der Menschen grundlegend. Aus Ländern, in denen die meisten Menschen von der Landwirtschaft lebten, wurden Industrienationen, in denen der überwiegende Teil der Bevölkerung in der gewerblichen Produktion tätig war und immer mehr Waren in Fabriken gefertigt wurden. Da dieser Vorgang zu einer radikalen Veränderung der Gesellschaft und der wirtschaftlichen Strukturen führte, bezeichnen Historiker den Prozess als „Industrielle Revolution".

„Revolutionär" waren damals auch viele technische Neuerungen. Dazu zählten Schlüsselerfindungen wie die Spinnmaschine, der mechanische Webstuhl oder die Eisenbahn. Sie revolutionierten entweder die Produktion von Gütern oder Nahrungsmitteln, den Informationsaustausch, den Transport oder das tägliche Leben. Insgesamt sorgten sie dafür, dass die Menschen in immer höherem Tempo und nach immer präziserem Takt arbeiteten, sich fortbewegten und miteinander kommunizierten.

Im Lauf der Industrialisierung wurden unterschiedliche Industriezweige zum Motor der Gesamtwirtschaft. Anfangs war dies die Textilindustrie, später folgten die Schwerindustrie und der Maschinenbau. In der Phase der „Zweiten Industriellen Revolution" sollten gegen Ende des 19. Jahrhunderts schließlich die Elektro- und die chemische Industrie zu den „Schrittmachern" für das wirtschaftliche Wachstum werden. Die Dynamik der Wirtschaft, ihr Auf- oder Abschwung hängt seit der Industrialisierung nicht mehr vorrangig von den Erträgen der Landwirtschaft ab, sondern von der Produktion und dem Konsum von Industriegütern.

Die großen gesellschaftlichen Veränderungen führten zum Entstehen der Arbeiterschicht. Deren Eingliederung in die Gesellschaft und die Verbesserung ihrer elenden Lebensumstände wurden zur großen Herausforderung der Zeit. Viele Zeitgenossen begriffen die technischen Errungenschaften und die Mehrung des Wohlstandes als „Fortschritt". Die durch die Industrialisierung verursachte Zerstörung der Umwelt wurde nur von wenigen kritisiert. Heute sehen die meisten Historiker die Industrialisierung noch immer als „Fortschritt", wenn damit die Verbesserung der Lebensverhältnisse der Menschen gemeint ist. Erst langsam entwickelte sich im 20. Jahrhundert ein kritisches Bewusstsein für die verursachten Umweltprobleme.

- *Welchen Vorbedingungen unterlag die Industrialisierung und wie gestaltete sich ihr Verlauf?*
- *Wodurch wurde dieser Prozess gefördert und was hemmte die Industrialisierung?*
- *Welche positiven sozialen und wirtschaftlichen Folgen lassen sich für den Vorgang der Industrialisierung feststellen?*
- *Welche Merkmale kennzeichneten die „Zweite Industrielle Revolution"?*
- *Wie veränderten sich die Lebens- und Arbeitsbedingungen der Fabrikarbeiter und ihrer Familien?*
- *Welche Lösungsansätze der „Sozialen Frage" boten verschiedene gesellschaftliche Gruppen bzw. der Staat an?*

Liberalisierung durch staatliche Reformen

England – Mutterland der Industrialisierung Die „Industrielle Revolution" nahm ihren Anfang in England und breitete sich erst später über den gesamten Kontinent aus. Wo lagen die Ursachen für diese Entwicklung?

Vorteilhaft wirkte sich etwa die Bevölkerungsentwicklung aus: Zwischen 1800 und 1850 nahm die Bevölkerung um 75 Prozent zu. Gründe waren eine gestiegene Geburtenrate, eine höhere Lebenserwartung sowie verbesserte Anbaumethoden in der Landwirtschaft und die dadurch verbesserte Versorgung der Menschen mit Nahrungsmitteln. Für die wirtschaftliche Entwicklung war das Wachstum der Bevölkerung in zweierlei Hinsicht von Bedeutung: Es gab ein großes Angebot an Arbeitskräften, die nicht mehr in der Landwirtschaft beschäftigt werden konnten, zugleich stieg die Nachfrage nach landwirtschaftlichen und gewerblichen Produkten. Aufgrund einer neuen Agrarverfassung hatten sich die landwirtschaftlichen Flächen schon im Verlauf des 16. und 17. Jahrhunderts in den Händen weniger Großgrundbesitzer konzentriert, sodass viele Kleinbauern gezwungen gewesen waren, in die Städte abzuwandern oder als Lohnarbeiter auf den landwirtschaftlichen Großbetrieben zu arbeiten. Da sie, anders als in weiten Teilen des übrigen Europa, nicht verpflichtet waren, auf ihren Ländereien zu bleiben, stellten sie auch ein Reservoir an Arbeitskräften für die aufkeimende Industrialisierung dar. So summierten sich bereits seit der zweiten Hälfte des 18. Jahrhunderts eine Reihe technischer Errungenschaften in England zur sogenannten Industriellen Revolution:

- Die Entwicklung des mechanischen Webstuhls ersetzte zwischen 1761 und 1885 die Arbeit der menschlichen Hand und vervielfachte die Arbeitsleistung.
- Die Textilindustrie entstand und wurde zur **Schrittmacherindustrie** des neuen Zeitalters.
- Die zwischen 1765 und 1782 maßgeblich von **James Watt** weiterentwickelte Dampfmaschine produzierte Energie, die im Gegensatz zu Wind- und Wasserkraft ständig und überall zur Verfügung stand und die Kraft von Mensch und Tier bei Weitem übertraf.
- Mechanisierung und Dampfkraft führten dazu, dass aus den traditionellen Manufakturen Fabriken wurden, die ihre Vorläufer an Größe und Produktivität in den Schatten stellten.
- Neue Technologien, die die Herstellung von Koks und Stahl ermöglichten, bewirkten, dass die Stahlindustrie die Textilindustrie als Leitindustrie ablöste.
- Schließlich beschleunigte die Dampfeisenbahn, die in England erstmals 1830 mit Gewinn fuhr, den Aufschwung der Schwerindustrie, revolutionierte Verkehrswesen und Kommunikation und wurde zum Symbol des neuen industriellen Zeitalters.

Schrittmacherindustrie: Leitsektor, der das Wirtschaftsleben eines Landes vorantreibt

James Watt (1736-1819): ab 1757 Mechaniker an der Universität Glasgow, seit den 1760er-Jahren mit der Verbesserung der Dampfmaschine beschäftigt, Durchbruch in den 1780er-Jahren mit der Verlagerung des Kondensationsprozesses aus dem Zylinder in einen gekühlten Kondensator. Watts Dampfmaschine wurde 1785 erstmals in einer Baumwollfabrik eingesetzt.

▲ Modell der Watt'schen Dampfmaschine mit Pumpe.

Die Idee des Wirtschaftsliberalismus Die Industrialisierung in Europa wurde maßgeblich durch die Theorie des Wirtschaftsliberalismus vorbereitet und verbreitet. Für sie lieferte der schottische Ökonom und Moralphilosoph *Adam Smith* (1723-1790) in seinem Buch „Der Wohlstand der Nationen" (1776) die Grundlage (▸ M1). Als Quelle allen Wohlstandes fasste er die Arbeit und die Arbeitsteilung auf. Das Gewinnstreben des Einzelnen sei die Antriebskraft der Wirtschaft. Die Gesetze des

Marktes, der freie Wettbewerb und das Wechselspiel von Angebot und Nachfrage würden das Gemeinwohl fördern, da nur solche Güter und Dienstleistungen bestehen blieben, für die auch eine Absatzmöglichkeit vorhanden sei. Die Lehre des Wirtschaftsliberalismus wies auch dem Staat eine neue Rolle zu. Der Staat dürfe die wirtschaftlichen Prozesse nicht nach eigenen Interessen steuern, wie das im Merkantilismus geschah. Vielmehr müsse er sich darauf beschränken, günstige Rahmenbedingungen für die Wirtschaft zu schaffen.

Die Ausgangslage in Deutschland um 1800 Im Vergleich zu Großbritannien setzte die Industrialisierung in Deutschland deutlich später ein. Das hatte mehrere Ursachen. Um 1800 bestand das Heilige Römische Reich Deutscher Nation aus rund 300 Teilstaaten, die eine unterschiedliche Wirtschafts- und Handelspolitik betrieben. Eine Vielzahl verschiedenartiger Maß-, Münz- und Gewichtssysteme wie auch die vielen Zoll- und Mautgrenzen behinderten den überregionalen Handel. Zwar wurde durch die Neuordnung Deutschlands auf dem *Wiener Kongress* (1814/15) die Zahl der Einzelstaaten auf 38 reduziert, Handelshemmnisse blieben jedoch bestehen.

Das ökonomische Denken vieler Herrscher in Deutschland war noch vom Merkantilismus geprägt. Durch staatliche Eingriffe wie Zölle, Ein- und Ausfuhrverbote sowie Handelsmonopole und **Stapelrechte** sollten die eigenen Kaufleute und Handwerker geschützt und die Wirtschaftskraft des eigenen Staates gestärkt werden. Diese Maßnahmen behinderten aber den freien Handel zwischen den deutschen Staaten, zulasten größerer Betriebe, die für einen überregionalen Markt produzieren wollten.

Die Zünfte, die seit dem Mittelalter bestehenden Zusammenschlüsse der Handwerker in einer Stadt, sicherten ihren Mitgliedern zwar ein gewisses Einkommen, setzten jedoch dem unternehmerischen Streben des Einzelnen deutliche Grenzen. Sie reglementierten nicht nur die Zahl und Größe der einzelnen Betriebe an einem Ort, sondern versuchten auch, den Verkauf aller von außerhalb kommenden Handelserzeugnisse zu verhindern.

Da die deutschen Staaten im Gegensatz zu England oder Frankreich keine Kolonien besaßen und mit Ausnahme einiger großer Städte wie Hamburg oder Bremen keinen Überseehandel betrieben, fehlten billige Rohstoffe und zusätzliche Absatzmärkte (▸ M2). Als weiteres Hemmnis erwies sich das im Vergleich zu Großbritannien wesentlich schlechter ausgebaute Verkehrswesen. Die Mobilität der Einwohner war in Deutschland weit geringer als in Großbritannien. Viele der auf dem Land lebenden Menschen konnten aufgrund rechtlicher Bindungen den Grund und Boden, den sie bewirtschafteten, nicht ohne Weiteres verlassen.

Bauernbefreiung und Gewerbefreiheit Um mit anderen Ländern konkurrenzfähig zu sein, musste insbesondere die Wirtschafts- und Sozialordnung in den deutschen Staaten modernisiert werden. In wirtschaftlicher Hinsicht standen zwei Vorhaben im Zentrum der Reformbemühungen: die *Bauernbefreiung* und die Einführung der *Gewerbefreiheit*.

Geschwindigkeit und Stufen der Reformen waren in den einzelnen Territorien jedoch sehr unterschiedlich. Begonnen hatten sie mancherorts bereits an der Wende vom 17. zum 18. Jahrhundert, vollendet wurden sie teilweise erst in der zweiten Hälfte des 19. Jahrhunderts. Preußen übernahm dabei eine Vorreiterrolle. Dort setzten **Heinrich Friedrich Carl Freiherr vom und zum Stein**, dem durch eine längere Reise die Verhältnisse in England bekannt waren, sowie der preußische Außenminister und Staats-

Stapelrecht: Recht einer Stadt, wonach vorbeiziehende Kaufleute ihre Waren für eine bestimmte Zeit zum Verkauf ausstellen mussten. Dabei hatten die Bürger der Stadt das Vorkaufsrecht. Mit einer Abgabe konnten sich die Kaufleute vom Stapelzwang freikaufen.

▲ **Freiherr vom und zum Stein.** *Gemälde von Johann Christoph Rincklake, 1804.*

Heinrich Friedrich Carl Freiherr vom und zum Stein (1757-1831): geboren in Nassau an der Lahn, stammte aus einem Rittergeschlecht, seit 1780 im preußischen Staatsdienst. Seit September 1807 Leitender Minister in Preußen, gut ein Jahr später auf Betreiben Napoleons wieder entlassen. Stein ging nach Russland, wo er bis 1815 politischer Berater des Zaren war. Er starb 1831 in Cappenberg (Westfalen).

▲ **Karl August Fürst von Hardenberg.**
Gemälde von Johann Heinrich Tischbein, um 1810.

Fürst Karl August von Hardenberg (1750-1822): kam aus Hannover'schem Adel, von 1804 bis 1806 preußischer Außenminister, 1810 bis 1822 Staatskanzler. 1814 wurde er für seine Verdienste in den Fürstenstand erhoben.

Säkularisation (von lat. saecularis: „weltlich"): die Übernahme der Herrschaft in kirchlichen Gebieten durch weltliche Fürsten während der napoleonischen Herrschaft

Mediatisierung („Mittelbarmachung"): bezeichnet die Aufhebung der Reichsunmittelbarkeit der meisten Reichsstädte und vieler weltlicher Reichsstände (z.B. Reichsritter), die nun nicht mehr direkt dem Kaiser, sondern den jeweiligen Landesherren unterstanden

kanzler **Fürst Karl August von Hardenberg** zahlreiche Reformen in Gang, durch die sich die Kräfte des Landes möglichst frei entfalten sollten. Diese brachten Rechtsgleichheit für alle Bewohner, schafften auf dem Land Grundherrschaft und Leibeigenschaft ab und beseitigten die Zunftordnungen in den Städten. Begleitet wurden sie von einer Neuordnung der staatlichen Verwaltung, des Rechts- und Bildungswesens und der Judenemanzipation. In mehreren Staaten führten sie zu schriftlich niedergelegten Verfassungen, zur Einberufung von Parlamenten und zur Entstehung konstitutioneller Monarchien. Der Reformschub in den ersten beiden Jahrzehnten des 19. Jahrhunderts hatte mehrere Ursachen:

- Die Reformen reagierten auf freiheitliches Gedankengut der Aufklärung und der Französischen Revolution, die Standesschranken und Privilegien kritisierten und die Freiheit der Persönlichkeit forderten. Die Reformen sollten damit auch einer möglichen „Revolution von unten" vorbeugen.
- Am Ende des 18. Jahrhunderts unterstand der Großteil des landwirtschaftlich genutzten Bodens einer Grundherrschaft.* Die geistlichen und weltlichen Landesherren, der Adel, die Klöster und Stifte sowie in geringerem Ausmaß auch nichtadlige weltliche Grundbesitzer hielten über 96 Prozent des landwirtschaftlichen Besitzes in ihren Händen. Schon seit Mitte des 18. Jahrhunderts war in Europa aus aufklärerischen Kreisen Kritik daran aufgekommen. Die wirtschaftliche Entwicklung im liberalisierten England führte den Staaten auf dem Kontinent vor Augen, mit welchen Steigerungen der Produktion und des Wohlstandes sie rechnen konnten, wenn die traditionellen Bindungen und Beschränkungen beseitigt wurden.
- Die Abschaffung der Frondienste, der Feudalrechte, des Zehnten und der Zünfte während der Französischen Revolution wirkten als Signal und bildeten den Auftakt zu reformerischen Ideen in anderen europäischen Staaten. Ausgelöst wurde der Reformprozess aber vor allem durch die napoleonische Herrschaft. Die Staaten des 1806 von Napoleon initiierten *Rheinbundes* hatten ab 1803 zum Teil enorme Gebietsgewinne aus **Säkularisation** und **Mediatisierung** erhalten.** Durch die Auflösung der geistlichen Reichsstände, der bischöflichen Herrschaftsgebiete und der etwa 300 reichsunmittelbaren Abteien und Klöster wechselten insgesamt etwa 95 000 km² Grundfläche ihren Besitzer. Adel und Klerus verloren Ämter- und Steuerprivilegien; die ständische Gesellschaftsordnung wurde jedoch nicht vollständig beseitigt.
- In Preußen, das mit Österreich und Russland die Gegner Napoleons auf dem Kontinent anführte, gingen die Reformer unter anderen Voraussetzungen ans Werk. Anders als die Rheinbundstaaten hatte Preußen fast die Hälfte seines Staatsgebietes verloren und musste erdrückende Tributzahlungen an Frankreich leisten. Der Wunsch, bald wieder in den Kreis der Großmächte aufrücken und gegen die Fremdherrschaft kämpfen zu können, zwang die preußische Regierung zu einer Mobilisierung aller Kräfte, einer „Politik der defensiven Modernisierung" gegen Napoleon (Elisabeth Fehrenbach). Durch Reformen in Landwirtschaft, Gewerbe, Verwaltung und Militär sollte die wirtschaftliche und militärische Leistungsfähigkeit gesteigert und damit das Überleben Preußens im Kampf gegen die napoleonische Fremdherrschaft ermöglicht werden.
- Von einem wirtschaftlichen Aufschwung erhofften sich die Regierungen höhere Steuereinnahmen. Auch deshalb versuchten die Reformer, den großen Einfluss des grundbesitzenden Adels und des Klerus in ihren Staaten zurückzudrängen.

* Siehe Seite 65 f.
** Siehe dazu das Kapitel „Deutschland im Schatten Napoleons", Seite 226-232.

- Unabhängig von allen politischen Rahmenbedingungen benötigte eine ständig wachsende Bevölkerung mehr Arbeitsplätze und Nahrungsmittel. Ein wirtschaftlicher Aufschwung sollte beides schaffen.

Reformen auf dem Land Im ländlichen Bereich, wo um 1800 noch rund 80 Prozent der Menschen lebten und ihren Unterhalt verdienten, griffen die Reformen am tiefsten in die bestehenden Verhältnisse ein

- Zunächst wurden – soweit noch vorhanden – alle Formen von Leibeigenschaft und persönlicher Erbuntertänigkeit abgeschafft. Dies betraf vor allem die ostelbischen Gebiete Preußens („*Oktoberedikt*" von 1807, ▸ M3). In den süddeutschen Territorien war die persönliche Freiheit der Menschen am Ende des 18. Jahrhunderts wesentlich weniger eingeschränkt. Die preußischen Reformer pflügten daher die bestehenden Verhältnisse in kürzerer Zeit viel radikaler um als etwa in Bayern. Insgesamt sorgten die Reformen dafür, dass die Landbevölkerung künftig keine Heiratserlaubnis des Grundherrn mehr brauchte und nicht mehr an die Scholle gebunden war, also Wohnort und Beruf frei wählen konnte. Die Kinder der Bauern unterlagen nun nicht mehr dem Gesindezwang, der sie zur Arbeit auf dem Hof des Grundherrn verpflichtet hatte.
- Leistungen für den Grundherrn wie Hand- und Spanndienste sowie Naturalabgaben wurden nicht ersatzlos abgeschafft, da sie als Gegenleistung für den überlassenen Besitz von Grund und Boden angesehen wurden. Sie konnten jedoch durch einmalige Geldleistung oder durch jährliche Raten abgelöst werden.
- Auch bislang von einem Grundherrn gepachtetes Land konnte in den Besitz des Pächters übergehen. Als Gegenleistung musste er dem Grundherrn dafür je nach Gegend entweder einen Teil des Landes abtreten oder eine finanzielle Entschädigung zahlen.
- Die bislang gemeinschaftlich genutzte Allmende wurde unter den Grundherren und den nun selbstständigen Bauern aufgeteilt. Diese Flurbereinigung wurde dazu genutzt, um die in der Regel kleinen und verstreut liegenden Feldstücke der Bauernhöfe zu größeren und damit besser nutzbaren Einheiten zusammenzulegen.
- Zuletzt wurden die grundherrliche Gerichtsbarkeit (Patrimonialgerichtsbarkeit) und Polizeigewalt aufgehoben.

Gewinner und Verlierer Auf den ersten Blick schienen die Grundherrn die Verlierer und die Bauern die Gewinner der Reformen zu sein. Doch dieser Eindruck bedarf der Korrektur:

- Der oft für die Reformen auf dem Land benutzte Begriff der „Bauernbefreiung" beschreibt die Vorgänge unvollständig. Nur wohlhabendere Bauern konnten die geforderte finanzielle Ablösung von Diensten und Abgaben leisten sowie Landabtretungen und Entschädigungen verkraften. Denn zum einen wurden viele Höfe durch die Landabtretungen auf eine unrentable Betriebsgröße verkleinert; zum anderen waren kleine und arme Bauern durch die neuen finanziellen Lasten, die bis zu zweieinhalb Mal so hoch sein konnten wie die früheren, bald verschuldet und mussten ihr Land an den Grundherrn oder an reichere Bauern verkaufen. Die Folgen waren, besonders in Preußen, eine weitere Besitzkonzentration und ein Rückgang der Zahl der Kleinbauernhöfe um bis zu 15 Prozent.
- Da die Aufteilung der Allmende prozentual nach den aktuellen Besitzverhältnissen vorgenommen wurde, erhielten die Besitzer großer Ländereien, in der Regel die bisherigen Grundherren, den Hauptanteil und oft auch die besten Landstücke.

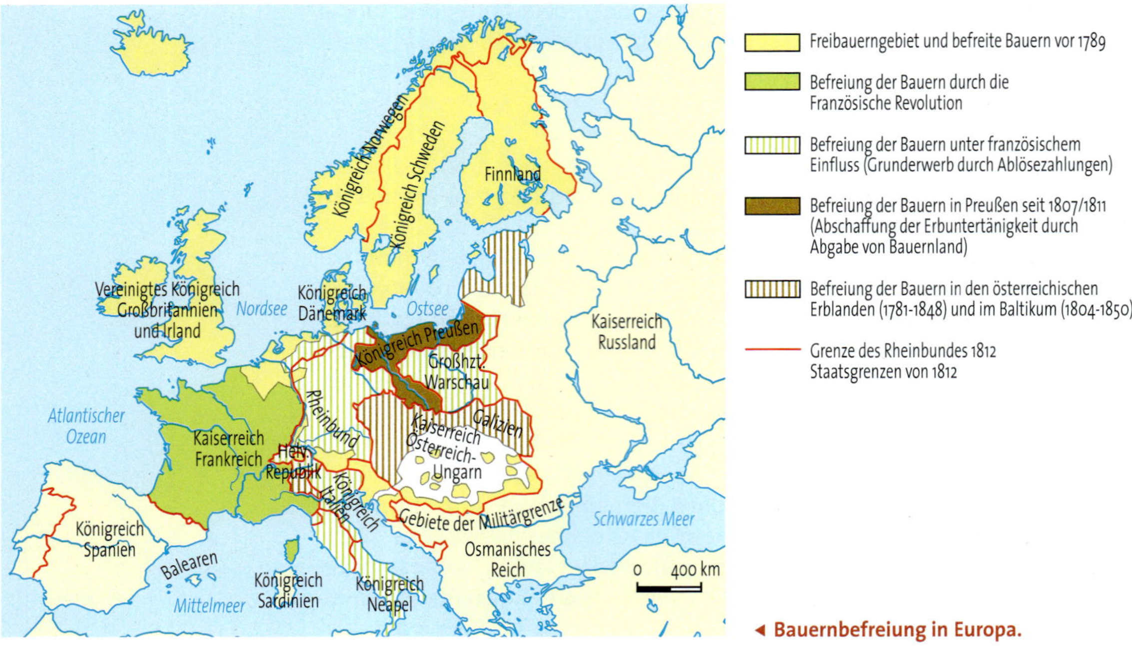

◂ **Bauernbefreiung in Europa.**

Landwirtschaftlicher Besitz konzentrierte sich nun in wenigen Händen. Verstreute kleine Äcker wurden zu großen Flächen zusammengelegt und die ehemaligen Allmenden in Ackerland umgewandelt. Viele kleine Bauern und Landarbeiter verloren dadurch die Möglichkeit, auf den bislang gemeinsam genutzten Weiden eigenes Vieh zu halten und so das Familieneinkommen aufzubessern. Viele sanken in die ländliche Unterschicht der besitzlosen Landarbeiter ab.

Gewerbefreiheit statt Zunftzwang? Seit dem 18. Jahrhundert galten die Zünfte als Haupthindernis auf dem Weg zu wirtschaftlichem Aufschwung und Fortschritt im gewerblichen Sektor. Sie legten die Produktionsverfahren fest, kontrollierten die Qualität der Produkte und diktierten die Verkaufspreise. Durch den Zunftzwang wurde das Spiel von Angebot und Nachfrage auf einem freien Markt gehemmt. Führende Theoretiker und Staatsmänner forderten daher „Gewerbefreiheit“ im Handwerk: Jeder sollte in jedem Umfang jeden Produktionszweig mit jeder Produktionstechnik eröffnen und betreiben können.

Im gesamten Deutschen Reich war die Gewerbefreiheit ab dem Jahr 1871 nur noch in einigen wenigen Berufen eingeschränkt, für die eine spezielle fachliche Vorbildung (z. B. bei Ärzten, Apothekern, Bauunternehmern, Schiffern) oder eine besondere Zuverlässigkeit (z. B. bei Schaustellern, Schank- und Gastwirten, Schlossern) erforderlich erschien. Die Ausübung solcher Berufe war an staatliche Zulassungen geknüpft, diese konnten aber, sobald die Voraussetzungen erfüllt waren, nicht verweigert werden.

Anpassungsprobleme im Handwerk Die Gewerbereformen führten im Handwerk zunächst zu einer Welle von Werkstattgründungen, vor allem in ländlichen Gebieten. Da die Kaufkraft der Kunden mit der Zahl der Neugründungen bei Weitem nicht mithielt, kam es rasch zu einer Übersättigung des Marktes, zu Unterbeschäftigung und

Einkommensverlusten. Der armselige Alleinmeisterbetrieb, in dem Frau und Kinder mitarbeiteten, der aber keine Gesellen oder Lehrlinge ernähren konnte, prägte vielerorts das Bild. Auch die industrielle Konkurrenz – zunächst aus dem Ausland, bald aber auch aus Deutschland – setzte dem Handwerk besonders im Bereich der Textilproduktion und der Metallverarbeitung schwer zu, da sie effektiver und billiger produzieren konnte.

Erst nach Jahrzehnten der Umorientierung fanden Handwerker Ersatz für die ihnen an die neuen Fabriken verloren gegangenen Produktionsbereiche: Sie verlegten sich auf die Reparatur und das Verkaufsgeschäft, aber auch auf die Produktion solcher Güter, die nicht massenweise in den Fabriken hergestellt werden konnten, oder auf die Weiterverarbeitung von Fabrikware. Ein Beispiel ist der Textilbereich, in dem Massenproduktion in der Fabrik (Spinnerei und Weberei) und handwerkliche Kleiderschneiderei Hand in Hand arbeiteten und voneinander profitierten. Auf diese Weise veränderte sich das Berufsbild des Handwerkers im Lauf des 19. Jahrhunderts grundlegend.

Einige verrostete Zünftler sitzen noch immer bei „offener Lade" und verstehen die Welt nicht mehr.

Es zeigen sich bereits die bekannten Berliner Industriellen.

Weshalb die Anmeldungen zu Konzessionen sich in bedenklicher Weise mehren.

▲ **Die Gewerbefreiheit und ihre Konsequenzen.**

Humoreske von Herbert König in der Leipziger Illustrirten Zeitung vom 15. Februar 1862 (Ausschnitte).

In der Zunftlade wurden die wichtigsten Dokumente der Zunft, wie etwa die Zunftordnung, verwahrt. Mit „Berliner Industrielle" sind fliegende Händler gemeint.

Licht ... Überblickt man die Reformen in Landwirtschaft und Gewerbe insgesamt, so waren trotz aller regionalen Unterschiede die langfristigen Folgen revolutionär:

- Die Liberalisierung schuf neue Möglichkeiten der freien Entfaltung und der individuellen Lebensgestaltung: Viele der auf dem Land lebenden Menschen konnten bisher aufgrund rechtlicher Bindungen den Grund und Boden, den sie bearbeiteten, nicht ohne Weiteres verlassen. Dies war nun möglich. Sie konnten Wohnort und Beruf frei wählen, einen Betrieb gründen und frei über ihre Arbeitskraft und ihre Zeit verfügen.
- Durch die Aufhebung der Heiratsbeschränkungen konnte jeder unabhängig von Verdienst und Besitz eine Familie gründen.
- Darüber hinaus garantierten die Reformen Rechtsgleichheit für alle. Sie setzten damit eine Entwicklung fort, die mit der Übernahme des napoleonischen *Code Civil** in den Rheinbundstaaten begonnen hatte.

... und Schatten

- Die Reformen hoben zwar die feudalen Abhängigkeitsverhältnisse auf dem Land auf und bauten die zünftischen Beschränkungen in den Städten ab, durch die Loslösung von Grundherrschaft und Zunftverfassung verloren viele Menschen jedoch den gewohnten Schutz ihres Grundherrn bzw. ihrer zünftischen Genossenschaft. Sie waren nun nicht nur frei, sondern in einer neuen Weise für sich selbst verantwortlich, und spürten die Gesetze von Markt und Wettbewerb deutlicher als früher.
- Seit ab 1802/03 die meisten Klöster und später die Zünfte aufgehoben wurden, mussten die Gemeinden viele ihrer früheren Aufgaben übernehmen. Dazu gehörte die Kranken- und Armenfürsorge. Jeder neue „Ansässige" war damit eine potenzielle Belastung für die örtlichen Armenkassen, ein Risiko, das die Gemeinden möglichst kleinhalten wollten. Als um 1830 wirtschaftliche Krisen Armut und Bettel ansteigen ließen, wurde die „Ansässigmachung" noch erschwert. Daran hatte auch das örtliche Handwerk Interesse, das sich auf diese Weise gegen unliebsame Konkurrenz schützen konnte. Die Zahl der unehelich Geborenen stieg. Je nach Region dauerte es noch viele Jahre, bis es trotz Aufhebung der Heiratsbeschränkungen möglich war, unabhängig von Einkommen und Besitz eine Familie zu gründen.

* Siehe dazu Seite 226.

▲ **Die kleinen Holzdiebe.**
Holzschnitt von F. W. Cubitz im Deutschen Volkskalender 1839. Der Revierjäger hat eine arme Familie beim Sammeln von Brennholz ertappt.

- Gleichzeitig beschleunigte sich das Bevölkerungswachstum, das im 18. Jahrhundert eingesetzt hatte. Da in Landwirtschaft und Gewerbe kurzfristig nicht genügend neue Arbeitsplätze zur Verfügung standen und sich die Industrialisierung erst in den Anfängen befand, breiteten sich Arbeitslosigkeit und eine bis dahin nicht gekannte Massenarmut aus (**Pauperismus**). In der Frühphase der Industrialisierung waren davon vor allem kleine Handwerker betroffen, die der Konkurrenz der effektiver und billiger produzierenden Fabriken unterlagen.
- Hungerrevolten in Jahren der Lebensmittelknappheit und die Abwanderung des ländlichen pauperisierten Bevölkerungsüberschusses in die Stadt („Landflucht") waren ebenso die Folge wie immer neue Auswanderungswellen, besonders nach Amerika. Not und Protest der unterbäuerlichen Schichten auf dem Land, die sich etwa gegen die Privatisierung des Waldes richteten, entluden sich in Holzdiebstahl und Wilderei.

Pauperismus: von lat. pauper: „arm"; von der Fachwissenschaft benutzter Ausdruck für die Massenarmut, die noch durch vorindustrielle Bedingungen verursacht worden war

Klassengesellschaft: nach dem Philosophen und sozialistischen Theoretiker Karl Marx (1818-1883), der zusammen mit seinem Freund Friedrich Engels (1820-1895) 1848 das „Manifest der kommunistischen Partei" herausgab, Kennzeichen für die Industriegesellschaft. Diese setzte sich aus der Klasse (lat. classis: „Gruppe") der Kapitalisten, die Geld, Marktkenntnisse und Produktionsmittel besitzen, und der Klasse der besitzlosen Arbeiter (Proletarier) zusammen (Zweiklassengesellschaft).

Literaturtipp:
Jürgen Kocka, Geschichte des Kapitalismus, München 2013

Zukunftsweisende Tendenzen in Richtung Industriegesellschaft Garantie der persönlichen Freiheit und Rechtsgleichheit für jedermann waren die tragenden Säulen der Reformen. Auf ihnen baute die weitere Entwicklung auf. Ständische Schranken fielen. Nicht mehr Geburt, Privilegien und Zugehörigkeit zu einer gesellschaftlichen Gruppe entschieden über die Lebensweise und Chancen eines Menschen, sondern der Erfolg und vor allem das Vermögen. Damit entstand aus der traditionellen Ständegesellschaft eine moderne Schichten- oder **Klassengesellschaft**.

Allerdings konnte der Adel, der im Zuge der Reformen seine ständischen Privilegien wie Steuerfreiheit und Vorrechte bei der Ämterbesetzung verloren hatte, seine gesellschaftliche Stellung wahren und die wichtigsten Posten im Staats- und Hofdienst, in Verwaltung und Militär besetzt halten. Dadurch gelang es ihm, das Alte Reich zu überleben und auch im 19. Jahrhundert an der Spitze der Gesellschaftspyramide zu bleiben.

Neben dem Übergang von der Stände- zur Klassengesellschaft wiesen vor allem zwei Tendenzen in die Zukunft, die die Voraussetzungen für Neuerungen und Modernisierung der Wirtschaft in der einsetzenden Industriellen Revolution schufen:

- In Landwirtschaft und Gewerbe stieg durch neue Formen effektiver Landnutzung und Ertragssteigerung sowie durch den Wegfall gesetzlicher Einschränkungen und den dadurch frei werdenden Konkurrenzdruck langfristig die Produktivität. Ein wirtschaftlicher Aufschwung zeichnete sich ab.
- Durch die Reformen und das hinter ihnen stehende rationale Gedankengut setzte sich in vielen Bereichen des Wirtschaftslebens eine neue Haltung durch, die geprägt war vom Streben nach Wirtschaftlichkeit, Nützlichkeit, Effektivität, aber auch von Risikobereitschaft. Die Beseitigung der traditionellen Bindungen und einer Wirtschaftsweise, die in erster Linie das Einkommen privilegierter Gruppen garantierte, nicht aber die Freisetzung der Konkurrenz um kostengünstige Produktion und Leistung ermöglichte, ließ einen freien Markt, einen neuen Typus des Unternehmers und des freien Lohnarbeiters entstehen, die der Industrialisierung zum Durchbruch verhalfen.

M1 Die Begründung der Marktwirtschaft

Der englische Nationalökonom Adam Smith begründet in seinem Buch „An Inquiry into the Nature and Causes of the Wealth of Nations" („Der Wohlstand der Nationen") 1776 ein Gegenmodell zum Merkantilismus:

Tatsächlich fördert er [der Einzelne] in der Regel nicht bewusst das Allgemeinwohl noch weiß er, wie hoch der eigene Beitrag ist. Wenn er es vorzieht, die nationale Wirtschaft anstatt die ausländische zu unterstützen, denkt er eigentlich nur an die eigene Sicherheit, und wenn er dadurch die Erwerbstätigkeit so fördert, dass ihr Ertrag den höchsten Wert erzielen kann, strebt er lediglich nach eigenem Gewinn. Und er wird in diesem wie auch in vielen anderen Fällen von einer unsichtbaren Hand geleitet, um einen Zweck zu fördern, den zu erfüllen er in keiner Weise beabsichtigt hat. Auch für das Land selbst ist es keineswegs immer das schlechteste, dass der Einzelne ein solches Ziel nicht bewusst anstrebt, ja gerade dadurch, dass er das eigene Interesse verfolgt, fördert er häufig das der Gesellschaft nachhaltiger, als wenn er wirklich beabsichtigt, es zu tun. Alle, die jemals vorgaben, ihre Geschäfte dienten dem Wohl der Allgemeinheit, haben meines Wissens niemals etwas Gutes getan. [...]
Der Einzelne vermag ganz offensichtlich aus seiner Kenntnis der örtlichen Verhältnisse weit besser zu beurteilen, als es irgendein Staatsmann oder Gesetzgeber für ihn tun kann, welcher Erwerbszweig im Lande für den Einsatz seines Kapitals geeignet ist und welcher einen Ertrag abwirft, der den höchsten Wertzuwachs verspricht. Ein Staatsmann, der es versuchen sollte, Privatleuten vorzuschreiben, auf welche Weise sie ihr Kapital investieren sollten, würde sich damit nicht nur, höchst unnötig, eine Last aufbürden, sondern sich auch gleichzeitig eine Autorität anmaßen, die man nicht einmal einem Staatsrat oder Senat, geschweige denn einer einzelnen Person getrost anvertrauen könnte, eine Autorität, die nirgendwo so gefährlich wäre wie in der Hand eines Mannes, der, dumm und dünkelhaft genug, sich auch noch für fähig hielte, sie ausüben zu können. [...]
So wird in jeder Wirtschaftsordnung, in der durch besondere Förderung mehr volkswirtschaftliches Kapital in einzelne Erwerbszweige gelenkt werden soll, als von selbst dorthin fließen würde [...], in Wirklichkeit das Hauptziel unterlaufen, das man zu fördern vermeint. Sie verzögert den Fortschritt des Landes zu Wohlstand und Größe [...].
Gibt man daher die Systeme der Begünstigung und Beschränkung auf, so stellt sich ganz von selbst das einsichtige und einfache System der natürlichen Freiheit her. Solange der Einzelne nicht die Gesetze verletzt, lässt man ihm völlige Freiheit, damit er das eigene Interesse auf seine Weise verfolgen kann und seinen Erwerbsfleiß und sein Kapital im Wettbewerb mit jedem anderen oder einem anderen Stand entwickeln oder einsetzen kann. Der Herrscher wird dadurch vollständig von einer Pflicht entbunden, bei deren Ausübung er stets unzähligen Täuschungen ausgesetzt sein muss und zu deren Erfüllung keine menschliche Weisheit oder Kenntnis jemals ausreichen könnte, nämlich der Pflicht oder Aufgabe, den Erwerb privater Leute zu überwachen und ihn in Wirtschaftszweige zu lenken, die für das Land am nützlichsten sind. Im System der natürlichen Freiheit hat der Souverän lediglich drei Aufgaben zu erfüllen, die sicherlich von höchster Wichtigkeit sind, aber einfach und dem normalen Verstand zugänglich: erstens die Pflicht, das Land gegen Gewalttätigkeit und Angriff anderer unabhängiger Staaten zu schützen, zweitens die Aufgabe, jedes Mitglied der Gesellschaft soweit wie möglich vor Ungerechtigkeiten oder Unterdrückung durch einen Mitbürger in Schutz zu nehmen oder ein zuverlässiges Justizwesen einzurichten, und drittens die Pflicht, bestimmte öffentliche Anstalten und Einrichtungen zu gründen und zu unterhalten, die ein Einzelner oder eine kleine Gruppe aus eigenem Interesse nicht betreiben kann, weil der Gewinn ihre Kosten niemals decken könnte, obwohl er häufig höher sein mag als die Kosten für das ganze Gemeinwesen.

Adam Smith, Der Wohlstand der Nationen. Eine Untersuchung seiner Natur und seiner Ursachen. Aus dem Englischen übertragen und herausgegeben von Horst Claus Recktenwald, München 1978, S. 371, 572 und 582

▲ **Adam Smith auf der neu gestalteten 20-Pfund-Banknote, die seit März 2007 durch die Bank of England ausgegeben wird.**

1. *Nennen Sie in eigenen Worten die Aufgaben, auf die sich laut Smith der Staat beschränken sollte.*
2. *Diskutieren Sie Smiths These von der Übereinstimmung zwischen dem Interesse des Einzelnen und demjenigen der Gesellschaft.*
3. *Vergleichen Sie Smiths Konzept mit der gegenwärtigen Wirtschaftspraxis.*

M2 Internationale Industrialisierung in Zahlen

a) Rohbaumwollverbrauch in einzelnen Ländern, Jahresdurchschnitte (in tausend Tonnen):

	Österreich-Ungarn	Frankreich	Deutschland	Russland	Großbritannien
1761-1770	–	–	–	–	1,7
1781-1790	–	4,0	–	–	8,1
1801-1814	–	8,0	–	0,9	31,8
1825-1834	6,8	33,5	3,9	1,8	105,6
1845-1854	26,5	65,0	21,1	21,5	290,0
1865-1874	40,8	85,9	85,6	53,1	475,8
1885-1894	96,9	127,0	208,2	158,3	691,8
1895-1904	135,4	174,0	309,3	251,7	747,7
1905-1913	191,4	231,1	435,4	352,2	868,8

Carlo M. Cipolla und Knut Borchardt (Hrsg.), Europäische Wirtschaftsgeschichte, Bd. 4, Stuttgart 1985, S. 509

b) Anteil einiger ausgewählter Länder an der Weltindustrieproduktion 1830 bis 1913:*

	1830	1860	1880	1900	1913
Großbritannien	9,5	19,9	22,9	18,5	13,6
Deutschland	3,5	4,9	8,5	13,2	14,8
Frankreich	5,2	7,9	7,8	6,8	6,1
USA	2,4	7,2	14,7	23,6	32,0

* gesamte weltweite, vor allem gewerbliche Gewinnung sowie Be- und Verarbeitung von Rohstoffen

Wolfram Fischer u.a. (Hrsg.), Handbuch der europäischen Wirtschafts- und Sozialgeschichte, Bd. 5, Stuttgart 1985, S. 150

c) Veränderungen in der Beschäftigungsstruktur, Anteile der Wirtschaftssektoren an der Gesamtwirtschaft (in Prozent):

	ca. 1800			ca. 1850			ca. 1900		
	L	I	DL	L	I	DL	L	I	DL
Großbritannien	40	30	30	22	48	30	9	51	40
Deutschland	62	21	17	56	24	20	40	39	21
Frankreich	–	–	–	52	27	21	41	29	29
USA	74	–	–	55	21	24	40	28	32

L = Landwirtschaft, I = Industrie/Handwerk, DL = Dienstleistungen

Christoph Buchheim, Industrielle Revolutionen. Langfristige Wirtschaftsentwicklung in Großbritannien, Europa und Übersee, München 1994, S 33

d) Stein- und Braunkohleproduktion ausgewählter Länder, Jahresdurchschnitt (in Millionen Tonnen):

	1845-1849	1850-1854	1855-1859	1860-1864	1865-1869	1870-1874	1875-1879	1880-1884	1885-1889	1890-1894	1895-1899	1900-1904	1905-1909	1910-1913
Frankreich	4,4	5,3	7,6	10,0	12,7	15,4	17,0	20,2	21,5	26,3	30,6	33,0	36,4	39,9
Deutschland	6,1	9,2	14,7	20,8	31,0	41,4	49,9	65,7	78,1	94,0	120,1	157,3	201,2	247,5
England	46,6	50,2	67,8	86,3	120,5	132,7	135,7	158,9	167,9	183,2	205,1	230,4	260,2	275,4
Belgien	5,1	6,8	8,6	10,2	?	14,7	14,7	17,5	18,4	19,9	21,5	23,3	24,8	24,8

Carlo M. Cipolla und Knut Borchardt (Hrsg.), Europäische Wirtschaftsgeschichte, a.a.O., S. 503

e) Roheisenproduktion je Einwohner in einzelnen Ländern:

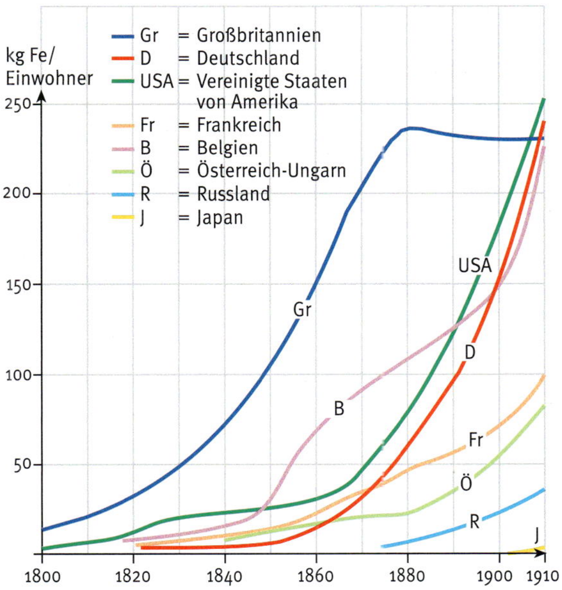

Friedrich Wilhelm Hennig, Die Industrialisierung in Deutschland 1800-1914, Paderborn [8]1993, S. 153

1. *Vergleichen Sie die Entwicklung des Verbrauchs in den einzelnen Ländern (a) und erläutern Sie die Tendenz.*

2. *Ermitteln Sie die Steigerungsraten der jeweiligen Zeiträume in England in Prozent (Tabellen a-d) und erstellen Sie Liniendiagramme (vgl. dazu Seite 198 f.).*

3. *Erläutern Sie die Grundzüge der wirtschaftlichen Entwicklung und stellen Sie im Vergleich der einzelnen Länder die nationalen Unterschiede heraus. Beachten Sie bei der Entwicklung der Länder auch besonders das Verhältnis der Wirtschaftssektoren zueinander.*

M3 Das Oktoberedikt

Der Erlass des preußischen Königs von 1807 leitet die Reorganisation des preußischen Staatswesens ein:

Wir Friedrich Wilhelm, von Gottes Gnaden, König von Preußen etc. etc.

Tun kund und fügen hiermit zu wissen:

Nach eingetretenem Frieden hat Uns die Vorsorge für den gesunkenen Wohlstand Unserer getreuen Untertanen, dessen baldigste Wiederherstellung und möglichste Erhöhung vor allem beschäftigt. Wir haben hier erwogen, dass es, bei der allgemeinen Not, die uns zu Gebot stehenden Mittel übersteige, jedem Einzelnen Hilfe zu verschaffen, ohne den Zweck erfüllen zu können, und dass es sowohl den unerlässlichen Forderungen der Gerechtigkeit, als den Grundsätzen einer wohlgeordneten Staatswirtschaft gemäß sei, alles zu entfernen, was den Einzelnen bisher hinderte, den Wohlstand zu erlangen, den er nach dem Maß seiner Kräfte zu erreichen fähig war [...].

§ 1. Jeder Einwohner Unsrer Staaten ist [...] zum eigentümlichen und Pfandbesitz unbeweglicher Grundstücke aller Art berechtigt; der Edelmann also zum Besitz nicht bloß adliger, sondern auch unadliger, bürgerlicher und bäuerlicher Güter aller Art, und der Bürger und Bauer zum Besitz nicht bloß bürgerlicher, bäuerlicher und anderer unadliger, sondern auch adliger Grundstücke, ohne dass der eine oder der andere zu irgendeinem Güter-Erwerb einer besondern Erlaubnis bedarf [...]. Alle Vorzüge, welche bei Güter-Erbschaften der adlige vor dem bürgerlichen Erben hatte, und die bisher durch den persönlichen Stand des Besitzers begründete Einschränkung und Suspension gewisser gutsherrlichen Rechte, fallen gänzlich weg. [...]

§ 2. Jeder Edelmann ist, ohne den Nachteil seines Standes, befugt, bürgerliche Gewerbe zu treiben; und jeder Bürger oder Bauer ist berechtigt, aus dem Bauer- in den Bürger- und aus dem Bürger- in den Bauerstand zu treten. [...]

§ 10. Nach dem Datum dieser Verordnung entsteht fernerhin kein Untertänigkeitsverhältnis, weder durch Geburt noch durch Heirat noch durch eine Übernehmung einer untertänigen Stelle noch durch Vertrag.

§ 11. Mit der Publikation der gegenwärtigen Verordnung hört das bisherige Untertänigkeitsverhältnis derjenigen Untertanen und ihrer Weiber und Kinder, welche ihre Bauergüter erblich oder eigentümlich oder erbzinsweise oder erbpächtlich besitzen, wechselseitig gänzlich auf.

§ 12. Mit dem Martini-Tage eintausendachthundertundzehn (1810) hört alle Gutsuntertänigkeit in Unsern sämtlichen Staaten auf. Nach dem Martini-Tage 1810 gibt es nur freie Leute, so wie solches auf den Domänen in allen Unsern Provinzen schon der Fall ist, bei denen aber, wie sich von selbst versteht, alle Verbindlichkeiten, die ihnen als freien Leuten vermöge des Besitzes eines Grundstücks oder vermöge eines besonderen Vertrages obliegen, in Kraft bleiben.

Zitiert nach: Walter Demel und Uwe Puschner (Hrsg.), Von der Französischen Revolution bis zum Wiener Kongreß 1789-1815 (Deutsche Geschichte in Quellen und Darstellung, Bd. 6), Stuttgart 1995, S. 328 f. (Rechtschreibung modernisiert)

1. *Arbeiten Sie die Grundgedanken des Ediktes heraus.*

2. *Ordnen Sie sie in den europäischen Kontext ein.*

3. *Erläutern Sie, warum das Edikt den Widerstand konservativer Adliger hervorrief.*

4. *Gestalten Sie ein Flugblatt, auf dem Sie die nach wie vor ungelösten Probleme aus Sicht der Bauern anprangern.*

Vom industriellen Aufbruch zur Industriegesellschaft

▲ **Friedrich List.**
Pastell nach einer Lithografie von Josef Kriehuber, um 1845.

Friedrich List (1789-1846, Selbstmord): geboren in Reutlingen, Wirtschaftswissenschaftler, Politiker und Journalist. Er wurde 1822 in Württemberg wegen Aufhetzung gegen die Staatseinrichtungen zu Festungshaft verurteilt. 1825 kam er frei und ging in die USA. Fünf Jahre später kehrte er zurück und begann, sich für die Einheit Deutschlands einzusetzen.

Internettipp:
Zur Industrialisierung siehe Code 32019-04

Erfolgreicher Nachzügler In Deutschland kam die Industrialisierung in der ersten Hälfte des 19. Jahrhunderts zunächst nur zögerlich in Gang, denn auch nach Gründung des *Deutschen Bundes* im Jahr 1815 hemmten weiterhin Zollgrenzen den Handel zwischen den einzelnen Staaten. Zudem bestanden innerhalb der Territorien auch noch Binnenzölle. Einer der Vorkämpfer für die Idee, Deutschland zu einem einheitlichen Wirtschaftsgebiet zu machen, war der Volkswirtschaftler **Friedrich List**. Seiner Ansicht nach sollten alle Zölle und Mauten innerhalb des Landes aufgehoben werden, die Flüsse und Straßen frei passierbar sein und nur nach außen ein einheitlicher Zoll gelten. Trotz mancher Schwierigkeiten und Einwände von Fürsten und Regierungen, die um ihre Einnahmen bangten und eine Beschränkung ihrer Souveränität fürchteten, schlossen sich fast alle großen deutschen Staaten 1834 zum *Deutschen Zollverein* zusammen. Ausgenommen blieb allerdings Österreich, das auf Drängen Preußens dem Zollverein nicht beitreten durfte.

Durch den Zollverein entstand ein weitgehend einheitlicher Markt, der den Absatz von Gütern aus der gewerblichen Massenproduktion erleichterte. Da nun das Risiko für Kapitalanlagen in Fabriken, die auf eine große Nachfrage nach ihren Gütern angewiesen waren, deutlich sank, wurde umso stärker investiert. Die Wirtschaft der deutschen Staaten befand sich daher von 1815 bis 1835 in einer Aufwärtsentwicklung. Vor allem in der Landwirtschaft stieg durch neue effizientere Anbaumethoden, die Verwendung ertragreicher Pflanzen und die Verbesserung der Tierzucht die Produktion stark an, in den Jahren 1815 bis 1845 um 50 Prozent (▸ M1). Dadurch konnten nicht nur die stetig zunehmende Zahl von Bewohnern im eigenen Land versorgt, sondern auch Agrarprodukte in andere Länder exportiert werden. Trotz der Produktionssteigerungen hatte die gewerbliche Industrie im Vergleich zu England aber noch einen deutlichen Rückstand. Das Überangebot an Arbeitskräften führte zusätzlich zur Senkung der Löhne.

Die Eisenbahn als „Schrittmacher" In der Folge wurden die Schwerindustrie und der Maschinenbau zu entscheidenden Trägern der Industrialisierung. Insbesondere der Eisenbahnbau erwies sich als Motor der Entwicklung. Auch hier trat Friedrich List als entschiedener Befürworter auf (▸ M2). Die Eisenbahnen wurden in Kürze zu schnellen und günstigen Transportmitteln, was alle Wirtschaftsbereiche und den Handel begünstigte. Die erste deutsche Eisenbahnlinie wurde 1835 zwischen Nürnberg und Fürth in Betrieb genommen.

In den folgenden Jahren wurde das Schienennetz in den deutschen Staaten rasch ausgebaut. Gab es um 1840 erst 579 Streckenkilometer, so waren 1850 bereits 7123 Kilometer Schienen verlegt worden.

Zur Gewinnung von Eisen und Stahl wurden moderne Fabriken gegründet. Diese entstanden meist in Gegenden mit Kohlebergbau, wie dem Ruhrgebiet, dem Saargebiet und Sachsen. Etwa 1850 begann die „Durchbruchphase" der deutschen Industrialisierung. Der Aufschwung hielt bis in die Siebzigerjahre an. Um 1870 war Deutschland zwar noch immer ein Land, in dem der größte Teil der Bevölkerung in der Landwirtschaft tätig war und das einen hohen Anteil seiner Wirtschaftsleistung in diesem Sektor schuf. Der Prozess der Industrialisierung beschleunigte sich aber zunehmend. Der Anteil der Menschen, die in der gewerblichen Produktion und im Dienstleistungsbereich arbeiteten, stieg ebenso stark an wie die Zahl der Fabriken. Diese Entwicklung verlief nicht gleichmäßig in allen Teilen Deutschlands, sondern fand vorwiegend in den industriell führenden Regionen statt.

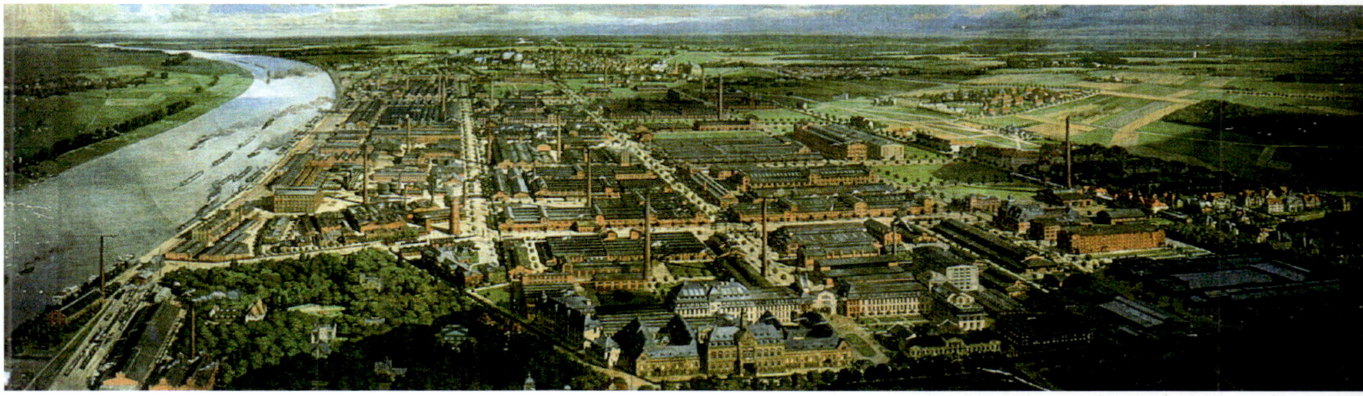

▲ **Das Werk Leverkusen (Bayer AG).**
Ölgemälde von Otto Bollhagen (183 x 580 cm), 1912-1921 (Ausschnitt). Es wurde für das Konferenzzimmer des Direktors in Auftrag gegeben.
Das Gemälde entspricht den für diese Zeit typischen Panoramadarstellungen von Werkanlagen. Analysieren Sie die charakteristischen Merkmale des Bildes und beurteilen Sie seine Wirkungsabsicht.

Deutschland wird Industriestaat Nach dem Krieg gegen Frankreich von 1870/71 und der Gründung des Deutschen Reiches verstärkte sich das Wachstum der deutschen Wirtschaft und Industrie noch einmal sprunghaft. Deutschland wurde nun endgültig zu einem Industriestaat. Für diesen Wachstumsschub gab es mehrere Gründe: Die Reichsgründung führte zur Entstehung eines nationalen Wirtschaftsraums, der mit einer weitgehend einheitlichen Wirtschaftspolitik geführt wurde. Durch die von Frankreich zu zahlende Kriegsentschädigung in Höhe von fünf Milliarden Goldfrancs wurde der Kapitalmarkt beträchtlich erweitert.

Sowohl die Regierung wie auch Privatleute waren bereit, erhebliche Summen in die Wirtschaft zu investieren. Insbesondere die Schwerindustrie, der Maschinenbau, die Eisenbahnen und die Bauwirtschaft profitierten davon. So wuchs allein die Roheisenproduktion in den Jahren zwischen 1870 und 1873 um 61 Prozent.

Zusätzliche Impulse erhielt die Wirtschaft durch eine Gesetzesänderung, die es erleichterte, **Aktiengesellschaften** zu gründen. Dies führte innerhalb kürzester Zeit zur Gründung einer Vielzahl von Banken (z.B. Darmstädter Bank für Handel und Industrie, 1853; Deutsche Bank, 1870), Eisenbahngesellschaften, Bau- und Montanunternehmen. So wurden in der Zeit von 1871 bis 1873 im Deutschen Reich 928 neue Aktiengesellschaften gegründet, wesentlich mehr als in den zwanzig Jahren zwischen 1850 und 1870. Aktiengesellschaften hatten durch die Beteiligung der Aktionäre mehr Kapital zur Verfügung und konnten daher größere Investitionen tätigen.

Vom Gründer-Boom zur „Gründerkrise" Dieses rasante Wachstum erlebte 1873 einen jähen Einbruch, der durch eine Börsenkrise ausgelöst wurde („*Gründerkrise*"). Der Optimismus der Unternehmer und Aktionäre hatte dazu geführt, dass die Produktionsmittel erweitert wurden und die Aktienkurse wegen der großen Nachfrage stark stiegen. Als sich die Spekulationen als überzogen herausstellten, kam es weltweit zu erheblichen wirtschaftlichen Problemen und zu Konkursen von Unternehmen. In Deutschland wurden bis 1876 61 Banken, vier Eisenbahngesellschaften und mehr als 100 Industrieunternehmen zahlungsunfähig. Dem Kurssturz an den Börsen folgte eine längere Phase der wirtschaftlichen Entwicklung, die geprägt war von einem deutlich abgeschwächten Wachstum, sinkenden Preisen und Unternehmergewinnen, Produktionsrückgängen und zunehmender Arbeitslosigkeit. Historiker sprechen daher von den Jahren 1873 bis 1895 als Zeit der „*Großen Depression*".

Die Krise bewirkte ein Umdenken. Der Staat sollte eine aktivere Rolle in der Wirtschafts- und Finanzpolitik spielen. Die Eisenbahnen wurden verstaatlicht, Marktpreise

Aktiengesellschaft: Da für den Bau von Fabriken, Eisenbahnen oder Zechen enorme Kapitalmengen nötig waren, organisierten sich die meisten Unternehmen in Form von Aktiengesellschaften, bei denen sich Aktionäre über den Ankauf von Anteilen am Gründungskapital – den Aktien – am Gewinn und Verlust des Unternehmens beteiligten. Auch ausländische Kapitalgeber konnten auf diese Weise Eigentum an deutschen Firmen erwerben. Die ursprünglichen Gründerfamilien behielten zwar in der Regel einen großen Teil des Kapitals, Geschäftsführer übernahmen jedoch nun die Leitungsfunktionen, und die Gesellschaftsmitglieder konnten über ihr Stimmrecht Einfluss ausüben. 1907 waren vier Fünftel der 100 größten deutschen Industrieunternehmen Aktiengesellschaften. Rund zwei Drittel des gesamten Kapitals befanden sich in ihren Händen.

und Verkehrstarife wurden von staatlicher Seite reguliert. Das Bankgesetz von 1875, nach dem sich die Privatnotenbanken der neu gegründeten Reichsbank als zentraler Notenbank unterzuordnen hatten, sorgte für eine Konzentration und Vereinheitlichung des deutschen Bankenwesens. Vor allem die Industrie und die Landwirtschaft forderten einen verstärkten Schutz gegen die ausländische Konkurrenz. Zu diesem Zweck wurden seit 1879 neue Schutzzölle erhoben. Damit war die liberale Freihandelspolitik in der Frühphase der Industrialisierung in Deutschland beendet.

Insgesamt verlief die wirtschaftliche Schwächephase in Deutschland nach der „Gründerkrise" aber günstiger als in anderen Ländern. Obwohl die Preise, Umsätze, Aktienkurse und Gewinne sanken und die Arbeitslosigkeit zunahm, schritt der Industrialisierungsprozess auch in der Phase von 1873 bis 1895 deutlich voran. Dies zeigt sich sogar in den von der „Gründerkrise" besonders betroffenen Gewerbezweigen: der Schwerindustrie, dem Maschinenbau und dem Baugewerbe. Dort kam es bei sinkender Nachfrage zu Massenentlassungen. Gleichzeitig nutzten aber viele Unternehmer in der Schwerindustrie die Krise, um ihre Betriebe zu rationalisieren und die Produktionsabläufe mithilfe neuer Techniken effizienter zu gestalten. Als in den 1880er-Jahren die Konjunktur wieder anzog, verzeichneten die Leitsektoren Schwerindustrie und Kohleförderung erneut hohe Produktionszunahmen. Aber auch die Metallverarbeitung, die Textil- und die Bauindustrie profitierten vom erneuten Wachstumsschub.

▲ Titelseite einer Preisliste von 1886.
Die Entwicklung der Chemie zu einer eigenen Wissenschaft im Verlauf des 19. Jh. schuf die Voraussetzung für die Herstellung von Farben, die kräftiger und haltbarer waren als die bisher verwendeten Naturfarben. Seit den Achtzigerjahren wurden synthetische Farben (Anilinfarben) produziert, deren Ausgangsstoffe aus Steinkohlenteer, einem Nebenprodukt der Kokserzeugung, gewonnen wurden.

Erfindungen und technischer Fortschritt Am Ende des 19. Jahrhunderts begann in Deutschland eine andersartige Phase der Industrialisierung. In der sogenannten Zweiten Industriellen Revolution traten neue Wachstumsbranchen als „Schrittmacherindustrien" hervor (▸ M3). Der Erfolg dieser Industrien beruhte jetzt nicht mehr auf der Übernahme entsprechender Technologien aus dem Ausland, sondern auf deutschen Erfindungen und Verfahrensweisen.

Die Anfänge der *chemischen Industrie* liegen in der ersten Hälfte des 19. Jahrhunderts, wo sie vor allem als Zulieferer der Textilindustrie an Bedeutung gewann. Die massenhafte Erzeugung von Textilien erhöhte den Bedarf an Farbstoffen.

Am Ende des 19. Jahrhunderts produzierte die chemische Industrie Grundchemikalien, Zwischen- und Fertigprodukte für die Landwirtschaft, die Textil-, Automobil- und Pharmaindustrie sowie für das Bau-, Glas-, Papier-, Leder-, Metall- und Seifengewerbe. 1913 besaßen die deutschen Chemiekonzerne zusammen einen Anteil von 80 Prozent an der Weltproduktion.

Auch im Bereich der *Elektroindustrie* wurden viele technische Neuerungen in Deutschland selbst entwickelt. Durch die Erfindung der Dynamomaschine, bei deren Entwicklung *Werner von Siemens*, einer der Begründer der deutschen Elektroindustrie, eine führende Rolle spielte, war es möglich, mechanische Energie in elektrische Energie umzuwandeln.

Das Unternehmen von Siemens wurde auch auf dem Gebiet der Nachrichtentechnik zum Marktführer. Mit der revolutionären Erfindung des elektrischen *Telegrafen* durch den US-Amerikaner *Samuel Morse* konnten Nachrichten wesentlich schneller als bisher verbreitet werden. In Deutschland wurde die erste Telegrafenleitung 1847 zwischen Berlin und Potsdam errichtet, seit 1849 war in Preußen der Telegrafenverkehr öffentlich. 1872 gab es in Deutschland 4038 Telegrafenstationen, bis zum Jahre 1913 erhöhte sich diese Zahl auf 47485. Als man um 1880 erste brauchbare *Telefone* entwickelte, konnte die neue Kommunikationstechnik auch im Privathaushalt genutzt werden. War es 1881 nur in sieben deutschen Orten möglich zu telefonieren, so waren 1913 bereits über 40000 Orte an das Telefonnetz angeschlossen.

In die Achtzigerjahre des 19. Jahrhunderts fällt auch eine technische Entwicklung, die das Leben der Menschen im 20. Jahrhundert prägen sollte: die Erfindung des *Automobils*. *Nikolaus August Otto* hatte bereits 1876 einen Verbrennungsmotor entwickelt, der sich wegen seines niedrigen Energieverbrauchs für den Betrieb von Fahrzeugen eignete. 1886 konstruierten *Gottlieb Daimler* und *Wilhelm Maybach* in Stuttgart das erste von einem Benzinmotor betriebene Automobil, den sogenannten Motorwagen. Zur gleichen Zeit arbeitete in Mannheim *Carl Benz* ebenfalls an der Entwicklung eines Autos. Bis zum Beginn des 20. Jahrhunderts wurden die Autos aber noch weitgehend als Einzelanfertigungen in Handarbeit hergestellt. Die Produktionszahlen blieben daher niedrig und die Preise hoch. Erst nach der Jahrhundertwende begann die industrielle Massenproduktion.

Die Erfindung des Verbrennungsmotors wirkte sich auch auf den beginnenden *Luftverkehr* aus. Mehr als 100 Jahre nach dem ersten Flug von Menschen in einem Heißluftballon erreichte der Traum vom Fliegen neue Dimensionen. *Ferdinand Graf von Zeppelin* konstruierte 1899 ein Luftschiff, das sich dank eines Gasgemisches und eines Motors fortbewegte. Zwischen 1900 und 1940 diente es sowohl der Personenbeförderung als auch militärischen Zwecken. 1903 unternahmen die Brüder *Wilbur* und *Orville Wright* die ersten Motorflüge an der amerikanischen Ostküste – zwei Jahre nachdem dem Amerikaner *Gustav Whitehead* der erste bemannte Motorflug gelungen war.

Vor allem die militärische Nutzung führte zu einem Auftrieb für den Flugzeugbau: Wurden 1912/13 noch 1 000 Flugzeuge weltweit gebaut, produzierte allein das Deutsche Reich während des Ersten Weltkrieges 44 000 Flugzeuge.

▲ **Erste elektrische Straßenbeleuchtung in Berlin.**
Ölgemälde von Carl Saltzmann, 1884.
Der US-Amerikaner Thomas A. Edison war der erste, der die von ihm entwickelte Glühlampe mit dem Dynamo kombinierte und beides 1881 auf der Internationalen Elektrizitätsausstellung in Paris bekannt machte. Bald darauf erhielten die ersten Städte in Europa elektrische Straßenbeleuchtungen, so auch Berlin, wo am Abend des 20. September 1882 am Potsdamer Platz die erste Anlage in Betrieb genommen wurde.

- *Zeigen Sie anhand des Gemäldes die Vorzüge der elektrischen Straßenbeleuchtung auf.*

Welthandel und internationale Konkurrenz Die neuen Verkehrswege, Nachrichtentechniken und die intensivierten Handels- und Kapitalbeziehungen sorgten für bessere Absatzmöglichkeiten und ein enormes weltweites Wirtschaftswachstum. Begünstigt wurde dies durch den *Freihandel*, zu dem nach britischem Vorbild um die Mitte des 19. Jahrhunderts auch andere europäische Staaten übergingen und der nun einen von Zöllen und anderen staatlichen Eingriffen unbehinderten Warenaustausch ermöglichte. Gleichzeitig hatten die intensivierten weltwirtschaftlichen Verflechtungen – Historiker sprechen von einem ersten „Globalisierungsschub" – einen steigenden Wettbewerb zur Folge und ließen die Industriestaaten immer mehr vom Weltmarkt und damit auch von konjunkturellen Krisen abhängig werden.

Die auf den Boom der Gründerjahre folgende Wirtschaftskrise von 1873 erschütterte das ungebrochene Vertrauen in die Selbstregulierung der Wirtschaft durch das „freie Spiel der Kräfte" und brachte ein Umdenken in der Wirtschaftspolitik. Der Ruf nach staatlichen „Schutzzöllen", die den deutschen Markt vor der ausländischen Konkurrenz abschirmen sollten, wurde immer lauter. Besonders die Landwirtschaft sah sich von den billigen amerikanischen und russischen Getreideimporten bedroht. 1879 ging das Deutsche Reich von der Freihandels- zur Schutzzollpolitik (*Protektionismus*) über und folgte damit dem Beispiel anderer Industrienationen wie Frankreich, den USA, Russland, Österreich-Ungarn und Italien. In Abkehr von der wirtschaftsliberalen Grundüberzeugung sah es der Staat zunehmend als seine Aufgabe an, Handel und Wirtschaft zu schützen und durch die Festlegung von Marktpreisen oder Verkehrstarifen regulierend einzugreifen. Zusätzlich unterstützte die Regierung die Industrie beim Aufbau von Handelsvertretungen im Ausland oder versorgte Reedereien, Werften und die Rüstungsindustrie mit Aufträgen.

Neue Unternehmensformen bilden sich Die Entwicklung der Industrie war seit den 1880er-Jahren durch ein enormes Wachstum und eine gleichzeitige Konzentration der Betriebe gekennzeichnet, in denen die Umstellung auf *Massenproduktion* eine immer größere Rolle spielte.

Wollte ein Unternehmen seine Stellung am Markt ausbauen, konnte es zwei Strategien verfolgen. Eine Möglichkeit bestand darin, Betriebe mit gleicher Produktion aufzukaufen und in das Unternehmen einzugliedern (*horizontale Konzentration*). Dadurch ließ sich der Marktanteil für bestimmte Produkte vergrößern und stärker Einfluss auf die Preisbildung nehmen.

Die zweite Strategie bestand in der *vertikalen Konzentration*. In diesem Falle erwarb ein Unternehmen Firmen, die vor- oder nachgeschaltete Produktionsstufen abdeckten, also vom Grundstoff bis zum Endprodukt alles selbst herstellten. Auf diese Weise konnten alle Produktionsschritte aufeinander abgestimmt, die Preise knapp kalkuliert und die Verluste eines Bereiches durch die anderen Produktionszweige ausgeglichen werden.

Besonders ausgeprägt fand dieser Prozess in der Montan-, der Chemie- und der Elektroindustrie statt. Im Ruhrkohlenbergbau sank die Zahl unabhängiger Unternehmen zwischen 1887 und 1914 auf nahezu die Hälfte, der Marktanteil der zehn größten Produzenten stieg gleichzeitig auf über 50 Prozent an. Deutscher Stahl wurde 1913 sogar zu zwei Dritteln von den zehn größten Unternehmen im rheinisch-westfälischen Gebiet produziert. In der Farbenindustrie war die Dominanz der fünf führenden Konzerne noch größer: Ihr Anteil lag 1913 bei 90 Prozent.

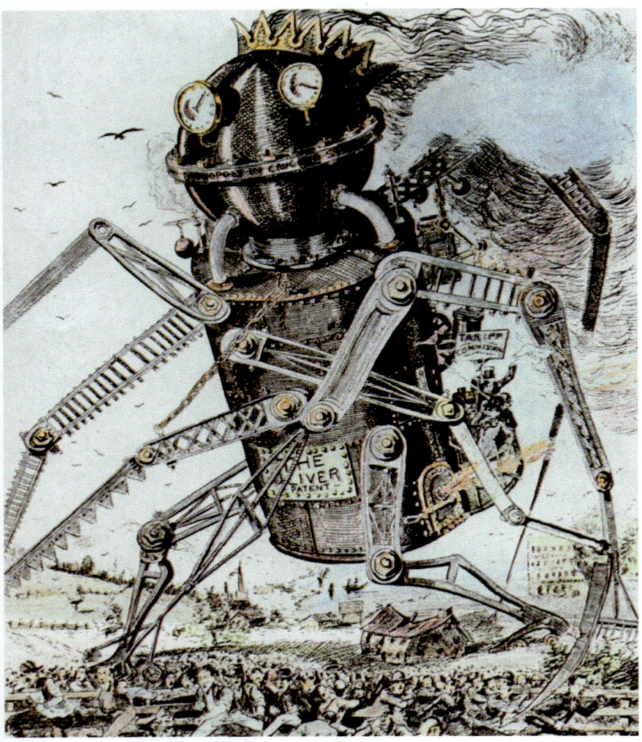

▲ **Die Industrie als Trust.**
Zeitgenössische Karikatur.
In den USA nahmen die Zusammenschlüsse von Unternehmen zu Kartellen und Syndikaten, engl. Trusts, solche Ausmaße an, dass die Regierung mit Gesetzen gegen die Monopolisierung vorzugehen versuchte.
- *Interpretieren Sie die Karikatur und begründen Sie, welche Haltung der Karikaturist gegenüber der US-amerikanischen Industrie einnimmt.*

Kartell- und Syndikatsbildung Verstärkt wurde der Konzentrationsprozess hin zu einigen wenigen dominanten Großkonzernen durch *Kartelle* und *Syndikate*. In einem Kartell schlossen sich unabhängige Unternehmen einer bestimmten Branche zwecks interner Preis- und Mengenabsprache zusammen, was der Wettbewerbsbeschränkung oder gar der Monopolbildung, das heißt der völligen Beherrschung des Marktes, dienen sollte. In einem Syndikat wurde darüber hinaus der Vertrieb über ein gemeinsames Büro abgewickelt. Das 1893 gegründete *Rheinisch-Westfälische Kohlesyndikat* kontrollierte auf diese Weise mehr als 80 Prozent der Fördermenge in Deutschland. Der gemeinsame Vertrieb stellte zusätzlich die absolute Preiskontrolle sicher.

Die chemische Industrie war ebenfalls von Kartellabsprachen geprägt. 1904 gründeten *Hoechst*, die *Farbwerke Cassella* und die *Chemische Fabrik Kalle* den „Dreiverband", und auch die Teerfarbenfabriken *Bayer*, *BASF* und die *Aktiengesellschaft für Anilinfabrikation* (*Agfa*) schlossen sich zusammen. Innerhalb der Organisationen wurde neben den Preisen auch die Aufteilung von Patenten besprochen.

Die Idee *Carl Duisbergs*, Leiter des Bayer-Konzerns, alle großen Firmen der Branche zu einer Interessengemeinschaft zusammenzufassen, stieß vor allem bei den kleineren und spezialisierten Betrieben auf Widerstand. Erst 1925 konnte Duisberg seinen Plan mit der Gründung der *I. G. Farben* verwirklichen.

M1 Die Entwicklung der Landwirtschaft

a) Anbauwechsel:

Jahr	Dreifelderwirtschaft einfache	Dreifelderwirtschaft verbesserte	Fruchtwechsel-wirtschaft
1.	Wintergetreide	Wintergetreide	Getreide
2.	Sommergetreide	Sommergetreide	Blattfrucht
3.	Brache	Blattfrucht*	Getreide
4. / 1.	Wintergetreide	Wintergetreide	Blattfrucht

* Feldfrüchte mit hohem Blattanteil, z. B. Hackfrüchte (Kartoffeln und Rüben) und Hülsenfrüchte (Erbsen, Bohnen, kleeartige Gewächse). Futterrüben und Klee werden als Futterpflanzen in der Viehwirtschaft verwendet.

Walter Steitz (Hrsg.), Quellen zur deutschen Wirtschafts- und Sozialgeschichte im 19. Jahrhundert bis zur Reichsgründung, Darmstadt 1980, S. 388

b) Entwicklung der Getreideerträge 1848-1912:

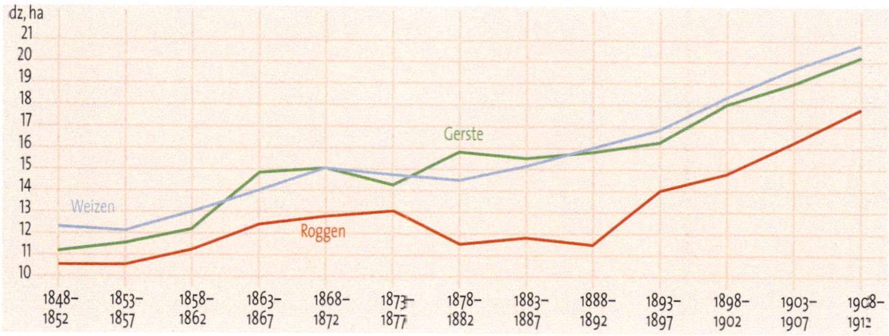

Max Rolfes, Landwirtschaft 1850-1914, in: Hermann Aubin und Wolfgang Zorn (Hrsg.), Handbuch der deutschen Wirtschafts- und Sozialgeschichte, Bd. 2, Stuttgart 1976, S. 495-526 und 518

c) Leistungen der Viehwirtschaft:

	1800	1835	1870/75
Schlachtgewicht			
der Rinder in kg	100	160	190
der Schweine in kg	40	50	75
Milchleistung je Kuh* in l	6/700	900	1150
Wolle pro Schaf und Jahr in kg	0,75-1		2

* mit großem Unterschied zwischen „normalen" Bauernhöfen und milchwirtschaftlichen Spezialbetrieben (um 1800 zwischen 600 und 1500 l)

Nach: Thomas Nipperdey, Deutsche Geschichte 1800-1866. Bürgerwelt und starker Staat, München 1983, S. 155

1. *Erläutern Sie anhand von Tabelle a) die Veränderungen in der Ackerlandnutzung. Welche Schlüsse lassen sich in Bezug auf die Organisation der Landwirtschaft und die Erträge ziehen?*
2. *Beschreiben Sie die Entwicklung der Getreideproduktion in b). Suchen Sie nach Faktoren für Rückgänge und Steigerungen.*
3. *Errechnen Sie aus Tabelle c) den prozentualen Zuwachs in der Viehwirtschaft. Stellen Sie Zusammenhänge zu Tabelle a) her.*
4. *Ermitteln Sie Ursachen und Folgen für die Entwicklung der Landwirtschaft.*

▲ **„Rain, Steam, and Speed – The Great Western Railway."**
Ölgemälde von William Turner, 1843.
▪ *Beschreiben Sie, wie es Turner gelingt, die „vierte Dimension" (die Zeit) sichtbar zu machen.*

M2 Die neuen Transportmittel

Der Volkswirtschaftler und Politiker Friedrich List, der sich früh für ein einheitliches Zollgebiet in Deutschland einsetzt und mit der Gründung der Leipzig-Dresdener-Eisenbahngesellschaft im Jahre 1834 einen wichtigen Grundstein für den Eisenbahnbau legt, beschreibt im Jahre 1837 die Auswirkungen der Eisenbahn auf das Wirtschaftsleben:

Die neuen Transportmittel ersetzen die lebende Kraft durch die mechanische Kraft, die in ihrem Umfang beinahe unbegrenzt und in ihrer Anwendung zur unendlichen Verbesserung geeignet ist, um die den Menschen drückende Last der Arbeit zu verringern und ihn dadurch zum Gebieter und Gestalter der Natur zu machen. Diese Kraft steigert die Produktion und reduziert bei jenen den Konsum von Lebensmitteln, die ausschließlich mit dem Transport beschäftigt sind, weil sie diese nicht verbrauchen; infolgedessen ermöglicht sie die Ernährung und das Wohlergehen einer viel größeren Anzahl von Menschen. Sie fördert die Wissenschaft und die Technik, weil man sie für den Bau der Maschinen benötigt. Sie erfordert beträchtliche Mengen in Eisen und Steinkohle; deswegen fördert sie die beiden bedeutendsten Wirtschaftszweige, den Bergbau und die Industrie. [...]
Die neuen Transportmittel versetzen die Menschen in die Lage, besser mit der Natur zu kämpfen als dies mithilfe der alten möglich war. Damit vermag er den Winden und den Stürmen, der Strömung der Flüsse, den sintflutartigen Wolkenbrüchen, der Härte des Winters und der brennenden Hitze der heißen Zonen zu trotzen. [...]
Außerdem beflügeln sie durch den Transport von Personen, Briefen, Nachrichten, Büchern und Zeitungen den geistigen Austausch in einem solchen Maße, dass deren Bedeutung in dieser Hinsicht noch viel größer sein wird als im Hinblick auf den materiellen Handel.

Die neuen Transportmittel werden für den Abbau der Übervölkerung der alten Länder und für die Gründung neuer Kolonien, für die Vermischung der Rassen, für die Verbreitung und die Fortschritte der Wissenschaften, für die Technik, die Zivilisation, die Toleranz, die allgemeine Ausbildung aller Klassen, für die Erhaltung der Vaterlandsliebe, für die Ausrottung von Vorurteilen und des Aberglaubens sowie von unsittlichen und schädlichen Verhaltensweisen und der Trägheit, für die Verbreitung neuer Erfindungen und nützlicher Verfahren, für die Kenntnis von Fremdsprachen und der Literatur, für die Existenz der Armen und der Gebrechlichen, wie z. B. der Blinden, der Taubstummen, der Findelkinder, für die Verbesserung der Gesetzgebung und der nationalen wie der örtlichen Verwaltung, für die politischen Institutionen und die Wohltaten der ganzen Spezies, für die Aufrechterhaltung von Ruhe und Ordnung usw. weitaus größere Dienste leisten als die alten Transportmittel.

Friedrich List, Die Welt bewegt sich. Über die Auswirkungen der Dampfkraft und der neuen Transportmittel auf die Wirtschaft, das bürgerliche Leben, das soziale Gefüge und die Macht der Nationen (Pariser Preisschrift 1837); zitiert nach: Gerhard Henke-Bockschatz (Bearb.), Industrialisierung, Schwalbach/Ts. 2003, S. 75 f.

1. *Arbeiten Sie Vorteile und Wirkungen der Eisenbahn heraus. Ordnen Sie sie nach Bereichen.*
2. *Beurteilen Sie Lists Plädoyer. Welche seiner Argumente entsprechen einem Wunschbild, welche der Wirklichkeit? Welche Bedeutung misst er der Wirtschaft bei?*
3. *Analysieren Sie, inwiefern List die Bedingungen industrieller Entwicklung nachzeichnet. Entwerfen Sie auf dieser Grundlage ein Schaubild und erläutern Sie es.*

M3 Bedeutung und Entwicklung der Industriezweige in Deutschland

Die industrielle Entwicklung in Deutschland 1875 - 1913:

Industriegruppe	Anteil an gewerblich Beschäftigten (in %)		Wachstumsraten (in % pro Jahr)	
	1875	1911/13	Produktion 1870 - 1913	Arbeitsproduktivität 1875 - 1913
1. Steine und Erden	6,5	7,2	3,7	1,2
2. Metallerzeugung	2,9	4,0	5,7	2,4
3. Metallverarbeitung	11,7	16,9	5,3	2,2
4. Chemische Industrie	1,3	2,5	6,2	2,3
5. Textilindustrie	18,0	10,3	2,7	2,1
6. Ledererzeugung	0,9	0,5	2,8	2,2
7. Bekleidungsindustrie	20,9	14,4	2,5	1,6
8. Holzverarbeitung	10,1	8,7	3,1	1,6
9. Papiererzeugung und -verarbeitung	1,6	2,6	6,9	3,5
10. Nahrungs- und Genussmittel	13,1	12,7	2,7	0,9
11. Gas, Wasser, Elektrizität	0,3	0,9	9,7	3,6
12. Baugewerbe	10,3	15,6	3,1	−0,5

Nach: Thomas Nipperdey, Deutsche Geschichte 1866 - 1918, Bd. 1: Arbeitswelt und Bürgergeist, München ^{3}1990, S. 239

1. *Analysieren Sie anhand der Tabelle die Entwicklung der Beschäftigungsstruktur in den unterschiedlichen Industriezweigen. Welche Branchen gewinnen an Bedeutung, in welchen geht der Anteil der Beschäftigten zurück?*
2. *Arbeiten Sie die Relation von Beschäftigungsanteil zu den jährlichen Wachstumsraten für die einzelnen Branchen heraus. Stellen Sie dar, welche Faktoren hierbei berücksichtigt werden müssen bzw. welche für ein besonders rasches Wachstum eine Rolle spielen könnten.*

Geschichte in Zahlen

Statistiken präsentieren Daten und Informationen, um gegenwärtige und vergangene Verhältnisse und Zusammenhänge zu verstehen und Veränderungen zu erkennen. Sie fassen Wahlergebnisse zusammen, zeigen die Lohn- und Preisentwicklung auf, liefern Daten über das Klima, die Bevölkerung, aus Umfragen ermittelte Meinungen und vieles mehr. Aus den Befunden lassen sich Aussagen über die Geschichte ableiten. Zur Veranschaulichung werden die statistischen Daten als (Zahlen-)Tabellen oder als Diagramme dargestellt.

Statistiken und Diagramme auswerten

Bis ins 20. Jahrhundert wurden Daten noch nicht systematisch und flächendeckend gesammelt. Zudem erschweren unterschiedliche Bezugsgrößen wie z.B. Gewichte, Maße, Währungen und Räume (Grenzen) die Vergleichbarkeit. Gültige Aussagen können jedoch nur auf der Grundlage untereinander vergleichbarer und möglichst lückenloser Angaben gemacht werden. Deshalb werden die Daten der Statistiken meist bearbeitet, d.h. nach bestimmten Gesichtspunkten ausgewählt, vereinheitlicht und sortiert.
Die in Statistiken aufgelisteten Größen können absolute Größenangaben sein, also exakte Werte einer Messeinheit, z.B. Tonnen, Euro, Stück. Ebenso häufig finden sich relative Werte, also Prozentanteile oder Indizes, d.h. Verhältniszahlen, die sich auf einen Ausgangswert beziehen. Hierbei werden die Verhältnisse eines Stichjahres mit der Indexzahl 100 angesetzt, die Werte der anderen Jahre entsprechend ihrer Abweichung von jenen des Stichjahres angegeben (z.B. ein Jahr mit dem Index 80 liegt demnach 20 Prozent unter dem Stichjahr).
Für die Darstellung von Entwicklungen (z.B. Bevölkerungszahlen) eignen sich Linien- oder Kurvendiagramme, um Anteile innerhalb einer Gesamteinheit (z.B. Stimmenanteile bei Wahlen) zu veranschaulichen, werden oft Kreisdiagramme („Tortendiagramme“) verwendet, Säulen- oder Balkendiagramme erleichtern den Vergleich von Mengen oder verschiedenen Bezugsgrößen.

Formale Kennzeichen

- Um welche Art von Statistik handelt es sich?
- Wer hat sie erstellt oder in Auftrag gegeben?
- Wann und wo ist sie entstanden bzw. veröffentlicht worden?

Inhalt

- Worüber informiert die Statistik (Thema/Inhalt, Zeit, Raum, Messgrößen)?
- Welche Zahlenwerte (absolute Werte, Prozentangaben, Indizes) werden verwendet?
- Woher stammen die Zahlen? Sind die Angaben verlässlich und vollständig?
- Wird ein Zustand oder eine Entwicklung (Anstieg, Rückgang, Stagnation) dargestellt?

Historischer Kontext

- Auf welche Epoche, welches Ereignis oder welchen Sachverhalt bezieht sich die Statistik?
- Ist die Statistik in der betreffenden Zeit entstanden oder das Ergebnis einer Forschungsarbeit?

Intention und Wirkung

- Welche Aussageabsicht hat die Statistik?
- Für welche Zielgruppe wurde die Statistik erstellt?

Bewertung und Fazit

- Welche Gesamtaussage bzw. welche Thesen lassen sich formulieren?
- Müssen die Angaben durch andere Informationen ergänzt oder korrigiert werden?

Methoden-Aufgabe:

Analysieren Sie die Einkommensentwicklung im Deutschen Reich von 1810 bis 1913 anhand der Tabelle und des Diagramms.

Nominaleinkommen: tatsächlich erwirtschaftetes durchschnittliches Arbeitseinkommen (Grundlage siehe Fußnote) im jeweiligem Jahr, angegeben in absoluten Beträgen (Mark) und als Index (1913 = 100)

Lebenshaltungskosten: als (Preis-)Index (1913 = 100); der Preisindex ist das Preisniveau der Konsumgüter (Berechnungsgrundlage siehe Fußnote)

Realeinkommen: als Index (1913 = 100); von Preisen und Inflation bereinigtes Nominaleinkommen, das sich folgendermaßen berechnet ($\frac{\text{Nominaleinkommen}}{\text{Preisindex}}$ x 100 = Index Realeinkommen); zeigt die reale Kaufkraft der Arbeitnehmer

Indexwerte: für alle Messgrößen dasselbe Stichjahr 1913 für den direkten Vergleich

Zeitleiste: Angaben regelmäßig in Zehnjahresabständen zwischen 1810 und 1910 sowie in Jahresabständen zwischen 1910 und 1913; gleiche Jahresangaben für alle Messgrößen ermöglichen einen direkten Vergleich/ Bezug der Daten

Jahr	Nominaleinkommen* absolut in Mark	Nominaleinkommen* Index (1913 = 100)	Index der Lebenshaltungskosten** (1913 = 100)	Realeinkommen Index (1913 = 100)
1810	278	26	45	58
1820	293	27	42	64
1830	288	27	51	53
1840	303	28	49	57
1850	313	29	45	64
1860	396	37	62	60
1870	487	45	69	65
1880	545	50	86	58
1890	650	60	82	73
1900	784	72	83	87
1910	979	90	98	92
1913	1083	100	100	100

▲▼ Entwicklung des Nominal- und Realeinkommens von Arbeitnehmern auf dem Gebiet des späteren Deutschen Reiches 1810-1913.

Umwandlung der Tabelle in ein kombiniertes Linien-Säulen-Diagramm: zwei Achsen zum Vergleich der Indizes (y-Achse = Indizes; x-Achse = Jahre); Säulendiagramm zum Vergleich der Indizes Nominaleinkommen und Lebenshaltungskosten; Liniendiagramm zeigt den Trend des Realeinkommens an

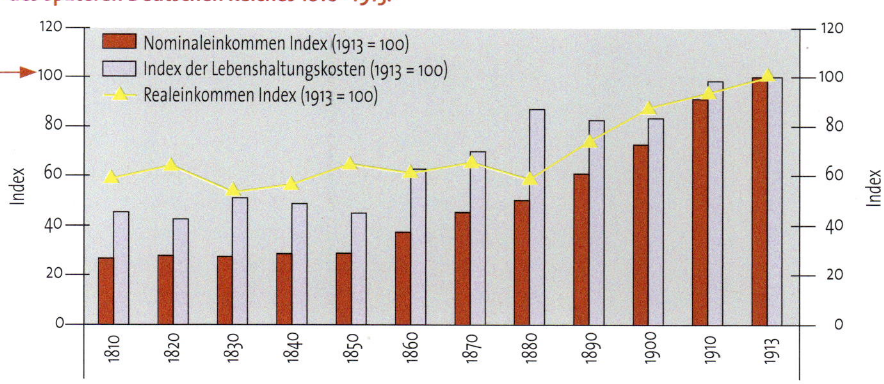

Fußnoten/Erläuterungen: geben Auskunft über Herkunft und Zusammensetzung der Daten; wichtiger Hinweis für die Verlässlichkeit der Daten und eine Hilfe für die Interpretation

* Einkommen 1810 bis 1849: Bauhandwerker (v.a. Maurer, Zimmerergesellen) von acht Städten und durchschnittliche Einkommen in der Baumwollindustrie; 1850 bis 1870: Arbeitseinkommen in Industrie und Handwerk (ohne Angestellte); 1871 bis 1913: Jahresverdienste von Arbeitnehmern in Industrie, Handel und Verkehr

** Da die Ausgaben für Nahrung, Kleidung und Wohnung sowie Sonstiges vor 1913 nicht systematisch berechnet wurden, basieren die Zahlen auf Schätzungen und Näherungswerten, die sich v.a. auf die Preise von Waren stützen. Für 1810 bis 1870 wurde als für Städte repräsentativ der Lebenshaltungskostenindex für Nürnberg angesehen (Roggenbrot, Rind-, Schweine-, Kalb-, Hammelfleisch, Bier, Milch, Roggenmehl, Schweineschmalz, Eier, Kartoffeln, Butter, Wohnung, Föhrenholz, Talg, Bekleidung (ab 1850 Bekleidung, Textilien, Hausrat und Lederwaren)). Für die Jahre 1871 bis 1913 liegt ein korrigierter Index zugrunde.

Nach: Wolfram Fischer, Jochen Krengel und Jutta Wietog (Hrsg.), Sozialgeschichtliches Arbeitsbuch, Bd. I.: Materialien zur Statistik des Deutschen Bundes 1815-1870, München 1982, S. 155-157

Lebens- und Arbeitsbedingungen im Wandel

▲ **Binnenwanderung in Deutschland während des 19. Jh.**

- *Skizzieren Sie den Verlauf der deutschen Binnenwanderung.*
- *Nennen Sie Ursachen für regionale Bevölkerungsgewinne und -verluste.*

„Landflucht" und Verstädterung Noch zu Beginn des 19. Jahrhunderts lebten zwei Drittel der deutschen Bevölkerung auf dem Land. Auf dem Gebiet des späteren Deutschen Kaiserreiches wuchs die Bevölkerung zwischen 1816 und 1871 von gut 23 auf 41 Millionen. Dieser Anstieg und die sich dynamisch entwickelnde Arbeitswelt forderten von den Menschen die Bereitschaft zur Mobilität. Oft genug aus Gründen der Existenzsicherung zogen Ströme von Arbeitsuchenden in die rasch wachsenden Industrieregionen. Diese schon damals als *„Landflucht"* bezeichnete Entwicklung führte zum viel beklagten Arbeitskräftemangel auf dem Lande.

Je mehr Industrie sich in den Städten ansiedelte, wo es gute Verkehrsanbindungen und zahlreiche Arbeitskräfte gab, desto stärker wuchs dort die Einwohnerzahl. Ausgangspunkt für die Verstädterung (*Urbanisierung*) waren Standorte der Textilproduktion, des Bergbaus und der Schwerindustrie. Kaum eine Region veränderte sich so schnell wie das Ruhrgebiet. Kern des rasanten Strukturwandels war dort der Kohlebergbau. Zu Beginn des 19. Jahrhunderts noch durch Landwirtschaft, Kleinstädte und Dörfer geprägt, wuchs das Ruhrgebiet bis zum Ende des Jahrhunderts zum größten industriellen Ballungszentrum Europas an. Auch Großstädte wie Berlin, Hamburg, Köln, Frankfurt am Main, Hannover und Nürnberg sowie das sächsisch-oberschlesische Industrierevier waren Zentren des Wachstums.

Da vor allem junge Menschen in die Stadt kamen, die Geburtenrate dadurch anstieg und zugleich die Sterblichkeit in den Städten aufgrund verbesserter Hygiene und ärztlicher Versorgung stärker abnahm als auf dem Land, trug auch das innerstädtische Bevölkerungswachstum zur Urbanisierung bei (▸ M1). In vielen Städten verdreifachte sich die Einwohnerschaft in wenigen Jahrzehnten. Auch die Anzahl der Großstädte wuchs: 1871 gab es im Deutschen Reich sieben, 1918 bereits mehr als 50. Nur noch Großbritannien übertraf den deutschen Grad der Verstädterung.

Die Industrialisierung löste nicht nur eine „Landflucht", sondern zugleich eine Ost-West-Wanderung aus. Zwischen 1860 und 1914 verließen etwa 16 Millionen Menschen die ostdeutschen Gebiete in Richtung Westen. Viele gingen noch einen Schritt weiter: Angesichts schlechter Lebensbedingungen, Arbeitslosigkeit und politischer Konflikte wanderten zwischen 1830 und 1913 mehr als sechs Millionen Deutsche aus. 90 Prozent gingen in die USA, das „Land der unbegrenzten Möglichkeiten", einige suchten in Ungarn oder Russland eine neue Heimat.

Mobilität und die sozialen Folgen 1907 lebte nahezu die Hälfte der Bevölkerung nicht mehr an ihrem Geburtsort. Die erzwungene Mobilität, um den Lebensunterhalt zu verdienen, hatte vielfältige soziale Folgen: Während die älteren Generationen meist auf dem Land blieben, gingen vor allem junge Männer immer häufiger dauerhaft fort, holten Frauen und Kinder nach oder gründeten in der Stadt eine Familie. Dadurch wurden Familienverbände auseinandergerissen; die Menschen verloren ihr soziales Umfeld.

Trotz der meist besseren Lebensbedingungen litten viele ehemalige Landbewohner an Heimweh. Sie idealisierten ihr früheres Leben, da ihnen die Stadt fremd blieb. Als besonders problematisch empfanden sie die Anonymität. Während die Dorfgemeinschaft in sozialen Notlagen für den Einzelnen aufkam, war in der Stadt jeder auf sich allein gestellt. Damit entfiel auch die soziale Kontrolle, die auf dem Land ausgeprägt war und das Leben des Einzelnen wie der Gemeinschaft mitbestimmte. Von einer „sittlichen Verwahrlosung", die viele Zeitgenossen dem Einfluss der Städte zuschrieben, kann aber nicht gesprochen werden. Zwar sorgte der Anstieg der Prostitution seit den 1890er-Jahren für Diskussionen, insgesamt stieg die Kriminalitätsrate jedoch in Zeiten wirtschaftlicher Krisen überall. Auch die Zahl unehelicher Geburten lag in den Städten über viele Jahre nicht höher als auf dem Land.

▲ **„Heimweh."**
Postkarte, 1910-1920.
Die fremde und anonyme großstädtische Lebens- und Arbeitswelt weckte bei vielen vom Land Zugewanderten Heimwehgefühle und führte zu einer Romantisierung und Idealisierung des Landlebens.

Wohnungselend Durch den enormen Zuzug in die Städte wurde der Wohnraum knapp. Vor allem fehlten preiswerte Unterkünfte für Arbeiterinnen und Arbeiter (▸ M2). Zunächst hatten die Zuwanderer noch in den meist heruntergekommenen Vierteln der Altstädte eine Bleibe gefunden, jedoch reichte dort der Platz schon bald nicht mehr aus. Daher wurde mit dem Bau von Wohnungen in der Nähe der Fabriken begonnen, die sich meist vor den Stadtmauern ansiedelten – weit ab von den Villenvierteln und bürgerlichen Wohngegenden. Wohnlage und Mietpreise sorgten für einen hohen Grad an sozialer Differenzierung.

Vor allem in den großen Städten gingen Bauunternehmer angesichts des knapper werdenden Baulandes dazu über, dicht aneinandergereihte, mehrgeschossige Mietskasernen mit Vor- und Hinterhäusern sowie winzigen Hinterhöfen zu bauen. Sie nutzten die Grundstücksfläche durch äußerst enge und minderwertige Bebauung aus, um hohe Gewinne zu erzielen. Ein Großteil der Wohnungen verfügte weder über fließendes Wasser noch über Toiletten. Auch konnten sie nur unzureichend beheizt werden, sodass die Räume häufig feucht und schimmelig waren. Die Mieten lagen trotzdem hoch und fraßen einen Großteil des Einkommens auf. Daher teilten sich vier- bis sechsköpfige Familien oft nur einen Wohnraum und nahmen zusätzlich noch „Schlafgänger" auf, die sich eine Schlafstelle mieteten.

Die Stadtverwaltungen reagierten auf das Wohnungselend zunächst nur zögerlich, weil die Arbeiter in den politischen Gremien kaum vertreten waren. Da man einen Sittenverfall in den überfüllten Arbeitervierteln befürchtete, suchten die Kommunen ab den 1890er-Jahren verstärkt nach Lösungen. Sie legten Bebauungspläne fest und erarbeiteten städtebauliche Konzepte, um das Wachstum zu lenken und die Wohn- und Hygieneverhältnisse zu verbessern. Einflussreiche Haus- und Grundstücksbesitzer konnten kommunale Bauvorhaben jedoch blockieren. Erreicht wurde höchstens eine strengere Aufsicht durch die Behörden, die den bautechnischen und hygienischen Zustand der Wohnungen überprüften. Beanstandungen fielen dann allerdings oft auf die Bewohner zurück. Erst um die Jahrhundertwende entspannte sich die Lage auf dem Wohnungsmarkt.

Oft wurde das Leben in den neuen Arbeiterquartieren durch Rauch und Lärm der Industriezentren so stark belastet, dass dort die Lebenserwartung deutlich niedriger lag als in den Wohnvierteln des Bürgertums. Die Umweltfrage war also auch ein wichtiger Teil der sogenannten *Sozialen Frage*.

Internettipp:
Für Informationen zur Umweltgeschichte der Industrialisierung siehe Code 32019-05

▲ **Uhr, Signaltafel, Spinde und Stechuhr: Maßnahmen zur Disziplinierung der Arbeiter.**
Holzstich aus der „Illustrirten Zeitung" vom 18. Mai 1889.

Arbeit in Fabriken und an Maschinen Für die Menschen, die in die Industriegebiete zogen, veränderten sich Arbeit und Alltag grundlegend. Die meisten von ihnen fanden Beschäftigung in den Fabriken. Zwischen 1882 und 1907 verdoppelte sich die Industriearbeiterschaft. Bis zum Ersten Weltkrieg wurde sie zur größten sozialen Gruppe. Hatte sich früher die Arbeit flexibel an den Jahres- und Tageszeiten, dem Wetter und den privaten Bedürfnissen im Haus oder auf dem Hof orientiert, so musste diese nun Uhr und Maschine untergeordnet werden. Stechuhren, disziplinierende Vorarbeiter und stichprobenartige Kontrollen verzeichneten jeden Verstoß gegen die strengen Fabrikordnungen und das kalkulierte Arbeitssoll (▶ M3).

Eine effektive und zeitsparende technische Neuerung in den Betrieben war das Fließband. Es ermöglichte die schnelle Massenfertigung normierter Einzelteile. Dabei wurde die Produktion in zahlreiche Stationen zerlegt, bei der die einzelnen Teile die Fertigung möglichst ohne Unterbrechung durchliefen. Jeder Arbeiter hatte nur wenige und immer gleiche Handgriffe auszuführen. Das Fließband steigerte den Anteil von an- und ungelernten Arbeitskräften.

Erschwert wurde das hohe Arbeitspensum durch die körperlichen Beeinträchtigungen wie Lärm, Hitze, Schmutz, Gestank, Licht- und Luftmangel. Fehlende Sicherheitsvorkehrungen an den Maschinen verursachten immer wieder schwere Unfälle. Hinzu kamen Berufskrankheiten. Bei Arbeitsunfähigkeit oder Verlust des Arbeitsplatzes drohte den Familien der Ruin, denn Unfall- oder Krankenversicherungen, Kündigungsschutz oder Arbeitslosenhilfe gab es nicht. Darum nahmen die Arbeiter auch schlechte Arbeitsbedingungen in Kauf. Fabrikarbeit bedeutete ein durch Arbeitsvertrag und Lohnarbeit gekennzeichnetes Abhängigkeitsverhältnis. Für Selbstbestimmung, individuelle Bedürfnisse oder persönliche Identifikation mit der Arbeit blieb kein Platz.

Die industriellen Arbeitsanforderungen wirkten sich auf andere Wirtschaftsbereiche aus. Um dem Konkurrenzdruck der neuen Industrien standhalten zu können, gingen auch die traditionellen, kleineren Gewerbe- und Handwerksbetriebe zu Rationalisierungsmaßnahmen und harten Ausbeutungsformen über. Schließlich erfasste in den 1920er- und 30er-Jahren die Rationalisierung auch die Büroarbeit: Die Arbeitsvorgänge wurden zerlegt, normiert und durch Rechen- und Buchungsmaschinen mechanisiert. Die dadurch vereinfachten Arbeiten konnten nun auch weniger qualifizierte Kräfte ausführen, sodass der Einzelne ersetzbar wurde. Die Angestellten wurden immer mehr zu „Stundenlöhnern".

Arbeitszeiten und Löhne In der Frühphase der Industrialisierung hatte die Arbeitszeit schnell zugenommen: Männer, Frauen und auch Kinder arbeiteten nicht unter zwölf Stunden täglich, oft sogar 15 bis 17 Stunden an mindestens sechs Tagen der Woche. Seit den 1860er-Jahren verkürzte sich die Arbeitszeit Schritt für Schritt auf etwa zwölf, bis 1914 auf durchschnittlich neun Stunden. Jedoch war weiterhin eine Wochenarbeitszeit von 70 Stunden nicht ungewöhnlich. „Urlaub" oder „Erholung" gab es in der Regel nicht, und auch das 1891 eingeführte Verbot der Sonn- und Feiertagsarbeit wurde vielfach nicht beachtet.

Für einen gewissen Ausgleich sorgten höhere Reallöhne, die zwischen 1895 und 1913 um mehr als ein Viertel anstiegen. Jedoch fielen diese je nach Tätigkeit, Branche und Region unterschiedlich aus. Besonders zwischen gelernten und ungelernten Arbeitern herrschte ein deutliches Lohngefälle. So verdienten die meist als Vorarbeiter und Fabrikmeister eingesetzten ausgebildeten Handwerker das Vier- bis zuweilen Sechsfache der ungelernten Kräfte. Hinzu kam, dass sich durch gleichzeitig steigende Preise und Mieten die Lebenshaltungskosten erhöhten und die Reallöhne verminderten.

Meist reichte das Einkommen der ungelernten Arbeiter nicht zum Lebensunterhalt der Familie aus, sodass Frauen und Kinder hinzuverdienen mussten, deren Verdienst zudem erheblich unter dem der Männer lag. Seit der Jahrhundertmitte war die Kinderarbeit zwar wegen der wachsenden Kritik und der Durchsetzung der Schulpflicht allmählich zurückgegangen. Viele Familien blieben jedoch auf die Arbeitsentlohnung der Kinder angewiesen. Arbeitslosigkeit oder Krankheit konnten schnell das Einkommen einer Familie aufzehren und sie an den Rand des Existenzminimums bringen, denn sie hatte kaum Möglichkeiten, Rücklagen zu bilden. Lohnfortzahlung im Krankheitsfall oder Invalidenrente gab es nicht. Altersarmut war verbreitet. Die erhöhten Produktivitätsanforderungen konnten nur Männer im Alter von 25 bis 40 Jahren leisten. Ältere sanken fast zwangsläufig in die Arbeitslosigkeit ab, die damals noch nicht zu einem Problem wurde, da sie bis zum Ersten Weltkrieg mit zwei bis drei Prozent vergleichsweise gering war.

▲ Vaters Geburtstag.
Foto von 1880.
Frau und Kinder gratulieren dem Familienvater zum Geburtstag. Das Familienoberhaupt hat zu diesem Anlass eigens einen Fotografen ins Haus bestellt.

Natürliche Differenz der Geschlechter? Mit dem Wandel von der Agrar- zur Industriegesellschaft wurden Erwerbsarbeit und Haushalt immer mehr voneinander getrennt. Aus der vorindustriellen Lebens- und Produktionsgemeinschaft entstand eine Konsumgemeinschaft, in der Männern und Frauen unterschiedliche Rollen zugeschrieben wurden. Diese betonte Unterscheidung der Geschlechterrollen ist im Wesentlichen ein Produkt der bürgerlichen Gesellschaftsvorstellung des 19. Jahrhunderts und Ergebnis realer Entwicklungen.

Im gehobenen Bürgertum wurde der Mann zum Alleinverdiener, während sich die Frau auf Familie und Haushalt zu konzentrieren und dem Mann als Ehefrau, Mutter und Haushälterin den Rücken für seine berufliche Karriere freizuhalten hatte. Töchter wurden in ihrer Ausbildung fast ausschließlich auf ihre Rolle als Ehefrau vorbereitet. Begründet wurden die ungleichen Rollen mit der naturgegebenen Differenz der Geschlechter. Demnach seien Frauen von Natur aus passiv, emotional und nicht zu vernünftigen Überlegungen fähig, während Männer aktiv und rational ausgerichtet seien. Dies begründete die Arbeits- und Funktionsteilung, nach der Frauen die Erziehung, Pflege oder Haushaltung, Männern dagegen sachbezogene und produktive Arbeiten zugewiesen wurden.

Mit dieser Form der modernen Kernfamilie entstand zudem eine Privatsphäre, die es bis zu diesem Zeitpunkt im traditionellen Familienverständnis nicht gegeben hatte. Zuvor waren familiäre Ereignisse wie Hochzeiten, Taufen oder Begräbnisse öffentliche Angelegenheiten gewesen, an der die Gemeinschaft, die Zunft oder die Nachbarschaft beteiligt waren. Sie fanden nun im engeren Familien- und Freundeskreis statt. Auch andere Feste wandelten sich zu Familienfeiern, so vor allem das Weihnachts- und das Osterfest. Der Familienkreis wurde von genossenschaftlichen, kirchlichen oder beruflichen Gemeinschaften getrennt. Das „Privatleben" entstand. Damit einher ging die ideelle Überhöhung der Familie als privater Rückzugsraum. Durch Liebe gekennzeichnete Beziehungen und eine harmonische häusliche Ordnung sollten die Härten der Berufs- und Arbeitswelt wie den Verlust an außerfamiliärer Gemeinschaft ausgleichen. Dieses bürgerliche Familienmodell stellte das Ideal dar, an dem sich auch andere gesellschaftliche Gruppen orientierten.

▲ **„Café Maxim Friedrichstr.: 218."**
Plakatentwurf von Robert Reimann, vor 1905.

Massenkultur und neue Freizeitformen Die Verkürzung der Arbeitszeit, Urlaubsregelungen und die steigende Kaufkraft ermöglichten es immer mehr Menschen, die nach der Arbeit verbleibende Zeit nach eigenen Bedürfnissen zu gestalten. In den Großstädten entstanden neue Tanzlokale, Varietés und Kabaretts. Die Theater bekamen Konkurrenz durch große Revuen mit ihren Gesangsnummern und Tanzeinlagen.

Auch der Sport spielte eine immer größere Rolle. Zu den allgemeinen Turn- und Sportvereinen kamen spezielle: 1878 gab es in Hannover den ersten deutschen Fußballverein. 1900 wurde in Leipzig der *Deutsche Fußballbund* (DFB) gegründet. Seit 1903 fanden Deutsche Meisterschaften statt. Auch Radrennen und Boxkämpfe zogen die Massen an. Zur Freizeit am Wochenende gehörte neben dem Sport für viele Großstädter der Ausflug „ins Grüne", zu Fuß oder mit dem Fahrrad.

Massenkultur und neues Freizeitverhalten verwischten die Milieugrenzen zwischen Arm und Reich, zwischen Stadt und Land. Ins Kino ging der Arbeiter ebenso wie der Großbürger, alle Klassen und Schichten tanzten zu denselben Schlagern und lasen dieselben Illustrierten. Hoch- und Massenkultur ließen sich nicht mehr eindeutig voneinander trennen.

Wachsende Warenwelt und Massenkonsum Durch die technischen Neuerungen und die industrielle Massenfertigung verbesserte sich stetig die Versorgung der Bevölkerung mit neuen Produkten. Dies und die zunehmende Kaufkraft bereiteten der Konsumgesellschaft den Weg. Zigaretten, bislang ein Luxusgut, wurden zu Massenprodukten. Ende des 19. Jahrhunderts kamen die ersten industriell gefertigten Lebensmittel wie Fertigsuppen auf den Markt. Zur gleichen Zeit traten Markenartikel dank geschickter Werbung ihren Siegeszug an.

Zum herausragenden Zeichen der immer reichhaltigeren Warenwelt wurden die prächtigen Kaufhäuser in den Großstädten. Die ersten faszinierten in Frankreich, England und in den USA schon in der Mitte des 19. Jahrhunderts ihre Kunden. Im Deutschen Reich gewannen Kaufhäuser um 1900 an Bedeutung. Sie boten vor allem Textilien in großer Auswahl und „Kleidung von der Stange" an, führten feste Preise ein und machten Porzellan, Südfrüchte und Konserven zu Massenartikeln.

Die Elektrifizierung der Haushalte mit Staubsauger, Bügeleisen, Waschmaschine und Kühlschrank wurde zum Inbegriff der modernen Konsumgesellschaft. Arbeitnehmer mit durchschnittlichem Einkommen konnten sich diesen Luxus allerdings kaum leisten. Der 1928 von der AEG auf den Markt gebrachte „Volksherd" war jedoch bereits für den Massenkauf konstruiert. Während die Zahl der mit Strom versorgten Haushalte in der Großstadt Berlin zwischen 1925 und 1930 von 27 auf 76 Prozent anstieg, blieben die Kleinstädte und Dörfer auf dem Land noch lange hinter dieser Entwicklung zurück. Dort war von der Konsum- und Massengesellschaft bis in die 1930er-Jahre kaum etwas zu spüren.

M1 Urbanisierung

Die Verteilung von Stadt- und Landbevölkerung im Deutschen Reich:

	Prozentualer Anteil an der Gesamtbevölkerung in Gemeinden				
	mit weniger als 2 000 Einwohnern	2 000 bis 5 000 Einwohner	5 000 bis 20 000 Einwohner	20 000 bis 100 000 Einwohner	100 000 und mehr Einwohner
1871	63,9	12,4	11,2	7,7	4,8
1880	58,6	12,7	12,6	8,9	7,2
1890	53,0	12,0	13,1	9,8	12,1
1900	45,6	12,1	13,5	12,6	16,2
1905	42,6	11,8	13,7	12,9	19,0
1910	40,0	11,2	14,1	13,4	21,3

Nach: Gerd Hohorst u.a. (Hrsg.), Sozialgeschichtliches Arbeitsbuch, Bd. II: Materialien zur Statistik des Kaiserreichs 1870-1914, München ^{2}1975, S. 52

1. *Setzen Sie die Tabelle in eine geeignete Diagrammform um, die das Verhältnis von Stadt- und Landbevölkerung anzeigt. Erläutern Sie die Entwicklung.*

2. *Recherchieren Sie, welche Bevölkerungsentwicklung in Ihrem Heimatraum im 19. Jahrhundert und später stattfand. Lassen sich für die Zeit des Kaiserreiches Belege für Städtewachstum und Veränderungen der Infrastruktur finden?*

M2 Armenwohnung

Der spätere SPD-Reichstagsabgeordnete Albert Südekum schildert Mitte der 1890er-Jahre seine Eindrücke von einer Mietskaserne:

Ein heißer, schwüler Augustnachmittag. [...]
Die stagnierende Luft des engen Hofes lag bleischwer auf dem unsauberen Pflaster, die Wände des Hauses strömten eine brütende Hitze aus, nachdem schon tagelang die Sonne ihre Glutpfeile unbarmherzig auf die Stein- und Asphaltwüste der staubigen Großstadt herniedergesandt hatte. Ein Gefühl der Beklemmung legte sich mir auf die Brust, als wir durch die enge Tür zum Treppenhaus traten und die Stiegen emporklommen. Fast jede Stufe knarrte und ächzte laut unter unserem Tritt, und obschon wir beide nur leichtes Schuhwerk trugen, vollzog sich der Aufstieg nicht ohne beträchtliches Geräusch. Wie es erst in einem solchen Hause kracht und dröhnt, wenn ein müder, schwerer Mann mit derben Nagelstiefeln die Stufen hinaufstapft, davon macht sich der „herrschaftlich" Wohnende keine Vorstellung.
Auf jeden Treppenpodest gingen drei Türen, die meisten mit mehreren Schildern oder Karten behängt. In diesem Quergebäude gab es fast nur zweiräumige Wohnungen, aus Stube und Küche bestehend. Viele Mieter teilten ihre Räume noch mit Schlafburschen oder Logiermädchen.
Die Patientin meines Freundes, die Frau eines Gelegenheitsarbeiters, hatte der furchtbaren Hitze wegen die Tür der Küche, in der sie lag, und die Tür nach dem Treppenhause hin offen gelassen. [...] Die Atmosphäre in dem Raum war fürchterlich, denn wegen des Lärms der spielenden Kinder konnte die Kranke das Fenster den ganzen Tag nicht öffnen. [...]
Nur wenig ärmlicher Hausrat fand sich in dem unwohnlichen Raum. Auf der kleinen eisernen Kochmaschine standen ein paar Töpfe, die nach dem letzten Gebrauch noch nicht gereinigt waren; den einzigen Tisch bedeckten ein paar Teller und Gläser, Zeitungsblätter, Kamm, Bürste und Seifenschale, eine Schachtel mit Salbe zum Einreiben, Teller mit Speiseresten und andere Gegenstände. Der geringe Kleidervorrat der Familie hing an den Wänden; ein paar halbverblasste Familienbilder und ungerahmte Holzschnitte aus einer illustrierten Zeitung bildeten den einzigen Schmuck. Außer der Frau und ihrem Manne lebten in dieser Küche noch drei Kinder, von denen das älteste, ein Mädchen, 14 Jahre, die beiden Knaben etwa 7 und 4 Jahr alt waren. Das Bett der Kranken, die einzige sichtbare Schlafgelegenheit, war etwas quer geschoben, sodass sie von ihm aus, ohne sich zu erheben, den Wasserzapfhahn erreichen konnte; hinter dem Bett eine Kommode; in der Ecke ein Korblehnstuhl, sonst nur zwei hölzerne Schemel ohne Lehne. [...]
Ich fragte die Frau nach ihren „Wohnschicksalen" in der Großstadt. [...] Meistens hatten sie nur einen Raum ermieten

können, seit sie in Berlin selbst wohnten; nur etwa zwei Jahre lang im Ganzen, bei etwas höherem Verdienst und regelmäßiger Arbeit des Mannes, konnten sie in besser ausgestatteten Zweizimmerwohnungen weilen. Jedesmal, wenn es schien, als ob es ihnen dauernd etwas besser gehe, waren sie durch eine Krankheit oder durch ein, manchmal verfrühtes, Wochenbett – die Frau hatte im Ganzen deren sechs durchgemacht – oder einen Todesfall wieder zurückgeworfen worden. Armenunterstützung hatten sie noch nicht in Anspruch genommen, waren dagegen wiederholt gelegentlich beschenkt worden, nachdem die Kranke einst in der Frau eines rasch zu Vermögen gelangten ehemaligen Maurerpoliers eine Jugendfreundin entdeckt hatte. [...]
Wie die Familie schlief? Mann und Frau in einem einzigen Bett. Die Kinder wurden auf ausgebreiteten Kleidungsstücken untergebracht und durften erst dann ins Bett kriechen, wenn Vater und Mutter – gewöhnlich vor 5 Uhr morgens – aufgestanden waren. Die kleinsten Kinder waren jeweils in einem Korbe, gelegentlich auch, wenn die Frau zu irgendeinem Gange das Zimmer verlassen musste, in einem halbaufgezogenen Schub der Kommode gebettet gewesen.

Zitiert nach: Jens Flemming, Klaus Saul und Peter-Christian Witt, Quellen zur Alltagsgeschichte der Deutschen 1871-1914, Darmstadt 1997, S. 237-239

1. *Arbeiten Sie aus Südekums Beschreibung die Hauptprobleme der Wohnsituation in Mietskasernen heraus. Ziehen Sie dafür auch die Abbildung auf Seite 217 heran.*
2. *Erläutern Sie die Wechselwirkung von Wohn- und Arbeitsverhältnissen damals und heute.*

M3 Arbeitsbedingungen in der Fabrik

Eine der seltenen Quellen, in denen Arbeiter ihre Situation schildern, ist dieser mithilfe eines Journalisten verfasste Bittbrief Augsburger Fabrikarbeiter an König Ludwig II. von Bayern zu Beginn seiner Regierungszeit 1865:

Allerdurchlauchtigster Großmächtigster König! Allergnädigster König und Herr!
Indem wir unterzeichneten Arbeiter der Kreishauptstadt Augsburg es wagen, Euerer Königlichen Majestät Thron alleruntertänigst treugehorsamst mit einer Bitte zu nahen, so gibt uns hierfür den Muth die allbekannte Gerechtigkeitsliebe Euerer Königlichen Majestät und die wirklich väterliche Fürsorge, welcher Euere Königliche Majestät auf den Geringsten Ihrer Untertanen zuwendet.
In den hiesigen Baumwollspinnereien, Webereien, Kattundruckereien ist zwar von jeher die Arbeitszeit von 5 Uhr morgens bis abends 7 Uhr festgesetzt; also täglich eine dreizehnstündige Arbeitszeit. Dazu kommt aber noch, dass in den meisten Fabriken keine Frühstücksstunde, Mittagsstunde, keine Abendbrotzeit stattfindet, weil die Werke in diesen Fabriken fortlaufen. [...]
Hinzu kömmt aber noch, dass die Arbeitszeit in diesen Fabriken, welche wochenweise oft bis 8 Uhr abends, an Samstagen sogar bis 11 Uhr nachts arbeiten lassen. Hier tritt nun ein noch traurigeres Verhältnis für die Erholung und nötige Ruhe der Arbeiter ein.
Bei einer solchen Sachlage ist es nun selbstverständlich, dass darunter die Gesundheit der Arbeiter empfindlichen Schaden leiden muss. Der Mangel an Schlaf und der nötigen Erholung und Ruhe, besonders bei Kindern im Alter von 13-17 Jahren, kann nicht anders als höchst nachtheilig auf die Gesundheit einwirken.
Es ist eine offenbare Tatsache, dass die Fabrikarbeiter schon auf den ersten Blick an ihrem blassen und kränklichen Aussehen [er]kennbar sind. Dazu trägt nun hauptsächlich die lange Arbeitszeit bei.
Allein noch andere Umstände sind hierbei in Betracht zu ziehen. In den Sälen dieser Fabriken atmet der Arbeiter ungesunde, mit schädlichen Dünsten geschwängerte Luft ein. Die große Anzahl Arbeiter, welche in einem solchen Saale zu arbeiten haben, erzeugt natürlich ungesunde Ausdünstungen, dazu kommt noch der Staub der Wolle, den die Arbeiter einzuatmen haben, der scharfe Geruch der Öle und Fette, welche in den Fabriken verwendet werden. Diese ungesunde, mit Dünsten geschwängerte Luft aller Art hat nun der Arbeiter 13 volle, oft auch 14 und noch mehr Stunden einzuatmen. Frische reine Luft dringt nicht in diese Säle, weil die Fenster im Sommer nur kurze Zeit, im Winter aber gar nicht geöffnet werden. [...]
Um 3 Uhr und 4 Uhr im Winter aufstehen, eine halbe oder eine Stunde an die Arbeit bei Kälte, Schnee und Wind gehen zu müssen, sich dann nur wenige Stunden des Schlafes und der Ruhe erfreuen zu können, muss auch eine kräftige Konstitution ruinieren, wie viel mehr noch das Kindesalter, das zu seinem Wachstum und zu seiner körperlichen und geistigen Entwicklung vor allem der Ruhe bedarf.

Stadtarchiv Augsburg, Nachlass Hassler, K 3

1. *Skizzieren Sie die Arbeits- und Lebensbedingungen der Arbeiterinnen und Arbeiter. Welche Umstände und Folgen werden als schwerwiegend hervorgehoben?*
2. ✚ *Die Unternehmer wurden von der bayerischen Regierung zu einer Stellungnahme aufgefordert. Entwerfen Sie einen Antwortbrief der Unternehmer.*
3. *Diskutieren Sie, warum solche betrieblichen Zustände heute nicht mehr möglich sind.*

Ansätze zur Lösung der Sozialen Frage

◂ **„Der verhängnisvolle Weg der Arbeiter."**
Karikatur von 1891.

Die Entstehung der „Sozialen Frage" ■ Das hohe Bevölkerungswachstum im 19. Jahrhundert führte trotz wachsender Wirtschaft und damit der Zunahme an Beschäftigung zu einem Überangebot an Arbeitskräften. Die Löhne reichten häufig nicht aus, um das Überleben der Familien zu sichern. Für die Industriearbeiter und die Lohnarbeiter in der Landwirtschaft, die nichts als ihre Arbeitskraft hatten, um ihren Lebensunterhalt zu sichern, wurde zeitgenössisch der Begriff **Proletarier** üblich. Frauen und Kinder waren gezwungen, zum Familieneinkommen beizutragen. Dadurch wuchs das Angebot an Arbeitskräften weiter, die Löhne blieben niedrig und die Arbeitsbedingungen schlecht. Die Beschäftigten litten unter den übermäßigen Belastungen. Tägliche Arbeitszeiten von 16 bis 18 Stunden waren keine Seltenheit. Gearbeitet wurde an sechs Tagen in der Woche, Urlaub gab es nicht. Lediglich die Sonn- und Feiertage waren meist frei. Durch unzureichend gesicherte Maschinen und nicht ausreichend abgestützte Stollen in Kohlebergwerken kamen viele Bergleute zu Tode. Die Lebenserwartung war gering. Die Sterblichkeit der Arbeiterkinder lag wesentlich höher als in anderen Bevölkerungsschichten. Dazu trugen vor allem auch die schlechten Wohnverhältnisse bei, die häufig Krankheiten hervorriefen. Immer mehr Menschen zogen in die Industriegebiete und waren in Großunternehmen tätig. Zwischen 1882 und 1907 verdoppelte sich die Arbeiterschaft in Deutschland, bis zum Ersten Weltkrieg wurde sie zur größten sozialen Gruppe.

Trotz ihres wachsenden Anteils an der Bevölkerung blieben die Arbeiter lange ohne politische Mitbestimmung. Die Wahlsysteme bevorzugten häufig Bürger mit großem Vermögen, so etwa das **Dreiklassenwahlrecht** in Preußen, das die unteren Schichten nahezu zur politischen Bedeutungslosigkeit verurteilte. Bereits die Zeitgenossen sahen die Not und die daraus erwachsenden sozialen Probleme. Sie dachten über Möglichkeiten nach, wie die Lebensumstände der Arbeiter verbessert werden konnten (▸ M1).

So gründeten Mitte des 19. Jahrhunderts *Hermann Schulze-Delitzsch* und *Friedrich Wilhelm Raiffeisen* unabhängig voneinander die ersten **Genossenschaften**, die Hilfe zur Selbsthilfe boten. Vorschuss- und Kreditvereine – die Vorläufer der heutigen Volksbanken – sollten den Mitgliedern Kredite für nötige Investitionen gewähren. Nur wenige Politiker bemühten sich noch um Maßnahmen, um die Lage von Handwerkern, Bauern und Arbeitern zu verbessern.

Proletarier: Der Begriff leitet sich ab von der Bezeichnung für diejenigen Bürger im alten Rom, die nichts anderes besaßen als ihre eigenen Nachkommen (lat. proles).

Dreiklassenwahlrecht: Wahlsystem, bei dem die wenigen Großsteuerzahler der ersten Klasse (etwa fünf Prozent der Wahlberechtigten) ebenso viele Abgeordnete wählen konnten wie die Masse der Bevölkerung (rund 80 Prozent). Ein großer Teil der Unterschichten blieb von den Wahlen ausgeschlossen.

Genossenschaft: Zusammenschluss von selbstständigen Personen zu einem Geschäftsbetrieb. Damit können verschiedene Bereiche wie Einkauf, Lagerung oder Maschinenhaltung gemeinsam („genossenschaftlich") betrieben und die Kosten verteilt werden.

▲ **Denkmal für Alfred Krupp auf dem Gelände der Villa Hügel in Essen.**
Undatiertes Foto.

Karl Marx (1818-1883): protestantisch getaufter Jude aus Trier; Journalist, Philosoph und Begründer des Marxismus

Friedrich Engels (1820-1895): Kaufmann, Philosoph und sozialistischer Politiker aus Barmen, Freund und Mitarbeiter von Marx

Einzelne Unternehmer versuchen zu helfen Die Mehrzahl der Unternehmer sah in den Arbeitern in erster Linie einen Kostenfaktor und kümmerte sich nicht um deren Lebensbedingungen. Nur wenige Arbeitgeber entschieden sich, die Lage ihrer Beschäftigten zu verbessern. Dabei spielten nicht nur christliche und allgemein humanitäre Überlegungen eine Rolle, sondern auch die Furcht, die zunehmende Verelendung der Arbeiter könnte zu Aufständen oder zur Revolution führen. Daher gründeten etwa die Großunternehmer *Alfred Krupp* und *Friedrich Harkort* in ihren Betrieben ab 1836 erste Betriebskrankenkassen. Dies sicherte die Familien der Arbeitnehmer ab, wenn der Ernährer krank wurde oder wegen Invalidität nicht mehr oder nur eingeschränkt arbeiten konnte. Ergänzt wurde diese Absicherung im Krankheitsfall durch eine Altersversorgung, zu deren Finanzierung die Unternehmer beitrugen. Der Bau von Werkswohnungen sollte die Wohnsituation der Beschäftigten verbessern. Hygiene- und Sicherheitsvorschriften am Arbeitsplatz dienten der Vorbeugung von Krankheiten und Unfällen. Durch den Einkauf von Lebensmitteln und Gütern des täglichen Bedarfs in *Konsumvereinen* konnten die Arbeiter ihre Lebenshaltungskosten senken. Die Unternehmer betrachteten sich selbst als Patriarchen (Hausväter), die für das Wohl ihrer Beschäftigten mehr oder weniger Verantwortung trugen, dafür jedoch unbedingten Gehorsam, Fleiß und Unterordnung sowie den Verzicht auf politische und gewerkschaftliche Aktivitäten erwarteten (▸ M2).

Der revolutionäre Weg: Karl Marx und der Kommunismus Unter dem Eindruck der katastrophalen Lebensumstände der Arbeiterschaft entwickelte der Philosoph und Journalist **Karl Marx** in Zusammenarbeit mit dem Unternehmersohn **Friedrich Engels** die Theorie des modernen *Kommunismus*. Im Zentrum von Marx' Weltbild stand der Gedanke, dass die Wirtschaft das zentrale Element jeder Gesellschaft sei (Materialismus). Veränderungen in einer Gesellschaft können demnach nur durch die Änderung der materiellen Verhältnisse erreicht werden (▸ M3). Marx unterteilte die Geschichte der Menschheit bis in die Gegenwart in vier Zeitabschnitte: Urgesellschaft, antike Sklavenhaltergesellschaft, mittelalterliche Feudalgesellschaft und die Epoche des Kapitalismus, der auf dem Privateigentum an Produktionsmitteln beruhe. Seiner Ansicht nach war das soziale Elend der Arbeiter eine zwangsläufige Folge der Produktionsbedingungen des Kapitalismus, da sich in dieser Gesellschaftsordnung zwei Klassen gegenüberstünden: die Unternehmer (die *Bourgeoisie*), die allein über die Produktionsmittel verfügten, und die Arbeiter (*Proletarier*), die nur ihre Arbeitskraft verkaufen könnten. Die Lösung sah Marx in der *sozialistischen Revolution*, die seiner Ansicht nach unausweichlich war. In dieser Revolution werde das Proletariat die Herrschaft über die Bourgeoisie erringen und das Privateigentum an Produktionsmitteln abschaffen. Sämtliche Fabriken, Banken und Bergwerke würden vergesellschaftet. Danach entstehe die kommunistische Gesellschaft, in der alle Klassengegensätze aufgehoben würden, denn die Produktionsmittel seien dann Eigentum der Gesellschaft und jeder Mensch könne sich ohne Ausbeutung durch andere selbst verwirklichen.

Reform statt Revolution: die Sozialdemokratie Die Anfänge der Arbeiterbewegung in Deutschland, in der sich auch das sozialdemokratische Gedankengut ausbildete, reichen bis zur Mitte des 19. Jahrhunderts zurück. Vereinzelt entstanden Arbeitervereine, die die materiellen Lebensumstände ihrer Mitglieder zu verbessern suchten. Allerdings blieb ihre Wirkung lokal stark begrenzt. Das Verbot politischer Vereine in den deutschen Staaten setzte überdies ihren Betätigungsmöglichkeiten klare Grenzen. Erst mit der Revolution von 1848/49 kam es zu größeren Zusammenschlüssen. So vereinigten sich im September 1848 mehr als 30 Arbeitervereine zur „Allgemeinen Deutschen Arbeiterverbrüderung". Sie forderten die Gründung von Konsumgenossenschaften, Unterstützungskassen für den Krankheitsfall, ferner das allgemeine Wahlrecht und das **Koalitionsrecht**. Das Scheitern der Revolution von 1848/49 und die darauf folgende Phase reaktionärer Politik in vielen deutschen Staaten führte zu einem Verbot aller Arbeitervereine und ließ die Hoffnungen der Arbeiter auf eine Verbesserung ihrer Situation sinken.

Koalitionsrecht: erlaubt den Zusammenschluss zu Vereinen und Parteien

Erst die Entspannung der politischen Situation zu Beginn der 1860er-Jahre ließ die Bildung von Arbeiterparteien zu. 1863 gründete **Ferdinand Lassalle** den *Allgemeinen Deutschen Arbeiterverein* (ADAV). Im Gegensatz zu Marx hielt er es für möglich, die Soziale Frage durch Reformen zu lösen und dabei die staatliche Grundordnung und das Privateigentum beizubehalten. Um dieses Ziel zu erreichen, mussten jedoch die Arbeiter einen größeren Einfluss auf die Politik gewinnen. Daher war eine zentrale Forderung Lassalles die Einführung des allgemeinen, gleichen, direkten und geheimen Wahlrechts, damit die Arbeiter ihre Interessen auch politisch vertreten konnten.

Ferdinand Lassalle (1825-1864): Sohn eines jüdischen Kaufmanns aus Breslau; Philosoph, Journalist und Politiker

1869 gründeten *Wilhelm Liebknecht* und *August Bebel* in Eisenach eine zweite Arbeiterpartei: die *Sozialdemokratische Arbeiterpartei* (SDAP). Anders als der ADAV setzte diese Partei auf den Marxismus und die Revolution als Mittel zur Überwindung der sozialen Probleme. Um die Kräfte zu bündeln, arbeiteten die SDAP und der Arbeiterverein Lassalles zusammen und vereinigten sich 1875 in Gotha zur *Sozialistischen Arbeiterpartei Deutschlands* (SAPD). Das Gothaer Programm der Partei war zwar von marxistischen Ideen beeinflusst, verzichtete aber auf die gewaltsame Revolution zur Durchsetzung einer sozialistischen Gesellschaft. Die Umgestaltung der Gesellschaft sollte auf friedlichem, gesetzlichem Wege erfolgen. Bei den Reichstagswahlen 1877 konnte die neue Partei erste Erfolge verbuchen: Sie erhielt 9,1 Prozent der Stimmen und konnte zwölf Abgeordnete in den Reichstag entsenden.

Weite Kreise des Bürgertums empfanden die Sozialdemokratie als eine Bedrohung ihres Besitzstandes. Reichskanzler **Otto von Bismarck** versuchte daher, die Partei durch das „Sozialistengesetz" (1878-1890) zu unterdrücken und mithilfe staatlicher Sozialgesetzgebung die Arbeiter für sich zu gewinnen. Damit scheiterte er jedoch. Als 1890 das „Sozialistengesetz" aufgehoben wurde, gründete sich die Partei in Halle neu und nannte sich nun *Sozialdemokratische Partei Deutschlands* (SPD). Zu den zentralen Forderungen der Partei gehörten die Vergesellschaftung der Produktionsmittel, der Acht-Stunden-Tag, das Verbot der Kinderarbeit und das Koalitionsrecht. Obwohl die Sozialdemokratie im politischen System des Kaiserreiches auch nach der Aufhebung des „Sozialistengesetzes" in eine Außenseiterrolle gedrängt wurde, wuchs ihre Anhängerschaft stetig. Bereits 1890 erhielt die Partei bei den Reichstagswahlen 20 Prozent der Stimmen und war mit 35 Abgeordneten im Parlament vertreten. 1912 wurde sie mit 34,8 Prozent der Stimmen und 110 Abgeordneten sogar die stärkste Fraktion im Reichstag und blieb dies auch bis zum Ende des Kaiserreiches.

Literaturtipp:
Eberhard Kolb, Bismarck, München ²2013

Otto von Bismarck (1815-1898): von 1862 bis 1890 mit kurzer Unterbrechung preußischer Ministerpräsident; 1871-1890 deutscher Reichskanzler

Die Gewerkschaften Mit den gleichen Schwierigkeiten wie die Arbeitervereine hatten die nach englischem Vorbild gegründeten Gewerkschaften zu kämpfen. Diese Vereinigungen der Arbeiter, die sich für bessere Arbeitsbedingungen und höhere Löhne – auch mithilfe von Streiks – einsetzten, entstanden in Deutschland seit 1848. Koalitionsverbote, die den Zusammenschluss von Arbeitern untersagten, sowie das Verbot von Streiks behinderten zunächst die gewerkschaftliche Tätigkeit. Erst seit den Sechzigerjahren konnten sich die Arbeitervereinigungen wirksam für die Interessen ihrer Mitglieder einsetzen. Jetzt wurde eine Vielzahl von Gewerkschaften gegründet, die sich teils eng

Jahr	Freie	Christliche	Hirsch-Duncker'sche	Insgesamt
1890	278 000	–	63 000*	341 000
1895	259 000	5 000	67 000	331 000
1900	680 000	77 000	92 000	849 000
1905	1 345 000	192 000	116 000	1 653 000
1910	2 017 000	316 000	122 000	2 455 000
1913	2 549 000	343 000	107 000	2 999 000
1914	2 076 000	283 000	78 000	2 437 000

* 1891

▲ **Mitgliederentwicklung der Gewerkschaften 1890 bis 1914.**
Nach: Volker Berghahn, Das Kaiserreich 1871-1914. Industriegesellschaft, bürgerliche Kultur und autoritärer Staat (Gebhardt, Handbuch der deutschen Geschichte, Bd. 16), 10., völlig neu bearb. Aufl., Stuttgart 2003, S. 337

an die Arbeiterparteien anlehnten. 1877 hatten die den Sozialdemokraten nahe stehenden *Freien Gewerkschaften* rund 52 000 Mitglieder. Da das „Sozialistengesetz" auch die Arbeit dieser Gewerkschaften stark beeinträchtigte, wurde erst 1890 unter Führung von *Carl Legien* die *„Generalkommission der Freien Gewerkschaften"* gegründet. Diese Dachorganisation aller Einzelgewerkschaften führte ab 1899 eine ganze Reihe großer Streiks durch, womit die Gewerkschaften bessere Arbeitsbedingungen erreichten. Die Zahl der gewerkschaftlich organisierten Arbeiter stieg vor dem Ersten Weltkrieg deutlich an. Insbesondere die Freien Gewerkschaften profitierten davon. Ihre Mitgliederzahl erhöhte sich von rund 294 000 (1890) auf über 2,5 Millionen (1913). Neben den sozialdemokratisch ausgerichteten Gewerkschaften entstanden 1868 auch bürgerliche Gewerkschaften unter der Führung von *Max Hirsch* und *Franz Duncker*, die *Hirsch-Duncker'schen Gewerkvereine*. Schließlich gab es mehrere *Christliche Gewerkschaften*, die sich erst 1901 zum *„Gesamtverband der christlichen Gewerkschaften Deutschlands"* zusammenschlossen. Gemessen an den Mitgliederzahlen und in ihrer Bedeutung blieben die bürgerlichen und christlichen Gewerkschaften aber weit hinter den Freien Gewerkschaften zurück.

Die bürgerliche Frauenbewegung ■ In den deutschen Staaten hatten sich auch Frauen bereits im Vormärz und noch mehr während der Revolution von 1848/49 in Vereinen zusammengeschlossen. So organisiert, drängten sie auf gesellschaftliche Veränderungen und erhofften sich politische Freiheit. Wichtige Impulse für den Kampf um die Rechte der Frau waren dabei von der Aufklärung und der Französischen Revolution ausgegangen. Vor allem aber hatte der gesellschaftliche Wandel infolge der Industrialisierung nicht nur die Soziale Frage, sondern zugleich auch die „Frauenfrage" aufgeworfen.

Nachdem das *Preußische Vereinsgesetz* von 1850 den Frauen die Mitgliedschaft in politischen Vereinigungen sowie die Teilnahme an politischen Veranstaltungen verbot, konzentrierten sich die Vereine in den 1860er-Jahren auf die Mädchenbildung und auf die Berufschancen unverheirateter Frauen. Bürgerliche Frauen engagierten sich für die Verbesserung der sozialen und ökonomischen Lage der Arbeiterinnen und Arbeiterfrauen. Erste Kinderschutzvereine wurden gegründet, in deutschen Großstädten errichtete man Entbindungsheime und „Kinderbewahranstalten". Volksküchen wurden eröffnet, um berufstätige Frauen zu entlasten und sie mit gesunder Ernährung bekannt zu machen. Die Frauen erteilten Mädchen aus den Unterschichten Hauswirtschaftsunterricht, kümmerten sich um Not leidende Arbeiterfamilien, Prostituierte und die Reintegration weiblicher Strafgefangener.

Louise Otto-Peters (1819-1895): Schriftstellerin und Journalistin; gründete 1849 die erste deutsche „Frauen-Zeitung" und engagierte sich seit den 1860er-Jahren in der bürgerlichen Frauenbewegung

1865 wurde auf Initiative von **Louise Otto-Peters**, der Vorsitzenden des Leipziger Frauenbildungsvereins, der *Allgemeine Deutsche Frauenverein* (ADF) gegründet. Er gilt als Ausgangspunkt der organisierten deutschen Frauenbewegung. Ziel des ADF war es, „alle der weiblichen Arbeit im Wege stehenden Hindernisse" zu beseitigen. Langfristig sollten bessere Bildung und die Öffnung qualifizierter Berufe für Frauen die Voraussetzungen für politische Mitsprache sein.

Aber erst durch den 1894 nach amerikanischem Vorbild gegründeten Dachverband der Frauenvereine, den *Bund Deutscher Frauenvereine* (BDF), entfaltete die Frauenbewegung größere Wirkung. 1901 umfasste sie fast 140 Vereine mit verschiedenen Anliegen. Es gab Berufsvertretungen, Beratungs- und Rechtsschutzvereine, Damenturnklubs, weibliche Wandergruppen sowie Vereine zur Sozialfürsorge für Frauen oder Vereine mit konfessionellem Charakter. Nur eine kleine Minderheit dieser Vereinigungen stellte politische Forderungen: Frauenwahlrecht, Frauenstudium und Legalisierung der Abtreibung. Der BDF diskutierte zwar Fragen des Arbeiterinnenschutzes, der Gewerbefreiheit oder des Wahlrechts. Der Schwerpunkt seines Engagements galt indessen der Bildungsförderung und der Ausarbeitung von familienrechtlichen und bildungspolitischen Petitionen, die jedoch alle ohne Erfolg blieben.

Zu den führenden Persönlichkeiten der bürgerlichen Frauenbewegung zählten **Hedwig Dohm**, die sich neben den Forderungen nach gleicher Ausbildung und weiblicher Erwerbstätigkeit für das Frauenwahlrecht aussprach, sowie **Helene Lange**, die als Vorsitzende des ADF und des BDF die Frauenbewegung für viele Jahre prägte.

Hedwig Dohm (1831-1919): Schriftstellerin und Frauenrechtlerin. Sie kämpfte für die völlige rechtliche, soziale und ökonomische Gleichberechtigung und das Frauenwahlrecht.

Helene Lange (1848-1930): Lehrerin und Frauenrechtlerin. Sie setzte sich vor allem für bessere Bildungs- und Berufschancen der Frauen ein. 1890 gründete sie den Allgemeinen Deutschen Lehrerinnenverein (ADLV).

Die sozialistische Frauenbewegung Den Gegenpol zur bürgerlichen Frauenbewegung bildete die sozialistische Frauenbewegung, die seit 1889 von **Clara Zetkin** angeführt wurde. Die Organisation zählte um 1908 rund 30 000 Mitglieder. Sie verstand sich als Teil der sozialistischen Arbeiterbewegung, engagierte sich allerdings vorrangig für den Schutz der Arbeiterinnen, die Abschaffung der Kinderarbeit, gleiche Rechte und Löhne wie für Männer sowie die Aufklärung der Frauen über ihre „Klassenlage". Clara Zetkin ging es um die vollständige politische Gleichberechtigung der Frauen im Rahmen einer groß angelegten Lösung der Sozialen Frage. Gemäß der sozialistischen Lehre, nach der die Ungleichheit vor allem zwischen den (Eigentums-)Klassen bestand, war die Gleichheit aller nur durch eine proletarische Revolution und die Abschaffung des Privateigentums zu erreichen. Der Einsatz für Reformen im bestehenden System galt als unzureichend. Im Unterschied zu den anderen politischen Parteien konnten in der SPD Frauen einzelne Ämter übernehmen; doch fanden sich auch hier die Männer kaum mit dem Emanzipationsgedanken ab.

▲ **Clara Zetkin.**
Foto von 1897, aufgenommen während des Internationalen Kongresses für gesetzlichen Arbeitsschutz in Zürich.

Initiativen im Bereich der christlichen Kirchen Die großen sozialen Probleme, die mit der Industrialisierung einhergingen, führten lange Zeit zu keinem Engagement der Amtskirchen. Zu dieser passiven Haltung trug ein konservatives Weltbild bei, das die Solidarität mit Sozialisten und Kommunisten ablehnte. Hinzu kam ein generelles Misstrauen gegenüber der Industrialisierung und den von ihr verursachten sozialen Veränderungen. So blieb sowohl in der katholischen wie in der evangelischen Kirche das Engagement auf die Initiative Einzelner beschränkt. Der evangelische Pastor *Johann Hinrich Wichern* gründete 1833 in Hamburg das *„Rauhe Haus"*, das sich um alleinstehende Jugendliche bemühte. Diese erhielten eine handwerkliche oder hauswirtschaftliche Ausbildung und sollten zu verantwortungsbewussten Menschen erzogen werden. Noch heute kümmert sich die Stiftung „Rauhes Haus" um hilfsbedürftige Jugendliche. Für die Sozialarbeit in der evangelischen Kirche richtungweisend wurde die von Wichern 1848 angeregte *„Innere Mission"*, die zur Entstehung zahlreicher sozialer Einrichtungen der evangelischen Kirche (Krankenanstalten, Altersheime usw.) führte.

Auf katholischer Seite engagierten sich besonders der Kölner Domvikar *Adolph Kolping* und der Mainzer Erzbischof *Wilhelm von Ketteler*, um die Lage der Arbeiter zu verbessern. Die von Kolping gegründeten katholischen Gesellenvereine unterstützten seit 1849 vor allem die wandernden Handwerksgesellen bei der Suche nach preiswerter Unterkunft und Betreuung. Das daraus hervorgegangene *Kolpingwerk* leistet noch

Clara Zetkin (1857-1933): Volksschullehrerin und sozialistische Politikerin. 1878 schloss sie sich den Sozialdemokraten an und wurde daraufhin aus dem Schuldienst entlassen; ab 1890 organisierte sie die sozialdemokratische Frauenbewegung.

▶ **Das „Rauhe Haus".**
Holzstich, 1855.
1833 gründete der evangelische Pastor Johann Hinrich Wichern das „Rauhe Haus". In dieser Fürsorge- und Erziehungseinrichtung lebten Jugendliche in kleinen Gruppen mit ihrem Betreuer zusammen. Das Haus hieß wegen seiner roten Backsteinziegel ursprünglich „Ruges Hus" und müsste damit eigentlich als „Rotes Haus" übersetzt werden.

heute einen wichtigen Beitrag im karitativen Engagement der katholischen Kirche. Am Ende des 19. Jahrhunderts leitete Papst *Leo XIII.* (1878-1903) eine grundsätzliche Neuorientierung im Hinblick auf die sozialen Probleme der Zeit ein. In seinem Rundschreiben an die katholischen Gläubigen, der *Sozialenzyklika „Rerum Novarum"* von 1891, forderte der Papst die europäischen Regierungen auf, für Arbeitsschutz und gerechten Lohn Sorge zu tragen. Die praktische Wirkung der Enzyklika blieb jedoch begrenzt.

Der Staat greift ein Gemäß den liberalen wirtschaftspolitischen Vorstellungen des 19. Jahrhunderts sollte der Staat so weit wie möglich auf ein Eingreifen in die wirtschaftliche Ordnung verzichten. Daher beschränkten sich auch in Deutschland die wenigen gesetzlichen Regelungen auf die Eindämmung der schlimmsten Auswüchse bei der Frauen- und Kinderarbeit. Infolge der Entstehung der Arbeiterparteien nahmen die Ängste des Bürgertums vor einer sozialen Revolution zu. Nach der Gründung des Deutschen Reiches 1871 versuchte Reichskanzler Bismarck, den Zulauf zur Arbeiterbewegung auf zweierlei Weise zu verringern. Durch das „Sozialistengesetz" von 1878 sollten die Arbeiterparteien politisch ausgeschaltet werden. Gleichzeitig nahm Bismarck sozialpolitische Forderungen der Arbeiterbewegung auf und versuchte, durch eine fortschrittliche *Sozialgesetzgebung* die Arbeiterschaft mit dem Staat zu versöhnen.

Dabei waren es vor allem drei gesetzliche Maßnahmen, die im Zentrum seiner Sozialpolitik standen:

1. Das 1883 erlassene Gesetz über die Einführung einer *Krankenversicherung* schrieb die Mitgliedschaft für alle Arbeiter und einen Teil der Angestellten in Gewerbe- oder Industriebetrieben vor. Die Beiträge für die neu gegründeten Ortskrankenkassen wurden zu zwei Dritteln von den Arbeitnehmern und zu einem Drittel von den Arbeitgebern getragen. Die Versicherten besaßen nun einen Anspruch auf kostenfreie ärztliche Behandlung und eine finanzielle Absicherung im Krankheitsfall. War bisher Krankheit für den Arbeitnehmer gleichbedeutend mit dem Verlust seines Einkom-

mens, so bekam er nun von den Ortskrankenkassen in den ersten 13 Wochen seiner Erkrankung eine Beihilfe.

2. Anders als bei der Krankenversicherung trugen bei der 1884 eingeführten *Unfallversicherung* ausschließlich die Unternehmer die Kosten für die Beiträge. Mit dieser Versicherung sollten die Risiken eines Arbeitsunfalls für die Beschäftigten gemindert werden. Der Geschädigte eines Betriebsunfalls musste dem Unternehmer nicht mehr dessen Verschulden nachweisen, um Anspruch auf Versorgung zu erhalten. Die Versicherung übernahm die Arzt- und Heilkosten und sicherte dem Arbeitnehmer für die Dauer seiner Invalidität eine Rente, die zwei Drittel seines Lohnes betrug. Im Todesfall erhielt die Witwe 60 Prozent der Rente ihres verstorbenen Mannes.
3. 1889 wurde schließlich die *Alters- und Invaliditätsversorgung* gesetzlich geregelt. Durch die Gründung der Rentenversicherung wurden Arbeitnehmer mit einem niedrigen Einkommen im Alter und im Fall der Erwerbsunfähigkeit abgesichert. Finanziert wurde diese Versicherung zum einen durch Beiträge der Arbeitnehmer und der Unternehmen, zum anderen durch einen staatlichen Zuschuss. Versicherungspflichtig waren alle Arbeitnehmer ab 16 Jahren mit einem jährlichen Lohn von bis zu 2 000 Mark. Die Altersrente wurde ab dem 70. Lebensjahr ausbezahlt und richtete sich nach dem Verdienst und der Versicherungsdauer. Wenn ein Arbeitnehmer länger als ein Jahr erwerbsunfähig war, erhielt er eine Invalidenrente.

Dank dieser Gesetze verbesserte sich die soziale Sicherheit der Arbeitnehmer spürbar. Alter und Krankheit waren nun nicht mehr gleichbedeutend mit dem Verlust jeglichen Einkommens. Zwar sorgten die Versicherungen nur für Notfälle vor, trotzdem waren die Arbeiter in Deutschland nun im Vergleich zu anderen europäischen Ländern deutlich besser abgesichert. Die von Bismarck angestrebte Schwächung der Sozialdemokratie wurde mit diesen Maßnahmen allerdings nicht erreicht.

▼ **Leistungsübersicht der deutschen Sozialversicherung von 1885 bis 1913.**
Druck aus dem Jahre 1913.

M1 Neue Hörigkeit

Der Professor für Rechts- und Staatswissenschaft Franz Josef Ritter von Buß ist der erste deutsche Politiker, der auf das Los der Arbeiter aufmerksam macht. Am 25. April 1837 redet er im Badischen Landtag über das „soziale Problem“:

Das Fabrikwesen erzeugt eine Hörigkeit neuer Art. Der Fabrikarbeiter ist der Leibeigene eines Brotherrn, der ihn als nutzbringendes Werkzeug verbraucht und abgenutzt wegwirft. [...] Der Fabrikarbeiter ist aber nicht bloß der Leibeigene eines Herrn, er ist der Leibeigene der Maschine, die Zubehörde einer Sache. [...] Was hilft dem Arbeiter die Freiheit der Aufkündigung, dieser Wechsel der Lohnsklaverei? Um leben zu können, muss er arbeiten: Nicht immer findet er alsbald Arbeit in einer andren Fabrik; bei der größten Abgewandtheit seines Gemütes von seinem Brotherrn bleibt er an dessen Geschäft gefesselt, und sah man nicht oft Fabrikherren zum Zweck gemeinsamer Herabdrückung des Lohnes sich verbünden?
Auch die politische Stellung des Fabrikarbeiters ist trostlos. Wegen seiner Abhängigkeit kann er politische Rechte nicht genießen, und würden sie ihm auch gewährt, so würde er, als Werkzeug seines Brotherrn, sie nach dessen Laune ausüben müssen. Nach der gesamten Stellung des Arbeiters kann der Staat ihm nicht einmal den Schutz gewähren, den das materielle Recht ihm schuldet: Nur als Armer fühlt der Arbeiter die Wohltaten des Staatsverbandes. [...]
Die durch den gewerblichen Aufschwung, durch die Tendenz unserer Staaten zur Überbevölkerung und den Mangel an anderweitiger Unterkunft anschwellende Anzahl der Fabrikarbeiter führt wegen ihrer ökonomischen Unsicherheit zu einer wahren Massenarmut, dem sogenannten Pauperismus. [...] Eine Ersparung ist dem Arbeiter selbst bei günstigen Verhältnissen nur in geringem Maße möglich; jede längere Unterbrechung der Arbeit zwingt ihn, die öffentliche Hilfe anzusprechen. [...]
Die Schaffung einer Masse von Fabrikproletariern wirft [...] nicht bloß einen verheerenden Krankheitsstoff in die Gesellschaft, sondern in ihr wird auch eine furchtbare, stets bereite Waffe den politischen Faktionen[1] angeboten. Die Tendenz des Umsturzes, wahrlich in unsern Tagen nur zu sehr verbreitet, findet in den Fabrikheloten[2] die nahen Verbündeten, einmal weil ihre eigne unbehagliche Stellung in jeder gesellschaftlichen Veränderung ihnen eine Abhilfe vorspiegelt, ferner weil sie in dem die Fabrikherren schützenden Staat den eignen Feind erblicken.

Zitiert nach: Ernst Schraepler (Hrsg.), Quellen zur Geschichte der sozialen Frage in Deutschland, Bd. 1: 1800-1870, Göttingen ³1964, S. 66-70

[1] **Faktion**: politische Gruppierung
[2] **Helot** (griech.): „Sklave“

1. *Beschreiben Sie die soziale und rechtliche Situation der Arbeiter.*
2. *Erläutern Sie die Probleme, die nach Buß aus der sozialen Lage der Arbeiter entstehen.*
3. *Arbeiten Sie aus seinen Kritikpunkten mögliche Lösungsansätze heraus.*

M2 „Ein Wort an die Angehörigen meiner gewerblichen Anlagen“

Die sogenannte „Große Depression“ führt ab 1874 zu Firmenzusammenbrüchen und einer bislang nicht gekannten Streikwelle. Der Unternehmer Alfred Krupp richtet 1877 folgenden Aufruf an seine Arbeiter:

Trotz wiederholter Warnung scheint sich unter einem Teile von Euch der Geist der Sozialdemokratie einschleichen zu wollen. Dieser Geist aber ist verderblich, und jeder Verständige muss ihn bekämpfen, der Arbeiter so gut wie der Arbeitgeber. [...] Um die Lage meiner Arbeiter zu verbessern, war ich von jeher zunächst darauf bedacht, ihnen ein möglichst sorgenfreies Dasein für die Zeiten zu verschaffen, in denen sie selbst nicht mehr arbeiten könnten. Ihr selbst wisst es am besten, wie es mit Kranken, Invaliden und ausgedienten Arbeitern bei uns gehalten wird. Dann habe ich den Arbeitern Wohnungen gebaut, worin bereits 20 000 Seelen untergebracht sind, habe Schulen gegründet, Schenkungen verliehen und Einrichtungen getroffen zur billigen Beschaffung von allem Lebens- und Hausbedarf. Ich habe mich dadurch in eine Schuldenlast gesetzt, die abgetragen werden muss. Damit dies geschehen kann, muss jeder seine Schuldigkeit tun in Frieden und Eintracht und in Übereinstimmung mit unseren Vorschriften.
[...] Unter den schwierigsten Umständen habe ich den Mut gehabt, für meine Leute einzutreten, und behalte ihn auch in der jetzigen schweren Zeit. Ich hoffe, dass wir sie überwinden werden, dass wir Arbeit behalten werden. Alle Kräfte werden dafür nach allen Seiten aufgewandt. Das sollten die Arbeiter dankbar erkennen [...]. Ich gebe Euch nun diesen Rat: Lasst Euch nicht blenden durch schöne Worte und erwartet das Heil nicht von solchen, die einen neuen mühelosen Weg zur Volksbeglückung gefunden haben wollen. Die Angelegenheiten des ganzen Vaterlandes sollen jedem wichtig und teuer sein, aber dazu hilft gar nichts [...] das Schwatzen über politische Angelegenheiten, das ist nur den Aufwieglern willkommen und stört die Pflichterfüllung. Eine ernste Beschäftigung mit der Landespolitik erfordert mehr Zeit und tiefere Einsicht in schwierige Verhältnisse, als Euch zu Gebote steht. Das Politisieren in der Kneipe ist nebenbei sehr teuer, dafür kann

man im Hause Besseres haben. Nach getaner Arbeit verbleibt im Kreise der Eurigen, bei den Eltern, bei der Frau und den Kindern. Da sucht Eure Erholung, sinnt über den Haushalt und die Erziehung. Das und Eure Arbeit sei zunächst und vor allem Eure Politik. Dabei werdet Ihr frohe Stunden haben.

Zitiert nach: Gerhard Adelmann u.a. (Hrsg.), Quellensammlung zur Geschichte der sozialen Betriebsverfassung, Bd. 2, Bonn 1965, S. 295

1. *Erläutern Sie, welche Sozialmaßnahmen Krupps sich aus dem Text erschließen lassen.*
2. *Zeigen Sie seine Motive auf. Welche Gegenleistungen erwartet Krupp?*
3. *Bewerten Sie die Konsequenzen für die Arbeiter, die sich aus Krupps Haltung ergeben.*

M3 Das Manifest der Kommunistischen Partei

Karl Marx und Friedrich Engels unterhalten im Londoner Exil Beziehungen mit dem „Bund der Kommunisten", einem Geheimbund, der das private Eigentum an den „Produktivkräften" (Fabriken, Maschinen usw.) abschaffen will. In dessen Auftrag veröffentlichen sie im Februar 1848 das „Manifest der Kommunistischen Partei". Darin heißt es:

Ein Gespenst geht um in Europa – das Gespenst des Kommunismus. [...] Die Geschichte aller bisherigen Gesellschaft ist die Geschichte von Klassenkämpfen.

Freier und Sklave, Patrizier und Plebejer, Baron und Leibeigener, Zunftbürger und Gesell, kurz, Unterdrücker und Unterdrückter standen in stetem Gegensatz zueinander, führten einen ununterbrochenen, bald versteckten, bald offenen Kampf, einen Kampf, der jedes Mal mit einer revolutionären Umgestaltung der ganzen Gesellschaft endete oder mit dem gemeinsamen Untergang der kämpfenden Klassen. [...]

Unsere Epoche, die Epoche der Bourgeoisie, zeichnet sich jedoch dadurch aus, dass sie die Klassengegensätze vereinfacht hat. Die ganze Gesellschaft spaltet sich mehr und mehr in zwei große feindliche Lager, in zwei große, einander direkt gegenüberstehende Klassen: Bourgeoisie und Proletariat. [...]

Im Anfang kämpfen die einzelnen Arbeiter, dann die Arbeiter einer Fabrik, dann die Arbeiter eines Arbeitszweiges an einem Ort gegen den einzelnen Bourgeois, der sie direkt ausbeutet. Sie richten ihre Angriffe nicht nur gegen die bürgerlichen Produktionsverhältnisse, sie richten sie gegen die Produktionsinstrumente selbst; sie vernichten die fremden konkurrierenden Waren, sie zerschlagen die Maschinen, sie stecken die Fabriken in Brand [...].

Auf dieser Stufe bilden die Arbeiter eine über das ganze Land zerstreute und durch ihre Konkurrenz zersplitterte Masse. [...]

Aber mit der Entwicklung der Industrie vermehrt sich nicht nur das Proletariat; es wird in größeren Massen zusammengedrängt, seine Kraft wächst, und es fühlt sie mehr.

Es werden ferner [...] durch den Fortschritt der Industrie ganze Bestandteile der herrschenden Klasse ins Proletariat hinabgeworfen oder wenigstens in ihren Lebensbedingungen bedroht. Auch sie führen dem Proletariat eine Masse Bildungselemente zu.

In Zeiten endlich, wo sich der Klassenkampf der Entscheidung nähert, nimmt der Auflösungsprozess innerhalb der herrschenden Klasse, innerhalb der ganzen alten Gesellschaft, einen so heftigen, so grellen Charakter an, dass ein kleiner Teil der herrschenden Klasse sich von ihr lossagt und sich der revolutionären Klasse anschließt [...].

Wenn das Proletariat im Kampf gegen die Bourgeoisie sich notwendig zur Klasse vereinigt, durch eine Revolution sich zur herrschenden Klasse macht und als herrschende Klasse gewaltsam die alten Produktionsverhältnisse aufhebt, so hebt es mit diesen Produktionsverhältnissen die Existenzbedingungen des Klassengegensatzes, die Klassen überhaupt und damit seine eigene Herrschaft als Klasse auf.

An die Stelle der bürgerlichen Gesellschaft mit ihren Klassen und Klassengegensätzen tritt eine Assoziation, worin die freie Entwicklung eines jeden die Bedingung für die freie Entwicklung aller ist. [...]

Mögen die herrschenden Klassen vor einer kommunistischen Revolution zittern. Die Proletarier haben nichts zu verlieren als ihre Ketten. Sie haben eine Welt zu gewinnen. Proletarier aller Länder, vereinigt euch!

Karl Marx, Die Frühschriften, herausgegeben von Siegfried Landshut, Stuttgart [7]2004, S. 594-596

1. *Charakterisieren Sie das zyklisch wiederkehrende Ablaufschema, das nach Marx den Fortgang aller bisherigen Geschichte ausgemacht hat.*
2. *Erklären Sie, wie sich nach Marx eine gesellschaftliche Klasse herausbildet.*
3. *Überprüfen Sie die Aussage, in der bürgerlichen Wirtschaftsgesellschaft habe sich der Klassengegensatz auf die Konfrontation Bourgeois – Proletarier vereinfacht.*
4. ✚ *Zeigen Sie auf, worin sich die proletarische Revolution von allen früheren Revolutionen in der Geschichte unterscheiden soll.*

Geschichte kontrovers

Die Industrialisierung – Fortschritt für alle?

Die Industrialisierung löste einen tief greifenden ökonomischen und sozialen Strukturwandel aus. Unbestreitbar ist die Erhöhung des materiellen Wohlstandes der Menschen in den industrialisierten, westlichen Gesellschaften gegenüber der Zeit vor 200 Jahren. Kontrovers dagegen wird debattiert, ob die Industrialisierung aus ihrer wirtschaftlichen Dynamik heraus allen sozialen Schichten gleichermaßen und von Anfang an zu mehr materiellem Wohlstand verholfen hat oder ob die Teilhabe aller erst politisch herbeigeführt werden musste. Bereits zeitgenössische Ökonomen wie Adam Smith sowie Karl Marx und Friedrich Engels äußerten sich zur Notwendigkeit politischen Eingreifens. Bis heute existieren gegensätzliche Interpretationen zu der Frage: Fortschritt für alle allein durch die Industrialisierung?

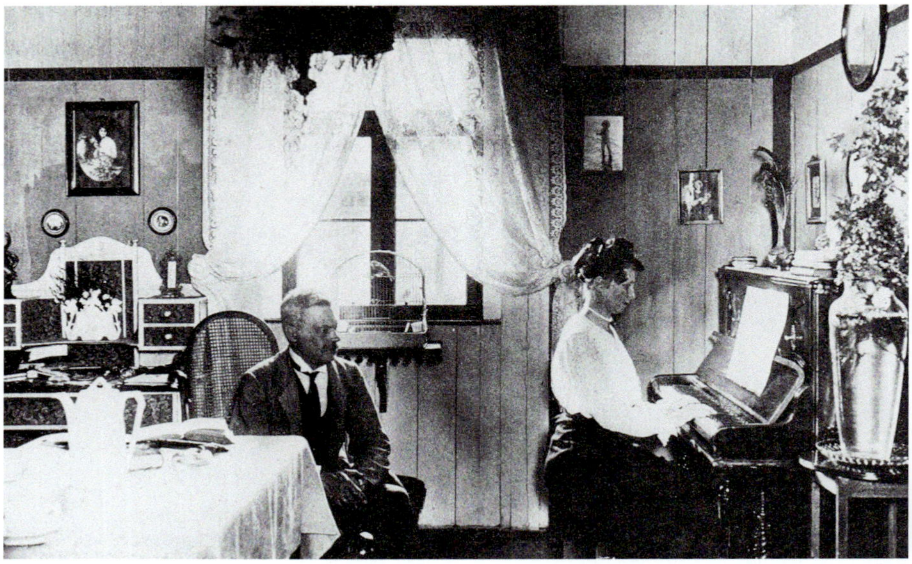

▸ **Wohnzimmer einfacher Bürger.**
Foto um 1900.
■ *Vergleichen Sie die Wohnsituation mit jener der Familie auf Seite 217 und ziehen Sie Rückschlüsse auf die berufliche Tätigkeit und den Bildungsgrad der abgebildeten Personen.*

M1 Industrialisierung – verringerte Ungleichheit?

Der Wirtschaftswissenschaftler Gregory Clark, Professor für Volkswirtschaft an der Universität Davis in Kalifornien, gelangt 2007 zu folgendem Urteil über die Industrialisierung:

Die Industrielle Revolution wurde durch die Erweiterung von (Fach-)Wissen angetrieben. Erstaunlicherweise haben unqualifizierte Arbeiter jedoch mehr Gewinne als jede andere Gruppe erzielt. Marx und Engels, die im „*Kommunistischen Manifest*" 1848 düstere Voraussagen verkündeten, hätten bezüglich des Schicksals der unqualifizierten Arbeiter nicht falscher liegen können. [...] Die Realität ist nämlich eine ganz andere. 1815 stiegen die Reallöhne für Landarbeiter sowie für städtische ungelernte Arbeiter unaufhaltsam, was einen Wohlstand für diese Gruppen nach sich zog. Sogar die Gewinne auf landwirtschaftliche wie industrielle Investitionen überstiegen anfangs nicht die von Arbeitskräften. 1760 bis 1860 nahmen die Reallöhne in England stärker als die Produktivität zu. Die Erfinder, die Kapitaleigner, die Landbesitzer und die hochqualifizierten Arbeiter erhielten bescheidene oder überhaupt keine Vergütungen auf die Weiterentwicklung ihres Wissens. So hat das moderne Wachstum, von dem die am meisten benachteiligten Gruppen in der vorindustriellen Gesellschaft, besonders die unqualifizierten Arbeiter, profitierten, von Beginn an die soziale Ungleichheit verringert [...].
In Bezug auf die allgemeinen Lebensverhältnisse und Lebensperspektiven der Reichen wie der Armen scheint die Industrielle Revolution die sozialen Unterschiede verkleinert zu haben, sogar mehr als die Einkommens- und Vermögensverhältnisse es allein nahe legen.

Gregory Clark, A Farewell to Alms. A brief economic history of the world, Princeton 2007, S. 272-273, 284 (übersetzt von Rolf Schulte)

M2 Industrialisierung – vergrößerte Ungleichheit?

Professor Jan-Luiten van Zanden lehrt Wirtschaftsgeschichte an der Universität Utrecht in den Niederlanden, Professor Sevket Pamuk an der London School of Economics. In ihrer 2010 veröffentlichten Studie über Lebensstandards kommen sie in Bezug auf die Wirkungen der Industrialisierung zu folgendem Fazit:

▲ Blick in ein Berliner Hinterhofzimmer.
Foto von 1903.
Der 7 qm große Raum diente der ganzen Familie als Wohn- und Schlafstube zugleich. In Berlin wurden um 1900 rund 2 000 Haushalte gezählt, die nur aus einem Raum bestanden.

Diese Einschätzung zeigt, dass die Befürchtungen von Friedrich Engels über die wachsende Ungleichheit und die fortgesetzte Armut der Masse der arbeitenden Bevölkerung Großbritanniens nachvollziehbar waren, aber er hatte nicht in allen Punkten Recht. Fest steht, dass sich das ökonomische Wachstum in der Periode von 1700 bis 1870 beschleunigte – in Nordwest-Europa früher und ausgeprägter als auf dem restlichen Kontinent –, dass die Reallöhne hinterher zu hinken tendierten (und wiederum auch hier in Nordwest-Europa höher lagen als anderswo) und dass die reale Verbesserung anderer Indikatoren des Lebensstandards – Körpergröße, Kindersterblichkeit, Lese- und Schreibfähigkeit – sich oft (und speziell im britischen Fall) deutlich verzögerten. Die Früchte der Industriellen Revolution verteilten sich sehr ungleich über den Kontinent, sowohl auf der räumlichen Ebene (aber das ist vielleicht ganz und gar nicht überraschend, da die Industrielle Revolution in einem Winkel Europas entstand) als auch auf der sozioökonomischen Ebene. Die räumliche Ungleichheit nahm zu und die soziale Ungleichheit explodierte, besonders in den Teilen Europas, die am meisten von dem neuen Industriezeitalter profitierten. [...] Die Industrialisierung in Westeuropa ereignete sich daher in einer Umgebung von hoher sozialer Ungleichheit und sie neigte dazu, diese noch zu verschärfen. [...] Was politische Rechte und den Schutz der Eigentumsrechte angeht, mögen die Bürger Westeuropas in einer besseren Lage als die Einwohner anderer Teile der Welt gewesen sein. Im Gefolge der „Atlantischen Revolution“[1] und natürlich im Besonderen der Französischen Revolution entwickelten sich neue Vorstellungen von Bürgerrechten, die – zumindest in der Theorie – den Bürgern Westeuropas wachsende politische Macht gaben. Diese Entwicklung wurde auch nicht wirklich durch die konservative Bewegung in der nationalen wie internationalen Politik in den Jahrzehnten nach 1815 aufgehoben. [...] Und wieder bildeten die eher schwierigen Umformungen politischer Systeme[2] die Grundlage für den wirklichen Fortschritt, der sich in der zweiten Hälfte des 19. Jahrhunderts vollzog.

Sevket Pamuk und Jan-Luiten van Zanden, Standards of living, in: Stephen Broadberry und Kevin H. O'Rourke, The Cambridge Economic History of Modern Europe I. 1700-1870, Cambridge 2010, S. 233-234 (übersetzt von Rolf Schulte)

1. *Zeigen Sie anhand von M1 und M2 die Unterschiede, aber auch Gemeinsamkeiten in der Einschätzung auf. Erläutern Sie, auf welchen Grundlagen die Ergebnisse basieren.*
2. *Überprüfen Sie die Stellungnahmen M1 und M2 anhand der Informationen im Darstellungstext auf den Seiten 207-213 (Sachurteil).*
3. *Die Industrialisierung – Fortschritt für alle? Nehmen Sie Stellung.*

[1] **Atlantische Revolution**: die Ereignisse, die zur Unabhängigkeit der Vereinigten Staaten und zur Einführung einer parlamentarischen Demokratie in Nordamerika führten und Auswirkungen auf den gesamten atlantischen Raum hatten

[2] Die Autoren erläutern diese These an anderer Stelle (S. 233) genauer: „Der Aufstieg der parlamentarischen Demokratie während der zweiten Hälfte des 19. Jahrhunderts führte zu einem wachsenden Bildungsangebot, das zu einer weiteren Beschleunigung des Wachstums führte und soziale Programme hervorbrachte, die darauf abzielten, Einkommen auf die unteren sozialen Schichten zu übertragen.“

Voraussetzungen der Industrialisierung in England

- Verbesserte Anbaumethoden und damit einhergehend eine bessere Versorgungslage sowie Bevölkerungswachstum schufen ein **Überangebot an Arbeitskräften**.
- Die Konzentration des Grundbesitzes führte zu einem **Kapitalüberschuss**, der für Investitionen bereitstand. Die Agrarverfassung förderte die Abwanderung von Kleinbauern in die Städte.
- Der **Wirtschaftsliberalismus** sah das Gewinnstreben des Einzelnen als Quelle des Wohlstandes für die gesamte Gesellschaft. Der Staat sollte sich darauf beschränken, den idealen Rahmen für die Marktwirtschaft zu schaffen.
- Das System der **parlamentarischen Monarchie** bot der Wirtschaft Raum zur Entfaltung. Adel und Bürgertum waren bereit, in Handel und neue Wirtschaftszweige zu investieren.
- Großbritannien bot **geografisch gute Voraussetzungen** mit der Insellage, den Rohstoffvorkommen (z.B. Kohle und Erz) sowie einer ausgebauten Infrastruktur.

Deutschland als erfolgreicher Nachzügler

- In Deutschland begann der Prozess der Industrialisierung rund ein halbes Jahrhundert später als in England. Das Heilige Römische Reich Deutscher Nation (bis 1806) und später der Deutsche Bund (ab 1815) waren in viele Staaten zersplittert. Die unterschiedlichen Währungen, Maße, Gewichte und Zollschranken waren Handelshemmnisse.
- Der Zunftzwang hemmte aufstrebende Unternehmer. Billige Rohstoffe aus Kolonien fehlten ebenso wie dortige Absatzmärkte. Die Infrastruktur war nicht sonderlich ausgebaut.
- In Preußen bildeten **Bauernbefreiung und Gewerbefreiheit** die Basis für eine gesellschaftliche Modernisierung, von der auch Impulse auf die Wirtschaft ausgingen, vor allem durch persönliche Freiheitsrechte und Rechtsgleichheit.
- Der **Deutsche Zollverein** schuf ab 1834 den Rahmen für einen einheitlichen Binnenmarkt und verringerte das Investitionsrisiko. Die Reichsgründung 1871 forcierte diese Entwicklung.
- Der **Eisenbahnbau als Leitsektor** war Motor der Durchbruchphase in Deutschland. Um 1900 war Deutschland im Zuge der „Zweiten Industriellen Revolution" Vorreiter im Bereich der chemischen und Elektroindustrie.

Zeitleiste zur Industrialisierung in Deutschland

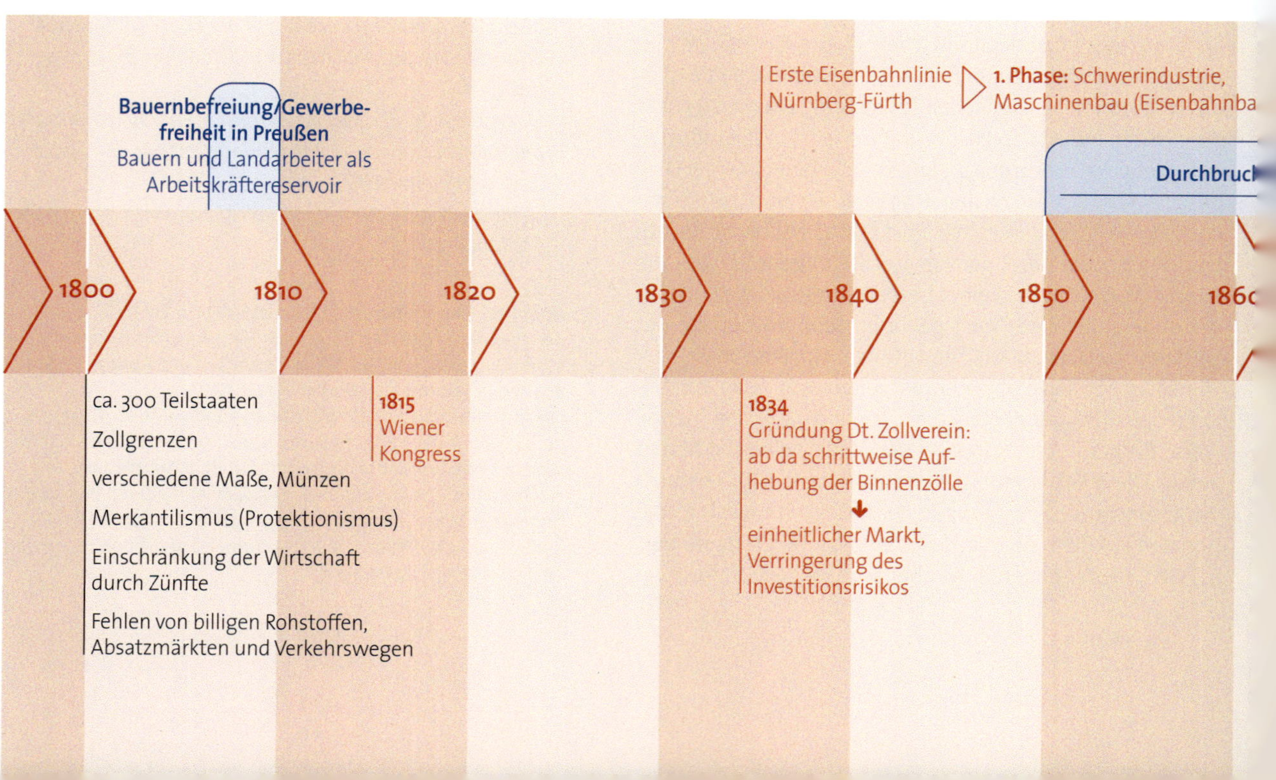

Lebens- und Arbeitsbedingungen im Wandel

- Die zunehmende Mobilität hatte eine **Landflucht** zur Folge. Neben einer Urbanisierung waren eine Wanderungsbewegung von Ost- nach Westdeutschland und die Auswanderung in östliche Staaten und dann vor allem in die USA zu verzeichnen.
- Es erfolgte eine stärkere **Trennung von Arbeitsstätte und Haushalt**, was auch die Geschlechterrollen zementierte.
- Es **fehlte Arbeitsschutz** in den Fabriken, die Wohnungsknappheit und der geringe Lohn führten zu teils **katastrophalen Wohnbedingungen**. Unfälle und Gesundheitsbelastungen waren die Folge.

Ansätze zur Lösung der Sozialen Frage

- Das Entstehen einer großen Gruppe von unzufriedenen **Proletariern** stellte eine Herausforderung für die Industriegesellschaft dar. Sie hatten kaum Möglichkeiten der politischen Mitbestimmung, ihre soziale Lage konnte auf Dauer zu politischer Instabilität oder gar einer Revolution führen.
- Einzelne **Unternehmer** versuchten im Rahmen betrieblicher Vorsorge (Krankenkassen, Wohnungen, Läden), die Arbeiter an das Unternehmen zu binden und sie von der Unterstützung der sozialistischen Arbeiterbewegung abzuhalten.
- Der **Marxismus** lehrte, dass die zunehmende Verelendung der Proletarier notwendigerweise zu einer sozialistischen Revolution führe. Verstaatlichung der Produktionsmittel und Überwindung der Herrschaft der Bourgeoisie sollten in einer kommunistischen, d.h. klassenlosen Gesellschaft gipfeln.
- Die **Sozialdemokratie** und die **Gewerkschaften** verfolgten hingegen einen Reformansatz. Sie versuchten über politische und betriebliche Mitbestimmung die Lage der Arbeiter innerhalb des bestehenden politischen Systems zu verbessern.
- Die **christlichen Kirchen** wirkten im karitativen Bereich der Armenfürsorge, u.a. entsprechend der „Inneren Mission" der evangelischen Kirche und der Sozialenzyklika „Rerum novarum" (1891) von Papst Leo XIII.
- Der **Staat** in Gestalt Bismarcks versuchte einerseits durch das Sozialistengesetz (1878-1890) die Sozialdemokratie zu schwächen. Andererseits wollte er durch die Sozialgesetzgebung (1883-1889) mit gesetzlicher Kranken-, Unfall-, Alters- und Invaliditätsversicherung die Arbeiter an den Staat binden und von der Sozialdemokratie entfremden.

1. *Diskutieren Sie, inwieweit unsere Gegenwart von den Veränderungen im Zuge der Industrialisierung noch immer geprägt ist.*
2. *Wägen Sie in einem Resümee die positiven und negativen Folgen der Industrialisierung ab.*
3. *Vergleichen Sie die gegenwärtige „digitale Revolution" mit der Industriellen Revolution im 19. Jahrhundert. Suchen Sie dafür lediglich wesentliche Aspekte aus. Erörtern Sie in jedem Fall vergleichend.*

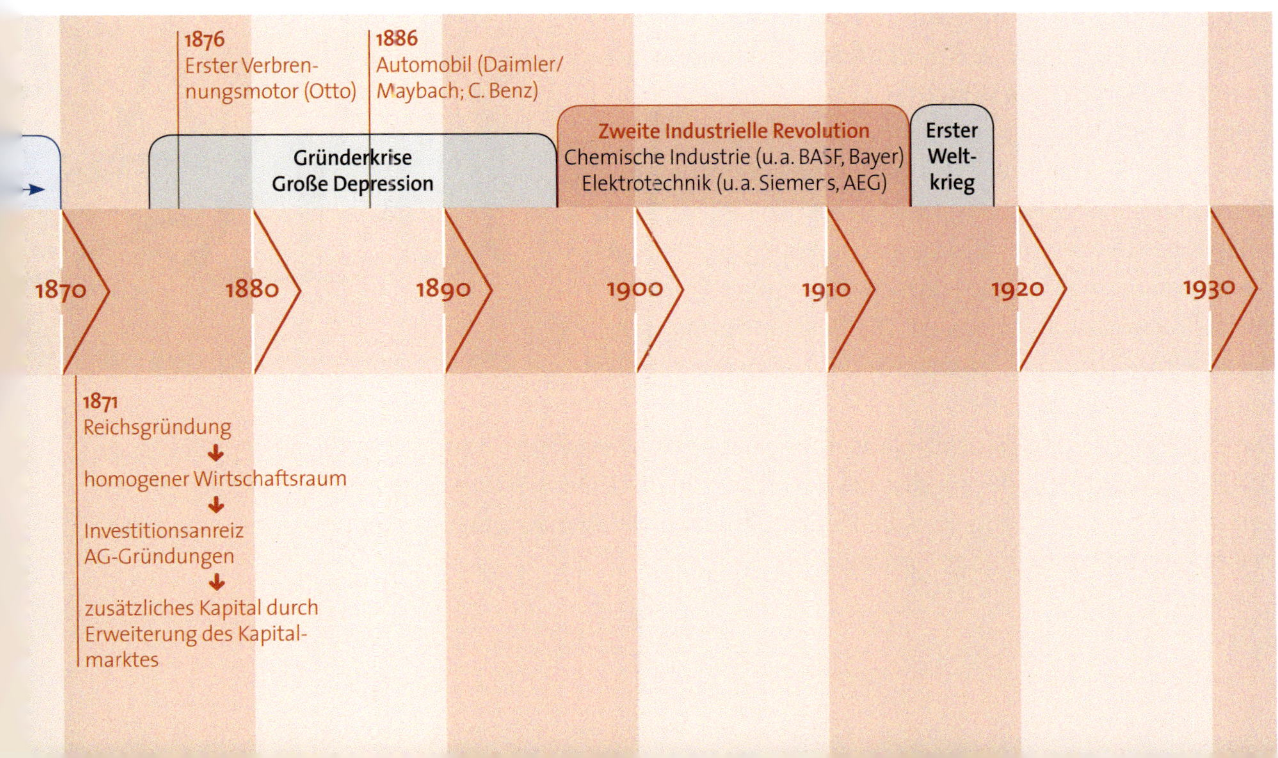

In Deutschland waren zwei Hindernisse zu überwinden, um die Einheit von Staat und Nation herzustellen. Zum einen mussten die vielen souveränen Länder wie Mecklenburg, Preußen, Sachsen oder Baden zusammengeschlossen, zum anderen musste die Gemeinschaft gleicher und freier Staatsbürger geschaffen werden. Einheit und Freiheit – so lautete die Losung der deutschen Revolutionäre 1848/49.

Die Einheit gelang mit der Gründung des Deutschen Reiches im Jahr 1871. Um die Freiheit aber wurde in diesem Reich, das von Nationalismus und Militarismus geprägt war, immer noch gerungen. Der deutsche Nationalstaat wurde 1871 geschaffen – allerdings nicht legitimiert durch den Willen des Volkes, sondern durch den Willen der deutschen Herrscher. Immerhin gewährte die Verfassung freie und allgemeine Wahlen für Männer, aber das Deutsche Reich blieb ein monarchisch geprägter Obrigkeitsstaat. Im Verständnis nicht nur der Herrschenden war der Bürger ein bloßer Untertan. Der Weg in den Ersten Weltkrieg endete mit den Belastungen des Friedensvertrages von Versailles, der eine schwere Hypothek für die erste deutsche Republik bedeutete. Der Weimarer Republik fehlte eine stabile demokratische Tradition. Diese konnte sich in Deutschland im Lauf des 19. Jahrhunderts nie festigen.

„Wer glaubt denn heute überhaupt noch, dass ein Recht des Volkes darin bestehen könnte, alle paar Monate in eine Wahlurne einen irgendwie bedruckten Zettel mit mehr oder weniger unbekannten Namen zu werfen?" So äußerte sich der Vizekanzler Franz von Papen auf einer Wahlkampfveranstaltung am 24. Februar 1933. Reichskanzler war zu diesem Zeitpunkt Adolf Hitler, der wie Papen die Demokratie verachtete. Der Weimarer Staat ging 1933 als „Republik ohne Republikaner" unter, sein Ende ist bis heute ein Musterfall für die Zerstörung einer Demokratie. Keine historische Phase ist so belastend im kollektiven Gedächtnis der Deutschen eingebrannt wie die nationalsozialistische Herrschaft mit dem Zweiten Weltkrieg und dem Holocaust. Die Beschäftigung mit dieser Phase ist unverzichtbar für das politische Bewusstsein jedes Deutschen.

Die folgende Teilung Deutschlands mit der doppelten Staatsgründung von Bundesrepublik und DDR 1949 wurde mit der friedlichen Revolution in der DDR 1989/90 überwunden. Mit der Wiedervereinigung im Jahr 1990 sind die Deutschen nach vielen Irrwegen des 19. und 20. Jahrhunderts in Einheit und Freiheit angekommen.

Deutschlands langer Weg zur Demokratie

Deutschland auf dem Weg zum Nationalstaat

◀ **„Verfassunggebende deutsche Nationalversammlung in der Paulskirche zu Frankfurt a.M."**
Farblithografie von C.A. Lill, 1848.
Die Paulskirche ist mit den Nationalfarben Schwarz-Rot-Gold und dem Reichsadler geschmückt. In der Mitte der Empore befindet sich ein Transparent mit der „Germania" von Philipp Veit. Das Bild misst 4,82 x 3,20 m und verdeckt die Orgel der Kirche, die zum Tagungsort gewählt wurde, weil kein Saal der Stadt groß genug war.

Restauration und Vormärz	**1814/15**	Auf dem Wiener Kongress wird Europa neu geordnet.
	1817	Auf dem Wartburgfest erinnern die deutschen Burschenschaften an die Reformation und an die Völkerschlacht bei Leipzig.
	1819	Durch die Karlsbader Beschlüsse werden die Burschenschaften verboten und eine Vorzensur eingeführt.
	1832	Die nationale und liberale Bewegung organisiert das Hambacher Fest.
Revolution und „Reichsgründung von oben"	**1848**	Der „Bürgerkönig" Louis Philippe wird gestürzt. Nach revolutionären Unruhen verfügen deutsche Monarchen soziale Reformen und beteiligen Liberale an der Regierung.
		Die deutsche Nationalversammlung tritt am 18. Mai in der Paulskirche zusammen.
	1849	Der preußische König Friedrich Wilhelm IV. lehnt die von der Nationalversammlung angebotene Kaiserwürde ab.
	1866	Preußen besiegt Österreich; der Deutsche Bund wird aufgelöst.
	1870/71	Die deutschen Staaten besiegen Frankreich.
	1871	Der preußische König Wilhelm I. wird zum „Deutschen Kaiser" proklamiert.
Das Reich in der Bismarckzeit	**1871-1878**	Im sogenannten „Kulturkampf" versucht Bismarck, den Einfluss des Katholizismus zurückzudrängen.
	1878-1890	Mithilfe des „Sozialistengesetzes" unterdrückt Reichskanzler Bismarck die Sozialdemokratie und ihr nahestehende Gewerkschaften.
	1881/83-1914	Im Hochimperialismus dehnen die industrialisierten Staaten ihren Herrschaftsbereich auf Gebiete in Afrika, Asien und Amerika aus.
	1884/85	Das Deutsche Reich erwirbt erstmals Kolonien.
Wilhelminische Großmachtpolitik	**1888**	Wilhelm II. wird Deutscher Kaiser.
	1890	Bismarck tritt als Reichskanzler zurück.
	1904/07	Großbritannien bereinigt mit Frankreich („Entente cordiale") und Russland kolonialpolitische Konflikte.
	1914 - 1918	Im Ersten Weltkrieg unterliegen das Deutsche Reich, Österreich-Ungarn und das Osmanische Reich den Alliierten.

Ein Vaterland mit Pickelhaube? Die Ära von 1789 bis 1914 wird in der Geschichtswissenschaft als „langes 19. Jahrhundert" verstanden, in dem sich die Moderne ihren Weg bahnte. Sie ist gekennzeichnet durch die Industrialisierung, den Wandel der Lebenswelt, eine fortschreitende Demokratisierung und die Bildung von Nationalstaaten.

Auf der politischen Bühne Mitteleuropas dominierten bis zur Mitte des 19. Jahrhunderts die beiden Großmächte Preußen und das Kaisertum Österreich. Zunächst waren sie Verbündete gegen das revolutionäre Frankreich, nach 1815 waren sie rivalisierende Partner im Deutschen Bund, dem Zusammenschluss der deutschen Staaten, der bis 1866 bestand. Im gleichen Jahr besiegte die preußische Armee Österreich im „Deutschen Bruderkrieg", was den Ausschluss der bisherigen Führungsmacht aus der deutschen Politik bedeutete. Preußens Vorherrschaft erstreckte sich zunächst lediglich auf alle Staaten nördlich der „Mainlinie". Im Vorzeichen eines preußisch-gesamtdeutschen Sieges über Frankreich 1870/71 beteiligten sich dann aber auch die süddeutschen Staaten an dem 1871 von den „verbündeten Regierungen" geschaffenen Kaiserreich. Otto von Bismarck, seit 1862 preußischer Ministerpräsident und von 1871 bis 1890 erster Reichskanzler, hätte die Deutschen freilich kaum „unter einen Hut" gebracht, wenn er für Preußens Machtpolitik nicht auch die nationale Einheitsbewegung hätte nutzen können.

Preußens Übergewicht in dem bis 1918 bestehenden Kaiserreich war unübersehbar. Zu Preußen gehörten 1871 60 Prozent der Reichsbevölkerung und 65 Prozent des Reichsterritoriums. Gegen Preußens Willen konnten die Regierungen der übrigen Bundesstaaten und auch der Reichstag in einem ernsten Konfliktfall nichts durchsetzen. Aber der kleindeutsche Nationalstaat wurde trotz der Zugehörigkeit zum jeweiligen Einzelstaat als das größere Vaterland begriffen und begrüßt. Die doppelte Loyalität zum engeren und weiteren Vaterland wurde auch durch zwei seitliche kleine Kokarden in den Landes- und Reichsfarben an den Pickelhauben der Soldaten verdeutlicht.

Obwohl „Eisen und Blut" entscheidend zur Reichsgründung beitrugen und die Verherrlichung des preußisch-deutschen Militärs zu einem Kennzeichen des Kaiserreiches wurde, blieb den Deutschen der Friede 43 Jahre lang erhalten. Das galt auch noch, als nach Bismarcks zurückhaltender Außenpolitik unter Kaiser Wilhelm II. Deutschlands Politiker im Zeichen neuen Prestigedenkens und Strebens nach Weltgeltung einen „Platz an der Sonne" einforderten. Die politische Führung wollte für Deutschland eine Stellung als Weltmacht erobern; dazu gehörten auch eine gewaltige Flotte und ausgedehnter Kolonialbesitz. Immer mehr europäische Staaten, vor allem Großbritannien, wandten sich deshalb gegen das Deutsche Reich. Bündnisse und Rüstungsindustrien der großen europäischen Mächte bereiteten den Krieg vor, den Wilhelm II. und seine Berater leichtfertig herbeiführten, auch wenn ihnen nicht die Alleinschuld anzulasten ist. Die Dauer und die schrecklichen Opfer des Ersten Weltkrieges sollten dann selbst die schlimmsten Befürchtungen übertreffen.

- *Wie reagierten die deutschen Fürsten nach 1815 auf die Entwicklungen in Frankreich?*
- *Welche Ursachen hatte die Revolution von 1848/49, welche Ziele verfolgten ihre Befürworter und welche Ursachen hatte ihr Scheitern?*
- *Welche positiven Auswirkungen auf die weitere politische, gesellschaftliche und wirtschaftliche Entwicklung in Deutschland lassen sich trotz des Scheiterns feststellen?*
- *Wodurch war die Innen- und Außenpolitik des Kaiserreiches gekennzeichnet und welche Rolle spielte der Nationalismus für politische Entscheidungen?*
- *Wer trug die Schuld am Ausbruch des Ersten Weltkrieges?*

Historienbilder als „Geschichts-bilder“

Historiengemälde „erzählen“ Geschichte. Es gibt sie seit der Antike. Die Gattung beschränkt sich nicht auf Malerei, sondern umfasst auch Mosaike, Kupferstiche oder Reliefs. Besonders beliebt waren Historienbilder im 19. Jahrhundert, als sie auf bedeutende Ereignisse, Personen, Leistungen und Traditionen der nationalen Geschichte aufmerksam machten. Sie trugen so zur Identifikation der Öffentlichkeit mit dem eigenen Volk bei.

Historiengemälde analysieren und interpretieren

Historienbilder sind Kunstwerke. Die Künstler bemühen sich, historische Sachverhalte darzustellen und zu deuten – die „historische Realität“ bilden sie nicht ab. Das gilt unabhängig vom zeitlichen Abstand zum dargestellten Geschehen. Sie verherrlichen, rechtfertigen oder kritisieren vergangene Ereignisse. Oft sind Historienbilder öffentliche oder private Auftragsarbeiten. Sie sagen dann immer auch etwas über die Vorstellungen der Auftraggeber aus.
Die Analyse und Interpretation erfordert daher nicht nur Kenntnisse über die dargestellte Zeit, sondern auch über die Entstehungszeit des Bildes, den Künstler und seinen Auftraggeber.

Formale Kennzeichen

- Wer ist der Künstler / die Künstlerin?
- Wann und wo ist das Kunstwerk entstanden?
- Stammt der „Bildtitel“ vom Künstler oder wurde er von anderer Seite zugefügt?
- Um welche Kunstgattung (Gemälde, Holzstich, Kupferstich, Fresko, Relief etc.) und welches Format (z. B. Monumentalgemälde) handelt es sich?

Bildinhalt

- Wen oder was zeigt das Kunstwerk?
- Welche Komposition (Bildaufbau, Figuren etc.) liegt dem Bild zugrunde?
- Welche Perspektive (Vogel-, Zentralperspektive etc.) hat der Künstler gewählt?
- Wie ist die Farbgebung (hell, dunkel, kontrastreich etc.) und die Lichtführung (konzentriert oder gleichmäßig)?
- Welche Symbole und Sinnbilder (Allegorien) werden verwendet?

Historischer Kontext

- Aus welchem Anlass ist das Bild entstanden?
- An welches Ereignis, an welchen Sachverhalt oder an welche Person wird erinnert?
- Handelt es sich um eine realistische und/oder allegorische (sinnbildliche) Darstellung?
- Inwiefern haben die politischen, religiösen oder sozialen Verhältnisse der Entstehungszeit das Kunstwerk beeinflusst?

Intention und Wirkung

- Was ist über die Haltung des Künstlers und der Auftraggeber bekannt?
- An wen richtet sich das Kunstwerk?
- Welche Absichten verfolgten Künstler bzw. Auftraggeber?
- Welche Wirkungen erzielte das Bild bei zeitgenössischen, welche bei heutigen Betrachtern?

Bewertung und Fazit

- Wie lassen sich Aussage und Wirkung des Gemäldes bewerten?
- Gibt es weitere Quellen zum Bildthema, mit denen sich das Kunstwerk vergleichen lässt?

Methoden-Aufgabe:

Interpretieren Sie das Gemälde von Jacques-Louis David.

Rechts von einer Gruppe von Marschallen steht der Oberzeremonienmeister.

Die Mutter Napoleons, die bei den Feierlichkeiten wegen Differenzen mit Josephine nicht anwesend war, hat auf dem Gemälde einen Ehrenplatz inne.

Der Erzbischof von Paris war zum Zeitpunkt der Feierlichkeiten 95 Jahre alt.

Bei den Würdenträgern handelt es sich um Marschall Bernadotte, den späteren König von Schweden, um einen französischen General sowie um einen Stiefsohn Napoleons, der bald darauf zum Vizekönig Italiens ernannt wurde.

Auf dem Ausschnitt ist nur ein Teil des Hochaltars der Kathedrale Notre-Dame zu sehen.

▲ **Jacques-Louis David: Die Krönung in Notre Dame, 1805-1807 (Ausschnitt).**

Zwei Hofdamen (und nicht wie bei der tatsächlichen Krönung die Schwestern Napoleons) halten die Schleppe der Kaiserin.

Josephine kniet betend und mit gesenktem Kopf an der untersten Stufe des Altarraums.
Der Mantel mit reicher Golaborte gleicht dem Napoleons. Die goldenen Bienen nehmen Bezug auf das fränkische Königsgeschlecht der Merowinger. Bei ihnen war die Symbolik der Bienen (Monarchie, Fleiß, Weisheit) verbreitet.

Napoleon, der sich zuvor selbst zum Kaiser gekrönt hatte, trägt einen goldenen Lorbeerkranz, wie er von Caesar und den römischen Kaisern getragen wurde.

Papst Pius VII. hebt segnend seine rechte Hand. Neben ihm stehen geistliche Würdenträger der römischen Kirche, direkt neben ihm Kardinal Fesch, der Onkel Napoleons.

Deutschland im Schatten Napoleons

Die innere Befriedung Frankreichs Nach dem Ende der Revolution nutzte Napoleon die Sehnsucht der Bürger nach Ruhe, um in Frankreich eine straffe innere Ordnung herzustellen. Die Verfassung, die er im Dezember 1799 vorlegte, sicherte ihm das alleinige Recht der Gesetzesinitiative. Sie „diente weniger der Machtkontrolle als der Machterhaltung“ (Dieter Grimm).

Napoleon bemühte sich um einen Ausgleich zwischen den von der Revolution aufgerissenen Fronten. Er hob die diskriminierenden Gesetze gegen den Adel auf und erkannte in einem *Konkordat** den katholischen Glauben wieder als Religion an. Der *Code civil* von 1804, das „erste Gesetzbuch eines ständefreien Staates“ (Hans-Ulrich Wehler), sicherte dem Bürgertum persönliche Freiheit, Gleichheit vor dem Gesetz, Gewissensfreiheit, Gewerbefreiheit und Trennung von Staat und Kirche zu. Alle religiösen Bekenntnisse – also auch der jüdische Glaube – wurden rechtlich anerkannt und die Zivilehe beibehalten. Dagegen wurde das 1792 liberalisierte Scheidungsrecht zum Nachteil der Frauen wieder erschwert und die nach jahrelanger Diskussion 1794 abgeschaffte Sklaverei in den Kolonien wieder akzeptiert. Das einsetzende Wirtschaftswachstum verdeckte nur oberflächlich, dass politische Errungenschaften der Revolution wie das allgemeine Wahlrecht, Gewaltenteilung, Presse- und Versammlungsfreiheit unter Napoleon unterdrückt wurden.

Ende 1804 krönte Napoleon sich selbst zum „Kaiser der Franzosen“ und führte die erbliche Kaiserwürde für seine Familie ein. Per Plebiszit ließ er sich dies von den Franzosen bestätigen. Frankreich war wieder Monarchie.

▲ **Napoleon I. Bonaparte im Krönungsornat.**
Gemälde von François Gérard, 1805.

Franz II. (1768-1835): Herrscher aus dem Hause Habsburg. Er war von 1792 bis 1806 Oberhaupt des Heiligen Römischen Reiches Deutscher Nation und regierte bereits ab 1804 als Kaiser Franz I. von Österreich.

Napoleon und das Ende des Heiligen Römischen Reiches Schon vor seiner Krönung zum Kaiser war sich Napoleon bewusst, dass seine aus der Revolution entstandene Herrschaft eine Provokation für die europäischen Monarchien war. Sicher konnte er sich nur fühlen, wenn er die bisherigen Fürsten entweder besiegte oder in seine Abhängigkeit zwang. Der 1799 ausgebrochene *Zweite Koalitionskrieg*, zu dem England die Großmächte Russland, Österreich, Portugal und die Türkei angestachelt hatte, gab ihm dazu Gelegenheit. Im *Frieden von Lunéville* 1801 konnte er seine Eroberungen sichern. Dazu gehörte das gesamte linke Rheinufer.

Preußen und Österreich hatten es schon 1795/97 – während des *Ersten Koalitionskrieges* und während sie mit der Teilung Polens beschäftigt waren – preisgegeben und festgelegt, dass die betroffenen weltlichen Reichsfürsten für ihre linksrheinischen Verluste mit rechtsrheinischen Gebieten entschädigt werden sollten. Die Grundlagen für diese Entschädigungen erarbeitete ein Ausschuss des Regensburger Reichstages. Das Ergebnis war der *Reichsdeputationshauptschluss*. Ihn musste 1803 das Oberhaupt des Heiligen Römischen Reiches Deutscher Nation, Kaiser **Franz II.**, anerkennen. Die Schlüsselbegriffe des Reichsdeputationshauptschlusses lauteten *Säkularisation* und *Mediatisierung*. Säkularisation bedeutete die Herrschaftsübernahme in kirchlichen Territorien durch weltliche Fürsten, Mediatisierung die Unterstellung bisher reichsunmittelbarer Stände wie Ritter und Reichsstädte unter die Landeshoheit eines anderen weltlichen Reichsstandes. Alles in allem blieben von knapp 300 selbstständigen Reichsständen noch 41 Flächen- und Stadtstaaten übrig. Die großen Gewinner waren die Herrscher von Preußen, Bayern, Baden und Württemberg. Sie konnten ihre Territorien zum Teil beträchtlich vergrößern.

* **Konkordat**: völkerrechtlicher Vertrag zur Regelung kirchlich-staatlicher Angelegenheiten

Nach Frankreichs Sieg über England, Österreich und Russland in der *Dreikaiserschlacht von Austerlitz* und dem *Frieden von Preßburg* 1805 begann Napoleon I., seine Vorherrschaft in Europa auszubauen. Ein Mittel dazu war es, die Macht der kleineren süddeutschen Fürsten im Heiligen Römischen Reich zu stärken. Sie nahmen Napoleons Unterstützung an, um ihre vollständige Souveränität gegenüber dem Reich zu erreichen und Standeserhöhungen durchzusetzen. Anfang 1806 wurden Bayern und Württemberg Königreiche und Baden Großherzogtum. Im Juli desselben Jahres sagten sich dann 16 Staaten unter dem *Protektorat** Napoleons vom Reich los und bildeten den *Rheinbund*. Das war das Ende des alten und ehrwürdigen Heiligen Römischen Reiches Deutscher Nation.

DVD-Tipp:
Napoleon und die Deutschen. Teil I-IV, ARD-Koproduktion, Arte Edition, 2 DVDs, 2006 (Regie: G. Schiemann, E. Bartlmae und S. Schneider)

Napoleons Fernziel ■ Preußen hatte den Zerfall des Reiches zunächst als neutraler Beobachter verfolgt, war aber dann an der Seite Russlands in den Krieg gegen Frankreich getreten. Seine Armee wurde aber bei Jena und Auerstedt Ende 1806 vernichtend geschlagen. König *Friedrich Wilhelm III.* von Preußen (1770-1840) musste im *Frieden von Tilsit* 1807 akzeptieren, dass Napoleon alle westlich der Elbe gelegenen preußischen Gebiete übernahm und mit anderen norddeutschen Staaten zum *Königreich Westfalen* zusammenfügte. Preußen verlor außerdem seine Erwerbungen aus den drei polnischen Teilungen. Sie wurden Teil des neu gegründeten Großherzogtums Warschau. Das „Grand Empire" stand auf dem Höhepunkt seiner Macht und Napoleon begann, sein Fernziel umzusetzen: ein politisch, wirtschaftlich und rechtlich einheitliches Europa unter französischer Hegemonie.

▲ **Friedrich Wilhelm III.**
Gemälde (Kopie), Öl auf Leinwand 65 x 54,5 cm. Das Original, gemalt im Jahre 1814 von François Gérard, ging im Krieg verloren. Die Kopie ist heute in der Kunsthalle in Bremen zu sehen.

Reformen: Modernisierung zwischen Pragmatismus und Zwang ■ Napoleon organisierte das linksrheinische Gebiet nach französischem Muster. Es sollte für immer bei Frankreich verbleiben. Als Modell für die Rheinbundstaaten war das neue Königreich Westfalen gedacht. Es erhielt Ende 1807 eine Verfassung nach französischem Vorbild. Es war die erste Konstitution auf deutschem Boden. Darüber hinaus wurden eine zentralistische Verwaltung und der Code civil eingeführt.

Der Machtsicherung und -erhaltung dienten auch die nun einsetzenden Reformen in den Rheinbundstaaten. Um die neu gewonnenen Herrschaftsgebiete zu integrieren und die leeren Staatskassen zu füllen, modernisierten die Fürsten ihre Staaten. Sie schufen einheitliche Wirtschaftsgebiete, zentralisierten die Verwaltung und änderten die Rechtsordnung zum Teil nach dem Vorbild des Code civil. Adel und Klerus verloren dabei Ämter- und Steuerprivilegien, doch die Fürsten schafften die ständische Gesellschaftsordnung nicht vollständig ab.

Literaturtipp:
Monika Wienfort, Geschichte Preußens, München 2008

Unter anderen Voraussetzungen gingen die Reformer in Preußen ans Werk. Riesige Gebietsverluste, erdrückende Tributzahlungen an Frankreich und der Wunsch, bald wieder zum Kreis der Großmächte zu gehören, zwangen die preußische Regierung zu einer Mobilisierung aller Kräfte. Freiherr vom und zum Stein, von 1804 bis 1807 Finanz- und Wirtschaftsminister und von Oktober 1807 bis November 1808 Regierungschef, sowie sein Nachfolger, Karl August Freiherr von Hardenberg, setzten sich für einen effizienteren Staat und den Abbau ständischer Privilegien ein (▸ M1). Eingeleitet wurden die preußischen Reformen durch das *Oktoberedikt* im Jahr 1807 und die Einführung der *Gewerbefreiheit* 1810.** Um die „Landeskinder" zu selbstverantwortlich handelnden

* **Protektorat**: Schutzherrschaft
** Siehe Seite 181.

Bürgern zu erziehen, schuf Stein 1808 darüber hinaus eine *Städteordnung*. Sie brachte den größeren Gemeinden mehr Selbstverwaltung. Dem militärischen Wiederaufstieg Preußens sollte die *Heeresreform* dienen. Das aus Söldnern und zwangsweise verpflichteten Untertanen zusammengesetzte Militär wurde in ein *Volksheer* umgewandelt. Konsequenterweise fiel dabei das Adelsmonopol für Offiziersstellen. Im *Emanzipationsedikt* von 1812 wurden den Juden die staatsbürgerlichen Rechte gewährt; höhere Ämter in Justiz, Verwaltung und Militär blieben ihnen jedoch verwehrt. Ein wichtiges Versprechen des preußischen Königs blieb aber unerfüllt: die Verkündung einer Konstitution.

▲ **Europa um 1812.**

Gegen Napoleon Die alten europäischen Großmächte wollten sich auf Dauer nicht von Frankreich unterdrücken lassen (▸ M2). Nachdem die „Grande Armee" 1812 in Russland eine halbe Million Menschen verloren hatte, beschloss der russische Zar *Alexander*, den Kampf zur „Befreiung" Europas fortzusetzen. Doch erst als der preußische General *Ludwig Yorck von Wartenburg* ohne Zustimmung seines Königs Ende 1812 in der *Konvention von Tauroggen* den Russen den Weg nach Ostpreußen freigab, folgte Friedrich Wilhelm III. dem Signal zum *Befreiungskrieg*. Preußen erklärte Frankreich den Krieg. Österreich begann den Kampf erst, nachdem Russland und Preußen dem Vielvölkerstaat die Wiederherstellung der vorrevolutionären Ordnung zugesichert hatten.

Die Rheinbundstaaten kämpften zunächst noch auf französischer Seite. Nach und nach wechselten sie aber das Bündnis und schlossen sich der preußisch-österreichischen Seite an. Die Entscheidung fiel in der *Völkerschlacht bei Leipzig* im Oktober 1813. Napoleon wurde geschlagen, zum Rückzug gezwungen und nach der Eroberung von Paris auf die Insel Elba verbannt. Ein Jahr später, im März 1815, riss er noch einmal die Herrschaft an sich. In der *Schlacht bei Waterloo* wurde er dann endgültig geschlagen. Europa musste neu geordnet werden.

Literaturtipps:
200 Jahre nach der Völkerschlacht bei Leipzig bieten Leben und Wirken des „Kaisers der Franzosen" noch immer genug Stoff für spannende und aufschlussreiche Werke über das napoleonische Zeitalter:

- *Eckart Kleßmann, Die Befreiungskriege 1813-1815 in Augenzeugenberichten, Stuttgart 2013*
- *Ders., Die Verlorenen. Die Soldaten in Napoleons Russlandfeldzug, Berlin 2012*
- *Hans-Ulrich Thamer, Die Völkerschlacht bei Leipzig: Europas Kampf gegen Napoleon, München ²2013*
- *Volker Ullrich, Napoleon, Reinbek ³2006*
- *Adam Zamoyski und Ruth Keen, 1812: Napoleons Feldzug in Russland, München ¹⁰2012*

Anfänge der liberalen und nationalen Bewegung in den deutschen Staaten Die Bestimmung des Menschen als eines freien, vernunftgeleiteten, selbstverantwortlich handelnden Individuums geht auf die europäische Aufklärung zurück. Sie bildet die geistesgeschichtliche Grundlage für die im 18. Jahrhundert entwickelte liberale* und nationale Bewegung. Die Amerikanische und die Französische Revolution sowie die aus der napoleonischen Fremdherrschaft entstandenen Krisen stärkten sie. Insgesamt bestimmten drei parallel verlaufende und sich zum Teil überschneidende Prozesse die Bewegung:

- Der Kampf gegen die Fremdherrschaft sowie die inneren Reformen stärkten die Bewegung. Dabei mobilisierten die Befreiungskriege nicht die Massen, wie es später dargestellt wurde. Die meisten Soldaten mussten zum Kriegsdienst gegen die französischen Truppen gezwungen werden.
- Auch der Aufstieg des Bürgertums verlieh der Bewegung wichtige Impulse. Es gab sich nicht mehr mit der ständischen Ordnung und der politischen Unmündigkeit zufrieden. Die von den Fürsten eingeleiteten Modernisierungen hatten seine Macht gestärkt.
- Schließlich gab es im frühen 19. Jahrhundert ein wachsendes Bewusstsein, einer deutschen Kulturnation anzugehören. Den Gedanken, dass ein Volk durch Sprache, Religion und Tradition ein bestimmtes Nationalbewusstsein besitzt, hatte *Johann Gottfried Herder* (1744-1803) in seiner „Abhandlung über den Ursprung der Sprache" von 1772 entwickelt. Theologen, Schriftsteller, Historiker, Philosophen und andere Intellektuelle trugen dazu bei, dass diese Gedanken diskutiert, erweitert und publiziert wurden.

Für die Schaffung eines deutschen Nationalstaates stand allerdings – anders als in Frankreich, wo sich die Nation innerhalb einer bestehenden Staatsgrenze gegründet hatte – nicht das Modell der Staatsnation Pate. Daher griff man im Gebiet der deutschen Staaten auf die Idee der Kulturnation zurück und knüpfte damit an Überzeugungen aus dem 18. Jahrhundert an. Damals hatte sich unter bürgerlichen Beamten, Kaufleuten und Literaten das Bewusstsein herausgebildet, über alle Grenzen der Reichsterritorien hinweg als Nation zusammenzugehören. Nach 1806 wurde die deutsche Vergangenheit in Literatur, Kunst und Musik romantisch verklärt und die gemeinsame Sprache und Kultur zur Grundlage der Nation und eines erhofften Nationalstaates erhoben. Wenige Jahre vor der Revolution von 1848 entstand „Das Lied der Deutschen", ein Werk aus drei Strophen, das von den Noten der „Kaiser-Hymne" von *Joseph Haydn* begleitet wurde. *August Heinrich Hoffmann* hatte den Text Ende August 1841 während des Besuches der Nordseeinsel Helgoland verfasst. Ein Jahr zuvor hatte Hoffmann mit seinen „Unpolitischen Liedern" die Zustände im Deutschen Bund spöttisch kritisiert. Dafür verlor er 1842 seine Professur an der Universität Breslau und wurde aus mehreren deutschen Staaten und Städten ausgewiesen – allein dreimal aus seinem Heimatort, nach dem der Dichter sich „von Fallersleben" (heute ein Stadtteil von Wolfsburg) nannte. Auch wenn es noch über 70 Jahre dauern sollte, bis „Das Lied der Deutschen" 1922 schließlich zur deutschen Nationalhymne erklärt wurde, so verweist der Entstehungshintergrund des Textes noch heute auf die nationalen Bestrebungen des 19. Jahrhundertes, steht die wechselhafte Geschichte der Verwendung der Hymne gleichsam für das Auf und Ab der deutschen Geschichte im 20. Jahrhundert.

▲ **„Reden an die deutsche Nation" von Johann Gottlieb Fichte und „Des Knaben Wunderhorn" von Clemens Brentano und Achim von Arnim.**
Fichte war einer der bedeutendsten Propagandisten des deutschen Nationalbewusstseins. Mit seinen „Reden an die deutsche Nation" von 1808 forderte er die demokratische Nationalerziehung als Grundlage eines aus gleichberechtigten Bürgern bestehenden deutschen Nationalstaates. Die von den bedeutendsten Dichtern der Romantik, Brentano und Arnim, zwischen 1806 und 1808 veröffentlichte dreibändige Volksliedsammlung „Des Knaben Wunderhorn" gehört zu einer großen Reihe von in dieser Zeit verbreiteten Volksliedern, Märchen, Legenden und Sagen, die über die kulturelle Tradition eine politische und geistige Einheit der Deutschen stiften sollten.

* **liberalis** (lat.): „freiheitlich", „eines freien Mannes würdig"

Die Ziele der liberalen und nationalen Bewegung Obwohl die deutsche Nationalbewegung zu Beginn des 19. Jahrhunderts zunächst nur wenige Anhänger zählte, stellte sie wirkungsmächtige Forderungen auf:

- An die Stelle der deutschen Einzelstaaten sollte nach dem Vorbild des französischen Zentralismus oder des amerikanischen Föderalismus die staatliche Einheit der Nation treten.
- Die ständische Gesellschaftsordnung sollte durch eine Gesellschaft freier und gleicher Bürger ersetzt werden.
- Verfassungen sollten die Menschenrechte, die Gewaltenteilung und die politische Mitbestimmung der Bürger durch gewählte Vertreter gewähren.
- Die Wirtschaft sollte sich ohne Zunftschranken und über die Landesgrenzen hinweg frei entfalten können.

Insofern war die deutsche Nationalbewegung anfangs eine „liberale Emanzipations- und Oppositionsideologie, die sich gegen die spätabsolutistischen Territorialstaaten, gegen die Vorrechte des Adels, gegen das Gottesgnadentum richtete, aber für die souveräne Nation, für die allgemeine Staatsbürgergesellschaft, auch für die harmonische Kooperation aller Nationalstaaten" (Hans-Ulrich Wehler) stritt. Dies hinderte sie nicht, von Anfang an die eigene Herkunft (lat.: natio) überzubewerten, den Nationalgedanken zu einer Art religiösen Idee zu machen und feindselig gegen andere Nationen zu sein (▸ M3).

▲ **Fürst Klemens von Metternich.**
Gemälde von Sir Thomas Lawrence, 1820-1825.

Klemens Wenzel Fürst von Metternich (1773-1859): 1809-1821 österreichischer Staats- und Außenminister, 1821-1848 Staatskanzler. Er bemühte sich um die Erhaltung der 1815 hergestellten Herrschaftsordnung und kämpfte gegen liberale und nationale Bewegungen. Bei Ausbruch der Revolution in Wien wurde er 1848 gestürzt.

Heilige Allianz: Das Bündnis gegen nationale und liberale Bestrebungen betonte das Gottesgnadentum als Grundlage einer legitimen Herrschaft.

Die Neuordnung Europas auf dem Wiener Kongress Für die Fürsten bedeutete die liberale und nationale Bewegung eine Herausforderung, da sie die bestehende Staatenwelt und Herrschaftsordnung infrage stellte. Das war den Fürsten und Diplomaten bewusst, die sich 1814/15 in Wien versammelten, um das von Napoleon zerstörte Gleichgewicht der fünf europäischen Großmächte (*Pentarchie*) wiederherzustellen. Das Recht der Völker, über sich selbst zu bestimmen, lehnten sie ab, die Verkündung von Verfassungen schlossen sie aber nicht aus. Eine legitime, d.h. rechtmäßige Staatsgewalt konnte ihrer Ansicht nach in Europa nicht wie in den USA vom Volk ausgehen, sondern allein von den alten Herrscherhäusern (*Dynastien*).

Eifrigster Anwalt der *Restauration*, der Wiederherstellung der politischen Zustände, wie sie vor der Französischen Revolution bestanden hatten, wurde der österreichische Verhandlungsführer Fürst **Klemens von Metternich**. Allerdings dachte auch er nicht daran, die Säkularisation und Mediatisierung sowie die Rangerhöhungen einiger Fürsten rückgängig zu machen. Das Heilige Römische Reich Deutscher Nation sollte nicht wiederhergestellt werden. Stattdessen einigte man sich in Wien darauf, in der Mitte Europas nur einen lockeren Staatenbund von 34 souveränen Fürsten und vier freien Städten (Lübeck, Hamburg, Bremen und Frankfurt am Main) zu gründen: den *Deutschen Bund*. Er sollte die innere und äußere Sicherheit der Mitgliedstaaten gewährleisten und das Gleichgewicht der europäischen Großmächte sichern. In Wien hatte man damit die Revolution beendet und eine zwischenstaatliche Friedensordnung geschaffen, die künftigen Wandel nicht ausschließen sollte, ihn aber von allgemeiner Billigung der Monarchen abhängig machte. Die Monarchen Russlands, Österreichs und Preußens verpflichteten sich dazu im Herbst 1815 zu einer **Heiligen Allianz**. Brüderlich wollte man alle revolutionären Veränderungen abwehren. Aus der Kriegsallianz der Sieger war ein Bollwerk gegen innere und äußere Reformen geworden. Außer dem englischen König, dem türkischen Sultan und dem Papst traten alle Regenten Europas der Heiligen Allianz bei.

M1 „Revolution von oben"

In der „Rigaer Denkschrift" (12. September 1807) skizziert der auf Befehl Napoleons entlassene preußische Staatsminister Karl August Fürst von Hardenberg dem König von Preußen die Grundlagen einer Reorganisation des Staates:

Die Französische Revolution, wovon die gegenwärtigen Kriege die Fortsetzung sind, gab den Franzosen unter Blutvergießen und Stürmen einen ganz neuen Schwung. Alle schlafenden Kräfte wurden geweckt, das Elende und Schwache, veraltete Vorurteile und Gebrechen wurden – freilich zugleich mit manchem Guten – zerstört. Die Benachbarten und Überwundenen wurden mit dem Strome fortgerissen. [...]

Der Wahn, dass man der Revolution am sichersten durch Festhalten am Alten und durch strenge Verfolgung der durch solche geltend gemachten Grundsätze entgegenstreben könne, hat besonders dazu beigetragen, die Revolution zu befördern und derselben eine stets wachsende Ausdehnung zu geben. Die Gewalt dieser Grundsätze ist so groß, sie sind so allgemein anerkannt und verbreitet, dass der Staat, der sie nicht annimmt, entweder seinem Untergange oder der erzwungenen Annahme derselben entgegensehen muss. [...]

Also eine Revolution im guten Sinn, gerade hinführend zu dem großen Zwecke der Veredelung der Menschheit, durch Weisheit der Regierung und nicht durch gewaltsame Impulsion[1] von innen oder außen, – das ist unser Ziel, unser leitendes Prinzip. Demokratische Grundsätze in einer monarchischen Regierung: Dieses scheint mir die angemessene Form für den gegenwärtigen Zeitgeist.[2] Die reine Demokratie müssen wir noch dem Jahre 2440 überlassen[3], wenn sie anders je für den Menschen gemacht ist. [...]

Man schrecke ja nicht zurück vor dem, was er[4] als Hauptgrundsatz fordert, möglichste Freiheit und Gleichheit. – Nicht die regellose, mit Recht verschriene: die die blutigen Ungeheuer der Französischen Revolution zum Deckmantel ihrer Verbrechen brauchten oder mit fanatischer Wut statt der wahren, *im gebildeten gesellschaftlichen Zustande möglichen*, ergriffen, sondern *nur diese* nach weisen Gesetzen eines monarchischen Staates, die die natürliche Freiheit und Gleichheit der Staatsbürger nicht mehr beschränken, als es die Stufe ihrer Kultur und ihr eigenes Wohl erfordern.

[...]

Die Nation mit der Staatsverwaltung in nähere Verhältnisse zu bringen, sie mehr damit bekannt zu machen und dafür zu interessieren, ist allerdings heilsam und nötig. Die Idee einer Nationalrepräsentation, so wie sie von dem Herrn von Altenstein[5] gefasst ist, ohne Abbruch der monarchischen Verfassung, ist schön und zweckmäßig. Der Begriff gefährlicher Nationalversammlungen passt nicht auf sie. Durch die Amalgamierung[6] der Repräsentanten mit den einzelnen Verwaltungsbehörden wird sie den Nutzen gewähren, ohne den Nachteil zu haben. Sie soll keinen besonderen konstitutiven Körper, keine eigene Behörde bilden. [...]

[...]

Dass man dem Provinzialcharakter nicht Gewalt antun und aus Sucht, alles in eine Form, besonders in eine nicht passende, zu zwingen, nicht überall alle Einrichtungen und Vorschriften auf gleiche Weise geltend machen müsse, damit bin ich vollkommen einverstanden. Doch scheint es mir weise, dem Ganzen einen einzigen Nationalcharakter aufzuprägen und nach und nach, jenen Maximen unbeschadet, dahin zu arbeiten, welches auch ohne Zwang geschehen kann. Die Verwaltung nach Provinzen würde ich diesemnach nicht beibehalten, die Verwaltungsdepartements nach den natürlichen Verhältnissen abteilen und benennen und einem jeden eine Kammer vorsetzen. Der ganze Staat heiße künftig *Preußen*. [...]

Zitiert nach: Walter Demel und Uwe Puschner (Hrsg.), Von der Französischen Revolution bis zum Wiener Kongreß 1789-1815, Stuttgart 1995, S. 87f., 89f. und 92f.

1. *Arbeiten Sie Hardenbergs Haltung gegenüber der Französischen Revolution heraus.*
2. *Nennen Sie wesentliche Aspekte, die nach Hardenberg für eine Reorganisation des Staates zu beachten wären.*

[1] **Impulsion**: Anstoß, Anregung
[2] Offenbar nach dem Philosophen Immanuel Kant (1724-1804), der mit Blick auf die Französische Revolution sagte: „Autokratisch herrschen und dabei doch republikanisch [...] regieren, ist das, was ein Volk mit seiner Verfassung zufrieden macht."
[3] Anspielung auf den utopischen Roman von L. S. Mercier (1740-1814), L'an 2440. Rêve s'il en fût jamais
[4] Hardenberg bezieht sich hier auf Überlegungen seines Mitarbeiters Karl Freiherr vom Stein zum Altenstein.

[5] Vgl. Anm. 4.
[6] **Amalgamierung**: enge Verbindung

M2 „... das muss alle Deutsche fest und brüderlich vereinen“

In einer zuerst anonym als Einzeldruck Ende Januar 1813 veröffentlichten Flugschrift ruft der Historiker und patriotische Dichter Ernst Moritz Arndt zur Erhebung gegen Napoleon I. und dessen Verbündete auf:

Ihr habt das blutige und unerbittliche Ungeheuer gesehen und gefühlt, welches in seinem stolzen Wahn und Übermut sich nichts Kleineres angemaßt hatte, als alle Länder zu bezwingen, alle Thronen zu schänden, alle Völker zu erniedrigen und endlich in satanischer Einsamkeit über einen verworfenen Haufen von Sklaven zu herrschen. [...] Seine Schmeichler und Knechte posaunten es über die Welt aus: Der Unbezwingliche, der Unbesiegliche, der Weltbefreier, der Zeitverjünger, der Einzige, der Unvergleichliche komme, sich und Europa an dem treulosen Beherrscher der Russen zu rächen und den Osten unseres Weltteils gleich dem Westen zu beglücken und zu befreien. Diese Stimmen der Nichtswürdigen krächzten fern und nah alle Buben und Knechte nach; die Matten und Feigen glaubten und zitterten; selbst mache Gute und Wackere wollten fast verzweifeln; nur wenige ehrenfeste und herzhafte Seelen hofften und vertrauten, denn ihnen war in dem schmutzigen Strom der Zeit die Zuversicht auf Gott und das Licht der Geschichte nicht untergegangen. [...]
Eine neue Zeit wird beginnen, eine große und herrliche deutsche Zeit, wenn jede lebendigste Kraft, jedes glühendste Herz, jede freudigste Tugend und jede reinste Gesinnung, wenn die ganze Liebe und Treue des deutschen Volkes in den großen Kampf gesetzt wird. Hass gegen die Fremden, Hass gegen die Franzosen, gegen ihren Tand, ihre Eitelkeit, ihre Lüderlichkeit, ihre Sprache, ihre Sitten, ja brennender Hass gegen alles, was nur von ihnen kommt, das muss alle Deutsche fest und brüderlich vereinen und deutsche Tapferkeit, deutsche Freiheit, deutsche Zucht, deutsche Ehre und Gerechtigkeit oben schweben lassen, und wieder in die alte Würde und Herrlichkeit stellen, wodurch unsre Väter vor den meisten Völkern der Erde leuchteten.

Zitiert nach: Hans-Bernd Spies (Hrsg.), Die Erhebung gegen Napoleon 1806-1814/15, Darmstadt 1981, S. 224 f. und 22 f.

1. *Fassen Sie die ideologischen Vorstellungen, mit denen sich Arndt an die Öffentlichkeit wendet, in Thesen zusammen.*
2. *Nehmen Sie dazu Stellung.*

M3 Individuum und Staat, Volk und Menschheit

1814 schreibt der Jenaer Historiker Heinrich Luden, der vor und nach den „Befreiungskriegen“ einen großen Einfluss auf die Studenten ausübt, in einem Aufsatz:

Überall, wo Menschen mit einiger Bildung zusammen leben, da leben sie in einem Staate; und überall zeigt sich bei jedem Menschen in Sprache, Geist und Art eine gewisse Eigentümlichkeit, die ihn von allen andern Menschen sondert, die er aber mit einer gewissen Anzahl gemein hat: Mit diesen macht er ein *Volk* aus. [...]
Staat und Volk nämlich fallen, im historischen Zusammenhange des Lebens, bald dergestalt zusammen, dass das *Volk* in einem bürgerlichen Vereine nach eigenen Gesetzen lebt oder einen besonderen Staat ausmacht; bald aber sind sie getrennt, und die Kreise schneiden sich auf mannigfache Weise, sei es, dass in einem Volke mehrere Staaten sind, sei es, dass ein Staat mehrere Völker umfasst, sei es endlich, dass Völkerteile, in bürgerlicher Rücksicht, hierhin geworfen sind und dorthin. Aber immer und überall streben Staat und Volk, man möchte sagen, mit liebevoller Sehnsucht zueinander, um sich einander zu halten oder zu gewinnen, wie wenn sie ohne einander nicht sein möchten, wie wenn sie beide nur in Einheit gedeihen könnten! Sind Staat und Volk eins: so ist der höchste Wunsch und das heiligste Streben der Menschen, diese Einheit zu bewahren; sind sie getrennt: so ist, wenn nicht immer der Wunsch, doch gewiss das Streben da, diese Einheit zu erringen: Die Volksgenossen suchen sich in einem Staat zu vereinen, die Bürger eines Staates suchen ein Volk zu werden [...].
Ruhiges Gedeihen aber, fester Friede, kräftige Bildung und allgemeines Glück wird nur da gefunden, wo die Einheit von Volk und Staat erreicht ist, und diese Erreichung scheint von gewissen Naturgrenzen abzuhängen, von Höhen und Tiefen, von Meeren und Wüsten, welche entweder das Volk umschließen oder den Staat.

Zitiert nach: Hartwig Brandt (Hrsg.), Restauration und Frühliberalismus 1814-1840, Darmstadt 1979, S. 96 f.

1. *Beurteilen Sie die von Luden gemachte Behauptung, dass „Staat und Volk“ zusammenstreben.*
2. *Prüfen Sie die genannten Kriterien für die Einheit von Staat und Volk vor dem Hintergrund der bestehenden Grenzen in Europa um 1814. Nennen Sie in dem Zusammenhang Beispiele für Staaten, in denen damals mehrere Völker lebten.*

Der restaurative Staat und seine Gegner

Das Wartburgfest – Blick zurück nach vorn Der erste spektakuläre Auftritt der nationalen und liberalen Bewegung in den deutschen Staaten war das Wartburgfest von 1817. Organisiert hatten es die national gesinnten Burschenschaften, die allmählich die herkömmlichen landsmannschaftlichen Studentenverbindungen nach dem Vorbild der 1815 in Jena gegründeten Urburschenschaft ablösten (▸ M1). Materiell vom Landesherrn, Großherzog *August von Sachsen-Weimar-Eisenach*, unterstützt, feierten am 18./19. Oktober 1817 etwa 500 (meist evangelische) Studenten aus elf Universitäten das Gedenken an die Völkerschlacht bei Leipzig und das 300-jährige Reformationsjubiläum in einem Fest auf der Wartburg bei Eisenach. Rückblickend beschworen sie die militärische Befreiung des Vaterlandes und die geistig-religiöse Befreiung durch die Reformation, um daraus die zukunftsweisenden Forderungen nach nationaler Einheit und Freiheit abzuleiten. Sie kritisierten die gegenwärtigen nationalen, konstitutionellen und militärischen Verhältnisse und forderten einen nationalen Zusammenschluss. Am Ende der Feier wurden auf dem Wartenberg symbolisch mehrere Bücher „undeutscher" Gesinnung" (darunter der Code civil) sowie Symbole der alten Ordnung (darunter ein österreichischer Korporalsstock und ein preußischer Ulanenschnürleib) verbrannt.

▲ **Verbrennungsszene auf dem Wartburgfest.**
Kolorierter Stahlstich von 1817 (Ausschnitt).

Wirkungen und Reaktionen Während das Fest bei dem liberal und national eingestellten Bürgertum eine wohlwollende Aufnahme fand, empfand es der preußische König als offene Aufforderung zum Aufstand. In Preußen wurden Teilnehmer verhört und verfolgt und im Dezember 1817 schließlich die Burschenschaften verboten. Trotzdem konnte am 18. Oktober 1818 in Jena die *Allgemeine deutsche Burschenschaft* gegründet werden. Ihr Symbol wurde die rot-schwarz-rote Fahne mit einem goldenen Eichenzweig. Zum Wahlspruch bestimmten sie die Worte „Ehre, Freiheit, Vaterland".

Vom Herbst 1818 an planten die Regierungen bundesweite Maßnahmen gegen die Opposition. Gründe für das Vorgehen gegen die liberale und nationale Bewegung bot dann ein politisch motiviertes Attentat. Am 23. März 1819 wurde in Mannheim der populäre Lustspieldichter und Berater des russischen Zaren, *Karl August von Kotzebue*, von dem 23-jährigen Theologiestudenten und Burschenschafter *Karl Ludwig Sand* aus Wunsiedel (Franken) erstochen.

Die Karlsbader Beschlüsse Im August 1819 trafen sich im böhmischen Karlsbad Minister aus zehn Bundesstaaten. Unter der Leitung Metternichs verfassten sie Beschlüsse gegen die nationale und liberale Bewegung, die als Bundesgesetze in Kraft gesetzt wurden. Das „Bundes-Universitätsgesetz" stellte Professoren, Studenten und den Lehrbetrieb unter Staatsaufsicht. Die Burschenschaften wurden verboten und ihre Anhänger mit Berufsverboten bedroht. Das „Bundes-Pressgesetz" führte die Vorzensur ein und das „Bundes-Untersuchungsgesetz“ schuf eine bundesweit arbeitende Ermittlungsbehörde, die alle politischen Bewegungen beobachtete und verfolgte (▸ M2).

Kritische Professoren, Studenten, Beamte und Schriftsteller wurden als *Demagogen** denunziert, verfolgt und inhaftiert. Die Burschenschaften lösten sich auf oder gingen in den Untergrund. Die erste Welle von Intellektuellen wanderte aus. Auf Jahre hinaus kam die nationale und liberale Bewegung zum Erliegen.

Louis Philippe (1773-1850): Er war ein Nachfahre Ludwigs XIV. und zählte zur bürgerfreundlichen Opposition. Der „Bürgerkönig“ regierte seit 1830 und förderte die Wirtschaft, vernachlässigte jedoch die sozialen Probleme.

Die Julirevolution von 1830 in Frankreich und ihre Wirkung Auch Frankreich erlebte nach 1815 eine Phase der Restauration. Sie fand 1830 ihren Höhepunkt, als der französische König *Karl X.*, ein jüngerer Bruder des 1793 guillotinierten *Ludwig XVI.*, die Pressefreiheit faktisch aufhob und das Wahlrecht zugunsten der Großgrundbesitzer einschränkte. Im Juli 1830 vertrieben sie ihn, hoben den „Bürgerkönig“ **Louis Philippe** auf den Thron und gaben sich eine neue Verfassung, die die Wahl des Monarchen durch das Parlament festschrieb.

Die Julirevolution beeinflusste die politische Entwicklung in mehreren europäischen Staaten. Sie führte u.a. zur Einführung einer liberalen Verfassung in Belgien, zu Befreiungskämpfen gegen die zaristische Herrschaft in Kongress-Polen, zu Aufständen gegen die habsburgische Regierung in Mittelitalien und zu Parlaments- und Verfassungsreformen in England. Auch in den deutschen Staaten flammte nach 1830 Aufruhr gegen die absolutistisch regierenden Fürsten auf. In Kurhessen, Sachsen, Braunschweig und Hannover konnten neue oder verbesserte Verfassungen durchgesetzt werden. In Baden erreichte die Opposition ein liberaleres Presserecht und eine neue Gemeindeordnung. Nur die Situation in den beiden verfassungslosen Großmächten, in Preußen und Österreich, änderte sich nicht. Dort wurden die lokalen Unruhen militärisch unterdrückt.

▲ **Schwarz-rot-goldene Kokarde.** *Um 1832. Durchmesser 4 cm.*

Das Hambacher Fest – Volksfest und Volksprotest Höhepunkt der deutschen Oppositionsbewegung wurde das *Hambacher Fest* im Mai 1832. Männer und Frauen „jedes Standes“ und aus allen „deutschen Stämmen“ waren durch die Presse zum „Nationalfest der Deutschen“ eingeladen worden. Etwa 30 000 Menschen aus allen Schichten, der größte Teil aus der Umgebung von Neustadt an der Haardt, aber auch Delegationen aus anderen Ländern des Deutschen Bundes, dazu Exil-Polen und Franzosen, feierten an der Hambacher Schlossruine ein Volksfest. Redner nutzten die Gelegenheit, gegen die bestehenden politischen und sozialen Verhältnisse zu protestieren und die Willkürherrschaft der Fürsten anzuklagen. Sie forderten Volkssouveränität, Pressefreiheit und einen freiheitlichen deutschen Einheitsstaat (▸ M3).

Das Hambacher Fest war nicht das einzige liberale Volksfest im Jahr 1832. Etwa dreißig ähnliche Veranstaltungen lassen sich im Deutschen Bund nachweisen. Aber kein politisches Fest fand ein so großes Echo wie das Hambacher. Die bayerische Regierung reagierte darauf mit der zeitweisen Ausrufung des Belagerungszustandes in der Pfalz und verhaftete die Hauptredner und Organisatoren. Für Metternich lieferten die Ereignisse den Grund, noch radikaler gegen die nationale und liberale Bewegung vorzugehen (▸ M4).

* **Demagoge**: Volksaufwiegler, Volksverführer

Schon am 5. Juli folgten Bundesmaßnahmen zur „Erhaltung der Sicherheit und Ordnung" (*„Zehn Artikel"*), die die Presse und Versammlungsfreiheit weiter einschränkten. Doch den Bundesbehörden gelang es nicht mehr, die Opposition vollständig zu unterdrücken.

Internettipp:
Für weitere Informationen zum Hambacher Fest siehe Code 32019-06

Sieben mutige Professoren Kein Monarch hatte es gewagt, offen gegen eine einmal erlassene Verfassung zu verstoßen. Nun erklärte König *Ernst August* von Hannover, der die Regierungsgeschäfte nach dem Tode seines Bruders 1837 übernommen hatte, die 1833 eingeführte Verfassung einseitig für nichtig. Die Öffentlichkeit reagierte empört und sieben Göttinger Professoren* fanden den Mut, dagegen schriftlich zu protestieren. Sie sahen in der Handlung des Fürsten einen Rechtsbruch und fühlten sich weiterhin an ihren auf die Verfassung geleisteten Eid gebunden. Ernst August fasste den Protest als Widerstand gegen die Staatsgewalt auf und enthob die sieben Universitätslehrer ihres Amtes. Drei von ihnen (*Georg Gottfried Gervinus, Jacob Grimm* und *Friedrich Christoph Dahlmann*) mussten wegen der öffentlichen Weitergabe des Protestschreibens sogar innerhalb von drei Tagen das Land verlassen.

Die Maßnahme löste in allen deutschen Staaten Empörung aus. Drei Jahre später berief der preußische König **Friedrich Wilhelm IV.** drei der „Göttinger Sieben" an preußische Universitäten. Obwohl er damit die liberale Bewegung stärkte, ließ er keinen Zweifel daran, dass er von einer Verfassung nichts hielt.

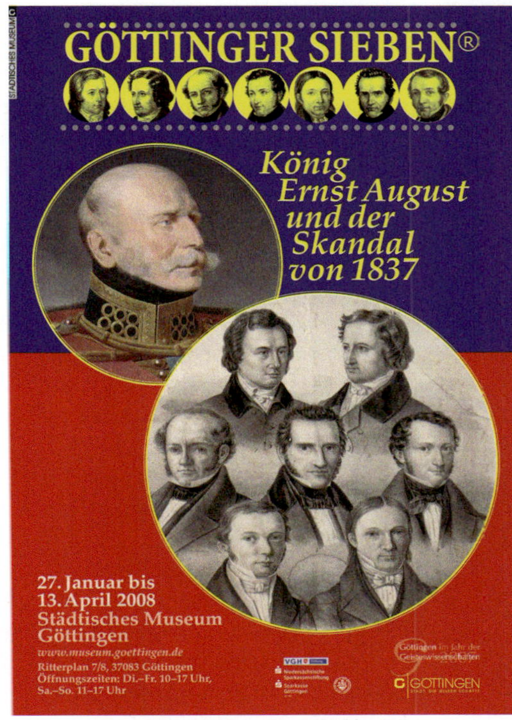

▲ **„Sieben gegen den König."**
Plakat zur gleichnamigen Ausstellung, die 2007/08 im Historischen Museum Hannover und im Städtischen Museum in Göttingen zu sehen war.
Im Kreis links ist König Ernst August von Hannover, im Kreis rechts sind die „Göttinger Sieben" zu sehen.

Soziale Unruhen und politische Orientierungen Politische Brisanz erhielt die liberale und nationale Bewegung durch die zunehmenden sozialen Probleme der 1840er-Jahre. Das Bevölkerungswachstum hatte zu Beschäftigungs- und Ernährungskrisen sowie Massenelend geführt. Die Berichterstattung über den Aufstand der schlesischen Weber von 1844 machte die Not der armen Bevölkerung erstmals überregional deutlich und klagte Unternehmer und Staat direkt oder indirekt an. Die Agrar- und Gewerbekrise von 1846/47 ließ die Zahl der sozial und politisch motivierten Unruhen steigen und verunsicherte die Regierungen.

Ende der 1840er-Jahre schlossen sich immer mehr Menschen trotz Zensur und Versammlungsverboten politisch zusammen, zum Teil über die Landesgrenzen hinweg. Dabei hatten sich vier politische Ausrichtungen mit fließenden Übergängen entwickelt: *Konservatismus, Liberalismus, demokratischer Radikalismus* und *Sozialismus*. Abgesehen von den konservativen Kräften war allen ein Anliegen gemeinsam: die nationale Einheit. In anderen Fragen gingen die Meinungen schon vor 1848 weit auseinander. Während die Liberalen beispielsweise zwischen konstitutioneller Monarchie und Republik schwankten und das Wahlrecht von Eigentum und Besitz abhängig machen wollten, plädierten die radikalen Demokraten und Sozialisten für eine Republik mit einem allgemeinen und gleichen Wahlrecht.

Friedrich Wilhelm IV.
(1795-1861): preußischer König von 1840 bis 1858

* Folgende Professoren waren beteiligt: der Staatsrechtler Wilhelm Albrecht (1800-1876), die Historiker Friedrich Christoph Dahlmann (1785-1863) und Georg Gottfried Gervinus (1805-1871), die Sprach- und Kulturforscher Jacob Grimm (1785-1863) und Wilhelm Grimm (1786-1859), der Orientalist Heinrich Ewald (1803-1875) und der Physiker Wilhelm Weber (1804-1891).

M1 Die Grundsätze der Burschenschaften von 1817

Die Grundsätze der Burschenschaften enthalten neben nationalen und patriotischen Zielen auch wirtschaftliche, konstitutionelle und soziale Forderungen. Der Katalog dieser „Grundsätze" entspricht in vielen Punkten liberalen Forderungen, die bis zur Revolution von 1848/49 durchgängig erhoben worden sind:

11. [...] Es muss der freieste Verkehr zwischen ihnen [den deutschen Staaten] stattfinden, und hier muss nicht unterdrückt werden, was dort entstanden ist, hier nicht befeindet, was dort begünstigt wurde. [...]
Das Verbot oder die Erschwerung des Auswanderns von einem deutschen Lande ins andere, Mauten, Zölle und Handelssperren zwischen deutschen Ländern, Verschiedenheiten in *Maß, Gewicht, Münze* (ihrem Gehalt nach und ihrer Bestimmung): Alle diese Dinge schaden der Ehre Deutschlands bei den Fremden, sind in sich selbst verderblich für den Geist unsers Volks, quälen den Einzelnen und bringen ihn zu Verlust und Schaden.

12. Die Sehnsucht nach Kaiser und Reich ist ungeschwächt in der Brust jedes frommen und ehrlichen deutschen Mannes und Jünglings [...].

15. Die *Fürstenwürde* ist das Erhabenste auf Erden und darum für das Heiligste zu ehren und zu achten [...].

16. Der Wille des Fürsten ist nicht das Gesetz des Volkes, sondern das Gesetz des Volkes soll der Wille des Fürsten sein.

17. *Ungerecht* ist im bürgerlichen Leben nur das, was gegen das Gesetz ist. Gegen das Gesetz kann der Fürst niemals etwas tun wollen. Geschieht etwas gegen das Gesetz, so geschieht es von den *Ministern* und andern Beamteten: Diese sind dafür *verantwortlich*, wenn sie auch im Namen des Fürsten gehandelt haben. [...]

19. Freiheit und Gleichheit ist das Höchste, wonach wir zu streben haben, und wonach zu streben kein frommer und ehrlicher deutscher Mann jemals aufhören kann. Aber es gibt keine Freiheit als in dem Gesetz und durch das Gesetz, und *keine Gleichheit* als mit dem Gesetz und *vor dem Gesetz*. Wo kein Gesetz ist, da ist keine Freiheit, sondern Herrschaft, Willkür, Despotismus. Wo kein Gesetz ist, da ist keine Gleichheit, sondern Gewalt, Unterwerfung, Sklaverei.

20. Gesetze sind keine Verordnungen und Vorschriften; Gesetze müssen von denen ausgehen oder angenommen werden, welche nach denselben leben sollen, und wo ein Fürst ist, die Bestätigung des Fürsten erhalten. Alle Gesetze haben die Freiheit der Person und die *Sicherheit des Eigentums* zum Gegenstande. Ein freier Mann kann nur gerichtet werden nach Satzungen, die er selbst als richtig und notwendig anerkannt hat. [...]

24. [...] Der 13te Artikel[1] kann keinen andern Sinn haben, als dass das deutsche Volk durch frei *gewählte*, und aus seiner Mitte frei gewählte *Vertreter* unter der *Sanktion der deutschen Fürsten* seine Verhältnisse ordnen, die *Gesetze beschließen, die Abgaben bewilligen* soll. [...]

29. [...] Der Mensch ist nur frei, wenn er auch Mittel hat, sich selbst nach eigenen Zwecken zu bestimmen. An solchen Mitteln ist die Welt für alle Menschen reich genug.

Zitiert nach: Hermann Haupt (Hrsg.), Quellen und Darstellungen zur Geschichte der Burschenschaft und der deutschen Einheitsbewegung, Bd. IV, Heidelberg 1913, S. 119ff.

1. *Fassen Sie jeweils konstitutionelle, wirtschaftliche und soziale Forderungen zusammen.*

2. *In die „Grundsätze" sind unterschiedliche Ideen und Denkhaltungen eingeflossen. Arbeiten Sie diese heraus und prüfen Sie, ob sich daraus Widersprüche ergeben.*

3. *Charakterisieren Sie das Verhältnis zwischen Fürst und Volk sowie die Folgen für den Deutschen Bund.*

M2 Aus der Geschichte der Presse- und Meinungsfreiheit von 1815 bis 1835

Presse- und Meinungsfreiheit sind Kennzeichen politischer Verhältnisse. Wie sie sich entwickelten, zeigt die Zusammenstellung:

Art. 18. Die Bundesversammlung wird sich bei ihrer ersten Zusammenkunft mit Abfassung gleichförmiger Verfügungen über die Pressfreiheit [...] beschäftigen.

Deutsche Bundesakte vom 8. Juni 1815

Das Recht, in freier Rede und Schrift seine Meinung über öffentliche Angelegenheiten zu äußern, ist ein unveräußerliches Recht jedes Staatsbürgers, das ihm unter allen Umständen zustehen muss. [...] Wo Rede und Schrift nicht frei sind, da ist überhaupt keine Freiheit, da herrscht nicht das Gesetz, sondern die Willkür. [...] Über den Missbrauch der Freiheit in Rede und Schrift kann kein Buchstabe entscheiden und kein gewöhnlicher Staatsdiener, sondern nur ein Geschworenengericht, das aus gelehrten, unabhängigen und vaterländisch gesinnten Männern besteht und öffentlich vor dem Volk seine Sitzungen hält, seine Gründe entwickelt, seinen Ausspruch tut.

Grundsätze der Burschenschaft vom Ende des Jahres 1817

§ 1. So lange als der gegenwärtige Beschluss in Kraft bleiben wird, dürfen Schriften, die in der Form täglicher Blätter oder

[1] Gemeint ist die Deutschen Bundesakte. Sie war die Verfassung des 1815 gegründeten Deutschen Bundes.

heftweise erscheinen, desgleichen solche, die nicht über 20 Bogen[1] im Druck stark sind, in keinem deutschen Bundesstaate ohne Vorwissen und vorgängige Genehmigung der Landesbehörden zum Druck befördert werden.

Bundes-Pressgesetz vom 20. September 1819 (Karlsbader Beschlüsse)

Art. 1. Keine in einem nicht zum Deutschen Bunde gehörigen Staate in deutscher Sprache im Druck erscheinende Zeit- oder nicht über zwanzig Bogen betragende sonstige Druckschrift politischen Inhalts darf in einem Bundesstaate, ohne vorgängige Genehmhaltung der Regierung desselben, zugelassen und ausgegeben werden: Gegen die Übertreter dieses Verbotes ist ebenso wie gegen die Verbreiter verbotener Druckschriften zu verfahren.

Bundesmaßnahme zur Erhaltung der Sicherheit und Ordnung vom 5. Juli 1832 (Die „Zehn Artikel")

Art. 29. Von den Nachteilen einer übermäßigen Anzahl politischer Tagblätter überzeugt, werden die Regierungen auf eine allmählich herbeizuführende Verminderung solcher Blätter, soweit dies ohne Kränkung erworbener Rechte tunlich ist, Bedacht nehmen.

Art. 30. Kraft der ihnen zustehenden oberpolizeilichen Aufsicht werden die Regierungen die Herausgabe neuer politischer Tagblätter ohne die vorgängige Erwirkung einer diesfälligen Konzession nicht gestatten.

Die Geheimen Wiener Beschlüsse vom 12. Juni 1834 (Die „Sechzig Artikel")

Nachdem sich in Deutschland in neuerer Zeit, und zuletzt unter der Benennung „das junge Deutschland"[2] oder „die junge Literatur", eine literarische Schule gebildet hat, deren Bemühungen unverhohlen dahin gehen, in belletristischen, für alle Klassen von Lesern zugänglichen Schriften die christliche Religion auf die frechste Weise anzugreifen, die bestehenden sozialen Verhältnisse herabzuwürdigen und alle Zucht und Sittlichkeit zu zerstören: so hat die deutsche Bundesversammlung – in Erwägung, dass es dringend notwendig sei, diesen verderblichen, die Grundpfeiler aller gesetzlichen Ordnung untergrabenden Bestrebungen durch Zusammenwirken aller Bundesregierungen sofort Einhalt zu tun [...], sich zu nachstehenden Bestimmungen vereiniget.

Bundesbeschluss vom 10. Dezember 1835 (Verbot der Schriften des Jungen Deutschland)

Zitiert nach: Ernst Rudolf Huber (Hrsg.), Dokumente zur deutschen Verfassungsgeschichte, Bd. 1: Deutsche Verfassungsdokumente 1803-1850, Stuttgart ³1978, S. 90, 102, 134, 142 und 151

[1] Ein Druckbogen umfasst 16 Buchseiten.
[2] Die Bezeichnung stammt aus Ludwig Wienbargs „Ästhetischen Feldzügen" von 1834.

1. *Erläutern Sie, warum gerade die Pressefreiheit Gegenstand besonders intensiver Konflikte war.*
2. *Informieren Sie sich, wie in unserem Grundgesetz Meinungs- und Pressefreiheit geregelt sind, und begründen Sie die unterschiedliche Haltung.*

M3 „Vaterland – Freiheit – ja! ein freies deutsches Vaterland ..."

Der Journalist Philipp Jakob Siebenpfeiffer (siehe: http://siebenpfeiffer-stiftung.de), ein zwangspensionierter bayerischer Beamter, spricht am 27. Mai 1832 auf dem Hambacher Fest:

Vaterland – Freiheit – ja! ein freies deutsches Vaterland – dies der Sinn des heutigen Festes, dies die Worte, deren Donnerschall durch alle deutschen Gemarken drang, den Verräthern der deutschen Nationalsache die Knochen erschütternd, die Patrioten aber anfeuernd und stählend zur Ausdauer im heiligen Kampfe, „im Kampf zur Abschüttelung innerer und äußerer Gewalt". [...]

Und es wird kommen der Tag, der Tag des edelsten Siegstolzes, wo der Deutsche vom Alpengebirg und der Nordsee, vom Rhein, der Donau und Elbe den Bruder im Bruder umarmt, wo die Zollstöcke und die Schlagbäume, wo alle Hoheitszeichen der Trennung und Hemmung und Bedrückung verschwinden, sammt den Constitutiönchen, die man etlichen mürrischen Kindern der großen Familie als Spielzeug verlieh; wo freie Straßen und freie Ströme den freien Umschwung aller Nationalkräfte und Säfte bezeugen; wo die Fürsten die bunten Hermeline feudalistischer Gottstatthalterschaft mit der männlichen Toga deutscher Nationalwürde vertauschen, und der Beamte, der Krieger, statt mit der Bedientenjacke des Herrn und Meisters, mit der Volksbinde sich schmückt; wo nicht 34 Städte und Städtlein, von 34 Höfen das Almosen empfangend, um den Preis hündischer Unterwerfung, sondern wo alle Städte, frei emporblühend aus eigenem Saft, um den Preis patriotischer Gesinnung, patriotischer That ringen; wo jeder Stamm im Innern frei und selbstständig, zu bürgerlicher Freiheit sich entwickelt, und ein starkes, selbstgewobenes Bruderband alle umschließt zu politischer Einheit und Kraft; wo die deutsche Flagge, statt Tribut an Barbaren zu bringen, die Erzeugnisse unseres Gewerbfleißes in fremde Welttheile geleitet, und nicht mehr unschuldige Patrioten für das Henkerbeil auffängt, sondern allen freien Völkern den Bruderkuss bringt. Es wird kommen der Tag, wo deutsche Knaben, statt durch todte Spielereien mit todten Sprachen sich abzustumpfen, und die Jünglinge, statt auf mittelalterlichen Hochschulen durch Gelage, schnöde Tändelei und Klopffechterei zu verkrüppeln, durch lebendigen Nationalunter-

▲ **„150 Jahre Hambacher Fest."**
Sonderbriefmarke der Deutschen Post von 1982.

richt und würdige Leibesübung sich zu deutschen Männern heranbilden und zu jenem Vaterlandssinn sich stählen, von dem alle politische Tugend, alle Großthat ausströmt; wo das deutsche Weib, nicht mehr die dienstpflichtige Magd des herrschenden Mannes, sondern die freie Genossin des freien Bürgers, unsern Söhnen und Töchtern schon als stammelnden Säuglingen die Freiheit einflößt, und im Samen des erziehenden Wortes den Sinn ächten Bürgerthums nährt; und wo die deutsche Jungfrau den Jüngling als den würdigsten erkennt, der am reinsten für das Vaterland erglüht; wo, abschüttelnd das Joch des Gewissens, der Priester Trug und den eigenen Irrwahn, der Deutsche zu seinem Schöpfer die unverfälschte Sprache des Kindes zum Vater redet; wo der Bürger nicht in höriger Unterthänigkeit den Launen des Herrschers und seiner knechtischen Diener, sondern dem Gesetze gehorcht, und auf den Tafeln des Gesetzes den eigenen Willen liest, und im Richter den freierwählten Mann seines Vertrauens erblickt; wo die Wissenschaft das Nationalleben befruchtet und die würdige Kunst als dessen Blüte glänzt. [...]
Wir selbst wollen, wir selbst müssen vollenden das Werk, und, ich ahne, bald, bald muß es geschehen, soll die deutsche, soll die europäische Freiheit nicht erdrosselt werden von den Mörderhänden der Aristokraten. [...]
Es lebe das freie, das einige Deutschland!
Hoch leben die Polen, der Deutschen Verbündete!
Hoch leben die Franken[1], der Deutschen Brüder, die unsere Nationalität und Selbstständigkeit achten!
Hoch lebe jedes Volk, das seine Ketten bricht und mit uns den Bund der Freiheit schwört!
Vaterland – Volkshoheit – Völkerbund hoch!

Das Nationalfest der Deutschen zu Hambach, unter Mitwirkung eines Redaktions-Ausschusses beschrieben von J. G. A. Wirth, Erstes Heft, Neustadt 1981 (Nachdruck der Originalausgabe von 1832), S. 33, 37-39, 40 und 41

1. *Formulieren Sie aus Siebenpfeiffers Rede ein politisches Programm.*
2. *Nehmen Sie zu den nationalen Vorstellungen Siebenpfeiffers Stellung.*

[1] **Franken**: Franzosen

M4 „So weit sind die Dinge in Deutschland gekommen!"

Der österreichische Staatskanzler Metternich schreibt über das Hambacher Fest in einem Brief vom 10. Juni 1832 an den konservativen Berater des preußischen Königs, Fürst Wilhelm Ludwig Georg von Wittgenstein:

Wir leben in einer Zeit, in der alles zur Umtriebs-Sache wird. [...] Parteien, welche bestimmte Zwecke verfolgen, erblinden über Pflicht und Klugheit. *Der Zweck heiligt die Mittel*, ist die deutsche Universitätslehre, und sie trägt heute ihre Früchte in den herangereiften Burschen der früheren Zeit. [...]
Sie haben sich er Bericht über die Hambacher Geschichte en détail erhalten. So weit sind die Dinge in Deutschland gekommen!
Ich gestehe aufrichtig, dass ich mir aus dem Ergebnisse nichts mache, oder vielmehr, dass mir dasselbe manche gute Seite darbietet. Mir sind die Dinge, welche offen vorliegen, stets lieber als die verkappten. Was der Liberalismus will, was er ist, wohin er zielt und wohin er die Staaten, die sich ihm hingeben, unaufhaltbar stößt, hieran kann wohl heute keiner, der Augen, Ohren und einen Sinn hat, mehr zweifeln. Vor solchen Beweisen muss die *Doktrine*[1] *verstummen*.
Mit Volksrepräsentationen im modernen Sinne, mit der Pressefreiheit und politischen Vereinen muss jeder Staat zugrunde gehen, der monarchische wie die Republik. Nur Anarchie ist möglich; dagegen mögen die *Gelehrten* am Schreibtische protestieren, so viel sie auch immer wollen. Am Ende der Gelehrsamkeit steht das Zuschlagen, und kommt es einmal hierzu, so ist der, der in geschlossenen Reihen zuschlägt, der Gelehrteste.
Wir werden in Deutschland zum Zuschlagen kommen, das Böseste im lieben Vaterlande sind die Regierungen: vortrefflich zum Betrogenwerden, aber sehr schlecht, um sich und anderen zu helfen! Wenn man heute in Bayern noch glaubt, das Regieren zu verstehen, so sind die Leute incurabel[2].

Zitiert nach: Veit Valentin, Das Hambacher Nationalfest, Berlin 1932, S. 144 f.

1. *Arbeiten Sie heraus, wie Metternich Parteien im Allgemeinen und Liberalismus sowie liberale Forderungen im Besonderen beurteilt.*
2. *Charakterisieren Sie die Haltung des österreichischen Kanzlers.*
3. *Messen Sie Metternichs Brief auch an der jüngsten Entwicklung der deutschen Geschichte. Erörtern Sie, worin Ihrer Ansicht nach auf Dauer die Vorteile einer freiheitlichen Ordnung liegen.*

[1] **Doktrine**: Theorie, Lehre
[2] **incurabel**: unheilbar

Die Revolution von 1848/49

Ziele und Träger der Märzrevolution ▀ Im Februar 1848 erfasste eine Revolutionswelle Europa. In den deutschen Staaten formierte sich die Protestwelle zunächst in den Städten. Auf einer von Demokraten organisierten Versammlung in Mannheim (am 27. Februar 1848), an der mehrere tausend Menschen teilnahmen, wurde eine Petition formuliert. Die darin enthaltenen vier zentralen Forderungen sollten die fürstliche Macht beschränken und mehr Mitbestimmung der Bürger sowie die Schaffung eines Nationalstaates sichern (▸ M1). In ihrem Aufbegehren gegen den Obrigkeitsstaat konnten die Bürger vor allem in den größeren Städten auch die Unzufriedenheit der städtischen Unterschichten für sich nutzen. Diese litten unter dem Zerfall der bisherigen sozialen Bindungen und der wirtschaftlichen Not. Nach den Ernteausfällen in den Jahren 1845/46 verschärfte eine Wirtschaftskrise, die den Verlust zahlreicher Arbeitsplätze zur Folge hatte, die Not der unteren Schichten zusätzlich. Zu auffallend aktiven Trägern der Märzrevolution wurden die Handwerksgesellen, denen statt des erhofften Aufstieges zum Meister oft der Abstieg zum Lohnarbeiter drohte. Mitbedingt durch ihre Wanderschaft und das dadurch erweiterte Blickfeld waren sie überdurchschnittlich politisiert.

Vor allem in Gebieten, in denen die Bauern nach wie vor adligen Grundherren Dienste und Abgaben leisten mussten wie in den südwestlichen Staaten des Deutschen Bundes, erhoben sich die Bauern.

Internettipp:
Im Rastatter Schloss (Baden-Württemberg) wird seit 1974 mit der „Erinnerungsstätte für die Freiheitsbewegungen in der deutschen Geschichte" an den Kampf für Freiheit, Demokratie und Einheit in Deutschland erinnert. Die beispielhaft gute Dauerausstellung gibt einen Einblick in Vorgeschichte, Erfolge und Ende der Revolution von 1848/49: siehe Code 32019-07

Radikale oder gemäßigte Revolution? ▀ Angesichts der Bauernunruhen und der gewaltbereiten städtischen Massen gaben die meisten Fürsten überraschend schnell nach und setzten reformbereite Regierungen ein. In Wien und Berlin kam es zu Barrikadenkämpfen, aber auch hier konnte sich die Volksbewegung durchsetzen. Das Zurückweichen der alten Gewalten wurde begeistert gefeiert. Zugleich sorgten die neu aufgestellten Bürgerwehren dafür, dass die Unterschichten von einer sozialen Revolution abgehalten wurden. Die Sorge vor einer Gefährdung der bürgerlichen Gesellschaftsordnung durch die gewaltbereiten Massen war weit verbreitet. Genährt wurden solche Ängste durch das erste Auftreten einer Arbeiterbewegung, die tief greifende soziale Veränderungen forderte.

	1816-1829	1830-1839	1840-1847	Summe
Studenten[1] Universität	13	13	5	31
Religion[2]	9	20	17	46
Politik[3]	4	72	33	109
sozioökonomisch[4]	3	28	103	134
Summe	**29**	**133**	**158**	**320**

[1] Studenten waren entweder Hauptakteure, oder Studenten- bzw. Universitätsangelegenheiten waren Hauptobjekte des Konfliktes.
[2] Religion war, zumindest vorgeblich, Hauptobjekt des Konfliktes.
[3] Der Protest war gegen den Staat mit seinen Organen gerichtet, um politische Änderungen durchzusetzen (Auswechseln eines bestimmten Staatsbeamten, Forderung nach einem neuen Gesetz).
[4] gewalttätige Streiks, Brotkrawalle, Maschinenstürmerei, massenhaftes gesetzwidriges Betreten von Wäldern und Feldern, Steueraufruhr und Tumulte, die deutlich mit einer bestimmten sozioökonomischen Gruppe verbunden waren, z. B. Angriffe von Armen auf Reiche

◂ **Volksunruhen in Deutschland 1816-1847.**
Unter „Unruhen" versteht der Historiker Richard Tilly „kollektive Ruhestörung mit physischer Gewaltanwendung". Als Quelle benutzte er ausgewählte Zeitungen, insbesondere die „Augsburger Zeitung".
- *Skizzieren Sie die Entwicklung des Protestverhaltens.*

Nach: Richard Tilly, Kapital, Staat und sozialer Protest in der deutschen Industrialisierung, Göttingen 1980, S. 154 (gekürzt)

◂ **„Die Grundrechte des deutschen Volkes."**
Farblithografie von Adolf Schrödter, 1848.
Germania führt ihre Kinder Gerechtigkeit und Freiheit an der Hand und schreitet über den Drachen als Symbol der Willkürherrschaft.

- *Erklären Sie, woran die Personifikationen für Freiheit und Gerechtigkeit zu erkennen sind.*
- *Die Gestaltung des Bildes lehnt sich an Vorbilder an. Nennen Sie diese. Welche Bedeutung wird den Grundrechten dadurch beigemessen?*

Die meisten Wortführer der Revolution versuchten, ihre Ziele auf dem Wege der Verständigung mit den reformbereiten alten Gewalten zu erreichen. Sie begnügten sich mit Zugeständnissen im Sinne der Märzforderungen und wollten die revolutionäre Bewegung früh in legale, parlamentarische Bahnen lenken. Vor den Thronen selbst sollte die Revolution haltmachen. Die radikalen badischen Demokraten *Friedrich Karl Hecker* und *Gustav Struve* versuchten im April 1848 jedoch, die Entwicklung im Sinne einer grundsätzlichen Systemveränderung weiter voranzutreiben. Sie initiierten einen bewaffneten Volksaufstand für die republikanische Staatsform in Deutschland, aber ihre **Freischaren** wurden schon nach acht Tagen besiegt.

Dagegen billigten die Regierungen der Einzelstaaten den Zusammentritt einer deutschen „Nationalversammlung". Bei den Wahlen vom 1. Mai 1848 gab es noch keine Parteien, gewählt wurden vor allem Angehörige des Bildungsbürgertums. Die Formierung von Fraktionen (▸ M2) ist eine Wurzel des modernen Parteiwesens. Die Volksvertreter tagten im Gebäude der Frankfurter Paulskirche. Von ihnen fühlten sich die meisten der liberalen Mitte zugehörig, die linken Demokraten waren im Parlament zahlenmäßig geringer vertreten, ebenso die konservative Rechte.

Freischar: militärische Formation, die sich auf Veranlassung einzelner Persönlichkeiten, d. h. ohne staatliche oder verfassungsmäßige Ermächtigung, gebildet hat

Ringen um den Nationalstaat Es dauerte bis zum März 1849, bis in der Paulskirche nach langen kontroversen Debatten zum ersten Mal in der deutschen Geschichte ein vom Volk ausgehendes Verfassungswerk beschlossen wurde. Es regelte drei wesentliche Bereiche:

- Die Garantie von **Grundrechten** sollte Einschränkungen der Freiheiten vorbeugen. Festgelegt wurden u. a. die Presse- und Meinungsfreiheit, die Freiheit von Forschung und Lehre, das Recht auf Versammlung und auf die Gründung politischer Vereinigungen sowie das Petitionsrecht jedes Staatsbürgers. Gleichheitsrechte sollten garantieren, dass öffentliche Ämter grundsätzlich nur nach Befähigung vergeben wurden. Die Schulaufsicht der Kirche war auf den Religionsunterricht beschränkt. Die Aufhebung der Stände und das Bekenntnis zur Freiheit der Person bedeutete die Beseitigung aller Privilegien; damit waren auch die Gutsuntertänigkeit und die Hörigkeit der Bauern aufgehoben. Unter dem Druck der Sozialen Frage wurde von der demokratischen Linken ein Recht auf Arbeit gefordert. Die Mehrheit der Abgeordneten schreckte jedoch davor zurück. Sie befürchtete eine Überforderung des Staates und eine daraus folgende mangelnde Eigeninitiative der Betroffenen.

▲ **Kleindeutsche Lösung.**

▲ **Großdeutsche Lösung.**

▲ **Großösterreichische Lösung.**

In der Nationalversammlung wurden die drei Lösungsvorschläge zu der Frage diskutiert, welche Grenzen der neu zu gründende Nationalstaat haben sollte.

- *Stellen Sie begründete Vermutungen an, welche politische Gruppierung jeweils eine der drei Lösungen befürwortet haben könnte.*
- *Bilden Sie für jeden der drei Lösungsvorschläge eine Arbeitsgruppe und sammeln Sie Argumente. Tragen Sie diese anschließend vor.*
- *Diskutieren Sie abschließend die vorgetragenen Argumente.*

- Die Entscheidung über die Grenzen des neuen **Nationalstaates** war zugleich eine Entscheidung über die Zukunft Österreichs. Die im Herbst 1848 von der Nationalversammlung beschlossene „großdeutsche Lösung" hätte nur das deutschsprachige Österreich in das Deutsche Reich aufgenommen. Damit allerdings wären die übrigen Gebiete des Vielvölkerstaates nur noch in der Person des Herrschers (Personalunion) verbunden geblieben, was von Wien abgelehnt wurde. Umgekehrt erschien den Anhängern der Nationalstaatsidee die österreichische Forderung vom Frühjahr 1849, das gesamte Habsburgerreich in einen föderativ organisierten deutschen Staatenbund einzugliedern, unannehmbar. Daraufhin stimmte eine Mehrheit der Abgeordneten der „kleindeutschen Lösung" zu und nahm damit die Trennung von den Deutsch-Österreichern hin (▸ M3).
- Die Mehrheit der Nationalversammlung wünschte sich eine **konstitutionelle Monarchie** als Staatsform für das künftige Reich. Die Kaiserwürde sollte erblich sein, um einen möglichen Wechsel im Herrscherhaus zu vermeiden. Der Vorrangstellung Preußens entsprechend wählten die Abgeordneten den Preußenkönig Friedrich Wilhelm IV. zum ersten „Kaiser der Deutschen". Damit sollte das vorgesehene Erbkaisertum der preußischen Hohenzollern seine Legimitation einer Entscheidung der souveränen Nation verdanken.

Endlich eine Verfassung? Das Werk der Paulskirche war ein Kompromiss unterschiedlicher politischer Interessen. Er berücksichtigte unitarische und föderalistische, monarchische und demokratische Bestrebungen.

Wieso wurden die Verfassungsbestimmungen von 1849 nicht verwirklicht? Ein Jahr nach dem Schock der Märzereignisse hatten sich die alten Kräfte, vor allem die Großmächte Preußen und Österreich, wieder konsolidiert. Weil das Gros der Beamten in Verwaltung und Justiz sich loyal verhielt und die Armeen fast überall ein zuverlässiges Instrument in den Händen ihrer Landesherren blieben, aber auch weil die fürstlichen Regierungen zu Reformen bereit waren, kam es zu keiner entscheidenden Schwächung der Dynastien in den Ländern. Zudem spalteten die unterschiedlichen Ziele der gemäßigten Liberalen und der Demokraten bald nach den ersten Erfolgen das Lager der Revolutionäre.

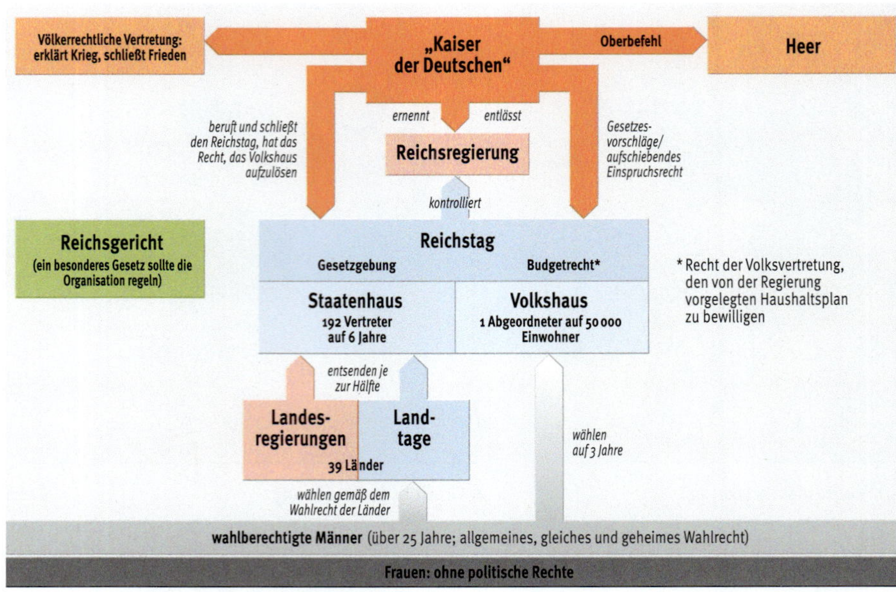

▲ **Die geplante Reichsverfassung der Paulskirche.**
■ *Arbeiten Sie Rechte und Einflussmöglichkeiten von Kaiser, Landesregierungen und Volk heraus.*

Zwar erkannten 28 deutsche Staaten im April 1849 die Reichsverfassung an, aber Wien und Berlin sowie die Königreiche Bayern, Hannover und Sachsen beharrten darauf, dass nur eine mit den fürstlichen Regierungen vereinbarte Verfassung Gültigkeit beanspruchen könne. So überraschte es nicht, dass der preußische König Friedrich Wilhelm IV. – überzeugt vom monarchischen Gottesgnadentum – am 3. April 1849 die Kaiserkrone aus den Händen des Volkes zurückwies (▸ M4). Der durch die gewählten Vertreter des deutschen Volkes vereinbarte und rechtlich konstruierte deutsche Nationalstaat wurde nicht verwirklicht.

Als sich die Niederlage der Revolutionsbewegung abzeichnete, kam noch einmal Empörung auf. In mehreren revolutionären Zentren (Sachsen, Pfalz, Baden) flammten letzte Volkserhebungen auf, in denen sich politische mit sozialen Zielen mischten. In Baden stellte sich in der sogenannten „Verfassungskampagne“ sogar fast die gesamte Armee und Verwaltung auf die Seite der Revolutionsregierung, mithilfe preußischer Truppen wurde jedoch der Aufstand niedergeschlagen. Die Aufständischen fielen Massenerschießungen oder Standgerichten zum Opfer, mussten sich vor Gericht verantworten oder ins Exil gehen. Inzwischen hatte auch die Nationalversammlung zu bestehen aufgehört. Viele Regierungen hatten die Abgeordneten zurückbeordert, nur noch ein „Rumpfparlament“ linker Abgeordneter tagte zunächst in Stuttgart weiter, wurde aber am 18. Juni 1849 durch Militär auseinandergejagt.

Das Erbe der 1848er-Bewegung ■ Als der Gesandtenkongress des Deutschen Bundes im September 1850 wieder zusammentrat, konnte es scheinen, als sei nichts geschehen. Es begann die Zeit der *Reaktion*. In den Bundesstaaten wurden viele Zugeständnisse rückgängig gemacht, fast alle politischen Vereine wurden verboten. 1851 hob der Bundestag die von der Paulskirche verabschiedeten Grundrechte wieder auf.

▲ **„Die universelle demokratische und soziale Republik – der Vertrag."**
Farblithografie (43,5 x 53 cm) von Frédéric Sorrieu, nach einer Vorlage von Marie Cécile Goldschmid mit dem Aufruf „Völker bildet den geheiligten Bund / Und reicht euch die Hand", um 1848.
Ein Festzug bewegt sich von rechts nach links an einer Freiheitsstatue mit Fackel und Menschenrechtstafel vorbei. Im Vordergrund liegen zerbrochene Herrschaftszeichen. Der Himmel wird von Engels- und Märtyrergestalten bevölkert, die sich auf den Erlöser (Messias) im Zentrum der oberen Bildhälfte zubewegen.
- *Nennen Sie die Herkunft der Teilnehmer. Welchen Bevölkerungsschichten gehören sie an, woher kommen sie?*
- *Das Bild gilt als eine frühe sinnbildliche Darstellung der internationalen Solidarität. Prüfen Sie, ob diese Deutung richtig ist.*

Der überall durchgesetzte Verfassungsstaat wurde – abgesehen von Österreich – in keinem Staat des Deutschen Bundes wieder beseitigt. Die Vorzensur von Zeitungen und Büchern, die jede Veröffentlichung einer amtlichen Prüfung unterzog, blieb aufgehoben. In der Rechtspflege gab es wichtige Fortschritte und auch gesellschaftspolitisch wurden neue Weichen gestellt. Dazu gehörten die Befreiung der Bauern aus den grundherrlichen Abhängigkeiten, das Ende der adligen Patrimonialgerichtsbarkeit, überhaupt das Ende der rechtlichen Sonderstellung des Adels.

Die Ereignisse von 1848/49 weckten das politische Bewusstsein breiter Bevölkerungsschichten. Die Deutschen hatten sich als politisch Aktive erlebt. Vertreter des fortschrittlichen Bürgertums wandten sich allerdings nach dem Scheitern des Versuchs, Einheit und Freiheit aus eigener Kraft zu erreichen, resigniert von ihren politischen Idealen ab. Sie konzentrierten sich auf ihr wirtschaftliches und berufliches Fortkommen (▸ M5). Der gelungene Verfassungsentwurf eines föderalistisch angelegten, nationalen Rechtsstaates mit einer starken Volksvertretung, wie ihn die Paulskirche 1849 vorgesehen hatte, blieb trotz seines Scheiterns immer im politischen Gedächtnis der Deutschen. Nicht wenige Artikel wurden auch 1870/71, bei der Reichsgründung „von oben", von den fürstlichen Regierungen berücksichtigt. Ein Leitbild war der Entwurf von 1848 für die verfassunggebenden Versammlungen 1919 und 1948/49.

M1 Die Mannheimer „Märzforderungen"[1]

Die Mannheimer Bevölkerung ist die erste, die auf die Ereignisse in Frankreich reagiert: Am 27. Februar 1848, wenige Tage nach dem Sturz des französischen Königs, kommen ca. 2500 Menschen zu einer Volksversammlung zusammen, um über die Abfassung einer Petition zu beraten. In dem Aufruf zur Versammlung heißt es:

Das französische Volk hat Ludwig Philipp abgesetzt[2], hat das Joch der Tyrannei gebrochen. Die Schweizer haben das Jesuiten-Regiment gestürzt und den Sonderbund gesprengt.[3] Die Italiener haben freie Verfassungen kräftig sich errungen. Sollen wir Deutschen allein unter dem Joche der Knechtschaft verbleiben?

Der entscheidende Augenblick ist gekommen. Der Tag der Freiheit ist angebrochen. Vorwärts! ist der Ruf der Zeit. Die Not des Volkes muss ein Ende nehmen. Unser Wahlspruch sei:

Wohlstand, Bildung und Freiheit für alle Klassen des Volkes!

Überall in Deutschlands Gauen, in Stadt und Land mögen die Männer der Tat zusammentreten, beschließen und vollziehen, was dem Volke Not tut, die ewigen Rechte des Volkes sollen und müssen jetzt zur Wahrheit werden.

In diesem Geiste haben viele Bürger und Einwohner Mannheims die beifolgende Petition beschlossen und unterzeichnet, welche sie in großer Anzahl Mittwoch, den 1. März, der Zweiten Kammer[4] der Landstände überbringen werden.

Wir hoffen und erwarten, dass ähnliche Schritte in allen Teilen des Vaterlandes vorbereitet und sogleich ausgeführt werden.

Es gilt jetzt, den Augenblick zu ergreifen. Zweiunddreißig Jahre lang haben wir fruchtlos gehofft. Jetzt gilt es zu fordern und unsern Forderungen Nachdruck zu geben.

Wo drei deutsche Männer im Geiste der Freiheit beisammen sind, mögen sie einen Stützpunkt der Zukunft Deutschlands bilden!

Das Comité

Verbreiten Sie diesen Aufruf und die Petition unverzüglich in Ihren Nachbarorten!

Die Versammlung verabschiedet die folgende Petition, die öffentlich zur Unterschrift ausgelegt und am 1. März 1848 dem Präsidenten der badischen Abgeordnetenkammer überbracht wird:

Hohe Zweite Kammer!

Eine ungeheure Revolution hat Frankreich umgestaltet. Vielleicht in wenigen Tagen stehen französische Heere an unseren Grenzmarken, während Russland die seinigen im Norden zusammenzieht. Ein Gedanke durchzuckt Europa. Das alte System wankt und zerfällt in Trümmer. Allerorten haben die Völker mit kräftiger Hand die Rechte sich selbst genommen, welche ihre Machthaber ihnen vorenthielten. Deutschland darf nicht länger zusehen, wie es mit Füßen getreten wird.

Das deutsche Volk hat das Recht zu verlangen:

Wohlstand, Bildung und Freiheit für alle Klassen der Gesellschaft, ohne Unterschied der Geburt und des Standes.

Die Zeit ist vorüber, die Mittel zu diesen Zwecken lange zu beraten. Was das Volk will, hat es durch seine gesetzlichen Vertreter, durch die Presse und durch Petitionen deutlich genug ausgesprochen. Aus der großen Zahl von Maßregeln, durch deren Ergreifung allein das deutsche Volk gerettet werden kann, heben wir hervor:

1) Volksbewaffnung mit freien Wahlen der Offiziere
2) Unbedingte Pressefreiheit
3) Schwurgerichte nach dem Vorbilde Englands
4) Sofortige Herstellung eines deutschen Parlaments

Diese vier Forderungen sind so dringend, dass mit deren Erfüllung nicht länger gezögert werden kann und darf.

Vertreter des Volks! Wir verlangen von Euch, dass Ihr diese Forderungen zu ungesäumter Erfüllung bringet. Wir stehen für dieselben mit Gut und Blut ein und mit uns, davon sind wir durchdrungen, das ganze deutsche Volk.

Zitiert nach: Karl Obermann, Flugblätter der Revolution. Eine Flugblattsammlung zur Geschichte der Revolution von 1848/49 in Deutschland, Berlin 1970, S. 54 f.

1 Der Aufruf wurde auch „Mannheimer Petition" genannt.

2 Der französische König **Louis Philippe** (1773-1850) wurde wegen seiner Weigerung, das Wahlrecht auszudehnen, zur Abdankung gezwungen.

3 Zur Abwehr liberaler Ideen hatten sich 1845 einige katholisch-konservative Kantone der Schweiz zum „**Sonderbund**" zusammengeschlossen. Im Sonderbund-Krieg von 1847 konnten sich die freisinnig-liberalen Kantone militärisch gegen den Sonderbund behaupten. Dieser wurde aufgelöst und eine neue föderative Bundesverfassung mit weitreichenden bürgerlichen und politischen Rechten eingeführt.

4 Im Gegensatz zur Ersten Kammer, die aus ernannten Vertretern des Adels bestand, saßen in der **Zweiten Kammer** gewählte Abgeordnete.

1. *Arbeiten Sie aus den Forderungen die politischen und sozialen Verhältnisse in Deutschland vor Ausbruch der Revolution von 1848 heraus.*

2. *Erklären Sie, warum die Petition die Volksbewaffnung fordert.*

M2 Zusammensetzung der Paulskirche

Bei einer Gesamtzahl von 812 Abgeordneten (einschließlich der zeitweilig einberufenen Stellvertreter) beteiligen sich in der Regel zwischen 400 und 540 Volksvertreter an den Abstimmungen. Sie lassen sich den folgenden Berufsgruppen zuordnen:

Höhere Beamte, Landräte	115	**Geistliche**	**39**	**Landwirte (Großgrundbesitzer und 3 Bauern)**	**46**
Mittlere Beamte	37	Rechtsanwälte, Advokaten	106	**Handwerker insgesamt**	**4**
Bürgermeister, Kommunalbeamte	21	Ärzte	23	**Promovierte ohne Berufsangabe**	**35**
Richter, Staatsanwälte	110	Schriftsteller, Journalisten	20	**Sonstige Berufe**	**3**
Offiziere	18	**Freiberufliche Intelligenz insgesamt**	**149**	**Nicht ermittelt**	**44**
Diplomaten	11	Großkaufleute, Kaufleute	35		**812**
Hochschullehrer (49), Gymnasiallehrer	94	Fabrikanten	14		
Sonstige Lehrer	30	Verleger, Buchhändler	7		
Staatsdiener insgesamt	**436**	**Wirtschaftsbürgertum insgesamt**	**56**		

Die Anteile der Fraktionen in der Frankfurter Paulskirche im Oktober 1848:

Donnersberg	Deutscher Hof	Westendhall	Württemberger Hof	Augsburger Hof	Landsberg	Casino	Café Milani	bei keiner Fraktion
7 %	8 %	7 %	6 %	7 %	6 %	21 %	6 %	32 %
„Linke“ demokratisch		„linkes Zentrum“ parlamentarisch-liberal		„rechtes Zentrum“ konstitutionell-liberal			„Rechte“ konservativ	

Die Fraktionen wiesen in ihrer sozialen Zusammensetzung gewisse Regelmäßigkeiten auf, die – von rechts bis links besehen – eine wachsende Distanz zu den bestehenden Verfassungen in Deutschland und zum Staatsdienst anzeigten. Auf der Rechten und im rechten Zentrum [...] häuften sich höhere Staatsbeamte, Richter und Hochschullehrer; hinzu kamen adlige Grundbesitzer und Großkaufleute; freie Berufe fanden sich hier seltener, im „Casino“ etwa nur zu 10 %. Im linken Zentrum („Württemberger Hof“ bis „Westendhall“) hielten sich freie Berufe und Angehörige der Mittelschichten einerseits, Grundbesitzer, Großkaufleute und höhere Beamte andererseits die Waage. Auf der Linken dominierte mit 40 % im „Deutschen Hof“ und 50 % im „Donnersberg“ die freiberufliche Intelligenz; zudem fand sich hier mit 30 % ein beträchtlicher Anteil von Abgeordneten der unteren Mittelklasse.

Wolfram Siemann, Die deutsche Revolution von 1848/49, Frankfurt am Main [5]1993, S. 126 und 130

1. *Die Paulskirche wird gerne als „Professorenparlament“ charakterisiert. Prüfen Sie, ob diese Bezeichnung angemessen ist, und analysieren Sie die Zusammensetzung der einzelnen Fraktionen.*

2. *Nennen Sie Berufs- oder Gesellschaftsgruppen, die Ihnen unterrepräsentiert erscheinen.*

M3 Ohne Österreich

Friedrich Christoph Dahlmann, einer der „Göttinger Sieben“ (vgl. dazu Seite 235), gehört in der Nationalversammlung von 1848/49 dem rechten Zentrum an („Casino“-Fraktion) und ist Mitglied des Ausschusses für die Ausarbeitung der Reichsverfassung. Am 22. Januar 1849 nimmt er Stellung zur Frage, welche Grenzen das Reich haben soll:

Uns tut ein Herrscherhaus not, welches sich gänzlich unserm Deutschland widmet, gänzlich in Deutschland lebt und in nichts anderem. Ein solches Herrscherhaus kann Österreich uns nicht sein; es kann es nicht, denn es hangen diesem Österreich, bei all seinem verdienten Ruhme, zu viel außerdeutsche Sorgen an. Österreich krankt an seiner Stärke ebensosehr wie andere Staaten an ihrer Schwäche. Die schwersten Sorgen Österreichs werden erst dann beginnen, wenn es den langen Lauf seiner Siege vollendet hat. Österreich kann uns, wie die Dinge gegenwärtig stehen, nicht vollständig angehören.

An den Hohenzollern Preußens können wir ein solches Herrscherhaus nicht nur haben, sondern mit dem schlechtesten und dem besten Willen kann es kein Sterblicher dahin bringen, dass wir es nicht an ihm hätten. Es ist gar keine Zukunft für Deutschland möglich ohne Preußen [...]. Ich will meine Meinung unbekümmert sagen, wie übel sie auch von verschiedenen Seiten aufgenommen werde. Ihr dämpft das Feuer der Anarchie nicht, ihr dämpft dies zerstörende Feuer weder in den kleinen Staaten noch in den mittleren, noch in den großen endlich und in den größten der rein deutschen Staaten, als nur auf einem Wege, nur auf dem Wege, dass ihr eine kraftvolle Einheit einsetzet und durch diese Einheit die Bahn für die deutsche Volkskraft eröffnet, die zur Macht führt. Die Bahn der Macht ist die einzige, die den gärenden Freiheitstrieb befriedigen und sättigen wird, der sich bisher selbst nicht erkannt hat; denn es ist nicht bloß die Freiheit, die er meint, es ist zur größeren Hälfte die Macht, die ihm bisher versagte, nach der es ihn gelüstet. Deutschland muss als solches endlich in die Reihe der politischen Großmächte des Weltteils eintreten. Das kann nur durch Preußen geschehen, und weder Preußen kann ohne Deutschland, noch Deutschland ohne Preußen genesen.

Zitiert nach: Walter Wulf (Bearb.), Das Zeitalter der Restauration und des Liberalismus, Frankfurt am Main 1959, S. 35

1. *Fassen Sie zusammen, wie Dahlmann seine Entscheidung für die kleindeutsche Lösung begründet.*
2. *Bewerten Sie das Verhältnis von Freiheit und Macht, das in der Rede deutlich wird.*

M4 Die Ablehnung der Kaiserkrone

Am 3. April 1849 bietet eine Paulskirchenabordnung dem preußischen König Friedrich Wilhelm IV. die Kaiserwürde an. Der König hat sich mit dieser Frage bereits im Dezember 1848 in einem Brief an den preußischen Gesandten in London, Freiherrn von Bunsen, beschäftigt:

Ich will weder der Fürsten Zustimmung zu der Wahl noch die Krone. Verstehen Sie die markierten Worte? [...] Die Krone ist erstlich keine Krone. Die Krone, die ein Hohenzoller nehmen dürfte, wenn die Umstände es möglich machen könnten, ist keine, die eine, wenn auch mit fürstlicher Zustimmung eingesetzte, aber in die revolutionäre Saat geschossene Versammlung macht, [...] sondern eine, die den Stempel Gottes trägt, die den, dem sie aufgesetzt wird, nach der heiligen Ölung „von Gottes Gnaden" macht, weil und wie sie mehr denn 34 Fürsten zu Königen der Deutschen von Gottes Gnaden gemacht und den letzten immer der alten Reihe gesellt. Die Krone, die die Ottonen, die Hohenstaufen, die Habsburger getragen, kann natürlich ein Hohenzoller tragen; sie ehrt ihn überschwänglich mit tausendjährigem Glanze. Die aber, die Sie – leider – meinen, verunehrt überschwänglich mit ihrem Ludergeruch der Revolution von 1848, der albernsten, dümmsten, schlechtesten, wenn auch gottlob nicht der bösesten dieses Jahrhunderts. Einen solchen imaginären Reif, aus Dreck und Letten[1] gebacken, soll ein legitimer König von Gottes Gnaden, und nun gar der König von Preußen sich geben lassen, der den Segen hat, wenn auch nicht die älteste, doch die edelste Krone, die niemand gestohlen ist, zu tragen.

Aus der Erwiderung Friedrich Wilhelms IV. an die Abordnung der Nationalversammlung vom 3. April 1849:

Ich bin bereit, durch die Tat zu beweisen, dass die Männer sich nicht geirrt haben, welche ihre Zuversicht auf Meine Hingebung, auf Meine Treue, auf Meine Liebe zum gemeinsamen deutschen Vaterlande stützen.
Aber, Meine Herren, Ich würde Ihr Vertrauen nicht rechtfertigen, [...], wollte Ich, mit Verletzung heiliger Rechte und Meiner früheren ausdrücklichen und feierlichen Versicherungen, ohne das freie Einverständnis der gekrönten Häupter, der Fürsten und freien Städte Deutschlands, eine Entschließung fassen, welche für sie und für die von ihnen regierten deutschen Stämme die entschiedensten Folgen haben muss.
An den Regierungen der einzelnen deutschen Staaten wird es daher jetzt sein, in gemeinsamer Beratung zu prüfen, ob die Verfassung dem Einzelnen wie dem Ganzen frommt, ob die Mir zugedachten Rechte Mich in den Stand setzen würden, mit starker Hand, wie ein solcher Beruf es von Mir fordert, die Geschicke des großen deutschen Vaterlandes zu leiten und die Hoffnungen seiner Völker zu erfüllen.
Dessen möge Deutschland aber gewiss sein [...]: Bedarf es des preußischen Schildes und Schwertes gegen äußere oder innere Feinde, so werde Ich auch ohne Ruf nicht fehlen. Ich werde dann getrost den Weg Meines Hauses und Meines Volkes gehen, den Weg der deutschen Ehre und Treue!

Zitiert nach: Ernst Rudolf Huber (Hrsg.), Dokumente zur deutschen Verfassungsgeschichte, Bd. 1: Deutsche Verfassungsdokumente 1803-1850, Stuttgart ³1978, S. 402 f. und 405 f.

1. *Vergleichen Sie beide Äußerungen und erläutern Sie vor dem Hintergrund des Briefes an Bunsen doppeldeutige Formulierungen in der offiziellen Ablehnung.*
2. *Entwickeln Sie eine Hypothese, welche Bestimmungen der Reichsverfassung von 1849 (siehe Seite 242) dem König Anlass zu der Frage gegeben haben könnten, „ob die Mir zugedachten Rechte Mich in den Stand setzen würden, mit starker Hand [...] die Geschicke des großen deutschen Vaterlandes zu leiten"?*

[1] **Letten**: anderes Wort für „Lehm"

M5 Mentalitätswandel

Der Historiker Hartwig Brandt geht in einem Kapitel über „Die Revolution als Epochenwende“ auf Umbrüche in der Mentalität des deutschen Bürgertums ein:

Die Revolution von 1848/49 war eine bürgerliche Revolution – bei allen Beimischungen und Sonderlagen, die es fraglos gab. Es war das Bildungsbürgertum, welches in ihr dominierte, nicht nur im liberalen Lager, wo dies als plausibel erscheint, sondern auch bei Republikanern und Radikalen. Nur in Polen und Ungarn war es der Adel, welcher die Entwicklung vorantrieb.
Das „Bürgerliche“ der Revolution trat in einer Mentalität hervor, die vor allem durch den Liberalismus geprägt wurde. Eine Denkweise, die vorindustriell, aber fortschrittsgläubig-optimistisch zugleich war. Sie verwarf den Klassengedanken und propagierte die allgemeine Bürgergesellschaft – ohne Ansehen von sozialem Rang und wirtschaftlicher Potenz. Aber sie pflegte das Eigentum [...] als Sakrament ihrer Lehre, als Unterpfand aller bürgerlichen und politischen Rechte.
Solche Vorstellungen, die aus dem Vormärz überkommen waren, zeigten sich auch in der Revolution noch weitverbreitet. Ja, sie erklären erst manche Eigenheiten ihrer Entwicklung. So lebte die Überzeugung fort, dass allein schon der Gedanke die Politik zu bewegen vermöge. Eine Mitgift vergangener Jahre, die sich in den Anfängen des Umbruchs zu bestätigen schien. Dass Staatsspitzen und Regierungen im Frühjahr 1848 die Macht ohne Widerstand preisgaben, dass diese, wie man sagte, gleichsam „auf der Straße lag“: Dies erschien als eine Bestätigung dessen, was die Philosophie des Vormärz gelehrt hatte. So verstanden, war die Revolution, wie sie im Weiteren ihren Verlauf nahm, ein fortgesetzter Prozess politischer Ernüchterung.
Aber auch darin schien sich die hochgestimmte Vorstellung von Politik zunächst zu bestätigen, dass auf die hermetischen Verhältnisse des Vormärz eine Zeit der öffentlichen Diskussionen, des politischen Biwak[s][1] folgte, der Versammlungen, der Vereine, der Demonstrationen, der politischen Teilhabe bis in die Unterschichten hinab – wie übrigens auch der Frauen, die in der Revolution erstmals öffentlich-politisch hervortraten. „Wer sich des regen Treibens in den Jahren 1848 und 1849 erinnert, der könnte in der That der Meinung werden, er sei unter ein anderes Geschlecht versetzt, wenn er mit ansieht, wie lau und flau es am Vorabend einer neuen Abgeordnetenwahl zugeht. Es sind die Straßenecken und Hausthüren sicher vor Plakaten, auf den öffentlichen Plätzen und in den Wirtschaftslokalen findet man keine Volksredner mehr, und wenn der Gemeindenrath eine öffentliche Sitzung ankündigt, so kann man beinah darauf rechnen, dass außer den amtlich Vorgerufenen kein Mensch erscheint.“ So schrieb die „Schwäbische Chronik“ 1851. Erst aus der Rückschau wurde den Zeitgenossen das Drängende, das Fieberhafte, das Oszillierende der Revolutionszeitläufte bewusst.
So begannen die Fünfzigerjahre als ein Dezennium[2] der politischen Illusionierung. Vielerorts kehrten vorrevolutionäre Gewohnheiten und Institutionen zurück. Aber die Mentalität war nicht mehr die des Vormärz. Es fehlte die Erwartungshaltung, es fehlte die Gewissheit von der Veränderungskraft des Gedankens. Vormärz und Revolution waren die letzten Ausläufer dessen, was die Aufklärung in die Welt gesetzt hatte.
Die postrevolutionäre Mentalität war also eine andere. Sie ließ sich von den Verhältnissen leiten, passte sich ihnen an. Sie wollte „realistisch“ sein, wie die neue Vokabel hieß. Politisch: Sie richtete ihren Blick auf die Macht – nicht nur die etablierte von Bürokratie und Militär, sondern auch auf die virtuelle in der Gesellschaft. Rochaus Buchtitel von 1853 („Grundsätze der Realpolitik“)[3] gab der Epoche das Stichwort. Der Wandel ging freilich darüber hinaus. Die Politik selbst hatte ihren Rang als Gegenstand des höchsten Interesses verloren. Der Bürger zog sich ins private Leben zurück, ein zweites Biedermeier kündigte sich an. Zum anderen galt die Aufmerksamkeit nun zuvorderst anderen Disziplinen und Dingen, jenen, welche mit „Realien“ zu schaffen hatten: Technik, Naturwissenschaften, Ökonomie. Die voranschreitende Industrialisierung, der wirtschaftliche „Take-Off“, in dem die materiellen Tendenzen zusammenschossen, beanspruchte das höchste Interesse. Die Industrie wiederum, die Liaison von Technik und Ökonomie, förderte das Prinzip des Massenhaften, auch dies eine Zeittendenz: Massenquartiere, Massenproduktion, Massenkonsum. Auch die Politik erfuhr, durch die Ausweitung des Wahlrechts, einen Zug in diese Richtung. Der klassischen Politik, noch vom Individualitätsgedanken geprägt, war eine solche Entwicklung fremd. 1848 hatte sie ihren letzten historischen Auftritt.

Hartwig Brandt, Europa 1815-1850. Reaktion – Konstitution – Revolution, Stuttgart 2002, S. 2[illegible]2f.

1. *Vor, während und nach der Revolution: Fassen Sie angesprochene Ähnlichkeiten und Unterschiede in den Denk- und Verhaltensweisen des deutschen Bürgertums thesenartig zusammen.*
2. *Erläutern Sie, wo Ihnen in Ihrem persönlichen Umfeld deutliche Mentalitätsunterschiede begegnen.*
3. *Begründen Sie, warum das Bürgertum im 19. Jahrhundert eine immer bedeutendere Rolle in der Gesellschaft spielt.*

[1] **Biwak**: Truppenlager unter freiem Himmel oder in Zelten

[2] **Dezennium** (lat.): Jahrzehnt

[3] August Ludwig von Rochau (1810-1873) führte mit seinem Buch den Begriff „Realpolitik“ in die politische Diskussion ein.

Auf dem Weg zur Reichsgründung

DVD-Tipp:
Deutschland auf dem Weg zum Nationalstaat 1815-1871. Ein Film von Carola Haffmann und Anne Roerkohl, DVD mit DVD-ROM Teil, 2010

Restauration Österreich übernahm im wiederhergestellten Deutschen Bund 1850 wieder die Führungsrolle und lehnte den Wunsch Preußens nach einem regelmäßigen Wechsel im Vorsitz der Bundesversammlung ab. Einigkeit herrschte zwischen den beiden Großmächten vor allem beim Kampf gegen das Erbe der Revolution. Eine repressive Gesetzgebung behinderte die Bildung und Betätigung politischer Parteien sowie die Pressefreiheit. Auf gemeinsamen Antrag hin wurden die von der Paulskirche erarbeiteten und beschlossenen Grundrechte noch 1851 aufgehoben. Ein „Reaktionsausschuss" des Deutschen Bundes überwachte die Rücknahme fortschrittlicher Verfassungsbestimmungen in den Einzelstaaten. Österreich setzte seine Verfassung außer Kraft und kehrte bis 1867 zum Neoabsolutismus zurück. Die preußische Verfassung wurde zugunsten der monarchischen Gewalt geändert: Die Regierung war allein vom Vertrauen des Monarchen abhängig, das Militär war jeglicher Kontrolle durch Parlament und Regierung entzogen.

Wilhelm I. (1797-1888): preußischer König (1861-1888) und Deutscher Kaiser ab 1871

Albrecht Graf von Roon (1803-1879): preußischer Generalfeldmarschall, Kriegsminister (1859-1871)

Landwehr: Bestandteil des preußischen Heeres. Sie umfasste alle Männer bis zum 40. Lebensjahr, die nicht dem stehenden Heer angehörten.

Heeres- und Verfassungskonflikt Dennoch herrschte nicht völlige politische Stille, auch nicht in Preußen. Die Auseinandersetzung zwischen Liberalen und Obrigkeitsstaat entzündete sich am Verfassungskonflikt um die Heeresreform. **Wilhelm I.**, seit 1861 preußischer König, stimmte mit den Adligen im Herrenhaus und der liberalen Mehrheit im Abgeordnetenhaus zwar darin überein, zur Wiederherstellung des Kräftegleichgewichts zwischen Preußen und den anderen Großmächten die Friedensstärke der Armee von 150 000 auf 210 000 Mann zu erhöhen. Jedoch stießen die Pläne des Königs und des Kriegsministers **Albrecht von Roon** auf Widerstand. Sie wollten die Dienstzeit von zwei auf drei Jahre verlängern sowie drei Jahrgänge der von bürgerlichen Reserveoffizieren geführten **Landwehr** dem Kommando adliger Berufsoffiziere unterstellen und dadurch zu einer bloßen Reservearmee machen. Die liberalen Abgeordneten erkannten die antibürgerliche Stoßrichtung und befürchteten eine Militarisierung der Gesellschaft.

Der Streit weitete sich zum Verfassungskonflikt aus, als das – wiederholt aufgelöste – Abgeordnetenhaus auf sein Budgetrecht pochte und erstmals eine genaue Auflistung der einzelnen Etatposten verlangte. Damit hätte sich die Möglichkeit ergeben, einzelne Positionen abzulehnen. Bisher waren die Militärhaushalte immer pauschal vorgelegt worden.

In der sich über Jahre hinziehenden Auseinandersetzung ging es letztlich um die Forderung der Volksvertretung nach einem Mitspracherecht auch in Militärangelegenheiten, während sich der König auf seine Kommandogewalt berief und daraus das Recht ableitete, allein zu entscheiden.

Entscheidung zugunsten der Krone Im Kampf für die verfassungsmäßigen Rechte der Volksvertretung hatte sich 1861 in Preußen aus Liberalen, die eine nachgiebige Haltung gegenüber Monarch und Regierung ablehnten, aus Linksliberalen und Demokraten die *Deutsche Fortschrittspartei* gebildet. Bereits ein Jahr später stellte sie die stärkste Fraktion. Otto von Bismarck, der 1862 preußischer Ministerpräsident wurde, beharrte auf der alleinigen Entscheidungsbefugnis bei der Heeresreform und wollte sie auch ohne parlamentarische Zustimmung durchsetzen (▸ M1). Dabei wurde er von den konservativen Parteien unterstützt.

Nach der preußischen Verfassung konnte ein Gesetz nur bei Übereinstimmung zwischen dem König und den beiden Kammern zustande kommen. Für den Fall einer

Unvereinbarkeit der Standpunkte sah die Verfassung keine ausdrückliche Regelung vor. Bismarck entwickelte für diesen Fall die sogenannte Lückentheorie, nach der in dieser Situation dem König als Souverän die letzte Entscheidung zufalle.

Nach dem Sieg Preußens über Österreich 1866 suchte Bismarck im Verfassungskonflikt eine Verständigung mit den Liberalen. Diese spalteten sich an der von Bismarck vorgelegten **Indemnitäts**frage, die den Verfassungskonflikt beenden sollte. Ergebnis des Streites der Liberalen war die Gründung der *Nationalliberalen Partei* im Jahr 1867. Diese setzte darauf, dass die baldige Schaffung eines Nationalstaates eine liberalere Gesellschaftsordnung und eine Stärkung des Parlaments nach sich ziehen würde.

Indemnität: nachträgliche Billigung einer Regierungsmaßnahme

Nationalbewegungen ▪ Auch nach der gescheiterten Reichseinigung 1849 lebte die Nationalbewegung fort. König Wilhelm I. tolerierte das Wirken des neu gegründeten, „kleindeutsch" gesinnten Nationalvereins und weigerte sich, auf ihn die beschränkende Bundesvereinsgesetzgebung anzuwenden. Auch das konservative Lager nahm immer stärker eine positive Haltung gegenüber der kleindeutschen Einigung ein. Österreich behielt gegenüber der Nationalbewegung einen ablehnenden Kurs. Dennoch nahmen an den zahlreichen Nationalfesten, die vor allem Sänger-, Turner- und Schützenvereine ausrichteten, immer mehr Deutschösterreicher teil. Anlässe boten *Friedrich Schillers* hundertster Geburtstag am 10. November 1859 oder das Gedenken an die erfolgreichen Befreiungskriege gegen Napoleon.

▲ **„Das Einzige und der Einzige."**
Holzschnitt von Wilhelm Scholz aus dem „Kladderadatsch" vom 13. November 1859.
Zum 100. Geburtstag Friedrich Schillers am 10. November 1859 fanden in 440 deutschen Orten Festakte statt. Das Bild spielt auf die Grundsteinlegung eines Schiller-Denkmals in Berlin an.
▪ *Charakterisieren Sie die dargestellten Personen und erklären Sie den Titel.*

Preußisch-österreichischer Dualismus ▪ Die Gegensätzlichkeit der beiden führenden deutschen Mächte zeigte sich insbesondere in der Wirtschaftspolitik. Im Zollverein* fürchtete Preußen um seine Vormachtstellung und verweigerte sich einer Aufnahme Österreichs. Die Rückständigkeit seiner Industrie zwang Österreich zu einer Schutzzollpolitik – im Gegensatz zur Freihandelspolitik Preußens. Dessen fortschrittliche Handels- und Wirtschaftspolitik nahmen sich andere deutsche Staaten für eigene Reformen zum Vorbild, um die Leistungsfähigkeit der heimischen Wirtschaft zu steigern.

Auch in Fragen einer Reform des Deutschen Bundes bezog Preußen eigene Positionen. So lehnte es eine von Österreich betriebene Reformakte von 1863 ab, um einer Stärkung des Bundes unter österreichischer Führung entgegenzuwirken. Mit der Befürwortung einer direkt gewählten Volksvertretung für den Deutschen Bund machte es sich eine liberale Forderung zu eigen.

Im *Deutsch-Dänischen Krieg* 1864 waren die beiden deutschen Großmächte noch Verbündete. Sie besiegten Dänemark, das versucht hatte, Schleswig zu annektieren, und setzten sich gemeinsam über den Wunsch der Nationalbewegung hinweg, die beiden Herzogtümer Schleswig und Holstein von einem deutschen Fürsten regieren zu lassen. Sie teilten sich die Verwaltung der beiden Herzogtümer. Doch schon bald wurde deutlich, dass Bismarck Schleswig-Holstein preußischem Einfluss unterwerfen wollte. Das österreichische Vorgehen, nun den Bundestag einzuschalten, erklärte Preußen als Bruch der bestehenden zweiseitigen Vereinbarungen und marschierte in Holstein ein.

* Siehe Seite 190.

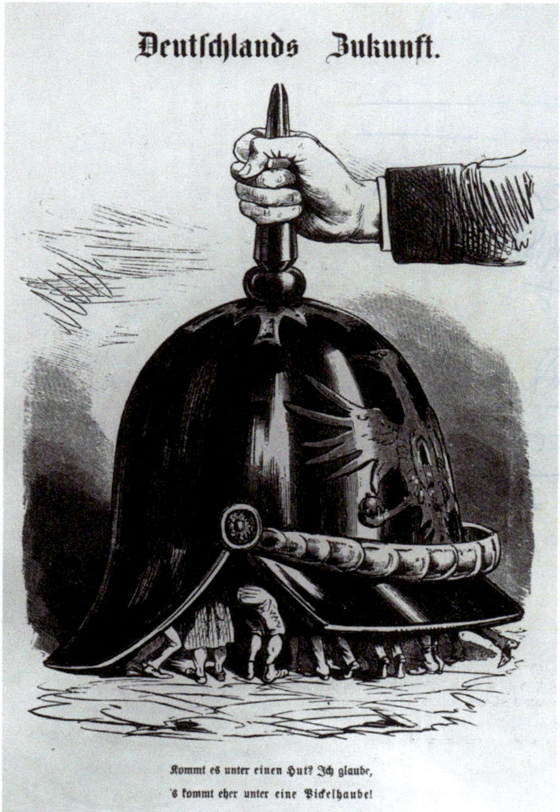

▲ **„Deutschlands Zukunft."**
Österreichische Karikatur aus dem „Kikeriki", 1870. Der Untertitel lautet: „Kommt es unter einen Hut?" „Ich glaube, 's kommt eher unter eine Pickelhaube!"

Daraus entwickelte sich der „Deutsche Bruderkrieg" von 1866. In ihm siegte Preußen mit seinen norddeutschen Verbündeten gegen Österreich und dessen Verbündete Hannover, Sachsen, Bayern, Württemberg, Baden und Hessen. Österreich blieb zwar territorial unangetastet, musste jedoch die Auflösung des Deutschen Bundes (*Frieden von Prag*, 1866) und damit seine Herausdrängung aus Deutschland hinnehmen.

Im Sommer 1867 schlossen sich alle 22 nördlich der „Mainlinie" selbstständig verbliebenen Staaten zum *Norddeutschen Bund* zusammen (▸ M2). Die süddeutschen Staaten blieben zunächst politisch völlig selbstständig. Sie waren jedoch durch ihre Mitgliedschaft im Zollverein mit dem Norden verbunden.

Deutsch-Französischer Krieg und Reichsgründung Frankreich registrierte die zunehmende Stärke Preußen-Deutschlands mit Unbehagen. Bismarck nutzte den massiven politischen Druck des französischen Kaisers, *Napoleons III.*, um die süddeutschen Regierungen zum Abschluss geheimer Schutz- und Trutzbündnisse zu bewegen. Dadurch konnte er diese Staaten, in denen mit Demokraten und katholischen Parteien die antipreußischen Kräfte erstarkten, fester an sich binden.

Vergeblich suchte der französische Kaiser zur Stärkung seiner nachlassenden Autorität im Innern nach außenpolitischen Erfolgen. Sein Expansionsdrang scheiterte an der Haltung Bismarcks. Als Gegenleistung für seine Neutralität im preußisch-österreichischen Krieg erhob er Anspruch auf die bayerische Pfalz und Rheinhessen. Mit Rücksicht auf die öffentliche Meinung lehnte dies Bismarck ebenso ab wie den Plan Frankreichs, Luxemburg zu erwerben, das vom niederländischen König in Personalunion regiert wurde und Mitglied des Deutschen Bundes war. Von den europäischen Großmächten konnte Frankreich nur Österreich als Bündnispartner gewinnen. Großbritannien verzichtete auf eine Einmischung in die Verhältnisse auf dem Kontinent. Russland kam in Konflikt mit Frankreich wegen dessen Unterstützung für den polnischen Aufstand 1863 und verbündete sich mit Preußen gegen die französisch-österreichische Allianz.

Den Anlass zu einer militärischen Auseinandersetzung bildete schließlich der Streit um die spanische Thronfolge. Für sie hatte die spanische Regierung *Leopold von Hohenzollern-Sigmaringen*, einen katholischen Vetter von Wilhelm I., vorgesehen. Mit dem Verzicht Leopolds jedoch gab sich Frankreich nicht zufrieden. Es fürchtete die Umklammerung durch ein deutsch-spanisches Haus Hohenzollern und forderte die Zusage Preußens, in Zukunft keiner neuen Kandidatur eines Hohenzollern zuzustimmen. Über die Forderung wurde Bismarck in einem Telegramm (= Depesche) aus Bad Ems unterrichtet. Mit der Veröffentlichung dieser sogenannten *Emser Depesche* verschärfte er bewusst den Konflikt (▸ M3). Frankreich erklärte am 19. Juli 1870 den Krieg. Die Bedrohung Preußens half, die deutsche Einigung weiter voranzutreiben. Dank der Bündnisverträge stellten sich die süddeutschen Staaten auf die Seite Preußens und des Norddeutschen Bundes.

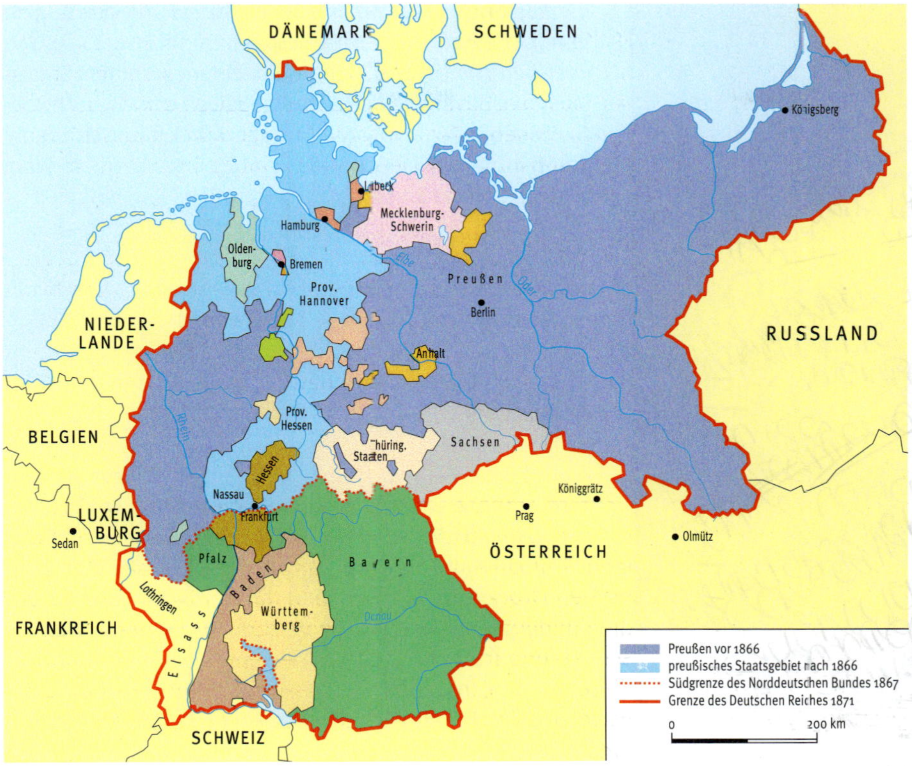

▲ **Der Weg zur Reichseinigung 1866-1871.**

Mit der Kapitulation der französischen Truppen nach der Schlacht von Sedan am 2. September 1870 war der Krieg, der sich letztendlich bis Ende Januar 1871 hinzog, entschieden. In dem am 10. Mai 1871 in Frankfurt am Main unterzeichneten Friedensvertrag musste Frankreich Elsass und Lothringen abtreten und zudem fünf Milliarden Goldfrancs Entschädigung zahlen.

Die Gründung des Deutschen Kaiserreiches ■ Noch während des Feldzuges bemühte sich Bismarck intensiv um die Zustimmung der süddeutschen Staaten zur Vollendung des kleindeutschen Nationalstaates, die auch in der Öffentlichkeit unter dem Eindruck des gemeinsamen Kriegserlebnisses gefordert wurde. Gegen die Gewährung von Sonderrechten waren Hessen-Darmstadt, Baden, Württemberg und Bayern bereit, dem Norddeutschen Bund beizutreten. Bayerns König *Ludwig II.* als bedeutendster Bundesfürst war es, der dem preußischen König im Namen der Fürsten und Freien Städte die Kaiserwürde anbot und damit – im Sinne des monarchischen Prinzips – einer entsprechenden Bitte des Norddeutschen Bundes zuvorkam.

Nach der *Kaiserproklamation* in Versailles am 18. Januar 1871 war der preußische König zugleich „Deutscher Kaiser". Die nationale Idee, deren Träger anfangs das liberale Bürgertum war, hatte sich zu einem verbindenden Element der konservativen Kräfte entwickelt. Eine Folge davon war, dass die Gewährung demokratischer Mitspracherechte und Freiheitsrechte nachgeordnet oder sogar für schädlich angesehen wurde.

Literaturtipps:
- *Beate Althammer, Das Bismarckreich 1871-1890, Paderborn 2009*
- *Christopher Clark, Preußen. Aufstieg und Niedergang 1600-1947, München ^{7}2008*
- *Das Deutsche Kaiserreich. 1871-1914: Der Weg in die Moderne, Spiegel Geschichte, Heft 3/2013*

▲ **„Les génies de la mort": Bismarck.**
Lithografie von Edmond Guillaume, Brüssel 1870.
Das Bild gehört zu einer Serie von vier Blättern, die neben Bismarck noch den preußischen König Wilhelm I., Napoleon III. und Papst Pius IX. als Elend und Not bringende Genien (= Geistwesen) des Todes brandmarkt.

- *Erläutern Sie die Bildbestandteile und ordnen Sie das Bild in den historischen Kontext ein.*

M1 Das „Eisen und Blut"-Konzept

In seinen „Gedanken und Erinnerungen" schildert Otto von Bismarck die Grundgedanken seiner Rede als neu ernannter preußischer Ministerpräsident vor der Budgetkommission des preußischen Abgeordnetenhauses vom 30. September 1862:

Der Konflikt drehe sich bei uns um die Grenze zwischen Krongewalt und Parlamentsgewalt. Die Krone habe noch andere Rechte, als die in der Verfassung ständen. [...]
Nicht auf Preußens Liberalismus sieht Deutschland, sondern auf seine Macht; Bayern, Württemberg, Baden mögen dem Liberalismus indulgieren[1], darum wird ihnen doch keiner Preußens Rolle anweisen; Preußen muss seine Kraft zusammenfassen und zusammenhalten auf den günstigen Augenblick, der schon einige Male verpasst ist; Preußens Grenzen nach den Wiener Verträgen sind zu einem gesunden Staatsleben nicht günstig; nicht durch Reden und Majoritätsbeschlüsse werden die großen Fragen der Zeit entschieden – das ist der große Fehler von 1848 und 1849 gewesen – sondern durch Eisen und Blut.

Otto von Bismarck, Die gesammelten Werke, Bd. 10, Berlin 1928, S. 138 f.

- *Erklären Sie, welches Politik- und Verfassungsverständnis Bismarcks in dieser Rede deutlich wird.*

[1] **indulgieren**: Nachsicht üben

M2 „Groß-Preußen mit Vasallenstaaten"

August Bebel hält am 10. April 1867 seine erste Rede vor dem sich konstituierenden Norddeutschen Reichstag. Er ist zu diesem Zeitpunkt Vertreter der „Sächsischen Volkspartei". Bebel wird später einer der profiliertesten Politiker der deutschen Sozialdemokratie werden. Seine Ausführungen beziehen sich auf die Verabschiedung der Verfassung des Norddeutschen Bundes:

Abgeordneter Bebel: [M]eine Herren, ich behaupte, dass mit der Gründung dieses Norddeutschen Bundes ein spezifisch preußisches Interesse (*Widerspruch rechts*), dass die Stärkung der Hohenzollern'schen Hausmacht damit bezweckt worden ist. (*Lebhafter Widerspruch rechts.*)
Präsident: Meine Herren! Lassen Sie doch den Herrn Redner ruhig zu Ende reden und widerlegen Sie ihn nachher!
Abgeordneter Bebel: Meine Herren, wenn Sie diesen Bund näher betrachten, so werden Sie mir zugeben müssen, [...] dass dieser Bund nur Groß-Preußen ist, umgeben von einer Anzahl Vasallenstaaten, deren Regierungen nichts weiter als Generalgouverneure der Krone Preußens sind. (*Lebhafter Widerspruch rechts.*)
In dem gegenwärtigen Norddeutschen Bundesrat wird Preußen mit 17 Stimmen [...] nach Belieben Verfassungsänderungen durchführen, eine jede Verfassungsänderung gegen seinen Willen aber verhüten können. Dies würde indessen bei dem Zutritt Süddeutschlands zum Norddeutschen Bunde nicht der Fall sein, dann wären die 17 Stimmen Preußens ungenügend an sich, eine derartige Zweidrittelmehrheit zu erzielen. [...] Das sind meines Erachtens die Gründe, welche die preußische Regierung von ihrem spezifisch preußischen Standpunkte aus nicht nur heute, sondern auch späterhin stets veranlassen werden, gegen den Eintritt Süddeutschlands aufzutreten, gegen denselben zu stimmen. Man wird sich eben einfach damit begnügen, [...] dass man lediglich die Militärgewalt in die Hände bekommt, im Falle eines Krieges,

und im Übrigen wird man sich damit begnügen, durch Zollverträge usw. wenigstens einigermaßen die Kluft, die hervorgebracht ist, zu überbrücken, wohlverstanden, zu überbrücken, aber auszufüllen, dazu wird man sich nicht herbeilassen. Meine Herren, eine solche Politik zu unterstützen, dazu habe ich keine Lust, ich muss entschieden dagegen protestieren, dass man eine solche Politik eine deutsche nennt, ich muss entschieden protestieren gegen einen Bund, der nicht die Einheit, sondern die Zerreißung Deutschlands proklamiert, einen Bund, der dazu bestimmt ist, Deutschland zu einer großen Kaserne zu machen (*lebhafter Widerspruch*), um den letzten Rest von Freiheit und Volksrecht zu vernichten.

August Bebel, Sein Leben in Dokumenten, Reden und Schriften, herausgegeben von Helmut Hirsch, Köln 1968, S. 153 ff.

1. *Erläutern Sie Bebels Bewertung des Norddeutschen Bundes.*
2. *Überlegen Sie sich Argumente, mit denen Bismarck dieser Rede entgegengetreten sein könnte.*
3. *Verfassen Sie danach ein Manuskript für diese Gegenrede.*

M3 Die Emser Depesche

Kurz nachdem Prinz Leopold aus dem Hause Hohenzollern-Sigmaringen unter starkem französischen Druck auf die Thronkandidatur in Spanien verzichtet hat, verlangt der französische Botschafter Benedetti vom preußischen König Wilhelm I. als dem Chef des Hauses Hohenzollern weitere Zugeständnisse.
Bismarck wird darüber und über die Reaktion des Königs durch das folgende Telegramm des Geheimrats Heinrich Abeken vom 13. Juli 1870 informiert. Abeken ist der Begleiter des Königs bei seinem Kuraufenthalt in Bad Ems.

S. M.[1] der König schreibt mir:
„Graf Benedetti fing mich auf der Promenade ab, um auf zuletzt sehr zudringliche Art zu verlangen, ich sollte ihn autorisieren, sofort zu telegrafieren, dass ich für alle Zukunft mich verpflichtete, niemals wieder meine Zustimmung zu geben, wenn die Hohenzollern auf ihre Kandidatur zurückkämen. Ich wies ihn, zuletzt etwas ernst, zurück, da man à tout jamais[2] dergleichen Engagements nicht nehmen dürfe noch könne. Natürlich sagte ich ihm, dass ich noch nichts erhalten hätte und, da er über Paris und Madrid früher benachrichtigt sei als ich, er wohl einsähe, dass mein Gouvernement wiederum außer Spiel sei."
S. M. hat seitdem ein Schreiben des Fürsten[3] bekommen. Da S. M. dem Grafen Benedetti gesagt, dass er Nachricht vom Fürsten erwarte, hat Allerhöchstderselbe, mit Rücksicht auf die obige Zumutung, auf des Grafen Eulenburg[4] und meinen Vortrag beschlossen, den Grafen Benedetti nicht mehr zu empfangen, sondern ihm nur durch seinen Adjutanten sagen zu lassen, dass S. M. jetzt vom Fürsten die Bestätigung der Nachricht erhalten, die Benedetti aus Paris schon gehabt, und dem Botschafter nichts weiter zu sagen habe.
S. M. stellt Ew. Exzellenz anheim, ob nicht die neue Forderung Benedettis und ihre Zurückweisung sogleich sowohl unseren Gesandten als in der Presse mitgeteilt werden sollte.

Bismarck bearbeitet das Telegramm Abekens und gibt es gekürzt mit folgendem Wortlaut an die Presse weiter:

Nachdem die Nachrichten von der Entsagung des Erbprinzen von Hohenzollern der Kaiserlich französischen Regierung von der Königlich spanischen amtlich mitgeteilt worden sind, hat der französische Botschafter in Ems an S. M. den König noch die Forderung gestellt, ihn zu autorisieren, dass er nach Paris telegrafiere, dass S. M. der König sich für alle Zukunft verpflichte, niemals wieder seine Zustimmung zu geben, wenn die Hohenzollern auf ihre Kandidatur zurückkommen sollten. S. M. hat es darauf abgelehnt, den französischen Botschafter nochmals zu empfangen, und demselben durch den Adjutanten vom Dienst sagen lassen, dass S. M. dem Botschafter nichts weiter mitzuteilen habe.

Otto von Bismarck, Die gesammelten Werke, a.a.O., Bd. 6, S. 369 und 371

1. *Arbeiten Sie die Unterschiede der beiden Texte heraus. Wieso erscheint die Zurückweisung der französischen Forderung in der zweiten Fassung schärfer?*
2. *Untersuchen Sie, welche innen- und außenpolitischen Gründe den französischen Kaiser Napoleon III. und die französische Regierung dazu veranlasst haben könnten, lieber mit der Kriegserklärung zu reagieren als die diplomatische Zurückweisung hinzunehmen.*

[1] **S. M.**: Seine Majestät
[2] **à tout jamais** (frz.): „für alle Zukunft"
[3] Gemeint ist der Fürst von Hohenzollern-Sigmaringen, der Vater von Prinz Leopold.
[4] **Graf Eulenburg**: persönlicher Referent Wilhelms I.

Politische Kultur im Kaiserreich

Reichsverfassung Das Deutsche Kaiserreich war ein Bundesstaat, gebildet aus 25 Einzelstaaten, denen noch das annektierte „Reichsland" Elsass-Lothringen angegliedert war. Die Einzelstaaten behielten ihre eigenen Verfassungen, besaßen ihr eigenes (Landtags-)Wahlrecht und regelten Angelegenheiten der Justiz, Verwaltung, Finanzen und Bildung in eigener Verantwortung. Da in Württemberg und Bayern die antipreußische Grundstimmung besonders ausgeprägt war, wurden diesen Staaten besondere Reservatrechte zugestanden (u. a. Post, Eisenbahn, Oberbefehl über eigenes Heer in Friedenszeiten). In die Zuständigkeiten des Reiches fielen dagegen zentrale politische Aufgaben wie die Außenpolitik, das Militär sowie die Wirtschafts- und Sozialpolitik. Die Reichsverfassung entsprach im Wesentlichen der des Norddeutschen Bundes. Sie enthielt keinen Grundrechtekatalog, der das Verhältnis der Bürger zum Staat beschrieb. Schon dadurch wurde deutlich gemacht, dass nicht eine mündige Nation das neue Reich ins Leben gerufen hatte, sondern die Verfassung vor allem das Ergebnis von Verhandlungen zwischen souveränen Fürsten war. In ihr wurde das Zusammenwirken der vier Verfassungsorgane genau geregelt:

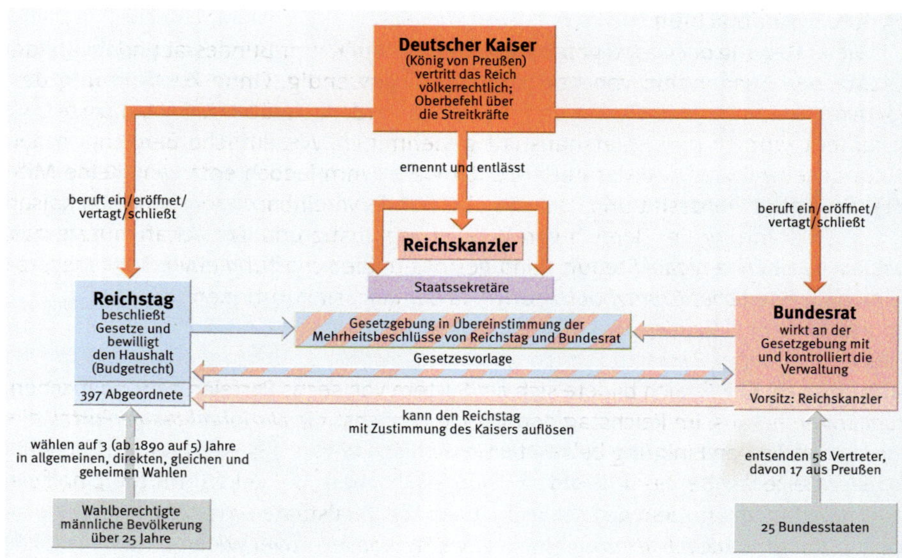

▸ **Die Verfassung des Deutschen Reiches vom April 1871.**

Der *Bundesrat* repräsentierte die „verbündeten Regierungen" der Einzelstaaten und war somit der Souverän des Reiches. Jeder der 25 Bundesstaaten entsandte mindestens einen weisungsgebundenen Vertreter. Hessen und Baden besaßen drei, Sachsen und Württemberg vier und Bayern besaß sechs Stimmen. Gegen die 17 Stimmen Preußens, die über der Sperrminorität von 14 lagen, konnten keine Gesetze und Verfassungsänderungen durchgesetzt werden. Jeder Bundesstaat konnte seine Stimmen nur einheitlich abgeben, wie dies auch heute noch im Bundesrat der Bundesrepublik Deutschland der Fall ist.

Der König von Preußen hatte als *Deutscher Kaiser* das Präsidium des Reiches inne. Er berief Bundesrat und Reichstag ein. Reichskanzler und Staatssekretäre waren nur ihm verantwortlich. Er übte die Kommandogewalt über Armee und Marine aus und entschied über Krieg und Frieden.

Der *Reichskanzler* war meist zugleich Ministerpräsident in Preußen. Auch diese – verfassungsmäßig nicht fixierte – Personalunion begünstigte das Bemühen, die Politik des Reiches und seines mächtigsten Bundesstaates miteinander in Einklang zu bringen. Im Einverständnis mit dem Kaiser bestimmte der Reichskanzler die Richtlinien der Politik. Als Vorsitzender des Bundesrates konnte er mit Zustimmung des Kaisers den Reichstag auflösen und besaß so ein Kampfinstrument gegen Reichstagsmehrheiten, die ihn in wichtigen Anliegen nicht unterstützten.

Der *Reichstag* als frei gewählte Volksvertretung bildete das demokratische Element in der Reichsverfassung. Im Vergleich zu den Verfassungen einzelner Länder war die Reichsverfassung fortschrittlich. Die einzelnen Abgeordneten wurden in allgemeiner, direkter, gleicher und geheimer Wahl nach dem Mehrheitswahlrecht gewählt. Wahlberechtigt waren alle männlichen Deutschen über 25 Jahre. Durch Petitionen und parlamentarische Anfragen konnte der Reichstag Einfluss auf die mächtige Exekutive nehmen. In Preußen hingegen bestand für die Zweite Kammer das Dreiklassenwahlrecht. Dort entschied die Höhe der aufgebrachten direkten Steuern über das Gewicht der Wählerstimmen. Die Stimmen der wenigen Reichen, die das erste Drittel des Steueraufkommens eines Wahlkreises leisteten, hatten als erste Klasse zusammen ebenso viel Gewicht wie die beiden übrigen Gruppen, die jeweils ein weiteres Drittel der direkten Steuern aufbrachten.

Die Aufteilung der Gesetzgebungskompetenz auf Kaiser, Bundesrat und Reichstag machte das Aushandeln von Kompromissen notwendig. Ohne Zustimmung des Reichstages konnte kein Gesetz verabschiedet werden. Darüber hinaus musste das Parlament jährlich den Staatshaushalt genehmigen. Wesentliche Bereiche in der Militärgesetzgebung und der Außenpolitik waren ihm jedoch entzogen. Keine Mitsprache hatten Bundesrat und Reichstag bei Sondervereinbarungen zwischen Kaiser und Militärführung. Im Bereich von Verwaltung, Justiz und Wirtschaft nutzte das Parlament seine zentrale Stellung und gestaltete die Schaffung einer Reichsgesetzgebung (*Bürgerliches Gesetzbuch* 1900) und der Reichsinstitutionen mit.

▲ **Die Erstausgabe des Bürgerlichen Gesetzbuches von 1896.**
Dieser erste Entwurf wurde 1899 ratifiziert und trat am 1. Januar 1900 in Kraft.

Parteien Im Kaiserreich bildete sich ein System von sechs Parteien bzw. politischen Richtungen heraus: Im Reichstag dominierte zunächst die *Nationalliberale Partei*, die sich zur nationalen Einigung bekannte. Sie war eine typische **Honoratiorenpartei** und repräsentierte das Besitz- und Bildungsbürgertum. Nach der Reichsgründung half sie Bismarck, das Zusammenwachsen des jungen Nationalstaates voranzutreiben.

Honoratiorenparteien stützten sich auf lokale Wahlvereine, hatten aber keine straffe landesweite Organisation.

Die *Konservativen* (Deutschkonservative, Freikonservative) waren monarchistisch ausgerichtet und vertraten die Interessen der Großagrarier sowie der Industriellen.

Meist regierungskritisch waren die *Linksliberalen*, deren Wahlergebnisse allerdings vergleichsweise bescheiden blieben. Sie pochten auf eine Stärkung des Parlaments und lehnten im Gegensatz zu den Nationalliberalen eine Schutzzollpolitik ab.

Die *Deutsche Volkspartei*, die nahezu vollständig auf Baden, Württemberg und Bayern beschränkt blieb, trat für die Rechte der Einzelstaaten ein und war ein entschiedener Gegner von Bismarcks Politik.

Das *Zentrum* – so benannt nach den mittleren, zentralen Sitzplätzen seiner Abgeordneten im Parlament – war die Partei der überzeugt katholischen Wählerschaft. Diese reichte vom Adel bis zur Arbeiterschaft, sodass das Zentrum den Charakter einer katholischen Milieupartei ausbildete.

Als Gegner der bestehenden Staats- und Gesellschaftsordnung war die *Sozialdemokratie* die Interessenvertretung der Arbeiterschaft. Bis zum Ersten Weltkrieg stieg sie zur stärksten Reichstagsfraktion auf.

Die Regierung war nur dem Kaiser verantwortlich, nicht dem Reichstag, also der Volksvertretung. Deshalb musste Bismarck nicht feste Regierungskoalitionen bilden, sondern konnte Gesetze auch mit wechselnden Mehrheiten durchsetzen. Politische Parteien waren allenfalls „Verbündete auf Zeit“ (▸ M1). Der Anspruch der Regierenden, das Allgemeinwohl bestimmen zu können, prägte noch in der Weimarer Republik das politische Denken vieler und verhinderte eine Akzeptanz der Parteiendemokratie. Die Parteien ihrerseits waren wegen der fehlenden Möglichkeiten zur direkten Regierungsbeteiligung kaum zu Kompromissen gezwungen und neigten dazu, doktrinär an ihren Programmen festzuhalten.

▲ Medaille von Johann Jacob Lorenz, die Otto von Bismarck und den Kulturkampf thematisiert, 1872.
Material: Bronze, Durchmesser: 4,25 cm. Auf der Vorderseite heißt es: „Der Kaiser ist Herr im Reich und muss es bleiben.“ Auf der Rückseite steht: „Nicht nach Canossa.“ Angesichts von Differenzen mit dem Vatikan verkündete der Reichskanzler am 14. Mai 1872 im Reichstag: „Nach Canossa gehen wir nicht.“ Die Medaille spielt auf diese sogenannte „Canossa-Rede“ an. Auf der Rückseite weist eine mit Schwert und Bibel gerüstete Germania den Papst und dessen Einflussnahme auf innerdeutsche Angelegenheiten zurück.

Finanzsystem und Interessenverbände Über die staatlichen Einnahmen verfügten die Bundesstaaten, da sie die Verwaltungen unterhalten mussten. Die Reichsregierung erzielte Einnahmen durch Verbrauchersteuern, aus dem Post- und Telegrafenwesen sowie aus Zöllen. Nicht zuletzt durch die steigenden Rüstungsausgaben war sie auf die Zuwendungen („Matrikularbeiträge“) der Bundesstaaten angewiesen und von diesen abhängig.

In Industrie, Landwirtschaft, Gewerbe und Handwerk formierten sich berufs- und branchenspezifische Interessengruppen. Besonders einflussreich waren der 1876 gegründete *Centralverband Deutscher Industrieller* und der im selben Jahr entstandene *Verein der Steuer- und Wirtschaftsreformer* (ab 1893 *Bund der Landwirte*). Die Verbände nahmen gezielt Einfluss auf die staatliche Wirtschaftspolitik, um ihre Forderungen nach Schutzzöllen durchzusetzen (▸ M2). Im Gegenzug formierten sich die exportorientierten Verbände und Unternehmen zum *Bund der Industriellen* (1895), der weiterhin für Freihandel eintrat. 1879 ging das Deutsche Reich von der Freihandels- zur Schutzzollpolitik (*Protektionismus*) über und folgte damit dem Beispiel anderer Industrienationen wie Frankreich, den USA, Russland, Österreich-Ungarn und Italien.

Zusätzliche Zolleinnahmen machten die Reichsregierung von den Bundesstaaten finanziell unabhängiger. In Abkehr von der wirtschaftsliberalen Grundüberzeugung sah es der Staat zunehmend als seine Aufgabe an, Handel und Wirtschaft zu schützen und durch gezielte Maßnahmen, wie die Festlegung von Marktpreisen und Verkehrstarifen, regulierend in die wirtschaftliche Entwicklung einzugreifen. So unterstützte die Regierung die Industrie beim Aufbau von Handelsvertretungen im Ausland und versorgte Reedereien, Werften sowie die Rüstungsindustrie mit Aufträgen.

„Kulturkampf“ Die Siege über die katholischen Mächte Österreich und Frankreich deuteten zahlreiche evangelische Theologen und Politiker als gottgewollte Überlegenheit des Protestantismus. Noch nach seinem Rücktritt als Reichskanzler erklärte Bismarck 1892: „Ich bin eingeschworen auf die weltliche Leitung eines evangelischen Kaisertums, und diesem hänge ich treu an.“

Da die staatliche Kirchen- und Schulpolitik Ländersache war, spielten sich die konfessionellen Auseinandersetzungen weitgehend auf Länderebene ab. In Baden, wo zwei Drittel der Bevölkerung katholisch waren, kam es zu Auseinandersetzungen mit der liberalen Regierung und zur Gründung der Katholischen Volkspartei. Konfliktpunkte waren unter anderem Eingriffe in die Schulaufsicht, die obligatorische Zivilehe und die Frage von gemischt-konfessionellen Ehen, bei denen die katholische Kirche darauf bestand, dass die Kinder katholisch erzogen wurden.

Bismarck betrachtete das Zentrum als verlängerten Arm der römischen Kurie und als wichtigstes Sprachrohr der oppositionellen Kräfte des Reiches. Eine ähnliche Auffassung vertraten die Liberalen. Sie forderten einen konfessionell neutralen Staat und kämpften gegen ein in ihren Augen überholtes Welt- und Menschenbild sowie ein Bildungs- und Schulsystem unter kirchlicher Aufsicht. Besondere Herausforderungen waren für sie der **Syllabus errorum** (1864) und das sogenannte **Unfehlbarkeitsdogma** (1870).

Syllabus errorum: 1864 listete Papst Pius IX. 80 „Irrtümer" auf. Sie betrafen vor allem die anderen christlichen Konfessionen sowie liberale Grundsätze wie die Trennung von Kirche und Staat.

Unfehlbarkeitsdogma: Das erste Vatikanische Konzil legte 1870 fest, dass der Papst in Fragen der Glaubens- und Sittenlehre unfehlbar sei.

In einer Reihe von Maßnahmen versuchte Bismarck, die katholische Kirche und deren Amtsträger im Deutschen Reich der staatlichen Kontrolle zu unterwerfen und ihren Einfluss zurückzudrängen. Der „Kanzelparagraf" unterband als erstes 1871 die politische Öffentlichkeitsarbeit der katholischen Kirche. 1872 wurde ein neues Schulaufsichtsgesetz beschlossen, das Geistliche der staatlichen Kontrolle unterwarf. Das Verbot des Jesuitenordens (1872), das Expatriierungsgesetz (1874), welches politisch unzuverlässige Geistliche mit Ausweisung bedrohte, und das „Brotkorbgesetz", welches die Einstellung staatlicher Zahlungen an die Kirche für den gleichen Fall vorsah, ergänzten die staatlichen Disziplinierungsmaßnahmen.

Bismarcks Unterdrückungspolitik blieb erfolglos. Die Gläubigen stellten sich nicht nur auf die Seite ihrer Kirche, sondern festigten ihren Zusammenhalt. Das Zentrum konnte deshalb seine Wählerzahlen deutlich steigern. Da Bismarck zur Unterstützung seiner geänderten Wirtschafts- und Finanzpolitik das Zentrum benötigte, nahm er die meisten Kampfgesetze wieder zurück. Vor allem die staatliche Schulaufsicht und die Einrichtung der Zivilehe (seit 1874/75) blieben aber weiterhin bestehen. Die Aussöhnung Bismarcks mit dem Zentrum ist ein prägnantes Beispiel für seine „Schaukelstuhlpolitik".

Angst vor der „roten Gefahr" Zur Gruppe der „Reichsfeinde", die eine Änderung der politischen und gesellschaftlichen Verhältnisse anstrebten, zählte der konservative Bismarck auch die Parteien der Arbeiterbewegung. Während des Deutsch-Französischen Krieges 1871 hatte die Pariser Kommune gegen den Willen der französischen Zentralregierung die Hauptstadt für einige Monate nach sozialistischen Vorstellungen verwaltet und gegen Regierungstruppen unnachgiebig verteidigt. Seitdem war die Angst vor der „roten Gefahr" auch in Deutschland in weiten Kreisen lebendig. Den sozialistischen Kräften wurde dann auch die Schuld an der verschlechterten wirtschaftlichen Lage nach dem Börsenkrach 1873 zugeschoben.

Mithilfe einer Doppelstrategie hoffte Bismarck, die Arbeiterschaft von der Sozialdemokratie zu lösen. Zum einen sollte die *Sozialgesetzgebung* die Situation der Arbeiter verbessern.* Zum anderen benutzte er auch hier das Strafrecht. Zwei Attentate, nach denen der Widerstand der liberalen Reichstagsabgeordneten bröckelte, dienten ihm dafür als Anlass. Das umstrittene *„Gesetz gegen die gemeingefährlichen Bestrebungen der Sozialdemokratie"* (*Sozialistengesetz*) von 1878, das bis 1890 mehrfach verlängert wurde, richtete sich gegen Vereine, Versammlungen, Druckschriften und Beitragssammlungen, „welche durch sozialdemokratische, sozialistische und kommunistische Bestrebungen den Umsturz der bestehenden Staats- und Gesellschaftsordnung bezwecken". Betroffen waren auch die der Partei nahe stehenden Gewerkschaften. Führende „Agitatoren" konnten aus ihren Wohnorten ausgewiesen werden. Viele in die Illegalität gedrängte Sozialdemokraten wurden verhaftet und verurteilt. Allerdings behielt die Reichstagsfraktion ihre parlamentarischen Rechte; sozialdemokratisch gesinnte Kandidaten konnten weiterhin gewählt werden.

▼ **„Der Kampf des Riesen gegen den Zwerg."**
Karikatur auf das Sozialistengesetz aus „Der Wahre Jacob" von 1890.

* Siehe Seite 212 f.

Wie schon beim „Kulturkampf" blieb Bismarck mit dem Sozialistengesetz der angestrebte Erfolg versagt. Die Partei organisierte sich im Ausland und ließ Druckschriften ins Deutsche Reich schleusen. Ihr Anteil der Wählerstimmen wuchs von 7,5 Prozent (1878) auf 19,7 Prozent (1890). Bis 1912 stieg er sogar auf 34,8 Prozent an, erst mit Abstand folgten das Zentrum mit 16,4 Prozent und die Nationalliberalen mit 13,7 Prozent.

Reichsnationalismus und Ausgrenzung von Minderheiten Gerade konservative Kreise bemächtigten sich der einst liberal-fortschrittlichen Nationalidee, die sich nun mit dem Obrigkeitsstaat und monarchischer Gesinnung verknüpfte. Trotz der zunehmenden Akzeptanz des Reiches blieben die Sozialdemokraten auf Distanz zum monarchisch-autoritären Nationalismus. Vor Hochrufen auf den Kaiser verließen Abgeordnete der SPD stets das Parlament, an Sedanfeiern (zum Jahrestag der Schlacht von Sedan 1870) nahmen überzeugte Sozialdemokraten demonstrativ nicht teil.

Die katholische Bevölkerung wurde erst zu Beginn des 20. Jahrhunderts für den Nationalstaat gewonnen.

Die Behandlung der ethnischen Minderheiten folgte einer konsequenten Assimilierungspolitik. Von einer strikten „Germanisierungspolitik" waren die Minderheiten an den Reichsgrenzen betroffen: Polen, Dänen und Litauer. In Schulen und in der Verwaltung musste ausschließlich deutsch gesprochen werden. Ausweisungen und Benachteiligungen beim Landerwerb waren weitere Maßnahmen. Im Reichsprotektorat Elsass-Lothringen wurde immerhin Französisch als Sprache in der Verwaltung und bei Gericht geduldet. Eine eigene Verfassung und ein Parlament gab es aber erst 1911. Zuvor konnte ein Landesausschuss mit Honoratioren lediglich den Statthalter der Reichsregierung beraten und Gesetze vorschlagen.

▲ **„Juden werden hier nicht geduldet!"**
Postkarte, um 1900.
Diese Karte war nicht die einzige ihrer Art.

Antisemitismus Die Reichsverfassung von 1871 hatte den Juden die völlige persönliche und rechtliche Gleichstellung zugestanden. Trotz dieses obrigkeitsstaatlichen Aktes wurden die Juden im öffentlichen Leben zunehmend diskriminiert. Der Begriff Antisemitismus wurde erstmals 1879 in Berlin geprägt. Anders als die herkömmliche, vorwiegend religiös oder wirtschaftlich motivierte Judenfeindschaft präsentierte sich der moderne politische Antisemitismus als „Missgeburt des nationalen Gefühls" (Theodor Mommsen, 1880). Völkische Ideologie und rassistisches Denken behaupteten eine überlegene Moral, Religion und Kultur der „arisch-germanischen Rasse". Das Judentum wurde als internationale und „undeutsche" Macht angesehen. Da Juden zu einem großen Teil im Handel tätig waren, wurden sie zu Symbolfiguren der modernen Industriegesellschaft erklärt und für deren negative Begleiterscheinungen verantwortlich gemacht. „Die Juden sind unser Unglück", erklärte 1879 der preußische Historiker und Reichstagsabgeordnete der Nationalliberalen, *Heinrich von Treitschke*.

Die judenfeindlichen Angriffe und die Fülle pseudowissenschaftlicher Literatur blieben nicht folgenlos. Seit der Wende zu den 1880er-Jahren wurden antisemitische

Parteien und Verbände gegründet. 1893 zogen bereits 16 antisemitische Abgeordnete in den Reichstag ein. Auch in die Parteiprogramme der Konservativen gelangten antijüdische Ressentiments. Der parteipolitisch organisierte Antisemitismus fand bevorzugt in Phasen wirtschaftlicher Krisen Zulauf, vor allem bei städtischen Mittelschichten und der Landbevölkerung. Aber auch im Offizierskorps und unter der akademischen Jugend wurde die Ablehnung der Juden salonfähig.

Der preußisch-deutsche Militarismus Als ein wichtiger gesellschaftlicher Integrationsfaktor kristallisierte sich das Militär heraus. Seine Hochschätzung offenbarte die militante Seite des zeitgenössischen Nationalismus. Publikumswirksam stellten die Streitkräfte in Manövern, bei Paraden, Wachwechseln, Fahnenweihen und Darbietungen von Militärmusik ihre Stärke und ihr Können öffentlich vor. „Das deutsche Heer ist unzweifelhaft das allerrealste und wirksamste Band der nationalen Einheit geworden und gewiss nicht, wie man früher hoffte, der Deutsche Reichstag." So urteilte 1897 Heinrich von Treitschke. Das hohe Ansehen des Militärs war seit den Freiheitskriegen gegen Napoleon bis zum Sieg 1870/71 ständig gewachsen. Seine Anerkennung als vorbildhafter „Erster Stand" über den gesellschaftlichen Gruppen war ein prägendes Charakteristikum des Kaiserreiches. Der alleinigen Befehlsgewalt des Kaisers unterstellt, fühlte sich das Militär als „Staat im Staate". Vor allem die Offiziere pflegten einen aristokratischen, demokratiefeindlichen, mitunter antisemitischen Kastengeist. Selbst für bürgerliche Reserveoffiziere konnte sich der Dienst im Militär förderlich auf die Karriere auswirken.

▲ **Kinder exerzieren am Strand von Swinemünde.**
Foto von 1913.
Aus erzieherischen Gründen stiftete Kunstmaler Georg Schmitt ein Schiffsmodell, an dem Kinder und Jugendliche in Marineuniformen Soldat spielen konnten.

Die Uniform verlieh im Kaiserreich Autorität und verschaffte Privilegien wie z.B. ermäßigte Eintrittsgelder oder die Zuweisung der besten Plätze im Restaurant. Bismarck und andere Politiker traten mit Vorliebe in Uniform auf die Rednerbühne. Schon Kinder wurden in Matrosenanzüge gekleidet. An patriotischen Festtagen erschien sogar der Gymnasiallehrer in der Öffentlichkeit in „Kaisers Rock". Militärische Werte und Verhaltensweisen spiegelten sich ebenso in den Erziehungsidealen und Riten studentischer Verbindungen. Und in so manche Amtsstuben führten die nach zwölf Dienstjahren entlassenen ehemaligen Unteroffiziere den barschen Ton auch als zivile Beamte ein. Respekt vor Autoritäten und Unterordnung wurden den Kindern bereits im Elternhaus und in der Schule beigebracht.

Der militaristische Geist, der die Gesellschaft erfasst hatte, wurde besonders durch mitgliederstarke Organisationen ehemaliger Kriegsteilnehmer, „vaterländische" Agitationsvereine (Deutsche Kolonialgesellschaft, Deutscher Flottenverein) oder den 1912 gegründeten „Wehrverein" gefördert. Vor allem der radikalnationalistische **Alldeutsche Verband** pflegte seit den 1890er-Jahren eine aggressive Agitation gegen das „revanchelüsterne" Frankreich, gegen die slawischen Völker, gegen das „perfide Albion" (England) und nicht zuletzt auch gegen die Juden. Ob die Wilhelminische Gesellschaft allerdings nur als „Untertanengesellschaft" charakterisiert werden kann, bleibt mit guten Gründen zu bezweifeln (▸ M3). In starker Konkurrenz zu einer national-konservativen Ausrichtung waren die Anliegen des Liberalismus in der Öffentlichkeit weithin präsent (▸ M4).

Alldeutscher Verband: 1891 gegründet, setzte sich die nationalistische Organisation für eine Stärkung und Verbreitung des Deutschtums ein und befürwortete eine imperialistische Politik.

M1 Die politische Bedeutung der Parteien

Aus einer Reichstagsrede Bismarcks vom 9. Oktober 1878:

Tendenzpolitik ist mir fremd, die habe ich allenfalls getrieben, ehe ich in den Staatsdienst trat, wo ich auch ein zorniges Fraktionsmitglied war, aber für einen preußischen, für einen deutschen Minister ist das ganz unmöglich. Ich habe bestimmte, positive, praktische Ziele, nach denen ich strebe, zu denen mir mitunter die Linke, mitunter die Rechte geholfen hat, nach meinem Wunsche beide gemeinschaftlich helfen sollten. Aber wer die Ziele mit mir erstrebt – ob man sie sofort erreicht oder nach langjähriger, gemeinschaftlicher Arbeit ihnen näher kommt und sie schließlich erreicht, darauf kommt es so sehr nicht an – ich gehe mit dem, der mit den Staats- und Landesinteressen nach meiner Überzeugung geht, die Fraktion, der er angehört, ist mir vollständig gleichgültig. Ich habe ja angenehme und unangenehme Erlebnisse mit verschiedenen Fraktionen gehabt, und ich muss mich, welches auch meine, jedem Manne, der Eifer für sein Geschäft hat, natürliche Empfindlichkeit sein mag, wenn ich im Stiche gelassen werde bei dieser oder jener Gelegenheit, derselben vollständig entschlagen in meinem Amte.

Otto von Bismarck, Gesammelte Werke, Bd. 12, Berlin 1928, S. 12

1. *Erklären Sie, was Bismarck unter „Tendenzpolitik“ versteht, und vergleichen Sie mit seiner eigenen Haltung und Politik.*
2. *Erläutern Sie, welche Bedeutung Parteien in Bismarcks politischem Handeln besitzen.*

M2 Das Interesse der Landwirtschaft

Otto von Kiesewetter, Direktor im Bund der Landwirte, der 1893 gegründeten Interessenorganisation der deutschen Landwirtschaft, berichtet 1918 über Aufgaben und Organisation des Verbandes:

Dem politischen Zweck des Bundes gemäß, der Landwirtschaft eine ihrer Bedeutung entsprechende Vertretung im Parlament und dadurch Einwirkung auf die Gesetzgebung zu verschaffen, ist die Organisation seiner Verwaltung und die Betätigung seines Beamtenkörpers eingerichtet. Der Erkenntnis, dass die Gesetzgebung von bedeutsamstem Einfluss ist auf die wirtschaftliche Entwicklung, dass sie ein Gewerbe fördert oder hemmt, hatte der Bund unter den Landwirten im Allgemeinen erst Bahn brechen müssen; und dieser Aufklärungsdienst ist nach wie vor nötig und nützlich. Sodann hat der Bund der Landwirte vor allen Dingen zu kämpfen gehabt und hat noch zu kämpfen gegen die Verständnislosigkeit, die in weiten Schichten des Volkes verbreitet ist über alles, was Landwirtschaft und landwirtschaftlichen Betrieb angeht. [...]

Für die werbende Kraft des Bundes und seine aufklärende Tätigkeit sorgt in wirksamer Weise die Bundespresse, die von der Abteilung Presse geleitet wird. Der Bund selbst unterhält die streitbare „Korrespondenz des Bundes der Landwirte“, die als ständiger Wachtposten das Heer der politischen Zeitungen überwacht und mit unermüdlichem Eifer dem Angriff der Gegner den Gegenhieb folgen lässt. [...]

Die Wahlabteilung hat die Verbindung zu halten zwischen der Bundesleitung und den Bundesorganisationen draußen im Lande behufs gemeinsamer und einheitlicher Vorbereitungen für die Parlamentswahlen. Die Vertretung des deutschen Volkes in den Parlamenten, insbesondere im Reichstage, soll eine Zusammensetzung erhalten, die eine Lösung der parlamentarischen Aufgaben im Sinne der nationalen Überzeugungen und wirtschaftspolitischen Bestrebungen des Bundes der Landwirte sichert, oder, wie die Satzungen besagen, der Landwirtschaft eine ihrer Bedeutung entsprechende Vertretung in den parlamentarischen Körperschaften zu verschaffen geeignet ist. [...] Dies wiederum lässt sich nur durch allseitige Beachtung der allgemeinen Grundsätze zur Vorbereitung einer kräftigen, einheitlichen und deshalb Erfolg versprechenden Agitation erreichen. [...]

Der Bund der Landwirte ist grundsätzlich nicht parteipolitisch und kann daher den Kandidaten jeder staatserhaltenden Partei unterstützen, sofern er mit den Grundsätzen des Bundes übereinstimmt und eine Gewähr dafür bietet, dass er im parlamentarischen Leben die Verfolgung des ausgiebigen Schutzes der nationalen produktiven Arbeit, namentlich der Landwirtschaft, stets als oberstes und unverrückbares Ziel der politischen Maßnahmen gelten lassen wird. Behufs Prüfung der Abgeordneten über ihre Stellungnahme zu den wirtschaftspolitischen Fragen gibt die Wahlabteilung den Mitgliedern Auskunft, wie die einzelnen Abgeordneten bei den verschiedenen wirtschaftspolitischen Vorlagen gestimmt haben.

Zitiert nach: Gerhard A. Ritter (Hrsg.), Das Deutsche Kaiserreich 1871-1914, Göttingen [5]1992, S. 162-164

1. *Arbeiten Sie die politischen und gesellschaftlichen Ziele des Bundes heraus.*
2. *Erläutern Sie die Instrumente, die dem Bund zum Erreichen dieser Ziele zur Verfügung stehen.*
3. *Nehmen Sie Stellung zu dem Anspruch des Bundes, „nicht parteipolitisch“ zu sein.*

M3 Eine Untertanengesellschaft?

In dem Essay „War die Wilhelminische Gesellschaft eine Untertanengesellschaft?“ fragt der Historiker Thomas Nipperdey nach der Berechtigung dieses Begriffes:

Die deutsche Gesellschaft ist auch Untertanengesellschaft gewesen, an Autorität und Gehorsam orientiert; der Komplex des Militarismus ist keinesfalls zu verharmlosen. Weniger Repression und Korruption, wohl aber Imperialismus und Antisozialismus der Bürger selbst haben die Herrschaftsposition der alten Eliten und das alte System noch aufrechterhalten oder wenigstens bestehen lassen. Der Mangel an politisch-bürgerlicher Kultur ist eine der großen Belastungen der Weimarer Zeit gewesen. Aber: Die deutsche Gesellschaft vor 1914 war auch eine Gesellschaft des Rechts, der relativen Liberalität und der Arbeit; sie war altmodisch segmentiert und zugleich auf dem Wege zum modernen Pluralismus; sie war eine Gesellschaft der Reformen, des Abschieds vom 19. Jahrhundert und der Sozialreformen vor allem, sie war eine Gesellschaft der Kritik; sie hat sich verbürgerlicht und liberalisiert, und sie entwickelte aus sich auch das wachsende Potenzial einer kommenden Demokratie. Wenn das alles so ist, dann scheint es mir heute viel wichtiger, als gebannt [...] auf das Phänomen der Untertanen zu starren, die Krise des Obrigkeits-Untertanensystems und auch das Erneuerungspotenzial zu analysieren. Dann erst werden wir das eigentliche historische Charakteristikum der Wilhelminischen Gesellschaft und Epoche erfassen.

Thomas Nipperdey, Nachdenken über die deutsche Geschichte, München [2]1986, S. 184 f.

1. *Arbeiten Sie heraus, welche Züge der Wilhelminischen Gesellschaft Nipperdey den (nicht unbestrittenen) Tendenzen zur Untertanengesellschaft gegenüberstellt.*

2. *Geben Sie die Aussage der beiden letzten Sätze (ab Zeile 17) in eigenen Worten wieder.*

M4 National und international

Der evangelische Pfarrer Friedrich Naumann[1] erläutert 1899, warum aus seiner Sicht nicht alle Völker Anspruch auf Selbstbestimmung haben:

Wir müssen das „Nationalitätsprinzip“ in seinem geschichtlichen Werdegang erfassen, wenn wir es nicht töricht anwenden wollen. Es existiert keineswegs ein Recht auf Souveränität aller vorhandenen Nationen. Seit dem Römerstaat ist ein freies, unabhängiges Nebeneinander aller etwa möglichen Völker ein Unding, denn immer arbeitet seitdem der Begriff des Großstaats mit am Werden der Geschichte. Europa ist voll von Nationalitäten, die niemals wieder souverän werden: Serben, Bulgaren, Tschechen, Polen, Finnen, Slovanier[2], Griechen u.s.w. Wenn sie einmal den Schein der Unabhängigkeit gewinnen, so ist das nur auf Zeit oder eben nur Schein. Man darf deshalb auch den Zerfall Österreichs in Nationalitäten sich keineswegs als Zerfall in wirklich selbstständige Souveränitäten denken. Es hat nämlich nicht das Nationalitätsprinzip als Prinzip gesiegt, sondern einige Nationen als Mächte haben sich ein gewaltiges Übergewicht verschafft. Wenn man kleinen Nationen „Freiheit“ verspricht, so ist es, damit sie ihren Herrn wechseln. Um der Freiheit der kleinen Nationen an sich rührt keine Macht einen Finger. Die Kleinen haben das Recht, sich beschützen und verteilen zu lassen; das ist alles. [...]
Es gibt heute nur wenige Stellen auf der Erde, wo weltgeschichtliche Politik gemacht werden kann: London, Petersburg, Berlin, Paris, New York, Rom. Die Zahl dieser Zentralpunkte der Weltgeschichte wird sich schwerlich vermehren, es sei denn, dass einmal das großbritannische Reich große Verluste erleidet. Eher ist es denkbar, dass die Zahl sich noch vermindert. Schon daraus folgt, dass die Weltgeschichte nicht eine Wiederherstellung aller Nationen sein kann. Sie muss fortfahren, Nationen zu zerstören. Es fragt sich nur, welche Nationen sich erhalten können. Der politische Großbetrieb siegt. Der politische Großbetrieb ist im Allgemeinen nach der Art des alten Römerreiches konstruiert: nationaler Kern und überwundene fremde Masse. Das ist die Grundform von Großbritannien, Russland, Frankreich und Deutschland. Unsere nationale Politik bedeutet also: politischer Großbetrieb aufgrund und zunutzen des deutschen Volkes.

Zitiert nach: Hans Fenske (Hrsg.), Quellen zum politischen Denken der Deutschen im 19. und 20. Jh., Bd. VII: Unter Wilhelm II. 1890-1918, Darmstadt 1982, S. 178 f.

1. *Erläutern Sie die Kriterien, die es laut Naumann für eigenständige Nationen gibt.*

2. *Zeigen Sie die Gefahren auf, die mit der vorgenommenen Unterscheidung der Nationen verbunden sind.*

3. *Die Selbstständigkeit von Völkern ist auch heute noch ein umstrittenes Thema. Wählen Sie ein Volk, das nach Unabhängigkeit strebt oder sie in den letzten Jahren erreicht hat. Stellen Sie in einem Vortrag die Geschichte des Volkes und gegensätzliche Thesen dar, die für oder gegen die Unabhängigkeit sprechen.*

[1] **Friedrich Naumann** gründete 1896 den „Nationalsozialen Verein“ mit dem Ziel, alle Reformkräfte einschließlich der Sozialdemokraten zu sammeln, und wird 1907 Reichstagsabgeordneter für die linksliberale „Fortschrittliche Volkspartei“.
[2] **Slovanier**: Gemeint sind Slowenen.

Außenpolitik von Bismarck zu Wilhelm II.

Europäisches Mächtesystem An die Stelle des politisch schwachen Deutschen Bundes war 1871 ein mächtiges Reich getreten. Ausländische Staatsmänner befürchteten deshalb eine weitere Expansions- und Hegemonialpolitik des Deutschen Reiches, die das Gleichgewicht in Europa erschüttern würde. Dass diese Ängste bald zurücktraten, war ein wesentliches Verdienst Bismarcks.

Als neues Machtzentrum in Mitteleuropa war das kleindeutsche Kaiserreich sowohl Österreich-Ungarn (Doppelmonarchie seit 1867) als auch Frankreich, den Kriegsverlierern von 1866 und 1871, nach Bevölkerungszahl, Wirtschaftskraft und militärischer Stärke überlegen.

Russland, der Nachbar im Osten Europas, blieb eine gefürchtete Landmacht. Seine Absichten, von der Schwäche des Osmanischen Reiches zu profitieren und seinen Machtbereich auszudehnen, hatten im **Krim-Krieg** 1853-1856 einen Rückschlag erhalten. Um wachsenden Einfluss auf dem Balkan konkurrierte Russland mit Österreich-Ungarn.

Krim-Krieg: Russland griff 1854 das Osmanische Reich an. Ziel war, den Zugang zum Schwarzen Meer durch die Meerengen Bosporus und Dardanellen zu kontrollieren. Großbritannien, Frankreich und Italien griffen auf der Seite der Türkei ein. Der Druck Österreich-Ungarns auf Russland führte zu einer Entfremdung der beiden Kaisermächte.

Großbritannien war dank seiner Flottenhegemonie – unabhängig von den Veränderungen auf dem Kontinent – die nach wie vor führende Weltmacht. Es genoss überall in der Welt volle Handlungsfreiheit und wollte diesen Zustand der *splendid isolation* nicht durch eine vertragliche Bindung aufgeben. Das Gleichgewicht der Mächte auf dem Kontinent sowie die Durchsetzung des Freihandels waren Leitlinien britischer Außenpolitik. Mit Russland bestanden vor allem zwei Konfliktpunkte. Großbritannien beharrte darauf, dass die Meerengen zum Schwarzen Meer für Kriegsschiffe gesperrt blieben. Zudem sah es seine Kronkolonie Indien durch die russische Expansion in Asien gefährdet.

Frankreich fühlte sich durch die Annexion Elsass-Lothringens gedemütigt. Nach der Niederlage gegen die deutschen Staaten und der Zahlung der Reparationen in Höhe von fünf Milliarden Goldfrancs erholte sich Frankreich rasch und blieb ein starker Gegner, der auf Revanche sann. Der Wettlauf zwischen Frankreich und Großbritannien um den Erwerb von Kolonien in Afrika führte beinahe zum Krieg.*

Die außenpolitische Konzeption Bismarcks Angesichts der europäischen Mittellage des Deutschen Reiches wollte Reichskanzler Bismarck vor allem eine Koalition Frankreichs mit anderen Mächten verhindern. Nach der **Krieg-in-Sicht-Krise** 1875 war ihm bewusst, dass eine neuerliche Kriegsdrohung gegen den militärisch wieder erstarkenden Nachbarn andere Großmächte auf den Plan rufen würde (▶ M1).

Krieg-in-Sicht-Krise: In einem Artikel unter dem Titel „Ist Krieg in Sicht?“ wurde Frankreich für den Fall der weiteren Aufrüstung mit Krieg gedroht.

Bismarcks Politik beruhte auf einer doppelten Voraussetzung:

1. Der Kanzler verzichtete auf alle Expansionsbestrebungen, durch die andere Großmächte sich gefährdet fühlen konnten. Er erklärte das Reich für „saturiert“ und wies nationalistische Forderungen nach Gebietsgewinnen stets entschieden zurück. In der Bewahrung des Status quo und der Erhaltung des Friedens in Mitteleuropa sah er die deutschen Interessen am besten gesichert.
2. Aus Gegensätzen zwischen anderen Großmächten versuchte Bismarck stets Nutzen zu ziehen, indem er diese Staaten für gute Beziehungen zu Deutschland gewinnen wollte.

Um die Beziehungen zu Österreich-Ungarn und Russland zu festigen, förderte Bismarck eine Annäherung zwischen Österreich und Russland (*Dreikaiserabkommen* 1873). Dabei wurden die gemeinsamen Interessen der drei konservativen Monarchien gegenüber republikanischen und sozialistisch-revolutionären Kräften betont.

Literaturtipp:
Andreas Rose, Außenpolitik des Kaiserreichs 1890-1914, Darmstadt 2013

* Siehe Seite 265 f.

▲ **Der Balkan vor und nach dem Berliner Kongress 1878.**

- *Erklären Sie, wie sich die Ergebnisse des Berliner Kongresses und des Vorfriedens von San Stefano unterscheiden.*

Das Verhältnis des Reiches zu Russland war nach der großen Orientkrise belastet. Auf dem **Berliner Kongress** 1878 konnte Bismarck zwar als „ehrlicher Makler“ ohne eigene Gewinnabsichten auftreten und den Konflikt zwischen Großbritannien und Österreich auf der einen und Russland auf der anderen Seite beilegen. Doch Russland hatte sich wegen seiner neutralen Haltung in den Kriegen von 1866 und 1870 eine deutliche Unterstützung von deutscher Seite erhofft. Nach dem ungünstigen Verhandlungsergebnis fühlte sich das Zarenreich verraten: Bulgarien, geschaffen als von Russland abhängiger Staat, verlor drei Fünftel des vorgesehenen Gebietes und den Zugang zum Mittelmeer. Die eigenen bescheidenen Landgewinne wurden zudem dadurch entwertet, dass auch Österreich-Ungarn seine Position auf Kosten des Osmanischen Reiches stärken konnte: Als Ausgleich für die russischen Erwerbungen erhielt es auf dem Kongress das Besatzungsrecht in Bosnien und der Herzegowina zugesprochen.

Innenpolitische Entscheidungen des Deutschen Reiches belasteten das Verhältnis zu Russland zusätzlich: Die neue Schutzzollpolitik durch die „konservative Wende“ 1879 führte zu einer Absatzkrise der exportorientierten russischen Landwirtschaft.

Aus Angst vor einer russisch-französischen Annäherung vollzog Bismarck 1879 deshalb die bisher bewusst vermiedene Entscheidung zugunsten einer Seite: Der *Zweibund* mit der Habsburgermonarchie verpflichtete beide Länder zu gegenseitiger Hilfe bei einem russischen Angriff. Beim Angriff einer anderen Macht – etwa Frankreichs auf Deutschland – sollte wohlwollende Neutralität gewahrt werden. Der Zweibund mit Österreich-Ungarn wurde 1882/83 durch den *Dreibundvertrag* mit Italien sowie einen Defensivvertrag mit Rumänien ergänzt. Bismarck betrachtete das Bündnis mit Österreich-Ungarn nur als äußerste Rückzugslinie. Das Gegenüberstehen eines deutsch-österreichischen und eines russisch-französischen Blocks auf dem Kontinent konnte nicht Ziel seiner Außenpolitik sein.

Berliner Kongress: Auf ihm wurde eine neue Ordnung in Südosteuropa festgelegt. Dadurch wurde ein Friedensvertrag zwischen Russland und dem Osmanischen Reich außer Kraft gesetzt, der einen größeren Einfluss des Zarenreiches bedeutet hätte.

Trotz des angespannten Verhältnisses mit Russland gelang Bismarck 1887 der Abschluss des **Rückversicherungsvertrages**. Nach neuerlichen Spannungen auf dem Balkan wollte Bismarck dem Zarenreich die Angst vor einem deutsch-österreichischen Angriff nehmen und seine Annäherung an Frankreich verhindern, die von der russischen Presse gefordert wurde. Nicht den Buchstaben, aber ihrem Geist nach standen Zweibund und Rückversicherungsvertrag in einem gewissen Spannungsverhältnis. Bismarck ermutigte Russland zu einer Politik, den Status quo im Südosten Europas zu verändern. Österreich-Ungarn dagegen wollte keine Veränderung, um die slawischen Völker in seinem Staatsverband zu halten. Doch die im November 1887 getroffene Entscheidung, Russland nicht mehr dringend benötigte Kredite von deutschen Banken gewähren zu lassen (*„Lombardverbot“*), bereitete die spätere Annäherung zwischen Russland und Frankreich mit vor, da Frankreich die benötigten Anleihen anbot.

Rückversicherungsvertrag: Das Deutsche Reich und Russland verpflichteten sich 1887 zu Neutralität. Diese sollte bei einem russischen Angriff auf Österreich-Ungarn oder einem deutschen auf Frankreich nicht gelten.

Die gewünschte Intensivierung der Beziehungen zu Großbritannien gelang Deutschland durch den Abschluss der sogenannten *Mittelmeerentente* 1887: Das Deutsche Reich unterstützte den Geheimvertrag, durch den sich Großbritannien, Österreich-Ungarn und Italien auf die Aufrechterhaltung des Status quo im Mittelmeerraum und den Erhalt eines unabhängigen Osmanischen Reiches verpflichteten. Ein Bündnis mit Großbritannien scheiterte unter anderem am Protektionismus des Deutschen Reiches und an der deutschen Kolonialpolitik.

Der **Sozialdarwinismus** übertrug die Evolutionstheorie über die „Entstehung der Arten" des englischen Naturforschers Charles Darwin in stark vereinfachter und damit verfälschter Weise auf menschliche Gesellschaften: Im „Kampf ums Dasein" könnten sich demnach nur die weiter entwickelten und daher überlegenen Völker und Staaten durchsetzen.

▲ **„Dropping the pilot."**
Zeichnung von Sir John Tenniel aus dem in England erscheinenden „Punch", März 1890. Nach Konflikten – unter anderem wegen des außenpolitischen Kurses – nahm der neue Kaiser Wilhelm II. das Entlassungsgesuch von Reichskanzler Bismarck an.

- *Interpretieren Sie die Karikatur. Vergleichen Sie den englischen mit dem in Deutschland verbreiteten Titel „Der Lotse geht von Bord".*

Imperialismus Die Jahre 1880 bis zum Beginn des Ersten Weltkrieges 1914 gelten als „klassisches Zeitalter des Imperialismus". Rivalitäten zwischen den Ländern trugen zu Spannungen und zum Rüstungswettlauf bei. Nicht nur Kaufleute, Forscher, Politiker und Militärs traten für die Expansionspolitik ihrer Länder und den Erwerb von Kolonien, Stützpunkten und Einflusssphären ein; kennzeichnend war auch die Zustimmung breiter Bevölkerungsschichten. Die Motive dafür waren vielfältig.

In allen Ländern spielten ökonomische Argumente eine Rolle. Die imperialistischen Staaten nutzten ihre wirtschaftlich-technologischen Möglichkeiten, um ihren Herrschaftsbereich auszudehnen. Die Kolonien sollten nicht industrialisiert werden, sondern lediglich als Absatzmärkte, Rohstoffquellen und als Siedlungsraum für die rasch wachsende Bevölkerung Europas dienen. In einigen Staaten konnte die Aussicht auf stetiges Wirtschaftswachstum und Wohlstand in Krisenzeiten die unzufriedenen Massen der Arbeiterschaft beruhigen (*Sozialimperalismus*).

Die ideologischen Motive wie **Sozialdarwinismus**, rassistische Überlegenheitsgefühle der Weißen oder (kultur)missionarischer Eifer ließen für die Achtung und Wahrung der einheimischen Kulturen wenig Raum. Diese sollten die christliche Religion und die angeblich überlegene Zivilisation annehmen. In den Kolonien wurde die einheimische Bevölkerung mehr oder weniger rücksichtslos den Interessen der Kolonialherren unterworfen. Sie musste meist gegen sehr geringen Lohn auf Plantagen oder in Bergwerken arbeiten, wurde enteignet oder zur Zwangsarbeit herangezogen. Die Zusammenarbeit mit einheimischen Völkern und Herrschern wurde vor allem dann gesucht, wenn sie für die Nutzung des Landes gebraucht wurden.

Deutschlands Einstieg in die „Weltpolitik" Angesichts der Furcht, bei der Aufteilung der Erde leer auszugehen, setzte seit den 1870er-Jahren auch im Deutschen Reich eine verstärkte Diskussion um die Notwendigkeit einer Kolonialpolitik ein. Eine Vielzahl kleinerer und größerer Kolonialvereine sowie mächtige Interessenverbände propagierten den kolonialen Gedanken im ganzen Land und begannen damit, Druck auf die Regierung auszuüben, um die territoriale Expansion voranzutreiben. Wie in den anderen europäischen Staaten und den USA gab es aber auch im Deutschen Reich entschiedene Gegner der Kolonialpolitik. Dazu gehörten vor allem die Sozialdemokraten, die mit staatlichen Geldern geförderte Unternehmungen ablehnten, die das System des „ausbeuterischen Kapitalismus" in wirtschaftlich unterlegene Länder exportierten und die Kolonialvölker unterdrückten. Außerdem verwiesen sie immer wieder auf die wachsende Kriegsgefahr, die eine offensive Außenpolitik auslösen würde.

Auch Reichskanzler Otto von Bismarck stand einem staatlichen Engagement beim Erwerb von Kolonien ablehnend gegenüber. Er scheute die finanziellen Belastungen und möglichen Konflikte mit den anderen Mächten. Dass Bismarck schließlich seine Haltung änderte und das Deutsche Reich unter ihm in den Jahren 1884/85 seine ersten Kolonien erwarb, ist auf den zunehmenden innenpolitischen Druck und die günstige außenpolitische Lage zurückzuführen (▸ M2). 1884 gab er den Forderungen hanseatischer Kaufleute nach der Sicherung ihrer Erwerbungen und Handelsinteressen nach.

In Südwestafrika (heute Namibia) stellte er zunächst die von dem Bremer Kaufmann *Adolf Lüderitz* erworbenen Gebiete an der Küste Afrikas unter deutschen Reichsschutz. In Westafrika (Togo und Kamerun) wurde der Reichskommissar *Gustav Nachtigal* in diesem Sinne für die Gebiete weiterer Handelshäuser und Gesellschaften tätig. Es folgten Ostafrika (heute Tansania, Burundi und Ruanda) sowie einige Südseeinseln (u.a. „Deutsch-Samoa"). Zu diesem Zeitpunkt rückte auch bereits die günstig gelegene chinesische Bucht *Jiaozhou* (*Kiautschou*) in den Blick, die 1897 unter deutsche Herrschaft geriet (▸ M3).

Unter Kaiser **Wilhelm II.** setzte eine grundsätzliche Umorientierung der deutschen Außenpolitik ein. Mit dem beeindruckenden Aufstieg des jungen Staates war auch das nationale Selbstbewusstsein gewachsen. Vielen Zeitgenossen genügte die von Bismarck geprägte defensive und hauptsächlich auf europäischen Ausgleich bedachte Kontinentalpolitik nicht mehr. Deutschland müsse seinen Anspruch als Weltmacht durchsetzen, der dem deutschen Großmachtstatus angemessen sei. 1897 brachte der Staatssekretär des Auswärtigen Amtes, *Bernhard von Bülow*, diese von vagen Stimmungen und Interessen geprägte neue Weltpolitik in einer Reichstagsrede programmatisch auf den Punkt: „Wir wollen niemand in den Schatten stellen, aber wir verlangen einen Platz an der Sonne." Das Resultat war eine sprunghafte und aggressive deutsche Politik, die im Ausland als unberechenbar empfunden wurde (▸ M4).

Nachdrücklicher im Sinne der über Europa hinausgreifenden Weltpolitik wirkte das wirtschaftliche und politische Engagement Deutschlands im Vorderen Orient. Das Osmanische Reich galt seit Ende des 19. Jahrhunderts als bedeutendstes außereuropäisches Einflussgebiet. Beim Bau einer Eisenbahn von Konstantinopel zum Persischen Golf (*Bagdad-Bahn*, 1899-1903) entstanden der deutschen Wirtschaft willkommene Expansionsfelder. Damit wuchs auch das Interesse Deutschlands an dem für die Verbindung zur Türkei wichtigen Balkan. Achtlos setzte sich die kaiserliche Außenpolitik aber lange darüber hinweg, dass Russland und England den wachsenden deutschen Einfluss im Vorderen Orient als störend empfanden.

▲ **Wilhelm II. in Uniform der Garde du Corps.**
Gemälde von Ludwig Noster, 1906.

Wilhelm II. (1859-1941): 1888-1918 König von Preußen und Deutscher Kaiser. Er setzte den Rücktritt Bismarcks durch. Seine Vorstellungen von Gottesgnadentum und Weltmacht sowie seine Einstellung zum Militär (Militarismus) prägten die „Wilhelminische Gesellschaft".

Entente cordiale (frz.): „herzliches Einvernehmen"

Scramble for Africa (engl.: „Wettlauf nach Afrika"): Damit wurde die Aufteilung der noch „freien" Gebiete in Afrika, vorwiegend zwischen Frankreich und Großbritannien, ab den 1880er-Jahren bezeichnet.

Internationale Spannungen und Konfliktherde zu Beginn des 20. Jahrhunderts Während der Argwohn gegen die deutsche Politik wuchs, bemühte sich England, an anderer Stelle Konflikte zu entschärfen, um sich ganz auf den neuen Konkurrenten zu konzentrieren. 1904 wurden die kolonialen Auseinandersetzungen zwischen Großbritannien und Frankreich durch die **Entente cordiale** beendet. Zuvor hatte der sogenannte „**Scramble for Africa**" um die Gewinnung von Gebieten, die sich noch nicht in Kolonialbesitz befanden, beinahe zum Krieg geführt. Paris erkannte nun Ägypten als rein britisches Interessengebiet an; London war dafür bereit, den von Frankreich angestrebten verstärkten Einfluss in Marokko zu billigen. Die Spannungen zwischen dem Deutschen Reich und den Westmächten Frankreich und England jedoch spitzten sich in den beiden *Marokko-Krisen* von 1905 und 1911 weiter zu.

Als Frankreich nach der 1904 im Rahmen der Entente cordiale getroffenen Vereinbarung mit Großbritannien versuchte, das formal unabhängige Marokko ohne Rücksicht auf deutsche Ansprüche und Handelsinteressen zum französischen Protektorat zu machen, sah sich das Deutsche Reich zu einer Gegenoffensive veranlasst: Im März 1905 landete Kaiser Wilhelm II. in der marokkanischen Hafenstadt Tanger und gab dort eine Erklärung über die Souveränität Marokkos ab, um das deutsche Mitspracherecht zu demonstrieren. Zur Entschärfung der Krise wurde 1906 eine internationale Konferenz im spanischen Algeciras einberufen, von der sich das Deutsche Reich eine diplomatische Niederlage Frankreichs versprach. Entgegen seinen Erwartungen fand sich das Deutsche Reich dort jedoch isoliert, weil lediglich der Zweibundpartner Österreich-Ungarn die deutsche Position unterstützte. Die *„Algeciras-Akte"* garantierte zwar die

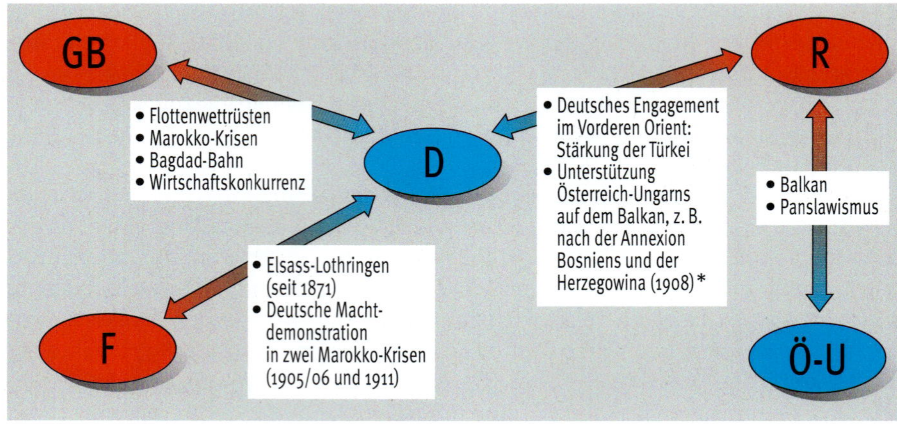

▸ **Spannungen zwischen dem Deutschen Kaiserreich nebst seinem Zweibundpartner Österreich-Ungarn und anderen europäischen Großmächten.**

▲ **Die Teilung Marokkos.**
Karikatur aus „Der wahre Jacob" von 1905.
Edward [VII. von England]: „Guten Appetit, reizende Marianne!"
Bülow: „Halt, nur ansehen – du verdirbst dir sonst den Magen!"

- *Bestimmen Sie den Hintergrund der Szene und erläutern Sie, auf welche Weise die Figuren dargestellt sind. Welche politische Haltung des Zeichners lässt sich aus der Karikatur ablesen?*

formelle Unabhängigkeit Marokkos, 1909 legte jedoch eine weitere Konferenz die politische Vorrangstellung Frankreichs bei gleichzeitigem freien wirtschaftlichen Zugang für alle anderen Mächte fest.

Im Jahre 1907 verständigten sich Großbritannien und Russland über offene Fragen in Asien – ein Umsturz der bisherigen außenpolitischen Konstellationen, den die deutsche Seite für unmöglich gehalten hatte. Dadurch wurde die Entente cordiale zur *Tripelentente* erweitert und das Deutsche Reich zunehmend „eingekreist" und isoliert. Die Sorge der anderen Mächte vor einer deutschen Hegemonie in Europa führte zu immer stärkeren Rüstungsanstrengungen.

1911 kam es zu einer zweiten Marokko-Krise, als Frankreich aufgrund ausländerfeindlicher Unruhen die Hauptstadt Fes militärisch besetzte. Deutschland sah darin einen Verstoß gegen den *Vertrag von Algeciras*. Durch lautstarke Pressekampagnen und die durch den Alldeutschen Verband vehement vertretenen Annexionsansprüche zum Handeln gezwungen, entschloss sich der zuständige Staatssekretär im Auswärtigen Amt, *Alfred von Kiderlen-Waechter*, von Frankreich für seinen „Verstoß" als Entschädigung das französische Kongogebiet zu verlangen. Er entsandte das deutsche Kanonenboot „Panther" in das westmarokkanische Agadir (*Panthersprung nach Agadir*), um seinen Forderungen Nachdruck zu verleihen. Die in der deutschen Öffentlichkeit bejubelte Drohgeste hatte jedoch schwerwiegende internationale Folgen: Das diplomatisch übergangene England wies die deutsche Politik der Einschüchterung scharf zurück, stellte sich an die Seite Frankreichs und versetzte zeitweilig sogar seine Marine in Alarmzustand. Gleichzeitig mehrten sich die englandfeindlichen Stimmen im Deutschen Reich, die von einer immer größeren Kriegsbereitschaft zeugten. Auf beiden Seiten wurden Vorbereitungen für einen Präventivschlag getroffen, sodass Europa im September 1911 für einige Tage an der Schwelle eines Krieges stand. Nur mit äußerster Mühe konnte ein Kompromiss gefunden werden, mit dem beide Seiten ihr Gesicht wahren konnten: Frankreich erhielt endgültig Marokko, trat als Gegenleistung aber einige unbedeutende Gebiete in Zentralafrika an das Deutsche Reich ab.

* Österreich-Ungarn löste im Jahr 1908 eine große Krise aus, als es die ehemals osmanischen Provinzen Bosnien und Herzegowina dem eigenen Staatsgebiet vollständig einverleibte. Mit dieser Aneignung verletzte Österreich-Ungarn vor allem die Interessen Serbiens, das sich selbst auf dem Gebiet der schwachen Türkei ausdehnen wollte. Zwar unterstützte Russland seinen Verbündeten Serbien zunächst, konnte sich aber nicht zu militärischer Hilfe durchringen. Serbien musste die österreichische Gebietsvergrößerung schließlich hinnehmen. Serben und Russen fühlten sich gedemütigt, und in beiden Ländern wuchs die Stimmung gegen Österreich-Ungarn und das verbündete Deutschland.

M1 Das „Kissinger Diktat“

Während der Balkan-Krise (1875-1878) stellt Bismarck in seinem Urlaub in Bad Kissingen Überlegungen über die außenpolitische Situation des Deutschen Reiches an. Unabhängig vom tagespolitischen Anlass gilt das „Kissinger Diktat“ vom Juni 1877 als Schlüsseldokument zum Verständnis Bismarck'scher Außenpolitik nach der Reichsgründung:

Ein französisches Blatt sagte neulich von mir, ich hätte „le cauchemar des coalitions“[1]; diese Art Alp wird für einen deutschen Minister noch lange, und vielleicht immer, ein sehr berechtigter bleiben. Koalitionen gegen uns können auf westmächtlicher Basis mit Zutritt Österreichs sich bilden, gefährlicher vielleicht noch auf russisch-österreichisch-französischer; eine große Intimität zwischen zweien der drei letztgenannten Mächte würde der dritten unter ihnen jederzeit das Mittel zu einem sehr empfindlichen Drucke auf uns bieten. In der Sorge vor diesen Eventualitäten, nicht sofort, aber im Lauf der Jahre, würde ich als wünschenswerte Ergebnisse der orientalischen Krisis für uns ansehn:

1. Gravitierung[2] der russischen und der österreichischen Interessen und gegenseitigen Rivalitäten nach Osten hin,
2. der Anlass für Russland, eine starke Defensivstellung im Orient und an seinen Küsten zu nehmen und unseres Bündnisses zu bedürfen,
3. für England und Russland ein befriedigender Status quo, der ihnen dasselbe Interesse an Erhaltung des Bestehenden gibt, welches wir haben,
4. Loslösung Englands von dem uns feindlich bleibenden Frankreich wegen Ägyptens und des Mittelmeers,
5. Beziehungen zwischen Russland und Österreich, welche es beiden schwierig machen, die antideutsche Konspiration gegen uns gemeinsam herzustellen, zu welcher zentralistische oder klerikale Elemente in Österreich etwa geneigt sein möchten.

Wenn ich arbeitsfähig wäre, könnte ich das Bild vervollständigen und feiner ausarbeiten, welches mir vorschwebt: nicht das irgendeines Ländererwerbes, sondern das einer politischen Gesamtsituation, in welcher alle Mächte außer Frankreich unser bedürfen und von Koalitionen gegen uns durch ihre Beziehungen zueinander nach Möglichkeit abgehalten werden.

Zitiert nach: Günter Schönbrunn (Bearb.), Das bürgerliche Zeitalter 1815-1914. Geschichte in Quellen, München 1980, S. 454 f.

[1] **cauchemar des coalitions** (frz.): „Albtraum der Bündnisse“
[2] **Gravitierung**: Schwerpunktverlagerung

1. *Erläutern Sie die von Bismarck genannten Gegensätze der europäischen Mächte.*
2. *Analysieren Sie Bismarcks außenpolitische Ziele und Befürchtungen.*
3. *Diskutieren Sie, ob sich eine Außenpolitik mit der hier geschilderten Zielsetzung als „Friedenspolitik“ bezeichnen lässt.*

M2 Bismarcks Hinwendung zur Kolonialpolitik

In einer Rede vor dem Reichstag vom 26. Juni 1884 skizziert Bismarck seine Position zur Kolonialfrage und die Ausrichtung der Kolonialpolitik seiner Regierung:

Wir sind zuerst durch die Unternehmung hanseatischer Kaufleute, verbunden mit Terrainkäufen und gefolgt von Anträgen auf Reichsschutz, dazu veranlasst worden, die Frage, ob wir diesen Reichsschutz in dem gewünschten Maße versprechen könnten, einer näheren Prüfung zu unterziehen. Ich wiederhole, dass ich gegen Kolonien – ich will sagen, nach dem System, wie die meisten im vorigen Jahrhundert waren, was man jetzt das französische System nennen könnte –, gegen Kolonien, die als Unterlage ein Stück Land schaffen und dann Auswanderer herbeizuziehen suchen, Beamte anstellen und Garnisonen errichten –, dass ich meine frühere Abneigung gegen diese Art von Kolonisationen, die für andere Länder nützlich sein mag, für uns aber nicht ausführbar ist, heute noch nicht aufgegeben habe. [...] Etwas ganz anderes ist die Frage, ob es zweckmäßig, und zweitens, ob es die Pflicht des Deutschen Reiches ist, denjenigen seiner Untertanen, die solchen Unternehmungen im Vertrauen auf des Reiches Schutz sich hingeben, diesen Reichsschutz zu gewähren und ihnen gewisse Beihilfen in ihren Kolonialbestrebungen zu leisten, um denjenigen Gebilden, die aus den überschüssigen Säften des gesamten deutschen Körpers naturgemäß herauswachsen, in fremden Ländern Pflege und Schutz angedeihen zu lassen. Und das bejahe ich, allerdings mit weniger Sicherheit vom Standpunkte der Zweckmäßigkeit – ich kann nicht voraussehen, was daraus wird –, aber mit unbedingter Sicherheit vom Standpunkte der staatlichen Pflicht.

Ich kann mich dem nicht entziehen. [Ich] sage: womit könnte ich es rechtfertigen, wenn ich Ihnen sagen wollte: Das ist alles sehr schön, aber das Deutsche Reich ist dazu nicht stark genug, es würde das Übelwollen anderer Staaten auf sich ziehen, es würde [...] in unangenehme Berührung mit anderen kommen, es würde „Nasenstüber“ bekommen, für die es keine Vergeltung hätte; dazu ist unsere Flotte nicht stark genug! [...] Aber ich muss sagen, dass ich als der erste Kanzler

▲ **„Die dreizehnte Arbeit des Herkules."**
Karikatur aus dem „Kladderadatsch", 8. Juli 1888.
In der antiken Mythologie bewältigt der Halbgott Herkules zwölf Aufgaben. Die Zeichnung stellt dar, wie Reichskanzler Otto von Bismarck den Friedenszweig zwischen einem französischen (links) und einem russischen Soldaten balanciert. Die Bildunterschrift lautet: „Des Reichskanzlers Stellung seit 1870."

des neu geschaffenen Reichs doch eine gewisse Schüchternheit empfand, eine Abneigung, mich so auszusprechen, und selbst wenn ich an unsere Schwäche und Unfähigkeit geglaubt hätte, ich würde mich geniert haben, den Hilfesuchenden offen zu sagen: Wir sind zu arm, wir sind zu schwach, wir sind zu furchtsam, für euren Anschluss an das Reich euch Hilfe vom Reich zu gewähren.
Ich habe nicht den Mut gehabt, diese Bankrotterklärung der deutschen Nation auf überseeische Unternehmungen den Unternehmern gegenüber als Reichskanzler auszusprechen. Wohl aber habe ich mich sehr sorgfältig bemüht, ausfindig zu machen, ob wir nicht in unberechtigter Weise in wohlerworbene Rechte anderer Nationen eingriffen, und die Bemühungen, mich darüber zu vergewissern, haben mehr als ein halbes Jahr Zeit erfordert. [...]
Unsere Absicht ist, nicht Provinzen zu gründen, sondern kaufmännische Unternehmungen, aber in der höchsten Entwicklung auch solche, die sich eine Souveränität, eine schließlich dem Deutschen Reich lehnbar bleibende, unter seiner Protektion stehende kaufmännische Souveränität erwerben, zu schützen in ihrer freien Entwicklung sowohl gegen Angriffe aus der unmittelbaren Nachbarschaft als auch gegen Bedrückung und Schädigung vonseiten anderer europäischer Mächte.

Zitiert nach: Günter Schönbrunn (Bearb.), Das bürgerliche Zeitalter 1815-1914, a.a.O., S. 471-473

1. *Fassen Sie Bismarcks Argumente in Bezug auf eine deutsche Kolonialpolitik zusammen. Nehmen Sie Stellung.*
2. *Beurteilen Sie, ob und inwieweit Bismarck mit seiner Rede tatsächlich eine kolonialpolitische Wende vollzog.*
3. *Ordnen Sie Bismarcks kolonialpolitische Aktivitäten bis 1890 in seine außenpolitischen Grundsätze ein.*

M3 „Hunnenrede" Kaiser Wilhelms II.

Am 27. Juli 1900 hält Kaiser Wilhelm II. eine Rede in Bremerhaven. Dort verabschiedet er deutsche Soldaten, die den Boxeraufstand in China, der sich gegen die dortigen Kolonialmächte richtet, niederschlagen sollen:

Große überseeische Aufgaben sind es, die dem neu entstandenen Deutschen Reiche zugefallen sind, Aufgaben weit größer, als viele Meiner Landsleute es erwartet haben. Das Deutsche Reich hat seinem Charakter nach die Verpflichtung, seinen Bürgern, wofern diese im Ausland bedrängt werden, beizustehen. Die Aufgaben, welche das alte Römische Reich Deutscher Nation nicht hat lösen können, ist das neue Deutsche Reich in der Lage zu lösen. Das Mittel, das ihm dies ermöglicht, ist unser Heer.
In dreißigjähriger treuer Friedensarbeit ist es herangebildet worden nach den Grundsätzen Meines verewigten Großvaters. Auch ihr habt eure Ausbildung nach diesen Grundsätzen erhalten und sollt nun vor dem Feinde die Probe ablegen, ob sie sich bei euch bewährt haben. Eure Kameraden von der Marine haben diese Probe bereits bestanden, sie haben euch gezeigt, dass die Grundsätze unserer Ausbildung gute sind, und Ich bin stolz auf das Lob auch aus Munde auswärtiger Führer, das eure Kameraden draußen sich erworben haben. An euch ist es, es ihnen gleich zu tun.

Eine große Aufgabe harrt eurer: ihr sollt das schwere Unrecht, das geschehen ist, sühnen. Die Chinesen haben das Völkerrecht umgeworfen, sie haben in einer in der Weltgeschichte nicht erhörten Weise der Heiligkeit des Gesandten, den Pflichten des Gastrechts hohngesprochen. Es ist das umso empörender, als dies Verbrechen begangen worden ist von einer Nation, die auf ihre uralte Kultur stolz ist. Bewährt die alte preußische Tüchtigkeit, zeigt euch als Christen im freundlichen Ertragen von Leiden, möge Ehre und Ruhm euren Fahnen und Waffen folgen, gebt an Manneszucht und Disziplin aller Welt ein Beispiel.
Ihr wisst es wohl, ihr sollt fechten gegen einen verschlagenen, tapferen, gut bewaffneten, grausamen Feind. Kommt ihr an ihn, so wisst: Pardon wird nicht gegeben. Gefangene werden nicht gemacht. Führt eure Waffen so, dass auf tausend Jahre hinaus kein Chinese mehr es wagt, einen Deutschen scheel anzusehen. Wahrt Manneszucht. Der Segen Gottes sei mit euch, die Gebete eines ganzen Volkes, Meine Wünsche begleiten euch, jeden Einzelnen. Öffnet der Kultur den Weg ein für allemal! Nun könnt ihr reisen! Adieu Kameraden!

Die inoffizielle, aber korrekte Version der entscheidenden Textpassage lautet wie folgt:

Kommst ihr vor den Feind, so wird derselbe geschlagen! Pardon wird nicht gegeben! Gefangene werden nicht gemacht! Wer euch in die Hände fällt, sei euch verfallen! Wie vor tausend Jahren die Hunnen unter ihrem König Etzel sich einen Namen gemacht, der sie noch jetzt in Überlieferung und Märchen gewaltig erscheinen lässt, so möge der Name Deutscher in China auf 1000 Jahre durch euch in einer Weise bestätigt werden, dass es niemals wieder ein Chinese wagt, einen Deutschen scheel anzusehen!

Erster Text: Die Reden Kaiser Wilhelms II., hrsg. v. Johannes Penzler, Bd. 2: 1896-1900, Leipzig o. J., S. 209-212
Zweiter Text: Manfred Görtemaker, Deutschland im 19. Jahrhundert. Entwicklungslinien, Opladen 1996 (Schriftenreihe der Bundeszentrale für politische Bildung, Bd. 274), S. 357

1. *Analysieren Sie die Rede sprachlich und inhaltlich.*
2. *Ordnen Sie die Rede in den Kontext des Imperialismus ein.*
3. *Vergleichen Sie die offizielle und die inoffizielle, d.h. nicht veröffentlichte Passage miteinander.*

M4 Deutsche „Weltpolitik" aus britischer Perspektive

Der englische Historiker Rolf Hobson befasst sich mit der um 1896/97 einsetzenden neuen deutschen Außenpolitik:

Die wachsende deutsche Flotte stellte [für die Engländer] dann eine potenzielle hegemonielle Drohung und einen Grund zur Sorge über die Absichten des Reiches dar, wenn man sie zusammen mit der machtvollen deutschen Armee betrachtet und vor dem Hintergrund eines lautstarken Nationalismus und einer unberechenbaren Außenpolitik sieht. In diesem Sinne trug der Tirpitz-Plan[1] dazu bei, diejenige Konstellation unter den Großmächten herbeizuführen, die den Ersten Weltkrieg in erster Linie zu einem Kampf gegen eine deutsche Hegemonie in Europa machte. Der große Flottenwettlauf [...] brachte die englische öffentliche Meinung in wachsendem Maße dazu, ein Engagement auf dem Kontinent zu akzeptieren. Er verstärkte das Gewicht der militärischen Faktoren in den Kalkulationen der Kabinette und engte den Raum für diplomatische Manöver ein. [...]
Die vier wichtigsten Gründe für den englisch-deutschen Antagonismus waren in chronologischer Reihenfolge die ökonomische Konkurrenz, koloniale Rivalität, der Rüstungswettlauf und die Aussicht, dass die deutsche Armee Frankreich besiegen könnte. Die meisten Historiker würden darin übereinstimmen, dass die Drohung einer kontinentalen Hegemonie durch die Ausschaltung Frankreichs aus dem Gleichgewicht der Großmächte als die wichtigste Bedrohung der britischen nationalen Sicherheit betrachtet wurde. Sie selbst hätte automatisch eine Intervention gegen Deutschland in einem Krieg nach sich gezogen. Die deutschen Anhänger des Flottenbaus glaubten hingegen, dass die wirtschaftliche Konkurrenz [...] England dazu bewegen würde, einen präventiven Handelskrieg zu entfesseln. Gegen diese Bedrohung war es notwendig, eine starke Abschreckung zur Verfügung zu stellen, nämlich die „Risikoflotte".

Rolf Hobson, Imperialism at Sea. Naval Strategic Thought, the Ideology of Sea Power and the Tirpitz Plan, 1875-1914, Boston 2002, S. 325-328 (übersetzt von Boris Barth)

1. *Arbeiten Sie anhand von Hobsons Schilderung die Grundzüge der deutschen Außenpolitik heraus.*
2. *Analysieren Sie die Absichten dieser Politik.*
3. *Erläutern Sie, mit welchen Folgen die deutsche Politik zum einen hinsichtlich der Haltung Großbritanniens und zum anderen hinsichtlich der internationalen Politik insgesamt zu rechnen hatte.*

[1] Admiral Alfred von Tirpitz (1849-1930) war seit 1897 Staatssekretär des Reichsmarineamtes. Sein Plan zum massiven Ausbau der deutschen Schlachtflotte wird als **„Tirpitz-Plan"** bezeichnet.

Der Weg in den Ersten Weltkrieg

Machtvakuum auf dem Balkan Drei Jahrhunderte hatte der Balkan unter osmanischer Herrschaft gestanden, nun waren dort selbstständige oder teilselbstständige Staaten entstanden. Das zerfallende Osmanische Reich wurde im 19. Jahrhundert von vielen Europäern als „Kranker Mann am Bosporus" verspottet.

Die europäischen Mächte hatten auf dem Balkan unterschiedliche Interessen: *Russland* wollte seinen Einfluss in Europa stärken und den Bosporus und die Dardanellen (die Meerengen zwischen Mittelmeer und Schwarzem Meer) unter Kontrolle bekommen. *Großbritannien* und *Frankreich* sperrten sich gegen solche Expansionspläne. Sie wollten verhindern, dass eine so wichtige Seestraße in russische Hände fiel. Den Briten ging es außerdem darum, die Verbindungswege nach Indien zu kontrollieren und die Ausdehnung Russlands in Asien zu stoppen.

▲ **„Die Politik der Insektenstiche. Wenn es einen da unten am Balkan juckt, kratzt sich ganz Europa."**
Titelblatt der Zeitschrift „Simplicissimus" vom 9. November 1908. Die Zeichnung stammt von Thomas Theodor Heine.

Besonders in *Serbien* träumten viele von der Errichtung eines großen slawischen Einheitsstaates mit Zugang zur Adria. Russland, ebenfalls slawisch und orthodox, betrachtete sich als Schutzmacht der Völker auf dem Balkan. Dagegen mussten *Österreich-Ungarn* die nationalen Unabhängigkeitsbewegungen beunruhigen, denn der Vielvölkerstaat sah die Gefahr einer „Ansteckung" seiner eigenen Minderheiten.

Das *Deutsche Reich* schließlich pflegte gute Beziehungen zum Osmanischen Reich, 1898 hatte sich Kaiser Wilhelm II. zum „Freund aller Muslime" erklärt. Ab 1903 wurde mit deutscher Unterstützung die Bagdad-Bahn gebaut, die von der europäischen Türkei bis zum Persischen Golf führen sollte. Großbritannien, Frankreich und Russland beobachteten die Beziehungen zwischen dem Deutschen und dem Osmanischen Reich mit Misstrauen.

Imperialistischer Vorstoß Österreich-Ungarns Solche gegensätzlichen Interessen machten den Balkan in den Jahren vor dem Ersten Weltkrieg zu einem „Pulverfass". Eine große Krise löste Österreich-Ungarn aus, als es 1908 die ehemals osmanischen Provinzen Bosnien und Herzegowina dem eigenen Staatsgebiet vollständig einverleibte. Mit dieser Aneignung verletzte Österreich-Ungarn vor allem die Interessen Serbiens, das sich selbst auf dem Gebiet der schwachen Türkei ausdehnen wollte.

Zwei Balkan-Kriege 1912 nutzten Bulgarien, Serbien, Montenegro und Griechenland die Gunst der Stunde und eroberten in wenigen Wochen fast das gesamte von ihren slawischen Landsleuten besiedelte Gebiet. Die Türkei war fortan keine europäische Macht mehr.

Der Krieg flammte 1913 noch einmal auf, denn Bulgarien konnte sich mit den übrigen Balkanstaaten nicht über die Verteilung des in Makedonien eroberten Gebietes einigen. In der Folge wurde es von seinen bisherigen Verbündeten sowie von Rumänien und der Türkei geschlagen. Es musste sich mit bescheideneren Gebietsgewinnen zufriedengeben.

Die Kriegsereignisse 1912/13 stärkten die russische Position auf dem Balkan. Serbien konnte sein Staatsgebiet fast verdoppeln. Trotzdem fühlte es sich um den Sieg betrogen, weil es nicht den ersehnten Zugang zur Adria gewann. Denn um Serbiens künftige Machtstellung zu begrenzen, hatte Österreich-Ungarn die Bildung des selbstständigen Staates Albanien durchgesetzt. Russland unterstützte Serbien, um das weitere Vordringen Österreich-Ungarns aufzuhalten und seinen eigenen Einfluss zu erweitern.

Internettipp:
Für eine Einführung zu den Balkankriegen 1912/13 siehe Code 32019-08

Mordanschlag auf den Kronprinzen In dieser hochsensiblen Situation stürzte ein Ereignis auf dem Balkan Europa völlig überraschend in eine Krise. Am 28. Juni 1914 verbreiteten die Nachrichtenagenturen die Blitzmeldung aus Sarajewo: Mitglieder eines serbischen Geheimbundes hatten in Sarajewo ein Attentat auf den österreichisch-ungarischen Thronfolger, Erzherzog *Franz Ferdinand*, und seine Frau *Sophie* verübt. Beide starben an den Folgen des Anschlages. Der Frieden in Europa war erneut gefährdet, zumal der Rüstungswettlauf inzwischen ein beängstigendes Tempo angenommen hatte und alle Versuche, den Frieden sicherer zu machen, erfolglos geblieben waren (▸ M1).

▲ **Der Balkan 1913.**

Reaktionen in Wien und Berlin Das Attentat eröffnete Österreich-Ungarn eine willkommene Möglichkeit, gegen Serbien vorzugehen, denn das Land war offenbar in den Mordanschlag verwickelt (▸ M2). Der deutsche Kaiser Wilhelm II. und Reichskanzler *Theobald von Bethmann Hollweg* sagten dem österreichischen Zweibundpartner bereits am 5. Juli uneingeschränkte Rückendeckung für eine militärische Aktion gegen Serbien zu. Die Regierung sah auch deutsche Interessen verteidigt, wenn der Partner Österreich-Ungarn den aufstrebenden Balkanstaat Serbien nicht mehr zu fürchten habe und die Gefahr einer nationalen Sammlung aller Südslawen gebannt wäre. Die Rückendeckung durch den deutschen Kaiser wird oft als „Blankoscheck" bezeichnet (▸ M3).

Die Julikrise Vier Wochen nach dem Attentat, am 23. Juli, legte die österreichische Regierung Serbien ein Ultimatum vor, das international als überzogen betrachtet wurde (▸ M4). Österreich forderte unter anderem die Beteiligung österreichischer Beamter an der Verfolgung der serbischen Verschwörer. Dies sollte Serbien als unfähig zur Aufklärung des Verbrechens hinstellen. Dass Serbien dieses Ultimatum, das seine Souveränitätsrechte infrage stellte, gänzlich annehmen könne, wurde von niemandem ernsthaft erwartet. Vielmehr sollte seine Ablehnung den Vorwand für einen bereits beschlossenen Krieg liefern.

Doch Serbien machte überraschend weitgehende Zugeständnisse. Nur eine direkte Einmischung in seine inneren Verhältnisse lehnte es ab. Trotz mehrerer Vermittlungsversuche Englands brach Wien die diplomatischen Beziehungen zu Serbien ab und erklärte am 28. Juli 1914 den Krieg. Schon am nächsten Tag wurde Serbiens Hauptstadt Belgrad beschossen. Wien hatte damit einen neuen Balkan-Krieg begonnen.

Russland beantwortete den österreichischen Angriff auf Serbien am 30. Juli mit der *Generalmobilmachung* seiner Truppen. Die deutsche Reichsspitze sah die Mobilmachung Russlands als Bedrohung, denn die militärische Strategie hatte sich bereits seit einem Jahrzehnt auf eine Handhabung des drohenden Zweifrontenkrieges festgelegt: Im Kriegsfall wollte Deutschland sich die Schwierigkeiten des riesigen Russland zunutze machen, seine Truppen zu mobilisieren und zur Front zu schaffen. In einem schnellen Feldzug durch Belgien sollte Frankreich bezwungen werden, solange Russland noch nicht voll gefechtsfähig war, um dann den Rücken für den Krieg im Osten

Literaturtipp:
- *Annika Mombauer, Die Julikrise. Europas Weg in den Ersten Weltkrieg, München ²2014*
- *Christopher Clark, Die Schlafwandler. Wie Europa in den Ersten Weltkrieg zog, München 2013*

Internettipp:
Für Dokumente und Fotos zum Ersten Weltkrieg siehe Code 32019-09

▲ **„Ich kenne keine Parteien mehr, kenne nur noch Deutsche."**
Postkarte von 1914 mit einem Zitat von Kaiser Wilhelm II., das dieser am 4. August vor dem Reichstag ausrief. Im „Großen Hauptquartier" in Koblenz schrieb er am 26. August eine leicht abgeänderte Fassung des Ausrufes und unterzeichnete sie mit „Wilhelm IR" (= Imperator Rex: Kaiser und König).
- *Erläutern Sie den Zweck der Postkarte.*

frei zu haben. Dieser *Schlieffen-Plan** engte Deutschlands politischen Spielraum ein, denn jedes Zögern liefe dieser Planung entgegen.

Am 31. Juli richtete Deutschland zwei Ultimaten an Russland und Frankreich: Russland wurde zur Rücknahme der Mobilmachung, Frankreich zur Neutralität im Fall eines deutschen Krieges mit Russland und zur Übergabe von Festungen als Sicherheit aufgefordert. Die Würfel waren zu diesem Zeitpunkt bereits gefallen, denn ein Eingehen auf derartige Forderungen war den Regierungen unmöglich. Deutschland hatte sich für die Ausweitung des Balkan-Krieges zu einem europäischen Krieg entschieden.

Der Krieg beginnt Da ein weiteres Warten die begonnene Aufstellung deutscher Truppen gefährdet hätte, erklärte das Deutsche Reich am 1. August dem Russischen Reich den Krieg. Zwei Tage später folgte die Kriegserklärung an Frankreich, das inzwischen ebenfalls seine Truppen zu den Waffen gerufen hatte.

Am 2. August wurde in Brüssel ein deutsches Ultimatum überreicht, in dem das neutrale Belgien aufgefordert wurde, einem Durchmarsch deutscher Truppen zuzustimmen. Als die belgische Regierung ablehnte, begannen deutsche Truppen unter Bruch des Völkerrechts mit dem Einmarsch. Dies veranlasste am 4. August auch Großbritannien, in den Krieg einzutreten. Mitte August befanden sich schließlich alle europäischen Großmächte im Krieg; dabei kämpften die **Mittelmächte** gegen die Mächte der **Entente**.

Mit dem Krieg sollte jeder politische Streit im Innern ruhen. Der Kaiser drückte das am 4. August 1914 so aus: „Ich kenne keine Parteien mehr, kenne nur noch Deutsche." Die Sozialdemokraten ließen sich auf diesen „*Burgfrieden*" ein. Sie stimmten im Reichstag für die Kriegskredite und stellten ihre Forderungen nach mehr Demokratie zurück.

Nach ersten militärischen Erfolgen besprach die Regierung im September 1914 die Kriegsziele (▸ M5, M6). Deutschland sollte wirtschaftlich, politisch und militärisch dauerhaft gesichert werden. Die Wirtschaft und nationale Verbände drängten darauf, Belgien zu besetzen und Frankreich so zu schwächen, „dass es als Großmacht nicht neu erstehen kann". Russland sollte „von der deutschen Grenze" abgedrängt und „seine Herrschaft über die nichtrussischen Vasallenvölker" gebrochen werden. Außerdem wollte man die deutschen Kolonien auf Kosten anderer Mächte erheblich vergrößern.

Mittelmächte: das Deutsche Reich und Österreich-Ungarn, denen sich das Osmanische Reich und Bulgarien anschlossen

Entente (frz. „Bündnis", „Eintracht"): Frankreich, Großbritannien und das Russische Reich mit ihren Verbündeten

* Plan des preußischen Generalfeldmarschalls Alfred Graf von Schlieffen (1833-1912) von 1905, vgl. dazu Seite 276

M1 Rüstungsanstrengungen

Ein Historiker stellt die militärische Aufrüstung der Staaten am Vorabend des Weltkrieges gegenüber:

Trotz der räumlichen Begrenzung des Balkan-Krieges und der Erhaltung des allgemeinen Friedens verstärken alle Mächte ihre Rüstungsanstrengungen. Vor allem Österreich muss seine personell wie technisch zurückgebliebenen Streitkräfte auf eine neue Grundlage stellen. Bis 1914 wird die Friedensstärke von 385 000 Mann auf 470 000 gebracht. Die Artillerie-Kraft wird um 60 Prozent angehoben. Russland erhöht die Friedensstärke von 1,2 auf 1,42 Millionen Mann, ergänzt sein Militärabkommen mit Frankreich durch ein Marineabkommen und erhält französische Finanzhilfen. Während England nur unwesentliche Heeresverstärkungen vornimmt, aber [...] Teile der Mittelmeerflotte in die Nordsee verlegt, führt Frankreich die 3-jährige Dienstzeit ein, verlegt das Einberufungsalter vom 21. auf das 20. Lebensjahr und verstärkt das Landheer auf 750 000 Mann. [...]

Am 30. Juni 1913 stimmen die bürgerlich-konservativen Parteien im Reichstag der Wehrvorlage zu. Sie sieht eine Erhöhung der Friedensstärke des Heeres von 666 000 Mann auf 748 000 im Frühjahr 1914, auf 800 000 im Herbst 1914 und auf rund 900 000 Ende 1915 vor. Zur Finanzierung wird eine einmalige Abgabe von fast 1 Milliarde Mark sowie eine neue laufende Steuer („Reichsbesitzsteuer") erhoben.

Jochen Schmidt-Liebich, Deutsche Geschichte in Daten, Bd. 2: 1770-1918, München 1981, S. 321

1. *Geben Sie die Rüstungsanstrengungen der europäischen Mächte in einer grafischen Darstellung wieder.*
2. *Bei vielen Menschen wuchs angesichts der hohen Rüstungsanstrengungen der europäischen Staaten das Gefühl, dass ein Krieg auf die Dauer unvermeidbar ist. Beurteilen Sie die Berechtigung und die Gefahr einer solchen Schlussfolgerung.*

▲ **„Wie sollen wir uns da die Hand geben?"**
Zeichnung aus dem „Simplicissimus" von 1912.

M2 Österreich plant einen Schlag gegen Serbien

In einem Brief an den deutschen Kaiser Wilhelm II. erklärt der österreichische Kaiser Franz Joseph I. am 2. Juli 1914, vier Tage nach dem Attentat von Sarajewo, die Ziele seiner Regierung:

Das gegen meinen armen Neffen verübte Attentat ist die direkte Folge der von den russischen und serbischen Panslawisten [= Anhänger eines slawischen Großreiches] betriebenen Politik, deren einziges Ziel die Schwächung des Dreibundes und die Zertrümmerung meines Reiches ist. Nach allen bisherigen Erhebungen hat es sich in Sarajewo nicht um die Bluttat eines Einzelnen, sondern um eine wohlorganisierte Verschwörung gehandelt, deren Fäden nach Belgrad reichen. Wenn es auch vermutlich unmöglich sein wird, die Mitwisserschaft der serbischen Regierung nachzuweisen, so kann man wohl nicht im Zweifel darüber sein, dass ihre auf die Vereinigung aller Südslawen unter serbischer Flagge gerichtete Politik solche Verbrechen fördert. Die Andauer dieses Zustandes bildet eine dauernde Gefahr für mein Haus und für meine Länder. [...]

Das Bestreben meiner Regierung muss in Zukunft auf die Vereinzelung und Verkleinerung Serbiens gerichtet sein. [...] Auch Du wirst nach dem jüngsten furchtbaren Geschehen in Bosnien die Überzeugung haben, dass an eine Versöhnung des Gegensatzes, der Serbien von uns trennt, nicht mehr zu denken ist. Die erhaltende Friedenspolitik aller europäischen Monarchen wird bedroht sein, solange dieser Herd von verbrecherischer Agitation in Belgrad ungestraft fortlebt.

Zitiert nach: Günter Schönbrunn, Weltkriege und Revolutionen 1914-1945. Geschichte in Quellen, München 1961, S. 13

1. *Arbeiten Sie heraus, was der österreichische Kaiser zu diesem Zeitpunkt über das Attentat zu wissen glaubt und welche Schlussfolgerungen er für die Politik zieht.*
2. *Untersuchen Sie den Text auf Hinweise darauf, dass die Einschätzung Franz Josephs zu Serbien nicht erst in den Tagen nach dem Attentat entstanden ist.*

M3 Der deutsche „Blankoscheck“

Der Botschafter Österreich-Ungarns in Berlin berichtet am 5. Juli dem Wiener Außenminister Berchtold über seine Unterredung mit dem deutschen Kaiser anlässlich der Überreichung des Briefes von Kaiser Franz Joseph (vgl. M2):

Das Allerhöchste Handschreiben und das beigeschlossene Memorandum habe ich Seiner Majestät überreicht. In meiner Gegenwart las Kaiser mit größter Aufmerksamkeit beide Schriftstücke. Zuerst versicherte mir Höchstderselbe, dass er eine ernste Aktion unsererseits gegenüber Serbien erwartet habe, doch müsse er gestehen, dass er infolge der Auseinandersetzungen unseres Allergnädigsten Herrn eine ernste europäische Komplikation im Auge behalten müsse und daher vor einer Beratung mit Reichskanzler keine definitive Antwort erteilen wolle. Nach dem Déjeuner[1], als ich nochmals Ernst der Situation mit großem Nachdruck betonte, ermächtigte mich Seine Majestät, unserem Allergnädigsten Herrn zu melden, dass wir auch in diesem Falle auf die volle Unterstützung Deutschlands rechnen können. Wie gesagt, müsse er vorerst Meinung des Reichskanzlers anhören, doch zweifle er nicht im Geringsten daran, dass Herr von Bethmann Hollweg vollkommen seiner Meinung zustimmen werde. Insbesonders gelte dies betreffend eine Aktion unsererseits gegenüber Serbien. Nach seiner[2] Meinung muss aber mit dieser Aktion nicht zugewartet werden. Russlands Haltung werde jedenfalls feindselig sein, doch sei er hierauf schon seit Jahren vorbereitet, und sollte es sogar zu einem Krieg zwischen Österreich-Ungarn und Russland kommen, so könnten wir davon überzeugt sein, dass Deutschland in gewohnter Bundestreue an unserer Seite stehen werde.

Russland sei übrigens, wie die Dinge heute stünden, noch keineswegs kriegsbereit und werde es sich gewiss noch sehr überlegen, an die Waffen zu appellieren. Doch werde es bei den anderen Mächten der Tripelentente[3] gegen uns hetzen und am Balkan das Feuer schüren. Er begreife sehr gut, dass es Seiner k. und k. Apostolischen Majestät[4] bei seiner bekannten Friedensliebe schwerfallen würde, in Serbien einzumarschieren; wenn wir aber wirklich die Notwendigkeit einer kriegerischen Aktion gegen Serbien erkannt hätten, so würde er es bedauern, wenn wir den jetzigen, für uns so günstigen Moment unbenützt ließen.

Zitiert nach: Winfried Baumgart (Hrsg.), Die Julikrise und der Ausbruch des Ersten Weltkrieges 1914, Darmstadt 1983, S. 50 f.

[1] **Déjeuner**: Mittagessen
[2] Gemeint ist Kaiser Wilhelm II.
[3] **Tripelentente**: Russland, Frankreich und Großbritannien
[4] Gemeint ist der österreichische Kaiser.

1. *Erklären Sie, warum die hier wiedergegebene Haltung des deutschen Kaisers als „Blankoscheck“ zugunsten Österreich-Ungarns bezeichnet worden ist.*
2. *Entwickeln Sie Hypothesen zu der Frage, welche Gründe Deutschland zu so weitgehenden Zusagen an seinen Bündnispartner Österreich-Ungarn veranlasst haben könnten.*
3. *Verfassen Sie die Begründung einer möglichen ablehnenden Antwort Deutschlands auf das Handschreiben des österreichischen Kaisers (M2).*

M4 Ein Ultimatum, das abgelehnt werden soll

Am 14. Juli 1914 berichtet der deutsche Botschafter in Wien dem Reichskanzler über ein Gespräch mit dem Ministerpräsidenten Ungarns, Graf Tisza. Dieser hat zu Beginn der Krise noch starke Bedenken gegen einen Krieg gegen Serbien vorgetragen, tritt inzwischen aber dafür ein:

Glücklicherweise herrsche jetzt unter den hier maßgebenden Persönlichkeiten volles Einvernehmen und Entschlossenheit. [...] Graf Tisza fügte hinzu, die bedingungslose Stellungnahme Deutschlands an der Seite der Monarchie sei entschieden für die feste Haltung des Kaisers von großem Einfluss gewesen. [...]

Die Note werde so abgefasst sein, dass deren Annahme so gut wie ausgeschlossen sei. Es komme besonders darauf an, nicht nur Versicherungen und Versprechungen zu fordern, sondern Taten. Bei der Abfassung der Note müsse [...] auch darauf Rücksicht genommen werden, dass sie für das große Publikum – besonders in England – verständlich sei und das Unrecht klar und deutlich Serbien zuschiebe.

Zitiert nach: Günter Schönbrunn, Weltkriege und Revolutionen 1914-1945, a.a.O., S. 16 f.

Das am 23. Juli 1914 überreichte Ultimatum verlangte nicht nur die Auflösung großserbischer Organisationen, die Unterdrückung der gegen Österreich-Ungarn gerichteten Propaganda und Maßnahmen gegen Waffenschmuggel. Die serbische Regierung sollte auch erlauben, dass österreichisch-ungarische Behörden die Aufspürung, Verhaftung und Aburteilung der Terroristen übernehmen. Der russische Außenminister nannte diese Forderungen eine „Herabdrückung Serbiens zum Vasallenstaat Österreichs“. Nehmen Sie zu dieser Einschätzung Stellung.

M5 Vorstellungen über die Zukunft Deutschlands

Der Historiker Michael Salewski erklärt 2003:

Das französische Kriegsziel war ganz einfach: [...] – die Zerstörung des Deutschen Reiches. Falls das nicht gelingen sollte [...], sollte es wenigstens verkleinert werden: selbstverständlich Rückgabe von Elsass und Lothringen, Abtretung des Saargebietes, die Rheingrenze für Frankreich, Russland, dem Verbündeten, wollte man territoriale Freiheit im Osten gestatten [...].

Es liegt auf der Hand, dass Englands Kriegsziele viel moderater erschienen [...]. Aber von Pappe waren sie keineswegs. Natürlich mussten Belgien voll wiederhergestellt, Elsass und Lothringen an Frankreich zurückgegeben werden. [...] Viel wichtiger erschienen England andere Forderungen: Deutschland sollte fortan keine Flotte mehr besitzen, keine Kolonien, es sollte die Meistbegünstigung[1] für alle gewähren – ohne Gegenseitigkeit –, die Nordseeinseln waren abzurüsten, der Kaiser-Wilhelm-Kanal[2] zu internationalisieren. [...] Aber schon 1914 war England sich darüber im Klaren, dass die Schwächung Deutschlands über ein gewisses Maß hinaus nicht opportun sein würde – hier schlug das Denken in den Kategorien der „balance of power" [Gleichgewicht der Großmächte] durch, und das permanente Misstrauen Englands Russland gegenüber. [...]

Die Diskussion [im Deutschen Reich] vollzog sich auf drei übereinanderliegenden Ebenen. Auf der untersten ging es um die „Gleichberechtigung" des Reiches, also um den schon lange vor dem Krieg geforderten „Platz an der Sonne". Auf der zweiten um die „Hegemonie in Europa", auf der dritten um den „Griff nach der Weltmacht".

Michael Salewski, Der Erste Weltkrieg, Paderborn 2003, S. 144 f.

M6 Unterschiedliche Begehrlichkeiten

Wolfgang J. Mommsen äußert sich in einem 2003 erstmals veröffentlichten Beitrag über die „Kriegsziele":

Keine der europäischen Mächte verfocht vor Kriegsbeginn konkrete territoriale Annexionsziele, welche ihre Entscheidung, zu den Waffen zu greifen, maßgeblich beeinflusst haben. Doch schon bald nach Kriegsbeginn setzte in allen Ländern eine zunächst überwiegend intern geführte Debatte über die Kriegsziele ein. Großbritannien forderte mit einigem Nachdruck die Wiederherstellung der Selbstständigkeit der kleineren europäischen Nationen, die durch den Angriff der Mittelmächte widerrechtlich zerstört worden sei, insbesondere die Wiederherstellung Belgiens. Auch in Frankreich [...] stand die Rückgewinnung des Elsass und Lothringens im Vordergrund. Erst im weiteren Verlauf des Weltkrieges wurde dann die Forderung der Annexion des Saarbeckens und der Rheingrenze laut [...].

Im Deutschen Reich kam es hingegen bereits unmittelbar nach Kriegsausbruch zu einer massiven Kampagne für weitreichende Annexionen in Ost und West. [...]

Der deutschen Reichsleitung kam diese [...] Agitation [...] höchst ungelegen. [...] Dennoch wurden, ungeachtet des öffentlichen Bekenntnisses zu einem Verteidigungskrieg, unverändert umfangreiche Planungen für territoriale Erwerbungen in Ost und West, insbesondere für die dauernde Kontrolle Belgiens, fortgeführt. Diese nahmen in der Folge immer uferlosere Formen an. [...] Im Übrigen verhandelten die alliierten Mächte auf der Interalliierten Wirtschaftskonferenz in Paris vom 14.-17. Juni 1917 über eine Nachkriegsordnung, durch welche die deutsche Stellung im Welthandel auf Dauer niedergehalten werden sollte. [...]

Seit 1917 verhärteten sich in allen Lagern, insbesondere aber im Deutschen Reich, die Forderungen der Kriegsziele immer stärker [...]. [...] Bedeutsamer war, dass mehr und mehr rassistische, insbesondere antisemitische, Gesichtspunkte in die Kriegszieldebatte eingebracht wurden. Auch die Idee ethnischer Säuberungen [...] tauchte nun vielfach in den Denkschriften auf, auch wenn sie einstweilen keinen Eingang in die offiziellen Planungen fand.

Wolfgang J. Mommsen, Artikel „Kriegsziele", in: Enzyklopädie Erster Weltkrieg, herausgegeben von Gerhard Hirschfeld u.a., Paderborn, aktualisierte und erweiterte Studienausgabe 2014, S. 666 ff.

1. *Fassen Sie alle Informationen aus beiden Texten über die Kriegsziele der europäischen Mächte zusammen (M5 und M6).*
2. *Salewski und Mommsen deuten die Kriegszieldiskussionen unterschiedlich. Stellen Sie die unterschiedlichen Urteile einander tabellarisch gegenüber.*
3. *Die publizistisch und vehement geführten Kriegszieldebatten weckten Hoffnungen und Befürchtungen und erzeugten Zwänge. Entwickeln Sie Hypothesen von der Reaktion der Bevölkerung, der Soldaten, der Regierung sowie des jeweiligen Gegners.*
4. *Formulieren Sie eine Stellungnahme zu den beiden Texten, in der Sie begründen, wessen Argumentation Sie eher nachvollziehen können.*

[1] **Meistbegünstigung**: liegt vor, wenn Handelsvorteile allen Vertragspartnern gewährt werden. Wem die Meistbegünstigung verweigert wird, der ist benachteiligt.
[2] **Kaiser-Wilhelm-Kanal**: der heutige Nord-Ostsee-Kanal

Verlauf und Folgen des Ersten Weltkrieges

Literaturtipp:
Hedley P. Willmot, Der Erste Weltkrieg, Hildesheim 2004

Internettipps:
Für Literatur und Quellen zum Ersten Weltkrieg sowie zum Rheinland im Ersten Weltkrieg siehe Codes 32019-10 und 32019-11

Ausgangslage Die Mittelmächte hatten 118 Millionen Einwohner (Deutschland 67 Mio., Österreich-Ungarn 51 Mio.), die Entente-Staaten zusammen 258 Millionen Einwohner. Bei Kriegsbeginn umfasste das Feldheer in Deutschland 2,3 Millionen, in Österreich-Ungarn 1,4 Millionen. Diesen 3,7 Millionen Soldaten konnte die Entente 5,8 Millionen gegenüberstellen.

Die Mittelmächte hatten allerdings den Vorteil der zentralen Lage. Das gut ausgebaute deutsche Eisenbahnsystem ermöglichte eine rasche Verschiebung der Truppen. Deutschland und Österreich-Ungarn konnten damit rechnen, dass die russischen und englischen Heere ihre Kräfte nur langsamer entfalten würden.

Die beiden Verbündeten wollten daher den Krieg schnell entscheiden, bevor die Entente-Mächte ihre Überlegenheit voll zur Geltung bringen konnten. Bei einem längeren Krieg würde vor allem die Macht Englands zur See gefährlich werden. Tatsächlich wurden die Mittelmächte zu einer belagerten Festung, als Großbritannien am 2. November 1914 die gesamte Nordsee zum Kriegsgebiet erklärte und eine *Seeblockade* verhängte. Dadurch wurde Deutschland vom Nachschub wichtiger Güter abgeschnitten, während Großbritannien mehrere Hunderttausend Soldaten auf die europäischen Kriegsschauplätze entsenden konnte.

Schlieffen-Plan: Er ist benannt nach dem ehemaligen Chef des deutschen Generalstabs, Alfred Graf von Schlieffen. Der bereits 1905 von ihm für einen Zweifrontenkrieg entwickelte Plan sah vor, dass die deutsche Armee mithilfe moderner Transportmittel durch die neutralen Staaten Belgien und Luxemburg vorstößt. Nach einem schnellen Sieg über Frankreich sollten die Armeen dann gegen Russland im Osten marschieren.

Der Krieg im Westen Deutschland wollte Frankreich in einem schnellen Feldzug besiegen und sich dann gegen Russland wenden. Es nahm keine Rücksicht auf die Neutralität Belgiens und Luxemburgs (**Schlieffen-Plan**). Der Vormarsch der deutschen Truppen in Belgien und Nordfrankreich schien 1914 tatsächlich unaufhaltsam (▸ M1). Die Militärs glaubten, dass ihr Plan aufginge. Schon wurden im Stadtgebiet von Paris Gräben für den erwarteten Verteidigungskampf ausgehoben, die Regierung war bereits aus Paris geflohen. Da kam es zu einer überraschenden Wende: Der deutsche Generalstabschef *Helmuth von Moltke* befürchtete einen Durchbruch der Gegner und gab den Befehl zum Rückzug nach Norden. Der Schlieffen-Plan, der eine weiträumige Umfassung der französischen Armeen vorgesehen hatte, war gescheitert.

Krieg in den Schützengräben Nach furchtbaren Schlachten in Flandern endete im November 1914 der *Bewegungskrieg* an der gesamten Westfront. Von der Küste bis zur Schweizer Grenze entstanden Grabensysteme, Drahtverhaue und Unterstände – zuletzt insgesamt 24 000 Kilometer. In ihnen gruben sich die Armeen regelrecht ein. Alle Durchbruchsversuche blieben, von winzigen Geländegewinnen abgesehen, bis zum Frühjahr 1918 erfolglos. Die Angriffe und Gegenangriffe an der Westfront waren zu „Schlächtereien mit immer wirksameren Mitteln der Massenvernichtung“ (Golo Mann) geworden (▸ M2).

Vom Februar bis Dezember 1916 dauerten die Kämpfe vor der französischen Festung *Verdun*. An dieser Stelle, die aus psychologischen Gründen unaufgebbar war, sollte Frankreich nach den Vorstellungen des deutschen Generalstabschefs *Erich von Falkenhayn* „verbluten“. In monatelanger Zermürbung standen sich auf engstem Raum anderthalb Millionen Soldaten gegenüber. Über 700 000 Männer beider Seiten ließen ihr Leben, bevor der sinnlose Kampf endete. Hier veränderte der Krieg sein Gesicht: Die großen Materialschlachten des Ersten Weltkrieges hatten begonnen. In ihnen wurde versucht, durch den massenhaften Einsatz von Kriegsgerät, Muniton und Menschen den Sieg zu erzwingen.

Kämpfe im Osten Die Hoffnungen der Entente, die Mittelmächte nach Kriegsbeginn durch „russische Massenheere“ in Bedrängnis zu bringen, erfüllten sich nicht. Zwei in Ostpreußen eingedrungene russische Armeen wurden – trotz ihrer zahlenmäßigen Überlegenheit – im August und September 1914 unter der Führung des Generals **Paul von Hindenburg** und seines Stabschefs **Erich Ludendorff** geschlagen. Die Siege von *Tannenberg* und den *Masurischen Seen* verhalfen beiden Offizieren zu riesiger Popularität. Ab 1916 führten diese beiden Generäle die *Oberste Heeresleitung* (OHL) an und übten eine gewaltige Macht über die Armee und das ganze Land aus.

Die Kämpfe an der Ostfront verliefen wechselvoller als im Westen. Teile Galiziens mussten 1914 der russischen Armee überlassen werden. Die österreichisch-ungarische Armee verlor in diesen Kämpfen etwa ein Drittel ihrer Feldstärke. Jedoch konnte die gefürchtete „russische Dampfwalze“ gestoppt werden. 1915 musste Russland sich aus Galizien zurückziehen und auch Teile des Baltikums und Polen räumen. Dann erstarrte auch dieser Kampf im Grabenkrieg. Das Jahr 1916 brachte nochmals russische Erfolge, aber die Angriffskraft der überanstrengten russischen Armeen war damit erschöpft.

Paul von Hindenburg (1847-1934): 1914-1916 Oberbefehlshaber der Truppen an der Ostfront, 1916-1918 Chef des Generalstabs, 1925-1934 Reichspräsident

Der Seekrieg Die deutschen Schlachtschiffe wurden in den Häfen zurückgehalten, da man ihre Vernichtung durch die überlegene englische Flotte nicht riskieren wollte. Die *Seeschlacht im Skagerrak* (1916), bei der den Engländern großer Schaden zugefügt wurde, blieb eine Ausnahme. Dank britischer Überlegenheit bestand die Seeblockade fort.

Militärisch und politisch folgenreicher wurde der Einsatz der neuen Unterseeboote. Als Reaktion auf die Blockade hatte Deutschland die Gewässer um England im Februar 1915 zum Sperrgebiet erklärt. Man wollte im Gegenzug auch England aushungern. U-Boote versenkten Schiffe, auch neutrale und zivile, und dies zur eigenen Sicherheit oft ohne Vorwarnung (*uneingeschränkter U-Boot-Krieg*). Die neutralen Staaten waren empört. Im Mai 1915 wurde der britische Passagierdampfer *Lusitania* torpediert und 1200 Menschen kamen um. Darunter waren über 100 amerikanische Staatsbürger. Deshalb drohte der Bruch mit den USA. Nach scharfen Drohungen der USA wurde der uneingeschränkte U-Boot-Krieg vorerst (bis 1917) eingestellt.

Zur selben Zeit wurden in Deutschland die Folgen der englischen Seeblockade immer spürbarer: Die Lebensmittelnot der Zivilbevölkerung verschärfte sich. Im *„Steckrübenwinter“* 1916/17 gab es bereits Hungertote. Trotz der ungeheuren Opfer auf beiden Seiten war aber auch Ende 1916 ein baldiges Ende des Krieges nicht in Sicht.

Erich Ludendorff (1865-1937): 1914 Generalstabschef im Ersten Weltkrieg und gemeinsam mit Hindenburg Oberbefehlshaber der deutschen Truppen an der Ostfront; 1924-1928 Abgeordneter im Reichstag

Technik des Todes Der Erste Weltkrieg unterschied sich von früheren Kriegen vor allem durch die Masse an Soldaten und Kriegsmitteln sowie die Größe des Kriegsgebietes. Etwa 64 Millionen Soldaten wurden weltweit mobilisiert, mehr als in jedem Krieg zuvor. Wissenschaftliche Fortschritte und technische Neuerungen wurden umfassend genutzt. Zu Beginn der Kämpfe verfügten die Mittelmächte und die Entente-Staaten zusammen über knapp 600 Flugzeuge. Am Ende des Krieges sollte das Deutsche Reich 48 000, Frankreich 52 000 und Großbritannien 55 000 Flugzeuge gebaut haben. Das Fluggerät wurde zur spezialisierten Waffe, etwa zum Bomber, zum Aufklärer oder zum Jagdflugzeug. Jagdflieger wurden von der Propaganda zu „Rittern der Lüfte“ verklärt und sammelten als „Fliegerasse“ gegnerische Abschüsse. 28 deutsche Unterseeboote waren zu Beginn des Krieges fertiggestellt; 1918 hatte Deutschland fast 400 Stück gebaut. Um die erstarrten Fronten zu durchbrechen und wieder zum Bewegungskrieg zu kommen, setzte die britische Armee ab 1916 Panzer (*„tanks“*) ein.

▲ **Rettungsring der „Lusitania“.**

▲ **Massenherstellung von Granaten.**
Foto aus der Munitionsfabrik Chilwell (Großbritannien), um 1916.

Internettipp:
Für Materialien zur Kriegseuphorie im August 1914 in Westphalen siehe Code 32019-12

Die Suche nach immer wirkungsvolleren Waffen führte zur Entwicklung chemischer Kampfstoffe. Frankreich hatte 1914 erstmals Tränengas verschossen. Deutschland setzte im April 1915 bereits tödliches Chlorgas ein, das aus Tausenden Gasflaschen abgelassen wurde (▸ M3). Nach diesem Tabubruch verwendeten alle großen Mächte spezielle Kampfstoffe, die mit Granaten verschossen wurden. Chemische Waffen töteten nicht nur, sondern hinterließen vor allem Verwundete, darunter zahlreiche Kriegsblinde, deren Pflege Kräfte binden sollte. Giftgas wird als die schrecklichste Waffe des Ersten Weltkrieges angesehen.

Der Krieg war bereits 1914 zum Weltkrieg geworden, als Großbritannien die deutschen Kolonien in Afrika und im Pazifik angriff. Mit dem Eingreifen der Vereinigten Staaten von Amerika aufseiten der Entente war 1917 auch die letzte bislang neutrale Großmacht am Krieg beteiligt.

Das „Fronterlebnis" Viele junge Männer waren 1914 in den Krieg gezogen, um „deutsche Kultur" gegen die „dekadente Demokratie" im Westen und die „asiatische Gefahr" im Osten zu verteidigen. Die Propaganda nutzte viele Mittel, um den Kriegsausbruch als ein alle Schichten verbindendes, nationales Erwachen darzustellen.

Was folgte, war jedoch ein jahrelanger Stellungskampf, der riesige Verluste forderte, ohne erkennbar zu einem Kriegsende zu führen. Dies hinterließ tiefe seelische Spuren bei den Soldaten, die sich immer drängender die Frage nach dem Sinn des Kampfes stellten. Besonders die an vorderster Front in den Schützengräben kämpfenden Soldaten entwickelten ihre eigene Sicht auf den Krieg. Sie lagen in Erde und Schlamm eingegraben, bewegten sich meist gebückt und waren Tag und Nacht den Bildern und Geräuschen des Krieges ausgesetzt. Ihre Aufgabe bestand darin, nach Artilleriebeschuss der feindlichen Stellungen vorwärtszustürmen, um den gegenüberliegenden Graben einzunehmen. Beim Ansturm starben Tausende durch Maschinengewehrsalven, Handgranaten oder Flammenwerfer. Viele Soldaten begannen, sich als Teil einer großen Kriegsmaschine zu fühlen. Um dennoch stolz auf ihr Leben als Soldat zu sein, mussten sie eine Abstumpfung gegenüber den Leiden des Krieges entwickeln. Der Tod konnte jederzeit über sie hereinbrechen und selbst noch ihren Leichnam zerstören. Werte des zivilen Lebens und Maßstäbe der Friedenszeit verblassten, und eine kriegerische Moral entwickelte sich. Vielen dieser Männer fiel es schwer, sich nach dem Krieg wieder in die bürgerliche Gesellschaft einzugliedern. Sie wurden als „verlorene Generation" angesehen.

Kriegswirtschaft Der Krieg wurde auch hinter den Fronten geführt. Da die Alliierten die Zufuhr von Rohstoffen in das Deutsche Reich blockierten, herrschte bald eine spürbare Knappheit, etwa an Edelmetallen, Kautschuk, Erdöl und Salpeter, alles wichtige Rohstoffe für die Rüstungsindustrie. Deutsche Unternehmen versuchten schnell, Ersatzstoffe zu entwickeln. Die BASF und die neu gebauten Leunawerke stellten Ammoniak her, der zu Salpeter weiterverarbeitet wurde. Die Firma Bayer erzeugte künstlichen Kautschuk für Reifen und Schiffsbatterien. Darüber hinaus zog die Regierung alle kriegswichtigen Rohstoffe ein. Glocken wurden von den Kirchtürmen geholt,

Eisengitter abmontiert und eingeschmolzen. Die Industrie wurde unter staatliche Aufsicht gestellt und weitgehend auf die Produktion von Kriegsgütern umgestellt.

	Vorkriegsschnitt	1914/15	1915/16	1916/17
Krupp	31,6	33,9	86,5	79,7
DWM	5,5	8,2	11,5	12,7
Rheinmetall	4,3	6,5	14,5	14,7
Skoda-Werke	5,6	6,4	9,4	8,2
Steyr-Werke	2,7	6,7	17,7	18,3
Schneider-Creusot	6,9	9,2	10,8	11,2
Hotchkiss	–	–	2,0	14,0

▲ **Reingewinne verschiedener Rüstungsfirmen in jeweiliger Landeswährung (in Millionen).**
Nach: Gerd Hardach, Der Erste Weltkrieg 1914-1918 [Wolfram Fischer (Hrsg.), Geschichte der Weltwirtschaft im 20. Jahrhundert, Bd. 2], München 1973, S. 117

- *Finden Sie heraus, in welchem Land die Firmen arbeiteten, was sie hauptsächlich herstellten und welche Entwicklung sie nach dem Ersten Weltkrieg nahmen.*
- *Diskutieren Sie die Entwicklung der Gewinne vor dem Hintergrund des Kriegsverlaufes und der erzeugten Güter.*

Epochenjahr 1917: Eintritt der USA ... Trotz formaler Neutralität bevorzugten die USA die Entente-Staaten durch Sachlieferungen und Anleihen. Der deutsche U-Boot-Krieg hatte wiederholt das Leben von US-Bürgern gekostet, außerdem entsprach die parlamentarische Regierungsform den amerikanischen Demokratievorstellungen. Die deutsche Admiralität hoffte 1917, durch die Wiederaufnahme des uneingeschränkten U-Boot-Krieges das importabhängige England zu einer Beendigung des Krieges zu zwingen. Dies führte dazu, dass die USA am 6. April Deutschland den Krieg erklärten.

Der Krieg wurde in den USA als Kreuzzug für Frieden und Gerechtigkeit gegen autokratische Macht verstanden. Er sollte nicht der eigenen machtpolitischen Expansion dienen, sondern der Verhinderung weiterer Kriege („*war to end all wars*"). US-Präsident Woodrow Wilson* war der Meinung, eine künftige Friedensordnung könne auf Dauer nur zwischen „wirklich freien und sich selbst regierenden Völkern" Bestand haben. Seine idealistischen Ziele fasste er in einem 14-Punkte-Programm zusammen. Ein weiteres programmatisches Ziel der USA war dabei auch, die Ideen der Demokratie durchzusetzen. Bei Amerikas Kriegseintritt war die Zarenherrschaft bereits beseitigt (s.u.), daher galten nur noch Deutschland und Österreich-Ungarn als autokratisch regierte Großmächte.

... und Ausscheiden Russlands Die Mittelmächte schöpften Hoffnung aus Vorgängen in Russland, das unter den Kriegslasten und enormen sozialen Gegensätzen litt. 1917 brachen Streiks und Aufstände unter Arbeitern und Bauern aus, denen sich auch meuternde Soldaten anschlossen. Die *Februarrevolution* führte zum Rücktritt des Zaren und zur Bildung einer bürgerlichen „Provisorischen Regierung". Sie hatte in den Arbeiter- und Bauernräten (*Sowjets*), die sich in Fabriken und Kasernen bildeten, eine entschieden radikalere Konkurrenz. Während die Regierung eine Fortsetzung des Krieges an der Seite der Entente beabsichtigte, forderten viele Sowjets ein schnelles Ende.

Um die auf Kriegsende drängenden Kräfte zu stärken, verhalfen deutsche Behörden dem im Schweizer Exil leben den Revolutionär **Wladimir Iljitsch Uljanow**, genannt **Lenin**, zur Rückkehr nach Russland. Mitte April kam er nach Petersburg und arbeitete mit Entschlossenheit auf den Sturz der bisherigen Ordnung und den Aufbau einer sozialistischen Gesellschaft hin. Lenins Parteigänger, die *Bolschewiki*, erlangten im September in wichtigen Sowjets die Mehrheit, da sie mit dem Ruf nach unverzüglicher Beendigung der Kämpfe ein entscheidendes Anliegen vieler Russen vertraten.

Am 7. November (25. Oktober russ. Zeitrechnung, daher *Oktoberrevolution*) wurden in der Hauptstadt alle strategisch wichtigen Punkte besetzt und der Sitz der Provisorischen Regierung gestürmt. Ein *Rat der Volkskommissare* unter Vorsitz Lenins erklärte sich zur neuen Regierung. Wie angekündigt schloss sie einen Waffenstillstandsvertrag und trat in Friedensverhandlungen ein. Im März 1918 unterzeichneten die Machthaber

Wladimir Iljitsch Uljanow, gen. Lenin (1870-1924): russischer Revolutionär, 1917 Anführer der Oktoberrevolution, 1922-1924 Gründer und erster Staatschef der Sowjetunion

* Siehe Seite 300.

den *Friedensvertrag von Brest-Litowsk*. Russland musste darin die Unabhängigkeit der Ukraine und Finnlands anerkennen sowie auf seine westlichen Randgebiete verzichten. Große deutsche Truppenmassen blieben trotz des Friedensvertrages zur politischen und militärischen Sicherung im Osten gebunden.

Der militärische Zusammenbruch An einen deutschen Sieg war dennoch nicht mehr zu denken, zumal das Kräfteverhältnis immer ungleicher wurde. Bei Beginn der Frühjahrsoffensive waren 300 000 amerikanische Soldaten in Frankreich gelandet, ihre Zahl erhöhte sich bis Oktober auf 1,8 Millionen.

Aus Furcht, gegnerischen Kräften könne ein Durchbruch an der Westfront gelingen, drängten Ludendorff und Hindenburg nach Wochen des Schwankens seit dem 29. September 1918 nachdrücklich und nervös auf das sofortige Angebot eines Waffenstillstandes. Die Erkenntnis, dass die Oberste Heeresleitung jetzt offenbar fest mit einer drohenden Niederlage rechnete, traf Politiker und Öffentlichkeit wie ein Schock. Am 4. Oktober beugte sich der neue Reichskanzler Prinz **Max von Baden** dem Drängen der Militärs und richtete an den amerikanischen Präsidenten ein Waffenstillstandsangebot. Verhandlungen aufgrund der 14 Punkte Wilsons schienen die beste Chance für einen Frieden zu bieten, der trotz der sich abzeichnenden Niederlage die Besiegten nicht zur totalen Kapitulation zwang.

Max von Baden (1867-1929): Großherzog von Baden, preußischer General und 1918 Reichskanzler

Mit Unterzeichnung des Waffenstillstandes am 11. November 1918 in einem Eisenbahnwaggon im Wald von Compiègne musste das Deutsche Reich dann allerdings die bedingungslose Kapitulation akzeptieren. Die Ablieferung großer Mengen von Kriegsmaterial und Transportmitteln machte die Wiederaufnahme der Kämpfe unmöglich.

Die Doppelmonarchie Österreich-Ungarn war schon seit Oktober von innen her aufgelöst worden. Nach den Tschechen trennten sich auch Polen, Ukrainer, Rumänen und Südslawen vom Reich, Ungarn erklärte seine Selbstständigkeit. Während Österreich-Ungarn sich in „Nachfolgestaaten" auflöste, konnte die Türkei zumindest ihre staatliche Existenz bewahren.

Körperlich und seelisch Versehrte In 52 Monaten hat der Erste Weltkrieg insgesamt etwa 17 Millionen Menschenleben gekostet, darunter sechs Millionen Soldaten der Entente, vier Millionen der Mittelmächte und sieben Millionen Zivilisten. Etwa 20 Millionen Menschen wurden im Krieg verwundet.

Allein in Deutschland gab es bei Kriegsende rund 2,7 Millionen physisch und psychisch versehrte Kriegsteilnehmer. Kein Körperteil war von Waffeneinwirkungen verschont geblieben; die meisten Verwundungen gingen auf die wahllos einschlagenden Artilleriegeschosse zurück. Sie waren aber auch für seelische Verheerungen verantwortlich (▸ M4). Soldaten, die verschüttet wurden oder in ein Sperrfeuer gerieten, brachen oftmals nervlich zusammen und stellten nach dem Krieg ein Heer von sogenannten „Kriegsneurotikern". Der Anblick von Entstellten und Verstümmelten mit Prothesen gehörte zum Alltag der Nachkriegszeit. Er erinnerte die Öffentlichkeit ständig daran, dass dieser Krieg kein edles, heldenhaftes Kräftemessen, sondern ein vierjähriges „Menschenschlachthaus" war.

▲ **Künstliche Gliedmaßen.**
Für die zahlreichen Kriegsverletzten wurden neue Prothesen entwickelt, z.B. die „Sauerbruch-Hand".

M1 Die Schrecken des Bewegungskrieges ...

a) Der 20-jährige Leutnant Leopold von Sutterheim schreibt im August 1914 an seine Mutter:

Mutter, wir siegen. Das weiß ich jetzt, wo ich diesen heiligen Ernst, diese einmütige Ruhe sehe. Auch für Euch, wenn es anders kommen sollte, gilt das Wort: Lieber ein Ende mit Schrecken, als ein Schrecken ohne Ende. Denn der Tod ist der Übel größtes nicht. Es kann der Tod neues Leben erwecken, und erst recht kann er das in diesen Zeiten. Aber wir wollen nicht sterben, denn noch mehr Nutzen hat das Vaterland von uns, wenn wir leben bleiben und danach wieder einen schönen, herrlichen Frieden genießen. Doch wenn es mich trifft, so ist es auch gut. Für Eure Sicherheit, dass Ihr ein ruhiges Leben führt, würde ich gern bleiben. Aber daran denke ich nicht, ich will leben bleiben, um möglichst viel meinem Vaterland dienen zu können. Also als Sieger werde ich wieder Euch umarmen. Tut Eure Pflicht, seid ruhig, ernst! Und wenn dies nicht so kommt, so seid glücklich in ernster, stiller, einsamer Arbeit an unserem Volk. Und nun noch eine Fabel. Als eine Äffin, die viele Kinder hatte, einer Löwin sagte voll Hohn, die nur einen Sohn hatte: „Wie viel Kinder hast Du?" Da sagte die Löwin: „Eins, aber einen Löwen."
Der Löwe will ich sein.
Und nun mit Gott für Euch, für mein Volk!

b) Am 30. August, keine vier Wochen später, schreibt Hauptmann von Frobel, Kompanie-Chef im Braunschweiger Infanterie-Regiment 92, an Sutterheims Mutter:

In der Nacht vom 21. auf den 22. August waren wir für wenige Stunden in dem Dorfe Bouillet untergebracht. Morgens um 2 Uhr am 22. 8. traten wir den Vormarsch an, um bald die Sombre zu überschreiten. Nicht lange nachdem wir den Fluss überschritten hatten, kamen wir in ein Dorf, wie wir später erfuhren, Roselies. Als die Kompanien des Bataillons in Marschkolonnen im Dorfe waren – die Spitze hatte das Dorf schon fast durchschritten – erhielten wir plötzlich rasendes Feuer aus allen Häusern, Gärten, Hecken und wo sonst sich eine Gelegenheit für den Feind bot. Es herrschte vollkommene Dunkelheit, sodass man immer nur das Aufblitzen der feindlichen Schüsse sah. Ich ordnete an, dass sich die Kompanie in dem freien Raum zwischen den Häusern hinlegen sollte. Hier lagen wir etwa eineinhalb Stunden, immerfort vom Feind beschossen. [...] Als es endlich langsam hell wurde, erhielt die Kompanie Feuer aus einem einsam gelegenen weißen Hause und bekam den Befehl vorzugehen. Ich schickte den 3. Zug dagegen vor. Inzwischen hatten sich auf dem auf der Höhe halbrechts vor uns liegenden Walde Franzosen entwickelt und nahmen das Feuer gegen den Ort auf. Ich entwickelte den Zug Ihres Herrn Sohnes, der [...] das Feuer erwiderte. Im Verein mit anderen Kompanien und dem gegen das weiße Haus angesetzten Zug wurde nun der Angriff gegen die auf der Höhe liegenden Franzosen angesetzt. Unter Benutzung der zahllosen Hecken, die das Gelände durchzogen, arbeiteten sich die Schützen bis an einen kleinen, vor uns liegenden Steilabfall heran. Hier fanden sie vollkommene Deckung, konnten aber selbst im Augenblicke nicht schießen. Ihr Herr Sohn, der inmitten seiner Leute in voller Deckung lag, richtete sich einen Augenblick etwas auf, um [...] nach dem Feinde Ausschau zu halten. In dem Augenblick, den er dazu benötigte, traf in das feindliche Geschoss. Die Kugel traf ihn in den Hals und gewiss die Schlagader. Ihr Herr Sohn sagte in dem Augenblick: „Grüßen Sie meine guten Eltern." Dann sank er in sich zusammen und war sofort tot.

Erster und zweiter Text zitiert nach: Tagebuchaufzeichnungen und Brief von Leutnant Leopold von Sutterheim (1894-1914): Bestand des Deutschen Historischen Museums, Berlin; www.dhm.de/lemo/forum/kollektives_gedaechtnis/042 [19.01.2012]

1. *Bereits seit den ersten Kriegsmonaten durften Soldaten oft nur offene Briefe abschicken, die von ihren Vorgesetzten gelesen und teilweise zensiert wurden. Erläutern Sie die Gründe und die Wirkung dieser Zensur.*
2. *Analysieren Sie die Intention, die der Kompanie-Chef mit seinem Brief verfolgt.*
3. *Erörtern Sie die Wirkung des Briefes von Leutnant Leopold von Sutterheim auf seine Familie. Sie können für diese Erörterung ein Schreibgespräch nutzen.*

M2 ... und die Schrecken des Stellungskrieges

Vizefeldwebel Arthur Goldstein, der am 7. April 1916 umkam, berichtet in einem Brief:

Allmähliches Durchsickern von Nachrichten über die Kriegslage. Franzosen auf einer Front von 15 km Breite in Tiefe von 3 km durchgebrochen. [...] Die Grabenbesatzung, die alles eingebüßt hatte, was sie nicht auf dem Leib trug, kaum noch menschenähnlich. [...] Gräben. Keine Unterstände. Eifriges Auswühlen von Erdlöchern. Vor Morgen aufwachen, vor Nässe und Frösteln. Bei Tagesanbruch setzt das Grauenhafte ein: „Trommelfeuer!" Ich halte mit Unteroffizier Schulte in einem Erdloch. Unaufhörlich erzittert die Erde. Unaufhörlich klingen Abschüsse und Einschläge zusammen, wie zu einem ungeheuren Trommelwirbel. Was 20 bis 30 Meter weiter vor sich geht, kümmert uns bald nicht mehr. Immer wieder platzen die Granaten der Batterien, die unser kurzes Graben-

◂ **„Gassed."**
Gemälde (230 x 610 cm) von John Singer Sargent, 1918/19 (Ausschnitt).

stückchen zum Ziel genommen hatten, in nächster Nähe mit entsetzlichem Dröhnen. Dabei bröckelt jedes Mal der Dreck von der Decke unserer Höhle. [...] Gegen Mittag steigert sich das Feuer zu wahrer Raserei; höchstens dem Tosen des aufgewühlten Meeres zu vergleichen. Wir harren, auf dem Bauche liegend, dem Boden und der Wand angeschmiegt, in Ergebung der Dinge, die da kommen müssen. Endlich um 5 Uhr legt sich der Sturm. [...]
Unsere Ruhe bedeutet keine Untätigkeit des Feindes. Er versucht jetzt, durch wildes Feuer die Artillerie niederzukämpfen und das Herankommen von Reserven zu verhindern. Endlich ruht die Artillerie ganz. Jetzt heißt's scharf beobachten. [...] Dichte Kolonnen stürmen über das braune Feld in und hinter den Tannenstreifen. Mit Erbitterung schießen meine Leute. [...] Jetzt erwacht auch die Artillerie. Ganze Scharen der Gegner werden von den platzenden Granaten [...] der Mörser begraben. [...] Sie fluten unter Verlusten zurück. Die Nacht war ruhig. Am folgenden Morgen strahlte der Himmel wolkenlos. Aber die feindlichen Fesselballons und ebenso die Flieger, die uns in früher Stunde umkreisten, kündeten nichts Gutes an. Bald setzte das Trommelfeuer ein, aber heute war der Beschuss durch die Flieger vorzüglich geleitet. Schlag auf Schlag platzen Granaten in nächster Nähe. Ein Schrapnellhagel geht über dem Graben nieder. [...] Verwundete stürzen in mein Loch, um sich verbinden zu lassen. Es waren grauenhafte Stunden. [...] Alles deutet auf einen großen Angriff.

Zitiert nach: Kriegsbriefe gefallener deutscher Juden, Stuttgart 1961, S. 50 ff.

1. *Charakterisieren Sie die Merkmale der Kriegsführung und die Auswirkungen auf das Erleben der Soldaten.*
2. *Diskutieren Sie, wie die Familie auf einen solchen Brief antworten könnte.*

M3 Der erste deutsche Gasangriff bei Ypern 1915

In der zweiten Schlacht vor Ypern setzt die Deutsche Armee erstmals Chlorgas gegen französische Truppen ein. Ein Augenzeuge dieses Angriffes am 22. April 1915 berichtet:

Völlig unvorbereitet auf das, was noch kommen sollte, blickten die (französischen) Divisionen für eine kurze Weile wie verhext auf das seltsame Phänomen, das sie langsam auf sich zukommen sahen. Wie eine Flüssigkeit ergoss sich der schwere, intensiv gefärbte Nebel unerbittlich in die Gräben, füllte sie und zog weiter. Für ein paar Sekunden passierte nichts. Das süßlich duftende Zeug kitzelte nur in der Nase. Sie erkannten nicht die Gefahr, in der sie schwebten. Dann, mit unbegreiflicher Schnelligkeit, begann das Gas zu wirken, und blinde Panik breitete sich aus. Nach einem schrecklichen Kampf um Luft wurden Hunderte bewusstlos und starben, wo sie gerade lagen – ein Tod in abscheulichen Qualen, mit gurgelndem Schaum in ihren Kehlen und übler Flüssigkeit in ihren Lungen. Mit geschwärzten Gesichtern und verdrehten Gliedmaßen ertranken sie einer nach dem anderen – nur kam das, was sie ertränkte, von innen und nicht von außerhalb.

Zitiert nach: Charles Francis Horne, Source Records of the Great War, Bd. 3, Washington 1923, S. 116 (übersetzt von Markus Sanke)

1. *Diskutieren Sie, welche Erwartungen die Erfinder der Giftgase an deren Einsatz geknüpft haben könnten.*
2. *Giftgas wurde 1914 von manchen Militärs und Soldaten als menschlicher Fortschritt in der Kriegführung angesehen. Nehmen Sie Stellung zu dieser These.*

▶ **Die Schrecken des Krieges.**
Verwundeter (Herbst 1916, Bapaume). Radierung von Otto Dix, 1924. „Ich habe den Krieg genau studiert, man muss ihn realistisch darstellen, damit er auch verstanden wird." So äußerte sich der Künstler Dix rückblickend selbst über sein grafisches Hauptwerk „Der Krieg", das 1924 in einem Berliner Verlag veröffentlicht wurde. Der aus 50 Blättern bestehende Zyklus verweist nicht nur auf die grauenhaften Grabenkämpfe, die in den Materialschlachten des Ersten Weltkrieges ausgetragen wurden, sondern mit seinen Bildern demaskiert Dix in abschreckender Weise auch den Moloch Krieg als solchen.

- *Informieren Sie sich über Leben und Werk von Otto Dix und erklären Sie, was den Künstler zum „Kriegsberichterstatter" werden ließ.*

M4 Körperliche und seelische Verheerungen

a) Erich Kuttner ist während des Krieges Soldat. Später wird er SPD-Reichstagsabgeordneter und gründet den „Reichsbund der Kriegsbeschädigten". 1920 schildert er einen Besuch in einer Berliner Spezialklinik für Gesichtsverletzte:

Wie viele Berliner ahnen eigentlich, dass es noch ca. 20 Lazarette in Berlin mit über 20000 Insassen gibt, gefüllt mit Opfern des nun schon seit fast zwei Jahren beendeten Krieges? Und wie viele von denen, die es wissen, haben sich jemals die Frage vorgelegt, wie der Körper eines Menschen aussehen muss, der nach zwei-, nach drei-, nach fünf- und sechsjähriger Behandlung noch immer nicht entlassen werden kann, obwohl bei der Entlassung der Kriegsbeschädigten alles andere als zimperlich verfahren wird. Das sind keine Kriegsbeschädigten mehr, das sind die Kriegszermalmten! [...] Die Lazarettkommission, die von den Berliner Lazarettinsassen als ihre Vertretung gewählt worden ist, hatte mich zu einem Besuch mehrerer Lazarette eingeladen. [...] Die Studienreise begann in dem Versorgungslazarett Thüringer Allee, das in einsamer Verlassenheit weit draußen in Westend liegt. Dort liegen die Menschen, denen der Krieg das edelste und schönste des menschlichen Aussehens genommen hat – so schaurig es sich ausspricht: Menschen ohne Gesicht.
Auf die Bitte der Lazarettkommission tritt in das kleine Geschäftszimmer [...] ein Mann, der quer über die Mitte des Gesichts eine Binde trägt. Er nimmt sie ab und ich starre in ein kreisförmiges Loch von der Größe eines Handtellers, das von der Nasenwurzel bis zum Unterkiefer reicht. Das rechte Auge ist zerstört, das linke halb geschlossen. Während ich mit dem Mann rede, sehe ich das ganze Innere seiner Mundhöhle offen vor mir liegen: Kehlkopf, Speiseröhre, Luftröhre wie bei einem anatomischen Präparat. [...]
[Seine Behandlung] wird noch fünf Jahre dauern. Einstweilen hat der Mann seine achtzehnte Operation überstanden. Bald darauf lerne ich Leute mit 30 und 36 Operationen kennen. Man hat die unbequeme Existenz dieser Kriegsopfer vergessen. Im Westend zeigt man mir eine Sammlung von Gipsmasken, die von den Kieferverletzten bei ihrer Einlieferung angefertigt wurden. Das zusammengeflickte Gesicht wird dann später ebenfalls abgegipst und zum Vergleich aufgehoben. Warum versteckt man diese Denkmäler des Schreckens?

b) Im Weltkrieg nehmen seelische Erkrankungen in erschreckendem Maße zu. Die Psychiatrie hat kaum Erfahrung mit schwer traumatisierten Personen. Auszug aus einer Krankenakte:

Fall 421. 25-jähriger Offizier. 1915 Oberarmdurchschuss. Unterstand durch Volltreffer verschüttet (1917). Versucht sich mit seinen Kameraden auszugraben. Letztere verlässt allmählich die Kraft. Sie starben wohl an Erstickung; der Kranke kann nichts darüber angeben. Auch er fühlt zunehmenden Luftmangel. Eine zweite Granate öffnet den verschütteten Unterstand. Dadurch gerettet. Seither nervöse Angstzustände, Schlaflosigkeit, Schreckträume, Erregbarkeit. „Fühlt immer wieder Atemnot, glaubt ersticken zu müssen", dreimonatige Behandlung bringt keinen Erfolg, daher Verlegung in das Nervenlazarett. Starker, früher stets gesunder, intelligenter, strebsamer Mann.

Erster Text: Erich Kuttner, Vergessen! Die Kriegszermalmten in Berliner Lazaretten, in: Vorwärts vom 8. September 1920, zitiert nach: Bernd Ulrich und Benjamin Ziemann (Hrsg.), Frontalltag im Ersten Weltkrieg. Quellen und Dokumente, Essen 2008, Dok. 20 i, S. 92 f.
Zweiter Text zitiert nach: ebda., Dok. 21 d, S. 103

1. *Informieren Sie sich über die körperlichen und seelischen Folgen von Kriegen nach dem Ersten Weltkrieg bis in unsere heutige Zeit.*
2. *Erörtern Sie mögliche Antworten auf die Frage am Ende von Kuttners Schilderung.*
3. *Diskutieren Sie mögliche Folgen für eine Gesellschaft, die solche Kranke integrieren muss. Beziehen Sie das Männerbild der Zeit in Ihre Überlegungen ein.*

Geschichte kontrovers

Der Erste Weltkrieg – die Schuld Deutschlands?

Nach dem Ende des Ersten Weltkrieges bemühten sich deutsche Historiker um den Nachweis, Deutschland habe keine Schuld am Krieg. Eine objektivere Beschäftigung mit den Verantwortlichkeiten setzte erst nach dem Zweiten Weltkrieg ein. In diesem Prozess fanden bemerkenswerte Verschiebungen und heftige Kontroversen statt. Im folgenden dokumentieren wir Aussagen von Historikern aus der Zeit von 1951 bis 2014.

M Alte und neue Positionen

a) In einer gemeinsamen Erklärung deutscher und französischer Historiker vom Oktober 1951 heißt es:

Die Dokumente erlauben es nicht, im Jahre 1914 irgendeiner Regierung oder einem Volk den bewussten Willen zu einem europäischen Kriege zuzuschreiben. [...] Die deutsche Politik zielte 1914 nicht auf die Entfesselung eines europäischen Krieges; sie war in erster Linie bedingt durch die Bündnisverpflichtung gegenüber Österreich-Ungarn. Um der als gefährlich empfundenen Auflösung dieses Staates entgegenzuwirken, hat man der Wiener Regierung Zusicherungen gegeben, die einer Blankovollmacht gleichkamen. Die deutsche Regierung war von der Vorstellung beherrscht, eine Lokalisierung des Konfliktes mit Serbien würde wie 1908/09 möglich sein; gleichwohl war sie bereit, nötigenfalls die Gefahr eines europäischen Krieges auf sich zu nehmen. Infolgedessen hat sie es versäumt, rechtzeitig mäßigend auf die Politik Österreichs einzuwirken. Erst seit dem 28. Juli hat Bethmann Hollweg Schritte in dieser Richtung unternommen. Unter dem Eindruck, dass der europäische Konflikt unvermeidlich sei, hat Moltke dagegen als Chef des Generalstabes am 30. Juli aus rein militärischen Erwägungen auf beschleunigte Anordnung der allgemeinen Mobilmachung in Österreich-Ungarn gedrängt.

b) Fritz Fischer (1908-1999), dessen Buch „Griff nach der Weltmacht. Die Kriegszielpolitik des kaiserlichen Deutschland 1914/1918“ im Jahr 1961 einen Streit zwischen älteren und jüngeren Historikern ausgelöst hat, fasst seine Position 1965 in einem Zeitungsartikel so zusammen:

Ich selbst habe noch auf dem Historikertag in Berlin im Oktober 1964 die Ansicht vertreten, Deutschland habe im Juli 1914 bewusst das Risiko eines großen europäischen Krieges auf sich genommen, weil ihm die Situation so günstig wie nie zuvor schien. In Verschärfung meiner damaligen Ausführungen stelle ich heute fest, gestützt auf allgemein zugängliches wie auch auf unveröffentlichtes Material: Deutschland hat im Juli 1914 nicht nur das Risiko eines eventuell über den österreichisch-serbischen Krieg ausbrechenden großen Krieges bejaht, sondern die deutsche Reichsleitung hat diesen großen Krieg gewollt, dementsprechend vorbereitet und herbeigeführt.

c) Christopher Clark, geboren 1960, kommt aus Australien, lehrt Neuere Europäische Geschichte in Cambridge und hat über die Geschichte Preußens geforscht. In seinem 2012 in Großbritannien und 2013 in Deutschland veröffentlichten Werk schreibt er:

Der Kriegsausbruch von 1914 ist kein Agatha-Christie-Thriller, an dessen Ende wir den Schuldigen im Konservatorium über einen Leichnam gebeugt auf frischer Tat ertappen. In dieser Geschichte gibt es keine Tatwaffe als unwiderlegbaren Beweis, oder genauer: Es gibt sie in der Hand jedes einzelnen wichtigen Akteurs. So gesehen war der Kriegsausbruch eine Tragödie, kein Verbrechen. Wenn man dies anerkennt, so heißt es keineswegs, dass wir die kriegerische und imperialistische Paranoia der österreichischen und deutschen Politiker kleinreden sollten, die zu Recht die Aufmerksamkeit Fritz Fischers und seiner historischen Schule auf sich zog. Aber die Deutschen waren nicht die einzigen Imperialisten, geschweige denn die einzigen, die unter einer Art Paranoia litten. Die Krise, die im Jahr 1914 zum Krieg führte, war die Frucht einer gemeinsamen politischen Kultur. Aber sie war darüber hinaus multipolar und wahrhaft interaktiv – genau das macht sie zu dem komplexesten Ereignis der Moderne, und eben deshalb geht die Diskussion um den Ursprung des Ersten Weltkrieges weiter, selbst ein Jahrhundert nach den tödlichen Schüssen Gavrilo Princips an der Franz-Joseph-Straße.

d) Jörn Leonhard, Jahrgang 1967, ist Professor für Westeuropäische Geschichte an der Universität Freiburg und erläutert in seiner 2014 veröffentlichten „Geschichte des Ersten Weltkriegs“:

Entscheidend für die Frage der Verantwortung in der Julikrise ist aber nicht allein die Frage der Eskalation – zu ihr trugen alle Beteiligten bei: in Belgrad, Wien und Berlin genauso wie in St. Petersburg, Paris und London. Von mindestens ebenso großer Bedeutung ist die Frage, wo der Schlüssel zur Deeskalation lag. Gerade hier aber kam Deutschland und auch Großbritannien eine ganz besondere Verantwortung zu: Beide hatten 1912/13 bewiesen, wie eine erfolgreiche Lösung aussehen konnte. Aber mit dem deutschen Blankoscheck für Österreich-Ungarn zu einem frühen Zeitpunkt ging man in Berlin bewusst ein enormes Risiko ein. Man wollte den Konflikt zwischen Österreich-Ungarn und Serbien zum Testfall machen – im klaren Bewusstsein dafür, dass sich diese Krise zum Weltkrieg auswachsen konnte. Die deutsche Risikostrategie, es darauf ankommen zu lassen, wie weit Russland gehen würde und ob es zum Krieg letztlich bereit war oder nicht, traf zugleich auf die russisch-französische Bereitschaft die Balkan-Krise zum Anlass für einen großen Konflikt zu machen. Die britische Position schließlich blieb zu lange zu unklar und nährte immer wieder widerstreitende Hoffnungen: auf eine britische Neutralität bei den Regierungen in Berlin und Wien oder eine Intervention in Paris und St. Petersburg. Diese Konstellation schränkte den Spielraum für eine Deeskalation im Gegensatz zu 1912/13 massiv ein.
Aber es gab weitere Faktoren, die über die unterschiedlichen Motivlagen der Akteure hinausgingen.

e) Annika Mombauer, geboren 1967, lehrt Geschichte an der Open University in Milton Keynes, Großbritannien. Sie fasst ihre Forschungen zum Thema so zusammen:

Historiker sprechen [...] heute nur noch selten von Kriegsschuld. Es wird auch kaum noch die Verantwortung einer einzigen Regierung hervorgehoben. Stattdessen wissen wir heute, dass in allen Hauptstädten der Großmächte wichtige und zum Teil verhängnisvolle Entscheidungen getroffen wurden. Wir wissen auch, dass vor allem den Militärs überall ein Krieg nicht ungelegen kam und es dem militärischen Denken der Zeit entsprach, einen solchen führen zu wollen. Dennoch muss der Hauptteil der Verantwortung für den Kriegsausbruch nach wie vor in den Entscheidungen Österreich-Ungarns und Deutschlands verortet werden. Die Dokumente, auf die wir uns stützen können, beweisen eindeutig, dass diese beiden Großmächte es auf einen Krieg abgesehen hatten, bevor die Regierungen der anderen Großmächte überhaupt wussten, dass ein europäischer Konflikt bevorstand. [...]
Der Krieg war kein „Unfall“, er war nicht das Resultat von Fehlern oder Versäumnissen, und die Verantwortlichen von 1914 waren keine „Schlafwandler“ (Christopher Clark), sondern sie wussten im Gegenteil ganz genau, was sie taten. Der Krieg brach aus, weil einflussreiche Kreise in Wien und Berlin ihn herbeiführen wollten und ihn absichtlich riskierten und weil man in Paris und Petersburg bereit war, diesen Krieg zu führen, wenn er denn käme. Gewiss, es gab auch in Paris und Petersburg und zu einem viel geringeren Teil sogar in London im Juli 1914 Befürworter des Krieges, vor allem unter den Militärs. Aber die Entscheidung, im Sommer 1914 einen Krieg zu führen, war in Wien und Berlin getroffen worden. Hier übten die kriegslustigen Militärs den größten Einfluss auf ihre politischen und diplomatischen Kollegen aus.

Erster Text zitiert nach: Karl Dietrich Erdmann, Die Zeit der Weltkriege. in: Bruno Gebhardt, Handbuch der deutschen Geschichte, Bd. 4, Stuttgart ^{8}1959, S. 25
Zweiter Text: Fritz Fischer, Vom Zaun gebrochen – nicht hineingeschlittert. Deutschlands Schuld am Ausbruch des Ersten Weltkriegs, in: Die Zeit vom 3. September 1965, Nr. 36, S. 30
Dritter Text: Christopher Clark, Die Schlafwandler. Wie Europa in den Ersten Weltkrieg zog, übersetzt von Norbert Juraschitz, München ^{14}2013, S. 716 f.
Vierter Text: Jörn Leonhard, Die Büchse der Pandora. Geschichte des Ersten Weltkriegs, München ^{2}2014, S. 119 f.
Fünfter Text: Annika Mombauer, Die Julikrise. Europas Weg in den Ersten Weltkrieg, München ^{2}2014, S. 117-119

1. *Arbeiten Sie die zentralen Aussagen der Historiker in jeweils einer These heraus.*
2. *Erklären Sie den Unterschied zwischen „Hauptverantwortung“ und „Schuld“.*
3. *Vergleichen Sie die Aussagen und erläutern Sie die kontroversen Positionen.*
4. *Nehmen Sie zu den Aussagen begründet Stellung. Geben Sie auch an, welche Fragen ggf. offen bleiben und worin Schwierigkeiten für die Urteilsbildung liegen.*
5. *Führen Sie auf der Basis Ihrer Urteile eine Pro- und Kontra-Debatte durch. [Gehen Sie dabei wie folgt vor: Erarbeitung der Positionen in verschiedenen Kleingruppen; Eröffnung der Fragestellung durch Sprecher/in; wechselseitiges Vortragen von Plädoyers für oder gegen die Ausgangsthese; Diskussion im Plenum; Abstimmung über die Problemfrage; wichtig: Gegenüberstellung der beiden Gruppen bei Sitzordnung.]*

Wiener Kongress

- Prinzipien der Neuordnung Europas auf dem Wiener Kongress 1815 waren die **Restauration** (Wiederherstellung der alten Ordnung vor der Französischen Revolution), **Legitimität** der Dynastien (durch das Gottesgnadentum), **Solidarität** der Fürsten (im Falle einer Revolution) sowie ein Mächtegleichgewicht in Form einer **Pentarchie** (Großbritannien, Frankreich, Russland, Österreich, Preußen).
- Nach Auflösung des Heiligen Römischen Reiches Deutscher Nation 1806 und der napoleonischen Fremdherrschaft erfolgte 1815 die **Gründung des Deutschen Bundes**: ein Staatenbund von 34 unabhängigen Fürstentümern und vier freien Städten zur Bewahrung der inneren und äußeren Sicherheit.

Restauration

- Mit dem Aufstieg des Bürgertums entwickelte sich in Deutschland eine **nationale und liberale Bewegung**. Sie hatte einen deutschen Nationalstaat, eine gesamtdeutsche Verfassung mit Grundrechten und wirtschaftliche Freiheit zum Ziel. Ausdruck fand diese Bewegung im **Wartburgfest 1817** und dem **Hambacher Fest 1832**.
- Die Obrigkeit, angeführt vom österreichischen Kanzler Metternich, reagierte mit Unterdrückungsmaßnahmen wie den **Karlsbader Beschlüssen 1819**, die eine Pressezensur und die Überwachung der wissenschaftlichen Lehre vorsahen.

Revolution

- Infolge der Februarrevolution in Frankreich und einer Wirtschaftskrise erhoben sich Bauern, Handwerker und Bürger im März 1848 gegen die Fürsten, die zunächst zu Zugeständnissen bereit waren.
- Die **Paulskirchenverfassung** sah einen kleindeutschen Nationalstaat unter preußischer Führung im Rahmen einer konstitutionellen Monarchie mit Grundrechtekatalog vor.
- Die **Spaltung der Revolution in radikale Demokraten und gemäßigte Liberale** sowie die langen Verfassungsdiskussionen des Vorparlaments in der Frankfurter Paulskirche schwächten die Revolution.
- Mit der **Ablehnung der Kaiserkrone** Friedrich Wilhelms IV. von Preußen aus den Händen der Revolutionäre scheiterte die Revolution im April 1849.

Reichsgründung

- Bismarcks Politik von „Eisen und Blut" entschied den preußisch-österreichischen Dualismus: Bismarck schuf nach den Kriegen gegen Dänemark (1864) und Österreich (1866) 1867 den **Norddeutschen Bund**, den ersten deutschen Bundesstaat.
- Nach dem Sieg über Frankreich proklamierte Bismarck am 18. Januar 1871 in Versailles das Deutsche Kaiserreich mit dem preußischen König Wilhelm I. als Kaiser: ein föderaler Bundestaat als konstitutionelle Monarchie, eine **Reichsgründung „von oben"**.

Kaiserreich

- Es etablierten sich konservative, liberale, konfessionelle und sozialdemokratische **Parteien**, die Bismarck als Reichskanzler je nach Interesse instrumentalisierte oder bekämpfte.
- Im Zuge des **Kulturkampfes** (1872-1878) versuchte er erfolglos, den Einfluss des Katholizismus auf die deutsche Politik einzudämmen.
- Mit dem **Sozialistengesetz** (1878-1890) wollte Bismarck die Arbeiter von der sozialistischen Arbeiterbewegung fernhalten. Flankiert wurde diese Repressionsmaßnahme von der **Sozialgesetzgebung** ab 1883 nach dem Motto „Zuckerbrot und Peitsche".
- **Nationalismus** und **Militarismus** waren ideologische Fundamente des Kaiserreiches, in dem der rassistisch begründete **Antisemitismus** weit verbreitet war.

Der Weg in den Ersten Weltkrieg

- Bis 1890 bestimmte Bismarcks **Politik der Saturiertheit** die Außenpolitik.
- Unter dem **„Neuen Kurs" Wilhelms II.** ab 1890 strebte die deutsche Außenpolitik nach Weltmachtstellung und Kolonialbesitz.
- Der Automatismus der Bündnisverpflichtungen ebnete im Zuge der **Julikrise 1914** den Weg in den Krieg. Der Schlieffen-Plan schlug fehl, ein industrialisierter Zweifrontenkrieg mit Materialschlachten und Stellungskrieg im Westen war die Folge.
- Trotz des siegreichen Friedens von Brest-Litowsk 1917 mit Russland musste Deutschland im Westen 1918 ein Waffenstillstandsabkommen unterzeichnen, da sich nach dem **Kriegseintritt der USA 1917** das Kräfteverhältnis deutlich verschoben hatte.

Bündnissystem Bismarcks

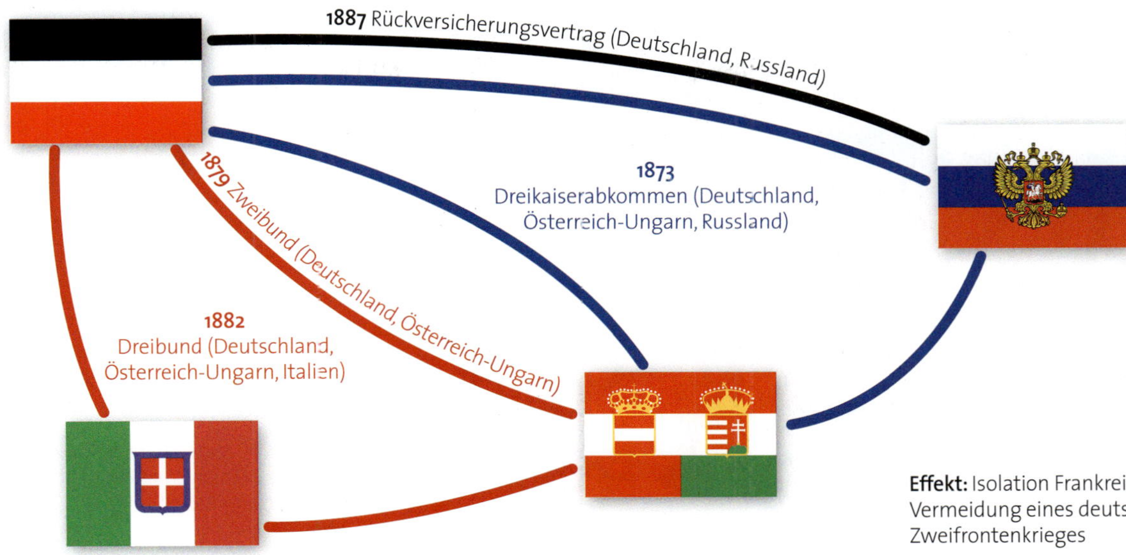

Effekt: Isolation Frankreichs, Vermeidung eines deutschen Zweifrontenkrieges

Entwicklung des Bündnissystems nach 1890

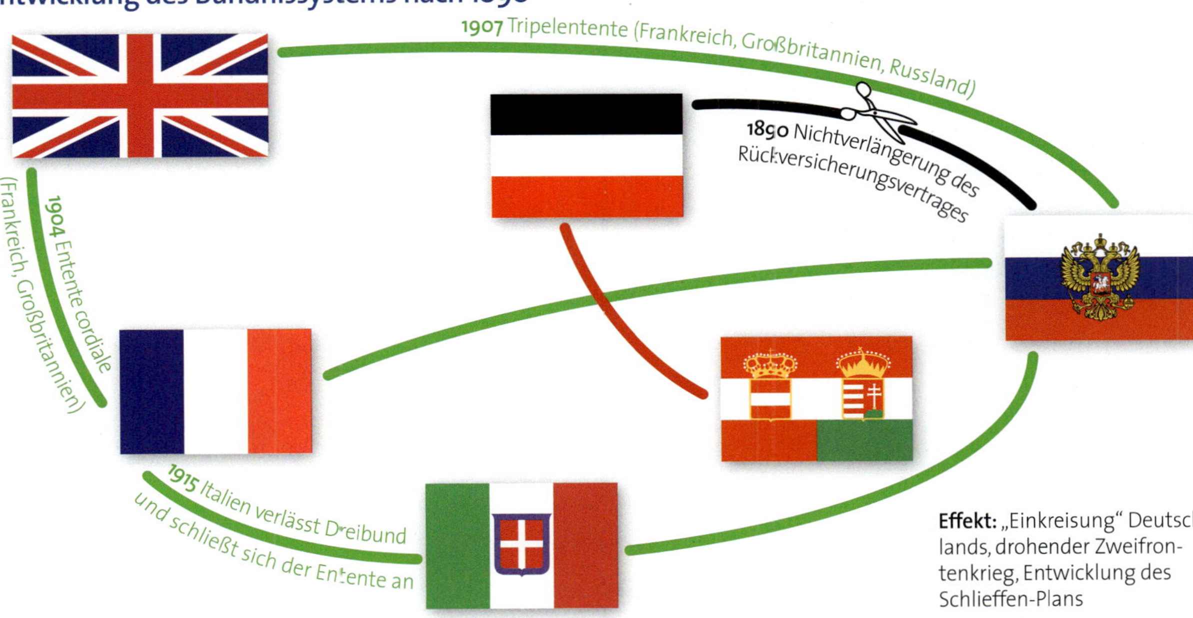

Effekt: „Einkreisung" Deutschlands, drohender Zweifrontenkrieg, Entwicklung des Schlieffen-Plans

1. *Erläutern Sie anhand der Grafiken, wie sich die Bündnispolitik änderte und was die Gründe für die Kursänderung waren.*
2. *Nehmen Sie Stellung zu der Frage: Die Außenpolitik Bismarcks – eine Friedenspolitik? Ziehen Sie dafür auch die Seiten 248-253, 262f. sowie M1 und M2 auf den Seiten 267f. heran.*
3. *Finden Sie heraus, welches Zeichen die Gehörlosen für das Wort „deutsch" verwenden, führen sie es vor und erklären Sie den Zusammenhang mit dem Helmtyp der Pickelhaube. Diskutieren Sie, ob sich ein anderes, ähnlich einfaches Zeichen für „deutsch" finden ließe. Werten Sie Ihre Erfahrungen bei der Suche nach einer Ersatzgebärde aus.*

Die Weimarer Republik

◂ **„Arbeiter, Bürger, Bauern, Soldaten aller Stämme Deutschlands, vereinigt euch zur Nationalversammlung."**
Plakat von César Klein, 1919. Auftraggeber: Werbedienst der deutschen Republik.

Entstehung der Republik	**1918**	Die Revolution am 9. November stürzt die Monarchie; Deutschland wird Republik.
		Der Erste Weltkrieg endet am 11. November.
	1919	Der „Spartakus-Aufstand" in Berlin wird im Januar niedergeschlagen.
		Frauen und Männer wählen am 19. Januar die Verfassunggebende Nationalversammlung. Die SPD geht als stärkste Partei aus den Wahlen hervor.
		Der Versailler Vertrag regelt die Nachkriegsordnung für Deutschland.
		Die Reichsverfassung tritt am 11. August in Kraft.
	1920	Der Kapp-Lüttwitz-Putsch vom 13. bis 17. März schlägt fehl.
Krisenjahre	**1921/22**	Attentate auf die „Erfüllungspolitiker" häufen sich.
	1923	Wegen unerfüllter Reparationszahlungen kommt es zu Ruhrbesetzung und „Ruhrkampf".
		Der Hitler-Putsch in München am 8./9. November scheitert.
		Die Regierung beendet die Hyperinflation mit einer Währungsreform.
Gefährdete Stabilität	**1925**	Nach dem Tod Friedrich Eberts wird Hindenburg am 26. April neuer Reichspräsident.
	1927	Die Arbeitslosenversicherung tritt in Kraft.
	1929	Der Zusammenbruch der New Yorker Börse löst eine Weltwirtschaftskrise aus.
Verfall der Demokratie	**1930**	Die Große Koalition aus SPD, Zentrum und bürgerlich-liberalen Parteien zerbricht als letzte Regierung mit einer Mehrheit im Parlament. Ab 29. März regiert Heinrich Brüning als Kanzler des ersten Präsidialkabinetts dauerhaft mit Notverordnungen.
	1932	Mit 6,128 Millionen erreicht die Zahl der Arbeitslosen ihren Höchststand.
		Bei den Reichstagswahlen vom 31. Juli wird die NSDAP stärkste Partei.
		Bei den Reichstagswahlen am 6. November muss die NSDAP Verluste hinnehmen, bleibt aber stärkste Partei.
	1933	Kurt von Schleicher tritt am 28. Januar als Reichskanzler zurück, nachdem Reichspräsident Hindenburg ihm das Vertrauen entzogen hat.
		Am 30. Januar ernennt Reichspräsident Hindenburg Adolf Hitler zum Reichskanzler.

Die Weimarer Republik – Wegbereiterin der nationalsozialistischen Diktatur? ■ Das Weimar-Bild im „Dritten Reich“ war geprägt von der Rhetorik der nationalsozialistischen Propaganda, in der die Republik als Produkt der „Novemberverbrecher“, als ein national entehrtes und durch die Herrschaft von Juden und Marxisten korrumpiertes Staatsgebilde bezeichnet wurde. Auch nach dem Zweiten Weltkrieg sah sich der erste demokratische Verfassungsstaat auf deutschem Boden mit vielen Vorurteilen konfrontiert. Er wurde überwiegend als Wegbereiter der Hitlerdiktatur wahrgenommen.

Dies führte in der deutschen Geschichtswissenschaft der 1950er-Jahre zu einer vorrangigen Behandlung der Endphase der Weimarer Republik. Die Frage nach den entscheidenden Gründen für die „Machtergreifung“ durch die Nationalsozialisten stand im Vordergrund. Die spätere Forschung sah darin eine unzulässige Verengung der historischen Perspektive und untersuchte verstärkt, welche strukturellen Schwächen die Republik von ihrer Gründung an belasteten: eine Verfassung, die dem Reichspräsidenten die Rolle eines „Ersatzkaisers“ übertrug und das Parlament schwächte; Weltanschauungs- und Interessenparteien, die sich selten zu konstruktiver Regierungsarbeit bereit erklärten; ein Offizierskorps ohne demokratische Gesinnung; eine Justiz, die sich, wie die Universitäten und Gymnasien, weiterhin an den konservativen und nationalistischen Wertvorstellungen der Kaiserzeit orientierte; schließlich wirtschaftliche Herausforderungen (Inflation, Weltwirtschaftskrise, Arbeitslosigkeit), die die Existenz weiter Bevölkerungsschichten bedrohten und das Vertrauen in den Staat zerstörten. Zu den größten Belastungen der Weimarer Republik gehörte zweifellos auch die Weigerung, den Ausgang des Ersten Weltkrieges und den verhassten Versailler Vertrag (mit den Gebietsverlusten und Reparationsforderungen) zu akzeptieren.

Man darf jedoch auch nicht übersehen, dass die erste deutsche Demokratie schwierige innen- und außenpolitische Probleme erfolgreich meisterte. Dazu gehörte die Wiedereingliederung von Millionen Soldaten in Gesellschaft und Beruf, die Überwindung der außenpolitischen Isolation durch die Verträge von Rapallo und Locarno und die Aufnahme Deutschlands in den Völkerbund.

Der Wechsel zwischen Fortschritt und Stagnation, das erbitterte Ringen um die Demokratie, die Blütezeit in Kunst und Kultur auf der einen und das wirtschaftliche, politische und soziale Chaos auf der anderen Seite – dies sind die Faktoren, die die Epoche der Weimarer Republik als Epoche der Gegensätze kennzeichnen. Dabei war das Scheitern der ersten deutschen Demokratie eine historische Erfahrung, aus der schon die Gründerväter der Bundesrepublik wegweisende Lehren zogen. Bis heute ist die politische Kultur Deutschlands vom Willen durchdrungen, die Fehler von Weimar nicht zu wiederholen.

- *Mit welchen Schwierigkeiten sah sich die junge Republik zum Zeitpunkt ihrer Entstehung konfrontiert?*
- *Wie trugen innen- und außenpolitische Faktoren in den Folgejahren zur Stabilisierung und zur Destabilisierung der Weimarer Republik bei?*
- *Wo sind die Gründe für das Scheitern der ersten deutschen Demokratie zu suchen?*

Vom Obrigkeitsstaat zur Republik

Internettipp:
Zum Ersten Weltkrieg siehe auch Code 32019-13

Das Ende der Monarchie Im Jahr 1914 hatten Teile der Bevölkerung, vor allem das Bildungsbürgertum, Studenten und Gymnasiasten, enthusiastisch auf die Nachricht vom Ausbruch des Krieges reagiert. Für andere Gruppen, für Arbeiter, Bauern oder Kleinbürger, verbanden sich damit Befürchtungen und Ängste. Die Berichte von den grauenvollen Kämpfen an der Front, mehr noch die ersten Gefallenen aus dem Kreis der Familie oder Freunde, ließen die anfängliche Begeisterung auch unter den Befürwortern des Krieges schnell verfliegen. Die sozialen Spannungen entluden sich bereits seit Ende des Jahres 1915 in Unruhen, Protesten und Arbeitsniederlegungen. In den letzten beiden Kriegsjahren kam es dann zu Massenprotesten, die Ausdruck einer verbreiteten Antikriegsstimmung waren. Zu Beginn des Jahres 1918 beteiligten sich in Berlin und anderen Großstädten eine Million Arbeiterinnen und Arbeiter an Streiks, bei denen die Forderungen nach innenpolitischen Reformen und nach Beendigung des Krieges immer lauter wurden.

Doch erst nach dem Scheitern der letzten großen Offensiven (März bis August 1918) gab die *Oberste Heeresleitung* (OHL) die Hoffnung auf einen Sieg auf und drängte die Regierung Ende September zum Abschluss eines sofortigen Waffenstillstandes. Das Eingeständnis der Niederlage kam für die Mehrzahl der Politiker und die Öffentlichkeit völlig überraschend. Die Chefs der OHL, die Generäle Erich Ludendorff* und Paul von Hindenburg**, entschiedene Gegner jeglicher demokratischer Reformen, forderten jetzt die Bildung einer vom Parlament getragenen Regierung. Diese sollte die Waffenstillstandsverhandlungen führen und damit auch die Verantwortung für den Zusammenbruch übernehmen, um so die militärische Führung vom Makel der Niederlage freizuhalten.

Anfang Oktober 1918 bildete Reichskanzler Prinz Max von Baden*** eine neue Regierung. Sie bestand aus Vertretern der SPD, des Zentrums und der liberalen Fortschrittspartei. Dass die Militärs sich damit ihrer Verantwortung entziehen konnten, belastete die Republik von Anfang an schwer. Denn viele Deutsche sahen den Zusammenbruch nicht als das Ergebnis einer militärischen Niederlage, sondern als das Resultat der von den „Linken" verantworteten Revolution.

Als Ende Oktober 1918 Matrosen den Befehl der Seekriegsleitung verweigerten, für eine inzwischen militärisch sinnlose Schlacht gegen die Briten auszulaufen, wurden sie festgenommen und in Kiel inhaftiert. Um die Freilassung der Kameraden zu erzwingen, bildeten sich Soldatenräte, die zu Massendemonstrationen aufriefen. Obwohl die Aktionen kriegsmüder Truppenteile nicht von langer Hand vorbereitet waren, breitete sich die revolutionäre Bewegung sehr schnell aus. Spontan nun auch in Ortschaften gewählte Arbeiter- und Soldatenräte beanspruchten die politische Führung, amtierende Politiker und Beamte gaben nach. So wurde der gewaltlose Sturz der Monarchien in allen Bundesstaaten in kurzer Zeit vollzogen.

Am 9. November forderten Hunderttausende in Berlin die sofortige Beendigung des Krieges und die Abdankung des Kaisers, Wilhelm II., der in ihren Augen das Haupthindernis für einen schnellen Friedensschluss war. Da er sich bis zuletzt weigerte, gab Reichskanzler Max von Baden noch am gleichen Tag auf eigene Verantwortung die Abdankung des Kaisers bekannt.

* Siehe Seite 277.
** Siehe ebenda.
*** Siehe Seite 280.

▲ **Ausrufung der Republik und Bildung des Rates der Volksbeauftragten.**
Fotomontage als Bildpostkarte von 1918.
Am 9. November 1918 rief Philipp Scheidemann (SPD) am Fenster des Berliner Reichstages die Republik aus. Die Szene wird eingerahmt von den Mitgliedern des neu gebildeten Rates der Volksbeauftragten; links (von o. nach u.): Hugo Haase (USPD), Otto Landsberg (SPD), Wilhelm Dittmann (USPD); rechts: Friedrich Ebert (SPD), Philipp Scheidemann (SPD) und Emil Barth (USPD).

Der Rat der Volksbeauftragten ■ Ebenfalls am 9. November 1918 übergab Max von Baden ohne verfassungsrechtliche Legitimation das Amt des Reichskanzlers an **Friedrich Ebert**, den Vorsitzenden der SPD, die im Reichstag die stärkste Fraktion stellte. Während Ebert eine gewählte Nationalversammlung über die künftige Staatsform entscheiden lassen wollte, rief sein Parteifreund **Philipp Scheidemann** die „Deutsche Republik" aus. Er kam damit **Karl Liebknecht** zuvor, dem Führer der **Spartakisten**, eines linken Flügels der 1917 von der SPD abgespaltenen *Unabhängigen Sozialdemokratischen Partei Deutschlands* (**USPD**). Erst zwei Stunden später verkündete Liebknecht dann die „Sozialistische Republik Deutschland". Um der sich abzeichnenden Bildung einer sozialistischen **Räterepublik** zu begegnen, bemühte sich Ebert um eine Verständigung mit der USPD. Die beiden Parteien besetzten auf paritätischer Grundlage mit je drei Vertretern den *Rat der Volksbeauftragten* als provisorische deutsche Regierung. Er wurde zunächst nur durch die Berliner Arbeiter- und Soldatenräte legitimiert, die sich wie auch in anderen Städten im Zuge der Revolution spontan, ohne festes politisches Konzept und ohne überregionale Organisation gebildet hatten. Die meisten Arbeiterräte orientierten sich nicht an der Theorie des Rätesystems. Im Vordergrund standen nach dem Zusammenbruch die praktischen Aufgaben, die Lebensmittelversorgung und die öffentliche Ordnung. Die Arbeiterräte traten aber allgemein für die Demokratisierung von Militär, Verwaltung und Wirtschaft ein.

Der vom 16. bis 20. Dezember 1918 in Berlin tagende *Reichskongress der Arbeiter- und Soldatenräte* beließ die gesetzgebende und vollziehende Gewalt bis zur Einberufung der Nationalversammlung beim Rat der Volksbeauftragten. Der Antrag der radikalen Linken, am Rätesystem als Grundlage der Verfassung für eine sozialistische Republik festzuhalten, wurde dabei mit großer Mehrheit abgelehnt.

Friedrich Ebert (1871-1925): ab 1913 SPD-Vorsitzender, 1919 bis zu seinem Tod 1925 erster Reichspräsident der Weimarer Republik

Philipp Scheidemann (1865-1939): SPD-Politiker; unter Max von Baden 1918 Staatssekretär; 1919 Reichskanzler

Karl Liebknecht (1871-1919): Gründer des Spartakusbundes 1916; Mitbegründer der Kommunistischen Partei Deutschlands 1919

Spartakisten/Spartakusbund: Gruppe radikaler Sozialisten, die den Kern der am 1. Januar 1919 gegründeten Kommunistischen Partei Deutschlands (KPD) bildete

USPD: Aus Protest gegen die Bewilligung weiterer Kriegskredite verließen ab 1916 immer mehr Mitglieder die SPD und gründeten im April 1917 eine eigene Partei, die Unabhängige Sozialdemokratische Partei Deutschlands.

Räterepublik: Herrschaftsform, die eine direkte Demokratie mithilfe von Räten verwirklichen will. Die Räte werden auf verschiedenen Ebenen gewählt bis hin zum Zentralrat. Sie sind an die Weisungen der Wähler gebunden und vereinen gesetzgebende, ausführende und rechtsprechende Gewalt auf sich.

▸ Geschichte In Clips:
Zur Ausrufung der Republik siehe Code 32019-14

Wilhelm Groener (1867-1939): 1928-1932 Reichswehrminister; 1931 Innenminister

Freikorps: überwiegend extrem antirepublikanische und antikommunistische paramilitärische Verbände. Sie gehörten nicht zu den regulären Truppen und bestanden aus ehemaligen Berufssoldaten, Abenteurern, Studenten oder Schülern, meist Männer, die nach dem Krieg kein Zuhause und keine Arbeit hatten und nicht in ein ziviles Leben zurückgefunden hatten.

Rosa Luxemburg (1870-1919, ermordet): Journalistin und sozialistische Theoretikerin; 1919 Mitbegründerin der KPD

Neue Regierung, alte Eliten Der Rat der Volksbeauftragten war mit einer Reihe von Aufgaben konfrontiert, die sich nach dem Ende des Krieges ergaben.

Mit Demonstrationen und Straßenkämpfen versuchten vor allem die Spartakisten weiterhin, ein parlamentarisches System zu verhindern und die Bevölkerung für die Räterepublik zu gewinnen (▸ M1). Um die innere Sicherheit zu gewährleisten, entschloss sich Ebert zu einer Vereinbarung mit dem Reichswehrgeneral **Wilhelm Groener**, der den Rückzug der deutschen Truppen leitete. Im Namen der Obersten Heeresleitung bekundete Groener seine Loyalität gegenüber der Regierung und versprach militärische Unterstützung bei Unruhen. Als Gegenleistung erwartete er den gemeinsamen „Kampf gegen den Radikalismus und Bolschewismus". Zudem unterstützte der Rat der Volksbeauftragten die Bildung sogenannter **Freikorps**. Gegen die Unruhen, die nach dem Reichskongress der Arbeiter- und Soldatenräte ausgebrochen waren, rief Ebert erstmals die OHL zu Hilfe. Nach einer blutigen Straßenschlacht traten die Mitglieder der USPD Ende Dezember 1918 aus dem Rat der Volksbeauftragten aus. Die tiefere Ursache für diesen Bruch lag in der grundsätzlichen Differenz zwischen SPD und USPD über das *Ebert-Groener-Abkommen*.

Die Regierung Ebert scheute auch deshalb davor zurück, die militärischen Kommandostrukturen anzutasten, weil die OHL die Aufgabe hatte, nach Abschluss des Waffenstillstandes am 11. November 1918 innerhalb von 35 Tagen die deutschen Soldaten zurückzuführen. Dies konnte nur gelingen, wenn die revolutionäre Stimmung nicht die Disziplin in der Armee untergrub.

Versorgungsnöte und Revolutionsgefahr veranlassten auch Unternehmer und Gewerkschaften zur Zusammenarbeit. Am 15. November 1918 unterzeichneten sie das *Stinnes-Legien-Abkommen*, benannt nach dem Großindustriellen *Hugo Stinnes* und dem Vorsitzenden der Generalkommission der Freien Gewerkschaften, *Carl Legien*. Die Arbeitgeberseite erkannte die Gewerkschaften als Vertreter der Arbeiterschaft an und gestand den Acht-Stunden-Tag bei vollem Lohnausgleich zu; üblich war noch die Sechs-Tage-Woche. Die Gewerkschaften verzichteten dafür auf die Sozialisierung von Privatbetrieben.

Die Regierung Ebert hatte noch bis unmittelbar vor den Wahlen zur Nationalversammlung mit revolutionären Unruhen fertigzuwerden. Vom 5. bis 12. Januar 1919 stand Berlin im Zeichen des *„Spartakus-Aufstandes"*. Tausende Anhänger des Spartakusbundes um Karl Liebknecht und **Rosa Luxemburg** lieferten sich Straßenschlachten mit Regierungstruppen und Freikorps. Die Aufständischen wollten die Wahlen verhindern und den Arbeiter- und Soldatenräten zur Regierungsgewalt verhelfen. Der Aufstand wurde blutig niedergeschlagen, Rosa Luxemburg und Karl Liebknecht nach ihrer Verhaftung von Offizieren ermordet. Daraufhin kam es auch in anderen Städten zu Streiks und bewaffneten Aufständen. Sie dauerten noch bis Mai 1919 an (▸ M2).

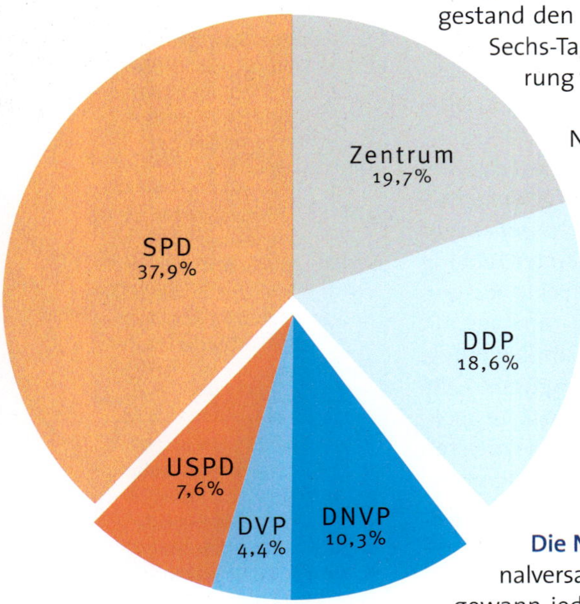

▲ **Ergebnis der Wahlen zur Nationalversammlung 1919.**
SPD, Zentrum und DDP bildeten die sogenannte „Weimarer Koalition".

Die Nationalversammlung Aus der Wahl zur Verfassunggebenden Nationalversammlung am 19. Januar 1919 ging die SPD als stärkste Partei hervor. Sie gewann jedoch nicht die erhoffte absolute Mehrheit. Ein Bündnis der sozialistischen Parteien scheiterte am schwachen Abschneiden der USPD; beide zusammen brachten es lediglich auf 45,5 Prozent der Stimmen. Die deutschen Wähler hatten sich damit eindeutig gegen das Rätesystem ausgesprochen, aber auch gegen eine Rückkehr zur Monarchie. Angesichts des Wahlergebnisses ergab sich die Zusammenarbeit der drei größten Fraktionen, die schon während des Krieges im Reichstag kooperiert hatten: SPD, Zentrum und *Deutsche Demokratische Partei* (DDP). Sie bildeten die sogenannte *„Weimarer Koalition"*, die mit 76,1 Prozent der Stimmen eine deutliche Mehrheit des Volkes repräsentierte (331 von insgesamt 423 Mandaten).

Die Opposition war gespalten: Links stand die radikal-sozialistische USPD und rechts die national-bürgerlich ausgerichtete *Deutsche Volkspartei* (DVP) sowie die völkische, konservativ-monarchistische *Deutschnationale Volkspartei* (DNVP).

Kriegsfolgen Der Erste Weltkrieg wurde von der Bevölkerung aller beteiligten europäischen Staaten als Katastrophe und tiefe Zäsur empfunden. Zahllose Familien hatten Angehörige verloren, nicht selten den Familienvater und damit den Ernährer. Viele Soldaten blieben berufsunfähig, entweder durch schwere Verwundungen oder durch im Krieg ausgelöste Traumata. Sie waren von der Brutalität des Krieges geprägt und fanden oft nicht die Möglichkeit, sich in der Gesellschaft eine gesicherte Existenz aufzubauen. Die vom Krieg und seinen Folgen geschwächten Länder waren auf die große Zahl der zu versorgenden Invaliden, Witwen und Waisen nicht vorbereitet, die Sozialsysteme waren überlastet.

Arbeitslosigkeit, Hunger und Elend bestimmten den Alltag der Mittel- und Unterschichten in den ersten Jahren nach dem Krieg. Das Wirtschaftsleben kam nur allmählich wieder in Gang; die Umstellung von der Kriegs- auf die Friedenswirtschaft vollzog sich dabei nur langsam. In Deutschland lag die Industrieproduktion 1922 erst bei 70 Prozent des Vorkriegsniveaus. Hinzu kam die große Belastung der europäischen Währungen durch Kriegsschulden und *Inflation***. Deutschland hatte zusätzlich noch die im Versailler Vertrag festgelegten hohen Reparationszahlungen zu leisten. Zunächst hoffte die deutsche Regierung, diese durch die Inflation unterlaufen zu können. Später ging sie jedoch zu einer kooperativen Politik über und konnte in Verhandlungen einige Entlastungen erreichen.*

Der Erste Weltkrieg hatte nicht nur Auswirkungen auf die wirtschaftliche, sondern auch auf die politische Entwicklung in Europa. Einige Länder erlangten ihre Unabhängigkeit wieder (wie Polen), daneben entstanden viele völlig neue Staaten, vor allem auf dem Balkan und im Baltikum. Gerade diese Länder mussten oftmals um ihre politische Akzeptanz in der Bevölkerung kämpfen, was durch die politische und wirtschaftliche Instabilität erschwert wurde. In vielen europäischen Staaten gelangten in den folgenden Jahren diktatorische, militaristische oder autoritäre Regierungen an die Macht, so etwa in Ungarn (1920), Italien (1922), Spanien (1923) und Polen (1926). In Russland gab es bereits seit der Oktoberrevolution 1917 ein kommunistisches Regime, das von allen übrigen Staaten geächtet wurde.

▲ **„Der Streichholzhändler."**
Gemälde von Otto Dix, Öl auf Leinwand, partiell Collagen, 1920.
Das Bild ist eines von insgesamt vier von Dix gemalten „Krüppelbildern". Kümmerlich von der Wohlfahrt oder sogar ohne jede Unterstützung lebende Kriegsversehrte, die als Bettler, Musikanten oder Straßenhändler ihr Auskommen suchten, gehörten in der Weimarer Republik zum gewohnten Bild. Aus dem Mund des Streichholzhändlers gellt der Ruf „Streichhölzer, echte Schwedenhölzer", der mit kreidiger Ölfarbe auf die Leinwand gekritzelt ist.

- *Analysieren Sie, mit welchen Mitteln der Künstler die Folgen des Krieges anprangert.*

* Siehe Seite 310 ff.
** Siehe Seite 303.

M1 Bürgerliche oder sozialistische Demokratie?

In der „Roten Fahne", dem Zentralorgan des Spartakusbundes, schreibt Rosa Luxemburg am 20. November 1918:

Das heutige Idyll, wo Wölfe und Schafe, Tiger und Lämmer wie in der Arche Noah friedlich nebeneinander grasen, dauert auf die Minute so lange, bis es mit dem Sozialismus ernst zu werden beginnt. Sobald die famose Nationalversammlung wirklich beschließt, den Sozialismus voll und ganz zu verwirklichen, die Kapitalsherrschaft mit Stumpf und Stiel auszurotten, beginnt auch der Kampf. [...] All das ist unvermeidlich. All das muss durchgefochten, abgewehrt, niedergekämpft werden – ob mit oder ohne Nationalversammlung. Der „Bürgerkrieg", den man aus der Revolution mit ängstlicher Sorge zu verbannen sucht, lässt sich nicht verbannen. [...]

Die Nationalversammlung ist ein überlebtes Erbstück bürgerlicher Revolutionen, eine Hülle ohne Inhalt, ein Requisit aus den Zeiten kleinbürgerlicher Illusionen vom „einigen Volk", von der „Freiheit, Gleichheit und Brüderlichkeit" des bürgerlichen Staates. [...]

Nicht darum handelt es sich heute, ob Demokratie oder Diktatur. Die von der Geschichte auf die Tagesordnung gestellte Frage lautet: *bürgerliche* Demokratie oder *sozialistische* Demokratie. Denn Diktatur des Proletariats, das ist Demokratie im sozialistischen Sinne. Diktatur des Proletariats, das sind nicht Bomben, Putsche, Krawalle, „Anarchie", wie die Agenten des kapitalistischen Profits zielbewusst fälschen, sondern das ist der Gebrauch aller politischen Machtmittel zur Verwirklichung des Sozialismus, zur Expropriation[1] der Kapitalistenklasse – im Sinne und durch den Willen der revolutionären Mehrheit des Proletariats, also im Geiste sozialistischer Demokratie.

Ohne den bewussten Willen und die bewusste Tat der Mehrheit des Proletariats kein Sozialismus. Um dieses Bewusstsein zu schärfen, diesen Willen zu stählen, diese Tat zu organisieren, ist ein Klassenorgan nötig: das Reichsparlament der Proletarier in Stadt und Land.

Die Rote Fahne vom 20. November 1918

1. *Fassen Sie zusammen, mit welchen Argumenten Rosa Luxemburg die Wahl zur Nationalversammlung verwirft.*
2. *Diskutieren Sie, welche Aussagen situationsbedingt, welche programmatisch sind.*
3. *Erläutern Sie Widersprüche in der Argumentation von Rosa Luxemburg.*
4. *Verfassen Sie eine Definition der Begriffe „Demokratie" und „Diktatur" gemäß Rosa Luxemburgs Verständnis.*

[1] **Expropriation**: Enteignung

M2 Die Revolution – eine verpasste Chance?

Der Historiker Heinrich August Winkler beschäftigt sich mit der Bedeutung der Revolution von 1918/19:

Manche Historiker meinen, dass die erste deutsche Demokratie vielleicht nicht untergegangen und dann auch Hitler nicht an die Macht gekommen wäre, hätte es damals einen gründlichen Bruch mit der obrigkeitsstaatlichen Vergangenheit gegeben. Tatsächlich war der Handlungsspielraum der regierenden Mehrheitssozialdemokraten [...] in den entscheidenden Wochen zwischen dem Sturz der Monarchie am 9. November 1918 und der Wahl der Verfassunggebenden Deutschen Nationalversammlung am 19. Januar 1919 größer, als die Akteure mit Friedrich Ebert, dem Vorsitzenden des Rates der Volksbeauftragten, an der Spitze selbst meinten. Sie hätten weniger bewahren müssen und mehr verändern können. Es wäre, mit anderen Worten, möglich gewesen, in der revolutionären Übergangszeit erste Schritte zu tun auf dem Weg zu einer Demokratisierung der Verwaltung, der Schaffung eines republikloyalen Militärwesens, der öffentlichen Kontrolle der Macht [...].

Deutschland kannte zwar bis zum Oktober 1918 kein parlamentarisches Regierungssystem, aber seit rund einem halben Jahrhundert das allgemeine, gleiche und direkte Reichstagswahlrecht für Männer, das Bismarck 1866 im Norddeutschen Bund und 1871 im Deutschen Reich eingeführt hatte. Das Kaiserreich lässt sich daher nicht einfach als „Obrigkeitsstaat" beschreiben. Deutschland war um 1918 bereits zu demokratisch, um sich eine revolutionäre Erziehungsdiktatur [...] aufzwingen zu lassen.

Deutschland war auch zu industrialisiert für einen völligen Umsturz der gesellschaftlichen Verhältnisse. [...] Beide Faktoren, der Grad der Demokratisierung und der Grad der Industrialisierung, wirkten objektiv revolutionshemmend.

Heinrich August Winkler, Weimar: Ein deutsches Menetekel, in: Ders. (Hrsg.), Weimar. Ein Lesebuch zur deutschen Geschichte 1918-1933, München 1997, S. 15 ff.

1. *Die Revolution von 1918/19 wird oft als „steckengebliebene" oder „gebremste" Revolution bezeichnet. Erläutern Sie diese Einschätzung mithilfe des Textes.*
2. *Beurteilen Sie Winklers Kritik am Handeln Eberts, und diskutieren Sie über Möglichkeiten und Grenzen des Rates der Volksbeauftragten, das politische Geschehen in der revolutionären Phase bis Weihnachten 1918 zu beeinflussen.*

Die Weimarer Verfassung

Weimar ■ Die „Republik von Weimar" erhielt ihren Namen, weil die Verfassunggebende Versammlung vor den Unruhen in Berlin auswich und im Februar 1919 in der Stadt in Thüringen zusammentrat. Weimar sollte auch auf Goethe, Schiller und die deutsche Klassik verweisen, um der ersten deutschen Republik Würde und Ansehen zu verleihen.

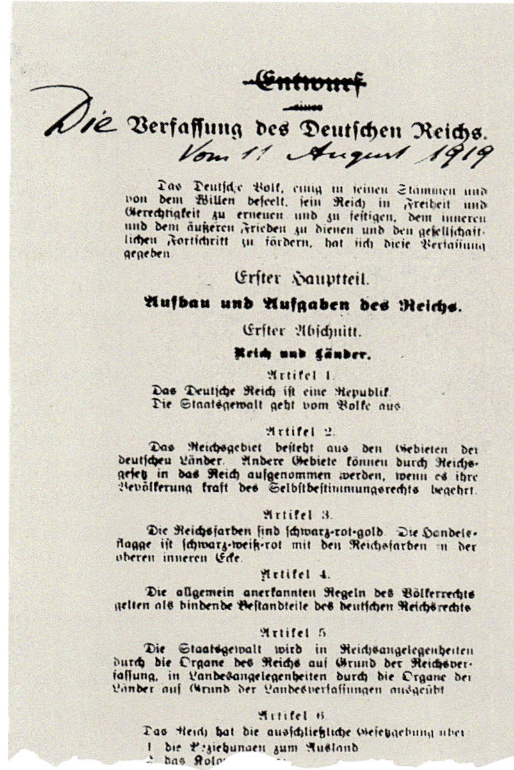
~~Entwurf~~

Die Verfassung des Deutschen Reichs.
Vom 11. August 1919

Das Deutsche Volk, einig in seinen Stämmen und von dem Willen beseelt, sein Reich in Freiheit und Gerechtigkeit zu erneuen und zu festigen, dem inneren und dem äußeren Frieden zu dienen und den gesellschaftlichen Fortschritt zu fördern, hat sich diese Verfassung gegeben.

Erster Hauptteil.

Aufbau und Aufgaben des Reichs.

Erster Abschnitt.

Reich und Länder.

Artikel 1.

Das Deutsche Reich ist eine Republik.
Die Staatsgewalt geht vom Volke aus.

Artikel 2.

Das Reichsgebiet besteht aus den Gebieten der deutschen Länder. Andere Gebiete können durch Reichsgesetz in das Reich aufgenommen werden, wenn es ihre Bevölkerung kraft des Selbstbestimmungsrechts begehrt.

Artikel 3.

Die Reichsfarben sind schwarz-rot-gold. Die Handelsflagge ist schwarz-weiß-rot mit den Reichsfarben in der oberen inneren Ecke.

Artikel 4.

Die allgemein anerkannten Regeln des Völkerrechts gelten als bindende Bestandteile des deutschen Reichsrechts.

Artikel 5.

Die Staatsgewalt wird in Reichsangelegenheiten durch die Organe des Reichs auf Grund der Reichsverfassung, in Landesangelegenheiten durch die Organe der Länder auf Grund der Landesverfassungen ausgeübt.

Artikel 6.

Das Reich hat die ausschließliche Gesetzgebung über
1. die Beziehungen zum Ausland
2. das Kolo[...]

▲ **Die erste Seite der Verfassungsurkunde.**

Der Wähler als Souverän ■ Männer und Frauen über 20 Jahren erhielten das Recht, in allgemeinen, geheimen, unmittelbaren Wahlen alle vier Jahre die Abgeordneten des Reichstages und alle sieben Jahre den Reichspräsidenten zu wählen (▸ M1).

Mit dem *Verhältniswahlrecht* sollte jede Stimme gleich gewichtet sein: Jede Partei erhielt für 60 000 gültige Stimmen ein Mandat. Eine Sperrklausel, die den kleinen Parteien – auch „Splitterparteien" genannt – den Zutritt zum Reichstag hätte verwehren können, gab es nicht. Anders als beim Mehrheitswahlrecht des Kaiserreiches gingen so kaum Stimmen verloren, was zu dieser Zeit als besonders gerecht und demokratisch galt. Dabei vernachlässigte man allerdings, dass Wahlen nicht nur der demokratischen Gerechtigkeit dienen sollen. Das wesentliche Ziel, regierungsfähige Mehrheiten im Parlament zu bilden, wurde durch die Parteienvielfalt im Parlament erschwert. Hinzu kam, dass die Parteien kaum Bereitschaft zu Kompromissen zeigten, die eigenen Interessen dem Gemeinwohl vorzogen und damit die Regierung schwächten.

Als Elemente der direkten Demokratie wurden *Volksbegehren* und *Volksentscheid* eingeführt. Die Staatsbürger sollten sich durch **Plebiszite** direkt an der staatlichen Willensbildung beteiligen. Jedoch konnte die plebiszitäre Komponente der Verfassung ihre Aufgabe, ein „Gegengewicht zum Parteienstaat" zu bilden, in der Praxis nicht erfüllen. Vielmehr versuchten republikfeindliche Parteien, Volksabstimmungen zur Manipulation der Massen einzusetzen. Solche Bestrebungen scheiterten aber bis 1933 an den fehlenden Mehrheiten.

Plebiszit (lat. plebis scitum): Volksabstimmung, Volksbeschluss

Die Verfassungsorgane ■ Dem Reichstag oblag neben dem Recht auf Gesetzgebung auch die Kontrolle der Regierung, d. h. Kanzler und Minister benötigten zu ihrer Amtsführung das Vertrauen der Parlamentsmehrheit. Jedes einzelne Regierungsmitglied konnte durch ein *Misstrauensvotum* zum Rücktritt gezwungen werden. Allerdings bestand keine Pflicht, bei der Abwahl des Kanzlers einen neuen Regierungschef zu wählen und damit wiederum für eine handlungsfähige Regierung zu sorgen. Für den Reichsrat, die Vertretung der Länder, war mit einem aufschiebenden Veto gegen Beschlüsse des Reichstages nur geringer Einfluss vorgesehen.

Mit besonderen Vollmachten war der *Reichspräsident* ausgestattet. Er allein ernannte und entließ den Kanzler und konnte den Reichstag auflösen. Außerdem war er Oberbefehlshaber der Reichswehr. Bei Gefahr für die öffentliche Sicherheit und Ordnung im Reich konnte der Reichspräsident auf der Grundlage von *Artikel 48* die zu ihrer Wiederherstellung nötigen Maßnahmen treffen und notfalls die Reichswehr einsetzen. Im Lauf der Jahre wurde dieser Artikel häufig von Reichspräsident und Reichskanzler unter Umgehung des Parlaments herangezogen, um wirtschaftliche und soziale Probleme zu lösen.

Hugo Preuß (1860-1925): Staatsrechtler, 1919 Mitbegründer der DDP, erster Reichsinnenminister der Weimarer Republik

Die Grundrechte Der Katalog der Grundrechte und Grundpflichten, den die Weimarer Verfassung als zweiten Hauptteil aufführte (Art. 109-165), erfüllte eine alte Forderung des deutschen Liberalismus. **Hugo Preuß**, der im Auftrag Eberts einen Verfassungsentwurf ausarbeitete und als „Vater der Verfassung" gilt, bezeichnete die Aufnahme der Grundrechte als einen Akt der Pietät gegenüber den Abgeordneten der Paulskirche (1848/49). Diese hatten in den Grundrechten ein Kernstück jeder Verfassung gesehen: Rechtsgleichheit, Freizügigkeit, Recht der freien Meinungsäußerung, Freiheit der Person, Glaubens- und Gewissensfreiheit.

Die wichtige Aufgabe der Kontrolle der Staatsmacht erfüllte dieser Katalog jedoch nicht uneingeschränkt, da viele Grundrechte in Krisenzeiten durch *Notverordnungen* gemäß Artikel 48 außer Kraft gesetzt werden konnten. Dass dies nicht nur zur Sicherung, sondern auch zur Zerstörung der demokratischen Ordnung geschehen konnte, vermochten sich die Verfassungsgeber nicht vorzustellen. Sie gaben der Republik eine wertneutrale Verfassung ohne normative Einschränkung, die den Gegnern der Demokratie von links und rechts die Möglichkeit bot, den Staat massiv zu bekämpfen. Die verantwortlichen Politiker sahen das Wesen der Demokratie ausschließlich in der Mehrheitsentscheidung, unabhängig davon, in welche Richtung sie ging. Außerdem bestand für die Bürger keine Möglichkeit, die Verletzung der Grundrechte durch die Staatsgewalt vor Gericht einzuklagen. Einen Verfassungskern, der ausdrücklich nicht von der Parlamentsmehrheit angetastet werden durfte, gab es nicht.

▲ **Zum ersten Mal dürfen die Frauen in Deutschland zur Wahl gehen.**
Foto vom 19. Januar 1919.

Zur Situation der Frauen in der Weimarer Republik Zu den demokratischen Errungenschaften der Weimarer Republik gehört die verfassungsrechtliche *Gleichstellung der Geschlechter*. Schon während der Kriegsjahre waren vor allem Frauen aus der Arbeiterbewegung politisch aktiv gewesen, hatten sich an der Organisation von Streiks und Demonstrationen beteiligt und in der Frauenbewegung für ihre Rechte gekämpft. Aber auch bürgerliche Frauen engagierten sich und forderten gleiche politische Rechte. Im November 1918 erfüllte der Rat der Volksbeauftragten eine sozialdemokratische Forderung: das aktive und passive Wahlrecht für Frauen (▸ M2).

Mit einer Wahlbeteiligung von fast 90 Prozent machten die Frauen 1919 von ihrem Stimmrecht regen Gebrauch. 41 von 310 Kandidatinnen zogen in die Weimarer Nationalversammlung ein. Ein solcher Anteil wurde erst wieder 1983 im zehnten deutschen Bundestag erreicht.

Dass die Lebenswirklichkeit von den Vorgaben der Grundrechte abwich, verdeutlicht die Situation der Frauen in der Weimarer Republik. Nach der Reichsverfassung hatten Frauen und Männer nun „grundsätzlich dieselben staatsbürgerlichen Rechte und Pflichten" (Art. 109). Aber weder auf dem Arbeitsmarkt, wo Frauen für die gleiche Arbeit weniger Lohn erhielten, noch im Familienrecht galt der Gleichberechtigungsgrundsatz. Für Tätigkeiten, die über die Hausarbeit hinausgingen, brauchten Frauen die Erlaubnis des Ehemannes. So bestimmte es das Bürgerliche Gesetzbuch noch bis 1977. Das Frauenwahlrecht und die steigende Zahl weiblicher Mitglieder in Parteien und Gewerkschaften änderten nichts daran, dass führende Positionen der Politik weiterhin nur von Männern besetzt blieben.

M1 Die Weimarer Verfassung

Am 11. August 1919 tritt die Weimarer Verfassung in Kraft. In einem ersten Hauptteil (Art. 1-108) werden Aufbau und Aufgaben des Reiches geregelt, der zweite Hauptteil (Art. 109-181) enthält Grundrechte und -pflichten der Bürger:

I. Hauptteil. Aufbau und Aufgaben des Reiches

Artikel 1. Das Deutsche Reich ist eine Republik. Die Staatsgewalt geht vom Volke aus. [...]

Artikel 13. Reichsrecht bricht Landrecht. [...]

Artikel 21. Die Abgeordneten sind Vertreter des ganzen Volkes. Sie sind nur ihrem Gewissen unterworfen und an Aufträge nicht gebunden.

Artikel 22. Die Abgeordneten werden in allgemeiner, gleicher, unmittelbarer und geheimer Wahl von den über zwanzig Jahre alten Männern und Frauen nach den Grundsätzen der Verhältniswahl gewählt. [...]

Artikel 25. Der Reichspräsident kann den Reichstag auflösen, jedoch nur einmal aus dem gleichen Anlass. [...]

Artikel 41. Der Reichspräsident wird vom ganzen deutschen Volke gewählt. [...]

Artikel 48. [...] Der Reichspräsident kann, wenn im Deutschen Reiche die öffentliche Sicherheit und Ordnung erheblich gestört oder gefährdet wird, die zur Wiederherstellung der öffentlichen Sicherheit und Ordnung nötigen Maßnahmen treffen, erforderlichenfalls mithilfe der bewaffneten Macht einschreiten. Zu diesem Zwecke darf er vorübergehend die in den Artikeln 114, 115, 117, 118, 123, 124 und 153[1] festgesetzten Grundrechte ganz oder zum Teil außer Kraft setzen. [...]

Artikel 54. Der Reichskanzler und die Reichsminister bedürfen zu ihrer Amtsführung des Vertrauens des Reichstages. Jeder von ihnen muss zurücktreten, wenn ihm der Reichstag durch ausdrücklichen Beschluss sein Vertrauen entzieht. [...]

Artikel 76. Die Verfassung kann im Wege der Gesetzgebung geändert werden. Jedoch kommen Beschlüsse des Reichstages auf Abänderung der Verfassung nur zustande, wenn zwei Drittel der gesetzlichen Mitgliederzahl anwesend sind und wenigstens zwei Drittel der Anwesenden zustimmen. Auch Beschlüsse des Reichsrates auf Abänderung der Verfassung bedürfen einer Mehrheit von zwei Dritteln der abgegebenen Stimmen. Soll auf Volksbegehren durch Volksentscheid eine Verfassungsänderung beschlossen werden, so ist die Zustimmung der Mehrheit der Stimmberechtigten erforderlich. [...]

II. Hauptteil. Grundrechte und Grundpflichten der Deutschen

Artikel 109. Alle Deutschen sind vor dem Gesetze gleich. Männer und Frauen haben grundsätzlich dieselben staatsbürgerlichen Rechte und Pflichten.
Öffentlich-rechtliche Vorrechte oder Nachteile der Geburt oder des Standes sind aufzuheben. [...]

Artikel 118. Jeder Deutsche hat das Recht, innerhalb der Schranken der allgemeinen Gesetze seine Meinung durch Wort, Schrift, Druck, Bild oder in sonstiger Weise frei zu äußern. [...]
Eine Zensur findet nicht statt [...].

Artikel 119. Die Ehe steht als Grundlage des Familienlebens und der Erhaltung und Vermehrung der Nation unter dem besonderen Schutz der Verfassung. Sie beruht auf der Gleichberechtigung der beiden Geschlechter.
Die Reinerhaltung, Gesundung und soziale Förderung der Familie ist Aufgabe des Staates und der Gemeinden. Kinderreiche Familien haben Anspruch auf ausgleichende Fürsorge.
Die Mutterschaft hat Anspruch auf den Schutz und die Fürsorge des Staates. [...]

Artikel 122. Die Jugend ist gegen Ausbeutung sowie gegen sittliche, geistige oder körperliche Verwahrlosung zu schützen. Staat und Gemeinde haben die erforderlichen Einrichtungen zu treffen. [...]

Artikel 123. Alle Deutschen haben das Recht, sich ohne Anmeldung oder besondere Erlaubnis friedlich und unbewaffnet zu versammeln. [...]

Artikel 128. Alle Staatsbürger ohne Unterschied sind nach Maßgabe der Gesetze und entsprechend ihrer Befähigung und ihren Leistungen zu den öffentlichen Ämtern zuzulassen.
Alle Ausnahmebestimmungen gegen weibliche Beamte werden beseitigt. [...]

Artikel 135. Alle Bewohner des Reiches genießen volle Glaubens- und Gewissensfreiheit. Die ungestörte Religionsausübung wird durch die Verfassung gewährleistet und steht unter staatlichem Schutz. Die allgemeinen Staatsgesetze bleiben hiervon unberührt. [...]

[1] In diesen Artikeln geht es vor allem um die Freiheit der Person und ihres Eigentums, die Unverletzlichkeit der Wohnung, das Briefgeheimnis sowie um die Meinungs-, Versammlungs- und Vereinigungsfreiheit.

Artikel 142. Die Kunst, die Wissenschaft und ihre Lehre sind frei. Der Staat gewährt ihnen Schutz und nimmt an ihrer Pflege teil.

Artikel 143. Für die Bildung der Jugend ist durch öffentliche Anstalten zu sorgen. Bei ihrer Einrichtung wirken Reich, Länder und Gemeinden zusammen. [...]

Artikel 151. Die Ordnung des Wirtschaftslebens muss den Grundsätzen der Gerechtigkeit mit dem Ziele der Gewährleistung eines menschenwürdigen Daseins für alle entsprechen. In diesen Grenzen ist die wirtschaftliche Freiheit des Einzelnen zu sichern. [...]

Artikel 153. Das Eigentum wird von der Verfassung gewährleistet. Sein Inhalt und seine Schranken ergeben sich aus den Gesetzen.
Eine Enteignung kann nur zum Wohle der Allgemeinheit und auf gesetzlicher Grundlage vorgenommen werden. [...]
Eigentum verpflichtet. Sein Gebrauch soll zugleich Dienst sein für das Gemeine Beste. [...]

Artikel 157. Die Arbeitskraft steht unter dem besonderen Schutz des Reiches.
Das Reich schafft ein einheitliches Arbeitsrecht. [...]

Artikel 159. Die Vereinigungsfreiheit zur Wahrung und Förderung der Arbeits- und Wirtschaftsbedingungen ist für jedermann und für alle Berufe gewährleistet. [...]

Artikel 161. Zur Erhaltung der Gesundheit und Arbeitsfähigkeit, zum Schutz der Mutterschaft und zur Vorsorge gegen die wirtschaftlichen Folgen von Alter, Schwäche und Wechselfällen des Lebens schafft das Reich ein umfassendes Versicherungswesen unter maßgebender Mitwirkung der Versicherten.

Artikel 162. Das Reich tritt für eine zwischenstaatliche Regelung der Rechtsverhältnisse der Arbeiter ein, die für die gesamte arbeitende Klasse der Menschheit ein allgemeines Mindestmaß der sozialen Rechte erstrebt.

Artikel 163. [...] Jedem Deutschen soll die Möglichkeit gegeben werden, durch wirtschaftliche Arbeit seinen Unterhalt zu erwerben. Soweit ihm angemessene Arbeitsgelegenheit nicht nachgewiesen werden kann, wird für seinen notwendigen Unterhalt gesorgt. [...]

Artikel 165. Die Arbeiter und Angestellten sind dazu berufen, gleichberechtigt in Gemeinschaft mit den Unternehmern an der Regelung der Lohn- und Arbeitsbedingungen sowie an der gesamten wirtschaftlichen Entwicklung der produktiven Kräfte mitzuwirken. Die beiderseitigen Organisationen und ihre Vereinbarungen werden anerkannt.
Die Arbeiter und Angestellten erhalten zur Wahrnehmung ihrer sozialen und wirtschaftlichen Interessen gesetzliche Vertretungen in Betriebsarbeiterräten sowie in nach Wirtschaftsgebieten gegliederten Bezirksarbeiterräten und in einem Reichsarbeiterrat.
Die Bezirksarbeiterräte und der Reichsarbeiterrat treten zur Erfüllung der gesamten wirtschaftlichen Aufgaben und zur Mitwirkung bei der Ausführung der Sozialisierungsgesetze mit den Vertretungen der Unternehmer und sonst beteiligter Volkskreise zu Bezirkswirtschaftsräten und zu einem Reichswirtschaftsrat zusammen. Die Bezirkswirtschaftsräte und der Reichswirtschaftsrat sind so zu gestalten, dass alle wichtigen Berufsgruppen entsprechend ihrer wirtschaftlichen und sozialen Bedeutung darin vertreten sind. [...]

Zitiert nach: www.verfassungen.de/de/de19-33/verf19-i.htm [18.12.2013]

1. *Charakterisieren Sie anhand der Verfassung Wesen und Ziele der neuen Republik.*
2. *Unterscheiden Sie den Begriff „Demokratie" in seiner ursprünglichen und seiner modernen Bedeutung. Welche Bestimmungen machen die Weimarer Republik zu einer modernen Demokratie?*
3. *Die Verfassung sollte den Interessen der gesellschaftlichen Gruppen entgegenkommen und einen sozialen Ausgleich schaffen. Überlegen Sie, welche Gruppen an welchen Bestimmungen besonderes Interesse gehabt haben könnten. Begründen Sie Ihre Entscheidung.*
4. *Analysieren Sie, inwiefern die Verfassung soziale Ziele formuliert. Folgern Sie aus ihnen die Aufgaben der Regierung.*
5. *Im Zusammenhang mit der Weimarer Verfassung wurde von einer „präsidialen Reserveverfassung" und in Bezug auf den Reichspräsidenten von einem „Ersatzkaiser" gesprochen. Überprüfen Sie anhand der Verfassungsartikel, was Anlass zu diesen Aussagen gegeben haben könnte.*
6. *Begründen Sie, warum der umfangreiche Grundrechtekatalog die Staatsmacht der Weimarer Republik kaum begrenzen konnte.*
7. + *Überprüfen Sie, welche Folgerungen das Grundgesetz für die Sicherung der Grundrechte gezogen hat.*

M2 Politische Betätigung und Wahlverhalten von Frauen in der Weimarer Republik

a) Gesamtübersicht über die Frauen in den Fraktionen der deutschen Reichstage. Die kleineren Parteien sind nicht aufgeführt, jedoch in der Gesamtzahl eingeschlossen:

[1] Reichstagswahlen am 4.5.1924
[2] Reichstagswahlen am 7.12.1924
[3] Siehe Seite 302.

Partei	Zahl der Abgeordneten						davon Frauen					
	1919	1920	1924a[1]	1924b[2]	1928	1930	1919	1920	1924a	1924b	1928	1930
KPD[3]	–	2	68	45	54	76	–	1	4	3	3	13
SPD	165	113	100	131	152	143	22	13	11	16	20	16
USPD	22	81	–	–	–	–	3	9	–	–	–	–
DDP	74	45	28	32	25	14	6	6	2	2	2	1
DVP	22	62	44	51	45	29	1	3	2	2	2	1
Zentrum	89	68	65	69	61	68	6	3	3	4	3	4
BVP[3]	–	19	16	19	17	19	–	1	1	1	–	–
DNVP	41	65	106	111	78	41	3	3	4	5	2	3
Zusammen	423	463	472	493	490	575	41	37	27	33	35	41

Nach: Gabriele Bremme, Die politische Rolle der Frau in Deutschland. Eine Untersuchung über den Einfluss der Frauen bei Wahlen und ihre Teilnahme in Partei und Parlament, Göttingen 1956, S. 124, Tabelle 39

b) Stimmanteile einzelner Parteien bei Reichstagswahlen nach Geschlechtern (in Prozent):

	1924a			1924b			1928			1930		
	m	w	T*	m	w	T	m	w	T	m	w	T
KPD	18,9	13,1	69,3	14,1	9,6	68,2	20,3	15,5	76,4	24,0	18,1	75,4
SPD	22,0	20,8	94,5	29,6	26,7	90,2	32,9	31,5	95,7	28,1	28,0	99,6
DDP	4,3	4,1	95,5	6,4	6,2	96,7	6,7	6,7	99,6	4,7	4,6	99,8
Z/BVP	11,0	17,0	154,5	10,2	15,1	148,0	6,6	10,2	154,1	5,2	8,3	158,6
DVP	7,7	8,6	112,1	12,0	13,8	115,0	8,9	9,8	110,6	5,2	6,5	124,7
DNVP	8,4	9,6	115,4	9,7	11,5	118,2	10,1	13,3	131,7	6,5	9,1	139,8
NSDAP	13,5	13,0	96,3	4,4	3,8	85,3	2,6	1,8	70,8	17,4	15,3	87,9
CSVD**	–	–	–	–	–	–	–	–	–	0,9	1,7	203,5
Anteil der erfassten Ber. in allen Ber.		6,9			6,2			20,6			16,8	

* Tingsten-Index: $\frac{\text{Prozentsatz der Frauen}}{\text{Prozentsatz der Männer}} \cdot 100$; die Zahlen sind gerundet. Für das im Ganzen zuverlässige Bild des geschlechterspezifischen Wahlverhaltens sind Sonderauszählungen die Grundlage. Die Auswahl der Bezirke, in denen sie durchgeführt wurden, ist aber zu wenig repräsentativ, um einen direkten Vergleich mit den Wahlergebnissen auf Reichsebene zu erlauben.

** Der Christlich-Soziale Volksdienst (CSVD) war eine protestantisch geprägte konservative Partei.

Jürgen Falter, Thomas Lindenberger und Siegfried Schumann, Wahlen und Abstimmungen in der Weimarer Republik. Materialien zum Wahlverhalten 1919-1933, München 1986, S. 83

1. *Erläutern Sie den Anteil der weiblichen Abgeordneten in den Parteien im jeweiligen zeitlichen Kontext.*
2. *Prüfen Sie die These, Frauen hätten in der Weimarer Republik im Durchschnitt konservativ gewählt.*
3. *Stellen Sie Vermutungen an, welche mögliche Gründe es geben könnte für das Wahlverhalten der Frauen.*

Belastungen und Herausforderungen für die Republik

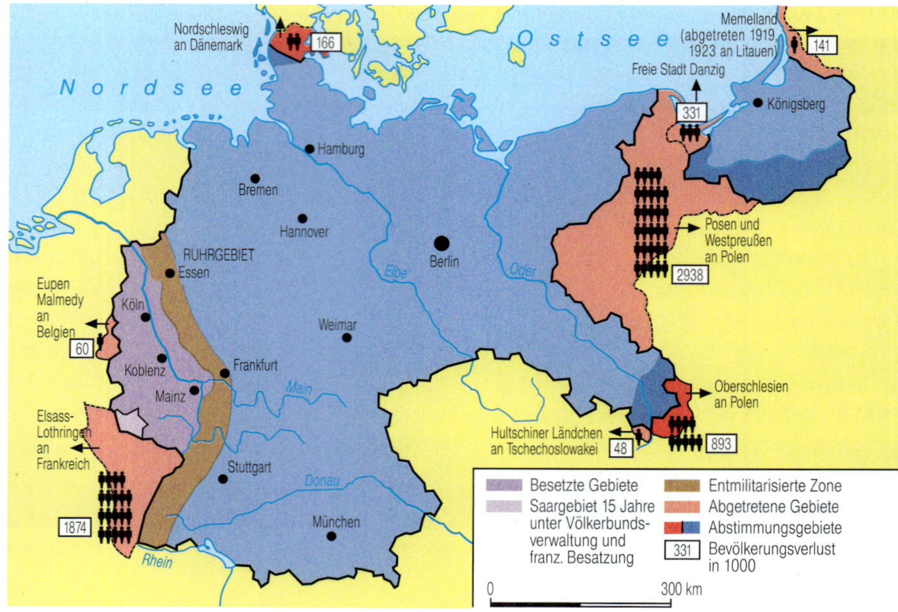

▸ **Deutschland nach dem Versailler Vertrag.**

Arbeiten Sie die Ergebnisse des Vertrages heraus und diskutieren Sie, welche Festlegungen für die deutsche Bevölkerung besonders schwer zu akzeptieren

Der Versailler Vertrag und seine Folgen Von Anfang an belastete der in Versailles bei Paris geschlossene Friedensvertrag die Republik schwer. Ohne Beteiligung der Besiegten tagte die Friedenskonferenz, auf der die Nachkriegsordnung Europas festgelegt werden sollte. Die wichtigsten Entscheidungen wurden vom *Rat der Vier* getroffen. Seine Mitglieder waren die Regierungschefs von Großbritannien (**David Lloyd George**), Frankreich (**Georges Clemenceau**) und Italien (*Vittorio Orlando*) sowie der US-amerikanische Präsident **Woodrow Wilson**. Dieser sah sich in der Rolle des Vermittlers zwischen Siegern und Besiegten. Sein Hauptanliegen war die Gründung des *Völkerbundes* als Garant einer dauerhaften Friedensordnung.

Am 7. Mai 1919 wurde das fertige Vertragswerk mit seinen insgesamt 440 Artikeln vorgelegt. Die deutschen Vertreter durften sich innerhalb von 14 Tagen schriftlich dazu äußern, erreichten im Ergebnis aber keine Verbesserung der Auflagen. Ende Juni billigte der Reichstag den Vertrag, wenige Tage später wurde er im Spiegelsaal von Versailles unterzeichnet, im Januar 1920 trat er in Kraft. Deutschland verlor 13 Prozent seines Staatsgebietes und zehn Prozent seiner Bevölkerung sowie sämtliche Kolonien. Das kohlenreiche Saarland wurde für 15 Jahre unter die Verwaltung des Völkerbundes gestellt, ehe eine Volksabstimmung über die künftige Staatszugehörigkeit entscheiden sollte. In Oberschlesien, das ursprünglich ganz an Polen fallen sollte, wurde 1921 eine Volksabstimmung durchgeführt (vgl. Seite 310). Obwohl knapp 60 Prozent der Bevölkerung für den Verbleib bei Deutschland stimmten, teilte der Völkerbund das Gebiet und sprach den territorial kleineren, aber industriell bedeutenderen Teil Polen zu. Das Rheinland sollte bis zum Jahr 1935 von alliierten Truppen besetzt gehalten werden.

Deutschland wurde zur militärischen Abrüstung verpflichtet. Das gesamte Kriegsmaterial musste zerstört oder ausgeliefert werden. Der Besitz schwerer Waffen wurde verboten, ebenso die allgemeine Wehrpflicht. Deutschland musste sein Berufsheer mit 100 000 Mann auf ein Viertel der Stärke des Jahres 1919 und die Zahl der Marinesoldaten auf 15 000 reduzieren.

David Lloyd George (1863-1945): britischer Politiker (Liberale Partei), 1916 Kriegsminister, 1916-1922 Premierminister

Georges Clemenceau (1841-1929): französischer Journalist und Politiker, 1906-1909 und 1917-1920 Premierminister, Verfechter einer harten Linie gegen das Deutsche Reich

Woodrow Wilson (1856-1924): Jurist, Historiker und Politiker; 1913-1921 Präsident der USA (Demokrat). 1920 erhielt er den Friedensnobelpreis für das Jahr 1919. Wilson verfolgte soziale Reformen, war im Ersten Weltkrieg um die Neutralität der USA bemüht und engagierte sich für die Errichtung des Völkerbundes. Diese Vereinigung von Staaten sollte die internationale Zusammenarbeit verbessern und den Frieden sichern. Weil der US-Senat ablehnte, traten die Vereinigten Staaten dem Bund nicht bei, der bis 1946 bestand.

Hart umstritten war auch die Regelung der Reparationenfrage. Da sich die Alliierten 1919 nicht über die Leistungsfähigkeit der deutschen Wirtschaft einigen konnten, setzten sie eine Kommission ein, die bis Mai 1921 die Höhe der Wiedergutmachung festlegen sollte.*

Literaturtipp:
Eberhard Kolb, Der Frieden von Versailles, München ²2011

Die Bestimmungen des Friedensvertrages lösten in der deutschen Öffentlichkeit, in der man auf einen milden „Wilson-Frieden"** gehofft hatte, Empörung und Proteststürme aus. Vor allem der Artikel 231 des Vertrages, der sogenannte *Kriegsschuldartikel*, wurde in Deutschland als moralische Ächtung des ganzen Volkes empfunden. Reichskanzler Scheidemann bezeichnete den Vertrag als unannehmbar. Als die deutschen Einsprüche erfolglos blieben, trat die Regierung Scheidemann zurück.

Unter dem Druck eines alliierten Ultimatums wurde schließlich die neue Regierung von der Nationalversammlung beauftragt, den Vertrag zu unterschreiben. Wie schon bei der Unterzeichnung des Waffenstillstandes im November 1918 übernahmen Vertreter der Republik die Verantwortung für das Versagen der politischen und militärischen Führung während des Ersten Weltkrieges. Den Politikern, die sich unter dem Druck der Verhältnisse dazu bereit erklärt hatten, gestanden anfänglich alle Parteien ehrenhafte Motive zu. Doch schon bald wurde der Versailler Vertrag von der äußersten Rechten bis hin zur Sozialdemokratie wegen des Kriegsschuldartikels und der umfangreichen Reparationen als ein „Diktat-" und „Schandfriede" abgelehnt. Republikfeindliche Kräfte nutzten die Vorbehalte der Bevölkerung aus, um mit Kampfparolen wie „Heerlos! Wehrlos! Ehrlos!" gegen die Republik zu hetzen. „Versailles" wurde zur Diffamierungsparole schlechthin (▶ M1).

Der Vorwurf der *„Erfüllungspolitik"* wurde von National-Konservativen und Rechtsradikalen in den folgenden Jahren gegen alle Schritte der Regierung erhoben, die auf die Einhaltung oder Anerkennung der Versailler Bestimmungen zielten.

▲ **Wahlplakat der DNVP von 1924.**
Erläutern Sie den Plakattext. Analysieren Sie die Zielsetzung des Plakates sowie die Wirkung von Text und Bild.

„Dolchstoßlegende" Neben dem von der Nationalversammlung widerwillig angenommenen Versailler Vertrag radikalisierte die *„Dolchstoßlegende"* die Bevölkerung der Nachkriegszeit. Schon im November 1918 verbreiteten rechtsradikale Zeitungen die angebliche Bemerkung eines britischen Generals, die deutsche Armee sei „von hinten erdolcht" worden. Streiks und politische Unruhen in der Heimat hätten sie zur Kapitulation gezwungen. Die beiden Generäle Erich Ludendorff und Paul von Hindenburg machten sich diese Version zu eigen und verbreiteten Ende 1919 eine Verschwörungstheorie, mit der sie die eigene Schuld an der militärischen Niederlage von sich ablenken und vor allem auf die Sozialdemokratie abwälzen wollten (▶ M2). Durch sein großes Ansehen, das er als General und Feldmarschall im Ersten Weltkrieg erworben hatte, vermochte es der spätere Reichspräsident Hindenburg, dieser Lüge besonderes Gewicht zu verschaffen. Ein Großteil der Bevölkerung glaubte dieser Verfälschung der

* Siehe Seite 311.
** Der amerikanische Präsident Woodrow Wilson hatte am 8. Januar 1918 einen „14-Punkte-Plan" vorgelegt, in dem er seine Vorstellungen von den Grundlagen einer zukünftigen Friedensordnung in Europa formulierte. Diese sollte auf dem Selbstbestimmungsrecht der Völker basieren.

Tatsachen, zumal die Öffentlichkeit an einer vorurteilsfreien Auseinandersetzung mit dem Geschehen im Ersten Weltkrieg kaum interessiert war. Zudem unterschätzten vor allem die Sozialdemokraten, welche Gefahren von der „Dolchstoßlegende" ausgingen.

Die „Dolchstoßlegende" vergiftete das politische Klima und diente deutschnationalen, völkischen und anderen rechtsextremen Gruppen und Parteien zur Propaganda gegen die republiktreuen Parteien, die bei Kriegsende Verantwortung übernommen und den Versailler Vertrag akzeptiert hatten.

Walther Rathenau (1867-1922): Industrieller und Schriftsteller; 1919 Mitbegründer der DDP; 1922 von Rechtsradikalen ermordet

Gustav Stresemann (1878-1929): Politiker der Nationalliberalen Partei (Kaiserzeit) und der DVP; 1923-1929 Außenminister; 1923 Reichskanzler

Republikaner ohne Mehrheit? Von den zahlreichen Parteien bekannten sich nur drei ausdrücklich zur parlamentarisch-demokratischen Republik: die SPD, die DDP und das Zentrum.

- Die SPD ging bei den Wahlen zur Nationalversammlung und bei den Reichstagswahlen bis 1930 jeweils als stärkste Kraft hervor, erreichte jedoch nie die absolute Mehrheit. Bis zum Ende der Republik war sie auf Reichsebene mit wenigen Ausnahmen in der Opposition. Beim Werben um die Gunst der Arbeiter konkurrierte sie mit KPD (s.u.) und USPD. Als *Milieupartei* der Arbeiterschaft gelang es ihr nicht, auch für andere Gesellschaftsschichten attraktiv zu werden. Zudem wollten sich andere Gruppen wie die Angestellten bewusst von den Arbeitern und ihren Interessenvertretungen absetzen.
- Die linksliberale DDP vertrat vor allem das Bildungsbürgertum, Kaufleute, Beamte und Angestellte. Mit **Walther Rathenau** stellte die DDP 1922 den Außenminister. Schon ab 1920 verlor sie jedoch in großem Maß Stimmen und sank zur Splitterpartei ab.
- Das Zentrum war die Partei des politischen Katholizismus. Ihr kam eine bedeutende Stellung zu, da sie sich für alle sozialen Schichten einsetzte und sie mit fast allen Parteien koalitionsfähig war. Von 1919 bis 1932 war sie in nahezu jeder Reichsregierung vertreten. 1920 entstand mit der *Bayerischen Volkspartei* (BVP) die bayerische Variante des Zentrums.

Die Deutsche Volkspartei (DVP), der sich mehrheitlich nationalliberales Bürgertum und Großindustrie anschlossen, war in den Anfangsjahren noch monarchistisch und republikfeindlich geprägt. **Gustav Stresemann** brachte sie auf einen demokratischen und republikanischen Kurs, stieß dabei aber stets auf Widerstand in seiner Partei. Nach Stresemanns Tod tendierte die DVP immer stärker nach rechts, blieb jedoch im Vergleich zu DNVP und NSDAP gemäßigt und sank 1932 zur Bedeutungslosigkeit herab.

▲ **„Sie tragen die Buchstaben der Firma – aber wer trägt den Geist?!"**
Karikatur von Thomas Theodor Heine aus dem „Simplicissimus", 21. März 1927.
- *Nennen Sie die gezeigten gesellschaftlichen Gruppen. Halten Sie die Auswahl für repräsentativ?*
- *Diskutieren Sie die Frage, ob eine Republik nur funktionieren kann, wenn die Bürger ihren „Geist" tragen.*

Antidemokratische Kräfte Obrigkeitsstaatliche Vorstellungen, die sich gegen einen Meinungspluralismus wandten, waren in der Bevölkerung weit verbreitet (▸ M3).

Die republikfeindlichen rechts- und linksradikalen Kräfte setzten sich seit Beginn der Weimarer Republik gewaltsam für ihre Ziele ein. So ermordeten Mitglieder der *Organisation Consul*, eine illegale Nachfolgeorganisation der verbotenen Freikorps, im August 1921 erst den Zentrumspolitiker *Matthias Erzberger* und im Juni 1922 den amtierenden Außenminister Walther Rathenau (▸ M4). Die 1919 gegründete *Kommunistische Partei Deutschlands* (KPD) und die USPD lehnten den Parlamentarismus ab und betrachteten alle Gegner des Rätesystems als „Handlanger des Kapitalismus". Die USPD schloss sich zwar 1922 wieder der SPD an. Da ihre radikalen Mitglieder jedoch der KPD beitraten, entwickelte sich diese zu einer ernst zu nehmenden Kraft.

Die Deutschnationale Volkspartei (DNVP) war ein Sammelbecken völkisch-nationalistischer, konservativer Kreise. Ihr gehörten vor allem die alten Eliten aus Adel, Militär, Großgrundbesitz und Großbürgertum an. Nach 1928 rückte die Partei weit nach rechts und kooperierte mit der NSDAP, an die sie seit 1930 viele Wähler verlor. Als verbindendes Element für die unterschiedlichen Interessen ihrer Wählerschaft diente der DNVP bereits früh der *Antisemitismus*.

In Justiz und Verwaltung blieb mit den alten Amtsträgern vielfach auch der Geist des Kaiserreiches erhalten. Die Reichswehr, deren Führung sich nicht mit der Republik identifizierte, blieb ein „Staat im Staate" (▸ M5). Während sie gegen Putschversuche von links konsequent vorging, hielt sie sich bei Angriffen von rechts weitgehend zurück. Dies zeigte sich bei dem rechtsextremistischen *Kapp-Lüttwitz-Putsch* 1920. General Ludendorff und der Gründer der Deutschen Vaterlandspartei, *Wolfgang Kapp*, sammelten unzufriedene Soldaten hinter sich, die entgegen ersten Zusagen wegen des Versailler Vertrages nicht in die Reichswehr übernommen wurden. Außerdem widersetzte sich General *Walther von Lüttwitz* dem Befehl, eine 5 000 Mann starke Marinebrigade aufzulösen. Die Truppe besetzte das Regierungsviertel in Berlin. Fast alle Offiziere der Reichswehr weigerten sich, die Armee einzusetzen. Angeblich wollten sie verhindern, dass Reichswehreinheiten aufeinander schießen müssten. Der Putsch scheiterte indes, weil sich die Ministerialbürokratie den Anordnungen des selbst ernannten „Reichskanzlers" Kapp widersetzte. Zudem riefen die Gewerkschaften den Generalstreik aus und sabotierten damit alle Handlungen der Putschisten.

▲ **General Hans von Seeckt.**
Von 1920 bis 1926 war Seeckt Chef der Heeresleitung der Reichswehr und prägte den „Geist der Armee". Er arrangierte sich mit der Republik, auch wenn er die neue Staatsform innerlich nicht akzeptierte. Der Fotoausschnitt zeigt Seeckt in Erwartung einer Ehrenkompanie anlässlich seines 70. Geburtstages im Jahr 1936.

Inflation Der Weltkrieg hatte das Deutsche Reich gewaltige Summen gekostet, die aus dem Staatshaushalt nicht aufgebracht werden konnten. Steuererhöhungen wollte die Regierung während des Krieges nicht vornehmen. Deshalb finanzierte sie die Militärausgaben durch verzinste Anleihen bei der Bevölkerung und eine enorme Papiergeldvermehrung (von zwei Milliarden Reichsmark im Jahr 1913 auf 45 Milliarden im Jahr 1919). Allerdings hielt die Güterproduktion mit der Geldmengenvermehrung nicht Schritt. Das Ergebnis war ein rasches Ansteigen der Preise und ein Wertverlust der Mark, also eine Inflation. Als Folge dieser Wirtschaftspolitik musste die junge Republik eine völlig zerrüttete Währung mit 154 Milliarden Mark Staatsschulden übernehmen.

Obwohl die Währung nur durch drastische Maßnahmen zu sanieren gewesen wäre, führten die Weimarer Regierungen nach dem Krieg die Inflationspolitik fort und glichen bis 1923 das Haushaltsdefizit aus, indem sie ständig mehr Papiergeld in Umlauf brachten. Neuere Untersuchungen bezeichnen diese Politik als das „kleinere Übel" im Vergleich zu möglichen Auswirkungen einer **deflationären** Haushaltspolitik. Zumindest blieb Deutschland von der internationalen *Wirtschaftskrise* der Jahre 1920/21 weitgehend verschont. Ein anderer Grund für die Zurückhaltung der Reichsregierung bei der Bekämpfung der Inflation waren die hohen Reparationszahlungen. Mithilfe der Inflation wollte man die Forderungen der Alliierten unterlaufen. Im Zusammenhang mit dem „Ruhrkampf"* erreichte die Staatsverschuldung eine neue Rekordhöhe. Wie schon im Krieg mussten wieder die Notenpressen das Defizit im Reichshaushalt ausgleichen. Im November 1923 notierte man 4,2 Billionen Mark für einen Dollar. Löhne und Gehälter wurden wegen des rapiden Wertverfalls des Geldes wöchentlich, oft sogar täglich ausbezahlt. In einer Währungsreform im Oktober 1923 wurde der Wechselkurs zwischen Mark und Dollar neu festgelegt und statt durch Goldreserven der Reichsbank durch eine Hypothek auf Grundbesitz und industrielle Sachwerte gedeckt. Bereits 1924 war die Inflation weitgehend überwunden.

Deflation: ein über längere Zeit anhaltender Rückgang des Preisniveaus für Güter. Dies tritt ein, wenn die Geldmenge im Vergleich zur Warenmenge abnimmt.

* Siehe Seite 311.

▸ **Geschichte In Clips:** Zum Hitler-Putsch siehe Code 32019-15

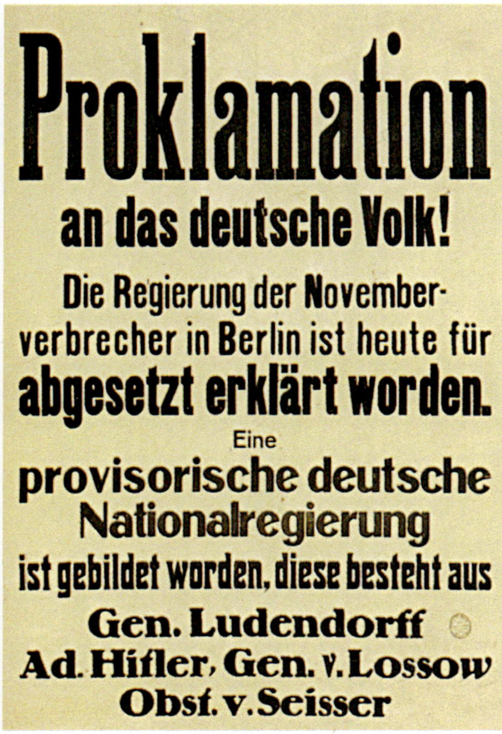

▲ **„Proklamation an das deutsche Volk!"**
Dieses Plakat wurde in der Nacht vom 8. auf den 9. November 1923 in München angeschlagen.

Eine deutsche Oktoberrevolution In Sachsen und Thüringen traten im Oktober 1923 kommunistische Minister in die SPD-Landesregierungen ein. Auf Weisung der sowjetischen Regierung in Moskau rüstete die KPD ihren Kampfbund, die *„Proletarischen Hundertschaften"*, militärisch auf und bereitete ihn auf eine deutsche Oktoberrevolution vor. Die Reichsregierung forderte die Regierungen von Sachsen und Thüringen ultimativ auf, die „Proletarischen Hundertschaften" aufzulösen und die kommunistischen Minister zu entlassen, da sie zum bewaffneten Aufruhr aufgerufen hatten. Als sich der sächsische Ministerpräsident *Erich Zeigner* weigerte, verhängte Berlin unter Anwendung des Artikels 48 die Reichsexekution und ließ Reichswehreinheiten einmarschieren. Zeigner wurde seines Amtes enthoben. In Thüringen traten daraufhin die kommunistischen Minister zurück.

Hitler-Putsch Einzelne Länder betrieben also eine gegen das Reich gerichtete Politik. Diese Stoßrichtung war in Bayern besonders ausgeprägt. Das Land hatte in der Republik einige Sonderrechte verloren. Nach den Revolutionswirren um die Räterepublik im Frühjahr 1919, die zur Ermordung des Ministerpräsidenten *Kurt Eisner* geführt hatten, wurde Bayern zu einem Sammelbecken rechter, radikaler Gruppen. Ehemalige Freikorpsführer und Rechtsradikale wie Ludendorff und weitere Akteure des Kapp-Lüttwitz-Putsches fanden dort Raum für ihre politische Betätigung. Das 1922 erlassene *„Republikschutzgesetz"*, das republikfeindliche Vereinigungen verbot, wurde nicht oder nur nachlässig umgesetzt. Die noch unbedeutende NSDAP unter ihrem Vorsitzenden **Adolf Hitler** wurde zum Beispiel in Bayern geduldet, während sie dem Reichsgesetz entsprechend in Preußen und anderen Ländern verboten wurde.

1919 war Adolf Hitler der kurz zuvor in München gegründeten *Deutschen Arbeiterpartei* (DAP) beigetreten, die sich 1920 in *Nationalsozialistische Deutsche Arbeiterpartei* (NSDAP) umbenannte. Mit gehässigen Reden gegen die Republik und maßloser Hetze gegen die Juden machte Hitler die Partei bald zum Tagesgespräch in München. Im Herbst 1923 wollte er nach dem Vorbild des italienischen Faschisten *Benito Mussolini** einen „Marsch auf Berlin" durchführen. Am 8. November 1923 erklärte er auf einer republikfeindlichen Veranstaltung im Münchener Bürgerbräukeller den Ausbruch der „nationalen Revolution" und die Absetzung der Reichsregierung. Am folgenden Tag unternahm er mit General Ludendorff einen Demonstrationszug zur Feldherrnhalle (*Hitler-Putsch*). Doch die Landespolizei stoppte den Zug mit Waffengewalt. Zwanzig Polizisten und Putschisten wurden getötet, die Anführer verhaftet.

Hitler erhielt nur fünf Jahre Festungshaft, wurde jedoch bereits nach neun Monaten wieder entlassen. Als österreichischen Staatsbürger hätten ihn die bayerischen Behörden ausweisen müssen, was nicht geschah. Ludendorff wurde freigesprochen. In den milden Strafen zeigte sich die Sympathie, die die Putschisten in den führenden Justiz- und Regierungskreisen genossen. Putsch und Prozess hatten die Popularität Hitlers und seiner Partei vergrößert. Nach seiner Haftzeit änderte er nicht sein Ziel, sondern nur die Taktik: 1925 gründete er die NSDAP unter seiner uneingeschränkten Führerschaft neu und versuchte nun, durch die Schaffung einer Massenbasis die Regierung auf legalem Wege zu übernehmen.

Adolf Hitler (1889-1945, Selbstmord): Hitler stammte aus dem österreichischen Braunau (Inn). Er kam 1913 nach München, wo er sich erfolglos als Künstler durchschlug. 1914 freiwillige Teilnahme am Ersten Weltkrieg, Verwundung und Auszeichnung. 1919 Propagandist der DAP, seit 1920 NSDAP; ab 1921 Vorsitzender der Partei. 1923 Hitler-Putsch und Festungshaft, 1925 Neugründung der NSDAP und Aufstieg zur Massenpartei, 1933 Ernennung zum Reichskanzler, ab 1934 „Führer und Reichskanzler".

* Siehe Seite 362.

M1 „Wehrlos ist nicht ehrlos!“

Reichskanzler Gustav Bauer (SPD), der Nachfolger Philipp Scheidemanns, fordert am 23. Juni 1919, wenige Stunden vor Ablauf des alliierten Ultimatums, die Nationalversammlung auf, den Friedensvertrag unterzeichnen zu lassen:

Die Entente [...] will uns das Schuldbekenntnis auf die Zungen zwingen, sie will uns zu Häschern unserer angeschuldeten Landsleute[1] machen; es soll uns nichts, gar nichts erspart bleiben. Zur Verknechtung wollen uns die Feinde auch noch die Verachtung aufbürden!

[...] Unsere Hoffnung, mit dem einzigen Vorbehalt einer Ehrenbewahrung bei unseren Gegnern durchzudringen, war nicht sehr groß. Aber wenn sie auch noch geringer gewesen wäre: Der Versuch musste gemacht werden. Jetzt, wo er misslungen, an dem sträflichen Übermut der Entente gescheitert ist, kann und muss die ganze Welt sehen: Hier wird ein besiegtes Volk an Leib und Seele vergewaltigt wie kein Volk je zuvor. [...] Unterschreiben wir! Das ist der Vorschlag, den ich Ihnen, im Namen des gesamten Kabinetts, machen muss. Bedingungslos unterzeichnen! Ich will nichts beschönigen.

Die Gründe, die uns zu diesem Vorschlag zwingen, sind dieselben wie gestern. Nur trennt uns jetzt eine Frist von knappen vier Stunden von der Wiederaufnahme der Feindseligkeiten. Einen neuen Krieg könnten wir nicht verantworten, selbst wenn wir Waffen hätten. Wir sind wehrlos. Wehrlos ist aber nicht ehrlos! Gewiss, die Gegner wollen uns an die Ehre; daran ist kein Zweifel. Aber dass dieser Versuch der Ehrabschneidung einmal auf die Urheber selbst zurückfallen wird, dass es nicht unsere Ehre ist, die bei dieser Welttragödie zugrunde geht, das ist mein Glaube bis zum letzten Atemzug.

Zitiert nach: Wolfgang Elben, Die Weimarer Republik, Frankfurt am Main [6]1975, S. 40 f.

1. *Diskutieren Sie, warum Reichskanzler Bauer die Annahme des Vertrages empfahl, obwohl er einige Bestimmungen als unannehmbar bezeichnete.*

2. *Verfassen Sie als Antwort auf Bauer eine Rede aus der Perspektive eines Gegners, der die Unterzeichnung des Vertrages kategorisch ablehnt.*

[1] Neben der Anerkennung der Kriegsschuld verlangten die Alliierten in den Artikeln 227 und 228 die Auslieferung des Kaisers und weiterer Personen wegen des Verstoßes gegen das Kriegsrecht, um sie vor ein alliiertes Militärgericht zu stellen.

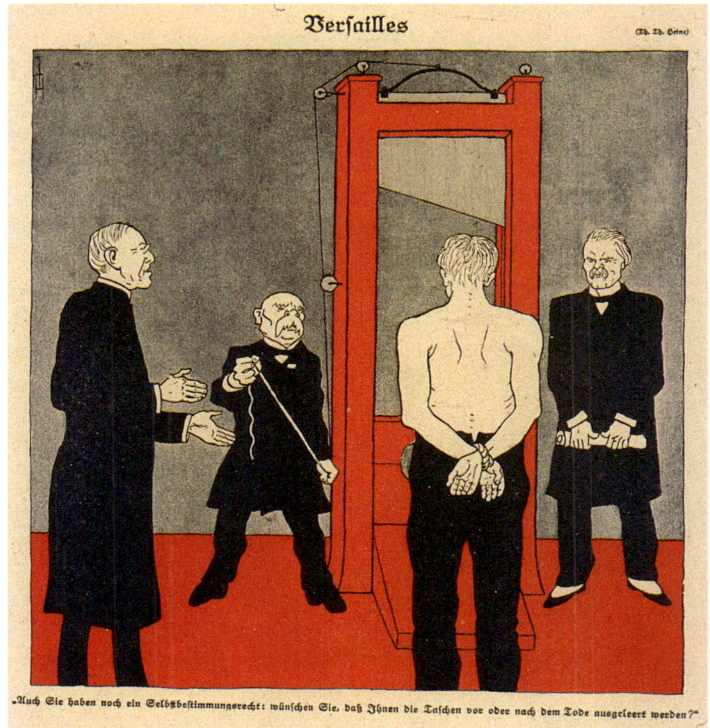

▲ **„Versailles. Auch Sie haben noch ein Selbstbestimmungsrecht: Wünschen Sie, dass Ihnen die Taschen vor oder nach dem Tode ausgeleert werden?“**
Karikatur von Thomas Theodor Heine aus dem „Simplicissimus“ vom 3. Juni 1919.

- *Erläutern Sie, welche Rollen die dargestellten Personen (v. l.: Wilson, Clemenceau, Lloyd George) einnehmen.*
- *Beschreiben Sie die Stimmung der deutschen Bevölkerung, die ausgedrückt werden soll.*

M2 Schuld waren die anderen

Ein öffentlicher Untersuchungsausschuss soll nach dem Krieg die Ursachen der deutschen Niederlage ergründen. Generalfeldmarschall Hindenburg erklärt:

Trotz der ungeheuren Ansprüche an Truppen und Führung, trotz der zahlenmäßigen Überlegenheit des Feindes konnten wir den ungleichen Kampf zu einem günstigen Ende führen, wenn die geschlossene und einheitliche Zusammenwirkung von Heer und Heimat eingetreten wäre. [...]

Doch was geschah nun? Während sich beim Feinde trotz seiner Überlegenheit an lebendem und totem Material alle Parteien, alle Schichten der Bevölkerung in dem Willen zum Siege immer fester zusammenschlossen, und zwar umso mehr, je schwieriger ihre Lage wurde, machten sich bei uns, wo dieser Zusammenschluss bei unserer Unterlegenheit viel notwendiger war, Parteiinteressen breit, und diese Umstände führten sehr bald zu einer Spaltung und Lockerung des Siegeswillens. Die Geschichte wird über das, was ich hier nicht weiter ausführen darf, das endgültige Urteil sprechen. Damals hofften wir noch, dass der Wille zum Siege alles andere beherrschen würde. Als wir unser Amt übernahmen, stellten wir bei der Reichsleitung eine Reihe von Anträgen, die den Zweck hatten, alle nationalen Kräfte zur schnellen und günstigen Kriegsentscheidung zusammenzufassen [...]. Was aber schließlich, zum Teil wieder durch Einwirkung der Parteien, aus unseren Anträgen geworden ist, ist bekannt. Ich wollte kraftvolle und freudige Mitarbeit und bekam Versagen und Schwäche. Die Sorge, ob die Heimat fest genug bliebe, bis der Krieg gewonnen sei, hat uns von diesem Augenblicke an nie mehr verlassen. Wir erhoben noch oft unsere warnende Stimme bei der Reichsregierung. In dieser Zeit setzte die heimliche planmäßige Zersetzung von Flotte und Heer als Fortsetzung ähnlicher Erscheinungen im Frieden ein. Die Wirkungen dieser Bestrebungen waren der Obersten Heeresleitung während des letzten Kriegsjahres nicht verborgen geblieben. Die braven Truppen, die sich von der revolutionären Zermürbung freihielten, hatten unter dem pflichtwidrigen Verhalten der revolutionären Kameraden schwer zu leiden; sie mussten die ganze Last des Kampfes tragen. Die Absichten der Führung konnten nicht mehr zur Ausführung gebracht werden. Unsere wiederholten Anträge auf strenge Zucht und strenge Gesetzgebung wurden nicht erfüllt. So mussten unsere Operationen misslingen, es musste der Zusammenbruch kommen; die Revolution bildete nur den Schlussstein. Ein englischer General sagte mit Recht: „Die deutsche Armee ist von hinten erdolcht worden." Den guten Kern des Heeres trifft keine Schuld. Seine Leistung ist ebenso bewunderungswürdig wie die des Offizierkorps. Wo die Schuld liegt, ist klar erwiesen.

Zitiert nach: Herbert Michaelis und Ernst Schraepler (Hrsg.), Ursachen und Folgen. Vom deutschen Zusammenbruch 1918 und 1945 bis zur staatlichen Neuordnung Deutschlands in der Gegenwart. Eine Urkunden- und Dokumentensammlung zur Zeitgeschichte, Bd. 4, Berlin o. J., S. 7f.

1. *Analysieren Sie, worin nach Ansicht Hindenburgs die Gründe für die Niederlage Deutschlands lagen.*
2. *Nehmen Sie Stellung zu den Schuldzuweisungen.*

M3 „So ist der deutsche Parlamentarismus"

Oswald Spengler, dessen pessimistische Kultur- und Geschichtsphilosophie nach dem verlorenen Krieg vom deutschen Bürgertum begeistert gelesen wird, ist ein entschiedener Gegner des Parlamentarismus und der Parteien. 1924 schreibt er:

Über den Trümmern der deutschen Weltmacht, über zwei Millionen Leichen umsonst gefallener Helden, über dem in Elend und Seelenqual vergehenden Volke wird nun in Weimar mit lächelndem Behagen die Diktatur des Parteiklüngels aufgerichtet, derselben Gemeinschaft beschränktester und schmutzigster Interessen, welche seit 1917 unsere Stellung untergraben und jede Art von Verrat begangen hatte, vom Sturz fähiger Leute ihrer Leistungen wegen bis zu eigenen Leistungen im Einverständnis mit Northcliffe[1], mit Trotzki[2], selbst mit Clemenceau[3]. [...] Nachdem sich die Helden der Koalition vor dem Einsturz in alle Winkel geflüchtet hatten, kamen sie mit plötzlichem Eifer wieder hervor, als sie die Spartakisten allein über der Beute sahen. Aus der Angst um den Beuteanteil entstand auf den großherzoglichen Samtsesseln und in den Kneipen von Weimar die deutsche Republik, keine Staatsform, sondern eine Firma. In ihren Satzungen ist nicht vom Volk die Rede, sondern von Parteien; nicht von Macht, von Ehre und Größe, sondern von Parteien. Wir haben kein Vaterland mehr, sondern Parteien; keine Rechte, sondern Parteien; kein Ziel, keine Zukunft mehr, sondern Interessen von Parteien. Und diese Parteien [...] entschlossen sich, dem Feinde alles, was er wünschte, auszuliefern, jede Forderung zu unterschreiben, den Mut zu immer weitergehenden Ansprüchen in ihm aufzuwecken, nur um im Innern ihren eigenen Zielen nachgehen zu können. [...]
So ist der deutsche Parlamentarismus. Seit fünf Jahren keine Tat, kein Entschluss, kein Gedanke, nicht einmal eine Haltung, aber inzwischen bekamen diese Proletarier Landsitze und reiche Schwiegersöhne, und bürgerliche Hungerleider mit geschäftlicher Begabung wurden plötzlich stumm, wenn im Fraktionszimmer hinter einem eben bekämpften Gesetzantrag der Schatten eines Konzerns sichtbar wurde.

Oswald Spengler, Neubau des Deutschen Reiches, München 1924, S. 8f.

1. *Beschreiben Sie, was Spengler unter „Diktatur des Parteiklüngels" versteht. Bewerten Sie seine Wortwahl.*

[1] **Lord Alfred Northcliffe** (1865 - 1922): englischer Pressemagnat, der durch eine Pressekampagne die Reduzierung der deutschen Reparationslasten verhinderte
[2] **Leo Trotzki** (1879 - 1940): russischer Revolutionär; einer der führenden Köpfe der russischen Revolution von 1917
[3] **Georges Clemenceau** (1841 - 1929): französischer Politiker; 1906 - 1909 und 1917 - 1920 Premierminister, vgl. Seite 300

2. *Erläutern Sie seine Aussage, die deutsche Republik sei „keine Staatsform, sondern eine Firma". Berücksichtigen Sie dabei die Karikatur auf Seite 302.*

3. *Spengler behauptet, die Weimarer Republik habe seit „fünf Jahren keine Tat, kein[en] Entschluss, kein[en] Gedanke[n], nicht einmal eine Haltung" (Zeile 26-28) gezeigt. Überprüfen Sie diese Aussage.*

M4 Die Sühne der politischen Morde 1918-1922

	Pol. Morde begangen von Links-stehenden	Pol. Morde begangen von Rechts-stehenden	Gesamtzahl
Gesamtzahl der Morde	22	354	376
– davon ungesühnt	4	326	330
– teilweise gesühnt	1	27	28
– gesühnt	17	1	18
Zahl der Verurteilten	38	24	62
Geständige Täter frei-gesprochen	–	23	23

Emil Julius Gumbel, Vier Jahre politischer Mord, Berlin 1924, S. 81

1. *Fassen Sie die Informationen in einer Schlagzeile der SPD-Mitgliederzeitung „Vorwärts" des Jahres 1924 zusammen.*

2. *Zeigen Sie auf, welche Einstellung der Justiz zur Republik in M4 und in der Karikatur deutlich wird.*

▲ **Hochverrat vor dem Reichsgericht.**
Karikatur von Gerhard Holler aus der Beilage zum Berliner Tageblatt „Ulk", 1927.
Die Bildunterschrift zu den linksgerichteten Angeklagten lautet: „Ich werde die Republik vor Ihnen zu schützen wissen!"
Die rechten Uniformierten werden angesprochen mit „Ich werde Sie vor der Republik zu schützen wissen!"

M5 Die Reichswehr – ein „Staat im Staate"?

Am 26. Mai 1925 kommentiert der SPD-Abgeordnete Daniel Stücklen im Reichstag die Entwicklung der Reichswehr:

Wir haben heute ein Heer der Republik, das, wie ich feststellen will, diesem Staate dient, dessen Leitung erklärt, wir stehen auf dem Boden der Verfassung [...].
Es sind aber [...] recht deutliche Anzeichen dafür vorhanden, dass die Entwicklung der Reichswehr dahin geht, eine Art Staat im Staate zu werden. Das war das, was früher bei den Verhandlungen über die Reichswehr im Hauptausschuss und im Plenum dieses Hauses immer wieder betont wurde, eine gewisse Abgeschlossenheit, ein Korpsgeist, der zur Abgeschlossenheit führen musste und letzten Endes bewirkte, dass die alte Armee wirklich ein Staat im Staate war, mit einem eigenen Ehrbegriff, ihrem eigenen Strafkodex, mit einem Wort eine Menge Einrichtungen, die von den Einrichtungen der zivilen Bevölkerung losgelöst waren. [...] Die Gefahr ist umso größer, als früher der Soldat nur zwei Jahre diente und nach zwei Jahren in die Massen des Volkes zurücktrat, aus denen er gekommen war. Heute dient der Reichswehrsoldat zwölf Jahre. Zwölf Jahre verlebt er in einer ganz anderen Umwelt. Er ist ganz anderen Einflüssen und Eindrücken preisgegeben; das führt letzten Endes dazu, dass eine gewisse Entfremdung nicht vermieden werden kann.

Zitiert nach: Wolfgang Michalka und Gottfried Niedhart (Hrsg.), Die ungeliebte Republik. Dokumente zur Innen- und Außenpolitik Weimars 1918-1933, München 1992, S. 220

1. *Erläutern Sie den Ausdruck „Staat im Staate".*

2. *Informieren Sie sich, wie bei der Gründung der Bundeswehr den von Stücklen angesprochenen Problemen begegnet wurde.*

Geschichte kontrovers

Der Versailler Vertrag – Friedenswerk oder Belastung?

Nach der Ende September 1918 von der Obersten Heeresleitung eingestandenen Niederlage des Deutschen Reiches mussten Vertreter der ersten frei und demokratisch gewählten Regierung am 28. Juni 1919 den Versailler Vertrag unterzeichnen. Das Zustandekommen und der Inhalt des Friedensvertrages lösten anhaltende Proteste aus. Die große Mehrheit der Deutschen lehnte den „Schmachfrieden", wie er damals genannt wurde, ab. Historiker sahen später in dem Vertrag einen Hauptgrund für den Aufstieg des Nationalsozialismus und den Beginn des Zweiten Weltkrieges. Erst Jahrzehnte nach der Gründung der Bundesrepublik Deutschland hat sich die Geschichtswissenschaft von dieser Interpretation gelöst.

M1 „Die führenden Feinde haben ihr Ziel erreicht"

Dietrich Schäfer, ein zu seiner Zeit angesehener Historiker und politischer Schriftsteller, hat Werke über die Geschichte der Hanse ebenso wie über die Kolonialgeschichte veröffentlicht. Seine zweibändige „Geschichte der Deutschen" erscheint zwischen 1910 und 1932 in zehn Auflagen. Auch seine zweibändige „Weltgeschichte der Neuzeit", die erstmals 1901 erscheint und bis 1922 in ständig aktualisierten Auflagen gedruckt wird, findet vor allem im Bürgertum viele Leser. In der „11. durchgesehenen und bis zur Gegenwart fortgeführten Auflage" des Werkes von 1919 beurteilt Schäfer Deutschlands Stellung nach dem Versailler Vertrag so:

Der Friede, der dem Kriege ein Ende gemacht hat, ist in der Tat ein anderer geworden als die früheren, so brutal und vernichtend, wie die Weltgeschichte kaum je einen sah. [...]
Der Friede löscht Deutschland aus der Reihe der Großmächte, ja der selbstständigen Staaten aus. Die Gebietsverluste, die sofortigen und die zunächst noch infrage gestellten, raubten ihm Millionen seiner Bevölkerung, dazu unentbehrliche Bodenschätze. Kernlande, ohne die Preußen nicht bestehen kann, gingen verloren. Millionen deutscher Leute wurden fremder Herrschaft unterworfen. Die Beziehungen zu den Nachbarvölkern wurden nicht geklärt, sondern verwickelt. An weiteren Streitigkeiten wird es nicht fehlen; ihre Entscheidung liegt beim Völkerbunde, dem Deutschland für absehbare Zeiten nicht angehören wird, von dem auch, wenn er Deutschland einmal zugelassen hat, vorbehaltlose Gerechtigkeit für Deutsche nicht zu erwarten ist.
[...] Deutschlands Verkehr wird der Aufsicht der Gegner unterstellt, unsere eigensten Ströme werden internationalisiert; wir sind nicht mehr Herren im eigenen Hause, viel abhängiger und hilfloser als einst nach dem Westfälischen Frieden. Dazu kommen neben der schweren Not, die der Krieg an sich verursacht hat, die ungeheuerlichen Ersatzforderungen der Feinde, eine nimmer endende Schraube, die jederzeit nach Belieben angezogen werden kann. [...] Unsere Regierenden beteuern, dass sie die eingegangenen Bedingungen ehrlich erfüllen wollen; sie stellen in Aussicht, was sie nicht halten können. [...] Die Feinde haben Monate vergehen lassen, ehe es ihnen gefallen hat, den Vertrag zu vollziehen. [...] Wo solches möglich ist, da möchte man verzweifelt rufen: „Lasst alle Hoffnung fahren! Deutsches Volk, du hast deine Rolle ausgespielt in der Weltgeschichte! Du verdienst nichts anderes als in Zukunft Sklave stärkerer und einsichtigerer Nationen zu sein." [...]
Die führenden Feinde haben ihr Ziel erreicht. Frankreich steht gegenüber Deutschland mächtiger da als einst unter Ludwig XIV. nach dem Westfälischen Frieden; seine Grenzen sind weiter vorgeschoben als damals.

Dietrich Schäfer, Weltgeschichte der Neuzeit, Zweiter Teil: Vom Ende des Siebenjährigen Krieges bis zur Gegenwart, Berlin [11]1919, S. 445-449

M2 Nüchterne Analyse des Versailler Vertrages

Der Historiker Peter Longerich betrachtet den Versailler Vertrag aus heutiger Perspektive:

Bei einer nüchternen Analyse des Versailler Vertrages hätten jedoch auch die Chancen erkannt werden können, die er im Rahmen der Neuordnung Europas der deutschen Politik bot. Positiv zu verbuchen war, dass trotz erheblicher Gebietsverluste die Reichseinheit erhalten geblieben war, was nach der verheerenden Niederlage keineswegs als selbstverständlich hatte angenommen werden können. Zweitens stand Deutschland nicht mehr der geschlossenen Front der Kriegsgegner gegenüber: Im Gegenteil ergab sich die Chance, die tiefen Gegensätze, die nach der bolschewistischen Revolution zwischen Russland und den westlichen Siegermächten herrschten, zugunsten der deutschen Politik zu nutzen; und nach der Ablehnung der Ratifizierung des Versailler Vertrages durch das amerikanische Repräsentantenhaus und dem

▲ **„Die Grundlage für den Völkerbund. Nur so kann Deutschland darin geduldet werden!"**
Karikatur von Thomas Theodor Heine aus dem „Simplicissimus" vom 11. März 1919.

- *Beschreiben Sie die in der Karikatur dargestellte Situation. Nennen Sie die Akteure.*
- *Analysieren Sie, welche Vorstellung von der Rolle Deutschlands im Völkerbund und in der internationalen Ordnung die Zeichnung vermittelt. Vergleichen Sie mit der Bewertung in M1.*

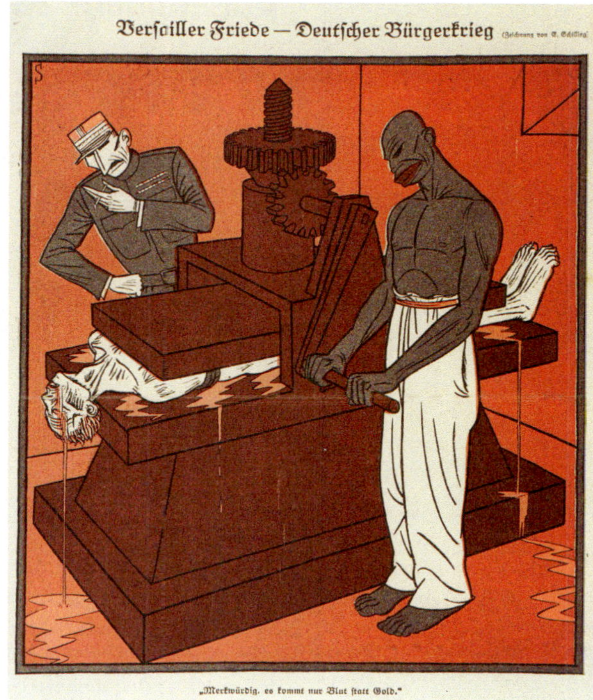

▲ **„Versailler Friede – Deutscher Bürgerkrieg." – „Merkwürdig, da kommt nur Blut statt Gold."**
Karikatur von Erich Schilling aus dem „Simplicissimus" vom 2. August 1922.

- *Beschreiben Sie die Zeichnung. Analysieren Sie dabei, welche Funktion der Künstler den gezeigten Personen zuweist. Für welche Gruppen könnten die einzelnen Akteure jeweils stehen?*
- *Erläutern Sie die Aussage der Karikatur. Beachten Sie dabei ihre Entstehungszeit.*

Abschluss eines deutsch-amerikanischen Friedensvertrages 1921 spielten die USA eher die Rolle eines Mittlers denn eines Siegers. Drittens eröffneten sich für die deutsche Außenpolitik vielfältige Möglichkeiten, gegenüber dem von Finnland bis Jugoslawien reichenden Gürtel kleiner, neu geschaffener Staaten eine Führungsrolle zu übernehmen. Viertens sprach der Zeitfaktor für eine allmähliche Lockerung der harten und diskriminierenden Friedensbestimmungen, etwa hinsichtlich der Bewaffnung und der Reparationen. Die mittel- und langfristigen Perspektiven der deutschen Politik sahen demnach keineswegs nur düster aus – vor allem wenn man sie mit der Sackgasse verglich, in die die wilhelminische „Weltpolitik" 1914 geführt hatte. Eine solche Betrachtungsweise lag aber außerhalb der seinerzeit vorherrschenden nationalistischen Selbsttäuschung.

Peter Longerich, Deutschland 1918 - 1933. Die Weimarer Republik, Hannover 1995, S. 100

1. *Vergleichen Sie die Aussagen über die Folgen des Versailler Vertrages für Deutschland.*
2. *Arbeiten Sie die Kriterien und Perspektiven heraus, an denen die Historiker ihre Urteile über den Vertrag festmachen.*
3. *Erläutern Sie die möglichen Gründe für die unterschiedlichen Sichtweisen. Informieren Sie sich im Internet über die beiden Historiker und berücksichtigen Sie das Erscheinungsjahr.*
4. *Erörtern Sie, was die hier konstruierte Kontroverse über das historische Bewerten aussagt.*
5. *Friedenswerk oder Belastung? Nehmen Sie dazu auf der Grundlage von M1 und M2 sowie des Lehrbuchtextes (siehe Seite 300 - 304) Stellung.*

Außenpolitik zwischen Revision und Annäherung

▲ **„130 Miljardów złotych ..."**
Polnische Postkarte (8,8 x 13,8 cm) zur Volksabstimmung in Oberschlesien von 1921. Die Inschrift auf dem Wagen lautet übersetzt: „130 Milliarden Goldene Mark Entschädigung für den Krieg".

Revisionistische Ziele Vorrangiges außenpolitisches Ziel aller Regierungen der Weimarer Republik war die Revision des Versailler Friedensvertrages. Die Senkung der Reparationsforderungen, die Räumung der besetzten Gebiete links des Rheins und die Wiedergewinnung der verlorenen Gebiete standen dabei an erster Stelle.*

In Polen und der neu gegründeten Tschechoslowakei lebten fast vier Millionen Deutsche als Minderheit. Wegen des westpreußischen Territoriums, das Deutschland an Polen abtreten musste, war Ostpreußen vom restlichen deutschen Staatsgebiet abgeschnitten. Den Aufbau guter Beziehungen erschwerte der Nationalismus in beiden Ländern. Im Zusammenhang mit der Oberschlesien-Frage, wo eine Volksabstimmung 1921 darüber entscheiden sollte, ob das Gebiet beim Deutschen Reich verbleiben oder Polen angegliedert werden sollte, kam es zwischen 1919 und 1921 sogar zu bewaffneten Auseinandersetzungen zwischen polnischen Soldaten und deutschen Freikorps. Obwohl sich die Mehrheit der Bevölkerung in der Volksabstimmung für den Verbleib bei Deutschland ausgesprochen hatte, wurde das Gebiet schließlich zum Nachteil des Reiches geteilt; das ostoberschlesische Industrierevier fiel an Polen. In den folgenden Jahren blieb das deutsch-polnische Verhältnis angespannt, auch wenn beide Länder wirtschaftliche Beziehungen aufnahmen und sich in Fragen des Minderheitenschutzes annäherten.

Überwindung der außenpolitischen Isolation – der Vertrag von Rapallo Die Alliierten waren vorerst nicht bereit, Deutschland als gleichberechtigten Verhandlungspartner zu akzeptieren. Um wieder außenpolitischen Handlungsspielraum zu gewinnen, suchte das Deutsche Reich die Annäherung an die *Russische Sozialistische Föderative Sowjetrepublik* (RSFSR). Nach der bolschewistischen Oktoberrevolution 1917 unter Führung von *Wladimir Iljitsch Lenin*** war Russland zunächst ebenfalls außenpolitisch isoliert. Es drängte darauf, nicht für die aus zaristischer Zeit stammenden Kriegsfolgen haftbar gemacht zu werden.

Am Rande der Weltwirtschaftskonferenz in Genua 1922 schloss Reichskanzler *Joseph Wirth* in *Rapallo*, einem Ort in der Nähe von Genua, ein Abkommen mit der Sowjetregierung. Dies geschah trotz der Vorbehalte von Außenminister Rathenau, der die Verständigung mit Frankreich gefährdet sah. Beide Staaten verzichteten darin auf eine Entschädigung für Kriegskosten und Kriegsschäden und verpflichteten sich, diplomatische Beziehungen aufzunehmen. Deutschland stellte keine Ansprüche wegen der in Russland enteigneten Besitztümer und Vermögenswerte deutscher Staatsbürger.

Der Vertrag erregte großes Aufsehen. „Rapallo" wurde zum Synonym für die Furcht der europäischen Mächte vor einer gemeinsamen deutsch-sowjetischen Politik gegen die damalige Friedensordnung. Vor allem Frankreich hegte großes Misstrauen. Dennoch vertieften Berlin und Moskau ihre politische und wirtschaftliche Zusammenarbeit in den folgenden Jahren. Im 1926 geschlossenen *Berliner Vertrag* sicherten sich beide Seiten gegenseitige Neutralität im Falle eines Krieges mit Dritten zu.

* Zu den Gebietsverlusten siehe Seite 300.
** **Lenin**: Siehe Seite 279.

Reparationsfrage Der Versailler Vertrag bestimmte, dass das Deutsche Reich Reparationen zu zahlen hatte, wies aber die Festlegung der genauen Höhe einer Kommission zu. Die europäischen Siegermächte benötigten die Reparationen, um die Kriegsfolgen in ihren eigenen Ländern zu beseitigen und um ihre während des Krieges aufgenommenen Schulden bei den USA zu tilgen. Frankreich sah zudem die Möglichkeit, Deutschland durch hohe Forderungen langfristig zu schwächen. Das *Londoner Abkommen* 1921 verfügte zunächst, dass Deutschland 132 Milliarden Reichsmark in Form von Sach- oder Geldleistungen erbringen musste. Die deutsche Öffentlichkeit reagierte schockiert auf die Forderungen.

Als die Reparationskommission im Dezember 1922 feststellte, dass Deutschland mit den Lieferungen von Holz und Kohle im Rückstand sei, ließ der nationalistische französische Ministerpräsident *Raymond Poincaré* am 11. Januar 1923 60 000 französische und belgische Soldaten ins Ruhrgebiet einmarschieren. Seinem Ziel, diese Wirtschaftsregion unter seine Kontrolle zu bringen, war er dadurch näher gekommen. Französische Beamte und Ingenieure sollten die deutsche Kohle- und Stahlproduktion kontrollieren und die Einhaltung der Lieferungen überwachen. Die Reichsregierung stellte sofort alle Reparationen ein, rief die Bevölkerung zum passiven Widerstand gegen die Besatzungsbehörden auf und unterstützte die streikenden Arbeiter mit Geld. Doch die damit verbundene massive Steigerung von Staatsverschuldung und Inflation sowie der Druck der Alliierten veranlassten die Reichsregierung zum Abbruch des „Ruhrkampfes" am 26. September 1923.

Dagegen erreichte die deutsche Regierung 1923 bei den Siegermächten, dass ihre Zahlungsfähigkeit von neutraler Seite geprüft wurde. Im April 1924 legte ein Sachverständigenrat unter der Leitung des amerikanischen Bankiers *Charles Dawes* ein Gutachten zur Reparationsfrage vor, den sogenannten *Dawes-Plan*. Seine Annahme durch die Siegermächte und die deutsche Regierung 1924 auf der Londoner Konferenz bedeutete für das Deutsche Reich eine deutlich geringere jährliche finanzielle Belastung. Zunächst musste es eine Milliarde Goldmark jährlich zahlen, ab 1928/29 jährlich 2,5 Milliarden Goldmark. Eine Gesamtsumme und eine zeitliche Begrenzung enthielt der Dawes-Plan jedoch nicht. 1930 wurde dann der *Young-Plan* angenommen, benannt nach dem Vorsitzenden des Sachverständigenrates, dem US-Amerikaner *Owen D. Young*. Der Plan legte für die deutschen Reparationen nun eine Gesamtsumme von 112 Milliarden Goldmark fest, die über einen Zeitraum von 59 Jahren zu zahlen war.

▲ **Antifranzösische Propaganda im Westen, um 1923.**
■ *Der „Franzose" trägt kaum europäische Züge. Was soll seine Gestaltung zum Ausdruck bringen? Erläutern Sie das Feindbild aus der historischen Situation heraus.*

Internettipp:
Eine Plattform des ZDF bietet Filmclips zum Thema „Momente der Geschichte", auch zu „Weimarer Republik – Die Bewährungsprobe"; siehe Code 32019-16

Verständigungspolitik unter Stresemann Von 1923 bis 1929 prägte Gustav Stresemann als Außenminister in häufig wechselnden Kabinetten die Beziehungen zum Ausland. Er behielt zwar die revisionistischen Ziele deutscher Außenpolitik bei, handelte dabei jedoch pragmatisch und vertrauensbildend. Ihm war klar, dass deutsche Außenpolitik nur dann erfolgreich sein konnte, wenn sie das französische Sicherheitsbedürfnis berücksichtigte. Stresemann stand jedoch immer unter dem Druck nationalistischer Kreise, die Erfolge der Revisionspolitik einforderten.

Im Oktober 1925 trafen sich auf einer Konferenz im schweizerischen Locarno führende europäische Politiker. Stresemann und sein französischer Amtskollege *Aristide Briand* hatten großes Interesse an einer Bereinigung des

◄ **Gustav Stresemann.**
Zeitgenössisches Porträtfoto. Für die Aussöhnung zwischen Frankreich und Deutschland setzten sich Stresemann und Briand leidenschaftlich ein. Wegen ihrer Bemühungen um die Bewahrung des Friedens in Europa erhielten sie 1926 gemeinsam den Friedensnobelpreis.

▸ **Wahlplakat der DNVP.**
Es entstand zur Reichstagswahl 1928.
- *Erläutern Sie, worauf die Darstellung eines französischen Soldaten und des Rheins anspielt.*

deutsch-französischen Gegensatzes. In den *Verträgen von Locarno* verpflichteten sich Deutschland, Frankreich und Belgien, keinen Krieg gegeneinander zu beginnen, und verzichteten auf eine Veränderung der bestehenden Grenzen zwischen ihren Staaten. Das Rheinland sollte nach dem Ende der Besatzung eine entmilitarisierte Zone bleiben. Bei Verletzung dieser Bestimmungen drohte ein Eingreifen der Garantiemächte Großbritannien und Italien. Eine Revision der Ostgrenzen hingegen ließ Stresemann offen. Deshalb verzichtete er in einem Schiedsvertrag mit Polen lediglich auf eine gewaltsame Änderung der Grenzen (▸ M1). In Locarno wurde auch beschlossen, Deutschland in den Völkerbund aufzunehmen. Es trat ihm am 8. September 1926 schließlich bei (▸ M2).

Innenpolitisch waren die Verträge von Locarno umstritten. Die nationale Rechte verurteilte sie als „Verrat an den Interessen Deutschlands“. Infolge der Versöhnungsbereitschaft gelang es Stresemann, das Ansehen Deutschlands in der Weltöffentlichkeit zu steigern. Er war maßgeblich am Zustandekommen des *Briand-Kellogg-Paktes* beteiligt. Dieses Abkommen, das zur Ächtung des Krieges und zur rein friedlichen Klärung von Konflikten verpflichtete, war benannt nach seinen Initiatoren, dem französischen Außenminister Briand und seinem amerikanischen Amtskollegen *Frank B. Kellogg*. Insgesamt 60 Staaten traten ihm bei.

Konfrontationskurs nach der Ära Stresemann Der außenpolitische Kurs Stresemanns, im Einverständnis mit den Siegermächten des Ersten Weltkrieges eine Lockerung der harten Bestimmungen des Versailler Vertrages zu erreichen, wurde nach seinem Tod 1929 von einer aggressiven Außenpolitik abgelöst. Ihr Ziel war, das Deutsche Reich wieder als Großmacht zu etablieren. Der Kurswechsel in der deutschen Außenpolitik zeigte sich etwa darin, dass der Vorschlag des französischen Außenministers Briand zu einer europäischen Wirtschaftsunion harsch abgewiesen wurde. Im Gegenzug verhinderte Frankreich eine deutsch-österreichische Zollunion, indem es auf dem Anschlussverbot Österreichs an das Deutsche Reich gemäß dem Versailler Vertrag beharrte.

M1 Deutschland – der „tolle Hund Europas"?

Der britische Botschafter in Berlin, Lord d'Abernon, über die Bedeutung des Locarno- und des Rapallo-Vertrages für Deutschland, 18. November 1925:

Der erste und wichtigste Gewinn [für Deutschland] liegt darin, dass Locarno die Kriegsentente[1] gegen Deutschland beendet. Er bringt Deutschland in das europäische Konsortium der Westmächte und räumt mit der alten diplomatischen Auffassung der Lage auf, die Deutschland als „den bösen Friedensstörer", „den Exponenten des aggressiven Militarismus" und „den tollen Hund Europas" betrachtete. [...]

Bei einer unparteiischen Bewertung muss man diesem Gewinn gewisse Verluste entgegensetzen. Der wichtigste darunter ist eine Schwächung oder sogar Aufgabe der Basis des Rapallo-Vertrages, aber Rapallo hat sich im Grunde genommen nie sehr befriedigend für Deutschland ausgewirkt. Die Handelsgewinne, die damals erwartet wurden, blieben aus, und auch die diplomatische Unterstützung war von keinem großen Wert. Er hat Deutschland bloß das Gefühl genommen, dass es allein und frierend draußen auf der Straße stand.

Ich halte noch immer an meiner Ansicht fest, dass eine Zusammenarbeit zwischen der deutschen Rechten und der russischen Linken [den Bolschewisten nach der Oktoberrevolution 1917] ein Ding der Unmöglichkeit sei, aber ich muss zugeben, dass ich vor einigen Tagen beim Empfang in der russischen Botschaft ein wenig erschüttert war, als ich die Fülle der steifen militärischen Gestalten mit Eisernem Kreuz auf der Brust sah, die sich so unbekümmert den russischen Sekt zu Gemüte führten.

Zitiert nach: Wolfgang Michalka und Gottfried Niedhart (Hrsg.), Deutsche Geschichte 1918-1933. Dokumente zur Innen- und Außenpolitik, Frankfurt am Main 2002, S. 109 f.

1. *Fassen Sie die Einschätzung des britischen Botschafters in drei Kernaussagen zusammen.*
2. *Erläutern Sie, welche Rückschlüsse sich auf die britische Außenpolitik ergeben.*
3. *Überprüfen Sie anhand der deutschen Außenpolitik, inwiefern die Erschütterung des Botschafters berechtigt war.*

[1] **Entente**: Bündnis (wörtlich: „Einvernehmen")

M2 Warum kommt Europa nicht voran?

Im Zeichen der Verständigungspolitik mit den Westmächten erreicht Außenminister Gustav Stresemann 1926, dass Deutschland Mitglied des Völkerbundes wird. In seiner letzten Rede vor diesem Gremium führt er am 9. September 1929 aus:

Ich komme zu der Frage, die in der Debatte dieser Tage erörtert worden ist. Das war die Neugestaltung der Staatenverhältnisse in Europa. [...] Was erscheint denn an Europa, an seiner Konstruktion vom wirtschaftlichen Gesichtspunkte aus so außerordentlich grotesk? Es erscheint mir grotesk, dass die Entwicklung Europas nicht vorwärts, sondern rückwärts gegangen zu sein scheint. [...]

Durch den Versailler Vertrag ist eine große Anzahl neuer Staaten geschaffen worden. Ich diskutiere hier nicht über das Politische des Versailler Vertrages, denn ich darf annehmen, dass meine Anschauungen darüber bekannt sind. Aber das Wirtschaftliche möchte ich doch betonen und sagen, dass es unmöglich ist, dass Sie zwar eine große Anzahl neuer Staaten geschaffen, aber ihre Einbeziehung in das europäische Wirtschaftssystem vollkommen beiseite gelassen haben. Was ist denn die Folge dieser Unterlassungssünde gewesen? Sie sehen neue Grenzen, neue Maße, neue Gewichte, neue Usancen[1], neue Münzen, ein fortwährendes Stocken des Verkehrs. [...] Wo bleibt in Europa die europäische Münze, die europäische Briefmarke? Sind diese aus nationalem Prestige heraus geborenen Einzelheiten nicht sämtlich Dinge, die durch die Entwicklung der Zeit längst überholt wurden und diesem Erdteil einen außerordentlichen Nachteil zufügen, nicht nur im Verhältnis der Länder zueinander, nicht auch nur in dem Verhältnis zu den Weltteilen, draußen, sondern auch im Verhältnis anderer Weltteile, die sich oft viel schwerer in diese Dinge hineinversetzen können als ein Europäer, der es allmählich auch nicht mehr versteht?

Gustav Stresemann, Vermächtnis. Der Nachlass in drei Bänden, herausgegeben von Henry Bernhard, Bd. 3, Berlin 1933, S. 577 f.

1. *Erläutern Sie, in welcher Hinsicht die Entwicklung Europas für Stresemann rückwärts gegangen ist.*
2. *Prüfen Sie, ob sich heutige Protagonisten der europäischen Einigung auf Stresemann und Briand berufen können. Begründen Sie Ihren Befund.*

[1] **Usance** (frz.) „Brauch"

Gesellschaft zwischen Revolution und Tradition

▲ **„Stützen der Gesellschaft."**
Ölgemälde von George Grosz, 1926.

■ *Das Gemälde wurde von dem Kunsthistoriker Hans Hess als eine „große Allegorie des deutschen Staates in der Weimarer Republik" bezeichnet. Erläutern Sie diese Aussage. Tipp: Ordnen Sie die Figuren in dem Bild aufgrund ihrer Attribute und des Bildhintergrundes bestimmten Gesellschaftsschichten zu. Berücksichtigen Sie auch den Bildtitel.*

Neue Kunstströmungen ■ Wenn wir heute von den *Goldenen Zwanzigern* sprechen, so meinen wir weniger den wirtschaftlichen Aufschwung jener Jahre als vielmehr das freie, ungewöhnlich produktive, teilweise ungezügelte Kulturleben. Anknüpfend an die geistigen Strömungen im Kaiserreich, entfaltete sich in den deutschen Städten für mehr als ein Jahrzehnt eine einzigartige künstlerische und intellektuelle Blüte, vor allem in Berlin. Die Stadt, mit ihren rund vier Millionen Einwohnern zur europäischen Metropole aufgestiegen, wurde zum Inbegriff des Fortschritts und der Moderne. Schon in den 1920er-Jahren war sie eine Drehscheibe der Kulturen. In der bildenden Kunst erlebten der *Expressionismus*, der sich zu Beginn des 20. Jahrhunderts entwickelt hatte, und der *Dadaismus* eine Blüte. In expressionistischen Werken wurden durch die Verfremdung von Farben, Formen und von Denkgewohnheiten gesellschaftliche Missstände und individuelle Not ausgedrückt. Neben diese Kunstrichtungen trat die *Neue Sachlichkeit*, zunächst im Bereich der Architektur und der bildenden Künste, dann auch in der Literatur. Ihre Vertreter versuchten in meist zeitkritischen Werken, gesellschaftliche und politische Themen nüchtern-distanziert darzustellen.

Richtungsweisend für die künstlerische Haltung der Weimarer Republik wurde die 1919 von dem Architekten *Walter Gropius* in Weimar gegründete Kunstschule, das *Staatliche Bauhaus*. Seine Leitvorstellung war, dass Architekten handwerkliche Meisterschaft erlangen und mithilfe neuer technischer Möglichkeiten lichtdurchflutete, funktionale und preisgünstige Bauwerke ohne überflüssiges Dekor schaffen sollten. Auch für die Massenproduktion von Möbeln und Gegenständen des täglichen Bedarfs sollten neue Materialien wie Eisen und Stahl genutzt werden.

Massenkultur? ■ In zunehmendem Maße brachten Künstler und Intellektuelle neue Medien zum Einsatz, um ein größeres Publikum zu erreichen. Es entstanden künstlerisch hochwertige Spiel- und Dokumentarfilme, Radioreportagen und Hörspiele. Die Zahl der Kinos verdoppelte sich zwischen 1918 und 1930 auf 5000. Die deutsche Filmindustrie produzierte europaweit die meisten Filme. Seit der ersten Radiosendung am 29. Oktober 1923 stieg die Zahl der Empfänger ständig an. Neun Jahre später besaß bereits jeder vierte Haushalt einen Rundfunkapparat.

Die moderne Kunst wurde jedoch von der Gesellschaft nur am Rande wahrgenommen. Der Massengeschmack bevorzugte Unterhaltungsfilme, Groschenromane, Varietés und Sportveranstaltungen.

Die Zeitung blieb in der Weimarer Republik das wichtigste Medium zur Information und Meinungsbildung. Meist hatten Zeitungen nur regionale Bedeutung und blieben auf bestimmte Sozialmilieus beschränkt. In den letzten Jahren der Weimarer Republik verloren freilich die demokratischen und liberalen Zeitungen immer mehr Leser. Zugleich kontrollierte der DNVP-Vorsitzende **Alfred Hugenberg** in seinem Medienkonzern große Teile der regionalen und der rechtskonservativen Blätter. Dadurch schuf er sich nicht nur wirtschaftliche Macht, sondern auch ein breites Forum für seine republikfeindlichen Positionen.

Alfred Hugenberg (1865-1951): Politiker und Unternehmer; 1928-1933 Vorsitzender der DNVP. Im Kabinett unter Hitler wurde er 1933 Minister für Wirtschaft, Landwirtschaft und Ernährung.

Bedrohung der Tradition? Nur wenige Kulturschaffende identifizierten sich mit der Republik von Weimar. Wer nicht ohnehin für ein anderes politisches System eintrat, hielt sich von tagespolitischen Diskussionen fern. Viele Künstler und Intellektuelle zeigten sich unbeeindruckt von den politischen und sozialen Veränderungen ihrer Zeit. In gewisser Weise bildeten sie eine Parallelgesellschaft neben den übrigen Bevölkerungsschichten. Zu den wenigen politisch engagierten Künstlern im Deutschland der Zwanzigerjahre gehörte der Dichter und Dramatiker *Bertolt Brecht*. Das von ihm und dem Regisseur *Erwin Piscator* entwickelte Konzept des „epischen Theaters" setzte einen Gegenakzent zum klassischen Drama. Die Darstellung auf der Bühne sollte nicht mehr zum Miterleben einladen, sondern verfremden und den Zuschauer zur Kritik an den tatsächlichen Verhältnissen anhalten. Mit Stücken wie Brechts „Dreigroschenoper", 1928 in Berlin uraufgeführt, erreichte das deutsche Theater jener Zeit Weltgeltung.

Neue kulturelle Entwicklungen stießen oft auf Ablehnung der konservativ und nationalistisch Denkenden (▸ M1). Sie brandmarkten Kunstformen, die das gewohnte Stilempfinden infrage stellten, auch ausländische Einflüsse wie beispielsweise den Jazz, als elitär bzw. „entartet".

Die wachsende Aggressivität gegen moderne Künstler wird deutlich am Schicksal des Bauhaus-Gründers Gropius. Er wurde nicht nur von Handwerkern und traditionalistischen Architekten angegriffen, die durch die neue Bauweise ihre berufliche Existenz gefährdet sahen. Rechtsnationalistische Kreise lehnten die avantgardistischen Prinzipien des Bauhauses als „undeutsch" ab. Nach fortgesetzten Schikanen durch die rechtsgerichtete Regierung in Thüringen verlegte Gropius den Sitz des „Bauhauses" ins anhaltinische Dessau, bis er 1928 schließlich die Leitung abgab.

Die Rolle der Frau In den Zwanzigerjahren entstand auch die Vorstellung von einer neuen Rolle der Frau in der Gesellschaft. Frauen dieses Typs waren berufstätig und finanziell unabhängig, sie traten selbstbewusst auf, rauchten in der Öffentlichkeit, schminkten sich und gingen alleine in Restaurants und Bars. Die moderne Frau stand für eine neue Epoche, ein modernes, positives Lebensgefühl und für eine stärker konsumorientierte Gesellschaft. Trotz der großen öffentlichen Wirkung blieben solche Frauen eine Randerscheinung, die man allenfalls in den Städten antraf (▸ M2).

Auch wenn der Anteil der weiblichen Erwerbstätigkeit während des Ersten Weltkrieges stark gestiegen war und sich für Frauen neue Berufsfelder wie das der Verkäuferin, Stenotypistin, Sekretärin in Büros oder der Telefonistin eröffneten, war für viele junge Frauen die Erwerbstätigkeit nur ein Übergangsstadium bis zur Heirat. Zudem verschlechterten sich die beruflichen Chancen für Frauen in den Zwanzigerjahren erneut. Sobald es ein Arbeitskräfte-Überangebot gab wie in den Krisenjahren um 1923 und ab 1929, wurde von den Frauen vielfach erwartet, dass sie ihre Erwerbstätigkeit freiwillig aufgaben.

Auf dem Land und in konservativen Milieus galt weiterhin die Hausfrau und Mutter als weibliches Ideal.

▸ **Werbung von 1929.**
Zu dieser Zeit ist die Waschmaschine noch ein seltenes Privileg des Wohlstandes.
- *Analysieren Sie das Bild der „modernen Frau", das die Grafik hier suggeriert.*
- *Erläutern Sie am Beispiel, inwiefern Werbegrafik eine besonders aufschlussreiche Quelle für Zeitgeist und Mentalität darstellt.*

Jugend zwischen Kontrolle und Fürsorge Der Krieg und die Krisen der Nachkriegszeit machten die Jugendlichen zu einer verlorenen Generation ohne Perspektive. Während des Krieges waren sie mit alltäglicher Gewalt und Not konfrontiert, nach dem Krieg nahmen ihnen Wirtschaftskrise, Inflation und Massenarbeitslosigkeit die Chance auf eine gesicherte Existenz. Viele mussten ohne ihre Väter aufwachsen, die sie im Krieg verloren hatten. Soziale Not, Elend und Orientierungslosigkeit ließen die Jugendkriminalität ansteigen und machten die jungen Menschen anfällig für die Propaganda der radikalen Parteien. Der Staat versuchte, der hohen Kriminalität unter Jugendlichen gegenzusteuern. Die *Reformpädagogik* löste die bisherige, auf Drill und „Paukschule" ausgerichtete Erziehung ab und wollte Jugendliche zu demokratischen und sozial denkenden Staatsbürgern erziehen. Dem *Reichsjugendwohlfahrtsgesetz* von 1922, durch das die ersten Jugendämter eingerichtet wurden, und dem 1923 eingeführten *Jugendstrafrecht* lag die Überzeugung zugrunde, dass Jugendliche anders zu behandeln seien als Erwachsene und Schutz und Hilfe benötigten. Zudem sollten halbstaatliche Jugendorganisationen, wie etwa Turn- und Sportvereine, die Jugendlichen unter geregelte Aufsicht bringen.

Edelweißpiraten: oppositioneller Zusammenschluss von Jugendlichen aus dem Arbeitermilieu während der NS-Zeit

Dennoch waren viele Jugendliche republikfeindlich eingestellt, traten kommunistischen und nationalistischen Organisationen bei und beteiligten sich an antirepublikanischen Veranstaltungen und Krawallen.

Ausgehend von der unpolitischen *Wandervogelbewegung*, die sich noch im Kaiserreich gebildet hatte, politisierte und radikalisierte sich die Jugendbewegung zunehmend (▸ M3). Auf der einen Seite stand die organisierte Arbeiterjugend. Auf der anderen Seite formierte sich die „bündische" Jugend, die nach und nach alle politisch und konfessionell unabhängigen Jugendverbände, so auch die Wandervögel und die Pfadfinderverbände, in sich aufnahm. Der wichtigste Verband war die 1926 gegründete *Deutsche Freischar*. Sie war stark militaristisch und republikfeindlich ausgerichtet. Die jugendliche Gemeinschaft war für sie die Keimzelle der „Volksgemeinschaft".

Gegen Ende der 1920er-Jahre verstärkten sich rassistische und antisemitische Tendenzen. 1933 trat die Mehrheit der bündischen Jugend der *Hitler-Jugend* bei. Allerdings hatten auch jugendliche Widerstandsgruppen wie die **Edelweißpiraten** und die *Weiße Rose** ihre Wurzeln in der bündischen Jugend.

▲ **Propaganda-Plakat, um 1933.**
Der NSDAP gelang es, in großer Zahl junge Unterstützer zu mobilisieren, indem sie sich als Verkörperung des „jungen" Deutschland und als unverbrauchte Kraft stilisierte. Nach 1933 perfektionierte die NS-Diktatur mit ihren Jugendorganisationen, der „Hitler-Jugend" (HJ) und dem „Bund Deutscher Mädel" (BDM), das System des Drills und Schleifens – eine Erziehung, die zunehmend der Vorbereitung auf den Krieg diente.

Antisemitismus Die jüdische Bevölkerung in Deutschland erhielt durch den rechtlichen Emanzipationsprozess im 19. Jahrhundert, die staatsbürgerliche Gleichstellung im Kaiserreich und die Chancen durch die Industrialisierung verstärkt Zugang zum Bürgertum und zur Bildungselite. Führungspositionen in der staatlichen Verwaltung, im Offizierskorps, an Universitäten und in der Justiz blieben aber weiterhin die Ausnahme.

Im August 1914 zogen die deutschen Juden ebenso vorbehaltlos in den Krieg wie ihre nichtjüdischen Landsleute. Doch schon sehr bald wurden antisemitische Stimmen laut, die den Juden vorwarfen, sich vor dem Fronteinsatz zu drücken und den Krieg ausschließlich als Möglichkeit zu sehen, um daraus finanziellen Gewinn zu ziehen. Angeblich um diese Vorwürfe zu entkräften, ordnete das Kriegsministerium 1916 an, die Zahl

* Siehe Seite 386.

der an der Front eingesetzten Juden festzustellen (sogenannte *Judenzählung*). Das Ergebnis erwies eine völlig angemessene Beteiligung der deutschen Juden am deutschen Kriegseinsatz. Es wurde jedoch nicht veröffentlicht und verstärkte damit noch die antisemitischen Gerüchte. Die Juden waren empört wegen dieser pauschalen Diffamierung. Wir wissen heute, dass von den etwa 550 000 im Deutschen Reich lebenden Juden fast 100 000 im Ersten Weltkrieg kämpften und ca. 12 000 ihr Leben ließen.

Der schon während des Krieges anklingende radikale Antisemitismus setzte sich in der Weimarer Republik fort. Obwohl die überwältigende Mehrheit der jüdischen Bevölkerung der Revolution distanziert gegenüberstand, tauchten alte Verschwörungstheorien und Vorurteile wieder auf. Links orientierte, jüdische Politiker wie Kurt Eisner oder Rosa Luxemburg galten als „Verräter am deutschen Volk". Die Weimarer Republik erschien ihren Gegnern als „Judenrepublik". Die meisten Juden begrüßten die freiheitliche und demokratische Grundordnung der Weimarer Republik. Die Mehrheit der parteipolitisch engagierten Juden war deshalb im Lager der Deutschen Demokratischen Partei (DDP) zu finden.

Die jüdische Bevölkerung in Osteuropa war im und nach dem Ersten Weltkrieg vor den antijüdischen Ausschreitungen zu Tausenden in das Deutsche Reich geflüchtet. Ihre fremde kulturelle Prägung und Lebensart wurde zum Stereotyp für alle Juden und diente als Zielscheibe antisemitischer Vorurteile. Die deutschen Juden begegneten ihnen mit einer Mischung aus Misstrauen und wohltätigem Mitleid. Viele der unfreiwillig zugewanderten Ostjuden emigrierten während der Weimarer Republik in andere europäische Staaten und die USA. Manche kehrten in ihre osteuropäische Heimat zurück. Etwa 60 000 blieben in Deutschland.

▲ **Jüdischer Kellerladen in Berlin.**
Foto um 1920.

Auch das kulturelle Leben in der Weimarer Republik blieb von antisemitischen Vorurteilen nicht verschont. Ohne die herausragenden Leistungen jüdischer Künstler hätte jedoch die deutsche Kultur jener Zeit niemals ihre internationale Anerkennung gefunden. Auch in der Wissenschaft standen deutsche Juden mit an vorderster Stelle – darunter fünf Nobelpreisträger während der Weimarer Zeit: *Albert Einstein* (1921), *James Franck* (1925) und *Gustav Hertz* (1925) in Physik, *Otto Meyerhof* (1922) und *Otto H. Warburg* (1931) für Medizin. Vereinzelte Versuche, den Antisemitismus zu bekämpfen, scheiterten, weil es in der deutschen Gesellschaft der Weimarer Republik an Solidarität für die jüdischen Mitbürger mangelte.

In der Weimarer Republik radikalisierte sich der rassistische Antisemitismus. Bücher, Broschüren und weit über 500 antisemitische Zeitungen verbreiteten eine zunehmend radikalere Propaganda. Seit 1923 tat sich die von **Julius Streicher** gegründete Zeitung „Der Stürmer" mit judenfeindlichen Hetzkampagnen hervor. Zu den am weitesten verbreiteten Schriften zählten die „Protokolle der Weisen von Zion", die vorgaben, eine jüdische Weltverschwörung zu entlarven. Zu Beginn der Weimarer Republik gab es rund 400 völkische Organisationen. Ein Zentrum für antisemitische Kampagnen war der „Deutschvölkische Schutz- und Trutzbund". In seinem Gründungsjahr 1919 zählte er etwa 5 000 Mitglieder, 1922 waren es bereits fast 200 000, darunter Angestellte, Beamte, Lehrer, Akademiker, Ärzte, Anwälte, Handwerker und Händler. Unter dem Motto „Deutschland den Deutschen" agitierte der Bund gegen die Demokratie, gegen linke Bewegungen und gegen Juden. Nach der Ermordung Walther Rathenaus im Juni 1922 wurde zwar seine Tätigkeit in den meisten Ländern des Deutschen Reiches verboten. Dennoch unterstützte er weiterhin gewalttätige Aktionen, so die Attentate auf die republiktreuen Politiker Matthias Erzberger und Philipp Scheidemann.

Julius Streicher (1885-1946): nationalsozialistischer Politiker und Publizist; 1921 Beitritt zur NSDAP; Verleger des antijüdischen Hetzblattes „Der Stürmer"; seit 1928 Gauleiter in Franken; 1933-1945 Mitglied des Reichstages; im Nürnberger Kriegsverbrecherprozess 1946 verurteilt und hingerichtet

M1 Gegen die „Schmutz- und Schundliteratur“

Der Abgeordnete des Zentrums, Georg Schreiber, stellt 1925 vor dem Reichstag seine Maßstäbe für kulturelles Schaffen dar:

Sind wir doch in der eigenartigen Lage, dass hier diese Metropole in vielem internationalisiert ist, dass sie in vielem kosmopolitisch steht, und jenes andere ist ebenso gewiss: Wenn wir in den letzten Jahrzehnten in Deutschland eine wundervolle Heimatkunst, eine Heimatkultur entwickelt haben, wenn wir die Dichtungen von Theodor Storm, von Fritz Reuter, Klaus Groth und anderen Heimatkünstlern schätzen, so ist es nicht bloß wegen der dichterischen Schönheit und Kraft. Darüber hinaus haben wir das Empfinden: Dort strömt in diesen Landschaften Niedersachsens, ebenso aber auch in anderen deutschen Landschaften köstlicher Jungbrunnen deutscher Kultur, dort liegt noch viel Urkräftiges, vieles an ungebrochener gesunder Volkskraft. Und wenn es darauf ankommt, diese deutsche Volkskraft in ihrer landschaftlichen Eigenart zu erhalten und zu fördern, dann werden wir nicht bloß auf Berlin und auf die Entscheidungen der Filmoberprüfstelle hier achten, sondern werden unsere Maßstäbe für die Beurteilung auch finden in dem kernigen Volke des Schwarzwaldes, in den sittlichen Maßstäben, die man auf der westfälischen Heide anlegt, und in den Wäldern Schlesiens, ebenso im bayerischen Gebirge. Wir brauchen dringender denn je diesen Rückblick auf die seelische Feinnervigkeit der deutschen Landschaft, um uns Kultureinflüssen hier in Berlin zu erwehren, die unser Volk nicht weiterbringen, sondern in der Volkspflege und in der Volkskultur zurückwerfen.

Zitiert nach: Peter Longerich (Hrsg.), Die Erste Republik, München 1992, S. 377

1. *Beschreiben Sie, was der Autor unter „Heimatkunst“ versteht.*
2. *Gegen die moderne Kultur der Zwanzigerjahre gab es aus den unterschiedlichsten Gründen Widerstand. Erörtern Sie die gesellschaftlichen und geistigen Hintergründe dieser Denkweisen.*
3. *Diskutieren Sie, welche Rolle die Großstädte für Heimatkunst und Heimatliteratur spielen.*

M2 Prototypen weiblicher Emanzipation

Die Historikerin Ute Frevert schreibt über das Wunschbild der „neuen Frau“ und die gesellschaftliche Wirklichkeit:

Fortschritt und Beharrung, Modernität und Tradition trafen im Typus der „neuen Frau“, wie ihn die Weimarer Kulturkritik kreierte, auf besondere Weise zusammen. Schon das äußere Erscheinungsbild junger Frauen nach dem Krieg verführte manche Zeitgenossen dazu, das „Zeitalter der befreiten Frau“ einzuläuten. Bubikopf, Zigaretten, saloppe Mode galten als Markenzeichen der modernen Frau, die den Gleichberechtigungsgrundsatz der Weimarer Verfassung ernst nahm und ihren Platz in Beruf und Öffentlichkeit selbstbewusst ausfüllte. Doch nicht bloß in ihrem Äußeren schienen sich Frauen und Männer angleichen zu wollen, auch in ihren Lebensplänen verwischten sich die Grenzen zwischen den Geschlechtern. Immer mehr Frauen übten einen Beruf aus und verdienten eigenes Geld. [...]

Heißdiskutierte Prototypen weiblicher Emanzipation waren vielmehr die jungen Angestellten, die als Kinder der neuen Zeit gefeiert oder, je nach Weltanschauung, gescholten wurden. In den Sekretärinnen, Stenotypistinnen und Verkäuferinnen schien die Modernität des Weimarer Systems augenfällig zu werden, und auch die zahlenmäßige Entwicklung – 1925 gab es annähernd 1,5 Millionen weibliche Angestellte, dreimal mehr als 1907; ihr Anteil an allen erwerbstätigen Frauen stieg von 5 % auf 12,6 % – rechtfertigte das ausgeprägte, aber nicht gleichgerichtete Interesse an diesem Frauentyp der „neuen Sachlichkeit“. Galt den einen die Feminisierung des Angestelltenberufs als „Beginn der wirklichen Emanzipation der Frau“, als „größte Revolution in der sozialen Stellung der Frau“, betonten kritischere Beobachter die Ambivalenz dieser oberflächlichen „Modernisierung“, und die Psychologin Alice Rühle-Gerstel beschrieb die Frauen in Büros und Geschäften bereits 1932 ohne Emanzipationshoffnung:

„Ein halbseidener Beruf, halbseiden wie die Strümpfe und Hemdchen der Ladenfräulein, halbseiden wie ihr Gemüt und ihre Gedankenwelt [...]. Ihrer wirtschaftlichen Situation gemäß Proletarierin, ihrer Ideologie nach bürgerlich, ihrem Arbeitsfeld zufolge männlich, ihrer Arbeitsgesinnung nach weiblich. Schillernde Gestalten, von schillerndem Reiz oft, ebenso oft von schillernder Fragwürdigkeit, auf alle Fälle von schillernder Sicherheit ihres sozialen und seelischen Daseins.“

Ute Frevert, Frauen-Geschichte. Zwischen Bürgerlicher Verbesserung und Neuer Weiblichkeit, Frankfurt am Main [5]1993, S. 171-173

1. *Arbeiten Sie die verschiedenen Bereiche heraus, in denen sich emanzipatorisches Verhalten äußert.*
2. *Verfassen Sie anhand des Textes eine Definition von* ➕ *Emanzipation und vergleichen Sie sie mit der eines aktuellen Lexikons.*
3. *Vergleichen Sie die dargestellten Vorstellungen von Frauenemanzipation mit heutigen.*

M3 „Macht Platz, ihr Alten!"

Der Journalist Jan Friedmann beschreibt 2008 in einem Artikel Ursprung und Wesen der völkischen Jugendbewegung in der Weimarer Republik:

„Weil wir die echten, wahren und unerbittlichen Feinde des Bürgers sind, macht uns seine Verwesung Spaß", höhnte der Rebell und Jugendführer. Was wie eine Parole von 1968 anmutet, ist ein Satz von Ernst Jünger über sich selbst und seine Altersgenossen aus dem Jahr 1929.
„Wir sind Söhne von Kriegen und Bürgerkriegen", fuhr der Rechtsintellektuelle in seinem Generationenporträt fort. Eines Tages werde es gelingen, die bestehende „krustige, schmutzige Decke wegzusprengen" und darunter eine „stolzere, kühnere und noblere Jugend" zum Vorschein zu bringen, die „Aristokratie von morgen und übermorgen".
Dem Schriftsteller, Studienabbrecher und Freischärler war die bürgerliche Demokratie genauso verhasst wie vielen Menschen seiner Generation. Jünger, Jahrgang 1895, wurde eine der prominentesten Stimmen der völkischen Jugendbewegung, die während der Weimarer Republik maßgeblich den Weg in die Diktatur ebnete. [...]
In keinem anderen Jahrzehnt prallten die Generationen so heftig aufeinander wie in den Zwanzigerjahren. „Macht Platz, ihr Alten!", schleuderte der Reichspropagandaleiter der NSDAP, Gregor Straßer, im Jahr 1927 dem Establishment der Weimarer Republik entgegen. „Macht Platz, ihr Unfähigen und Schwachen, ihr Blinden und Tauben, ihr Ehrlosen und Gemeinen, ihr Verräter und Feiglinge, macht Platz, ihr seid gewogen und zu leicht befunden worden." Ihren ideologischen Fundus hatte sich die selbstbewusste Avantgarde in den Schützengräben des Ersten Weltkrieges angeeignet.
Tatsächlich waren es zwei Generationen von Jugend, die dort geprägt wurden. Da waren zum einen die Jahrgänge der zwischen 1880 und 1900 Geborenen, die eigentliche Frontgeneration. Angetreten in rauschhafter Begeisterung, erlebten sie den Krieg als ungeheure Schlachtbank [...]. Jeder dritte der zwischen 1892 und 1895 geborenen deutschen Männer verlor hier sein Leben.
So schlossen die Überlebenden: Nur wer in der Gemeinschaft funktioniert und sich im Gegenzug auf die unbedingte Kameradschaft seiner Mitkämpfer verlassen kann, hat eine Chance. Der Einzelmensch gilt nichts, erst im Kollektiv der feldgrauen Uniformen wird er zu einer Macht.
Doch die Heroisierung der Härte und des Opfers prägte auch die Jüngeren. Sie absorbierten die kaiserliche Kriegspropaganda, die Durchhalteparolen der Lehrer und Amtsleute, sie glaubten an die Dolchstoßlegende. [...] Ihr Credo der Härte und Unerbittlichkeit übertrugen beide Generationen, die Frontkämpfer und ihre jüngeren Brüder, auf die Zivilgesellschaft von Weimar. Kompromisse galten ihnen als Zeichen von Schwäche. Heroisches Handeln musste stattdessen rein, radikal und sachlich sein. Anstelle des schalen Parlamentarismus wollten sie das Ideal einer klassenlosen Volksgemeinschaft setzen, frei von störenden Fremdkörpern. [...]
Ihre Ideale von Kameradschaft, soldatischer Männlichkeit und freiwilliger Unterordnung fand die Jugend in den zahlreichen paramilitärischen Verbänden und bündischen Organisationen. Alle politischen Parteien schufen sich solche Nebenorganisationen: die Kommunisten etwa den „Roten Frontkämpferbund" (1924), die Sozialdemokraten das „Reichsbanner Schwarz-Rot-Gold" (1924), die Katholiken die „Windthorstbünde" (1920), die DDP den „Jungdeutschen Orden" (1920), die DNVP ihren „Stahlhelm" (1918) – und die NSDAP warb mit der Parole „Jugend führt Jugend" für ihre Sturmabteilung SA (1921). Alle Bünde boten Marschieren in Kolonnen und Wehrertüchtigung, das Reichsbanner zum Beispiel Geländelauf, Gepäckmarsch oder Kleinkaliberschießen. Sie hielten den Großen Krieg in Ehren und stählten ihre Mitglieder für künftige Schlachten. Ziel sei die „geistige und seelische Rüstung der wehrhaften Jugend", hieß es im Manifest des Jungdeutschen Ordens – und die äußerte sich am besten in jugendlich-viriler Gewalt.

Jan Friedmann, „Macht Platz, ihr Alten", in: Spiegel Special Geschichte 1/2008, S. 38-42

1. *Erläutern Sie das hier gezeichnete Bild der Weimarer Jugend.*
2. *Analysieren Sie, inwiefern sich in der Jugend die gesellschaftlichen Verhältnisse spiegeln, und zeigen Sie die Folgen auf.*
3. *Prüfen Sie, inwiefern sich dies auf die heutige Zeit übertragen lässt.*

Die Zerstörung der Demokratie

Ursachen der amerikanischen Wirtschaftskrise Der wirtschaftliche Aufschwung der Zwanzigerjahre hatte an der New Yorker Aktienbörse ein hektisches Spekulationsfieber ausgelöst. Viele Anleger kauften Wertpapiere auf Kredit, um sie nach einem Kursanstieg gewinnbringend zu veräußern. In wenigen Jahren vervierfachte sich der Wert vieler Aktien und übertraf damit den tatsächlichen Wert der Unternehmen bei Weitem.

Erste Anzeichen einer beginnenden Wirtschaftskrise (Überproduktion in der Industrie und in der Landwirtschaft) wollte man nicht wahrhaben. Am 24. Oktober 1929 und noch einmal am 29. Oktober stürzten die Aktienkurse ab, manche Papiere verloren bis zu 90 Prozent ihres Wertes. Durch Panikreaktionen von Anlegern, die aus Angst um ihre Ersparnisse die Geldinstitute stürmten oder ihre Aktien verkauften, gerieten die Banken in Zahlungsschwierigkeiten. Das gesamte amerikanische Wirtschaftssystem brach zusammen. In den folgenden Monaten mussten in den USA über 9 000 Banken und mehr als 100 000 Betriebe Konkurs anmelden. 1932/33 waren rund 15 Millionen Menschen arbeitslos, das war ein Viertel der arbeitsfähigen Bevölkerung.

Literaturtipps:
- *John Kenneth Galbraith, Der große Crash 1929. Ursachen, Verlauf, Folgen, München [5]2012*
- *Florian Pressler, Die erste Weltwirtschaftskrise. Eine kleine Geschichte der Großen Depression, München 2013*

Die Krise in den USA wirkte sich angesichts der internationalen Wirtschaftsverflechtungen und der wichtigen Stellung der USA in der Weltwirtschaft unmittelbar auch auf andere Länder aus. Um zahlungsfähig zu bleiben, zogen die amerikanischen Banken ihre kurzfristigen Kredite aus Europa ab. Außerdem erhöhte der amerikanische Präsident **Herbert C. Hoover** zum Schutz der eigenen Industrie drastisch die Importzölle. Die dadurch ausgelöste Drosselung des Welthandels sowie das in Europa fehlende Kapital für Neuinvestitionen entfachten einen Flächenbrand. Die Weltwirtschaftskrise, die daraus entstand, war der schwerste ökonomische Einbruch seit Beginn der „Industriellen Revolution“.

Herbert C. Hoover (1874-1964): US-amerikanischer Präsident 1929-1933

▲ **Arbeitssuchende.**
Foto aus Berlin, 1930.

Auswirkungen der Weltwirtschaftskrise auf Deutschland Im Deutschen Reich war die Konjunktur bereits seit Ende 1928 rückläufig, die Zahl der Arbeitslosen stieg auf 1,89 Millionen im Jahresdurchschnitt. Ein Jahr später griff die Weltwirtschaftskrise auf Deutschland über. Die Lage verschlechterte sich rapide. Steigende Arbeitslosenzahlen senkten die Kaufkraft der Bevölkerung und die Steuereinnahmen des Staates (▸ M1). Die geringere Nachfrage führte zur weiteren Drosselung der Produktion und zu neuen Entlassungen (▸ M2). So verschärfte die verhängnisvolle Spirale die Krise.

Deutschland war wegen der Folgekosten des Ersten Weltkrieges in hohem Maße auf den Export und auf ausländische Kredite angewiesen. Deshalb traf die weltweite Depression das Deutsche Reich besonders heftig, als das Ausland 1931 verstärkt seine kurzfristigen Kredite zurückzog. Viele deutsche Banken, die längerfristige Investitionsprogramme der Industrie finanziert hatten, kamen in Zahlungsschwierigkeiten. Nach dem Zusammenbruch der zweitgrößten deutschen Bank, der *Darmstädter und Nationalbank* (*Danat*), zahlten alle Banken nur noch in begrenztem Umfang Geld aus.

1932 erreichte die Krise ihren Höhepunkt. Die industrielle Produktion ging auf die Hälfte des Standes von 1928 zurück. Im Februar waren 6,128 Millionen Beschäftigte arbeitslos gemeldet. Wahrscheinlich lag die tatsächliche Zahl noch höher, sodass in Deutschland nahezu jede zweite Familie von der Wirtschaftskrise betroffen war. Viele kleine und mittlere Unternehmer verloren ihre Betriebe durch Konkurs. Angestellte und Arbeiter gerieten durch die Arbeitslosigkeit in große Not. Ein Gefühl der Unsicherheit machte sich breit, das über die unmittelbar Betroffenen hinaus die gesamte Bevölkerung erfasste. Die allgemeine Katastrophenstimmung schürte die Anfälligkeit für radikale Parolen von rechts und links.

◂ **Wartende Arbeitslose im Hinterhof des Arbeitsamtes Hannover, Königsworther Platz.**
Foto von Walter Ballhause, Frühjahr 1932.

Grenzen des Sozialstaates Der Ausbau des Sozialstaates war in Art. 151 der Weimarer Verfassung verankert: „Die Ordnung des Wirtschaftslebens muss den Grundsätzen der Gerechtigkeit mit dem Ziel der Gewährleistung eines menschenwürdigen Daseins für alle entsprechen." Auf der Grundlage der in der Kaiserzeit eingeführten Sozialversicherungen wurden die staatlichen Leistungen erweitert. 1918 führte der Rat der Volksbeauftragten den Rechtsanspruch auf Erwerbslosenfürsorge ein. Sie löste die auf karitativen Vorstellungen beruhende Armenfürsorge ab und erhöhte die Zuwendungen.

Die Beiträge für die 1927 eingeführte Arbeitslosenversicherung legten den Grundstein zu unserem heutigen System. Sie wurden paritätisch von Arbeitgebern und Arbeitnehmern getragen und durch staatliche Zuschüsse gesichert.

Mit der Massenarbeitslosigkeit in der Weltwirtschaftskrise 1929 war der Staat jedoch überfordert. Da die Sozialausgaben stiegen und gleichzeitig die Steuereinnahmen sanken, wurde die Unterstützung für Arbeitslose gekürzt. Im Juni 1932 senkte die Regierung die Bezugsdauer für Leistungsempfänger, die ohnehin nur ein Existenzminimum bezogen, von 26 auf sechs Wochen. Bedürftige Arbeitslose bekamen anschließend für maximal ein Jahr die zum Teil noch geringeren Sätze der Krisenfürsorge. Sogenannte „Wohlfahrtserwerbslose" waren schließlich auf die Unterstützung durch die Gemeinden angewiesen (▸ M3). 1932 erhielten nur noch 800 000 Menschen Arbeitslosenunterstützung, 1,4 Millionen waren in der Krisenfürsorge, 2,2 Millionen zählten zu den Wohlfahrtserwerbslosen und gut eine Million bekam überhaupt keine Leistungen mehr.

▸ **Geschichte In Clips:** Zur Wirtschaftskrise im Deutschen Reich siehe Code 32019-17

Der Parlamentarismus auf dem Prüfstand Nach den Wahlen vom 20. Mai 1928, bei denen die Parteien der bürgerlichen Mitte zum Teil erhebliche Stimmenanteile eingebüßt hatten, bildete die SPD als stärkste Fraktion mit Zentrum, DDP, DVP und Bayerischer Volkspartei (BVP) eine Große Koalition. Die unterschiedlichen programmatischen Ziele dieser Parteien führten von Anfang an zu Spannungen. So wurde der Young-Plan*, als er in Kraft treten sollte, von der rechten Opposition heftig bekämpft. DNVP, **Stahlhelm** und NSDAP bezeichneten ihn als „Versklavung des deutschen Volkes" und initi-

Stahlhelm: Der Stahlhelm wurde im Dezember 1918 gegründet. Ihm konnten alle ehemaligen Soldaten des Ersten Weltkrieges beitreten. 1930 hatte der Verband, der ab 1928 der Weimarer Republik gegenüber immer feindlicher eingestellt war, etwa eine halbe Million Mitglieder. Dem demokratisch geprägten „Reichsbanner Schwarz-Rot-Gold" gehörten zur gleichen Zeit etwa drei Millionen Mitglieder an.

* Siehe Seite 311.

ierten ein Volksbegehren dagegen. Zwar scheiterten sie beim Volksentscheid Ende 1929, jedoch profitierten Hitler und die NSDAP von der monatelangen aggressiven Agitation und der Emotionalisierung der Bevölkerung, die damit einherging. Die bisherige Splitterpartei wurde dadurch einer breiten Öffentlichkeit bekannt.

Außenminister Stresemann, eine integrative Persönlichkeit, hatte die Regierungskoalition zusammengehalten. Als er im Oktober 1929 starb, war deren Auseinanderbrechen nur eine Frage der Zeit. Insbesondere auf dem Gebiet der Wirtschafts- und Sozialpolitik ließen sich die Unterschiede zwischen SPD und DVP kaum mehr überbrücken. Die Parteien glaubten, eine „Politik schädlicher Kompromisse" vor den eigenen Anhängern nicht länger vertreten zu können. Die Große Koalition zerbrach letztlich an der Frage, wie die Arbeitslosenversicherung saniert werden könne. Eine Beitragserhöhung – wie von den Sozialdemokraten gefordert – lehnte die DVP ab, die den Unternehmern nahe stand. Als die SPD-Reichstagsfraktion einen Kompromissvorschlag zurückwies, trat Reichskanzler **Hermann Müller** am 27. März 1930 zurück. Damit war in jedem Fall die Koalition, nach der Meinung des Historikers Hans-Ulrich Wehler auch „die parlamentarische Republik gescheitert".

Hermann Müller (1876-1931): 1919/20 Reichsaußenminister; 1920-1928 Vorsitzender der sozialdemokratischen Reichstagsfraktion; 1928-1930 Reichskanzler

Kurt von Schleicher (1882-1934): 1932 Reichswehrminister; 1932/33 Reichskanzler

Heinrich Brüning (1885-1970): 1930-1932 Reichskanzler; 1934 Emigration in die USA

Regieren ohne Mehrheit Für Reichspräsident Paul von Hindenburg, seinen antidemokratischen Beraterstab und die Reichsführung ergab sich nun die Gelegenheit, schon länger erwogene außerparlamentarische Lösungen zur Bewältigung der ständigen Krisen umzusetzen. Unterstützung fand dieser Plan in den rechten Kreisen des Bürgertums und bei den großen Interessenverbänden der Industrie und der Agrarwirtschaft. Das Parlament sollte entmachtet und die SPD, die mit Abstand stärkste Fraktion im Reichstag, aus den politischen Entscheidungsprozessen herausgehalten werden. Hindenburg wollte mit dieser Regierungsbildung neuen Stils die alten Eliten wieder an die Macht bringen; das waren die Repräsentanten der konservativ-bürgerlichen Parteien, der Reichswehr sowie der adligen Gutsherren und Industriellen.

Einer der Repräsentanten dieses Kurses war General **Kurt von Schleicher**, Chef des Ministeramtes im Reichswehrministerium. Er schlug Hindenburg eine Regierungsbildung neuen Stils vor. Eine rechts orientierte bürgerliche Regierung sollte – losgelöst vom Parlament – nur dem Reichspräsidenten verantwortlich sein (*Präsidialkabinett*). Ihre Handlungsfähigkeit garantierte der Präsident durch die Verfassungsartikel 48 (*Notverordnungsrecht*) und 25 (*Reichstagsauflösung*). Hindenburg stimmte zu und ernannte am 29. März 1930 den konservativ-nationalen Fraktionsvorsitzenden des Zentrums, **Heinrich Brüning**, zum Reichskanzler. Dieser nahm mit einer rigiden Sparpolitik die anhaltend hohe Arbeitslosigkeit und das Elend verarmter Schichten in Kauf, um den Alliierten die Unerfüllbarkeit ihrer Reparationsforderungen vor Augen zu führen. Gehaltskürzungen im öffentlichen Dienst, Leistungsabbau im sozialen Bereich und Steuererhöhungen führten allerdings dazu, dass die Kaufkraft der Bevölkerung sank und die Einnahmen des Staates weiter zurückgingen.

Als sich der Reichstag im Juli 1930 weigerte, einem Bündel einschneidender sozialpolitischer Maßnahmen der Regierung zuzustimmen, löste der Reichspräsident das Parlament auf und setzte für den 14. September Neuwahlen fest. In der Zwischenzeit regierte Brüning mit Notverordnungen weiter.

Das Verhalten der Parteien in der Krise Die radikalen Parteien führten einen Wahlkampf, wie man ihn bisher in Deutschland noch nicht erlebt hatte. Vor allem NSDAP und KPD, aber auch einige kleinere Parteien schürten die Angst vor ihren politischen

Gegnern und der damit verbundenen politischen Entwicklung in Deutschland, sollten diese gewählt werden. Die NSDAP verbreitete ihre nationalistisch-antisemitischen Parolen lautstark mit Wahlkampfmethoden wie organisierten Massenaufmärschen mit Uniformen, Marschmusik, Fahnen und Plakaten, Flugblättern und geschulten Rednern. Die Partei mobilisierte vor allem Bürger, die zwei Jahre zuvor noch nicht gewählt hatten. Ihre Stimmenzahl wuchs von 800 000 (1928) auf nun 6,4 Millionen, ein in der Geschichte des deutschen Parlamentarismus beispielloser Aufschwung, der die NSDAP hinter der SPD zur zweitstärksten Fraktion im Reichstag machte. Der Verfall der bürgerlichen Mitte setzte sich rapide fort. In den Augen der Öffentlichkeit hatten Demokratie und Parlamentarismus versagt.

Noch bedeutender für den Wahlerfolg war der Wählerzustrom von anderen Parteien. So wurden die Nationalsozialisten auch von Mitgliedern der sozialen Mittel- und Oberschicht gewählt, die bisher die DNVP oder die liberalen Parteien bevorzugt hatten. Die NSDAP konnte nun sogar gewerkschaftlich nicht organisierte SPD-Wähler für sich gewinnen.

▲ **Plakat der NSDAP anlässlich der Reichstagswahl vom 14. September 1930.**

Der Aufstieg der NSDAP ▀ Als sich die NSDAP 1920 ihr Programm gegeben hatte, war sie eine unter zahllosen radikalen Splitterparteien. Bis Januar 1933 jedoch wuchs die Zahl ihrer Mitglieder auf 849 000 an. Was machte die Partei für ihre Anhänger so attraktiv?

Nährboden für die Entwicklung der NSDAP zu einer Massenpartei war eine Gesellschaft, die seit Beginn der Republik und noch mehr nach dem Ausbruch der Weltwirtschaftskrise politisch, wirtschaftlich und weltanschaulich tief gespalten war. Der Schock der Kriegsniederlage, der als nationale Demütigung empfundene Versailler Vertrag, die Revolution mit ihren blutigen Auseinandersetzungen, schließlich die negativen psychologischen Folgen von Inflation und Massenarbeitslosigkeit ließen die radikal nationalistischen Parolen Adolf Hitlers auf fruchtbaren Boden fallen. Mit seinen antiliberalen, antimarxistischen und antisemitischen Parolen traf er den Nerv vieler Zeitgenossen. Sie wollten in ihm den starken Mann sehen, einen Führer und „Erlöser", der die Nation vor dem drohenden Untergang retten und sie wieder zu politischer Größe führen würde. Tatkraft und Durchsetzungsvermögen der NSDAP zogen Mitglieder und Wähler an, in protestantischen Regionen mehr als in katholischen, in Kleinstädten und ländlichen Regionen eher als in Großstädten. Emotionale Appelle an „Ehre, Größe, Heroismus, Opferbereitschaft, Hingabe", nicht wirtschaftliche Versprechungen führten der „Bewegung" ihre Wähler und Sympathisanten zu. Viele von ihnen wollten mit ihrem Wahlverhalten nur die Unzufriedenheit mit den gegenwärtigen Verhältnissen ausdrücken. Dies erklärt auch die starken Schwankungen der NSDAP in der Gunst der Wähler.

Ursprünglich waren die Wähler der NSDAP vorwiegend Handwerker, Gewerbetreibende und Angestellte. Sie entstammten somit der unteren Mittelschicht. Gegen Ende der Zwanzigerjahre entstand bei immer mehr Deutschen der Eindruck, Parlament und Parteien seien nicht mehr in der Lage, die Probleme zu lösen. Das war noch vor der Weltwirtschaftskrise. Nach deren Ausbruch ging das Vertrauen in die politischen Institutionen auch bei jenen Bürgern verloren, die die Republik bislang akzeptiert hatten. Die Furcht vor dem sozialen Abstieg, vor dem die etablierten Parteien nicht zu schützen schienen, einte Menschen ganz unterschiedlicher Herkunft. Sie waren auf der Suche nach einem „dritten Weg" zwischen Kapitalismus und Sozialismus. Dies gilt vor allem für Angehörige des Mittelstandes, die sich durch linke Bewegungen in ihrem Selbstverständnis bedroht sahen.

◄ **„Adolf Hitler als Redner."**
Fotos von Heinrich Hoffmann, Hitlers „Hoffotograf", um 1926. Hitler studierte seine Redner-Posen vor dem Spiegel ein. Die in Hoffmanns Atelier aufgenommenen Fotos erschienen als Bildpostkartenserie. Der Schriftsteller Carl Zuckmayer, der 1923 eine der Versammlungen Hitlers aus Neugier besuchte, beschreibt ihn als „heulenden Derwisch", der es verstand, die „Menschen aufzuputschen und mitzureißen; nicht durch Argumente, die bei den Hetzreden ja nie kontrollierbar sind, sondern durch den Fanatismus seines Auftretens, das Brüllen und Kreischen, mit biedermännischen Brusttönen gepaart, vor allem aber: durch das betäubende Hämmern der Wiederholungen, in einem bestimmten, ansteckenden Rhythmus. Das war gelernt und gekonnt und hatte eine furchterregende, barbarisch-primitive Wirksamkeit."
- *Diskutieren Sie, inwieweit heute Rhetorik und Körpersprache für eine Rede von Bedeutung sind.*

Das Mitgliederprofil der NSDAP entsprach weitgehend dem anderer faschistischer Parteien in Europa. Der Anteil der Frauen war gering, denn die Partei, militaristisch, wie sie sich gab, glich eher einem „Männerbund". Auffallend war die Dominanz der jungen Generation. Viele Mitglieder hatten noch keine feste Anstellung. Jugendlichkeit und Dynamik zählten zu den Merkmalen, auf die die Partei großen Wert legte.

Der Weg in die Diktatur Nach den „Erbitterungswahlen" von 1930 war im Reichstag eine parlamentarische Mehrheitsbildung nahezu unmöglich geworden. Der Verfall des Parlamentarismus setzte sich rapide fort. Während der Reichstag 1930 immerhin noch 94 Sitzungen abhielt, sank die Zahl bis 1932 auf lediglich 13. Waren es 1930 noch 98 Gesetze, die der Reichstag verabschiedete, so blieben 1932 gerade fünf. Im Gegenzug steigerte sich die Anzahl der Notverordnungen von fünf (1930) auf 66 (1932). Der Reichstag musste tatenlos zusehen, wie die politische Macht in die Hände der Regierung und der Bürokratie überging. Trotz fehlender Mehrheit im Parlament konnte Reichskanzler Brüning nach der Wahl seine Notverordnungspraxis fortsetzen. Denn die SPD tolerierte seinen Kurs, aus Gründen der Staatsräson und aus Furcht vor einer weiteren Radikalisierung bei Neuwahlen, die zu einem Kabinett unter Beteiligung der Nationalsozialisten führen konnten.

Literaturtipp:
Reiner Marcowitz, Die Weimarer Republik 1929-1933, Darmstadt [4]2012

Brüning hatte sich mehrfach bemüht, die Nationalsozialisten in die Regierungsverantwortung einzubinden, um sie zu „zähmen" und ihre Unterstützung für die Wiederwahl Hindenburgs 1932 zu erlangen. Als die NSDAP jedoch mit Hitler einen eigenen Kandidaten für die Reichspräsidentenwahl stellte, war Hindenburg auf die Stimmen der Anhänger von SPD und Zentrum angewiesen. Er gab Brüning die Schuld dafür, dass sich die nationale Rechte nicht für ihn aussprach. Dies führte zwischen beiden Politikern zu einer Entfremdung. Brüning gelang es nicht mehr, Hindenburgs Vertrauen wiederzugewinnen. Als er Bauern auf überschuldeten landwirtschaftlichen Gütern ostpreußischer Großgrundbesitzer ansiedeln wollte, lief die ostelbische Agrarlobby bei Hindenburg Sturm gegen diesen „Agrarbolschewismus". Hindenburg stoppte das Vorhaben. Am 30. Mai entließ er Brüning und sein Kabinett. Brünings Nachfolger wurde **Franz von Papen**. Am 20. Juli 1932 ließ der Reichskanzler verfassungswidrig die sozialdemokratische Regierung Preußens durch Verordnung des Reichspräsidenten absetzen (*„Preußenschlag"*). Für die Rechte war die SPD-geführte Regierung in Preußen seit jeher ein Ärgernis gewesen. Damit war die bisher stabilste Stütze der Demokratie in Deutschland gefallen. Papen übernahm zusammen mit weiteren Reichskommissaren die Regierungsgeschäfte in Preußen. Das Urteil des Reichsgerichts, nach dem der

Franz von Papen (1879-1969): 1932 Reichskanzler; im Nürnberger Prozess gegen die Hauptkriegsverbrecher 1946 freigesprochen

preußischen Regierung nur vorübergehend Befugnisse entzogen werden durften, blieb wirkungslos.

Die Neuwahlen am 31. Juli 1932 brachten der NSDAP einen sensationellen Erfolg. Sie verdoppelte ihre Mandatszahl und wurde stärkste Fraktion. Nach diesem Wahlerfolg forderte Hitler für sich das Amt des Reichskanzlers. Hindenburg lehnte ab. Er sah in Hitler den Anführer einer sektiererischen Partei.

Gleich in der ersten Sitzung des neu gewählten Reichstages am 30. August sprach eine deutliche Mehrheit Papen das Misstrauen aus (512 gegen 42). Trotz dieser vernichtenden parlamentarischen Niederlage blieb er im Amt und löste den Reichstag am 12. September auf. Am 6. November fanden abermals Neuwahlen statt. Die KPD konnte wiederum ihren Stimmenanteil steigern, während die NSDAP überraschend zwei Millionen Wähler verlor. Die Partei steckte seit Wochen in einer schweren finanziellen Krise. Hitler sah, dass ihm nicht mehr viel Zeit blieb, sein Ziel zu erreichen, zumal vieles auf eine Verbesserung der Wirtschaftslage hindeutete. Papen beabsichtigte, zur Überwindung der parlamentarischen Blockade den Staatsnotstand auszurufen. Mit Zustimmung des Reichspräsidenten sollten dabei einige Bestimmungen der Verfassung, wie die sofortige Ausschreibung von Neuwahlen nach der Auflösung des Reichstages, außer Kraft gesetzt werden. Auf Druck der Reichswehrführung, die einen unkontrollierbaren Bürgerkrieg befürchtete, verweigerte Hindenburg diesen Plänen die Zustimmung und entließ Papen am 3. Dezember.

Papens Nachfolger, General von Schleicher, scheiterte mit seinem Versuch, für seine Wirtschafts- und Beschäftigungspolitik einen Teil der NSDAP, die Gewerkschaften und die SPD zu gewinnen. Reichspräsident Hindenburg wurde nun von seinem engsten Beraterkreis, von führenden Unternehmern aus Wirtschaft und Industrie sowie vor allem durch Papen bedrängt, Hitler zum Reichskanzler zu ernennen. Papen sollte Vizekanzler werden. Zusammen mit den anderen konservativen Ministern glaubte er, die drei Nationalsozialisten Adolf Hitler, *Wilhelm Frick* und *Hermann Göring* ausreichend unter Kontrolle zu haben. Am 28. Januar 1933 trat Schleicher zurück und der Reichspräsident ernannte Hitler am 30. Januar 1933 zum Reichskanzler.

Warum scheiterte Weimar? Bei der Frage nach den Gründen für den Untergang der Weimarer Republik und den Machtantritt der Nationalsozialisten ist es nahezu einhellige Ansicht der Geschichtswissenschaft, dass nicht eine einzelne Ursache ausschlaggebend war. Für Zeitgenossen wie *Otto Braun*, den ehemaligen sozialdemokratischen Ministerpräsidenten von Preußen, waren der Vertrag von Versailles und die Radikalität der deutschen Kommunisten entscheidend. Amerikanische Historiker legten den Schwerpunkt auf die autoritären Traditionen der Deutschen. Andere Wissenschafter sahen im Versagen führender Persönlichkeiten aus Politik, Wirtschaft und Militär zwischen 1930 und 1933 eine wesentliche Ursache des Zusammenbruchs; die alten Eliten hätten Hitler unterschätzt. Allerdings bleibt trotz der abwägenden Gewichtung einzelner Ursachen heute die Erkenntnis, dass beim Scheitern der Republik unterschiedliche Ereignisse und Prozesse zusammenspielten.

▲ **Plakat für die Reichstagswahl vom 31. Juli 1932.**

▲ **„Der Reichstag wird eingesargt.“**
Collage von John Heartfield zum 30. August 1932.

- *Zeigen Sie auf, wofür bei John Heartfield der Reichstag steht.*
- *Begründen Sie, warum der Künstler die SPD ins Blickfeld rückt.*
- *Analysieren Sie, inwiefern die Abbildung Heartfields Haltung gegenüber der politischen Entwicklung ausdrückt.*

M1 Arbeitslosigkeit in ausgewählten Ländern 1925-1933 (in Prozent)

Jahr	Deutsches Reich[1]	Frankreich[2]	Groß-britannien[3]	USA[4]
1925	3,4	3,0	11,3	5,9
1926	10,0	3,0	12,5	2,8
1927	6,2	11,0	9,7	5,9
1928	6,3	4,0	10,8	6,4
1929	8,5	1,0	10,4	4,7
1930	14,0	2,9	16,1	13,0
1931	21,9	6,5	21,3	23,3
1932	29,9	15,4	22,1	34,0
1933	25,9	14,1	19,9	35,3

Nach: Dietmar Petzina u.a., Sozialgeschichtliches Arbeitsbuch III, München 1978, S. 119 und Dietmar Petzina, Die deutsche Wirtschaft in der Zwischenkriegszeit, Wiesbaden 1977, S. 16 f.

1. *Setzen Sie die Tabelle in eine geeignete Diagrammform um.*

2. *Vergleichen Sie die Entwicklung der Arbeitslosigkeit in den einzelnen Ländern.*

1 abhängige Erwerbspersonen
2 abhängige Erwerbspersonen in Bergbau, Bau und Industrie
3 Arbeitslose, ermittelt auf der Grundlage der Erwerbslosenversicherung
4 nichtagrarische Erwerbspersonen

M2 Industrieproduktion 1925-1933 (1913 = 100)

	Welt	USA	D	GB	F	UdSSR	Italien	Japan
1925	120,7	148,0	94,9	86,3	114,3	70,2	156,8	221,8
1926	126,5	156,1	90,9	78,8	129,8	100,3	162,8	264,9
1927	134,5	154,5	122,1	96,0	115,6	114,5	161,2	270,0
1928	141,8	162,8	118,3	95,1	134,4	143,5	175,2	300,2
1929	153,3	180,8	117,3	100,3	142,7	181,4	181,0	324,0
1930	137,5	148,0	101,6	91,3	139,9	235,5	164,0	294,9
1931	122,5	121,6	85,1	82,4	122,6	293,9	145,1	288,1
1932	108,4	93,7	70,2	82,5	105,4	326,1	123,3	309,1
1933	121,7	111,8	79,4	83,3	119,8	363,2	133,2	360,7

Nach: Paul Kennedy, Aufstieg und Fall der großen Mächte, Frankfurt am Main 1989, S. 451

1. *Setzen Sie die Tabelle in eine geeignete Diagrammform um.*
2. *Beschreiben Sie die Entwicklung der industriellen Produktion in den einzelnen Ländern.*
3. *Setzen Sie die Entwicklung der industriellen Produktion in Beziehung zur Arbeitslosigkeit (M1). Erläutern Sie, warum beide Kriterien nicht in einer 1:1-Relation stehen.*

M3 Arbeitslos – und dann?

Ein anonymer Betroffener beschreibt 1930 in der „Arbeiter-Illustrierten-Zeitung" seine persönliche Situation:

Du hast eines Tages den berühmten „blauen Brief" erhalten; man legt auf deine Arbeitskraft kein Gewicht mehr, und du kannst dich einreihen in die große „graue Masse" der toten Hände und überflüssigen Hirne, denn die Maschine ersetzt dich, und jüngere Arbeitskräfte leisten für weniger Geld deine Arbeit. [...]
Was dir zunächst als persönliches Schicksal und individuelles Unglück erscheint auf dem Arbeitsnachweis[1], wo du dich zunächst melden musst, damit du später (nach der zufrieden stellenden Beantwortung von über 300 Fragen auf X Fragebögen) die Erwerbslosenfürsorge in Anspruch nehmen kannst, auf dem Arbeitsnachweis merkst du: Wie dir geht es Tausenden. [...] Hier beginnt dein Leidensweg. Man fragt dich aus, wo du in den letzten vier Jahren beschäftigt warst, du musst deinen Lebenslauf schreiben, den Besuch der Schulen angeben, schreiben, warum du entlassen worden bist usw. [...] Nach peinlicher Befragung erhältst du deine Stempelkarte und gehst damit los zur Erwerbslosenfürsorge. Und hier setzt man dir mit Fragen zu, bis du keinen trockenen Faden mehr am Leibe hast. Dass du lebst, glaubt man dir noch, aber wo du in den letzten drei Jahren gelebt hast, musst du aufgrund polizeilichen Stempels und amtlicher Unterschrift nachweisen. [...] Normalerweise hast du drei bis vier Tage zu tun, um alle Papiere beisammen zu haben, und dann kriegst du Unterstützung? So schnell geht das nicht! Erst wenn dein Antrag geprüft und von X Beamten unterschrieben ist, kannst du im günstigsten Fall nach vierzehn Tagen dein erstes Geld holen. [...]
Deine Unterstützung richtet sich nach deinem Arbeitsverdienst in den letzten 26 Wochen. Aber ganz gleich, ob du 8,80 Mk oder 22,05 Mk (Höchstsatz) als Lediger pro Woche erhältst, die paar Pfennige sind zum Leben zu wenig und zum Sterben zu viel. 26 Wochen darfst du stempeln und Unterstützung beziehen, dann steuert man dich aus, und du kommst in die Krisenfürsorge, deren Sätze erheblich niedriger sind. Und nach weiteren 26 oder 52 Wochen erhältst du gar nichts mehr und gehörst zu den gänzlich Unterstützungslosen.

Zitiert nach: Wochenschau für politische Erziehung, Sozial- und Gemeinschaftskunde, 48 (1997) 1, S. 33

▲ Die Arbeitslosen.
Ölgemälde (167 x 172 cm) von Karl Hofer, 1932.
- *Beschreiben Sie die Stimmung, welche das Gemälde ausdrückt.*
- *Erklären Sie, welche Gründe den Maler zur Wahl dieses Motivs bewogen haben können.*

1. *Beschreiben Sie die Hindernisse, die Arbeitslose zu überwinden hatten, bevor sie Unterstützung bekamen. Zeigen Sie auf, was die Betroffenen heute tun müssen.*

2. *Diskutieren Sie, welche Auswirkungen Arbeitslosigkeit auf die politische Einstellung der betroffenen Personen haben kann.*

[1] **Arbeitsnachweis:** Erfassungsstelle für Arbeitslose

Literatur als historische Quelle

Literarische Texte (z.B. Romane, Erzählungen, Dramen, Lyrik) können Quelle für ihre Entstehungszeit und eine historische Darstellung der Vergangenheit sein. Als Quelle erfahren wir etwas über die Lebensumstände in einer Epoche oder in einer bestimmten Situation, über das Denken der Menschen und die gesellschaftlichen Diskussionen. Geschichtsromane wie etwa Umberto Ecos „Der Name der Rose" sind Darstellungen aus einer zeitlichen Distanz, die eine Sichtweise aus der Gegenwart auf die Vergangenheit bieten. Dabei erfinden die Autoren historisch denkbare, aber nicht unbedingt wirkliche Personen und Begebenheiten.

Literarische Texte analysieren

In literarischen Quellen spiegeln sich gesellschaftliche Normen oder Konflikte in Gestalt konkreter Figuren, die dem Leser eine Identifikation ermöglichen. Das Epochentypische wird durch die Darstellung der gesellschaftlichen Gegebenheiten veranschaulicht. Projektionen aus der Gegenwart in die Vergangenheit, wie sie in historischen Romanen erfolgen, sind ausgeschlossen. Gerade der Umstand, dass sie nicht in dem Bewusstsein verfasst wurden, der Nachwelt ein bestimmtes Bild von der eigenen Epoche zu vermitteln, verleiht ihnen eine besondere Glaubwürdigkeit. Andererseits muss stets das Fiktionale erkannt werden, was die Charakterisierung von Identifikationsfiguren und die Ausgestaltung der konkreten Situationen betrifft. Gerade die sozialgeschichtlichen und alltagsgeschichtlichen Zusammenhänge der Zeit entfalten sich im Rahmen einer fiktionalen Rahmenhandlung. Die Ambivalenz von historisch zutreffenden Fakten und Zusammenhängen einerseits und der dichterischen Freiheit andererseits macht Literatur zu einer reizvollen Quelle.
Aus nahezu jeder Epoche liegen uns solche Quellen vor: Von Aischylos Tragödie „Die Perser" erfahren wir etwas über den Aufbau des Perserreiches und die Perserkriege; in mittelalterlichen Artusromanen werden die Tugendideale der Epoche entfaltet; in Heinrich Manns Roman „Der Untertan" wird die obrigkeitshörige Mentalität im Kaiserreich bloßgestellt.

Formale Kennzeichen
- Um welche Textart handelt es sich?
- Wer ist der Autor, was ist über ihn bekannt?
- Wann und wo wurde der Text veröffentlicht?

Textinhalt
- Welche Figuren werden dargestellt?
- Welche Situationen oder Themen werden behandelt?
- Wie ist der Text aufgebaut?
- Welche Gestaltungsmittel verwendet der Autor?

Historischer Kontext
- Auf welches Ereignis oder welchen Sachverhalt bezieht sich der Text?
- Welche Charakteristika der Zeit werden veranschaulicht?

Wirkung
- Welche Stimmung wird erzeugt?
- Welche Position nimmt der Autor bzw. Erzähler ein?
- Welche Botschaft vermittelt der Text?

Methoden-Aufgabe

Interpretieren Sie den folgenden Textauszug als historische Quelle.

Auszug aus Hans Fallada, Kleiner Mann – was nun? (1932)

„Heute muss ich für dreihundert Mark verkaufen", – beim Erwachen, beim Kaffeetrinken, auf dem Weg, beim Eintritt in die Abteilung, immerzu: „Dreihundert Mark."

Nun kommt ein Kunde, ach, er will einen Mantel haben, achtzig Mark, ein Viertel des Solls, entschließ dich, Kunde! Pinneberg schleppt herbei, probiert an, über jeden Mantel ist er begeistert, und je aufgeregter er wird (entschließ dich!), umso kühler wird der Kunde. Ach, Pinneberg zieht alle Register, er versucht es mit Untertänigkeit: „Der Herr haben ja einen so vorzüglichen Geschmack, den Herrn kleidet ja alles ..." Er spürt, wie er dem Kunden immer unangenehmer wird, wie er ihm widerlich ist, und er kann nicht anders. Und dann geht der Kunde: „Will es mir noch mal überlegen."

Pinneberg steht da, er fällt gewissermaßen in sich zusammen, er weiß, er hat alles falsch gemacht, aber da saß es in ihm, es trieb, Angst, da sind die beiden zu Haus, es ist doch schon so knapp, es reicht nicht hin und her, wie soll es erst werden, wenn –?

Gewiss, er hat es noch nicht ganz schlimm, Heilbutt kommt, Heilbutt ist der anständigste der Anständigen, er kommt von selbst, er fragt: „Pinneberg, wie viel –?"

Er ermahnt ihn nie, es anders zu machen, sich zusammenzunehmen, er quatscht nicht klug wie Jänecke und der Herr Spannfuß, er weiß, Pinneberg kann es, er kann es nur jetzt nicht. Pinneberg ist nicht hart, Pinneberg ist weich, wenn sie auf ihn drücken, verliert er die Form, er geht auseinander, er ist nichts, Brei.

Oh, er verliert den Mut nicht, er reißt sich immer wieder zusammen und er hat glückliche Tage, wo er ganz auf seiner alten Höhe ist, wo kein Verkauf misslingt. Er denkt, die Angst ist überwunden.

Und dann gehen sie an ihm vorbei, die Herren, und sagen so im Vorbeigehen: „Na, Herr Pinneberg, könnte auch etwas lebhafter gehen der Verkauf." Oder „Warum verkaufen Sie eigentlich gar keine dunkelblauen Anzüge? Wollen Sie, dass wir die alle am Lager behalten?"

Sie gehen vorüber, sie sind vorbei, sie sagen dem nächsten Verkäufer etwas anderes oder dasselbe. Heilbutt hat ja recht, man darf gar nichts darauf geben, es ist nichts wie ödes Antreibergeschwätz, sie denken, sie müssen so was sagen.

Nein, man soll nichts darauf geben, was sie schwätzen, aber kann man das? Da hat Pinneberg heute für zweihundertfünfzig Mark verkauft, und da kommt dieser Herr Organisator und sagt: „Sie sehen so abgespannt aus, Herr. Ich empfehle Ihnen Ihre Kollegen drüben in den States als Vorbild, die sehen abends genau so munter aus wie am Morgen. Keep smiling! Wissen Sie, was das heißt? Immer lächeln! Abgespanntheit gibt es nicht, ein abgespannt aussehender Verkäufer ist keine Empfehlung für ein Geschäft ..."

Er entschreitet, und Pinneberg denkt restlos: „In die Fresse! In die Fresse, du Hund!" Aber er hat natürlich sein Dienerchen und sein Smiling gemacht, und das sichere Gefühl ist auch wieder weg.

Ach, er ist noch gut daran. Er weiß von ein paar Verkäufern, die sind hinbestellt worden auf das Personalbüro und sind verwarnt oder ermuntert, je nachdem.

„Hat die erste Spritze gekriegt", sagen sie. „Stirbt bald."

Denn dann wird die Angst ja noch größer, der Verkäufer weiß, es kommen nur noch zwei Spritzen und dann ist Schluss: Arbeitslos, Krisen, Wohlfahrt, Schluss.

Hans Fallada, Kleiner Mann – was nun?, Reinbek 1993, S. 228 f. (Originalausgabe 1932)

Politisches System

- Beim Übergang vom Kaiserreich zur Republik schoben die Generäle die Verantwortung für die Unterzeichnung des Waffenstillstandes auf die demokratischen Politiker ab.
- Der **Rat der Volksbeauftragten** unter Friedrich Ebert (SPD) bildete eine provisorische Regierung aus SPD und USPD.
- Philipp Scheidemann (SPD) und wenig später Karl Liebknecht (USPD) riefen am 9. November 1918 die „Deutsche Republik“ bzw. die „Sozialistische Republik Deutschland“ aus.
- Mithilfe des Militärs (**Ebert-Groener-Pakt**) sowie der Industrie und der Gewerkschaften (**Stinnes-Legien-Abkommen**) konnte Ebert die öffentliche Ordnung aufrechterhalten und eine sozialistische Revolution verhindern.
- Die Verfassung von 1919 schuf die Grundlage für eine **parlamentarische Demokratie** und beinhaltete einen Grundrechtekatalog sowie das Frauenwahlrecht.
- Durch die **starke Stellung des Reichspräsidenten**, der den Reichstag auflösen (Art. 25) und per Notverordnungen regieren und dabei auch Grundrechte außer Kraft setzen konnte (Art. 48), war die Legislative von Anfang an geschwächt.
- Das **Verhältniswahlrecht ohne Sperrklausel** förderte die Zersplitterung des Parlaments, in dem vornehmlich **Interessenparteien** vertreten waren, was die Kompromissfindung zusätzlich erschwerte.

Innenpolitische Herausforderungen

- Die „**Dolchstoßlegende**“ von der im Felde unbesiegten Armee schwächte die Demokraten, die für die Belastungen des Versailler Vertrages haftbar gemacht wurden: Gebietsverluste, militärische Beschränkungen, Reparationszahlungen, Anerkennung der alleinigen Verantwortung für den Krieg.
- Umstritten war, inwieweit eine „**Erfüllungspolitik**“ zu einer Revision der Bestimmungen des Versailler Vertrags beitragen konnte.
- Rechts- und linksextremistische Umsturzversuche, der „Ruhrkampf“ gegen die französische Besatzungsmacht und die Inflation prägten das **Krisenjahr 1923**.
- Neue Strömungen in Kunst und Kultur sowie eine wirtschaftliche Erholung führten zur Bezeichnung „**Goldene Zwanziger**“.

Außenpolitische Erfolge

- 1922 brachen der Kriegsverlierer Deutschland und das bolschewistische Russland die außenpolitische Isolation im **Vertrag von Rapallo** auf: Sie verzichteten gegenseitig auf Reparationsleistungen und nahmen diplomatische und Handelsbeziehungen auf.
- Der **Dawes-Plan 1924** und der **Young-Plan 1929** sahen für Deutschland jeweils eine Reduzierung seiner Reparationszahlungen vor, die aus dem Versailler Vertrag resultierten.
- 1925 verständigten sich Deutschland, Frankreich und Belgien im **Vertrag von Locarno** über die Anerkennung der deutschen Westgrenzen.
- 1926 wurde Stresemanns Außenpolitik der Re-Integration Deutschlands in die Staatengemeinschaft durch den **Eintritt in den Völkerbund** vollendet.

Zerstörung der Demokratie

- Mit der **Weltwirtschaftskrise**, die im Oktober 1929 an der New Yorker Börse ausgelöst wurde, begann eine Zeit der wirtschaftlichen, sozialen und politischen Spannungen.
- Der Abzug amerikanischer Kredite hatte den Konkurs deutscher Banken und Betriebe zur Folge. Der starke **Anstieg der Arbeitslosigkeit** erreichte Anfang 1932 mit über sechs Millionen seinen Höhepunkt.
- Nach dem Zerbrechen der Großen Koalition am Streit um die Beiträge zur Arbeitslosenversicherung zwischen SPD und DVP im März 1930 begann die Phase der **Präsidialkabinette** ohne parlamentarische Mehrheit.
- Die **Sparpolitik** des von Reichspräsident Hindenburg gestützten Kanzlers Brüning (Zentrum) verschärfte die sozialen Spannungen und verschaffte der KPD und der NSDAP weiteren Zulauf.
- Nach den Präsidialkabinetten unter Franz von Papen und General von Schleicher ernannte Reichspräsident Hindenburg am 30. Januar 1933 **Adolf Hitler zum Reichskanzler**.
- Mit dem „**Ermächtigungsgesetz**“ am 23. März 1933 entmachtete sich der Reichstag selbst und ebnete den Weg in die NS-Diktatur.

Ursachen für das Scheitern der Weimarer Republik

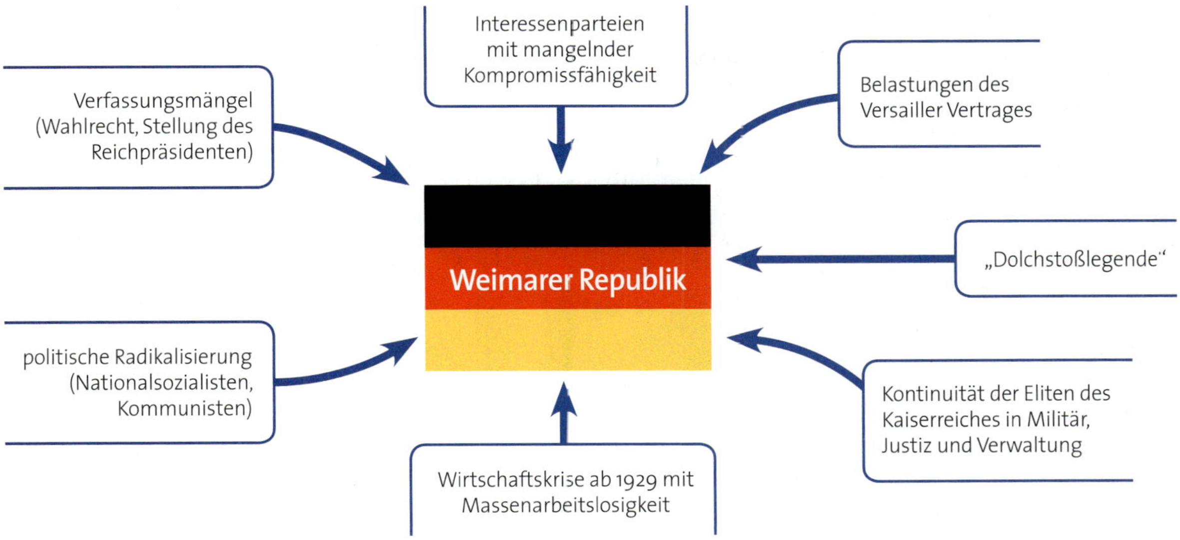

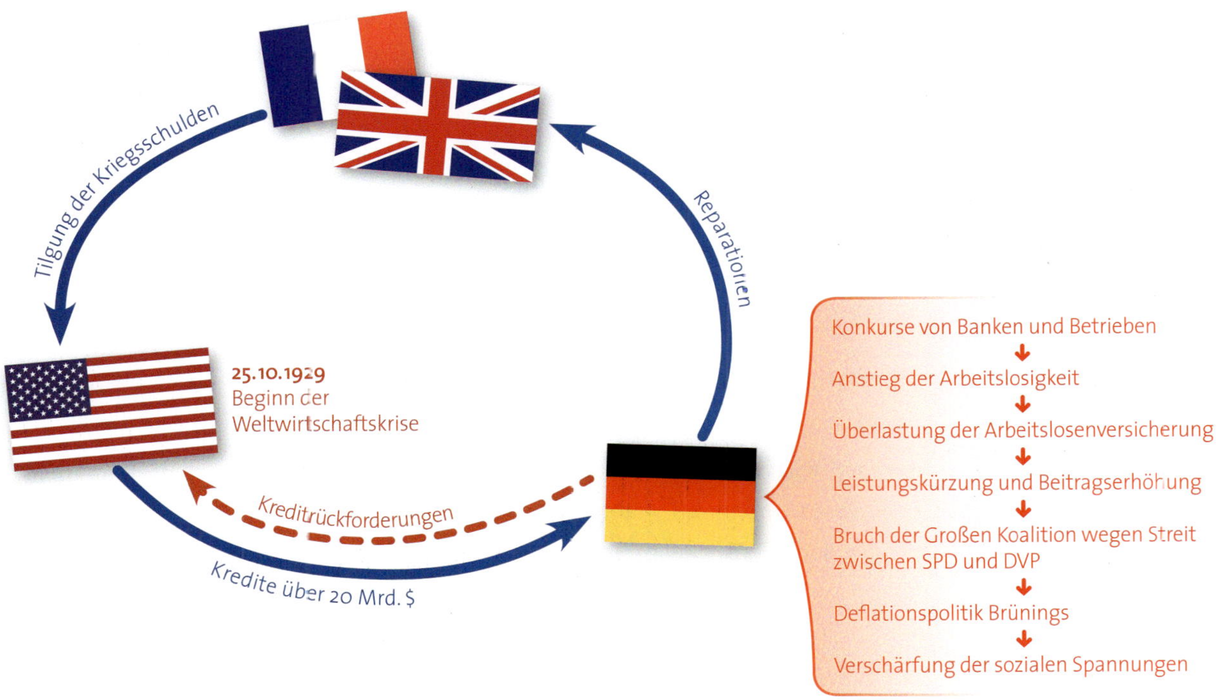

1. *Arbeiten Sie aus einem Vergleich der Weimarer Verfassung mit dem Grundgesetz der Bundesrepublik Deutschland Gemeinsamkeiten und Unterschiede bezüglich der Stellung von Präsident, Parlament und Kanzler heraus. Welche strukturellen Veränderungen gegenüber der Weimarer Verfassung wurden im Grundgesetz verankert?*

2. *Die „Segmentiertheit“ gilt als Hauptkennzeichen von Gesellschaft und Parteiensystem der Weimarer Zeit. Beurteilen Sie, inwiefern dies die Stabilität des politischen Systems gefährden konnte.*

3. *Diskutieren Sie darüber, ob Belastungen, wie sie in den beiden Grafiken dargestellt sind, unsere Demokratie ernsthaft gefährden können.*

Nationalsozialistische Gewaltherrschaft

◂ **Überlebende des Warschauer Ghettoaufstandes werden von der SS abgeführt.**
Foto (Ausschnitt) aus einem Bericht des SS-Gruppenführers und Generalmajors der Polizei, Jürgen Stroop, vom 16. Mai 1943.
Der Originaluntertitel lautet: „Mit Gewalt aus Bunkern herausgeholt." Der Aufstand endete, nachdem die SS die Häuser im Ghetto in Brand gesetzt hatte.
Ende Mai notierte Jürgen Stroop: „Es gibt keinen jüdischen Wohnbezirk in Warschau mehr." Von den 56 000 gefangengenommenen Juden erschoss die SS sofort 7 000. Die Überlebenden deportierte sie in Zwangsarbeiterlager und in das Vernichtungslager Treblinka.

Der Weg in die Diktatur: „Gleichschaltung"

1933 Hitler wird am 30. Januar vom Reichspräsidenten zum Reichskanzler ernannt.

Die Verordnung „Zum Schutz von Volk und Staat" vom 28. Februar setzt die Grundrechte außer Kraft. Durch das „Ermächtigungsgesetz" vom 23. März erhält die Regierung Hitler diktatorische Vollmacht.

Die Länder werden „gleichgeschaltet" (31. März - 7. April).

Ausgrenzung und Verfolgung: der totalitäre Staat

Am 1. April werden jüdische Unternehmen, Geschäfte und Praxen boykottiert.

Das „Gesetz zur Wiederherstellung des Berufsbeamtentums" vom 7. April schließt politische Gegner und Juden vom Staatsdienst aus.

Zerschlagung der Gewerkschaften und Gründung der DAF (Mai). Parteien, die sich nicht selbst auflösen, werden verboten (Juni/Juli).

1935 Die „Nürnberger Gesetze" (15. September) entziehen den Juden (und später auch den Sinti und Roma) ihre staatsbürgerlichen Rechte.

1936 Ein Vierjahresplan soll Deutschland auf den Krieg vorbereiten.

1938 Österreich wird an das Deutsche Reich „angeschlossen".

„Novemberpogrom"; jüdische Vermögen werden eingezogen.

Krieg und Holocaust

1939 Mit dem deutschen Angriff auf Polen am 1. September beginnt der Zweite Weltkrieg.

Im Herbst beginnt die als „Euthanasie" bezeichnete Ermordung Behinderter (Aktion T4).

1941 Die systematische Vernichtung der europäischen Juden setzt ein.

1942 Auf der „Wannsee-Konferenz" am 20. Januar wird die begonnene „Endlösung der Judenfrage" koordiniert und organisiert.

1943 Die Geschwister Scholl, Mitglieder der „Weißen Rose", werden hingerichtet (Februar).

Die SS schlägt den Aufstand im Warschauer Ghetto (April/Mai) nieder.

1944 Das Attentat auf Hitler am 20. Juli scheitert.

1945 Am 27. Januar wird Auschwitz-Birkenau befreit (Holocaustgedenktag).

Hitler begeht am 30. April Selbstmord. Vom 7. bis 9. Mai kapituliert das Deutsche Reich bedingungslos.

Der Umgang mit der NS-Diktatur – eine Erb-Last der Deutschen? Über sechzig Jahre nach dem Ende des Zweiten Weltkrieges ist die Erinnerung an die nationalsozialistische Vergangenheit präsent wie kein anderer Abschnitt deutscher Geschichte. Gedenktage, Bücher, Filmprojekte und andere Formen des Erinnerns halten die öffentliche Auseinandersetzung über die NS-Diktatur und die Verantwortung für sie lebendig.

Das war nicht immer so: In der unmittelbaren Nachkriegszeit herrschte der Wunsch nach Vergessen und Verdrängen vor. Während auf der einen Seite die noch lebenden Hauptschuldigen sowie die beteiligten nationalsozialistischen Organisationen 1946 vor dem internationalen Militärgerichtshof in Nürnberg angeklagt wurden, Nachfolgeprozesse sich anschlossen und die Alliierten in unterschiedlicher Weise Entnazifizierung und Re-Education betrieben, glaubten viele unmittelbar Betroffene, nach Tod, Krieg, Flüchtlings- und Vertriebenenelend sei es nun Zeit, die Vergangenheit zu vergessen oder durch den Verweis auf die Kriegsverbrechen anderer Nationen eigene Vergehen zu relativieren. So formierte sich in der Bundesrepublik erst seit der zweiten Hälfte der Fünfzigerjahre eine kleine, kritische Masse, die sich mit der „unbewältigten Vergangenheit" auseinandersetzen wollte. Sehr schwer fiel und fällt dabei das Eingeständnis, dass die Zustimmung der Deutschen zum NS-Regime äußerst hoch war.

Seit Mitte der Neunzigerjahre lässt sich eine weitere Zäsur im Umgang mit der NS-Zeit beobachten: Eine neue Form der Auseinandersetzung entwickelte sich, indem immer häufiger Zeitzeugen mit ihren individuellen Lebenserinnerungen zu Wort kamen. Dabei wurden jedoch nicht nur Opfer, sondern auch Täter und Mitläufer des NS-Regimes befragt. In ihren Geschichten trat deutlich zutage, dass ohne aktive Mittäterschaft oder zumindest Duldung einer großen Mehrheit und Mithilfe der beteiligten staatlichen und gesellschaftlichen Institutionen die nationalsozialistische Führungsgruppe die Macht weder hätte erlangen noch erhalten können.

Die Gewichtung deutscher Schuld und Verantwortung blieb lange Zeit umstritten. Der Ruf, dieses Kapitel deutscher Geschichte „zu den Akten zu legen", kommt auch heute noch quer durch alle Gesellschaftsschichten auf. Zwar steht vor allem der Holocaust nach wie vor im Fokus publizistischer und wissenschaftlicher Debatten. Jedoch wurde in den letzten Jahren deutlich, dass sich das Interesse zunehmend auch auf die Deutschen verlagert – und zwar auf die Deutschen als Opfer. Der Historiker Norbert Frei warnt, damit würden die Opfer des NS-Regimes zwangsläufig zurückgedrängt, und er benennt die gegenwärtigen Chancen im Umgang mit der NS-Vergangenheit: „Das Gebirge an Schuld, das die Deutschen in den Jahren 1933 bis 1945 aufgehäuft haben, bekommt klarere Konturen, je weiter wir uns davon entfernen. Im Lauf der Zeit werden die Fragen zudem immer wieder anders gestellt, manche tauchen überhaupt erst aus der Distanz auf. Insofern glaube ich, dass diese Vergangenheit uns weiter interessieren und auch beunruhigen wird. Angesichts der Dimensionen der Verbrechen wäre alles andere unnormal und überraschend." Die Herausforderung wird darin bestehen, der deutschen Opfer etwa von Bombenkrieg und Vertreibung zu gedenken, ohne deren Ursache aus dem Blick zu verlieren.

- *Welche Merkmale kennzeichneten Ideologie und Herrschaft der Nationalsozialisten, und wie wurde deren Herrschaft gesichert?*
- *Wie reagierte die deutsche Bevölkerung, wie das Ausland auf die Herrschaft der Nationalsozialisten?*
- *Welche Ursachen und Folgen hatten Terror und Gewalt gegen innere Gegner, wie wurde die Eroberungs- und Vernichtungspolitik vorbereitet und mit welchen Folgen umgesetzt?*
- *Wie sollten die Deutschen angemessen mit der NS-Zeit umgehen?*

Die NS-Ideologie

Nationalismus und Rassismus Die in der ersten Hälfte des 19. Jahrhunderts in Deutschland populär gewordene Idee des Nationalismus hatte hohe Erwartungen für die Zukunft geschaffen, die von der Politik nicht eingelöst werden konnten. 1871 war der deutsche Nationalstaat als kleindeutsches Reich entstanden, das viele Deutsche ausschloss. Durch die demografische und industrielle Entwicklung gewann das Deutsche Reich an Stärke und betrieb nach der Thronbesteigung Kaiser Wilhelms II. 1888 verstärkt Weltmachtpolitik. Nationalistische Forderungen wurden immer aggressiver vorgetragen und waren mit rassistischen Vorstellungen gepaart. Unter anderem der **Alldeutsche Verband** vertrat eine rücksichtslose Verfolgung deutscher Interessen. Der Verband griff antijüdische Ressentiments in Deutschland und Österreich auf und propagierte sie in den „Alldeutschen Blättern" (1894-1939). Im Ersten Weltkrieg setzte er sich vehement für überzogene Kriegsziele, vor allem für mehr „Lebensraum" für das „Herrenvolk" ein; diese Forderungen übernahm die NS-Bewegung.

Europäische und koloniale Großmachtpläne waren nach 1918/19 durch die Gebietsabtretungen Deutschlands und die Auflösung der Donaumonarchie zerronnen. In den Nachbarstaaten der Weimarer Republik lebten nun deutschsprachige Minderheiten, die sich auch durch Zwangsmaßnahmen nicht integrieren ließen. Der Kriegsschuldartikel im Versailler Vertrag, die vermeintliche Härte der Friedensbedingungen und der Sturz der Monarchie gaben extrem nationalistischen Tendenzen zusätzlich Nahrung. An die Spitze der Republikgegner stellten sich die Nationalsozialisten. Ihrer Meinung nach sollten nicht so sehr gemeinsame Kultur und Geschichte das Band einer Nation sein, sondern die Rassengleichheit. Die biologische Substanz bestimme Menschen und Völker nicht nur körperlich, sondern auch geistig-seelisch. Von allen Rassen sei die „nordische" oder **„arische"** die wertvollste. Sie allein sei im eigentlichen Sinne kulturfähig (▸ M1).

Adolf Hitler und seine Anhänger griffen dabei auch auf die Lehre des **Sozialdarwinismus** zurück. Unter Missachtung geistiger, sittlicher und religiöser Werte diente die Verfälschung der Darwin'schen Ideen einer menschenverachtenden Ideologie, die bald zur praktischen Politik wurde. Demnach sollte es Aufgabe des Nationalsozialismus sein,

Alldeutscher Verband: 1891 gegründet, setzte sich die nationalistische Organisation für eine Stärkung und Verbreitung des Deutschtums ein und befürwortete eine imperialistische Politik.

„Arier": im ethnologisch-sprachwissenschaftlichen Sinne Völker der indogermanischen Sprachfamilie. Im 19. Jh. wurde der Begriff in eine Überlegenheit der „weißen", dann der germanischen Rasse umgedeutet. In der NS-Rassenideologie bezeichnete „Arier" die überlegene „Herrenrasse".

Sozialdarwinismus: Bei dieser Lehre wurde die Evolutionstheorie des englischen Naturforschers Charles Darwin von der „natürlichen Auslese der Arten" (1859) stark vereinfacht und auf Völker, Nationen und Staaten übertragen. Danach sollten sich im „Kampf ums Dasein" die weiter entwickelten und damit überlegenen Gesellschaften und Kulturen durchsetzen.

▸ **„Am Anfang war das Wort."**
Gemälde von Otto Hoyer, 1937.
- *Betrachten Sie die Zuhörer und beschreiben Sie die Bevölkerungsgruppen.*
- *Analysieren Sie den Titel des Bildes und erläutern Sie den Kontext, in den der Maler den Redner und das Bild stellen will.*

der „arischen Herrenrasse“ in Mitteleuropa ein Machtzentrum zu schaffen. Ihr gebühre, so Hitler, wegen ihrer Bedeutung für die Weltgeschichte ein angemessener „Lebensraum“. Da dieser zurzeit nicht vorhanden sei, müsse er durch Krieg erobert und langfristig gesichert werden. Der angestrebte Lebensraum müsse zudem genügend Ressourcen umfassen, denn die Nation der Zukunft solle wirtschaftlich unabhängig sein und sich an einer bäuerlichen Lebensweise orientieren. Auch eine strategische Erwägung spielte eine wichtige Rolle: Eine Weltmacht der Zukunft brauchte in seinen Augen ein entsprechend großes Gebiet als Basis für Angriff und Verteidigung.

Das Streben nach einem Großreich im Osten und die bedingungslose Befürwortung von Gewalt und Krieg unterschieden den Nationalismus Hitlers von den herkömmlichen nationalen Ideen des Bürgertums.

▲ **„Die Sünde wider das Blut.“**
Roman von Artur Dinter von 1918.
Die Ausgrenzung und Diffamierung vermeintlich „Fremdrassiger“ war schon vor den Nationalsozialisten in Deutschland populär. Der Roman, der gemeinsam mit „Die Sünde wider die Liebe“ und „Die Sünde wider den Geist“ eine Trilogie bildete, fand um 1920 über eine Million Leser im deutschsprachigen Raum.

- *Analysieren Sie die Bildelemente. Inwiefern werden hier antisemitische Stereotypen bemüht? Begründen Sie Ihre Aussage.*

Die Ideologie der „Volksgemeinschaft“ Für die Nationalsozialisten bildete die Volksgemeinschaftsideologie ein Kernstück ihrer Weltanschauung. „Volksgemeinschaft“ war für sie in erster Linie durch gemeinsames „deutsches Blut“ und einen einheitlichen „Rassekern“ bestimmt. Diese zum Mythos erhobene deutsche „Bluts- und Schicksalsgemeinschaft“ führten die Nationalsozialisten bis auf die Germanen zurück, in deren Stammesgesellschaften es keine Klassen und sozialen Schranken gegeben habe. Seither sei die Geschichte des deutschen Volkes durch innere Kämpfe und Spaltungen geprägt gewesen. Daher galt es, alle Klassen-, Gruppen- und Parteieninteressen zu beseitigen und die Einheit der Volksgenossen in einem „sozialen Volksstaat“ herzustellen. In ihm sollten alle Unterschiede zum Wohl der Gemeinschaft eingeebnet werden (▸ M2).

Damit war jedoch keine soziale Gleichheit gemeint. Im Gegenteil: Die Nationalsozialisten traten für eine klare Schichtung des Volkes in oben und unten, für politische, gesellschaftliche und geschlechtsspezifische Hierarchien ein. Vor allem aber stützten sich die Nationalsozialisten auf die Lehre von der angeblichen Ungleichheit der Rassen. Nur ein von „Minderwertigen“, „Fremdrassigen“ und „Gemeinschaftsfremden“ gereinigtes Volk könne „Volksgemeinschaft“ sein. Rassismus und Antisemitismus wurden damit zum Instrument der Ausgrenzung und Verfolgung von Minderheiten, zu denen besonders die Juden sowie die Sinti und Roma zählten.

Damit die NSDAP ihre Ziele überhaupt erreichen konnte, sollte die nationalsozialistische „Volksgemeinschaft“ auch eine Gesinnungsgemeinschaft sein, in der sich jeder Einzelne widerspruchslos zur nationalsozialistischen Weltanschauung bekannte. Wer sich abwartend verhielt, sollte durch Propaganda erzogen werden. Wer sich widersetzte, wer also den „rassischen“, politischen oder moralischen Werten und Normen und den Leistungsanforderungen der Partei nicht genügte, wurde als „Volksschädling“ oder „Gemeinschaftsfremder“ ausgeschlossen und bekämpft. „Rassereinheit“ und politisches Wohlverhalten bestimmten darüber, wer zur „Volksgemeinschaft“ gehörte und wer nicht.

Literaturtipps:

- *Frank Bajohr und Michael Wildt (Hrsg.), Volksgemeinschaft. Neue Forschungen zur Gesellschaft des Nationalsozialismus, Frankfurt am Main 2009*
- *Hans Ulrich Thamer und Simone Erpel (Hrsg.), Hitler und die Deutschen. Volksgemeinschaft und Verbrechen, Dresden 2010 (Ausstellungskatalog)*

▲ **Plakat von 1934.**
Das Plakat nutzt ein bekanntes Propagandafoto von Adolf Hitler. Es wurde vermutlich zur Volksabstimmung vom 19. August 1934 (nach dem Tod des Reichspräsidenten Paul von Hindenburg) über die Zusammenlegung des Reichspräsidenten- und des Reichskanzleramtes in der Person des „Führers und Reichskanzlers“ Adolf Hitler hergestellt.
Beurteilen Sie das Plakat. Untersuchen Sie, inwiefern sich darin der Charakter der Wahlen seit 1933 spiegelt.

„Führer“ und Volk Die „Volksgemeinschaft“ bestand nicht aus freien Individuen, sondern war durch das Verhältnis von „Führer“ und „Gefolgschaft“ bestimmt. Der Einzelne hatte seine Interessen dem Gemeinwohl unterzuordnen. Was dem Gemeinwohl diente, darüber entschied allein Hitler. Herausragende Persönlichkeiten sollten, so Hitler, eine führende Rolle innerhalb der „Volksgemeinschaft“ einnehmen. Die Auswahl wurde nicht auf demokratische Weise, sondern durch Berufung von oben vorgenommen. „Autorität jedes Führers nach unten und Verantwortung nach oben“ lautete die von Hitler aufgestellte Maxime. Das System gipfelte in dem „Führer“ Adolf Hitler. Er sollte nur der von ihm häufig zitierten „Vorsehung“ verantwortlich sein.

Emotional untermauerte die NSDAP das Ganze durch die Inszenierung eines Führerkultes, der das italienische Vorbild nachahmte. Ein Führerbild hing später in allen Amts- und Schulräumen und sollte in jeder Wohnung einen Ehrenplatz erhalten. „Heil Hitler“ war der offiziell geforderte „Deutsche Gruß“ für jeden. Die Person Adolf Hitlers wurde zum Bindeglied zwischen Führerstaat und „Volksgemeinschaft“ und zum Idealbild stilisiert. Hier flossen Ideen der obrigkeitsstaatlichen Ordnung des 18. und 19. Jahrhunderts ein, die Hitler zum verehrungswürdigen Ersatzmonarchen emporhoben und den Einzelnen in widerspruchslose Unterordnung zwangen.

Statt Parteienkonflikt und Klassenkampf propagierte die NSDAP eine „Volksgemeinschaft der Arbeiter der Faust und Stirn“. Auch der Interessengegensatz zwischen Arbeitgeber und Arbeitnehmer, die sich als Glieder desselben Volkes fühlen sollten, wurde für aufgehoben erklärt.

Gegen Liberale und Marxisten Liberalismus und Marxismus bezeichnete Hitler als „jüdische Erfindungen“, die zum Verderben der „Herrenrasse“ eingeführt worden seien. Für den Liberalismus sind individuelle Freiheit und Selbstverwirklichung grundlegende Werte. Demgegenüber forderte die NS-Regierung unter Missbrauch und Verfälschung alter preußisch-deutscher Traditionen den totalen Einsatz des Volksgenossen. „Treue“, Dienstbereitschaft und absoluter Gehorsam standen über den durch die Weimarer Verfassung garantierten Grundrechten.* Die allgegenwärtige Ordnungsmacht des Staates dürfe nicht durch liberale Verfassungsgrundsätze eingeschränkt werden. Das politische System der Weimarer Republik, das sich um die Verwirklichung des liberalen Rechts- und Verfassungsstaates bemüht hatte, wurde als Epoche undeutscher westlicher Überfremdung interpretiert.

Darüber hinaus nahm Hitler für sich in Anspruch, der Zerstörer des Marxismus zu sein. Die Propaganda einer Klassenversöhnung, bei der alte Sozialstrukturen und Klassenschranken überwunden wurden, hatte großen Erfolg. „Volksgemeinschaft“ und „Sozialismus der Tat“ waren Prinzipien, die auch weite Kreise der Arbeiterschaft an den Nationalsozialismus banden.

* Siehe Seite 296 ff.

M1 Die völkische Weltanschauung

Während seiner neunmonatigen Haftzeit in Landsberg verfasst Hitler 1924 den ersten Band seiner programmatischen Schrift „Mein Kampf". Er erscheint 1925 mit dem Untertitel „Eine Abrechnung" im parteieigenen Verlag. Der zweite Band folgt 1926. Das Werk wird in 16 Sprachen übersetzt und erreicht eine Gesamtauflage von zehn Millionen Exemplaren. Im Mittelpunkt seiner Ausführungen stehen Hitlers rassistische, antisemitische und völkische Anschauungen sowie die Forderungen nach „Lebensraum":

Die Sünde wider Blut und Rasse ist die Erbsünde dieser Welt und das Ende einer sich ihr ergebenden Menschheit. [...]
Es ist ein müßiges Beginnen, darüber zu streiten, welche Rasse oder Rassen die ursprünglichen Träger der menschlichen Kultur waren und damit die wirklichen Begründer dessen, was wir mit dem Worte Menschheit alles umfassen. Einfacher ist es, sich diese Frage für die Gegenwart zu stellen, und hier ergibt sich auch die Antwort leicht und deutlich. Was wir heute an menschlicher Kultur, an Ergebnissen von Kunst, Wissenschaft und Technik vor uns sehen, ist nahezu ausschließlich schöpferisches Produkt des Ariers. Gerade diese Tatsache aber lässt den nicht unbegründeten Rückschluss zu, dass er allein der Begründer höheren Menschentums überhaupt war, mithin den Urtyp dessen darstellt, was wir unter dem Worte „Mensch" verstehen. [...]
Der Arier ist nicht in seinen geistigen Eigenschaften an sich am größten, sondern im Ausmaße der Bereitwilligkeit, alle Fähigkeiten in den Dienst der Gemeinschaft zu stellen. Der Selbsterhaltungstrieb hat bei ihm die edelste Form erreicht, indem er das eigene Ich dem Leben der Gesamtheit willig unterordnet und, wenn die Stunde es erfordert, auch zum Opfer bringt. [...]
Den gewaltigsten Gegensatz zum Arier bildet der Jude. Bei kaum einem Volke der Welt ist der Selbsterhaltungstrieb stärker entwickelt als beim sogenannten auserwählten. [...] Da nun der Jude – aus Gründen, die sich sofort ergeben werden – niemals im Besitze einer eigenen Kultur war, sind die Grundlagen seines geistigen Arbeitens immer von anderen gegeben worden. Sein Intellekt hat sich zu allen Zeiten an der ihn umgebenden Kulturwelt entwickelt. Niemals fand der umgekehrte Vorgang statt. Denn wenn auch der Selbsterhaltungstrieb des jüdischen Volkes nicht kleiner, sondern eher noch größer ist als der anderer Völker, wenn auch seine geistigen Fähigkeiten sehr leicht den Eindruck zu erwecken vermögen, dass sie der intellektuellen Veranlagung der übrigen Rassen ebenbürtig wären, so fehlt doch vollständig die allerwesentlichste Voraussetzung für ein Kulturwerk, die idealistische Gesinnung. [...]
Demgegenüber erkennt die völkische Weltanschauung die Bedeutung der Menschheit in deren rassischen Urelementen. Sie sieht im Staat prinzipiell nur ein Mittel zum Zweck und fasst als seinen Zweck die Erhaltung des rassischen Daseins der Menschen auf. Sie glaubt somit keineswegs an eine Gleichheit der Rassen, sondern erkennt mit ihrer Verschiedenheit auch ihren höheren oder minderen Wert und fühlt sich durch diese Erkenntnis verpflichtet, gemäß dem ewigen Wollen, das dieses Universum beherrscht, den Sieg des Besseren, Stärkeren zu fördern, die Unterordnung des Schlechteren und Schwächeren zu verlangen. Sie huldigt damit prinzipiell dem aristokratischen Grundgedanken der Natur und glaubt an die Geltung dieses Gesetzes bis herab zum letzten Einzelwesen. Sie sieht nicht nur den verschiedenen Wert der Rassen, sondern auch den verschiedenen Wert des Einzelmenschen. [...] Nein, es gibt nur ein heiligstes Menschenrecht, und dieses Recht ist zugleich die heiligste Verpflichtung, nämlich: dafür zu sorgen, dass das Blut rein erhalten bleibt, um durch die Bewahrung des besten Menschentums die Möglichkeit einer edleren Entwicklung dieser Wesen zu geben. [...] Ein völkischer Staat wird damit in erster Linie die Ehe aus dem Niveau einer dauernden Rassenschande herauszuheben haben, um ihr die Weihe jener Institution zu geben, die berufen ist, Ebenbilder des Herrn zu zeugen und nicht Missgeburten zwischen Mensch und Affe.

Adolf Hitler, Mein Kampf. Zwei Bände in einem Band, München [51]1933, S. 272, 420 f. und 444 f.

1. *Nennen und erläutern Sie die Wertmaßstäbe, die Hitler an menschliches Dasein anlegt.*
2. *Erläutern Sie den hier verwendeten Begriff der „Rasse".*
3. *Analysieren Sie die Wendung „Ebenbilder des Herrn zu zeugen" (Zeile 62) und vergleichen Sie das Menschenbild Hitlers mit dem christlich-humanistischen Menschenbild.*

M2 Die nationalsozialistische „Volksgemeinschaft"

Aus der Rede Hitlers zum Erntedankfest im niedersächsischen Bückeberg am 1. Oktober 1933:

Der Nationalsozialismus hat weder im Individuum noch in der Menschheit den Ausgangspunkt seiner Betrachtungen, seiner Stellungnahmen und Entschlüsse. Er rückt bewusst in den Mittelpunkt seines ganzen Denkens das Volk. Dieses Volk ist für ihn eine blutmäßig bedingte Erscheinung, in der er einen von Gott geweihten Baustein der menschlichen Gesellschaft sieht.
Das einzelne Individuum ist vergänglich, das Volk ist bleibend. Wenn die liberale Weltanschauung in ihrer Vergötte-

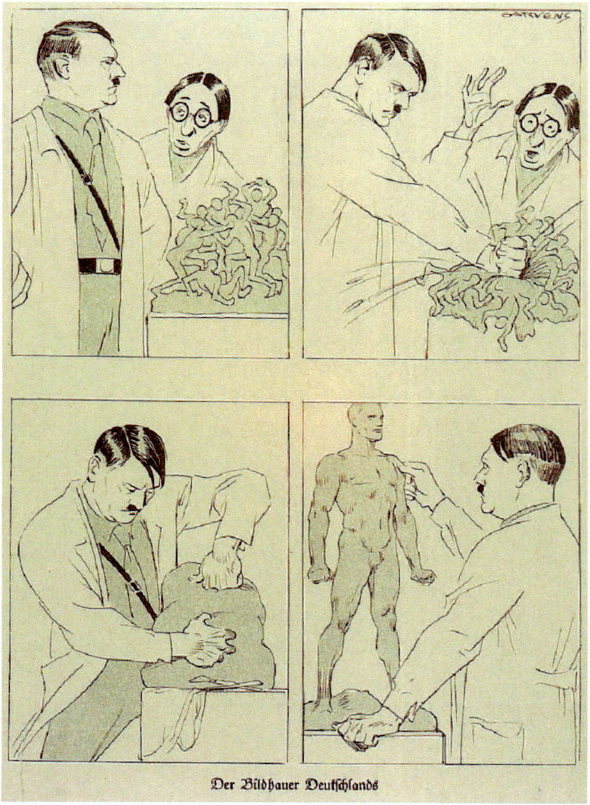

▲ **Der Bildhauer Deutschlands.**
Karikatur von Oskar Garvens aus der politischen Satirezeitschrift „Kladderadatsch“ vom 3. Dezember 1933.
▪ *Analysieren Sie die Aussage der Karikatur. Welche Haltung nimmt der Zeichner gegenüber dem „Bildhauer“ Hitler ein?*

rung des einzelnen Individuums zur Zerstörung des Volkes führen muss, so wünscht dagegen der Nationalsozialismus das Volk zu schützen, wenn nötig, auf Kosten des Individuums. Es ist notwendig, dass der Einzelne sich langsam zur Erkenntnis durchringt, dass sein eigenes Ich unbedeutend ist, gemessen am Sein des ganzen Volkes [...], dass vor allem die Geistes- und Willenseinheit einer Nation höher zu schätzen sind als die Geistes- und Willenseinheit des Einzelnen.

In seiner Rede am Heldengedenktag am 10. März 1940 sagt Hitler über die „Volksgemeinschaft“:

Kein Volk hat mehr Recht zu feiern als das deutsche!
In schwerster geopolitischer Lage konnte das Dasein unseres Volkes immer wieder nur durch den heroischen Einsatz seiner Männer sichergestellt werden. Wenn wir seit 2000 Jahren ein geschichtliches Dasein leben, dann nur, weil in diesen 2000 Jahren immer Männer bereit gewesen sind, für dieses Leben der Gesamtheit ihr eigenes einzusetzen und – wenn nötig – zu opfern. [...]
Für was sie einst kämpften, kämpfen nunmehr auch wir. Was ihnen hoch genug war, um – wenn notwendig – dafür zu sterben, soll uns in jeder Stunde zu gleicher Tat bereit finden. Der Glaube aber, der sie beseelte, hat sich in uns allen nur noch verstärkt. Wie immer auch das Leben und das Schicksal des Einzelnen sein mag, über jedem steht das Dasein und die Zukunft der Gesamtheit. Und hier hebt uns etwas noch über vergangene Zeiten empor: Uns allen ist das erschlossen worden, für was in früheren Zeiten so viele noch unbewusst kämpfen mussten: das deutsche Volk!
In seiner Gemeinschaft leben zu dürfen, ist unser höchstes irdisches Glück. Ihr anzugehören, ist unser Stolz. Sie in bedingungsloser Treue in den Zeiten der Not zu verteidigen, unser fanatischer Trotz. [...] Wenn die andere Welt der plutokratischen[1] Demokratien gerade gegen das nationalsozialistische Deutschland den wildesten Kampf ansagt und seine Vernichtung als oberstes Kriegsziel ausspricht, dann wird uns damit nur das bestätigt, was wir ohnedies wissen: dass nämlich der Gedanke der nationalsozialistischen Volksgemeinschaft das deutsche Volk auch in den Augen unserer Gegner besonders gefährlich, weil unüberwindlich macht. Über Klassen und Stände, Berufe, Konfessionen und alle übrige Wirrnis des Lebens hinweg erhebt sich die soziale Einheit der deutschen Menschen ohne Ansehen des Standes und der Herkunft, im Blute fundiert, durch ein tausendjähriges Leben zusammengefügt, durch das Schicksal auf Gedeih und Verderb verbunden.

Erster Text zitiert nach: Johannes Hampel, Der Nationalsozialismus, Bd. 2: 1935-1939. Friedenspropaganda und Kriegsvorbereitung, herausgegeben von der Bayerischen Landeszentrale für politische Bildung, München ²1993, S. 271
Zweiter Text zitiert nach: Max Domarus, Hitler. Reden und Proklamationen 1932-1945, kommentiert von einem deutschen Zeitgenossen, Bd. 2.1, Würzburg 1963, S. 1477 ff.

1. *Charakterisieren Sie Hitlers Vorstellung von der deutschen „Volksgemeinschaft“.*

2. *Erläutern Sie die Stellung des Individuums und die sich daraus ergebenden Konsequenzen für den Einzelnen. Vergleichen Sie mit unserem heutigen Menschenbild und heutigen Rechtsvorstellungen.*

3. *Zeigen Sie auf, welches Geschichtsbild Hitler zeichnet und zu welchem Zweck er dies tut.*

[1] **Plutokratie**: Geldherrschaft bzw. Staatsform, in der allein der Besitz politische Macht garantiert

Machtübernahme und „Gleichschaltung"

„Führer in ein neues Zeitalter" Als Adolf Hitler am 30. Januar 1933 von Reichspräsident Hindenburg zum Reichskanzler ernannt wurde, schien sich rein äußerlich nichts Wesentliches an der politischen Situation im Deutschen Reich geändert zu haben. Hitler war Chef eines Präsidialkabinetts wie seine drei unmittelbaren Amtsvorgänger. Der „Führer" und seine Partei feierten die Berufung in die Regierungsverantwortung jedoch als „Machtergreifung". Die Fackelzüge, die am Abend des 30. Januar in Berlin und vielen Städten Deutschlands von der NSDAP unter Beteiligung konservativer Kräfte inszeniert wurden, huldigten nicht einem weiteren Kanzler der Republik, sondern dem „Führer in ein neues Zeitalter".

Die neue Regierung besaß keine Mehrheit im Reichstag. Hitler ließ dennoch Koalitionsverhandlungen, die ihm eine Majorität gesichert hätten, bewusst scheitern. Stattdessen wurden der Reichstag aufgelöst und Wahlen für den 5. März anberaumt. Die parlamentsfreie Atempause wollte Hitler nutzen, um mithilfe von Notverordnungen vollendete Tatsachen zu schaffen und die Wähler massiv zu beeinflussen, denn das Erreichen der absoluten Mehrheit schien für die NSDAP in greifbare Nähe gerückt.

▲ **Postkarte zum „Tag von Potsdam".**
Der neue Propagandaminister Joseph Goebbels gestaltete die erste Sitzung des neuen Reichstages nach dem Machtwechsel in der Potsdamer Garnisonkirche als Schauspiel der „nationalen Wiedererweckung". Am Grab Friedrichs des Großen gaben sich Hitler und Reichspräsident Hindenburg am 21. März 1933 feierlich die Hand.
■ *Erklären Sie die Bildsymbolik.*

Der Reichstagsbrand und seine Folgen Am 27. Februar, eine Woche vor der Wahl, brannte der Reichstag in Berlin. Am Tatort wurde der Holländer *Marinus van der Lubbe* festgenommen. Wahrheitswidrig verkündeten die Nationalsozialisten, dass die Brandstiftung der Beginn eines kommunistischen Umsturzes sein sollte. Die genauen Hintergründe des Reichstagsbrandes sind bis heute nicht geklärt, aber die meisten Historiker gehen von einer Alleintäterschaft van der Lubbes aus.

Hitler veranlasste sofort die Verhaftung von 4000 kommunistischen Abgeordneten und Funktionären, ferner das Verbot der kommunistischen und sozialdemokratischen Presse. Die von Hindenburg am 28. Februar 1933 erlassene *Verordnung „Zum Schutz von Volk und Staat"* schuf die rechtlichen Voraussetzungen, um die Grundrechte außer Kraft zu setzen.

Trotz massiver Behinderung der anderen Parteien und eines pausenlosen Propagandaaufwandes war das Wahlergebnis des 5. März für die NSDAP enttäuschend. Sie verfehlte mit 43,9 Prozent der abgegebenen Stimmen klar die erhoffte absolute Mehrheit. Am 21. März wurde der Reichstag in der Garnisonkirche zu Potsdam mit einem Staatsakt eröffnet. Zwei Tage nach dem *„Tag von Potsdam"* legte Hitler den Abgeordneten ein *Gesetz zur Behebung der Not von Volk und Reich*, das sogenannte *„Ermächtigungsgesetz"*, zur Abstimmung vor. Obwohl NSDAP und Deutschnationale Volkspartei (DNVP) eine handlungsfähige Mehrheit im Reichstag bildeten, sollte der Regierung – zunächst auf vier Jahre – das Recht eingeräumt werden, Gesetze ohne Mitwirkung von Reichstag und Reichsrat zu erlassen.

Die Vertreter der bürgerlichen Parteien gaben eingeschüchtert nach, in der Hoffnung, Schlimmeres zu verhüten und durch ihr Entgegenkommen später Einfluss auf die Durchführung des Gesetzes nehmen zu können. Nur die SPD verweigerte ihre Zustimmung. Sie konnte damit die notwendige Zweidrittelmehrheit allerdings nicht verhindern, zumal die Mandate der drittstärksten Reichstagsfraktion der KPD sofort nach der Wahl vom 5. März annulliert worden waren und die KPD-Abgeordneten dem Ermächtigungsgesetz daher weder zustimmen noch es ablehnen konnten. Auch der Reichsrat ließ das Gesetz ohne Einwand passieren.

Internettipp:
Die mutige Rede des SPD-Reichstagsabgeordneten und Fraktionsvorsitzenden Otto Wels zur Ablehnung des „Ermächtigungsgesetzes" findet man unter Code 32019-18

„Gleichschaltung“ von Ländern, Verwaltung und Parteien „Ein Volk, ein Reich, ein Führer“ war die Parole, nach der ab 1933 der Rechtsstaat und die Gewaltenteilung abgeschafft, der Einparteienstaat errichtet sowie alle politischen und gesellschaftlichen Lebensbereiche „gleichgeschaltet“ und durchdrungen wurden. Mit dem „Ermächtigungsgesetz“ hatte Hitler formalrechtlich legal den Freibrief erhalten, Staat und Gesellschaft „gleichzuschalten“. Partei und Regierung beseitigten in den ersten Monaten nach der Machtübernahme schrittweise das föderalistische Eigenleben von Ländern und Gemeinden: Landtage, Stadt- und Gemeinderäte wurde nach dem Ergebnis der Reichstagswahl vom 5. März 1933 umgebildet. Von missliebigen Parteien errungene Sitze verfielen, sodass die Nationalsozialisten fast überall ein Übergewicht erhielten. Darüber hinaus setzte Hitler in den Ländern *Reichsstatthalter* ein, die befugt waren, Regierungen zu bilden und zu entlassen. Jeder Reichsstatthalter war seinerseits an die Weisungen des „Führers“ gebunden, die totale Kontrolle der Gebietskörperschaften damit gesichert.

Maßgeblich zur Festigung des neuen Regimes trug die „Gleichschaltung“ des Verwaltungsapparates bei. Schon in den ersten Tagen nach der „Machtergreifung“ waren in Säuberungsaktionen widerstrebende Beamte aus dem Dienst entfernt worden. Legalisiert wurden die Entlassungen erst nachträglich durch das *Gesetz zur Wiederherstellung des Berufsbeamtentums* vom 7. April 1933. Um die politische Opposition endgültig auszuschalten, wurde nach der Zerschlagung der KPD Ende Februar / Anfang März 1933 die SPD am 22. Juni 1933 verboten. Die anderen Parteien lösten sich unter massivem Druck selbst auf. Im Reichstag saßen fortan nur noch Mitglieder der NSDAP. Da das Parlament als Gegengewicht zur Exekutive praktisch ausgeschaltet war, konnte Hitler mit *Führererlassen* regieren, die an die Stelle von Gesetzen traten.

Nach dem Tod Hindenburgs am 2. August 1934 stand der Diktatur Hitlers endgültig nichts mehr im Weg. Ohne Wahl übernahm er das Amt des Reichspräsidenten und nannte sich nun „Führer und Reichskanzler“. Die Reichswehr und alle Beamten mussten sich durch einen Eid persönlich auf Hitler verpflichten (▸ M1).

▲ **Propagandaplakat, entstanden um 1933.**
Der Anschlag stammt von dem Münchener Plakatgestalter und Reklamekünstler Ludwig Hohlwein. Auftraggeber war die Reichsjugendführung der NSDAP.

Totale Organisation Bereits mit dem Eintritt in die Grundschule sollten die Jugendorganisationen der NSDAP, *Hitler-Jugend* (HJ) und *Bund Deutscher Mädel* (BDM), möglichst alle Kinder eines Jahrganges erfassen. In beiden Organisationen – und ebenso in den Schulen – wurde die Jugend im Sinn der nationalsozialistischen Ideologie gedrillt. Nicht mehr die liberalen Bildungsziele der Weimarer Zeit zählten, sondern Gleichschritt und Wehrertüchtigung. Alle Jugendverbände wurden früher oder später in HJ und BDM überführt. Per Gesetz erhoben die Nationalsozialisten die Hitler-Jugend 1936 zur „Staatsjugend“, wodurch diese zu einem wichtigen Kontroll- und Erziehungsinstrument wurde. Der für alle Jugendlichen verpflichtende *Reichsarbeitsdienst* sollte die in HJ und BDM angelegte ideologische Ausrichtung fortsetzen. Für viele Berufssparten bestanden zudem gesonderte, der NSDAP untergeordnete Vereinigungen, z. B. der *NS-Lehrerbund* oder der *NS-Ärztebund*.

Menschen in Beruf oder Freizeit, Gesunde und Invalide, Jugendliche und Greise, Frauen und Männer – sie alle sollte das parteigesteuerte Organisationsnetz des totalitären Staates erfassen. Dies gelang mithilfe von Unterorganisationen wie der *Deutschen Arbeitsfront* (DAF)*, dem *NS-Studentenbund*, der *NS-Frauenschaft* und anderen mehr. Das Netz war so eng geknüpft, dass der Einzelne kaum entschlüpfen konnte (▸ M2).

Literaturtipp:
Arno Klönne, Jugend im Dritten Reich. Die Hitlerjugend und ihre Gegner, Köln ³2008

Filmtipp:
Napola – Elite für den Führer; Deutschland 2004, Regie: Dennis Gansel

* Siehe Seite 356.

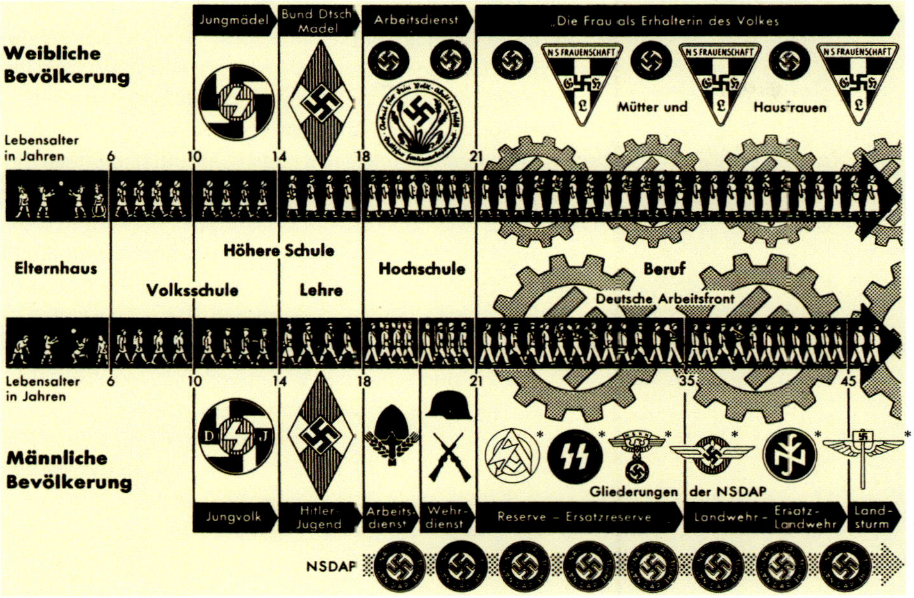

▲ **Der Weg des „gleichgeschalteten“ Staatsbürgers.**
- *Erläutern Sie anhand der Grafik den Weg des „gleichgeschalteten“ Staatsbürgers.*
- *Prüfen Sie, inwiefern „Gleichschaltung“ überhaupt durchgesetzt werden und wer sich ihr am ehesten entziehen konnte.*

* Die sechs Embleme repräsentieren von links nach rechts die folgenden Organisationen: Sturmabteilung (SA), Schutzstaffel (SS), Nationalsozialistisches Kraftfahrkorps (NSKK), Nationalsozialistisches Fliegerkorps (NSFK), Nationalsozialistische Volkswohlfahrt (NSV), Nationalsozialistische Handels- und Gewerbeorganisation (NS-Hago).

Führung oder Chaos? Die Ausschaltung oppositioneller Gruppen schien auf den ersten Blick die Staatsmacht zu stärken, die sich nicht länger im pluralistisch-liberalen Meinungsstreit behaupten musste. Es zeigte sich jedoch, dass sich neben den Staat nun die NSDAP als „Trägerin des deutschen Staatsgedankens“ stellte. Ihre Führung war seit der Ausschaltung der anderen Parteien unangefochten. Die Aufgabe der NSDAP bestand nun nicht länger in Opposition und Straßenkampf, sondern in der Erfassung aller Lebensbereiche, mit dem Ziel einer totalitären Herrschaftsübernahme. Die Partei durchdrang die Gesellschaft und trat damit in Konkurrenz zu den staatlichen oder kommunalen Institutionen.

Die Folge war ein undurchsichtiger Wirrwarr von Kompetenzen (▸ M3). Während der Staat üblicherweise das öffentliche Leben auf der Basis von Gesetzen reglementiert und gestaltet, trafen jetzt Parteiorganisationen oder deren Repräsentanten neben der staatlichen Bürokratie Einzelentscheidungen. Sie versuchten beständig, die Verwaltung in ihrem Sinn zu beeinflussen. Vielfach verschmolzen Partei- und Staatsorganisation miteinander. So hatten die Gauleiter der NSDAP häufig zugleich hohe Ämter in den „gleichgeschalteten“ Ländern inne, oder die Ortsgruppenleiter der Partei übernahmen gleichzeitig das Bürgermeisteramt. Die Kontrolle der öffentlichen Hand und des gesellschaftlichen Alltags ließ die Parteibürokratie ständig anwachsen. Gab es 1935 33 Gauleiter, 827 Kreisleiter, 21 000 Ortsgruppenleiter und 260 000 Zellen- und Blockleiter, so betrug die Zahl dieser Funktionäre zwei Jahre später bereits 700 000. Während des Krieges waren es zwei Millionen.

Charakteristisch für die **Polykratie** war das Entstehen zahlloser Sonderverwaltungen, die neben der staatlichen Bürokratie ein Eigenleben führten und dem „Führer“ direkt unterstellt waren. Einer solchen Behörde stand z.B. **Hermann Göring** ab 1936 als „Beauftragter für den Vierjahresplan“ vor. Er konnte in dieser Funktion an allen staatlichen Stellen vorbei unmittelbaren Einfluss auf die Wirtschaft nehmen.

Polykratie (von griech. poly: „viel“ und kratéin: „Macht“): Vielzahl konkurrierender Herrschaftsansprüche und Zuständigkeiten

Hermann Göring (1893-1946): seit 1933 preußischer Ministerpräsident; 1933-1945 Reichsminister für Luftfahrt; 1937/38 Reichswirtschaftsminister; 1939 von Hitler offiziell zu seinem Nachfolger ernannt; 1946 Selbstmord in Haft

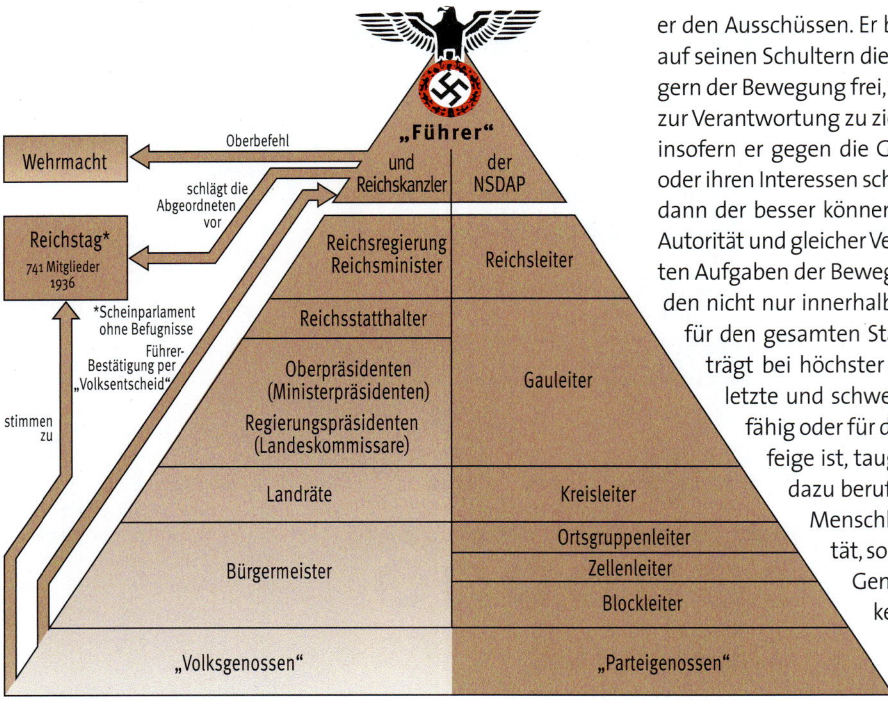

▲ Staat und Partei im „Führerstaat“.
Parteienhierarchie und Staatsämter überschnitten sich sowohl in ihren Kompetenzen als auch personell: Mit zwei Ausnahmen waren z. B. alle Reichsstatthalter zugleich auch Gauleiter in ihrem Amtsbereich.

M1 Die Autorität des „Führers“

Hitler erklärt in „Mein Kampf“:

Die Bewegung vertritt im Kleinsten wie im Größten den Grundsatz der unbedingten Führerautorität, gepaart mit höchster Verantwortung. Die praktischen Folgen dieses Grundsatzes in der Bewegung sind nachstehende: Der erste Vorsitzende einer Ortsgruppe wird durch den nächsthöheren Führer eingesetzt, er ist der verantwortliche Leiter der Ortsgruppe. Sämtliche Ausschüsse unterstehen ihm, und nicht er umgekehrt einem Ausschuss. Abstimmungs-Ausschüsse gibt es nicht, sondern nur Arbeits-Ausschüsse. Die Arbeit teilt der verantwortliche Leiter, der erste Vorsitzende, ein. Der gleiche Grundsatz gilt für die nächsthöhere Organisation, den Bezirk, den Kreis oder den Gau. Immer wird der Führer von oben eingesetzt und gleichzeitig mit unbeschränkter Vollmacht und Autorität bekleidet. Nur der Führer der Gesamtpartei wird aus vereinsgesetzlichen Gründen in der Generalmitgliederversammlung gewählt. Er ist aber der ausschließliche Führer der Bewegung. Sämtliche Ausschüsse unterstehen ihm und nicht er den Ausschüssen. Er bestimmt und trägt damit aber auch auf seinen Schultern die Verantwortung. Es steht den Anhängern der Bewegung frei, vor dem Forum einer neuen Wahl ihn zur Verantwortung zu ziehen, ihn seines Amtes zu entkleiden, insofern er gegen die Grundsätze der Bewegung verstoßen oder ihren Interessen schlecht gedient hat. An seine Stelle tritt dann der besser könnende, neue Mann, jedoch mit gleicher Autorität und gleicher Verantwortlichkeit. Es ist eine der obersten Aufgaben der Bewegung, dieses Prinzip zum bestimmenden nicht nur innerhalb ihrer eigenen Reihen, sondern auch für den gesamten Staat zu machen. Wer Führer sein will, trägt bei höchster unumschränkter Autorität auch die letzte und schwerste Verantwortung. Wer dazu nicht fähig oder für das Ertragen der Folgen seines Tuns zu feige ist, taugt nicht zum Führer. Nur der Held ist dazu berufen. Der Fortschritt und die Kultur der Menschheit sind nicht ein Produkt der Majorität, sondern beruhen ausschließlich auf der Genialität und der Tatkraft der Persönlichkeit. Diese heranzuzüchten und in ihre Rechte einzusetzen, ist eine der Vorbedingungen zur Wiedergewinnung der Größe und Macht unseres Volkstums.

Adolf Hitler, Mein Kampf. Zwei Bände in einem Band, München [51]1933, S. 378 f.

1. *Charakterisieren Sie das „Führerprinzip“.*
2. *In einem Artikel der „Bundeszentrale für politische Bildung“ wird das „Führerprinzip“ als „Grundgesetz der nationalsozialistischen Weltanschauung“ bezeichnet. Überprüfen Sie diese Aussage.*

M2 „Gleichschaltung“

In einem Wörterbuch zum Vokabular des Nationalsozialismus wird der Begriff „Gleichschaltung“ wie folgt definiert:

(gleichschalten, sich gleichschalten; gleichgeschaltet) a) Politische Gleichschaltung: Aufhebung des politischen und organisatorischen Pluralismus durch Anpassung der vorgefundenen Organisationsstrukturen bestehender Körperschaften und Institutionen an das nationalsozialistische Führerprinzip; b) innere Gleichschaltung: Anpassung des Denkens und Handelns an die nationalsozialistische Weltanschauung; c) äußere Gleichschaltung [...]: politische Gleichschaltung ohne gleichzeitige Anpassung des Denkens und Handelns an die nationalsozialistische Weltanschauung.

Ernst Niekisch, 1939 wegen „literarischen Hochverrats" zu einer lebenslänglichen Zuchthausstrafe verurteilt, beschreibt um 1935 die Veränderungen in der Gesellschaft:

Ein Taumel der „Gleichschaltung" erfasste das ganze Volk. Alle öffentlichen und privaten Einrichtungen, Organisationen und Korporationen, alle wirtschaftlichen Betriebe und kulturellen Gesellschaften, alle Verbände und Vereine „schalteten sich gleich". Zweck der Gleichschaltung war die Herstellung der „Volksgemeinschaft". Die „Volksgemeinschaft" ist kein gesellschaftlicher Ordnungszustand höherer Art. Nirgends trügt der Schein mehr, als er hier es tut. [...] [In] der „Volksgemeinschaft" soll das ganze Volk auf die formlos chaotische Existenzweise menschlichen Abschaums heruntergebracht werden. Sinn und Inhalt der Volksgemeinschaft ist lediglich die Solidarität des lumpenproletarischen Gesindels.
Irgendwelche untergeordneten Organe oder Angestellte zogen plötzlich ihr nationalsozialistisches Mitgliedsbuch, das sie bisher sorgfältig verborgen gehabt hatten, aus der Tasche und trumpften damit auf; zuweilen war es der Portier, der sich überraschend als Vertrauensmann der nationalen Revolution entpuppte und sich über Nacht zum wichtigsten und ersten Mann emporschwang. Das Mitgliedsbuch und das braune Hemd waren Ausweise, durch welche sich die Inhaber befugt hielten, nach den Zügeln zu greifen und die Leitung zu übernehmen. [...]
Der Punkt, an dem der Hebel ansetzt, welcher den Menschen gleichschaltet, ist die Existenzfrage. Wenn der Mann nicht richtig liegt, bekommt er kein Futter mehr. Unverhüllter wurde noch niemals auf den Magen gedrückt, um die richtige Gesinnung herauszupressen. Der Beamte zitterte um Gehalt und Versorgung: Das „Gesetz zur Wiederherstellung des Berufsbeamtentums" brachte den festen Turm seiner „wohlerworbenen Rechte" zum Einsturz. [...] Die nationalsozialistische Empörung über marxistische „Parteibuchbeamte" entlarvte sich als purer Brotneid; die „Wiederherstellung des Berufsbeamtentums" bestand darin, alle Ämter mit nationalsozialistischen Parteibuchbeamten zu überschwemmen. Die bürokratische Gleichschaltung war eine groß angelegte Veranstaltung allgemeiner „Umbonzung".
Angestellten und Arbeitern erging es nicht besser; sie verloren die Arbeitsplätze, wenn ihr Eifer der Gleichschaltung enttäuschte. [...] Die nationalsozialistische Weltanschauung zog ihre überzeugende Kraft aus der Sorge um den Futterplatz; weil der nationalsozialistische Herr den Brotkorb monopolisiert hatte, sang jedermann sein Lied.

Erster Text: Cornelia Schmitz-Berning, Vokabular des Nationalsozialismus, Berlin/New York 1998, S. 277
Zweiter Text: Ernst Niekisch, Das Reich der niederen Dämonen, Hamburg 1953, S. 131-135

1. *Weisen Sie anhand von Beispielen aus der Zeit des Nationalsozialismus die Stichhaltigkeit der Definitionen des Begriffes „Gleichschaltung" aus dem Wörterbuch nach.*
2. *Vergleichen Sie die Definitionen des Begriffes „Gleichschaltung" im Wörterbuch mit derjenigen von Niekisch.*
3. *Analysieren Sie Anspruch und Wirklichkeit der nationalsozialistischen „Volksgemeinschaft".*

M3 Rivalität

Der britische Historiker Ian Kershaw beschreibt im ersten Teil seiner Hitler-Biografie, wie Hitler seine Machtposition festigt:

Zusammenstöße in Fragen der Strategie, Streitereien unterschiedlicher Fraktionen und persönliche Rivalitäten traten in der NSDAP beinahe endemisch[1] auf. Die endlosen Konflikte und Animositäten, die gewöhnlich persönliche oder taktische und keine ideologischen Ursachen hatten, machten notwendigerweise vor einem Angriff auf Hitler halt. Er griff so wenig wie möglich ein. Die Rivalität und der Wettstreit zeigten ihm nur, welcher unter seinen miteinander wetteifernden Untergebenen nach seinem eigenen sozialdarwinistischen Begriff der Stärkere sein würde. Auch unternahm er nichts, um die ideologischen Schattierungen innerhalb der Partei miteinander zu versöhnen, es sei denn, sie drohten kontraproduktive Wirkungen zu entfalten. Der Führerkult wurde akzeptiert, weil er allen Beteiligten als einziges Rezept galt. Die persönliche Treue gegenüber Hitler, ob nun aufrichtig empfunden oder einem Zwang folgend, war der Preis der Einheit. In manchen Fällen waren die NS-Führer ganz und gar von Hitlers „Größe" und „Mission" überzeugt. In anderen konnten sie den eigenen Ehrgeiz nur weiterhin befriedigen, indem sie dem obersten „Führer" nach dem Munde redeten. Auf diese Weise wuchs Hitlers Herrschaft über die „Bewegung" bis zu dem Punkt, wo er so gut wie unangreifbar geworden war.

Ian Kershaw, Hitler 1889-1936, übersetzt von Jürgen Peter Krause und Jörg W. Rademacher, Stuttgart 1998, S. 380 (Übersetzung hier durch Jörg W. Rademacher)

1. *Erläutern Sie, wie Hitler nach Meinung von Kershaw das „Führerprinzip" für sich nutzte.*
2. *Vergleichen Sie M3 mit M1, M2 und dem Schaubild auf Seite 342. Diskutieren Sie Anspruch und Wirklichkeit des „Führerprinzips".*

[1] **endemisch**: typisch für ein bestimmtes Umfeld

NS-Propaganda

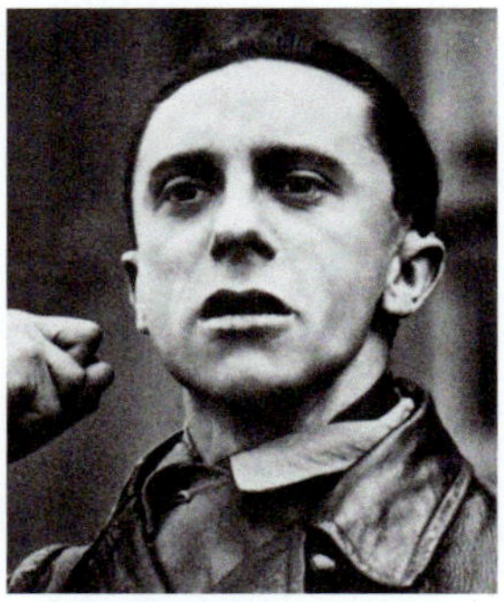

Joseph Goebbels (1897-1945): Chef-Ideologe des Nationalsozialismus und einer der führenden Politiker des „Dritten Reiches"; 1933-1945 Reichsminister für Volksaufklärung und Propaganda und Präsident der Reichskulturkammer; beging am Kriegsende Selbstmord

„Volksaufklärung" Die wirkungsvollste Form, die Gesellschaft nachhaltig zu beeinflussen, sah Hitler in der *Propaganda*. Der dafür zuständige Minister, **Joseph Goebbels**, schaltete Presse, Film und Rundfunk weitgehend gleich. Er ließ zunehmend nur noch Informationen verbreiten, die sein Ministerium in Reichspressekonferenzen für die Veröffentlichung freigab. Unerwünschte Presseorgane wurden zeitweise oder auf Dauer verboten. Bücher, Illustrierte und Zeitschriften unterlagen der Zensur.

Vor allem den Rundfunk setzte Goebbels für seine Propaganda ein. „*Volksempfänger*" waren für jeden erschwinglich und wurden zum Kauf empfohlen. Das Hören ausländischer Sendestationen war hingegen verboten und gegen Ende des Krieges sogar mit der Todesstrafe bedroht. Die „*Wochenschau*", die vor den viel besuchten Spielfilmen ablief, wurde genau redigiert. Wie Goebbels selbst erklärt hatte, galt nun ein „neuer Begriff der Meinungs- und Pressefreiheit", der alle Berichterstattung an das „nationale und völkische Interesse" band (▸ M1). Ein ausgeklügeltes Spitzelsystem, das ganz Deutschland überzog, diente nicht nur dem Aufspüren und der Ausschaltung von Regimegegnern, sondern auch der Erkundung der Volksstimmung. Dabei spielten die Blockwarte, zu deren Aufgaben die genaue Beobachtung der Bewohner der ihnen unterstellten Häuserblocks gehörte, eine wichtige Rolle. Gegenpropaganda sollte da einsetzen, wo sich Unzufriedenheit zeigte.

Massenmobilisierung Offizieller Höhepunkt aller Massenmobilisierung war der jährliche Reichsparteitag in Nürnberg: Auf einem nie ganz vollendeten Gelände wickelte die NS-Regierung beeindruckende Aufmärsche und sportliche Wettkämpfe ab. Sie sollten den Deutschen nationale Größe suggerieren und sie für den Einparteienstaat begeistern. Staatsbesuche, Empfänge, National- und Parteigedenktage oder neue pseudokultische Veranstaltungen glichen in ihrem Ablauf religiösen Festen. Auch die Olympischen Spiele, die 1936 in Berlin stattfanden, nutzte das Regime zu einer sorgfältig inszenierten Selbstdarstellung.

Literaturtipp:
Magnus Brechtken, Die nationalsozialistische Herrschaft 1933-1939, Darmstadt [2]2012

„Wider den undeutschen Geist" Auch Kultur und Kirche wurden „gleichgeschaltet". Christliche Feiertage wurden ihrer religiösen Bedeutung entkleidet und nach Belieben des Regimes umgedeutet. Weihnachten sollte sich aus einem Fest des Friedens zum Gedenktag der Wintersonnenwende, der Hoffnung des Wiedererstehens und der Freiheit Deutschlands entwickeln. Ein neuer Feierkultus entstand (▸ M2).

Was echte Kulturgüter waren, legte die NSDAP fest: Rückbesinnung auf das germanische Erbe, die Verherrlichung der „arischen Rasse" in allen Epochen der Geschichte. Schlichtheit und Monumentalität waren die Vorgaben eines zentral reglementierten Kunstverständnisses. 1933 wurde zur Kontrolle des gesamten Kulturbetriebes die **Reichskulturkammer** eingerichtet. Jüdische Mitbürger, Marxisten und Pazifisten verbannte die Partei als „Zerstörer arischen Erbes" aus dem Kulturbetrieb.

Reichskulturkammer: diente der Organisation und Überwachung des gesamten Kulturbetriebes (Printmedien, Film, Theater usw.). Nur Mitglieder der Kammer durften ihren Beruf ausüben.

Am 10. Mai 1933 fanden in Berlin und anderen Universitätsstädten öffentliche *Bücherverbrennungen* statt. Studenten warfen die Werke der in Ungnade gefallenen Autoren ins Feuer. Damit sollte die Ausmerzung aller wissenschaftlichen und literarischen Werke, die als „undeutsch" galten, eingeleitet werden.

Wertvolle Kunstwerke, die nicht nationalsozialistischen Vorstellungen entsprachen, wurden aus Museen und Galerien verbannt, beschlagnahmt, zerstört oder ins Ausland verkauft. Die betroffenen Künstler erhielten, soweit sie noch lebten und nicht emigriert waren, Ausstellungs- und Arbeitsverbot. 1937 wurde eine Auswahl eingezogener Kunstwerke zusammengestellt und als Wanderausstellung *„Entartete Kunst“* in München und anderen Städten Deutschlands bei freiem Eintritt zur „Abschreckung“ gezeigt. 1939 verbrannten die Nationalsozialisten in Berlin öffentlich 1000 verfemte Kunstwerke. Folge dieser Politik und der antijüdischen Gesetzgebung war, dass viele bedeutende Künstler und Gelehrte Deutschland verließen. Die kulturelle Blütezeit der Zwanzigerjahre fand ein jähes Ende. Mancher blieb und beugte sich dem Regime oder begab sich in die „**Innere Emigration**“.

Die „deutsche Frau“ ■ Ideologisch wie personell war die NSDAP immer eine Männerpartei, Frauen hatten in den höheren Hierarchie-Ebenen von Partei und Staat keine Chance. *Gertrud Scholtz-Klink*, die „Reichsfrauenführerin“, hatte sich im Sinne der Nationalsozialisten vor allem durch eines qualifiziert: Sie war Mutter von elf Kindern.

Natürlich brauchte die Partei auch Anhängerinnen, deshalb wurden die Frauen umworben. Das ideologische Konzept dazu war denkbar einfach: Die deutsche Frau sollte als treu sorgende Gattin und Mutter den „artgerechten“ Fortbestand des Volkes gewährleisten und dem Mann zu Hause den Rücken freihalten für seine Pflichten am Arbeitsplatz und im Krieg (▸ M3). Vielen Frauen erschien die klare Rolle, die die Nationalsozialisten ihnen zuwiesen, durchaus attraktiv. Wie den Männern wurden auch ihnen eine Gemeinschaft und ein Solidaritätsgefühl angeboten, deren negative Seiten, nämlich der Ausschluss von Kranken, Gebärunfähigen, jüdischen Frauen, Homosexuellen und anderen unerwünschten Minderheiten, nur wenigen zu Bewusstsein kam.

Die Frauen waren ebenso sorgsam organisiert wie die männliche Bevölkerung. Zusätzlich zum Bund Deutscher Mädel (BDM) und der *Nationalsozialistischen Frauenschaft* (NSF) entstand im Oktober 1933 das *Deutsche Frauenwerk* (DFW) als Sammelbecken für die „gleichgeschaltete“ bürgerliche Frauenbewegung. In diesen Organisationen trafen sich Millionen zum Meinungsaustausch, zu gemeinsamen häuslichen Arbeiten, zu ideologischer Schulung und zu karitativer Tätigkeit. Ehrungen wurden den Müttern zudem durch die Stiftung des *„Ehrenkreuzes der Deutschen Mutter“* zuteil. Hilfswerke für Mutter und Kind, Mütterschulen und die Hervorhebung des Muttertages rundeten das Propagandabild von der erfolgreichen deutschen Frau ab.

Noch so bescheidene Ansätze einer Frauenemanzipation lehnte Hitler persönlich ab; den Hochschulabschluss für Frauen missbilligte er. Ehestandsdarlehen mit teilweisem oder vollem Schuldenerlass, je nach Kinderzahl, sollten verheiratete Frauen bewegen, die Berufswelt zu verlassen und sich ganz der Familie zu widmen. Freilich hat das NS-Regime die Emanzipation durch Dauer und Folgen des Krieges auf das Wirtschaftsleben dann wider Willen doch gefördert. Denn Frauen mussten die Aufgaben der Männer, die in den Krieg gezogen waren, übernehmen.

Darüber hinaus beteiligten sich Hunderttausende Frauen auch selbst am nationalsozialistischen Kriegseinsatz. Als Helferinnen der Wehrmacht, der SS, der Gestapo*, des Reichsluftschutzbundes oder des Deutschen Roten Kreuzes waren sie nicht nur im Reich, sondern auch in den besetzten Gebieten tätig. Allein 500000 Frauen waren während des Zweiten Weltkrieges in der Wehrmacht tätig, etwa als Nachrichten-, Sanitäts- oder Flakwaffenhelferinnen. Auch in den Konzentrationslagern versahen etwa 10000 Frauen als weibliches SS-Gefolge ihren Dienst. Während sich frühere Forschungen auf die Rolle der Frau als treu dienende Ehegattinnen und „Gebärmaschinen“ an der „Heimatfront“ konzentrierten, verdeutlichen die neueren Untersuchungen, dass Frauen im Krieg eine durchaus aktive Rolle einnahmen und dass das Regime durch ihren Einsatz massive Unterstützung erfuhr.

Innere Emigration: Viele Künstler, Dichter und Gelehrte, die nach 1933 ins benachbarte Ausland oder später nach Übersee flohen, mussten Deutschland verlassen, weil ihr Leben gefährdet war oder um Verhaftungen zu entgehen. Einzelne verließen ihr Heimatland auch aus Protest gegen das neue Regime.
Wer, da er nicht unmittelbar gefährdet war, zurückblieb, musste mit Publikations- und Ausstellungsverbot rechnen. Einige Schriftsteller hüllten ihre Vorbehalte gegenüber dem Regime in historische Beispielgeschichten, die nicht ohne Weiteres aufzuschlüsseln waren, oder sie schrieben für die Zeit nach dem erhofften Zusammenbruch des „Dritten Reiches“. Um diese Autoren zu charakterisieren, sprach man in den Nachkriegsjahren von der „Inneren Emigration“. Dieser Begriff wurde als Rechtfertigung dafür verstanden, dass nicht alle, die nicht zur „Äußeren Emigration“ gezwungen worden waren, automatisch auf der Seite des nationalsozialistischen Regimes gestanden haben.

▲ **„Ehrenkreuz der Deutschen Mutter.“**
Ab 1938 wurde kinderreichen Müttern für ihre Verdienste im „Geburtenkrieg“ diese Auszeichnung verliehen: für die Geburt von vier oder fünf Kindern in Bronze, bei sechs oder sieben in Silber und ab acht Kindern in Gold.

* Siehe Seite 348 f.

▲ **NS-Propaganda.**
Von links nach rechts: Sporttag des BDM, Plakat der Abteilung Presse und Propaganda Bielefeld, um 1936; Werbung für den „Volksempfänger", 1936; Werbeplakat der NS-Organisation „Kraft durch Freude" für den Volkswagen, 1938.

M1 Wie erfolgreich war die Propaganda?

Der Historiker Bernd Jürgen Wendt untersucht die Wirkung der nationalsozialistischen Propaganda auf die Bevölkerung:

Dringend muss davor gewarnt werden, unkritisch aus den oft eindrucksvollen Produkten der nationalsozialistischen Propaganda etwa durch die unkommentierte Vorführung von Wochenschauen oder Propagandafilmen bereits auf ihre tatsächliche Wirkung zu schließen.
Resistenz oder Anfälligkeit gegenüber nationalsozialistischer Propaganda und Indoktrination waren wesentlich abhängig von der politischen Einstellung, dem sozialen und politischen Milieu, in dem man aufgewachsen war und lebte, von Erziehung und Schulbildung, Wohnort und persönlichem Umfeld. Goebbels war stets bemüht, in einer taktischen „Variationstoleranz" (Bracher) propagandistische Indoktrination differenziert nach den Adressaten und schichtenspezifisch einzusetzen, auch gewisse Rücksichten auf kulturelles Erbe und bürgerliche Traditionspflege zu nehmen, sterile Uniformität zu vermeiden und dort, wo er es für angebracht hielt, etwa bei der Darbietung eines deutschen (!) Jazz, in der Schlagerkultur oder bei Hollywoodfilmen selbst noch mit der emigrierten Marlene Dietrich[1] die Zügel zu lockern. [...]
Die Propagierung der Idee des Nationalsozialismus, so verschwommen und eklektisch[2] sie auch sein mochte, stieß dort auf eine zusätzliche Resonanz, wo sie offenkundig Erfolge aufweisen konnte. Denn das Leben damals verhieß vielen, die vorher davon nicht einmal zu träumen gewagt hatten, um den Preis der politischen Anpassung einen höheren Grad an Mobilität, freiere Lebensformen [...], materielle Vorteile wie einen Arbeitsplatz, die Chance individueller Bewährung, nichtakademische Karrieremuster, soziale Betreuung oder auch ein reiches Angebot für die Gestaltung der Freizeit mit KdF-Reisen[3], Kulturveranstaltungen usf.

Bernd Jürgen Wendt, Deutschland 1933-1945. Das Dritte Reich, Hannover 1995, S. 142-144

1. *Erörtern Sie in Anlehnung an den Text von Wendt, warum die NS-Propaganda nur zum Teil erfolgreich war.*
2. *Diskutieren Sie, ob wir heute resistenter gegen Propaganda sind.*

[1] **Marlene Dietrich** war nach ihrem Welterfolg mit „Der blaue Engel" von 1930 die bekannteste deutsche Schauspielerin. Sie stellte sich gegen die Nationalsozialisten und ging in die USA.
[2] **eklektisch**: zusammengesucht, ohne eigenen Stil
[3] **Kraft durch Freude**: Unterorganisation der Deutschen Arbeitsfront (DAF); siehe dazu Seite 356

M2 Weihnachten

Kurt Eggers, deutscher Schriftsteller und Kulturpolitiker, ab 1936 Abteilungsleiter für Feiergestaltung des Rasse- und Siedlungshauptamtes der SS, schreibt in seinem Artikel „Weihnachten“:

So wurde von Urzeiten her das Weihnachtsfest die Feier jubelnden Trotzes gegen die kalte und tötende eisige Winternacht. Die Sonnenwende brachte den Sieg des Lichtes! Diese Gewissheit vermittelten unseren Vorfahren keine astrologischen Könige aus dem „Morgenlande“! Diese Gewissheit gewannen sie vielmehr aus der Erkenntnis der ewigen, großen Naturgesetze des Alls. Aus diesem Erberinnern heraus zünden wir in der Weihnacht die Lichter an, aus diesem Erberinnern freuen wir uns über den Glanz der Kerzen, der die Dunkelheit verscheucht und sich in unserer sehnsüchtigen Seele, in unseren tatbereiten Herzen widerspiegelt. [...]
Fremde Völker verstehen es nicht, und sie werden es nie begreifen! Unser Erberinnern sagt uns, dass unsere Vorfahren, lebensgläubig und sehnsüchtig, unter Eis und Schnee das lebendige Grün suchten und fanden. Da grünte unter der Schneedecke, behangen mit glitzernden Eiszapfen, der Nadelbaum, dessen sprossendes Leben der kalte Tod nicht zu bezwingen vermochte!
Und wie einst unsere Vorfahren das Zeichen des Lebens in trotziger Freude und dankbarer Gewissheit grüßten, so holen wir heute den Baum als Symbol unbezwingbaren Lebens in unsere Stuben, schmücken ihn mit Lichtern und denken voller Ehrfurcht an die Größe des ringenden und trotzenden Lebens, das sich unter Gefahren und Nöten gegen jeden noch so drohenden und lastenden Zustand zu behaupten weiß. [...]
Unser Weihnachten! Es wurde das Fest des Sieges und der tiefen, verpflichtenden Bereitschaft zum Kampf.
Kriegsweihnacht! Gerade jetzt erkennen wir die letzten Werte unserer Rasse, die im jubelnden und trotzigen Aufstand gegen die Dunkelheit, gegen den Zwang, gegen jeden unwürdigen Zustand sich zur befreienden Tat erheben!
Unser Weihnachtsfest begehen wir darum nicht in der rührseligen Stimmung, die in so manchem unserem Tatdenken fremden Weihnachtschoral enthalten ist, sondern in der harten und unbeugsamen Gewissheit, dass wir berufen sind, als die ewigen Feuerträger das Licht der Freiheit in die Welt zu tragen.

Hauptkulturamt der NSDAP in der Reichspropagandaleitung, Deutsche Kriegsweihnacht, München 1944, S. 8 f.

1. *Überprüfen Sie, inwiefern der Text in Inhalt, Wortwahl und Stil ein typisches Beispiel für Propaganda ist.*
2. *Erklären Sie, welche Wirkung der Text haben sollte.*

M3 Die „deutsche Familie“

1939 wird beim Reichsparteitag eine Ausstellung „Frau und Mutter – Lebensquell des Volkes“ gezeigt. In einem Begleittext zur Ausstellung heißt es:

Ein deutsches Wort nennt den Mann den Kopf der Familie. Er ist der sorgende Verstand der Seinen, den sein Beruf oftmals zur Härte gegen sich und andere zwingt. Die Frau wird in diesem Sprichwort das Herz der Familie genannt. Ihr wird der Mittelpunkt dieses lebendigen Organismus zugewiesen, von ihr nimmt das Familienleben seinen Ausgang. [...] Die Frau in der Familie ist ungleich mehr Gefährtin des Mannes, als es die ledige Frau sein kann, die im Beruf gleichberechtigt neben dem Manne steht. In einem geregelten deutschen Familienleben braucht sich diese Tatsache nicht einmal nach außen hin zu zeigen, allein sie wirkt sich aus im Schaffen und Handeln des Mannes. [...]
Die Frau in der Familie ist Mutter. Was wäre eine deutsche Familie ohne Kinder? Wie sich das Frauentum zu höchster Blüte entwickelt durch die Mutterschaft, so wird die Lebensgemeinschaft der Familie erst harmonisch durch die Kinder. Kinder sind auch dort das bindende Glied, wo die Familie in Gefahr gerät durch mangelndes gegenseitiges Verstehen zwischen Frau und Mann.
„Viel Kinder, viel Segen“, sagt ein altes deutsches Sprichwort. Tatsächlich sind die kinderreichen Familien zumeist die glücklichsten. Es muss das wohl so sein, weil hier so viele Glieder beitragen zum Glücklichsein und Erleben der Familie. Voraussetzung zu diesem Glück ist aber eine starke innere Bereitschaft der Eltern zum Leben und allen seinen Anforderungen.
Der Nationalsozialismus wertet die Familie höher als jemals eine Weltanschauung vor ihm. Er erkennt die ausschlaggebende Bedeutung der Frau in der Familie und bemüht sich, durch immer neue Maßnahmen Frau und Familie zu schützen, ihre Lebensbedingungen zu erleichtern und die Bildung neuer Familien zu ermöglichen. Das Volk ist die große deutsche Familie, die sich nach dem Vorbild der kleinsten Zelle bemüht, einen jeden Angehörigen zu betreuen und durch Schaffen und Fröhlichsein der Freuden des Lebens und auch seines Ernstes teilhaftig werden zu lassen.

Zitiert nach: Ute Benz (Hrsg.), Frauen im Nationalsozialismus. Dokumente und Zeugnisse, München ²1997, S. 105 f.

1. *Erläutern Sie die Rollenzuweisungen, die in dem Text vorgenommen werden.*
2. *Untersuchen Sie den Text in Bezug auf seinen spezifisch nationalsozialistischen Gehalt.*

Ausgrenzung und Verfolgung

Internettipp:
Ende Januar 2013 hat der Bayerische Rundfunk eine „Dokumentarische Höredition" mit dem Titel „Die Quellen sprechen" gestartet. In 16 Folgen werden mehrere Hundert Briefe, Tagebucheinträge, Verordnungen und Befehle des NS-Regimes, aber auch Zeitungsberichte und andere Quellen vorgetragen, die die Verfolgung, Entrechtung und Ermordung der europäischen Juden zwischen 1933 und 1945 spiegeln. Siehe Code 32019-19

Der Rechtsstaat wird ausgehöhlt Mit der Verordnung des Reichspräsidenten „Zum Schutz von Volk und Staat" vom 28. Februar 1933 war die erste Schranke des Rechtsstaates gefallen. Die Polizei konnte nun ohne Angabe des Grundes Personen bespitzeln oder verhaften, durfte sie ohne Verhör durch einen Richter festsetzen, konnte Wohnungen durchsuchen, Eigentum beschlagnahmen, Zeitungen zensieren und verbieten, Telefone überwachen, Parteien und Vereine auflösen.

Die Schaffung neuer Straftatbestände, so z.B. die Kritik an der Regierung, das Verbreiten ausländischer Nachrichten oder ganz generell der Verstoß gegen das „gesunde Volksempfinden", öffnete willkürlichen Urteilen Tür und Tor. Für Delikte wie Hochverrat legten die neuen Machthaber rückwirkend die Todesstrafe fest. Waren zwischen 1907 und 1932 in Deutschland 1400 Menschen zum Tode verurteilt und 345 hingerichtet worden, so sprachen die Strafgerichte unter nationalsozialistischer Herrschaft zwischen 1933 und 1944 13405 Todesurteile aus, von denen 11881 vollstreckt wurden.

Sturmabteilung (SA): 1920 gebildete, militärisch organisierte und uniformierte Saalschutz- und Kampftruppe der NSDAP

Schutzstaffel (SS): 1925 gegründete Parteiformation zum persönlichen Schutz Hitlers, ab 1934 „selbstständige Organisation" der NSDAP mit polizeilicher Machtbefugnis

Ernst Röhm (1887-1934): früher Förderer und Freund Adolf Hitlers; ab 1930 mit der Reorganisation der SA betraut; als Stabschef der SA einer der mächtigsten Männer der NS-Bewegung; wollte aus der SA ein Volksheer machen, in dem die Reichswehr aufgehen sollte, was Hitlers Plänen entgegenstand; im Juni 1934 gemeinsam mit ca. 100 weiteren SA-Führern und Regimegegnern ermordet

Sicherheitsdienst (SD): 1931 als Geheimdienst der SS zur Überwachung politischer Gegner und Parteimitglieder eingerichtet, ab 1934 parteiinterner Nachrichtendienst der NSDAP

Polizei und Justiz Im Rahmen der „Gleichschaltung" übernahmen die Nationalsozialisten in den Ländern die Polizeigewalt. Neben den regulären Polizeiapparat stellten sie eine Hilfspolizei. Deren Truppen bestanden überwiegend aus Männern der **Sturmabteilung (SA)** und der **Schutzstaffel (SS)**. Den paramilitärischen Verbänden der nationalsozialistischen „Kampfzeit" wurden damit hoheitliche Polizeibefugnisse zugestanden. Die Folgen erlebte man anlässlich des *„Röhm-Putsches"* am 30. Juni 1934, als Hitler Meinungsverschiedenheiten mit dem SA-Führer **Ernst Röhm** zum Anlass nahm, gemeinsam mit Reichswehr und SS politische Gegner zu beseitigen. Das „Gesetz über Maßnahmen der Staatsnotwehr" vom 3. Juli 1934 sollte die Vorgänge nachträglich rechtfertigen.

1936 erging das Verbot, Maßnahmen der *Geheimen Staatspolizei* (Gestapo) gerichtlich überprüfen zu lassen. Die Gestapo verfolgte politische Gegner des NS-Staates. Ähnliche Aufgaben hatte der **Sicherheitsdienst (SD)**. Bei all diesen Vorgängen gab es kaum Proteste oder Rücktritte, denn viele Richter und Staatsanwälte waren eingeschüchtert, da das Gesetz zur Wiederherstellung des Berufsbeamtentums die Möglichkeit geschaffen hatte, missliebige Beamte aus dem Dienst zu entfernen. Seit der „Machtergreifung" liefen sie ohnehin Gefahr, dass ihre Urteile von den Nationalsozialisten „korrigiert" wurden.

Ergingen Freisprüche oder fielen die Strafen nach Meinung der Machthaber zu milde aus, nahm nicht selten die Gestapo die Angeklagten in „Schutzhaft". Um die Betroffenen davor zu bewahren, verhängten die Gerichte oftmals härtere Urteile, die dann im Rahmen des staatlichen Justizvollzugs vollstreckt wurden. Umgekehrt verschoben die Justizbehörden Verfahren gegen Mitglieder der SA und SS bis zur nächsten Amnestie.

Am *Volksgerichtshof*, seit 1936 als ordentliches Gericht für Hoch- und Landesverrat zuständig, waren die Rechte der Angeklagten beschränkt, das Urteil stand in aller Regel im Vorhinein fest. Dort wurden bis 1945 rund 5200 Todesurteile gefällt. Die meisten dieser Todesurteile gehen auf das Konto *Roland Freislers*, der seit 1942 den Vorsitz des Volksgerichtshofes führte und wegen seiner fanatischen und demütigenden „Schauprozesse" als berüchtigtster Strafrichter der NS-Zeit gilt. Es ist eine Ironie der Geschichte, dass Freisler im Februar 1945 gerade auf dem Weg ins Gericht war, als er starb: Ein Luftangriff auf Berlin setzte seinem Leben ein Ende.

Der Weg in den SS-Staat Die SS war 1925 als Sonderorganisation zum Schutz Hitlers und anderer Funktionäre der NSDAP entstanden. Formal zunächst der Leitung der SA unterstellt, betrachtete sich die SS unter **Heinrich Himmler** als eine Art Geheimorden in schwarzer Uniform, durch einen Schwur dem „Führer" zu ewiger Treue verpflichtet. Seit der Entmachtung der SA blieb die SS in ihrer elitären Rolle unangefochten. Nach der „Machtergreifung" war sie Hauptinformantin für die Gestapo. „Sicherheit" und Kontrolle gehörten zu den Hauptaufgaben der Organisation. Konsequenterweise wurde deshalb Himmler 1936 Chef der Polizei, die in der Folgezeit praktisch aus dem Staatsapparat aus- und drei Jahre später schließlich in die SS eingegliedert wurde. Die Polizei war damit nicht länger an Recht und Gesetz gebunden, sondern zum Handlanger des „Führerwillens" geworden.

SS-Angehörige saßen auf wichtigen Posten in den Massenorganisationen der Partei wie DAF oder HJ. Sie drangen in vielen Funktionen in die staatliche Verwaltung ein und stellten Dozenten für die Hochschulen. Eigene Forschungsabteilungen sollten die Ideen Hitlers vom „nordischen" Menschen experimentell beweisen. Nicht zuletzt in den *Konzentrationslagern* (KZ) führten SS-Ärzte entsprechende Experimente durch und quälten Menschen systematisch zu Tode.

Heinrich Himmler (1900-1945): „Reichsführer SS"; ab 1936 zudem Chef der Deutschen Polizei; einer der Hauptverantwortlichen für den Holocaust und die zahlreichen Verbrechen der Waffen-SS; 1945 Selbstmord

Die Konzentrationslager Gegen Ende des Ersten Weltkrieges, ab 1916, verhängten Justizbehörden im Deutschen Reich in Ausnahmefällen die sogenannte „Schutzhaft" als streng begrenzte Vorbeugehaft. Im „Dritten Reich" entwickelte sie sich jedoch zu einem planmäßig eingesetzten Instrument politischen Terrors, das keiner richterlichen Kontrolle unterlag. Die ersten Konzentrationslager, die zur Aufnahme von „Schutzhäftlingen" gedacht waren, entstanden in Deutschland schon wenige Wochen nach der „Machtergreifung", zuerst in *Dachau* nahe München oder in *Oranienburg* bei Berlin. Seit Anfang März 1933 wurden vor allem Sympathisanten und Mitglieder der KPD und der SPD eingewiesen. Ende Juli verzeichnete die amtliche Statistik etwa 27000 Häftlinge. Ab 1935 dienten die Lager nicht mehr ausschließlich zur „Umerziehung" oder Ausschaltung von politischen Gegnern, sondern als Ort für Personengruppen, die generell zu „Volksschädlingen" erklärt worden waren. Dazu zählten „Gewohnheitsverbrecher", zunehmend auch religiöse Minderheiten wie die „Bibelforscher" (Zeugen Jehovas), in Deutschland lebende Ausländer, ferner sozial gebrandmarkte Menschen wie „Arbeitsscheue" oder Homosexuelle und vor allem seit 1938 jüdische Mitbürger.

▲ **Der Eingang zum ehemaligen KZ, heute Gedenkstätte Sachsenhausen.**
Foto von 2012.
Nach Schließung des KZ Oranienburg, das mitten in der Stadt lag, wurde im Sommer 1936 das KZ Sachsenhausen in der Nähe von Oranienburg errichtet.

◂ **Hilflos ausgeliefert.**
Verhaftete Regimegegner in einem „wilden Konzentrationslager" der SA, Ende März 1933. Das Lager – eine von mehr als 150 SA-Haftstätten in Berlin – befand sich in der SA-Kaserne in der Friedrichstraße.

„Nordische Rundschau"

KIEL UND VORORTE

Sie haben beim Juden gekauft —

„Gedankenlosigkeit" — oder böser Wille?

Man sollte es nicht für möglich halten

▲ „Sie haben beim Juden gekauft."
„Nordische Rundschau", Kiel, 8. August 1935.
Bürger, die den antijüdischen Boykott ignorierten, wurden von den Nationalsozialisten fotografiert. Die Fotos wurden danach in der Lokalpresse veröffentlicht, um die Betroffenen öffentlich anzuprangern.

Diskriminierung und Entrechtung Die Entrechtung und Ausgrenzung der Juden hatte schon bald nach der „Machtergreifung" begonnen und wurde schrittweise radikaler. Bereits ab Februar 1933 setzte die gewaltsame Vertreibung jüdischer Richter und Staatsanwälte aus den Gerichten, der Boykott gegen jüdische Arztpraxen, Anwaltskanzleien, Geschäfte und Warenhäuser ein. SA-Leute postierten sich vor jüdischen Läden, pöbelten deren Inhaber an, versperrten Kunden den Eingang und beschmierten die Schaufenster mit judenfeindlichen Parolen.

Das „Gesetz zur Wiederherstellung des Berufsbeamtentums" vom 7. April 1933 verlangte von allen Beamten den Nachweis „arischer" Abstammung. Wer als „arisch" gelten durfte, bestimmte der „Arierparagraf". Ähnliche Gesetze traten später für andere Berufsgruppen in Kraft; so wurde jüdischen Ärzten ab Juli 1938 die Erlaubnis der Berufsausübung (Approbation) entzogen. Die *„Nürnberger Gesetze"* von 1935 machten die „arische" Abstammung zur Bedingung für die Anerkennung als Vollbürger (▸ M1). Das *„Gesetz gegen die Überfüllung der deutschen Schulen und Hochschulen"* begrenzte zudem die Zahl der Juden in den Bildungsanstalten. 1938 erfolgte der vollständige Ausschluss.

Mit den zunehmenden Repressionen, denen die deutschen Juden im gesamten Reich ausgesetzt waren, erhöhte sich auch der Verfolgungsdruck. Sie erhielten Ausgangsverbote, durften keine öffentlichen Schulen, Theater, Kinos oder Cafés mehr besuchen. Jüdischen Haushalten wurde Gas und Strom abgesperrt; ab 1938 wurden die Pässe mit einem „J" gestempelt. Die zunehmende Ausgrenzung aus dem sozialen und gesellschaftlichen Umfeld machte das Leben für die Betroffenen unerträglich.

Gewalt von Anfang an Nach dem 30. Januar 1933 nahmen auch die gewaltsamen Übergriffe auf Juden zu. Polizei und Behörden reagierten jedoch nicht.

Das Attentat des 17-jährigen Juden *Herschel Grynszpan* auf den Diplomaten *Ernst vom Rath* in der deutschen Botschaft in Paris lieferte Propagandaminister Joseph Goebbels den willkommenen Anlass für das als „spontanen Sühneakt" erklärte Pogrom vom 9. auf den 10. November 1938 (*„Novemberpogrom"* oder verharmlosend „Reichskristallnacht"; ▸ M2). Reichsweit wurden Hunderte von Synagogen in Brand gesteckt, über 8 000 jüdische Geschäfte und zahllose Wohnungen zerstört, etwa 100 Juden getötet und rund 30 000 jüdische Männer in die Konzentrationslager Dachau, *Buchenwald* und *Sachsenhausen* verschleppt. Viele starben an den Folgen der Misshandlungen oder nahmen sich selbst das Leben.

▸ **Geschichte In Clips:**
Zum „Novemberpogrom" siehe Code 32019-20

Für den „öffentlichen Schaden" und die „Wiederherstellung des Straßenbildes" mussten die Juden auch noch zahlen: Eine Verordnung legte die „Sühneleistung der Juden" in Höhe von einer Milliarde Reichsmark fest. Versicherungsleistungen wurden zugunsten des Reiches eingezogen. Zusammen mit der Ausschaltung aus der Wirtschaft brachte dieses „Sühnegeld" vielen Familien den Ruin.

◂ Vollkommen zerstört.
In der Reichspogromnacht vom 9. auf den 10. November 1938 wurde auch die Mainzer Hauptsynagoge in der Hindenburgstraße geplündert und in Brand gesetzt.

Enteignung und Vertreibung Nach dem „Novemberpogrom" und nach Jahren der Diskriminierung und Entrechtung zielten die nun folgenden Maßnahmen darauf, den jüdischen Bürgern ihre Existenz zu rauben und ein Leben in Deutschland damit unmöglich zu machen. Bereits im April 1933 hatte mit dem Boykottaufruf gegen jüdische Geschäfte der Ausschluss der Juden aus dem Wirtschaftsleben begonnen. Der Entzug öffentlicher Aufträge, ausbleibende Kundschaft und bürokratische Schikanen zwangen die jüdischen Gewerbetreibenden, ihre Geschäfte zu schließen oder zu Spottpreisen zu verkaufen. Diese Aufkäufe durch „Arier", die die Notlage ihrer jüdischen Mitbürger ausnutzten, wurden als „*Arisierung*" bezeichnet. Von 100 000 jüdischen Betrieben existierten im April 1938 noch knapp 40 000.

Wenig später machten weitere Berufsverbote und die „Zwangsarisierung" jüdischen Immobilienbesitzes dem jüdischen Geschäftsleben ein Ende. Die „*Verordnung zur Ausschaltung der Juden aus dem deutschen Wirtschaftsleben*" vom 12. November 1938 vernichtete die noch verbliebenen Existenzen. Juden mussten Wertpapiere, Schmuck, Edelmetall und Kunstgegenstände weit unter Wert an den Staat verkaufen. Da für die Juden kein Mieterschutz mehr galt, wurde ab April 1939 die Einweisung in „Judenhäuser" vorbereitet, auch um die Überwachung zu erleichtern.

▲ **Stolpersteine erinnern im Berliner Stadtteil Moabit an deportierte jüdische Bewohner.** *Foto von 2011.*

Begeben Sie sich in Ihrem Heimatort/Ihrem Landkreis auf Spurensuche und recherchieren Sie, ob auch dort Stolpersteine verlegt worden sind. Zeigen Sie anhand der hier gezeigten Stolpersteine aus Berlin sowie anhand der von Ihnen gefundenen Exemplare auf, welche Verfolgungswege das Schicksal der deutschen Juden kennzeichnete.

Literaturtipp:
Berlin – Minsk. Unvergessene Lebensgeschichten. Ein Gedenkbuch für die nach Minsk deportierten Berliner Jüdinnen und Juden, herausgegeben von Anja Reuss und Kristin Schneider, Berlin 2013

Die Deportation der deutschen Juden Mit Beginn des Zweiten Weltkrieges im Jahr 1939 radikalisierte sich die „Judenpolitik". Die deutschen Juden wurden nun offiziell als „Reichsfeinde" behandelt. Das NS-Regime richtete Sperrstunden ein, in denen sie ihre Wohnungen nicht verlassen durften. Rundfunkempfänger und Telefone wurden eingezogen. Juden erhielten keine Kleiderkarten mehr. Ihre Lebensmittelkarten waren mit einem „J" markiert, einkaufen durften sie täglich erst nach 15:30 Uhr, wenn die meisten Regale in den Läden bereits leer waren.

Seit dem 15. September 1941 mussten alle Juden vom sechsten Lebensjahr an einen gelben Stern auf der Kleidung tragen, der sie öffentlich stigmatisierte. Ab dem 1. Juli 1943 waren die Juden unter Polizeirecht gestellt und damit endgültig entrechtet. Zu diesem Zeitpunkt lebten jedoch nur noch wenige deutsche Juden in ihrem Heimatland. Wer es nicht geschafft hatte, das Reich zu verlassen oder in einem sicheren Versteck unterzutauchen, wurde ab Oktober 1941 mit Sammeltransporten in die besetzten Gebiete **deportiert** (▸ M3).

Deportation: Zwangsverschickung bzw. Verbannung von Menschen aus ihrer Heimat; für die Zeit des „Dritten Reiches" und des Zweiten Weltkrieges bezieht sich der Begriff auf die durch das nationalsozialistische Regime millionenfach verschleppten Menschen, die zumeist mithilfe von Zügen in die Konzentrations- und Vernichtungslager oder zur Zwangsarbeit deportiert wurden.

Ghetto: primär in Polen und den besetzten Gebieten der Sowjetunion eingerichtete abgesperrte Wohnbezirke, in denen die jüdische Bevölkerung unter unmenschlichen Bedingungen zusammengepfercht und häufig sich selbst überlassen wurde. Die Konzentrierung der Juden wurde gleichzeitig für die Ausbeutung ihrer Arbeitskraft genutzt. Katastrophale hygienische Verhältnisse, Unterversorgung und Epidemien führten zum Tod vieler Zehntausend Menschen. Nach Auflösung der Ghettos wurde die jüdische Bevölkerung fast ausnahmslos in Vernichtungslager deportiert.

Generalgouvernement: Bezeichnung für die besetzten polnischen Gebiete, die nicht unmittelbar dem Reich angegliedert worden waren

Auschwitz I, II (Birkenau): Das Lager Auschwitz wurde nah der polnischen Stadt Oświęcim im Jahr 1939 für politische Häftlinge aus Polen eingerichtet. Ab 1941 wurde es erweitert, zunächst kamen Tausende sowjetische Kriegsgefangene in das Lager. Ab September 1941 begann der Ausbau Auschwitz-Birkenaus, des größten Vernichtungslagers im deutschen Machtbereich. Dort wurden ab Mai 1942 vornehmliche jüdische Häftlinge systematisch ermordet. Außerdem entstanden mehrere große Industriebetriebe (z. B. IG Farben in Monowitz), für die die Häftlinge Zwangsarbeit leisten mussten, sowie mehrere Nebenlager. Die ersten Transporte aus Westeuropa erreichten das Lager ab Frühjahr 1942. Bis zur Befreiung von Auschwitz am 27. Januar 1945 starben dort etwa eine Million Menschen.

Ziel der Deportationen waren vor allem **Ghettos** in Polen (z. B. Litzmannstadt/Łodź im *Warthegau*, Ghettos im **Generalgouvernement**). Auch im *„Reichskommissariat Ostland“*, das waren die beim Angriff auf die UdSSR ab Juni 1941 eroberten Gebiete des Baltikums und Weißrusslands, wurden Ghettos eingerichtet, in denen Tausende einheimischer Juden unter Hunger und Krankheiten litten und ständig der Gefahr ausgeliefert waren, von dort in Todeslager (*Vernichtungslager**) deportiert zu werden. In Ghettos wie Minsk oder Riga wurden vor dem Eintreffen der Transporte aus dem Reich mehrere Tausend Juden erschossen, um Platz für die Neuankömmlinge zu schaffen. Zeitweise kam es auch zu Massenerschießungen deutscher Juden, so wurden die ersten aus Berlin in Riga eintreffenden Juden, etwa 1000 an der Zahl, ebenfalls sofort ermordet. Mit der Auflösung der Ghettos und der Einrichtung von **Auschwitz I** und **II (Birkenau)** wurden die deutschen, aber auch die Juden anderer westeuropäischer Länder, später entweder nach Auschwitz oder in andere Lager deportiert. So kamen z. B. viele Juden aus den Niederlanden in das Vernichtungslager *Sobibor*.

Von der größten deutsch-jüdischen Gemeinde, den etwa 160 000 Juden, die 1933 in Berlin gelebt hatten (3,8 Prozent der Gesamtbevölkerung), war rund 80 000 bis September 1939 die Flucht gelungen. Am 18. Oktober 1941 begannen die Deportationen der Berliner Juden mit einem Transport in das Ghetto Łodź. Anschließend fanden auch Transporte nach Riga und Kaunas/Kowno (Litauen) statt, sodass im Januar 1942 nur noch etwa 58 000 und im November nur noch gut 35 000 Juden in Berlin lebten. Von den 80 000 Personen, die 1941 mit Deportation bedroht gewesen waren, nahmen sich im Jahr 1942 außerdem bis zu 1000 aus Angst vor der „Evakuierung“ das Leben. Bis März 1943 verringerte sich die Zahl der Berliner Juden durch fortlaufende Transporte, die nicht nur in den Osten, sondern auch in das KZ Sachsenhausen oder nach *Theresienstadt* gingen, auf etwa 18 500, sodass zu diesem Zeitpunkt offiziell nur noch Juden, die in „Mischehen“ lebten, und sogenannte „Mischlinge“ zurückgeblieben waren.

Die Verfolgung der Sinti und Roma ■ Wie die jüdische Bevölkerung wurden auch die etwa 30 000 auf Reichsgebiet lebenden *Sinti und Roma* nach 1933 durch die Gesetze des NS-Staates diskriminiert und entrechtet. Dazu kam die gesellschaftliche Ausgrenzung dieser Minderheit: Kindern wurde der Zugang zu öffentlichen Schulen verweigert, Sinti und Roma erhielten Berufsverbote, bekamen gekürzte Lebensmittelkarten, ihnen wurde das Wahlrecht entzogen und sie waren der ständigen Kontrolle von Behörden wie der 1937 in Berlin gegründeten *„Rassenhygienischen Forschungsstelle“* und dem *Reichskriminalpolizeiamt* unterworfen. Außerdem wurden sie aus berufsständischen Organisationen wie der Handwerkskammer sowie aus der Wehrmacht ausgeschlossen. Die Diskriminierung dieser Volksgruppe, die bereits im Kaiserreich eingesetzt hatte, steigerte sich ab Mitte der 1930er-Jahre schließlich zur Verfolgung.

Nach der Vorstellung der Nationalsozialisten galten die Sinti und Roma, die abschätzig als „Zigeuner“ betitelt wurden, als „Volksschädlinge“ und „Artfremde“. Richtlinien wie das *„Gesetz zur Verhütung erbkranken Nachwuchses“* (1933)** zielten daher nicht nur auf die jüdische Bevölkerung, sondern auch auf die Sinti und Roma im Reich; viele wurden zwangsweise sterilisiert. Ab Januar 1936 wurden sie dann ebenfalls den Bestimmungen der „Nürnberger Gesetze“ unterworfen. Da sich diese wortwörtlich nur gegen die jüdische Minderheit gerichtet hatten, wurde eine *„Erste Verordnung zu den Rassengesetzen“* veröffentlicht, die auch für „Angehörige anderer Rassen, deren Blut dem deutschen Blut nicht artverwandt ist“, wie „Zigeuner“, angewendet werden sollte.

* **Vernichtungslager**: Für eine Definition des Begriffes siehe Seite 374.
** Siehe ebenda.

In zahlreichen deutschen Städten entstanden Mitte der 1930er-Jahre zudem spezielle KZ-ähnliche Sammellager für Sinti und Roma, die später – vor allem im Zuge der Massenverhaftungen der Jahre 1938/39 – zum Ausgangspunkt der Deportationen in die Konzentrations- und Vernichtungslager wurden. Koordiniert und durchgeführt wurden diese „Aktionen" von der *„Reichszentrale zur Bekämpfung des Zigeunerunwesens"*, die im Oktober 1938 gegründet worden war. In Lagern wie Dachau, Buchenwald, Ravensbrück oder Sachsenhausen kategorisierte man Angehörige dieser Minderheit dann als sogenannte „Rassenschänder" oder „Asoziale"*. Ab März 1939 mussten die deutschen Sinti und Roma zudem besondere „Rasseausweise" bei sich tragen, ihre Pässe wurden eingezogen. Der sogenannte *„Festsetzungserlass"* vom Oktober 1939, der Sinti und Roma unter Androhung von KZ-Haft verbot, ihre Wohnorte zu verlassen, bildete schließlich die Grundlage für die massenhafte Deportation dieser Minderheit in das besetzte Polen ab Mai 1940.

Literaturtipp:

Die österreichische Romani Ceija Stojka (1933 - 2013) beschreibt in diesem Band ihre Erfahrungen als Kind in den Konzentrations- und Vernichtungslagern Auschwitz-Birkenau, Ravensbrück und Bergen-Belsen sowie ihr Leben als junge Frau und Mutter im Österreich der Nachkriegszeit.

Emigration Zwischen 1933 und 1945 ergriffen allein im deutschsprachigen Raum über eine halbe Millionen Menschen die Flucht ins Ausland, um dem wachsenden Terror des NS-Regimes zu entgehen. Über 90 Prozent waren jüdischer Herkunft; die übrigen Emigranten gehörten zu den politischen Gegnern des Nationalsozialismus, die von Verfolgung und KZ-Haft bedroht waren oder wie viele Künstler und Wissenschaftler keine Existenzmöglichkeiten mehr hatten.

Die jüdische Emigration vollzog sich in Schüben und erreichte 1938 nach dem „Novemberpogrom" ihren Höhepunkt. Bis zu diesem Zeitpunkt hatten etwa 130 000 Juden das Land verlassen; in den folgenden zwei Jahren flohen fast noch einmal so viele. Abgesehen davon, dass sie ihre Heimat nicht verlassen wollten, raubte ihnen der NS-Staat durch die Beschlagnahme von Besitz und Vermögen das notwendige Geld für die Auswanderung. Zusätzlich waren die Ausreisewilligen von den NS-Behörden systematischen Schikanen und Demütigungen im Kampf um die notwendigen Ausreisepapiere ausgesetzt: Sie mussten von Amt zu Amt laufen, stundenlang Schlange stehen, zermürbende Hinhaltetaktiken hinnehmen, hohe Auswanderungsabgaben entrichten und ein Visum des Ziellandes vorlegen, das nur über persönliche Kontakte vor Ort zu erhalten war. Mit Unterstützung ausländischer Hilfsorganisationen bemühten sich jüdische Hilfsvereine, die Ausreisewilligen zu beraten, Kontakte in alle Welt herzustellen und Mittel für die Auswanderung ins Exil zu beschaffen.

Angesichts der wachsenden Flüchtlingsströme verschärften jedoch immer mehr Länder ihre Aufnahmebedingungen, da sie soziale und wirtschaftliche Belastungen befürchteten. Daneben sorgten in einigen Ländern Fremdenfeindlichkeit und Antisemitismus für die Durchsetzung strikterer Einwanderungsgesetze. Auch eine im Sommer 1938 im französischen Evian-les-Bains einberufene Flüchtlingskonferenz änderte an der Haltung des Auslandes nichts. Erst nach dem „Novemberpogrom" öffneten wieder Länder ihre Grenzen in größerem Umfang für Juden. Bis September 1939 retteten sich 75 000 Flüchtlinge – darunter 10 000 Kinder ohne ihre Eltern – nach Großbritannien.

Mit Beginn der systematischen Deportationen wurde Juden im Oktober 1941 offiziell die Ausreise verboten. Viele unternahmen verzweifelte Versuche, illegal über die Grenzen zu gelangen, die meisten aber blieben zurück. Ab diesem Zeitpunkt waren die im Reich verbliebenen Juden den nationalsozialistischen Behörden beinahe hilflos ausgeliefert.

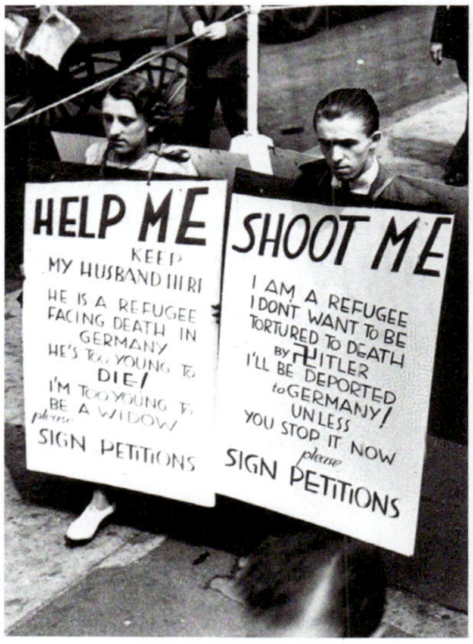

▸ Jüdische Emigranten protestieren in New York gegen die Abschiebung.
Foto vom 12. Juni 1936.
Das jüdische Ehepaar Richter protestierte auf der amerikanischen Einwandererinsel Ellis Island gegen die drohende Abschiebung zurück nach Deutschland, weil es keine gültigen Einreisepapiere besaß.

* Siehe Seite 374.

▲ **„Lübeck will euch nicht!"**
Aufnahme aus dem „Lübecker Volksboten" vom 23. Juli 1935. Tafeln mit ähnlichen Aufschriften waren im Sommer 1935 überall in Deutschland zu sehen.

M1 „Nürnberger Gesetze"

Aus dem „Reichsbürgergesetz" und dem „Blutschutzgesetz" („Nürnberger Gesetze") vom 15. September 1935:

3 a) „Reichsbürgergesetz", 15. September 1935:

§ 1 (1) Staatsangehöriger ist, wer dem Schutzverband des Deutschen Reiches angehört und ihm dafür besonders verpflichtet ist.
(2) Die Staatsangehörigkeit wird nach den Vorschriften des Reichs- und Staatsangehörigkeitsgesetzes erworben.

§ 2 (1) Reichsbürger ist nur der Staatsangehörige deutschen oder artverwandten Blutes, der durch sein Verhalten beweist, dass er gewillt und geeignet ist, in Treue dem deutschen Volk und Reich zu dienen. [...]

3 b) „Gesetz zum Schutze des deutschen Blutes und der deutschen Ehre", 15. September 1935:

Durchdrungen von der Erkenntnis, dass die Reinheit des deutschen Blutes die Voraussetzung für den Fortbestand des deutschen Volkes ist, und beseelt von dem unbeugsamen Willen, die deutsche Nation für alle Zukunft zu sichern, hat der Reichstag einstimmig das folgende Gesetz beschlossen, das hiermit verkündet wird: [...]

§ 1 (1) Eheschließungen zwischen Juden und Staatsangehörigen deutschen oder artverwandten Blutes sind verboten. Trotzdem geschlossene Ehen sind nichtig, auch wenn sie zur Umgehung dieses Gesetzes im Ausland geschlossen sind.
(2) Die Nichtigkeitsklage kann nur der Staatsanwalt erheben.

§ 2 Außerehelicher Verkehr zwischen Juden und Staatsangehörigen deutschen oder artverwandten Blutes ist verboten.

§ 3 Juden dürfen weibliche Staatsangehörige deutschen oder artverwandten Blutes unter 45 Jahren in ihrem Haushalt nicht beschäftigen.

§ 4 (1) Juden ist das Hissen der Reichs- und Nationalflagge und das Zeigen der Reichsfarben verboten.
(2) Dagegen ist ihnen das Zeigen der jüdischen Farben gestattet. Die Ausübung dieser Befugnis steht unter staatlichem Schutz.

§ 5 (1) Wer dem Verbot des § 1 zuwiderhandelt, wird mit Zuchthaus bestraft.
(2) Der Mann, der dem Verbot des § 2 zuwiderhandelt, wird mit Gefängnis oder Zuchthaus bestraft.
(3) Wer den Bestimmungen der §§ 3 oder 4 zuwiderhandelt, wird mit Gefängnis bis zu einem Jahr und mit Geldstrafe oder mit einer dieser Strafen bestraft.

Zitiert nach: Wolfgang Michalka (Hrsg.), Deutsche Geschichte 1933-1945, Frankfurt am Main 1993, S. 95 f.

1. *Erläutern Sie die Auswirkungen des „Reichsbürgergesetzes".*

2. *Arbeiten Sie die Folgen des Gesetzes „Zum Schutze des deutschen Blutes und der deutschen Ehre" für das Zusammenleben der jüdischen und nichtjüdischen Bevölkerung heraus.*

M2 Wo war die Polizei?

Im November 1938 geht die NS-Führung landesweit mit planmäßigen Gewaltaktionen gegen Juden und jüdische Einrichtungen vor („Reichskristallnacht"). Ein geschädigter Hausbesitzer schreibt danach anonym der Krefelder Polizei einen Brief:

Wo war die Polizei, als heute die Nachmittagsplünderungen, Demolierungen, zum Teil fremden arischen Eigentums, stattfanden!!!!!! Man muss sich wohl in die Psychose des Volkes hineinversetzen und man darf unter keinen Umständen die Empörung des deutschen Volkes über die feige Pariser Mordtat unterschätzen und man muss es verstehen, wenn im ganzen Reiche fast auf die Minute die jüdischen Tempel ausgeräuchert, die jüdischen Geschäfte und Wohnungen demoliert wurden. Dass es aber von der Aufsichtsbehörde, und das ist die Polizei, mit geschlossenen Augen zugegeben wurde, dass vom Mob der Straße, vom Plebs, vom Halbwüchsigen dann noch die Waren aus den jüdischen Geschäften geplündert wurden, das kann man als guter Deutscher nicht verstehen und das wird auch das Ausland nicht verstehen können. [...]

▲ **Jüdische Geschäfte in Berlin nach dem Novemberpogrom 1938.**

■ *Beschreiben Sie die Abbildung und erklären Sie, welche Personengruppen zu sehen sind. Welche Gruppe fehlt?*

Wer ist in den meisten Fällen der Geschädigte? Der Hausbesitzer, denn die meisten Juden wohnten in gemieteten Räumen. – Zu Hunderten ist die Polizei auf der Straße, wenn irgendein Umzug ist, wenn irgendeine höhere Persönlichkeit sich auch mal bei uns in Krefeld blicken lässt; jeder von den Polizisten, von oben bis unten, blinzelt nach dem Orden, jeder war dann, soweit es sich um die alten Krefelder Stadtsoldaten handelt, ein alter Kämpfer, kein Einziger von ihnen hat in der Kampfzeit mit dem Knüppel auf die Nazis gehauen, alle waren sie mit dem Herzen schon dabei, nur durften sie es nicht offen zeigen.

Und heute, als es darum geht, die Juden auf vernünftigen Wegen aus unserem Reiche zu entfernen, da lässt es die Polizei, die doch sonst alles im Voraus weiß, die so klug ist, glattweg zu, dass auch noch geplündert wird und dass man deutsch-arisches Privateigentum entwertet. [...] Die Empörung weitester Kreise, auch solcher, die schon lange vor der Machtübernahme dem Führer angehörten, ist unaussprechlich groß darüber, dass man es amtlicherseits zugelassen hat, dass der Mob der Straße sich breitmachte. Was steht uns erst bevor, wenn einmal, was Gott verhüten möge, einer anderen Fahne die Hakenkreuzfahne weichen muss!!! Dann bleibt dieselbe Beamtenschaft auch wieder am Ruder, beziehungsweise Futterkrippe, und schreit laut den Jubelruf der Gegenseite, so wie sie 1933 auch den Deutschen Gruß von heute auf morgen lernte, Motto: Wer mir zu fressen gibt, den liebe ich.

Zitiert nach: Hans Mommsen und Susanne Willems (Hrsg.), Herrschaftsalltag im Dritten Reich, Düsseldorf 1988, S. 438 f.

1. *Erläutern Sie nach diesem Bericht die Position der „alten Ordnungsmacht", der Polizei im NS-Staat.*
2. *Bewerten Sie die Aussagen des Hausbesitzers über die politische Mentalität der Beamtenschaft.*
3. *Zeigen Sie den politischen Standort des Schreibers auf.*

M3 „Vollkommene Gleichgültigkeit"

Ursula von Kardorff ist in den Kriegsjahren Redakteurin bei der Berliner „Deutschen Allgemeinen Zeitung". Am 3. März 1943 notiert sie in ihrem Tagebuch:

Frau Liebermann ist tot. Tatsächlich kamen sie noch mit einer Bahre, um die Fünfundachtzigjährige zum Transport nach Polen abzuholen. Sie nahm in dem Moment Veronal[1], starb einen Tag später im jüdischen Krankenhaus, ohne das Bewusstsein wiedererlangt zu haben. [...] Durch welche Veränderung ist es eigentlich möglich geworden, aus einem im Durchschnitt gutmütigen und herzlichen Menschenschlag solche Teufelsknechte zu formen? Das spielt sich in einem kaltbürokratischen Vorgang ab, bei dem der Einzelne schwer zu greifen ist, Zecken, die sich in den Volkskörper einsaugen und plötzlich ein Stück von ihm geworden sind.

Der Metteur[2] Büssy erzählt mir heute beim Umbruch, dass sich in seiner Gegend am Rosenthaler Platz die Arbeiterfrauen zusammengerottet und laut gegen die Judentransporte protestiert hätten. Bewaffnete SS mit aufgepflanztem Bajonett und Stahlhelm holte Elendsgestalten aus den Häusern heraus. Alte Frauen, Kinder, verängstigte Männer wurden auf Lastwagen geladen und fortgeschafft. [...] Schließlich kam ein neues Aufgebot SS und zerstreute die Protestierenden, denen sonst nichts weiter geschah.[3]

In unserem Viertel sieht man so etwas nie. Hier werden die Juden des Nachts geholt. [...] Wie schnell haben wir uns alle an den Anblick des Judensterns gewöhnt. Die meisten reagieren mit vollkommener Gleichgültigkeit, so wie ein Volontär, der neulich zu mir sagte: „Was interessieren mich die Juden, ich denke nur an meinen Bruder bei Rshew, alles andere ist mir völlig gleichgültig."

Ich glaube, das Volk verhält sich anständiger als die sogenannten Gebildeten oder Halbgebildeten. Typisch dafür ist die Geschichte von dem Arbeiter, der in einer Trambahn einer Jüdin mit dem Stern Platz machte: „Setz dir hin, olle Sternschnuppe", sagte er, und als ein PG[4] sich darüber beschwerte, fuhr er ihn an: „Üba meenen Arsch verfüge ick alleene."

Ursula von Kardorff, Berliner Aufzeichnungen. Aus den Jahren 1942 bis 1945, München 1962, S. 36 f.

1. *Beschreiben Sie, wie die nichtjüdische Bevölkerung auf die Judenverfolgung reagierte.*
2. *Kardorff versucht, ein „Täterprofil" zu erstellen. Erläutern Sie ihre Aussagen.*

[1] **Veronal**: starkes Schlafmittel
[2] **Metteur**: alte Bezeichnung für Schriftsetzer
[3] Zum Protest in der Berliner Rosenstraße vgl. Seite 385.
[4] **PG**: Parteigenosse; Mitglied der NSDAP

Arbeitswelt und Wirtschaftspolitik

▲ **Nationalsozialistischer Druck.**

- *Erörtern Sie die gesellschaftliche Utopie, die hier entworfen wird. Wie „modern“ ist die skizzierte Wirtschaftswelt?*
- *Analysieren Sie das Verhältnis zu „Heimat und Boden“, das sich hier spiegelt. Nehmen Sie unter umweltgeschichtlichen Gesichtspunkten dazu Stellung.*

Die Deutsche Arbeitsfront Arbeitnehmer- und Arbeitgeberverbände wurden im nationalsozialistischen Deutschland „gleichgeschaltet“. Um das eigene Überleben zu sichern, distanzierten sich die Gewerkschaften im März 1933 von der SPD und gelobten, sich künftig auf die Erfüllung sozialer Aufgaben zu beschränken. Die Mitarbeit im neuen Staat schien gesichert, als die Regierung den 1. Mai, den Tag der internationalen Arbeiterbewegung, zum gesetzlichen Feiertag erklärte. Doch bereits weniger als 24 Stunden nach den gemeinsam begangenen Großveranstaltungen besetzten parteieigene Kommandotrupps, vorwiegend SA und SS, Büros und Häuser der Freien Gewerkschaften und nahmen die führenden Funktionäre in „Schutzhaft“. Liberale und christliche Gewerkschaften unterstellten sich daraufhin der Hitlerpartei. Alle Arbeitnehmervereinigungen wurden in die am 10. Mai gegründete Deutsche Arbeitsfront (DAF) überführt.

1934 waren in dieser Einrichtung 21 Millionen Arbeiter und Angestellte organisiert. Aufgaben der DAF waren vor allem die allgemeine Betreuung und die weltanschauliche Schulung der Mitglieder. Auf Löhne und Arbeitszeit hatte die Organisation keinen Einfluss.

Nachdem auch die Unternehmerverbände unter nationalsozialistische Leitung gestellt worden waren, wurde die DAF im November 1933 in eine Vereinigung von Arbeitgebern und Arbeitnehmern umorganisiert. Streik und Aussperrung waren verboten (▶ M1). Interessenkonflikte durften die Wirtschaftsverbände nicht mehr im Rahmen ihrer Tarifautonomie regeln – dies übernahm ein vom Regime bestellter „Treuhänder der Arbeit“.

Soziale Errungenschaften? Auf der einen Seite waren die Mitbestimmungsrechte der Arbeitnehmer, der „Gefolgschaft“, entfallen. Auf der anderen Seite erhielten die Arbeitnehmer mehr, als die Gewerkschaften bis 1933 erstritten hatten: Gewährung von Kündigungsschutz, Verlängerung des bezahlten Urlaubs (von ursprünglich drei auf sechs bis zwölf Tage), verbesserte Sozialleistungen der Unternehmen. Als fortschrittlich empfundene Neuerungen verwirklichte die DAF auch aus den Geldern der enteigneten Gewerkschaften. Ihre Unterorganisation *Kraft durch Freude* (KdF) wollte das Arbeitsleben in vielerlei Hinsicht angenehmer gestalten. Belegschaftsräume in den Betrieben wurden verbessert, Kantinenessen, Filme und Theatervorstellungen konnten verbilligt angeboten werden. Für den Massentourismus bereitgestellte Erholungsmöglichkeiten, Sonderzug-, sogar Schiffsreisen verwirklichten lang gehegte Urlaubsträume – vor allem jedoch für verdiente Parteigenossen, zu einem geringen Teil auch für Arbeiter. Der von einem der DAF gehörenden Werk gebaute *Volkswagen** sollte zum Preis von 990 Reichsmark auch für den „kleinen Mann“ erschwinglich sein. Alle diese Vergünstigungen sollten die Arbeiterschaft für das neue Regime einnehmen. Auch auf dem Bildungssektor sollte gemäß Hitlers Willen mehr Gleichheit bei der Verteilung der Zukunftschancen herrschen. *Nationalpolitische Erziehungsanstalten* und *Adolf-Hitler-Schulen*, denen Schülerheime angeschlossen waren, hatten die Aufgabe, die körperliche Ertüchtigung und die ideologische Indoktrinierung nachhaltig zu fördern. Ziel war nicht eine wissenschaftliche Ausbildung, sondern die Heranbildung einer gesinnungstreuen Elite. Die Eltern mussten in diesen Institutionen kein Schulgeld entrichten. Ab Oktober 1942 konnte jeder Geeignete, unabhängig vom Schulabschluss, die Offizierslaufbahn einschlagen.

* Siehe dazu die Abbildung auf Seite 346 (rechts).

Ideologische Wendepunkte Zentrale Angriffsziele der NSDAP vor 1933 waren die Großindustrie, Großbanken, Warenhäuser und Handelsketten gewesen. Gegen diese „Erfindungen des Judentums und des Liberalismus“ hatte die Partei für Kleinhändler, Gewerbetreibende und für Kleinbauern gekämpft.

Nach der „Machtergreifung“ indessen stellten die Nationalsozialisten bald fest, dass sie die Modernisierung der Industriegesellschaft in Deutschland unterstützen mussten, wenn sie Großmachtpolitik betreiben wollten. Den dafür notwendigen Prozess beschleunigten sie durch die Förderung der Großindustrie und durch nachhaltige Mobilisierung der Gesellschaft. Den Machthabern war der „Verrat“ an den eigenen Prinzipien sehr wohl bewusst. Deshalb sollte in einer fernen Zukunft, wenn der „Lebensraum im Osten“ erst gewonnen war, die propagierte Wirtschafts- und Gesellschaftsutopie im neu zu besiedelnden Gebiet verwirklicht werden.

▲ **„Deutsche Symphonie.“**
Gemälde von Hans Toepper, ca. 1938.

- *Beschreiben Sie das Gemälde. Beachten Sie dabei Vorder- und Hintergrund-, Zentral- und Seitenposition, Alter und Geschlecht, Blickkontakt und Attribute der Abgebildeten.*
- *Interpretieren Sie das hier versinnbildlichte Gesellschaftsmodell und leiten Sie daraus die politischen Konsequenzen ab.*

Die Überwindung der Wirtschaftskrise Hitler war mit dem Versprechen angetreten, innerhalb von vier Jahren die wirtschaftlichen und sozialen Probleme zu überwinden und allen Deutschen „Arbeit und Brot“ zu verschaffen. Davon ausgeschlossen waren die Juden und andere Minderheiten, die ab 1933 aus dem deutschen Wirtschaftsleben verdrängt wurden. Tatsächlich konnte das Regime schneller Erfolge vorweisen, als Anhänger und Gegner im In- und Ausland dies für möglich gehalten hätten. Bis 1936 sank die Zahl der Arbeitslosen von über sechs auf unter zwei Millionen. Industrieproduktion und Sozialprodukt lagen über den Marken der „Goldenen Zwanzigerjahre“. Wie hatte es zu diesem erstaunlichen Aufschwung kommen können?

Genauere Untersuchungen haben gezeigt, dass die Nationalsozialisten die Arbeitslosenzahlen schönten, indem sie nicht alle Arbeitssuchenden in der offiziellen Statistik aufführten. Unter anderem entzogen sie bestimmten Berufsgruppen ihren Anspruch auf Arbeitslosenunterstützung. Obwohl arbeitslos, wurden diese dann ab 1933 von der offiziellen Zählung ausgeklammert. Bereits vor der „Machtergreifung“ hatten viele Wirtschaftsdaten einen positiven Trend signalisiert. Als Hitler die Regierung übernahm, war der Tiefpunkt der Weltwirtschaftskrise schon überwunden. Die ersten Arbeitsbeschaffungsmaßnahmen der Nationalsozialisten führten nur fort, was bereits von den vorigen Regierungen eingeleitet worden war. Die Regierung Hitler schrieb den Rückgang der Arbeitslosigkeit in der Folge jedoch allein ihrer Politik zu und schlachtete die vermeintlich schnellen Erfolge propagandistisch aus.

Ideologisch unterfütterte Arbeitsprogramme wie der Autobahnbau halfen zwar, die Arbeitslosigkeit zu senken, einen höheren Lebensstandard brachten sie für die Masse der Bevölkerung jedoch nicht (▸ M2). Den Preis für die wirtschaftlichen „Erfolge“ musste die Bevölkerung vielmehr mit längeren Arbeitszeiten, niedrig gehaltenen Löhnen und Engpässen bei Konsumgütern bezahlen. Ein nationalsozialistisches „Wirtschaftswunder“ oder Vollbeschäftigung hat es daher nie gegeben. Zu keinem Zeitpunkt ging es der nationalsozialistischen Führung wirklich darum, den Arbeitslosen zu helfen und die Wirtschaft wieder in Schwung zu bringen, sondern allein um die Aufrüstung für den nächsten Krieg.

▲ **„Und auf Hitlers Friedensangebote folgen alsbald seine Friedenstauben."**
Fotomontage von John Heartfield, die am 5. April 1936 in der AIZ (Arbeiter Illustrierte Zeitung) abgedruckt wurde. Die AIZ war 1921 vom kommunistischen Verleger Willi Münzenberg gegründet worden. Nach 1933 durfte die AIZ nicht mehr im Deutschen Reich erscheinen, bis 1938 wurde sie daher im Exil in Prag hergestellt.

Schulden für die Aufrüstung Soweit man von einem spezifisch deutschen Wirtschaftsaufschwung ab 1933 sprechen kann, stand dieser auf zwei Säulen: auf der langfristigen Planung, Deutschland wieder kriegsbereit zu machen, und auf einer höchst riskanten *Schuldenpolitik*.

Nachdem die Nationalsozialisten eine wirtschaftsfreundliche Politik, die Beibehaltung von Privateigentum und Gewinnorientierung in Aussicht gestellt hatten, fanden sie dafür auch Unterstützung von Unternehmerschaft und Banken. In der Folge förderten sie durch Subventionen, Steuererleichterungen und Staatsaufträge vor allem die rüstungsrelevante Industrie. Die Produktion wurde dadurch erheblich gesteigert, insbesondere in der Schwerindustrie, im Fahrzeugbau, in der chemischen und Textilindustrie. Ab Ende 1934 begann die Umstellung der wirtschaftlichen Produktion auf die Bedürfnisse der „Wehrwirtschaft". Die Ausgaben im Bereich von Rüstung und Reichswehr stiegen explosionsartig an. Von 30 Milliarden ausgegebenen Reichsmark konnten jedoch lediglich 18 Milliarden aus Steuermitteln gedeckt werden. Die Staatsverschuldung wuchs dramatisch.

Die Ausgaben für die Rüstung wurden nicht über Banknoten, sondern über sogenannte *Mefo-Wechsel* finanziert. Reichsbankpräsident *Hjalmar Schacht*, der seit 1935 auch Reichswehrminister und Generalbevollbemächtigter für die Kriegswirtschaft war, hatte im März 1933 mit dem Kapital von fünf Industrieunternehmen, darunter Krupp und Siemens, die Scheinfirma Metallurgische Forschungsgesellschaft (Mefo) gegründet. Diese versah Wechsel von Rüstungslieferanten mit ihrer Unterschrift, sodass sie bei der Reichsbank gegen Bargeld eingereicht werden konnten. So ließ sich die Aufrüstung auf Pump verschleiern, denn die Wechsel galten nicht als Staatsschulden und wurden nicht im Reichshaushalt verzeichnet. Als die Mefo-Wechsel fällig wurden und nicht gezahlt werden konnten, warnte Schacht Hitler Anfang 1939 vor der Inflationsgefahr und trat als Reichsbankpräsident zurück. Zur Tilgung der horrenden Fehlbeträge sollte einerseits das „Sühnegeld" der Juden dienen, das diese nach dem „Novemberpogrom" von 1938 zu entrichten hatten (das Pogrom war daher auch wirtschaftlich motiviert gewesen); andererseits sollten die Fehlbeträge später auch durch die Einnahmen aus besetzten Territorien beglichen werden. Insofern war der Eroberungskrieg von Anfang an in der Wirtschaftspolitik mit eingeplant.

Autarkiestreben Verbunden mit der Aufrüstung war das Ziel der deutschen Führung, die eigene Wirtschaft autark, also von ausländischen Gütern und Rohstoffen möglichst unabhängig zu machen. Damit sollten sowohl Devisen eingespart als auch die Auswirkungen eines Versiegens der Handelsströme im Kriegsfall gemildert werden.

1936 versuchte Hitler in einem *Vierjahresplan*, die wichtigsten Initiativen dafür zu bündeln. So mussten unter anderem jetzt einheimische Bodenschätze auch dann abgebaut werden, wenn sie qualitativ schlechter oder aufwändiger zu gewinnen waren als die auf dem Weltmarkt gehandelten Güter. Außerdem trieb man ohne Rücksicht auf Kosten die synthetische Erzeugung von Benzin und Gummi voran. Solche Strategien wurden nicht allein von den führenden Nationalsozialisten entwickelt, sondern trugen zum Teil deutlich die Handschrift derjenigen Großunternehmen, die ein massives Interesse an der Aufrüstung hatten.

Mit diesen Investitionen in den zukünftigen Krieg brachte sich Hitler-Deutschland am Ende der Dreißigerjahre selbst in Zugzwang, da die Schuldenpolitik ein bedrohlich steigendes Inflationsrisiko verursachte. Die Hypotheken auf die „Eroberung neuen Lebensraumes" mussten eingelöst werden.

Literaturtipp:
Adam Tooze, Ökonomie der Zerstörung, München 2008

M1 „Hitlergläubige" Arbeiter?

Führende Mitglieder der verbotenen SPD sind ins Exil gegangen und haben versucht, Kontakte zur deutschen Arbeiterschaft aufrechtzuerhalten. Ein illegaler Bericht erörtert die Stimmung im Ruhrgebiet im Sommer 1934:

Die indifferente[1] Arbeiterschaft – und sie stellt gerade im Ruhrgebiet die Mehrheit dar – ist noch immer größtenteils hitlergläubig. Der Umstand, dass durch die „Arbeitsbeschaffung" Arbeitslose in wenn auch noch so schlecht bezahlte Arbeit gekommen sind, hat sie sehr beeindruckt. Sie trauen Hitlers „schneller Entschlusskraft" zu, dass er, wenn er „richtig informiert" wird, eines Tages das Steuer über Nacht zu ihren Gunsten herumwerfen wird. Als nach der „Abstimmung" vom 19. August neue Gesetze, die aus Führermund angekündigt waren, nicht herausgegeben wurden – Gesetze, von denen sie, ohne eine Ahnung ihres vermutlichen Inhaltes zu haben, annahmen, sie besserten ihre Lage –, da war die Enttäuschung wieder groß. Merkwürdigerweise setzt man in diesen indifferenten Arbeiterkreisen auch Hoffnungen auf Dr. Ley[2], der wegen diesem und jenem Kraftwort als ein vorläufig leider durch böse Mächte verhinderter Arbeiterbeglücker gehalten wird. Dabei wissen die Leute durchaus, dass diese Arbeitsfrontorganisationen keine Gewerkschaften im alten Sinne mehr sind, dass die Organisationen kaum noch einen Überblick über ihre wahre Mitgliederzahl haben und dass die Vertrauensräte feige Hunde sind, von denen kaum einer wagt, den „Betriebsführer" auch nur anzusprechen. Gewisse Auflehnungen kommen auch mal vor.

Zitiert nach: Hans Mommsen und Susanne Willems (Hrsg.), Herrschaftsalltag im Dritten Reich, Düsseldorf 1988, S. 165 f.

1. *Erläutern Sie die Akzeptanz des NS-Regimes in der Arbeiterschaft.*
2. *Beurteilen Sie, inwiefern nach dem Bericht das „Führerprinzip" in der Arbeitswelt durchgesetzt ist.*

▲ **Reichsautobahnen in Deutschland.**
Plakat von Robert Zinner, 1937 (Ausschnitt).
- *Erläutern Sie die Einstellung gegenüber Raum, Technik und Umwelt, die das Plakat ausdrückt.*

M2 Die Bedeutung der Autobahn

Der rheinische Schwerindustrielle Fritz Thyssen, ein wichtiger Finanzier der NSDAP, schreibt am 20. Juli 1933 an Fritz Todt, den Generalinspektor für das deutsche Straßenwesen:

Das rheinisch-westfälische Industriegebiet ist eines der bedeutendsten Wirtschaftsgebiete Deutschlands und Europas. Strategisch liegt es im Aufmarschgelände künftiger Auseinandersetzungen im Westen. Die Frage seines Anschlusses an das geplante Reichsautobahnnetz wird daher sehr bald an Sie herantreten. Man wird sich hier im Bezirk vor allem des Siedlungsverbandes Ruhrkohlenbezirk bedienen können, der auf dem Gebiet der Straßenplanung und des Straßenausbaus schon seit Jahren vorbildliche Arbeit nach großen Gesichtspunkten geleistet hat. Wie ich höre, ist demnächst eine Besprechung über die Frage der Fortführung der Autobahn Bonn-Köln in Düsseldorf beabsichtigt. Für meine Beteiligung an dieser Besprechung wäre ich Ihnen ergebenst dankbar.

Zitiert nach: Dietrich Eichholtz und Wolfgang Schumann (Hrsg.), Anatomie des Krieges. Neue Dokumente über die Rolle des deutschen Monopolkapitals bei der Vorbereitung und Durchführung des Zweiten Weltkrieges, Berlin 1969, S. 117 f.

- *Erläutern Sie die politischen und wirtschaftlichen Motive Thyssens.*

[1] **indifferent**: gleichgültig
[2] **Robert Ley** (1890-1945) war Leiter der Deutschen Arbeitsfront.

Geschichte kontrovers

Nationalsozialismus – Terror gegen das eigene Volk oder Verantwortung der Deutschen?

Der Nationalsozialismus war unbestritten eine Diktatur. Kontrovers diskutiert die Geschichtswissenschaft aktuell ein Kennzeichen dieser Periode: Wie hat sich der Nationalsozialismus der deutschen Gesellschaft bemächtigt, d.h. wie erklärt sich das Ausmaß der Zustimmung zu bzw. der Beteiligung der deutschen Bevölkerung an dieser Diktatur? Während die eine Seite den staatlichen Terror von oben betont, hebt die andere die Zustimmung zu einer nicht nur gedachten, sondern zu einer wirklichen NS-Volksgemeinschaft hervor und unterstreicht den inneren Konsens zahlreicher Deutscher mit vielen Maßnahmen der Nationalsozialisten. Zur Leitfrage „Staatsterror oder Volksgemeinschaft?" äußern sich zwei international bekannte Historiker:

M1 „Verführung und Gewalt"?

Nach Hans-Ulrich Thamer, Professor für Geschichte an der Universität Münster, kennzeichnen vor allem zwei Maßnahmen das Regime des Nationalsozialismus:

Worauf gründete sich diese Macht, die sich im Ornament der marschierenden Gefolgschaft und im Nimbus[1] der strahlenden Führergestalt darstellte? Worauf beruhte die Stabilität des nationalsozialistischen Herrschaftssystems? War das Dritte Reich, wie es sich mit dem Anspruch auf Ewigkeit und Erlösung nannte, ein Führerstaat, in dem der Wille des „Führers" alles bestimmte und der auf die blinde Gefolgschaft der breiten Massen rechnen konnte? [...]
Sicherlich waren es nicht allein Manipulation und Terror; die verschiedenen Formen von Zustimmung und Hinnahme hatten das während der Machtergreifungsphase gezeigt. Es war vielmehr die verwirrende Verbindung von Zustimmung und Gewalt, sie kennzeichnet die Wirkungsweise der nationalsozialistischen Herrschaft. Bezugspunkt des Konsenses wie der absoluten Macht war weiterhin der charismatische Führer Hitler, wie bereits in der „Kampfzeit" und in der Machtergreifungsphase. Das Ansehen der nationalsozialistischen Partei schwand hingegen ebenso kontinuierlich wie die traditionelle Staatlichkeit. Das änderte freilich nichts an der Integrationsfähigkeit des Regimes, das bis zu seinem bitteren Ende ein hohes Maß an Stabilität und Loyalität vorfand und gleichzeitig eine ungeheure Vernichtungskraft entfaltete. [...]
Die Autorität des Diktators blieb in den Friedensjahren unbestritten und wuchs im Kriege immer weiter. Das lag an der Anpassungsbereitschaft der Bürokratie und an der blinden Gefolgschaft der Unterführer, aber ebenso an dem sich mit innen- und außenpolitischen Erfolgen fast überschlagenden Führerkult. Die Bereitschaft der bürokratischen Eliten zur Mitarbeit im „nationalen Staat" war einzig an die Person Hitlers gebunden. Sie war einmal in deren obrigkeitsstaatlichem Denken begründet, aber genauso in der Unterschätzung Hitlers, der sich erfolgreich als gemäßigter Staatsmann zu stilisieren und damit den Radikalismus seines politischen Denkens und Handelns zu verbergen verstand. Wann immer Zweifel und Kritik an Hitlers Politik aufkamen, sie wurden durch die suggestive Überredungsgabe Hitlers selbst wie durch die Wirkung des Hitler-Mythos aufgefangen. Die Fähigkeit Hitlers, auch erfahrene Politiker und selbstsichere Militärs umzustimmen und an sich zu binden, ist zu häufig bezeugt, als dass sie als unglaubwürdige Schutzbehauptung abgetan werden konnte. Doch ohne schon vorhandene Anpassungsbereitschaft, Selbsttäuschung und den stabilisierenden Effekt des Hitler-Kultes wäre diese Ausstrahlungskraft nicht so wirkungsvoll gewesen. [...]
Es war die alte Verbindung von Verführung und Gewalt, die die Stabilität des Regimes bis in die Katastrophe hinein sicherte. Die Rücksichtnahme auf die materiellen und emotionalen Bedürfnisse der Menschen, verbunden mit Einschüchterung und Terror, die Atomisierung der Gesellschaft und der weitgehende Verzicht auf gesellschaftliche Verantwortung, eine sich verstärkende Realitätsflucht wie das Eingeständnis einer partiellen Komplizenschaft mit dem Regime, der sich nur langsam aufzehrende Führermythos wie patriotische Loyalitäten. Es war ein Bündel von Einstellungen, Motiven und Zwängen, die einen offenen Widerstand fast ganz ausschlossen, die auch jede Kraft schwächten, eine andere politische Wirklichkeit zu denken.

Hans-Ulrich Thamer, Verführung und Gewalt. Deutschland 1933-1945, Berlin 1994, S. 338 f., 347 f. und 725 f.

[1] **Nimbus**: Ansehen, Glanz, der eine Person oder Sache umgibt

M2 Spiel des Anprangerns, Ausgrenzens und „Erledigens“

Der kanadische Historiker Robert Gellately lehrt und forscht an verschiedenen amerikanischen Universitäten, auch am Center for Holocaust Studies in den USA. In seinen Werken geht er immer wieder auf die Loyalität zahlreicher Deutscher zum System des Nationalsozialismus ein:

Zustimmung und Zwang [waren] während des gesamten Dritten Reiches aufs Engste miteinander verknüpft, was zum Teil daran lag, dass Zwang und Terror meistens gegen bestimmte Individuen, Minderheiten und soziale Gruppen eingesetzt wurde, gegen die das Volk wenig Sympathie hegte. Zwang und Terror waren höchst selektiv und regneten jedenfalls nicht gleichmäßig auf die Köpfe der deutschen Bevölkerung herab. Anfang 1933 begannen Polizei und SA, Köpfe einzuschlagen, und es wurden neue Konzentrationslager errichtet, aber kaum mehr als eine Miniwelle des Terrors ging über Deutschland hinweg. Im Großen und Ganzen bedurfte es des Terrors nicht, um die Mehrheit – oder auch signifikante Minderheiten – in Reih und Glied zu zwingen. [...] Ich behaupte [...], dass ab 1933 die Zustimmung zu Hitler und immer mehr auch zum Nationalsozialismus praktisch niemals infrage stand. [...]

Man muss sich vor der Annahme hüten, ganz Deutschland habe einem militärischen Ausbildungslager geglichen, in dem die Menschen der Doppelbeeinflussung von Propaganda und Terror unterworfen sind. Man hat wenig von der nationalsozialistischen Propaganda begriffen, wenn man sie sich als Gehirnwäsche oder reine Manipulation der Gefühle vorstellt. [...] Die nationalsozialistische Propaganda sollte und konnte dem deutschen Volk nicht auf primitive Weise aufgezwungen werden. Im Gegenteil, sie sollte es ansprechen und deutschen Denkweisen gerecht werden. [...]

Noch bis vor Kurzem betonte die Geschichtswissenschaft die Passivität der deutschen Bürger im Dritten Reich und tat so, als sei der nationalsozialistische „Polizeistaat“ dermaßen allgegenwärtig gewesen, dass er der Initiative der Bürger über Zeremonien und Rituale hinaus wenig Spielraum gelassen habe. Heute wissen wir, dass vielleicht nicht alle Bürger mit allem einverstanden waren, auch was bestimmte Aspekte der Verfolgung von Juden und Fremdarbeitern in Deutschland betraf, dass aber das Regime keine Mühe hatte, die Bevölkerung zur Denunziation von Verstößen gegen das rassistische System zu animieren. Das Liefern von Informationen an Polizei oder Partei gehörte zu den wichtigsten Beiträgen des staatsbürgerlichen Engagements im Dritten Reich. Immerhin war es eine Sache, neue Gesetze und Verordnungen zu erlassen und die Bestimmungen von oben her zu verkünden, aber eine ganz andere, sie in der Gesellschaft als Ganzer durchzusetzen. Es war ein charakteristisches Merkmal des Dritten Reiches (durch das es sich zum Beispiel vom faschistischen Italien unterschied), dass das Regime keine Mühe hatte, sich die Kollaboration normaler Bürger zu sichern. [...]

Die Nationalsozialisten beanspruchten, sich der Schaffung der „Volksgemeinschaft“ verschrieben zu haben. In dem Bestreben, diese „Volksgemeinschaft“ zu schmieden, deren Fundament eine irrwitzige Logik der Gleichheit, Reinheit und Homogenität war, verstrickten sich die Nationalsozialisten wie das deutsche Volk insgesamt in ein mörderisches Spiel des Anprangerns, Ausgrenzens und schließlich „Erledigens“ von unerwünschten sozialen „Elementen“ und „Volksfeinden“. Das begann damit, dass viele normale Bürger (mitunter aus selbstsüchtigen Gründen) die Einteilung zu handhaben lernten, wer zur „Volksgemeinschaft“ dazugehörte und wer nicht.

Robert Gellately, Hingeschaut und weggesehen. Hitler und sein Volk, übersetzt von Holger Fliessbach, Bonn ³2005, S. 14, 15, 359 und 362 f.

▲ **Unvollendete Volksgemeinschaft.**
Während eines Stapellaufes des Marineschulschiffes Horst Wessel auf der Hamburger Werft Blohm & Voss verweigert ein Arbeiter, vermutlich hieß er August Landmesser, den „Hitlergruß“. Foto vom 13. Juni 1936.

Informieren Sie sich im Internet über Landmesser und diskutieren Sie anschließend mit Blick auf die hier vorgestellten Materialien die Frage, welche Möglichkeiten der Zustimmung oder Ablehnung des nationalsozialistischen Regimes die Deutschen in den 1930er-Jahren hatten.

1. *Zeigen Sie anhand von M1 und M2 die Kontroverse mit ihren jeweiligen Begründungen, aber auch Gemeinsamkeiten in der Einschätzung auf.*
2. *Überprüfen Sie M1 und M2 anhand der Informationen im Darstellungstext auf den Seiten 334-358 (Sachurteil).*
3. *Die Deutschen – verführt oder verantwortlich? Nehmen Sie Stellung.*

Hitlers Außenpolitik

▲ **Appeasement-Politik.**
Die Karikatur des Engländers David Low von 1936 bezeichnet die „Führer“ (leaders) der europäischen Demokratien als rückgratlos (spineless). Auf dem Läufer stehen die Worte „rearmament“ (Wiederbewaffnung), „Rhineland fortification“ (Besetzung des Rheinlandes), „Danzig“ und ganz am Ende „boss oft the universe“.

- *Interpretieren Sie die Haltung des Zeichners gegenüber der englischen Politik.*
- *Diskutieren Sie seine Einstellung gegenüber der Demokratie.*
- *Erläutern Sie die Bedeutung einer nichtdeutschen Quelle für unser Geschichtsbild vom „Dritten Reich“.*

Grundlagen der NS-Außenpolitik Die Öffentlichkeit in den europäischen Staaten beobachtete mit Misstrauen die nationalsozialistische „Machtergreifung“: den NS-Straßenterror, die Aushöhlung der Weimarer Verfassung, die Ausschaltung der Parteien sowie die einsetzende antijüdische Politik. Der Weg in die Diktatur kostete Deutschland sein in der Weimarer Republik wiedergewonnenes Ansehen im Ausland.

Aber Hitler beließ zunächst den bisherigen Außenminister *Konstantin von Neurath* im Amt. Dies schien die Kontinuität der Weimarer Außenpolitik zu verbürgen, die auf diplomatischem Weg versucht hatte, eine Revision des Versailler Vertrages und politische sowie militärische Gleichberechtigung zu erreichen. In solchen Nahzielen stimmte Hitler durchaus mit den traditionellen Führungsschichten überein. Konsequenterweise folgte er deshalb in seiner Bündnisstrategie den überkommenen Mustern deutscher Außenpolitik: Einvernehmen mit England, um dadurch freie Hand gegen Frankreich und vor allem im Osten zu bekommen.

Hitlers Pläne blieben aber nicht bei einer Revision der Versailler Regelungen stehen. Ziele seiner Außenpolitik waren die Eroberung von „Lebensraum“ im Osten Europas und die Herrschaft der „arischen Rasse“. Die Zerschlagung der kommunistischen UdSSR und zugleich des „jüdischen Bolschewismus“ insgesamt bildeten den eigentlichen Kern von Hitlers außenpolitischem Programm. Letztendlich sollte wohl die Beherrschung eines europäischen Imperiums als Ausgangspunkt dienen, im Bündnis mit Japan und eventuell Großbritannien in einem Krieg der Kontinente gegen die USA die Weltherrschaft des Deutschen Reiches zu vollenden. Hitler betrieb bis 1936 eine zweigleisige Außenpolitik: Scheinbare Friedenssignale (von Hitlers Regierungserklärung 1933 bis zu den Olympischen Spielen in Berlin 1936) und Provokationen wechselten sich ab, intern wurde indes auf den Krieg hingearbeitet.

Bruch mit Versailles Schon im Oktober 1933 trat das Deutsche Reich aus dem Völkerbund* aus. Im Januar 1934 schloss es einen Nichtangriffspakt mit Polen und durchbrach damit die außenpolitische Isolation. Die Sowjetunion war jetzt gewarnt und suchte den Schulterschluss mit den ehemaligen Alliierten. Im September 1934 trat sie dem Völkerbund bei. Schon im Juli 1934 hatte Hitler einen nationalsozialistischen Putsch in Österreich vorangetrieben, um den 1919 von den Alliierten verbotenen *„Anschluss Österreichs“* an das Deutsche Reich vorzubereiten. Die Aktion scheiterte am massiven Einspruch des Nachbarlandes Italien. **Mussolini** drohte mit militärischem Eingreifen.

Am 13. Januar 1935 fand die im Versailler Vertrag vorgesehene Volksabstimmung über die Zukunft des Saargebietes statt. Das Votum von 91 Prozent der Bevölkerung für die Rückkehr ins Deutsche Reich feierte das Naziregime als großen Erfolg. Kurz darauf erklärte Hitler alle Rüstungsbeschränkungen des Versailler Vertrages für nichtig und führte die allgemeine Wehrpflicht wieder ein.

Drei Monate später, am 18. Juni 1935, kam sogar ein deutsch-englisches Abkommen zustande, in dem die relative Stärke der Flotten beider Länder festgeschrieben wurde. Damit hatte sich ein Siegerstaat über das Verbot hinweggesetzt, militärische Abkommen

Benito Mussolini (1883-1945): italienischer Politiker; 1922 zum Ministerpräsidenten ernannt; errichtete eine Diktatur; 1945 von Widerstandskämpfern erschossen

* Siehe Seite 300.

mit Deutschland zu schließen. Im März 1936 besetzten deutsche Truppen in einer Blitzaktion das *entmilitarisierte Rheinland*. Die Westmächte reagierten auch auf diese Vertragsverletzung nur mit Protesten. Der Versailler Vertrag war bedeutungslos geworden.

Neue Bündnisse ■ Als Hitler Ende 1935 Italien im Krieg gegen Äthiopien unterstützte, begann die Annäherung der beiden Diktaturen. Am 1. November 1936 verkündete Mussolini die „Achse Berlin – Rom“. Ein Jahr später trat Italien auch dem *Antikominternpakt* bei, in dem sich Deutschland und Japan 1936 dazu verpflichtet hatten, weltweit den Kommunismus zu bekämpfen und die Sowjetunion außenpolitisch zu isolieren. Im März 1939 schloss sich dem Pakt auch Spanien unter General Franco an, den die Nationalsozialisten und die italienischen Faschisten im Bürgerkrieg seit 1936 massiv unterstützt hatten. Wenn auch das von Hitler stets angestrebte Bündnis mit England nicht zustande gekommen war, so schien das „weltpolitische Dreieck“ Berlin – Rom – Tokio eine Politik ohne – oder sogar gegen – das britische Weltreich zuzulassen (▸ M1).

Der amerikanische Präsident **Franklin D. Roosevelt** signalisierte zwar in einer Rede eine Abwendung von der Neutralitätspolitik, aber weder Hitler noch Mussolini ließen sich davon beeindrucken. England, Frankreich und die meisten anderen westeuropäischen Länder hatten mit inneren Problemen und den Nachwirkungen der Weltwirtschaftskrise zu kämpfen. Sie wollten unbedingt am Frieden festhalten und setzten auf *Appeasement* („Beschwichtigung“) als Maxime ihrer Außenpolitik. Nur so ist es zu erklären, dass das Deutsche Reich keinen ernsthaften Widerstand fand und ab 1938 die Aggressivität seiner Außenpolitik noch steigern konnte.

Franklin Delano Roosevelt (1882-1945): Rechtsanwalt und Politiker, Neffe Theodore Roosevelts, 1933-1945 US-Präsident (Demokrat). Er setzte sich für soziale Reformen ein, führte die USA in den Zweiten Weltkrieg und engagierte sich für die Gründung der Vereinten Nationen.

Die Österreich-Frage ■ Anders als 1934 hatte Hitler 1937/38 die Billigung Mussolinis, als er erneut versuchte, massiven Einfluss auf Österreich zu gewinnen. Deutschland erreichte im Juli 1937 zunächst die Verstärkung des Einflusses österreichischer Nationalsozialisten, die Zulassung von NS-Zeitungen und die Aufnahme von Ministern in die Regierung des Bundeskanzlers **Kurt Schuschnigg**. Nachdem Hitler offen mit dem Einmarsch der Wehrmacht gedroht hatte, wurde Schuschnigg zur Unterzeichnung eines Abkommens gedrängt, das den Nationalsozialisten in Österreich weitreichende Vollmachten gab, vor allem die Kontrolle über den gesamten Polizeiapparat.

Schuschnigg glaubte, mit diesen Zugeständnissen die Eigenstaatlichkeit gesichert zu haben. Als seine neuen Regierungspartner jedoch immer unverhohlener die Staatsgeschäfte übernahmen, sah er eine Machtergreifung voraus und rief die Österreicher am 9. März zu einer Volksabstimmung über die Unabhängigkeit auf. Dies reichte Hitler als Grund für die Mobilisierung der Wehrmacht. Schuschnigg trat auf dessen Druck am 11. März zugunsten des Nationalsozialisten *Arthur Seyß-Inquart* zurück, der sofort ein telegrafisches „Hilfeersuchen“ an die Wehrmacht richtete. Am 12. März marschierten deutsche Soldaten in Österreich ein und wurden zum Teil mit triumphalem Jubel empfangen. Unter dem Eindruck dieser Zustimmung verkündete Hitler am 15. März vor begeisterten Menschenmassen auf dem Wiener Heldenplatz „den Eintritt meiner Heimat in das Deutsche Reich“. In den folgenden Wochen wurden in Österreich dann etwa 80 000 Menschen verhaftet, darunter viele Politiker des alten Systems sowie Juden.

Kurt Schuschnigg (1897-1977): österreichischer Politiker, Bundeskanzler 1934-1938, regierte Österreich diktatorisch und ohne legale Opposition. Nach dem „Anschluss“ zum Rücktritt gezwungen, bis 1945 in deutschen Konzentrationslagern inhaftiert.

Weitere Expansion ■ Auch in Deutschland fand Hitlers Politik jetzt fast uneingeschränkte Zustimmung. Nun forderte Hitler die „Lösung des Sudetenproblems“, die für ihn darin bestand, die deutschsprachig dominierten Gebiete der Tschechoslowakei dem

▲ **Die Erweiterung des Deutschen Reiches zwischen 1933 und 1939.**

Reich anzugliedern. Er machte sich dabei bestehende Konflikte zunutze. Nicht nur die Deutschen, auch Polen, Ungarn und andere Volksgruppen in der Tschechoslowakei erhoben Autonomieforderungen. Mit seiner Beteuerung, das sudetendeutsche Gebiet sei die letzte territoriale Forderung des Deutschen Reiches, konnte Hitler sich wiederum durchsetzen. Auf der *Konferenz von München* am 29. September 1938 legten Deutschland, Italien, Frankreich und England ohne Beteiligung von Vertretern der Tschechoslowakei die Modalitäten für die geforderten territorialen Veränderungen fest.

Nur ein halbes Jahr später waren Hitlers Beteuerungen als Lügen entlarvt. Am 15. März 1939 marschierten deutsche Truppen in der „Rest-Tschechei" ein. Drei Tage später wurde das *Protektorat Böhmen und Mähren* de facto der Reichsverwaltung unterstellt. Diesmal konnte das Deutsche Reich seinen Schritt nicht mehr mit dem Hinweis auf das Selbstbestimmungsrecht der Völker begründen. Erneut griffen die anderen europäischen Mächte nicht ein, aber sie wussten nun, dass sie nicht länger zusehen konnten. Schon Ende März gaben Frankreich und England eine verbindliche Garantieerklärung für Polen ab, das zunehmend die Zielscheibe aggressiver deutscher Propaganda wurde. Der nächste Schritt der Machtausdehnung auf Kosten Polens musste den von Hitler längst einkalkulierten Krieg bedeuten.

In dieser Phase gelang der deutschen Diplomatie ein spektakulärer Erfolg: Die Nationalsozialisten, die sich immer als schärfste Feinde des „Bolschewismus" verstanden und inszeniert hatten, schlossen einen *Nichtangriffspakt mit der Sowjetunion* („Hitler-Stalin-Pakt"; ▸ M2, M3). Diese hatte kurz zuvor noch Verhandlungen über einen britisch-französisch-sowjetischen Dreibund unter möglicher polnischer Beteiligung geführt, die aber gescheitert waren.

Der sowjetische Diktator **Josef W. Stalin** konnte sich nun bei einem zu erwartenden Angriff Deutschlands auf Polen aus allen Kampfhandlungen heraushalten und wusste seine Einflusssphäre in Osteuropa gesichert. In einem geheimen Zusatzprotokoll vereinbarten Deutschland und die Sowjetunion die Aufteilung Polens.

▲ **Stalin.**
Gemälde (Öl auf Leinwand) von Tomskij aus dem Jahr 1935.

Josef Wissarionowitsch Dschugaschwili, gen. Stalin (1878-1953): 1924-1953 Generalsekretär der KPdSU (Kommunistische Partei der Sowjetunion) und Staatschef der UdSSR, inszenierte als Diktator einen Personenkult

M1 Achse Berlin – Rom – Tokio

Am 1. November 1936, eine Woche nach dem Abschluss des geheimen deutsch-italienischen Freundschaftsvertrages, hält der italienische Regierungschef Benito Mussolini in Mailand eine Rede vor Hunderttausenden Anhängern:

Die Berliner Begegnung hat eine Verständigung über gewisse Fragen gezeitigt, von denen einige gerade in diesen Tagen besonders brennend sind. Diese Verständigung, die in guter und gehöriger Form bekräftigt worden ist, diese Diagonale Berlin – Rom ist jedoch keine Trennungslinie, sondern eher eine Achse, um die sich alle europäischen Staaten, die von dem Willen der Zusammenarbeit und des Friedens beseelt sind, sammeln können.
Deutschland hat die Sanktionen nicht mitgemacht, obwohl man es bestürmte und ihm damit in den Ohren lag. [...] Ein Element der Spannung zwischen Berlin und Rom ist verschwunden. Außerdem erinnere ich euch daran, dass Deutschland schon vor der Berliner Zusammenkunft das römische Imperium praktisch anerkannt hat.

Am 6. November 1937 tritt Italien dem deutsch-japanischen Antikominternpakt bei. Zwei Tage später betont Hitler:

Deutschland ist heute nicht mehr vereinsamt! Wir alle haben die glückhafte Zuversicht, dass die Isolierung, die uns mehr als fünfzehn Jahre lang umgab, beendet ist. Und zwar nicht nur durch eine nichtssagende Teilnahme an unbedeutenden Völkergremien, sondern durch die Bedeutung, die sich Deutschland selbst wieder geschaffen hat!
Aus dieser Bedeutung resultieren für uns neue Beziehungen, die man vielleicht als nicht in die Völkerbundsideologie passend ansehen kann. Allein sie passen jedenfalls für uns und unsere Interessen! Und sie passen auch den Interessen anderer Völker, die diese Beziehungen mit uns aufgenommen haben!
Der sicherste Garant für die Dauerhaftigkeit solcher Beziehungen sind nicht irgendwelche Phrasen, sondern die nüchterne und klare Erkenntnis der Zweckmäßigkeit. Aus dieser Zweckmäßigkeit heraus haben sich heute drei Staaten zusammengefunden, erst eine europäische Achse und jetzt ein großes weltpolitisches Dreieck! [...] Es besteht nicht aus drei kraftlosen Gebilden, sondern aus drei Staaten, die bereit und entschlossen sind, ihr Recht und ihre Lebensinteressen entschlossen wahrzunehmen.

Aus einer Rede Mussolinis in deutscher Sprache auf dem Maifeld in Berlin am 28. November 1937:

Das wiedererstandene Imperium Roms ist das Werk dieses neuen Geistes [des Faschismus], der Italien beseelt. Die deutsche Wiedergeburt ist gleichfalls das Werk einer geistigen Kraft, des Glaubens an eine Idee, an die erst nur ein Einziger glaubte, dann eine Schar von Vorkämpfern und Märtyrern, dann eine Minderheit und endlich ein ganzes Volk.
Deutschland und Italien verfolgen das gleiche Ziel auch auf dem Gebiet der Wirtschaftsautarkie: Ohne wirtschaftliche Unabhängigkeit ist die politische Unabhängigkeit einer Nation selbst infrage gestellt, und ein Volk von großer militärischer Kraft kann zum Opfer einer wirtschaftlichen Blockade werden.
Wir haben diese Gefahr in ihrer ganzen Unmittelbarkeit zu spüren bekommen, als 52 in Genf versammelte Staaten die kriminellen Wirtschaftssanktionen gegen Italien beschlossen, jene Sanktionen, die mit aller Schärfe durchgeführt wurden, aber ihr Ziel nicht erreichten, ja, dem faschistischen Italien sogar Gelegenheit gaben, der Welt seine Widerstandskraft zu beweisen. Trotz allem Drängen hat Deutschland sich den Sanktionen nicht angeschlossen. Wir werden das niemals vergessen.
Dies ist der Punkt, an dem zum ersten Mal ganz deutlich das Vorhandensein eines notwendigen Zusammengehens zwischen dem nationalsozialistischen Deutschland und dem faschistischen Italien in Erscheinung tritt. [...] Das, was man nun in der ganzen Welt als die Achse Berlin – Rom kennt, entstand im Herbst 1935 und hat in den letzten zwei Jahren für die immer stärkere Annäherung unserer beiden Völker aneinander wie für die wachsende politische Stärkung des europäischen Friedens großartig gearbeitet.

Erster Text zitiert nach: Walter Anger, Das Dritte Reich in Dokumenten, Hamburg 1957, S. 73
Zweiter Text zitiert nach: Günter Schönbrunn, Weltkriege und Revolutionen 1914-1945. Geschichte in Quellen, München 1961, S. 365
Dritter Text zitiert nach: ebenda, S. 364 f.

1. *Zeigen Sie auf, mit welchen Gründen die drei Texte die Annäherung der Staaten rechtfertigen.*
2. *Mussolini äußert sich im Abstand von etwa einem Jahr zur italienisch-deutschen Freundschaft. Arbeiten Sie die Unterschiede zwischen 1936 und 1937 heraus.*
3. *Erörtern Sie vor dem Hintergrund der geänderten internationalen Lage die Gründe für diesen Wandel.*
4. + *Zeigen sie anhand einer Zeitleiste die zweigleisige Außenpolitik Hitlers von 1933 bis 1936 und die Expansionspolitik bis 1939 auf (siehe Seite 362-364).*

M2 Der Nichtangriffspakt mit der UdSSR

Im August 1939 wird der Öffentlichkeit ein Abkommen präsentiert, das der sowjetische Außenminister Wjatscheslaw M. Molotow mit dem deutschen Außenminister Joachim von Ribbentrop ausgehandelt hat:

Art. 1 Die beiden vertragschließenden Teile verpflichten sich, sich jeden Gewaltakts, jeder aggressiven Handlung und jedes Angriffs gegeneinander, und zwar sowohl einzeln als auch gemeinsam mit anderen Mächten, zu enthalten.
Art. 2 Falls einer der vertragschließenden Teile Gegenstand kriegerischer Handlungen seitens einer dritten Macht werden sollte, wird der andere vertragschließende Teil in keiner Form diese dritte Macht unterstützen. [...]
Art. 4 Keiner der beiden vertragschließenden Teile wird sich an irgendeiner Mächtegruppierung beteiligen, die sich mittelbar oder unmittelbar gegen den anderen Teil richtet.
Geheimes Zusatzprotokoll[1]: Für den Fall einer territorial-politischen Umgestaltung der zum polnischen Staate gehörenden Gebiete werden die Interessensphären Deutschlands und der UdSSR ungefähr durch die Linie der Flüsse Narew, Weichsel und San abgegrenzt.
Die Frage, ob die beiderseitigen Interessen die Erhaltung eines unabhängigen polnischen Staates erwünscht erscheinen lassen und wie dieser Staat abzugrenzen wäre, kann endgültig erst im Laufe der weiteren politischen Entwicklung geklärt werden. In jedem Falle werden beide Regierungen diese Frage im Wege einer freundschaftlichen Verständigung lösen.

Zitiert nach: OSTEUROPA. Zeitschrift für Gegenwartsfragen des Ostens, 39. Jg. (1989), S. 417-419

1. *Erläutern Sie, was der Nichtangriffspakt über die außenpolitischen Planungen beider Länder aussagt.*
2. *Diskutieren Sie die Bedeutung des geheimen Zusatzprotokolls.*

▲ **Stalin-Karikatur in der französischen Zeitschrift „Marianne" von 1939.**

- *Erläutern Sie die Bildsymbolik und die damit verbundene Interpretation des „Hitler-Stalin-Paktes".*

M3 Aus Todfeinden werden „Freunde"

Der sowjetische Beamte Victor A. Kravchenko aus der sibirischen Industriestadt Kemerowo erinnert sich an den „Hitler-Stalin-Pakt":

Für uns galt es all die Jahre als ausgemacht, dass der einzige Feind der Nazis die Sowjetunion sei. [...] Wir hatten doch unsere führenden Armeegeneräle [...] erschossen, weil sie angeblich Verbündete von Hitlers Reichswehr waren. Die großen Verräterprozesse, in denen Lenins[1] vertrauteste Freunde liquidiert wurden, stützten sich auf die Voraussetzung, dass Nazideutschland und seine Achsenfreunde Italien und Japan sich gegen uns zum Kriege rüsteten. Diese Nationen waren angeblich nur die Exponenten einer Weltkoalition von Kapitalisten, die sich verschworen hatten, unser sozialistisches Vaterland zu vernichten. [...] Die Schurkerei Hitlers galt in unserem Land als fast ebenso geheiligter Glaubensartikel wie die Unfehlbarkeit Stalins. Unsere Sowjetkinder spielten Faschisten-gegen-Kommunisten-Spiele [...]. Erst als wir die Wochenschauen und Zeitungsbilder sahen, auf denen Stalin lächelnd Ribbentrop die Hand schüttelte, begannen wir das Unglaubliche zu glauben. Hakenkreuz und Hammer-und-Sichel flatterten Seite an Seite in Moskau! Bald darauf erklärte uns Molotow, der Faschismus sei schließlich „Geschmacksache"! Stalin begrüßte seinen diktatorischen Kollegen mit begeisterten Worten über die gemeinsame „mit Blut besiegelte Freundschaft"!

Victor A. Kravchenko, Ich wähle die Freiheit. Das private und politische Leben eines Sowjetbeamten, übersetzt von Albert Hess, Zürich 1947, S. 63 f.

- *Diskutieren Sie die Auswirkungen der außenpolitischen Kehrtwendung auf die sowjetische Bevölkerung.*

[1] Das Zusatzprotokoll wurde im Westen 1948 bekannt. Die Sowjetunion bestritt bis 1989 die Existenz dieser Abmachung.

[1] **Wladimir I. Lenin** (1870-1924): Führungsfigur der russischen Oktoberrevolution, erster Regierungschef der Sowjetunion

Der Zweite Weltkrieg

Hitlers Anfangserfolge 1939/40 Am 1. September 1939 griffen deutsche Truppen ohne Kriegserklärung Polen an. Nach Ablauf ihrer Ultimaten erklärten Frankreich und Großbritannien Deutschland am 3. September den Krieg. Allerdings hielten sich die Westmächte vorläufig in der Defensive, weil sie sich militärisch noch zu schwach fühlten. Daher konnte die deutsche Wehrmacht Polen so schnell besiegen, dass sie später von einem *„Blitzkrieg"* sprach. Bereits Ende September wurde Polen – wie im Zusatzprotokoll des „Hitler-Stalin-Paktes" vereinbart – zwischen Deutschland und der Sowjetunion aufgeteilt.

Als die englische Regierung auf deutsche Friedensangebote nicht reagierte, ließ Hitler im April 1940 Dänemark und Norwegen besetzen. Einen Monat später griff die Wehrmacht Belgien, die Niederlande, Luxemburg und Frankreich an. Durch schnelle Panzervorstöße gelang der riskante Feldzug gegen den westlichen Gegner. Am 14. Juni zogen die Deutschen in Paris ein. Hitler hielt das Reich nun für unbesiegbar.

Die Briten – seit Mai 1940 unter dem konservativen Premierminister **Winston Churchill** – waren entschlossen, den Krieg gegen das Deutsche Reich unter allen Umständen durchzustehen (▸ M1). Daher strebten Hitler und sein Generalstab eine Invasion auf den Britischen Inseln an und forcierten ab Juli 1940 den Luft- und U-Boot-Krieg, um eine Landung vorzubereiten. Der Plan erwies sich aber als grobe Fehleinschätzung. Zum ersten Mal erreichte Hitler sein militärisches Ziel nicht. Im Gegenteil, die strategische Lage verschlechterte sich durch die immer deutlichere Parteinahme der USA für die Engländer.

▲ **Europa im Zweiten Weltkrieg.**

Die Wende in Russland Inzwischen hatte das Deutsche Reich den Krieg gegen die Sowjetunion begonnen, weil Hitler glaubte, nicht länger mit dem Krieg gegen „Bolschewiken und Juden" um „Lebensraum" warten zu können. Seit Sommer 1940 hatte Hitler Pläne für den Angriff gegen die Sowjetunion ausarbeiten lassen, ohne den Gegner im Westen – Großbritannien – besiegt zu haben. Mit einem Überraschungsangriff, der von der Ostsee bis zu den Karpaten auf breiter Front von über drei Millionen Soldaten geführt wurde, eröffnete Hitler am 22. Juni 1941 ohne Kriegserklärung den Kampf gegen die Sowjetunion (*„Unternehmen Barbarossa"*). Unterstützt wurde die deutsche Offensive von verbündeten finnischen, slowakischen, ungarischen, rumänischen und italienischen Truppen. Stalin hatte britische und amerikanische Warnungen vor einem deutschen Angriff als Propaganda abgetan und nicht ernst genommen.

Die deutsche Führung hoffte, die zahlenmäßig überlegene Rote Armee in einem „Blitzfeldzug" überrumpeln zu können. Panzereinheiten sollten die Rote Armee mit Luftwaffenunterstützung in Kesselschlachten besiegen. Bis zum Herbst hatte die Wehrmacht die Ukraine erobert und war bis Leningrad und bis kurz vor Moskau vor-

Winston Churchill (1874-1965): britischer Journalist, Offizier und Politiker; 1940-1945 und 1951-1955 Premierminister, 1940-1955 Führer der Konservativen. 1953 erhielt er den Nobelpreis für Literatur.

Völkermord (Genozid): Auslöschung willkürlich definierter Gruppen von Menschen unter zumeist extrem brutalen Begleitumständen; der englische Begriff für Völkermord, *genocide*, geht zurück auf Raffael Lemkin, einen Juristen polnisch-jüdischer Herkunft, der ihn im Jahr 1944 prägte; das Wort „Genozid" setzt sich aus dem griechischen genos („Stamm", „Rasse", „Volk") und dem lateinischen cadere („töten") und dem Suffix -cide zusammen; Beispiel für Genozide in der Geschichte sind der Holocaust sowie der Völkermord an den Armeniern während des Ersten Weltkrieges.

Literaturtipp:
Felix Römer, Kameraden: Die Wehrmacht von innen, München 2012

Einsatzgruppen: Sondereinheiten, die nach dem Einmarsch in besetzte und eroberte Gebiete, so etwa in Polen und in der Sowjetunion, die „Bekämpfung der Reichsfeinde" übernehmen sollten. Bereits in Polen sowie dann vor allem in der Sowjetunion geschah dies primär durch Erschießungen – auf sowjetischem Gebiet ermordeten die Einsatzgruppen, die mit der Wehrmacht ins Land kamen, vermutlich über eine Million Menschen, vor allem jüdische Männer, Frauen und Kinder (vgl. Seite 376 f.).

gedrungen. Auf Anordnung der Führung waren Richtlinien und Befehle erlassen worden, die internationale Regeln der Kriegführung missachteten: Gefangene genossen keinen Schutz, Kommunisten, Kommissare (Politoffiziere der Roten Armee) und Juden konnten ohne Einschränkung getötet werden (▸ M2). In dieser Phase des Krieges begann der **Völkermord (Genozid)**.* Vollstrecker der Verbrechen waren vor allem spezielle **Einsatzgruppen** der Sicherheitspolizei und des SD, Einheiten aus SS, Gestapo und Polizei, aber auch reguläre Einheiten der Wehrmacht beteiligten sich.** Bis zum Frühjahr 1942 hatte die Sowjetunion 1,5 bis 2,5 Millionen Kriegstote zu beklagen. Darunter waren auch etwa 1,8 von insgesamt 3,7 Millionen sowjetischen Kriegsgefangenen, die allein während des Russlandfeldzuges im Jahr 1941 in deutsche Hände gefallen und entweder sofort durch systematische Erschießungen ermordet oder unter elenden Bedingungen in Kriegsgefangenenlagern vor Erschöpfung und Hunger gestorben waren. Die Zahl der Toten sollte sich bis Kriegsende auf drei Millionen erhöhen; damit starben über 50 Prozent der insgesamt 5,7 Millionen sowjetischen Kriegsgefangenen in der „Obhut" der deutschen Armee (Christian Hartmann).

Der Ostfeldzug war als Blitzkrieg geplant; die UdSSR sollte innerhalb weniger Wochen besiegt werden. Diese Zielsetzung erwies sich aber als völlig unrealistisch. Nachschubprobleme, die Weite des Landes und das raue Klima, auf das die Wehrmacht nur unzureichend vorbereitet war, stoppten den deutschen Vormarsch. Darüber hinaus war die Rote Armee unerwartet gut organisiert. Im Dezember 1941 konnte diese eine Gegenoffensive einleiten, der die Deutschen auf Dauer nicht gewachsen waren. In einer *Kesselschlacht bei Stalingrad* gelang der sowjetischen Armee Anfang 1943 ein überwältigender Sieg, dessen psychologische Wirkung für beide Seiten von großer Bedeutung war. Nachdem die Wehrmacht die Stadt ab August 1942 belagert hatte, war es der Roten Armee bei Wintereinbruch gelungen, die deutschen Linien zu durchbrechen und 200 000 Soldaten einzuschließen. Hitler verbot jeden Ausbruchsversuch, worauf Tausende verhungerten und über 100 000 Soldaten in sowjetische Kriegsgefangenschaft gerieten. Davon sollten nach dem Krieg nur etwa 5 000 Mann nach Deutschland zurückkehren. Anfang Februar 1943 kapitulierte die 6. Armee unter Generalfeldmarschall *Friedrich Paulus*, nur 25 000 Soldaten hatten zuvor ausgeflogen werden können. Gegen die tiefe Niedergeschlagenheit in der Bevölkerung versuchte Propagandaminister Goebbels anzukämpfen, indem er zum „totalen Krieg" aufrief. Doch der Mythos, der den „Führer" umgeben hatte, war zerstört (▸ M3).

Die deutsche Wirtschaft im Krieg ■ Die NS-Machthaber waren bemüht, die Belastungen für die deutsche Bevölkerung in möglichst engen Grenzen zu halten und alle Kräfte für den Krieg zu bündeln. Niemand sollte Hunger leiden, denn Hitler fürchtete Streiks und innere Unruhen, wie er sie am Ende des Ersten Weltkrieges erlebt hatte. Nicht zuletzt infolge der enormen Gebietsgewinne gelang es, die Zufuhr an Rohstoffen und Lebensmitteln ins Deutsche Reich zu steigern. Rücksichtslos wurden Produktion und Ressourcen aller besetzten Länder für die deutschen Bedürfnisse ausgebeutet. Der private Besitz sollte möglichst nicht angetastet werden. Im Gegenteil, zum Urlaub heimkehrende Soldaten durften, teils unter Umgehung der Zollvorschriften, große Mengen an Lebensmitteln und Verbrauchsgütern in die Heimat mitnehmen. Die Einschränkungen beim Verschicken von Feldpostsendungen wurden aus dem gleichen Grund sehr großzügig gehandhabt, Anzeigen in Übertretungsfällen oft abgewiesen.

* Vgl. dazu auch Seite 374 ff.
** Siehe ebenda.

Die Währungen der besetzten Länder wurden an den Rand des Ruins getrieben, Goldreserven, Devisen, Aktien und viele Depositen von der Reichsbank beschlagnahmt. Nur mit knapper Not konnte in einigen Staaten der Bankrott vermieden werden.

Zu den Maßnahmen, mit denen die Leistung der deutschen Kriegswirtschaft gesteigert werden sollte, zählte auch der Einsatz ausländischer Gefangener und *Zwangsarbeiter*. Da die Millionen Kriegsgefangenen den Ausfall der in die Wehrmacht eingezogenen Männer nicht ausgleichen konnten, wurden in den besetzten Gebieten systematisch arbeitsfähige Menschen gefangen genommen und nach Deutschland geschickt – rund sieben Millionen Frauen und Männer insgesamt. Fast drei Millionen „Fremdarbeiter" stammten aus der Sowjetunion, eine Million aus Polen. Massentransporte in Güterwaggons, schlechte Behandlung und Unterbringung, mangelhafte Ernährung sowie schwerste körperliche Arbeit gehörten zu den unmenschlichen Bedingungen, denen die Opfer in der Regel ausgesetzt waren. Sie wurden nicht nur wesentlich geringer entlohnt, sondern auch mit einem höheren Steuersatz belegt. Den Lohnanteil, der für die Angehörigen in der Heimat bestimmt war, kassierte die deutsche Finanzverwaltung. Gleichzeitig nahm mit dem Krieg der politische Druck auf die Bevölkerung zu. Zweifel am Endsieg wurden hart bestraft, wobei die Nationalsozialisten sich nicht nur auf die Geheime Staatspolizei verlassen konnten, sondern auch auf ein Heer von Denunzianten.

Literaturtipp:
Volkhard Knigge u.a. (Hrsg.), Zwangsarbeit. Die Deutschen, die Zwangsarbeiter und der Krieg, Weimar 2010 (Ausstellungskatalog)

Internettipps:
Zum Thema Zwangsarbeit im Nationalsozialismus siehe Code 32019-21

Der europäische Krieg wird zum Weltkrieg Am 7. Dezember 1941 eröffnete Japan mit einem Luftangriff auf die amerikanische Pazifikflotte in *Pearl Harbor* die Kampfhandlungen gegen die USA. Deutschland und Italien erklärten daraufhin, ohne vertraglich gegenüber Japan verpflichtet zu sein, den Vereinigten Staaten wenige Tage später den Krieg. Dagegen etablierte sich auf der anderen Seite die **Anti-Hitler-Koalition** einschließlich der UdSSR, die der britische Premierminister Winston Churchill – trotz weltanschaulicher Bedenken – förderte.

Die großen Materialreserven, das Industriepotenzial und die frischen Truppen der USA verhalfen den Alliierten zu einer deutlichen Überlegenheit. Als den Amerikanern und Engländern am 6. Juni 1944 die Landung an der Küste der Normandie gelang, war die deutsche Niederlage nur noch eine Frage der Zeit. Auch die Lufthoheit lag jetzt bei den Westmächten. Auf der *Konferenz von Jalta* (4.2.-11.2.1945) einigten sich die Regierungschefs von Großbritannien, der UdSSR und den USA – Churchill, Stalin und Roosevelt – auf Regelungen für die künftige Besetzung Deutschlands, vor allem die Aufteilung in vier Besatzungszonen. Da die nationalsozialistische Führung verbissen den Widerstand aufrechterhielt, sanken die meisten deutschen Großstädte unter den alliierten Luftangriffen in Schutt und Asche. Erst als die Rote Armee vor Berlin stand, begingen Hitler und mehrere seiner Mitarbeiter Selbstmord. Im Mai 1945 unterzeichneten die Generäle Jodl und Keitel die deutsche Gesamtkapitulation.

Der Zweite Weltkrieg endete drei Monate später mit der bedingungslosen Kapitulation Japans, nachdem die USA über Hiroshima und Nagasaki erstmals Atombomben abgeworfen hatten. Diese Waffen waren mit einem riesigen Forschungsaufwand in den USA entwickelt worden. Der amerikanische Präsident **Harry S. Truman**, der nach dem Tode Roosevelts im April 1945 die Macht übernommen hatte, schob Bedenken gegen die gewaltige Zerstörungskraft der Atomwaffen u.a. mit dem Hinweis beiseite, dass man die Japaner nur auf diese Weise zur bedingungslosen Kapitulation zwingen könne. Über 200000 Menschen starben bei den Bombenabwürfen sofort. Die Langzeitfolgen der radioaktiven Verseuchung wurden erst später deutlich: Zahllose Menschen starben an Leukämie und an anderen Folgekrankheiten.

Anti-Hitler-Koalition: die Gegner des nationalsozialistischen Deutschland mit den USA, Großbritannien und der Sowjetunion an der Spitze. Die „Großen Drei" legten gemeinsame Kriegsziele wie die bedingungslose Kapitulation Deutschlands, Japans und Italiens fest.

Harry S. Truman (1884-1972): Als Vizepräsident wurde er nach dem Tod von Franklin D. Roosevelt im April 1945 US-Präsident. Seine Amtszeit dauerte bis 1953.

M1 England kapituliert nicht

Als die Niederlage Frankreichs offenbar wird, betont Englands Premierminister Winston Churchill in einer Rede am 18. Juni 1940, dass Großbritannien nicht aufgeben werde:

Die Schlacht, die General Weygand[1] die Schlacht um Frankreich nannte, ist vorbei. Ich erwarte, dass jetzt die Schlacht um England beginnen wird. Von ihrem Ausgang hängt der Fortbestand der christlichen Kultur ab. Von ihr hängt unsere eigene nationale Existenz, die lange währende Stetigkeit unserer Einrichtungen und unseres Weltreiches ab. Die ganze Wut und Macht des Feindes muss sich sehr bald gegen uns wenden, Hitler weiß sehr wohl, dass er entweder uns auf unserer Insel zerschmettern oder den Krieg verlieren muss. Vermögen wir ihm standzuhalten, so kann ganz Europa befreit werden, und die Menschheit kann zu weiten, sonnenhellen Höhen aufwärtsschreiten. Versagen wir aber, dann wird die ganze Welt, samt den Vereinigten Staaten und samt all dem, was wir gekannt und geliebt haben, in den Abgrund eines neuen dunklen Zeitalters versinken, dem die Lichter einer missbrauchten Wissenschaft noch tiefere Finsternis und vielleicht auch längere Dauer verleihen. Rüsten wir uns daher zur Erfüllung unserer Pflicht; handeln wir so, dass, wenn das Britische Reich und seine Völkergemeinschaft noch tausend Jahre bestehen, die Menschen immer noch sagen werden: „Das war ihre größte Stunde."

Winston S. Churchill, Memoiren. Der Zweite Weltkrieg, Bd. II, 1, übersetzt von Irene Muehlon, Stuttgart 1954, S. 272

1. *Arbeiten Sie heraus, wie Churchill die Situation Europas nach der Niederlage Frankreichs beurteilt.*
2. *Analysieren Sie, welche Bedeutung die USA für Churchill einnehmen.*
3. ✚ *Prüfen Sie, ob es in Diktion Ähnlichkeiten zu Rednern des NS-Regimes gibt. Welche Ursachen könnte das haben?*
4. *Interpretieren Sie den Redeauszug anhand der Schritte des Methoden-Bausteins auf Seite 372.*

[1] **Maxime Weygand** (1867-1965): General im Ersten und Zweiten Weltkrieg, 1940 Oberbefehlshaber der französischen Truppen

M2 „Völlige Vernichtung"

Der Oberbefehlshaber der 6. Armee, General von Reichenau, gibt am 10. Oktober 1941 einen Befehl aus, der das „Verhalten der Truppen im Ostraum" betrifft. Hitler bezeichnet diesen Befehl als vorbildlich, sodass er auch von anderen Truppenteilen übernommen wird:

Hinsichtlich des Verhaltens der Truppe gegenüber dem bolschewistischen System bestehen vielfach noch unklare Vorstellungen. Das wesentlichste Ziel des Feldzuges gegen das jüdisch-bolschewistische System ist die völlige Zerschlagung der Machtmittel und die Ausrottung des asiatischen Einflusses im europäischen Kulturkreis. Hierdurch entstehen auch für die Truppe Aufgaben, die über das hergebrachte einseitige Soldatentum hinausgehen. Der Soldat ist im Ostraum nicht nur ein Kämpfer nach den Regeln der Kriegskunst, sondern auch Träger einer unerbittlichen völkischen Idee und der Rächer für alle Bestialitäten, die deutschem und anverwandtem Volkstum zugefügt wurden. Deshalb muss der Soldat für die Notwendigkeit der harten, aber gerechten Sühne am jüdischen Untermenschentum volles Verständnis haben. Sie hat den weiteren Zweck, Erhebungen im Rücken der Wehrmacht, die erfahrungsgemäß stets von Juden angezettelt wurden, im Keime zu ersticken. Der Kampf gegen den Feind hinter der Front wird noch nicht ernst genug genommen. Immer noch werden heimtückische, grausame Partisanen und entartete Weiber zu Kriegsgefangenen gemacht, immer noch werden halb uniformierte oder in Zivil gekleidete Heckenschützen und Herumtreiber wie anständige Soldaten behandelt und in die Gefangenenlager abgeführt. [...] Fern von allen politischen Erwägungen der Zukunft hat der Soldat zweierlei zu erfüllen: 1.) die völlige Vernichtung der bolschewistischen Irrlehre, des Sowjetstaates und seiner Wehrmacht. 2.) die erbarmungslose Ausrottung artfremder Heimtücke und Grausamkeit und damit die Sicherung des Lebens der deutschen Wehrmacht in Russland. Nur so werden wir unserer geschichtlichen Aufgabe gerecht, das deutsche Volk von der asiatisch-jüdischen Gefahr ein für allemal zu befreien.

Zitiert nach: Reinhard Rürup (Hrsg.), Der Krieg gegen die Sowjetunion 1941-1945. Eine Dokumentation, Berlin 1991, S. 122

1. *Erörtern Sie, inwiefern die deutsche Kriegsführung eine Umsetzung der nationalsozialistischen Rassenideologie war (vgl. Seite 337, M1).*
2. *Informieren Sie sich über damalige Völkerrechtsvereinbarungen für den Kriegsfall. Bewerten Sie die deutsche Kriegführung vor diesem Hintergrund.*
3. *Erklären Sie, warum es unter den Soldaten „unklare Vorstellungen" (Zeile 2 f.) über die Kriegsführung gab.*

▼ **„Der Einsatz der deutschen Frau im Krieg."**
Plakatwerbung für die freiwillige Meldung zum Arbeitseinsatz in der Industrie, um 1941.
- *Vergleichen Sie a) das Frauenbild, das in beiden Abbildungen zum Ausdruck kommt, und b) die Abbildungen mit dem Inhalt von M3. Welche Gemeinsamkeiten und welche Unterschiede fallen Ihnen hinsichtlich der Rollenbilder auf, die hier jeweils gezeichnet werden?*

▲ **„Mutter und Kind."**
Gemälde von Alfred Bernert. Das Bild wurde im „Dritten Reich" als Plakat und Postkarte mit folgender Unterschrift verbreitet: „In meinem Staate ist die Mutter die wichtigste Staatsbürgerin. Adolf Hitler."

M3 Frauen in der Heimat

Während die Front im Osten zurückweicht, zeichnet ein geheimer Bericht der SS vom 18. November 1943 die Stimmung bei der weiblichen Bevölkerung auf:

Am Kriegsgeschehen im Einzelnen nehmen die Frauen weniger Interesse. Besonders die weibliche Jugend zeige sich recht teilnahmslos. Häufig trete bei den Frauen eine ausgesprochene Kriegsmüdigkeit zutage. Sie sind bestrebt, allem aus dem Wege zu gehen, was die Gedanken zum Kriegsgeschehen hinlenke, so vermeiden sie z.B. entsprechende Radio- oder Filmdarbietungen und lassen den politischen Teil der Zeitung unbeachtet. Im Allgemeinen zeigten nur diejenigen Frauen, die nahe Angehörige an den Fronten haben, und Frauen der Intelligenzkreise wesentliches Interesse am politischen Geschehen. [...]
Mit Sorge sähen auch viele Frauen, dass der Zusammenhalt und das gegenseitige Verständnis in ihrer Ehe unter der langen Kriegsdauer zu leiden beginne. Die mit kurzen Unterbrechungen nun schon Jahre andauernde Trennung, die Umgestaltung der Lebensverhältnisse durch den totalen Krieg, dazu die hohen Anforderungen, die jetzt an jeden Einzelnen gestellt werden, formten den Menschen um und erfüllten sein Leben. Der Frontsoldat zeige im Urlaub oft kein Verständnis mehr für die kriegsbedingten häuslichen Dinge und bleibe interesselos gegenüber vielen täglichen Sorgen der Heimat. Daraus ergebe sich häufiger ein gewisses Auseinanderleben der Eheleute. So wiesen Ehefrauen bekümmert darauf hin, dass das sehnlichst erwartete Zusammensein in der schnell vorübergehenden Urlaubszeit getrübt worden sei durch häufige Zusammenstöße, die durch gegenseitige Nervosität hervorgerufen wurde. [...]
Auffallend sei, dass viele Maßnahmen der Partei und führender Persönlichkeiten von den Frauen in stärkerem Maße als von den Männern kritisiert würden, jedoch stellten sich die meisten Frauen stets hinter die Person des Führers. Allgemein werde von den Frauen immer der Standpunkt vertreten, dass der Führer bestimmt Abhilfe schaffen würde, wenn er alles wüsste. Die meisten Frauen richteten jedoch ihre Gedanken vorwiegend auf ihre gegenwärtigen praktischen Aufgaben. Von den drängenden Tagesanforderungen bereiteten derzeit die Kartoffelnot und der Gemüsemangel den Frauen große Sorge. Viele Mütter von heranwachsenden Kindern hätten schlaflose Nächte, denn „sie wüssten oft nicht, was sie auf den Tisch bringen sollten". [...]
Mit lebhafter Freude sei von den Frauen die wesentlich erhöhte Mehlzuteilung und die Ankündigung der Weihnachtssonderzuteilungen begrüßt worden, da sie mit diesen Mengen nicht gerechnet hatten. Bedauert werde jedoch, dass kein Fleischzuschuss vorgesehen sei, ferner werde häufig die Erwartung ausgesprochen, dass die Zuwendungen später nicht wieder durch entsprechende Kürzungen eingespart werden müssten.

Zitiert nach: Wolfgang Michalka (Hrsg.), Deutsche Geschichte 1933-1945. Dokumente zur Innen- und Außenpolitik, Frankfurt am Main 1993, S. 298 f.

1. *Arbeiten Sie heraus, wie sich der Krieg nach dem vorliegenden Bericht auf die Frauen in der Heimat auswirkt.*
2. *Beurteilen Sie Gründe und Auswirkungen der in Zeile 33-44 genannten Haltung der Frauen.*
3. *Die nationalsozialistische Propaganda hat das Leben der Zivilbevölkerung während des Krieges zur „Heimatfront" stilisiert. Erläutern Sie, welche Absicht mit dieser Maßnahme verbunden war.*

Reden als gesprochene Geschichte

Reden sind rhetorische Texte, die auf eine bestimmte Situation eingehen, welche der Redner im eigenen Sinne beeinflussen will. Dabei steht der Appell an die Zuhörer im Vordergrund. Bei der Beschäftigung mit historischen Themen begegnet uns hauptsächlich die politische Rede, die ein Politiker hält, um für sich, sein Programm oder ein Vorhaben zu werben, Gegner zu kritisieren oder um Ereignisse und Personen zu würdigen.

Politische Reden analysieren

Reden sind für uns in Zeitung, Rundfunk, Fernsehen und digitalen Medien, aber auch in Geschichtsbüchern etwas Alltägliches. Wenn wir sie im Druckbild vor uns haben, vergessen wir leicht, dass es sich hierbei nicht um „normale“ schriftliche, sondern mündlich vorgetragene Quellen handelt. Nicht umsonst heißt es bei im Vorabdruck veröffentlichten Reden ausdrücklich: „Es gilt das gesprochene Wort“.
Anders als alle anderen schriftlich fixierten Texte wurden und werden politische Reden für einen bestimmten Anlass, Ort und Adressatenkreis mit einer bestimmten Wirkungsabsicht verfasst und gehalten. Neben Inhalt und rhetorischen Stilmitteln beeinflussen Mimik und Gestik des Redners, die Redesituation und die Atmosphäre die Wirkung auf die Zuhörer. Auch wenn diese Faktoren nur in Ton- oder Bilddokumenten nachvollzogen werden können, darf ihre Wirkung für die Gesamtbewertung, sogar in nur schriftlich vorliegenden Reden, nicht außer Acht gelassen werden. Bei der Analyse und Interpretation einer (politischen) Rede sind deshalb mehrere Ebenen zu berücksichtigen:

Formale Kennzeichen

- Wer ist der Redner und welche Funktion hat er?
- Was ist über seine politische Haltung oder seine Weltanschauung bekannt?
- Wann, wo und aus welchem Anlass wurde die Rede gehalten?

Inhalt und Stil

- Was sind Thema und Inhalt der Rede?
- Wie ist die Rede aufgebaut? Welche Merkmale kennzeichnen sie (Länge, Argumentation, Sprach- und Wortwahl, Stil, Umgangs- oder Hochsprache)?
- Wie wird die Rede gehalten (freier Vortrag oder abgelesen, Stimme, Tonfall, Tempo, Lautstärke, Körpersprache)?

Historischer Kontext

- Welchen Zeitraum, welches Ereignis oder welche Person behandelt die Rede?
- In welchem Bezug steht der Redner zum Thema?
- Wie ist die Redesituation und Atmosphäre (Art und Anlass der Veranstaltung, besonderer Redeort, Publikum, Rundfunk- oder Fernsehaufzeichnung)?

Intention und Wirkung

- An wen wendet sich der Redner?
- Welche Absichten verfolgt er?
- Welche Wirkung hatte die Rede auf Zuhörer, Zeitgenossen und spätere Leser/Zuhörer?

Einordnung und Bewertung

- Wie lässt sich die Rede in den historischen Kontext einordnen und bewerten?
- Welchen Einfluss hatte die Rede auf die Situation oder Entwicklung?

Methoden-Aufgabe:

Analysieren Sie die Rede gemäß den Gliederungspunkten des Methoden-Bausteins.

Rede Adolf Hitlers am 26. September 1938 im Berliner Sportpalast (Auszüge):

Deutsche!
Volksgenossen und -genossinnen!
Am 20. Februar habe ich vor den deutschen Reichstagsabgeordneten zum ersten Mal eine grundsätzliche Forderung unabdingbarer Art ausgesprochen. Damals hörte mich die ganze Nation, und sie hat mich verstanden! [...]
Die Frage, die uns in diesen letzten Monaten und Wochen auf das Tiefste bewegt, ist altbekannt: Sie heißt nicht so sehr Tschechoslowakei, sie heißt: Herr Benesch[1]. In diesem Namen vereinigt sich all das, was Millionen Menschen heute bewegt, was sie verzweifeln lässt oder mit einem fanatischen Entschluss erfüllt. [...]
Zehn Millionen Deutsche befanden sich außerhalb der Reichsgrenze in zwei großen geschlossenen Siedlungsgebieten: Deutsche, die zum Reich als ihrer Heimat zurückwollten! Diese Zahl von zehn Millionen stellt keine Kleinigkeit dar. Es handelt sich um ein Viertel jener Zahl, die Frankreich als Einwohner besitzt. Und wenn Frankreich über 40 Jahre hindurch seinen Anspruch auf die wenigen Millionen Franzosen in Elsass-Lothringen nie aufgegeben hat, dann hatten wir bei Gott und der Welt ein Recht, unseren Anspruch auf diese zehn Millionen Deutsche aufrechtzuerhalten.
Meine Volksgenossen!
Es gibt eine Grenze, an der die Nachgiebigkeit aufhören muss, weil sie sonst zur verderblichen Schwäche würde.
Ich hätte kein Recht, vor der deutschen Geschichte zu bestehen, wenn ich die zehn Millionen einfach gleichgültig preisgeben wollte. Ich hätte dann auch kein moralisches Recht, der Führer dieses Volkes zu sein. Ich habe genug Opfer des Verzichts auf mich genommen.
Hier war die Grenze, über die ich nicht hinweg konnte! Wie richtig das war, ist durch die Abstimmung in Österreich bewiesen worden. Damals wurde ein glühendes Bekenntnis abgelegt, ein Bekenntnis, wie die andere Welt sich das sicher nicht erhofft hatte. [...]
Ich habe in diesen Jahren [nach 1933] eine praktische Friedenspolitik betrieben. Ich bin an alle scheinbar unmöglichen Probleme herangegangen mit dem festen Willen, sie friedlich zu lösen, selbst auf die Gefahr mehr oder weniger schwerer deutscher Verzichte hin. Ich bin selbst Frontsoldat und weiß, wie schwer der Krieg ist. Ich wollte ihn dem deutschen Volke ersparen. Ich habe daher Problem um Problem angefasst mit dem festen Vorsatz, alles zu versuchen, um eine friedliche Lösung zu ermöglichen.
Und nun steht vor uns das letzte Problem, das gelöst werden muss und gelöst werden wird! Es ist die letzte territoriale Forderung, die ich in Europa zu stellen habe, aber es ist die Forderung, von der ich nicht abgehe und die ich, so Gott will, erfüllen werde. [...]
Ich habe nur Weniges zu erklären: Ich bin Herrn Chamberlain dankbar für alle seine Bemühungen. Ich habe ihm versichert, dass das deutsche Volk nichts anderes will als Frieden; allein, ich habe ihm auch erklärt, dass ich nicht hinter die Grenzen unserer Geduld zurückgehen kann.
Ich habe ihm weiter versichert und wiederhole es hier, dass es – wenn dieses Problem gelöst ist – für Deutschland in Europa kein territoriales Problem mehr gibt!
Und ich habe ihm weiter versichert, dass in dem Augenblick, in dem die Tschechoslowakei ihre Probleme löst, das heißt, in dem die Tschechen mit ihren anderen Minderheiten sich auseinandergesetzt haben, und zwar friedlich und nicht durch Unterdrückung, dass ich dann am tschechischen Staat nicht mehr interessiert bin.
Und das wird ihm garantiert! Wir wollen gar keine Tschechen!
Allein, ebenso will ich nun vor dem deutschen Volk erklären, dass in Bezug auf das sudetendeutsche Problem meine Geduld jetzt zu Ende ist!
Ich habe Herrn Benesch ein Angebot gemacht, das nichts anderes ist als die Realisierung dessen, was er selbst schon zugesichert hat. Er hat jetzt die Entscheidung in seiner Hand! Frieden oder Krieg!
Er wird entweder dieses Angebot akzeptieren und den Deutschen jetzt endlich die Freiheit geben, oder wir werden diese Freiheit uns selbst holen! ...

Zitiert nach: Max Domarus, Hitler. Reden und Proklamationen 1932-1945, Leonberg 1988, Bd. 2, S. 924-932

[1] **Edvard Beneš**: Staatspräsident der Tschechoslowakei 1933-1938 und 1945-1948

Massenmord und Holocaust

„Asoziale“: in der NS-Zeit als minderwertig geltende, „arbeitsscheue“ oder unangepasst lebende Menschen u.a. aus sozialen Unterschichten, wie Bettler, Landstreicher, Prostituierte, Fürsorgeempfänger oder Alkoholiker

„Euthanasie“: Sterbehilfe, abgeleitet von griech. „guter“ oder „leichter Tod“

„Aktion T4“: nach dem Verwaltungssitz der Vernichtungsaktion in der Tiergartenstraße 4 in Berlin bezeichneter Code

Vernichtungslager: Im Gegensatz zu den Konzentrationslagern wurden die Menschen nach ihrer Ankunft in den Vernichtungslagern fast ausnahmslos sofort getötet. Zu den Vernichtungslagern gehörten Kulmhof, Belzec, Sobibor, Treblinka und Birkenau, ein Lagerteil von Auschwitz. In Birkenau wurde ein Teil der ankommenden Deportierten jedoch auch in die Lagerregistratur aufgenommen. Manche Häftlinge blieben über Monate im Lager. Die, die nicht für die Vernichtung in den Gaskammern bestimmt wurden, überlebten in Birkenau bis zur Befreiung von Auschwitz im Januar 1945 oder sie waren zuvor zur Zwangsarbeit in die Außenlager von Auschwitz oder anderer Konzentrationslager deportiert worden. Auch Lublin-Majdanek war sowohl ein Konzentrations- als auch ein Vernichtungslager. Ob Maly Trostinez zu den Vernichtungslagern gezählt werden muss, ist in der historischen Forschung umstritten.

Vorstufe zum Völkermord: das „Euthanasie“-Programm ■ Nach den pseudobiologischen Lehren von „Rassenhygiene“ und „Erbgesundheit“ galten alle „sozial oder rassisch Unerwünschten“ wie die Sinti und Roma und alle slawischen Völker, darunter vor allem Russen und Polen, die Zeugen Jehovas, Homosexuelle oder **„Asoziale“**, als „minderwertig“ und „lebensunwert“. Dazu zählten auch „erbkranke“, geistig und körperlich behinderte Menschen. Das „Gesetz zur Verhütung erbkranken Nachwuchses“ vom 14. Juli 1933 ordnete die Zwangssterilisation von Menschen mit vermeintlich verändertem Erbgut an. Ab 1935 wurden schwangere Frauen, bei denen eine „Erbkrankheit“ diagnostiziert wurde, zur Abtreibung gezwungen.

In den Monaten vor Kriegsbeginn wurden konkrete Vorbereitungen für den ersten systematischen Massenmord des NS-Regimes getroffen. Seit August 1939 mussten Hebammen und Ärzte den Gesundheitsämtern alle behinderten Neugeborenen und Kleinkinder melden. Diese Meldepflicht war die Grundlage der im Herbst 1939 einsetzenden, verharmlosend als **„Euthanasie“** bezeichneten Ermordung kranker Kinder in eigens eingerichteten „Kinderfachabteilungen“. Bis zum Kriegsende forderte die „Kindereuthanasie“ nach Schätzungen zwischen 5 000 und 10 000 Opfer.

Unter dem Deckmantel des Krieges wurde das „Euthanasie“-Programm auf Erwachsene ausgedehnt. Hitler ermächtigte den Leiter der Kanzlei des Führers, *Philipp Bouhler*, und seinen Begleitarzt *Karl Brandt* zunächst mündlich, später in einem Schreiben, „unheilbar Kranken“ den „Gnadentod“ zu gewähren. Tarngesellschaften organisierten die als **„Aktion T4“** benannte „Vernichtung unwerten Lebens“. Ab 1940 wurden etwa 70 000 Menschen in sechs zu Tötungsanstalten umgerüsteten „Heil- und Pflegeanstalten“ mit dem Giftgas Kohlenmonoxid ermordet. Doch trotz aller Geheimhaltung waren die Morde spätestens im Frühjahr 1941 in weiten Teilen des Reiches bekannt. In der Bevölkerung regte sich öffentlicher Protest, vor allem vonseiten der Angehörigen der Opfer und auch einiger Bischöfe, wie dem evangelischen Landesbischof *Theophil Wurm* oder dem Münsteraner Bischof *Clemens August Graf von Galen*. Ende August 1941 ließ Hitler das „Euthanasie“-Programm offiziell einstellen.

Im Geheimen jedoch wurde die Mordaktion bis zum Kriegsende fortgesetzt. Viele tausend Kranke ließ man verhungern oder tötete sie durch Injektionen überdosierter Medikamente. Mit der sogenannten *„Aktion 14f13“* wurden vor allem in den „Euthanasie“-Tötungsanstalten Sonnenstein in Pirna/Sachsen sowie Bernburg an der Saale von April 1941 bis 1943 etwa 10 000 bis 20 000 kranke und nicht mehr arbeitsfähige KZ-Häftlinge und Zwangsarbeiter sowie jüdische Häftlinge ermordet. Die Aktion 14f13 war nach einem internen Aktenkürzel benannt worden: 14f stand in der KZ-Verwaltung für die Tötung von Häftlingen, der Zusatz 13 wies auf die Tötungsart in besonderen Mordanstalten hin. Auch in Hartheim (bei Linz) starben bis Dezember 1944 noch einmal Tausende KZ-Häftlinge aus den Lagern Dachau und *Mauthausen*.

„Euthanasie“ im Ausland ■ Auch in den besetzten polnischen und später den eroberten sowjetischen Gebieten fanden organisierte Mordaktionen statt. Dabei wurden nicht nur psychisch kranke Patienten durch systematische Unterernährung und in sogenannten „Gaswagen“ ermordet. Ab und an kam es auch zur Tötung von Menschen, die aufgrund von Geschlechtskrankheiten o.Ä. als „medizinische Gefahr“ eingestuft worden waren. Etwa 30 Gaswagen, in denen die Menschen durch eingeleitete Auspuffgase getötet wurden, kamen ab Herbst 1941 im Osten zum Einsatz. Darüber hinaus wurden die Gaswagen auch stationär betrieben, so etwa im **Vernichtungslager**

Chelmno (*Kulmhof*), und zur Tötung jüdischer Häftlinge verwendet. Insgesamt 700 000 Menschen, so lauten Schätzungen, sollen in den Gaswagen ermordet worden sein.

Unterstützung bekamen die Polizeieinheiten vor Ort von rund 100 ehemaligen Mitarbeitern der „Aktion T4“, die nach der offiziellen Einstellung des „Euthanasie“-Programms im Reich an Standorte im Generalgouvernement versetzt wurden. So wurde der ehemalige Leiter der T4-Tötungsanstalten Brandenburg und Bernburg, *Dr. Irmfried Eberl*, erster Kommandant des Vernichtungslagers *Treblinka*, wo die Massenvernichtung ab Sommer 1942 bisher ungeahnte Dimensionen erreichen sollte.

Literaturtipp:
Götz Aly, Die Belasteten. „Euthanasie 1933-1945“, Eine Gesellschaftsgeschichte, Frankfurt am Main 2013

Besatzungsverbrechen Bereits im Herbst 1939 zeigte sich, welch neuartige Dimension der von Hitler vom Zaun gebrochene Krieg erreichen sollte, der im Osten als „Kampf um Lebensraum“ geführt wurde. Ein Großteil des eroberten Landes, vor allem das annektierte Westpolen und Teile des Generalgouvernements, sollte ins Deutsche Reich eingegliedert und mithilfe von umgesiedelten Deutschen aus den baltischen Staaten und anderen osteuropäischen Gebieten gewaltsam „germanisiert“ werden („*Generalplan Ost*“). Über eine Million Polen wurden aus ihrer Heimat vertrieben oder zur Zwangsarbeit ins Reich verschleppt. Wer nicht „germanisiert“ werden konnte – nach deutschen Schätzungen über 95 Prozent der polnischen Bevölkerung – sollte zu harter Zwangsarbeit herangezogen werden (▸ M1). Repräsentanten der polnischen Oberschicht, Intellektuelle, Geistliche, aber auch Arbeiter und Gewerkschafter wurden zu Tausenden ermordet oder in Konzentrationslager deportiert. Die jüdische Bevölkerung wurde ins überbevölkerte Generalgouvernement vertrieben, in Ghettos zusammengepfercht oder sofort erschossen. Unter der Leitung des von Heinrich Himmler neu geschaffenen und von **Reinhard Heydrich** geführten **Reichssicherheitshauptamtes (RSHA)** rückten eigens für den Angriff auf Polen aufgestellte Einsatzgruppen der Sicherheitspolizei und des SD hinter der Wehrmacht vor, um Hitlers rassenideologisches Vernichtungskonzept in die Tat umzusetzen.*

Reinhard Heydrich (1904-1942, bei einem Attentat in Prag ermordet): Leiter des Reichssicherheitshauptamtes (RSHA), „rechte Hand“ Himmlers, seit 1941 stellvertretender Reichsprotektor von Böhmen und Mähren und mit der „Endlösung der Judenfrage“ beauftragt, 1942 Leiter der „Wannsee-Konferenz“

Auch in anderen besetzten Staaten kam es zu massenhaften Vertreibungen und zur „Germanisierung“ bestimmter Gebiete, so wurden etwa Teile Sloweniens annektiert und Zehntausende von Einwohnern vertrieben. Zum Teil wurde diese Politik der Vertreibung mit Blick auf eine gewünschte Herstellung ethnisch homogener Räume auch von Staaten praktiziert, die mit dem Deutschen Reich kollaborierten, so etwa von Italien oder Ungarn, die ihrerseits Gebiete z.B. in Jugoslawien besetzt hielten bzw. annektiert hatten. Auch aus Elsass-Lothringen, das 1940 wieder an das Reich angeschlossen worden war, wurde ein Großteil der französischsprachigen Bevölkerung ins unbesetzte Frankreich abgeschoben. Vor allem in Gebieten in Süd- und Osteuropa, die von der Wehrmacht erobert und besetzt worden waren, wurde auch in Kauf genommen, die einheimische Bevölkerung auszuhungern, um die deutschen Truppen versorgen zu können. So hungerten viele Tausend Menschen in Polen, in Griechenland oder gegen Kriegsende auch in Nordholland. Die Mangelversorgung traf vor allem Kinder, Alte, Kranke oder Menschen, die in Heimen untergebracht waren.

Reichssicherheitshauptamt (RSHA): Gestapo, Kriminalpolizei und SD wurden 1939 im RSHA zusammengeführt, einer mächtigen und zentralen Behörde, die die „Endlösung der Judenfrage“ organisierte. Nach Heydrichs Tod übernahm Ernst Kaltenbrunner die Leitung des RSHA.

In den west- und nordeuropäischen Staaten bemühten sich die deutschen Besatzer dagegen um Zusammenarbeit mit den einheimischen Führungsschichten. Zum Teil ließen sie einheimische Verwaltungen bestehen oder setzten Marionettenregierungen ein. In einigen besetzten Ländern wie Belgien, Frankreich oder Norwegen und in kollaborierenden Staaten wie z.B. Ungarn machten faschistisch orientierte Gruppen auch gemeinsame Sache mit den Besatzern.

* Vgl. auch Seite 368.

▲ **Erschießung russischer Zivilisten durch ein Kommando der Wehrmacht.**
Foto (Ausschnitt) von 1942.

Vorgehen in der Sowjetunion Die Verbrechen, die ab 1941 in den besetzten sowjetischen Gebieten begangen wurden, übertrafen alle Dimensionen. Dort nahm der Feldzug von Anfang an Formen eines Raub- und Vernichtungskrieges an, der ohne Rücksicht auf die einheimische Bevölkerung durchgeführt wurde. Neben der gezielten Unterversorgung und massenhaften Tötung der sowjetischen Kriegsgefangenen und der Verfolgung und Vernichtung der jüdischen Bevölkerung (s.u.) kam es dabei auch zur gezielten Entrechtung der Zivilbevölkerung. Der sogenannte „*Kriegsgerichtsbarkeitserlass*" der Wehrmacht vom 13. Mai 1941 stellte einen „Freibrief für Gewalt" (Dieter Pohl) gegen die einheimische Bevölkerung dar. Sowjetische Zivilisten durften ohne Verfahren hingerichtet und jede Form aktiven und passiven Widerstandes sollte von der Wehrmacht bekämpft werden. Dazu kam, dass Straftaten, die deutsche Soldaten gegen die einheimische Bevölkerung begangen hatten, nicht mehr verfolgt werden sollten. Damit verwandelten sich die besetzten Gebiete in einen nahezu rechtsfreien Raum. Insgesamt fielen rund 13 Millionen sowjetische Zivilisten nichtjüdischer Herkunft der mörderischen deutschen Kriegsführung zum Opfer.

Auch in der Sowjetunion war von Anfang eingeplant, die kämpfende Truppe aus den vorhandenen Ressourcen vor Ort zu verpflegen. Aus ideologischen Gründen sollten außerdem große Metropolen wie Moskau und Stalingrad dem Erdboden gleichgemacht werden. Bei der Ausbeutung der besetzten Gebiete und der damit verbundenen „Hungerpolitik", an der allein in der belagerten Stadt Leningrad innerhalb von drei Jahren nach Schätzungen nahezu eine Million Einwohner starben, wurde der Tod von Millionen Menschen von Anfang an billigend in Kauf genommen. Darüber hinaus kam es zur Verschleppung vieler Zehntausend Menschen innerhalb der besetzten Gebiete, etwa zu Ernteeinsätzen, zu Zwangsevakuierungen und zur Deportation von mehreren Millionen Zwangsarbeitern in das Reich.*

Literaturtipp:
Harald Welzer, Täter. Wie aus ganz normalen Menschen Massenmörder werden, Frankfurt am Main [5]2011

Adolf Eichmann (1906-1962, hingerichtet): SS-Obersturmbannführer; seit 1939 Leiter beim RSHA, Amt IV, Referat IV D 4 „Auswanderung und Räumung", dann Referat IV B 4 „Judenangelegenheiten"; zentraler Organisator der Deportation von drei Millionen Juden

Die „Endlösung" Zwischen 1939 und 1941 wurden in den verschiedenen Ressorts des Auswärtigen Amtes und des RSHA Pläne für eine „territoriale Endlösung der Judenfrage" ausgearbeitet. Diese sahen vor, alle Juden aus dem deutschen Machtbereich in große Judenreservate in Osteuropa, auf die Insel Madagaskar („Madagaskar-Plan") oder andere entfernte Orte zu deportieren. Während diese Pläne wieder fallen gelassen wurden, begann sich ein Programm für eine „Endlösung" herauszubilden, die von Anfang an auf einen Völkermord (Genozid) zielte.

Bis heute sind sich die Wissenschaftler uneinig, wann im engsten Führungszirkel des Regimes die Entscheidung für den Völkermord an den europäischen Juden fiel. Planung und Verwirklichung galten als „Geheime Reichssache". Die meisten Historiker datieren diesen Entschluss auf Oktober 1941. Der letzte Schritt war eine Generalermächtigung zur vollständigen Ermordung der europäischen Juden durch Hitler im Dezember 1941 (▶ M2). Die Verwaltung der „Endlösung der Judenfrage" übernahm Heydrich, die Organisation der Deportationen, vor allem außerhalb des Generalgouvernements und der Sowjetunion, wurde **Adolf Eichmann** übertragen.

* Siehe dazu auch Seite 369.

Noch vor dem Überfall auf die Sowjetunion erhielten die Einsatzgruppen und Polizeieinheiten Sondervollmachten, „in eigener Verantwortung gegenüber der Zivilbevölkerung Exekutivmaßnahmen zu treffen“. Auch die Gestapo, Bataillone der Ordnungspolizei, Brigaden der Waffen-SS und Angehörige der Wehrmacht, der Zivilverwaltung sowie Freiwilligenverbände aus den besetzten Gebieten beteiligten sich an den Massakern.

Ab Juni 1941 ermordeten die Einsatzgruppen in den besetzten Gebieten der Sowjetunion mindestens 900 000 Menschen (▸ M3). Nahezu die ganze jüdische Bevölkerung der eroberten Gebiete, Sinti und Roma, Kriegsgefangene und Kommunisten wurden durch Massenerschießungen und durch Autoabgase in LKWs getötet (▸ M4, M5). Bei der größten dieser Mordaktionen in der Schlucht von Babi Jar bei Kiew im September 1941 starben innerhalb von zwei Tagen mehr als 33 000 Juden. Insgesamt wurden rund 2,4 Millionen sowjetische Juden ermordet.

Internettipps:
Für weitere Informationen, Fotos und Links zum Thema „Holocaust“ siehe Code 32019-22

Am 20. Januar 1942 trafen sich hohe Verwaltungsbeamte, SS-Offiziere und Staatssekretäre aus dem Innen-, Justiz- und Außenministerium unter der Leitung von Heydrich in einer Villa am Berliner Wannsee, um die „praktische Durchführung“ der bereits begonnenen „Endlösung der Judenfrage“ zu koordinieren. Laut Konferenzprotokoll der nach ihrem Tagungsort benannten „*Wannsee-Konferenz*“ sollten über elf Millionen europäische Juden ermordet werden.

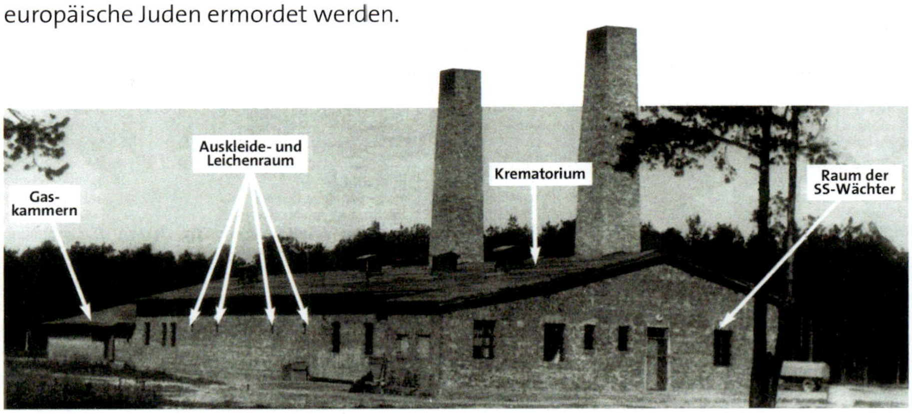

▲ Eine von mehreren Gaskammern mit Krematorien im Vernichtungslager Auschwitz-Birkenau.
Foto von 1943.

Im Osten mündeten die Massaker und Exekutionen schon zu diesem Zeitpunkt in einen industriell betriebenen Massenmord. Bereits im Frühjahr 1940 war auf polnischem Boden das größte Konzentrations- und spätere Vernichtungslager Auschwitz errichtet worden. Die Planungen für die Vernichtungslager gehen auf das Jahr 1941 zurück. Das erste dieser Lager wurde im Warthegau mitten im Dorf Kulmhof (Chelmno) auf Initiative des Gauleiters *Arthur Greiser* im Dezember 1941 eingerichtet. Mit *Belzec*, Sobibor und Treblinka entstanden im Jahr 1942 weitere Vernichtungslager im Generalgouvernement. Im Gegensatz zu den Menschen, die die Transporte nach Auschwitz bzw. Auschwitz II (Birkenau) überlebt hatten und vor Ort für den Tod in den Gaskammern oder zur Zwangsarbeit „selektiert“ wurden, wurden die zumeist polnischen Juden nach ihrer Ankunft in Chelmno und den Vernichtungslagern der **„Aktion Reinhardt“** fast ausnahmslos sofort getötet. Nur wenige, die man für Hilfsarbeiten benötigte, ließ man zunächst am Leben. Noch „arbeitsfähige“ Personen hatte man bereits vorher in den Ghettos für die Zwangsarbeit ausgewählt. In Belzec wurde der Massenmord im Dezember 1942 eingestellt, Sobibor und Treblinka wurden Ende 1943 geschlossen.

„Aktion Reinhardt“: Bezeichnung für die massenhafte Vernichtung jüdischer Männer, Frauen und Kinder in den Lagern Belzec, Sobibor und Treblinka ab Frühjahr 1942. Die Opfer kamen primär aus dem Generalgouvernement, aber auch aus Holland, Frankreich, Thrakien, Mazedonien und aus dem Lager Theresienstadt. Vermutlich wurde die Mordaktion nach dem Tod Heydrichs Anfang Juni 1942 nach ihm benannt. In den Lagern der „Aktion Reinhardt“ wurden die Menschen mit von Dieselmotoren erzeugtem Kohlenmonoxid getötet.

◀ **Das „Denkmal für die ermordeten Juden Europas" in Berlin – Gedenkort oder urbaner Abenteuerspielplatz?**
Foto von 2011.
Seit Mai 2005 befindet sich das von dem amerikanischen Architekten Peter Eisenman erbaute Stelenfeld in der Mitte Berlins.

- *Recherchieren Sie die Geschichte der Entstehung dieses zentralen Erinnerungsortes an die Ermordung der europäischen Juden und setzen Sie sich dabei auch kritisch mit der touristischen Nutzung des Mahnmals auseinander. Bearbeiten Sie dabei folgende Fragen: Ist das „gedankenlose Gedenken" der Menschen (u.a. der „Stelenspringer") mit der Würde des Ortes vereinbar? Oder zeigt sich in dem unbekümmerten Umgang vieler Besucher die erhoffte Offenheit der Erinnerungs-Architektur? Ist das „Holocaust-Mahnmal" also ein Ort, zu dem man, wie der damalige Bundeskanzler Gerhard Schröder erklärte, „gern hingehen" sollte?*

Die Deportationszüge aus allen Teilen Europas rollten bereits seit Mitte des Jahres 1942 nach Auschwitz, ab Sommer 1943 fuhren nahezu alle Züge dorthin (▸ M6). Neben dem massenhaften Mord in den Gaskammern durch das Blausäurepräparat *Zyklon B* starben die Häftlinge dort von Beginn an auch durch extrem harte und gefährliche Zwangsarbeit, Folter, medizinische Versuche und unmenschliche Lebensbedingungen.

Nahezu eine Million jüdische Opfer sind für Auschwitz dokumentiert, zwischen 870 000 und 925 000 wurden zwischen Juli 1942 und August 1943 in Treblinka ermordet, ca. 435 000 zwischen März und Dezember 1942 in Belzec, etwa 160 000 bis 200 000 von April bis Juni 1942 und von Oktober 1942 bis Oktober 1943 in Sobibor, 152 000 in Kulmhof, zwischen 80 000 und 110 000 in *Lublin-Majdanek*, vermutlich 65 000 in *Maly Trostinez*. Als seit 1944 die Ostfront näher rückte und die Lager im Osten auf Befehl Himmlers geräumt wurden, kamen zudem unzählige KZ-Insassen auf den grausamen „Todesmärschen" in den Westen durch Hunger, Kälte oder die Schüsse von SS-Männern ums Leben. Insgesamt fielen dem **Holocaust** mindestens 5,29 Millionen, wahrscheinlich aber knapp über sechs Millionen Juden aus ganz Europa zum Opfer, darunter mindestens 1,5 Millionen jüdische Kinder unter 14 Jahren.

Auf ein Programm zur Ermordung sämtlicher Sinti und Roma legte sich das NS-Regime nie fest, jedoch erließ Heinrich Himmler Ende 1942 den Befehl, alle noch im Deutschen Reich lebenden „zigeunerischen Sippen" und „Zigeuner-Mischlinge" nach Auschwitz zu deportieren. Die Zahl der ermordeten Sinti und Roma ist schwer zu bestimmen. Hochrechnungen gehen von 120 000, zeitweise von 200 000 bis zu 500 000 Opfern aus, die von den Einsatzgruppen hinter den Fronten in Osteuropa und in den Lagern getötet wurden. Allein in Auschwitz starben etwa 23 000 Sinti und Roma aus elf Staaten.

Darüber hinaus kostete der Vernichtungskrieg im Osten zehntausende Angehörige der slawischen Bevölkerungsgruppen, vor allem Polen und Russen, sowie der Sorben in der Lausitz, der Masuren in Ostpreußen und der Kaschuben in Westpreußen das Leben.

Holocaust (griech. holócaustos: „völlig verbrannt" bzw. „Brandopfer"): wurde zunächst als Lehnwort ins Englische übernommen, gilt heute weltweit als Synonym für die systematische Ermordung von mindestens sechs Millionen europäischer Juden und anderer Opfergruppen. In der jüdischen Tradition wird für diesen Genozid der Begriff „Shoa" (hebr. „Großes Unheil", „Katastrophe") verwendet, der sich jedoch ausschließlich auf die Judenvernichtung bezieht.

Literaturtipps:

- *Hermann Langbein, Die Stärkeren. Bericht aus Auschwitz und anderen Konzentrationslagern, Wien 2008*
- *Primo Levi, Ist das ein Mensch? Ein autobiographischer Bericht, München 2010*
- *Elie Wiesel, Die Nacht. Erinnerung und Zeugnis, Freiburg [5]2013*

M1 Menschen als „Rohstoffbasis"

Reinhard Heydrich (1904-1942), Chef des Reichssicherheitshauptamtes, hält am 2. Oktober 1941 in Prag einen Vortrag über nationalsozialistische „Neuordnungspolitik":

Und nun haben wir unter der Führung des Führers unendlich viel Räume in Europa besetzt als militärische Voraussetzung für die weitere Führung und siegreiche Beendigung des Krieges. Wir wollen uns darüber im Klaren sein, dass die Besetzung dieser Räume jedenfalls in vielen Gebieten nicht eine vorübergehende, sondern eine endgültige sein wird, wobei es gleichgültig ist, wie die Form des Kontaktes dieser Räume zu uns werden wird. Das heißt aber, die Zukunft des Reiches hängt nach Beendigung des Krieges ab von der Fähigkeit des Reiches und von der Fähigkeit der Menschen dieses Reiches, diese Räume zu halten, zu beherrschen und gegebenenfalls mit dem Reich zu verschmelzen. Es hängt also ab von der Art, wie wir imstande sind, diese Menschen zu behandeln, diese Menschen zu führen und zu verschmelzen. Wir müssen hier eigentlich große Gruppen unterscheiden:
Das eine sind die Räume mit germanischen Menschen, das sind jene Menschen, die unseres Blutes sind und daher an sich unseres Charakters sind. Es sind jene Menschen, die durch eine schlechte politische Führung und Einfluss des Judentums irgendwie verbogen sind, die sich erst langsam zurückführen müssen zu den Grundelementen des Gegenwartsdenkens. Es sind das die Räume, die ich sehe: Norwegen, Holland, Flandern, so wie in späterer Zukunft ich sehe: Dänemark, Schweden. Es sind jene Räume, die germanisch besiedelt sind und die in irgendeiner Art, darüber müssen wir uns hier im Klaren sein, ob im Staatenbund, Gau oder sonstwie, zu uns gehören werden. Es ist klar, dass wir diesen Menschen gegenüber eine ganz andere Art der Behandlung finden müssen als gegenüber den andersrassigen, slawischen und ähnlichen Völkern [...].
Das Zweite sind die Osträume, die zum Teil slawisch besiedelt sind, das sind die Räume, in denen man wissen muss, dass Güte nur als Schwäche ausgelegt wird, das sind die Räume, wo der Slawe selber gar nicht will, dass er gleichberechtigt behandelt wird, wo er gewöhnt ist, dass der Herr sich mit ihm nicht gemein macht. [...] Das sind die Räume, in denen eine deutsche Oberschicht nach der militärischen Entwicklung bis weit nach Russland hinein, bis weit an den Ural einmal in der ganz klaren Führungsform als Rohstoffbasis, als Arbeiter für große, auch Kulturaufgaben, als Heloten, wenn ich es ganz drastisch sagen will, für uns eingesetzt werden muss [...].

Zitiert nach: Wolfgang Michalka (Hrsg.), Deutsche Geschichte 1933-1945. Dokumente zur Innen- und Außenpolitik, Frankfurt am Main 2002, S. 249 f.

1. *Erläutern Sie die europäische „Völkerordnung", die Heydrich vor Augen hat.*
2. *Analysieren Sie Moralvorstellungen und Menschenbild, die hier zugrunde liegen.*

M2 Die Entscheidung für die „Endlösung"

Die Frage, wann die Entscheidung gefallen ist, alle europäischen Juden zu ermorden, ist bis heute in der Forschung umstritten, weil es keinen schriftlichen Befehl dazu gibt. Adolf Hitler erklärt am 30. Januar 1939:

Wenn es dem internationalen Finanzjudentum inner- und außerhalb Europas gelingen sollte, die Völker noch einmal in einen Weltkrieg zu stürzen, dann wird das Ergebnis nicht die Bolschewisierung der Erde und damit der Sieg des Judentums sein, sondern die Vernichtung der jüdischen Rasse in Europa.

Zwei Jahre danach, der Höhepunkt des Zweiten Weltkrieges ist erreicht, macht sich Joseph Goebbels Aufzeichnungen über eine Rede Hitlers vom 12. Dezember 1941 auf einer Tagung der Reichs- und Gauleiter der NSDAP:

Bezüglich der Judenfrage ist der Führer entschlossen, reinen Tisch zu machen. Er hat den Juden prophezeit, dass, wenn sie noch einmal einen Weltkrieg herbeiführen würden, sie dabei ihre Vernichtung erleben würden. Das ist keine Phrase gewesen. Der Weltkrieg ist da, die Vernichtung des Judentums muss die notwendige Folge sein. Diese Frage ist ohne jede Sentimentalität zu betrachten. Wir sind nicht dazu da, Mitleid mit den Juden, sondern nur Mitleid mit unserem deutschen Volk zu haben. Wenn das deutsche Volk jetzt wieder im Ostfeldzug an die 160 000 Tote geopfert hat, so werden die Urheber dieses blutigen Konflikts dafür mit ihrem Leben bezahlen müssen.

Zitiert nach: Christian Gerlach, Krieg, Ernährung, Völkermord. Forschungen zur deutschen Vernichtungspolitik im Zweiten Weltkrieg, Hamburg 1998, S. 123 f.

Erklären Sie, warum die Nationalsozialisten den Juden die Schuld am Krieg zugeschoben haben und welche Folgen der Kriegsausbruch für die Juden Europas hatte.

▲ **Wenige Minuten vor der Exekution.**
Foto (Ausschnitt) aus Litauen, Sommer 1941.
Eine Gruppe jüdischer Frauen aus Panevezys (ca. 100 km nördlich von Vilnius) wird von litauischen Hilfstruppen gezwungen, sich zu entkleiden. Anschließend wurden die Frauen im Wald von Pajuoste erschossen. Karl Jäger erwähnt in seinem Bericht fünf Erschießungsaktionen in der Nähe von Panevezys, an denen nicht nur deutsche Soldaten, sondern auch Litauer beteiligt waren. Schon kurz nach dem Angriff auf die Sowjetunion im Juni 1941, aber noch vor Einmarsch der Deutschen, war es in Litauen mehrfach zu schweren Pogromen gegen die jüdische Bevölkerung gekommen, die von einheimischen Milizen organisiert und durchgeführt wurden. Später arbeiteten diese mit den deutschen Einsatzgruppen und den Bataillonen der Ordnungspolizei zusammen und erschossen bis 1944 mehrere Zehntausend jüdische Litauer.

M3 „In Litauen gibt es keine Juden mehr"

Der Leiter des EK (Einsatzkommando) 3, SS-Standartenführer Karl Jäger, fasst am 1. Dezember 1941 für die Dienststelle der Sicherheitspolizei einen Bericht vom Einsatz seines Kommandos von Juli bis November 1941 in Litauen ab:

Ich kann heute feststellen, dass das Ziel, das Judenproblem für Litauen zu lösen, vom EK 3 erreicht worden ist. In Litauen gibt es keine Juden mehr, außer den Arbeitsjuden incl. ihrer Familien. [...] Diese Arbeitsjuden incl. ihrer Familien wollte ich ebenfalls umlegen, was mir jedoch scharfe Kampfansage der Zivilverwaltung (dem Reichskommissar) und der Wehrmacht eintrug und das Verbot auslöste: Diese Juden und ihre Familien dürfen nicht erschossen werden! Die Durchführung solcher Aktionen ist in erster Linie eine Organisationsfrage. Der Entschluss, jeden Kreis systematisch judenfrei zu machen, erforderte eine gründliche Vorbereitung jeder einzelnen Aktion und Erkundung der herrschenden Verhältnisse in dem betreffenden Kreis. Die Juden mussten an einem Ort oder an mehreren Orten gesammelt werden. Anhand der Anzahl musste der Platz für die erforderlichen Gruben ausgesucht und ausgehoben werden. Der Anmarschweg von der Sammelstelle zu den Gruben betrug durchschnittlich 4 bis 5 km. Die Juden wurden in Abteilungen zu 500, in Abständen von mindestens 2 km, an den Exekutionsplatz transportiert. [...] Nur durch geschickte Ausnutzung der Zeit ist es gelungen, bis zu 5 Aktionen in einer Woche durchzuführen und dabei doch die [...] anfallende Arbeit so zu bewältigen, dass keine Stockung im Dienstbereich eingetreten ist. [...] Ich bin der Ansicht, dass sofort mit der Sterilisation der männlichen Arbeitsjuden begonnen wird, um eine Fortpflanzung zu verhindern. Wird trotzdem eine Jüdin schwanger, so ist sie zu liquidieren.

Zitiert nach: Reinhard Rürup (Hrsg.), Der Krieg gegen die Sowjetunion 1941-1945. Eine Dokumentation, Berlin 1991, S. 119 f.

1. *Erläutern Sie die internen Querelen um die „Arbeitsjuden", die der Verfasser andeutet.*
2. *Analysieren Sie die Sprache, in der hier über Massenmorde gesprochen wird.*

M4 „Posener Rede"

Am 4. Oktober 1943 hält Heinrich Himmler bei der SS-Gruppenführertagung in Posen eine Rede:

Ich will hier vor Ihnen in aller Offenheit auch ein ganz schweres Kapitel erwähnen. Unter uns soll es einmal ganz offen ausgesprochen sein, und trotzdem werden wir in der Öffentlichkeit nie darüber reden. Genauso wenig, wie wir am 30. Juni 1934[1] gezögert haben, die befohlene Pflicht zu tun und Kameraden, die sich verfehlt hatten, an die Wand zu stellen und zu erschießen, genauso wenig haben wir darüber jemals gesprochen und werden je darüber sprechen. Es war eine Gott sei Dank in uns wohnende Selbstverständlichkeit des Taktes, dass wir uns untereinander nie darüber unterhalten haben, nie darüber sprachen. Es hat jeden geschaudert und doch war sich jeder klar darüber, dass er es das nächste Mal wieder tun würde, wenn es befohlen wird und wenn es notwendig ist. [...]
Ich meine jetzt die Judenevakuierung, die Ausrottung des jüdischen Volkes. Es gehört zu den Dingen, die man leicht ausspricht. – „Das jüdische Volk wird ausgerottet", sagt ein jeder Parteigenosse, „ganz klar, steht in unserem Programm, Ausschaltung der Juden, Ausrottung, machen wir." Und dann kommen sie alle an, die braven 80 Millionen Deutschen, und jeder hat seinen anständigen Juden. Es ist ja klar, die anderen sind Schweine, aber dieser eine ist ein prima Jude. Von allen,

[1] Himmler bezieht sich hier auf den „Röhm-Putsch", bei dem 1934 ca. 100 SA-Führer und Regimegegner starben; siehe Seite 348.

die so reden, hat keiner zugesehen, keiner hat es durchgestanden. Von Euch werden die meisten wissen, was es heißt, wenn 100 Leichen beisammen liegen, wenn 500 daliegen oder wenn 1000 daliegen. Dies durchgehalten zu haben, und dabei – abgesehen von Ausnahmen menschlicher Schwächen – anständig geblieben zu sein, das hat uns hart gemacht. Dies ist ein niemals geschriebenes und niemals zu schreibendes Ruhmesblatt unserer Geschichte, denn wir wissen, wie schwer wir uns täten, wenn wir heute noch in jeder Stadt – bei den Bombenangriffen, bei den Lasten und bei den Entbehrungen des Krieges – noch die Juden als Geheimsaboteure, Agitatoren und Hetzer hätten. [...] Die Reichtümer, die sie hatten, haben wir ihnen abgenommen. Ich habe einen strikten Befehl gegeben, den SS-Obergruppenführer Pohl[2] durchgeführt hat, dass diese Reichtümer selbstverständlich restlos an das Reich abgeführt wurden. Wir haben uns nichts davon genommen. Einzelne, die sich verfehlt haben, werden gemäß einem von mir zu Anfang gegebenen Befehl bestraft, der androhte: Wer sich auch nur eine Mark davon nimmt, der ist des Todes. [...]

Wir hatten das moralische Recht, wir hatten die Pflicht gegenüber unserem Volk, dieses Volk, das uns umbringen wollte, umzubringen. Wir haben aber nicht das Recht, uns auch nur mit einem Pelz, mit einer Uhr, mit einer Mark oder mit einer Zigarette oder mit sonst etwas zu bereichern. Wir wollen nicht am Schluss, weil wir einen Bazillus ausrotteten, an dem Bazillus krank werden und sterben. Ich werde niemals zusehen, dass hier auch nur eine kleine Fäulnisstelle entsteht [...]. Insgesamt aber können wir sagen, dass wir diese schwerste Aufgabe in Liebe zu unserem Volk erfüllt haben. Und wir haben keinen Schaden in unserem Innern, in unserer Seele, in unserem Charakter daran genommen.

[...] Im Großen und Ganzen war unsere Haltung gut. Manches ist auch in unseren Reihen noch zu bessern. Dieses auszusprechen, ist mit der Sinn dieses Appells der Kommandeure und der Gruppenführer. Ich möchte dieses Kapitel überschreiben mit der Überschrift „Wir selbst".

Rede des Reichsführers SS bei der SS-Gruppenführertagung in Posen am 4. Oktober 1943, zitiert nach: www.1000dokumente.de/pdf/dok_0008_pos_de.pdf [29.04.2013]

1. *Analysieren Sie Himmlers Menschenbild und seine moralischen Vorstellungen, die aus der Rede deutlich werden. Von welchem Bild des SS-Mannes geht er aus?*

2. *Überprüfen Sie, inwiefern die Rede als „Schlüsseldokument" für die „Endlösung der Judenfrage" und den Holocaust angesehen werden kann.*

[2] **Oswald Pohl** (1892-1951) war Chef des SS-Wirtschaftsverwaltungshauptamtes.

M5 „Ganz normale Männer" als Mörder?

Der amerikanische Historiker Daniel Jonah Goldhagen untersucht die Hauptursache der Judenmorde:

Es musste sich etwas ändern, unbedingt. Das Wesen der Juden galt den Deutschen jedoch als unveränderlich, da in ihrer „Rasse" begründet, und nach vorherrschender deutscher Auffassung waren die Juden eine Rasse, die der germanischen Rasse in unüberwindlicher Fremdheit gegenüberstand. Hinzu kam, dass der „Augenschein" den Deutschen zeigte, dass die Mehrheit der Juden sich bereits assimiliert hatte, zumindest in dem Sinne, dass sie Manieren, Kleidung und Sprache des modernen Deutschland übernommen hatte. Also hatten die Juden jede erdenkliche Möglichkeit gehabt, zu guten Deutschen zu werden – und diese ausgeschlagen. Der unumstößliche Glaube an die Existenz einer „Judenfrage" führte mehr oder weniger selbstverständlich zu der Annahme, die einzige „Lösung" bestehe darin, alles „Jüdische" in Deutschland zu „eliminieren": auszugrenzen und zu beseitigen. [...]

Hätten die ganz gewöhnlichen Deutschen die eliminatorischen Ideale ihrer Führung nicht geteilt, dann hätten sie dem sich stetig verschärfenden Angriff auf ihre jüdischen Landsleute und Brüder mindestens ebenso viel Widerstand und Verweigerung entgegengesetzt wie den Angriffen ihrer Regierung gegen die Kirchen oder dem sogenannten Euthanasieprogramm. [...] Hitler und die Nationalsozialisten taten also nichts anderes, als den bestehenden und angestauten Antisemitismus freizusetzen und zu aktivieren.

Der Jurist Claus Arndt, der in den 1960-Jahren an Untersuchungen über die belasteten Polizeieinheiten beteiligt ist, schreibt in einem 1998 veröffentlichten Brief an Goldhagen:

Ich muss jedoch erhebliche Zweifel anmelden gegen die Richtigkeit jener These von Ihnen, dass die Mordtaten der Polizeiangehörigen in Polen und anderswo [...] antisemitisch begründet waren. Bei aller Würdigung der Abscheulichkeit des Antisemitismus halte ich diese Ursachenfeststellung für eine Verharmlosung der Motivierung der Täter.

Leider war deren Motivation viel schlimmer: Sie bestand in ihrem ethisch-moralischen Unvermögen, von menschlichen Werten getragen zu handeln. Ihr Motto war: „Befehl ist Befehl". Es war die Weigerung und totale Unfähigkeit, nach menschlichen und moralischen Grundsätzen zu handeln. Dies wurde nicht zuletzt dadurch bewiesen, dass die Betroffenen sich nicht nur Juden gegenüber so verhielten, sondern auch jeder Menschengruppe gegenüber, die von den ihnen erteilten Befehlen betroffen war. Die gleichen Polizisten sind bei der Vernichtung und Ermordung zum Beispiel der polnischen Intelligenz gegen die Frauen und Kinder dieser Gruppe mit ebenderselben Grausamkeit, Gefühllosigkeit und Brutalität vorgegangen wie gegen Juden.

Der amerikanische Historiker Christopher R. Browning untersucht am Beispiel des Reserve-Polizeibataillons 101, das in Polen 1942 während einer „Aktion" etwa 1200 Juden erschossen hat (insgesamt tötete diese Einheit ca. 38 000 Juden), die Motive der ausführenden Männer:

Im Bataillon kristallisierten sich einige ungeschriebene „Grundregeln" heraus. Für kleinere Erschießungsaktionen wurden Freiwillige gesucht beziehungsweise die Schützen aus den Reihen derjenigen genommen, die bekanntermaßen zum Töten bereit waren [...]. Bei großen Einsätzen wurden die, die nicht töten wollten, auch nicht dazu gezwungen. [...] Neben der ideologischen Indoktrinierung war ein weiterer entscheidender Aspekt [...] das gruppenkonforme Verhalten. Den Befehl, Juden zu töten, erhielt das Bataillon, nicht aber jeder einzelne Polizist. Dennoch machten sich 80 bis 90 Prozent der Bataillonsangehörigen ans Töten, obwohl es fast alle von ihnen – zumindest anfangs – entsetzte und anwiderte. Die meisten schafften es einfach nicht, aus dem Glied zu treten und offen nonkonformes Verhalten zu zeigen. Zu schießen fiel ihnen leichter. Warum? Zunächst einmal hätten alle, die nicht mitgemacht hätten, die „Drecksarbeit" einfach den Kameraden überlassen. Da das Bataillon die Erschießungen auch dann durchführen musste, wenn einzelne Männer ausscherten, bedeutete die Ablehnung der eigenen Beteiligung die Verweigerung des eigenen Beitrags bei einer unangenehmen kollektiven Pflicht. Gegenüber den Kameraden war das ein unsozialer Akt. [...]
Es gibt auf der Welt viele Gesellschaften, die durch rassistische Traditionen belastet und aufgrund von Krieg oder Kriegsdrohung in einer Art Belagerungsmentalität befangen sind. Überall erzieht die Gesellschaft ihre Mitglieder dazu, sich der Autorität respektvoll zu fügen, und sie dürfte ohne diese Form der Konditionierung wohl auch kaum funktionieren. [...] In jeder modernen Gesellschaft wird durch die Komplexität des Lebens und die daraus resultierende Bürokratisierung und Spezialisierung bei den Menschen, die die offizielle Politik umsetzen, das Gefühl für die persönliche Verantwortung geschwächt. In praktisch jedem sozialen Kollektiv übt die Gruppe, der eine Person angehört, gewaltigen Druck auf deren Verhalten aus und legt moralische Wertmaßstäbe fest. Wenn die Männer des Reserve-Polizeibataillons 101 unter solchen Umständen zu Mördern werden konnten, für welche Gruppe von Menschen ließe sich dann noch Ähnliches ausschließen?

Erster Text: Daniel Jonah Goldhagen, Hitlers willige Vollstrecker. Ganz gewöhnliche Deutsche und der Holocaust, übersetzt von Klaus Kochmann, Berlin 1996, S. 107 f., 489 und 518
Zweiter Text: Claus Arndt, in: „Die Zeit" vom 15. Januar 1998
Dritter Text: Christopher R. Browning, Ganz normale Männer. Das Reserve-Polizeibataillon 101 und die „Endlösung" in Polen, übersetzt von Jürgen Peter Krause, Reinbek [4]2007, S. 224, 241 und 246 f.

1. *Vergleichen Sie die Erklärungsansätze.*
2. *Diskutieren Sie anhand von Brownings Überlegungen, ob sich Massenverbrechen wie der Holocaust wiederholen können.*

M6 „Innerhalb einer Sekunde war ich allein"

Die Fotos des „Auschwitz-Albums" sind die einzigen bekannten fotografischen Zeugnisse, die den Prozess der Ankunft und der „Selektion" in Birkenau zeigen. Sie sind im Frühsommer 1944 von zwei SS-Männern gemacht und danach unter dem Titel „Die Umsiedlung der Juden aus Ungarn" zu einem Album zusammengestellt worden. Viele ungarische Überlebende haben die Erfahrung der Ankunft in Auschwitz-Birkenau später in Erinnerungsberichten und Interviews geschildert. Éva Fahidi aus der ungarischen Stadt Debrecen, die am 1. Juli 1944 nach mehrtägiger Fahrt in einem überfüllten Viehwaggon im Lager eingetroffen ist, schreibt:

Wir kommen früh am Morgen an, es wird gerade hell. Am Bahnhof ist keine Aufschrift. Wir haben keine Ahnung, wohin man uns gebracht hat. Die Waggontüren werden aufgerissen, und unter entsetzlichem Brüllen und Fluchen zerrt man uns aus dem Waggon. Wer nicht aussteigen kann, wird hinausgeworfen. Endlich haben wir Boden unter den Füßen. Wir können uns ausstrecken, die frische Morgenluft tut gut.
Undefinierbare Gestalten nehmen uns in Empfang, ich kann sie nicht einordnen. Sie tragen hässliche grau-schwarz gestreifte Pyjamas, auf dem Kopf eine eigenartige Seemannskappe aus demselben gestreiften Stoff. Sie schreien in einer seltsamen Sprache, die ans Deutsche erinnert, aber doch keines ist. Deutsche sehe ich gar nicht. Es scheint, als ob diese gestreiften Wesen hier die Herren wären. Jedenfalls treten sie so auf.
Die Gestreiften sagen, wir sollen uns nicht um unser Gepäck kümmern, das würde uns hinterher gebracht. Die kleinen Kinder nimmt man den Müttern weg und übergibt sie den Großmüttern. Sie sagen, wir sollen zu Fuß gehen. Wer zu schwach ist, der würde mit dem Bus nachkommen. Wir freuen uns, dass wir uns endlich bewegen, unsere versteiften Gliedmaßen strecken können. Diejenigen unter uns, die sehr jung wirken, werden gefragt, wie alt sie sind. Wenn jemand

▸ „Aussortierung“ ungarischer Juden an der sogenannten „Rampe“ von Birkenau.

Ab Mai 1942 begann in Auschwitz-Birkenau der systematische Massenmord, zunächst in zwei provisorischen Gaskammern. Ab Mitte des Jahres entstanden insgesamt vier neue Krematorien mit Gaskammern im Kellergeschoss (Krematorium II und III) bzw. im Erdgeschoss (Krematorium IV und V); diese wurden ab März 1943 genutzt. Die sogenannte „Judenrampe“, ein Gleis, das vom Bahnhof außerhalb direkt in das Lager führte, kam nach knapp einjähriger Bauzeit erst ab Mai 1944 zum Einsatz. Zu diesem Zeitpunkt erreichte die Massenvernichtung in Birkenau ihren Höhepunkt: Innerhalb von drei Monaten wurden etwa 450 000 Juden aus Ungarn nach Auschwitz deportiert. Auf der Rampe wurden die „noch einsatzfähigen“ Männer und Frauen zunächst ins Lager aufgenommen und später zur Zwangsarbeit vornehmlich auf Reichsgebiet überstellt. Ein Teil, vor allem Zwillingskinder, fiel den KZ-Ärzten um Dr. Josef Mengele für „medizinische“ Experimente zum Opfer. Die große Mehrzahl der Ankommenden, vor allem Alte, Kranke, schwangere Frauen und Mütter mit Kindern, wurde jedoch als „arbeitsunfähig“ eingestuft und – unter dem Vorwand, sich duschen und desinfizieren zu müssen – unverzüglich in die Gaskammern geschickt.

angibt, jünger als sechzehn zu sein, schreien sie ihn wütend an: „Du bist sechzehn, vergiss das nicht, wer immer Dich auch fragt, sag sechzehn, verstehst Du, sechzehn, merk Dir das gut, Du bist sechzehn Jahre alt!!!“

Wir bemerken nicht, dass wir in zwei Gruppen aufgeteilt worden sind, eine Frauen- und eine Männergruppe. [...] Ich passe auf, neben meiner Mutter und Gilike zu bleiben, ich sehe nicht, wohin die Männer verschwinden. Wir sind mit Ferike beschäftigt, meine Mutter und Boci legen ihn auch jetzt oben auf den Korb und tragen jede einen Henkel, wie beim Einsteigen. Ein Gestreifter sagt ihnen, sie sollten Ferike meiner Tante Margit geben, aber sie antworten, er sei nicht schwer und sie trügen ihn gern. [...]

Schließlich sehen wir auch die Deutschen, es sind wenige, Männer und Frauen durcheinander, sie stehen vor uns, wir müssen an ihnen vorbei. Als die Reihen bei ihnen ankommen, sprechen sie den einen oder anderen an, leise, fast könnte man sagen freundlich. Daraufhin geht der eine in diese, der andere in die andere Richtung. Wenn jemand mit dem, den man in die andere Richtung geschickt hat, zusammenbleiben will, beruhigen sie ihn freundlich, die Kräftigen gingen zu Fuß, die etwas Erschöpfteren bringe man im Bus hinterher. In kurzer Zeit würden sie wieder zusammen sein. So beruhigt sich jeder. Natürlich.

Auch wir kommen zu der Gruppe der Deutschen.

Boci ist, da sie stillt, etwas fülliger als sonst. Dass sie acht Jahre älter ist als ich, sieht man nicht, und wir haben viel Ähnlichkeit miteinander. Freundlich spricht uns ein deutscher Herr an und fragt:

– Seid ihr Zwillinge?

– Nein – antworten wir, und seine Handbewegung befolgend gehe *ich in die eine Richtung.*

Boci, der Korb, im Korb Ferike, auf der anderen Seite des Korbes meine Mutter, an der Hand meiner Mutter Gilike und Tante Margit

... *gehen in die andere Richtung.*

Schon ist die nächste Reihe vor die Deutschen gekommen, und die setzen ihre freundlichen Einweisungen fort – hierhin, dorthin.

Die größte Tragödie meines Lebens geschah so, dass ich sie nicht einmal bemerkte. Innerhalb einer Sekunde war ich allein, hatte meinen Vater, meine Mutter, meine Schwester, meine nächsten Verwandten verloren (Tanti überlebte). Mit einem Schlag war meine Kindheit vorbei, ich war erwachsen und völlig auf mich alleine gestellt. Das war mir damals noch nicht bewusst.

Éva Fahidi, Die Seele der Dinge, aus dem Ungarischen von Doris Fischer, Berlin 2011, S. 161-163

1. *Analysieren Sie, wie Éva Fahidi die Ankunft im Lager beschreibt. Welchen Menschen begegnet sie auf der „Rampe“ und welche Funktion weist sie diesen Personen zu?*

2. *Vergleichen Sie die Beschreibung der Überlebenden mit der hier gezeigten Abbildung zur „Selektion“ der ungarischen Juden in Birkenau. Welche Gemeinsamkeiten und welche Unterschiede zwischen Text und Bild fallen auf? Erläutern Sie dabei auch, welche Vorgänge des „Selektionsprozesses“ auf dem Foto nicht zu sehen sind.*

3. *Erörtern Sie anschließend, welche Absicht die SS-Männer vermutlich mit den Aufnahmen verbanden. Welche Bedeutung haben die Fotos dagegen heute vor allem für die ungarischen Überlebenden von Auschwitz-Birkenau und für die Erinnerung an den Holocaust weltweit?*

Widerstand

▲ **Blick in die Dauerausstellung der Gedenkstätte Deutscher Widerstand in Berlin.**
Foto von 2012.
Die Gedenkstätte befindet sich am historischen Ort des Umsturzversuches vom 20. Juli 1944 (vgl. Seite 387), im „Bendler-Block" in Berlin-Mitte. Darüber hinaus gibt es in Berlin weitere Gedenkstätten, die den Widerstand verschiedener Menschen und Gruppen gegen das NS-Regime thematisieren. So erinnert etwa die „Gedenkstätte Stille Helden" in der Rosenthaler Straße an jene Menschen, die während der NS-Diktatur verfolgten Juden beistanden.

Motive Eine breite Widerstandsbewegung gegen das NS-Regime hat es nicht gegeben. Hitlers Herrschaft wurde über viele Jahre von einer großen Mehrheit des deutschen Volkes akzeptiert. Selbst in Kreisen, die keine enge Identifikation mit den Zielen und Wertmaßstäben der Nationalsozialisten aufbrachten, verließen sich die meisten auf die politische Führung, wie sie es schon immer getan hatten.

Seit den 1980er-Jahren bemühen sich Historiker um eine genauere Definition von Widerstand. So werden verschiedene Stufen zwischen *nonkonformem Verhalten* und *aktivem Widerstand* unterschieden. Zwischen privaten Unmutsäußerungen im Freundeskreis, dem freiwilligen Rücktritt aus einem Amt oder der Planung und Durchführung eines Umsturzes gab es eine Vielzahl von Abstufungen. So differenziert die Motive des Widerstandes auch waren, gemeinsam war allen Gruppierungen der feste Glaube an ethische Grundnormen, der ihnen die Kraft zu einem eigenverantwortlichen Denken gab.

Kommunisten und Sozialdemokraten hatten schon frühzeitig vor Hitler gewarnt und wurden unter anderem deshalb von Anfang an verfolgt. Revolutionärer oder demokratischer Sozialismus, Klassenkampf und Weltrevolution standen im Widerspruch zu Hitlers nationalistischem und imperialistischem Konzept. Aus der Überzeugung, dass nur die Überwindung der reaktionären NS-Diktatur den Fortschritt der Menschheit sichern könne, entschlossen sich viele zum aktiven Widerstand. Der UdSSR sollte nach Auffassung der Kommunisten in diesem Kampf eine bedeutende Rolle zufallen.

Aber auch Liberale und Konservative stellten sich gegen Hitler. Die brutale Missachtung fundamentaler Grund- und Menschenrechte sowie demokratischer Spielregeln verletzte die freiheitlichen Prinzipien der einen; der Missbrauch tradierter Werte wie Ehre, Treue, Deutschtum, Volk und Vaterland zeigte den anderen, dass sie lange Zeit die wahre Gesinnung Hitlers nicht erkannt hatten. Selbst manche Mitglieder der Partei und ihrer Organisationen konnten auf Dauer ihre moralischen Bedenken gegen die welt- und menschenverachtende Ideologie der NSDAP nicht zurückstellen.

Literaturtipps:

- *Wolfgang Benz und Walther H. Pehle (Hrsg.), Lexikon des deutschen Widerstandes, Frankfurt am Main ^{3}2008*
- *Lina Haag, Eine Hand voll Staub. Widerstand einer Frau 1933-1945, München 2005*
- *Arno Lustiger, Rettungswiderstand. Über die Judenretter in Europa während der NS-Zeit, Göttingen 2011*
- *Gerd R. Ueberschär, Für ein anderes Deutschland. Der deutsche Widerstand gegen den NS-Staat 1933-1945, Frankfurt am Main ^{2}2006*

Internettipp:

Der Kleinfabrikant Otto Weidt beschäftigte während des Zweiten Weltkrieges hauptsächlich blinde und gehörlose Juden und rettete vielen dadurch das Leben. Zum Museum „Blindenwerkstatt Otto Weidt" siehe Code 32019-23

Ziele und Formen Die letzte Übersteigerung des NS-Regimes seit Beginn des Zweiten Weltkrieges hatte zwar viele von der Notwendigkeit der Gewalt gegen die Diktatur überzeugt, aber auf die Frage „Was dann?“ gab es keine eindeutige Antwort. Die Errichtung eines christlich-konservativen Nationalstaates, eine übernationale Ordnung Europas oder die Einführung der Diktatur des Proletariats als Übergang zur Weltrevolution waren Visionen der politischen Zukunft. Einzelpersonen, lose Gesprächskreise oder Verschwörergruppen arbeiteten auf sehr verschiedene Weise, meist ohne gegenseitige Kontakte wegen des hohen Risikos eines Verrates.

Es wurden Flugblätter verteilt, Gegenparolen an die Hauswände belebter Straßen geschrieben, ausländische Sender abgehört und regimefeindliche Nachrichten verbreitet. In Rüstungsbetrieben kam es zu Arbeitsniederlegungen und Sabotageakten. In der Berliner Rosenstraße wagten „arische“ Frauen im Februar 1943, sich für die Befreiung ihrer verhafteten jüdischen Ehegatten einzusetzen. Über mehrere Tage versammelten sie sich vor dem Gebäude Rosenstraße 2-4, das als provisorisches Gefängnis genutzt wurde, und riefen nach ihren Männern, um deren Freilassung zu erreichen. Umfang und Zahl der Beteiligten wie der Erfolg der Aktion sind unter Historikern umstritten, nicht hingegen die Achtung vor der Tatkraft und dem Mut der Protestierenden (▸ M1).

Literaturtipp:
Eine gut zu lesende Zusammenfassung der Ereignisse in der Rosenstraße bietet der Band des Historikers Wolf Gruner, Gedenkort Rosenstraße 2-4. Internierung und Protest im NS-Staat, Berlin 2013

Trotz umfangreicher Sicherheitsvorkehrungen sind mehrere Attentate auf Hitler zur Ausführung gekommen. *Georg Elser*, ein Tischler aus Württemberg, scheiterte aber am 8. November 1939 in München mit einem Bombenanschlag ebenso wie alle anderen, die Hitler mit Gewalt zu beseitigen versuchten. Vermutlich wurden über 10 000 Angehörige des Widerstandes von NS-Schergen getötet oder vom Volksgerichtshof zum Tode verurteilt. Dass die Erfolge des Widerstandes bescheiden blieben, lag an der Heterogenität der Widerstandsgruppen und vor allem an der Brutalität, mit der die Nationalsozialisten jede Opposition im Keim zu ersticken suchten.

▲ **Georg Elser.**
Der 42-jährige Hitler-Attentäter wurde im April 1945 im KZ Dachau umgebracht.

Widerstand aus der Arbeiterbewegung Schon vor 1933 hatten Kommunisten und Sozialdemokraten gegen die Nationalsozialisten gekämpft. Sie wurden deshalb nach der Machtübernahme Hitlers sofort massiv verfolgt. Partei- und Gewerkschaftsmitglieder wurden verhaftet, zur Flucht ins Ausland gezwungen oder ermordet. Ein gemeinsames Vorgehen kam allerdings nicht zustande, da die politischen Gegensätze zwischen KPD und SPD zu groß waren. Bis 1937 gelang es den Nationalsozialisten, deren Widerstand vollständig zu unterdrücken (▸ M2).

▸ **Geschichte In Clips:**
Zum Attentat Georg Elsers auf Adolf Hitler siehe Code 32019-24

Nach Kriegsbeginn und vor allem nach dem Angriff auf die Sowjetunion 1941 lebte der Widerstand wieder auf. Die ins Exil geflohenen und im Lande verbliebenen Kommunisten und Sozialdemokraten operierten aus dem Untergrund und versuchten, die Kontakte – auch zu anderen Widerstandsbewegungen – aufrechtzuerhalten. Sie verbreiteten Flugblätter, organisierten Hilfe für Verfolgte und entwarfen Pläne für die Zeit nach dem „Dritten Reich“. Um der Verfolgung zu entgehen, bildeten sie dabei möglichst kleine lokale oder nur locker verbundene größere Netzwerke.

Eine dieser Widerstandsgruppen war die *„Rote Kapelle“*. Die Bezeichnung stammte von der Gestapo und galt einer seit 1939 bestehenden, vorwiegend kommunistisch orientierten Gruppe, die die UdSSR über Funk mit Berichten zur politischen, wirtschaftlichen und militärischen Lage versorgte. Wichtige Personen dieses Kreises waren *Harro Schulze-Boysen*, Oberleutnant im Luftwaffenministerium, und der im Wirtschaftsministerium tätige *Dr. Arvid Harnack*. In einer Geheimdruckerei erstellten Helfer Zeitschriften und Flugblätter mit Reden von Bischof Clemens August Graf von Galen, *Thomas Mann*, Winston Churchill und Josef Stalin. Nach der Enttarnung einer Spionageaktion wurde die Organisation 1942/43 zerschlagen und viele Mitglieder hingerichtet.

Filmtipp:
Sophie Scholl – Die letzten Tage; Deutschland 2005, Regie: Marc Rothemund

Die „Weiße Rose“ Die Angehörigen der „Weißen Rose“ waren fast ausschließlich Studenten bis zum Alter von 25 Jahren. In bürgerlichen Elternhäusern mit vorwiegend christlichen Traditionen aufgewachsen, hatten sie zum Teil begeistert der Hitler-Jugend angehört, aber bald die moralische Verwerflichkeit der NS-Bewegung durchschaut. Durch ihren Fronteinsatz wurden einige Zeugen der Unmenschlichkeit von Kriegsführung und Besatzungspolitik und hegten bald Zweifel am „Endsieg“. In München, wo die meisten Angehörigen der „Weißen Rose“ studierten, bildete sich um die Geschwister *Hans* und *Sophie Scholl, Willi Graf, Alexander Schmorell* und ihren Universitätslehrer, den Musikwissenschaftler *Kurt Huber*, ein Freundeskreis.

Im Sommer 1942 erschien das erste Flugblatt der „Weißen Rose“. 100 Exemplare verschickte man an ausgesuchte Adressen. Mitte Februar 1943 wurde das letzte Flugblatt in einer Auflage von 3 000 Exemplaren erstellt und wieder teilweise per Post versandt. Bei der Verteilung des Restes im Lichthof der Universität hielt ein Hörsaaldiener die Geschwister Scholl fest und übergab sie der Polizei. In mehreren Prozessen wurden Angehörige des Freundeskreises, darunter auch das Geschwisterpaar, zum Tode verurteilt und hingerichtet, andere erhielten Gefängnisstrafen.

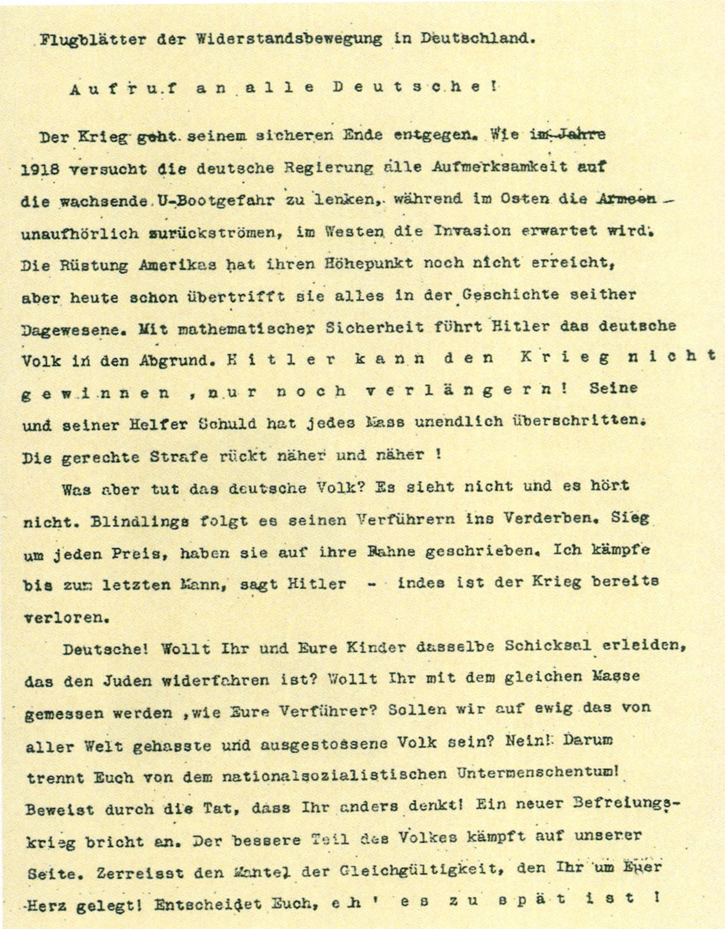

Flugblätter der Widerstandsbewegung in Deutschland.

Aufruf an alle Deutsche!

Der Krieg geht seinem sicheren Ende entgegen. Wie im Jahre 1918 versucht die deutsche Regierung alle Aufmerksamkeit auf die wachsende U-Bootgefahr zu lenken, während im Osten die Armeen unaufhörlich zurückströmen, im Westen die Invasion erwartet wird. Die Rüstung Amerikas hat ihren Höhepunkt noch nicht erreicht, aber heute schon übertrifft sie alles in der Geschichte seither Dagewesene. Mit mathematischer Sicherheit führt Hitler das deutsche Volk in den Abgrund. Hitler kann den Krieg nicht gewinnen, nur noch verlängern! Seine und seiner Helfer Schuld hat jedes Mass unendlich überschritten. Die gerechte Strafe rückt näher und näher!

Was aber tut das deutsche Volk? Es sieht nicht und es hört nicht. Blindlings folgt es seinen Verführern ins Verderben. Sieg um jeden Preis, haben sie auf ihre Fahne geschrieben. Ich kämpfe bis zum letzten Mann, sagt Hitler – indes ist der Krieg bereits verloren.

Deutsche! Wollt Ihr und Eure Kinder dasselbe Schicksal erleiden, das den Juden widerfahren ist? Wollt Ihr mit dem gleichen Masse gemessen werden, wie Eure Verführer? Sollen wir auf ewig das von aller Welt gehasste und ausgestossene Volk sein? Nein! Darum trennt Euch von dem nationalsozialistischen Untermenschentum! Beweist durch die Tat, dass Ihr anders denkt! Ein neuer Befreiungskrieg bricht an. Der bessere Teil des Volkes kämpft auf unserer Seite. Zerreisst den Mantel der Gleichgültigkeit, den Ihr um Euer Herz gelegt! Entscheidet Euch, eh' es zu spät ist!

▲ Flugblatt „Aufruf an alle Deutsche!“ der „Weißen Rose“ vom Januar 1943.
Das fünfte von insgesamt sechs Flugblättern der Widerstandsgruppe wurde in mehreren hundert Exemplaren in der Münchener Universität ausgelegt.

Konkordat: völkerrechtlicher Vertrag zwischen der katholischen Kirche und einer weltlichen Regierung

Die Rolle der Kirchen Hitler bemühte sich von Anfang an um die Zustimmung der kirchlichen Amtsträger und Gemeindemitglieder. Die Haltung der Kirchen gegenüber den Nationalsozialisten dagegen war ambivalent. Obwohl sie vor der „Machtergreifung“ die Unvereinbarkeit von Weltanschauung und Politik mit der christlichen Lehre betonten, änderten sie ihre ablehnende Haltung gegenüber dem neuen Regime.

Das am 20. Juli 1933 mit dem Heiligen Stuhl geschlossene **Reichskonkordat** garantierte der katholischen Kirche ihre Unabhängigkeit und die Nichteinmischung des Staates in kirchliche Institutionen. Im Gegenzug war Geistlichen jegliche politische Betätigung untersagt. Als die Nationalsozialisten jedoch dazu übergingen, Bekenntnisschulen und katholische Verbände aufzulösen oder „gleichzuschalten“, Klöster und kirchliche Heime zu enteignen, forderte dies wiederholt scharfen Protest heraus. Gegen die Verdrängung des Christentums und die „Vergötzung“ des Nationalsozialismus wandte sich Papst *Pius XI.* in seiner 1937 veröffentlichten *Enzyklika „Mit brennender Sorge“*. Jedoch kritisierte die Kirchenführung die Verbrechen der Nationalsozialisten, insbesondere die Verfolgung der Juden, nicht öffentlich. Lediglich einzelne Priester, Ordensgeistliche und Laien verurteilten offen die Judendiskriminierung und die Tötung behinderter Menschen („Euthanasie“; ▸ M3).

Die evangelische Kirche war gespalten. Die *Deutschen Christen* setzten sich für die „Gleichschaltung“ der evangelischen Landeskirchen ein und waren für eine regimetreue Reichskirche und für die Entlassung „nichtarischer“ Geistlicher und Kirchenbeamten. Dagegen formierte sich im Mai 1934 auf Initiative des Pfarrers *Martin Niemöller* die *Bekennende Kirche*, der sich mehr als die Hälfte der evangelischen Pfarrer anschloss. In Schriften und Predigten protestierten sie gegen die staatliche Vereinnahmung der Kirche, die nationalsozialistische Rassenpolitik und die Konzentrationslager.

Filmtipp:
Der neunte Tag; Deutschland/Luxemburg/Tschechien 2004, Regie: Volker Schlöndorff

Militärischer Widerstand – der 20. Juli 1944 Der einzige Machtfaktor im Hitlerstaat, der zur Organisation und Durchführung eines Umsturzes in der Lage schien, war das Militär. Außerdem waren die Generäle die ersten Befehlsempfänger für Hitlers maßlose Eroberungspläne, und da dieser sprunghaft und ohne strategischen Sachverstand befehligte, wuchs aufseiten der militärischen Führung die Skepsis. Selbst moralische Einwände kamen zum Tragen, denn der rassistische Vernichtungskrieg Hitlers ging für viele weit über das hinaus, was Berufssoldaten zu tun bereit waren (▸ M4).

Generaloberst *Ludwig Beck*, der 1938 wegen Hitlers Einmarsch in die Tschechoslowakei als Generalstabschef zurückgetreten war, versuchte seitdem, den Widerstand gegen das Regime zu organisieren. Gemeinsam mit dem ehemaligen Oberbürgermeister von Leipzig, *Carl Friedrich Goerdeler*, plante er schon eine neue deutsche Regierung und knüpfte Kontakte mit dem Ausland. Doch dies war höchst gefährlich, außerdem gab es in den scheinbar erfolgreichen Jahren des Regimes weder in der militärischen Führung noch in der Bevölkerung genügend Unterstützung. Erst nach der militärischen Wende Anfang 1943 erhielt die Verschwörung größeren Rückhalt und mehr Teilnehmer, so Oberst *Claus Schenk Graf von Stauffenberg*, der als Mitglied des Generalstabs direkten Zugang zu Hitler hatte. Die Ausweitung des Kreises der Verschwörer erhöhte aber auch die unmittelbare Gefahr. So waren ihnen die Sicherheitskräfte auf der Spur und hatten bereits einige Mitwisser verhaftet. Am 20. Juli 1944 nutzte Stauffenberg eine günstige Gelegenheit und deponierte eine Aktentasche voll Sprengstoff in Hitlers Nähe. Die Bombe verfehlte ihren Zweck. Hitler entkam verletzt, berief sich aber künftig auf die „Vorsehung", die ihn geschützt habe. Das Regime nahm grausam Rache. Graf Stauffenberg und seine engsten Mitarbeiter wurden noch in derselben Nacht erschossen. Die Geheime Staatspolizei verhaftete 7000 Personen, auch solche, die mit der Verschwörung nichts zu tun hatten. Himmlers Anordnung der „absoluten Sippenhaftung" bedeutete, dass Verwandte für die Tat mitverantwortlich waren und gleichfalls bestraft wurden.

▲ Sonderbriefmarken der Deutschen Bundespost von 1964 anlässlich des Jahrestages des Attentates auf Hitler am 20. Juli 1944.

Der Kreisauer Kreis Auf dem schlesischen Gut Kreisau, das dem Sachverständigen für Kriegs- und Völkerrecht im Oberkommando der Wehrmacht, *Helmuth James Graf von Moltke*, gehörte, trafen sich seit Ende 1938 Männer verschiedener Anschauungen und Herkunft: Konservative, Sozialisten, ehemalige Gewerkschaftsvertreter, Großgrundbesitzer, protestantische und katholische Geistliche. Der *Kreisauer Kreis* erarbeitete Grundsätze für einen Staats- und Gesellschaftsaufbau nach dem Sturz Hitlers, der vom Europagedanken geprägt war. Staatsstreichpläne wurden zwar nicht konkret ausgearbeitet, aber es bestanden Kontakte zu Widerstandsgruppen im In- und Ausland, so auch zu den Attentätern vom 20. Juli 1944. Viele Mitglieder des Kreisauer Kreises, wie Moltke, *Peter Graf Yorck von Wartenburg*, *Adam von Trott zu Solz*, Pater *Alfred Delp* oder der Gewerkschaftsführer *Julius Leber*, wurden hingerichtet.

Filmtipp:
Im Kino wird das Thema Widerstand gegen das NS-Regime immer wieder aufgegriffen. „Defiance" (Regie: Edward Zwick) aus dem Jahr 2008 erzählt die Geschichte der jüdischen Partisanengruppe um die Brüder Tuvia, Zus und Asael Bielski. Der Titel der deutschen Version lautet: „Unbeugsam".

Partisanen: bewaffnete Widerstandskämpfer im Hinterland

Widerstandsbewegungen in den besetzten Ländern In allen eroberten Gebieten rief die deutsche Besatzungspolitik Widerstand hervor. Angesichts des von den Deutschen im Osten grausam geführten Vernichtungskrieges wuchs er sich in der Sowjetunion, in Polen und auf dem Balkan zum **Partisanen**krieg aus. In Polen entstand bereits 1939 eine eigene „Heimatarmee", die Aufstände organisierte und Partisanen mobilisierte. Die sowjetische Widerstandsbewegung hielt engen Kontakt zur politischen Führung und zur „Roten Armee". Die zunehmenden Überfälle der Partisanen auf deutsche Soldaten sowie Anschläge auf Eisenbahnlinien und Lastwagen schwächten die deutsche Wehrmacht erheblich. Nirgends jedoch entwickelte der Widerstand eine solche Stärke wie auf dem Balkan, wo unter dem späteren jugoslawischen Staatspräsidenten *Josip Broz*, genannt *Tito*, eine riesige Partisanenarmee von anfangs 80 000 und später 400 000 Mann (im Winter 1944/45) gegen die Besatzer kämpfte.

In West- und Nordeuropa bestand der aktive Widerstand hauptsächlich in der Übermittlung von Nachrichten an Spione, der Verbreitung von Flugblättern und illegalen Zeitungen sowie der Hilfe für Kriegsgefangene, Juden und andere Verfolgungsopfer. In Frankreich verübte die aus verschiedenen Widerstandsgruppen bestehende *Résistance* gezielte Sabotageakte und Attentate. Von General *Charles de Gaulle* aus dem Londoner Exil organisiert, beteiligte sich der französische Widerstand nach der Landung der Alliierten in der Normandie an der Befreiung Frankreichs. In Großbritannien und den USA unterstützten zudem seit 1940 bzw. seit 1943 eigene staatliche Institutionen die Partisanen mit Waffenlieferungen, Informationen und Spezialagenten.

Jüdischer Widerstand Auch die Juden waren keineswegs nur passive Opfer der NS-Herrschaft, sondern sie wehrten sich auf verschiedene Art und Weise gegen das Vorgehen ihrer Verfolger. In ganz Europa versteckten sich Juden bei nichtjüdischen Helfern oder auf eigene Faust (das bekannteste Beispiel dafür ist *Anne Frank*) und halfen anderen, vor allem jüdischen Kindern, den Nationalsozialisten zu entkommen. Darüber hinaus gab es bewaffnete Aufstände in Ghettos und Lagern und über 1,5 Millionen Juden beteiligten sich in den alliierten Armeen oder als Partisanen am Kampf gegen den NS-Staat. So waren sie etwa in Belgien und Frankreich im Untergrund und in Einheiten der Résistance aktiv, schlossen sich den Partisanen unter Tito an und auch in den Wäldern Weißrusslands und der Ukraine kämpften Zehntausende in jüdischen Partisaneneinheiten.

Eindrucksvollster Beweis für den jüdischen Widerstand ist der *Aufstand im Warschauer Ghetto*, wo die Nazis Hunderttausende Juden in einem kleinen abgeriegelten Stadtbezirk unter unmenschlichen Bedingungen eingepfercht hatten. Nachdem im Jahr 1942 über 240 000 Juden aus Warschau nach Treblinka deportiert worden waren, bildete sich unter den verbleibenden 55 000 bis 60 000 Ghettobewohnern die „Jüdische Kampforganisation", die im April 1943 einen bewaffneten Aufstand organisierte. Etwa vier Wochen lang führten sie unter ihrem erst 23-jährigen Anführer *Mordechai Anielewicz* einen erbitterten Häuserkampf gegen die übermächtigen deutschen Kommandos. Der Aufstand scheiterte zwar, jedoch wirkte er wie eine Aufforderung. Danach gab es selbst in Vernichtungslagern wie Treblinka und Sobibor Aufstände, einigen Häftlingen gelang dabei die Flucht aus Sobibor. Auch in Auschwitz organisierten die Häftlinge des *„Sonderkommandos"*, die in den Krematorien von Birkenau für die Verbrennung der zuvor vergasten Menschen zuständig waren, einen Aufstand. Ihnen gelang es im Oktober 1944, eines der Krematorien mit Sprengsätzen zu zerstören.

Literaturtipp:
Markus Roth und Andrea Löw, Das Warschauer Ghetto. Alltag und Widerstand im Angesicht der Vernichtung, München 2013

Internettipp:
Zu Informationen über einen Film, den ein NS-Filmteam im Warschauer Ghetto drehte, siehe Code 32019-25

Filmtipp:
Der Pianist; Frankreich/Polen/Deutschland/Großbritannien 2002, Regie: Roman Polanski

M1 Der Protest in der Rosenstraße – Beispiel erfolgreichen Widerstandes gegen das NS-Regime?

Der Berliner Historiker Wolf Gruner, der sich jahrelang intensiv mit der Aufarbeitung der Ereignisse in der „Rosenstraße" beschäftigt hat, kommt zu folgendem Ergebnis:

Es wurde in den Medien des Öfteren die Meinung vertreten, eine Darstellung, die den Erfolg des Protestes bezweifelt, stelle den Mut der Protestierenden infrage. Das ist aus zwei Gründen falsch: 1. Die Courage der einzelnen Beteiligten wird überhaupt nicht bestritten. 2. Die Frage nach dem Erfolg oder Misserfolg der beteiligten Menschen ist völlig irrelevant für die Bewertung der Ereignisse und ihre Charakterisierung als Widerstand.
Auch die Protestaktion selbst wird durch eine Relativierung des Erfolges überhaupt nicht entwertet, wie beklagt worden ist. Im Gegenteil, die vor dem Gebäude in der Rosenstraße Versammelten ahnten von den wirklichen Plänen der Gestapo nichts. Angesichts der mit großer Brutalität durchgeführten Großrazzia mussten sie eine Deportation ihrer Angehörigen befürchten, wogegen sie mutig protestierten. [...] Ein Problem stellen lediglich die Schlussfolgerungen dar, die heute aus dem angenommenen Erfolg des Protestes in der Rosenstraße von Forschung und Öffentlichkeit gezogen werden: Hätten mehr Menschen so protestiert, hätte man die NS-Judenverfolgung bzw. -vernichtung aufhalten können! Doch in der Rosenstraße leisteten Menschen in der allerletzten Phase der Massendeportationen Widerstand. Sie wollten ihre jüdischen Angehörigen retten, die Teil einer „privilegierten" Gruppe waren. Die Mehrheit der deutschen Juden hatte der NS-Staat zu diesem Zeitpunkt längst deportiert. [...] Angesichts des fortgeschrittenen Standes des Völkermordes steht die Annahme auf tönernen Füßen, man hätte nur Goebbels oder Hitler beeindrucken müssen, um den Lauf der Verfolgungspolitik zu ändern. [...]
Wenn man nach Würdigung aller Umstände in der historischen Analyse nun zu der Auffassung gelangt, dass die NS-Verantwortlichen Ende Februar 1943 nicht beabsichtigten, die Insassen der Rosenstraße zu deportieren, und daher auch der Protest nicht zu ihrer Freilassung geführt hat, so resultiert daraus in keinem Fall der Schluss, dass Widerstand oder öffentlicher Protest im „Dritten Reich" zwecklos gewesen wäre. Allerdings taugt das Beispiel Rosenstraße als Lehrmaterial für heute nur bedingt, wenn man dabei allein auf die angenommene Wirkung der Ereignisse blickt. Statt einer Geschichte vom Erfolg zu erliegen, scheint es für Forschung und Öffentlichkeit ertragreicher, dem individuellen Handeln der Menschen seit dem Beginn der NS-Diktatur mehr Aufmerksamkeit zu widmen, ob als Planer, Mitgestalter oder Verweigerer antijüdischer Maßnahmen oder als von diesen betroffene Opfer. [...] In der Rosenstraße bewirkte das einzigartige Verhalten vieler Frauen und Männer zwar nicht die Freilassung ihrer Angehörigen, doch schmälert dieser Befund – das sei nochmals betont – weder ihren Mut noch die Größe ihres Handelns. Ein öffentlicher Protest in der NS-Zeit, egal wie viele Menschen an ihm teilnahmen, ist ein bleibendes Zeugnis für Zivilcourage.

Wolf Gruner, Widerstand in der Rosenstraße. Die Fabrik-Aktion und die Verfolgung der „Mischehen" 1943, Frankfurt am Main 2005, S. 202 f. und 204-206

1. *Analysieren Sie, welche Aspekte der Erinnerung an den Protest in der Rosenstraße der Autor kritisch sieht.*
2. *Arbeiten Sie heraus, worin nach Meinung von Gruner die große Leistung der protestierenden Frauen besteht.*
3. *Erörtern Sie, ob das Verhalten der Protestierenden für das Regime eine Gefahr darstellte.*

M2 Kommunistischer Widerstand

Dagobert Biermann (1904-1943) ist Kommunist und hat im Hamburger Hafen gearbeitet. Nach dem Krieg erzählt seine Frau Emmi vom Schicksal ihres Mannes:

1936 war ich schwanger, und grad da begann wieder die illegale Arbeit. Hitler ließ Kriegsmaterial nach Spanien liefern. Da wollten die Faschisten die Republik kaputthauen, und die Nazis halfen denen dabei. Mein Bruder war Ewerführer[1] im Hamburger Hafen. Er hatte Wind davon bekommen, dass Schiffe mit Munition nach Spanien rausgehen. Getarnt waren die als Handelsschiffe. Wir mussten die Arbeiter in Spanien doch warnen! Die sollten die gleich übern Schnabel nehmen[2], wenn die da ankommen. Mein Bruder spionierte aus, wo die Schiffe lagen, und notierte sie. Unter Lebensgefahr! Aber er war ja roter Betriebsrat gewesen und hatte eine gute Nummer im Hafen. Die Kollegen verpfiffen ihn nicht. Die Unterlagen wurden nach Spanien geschmuggelt. Wenn ein Waffenschiff im Hafen lag, rief mein Mann den Herbert Michaelis, unsern Kurier, an, und der nahm die neuesten Nachrichten mit. [...]
Mein Mann kam in „Schutzhaft". So hieß das damals. Ich wollte genau wissen, wo er sitzt, aber ich wurde immer abgewiesen. Eines Tages hab ich dann doch erfahren, dass er in Fuhlsbüttel ist. Und man erlaubte mir, seine Wäsche zu holen und ihm neue zu bringen. Aber ich hab ihn nicht gesehen, nur das Blut, das an der Wäsche klebte. Die Wäsche wurde von

[1] **Ewer**: kleines Küstenschiff
[2] umgangssprachlich: etwas übernehmen, in Empfang nehmen

der SS in Empfang genommen, und die haben die Wäsche gegen das Licht gehalten, ob auch nichts darin versteckt ist. Einmal machte ich eine Entdeckung. Da, wo die kleinen Stäbe in den Hemdkragen kamen, die Stelle war zugenäht. Darin war ein Kassiber[3], auf dünnem Papier geschrieben. Da stand drauf: „Michaelis packt aus." Das war das Zeichen, jetzt sollte der Prozess beginnen. Zwei Jahre hatte das gedauert. Solange hatten die gebraucht, bis sie was zusammengestoppelt hatten gegen meinen Mann. [...] Für den Prozess kam extra der Volksgerichtshof nach Hamburg. [...] Mein Mann und mein Bruder hatten zuerst immer geleugnet, etwas mit der Sache zu tun zu haben, mit den Waffen und den Informationen für die Spanier. Aber dann wurden Geschosse auf den Tisch gepackt, die mein Bruder aus dem Hafen mitgebracht hatte. Sogar Dumdumgeschosse hatte er von den Schiffen geklaut, die reißen große Wunden. Die hatten wir Michaelis mitgegeben, damit die Spanier wussten, was ihnen blühte.
Mein Bruder hat mir später erzählt, wie er sich verteidigt hat. Er hat auf doof gemacht. Im Hafen klauen alle mal, hat er gesagt, nur so aus Spaß wird geklaut. Und dann hat er immer Platt gesprochen, das war für die Richter was Neues. Die Richter wollten darauf hinaus, mein Mann hätte meinen Bruder beauftragt, die Sache auszubaldowern. Das hätte gereicht, dann hätten sie ihn gleich umgebracht. Der Pflichtverteidiger meines Bruders war aber ausnahmsweise ein guter Mann. Er wollte meinen Bruder direkt fragen: „Hat Biermann Sie beauftragt?" Wenn er dann mit Nein antwortet, musste der Anklagepunkt fallengelassen werden. Aber die Anwälte mussten alle Fragen vorlegen. Die Frage wurde natürlich nicht zugelassen, die wollten meinem Mann an den Kragen. Da hat der Anwalt alles auf eine Karte gesetzt und die Frage einfach dazwischengerufen. Und mein Bruder sagte natürlich sofort: „Nee, mein Schwager hat mich nicht dazu beauftragt." Damit entfiel der Punkt.
Mein Bruder wurde freigesprochen. Ein „irregeleiteter Arbeiter", meinten die Richter. Mein Mann kriegte sechs Jahre. Ich war bei der Urteilsverkündung dabei, bin am Schluss schnell durch die Barriere gelaufen und hab ihm die Hand gedrückt. Wir wurden sofort auseinandergerissen. Er konnte mich noch trösten: „Die sechs Jahre sitz ich auf einer Arschbacke ab." Das war 1937. Er ist nie wieder rausgekommen.

Zitiert nach: Harald Focke und Uwe Reimer, Alltag der Entrechteten, Reinbek 1980, S. 27-29

1. *Erläutern Sie die politische Arbeit, die hier von Kommunisten geleistet wurde.*
2. *Analysieren Sie die Motive der Beteiligten.*
3. *Arbeiten Sie aus dem Text die speziellen Merkmale der verwendeten Quellengattung heraus.*

[3] **Kassiber**: geheimer Brief von einem oder an einen Gefangenen

M3 „Wir fordern Gerechtigkeit"

Immer wieder nutzt der katholische Bischof von Münster, Clemens August Graf von Galen, seine Predigten, um Unrecht und Missstände des NS-Regimes, besonders die Tötung behinderter Menschen („Euthanasie") und die Enteignung von Klöstern, anzuprangern. Der folgende Auszug stammt aus einer Predigt vom 13. Juli 1941:

Bei den Anordnungen und Strafverfügungen der Geheimen Staatspolizei ist die Verwaltungsgerichtsbarkeit ausgeschlossen. Da wir alle keinen Weg kennen, der für eine unparteiische Kontrolle der Maßnahmen der Geheimen Staatspolizei, ihrer Freiheitsbeschränkungen, ihrer Aufenthaltsverbote, ihrer Verhaftungen, ihres Gefangenhaltens deutscher Volksgenossen in Konzentrationslagern gegeben wäre, so hat bereits in weitesten Kreisen des deutschen Volkes ein Gefühl der Rechtlosigkeit, ja feiger Ängstlichkeit Platz gegriffen, das die deutsche Volksgemeinschaft schwer schädigt. – Die Pflicht meines bischöflichen Amtes, für die sittliche Ordnung einzutreten, die Pflicht meines Eides, in dem ich vor Gott und vor dem Vertreter der Reichsregierung gelobt habe, nach Kräften „jeden Schaden zu verhüten, der das deutsche Volk bedrohen könnte", drängen mich, angesichts der Taten der Geheimen Staatspolizei diese Tatsache öffentlich warnend auszusprechen.
Meine Christen! Man wird mir vielleicht den Vorwurf machen, mit dieser offenen Sprache schwäche ich jetzt im Kriege die innere Front des deutschen Volkes. Demgegenüber stelle ich fest: Nicht ich bin die Ursache einer etwaigen Schwächung der inneren Front, sondern jene, die ungeachtet der Kriegszeit, ungeachtet der augenblicklichen Not, ja, jetzt hier in Münster zum Abschluss einer Schreckenswoche schauriger Feindesangriffe, schuldlose Volksgenossen ohne Gerichtsurteil und Verteidigungsmöglichkeit in harte Strafe nehmen, unsere Ordensleute, unsere Brüder und Schwestern, ihres Eigentums berauben, auf die Straße setzen, aus dem Lande jagen! Sie zerstören die Rechtssicherheit, sie untergraben das Rechtsbewusstsein, sie vernichten das Vertrauen auf unsere Staatsführung. Und darum erhebe ich im Namen des rechtschaffenen deutschen Volkes, im Namen der Majestät der Gerechtigkeit und im Interesse des Friedens und der Geschlossenheit der inneren Front meine Stimme, darum rufe ich laut als deutscher Mann, als ehrenhafter Staatsbürger, als Vertreter der christlichen Religion, als katholischer Bischof: „Wir fordern Gerechtigkeit!"
Bleibt dieser Ruf ungehört und unerhört, wird die Herrschaft der Königin Gerechtigkeit nicht wiederhergestellt, so wird unser deutsches Volk und Vaterland trotz des Heldentums unserer Soldaten und ihrer ruhmreichen Siege an innerer Fäulnis und Verrottung zugrunde gehen!

Lasset uns beten für alle, die in Not sind, besonders für unsere Ordensleute, für unsere Stadt Münster, dass Gott weitere Prüfungen von uns fernhalte, für unser deutsches Volk und Vaterland und seinen Führer:
Vater unser ...

Peter Löffler (Bearb.), Bischof Clemens August Graf von Galen. Akten, Briefe und Predigten 1933-1946, Bd. 2: 1939-1946 (Veröffentlichungen der Kommission für Zeitgeschichte, Reihe A: Quellen, Bd. 42), Paderborn [2]1996, S. 850 f.

1. *Analysieren Sie Beweggründe und Ziele für Galens Predigt.*
2. *Überprüfen Sie, inwiefern es sich bei dieser Predigt um eine Form von Widerstand handelt.*

M4 Der militärische Widerstand – erinnerungswürdig?

Der konservative Historiker und Publizist Joachim Fest (1926-2006) äußert sich in einer Rede in der Paulskirche am 20. Juli 2004 zum 60. Jahrestag des Stauffenberg-Attentates:

Der Umsturzversuch vom 20. Juli zählt, mitsamt dem Widerstand, der ihn trug, zu den erinnerungswürdigen Ereignissen der deutschen Geschichte. Kein Land hat viele Tage solchen Ranges. Aber wo immer dergleichen geschah, erinnern sich Völker mit Genugtuung und Stolz der oftmals lange zurückliegenden Hergänge und borgen sich etwas von deren Glanz für das Alltagsgrau der Gegenwart.
Nur die Deutschen nicht. Jedenfalls nicht bis an die Schwelle dieses Tages. Sie kennen zwar alle Verdammungsformeln für das Hitlerreich und die Rituale der Beschwörung. Aber von Widerstand, der doch einen der Lichtpunkte im Schreckensbild jener Jahre darstellt, ist wenig die Rede.
Natürlich sind die Vorwürfe unschwer beizubringen. Gerade unter den Militärs gab es, anfangs zumal, viele, die Hitlers Politik der nationalen Selbstachtung und des Widerrufs von Versailles begrüßten und auch natürlich die Karrierechancen bedachten, die sich unverhofft für sie auftaten. Zwei Vorhaltungen werden dem Widerstand gemacht. Die eine lautet, dass er sich weitaus zu spät, bei schon absehbarer Niederlage, zur Tat entschlossen habe. [...]
Der andere Einwand zielt auf die gesellschaftliche Zusammensetzung des Widerstands: er sei ganz überwiegend eine Vereinigung von Militärs und Aristokraten gewesen. [...]
Womöglich am stärksten beunruhigte die Verschwörer, dass aller Widerstand, selbst noch im Jahre 1944, ein Widerstand ohne Rückhalt im Volk war und vermutlich sogar gegen die übergroße Mehrheit des Volkes. [...]
Zu den neueren Einwänden gegen den Widerstand gehört, dass keiner der Beteiligten die politisch-soziale Ordnung der Bundesrepublik im Sinn gehabt habe. [...]
Für diejenigen, die der moralischen oder politischen Seite des Widerstands nichts abgewinnen können, gibt es ein weiteres und, wie ich meine, unwiderlegbares Argument. Zu den beherrschenden Absichten der Regimegegner im zivilen wie militärischen Bereich zählte, soviel wie möglich an menschlicher wie materieller Substanz vor der heranrückenden Katastrophe zu retten. Eine Denkschrift nennt die Opfer innerhalb der deutschen Bevölkerung, die zwischen dem Tag des Kriegsbeginns, dem 1. September 1939, und dem 20. Juli 1944 ihr Leben verloren. Das waren etwas über 2,8 Millionen Menschen. In den verbleibenden knapp zehn Monaten vom 21. Juli 1944 bis zum Ende des Krieges betrug die Zahl der Toten jedoch 4,8 Millionen. Noch beklemmender ist der daraus berechnete Durchschnitt. In der Zeit bis zum Attentat kamen alle vierundzwanzig Stunden 1588 Menschen ums Leben. In den verbleibenden zehn Monaten bis zum Mai 1945 waren es aber 16 641 Tag für Tag. [...]
Vernichtet wurden nach dem 20. Juli zudem die Städte Stuttgart, Darmstadt, Kassel, Nürnberg, Essen, Würzburg, Kiel, Ulm, Mainz, Dresden, Potsdam. Das sind nur einige Namen aus einer weit längeren Liste. Daneben lief der Luftkrieg gegen die übrigen, durch den völligen Zusammenbruch der deutschen Luftabwehr schutzlos preisgegebenen Städte ungehindert weiter. Und darüber hinaus muss man der annähernd vier Millionen Toten anderer Nationen auf den Schlachtfeldern an Deutschlands Grenzen gedenken sowie der ungezählten Opfer der bis zuletzt weitergeführten Vernichtungspolitik.

Joachim Fest, Bürgerlichkeit als Lebensform. Späte Essays, Reinbek 2007, S. 147-162

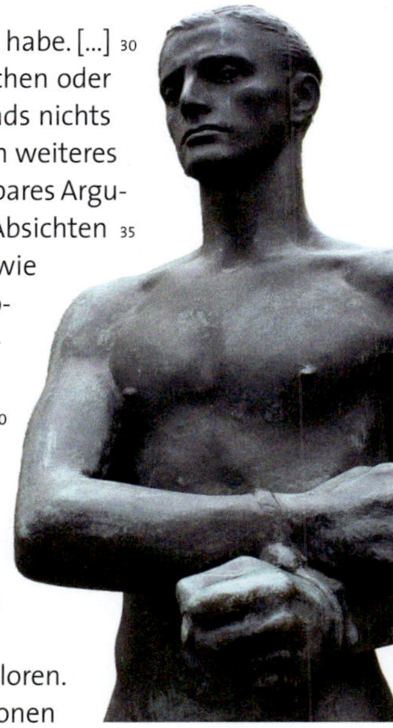

▲ **Ehrenmal im Innenhof des Bendlerblocks/Gedenkstätte Deutscher Widerstand in Berlin.**
Foto (Ausschnitt) von 2011. An diesem Ort waren nach dem Umsturzversuch vom 20. Juli 1944 fünf Offiziere, darunter Oberst Claus Schenk Graf von Stauffenberg, hingerichtet worden.

1. *Fassen Sie Fests Position in einer These zusammen.*
2. *Überprüfen Sie die vom Autor angeführten Einwände auf ihre Stichhaltigkeit.*
3. ➕ *Recherchieren Sie zu den Bombenangriffen auf eine der genannten Städte.*
4. *Bewerten Sie Fests „unwiderlegbares Argument" (Z. 34 f.).*

Umgang mit der NS-Zeit

Die erste Phase der „Aufarbeitung“ In den ersten Nachkriegsjahren war nur eine Minderheit der Deutschen an einer kritischen Auseinandersetzung mit der jüngsten Vergangenheit interessiert. Abgesehen davon, dass die schwersten Verbrechen juristisch verfolgt wurden, gehörte es zu der von den Siegermächten verordneten politischen Bewältigung des „Dritten Reichs“, dass alle Erwachsenen über ihre Funktion und Einstellung im NS-Regime Rechenschaft ablegen sollten. Vor allem die amerikanische Besatzungsmacht verfolgte diese Aufgabe mit großem Ernst. Doch als die „*Entnazifizierungen*“ 1950 abgeschlossen waren, wandte sich die deutsche Bevölkerung den Herausforderungen des Alltags zu und verdrängte die unangenehme Vergangenheit.

In der ersten Phase der „Aufarbeitung“ der NS-Zeit versuchte die Geschichtswissenschaft ihrerseits mithilfe zweier Deutungsmuster, sowohl die deutsche Geschichte als auch den „ganz normalen Deutschen“ von der Verantwortung zu entlasten. Erstens: Der Nationalsozialismus sei ein „Betriebsunfall“ gewesen, eine absolute Ausnahmesituation, die mit der deutschen Geschichte kaum etwas zu tun gehabt habe. Das zweite Deutungsmuster besagte, dass Deutschland Opfer eines verbrecherischen Führers und seiner Clique geworden sei, die es geschafft hätten, das Not leidende Volk zu verführen, durch einen totalen Zwangsstaat zu unterjochen und ins Verderben zu treiben.

Einen anderen Weg der Entlastung wählte die DDR. Der Faschismus wurde als letzte Steigerung der kranken kapitalistischen Gesellschaftsform interpretiert. Seine historisch folgerichtige Überwindung durch die sozialistische Revolution schloss die Läuterung fast aller Beteiligten gleich mit ein. Die „Aufarbeitung“ nach westlichem Muster wurde nicht für nötig erachtet. Historische Kontinuität leitete die DDR vor allem aus dem kommunistischen Widerstand im NS-Regime ab.

Verantwortung von Deutschen Im Westen ist die These vom „Betriebsunfall“ bereits in den Fünfzigerjahren widerlegt worden, als Historiker nachweisen konnten, dass nicht nur im Antisemitismus, sondern auch im obrigkeitsstaatlichen Denken und im ausgeprägten Hang zum Militarismus eine Kontinuität vom Kaiserreich über die Weimarer Republik hinweg bestanden hatte. In den Sechzigerjahren zeigte im Zusammenhang mit den großen *Frankfurter Auschwitz-Prozessen* 1963 - 65 eine Fülle von bis dahin nicht zugänglichem Aktenmaterial, wie weit die NS-Herrschaft in alle Bereiche von Staat und Wirtschaft hineinreichte und wie groß die Unterstützung war, die sie dort fand.

Die Geschichtswissenschaft wandte sich verstärkt gesellschaftlichen Fragestellungen zu und beleuchtete die These von der „Opferrolle“ des deutschen Volkes kritisch. Detaillierte Untersuchungen verdeutlichten, dass die NS-Herrschaft keineswegs so allumfassend war, wie sie es dem nationalsozialistischen Anspruch nach zu sein schien. Auch wenn ein ständiges Gefühl der Bedrohung und reale Angst in der Bevölkerung unterstellt werden müssen: Von einer totalen Durchdringung und Überwachung des Alltags durch das Regime konnte keine Rede sein. Zivilcourage und unangepasste Handlungsweisen waren möglich und wurden nicht immer verfolgt.

Auch das genaue Studium von Gestapo-Akten bestätigte, dass das NS-Regime offenbar auf ein weit höheres Maß an freiwilliger Gefolgschaft und Akzeptanz in der Bevölkerung zurückgreifen konnte. Ein nicht unerheblicher Teil der deutschen Bevölkerung hat, teils unter Druck oder in jugendlichem Fanatismus, teils aber auch bewusst kalkulierend, freiwillig und regelmäßig Auskünfte über das Verhalten anderer Personen gegeben und damit die Gewaltherrschaft aktiv unterstützt.

Besonderes Augenmerk gilt in der Forschung dem Holocaust. Gemäß einer frühen Deutung war der persönliche Judenhass Adolf Hitlers entscheidend für die Massenmorde. In den Sechziger- und Siebzigerjahren war dann viel von einem „Selbstläufertum“ der Institutionen die Rede, von einer seelenlosen Maschinerie des Tötens, die, einmal in Gang gesetzt, kaum noch zu stoppen gewesen sei. Dass für diese Maschinerie aber der bereitwillig Ausführende eine ebenso tragende Rolle spielte wie eine verbreitete Volksmentalität, in der ein aggressiver Antisemitismus sich seit dem 19. Jahrhundert entwickeln konnte, ist erst in jüngster Zeit hervorgehoben worden.

Auch die lange Zeit für unantastbar gehaltene Rolle der Wehrmacht im NS-Regime, die, von Ausnahmen abgesehen, nicht an den Verbrechen gegen Juden beteiligt gewesen sei, wurde widerlegt, unter anderem durch die Ausstellung *„Verbrechen der Wehrmacht“*. Trotz einiger wissenschaftlicher Irrtümer, die korrigiert werden mussten, führte die Ausstellung die Beteiligung der Armee an rassistischen Verbrechen vor Augen. Die jüngsten Forschungen des Historikers *Götz Aly* belegen, wie nicht nur die Wehrmacht, sondern viele Deutsche finanziell vom Raubmord an den Juden profitierten.*

In Nürnberg und anderswo

▲ **„Er hat mir's doch befohlen!“**
Karikatur von 1946.
Vom 20.11.1945 - 1.10.1946 klagten die Siegermächte im „Nürnberger Prozess“ die Hauptkriegsverbrecher an (siehe Seite 404 f.).
- *Erörtern Sie die Aussagen der Karikatur.*

Relativierung der Verbrechen? Ein weiterer „entlastender“ Ansatz ist die *Totalitarismus-Interpretation*. Sie sieht die eingeschränkten Rechte des Individuums, die Verfolgung Andersdenkender oder Machthierarchien ohne klare Kompetenzverteilung ebenso im Stalinismus wie in rechten Diktaturen verwirklicht. Daraus schließt sie auf eine allgemeine, nicht nur den Deutschen eigene Neigung zu autoritärer Herrschaft.

Einen Schritt weiter ist *Ernst Nolte* gegangen, der die These vom *europäischen Bürgerkrieg* vertrat: Er hat versucht, Faschismus und Bolschewismus konsequent als gesamteuropäisches Phänomen zu interpretieren, das mit einer gewissen Zwangsläufigkeit und in gegenseitiger Abhängigkeit zur Katastrophe geführt habe.

Die Deutungsvarianten „Totalitarismus“ und „europäischer Bürgerkrieg“ sehen sich freilich dem Vorwurf ausgesetzt, durch die Betonung des internationalen Kontextes die spezifisch deutschen Verbrechen relativieren und verharmlosen zu wollen. An diesen Auffassungen entzündete sich in den Achtzigerjahren der *„Historikerstreit“* in Fachwelt und Presse (▸ M1, M2).

„Gedenkkultur“ Gedenktage, Gedenktafeln und Museen sollen die Verbrechen der NS-Diktatur im öffentlichen Bewusstsein wach halten. So wurde beispielsweise der *27. Januar, der Tag der Befreiung des Vernichtungslagers Auschwitz-Birkenau*, zum nationalen Gedenktag und 2005 zum internationalen Holocaustgedenktag erklärt.

Wie schwierig es ist, eine öffentliche Gedenkstätte zu gestalten, in der sich der Umgang mit der NS-Zeit angemessen ausdrückt, zeigen die Diskussionen um das *Denkmal für die ermordeten Juden Europas*: Schon 1988 gründeten Lea Rosh und Eberhard Jäckel eine Bürgerinitiative zur Errichtung einer Gedenkstätte. Bei den heftigen öffentlichen Diskussionen war besonders umstritten, ob nicht ein Mahnmal errichtet werden sollte, das allen Opfern des NS-Terrorregimes gewidmet ist. Nachdem ein erster Entwurf abgelehnt wurde, entschied sich am 25. Juni 1999 eine Bundestagsmehrheit für einen revidierten Entwurf des amerikanischen Architekten *Peter Eisenman*.

Einen besonders kritischen Umgang mit der Geschichte fordern unsere europäischen Nachbarn ebenso wie Opfer und Hinterbliebene. Auch wenn das Deutschland der Nachkriegszeit einen überwiegend positiven Beitrag zum friedlichen Zusammenleben der Völker leisten konnte, wird es doch noch lange am Umgang mit den dunklen Seiten seiner Vergangenheit gemessen werden.

* Siehe Seite 351.

M1 Schlussstrich?

In den Achtzigerjahren findet in der westdeutschen Geschichtswissenschaft und Presse eine heftige Debatte um die „Einmaligkeit" des nationalsozialistischen Judenmordes statt („Historikerstreit"). Dabei geht es auch um die Frage, wie „normal" die nationalsozialistische Zeit jemals in der deutschen Geschichte werden könne. Der Historiker Ernst Nolte bezieht in der „Frankfurter Allgemeinen Zeitung" vom 6. Juni 1986 dazu Stellung:

Mit der „Vergangenheit, die nicht vergehen will", kann nur die nationalsozialistische Vergangenheit der Deutschen oder Deutschlands gemeint sein. Das Thema impliziert die These, dass normalerweise jede Vergangenheit vergeht und dass es sich bei diesem Nicht-Vergehen um etwas ganz Exzeptionelles handelt. [...]
Gerade diejenigen, die am meisten und mit dem negativsten Akzent von „Interessen" sprechen, lassen die Frage nicht zu, ob bei jenem Nicht-Vergehen der Vergangenheit auch Interessen im Spiel waren oder sind, etwa die Interessen einer neuen Generation im uralten Kampf gegen „die Väter" oder auch die Interessen der Verfolgten und ihrer Nachfahren an einem permanenten Status des Herausgehoben- und Privilegiertseins.
Die Rede von der „Schuld der Deutschen" übersieht allzu geflissentlich die Ähnlichkeit mit der Rede von der „Schuld der Juden", die ein Hauptargument der Nationalsozialisten war. Alle Schuldvorwürfe gegen „die Deutschen", die von Deutschen kommen, sind unaufrichtig, da die Ankläger sich selbst oder die Gruppe, die sie vertreten, nicht einbeziehen und im Grunde bloß den alten Gegnern einen entscheidenden Schlag versetzen wollen. [...]
Es ist ein auffallender Mangel der Literatur über den Nationalsozialismus, dass sie nicht weiß oder nicht wahrhaben will, in welchem Ausmaß all dasjenige, was die Nationalsozialisten später taten, mit alleiniger Ausnahme des technischen Vorgangs der Vergasung, in einer umfangreichen Literatur der frühen Zwanzigerjahre bereits beschrieben war: Massendeportationen und -erschießungen, Folterungen, Todeslager, Ausrottungen ganzer Gruppen nach bloß objektiven Kriterien, öffentliche Forderungen nach Vernichtung von Millionen schuldloser, aber als „feindlich" erachteter Menschen. [...] Vollbrachten die Nationalsozialisten, vollbrachte Hitler eine „asiatische" Tat vielleicht nur deshalb, weil sie sich und ihresgleichen als potenzielle oder wirkliche Opfer einer „asiatischen" Tat betrachteten? War nicht der „Archipel GULag"[1] ursprünglicher als Auschwitz? War nicht der „Klassenmord" der Bolschewiki das logische und faktische Prius[2] des „Rassenmords" der Nationalsozialisten? [...] Rührte Auschwitz vielleicht in seinen Ursprüngen aus einer Vergangenheit, die nicht vergehen wollte? [...]
Wenn sie [die Geschichte des „Dritten Reichs"] in all ihrer Dunkelheit und in all ihren Schrecknissen, aber auch in der verwirrenden Neuartigkeit, die man den Handelnden zugute halten muss, einen Sinn für die Nachfahren gehabt hat, dann muss er im Freiwerden von der Tyrannei des kollektivistischen Denkens bestehen. Das sollte zugleich die entschiedene Hinwendung zu allen Regeln einer freiheitlichen Ordnung bedeuten, einer Ordnung, welche die Kritik zulässt und ermutigt, soweit sie sich auf Handlungen, Denkweisen und Traditionen bezieht, also auch auf Regierungen und Organisationen aller Art, die aber die Kritik an Gegebenheiten mit dem Stigma des Unzulässigen versehen muss, von denen die Individuen sich nicht oder nur unter größten Anstrengungen lösen können, also die Kritik an „den" Juden, „den" Russen, „den" Deutschen oder „den" Kleinbürgern. Sofern die Auseinandersetzung mit dem Nationalsozialismus gerade von diesem kollektivistischen Denken geprägt ist, sollte endlich ein Schlussstrich gezogen werden. Es ist nicht zu leugnen, dass dann Gedankenlosigkeit und Selbstzufriedenheit um sich greifen könnten.
Aber das muss nicht so sein, und Wahrheit darf jedenfalls nicht von Nützlichkeit abhängig gemacht werden. Eine umfassendere Auseinandersetzung, die vor allem im Nachdenken über die Geschichte der letzten zwei Jahrhunderte bestehen müsste, würde die Vergangenheit, von der im Thema die Rede ist, zwar ebenso zum „Vergehen" bringen, wie es jeder Vergangenheit zukommt, aber sie würde sie sich gerade dadurch zu Eigen machen.

Ernst Nolte, Vergangenheit, die nicht vergehen will, in: „Historikerstreit". Die Dokumentation der Kontroverse um die Einzigartigkeit der nationalsozialistischen Judenvernichtung, München 1987, S. 39 ff.

1. *Arbeiten Sie Noltes Kritik am Umgang mit der nationalsozialistischen Vergangenheit heraus.*
2. *Erläutern Sie, für welchen Umgang mit der Geschichte des „Dritten Reiches" Nolte plädiert.*

[1] **Archipel GULag**: Sammelbegriff für die sibirischen Zwangslager, in denen zwischen 1928 und 1952 ca. fünf Millionen Menschen zu Tode kamen
[2] lat. **prius**: „vorher"

M2 Wie lange haften die Nachgeborenen?

Am 11. Juli 1986 greift der Philosoph Jürgen Habermas mit seinem in der Wochenzeitung „Die Zeit" veröffentlichten Essay führende Historiker der Bundesrepublik an, vor allem Ernst Nolte. Dieser hat die Ursachen des Holocaust in Zusammenhang mit den stalinistischen Terrorakten in der Sowjetunion gebracht (M1). Daraus entstand eine heftige Debatte um die „Einmaligkeit" des nationalsozialistischen Völkermordes („Historikerstreit"). Dazu schreibt Habermas:

Unsere Situation hat sich, im Vergleich zu der vor vierzig Jahren [...], gründlich verändert. Damals ging es um die Unterscheidung zwischen der persönlichen Schuld der Täter und der kollektiven Haftung derer, die es – aus wie immer verständlichen Gründen – unterlassen hatten, etwas zu tun. Diese Unterscheidung trifft nicht mehr das Problem von Nachgeborenen, denen das Unterlassungshandeln ihrer Eltern und Großeltern nicht zur Last gelegt werden kann. Gibt es für diese überhaupt noch ein Problem der Mithaftung? [...] Nach wie vor gibt es die einfache Tatsache, dass auch die Nachgeborenen in einer Lebensform aufgewachsen sind, in der das möglich war. Mit jenem Lebenszusammenhang, in dem Auschwitz möglich war, ist unser eigenes Leben [...] innerlich verknüpft. Unsere Lebensform ist mit der Lebensform unserer Eltern und Großeltern verbunden durch ein schwer entwirrbares Geflecht von familialen, örtlichen, politischen, auch intellektuellen Überlieferungen – durch ein geschichtliches Milieu also, das uns erst zu dem gemacht hat, was und wer wir heute sind. Niemand von uns kann sich aus diesem Milieu herausstehlen, weil mit ihm unsere Identität, sowohl als Individuen wie als Deutsche, unauflöslich verwoben ist. [...] Wir müssen also zu unseren Traditionen stehen, wenn wir uns nicht selber verleugnen wollen. [...] Aber was folgt aus dieser existenziellen Verknüpfung mit Traditionen und Lebensformen, die durch unaussprechliche Verbrechen vergiftet worden sind? [...] Überträgt sich etwas von dieser Haftung auch noch auf die nächste und die übernächste Generation? Aus zwei Gründen, denke ich, sollten wir die Frage bejahen.

Da ist zunächst die Verpflichtung, dass wir in Deutschland – selbst wenn es niemand sonst mehr auf sich nähme – unverstellt, und nicht nur mit dem Kopf, die Erinnerung an das Leiden der von deutschen Händen Hingemordeten wachhalten müssen. [...] Wenn wir uns über dieses Benjamin'sche Vermächtnis[1] hinwegsetzten, würden jüdische Mitbürger, würden überhaupt die Söhne, die Töchter und die Enkel der Ermordeten in unserem Lande nicht mehr atmen können. Das hat auch politische Implikationen. Jedenfalls sehe ich nicht, wie sich das Verhältnis der Bundesrepublik beispielsweise zu Israel auf absehbare Zeit „normalisieren" könnte. [...] Nach Auschwitz können wir nationales Selbstbewusstsein allein aus den besseren Traditionen unserer nicht unbesehen, sondern kritisch angeeigneten Geschichte schöpfen. Wir können einen nationalen Lebenszusammenhang, der einmal eine unvergleichliche Versehrung der Substanz menschlicher Zusammengehörigkeit zugelassen hat, einzig im Lichte von solchen Traditionen fortbilden, die einem durch die moralische Katastrophe belehrten, ja argwöhnischen Blick standhalten. Sonst können wir uns selbst nicht achten und von anderen nicht Achtung erwarten.

Diese Prämisse hat bisher das offizielle Selbstverständnis der Bundesrepublik getragen. Der Konsens wird heute von rechts aufgekündigt. Man fürchtet nämlich eine Konsequenz: Eine kritisch sichtende Traditionsaneignung fördert in der Tat nicht das naive Vertrauen in die Sittlichkeit bloß eingewöhnter Verhältnisse; sie verhilft nicht zur Identifikation mit ungeprüften Vorbildern.

Jürgen Habermas, Vom öffentlichen Gebrauch der Historie, in: „Historikerstreit". a. a. O., S. 245 ff.

1. *Erläutern Sie, was Habermas mit einer „kritisch angeeigneten Geschichte" (Zeile 43) meint.*
2. *Analysieren Sie, welche „Erkenntnisinteressen" in der Interpretation des „Dritten Reiches" Habermas bestimmten Gruppen von Zeitgenossen vorwirft.*
3. *Nehmen Sie Stellung zur Frage der „Mithaftung der Nachgeborenen" und des „richtigen Umgangs" mit der Geschichte des „Dritten Reiches". Wie wirkt sich dies auf das deutsche Selbstverständnis aus?*

[1] Der Literaturwissenschaftler Walter Benjamin (1892-1940) war jüdischer Herkunft und nahm sich auf der Flucht vor der Gestapo das Leben. In seinen Aufzeichnungen fand sich die dringende Mahnung, dass die immerwährende Erinnerung an die grausamen Verbrechen der Deutschen die einzig mögliche Sühne wäre.

NS-Ideologie

- Die Idee der „**Volksgemeinschaft**" beruht auf Nationalismus und Rassismus.
- Die Eroberung von Lebensraum im Osten gründet sich auf den Gedanken des **Sozialdarwinismus**.
- Das **Führerprinzip** basiert auf einer antiparlamentarischen Grundhaltung.
- **Antiliberalismus**, **Antimarxismus** und **Antisemitismus** sind Elemente in der Ausgrenzungsstrategie gegen sogenannte „Volksfeinde".

Machtübernahme, Gleichschaltung und Widerstand

- Nach dem **Reichstagsbrand** am 27. Februar 1933 wurde die KPD verboten, die Grundrechte wurden per Notverordnung außer Kraft gesetzt.
- Bei den **Reichstagswahlen** am 5. März 1933 verfehlte die NSDAP die absolute Mehrheit mit 43,9 Prozent.
- Am 23. März 1933 verabschiedete der Reichstag das „**Ermächtigungsgesetz**", mit dem sich die Legislative selbst entmachtete.
- Daraufhin erfolgte die **Gleichschaltung** der Länder, der Verwaltung, der Polizei und Justiz, der Parteien, Gewerkschaften und Presse.
- Von Kindheit an kontrollierte der **totalitäre Staat** das Leben der Menschen mithilfe von Gemeinschaftsorganisationen und Verbänden.
- Durch umfangreiche **Propaganda** versuchte das Regime, die Macht zu sichern und die Bevölkerung für die eigenen Ziele zu mobilisieren.
- Eine breite Widerstandsbewegung gegen das NS-Regime hat es nicht gegeben. **Widerstand** gab es aus der Arbeiterbewegung, von Einzelnen (z.B. die „Weiße Rose", Georg Elser), aus Teilen der Kirchen (z.B. Bischof von Galen, „Bekennende Kirche"). Gegen Ende des Krieges wuchs auch der Widerstand innerhalb der Wehrmacht (Attentat vom 20. Juli 1944).

Arbeitswelt und Wirtschaftspolitik

- Die Arbeitsmarkt- und Wirtschaftspolitik der NSDAP war **auf den geplanten Krieg ausgerichtet**.
- Die **Gleichschaltung der freien Gewerkschaften** führte zur Vereinigung von Arbeitnehmern und Arbeitgebern in der Deutschen Arbeitsfront (DAF).
- Die **Aufhebung der Tarifautonomie** unterwarf die Lohnpolitik staatlicher Kontrolle.
- Das **Verbot von Streik und Aussperrung** sicherte die Produktion.

Außenpolitik

- Die erste Phase (1933-1936) war geprägt von einer **zweigleisigen Außenpolitik**: einerseits Friedenssignale (u.a. 1933 Frieden und Gleichberechtigung als Ziele in Hitlers Regierungserklärung), andererseits Aggression (u.a. 1933 Austritt aus dem Völkerbund, 1935 Einführung der allgemeinen Wehrpflicht, 1936 militärische Besetzung des Rheinlandes, Achse Berlin-Rom).
- 1937 wurde intern der Beginn des Krieges terminiert, was im **Hoßbach-Protokoll** dokumentiert ist. Es folgte eine **Expansionspolitik** (März 1938 „Anschluss" Österreichs, September 1938 Münchener Abkommen, Oktober 1938 Besetzung des Sudetenlandes, März 1939 Besetzung der „Rest-Tschechei").
- Mit dem Bruch des Münchener Abkommens **endete die Appeasement-Politik**. Polen erhielt im April 1939 eine Garantierklärung von England und Frankreich.
- Im „**Hitler-Stalin-Pakt**" vom August 1939 sah das geheime Zusatzprotokoll die Aufteilung Polens vor.

Zweiter Weltkrieg und Holocaust

- Die erste Phase der „**Blitzkriege**" gegen Polen, Dänemark, Norwegen, Belgien, die Niederlande, Luxemburg und Frankreich dauerte bis Mitte 1940.
- Mit dem **Überfall auf die Sowjetunion** am 22. Juni 1941 begann der Vernichtungskrieg im Osten.
- Der **Kriegseintritt der USA** im Dezember 1941 nach dem japanischen Angriff auf Pearl Harbor verschob die Kräfteverhältnisse entscheidend zugunsten der Anti-Hitler-Koalition: Der Kapitulation der deutschen Armee in **Stalingrad** im Februar 1943 folgte im Juni 1944 die **Landung der Alliierten in der Normandie**, am 8. Mai 1945 die Gesamtkapitulation Deutschlands.
- Der Weltkrieg endete wenige Wochen nach den amerikanischen **Atombombenabwürfen auf Hiroshima und Nagasaki** (6. und 9. August 1945).
- Der **planmäßigen Ermordung von Juden, Sinti und Roma sowie anderer verfolgter Gruppen** (u.a. Homosexuelle, Zeugen Jehovas) vor allem in Vernichtungslagern fielen insgesamt ca. sechs Millionen Menschen zum Opfer. Darüber hinaus wurden behinderte Menschen im Zuge der „**Euthanasie**" getötet.

NS-Wirtschaftspolitik

Ausgangslage:

Weltwirtschaftskrise ist überwunden: In den Industriestaaten erhöht sich die Produktion, die Arbeitslosenzahlen sinken.

Ziele

Hauptziel:

Vorbereitung des Eroberungs- und Vernichtungskrieges
→ Ausrichtung der Wirtschaft auf Krieg
→ Aufrüstung der Wehrmacht
→ Autarkie

kurzfristiges Ziel:

Senkung der Arbeitslosenzahlen
(zur Prestigesteigerung des Regimes)

Mittel

- Umstellung der Betriebe auf „kriegswichtige Produktion“
- Finanzierung „auf Pump“
- Eroberte Länder sollen später die Schulden tragen
- Enteignung von missliebigen Menschen (u.a. Juden)
- Erzeugung teurer synthetischer Produkte
- Einsparen von Devisen
- Zurückdrängen von Arbeitnehmerrechten; niedrige Löhne
- Ausbeutung von KZ-Häftlingen und Zwangsarbeitern

- Arbeitsbeschaffungsmaßnahmen (Reichsarbeitsdienst)
- Verfälschen der Statistiken (u.a. haben Frauen und verfolgte Bevölkerungsgruppen wie Juden keinen Anspruch auf Arbeitslosengeld)
- Verstärken der Wehrmacht

Folgen

- schlechte Qualität von Konsumgütern
- starkes Sinken des Lebensstandards

- inflationäre Geldpolitik
- Unwirtschaftlichkeit
- kaum Handelskontakte mit anderen Ländern

1. *Kriegsruinen wie die Berliner Kaiser-Wilhelm-Gedächtniskirche sind eine Form von Denkmal, um an die Schrecken von Nationalsozialismus und Zweitem Weltkrieg zu erinnern. Stellen Sie dazu weitere unterschiedliche Formen von Denkmälern zusammen. Bewerten Sie jeweils, ob es sich um gelungene Beispiele für Gedenkkultur handelt.*

2. *Immer wieder sprechen einige von einer angeblich „guten NS-Wirtschaftspolitik“ und führen dabei meist die Senkung der Arbeitslosigkeit an. Erstellen Sie in Gruppenarbeit einen kurzen Vortrag, der diese Ansicht grundsätzlich widerlegt.*

Die deutsch-deutsche Geschichte nach 1945

◄ **Das „Fenster des Gedenkens" auf dem Gelände der Gedenkstätte Berliner Mauer.**
Foto von 2011.
Auf dem ursprünglich in Ost-Berlin gelegenen Grenzstreifen wird die Geschichte der deutschen Teilung in der Außenausstellung der Gedenkstätte am Beispiel der Bernauer Straße exemplarisch dargestellt. Dazu gehört neben dem Denkmal zur Erinnerung an die geteilte Stadt und die Opfer kommunistischer Gewaltherrschaft auch das Fenster des Gedenkens, das an die an der Berliner Mauer getöteten Menschen erinnert. Im ehemaligen Westteil der Stadt, auf der anderen Seite der Bernauer Straße, stehen das Besucherzentrum sowie das Dokumentationszentrum, wo man sich in einer Ausstellung über den Mauerbau im August 1961 informieren kann.

Zwischen Zusammenbruch und Neubeginn	**1945**	Potsdamer Konferenz der alliierten Siegermächte über Deutschland.
	1945 - 1948	Vertreibung von rund 14 Millionen Deutschen aus den ehemaligen Ostgebieten des Deutschen Reiches sowie aus Ost- und Südosteuropa.
	1945/46	Nürnberger Prozess gegen die Hauptkriegsverbrecher.
	21./22.4.1946	In der Sowjetischen Besatzungszone schließen sich KPD und SPD zur SED zusammen.
Die doppelte Staatsgründung	**1947**	Erstes deutsches Parlament nach dem Zweiten Weltkrieg: der Frankfurter Wirtschaftsrat.
	1948/49	Berlin-Blockade. Die Stadt wird geteilt und erhält getrennte Verwaltungen.
	1948 - 1952	US-amerikanische Aufbauhilfe (Marshall-Plan) für die westeuropäischen Länder.
	1949	Gründung der Bundesrepublik Deutschland und der DDR.
Geteilte Geschichte: Bundesrepublik und DDR 1949-1989	**1950**	Gründung des Ministeriums für Staatssicherheit (MfS); die DDR wird Mitglied im Rat für Gegenseitige Wirtschaftshilfe (RGW).
	17.6.1953	Landesweiter Arbeiteraufstand gegen das SED-Regime.
	Mai 1955	Mit den Pariser Verträgen endet die Besatzungszeit im Westen. Die Bundesrepublik wird Mitglied der NATO.
	1957	Gründung der Europäischen Wirtschaftsgemeinschaft (EWG).
	13.8.1961	Die DDR-Regierung beginnt in Berlin mit dem Bau der Mauer.
	1972/73	Grundlagenvertrag zwischen Bundesrepublik und DDR.
	1975	Die DDR unterzeichnet die KSZE-Schlussakte, in der Menschen- und Bürgerrechte nach westlichem Maßstab festgelegt sind.
Friedliche Revolution und Wiedervereinigung	**1985 - 1989**	In der DDR entsteht eine Oppositionsbewegung.
	4.9.1989	Erste „Montagsdemonstration" in Leipzig. Einen Monat später fordern über 500 000 Menschen in Berlin einen „eigenständigen Weg" der DDR.
	7./8.11.1989	Die DDR-Regierung und das Politbüro der SED treten zurück.
	9.11.1989	Die Grenzübergänge nach West-Berlin und in die Bundesrepublik werden geöffnet.
	3.10.1990	Wiedervereinigung Deutschlands.

Deutschland nach dem Zweiten Weltkrieg: Teilung – Verflechtung – Wiedervereinigung

Nach der bedingungslosen Kapitulation Deutschlands am 8. Mai 1945 und dem Ende des Zweiten Weltkrieges in Europa erschien es fraglich, ob auf deutschem Boden eine stabile freiheitlich-parlamentarische Demokratie mit einer pluralistischen Gesellschaft entstehen könnte.

Die Bedingungen für den Neubeginn gaben die Alliierten vor, wie sie während der Konferenz von Potsdam 1945 diskutiert und formuliert wurden. Deutschland stand zu diesem Zeitpunkt vor enormen Problemen. Zu bewältigen war die Auseinandersetzung mit dem Nationalsozialismus und die als Entnazifizierung bezeichnete politische Säuberung, außerdem die Beseitigung der Kriegsschäden, der Neuaufbau der Wirtschaft sowie die Integration der Millionen Menschen, die nach Flucht und Vertreibung ins Land strömten.

Die zunehmenden ideologischen und politischen Spannungen zwischen der Sowjetunion und den USA im beginnenden Kalten Krieg beendeten die Zusammenarbeit zwischen den Alliierten. Sie blockierten wegen der Gründung der Bundesrepublik Deutschland und der Deutschen Demokratischen Republik im Jahr 1949 auch die Lösung der deutschen Frage.

Es sollte 20 Jahre dauern, bis es im Rahmen der globalen Entspannungspolitik in den 1970er-Jahren zu einer Normalisierung der Beziehungen zwischen den beiden deutschen Staaten kam (Ostverträge und Grundlagenvertrag). Eine Lösung der deutschen Frage blieb aber einem Friedensvertrag vorbehalten. Die Regierung in Bonn bekräftigte die Wiedervereinigung als Ziel.

In der DDR wurde in der Ära Honecker der Widerspruch zwischen Propaganda und Wirklichkeit stetig unerträglicher. Verkündet wurde, der Sozialismus verkörpere die menschlichere und erfolgreichere Alternative zum westlichen Kapitalismus. Dabei wurde die Lage im „real existierenden Sozialismus" immer trostloser.

Die DDR-Führung verkannte, dass mit der ab 1985 in der UdSSR betriebenen Reformpolitik von Michail Gorbatschow (Glasnost und Perestroika) der militärische Bestandsschutz ihrer Diktatur wegbrach. Während sie sich und ihren Staat anlässlich des 40. Jubiläums der Staatsgründung im Herbst 1989 feiern ließ, formierte sich eine friedliche Revolution. Massendemonstrationen führten in diesem Jahr nicht nur zum Sturz kommunistischer Regierungen in Osteuropa, sondern am 9. November 1989 auch zum Mauerfall. Er machte die innerdeutsche Grenze zunächst nur durchlässig, war aber schließlich der Auftakt für die Wiedervereinigung Deutschlands, die am 3. Oktober 1990 durch den Beitritt der fünf neuen Bundesländer zur Bundesrepublik staats- und völkerrechtlich vollzogen wurde. Damit war die deutsche Frage 45 Jahre nach dem Ende des Zweiten Weltkrieges beantwortet.

- *Welchen Bedingungen unterlag der Neubeginn des Landes nach 1945 und welche Faktoren führten zur Spaltung Deutschlands?*
- *Wie lässt sich die Entwicklung von Bundesrepublik und DDR bis zur deutschen Einheit bewerten?*
- *Wie lassen sich trennende und verbindende Elemente zwischen beiden Staaten und den Menschen in West und Ost beschreiben?*
- *Welche Entwicklungen führten zu den Ereignissen von 1989, wie verlief der Vereinigungsprozess und wie ist er zu bewerten?*

Deutschland nach 1945: zwischen Zusammenbruch und Neubeginn

Kriegsende Das Deutsche Reich war im Mai 1945 vollkommen zusammengebrochen. Mit der bedingungslosen Kapitulation der Wehrmacht gab die Reichsleitung alle Regierungsgewalt in die Hände der Sieger. Die USA, Großbritannien und die Sowjetunion trugen nun die Verantwortung für Deutschland. Im Juli 1945 wurde auch Frankreich in den Kreis der alliierten Siegermächte aufgenommen. Es gab vorerst keinen Friedensvertrag mit Deutschland, sondern lediglich Abkommen der Siegermächte über die Regelung des öffentlichen Lebens.

Die Potsdamer Konferenz Die politischen, territorialen und ökonomischen Probleme, die der Zweite Weltkrieg in Europa hinterlassen hatte, sollten auf einer Konferenz gelöst werden, zu der sich die „Großen Drei“, Harry S. Truman, Winston Churchill (der nach seiner Wahlniederlage am 28. Juli von *Clement R. Attlee* abgelöst wurde) und Josef Stalin, mit ihren Beraterstäben vom 17. Juli bis zum 2. August 1945 im Schloss Cecilienhof bei Potsdam einfanden. Frankreich wurde an den Verhandlungen nicht beteiligt und fühlte sich deshalb an die Ergebnisse der Konferenz nicht gebunden.

Über die politischen Grundsätze der zukünftigen Behandlung Deutschlands bestand zwischen den Alliierten seit der **Konferenz von Jalta** (Februar 1945) äußerliche Einigkeit. Allerdings verbanden die Westmächte und die Sowjetunion mit den gefundenen „Formelkompromissen“ unterschiedliche Inhalte. Neben der Frage der polnischen Westgrenze stritt man im Verlauf der Konferenz am heftigsten über die Reparationen, die Deutschland leisten sollte. Schließlich kam man überein, dass jede Besatzungsmacht ihre Reparationsansprüche im Wesentlichen aus ihrer eigenen Zone befriedigen sollte. Damit war das Land in vier Reparationsgebiete geteilt, obwohl man sich in der Abschlusserklärung darauf geeinigt hatte, Deutschland während der Besatzungszeit als eine „wirtschaftliche Einheit“ zu behandeln.

In der polnischen Grenzfrage akzeptierten beide Westmächte die **Oder-Neiße-Linie** „bis zur endgültigen Festlegung“ durch einen Friedensvertrag. Polen musste nun Gebiete im Osten an die Sowjetunion abtreten und erhielt im Westen Gebiete des ehemaligen Deutschen Reiches (Westverschiebung). Ein Zusatzprotokoll hielt auch die „Umsiedlung“ der deutschen Bevölkerung aus allen sowjetisch und polnisch besetzten Gebieten sowie aus Ungarn und der Tschechoslowakei fest.

Konferenz von Jalta: Treffen der „Großen Drei“ (Churchill, Roosevelt, Stalin) vom 4. bis 11. Februar 1945. Folgende Bestimmungen wurden Deutschland auferlegt: Entwaffnung und Entmilitarisierung, Entnazifizierung, Demokratisierung des politischen Lebens, Dezentralisierung der staatlichen Ordnung und der Wirtschaft sowie Wiederaufbau der lokalen Selbstverwaltung „nach demokratischen Grundsätzen“.

Oder-Neiße-Linie: von den Alliierten verfügte Grenzlinie zwischen Polen und Deutschland entlang der Flüsse Oder und Neiße westlich von Stettin bis Görlitz; seit 1990 endgültige Staatsgrenze zwischen Deutschland und Polen

Der Zusammenbruch als „Stunde Null“? Der Zusammenbruch des staatlichen und gesellschaftlichen Lebens in Deutschland bei Kriegsende war zugleich auch die Stunde der Befreiung von einem menschenverachtenden Regime.

Das Ende der Kriegshandlungen, des Nazi-Terrors und der Propaganda ließ Millionen von Deutschen aufatmen, doch standen viele vor dem Nichts, und der tägliche Kampf ums Überleben ging weiter. Erleichterung und Bedrückung, Apathie und ein Hochgefühl der Freiheit vermischten sich zu einer verschwommenen Stimmungslage, die häufig mit dem Begriff *„Stunde Null“* umschrieben worden ist. Der Begriff enthält sowohl die Vorstellung vom totalen Zusammenbruch als auch die Hoffnung auf einen radikalen Neubeginn. Er darf aber nicht darüber hinwegtäuschen, dass auch nach 1945 viele politische und gesellschaftliche Kontinuitäten wirksam blieben.

Zahllose Familien waren zerrissen, Frauen suchten ihre Männer, Eltern ihre Kinder, Ausgebombte ein Dach über dem Kopf, Flüchtlinge und Vertriebene eine neue Heimat. Jeder zweite Deutsche war damals auf Wanderschaft. Hinzu kamen etwa neun bis zehn Millionen ausländische Kriegsgefangene und Zwangsarbeiter (*Displaced Persons*, „DP's"), von denen die meisten schnell in ihre Heimat zurückkehren wollten. Befreit waren auch die Opfer der NS-Verfolgung, zumal die Überlebenden der Konzentrations- und Vernichtungslager. Insgesamt 750 000 Menschen konnten gerettet werden, davon lebten von 1945 bis 1952 mehr als 250 000 jüdische Überlebende in DP-Lagern in Deutschland.

Auf der anderen Seite befanden sich etwa elf Millionen deutsche Soldaten in alliierter Gefangenschaft. Die Westmächte entließen die meisten von ihnen bald nach Kriegsende, die letzten von ihnen 1948. Von den drei Millionen Gefangenen in sowjetischer Hand mussten die meisten jahrelang Schwerstarbeit unter harten äußeren Bedingungen leisten. Über eine Million verloren ihr Leben. Erst 1955 sagte die Regierung in Moskau die Entlassung der letzten Gefangenen aus den Straflagern zu.

▲ Deutsche Soldaten nach der Kapitulation auf dem Weg in die sowjetische Kriegsgefangenschaft.
Foto aus Berlin, Mai 1945.

Zerstörte Infrastruktur Weite Teile Europas lagen in Trümmern. Not und Hunger gehörten zum Alltag der Überlebenden. Deutschland schien im Mai 1945 ein in Auflösung befindliches Land zu sein. Viele Städte waren nahezu entvölkert, weil die Menschen versucht hatten, sich durch die Flucht aufs Land vor den Luftangriffen zu schützen. So hausten in dem schwer getroffenen Köln bei Kriegsende von ursprünglich 770 000 Einwohnern noch ganze 40 000 in den Trümmern. Mehr als drei Viertel der Wohnungen waren vernichtet (▸ M1). In den Städten fehlte es für Millionen Menschen an Gas, Wasser, Strom. Post und Telefonverkehr waren zusammengebrochen.

Die Wohnungsnot der Obdachlosen wurde noch durch die Millionen von Flüchtlingen und Vertriebenen aus dem Osten verschärft, die nach einer Behausung suchten, aber ebenso durch die Besatzungstruppen, die Häuser und Wohnungen für ihren Bedarf beschlagnahmten. Ein Zimmer diente häufig als Wohnraum für ganze Familien. Keller, Dachböden, Viehställe, stillgelegte Fabriken, primitive Baracken wurden zu Notunterkünften umgestaltet, in denen die Menschen auf engstem Raum und unter elenden Bedingungen leben mussten.

Schlimm war die Verkehrssituation: Ganze 650 Kilometer des Schienennetzes waren noch intakt, die meisten Lokomotiven und Waggons unbrauchbar geworden. Straßen, Schienen und Flüsse mussten erst wieder passierbar gemacht werden. Die industrielle Kapazität war hingegen nur zu einem Fünftel zerstört, was annähernd dem Stand von 1936 entsprach.

Hunger und Not Ein katastrophales Bild bot in den ersten Nachkriegsjahren die völlig unzureichende Versorgung der Bevölkerung in den Städten. War der durchschnittliche Kalorienverbrauch einer Person kurz vor Kriegsende bereits von 3 000 auf gut 2 000 Kalorien abgesunken, so halbierte er sich bis Mitte 1946 noch einmal. Für einen „Normalverbraucher" hieß dies beispielsweise, dass er täglich mit zwei Scheiben Brot, etwas Margarine, einem Löffel Milchsuppe und zwei Kartoffeln auskommen musste. Aber die Menschen litten nicht nur an Hunger, es fehlte auch an Brennstoffen,

▲ **„CARE-Pakete" aus dem Ausland.**
Ausstellungsstücke aus dem Haus der Geschichte in Bonn.

Kleidung und Hausrat. Krankheiten wie Typhus, Diphtherie und Keuchhusten grassierten. Ein Teil der produzierten Waren kam auch deshalb bei den Verbrauchern nicht an, weil sie als Tauschgegenstände auf dem florierenden *Schwarzmarkt* benötigt wurden.

Ohne die Einfuhr von Nahrungsmitteln und Kohle durch die Besatzungsmächte wäre die Situation noch schlimmer ausgefallen. Die Militärregierungen veranstalteten „Schulspeisungen" für Kinder und Jugendliche zwischen sechs und 18 Jahren. Karitative Organisationen, vor allem in Amerika, schickten Lebensmittel („**CARE**-Pakete") nach West-Berlin und Westdeutschland, um die schlimmste Not zu mildern. Amerikanische und kanadische Bürger finanzierten für Westdeutschland bis 1963 insgesamt etwa 9,5 Millionen Pakete in einem Gesamtwert von umgerechnet 177 Millionen Euro.

Flucht und gewaltsame Vertreibung ■ Zu den einschneidendsten Folgen des Zweiten Weltkrieges wurde für etwa 20 Millionen Menschen in Europa der Verlust ihrer Heimat. Er traf Polen, Tschechen, Slowaken, Ukrainer, Weißrussen, Litauer, Ungarn und Deutsche. Rund 14 Millionen Deutsche aus Ostpreußen, Pommern, Brandenburg und Schlesien sowie den deutschen Siedlungsgebieten in Ost- und Südosteuropa mussten ihre Heimatorte verlassen. Nach Schätzungen kamen dabei etwa 2,5 Millionen Menschen ums Leben.

Anfang 1945 flohen mehr als sechs Millionen Menschen aus den deutschen Ostgebieten vor der anrückenden Roten Armee. Die Zivilbevölkerung war Misshandlungen, Vergewaltigungen, Plünderungen und Verschleppungen ausgesetzt. Im Juni 1945 begann die brutalste Phase der gezielten Vertreibung von rund 300 000 Deutschen östlich von Oder und Neiße. Aus der Tschechoslowakei wurden gleichzeitig etwa 800 000 meist ältere Menschen, Frauen und Kinder vertrieben. Was Deutsche zuvor an ihren Nachbarn in Osteuropa verübt hatten – Unterdrückung, Verfolgung und Vertreibung –, schlug nun mit aller Grausamkeit auf sie zurück.

Obwohl auf der Potsdamer Konferenz eine „Ausweisung Deutscher aus Polen, der Tschechoslowakei und Ungarn" in „ordnungsgemäßer und humaner Weise" beschlossen worden war, blieb der Rachegedanke zunächst das vorherrschende Motiv für die Vertreibung, die erst nach 1947 in eine „geordnete Umsiedlung" überging (▸ M2).

Die Vertriebenen und Flüchtlinge konnten meist nur wenig Besitz retten. Für die sowjetische, britische und amerikanische Besatzungszone (die französische Besatzungsmacht weigerte sich bis 1948, Flüchtlinge aufzunehmen) bedeutete dieser Zustrom eine Verschärfung der ohnehin schon katastrophalen Versorgungs- und Wohnsituation. Zur materiellen Not kam hinzu, dass die Einheimischen die Flüchtlinge selten mit offenen Armen empfingen, mussten sie doch selbst Wohnraum abgeben und das Wenige, das sie zum Essen hatten, teilen.

Integration der Vertriebenen ■ Bis 1950 wurden knapp acht Millionen Vertriebene in Westdeutschland und 4,4 Millionen auf dem Gebiet der späteren DDR aufgenommen. Besonders schwierig war die Wohnungs- und Beschäftigungssituation: Millionen mussten über Jahre in Lagern leben, 3,4 Millionen Vertriebene im Westen Deutschlands bis 1963 noch einmal ihren Wohnsitz wechseln. Von den Vertriebenen, die zunächst in die *Sowjetische Besatzungszone* (SBZ) bzw. DDR gelangt waren, flüchteten mindestens 2,7 Millionen erneut und verließen das Land. Von den zehn Prozent Arbeitslosen, die es 1950 in Westdeutschland gab, war jeder Dritte ein Vertriebener.

CARE: Abkürzung für *Cooperative for American Remittances to Europe* (später *to Everywhere*); in den USA gegründete Organisation für Hilfssendungen nach Europa und später auch weltweit

Filmtipp:
Aber das Leben geht weiter (Dokumentarfilm von Karin Kaper und Dirk Szuszies von 2012 zum Thema Flucht, Vertreibung und Neubeginn)

Literaturtipps:
- *Stefan Aust und Stephan Burgdorff (Hrsg.), Die Flucht. Über die Vertreibung der Deutschen aus dem Osten, München 2005*
- *Andreas Kossert, Kalte Heimat. Die Geschichte der deutschen Vertriebenen nach 1945, München 2009*

Die 1949 gegründete Bundesrepublik legte mit Gesetzen unter dem Schlagwort „*Lastenausgleich*“ (Lastenausgleichsgesetz 1952, Bundesvertriebenengesetz 1953)* die Basis dafür, dass sich die Heimatvertriebenen bereitwillig in die westdeutsche Gesellschaft integrierten. Der Staat garantierte Hilfen, entweder als individuelle Entschädigung oder als Beihilfen zum Aufbau einer neuen Existenz. Die enorme Verbesserung der Beschäftigungssituation – 1960 war nahezu Vollbeschäftigung erreicht – war der entscheidende Grund für die gelungene Integration. Ihrerseits trugen die Vertriebenen zum wirtschaftlichen Aufstieg der Bundesrepublik bei.

In der DDR bekamen etwa 350 000 Vertriebene, offiziell „Umsiedler“ genannt, im Zuge der Bodenreform** Land zugewiesen. Vergleichbare Entschädigungen wie in der Bundesrepublik gab es in der DDR nicht. Erst nach der Wiedervereinigung 1990 erhielt rund eine Million ehemaliger Vertriebener in den neuen Bundesländern eine einmalige Zuwendung von umgerechnet je 2 050 Euro (Vertriebenenzuwendungsgesetz von 1994).

▲ **Flüchtlinge schleppen sich bei Kriegsende über die Elbbrücke bei Tangermünde.**
Foto vom 1. Mai 1945.
Ganze Trecks verließen den Osten Deutschlands, um der Verfolgung zu entkommen. Hunderttausende kamen auf der Flucht ums Leben.

▸ **Geschichte In Clips:**
Zu Flucht, Vertreibung und Umsiedlung siehe Code 32019-26

Deutschland wird in Besatzungszonen geteilt Schon auf der Konferenz von Jalta im Februar 1945 hatten die Vereinigten Staaten, die Sowjetunion und Großbritannien vereinbart, Deutschland zum Zwecke der Besatzung in drei Zonen zu teilen. Im Juli 1945 erhielt dann auch Frankreich aus den von Briten und Amerikanern besetzten Gebieten eine eigene Besatzungszone zugewiesen. Die vier Zonen waren nur als rein militärische Abgrenzungen gedacht, denn nach wie vor sollte Deutschland von den Siegermächten gemeinsam verwaltet werden.

In Berlin wurde der *Alliierte Kontrollrat* eingerichtet, ein Gremium der vier Militärgouverneure, das die Regierung für ganz Deutschland übernahm. Gemeinsam sollten die alliierten Befehlshaber die Besatzungsziele festlegen und dann in jeweils eigener Verantwortung in den Besatzungszonen umsetzen. Da im Kontrollrat jedoch das Einstimmigkeitsprinzip galt, führten Meinungsverschiedenheiten zwischen den Siegermächten bald zu seiner Handlungsunfähigkeit. Nach dem 20. März 1948 trat der Kontrollrat nicht wieder zusammen.

Politische Konzepte der Besatzungsmächte Pragmatisch, von den Gegebenheiten vor Ort geleitet, waren die alliierten Besatzungstruppen zunächst bemüht, die Verwaltung ihrer Gebiete in Gang zu bringen, damit die lebensnotwendigen Einrichtungen funktionieren konnten. Sie setzten Bürgermeister, Landräte und andere Verwaltungsfachleute ein, die unter der strengen Kontrolle der Besatzungsoffiziere tätig werden durften. Wie man jedoch mit den Deutschen in Zukunft verfahren sollte, blieb zwischen den Siegermächten strittig.

1. Die amerikanische Deutschlandpolitik hielt bis 1946 an einer primär moralisch begründeten Politik der Bestrafung und Umerziehung (*Re-Education*) der Deutschen fest. Es gab aber in Washington bereits damals einflussreiche Kräfte, die zur Sicherung

* Siehe Seite 422.
** Siehe Seite 411.

▲ **„Diese Schandtaten: Eure Schuld!"**
Foto aus Bad Mergentheim, Juli 1945.
Mit Bildern und Berichten aus den Konzentrationslagern wurde die deutsche Bevölkerung mit den nationalsozialistischen Verbrechen konfrontiert.

Westeuropas gegenüber der Sowjetunion den Zusammenschluss und den raschen Wiederaufbau der westlichen Besatzungszonen forderten.

2. Großbritannien war aus dem Krieg militärisch als Sieger, wirtschaftlich jedoch nahezu ruiniert hervorgegangen. Das Land war tief verschuldet, 1945/46 hungerte die Londoner Bevölkerung fast ebenso wie die Menschen im zerstörten Berlin. Die Briten wollten die deutsche Volkswirtschaft rasch wieder in Gang setzen, um sie von eigenen Hilfslieferungen unabhängig zu machen. Wie die USA setzten sie auf eine politische Stabilisierung Westdeutschlands gegen die Ausweitung des Kommunismus.

3. Frankreich war zunächst an einem politisch und ökonomisch zerstückelten Deutschland interessiert. Eine deutsche Bedrohung sollte dauerhaft verhindert werden. Entsprechend blockierte die französische Regierung bis 1947/48 alle Versuche der Briten und Amerikaner, gemeinsam die wirtschaftliche und politische Krise in Deutschland zu steuern, und schottete die eigene Besatzungszone von den übrigen ab.

4. Die sowjetische Regierung unter Stalin behielt sich die Einflussnahme auf ganz Deutschland vor, weil sie dringend Reparationslieferungen für das eigene Land benötigte. In der Sowjetischen Besatzungszone sollten grundlegende Strukturreformen stattfinden und ein kommunistisches Herrschafts- und Gesellschaftssystem mit Vorbildcharakter für Gesamtdeutschland errichtet werden.

Der Nürnberger Prozess ■ Die Alliierten hatten sich nicht zuletzt auf die Verfolgung und Verurteilung der deutschen Kriegsverbrecher geeinigt. Am 20. November 1945 eröffnete der *Internationale Militärgerichtshof*, zusammengesetzt aus Vertretern der Siegermächte, das Strafverfahren gegen die noch lebenden inhaftierten Vertreter der NS-Führung. Als Ort des Verfahrens wählte man Nürnberg, die Stadt der NS-Reichsparteitage. Angeklagt waren insgesamt 22 Einzelpersonen, ferner die Organisationen NSDAP, Gestapo und SD, SS, SA, die Reichsregierung und das Oberkommando der Wehrmacht. Die vier Anklagepunkte lauteten:

1. *Verschwörung gegen den Frieden* (Vorbereitung eines Angriffskrieges),
2. *Verbrechen gegen den Frieden* (Führen eines Angriffskrieges),
3. *Kriegsverbrechen* (Verstoß gegen die Haager Landkriegsordnung von 1907 durch Tötung und Misshandlung von Kriegsgefangenen, Hinrichtung von Geiseln, Misshandlung der Zivilbevölkerung, Verschleppung zur Zwangsarbeit),
4. *Verbrechen gegen die Menschlichkeit* (Völkermord).

Nach einjähriger Verhandlung wurden zwölf Angeklagte zum Tode verurteilt, sieben erhielten lange Haftstrafen, drei wurden freigesprochen. Von den angeklagten Organisationen wurden die NSDAP, die SS, die Gestapo und der SD zu verbrecherischen Organisationen erklärt; die Strafverfolgung ihrer Mitglieder wurde jedoch von einer nachweislichen persönlichen Schuld abhängig gemacht.

Der Nürnberger Prozess war ein wichtiger Schritt zur Aufhellung der Geschichte des NS-Regimes. Ein nachträgliches Bemänteln und Beschönigen der nationalsozialistischen Verbrechen ist angesichts der Beweiskraft der vielen tausend Dokumente und Zeugenaussagen seitdem unmöglich. Dass der Einzelne für seine Taten haftet und sich nicht hinter seinem Amt oder seiner Funktion verstecken kann, ist eines der wichtigsten Ergebnisse dieses Prozesses. Allerdings diente der Nürnberger Prozess auch vielen Deutschen als Entlastung: Während die noch lebenden, vormals führenden Kräfte des NS-Regimes vor Gericht standen, glaubte sich die Bevölkerung von der Frage einer Mitverantwortung entbunden.

Nachfolgeprozesse In allen vier Besatzungszonen fanden zwischen 1945 und 1949 zahlreiche weitere Prozesse gegen mutmaßliche NS-Täter statt. Von besonderer Bedeutung waren die zwölf großen Verfahren vor amerikanischen Militärgerichten in Nürnberg gegen SS-Ärzte, Juristen, Leiter von Einsatzgruppen der Sicherheitspolizei, Industrielle, hohe Offiziere der Wehrmacht, SS-Führer, leitende Beamte des Auswärtigen Amtes und KZ-Wächter. Insgesamt verurteilten die westlichen Besatzungsmächte 5025 Angeklagte, 486 wurden hingerichtet.

Von westdeutschen Gerichten wurden von 1948 bis 1951 weitere 5487 Personen wegen NS-Verbrechen verurteilt. Danach fanden nur noch wenige Prozesse gegen NS-Täter statt. Die systematische Erforschung und Verfolgung von NS-Gewaltverbrechen begann erst seit 1958 mit der Gründung der *Zentralen Stelle der Landesjustizverwaltungen zur Aufklärung nationalsozialistischer Gewaltverbrechen* in Ludwigsburg. Vorausgegangen war der sogenannte „Ulmer Einsatzgruppenprozess": In einem Gerichtsverfahren wurden dabei ein ehemaliger Polizist, der auf Wiedereinstellung geklagt hatte, und von ihm benannte Zeugen des Massenmordes an Juden während der NS-Zeit überführt und verurteilt. Eine breite Öffentlichkeit nahm Anteil an Großverfahren wie dem ersten *Auschwitz-Prozess* in Frankfurt am Main (1963-1965) und dem *Majdanek-Prozess** in Düsseldorf (1975-1981). Erst diese Prozesse machten den Deutschen das ganze Ausmaß des Holocaust deutlich.

In einem der letzten großen NS-Prozesse wurde 1992 in Stuttgart der ehemalige SS-Lagerkommandant von Przemyśl in Polen, *Josef Schwammberger*, zu lebenslanger Haft verurteilt. Noch im April 2001 verurteilte das Landgericht Ravensburg einen ehemaligen SS-Offizier wegen der Ermordung von Zwangsarbeitern im Frühjahr 1945 zu zwölf Jahren Freiheitsstrafe. Viele Täter konnten dagegen nie belangt werden.

Entnazifizierung Neben der Aburteilung der Kriegsverbrecher gehörte zum Entnazifizierungskonzept der Alliierten auch eine umfassende politische Säuberung im besetzten Deutschland. Anders als Briten und Franzosen betrieben die Amerikaner die Entnazifizierung mit großer Strenge und einem gewaltigen bürokratischen Aufwand. Von 18000 Volksschullehrern in Bayern verloren 10000 ihre Stellen. In Hessen wurde jeder zweite Beamte und jeder dritte Angestellte entlassen. Ausnahmen wurden jedoch immer gemacht, wenn es um Experten ging, die für den Wiederaufbau benötigt wurden. In allen drei Westzonen wurden mehr als 170000 NS-Aktivisten in Internierungslager gebracht („automatischer Arrest"), die meisten von ihnen aber bald wieder entlassen – die letzten 1948.

Im März 1946 übergaben die Amerikaner die Entnazifizierung in deutsche Hände. Jeder Deutsche über 18 Jahren musste einen Fragebogen mit 131 Fragen über seine berufliche und politische Vergangenheit ausfüllen. *Spruchkammern* stuften in einem prozessähnlichen Verfahren die erfassten Personen in fünf Kategorien ein: Hauptschuldige, Belastete, Minderbelastete, Mitläufer und Entlastete. Demgemäß verhängten sie die vorgesehenen Strafen.

Bei mehr als 13 Millionen Fragebögen in der US-Zone fielen 3,4 Millionen Personen unter die Entnazifizierung, zehn Prozent von ihnen wurden verurteilt, aber nur knapp ein Prozent tatsächlich bestraft. Es war die Zeit der **„Persilscheine"**, die man sich wechselseitig ausstellte, aber auch der Denunziation und der Korruption. Viele empfanden

* **Majdanek**: Vorort von Lublin (Polen), bei dem die Nationalsozialisten ein Vernichtungslager einrichteten. Es existierte von Herbst 1941 bis Juli 1944; zwischen 80000 und 110000 Menschen kamen in Majdanek zu Tode.

Internettipp:
Informationen zum Frankfurter Auschwitzprozess finden Sie unter Code 32019-27

DVD-Tipp:
Deutsch-deutsche Geschichte. Umgang mit der NS-Vergangenheit; Grünwald 2008, Produktion: FWU Institut für Film und Bild, in Zusammenarbeit mit der Bundesstiftung zur Aufarbeitung der SED-Diktatur

Literaturtipp:
Jörg Osterloh und Clemens Vollnhals (Hrsg.), NS-Prozesse und deutsche Öffentlichkeit. Besatzungszeit, frühe Bundesrepublik und DDR, Göttingen 2011

▲ **„Ohne Worte."**
Karikatur aus der Zeitschrift „Wespennest" von 1948.

„Persilschein": im Volksmund Bestätigung, wonach jemand Gegner oder zumindest nicht Sympathisant des Nationalsozialismus war es als ungerecht, dass die harmloseren Fälle zuerst und mit Strenge, die verantwortlichen Nazis aber erst später und dann oft milde behandelt wurden. Außerdem gelang es zahlreichen schwer belasteten NS-Tätern, durch Tarnung und geschickte Anpassung an die neuen Verhältnisse durch die Maschen der Justiz zu schlüpfen – eine Hypothek, die später noch schwer auf der jungen Bundesrepublik lasten sollte.

Konrad Adenauer (1876-1967): 1917-1933 Oberbürgermeister von Köln, 1948 Vorsitzender des Parlamentarischen Rates, 1950-1966 Mitbegründer und Bundesvorsitzender der CDU, 1949-1963 Bundeskanzler, 1951-1955 zugleich Bundesaußenminister

Kurt Schumacher (1895-1952): 1946-1952 erster Vorsitzender der SPD nach dem Zweiten Weltkrieg

Neugründung von politischen Parteien in den Westzonen Die Demokratisierung setzte Parteien voraus, deren Zulassung im „Potsdamer Abkommen" vorgesehen war. Im August/September 1945 lizenzierten die Vereinigten Staaten und Großbritannien die bislang illegal tätigen Gruppierungen – darunter das „Büro Dr. Schumacher" in Hannover – als Zentralstelle der wiederbelebten *Sozialdemokratischen Partei Deutschlands* (SPD) und die in Köln von verschiedenen Politikern des ehemaligen Zentrums und christlichen Gewerkschaften gegründete *Christlich-Demokratische Union* (CDU).

Die CDU war das parteipolitische Novum der Nachkriegszeit. Die Überwindung der konfessionellen Spaltung zwischen evangelischen und katholischen Wählern sowie die Einbeziehung konservativ-bürgerlicher Schichten und der christlichen Gewerkschaften sollten mit dem Begriff „Union" zum Ausdruck gebracht werden. Kennzeichnend für die Gründungsphase der CDU ist ihr antikapitalistischer Akzent, die Forderung nach Vergesellschaftung bestimmter Grundstoffindustrien sowie nach Mitbestimmung der Arbeitnehmer (Ahlener Programm von 1947). Vorsitzender der CDU in der britischen Zone wurde im März 1946 **Konrad Adenauer**. 1950 schlossen sich die CDU-Verbände unter seiner Führung zur Bundespartei zusammen. Die bayerische *Christlich-Soziale Union* (CSU) verweigerte sich 1946 dem bundesweiten Zusammenschluss der Union.

Die SPD knüpfte organisatorisch, programmatisch und personell an ihre Stellung in der Weimarer Republik an. In den weitgehend von **Kurt Schumacher** formulierten „Politischen Leitsätzen" wurde die sofortige Sozialisierung der Bodenschätze und der Grundstoffindustrien gefordert. Zu ihren Zielen gehörten auch die Mitbestimmung der Arbeitnehmer und eine volkswirtschaftliche Gesamtplanung für die vergesellschafteten Betriebe. Bereits Ende 1947 brachte es die Partei wieder auf 875 000 Mitglieder.

Die liberalen Parteien betonten stärker als die anderen das Recht auf Privateigentum und die Bedeutung der freien Initiative für die Wirtschaft. Ende 1948 schlossen sich konservativ-liberale und liberal-demokratische Politiker zur *Freien Demokratischen Partei* (FDP) zusammen. **Theodor Heuss** wurde ihr erster Vorsitzender.

Auch die *Kommunistische Partei Deutschlands* (KPD) wurde in den Westzonen wieder zugelassen, wo sie jedoch ohne größere Wahlerfolge blieb.

Theodor Heuss (1884-1963): 1945-1946 Kultusminister von Württemberg-Baden, 1949-1959 erster Präsident der Bundesrepublik Deutschland

Lucius D. Clay (1897-1978): amerikanischer General; 1947-1949 Militärgouverneur der US-Besatzungszone in Deutschland

Staatlicher und politischer Neuaufbau in den Westzonen Schon Ende Mai 1945 setzten die Amerikaner in Bayern eine erste provisorische Regierung ein. Im Herbst 1945 wurden die Länder Bayern (ohne die Pfalz), Großhessen und Württemberg-Baden gegründet; Bremen folgte 1947 nach. Koalitionsregierungen aller wieder zugelassenen Parteien wurden unter Aufsicht der Militärregierung tätig.

Da die amerikanische Militärregierung ihre Zone möglichst rasch aufbauen wollte, veranlasste General **Lucius D. Clay** schon im Oktober 1945 in Stuttgart die Gründung eines Länderrates, eine Art ständiger Konferenz der Ministerpräsidenten der US-Zone, zur Bewältigung gemeinsamer Probleme.

Die Amerikaner ließen Anfang 1946 auch als Erste wieder demokratische Wahlen in Gemeinden und Kreisen zu. Im Sommer 1946 entwarfen verfassunggebende Versammlungen die zukünftigen Länderverfassungen, die nach Genehmigung durch die Besatzungsmacht im November/Dezember 1946 durch Volksabstimmung in den drei Ländern der US-Zone in Kraft gesetzt wurden. Erstmals nach 13 Jahren wählten die Bürger in demokratischen Wahlen ihre Landtage, aus denen demokratisch legitimierte Regierungen hervorgingen. Die Besatzungsbehörden verlegten sich nunmehr auf die Kontrolle der deutschen Behörden.

In der britischen Zone zog sich der Prozess der Länderneugründung länger hin. Hier entstanden die Länder Nordrhein-Westfalen, Schleswig-Holstein (beide August 1946) und Niedersachsen (November 1946). Die ersten Landtagswahlen fanden hier 1947 statt.

In der französischen Zone zögerte die Besatzungsmacht den staatlichen Neuaufbau in den 1946 geschaffenen Ländern Rheinland-Pfalz, Württemberg-Hohenzollern und Süd-Baden noch bis Mitte 1947 hinaus, verhängte eine strenge Zensur in allen politisch-gesellschaftlichen Bereichen und untersagte zunächst den neu gegründeten Parteien, das Wort „deutsch“ im Parteinamen zu verwenden. Das Saarland blieb vorerst unter französischer Verwaltung.

Reparationen und Wiederaufbau Nach zähen Verhandlungen einigten sich die vier Mächte Ende März 1946 im Alliierten Kontrollrat auf eine drastische Absenkung der gesamten industriellen Tätigkeit in Deutschland. Doch die Westmächte beließen es bei einem Abbau von 668 Werken bis zur endgültigen Einstellung der Demontagen im Jahr 1951. Dies bedeutete einen Kapazitätsverlust von nicht mehr als fünf Prozent gegenüber 1936.

Demgegenüber demontierten die Sowjets in ihrer Zone bis 1948 etwa 3000 Betriebe, was einer Kapazitätsminderung von schätzungsweise 30 Prozent gegenüber 1936 entsprach. Alles in allem beliefen sich die Reparationsleistungen Ostdeutschlands an die Sowjetunion auf etwa 14 Milliarden Dollar. Das war deutlich mehr, als Stalin ursprünglich von ganz Deutschland gefordert hatte.

Die Sowjetunion weigerte sich bald, die in Potsdam vereinbarten Gegenleistungen aus ihrer Zone (vor allem Nahrungsmittel) für ihren Anteil an den in den Westzonen demontierten Industrieausrüstungen zu liefern. Im Mai 1946 stoppte deshalb General Clay die amerikanischen Reparationslieferungen in die UdSSR. Die Solidarität zwischen den ehemaligen Verbündeten war aufgekündigt.

Stattdessen wurden die Westzonen in das umfassende Wiederaufbauprogramm der US-Regierung für Europa (*Marshall-Plan*) einbezogen.* Insgesamt erhielt Westdeutschland ca. 1,4 Milliarden Dollar an Hilfen. Der wirtschaftliche Wiederaufbau wurde dadurch wesentlich verstärkt und beschleunigt. Außerdem war eine wichtige Vorentscheidung für die Einbindung dieses Teils von Deutschland in die westliche Gemeinschaft gefallen. Anders als nach dem Ersten Weltkrieg wurde der ehemalige Feind als künftiger Partner behandelt.

▲ Wahlplakate der neu zugelassenen Parteien KPD und SPD zu den Landtagswahlen 1946/47.

* Siehe Seite 412 f. und 488.

▲ **„Trümmerfrauen" bergen Ziegelsteine im Berliner Stadtbezirk Prenzlauer Berg.**
Foto von 1945.

M1 Mythos „Trümmerfrau"

Die Historikerin Marita Krauss setzt sich mit der Bedeutung der Fotografien aus den ersten Nachkriegsjahren auseinander, die sogenannte „Trümmerfrauen" bei Aufräumarbeiten zeigen:

Die Bilder von Trümmerstädten, oft im Geiste ästhetisierender Ruinenromantik inszeniert, liefern ein großes Panorama des deutschen Leidens aufgrund des Bombenkrieges der Alliierten. […] Solche Architekturfotos werden ergänzt durch ikonografisch[1] reduzierte Bilder des Kriegsbeschädigten, des ankommenden Flüchtlingstransports, des Schlangestehens vor Lebensmittelgeschäften, paradierender Besatzer in Uniform, manchmal Hand in Hand mit einem deutschen „Fräulein". Auch diese Bilder erzählen von deutschem Leiden. Sie sind die Gegenerzählung zu den Bildern aus den Konzentrationslagern, die das Schreckliche thematisieren, das die Deutschen anderen zufügten.

[1] **ikonografisch/Ikonografie**: Geschichte der Bilder; Bildikonen sind Bilder, die symbolisch für historische Ereignisse stehen und in das kollektive Gedächtnis einer Gesellschaft eingegangen sind, vgl. dazu auch den Methoden-Baustein auf Seite 464 f.

In diesem Spektrum nehmen die Bilder der Trümmerfrauen einen besonderen Platz ein. Sie sind Teil einer Hoffnungsikonografie. Die Fotos bilden keine düstere Trümmersituation ab, sie stehen vielmehr für den Neuanfang. […] Zeitlich liegt der Schwerpunkt der Bilder im Sommer 1945 und 1946 und geografisch in Berlin. Dieser geografische Schwerpunkt ist kein Zufall: Trümmerfrauen im engeren Sinn gab es vor allem in Berlin: Hier mussten sich die Frauen ab dem 1.6.1945 beim Arbeitsamt melden, sie wurden registriert und als „Hilfsarbeiterinnen im Baugewerbe" dienstverpflichtet. […]
In den meisten westdeutschen Städten wurde die Trümmerräumung jedoch von Anfang an anders organisiert: Sie lag in den Händen professioneller Baufirmen, die überwiegend Männer beschäftigten. Gut belegt ist dies beispielsweise für München oder für Heilbronn. Wenn es Zwangsverpflichtungen gab, dann von ehemaligen NS-Parteigenossen und von deutschen oder ungarischen Kriegsgefangenen, die unter alliierter Aufsicht standen. […] Es sollten, so die übereinstimmende Haltung der Stadtverwaltungen und der Militärregierungen, diejenigen den Schutt wegräumen, die für den Krieg verantwortlich waren. NS-belastete Frauen waren dabei mit zu erfassen, hätten sie doch auch, so eine Münchener Stadträtin, während der vergangenen Jahre Zeit gehabt, „herumzulaufen und Geld einzusammeln […], sie müssen heute auch in der Lage sein, hier mitzuarbeiten". […]
Warum, so ist zu fragen, war es wichtig, dass die Rolle der Frauen bei der Trümmerräumung so betont wurde? Warum verschwanden vor allem die räumenden Männer in der Ikonografie des Trümmerfotos? Diese Betonung scheint nicht primär zeitgenössisch zu sein: In München wurde jedenfalls in dem Aufbaubericht *Aus Trümmern wächst das neue Leben* von 1949 korrekt die Rolle der amerikanischen Besatzer, der deutschen und ungarischen Kriegsgefangenen, der NS-Belasteten und dann auch der Baufirmen genannt. Keine Trümmerfrau weit und breit. Doch ein Blick in die Frauenzeitschriften dieser Jahre mit den sprechenden Namen *Der Regenbogen* und *Der Silberstreifen* zeigt: Viele Frauen sahen sich selbst in der Rolle, die ihnen dann nachträglich zugewiesen wurde. […] Frauen, so suggerieren diese Texte, waren nicht an der „Verwahrlosung" während der NS-Zeit beteiligt, sie sind „anständig" und „gerecht" geblieben und bieten sich daher als Wegweiserinnen in die Nachkriegszeit an. Damit wird die aktive Rolle der Frauen während der NS-Zeit verleugnet, deren Dimensionen inzwischen immer deutlicher zutage treten. […]
Ein Zweites kommt hinzu: Als die neue Frauenbewegung der 1970er-Jahre auf die Suche nach den Frauen in der Geschichte ging, war es naheliegend, den eigenen Müttern ein Denkmal zu setzen. In den Blick kamen damit die „starken Frauen" der Nachkriegszeit, die in einer vaterlosen Gesellschaft die Kinder

alleine großzogen, für Essen und das alltägliche Überleben sorgten. Da diese Alltagsarbeit, tatsächlich das millionenfache Schicksal der Nachkriegsfrauen, nicht spektakulär genug schien, trat die „Trümmerfrau" im engeren Sinne in den Mittelpunkt, die mit schwerer Arbeit den Karren aus dem Dreck zog und „wie ein Mann" anpackte. Es ist daher nicht verwunderlich, dass manche Trümmerfrauen-Bilder eigentlich „Trümmerspechte" zeigen, also Frauen, die Holz für den heimischen Ofen aus den Ruinen holen.

Marita Krauss, Trümmerfrauen. Visuelles Konstrukt und Realität, in: Gerhard Paul (Hrsg.), Das Jahrhundert der Bilder, Bd. I: 1900 bis 1949, Göttingen 2009, S. 740 f. und 743 f.

1. *Arbeiten Sie heraus, warum gerade Fotografien von „Trümmerfrauen" in das kollektive Gedächtnis der Deutschen eingingen.*
2. *Stellen Sie dar, welche historischen Tatsachen über die Betonung der Aufbauarbeit der „Trümmerfrauen" in Vergessenheit gerieten.*

M2 Vertreibung als Ausdruck der Rache

Aus Anlass des Besuches des deutschen Bundespräsidenten Richard von Weizsäcker in Prag hält der tschechoslowakische Staatspräsident Václav Havel am 15. März 1990 eine Ansprache, in der er auch auf die Vertreibung der Deutschen aus seinem Land eingeht. Erstmals bekennt sich ein führender Politiker der Tschechoslowakei zu der Verantwortung für das mit der Vertreibung begangene Unrecht:

Sechs Jahre nazistischen Wütens haben [...] ausgereicht, dass wir uns vom Bazillus des Bösen anstecken ließen, dass wir uns gegenseitig während des Krieges und danach denunzierten, dass wir – in gerechter, aber auch übertriebener Empörung – uns das Prinzip der Kollektivschuld zu eigen machten. Anstatt ordentlich all die zu richten, die ihren Staat verraten haben, verjagten wir sie aus dem Land und belegten sie mit einer Strafe, die unsere Rechtsordnung nicht kannte. Das war keine Strafe, das war Rache. Darüber hinaus verjagten wir sie nicht auf Grundlage erwiesener individueller Schuld, sondern einfach als Angehörige einer bestimmten Nation.
Und so haben wir in der Annahme, der historischen Gerechtigkeit den Weg zu bahnen, vielen unschuldigen Menschen, hauptsächlich Frauen und Kindern, Leid angetan.
Und wie es in der Geschichte zu sein pflegt, wir haben nicht nur ihnen Leid angetan, sondern mehr noch uns selbst: Wir haben mit der Totalität so abgerechnet, dass wir ihren Keim in das eigene Handeln aufgenommen haben und so auch in

Sonderbefehl

für die deutsche Bevölkerung der Stadt Bad Salzbrunn einschliesslich Ortsteil Sandberg.

Laut Befehl der Polnischen Regierung wird befohlen:

1. Am 14. Juli 1945 ab 6 bis 9 Uhr wird eine Umsiedlung der deutschen Bevölkerung stattfinden.
2. Die deutsche Bevölkerung wird in das Gebiet westlich des Flusses Neisse umgesiedelt.
3. Jeder Deutsche darf höchstens 20 kg Reisegepäck mitnehmen.
4. Kein Transport (Wagen, Ochsen, Pferde, Kühe usw.) wird erlaubt.
5. Das ganze lebendige und tote Inventar in unbeschädigtem Zustande bleibt als Eigentum der Polnischen Regierung.
6. Die letzte Umsiedlungsfrist läuft am 14. Juli 10 Uhr ab.
7. Nichtausführung des Befehls wird mit schärfsten Strafen verfolgt, einschließlich Waffengebrauch.
8. Auch mit Waffengebrauch wird verhindert Sabotage u. Plünderung.
9. Sammelplatz an der Straße Bhf. Bad Salzbrunn-Adelsbacher Weg in einer Marschkolonne zu 4 Personen. Spitze der Kolonne 20 Meter vor der Ortschaft Adelsbach.
10. Diejenigen Deutschen, die im Besitz der Nichtevakuierungsbescheinigungen sind, dürfen die Wohnung mit ihren Angehörigen in der Zeit von 5 bis 14 Uhr nicht verlassen.
11. Alle Wohnungen in der Stadt müssen offen bleiben, die Wohnungs- und Hausschlüssel müssen nach außen gesteckt werden.

Bad Salzbrunn, 14 Jul 1945, 6 Uhr.

Abschnittskommandant
(-) Zinkowski
Oberstleutnant

▲ **Anschlag vom 14. Juli 1945.**
Die Form des Anschlags lehnte sich an die deutschen Anordnungen aus der Besatzungszeit an, die sich an die polnische Bevölkerung richteten.

die eigene Seele, was uns kurz darauf grausam zurückgezahlt wurde in Form unserer Unfähigkeit, einer anderen und von anderswoher importierten Totalität entgegenzutreten. [...] Die Opfer, die eine Wiedergutmachung verlangt, werden also – unter anderem – auch der Preis für die Irrtümer und Sünden unserer Väter sein.
Wir können die Geschichte nicht umkehren, und so bleibt uns neben der freien Erforschung der Wahrheit nur das Eine: Immer wieder freundschaftlich die zu begrüßen, die mit Frieden in der Seele hierher kommen, um sich vor den Gräbern ihrer Vorfahren zu verneigen oder anzusehen, was von den Dörfern übriggeblieben ist, in denen sie geboren wurden.

Presse- und Informationsamt der Bundesregierung (Hrsg.), Bulletin Nr. 36, 17. März 1990, S. 278

1. *Erklären Sie den Unterschied zwischen Strafe und Rache.*
2. *Erläutern Sie die Argumentation, mit der Havel die Vertreibung der Deutschen ein Unrecht nennt.*
3. *Bewerten Sie die Schlussfolgerung, die Havel für das Verhältnis der Tschechen zu den Deutschen zieht.*

Die doppelte Staatsgründung

Im Westen: die Bizone Seit 1946 warnte die britische Regierung nachdrücklich vor der „russischen Gefahr" und drängte auf die Schaffung eines separaten Westdeutschland. Nachdem auf der Pariser Außenministerkonferenz von April bis Juli 1946 die Sowjetunion alle amerikanischen Vorschläge blockiert hatte, schlug die US-Regierung im Alliierten Kontrollrat die sofortige Verschmelzung der eigenen mit einer oder mehreren Besatzungszonen vor. Die Sowjets und die Franzosen lehnten ab, die Briten stimmten einer Fusion zu. Die Rede von US-Außenminister *James F. Byrnes* am 6. September in Stuttgart wurde von den Zeitgenossen als die lang erwartete Wende in der amerikanischen Deutschlandpolitik verstanden (▸ M1).

Am 1. Januar 1947 trat das britisch-amerikanische Abkommen über die Bildung des Vereinigten Wirtschaftsgebietes (*Bizone*) in Kraft. Die weitere Entwicklung zeigte, dass mit der Gründung der Bizone, der sich 1948 auch die französische Besatzungszone anschloss, das Fundament für den späteren westdeutschen Staat gelegt worden war.

Literaturtipps:
- *Michael Gehler, Deutschland. Von der Teilung zur Einigung, 1945 bis heute, Wien/Köln/Weimar 2010*
- *Christoph Kleßmann und Jens Giesecke, Allgemeinbildung. Deutsche Geschichte ab 1945, Vom Ende des Zweiten Weltkrieges bis heute, Das muss man wissen, Würzburg 2009*

Der Frankfurter Wirtschaftsrat Die wichtigste Neuerung in der Zone war die Schaffung eines *Wirtschaftsrates* im Juni 1947, des ersten deutschen Parlaments nach dem Krieg, dessen Beschlüsse über ein Land hinausreichten. Die insgesamt 52 (später 104) Abgeordneten des Wirtschaftsrates wurden von den Landtagen der acht Länder der Bizone gewählt. Im Exekutivrat (dem Vorläufer des späteren Bundesrates) saßen Vertreter der acht Länder, die zusammen mit dem Wirtschaftsrat die fünf Verwaltungsdirektoren ernannten und kontrollierten. Entscheidungen für das Vereinigte Wirtschaftsgebiet – der Rat sollte sich vor allem um die Verbesserung der Versorgungssituation kümmern – bedurften jedoch weiterhin der Genehmigung durch Amerikaner und Briten.

Im Osten: Neubeginn unter sowjetischer Besatzung Während die westlichen Besatzungstruppen zunächst viel improvisierten, um das Leben in halbwegs geordnete Bahnen zu lenken, ging die sowjetische Besatzungsmacht gezielter ans Werk.

Schon Anfang Mai 1945 war eine Gruppe deutscher Exilkommunisten in die Sowjetische Besatzungszone (SBZ) eingeflogen worden. An ihrer Spitze stand der ehemalige kommunistische Reichstagsabgeordnete **Walter Ulbricht**, der seit 1938 in Moskau gelebt hatte. Er und weitere Spitzenfunktionäre der KPD hatten genaue Vorstellungen von einer wirtschaftlich-sozialen Umwälzung, bei der der politische Einfluss der Sozialdemokratie und der sogenannten bürgerlichen Kräfte ausgeschaltet werden sollte. Ulbricht gab dazu im Mai 1945 die Devise aus: „Es muss demokratisch aussehen, aber wir müssen alles in der Hand haben."*

Walter Ulbricht (1893-1973): 1950-1971 Generalsekretär der SED, 1960-1971 Staatsratsvorsitzender der DDR

In den im Juli 1945 errichteten (1952 wieder aufgelösten) Landesverwaltungen in Brandenburg, Mecklenburg-Vorpommern, Sachsen, Sachsen-Anhalt und Thüringen besetzten KPD-Funktionäre die Schlüsselfunktionen. Dies galt erst recht für die ebenfalls im Juli 1945 geschaffenen und wesentlich wichtigeren elf Zentralverwaltungen (für Verkehr, Finanzen, Justiz etc.). Die Zentralverwaltungen waren unmittelbar der sowjetischen Militärregierung zugeordnet und hatten deren Befehle zu vollziehen.

* Das Zitat ist von Wolfgang Leonhard (geb. 1921) in seiner Autobiografie „Die Revolution entlässt ihre Kinder" von 1955 überliefert. Leonhard war Mitglied der „Gruppe Ulbricht", wandte sich jedoch 1949 vom Kommunismus ab und emigrierte Ende der 1950er-Jahre in die Bundesrepublik.

▸ **Propaganda für den Volksentscheid in Sachsen zum „Gesetz über die Übergabe von Betrieben von Kriegs- und Naziverbrechern in das Eigentum des Volkes".**
Foto aus Leipzig, 1946.
1946 wurden die Bürger in Sachsen zu einem Volksentscheid über die Enteignung wichtiger Industrie- und Gewerbebetriebe aufgerufen. Zwei Drittel der Bevölkerung stimmten zu. Dies genügte der SED, um die Enteignung auch in allen übrigen Gebieten Ostdeutschlands durchzuführen. Sachsen galt damit für die Partei als „Motor der weiteren antifaschistisch-demokratischen Bewegung".

Entnazifizierung in der SBZ Die Entnazifizierung in der Sowjetischen Besatzungszone betraf über eine halbe Million ehemaliger Nationalsozialisten in Justiz, Schule, Verwaltung und Industrie. *Sowjetische Militärtribunale* haben schätzungsweise 45 000 Personen verurteilt und etwa ein Drittel von ihnen in Zwangsarbeitslager deportiert. Betroffen waren nicht nur NS-Täter, sondern auch viele Gegner des Kommunismus. Dagegen wurden bereits frühzeitig die ehemaligen kleinen Parteimitglieder von einer Bestrafung ausgenommen, um sie möglichst rasch in die neuen Verhältnisse zu integrieren.

Weit umfassender als das systematische Vorgehen gegen missliebige Personen waren die zur selben Zeit durchgeführte Bodenreform* sowie die Enteignung und Verstaatlichung der großen Industriebetriebe. Als „strukturelle Entnazifizierung" sollten diese Maßnahmen jeden Rückfall in den Nationalsozialismus verhindern.

Politische Parteien in Ostdeutschland Die Sowjets gestatteten noch vor Beginn der Potsdamer Konferenz als Erste in ihrem Machtbereich die Gründung politischer Parteien (10. Juni 1945). KPD, SPD, CDU und LDPD (*Liberal-Demokratische Partei Deutschlands*) schlossen sich bereits einen Monat später zur „Einheitsfront der antifaschistisch-demokratischen Parteien" (*Antifa-Block*) zusammen.

Schon bald förderte die *Sowjetische Militäradministration in Deutschland* (SMAD) einseitig die Kommunistische Partei. Die KPD war jedoch wegen ihrer Nähe zur Besatzungsmacht in der Bevölkerung unbeliebt. Nach katastrophalen Wahlniederlagen der Kommunisten in Österreich und Ungarn suchte deshalb die KPD den Zusammenschluss mit der SPD, um damit ihren vermeintlich schärfsten Konkurrenten auszuschalten.

▸ **Geschichte In Clips:**
Zur Gründung von SED und DDR siehe Code 32019-28

Kurt Schumacher warnte vor der Fusion, und auch die SPD in der sowjetischen Zone wollte darüber zunächst nur auf einem gesamtdeutschen Parteitag entscheiden. Der Besatzungsmacht gelang es mit Drohungen, Redeverboten und Verhaftungen, auch durch Überredung führender Sozialdemokraten der sowjetischen Zone, den Widerstand zu brechen. Schließlich stimmten **Otto Grotewohl** und die Spitze der Ost-SPD auf dem „Vereinigungsparteitag" in Berlin am 21./22. April 1946 geschlossen für die Vereinigung der beiden Arbeiterparteien zur *Sozialistischen Einheitspartei Deutschlands* (SED) (▸ M2).

Otto Grotewohl (1894-1964): 1945 Mitbegründer der ostdeutschen SPD, 1946-1954 Vorsitzender der SED (zusammen mit Wilhelm Pieck), 1949-1964 Ministerpräsident der DDR

Obwohl die sowjetische Militärregierung die CDU und LDPD in der Folgezeit massiv benachteiligte, erhielten die bürgerlichen Parteien bei den Kreis- und Landtagswahlen vom 20. Oktober 1946 mehr als die Hälfte der Stimmen. In Berlin, wo die SPD noch kandidieren durfte, wurde die SED mit 19,8 Prozent der Stimmen nur drittstärkste Partei. Die Sowjets verstärkten daraufhin ihren Druck auf alle zugelassenen Parteien. Die SED selbst wurde zu einer „Partei neuen Typus" nach stalinistischem Modell umgebildet und von oppositionellen Kräften „gesäubert". Etwa 6 000 Sozialdemokraten wurden von sowjetischen Militärgerichten als „Agenten" verurteilt und in Arbeitslager gebracht. Rund 100 000 Sozialdemokraten flohen in den Westen.

* Siehe Seite 403.

▲ **Junker-Land in Bauernhand.** *Propagandaplakat für die Bodenreform, 1945.*

▲ **Westdeutsches Plakat, um 1949.**

Umgestaltung der ostdeutschen Wirtschaft Bei der Umgestaltung der SBZ erwiesen sich die Demontagen in ihrer Wirkung noch gravierender als die unmittelbaren Kriegszerstörungen.

Zur Befriedigung der sowjetischen Forderungen nach Gütern aus der laufenden Produktion gingen zusätzlich ganze Industriezweige in das Eigentum der Siegermacht über (*Sowjetische Aktiengesellschaften*, SAG) und fielen damit für den wirtschaftlichen Wiederaufbau in Ostdeutschland aus. Auf Befehl der sowjetischen Besatzungsmacht wurden seit 1945 in Etappen insgesamt 75 Prozent des Industrievermögens, etwa 9 000 Firmen einschließlich aller Banken und Versicherungen, entschädigungslos enteignet und verstaatlicht (*Volkseigene Betriebe*, VEB). Die bisherigen Eigentümer wurden pauschal zu Nazis und Kriegsverbrechern erklärt. In einer Volksabstimmung in Sachsen stimmten über 77 Prozent diesen Maßnahmen zu. Wer zuvor als „Aktivist des Faschismus“ oder „Kriegsinteressent“ eingestuft worden war, hatte dabei kein Stimmrecht.

Auch die Bodenreform ging auf einen sowjetischen Befehl zurück. Sie betraf 35 Prozent der Agrarfläche in der Sowjetischen Besatzungszone. Unter der Parole „Junkerland in Bauernhand“ wurde 7 000 Großgrundbesitzern ihr Land entschädigungslos entzogen und zum größten Teil an 500 000 Landarbeiter, landlose Bauern, Flüchtlinge und Vertriebene verteilt; ein Drittel blieb in öffentlichem Besitz (*Volkseigene Güter*). Auf die Enteignung und Umverteilung folgte die Kollektivierung: Die Bauern schlossen sich auf staatlichen Druck hin seit 1952 in *Landwirtschaftlichen Produktionsgenossenschaften* (LPG) zusammen. Dabei hatten die meisten Höfe so wenig Land zugewiesen bekommen, dass keine funktionsfähigen Betriebe entstehen konnten.

Hilfe im Westen: der Marshall-Plan Seit Kriegsende hatten die USA erhebliche Wirtschaftshilfe in Form von Krediten, Lebensmitteln und Rohstoffen für zahlreiche europäische Länder geleistet: Über elf Milliarden Dollar waren bis Ende 1947 nach Europa geflossen. Vor allem Großbritannien und Frankreich, aber auch zahlreiche osteuropäische Regierungen profitierten davon, ohne dadurch den allgemeinen wirtschaftlichen Niedergang bremsen zu können.

Um die drohende ökonomische Zerrüttung und politische Destabilisierung in Europa zu verhindern und einem wachsenden politischen Druck der Sowjetunion entgegenzuarbeiten, entwickelte die US-Regierung ein umfassendes Wiederaufbauprogramm für Europa (Marshall-Plan). Der wegweisende und völlig neue Gedanke dieses Hilfsprogramms war die amerikanische Forderung nach zwischenstaatlicher Zusammenarbeit der Empfänger. Formal auch an die Sowjetunion und die Staaten in ihrem Machtbereich gerichtet, versprach dieses Programm allen Ländern Europas die großzügige Finanzhilfe der USA bei ihrem wirtschaftlichen Wiederaufbau.*

16 europäische Länder schlossen sich 1948 zur OEEC** (*Organization for European Economic Cooperation*) zusammen, die über die Verteilung und Verwendung der amerikanischen Gelder zu wachen hatte. Alles in allem belief sich die amerikanische Marshall-Plan-Hilfe bis 1952 auf rund 14 Milliarden Dollar. Ein Zehntel davon floss nach Westdeutschland.

Selbstverständlich nutzte das Wiederaufbauprogramm auch der amerikanischen Wirtschaft, die einen funktionierenden westeuropäischen Absatzmarkt benötigte. Doch mindestens gleichrangig war das Interesse der USA, die liberaldemokratischen Gesellschaften in Westeuropa zu festigen.

* Siehe Seite 407 und 488.
** Siehe Seite 520.

Wie erwartet lehnte die sowjetische Regierung den Marshall-Plan ab. Offiziell sah sie darin eine Gefährdung der Souveränität der europäischen Staaten. Zugleich verbot Moskau allen osteuropäischen Ländern und der eigenen Besatzungszone die Annahme des amerikanischen Angebots. Stattdessen reagierte Stalin zunächst mit zweiseitigen Handelsabkommen, schließlich 1949 mit der Gründung des *Rates für Gegenseitige Wirtschaftshilfe* (RGW). Darin lenkte die Sowjetunion die Volkswirtschaften der ostmitteleuropäischen Verbündeten auf die Moskauer Bedürfnisse hin. Die Spaltung Europas in zwei Blöcke war offenkundig geworden.

▲ **Ostdeutsches Plakat von 1948.**

Währungsreform und Entscheidung für die Soziale Marktwirtschaft Anfang 1948 setzte der neu gewählte parteilose Wirtschaftsdirektor **Ludwig Erhard** im Frankfurter Wirtschaftsrat gegen den heftigen Widerstand der sozialdemokratischen Fraktion eine Neuorientierung der Wirtschaftsordnung im Sinne einer **Sozialen Marktwirtschaft** durch. Bis dahin wurden die Produktion, Verteilung und Preise aller Güter staatlich festgelegt – nun sollte diese Reglementierung weitgehend entfallen und eine Belebung der Marktkräfte in Gang gesetzt werden.

Dazu bedurfte es jedoch einer umfassenden Reform des zerrütteten Geldwesens. Um 1947 war noch immer zu viel Geld in Umlauf, für das es keine ausreichenden Sachwerte gab. Das war die verspätete Rechnung für Hitlers über die Notenpresse finanzierte Rüstungspolitik.

Während die von Erhard propagierte Wirtschaftsreform von den Deutschen ausging, war die *Währungsreform* ein Anliegen der Westalliierten, vor allem der Amerikaner. Die neuen deutschen Banknoten wurden in den USA gedruckt und nach Bremerhaven gebracht. An einem Freitag, dem 18. Juni 1948, erfuhren die Deutschen, dass am 20. Juni die allseits erwartete Währungsreform stattfinden würde. Jeder Deutsche erhielt zunächst 40 „Deutsche Mark" als „Kopfgeld" (später noch einmal 20 DM).* Löhne, Gehälter, Pensionen und Mieten wurden im Verhältnis 1:1, Schulden auf ein Zehntel in DM-Beträge umgewertet. Sparer wurden mit einem Schlag nahezu enteignet, denn die Guthaben in Reichsmark konnten nur zu einem Bruchteil umgewandelt werden.

Die *Währungsreform* von 1948 war einer der radikalsten Einschnitte der Nachkriegszeit. Zugleich sorgte sie wie kaum ein anderes Ereignis für Aufbruchstimmung. Mit einem Schlag waren die Schaufenster mit all den Waren gefüllt, die man lange vermisst hatte. Denn wegen der Geldentwertung hatten die Händler ihre Waren gehortet, statt sie zum Verkauf anzubieten. Gleichzeitig mit der Währungsreform beschloss der Frankfurter Wirtschaftsrat auf Betreiben Erhards die Aufhebung der Preisbindung und Wirtschaftsbeschränkungen; ausgenommen davon waren Hauptnahrungsmittel und wichtige Rohstoffe. Wettbewerb und Verbrauch sollten ab sofort die Wirtschaft steuern, nicht mehr der Staat. Unmittelbar nach der Währungsreform und der Umstellung auf die Soziale Marktwirtschaft blieb der erhoffte Aufschwung zunächst aus. Die Zahl der Arbeitslosen nahm sprunghaft zu. Steigenden Preisen versuchte Wirtschaftsminister Ludwig Erhard mit „Preisregeln" gegenzusteuern. Auch in Erhards Partei, der CDU, wurde der Ruf nach stärkeren staatlichen Eingriffen in die Wirtschaft immer lauter. Erst während des sogenannten „Korea-Booms" wurden Kräfte freigesetzt, durch die sich Westdeutschland wirtschaftlich rasch erholen konnte. Angesichts des Korea-Krieges 1950-1953 konzentrierten die kriegführenden Staaten ihre industrielle Produktion auf den Militärsektor, während die westdeutsche Industrie den Weltmarkt mit modernen Verbrauchsgütern zu beliefern begann.

Ludwig Erhard (1897-1977): 1949-1963 Bundesminister für Wirtschaft, 1963-1966 Bundeskanzler, 1966/67 Vorsitzender der CDU

Soziale Marktwirtschaft: Wirtschaftsordnung, die soziale Gerechtigkeit auf der Grundlage einer leistungsfähigen Wettbewerbswirtschaft vorsieht. Der Begriff wurde 1946 von dem Nationalökonomen Alfred Müller-Armack (1901-1978) geprägt.

* Das entspricht ca. 20 bzw. 10 Euro. Allerdings war die Kaufkraft des Geldes wesentlich höher als heute.

Berlin-Blockade: begann in der Nacht vom 23. zum 24. Juni 1948. Mit der Blockade zu Lande und zu Wasser wollten die Sowjets die 2,1 Millionen West-Berliner aushungern und in einer Art Geiselnahme die Westmächte zwingen, ihre Weststaatspläne aufzugeben und ihnen ganz Berlin zu überlassen; die USA und ihre Verbündeten mussten daher ihre eigenen Truppen sowie die West-Berliner Bevölkerung nahezu ein Jahr lang über den Luftweg versorgen. Im Rahmen der „Berliner Luftbrücke" wurden 2,34 Millionen Tonnen Lebensmittel, Kohle und Maschinen nach West-Berlin gebracht. Erst am 4. Mai 1949 einigten sich die vier Siegermächte in New York auf das Ende der Blockade. Am 12. Mai, nach 322 Tagen, wurde sie aufgehoben.

Die Antwort Stalins auf die Währungsreform in den Westzonen war die **Berlin-Blockade** von 1948/49. Sie war der gewaltsame Versuch, die Schaffung eines westdeutschen Staates jenseits des kommunistischen Machtbereiches in letzter Minute zu verhindern. Für die Sowjetunion erwies sich die Blockade jedoch als schwerer Fehler; sie verlor dadurch im In- und Ausland viel Ansehen. Dagegen verstanden sich Deutsche und Westalliierte zum ersten Mal als Verbündete.

Während der Blockade war Berlin zu einer gespaltenen Stadt geworden, der Ost- und der Westteil hatten eigene Oberbürgermeister und getrennte Verwaltungen eingesetzt.

Im Westen: Trizone und Beratungen über eine Bundesverfassung Seit Ende 1947 waren Amerikaner und Briten entschlossen, ihre Besatzungszonen in einen westdeutschen Teilstaat umzuwandeln. Dieser sollte eine leistungsfähige Wirtschaft haben und dadurch von den Hilfslieferungen der westlichen Alliierten unabhängig werden. Die Franzosen zögerten in dieser Frage zunächst. Dennoch beauftragten die drei westlichen Militärgouverneure am 1. Juli 1948 die Ministerpräsidenten der elf westdeutschen Länder mit Verfassungsberatungen zur Gründung eines westdeutschen Staates. Die Einzelheiten waren in den sogenannten *„Frankfurter Dokumenten"* festgelegt: Eine einberufene Verfassunggebende Versammlung sollte eine demokratische Verfassung für einen föderalistischen Staat erarbeiten, der die Grund- und Menschenrechte garantierte. In einer Volksabstimmung sollte dann die Verfassung in Kraft gesetzt werden. Die Ministerpräsidenten stimmten diesem Angebot einer beschränkten Selbstverwaltung zu, nachdem sie durch einige Korrekturen den provisorischen Charakter des geplanten politischen Gebildes verdeutlichen konnten: Um die Chance eines vereinigten deutschen Staates offenzuhalten, wurde nicht von einer Verfassunggebenden Versammlung gesprochen, sondern von einem *Parlamentarischen Rat*, und statt einer Verfassung sollte ein *Grundgesetz* verabschiedet werden.

Carlo Schmid (1896-1979): Politiker und Staatsrechtler, einer der „Väter des Grundgesetzes", Vizepräsident des Deutschen Bundestages 1949-1962 und 1969-1972

Konstruktives Misstrauensvotum: Nach Art. 67 GG kann der amtierende Kanzler vom Parlament nur dann abgewählt werden, wenn eine Mehrheit „konstruktiv" für einen neuen Kandidaten stimmt.

Der Parlamentarische Rat Die 65 Abgeordneten des in Bonn tagenden Parlamentarischen Rates waren von den Länderparlamenten im August 1948 gewählt worden. Mit jeweils 27 Abgeordneten waren SPD und CDU/CSU gleich stark vertreten. Zum Präsidenten wurde der 72-jährige Parteivorsitzende der CDU in der britischen Zone, Konrad Adenauer, gewählt, während der Vorsitz im Hauptausschuss, in dem die wichtigsten Verfassungsberatungen stattfanden, an Professor **Carlo Schmid** (SPD) ging.

Viele Verfassungsfragen wurden vor dem Hintergrund der Erfahrungen der Weimarer Republik und der nationalsozialistischen Diktatur rasch und einvernehmlich gelöst. Dazu gehörten die unbedingte Geltungskraft der Grundrechte, die starke Stellung des Regierungschefs (Kanzler), das **konstruktive Misstrauensvotum**, die Machtbeschränkung des Staatsoberhauptes (Bundespräsident), die Ablehnung des Plebiszits und die Errichtung eines rein parlamentarisch-repräsentativen Regierungssystems. Die heftigste Kontroverse im Parlamentarischen Rat betraf die Ausgestaltung der bundesstaatlichen Ordnung. Die SPD forderte eine starke Bundesgewalt, die CDU – und noch mehr die CSU – wollte das politische Gewicht der Länder sichern. Das Ergebnis war ein Kompromiss. Einerseits wurde ein *Bundesrat* als Ländervertretung geschaffen, der eigene Gesetze einbringen und solche des Parlaments bestätigen konnte. Dagegen setzte sich die SPD bei der Regelung der Finanz- und Steuerfragen durch. Dazu gehörten eine starke Bundesfinanzverwaltung, umfassende Steuererhebungskompetenzen des Bundes sowie ein verbindlicher Finanzausgleich zwischen wirtschaftsstärkeren und -schwächeren Bundesländern.

Die Gründung der Bundesrepublik Deutschland Am 8. Mai 1949, genau vier Jahre nach der deutschen Kapitulation, stimmten 53 Abgeordnete des Parlamentarischen Rates für das Grundgesetz, bei zwölf Gegenstimmen, darunter sechs Abgeordnete der CSU sowie die Abgeordneten der KPD, des Zentrums und der *Deutschen Partei* (DP). Nachdem die Militärgouverneure das Grundgesetz am 12. Mai 1949 genehmigt hatten, wurde es in allen Ländern mit Ausnahme Bayerns ratifiziert. Am 23. Mai 1949 unterzeichneten die Ministerpräsidenten der Länder und die Landtagspräsidenten in einem feierlichen Akt in Bonn das Grundgesetz. Aus den westlichen Besatzungszonen war ein Staat unter alliierter Aufsicht geworden. Der neue Staat erhielt den Namen „Bundesrepublik Deutschland".

Aus den Wahlen zum ersten Deutschen Bundestag am 14. August 1949 ging die CDU/CSU mit 31 Prozent als Gewinner hervor, gefolgt von der SPD mit 29,2 Prozent, der FDP mit 11,9 Prozent und der KPD mit 5,7 Prozent. Weitere sechs Parteien einschließlich einiger Parteiloser blieben unter fünf Prozent der Stimmen, waren aber im ersten Bundestag vertreten. Adenauer bildete eine „kleine Koalition" aus CDU/CSU, FDP und DP. Am 7. September 1949 trat der Bundestag zum ersten Mal in Bonn zusammen. Er wählte am 15. September Konrad Adenauer mit einer Stimme Mehrheit zum ersten Bundeskanzler der Bundesrepublik Deutschland. Kurt Schumacher (SPD) fiel die Rolle des Oppositionsführers zu. Theodor Heuss, der Kandidat der FDP, war bereits am 12. September von der **Bundesversammlung** zum Bundespräsidenten gewählt worden.

Bundesversammlung: Gremium zur Wahl des Bundespräsidenten, das sich aus den Mitgliedern des Bundestages und einer gleichen Anzahl von Vertretern der Länder zusammensetzt

Volkskongresse 1947 und 1948: Zu ihnen lud die SED-Führung; sie sollten ein gesamtdeutsches Vorparlament sein. Hieran nahmen Vertreter von Parteien und Massenorganisationen, Betriebsräte, Bauernverbände, Künstler und Wissenschaftler aus allen Besatzungszonen teil, die meisten jedoch aus der sowjetisch besetzten Zone.

Die Gründung der DDR Seit Ende 1947 propagierte die SED mit Rückendeckung Stalins die Einheit Deutschlands in Gestalt der sogenannten **Volkskongressbewegung**. In Wirklichkeit ging es ihren Spitzenfunktionären jedoch um die Schaffung eines kommunistischen Teilstaates. Bei den Wahlen zum Volkskongress im Mai 1949 sicherte sich die SED die Mehrheit der Mandate. Sie dominierte auch den daraus hervorgehenden *Deutschen Volksrat*.

▲ **Parteiemblem der SED.**
Werbeschild, Pappe.

Die sowjetische Regierung wartete mit der Staatsgründung in der eigenen Besatzungszone, bis die westdeutsche Bundesregierung sich konstituiert hatte. Erst nach einer erneuten Besprechung führender SED-Funktionäre mit Stalin Ende September 1949 erklärte die sowjetische Regierung Anfang Oktober 1949 in einer Note an die drei Westmächte, dass mit der „Bildung der volksfeindlichen Separatregierung in Bonn [...] jetzt in Deutschland eine neue Lage entstanden" sei. Am 7. Oktober 1949 nahm der Deutsche Volksrat einen 1948 ausgearbeiteten Verfassungsentwurf an und erklärte sich selbst zur *Provisorischen Volkskammer*. Damit war die „Deutsche Demokratische Republik" (DDR) gegründet. Wenige Tage später wurde Otto Grotewohl (SED) zum Regierungschef, **Wilhelm Pieck** (SED) zum Präsidenten der DDR gewählt. Obwohl in der neuen Regierung alle Parteien vertreten waren, besetzte die SED die wichtigsten Ministerien.

Die Gründung zweier Staaten auf dem Boden des ehemaligen Deutschen Reiches bedeutete einen weiteren, wesentlichen Schritt zur Teilung des Landes. Die deutsche Teilung war damals von niemandem gewollt, aber auch von niemandem verhindert worden. Sie war das Ergebnis eines sich verschärfenden Gegensatzes der Siegermächte des Zweiten Weltkrieges, vor allem der USA und der Sowjetunion. Die Hoheit der Besatzungsmächte über Deutschland blieb nach der Gründung von Bundesrepublik und DDR bestehen. Über Deutschlands Zukunft entschieden im Grundsatz weiterhin die Siegermächte und ihre weltpolitischen Beziehungen. Innerhalb dieses Rahmens bestimmten jedoch nun auch die Regierungen in Bonn und Ost-Berlin über das Verhältnis beider Teile Deutschlands. Allerdings überwogen dabei zunächst Feindschaft und Misstrauen (▸ M3).

Wilhelm Pieck (1876 - 1960): 1946 - 1960 Vorsitzender der SED (neben Otto Grotewohl), 1949 - 1960 Präsident der DDR

M1 Kurswechsel

Am 6. September 1946 hält US-Außenminister James F. Byrnes in Stuttgart vor den Ministerpräsidenten der süddeutschen Länder eine Rede, die in Deutschland unter der Bezeichnung „Rede der Hoffnung" populär geworden ist. Der Text stammt weitgehend von General Lucius D. Clay, Militärgouverneur der US-Besatzungszone:

Es liegt weder im Interesse des deutschen Volkes noch im Interesse des Weltfriedens, dass Deutschland eine Schachfigur oder ein Teilnehmer in einem militärischen Machtkampf zwischen dem Osten und dem Westen wird. [...]
Die Vereinigten Staaten sind der festen Überzeugung, dass Deutschland als Wirtschaftseinheit verwaltet werden muss und dass die Zonenschranken, soweit sie das Wirtschaftsleben und die wirtschaftliche Betätigung in Deutschland betreffen, vollständig fallen müssen. [...]
Wir treten für die wirtschaftliche Vereinigung Deutschlands ein. Wenn eine völlige Vereinigung nicht erreicht werden kann, werden wir alles tun, was in unseren Kräften steht, um eine größtmögliche Vereinigung zu sichern. [...]
Der Hauptzweck der militärischen Besetzung war und ist, Deutschland zu entmilitarisieren und entnazifizieren, nicht aber den Bestrebungen des deutschen Volkes hinsichtlich einer Wiederaufnahme seiner Friedenswirtschaft künstliche Schranken zu setzen. [...]
Die Potsdamer Beschlüsse sahen nicht vor, dass Deutschland niemals eine zentrale Regierung haben sollte. Sie bestimmten lediglich, dass es einstweilen noch keine zentrale deutsche Regierung geben sollte. Dies war nur so zu verstehen, dass keine deutsche Regierung gebildet werden sollte, ehe eine gewisse Form von Demokratie in Deutschland Wurzeln gefasst und sich ein örtliches Verantwortungsbewusstsein entwickelt hätte. [...]
Die Vereinigten Staaten treten für die baldige Bildung einer vorläufigen deutschen Regierung ein. [...]
Während wir darauf bestehen werden, dass Deutschland die Grundsätze des Friedens, der gutnachbarlichen Beziehungen und der Menschlichkeit befolgt, wollen wir nicht, dass es der Vasall irgendeiner Macht oder irgendwelcher Mächte wird oder unter einer in- oder ausländischen Diktatur lebt. Das amerikanische Volk hofft, ein friedliches und demokratisches Deutschland zu sehen, das seine Freiheit und seine Unabhängigkeit erlangt und behält. [...]
Die Vereinigten Staaten können Deutschland die Leiden nicht abnehmen, die ihm der von seinen Führern angefangene Krieg zugefügt hat. Aber die Vereinigten Staaten haben nicht den Wunsch, diese Leiden zu vermehren oder dem deutschen Volk die Gelegenheit zu verweigern, sich aus diesen Nöten herauszuarbeiten, solange es menschliche Freiheit achtet und vom Wege des Friedens nicht abweicht.
Das amerikanische Volk wünscht, dem deutschen Volk die Regierung Deutschlands zurückzugeben. Das amerikanische Volk will dem deutschen Volk helfen, seinen Weg zurückzufinden zu einem ehrenvollen Platz unter den freien und friedliebenden Nationen der Welt.

Zitiert nach: Dokumente der Deutschen Politik und Geschichte von 1848 bis zur Gegenwart, Bd. VI: Deutschland nach dem Zusammenbruch 1946, übersetzt von Johannes Hohlfeld, S. 130 ff.

1. *Arbeiten Sie heraus, warum die Westdeutschen die Rede des amerikanischen Außenministers als eine Wende empfinden konnten.*
2. *Erörtern Sie, wie die Rede von Byrnes auf die sowjetische beziehungsweise französische Regierung wirken musste.*
3. *Beurteilen Sie, ob in dem Text machtpolitische Interessen der USA zum Ausdruck kommen.*

M2 Mit Zwang zur SED

Am 21./22. April 1946 schließen sich KPD und SPD auf einem „Vereinigungsparteitag" zur Sozialistischen Einheitspartei Deutschlands (SED) zusammen. Das britische Außenministerium analysiert die politische Situation in der SBZ unmittelbar zuvor:

Die SPD-Zeitungen wurden rigoroser Zensur unterworfen, SPD-Organisationen in den Provinzen nur noch dann Zusammenkünfte gestattet, wenn diese gemeinsam mit der KPD abgehalten wurden. Betriebsgruppen wurden vorgeladen, um Resolutionen zu einer sofortigen Vereinigung zu verabschieden. Die russischen Militärkommandeure begannen darauf zu bestehen, nur noch solche SPD-Mitglieder für führende Parteiposten auf Orts-, Bezirks- und Landesebene zu nominieren, die für die Vereinigung waren [...]. [Der SPD-Vorstand informierte am 15. Januar alle Landes- und Bezirksvorstände,] dass gemäß den gemeinsamen Beschlüssen von KPD und SPD vom 20. und 21. Dezember eine Vereinigung auf lokaler Ebene nicht erlaubt sei und die Parteienvereinigung lediglich von einer Parteiversammlung auf Reichsebene beschlossen werden könne. Die russische Militärbehörde verbot die Veröffentlichung dieser Instruktion. Verstöße gegen das Verbot resultierten in Redeverboten für Sprecher auf Versammlungen und in Festnahmen. Parteisekretäre, die der Vereinigung widerstrebend gegenüberstanden, [...] wurden entfernt, andere mit Arrest bedroht oder verhaftet und nach Oranienburg und Sachsenhausen verbracht [...].

Zitiert nach: Reiner Pommerin, Die Zwangsvereinigung von KPD und SPD zur SED. Eine britische Analyse vom April 1946, in: Vierteljahreshefte für Zeitgeschichte, 36. Jg. 1988, Heft 2, S. 328 f.

1. *Erläutern Sie die Rolle der sowjetischen Besatzungsbehörden laut dieser Einschätzung.*

2. *Bewerten Sie die demokratische Legitimation der Parteienvereinigung.*

3. *Im April 2001 entschuldigte sich die Führung der PDS (Partei des Demokratischen Sozialismus, Rechtsnachfolgerin der SED) für die Form, in der 1946 die Vereinigung von KPD und SPD vollzogen wurde. Diskutieren Sie die politische Bedeutung einer solchen Erklärung.*

▲ **Fotomontage zum Vereinigungsparteitag von KPD und SPD am 21./22. April 1946.**
Abgebildet sind Wilhelm Pieck (KPD, links) und Otto Grotewohl (SPD, rechts).
- *Beschreiben Sie die verschiedenen Bildelemente und ihre jeweilige Funktion.*

M3 Im Schlepptau der Siegermächte

Zur Gründung der DDR hält Ministerpräsident Otto Grotewohl am 12. Oktober 1949 eine Ansprache:

Der westdeutsche Sonderstaat ist nicht in Bonn, sondern in London entstanden. Bonn hat nur die Londoner Empfehlungen, die in Wahrheit Befehle der westlichen Alliierten waren, ausgeführt. [...]
Statt der im Potsdamer Abkommen vorgesehenen Demokratisierung, Entmilitarisierung und Entnazifizierung Deutschlands sind sie [die Westmächte] bestrebt, die von ihnen besetzten Teile Deutschlands in eine Kolonie zu verwandeln, die mit den traditionellen Methoden imperialistischer Kolonialherrschaft regiert und ausgebeutet wird. Von Demokratisierung, Entmilitarisierung und Entnazifizierung ist keine Rede. Die von Anfang an sorgfältig konservierten Kräfte der deutschen Reaktion [...] haben mit aktiver Unterstützung der Besatzungsmächte die alten Machtpositionen wieder eingenommen. [...]
Wir wissen, dass wir in unserem Kampf um die Einheit Deutschlands, der ein Bestandteil des Kampfes um den Frieden ist, nicht allein stehen. Wir haben das Glück, uns in diesem Kampf auf das große Lager des Friedens in der Welt stützen zu können, dessen ständig zunehmende Stärke die imperialistischen Kriegsinteressenten Schritt um Schritt zurückdrängt. Diese Kräfte des Friedens in der ganzen Welt werden geführt von der Sowjetunion, die eine andere Politik als die Politik des Friedens weder kennt noch kennen kann.

Wenige Tage später, am 15. Oktober 1949, antwortet der SPD-Vorsitzende Kurt Schumacher im Deutschen Bundestag auf die Rede Grotewohls:

Man kann erfolgreich bestreiten, dass der neue Oststaat überhaupt ein Staat ist. Dazu fehlt ihm auch der Ansatz zur Bildung einer eigenen Souveränität, er ist eine Äußerungsform der russischen Außenpolitik. [...]
Jetzt ist der Oststaat ein Versuch, die magnetischen Kräfte des Westens mithilfe staatlicher Machtmittel und eines scheinbaren Willens der deutschen Bevölkerung dieser Zone abzuwehren. Er bedeutet die Anerkennung der Tatsache, dass bis auf Weiteres das große russische Unternehmen, ganz Deutschland in die politischen, gesellschaftlichen, wirtschaftlichen und kulturellen Formen der Sowjets hineinzuzwingen, gescheitert ist. Die Loslösung der Ostzone durch die Russen, wie sie 1945 radikal und erfolgreich eingeleitet wurde, bedeutet das Hinausdrängen der westalliierten Einflüsse und der internationalen Kritik. Es war aber zur gleichen Zeit das Ende jeder demokratischen Freiheit der Deutschen in dieser Zone. Die westlichen Alliierten tragen an dieser Entwicklung viel Schuld. [...]
Das darf nicht darüber hinwegtäuschen, dass die Etablierung dieses sogenannten Oststaates eine Erschwerung der deutschen Einheit ist. Die Verhinderung dieser Einheit aber kann dieses Provisorium im Osten nicht bedeuten, weil das deutsche Volk und besonders die Bevölkerung der Ostzone Gebilde russischer Machtpolitik auf deutschem Boden ablehnt.

Erster Text: Otto Grotewohl, Im Kampf um die einige Deutsche Demokratische Republik. Reden und Aufsätze, Bd. 1, Berlin 1954, S. 516 ff.
Zweiter Text zitiert nach: Wolfgang Benz, Die Gründung der Bundesrepublik. Von der Bizone bis zum souveränen Staat, München 1984, S. 160 f.

1. *Weisen Sie nach, wie bestimmte Begriffe unterschiedliche inhaltliche Bedeutung gewinnen, je nachdem, ob sie im Osten oder im Westen verwendet werden.*

2. *Stellen Sie dar, mit welchen Argumenten Grotewohl den deutschen Weststaat zu diskreditieren versucht.*

3. *Erläutern Sie, was Schumacher unter den „magnetischen Kräfte[n] des Westens" (Zeile 29 f.) versteht.*

4. *Diskutieren Sie Schumachers Aussage über die „Schuld der Westmächte".*

Die Entwicklung der Bundesrepublik Deutschland 1945-1989

Grundlinien der Außenpolitik seit Adenauer Vier Jahrzehnte lang bestimmte der Ost-West-Konflikt den Rahmen für die Außenpolitik der Bundesrepublik. Sie musste sich an die Phasen der Anspannung und Entspannung im Verhältnis der Supermächte USA und UdSSR anpassen. Die Bundesrepublik war vorerst noch nicht souverän, das Besatzungsstatut schränkte ihr Außenhandeln ein. Bundeskanzler Adenauer, seit 1951 auch Außenminister, hatte sich mit den Alliierten Hochkommissaren abzusprechen.

Aus der Tatsache der vom Ost-West-Konflikt beherrschten Teilung Europas und der Welt zog Adenauer die Konsequenz einer politischen, wirtschaftlichen und kulturellen Westorientierung der jungen Bundesrepublik. Aus einer Position der Stärke sollte der freie und ökonomisch attraktive westliche Teilstaat eine unwiderstehliche Anziehungskraft auf die Deutschen im sowjetischen Herrschaftsbereich ausüben (*Magnettheorie*). Die eigene Überlegenheit würde langfristig eine Wiedervereinigung „in Frieden und Freiheit" ermöglichen, wobei ein künftiges demokratisches Gesamtdeutschland unwiderruflich mit dem Westen verbunden bleiben sollte. Die Bundesrepublik galt als „Limes des Abendlandes" gegenüber einer als gefährlich eingeschätzten Sowjetunion. Bereits im Oktober 1949 hatte Bundeskanzler Adenauer das Prinzip formuliert, das der Deutschlandpolitik aller Bundesregierungen bis 1969 zugrunde lag: „Die Bundesrepublik Deutschland ist allein befugt, für das deutsche Volk zu sprechen." Dieser von sämtlichen demokratischen Parteien geteilte *Alleinvertretungsanspruch* und die strikte Nichtanerkennung des nicht frei gewählten DDR-Regimes bestimmten und begrenzten die Beziehungen Bonns zu Ost-Berlin zwei Jahrzehnte lang (▸ M1).

Ihre Haltung fasste die Bundesregierung 1955 in den Grundsatz, die Bundesrepublik unterhalte keine Beziehungen zu Staaten, die die DDR durch Aufnahme diplomatischer Beziehungen anerkannten (*Hallstein-Doktrin**). Bis zum Ende der 1960er-Jahre konnte die Bundesregierung damit die internationale Anerkennung der DDR verhindern, vor allem in den Ländern der „Dritten Welt", denen die Bundesrepublik andernfalls ihre Wirtschaftshilfe aufkündigte. Die Sowjetunion und Polen musste die Bundesrepublik allerdings von dieser Vorgehensweise ausnehmen.

▲ **Antrittsbesuch.**
Foto vom 21. September 1949. Bundeskanzler Adenauer stellt sein Kabinett den Vertretern der Westalliierten vor. Selbstbewusst tritt er dabei auf den Teppich, vor dem er eigentlich „in gemessenem Abstand haltmachen" sollte (vgl. dazu die Abbildung auf Seite 454).

Schulden und Wiedergutmachung Die Bundesrepublik sah sich als Rechtsnachfolgerin des untergegangenen Deutschen Reiches. Daher hatte sie auch die deutschen Auslandsschulden zu übernehmen. Nach langen Verhandlungen wurde im Februar 1953 das *Londoner Schuldenabkommen* unterzeichnet. Die Bundesregierung erkannte gegenüber den Westmächten sowie 17 weiteren Gläubigerstaaten Schulden in Höhe von 13,5 Milliarden DM an, wovon fast die Hälfte erlassen wurde. An Schulden aus der Nachkriegszeit – darunter die Gelder der Marshall-Plan-Förderung – wurden 16 Milliarden DM festgelegt, von denen Bonn zuletzt nur sieben Milliarden zurückzahlen musste.

Schon 1952 hatten Verhandlungen über die Vermögenswerte von jüdischen Opfern des Nationalsozialismus zu einem Ergebnis geführt. Die Bundesrepublik und Israel unterzeichneten im September das *Luxemburger Abkommen*. Es sicherte Israel drei Milliarden DM in Sachwerten als Entschädigung zu. Gegenüber der **Jewish Claims**

Jewish Claims Conference: gegründet 1951 als Zusammenschluss von Verbänden, die jüdische Opfer des Nationalsozialismus in der Frage ihrer Entschädigung vertreten

* **Hallstein-Doktrin**: benannt nach Walter Hallstein (1901-1982), 1951-1957 Staatssekretär im Auswärtigen Amt, 1958-1967 Präsident der Kommission der Europäischen Wirtschaftsgemeinschaft (EWG)

Conference verpflichtete sich die Bundesregierung zur Zahlung von 450 Millionen DM. Die Regelungen wurden von der Regierung Adenauer als materielle Wiedergutmachung verstanden und als Zeichen, dass die Bundesrepublik die Verantwortung für den Holocaust übernahm.

Neues Sicherheitsdenken im Westen – deutsche Wiederbewaffnung

Die Bundesrepublik Deutschland besaß bei ihrer Gründung 1949 keine Streitkräfte. Eine Wiederbewaffnung hing von der Billigung durch die Westalliierten ab und stand wenige Jahre nach Kriegsende nicht zur Debatte. Der Korea-Krieg (1950-1953)* schuf eine neue Situation. Er führte die Gefahr einer sowjetischen Invasion Mittel- und Westeuropas vor Augen. Die USA machten ihren Verbleib in Europa als militärische Schutzmacht von der Bereitschaft der Europäer abhängig, ihre eigenen Rüstungsanstrengungen zu verstärken und auch die Bewaffnung der Bundesrepublik zu akzeptieren. Das war damals keineswegs populär, weder in der deutschen Bevölkerung noch bei den Nachbarn, insbesondere in Frankreich. Die französische Regierung schlug im Oktober 1950 eine europäische Armee unter einem französischen Oberkommandierenden vor, in der die deutschen Truppen voll integriert wären. Damit hoffte sie, den amerikanischen Forderungen zu entsprechen und zugleich Deutschland unter Kontrolle zu halten.

Bundeskanzler Adenauer sah die Chance, schneller als erwartet das Besatzungsregime zu beenden und eine militärische Sicherheitsgarantie der USA für die Bundesrepublik zu erwirken. Er war bereit, mit einer Wiederbewaffnung des Landes den militärischen Beitrag zu leisten, den die USA einforderten, um dadurch seinem Ziel näher zu kommen, die Bundesrepublik zu einem gleichberechtigten Mitglied der westlichen Gemeinschaft zu machen.

▲ SED-Plakat gegen Adenauers Politik der Westintegration, 1951.

- *Nennen Sie die einzelnen Bildmotive und ihre Funktion.*

Stalins Angebot zur Wiedervereinigung Bis ins Frühjahr 1952 verhandelten Bonn und die Westmächte über ein Ende des Besatzungsregimes und die Aufnahme der Bundesrepublik in ein Militärbündnis. Als die Verträge kurz vor dem Abschluss standen, trat die Sowjetunion mit einem überraschenden Angebot auf.

In mehreren Noten vom März und April 1952 unterbreitete Stalin den Entwurf eines Friedensvertrages mit Deutschland, das als einheitlicher Staat wiederhergestellt werden und über nationale Streitkräfte verfügen sollte – Voraussetzung dafür war die Neutralität dieses Staates. Die Sowjetunion erklärte sich sogar bereit, über gesamtdeutsche Wahlen zu verhandeln, nicht aber, diese unter Aufsicht der UNO zuzulassen.

Deutschland vereint, aber ohne Bündnis und ohne Garantie einer demokratischen Verfassung? Die Westmächte lehnten ab, und Adenauer stimmte damit völlig überein. Er sah keine Alternative zur Westintegration, um die Freiheit und Stabilität der Bundesrepublik zu sichern. Da über das Angebot aus Moskau nicht weiter verhandelt wurde, hat man viel über dessen Ernsthaftigkeit und Motive spekuliert. Adenauer wie auch die Westmächte hielten die *Stalin-Noten* für ein Störfeuer, um die Einbeziehung der Bundesrepublik in das westliche Bündnis zu verhindern. Bis heute besteht kein einhelliges Urteil darüber, ob Stalin 1952 nur „geblufft" hat oder eine Wiedervereinigung tatsächlich möglich gewesen wäre.

* Siehe Seite 494.

Die Pariser Verträge – das Ende der Besatzungszeit Am 26. Mai 1952 wurde in Bonn der „Vertrag über die Beziehungen zwischen der Bundesrepublik Deutschland und den Drei Mächten" (*Deutschlandvertrag*) unterzeichnet, der das Besatzungsregime in Westdeutschland beenden sollte. Ebenso kam in Paris der Vertrag über eine Europäische Verteidigungsgemeinschaft (*EVG-Vertrag*) zum Abschluss. Als Reaktion hierauf riegelten die DDR-Sicherheitskräfte auf Weisung Moskaus noch am selben Tag die Grenze nach Westdeutschland ab. Das Abkommen sah einen Verbund der Streitkräfte Frankreichs, Italiens, der Beneluxstaaten und der neu bewaffneten Bundesrepublik vor. Es wurde sowohl in der Bundesrepublik als auch in Frankreich heftig debattiert.

Adenauers Sieg bei den Bundestagswahlen vom 6. September 1953 wurde als eine Bestätigung seiner Westpolitik gewertet. Ein Jahr später allerdings schien alles wieder offen zu sein, als die französische Nationalversammlung am 30. August 1954 den EVG-Vertrag ablehnte. Einen Ausweg fand jedoch der britische Außenminister *Robert Anthony Eden*. Auf seine Initiative wurde der Brüsseler Beistandspakt, den Großbritannien, Frankreich und die Beneluxstaaten am 17. März 1948 geschlossen hatten, durch den Beitritt der Bundesrepublik und Italiens zu einer *Westeuropäischen Union* (WEU) erweitert. Die WEU stellte vor allem eine gegenüber der Bundesrepublik wirksame Rüstungskontrolleinrichtung dar, was den Interessen Frankreichs entsprach. Gleichzeitig wurde die Bundesrepublik in die NATO aufgenommen. Die beteiligten Mächte – Frankreich, Großbritannien, USA, Beneluxstaaten, Italien, Bundesrepublik, Kanada – einigten sich im September/Oktober 1954 in den *Pariser Verträgen* auf diese Vereinbarungen, nachdem die Bundesrepublik ihren Verzicht auf die Herstellung von atomaren, bakteriellen und chemischen Waffen erklärt hatte (▸ M2).

Das Ende des Besatzungsregimes wurde in einer für die deutsche Seite verbesserten Fassung des Deutschlandvertrages festgelegt. Die Westmächte erklärten sich bereit, „mit friedlichen Mitteln ihr gemeinsames Ziel zu verwirklichen: ein wiedervereinigtes Deutschland, das eine freiheitlich-demokratische Verfassung, ähnlich wie die Bundesrepublik, besitzt und das in die europäische Gemeinschaft integriert ist". Die Übereinkunft blieb bis 1990 gültig und wurde schließlich im Zuge der Wiedervereinigung Deutschlands auch verwirklicht. Bonn und Paris einigten sich auch über eine Internationalisierung des Saarlandes, das unter die Kontrolle der WEU gestellt werden sollte, bei enger wirtschaftlicher Anbindung an Frankreich (*Saarstatut*). In einer Volksabstimmung lehnte eine übergroße Mehrheit das Saarstatut ab. Frankreich willigte nun in den Beitritt des Saarlandes zur Bundesrepublik ein, der am 1. Januar 1957 vollzogen wurde. Das war die erste „kleine" Wiedervereinigung in Deutschland.

▲ **Plakat für die in die NATO integrierte Bundeswehr.**
Herausgeber: Presse- und Informationsamt der Bundesregierung, um 1956.

Blockbildung Begleitet von heftigen parteipolitischen Auseinandersetzungen und Demonstrationen von SPD, Gewerkschaften und Kreisen der evangelischen Kirche gegen die Schaffung einer „Bundeswehr" stimmte der Bundestag Ende Februar 1955 mit der Mehrheit der Regierungsparteien den Pariser Verträgen zu. Sie traten am 5. Mai 1955 in Kraft. Vier Tage später trat die Bundesrepublik als 15. Mitglied der NATO bei. Das war eine der zentralen Weichenstellungen der Nachkriegszeit.

Als gleichberechtigter Partner des westlichen Verteidigungsbündnisses hatte die Bundesrepublik – zehn Jahre nach Kriegsende – den Status eines souveränen Landes unter gewissen Vorbehalten erreicht. Diese betrafen die alliierten Sonderrechte für ihre Truppen in Westdeutschland, Befugnisse für den Fall eines inneren Notstandes, die Rechte der Westmächte hinsichtlich Berlins sowie für „Deutschland als Ganzes" bei einem späteren Friedensvertrag.

Fortan garantierte die NATO die Sicherheit für Westdeutschland und gleichzeitig die Sicherheit *vor* Deutschland. Das amerikanische Konzept einer „doppelten Eindämmung" – Abwehr des sowjetischen Hegemonialstrebens, Einbindung der (West-)Deutschen in die westliche Staatengemeinschaft – war aufgegangen. Adenauer sah darin die Voraussetzung für das langfristige Ziel einer Wiedervereinigung, seine politischen Gegner sprachen hingegen von einer Festschreibung der deutschen Teilung. Sie schienen zunächst auch Recht zu behalten.

Die Blockbildung in Europa und Deutschland fand ihr vorläufiges Ende mit der Gründung der *Warschauer Vertragsorganisation* am 14. Mai 1955, zu deren Unterzeichnerstaaten auch die DDR gehörte. Bereits Anfang 1956 wurde sie mit der *Nationalen Volksarmee* (NVA) militärischer Teil des sowjetisch beherrschten Ostblocks.

Mit der Herausbildung eines militärischen Gleichgewichts zwischen den beiden atomaren Supermächten seit Mitte der Fünfzigerjahre verfestigte sich der Status quo in Europa und somit auch im geteilten Deutschland. Bundeskanzler Adenauer legte den Akzent seiner Außenpolitik auf die Stärkung der westlichen Staatengemeinschaft und die Aussöhnung mit Frankreich. Diesem Ziel dienten die Gründung der *Europäischen Wirtschaftsgemeinschaft* (EWG)* 1957 und der enge Schulterschluss mit dem französischen Staatspräsidenten **Charles de Gaulle**, der seinen Höhepunkt im deutsch-französischen Freundschaftsvertrag von 1963 fand.

Charles de Gaulle (1890-1970): französischer General im Zweiten Weltkrieg; 1944-1946 Chef der Regierung des befreiten Frankreich. Entwirft 1958 als Ministerpräsident eine neue Verfassung (Fünfte Republik), die dem Präsidenten eine große Machtfülle verleiht und die in einer Volksabstimmung angenommen wird. 1959-1969 französischer Staatspräsident.

Die akzeptierte Demokratie Anders als die Weimarer Republik entwickelte sich die Bundesrepublik zu einem politisch stabilen Staat. Vor allem das „Wirtschaftswunder", der Aufbau des Sozialstaates** und die Handlungsfähigkeit der Regierungen festigten die Bonner Demokratie.

1949 war die Gefahr einer politischen Radikalisierung der Bevölkerung angesichts ungesicherter wirtschaftlicher Verhältnisse, Arbeitslosigkeit, sozialer Not und eines nicht geringen Potenzials politisch Unbelehrbarer noch durchaus gegeben. Als die Besatzungsmächte Anfang 1950 den Lizenzzwang für politische Parteien aufhoben, entstanden in kurzer Zeit rund 30 neue, zumeist nationale und rechtsextremistische Parteien.

Nach der zweiten Bundestagswahl 1953 setzte eine Entwicklung ein, die bis Anfang der Achtzigerjahre kennzeichnend für das Parteiensystem der Bundesrepublik und die Mehrheitsverhältnisse im Bundestag blieb: Die Zahl der im Bundestag vertretenen Parteien sank stark ab, und die Stimmen für die beiden großen Gruppierungen – Unionsparteien und Sozialdemokratie – nahmen zu. CDU/CSU, SPD und FDP waren und blieben die bestimmenden politischen Parteien.

Willy Brandt (vormals Ernst Karl Frahm) (1913-1992): Sozialdemokrat, 1933-1945 emigriert. 1957-1966 Regierender Bürgermeister von Berlin (West). 1964-1987 Vorsitzender der SPD. 1969-1974 Bundeskanzler. Erhielt 1971 den Friedensnobelpreis.

Herbert Wehner (1906-1990): Mitglied der KPD in der Weimarer Republik, 1935 emigriert. 1969-1983 Vorsitzender der SPD-Fraktion im Bundestag.

Herausbildung der Volksparteien Mit den Wahlerfolgen Adenauers bildete sich ein neuer Parteientypus heraus – die *Volkspartei*. Die CDU (und in Bayern die CSU) entwickelte sich zu einer bürgerlichen Sammlungsbewegung, die für alle großen sozialen Gruppen und Schichten wählbar war.

Nach empfindlichen Wahlniederlagen in den 1950er-Jahren wandelte sich auch die SPD zu einer modernen Volkspartei. Die Wähler hatten ihre Opposition gegen die Außen- und Wirtschaftspolitik der Regierung Adenauer nicht belohnt. Sozialdemokratische Reformer wie **Willy Brandt** und **Herbert Wehner** setzten einen Kurswechsel durch. Das Ergebnis war ein neues Parteiprogramm, das *Godesberger Programm* von

* Siehe Seite 523.
** Siehe Seite 422 f.

▲ **Wahlplakate zur Bundestagswahl 1953.**
Erich Ollenhauer wurde nach dem Tod Kurt Schumachers 1952 SPD-Vorsitzender und war 1953 der Kanzlerkandidat seiner Partei.

1959, das das Heidelberger Programm von 1925 ablöste. An die Stelle klassenkämpferischer Ziele traten die Grundwerte Freiheit, Gerechtigkeit und Solidarität. Die SPD bekannte sich nun zur Politik der Westintegration und zur Sozialen Marktwirtschaft. Als gemäßigt linke, reformistische Volkspartei vertrat sie nicht mehr nur die Interessen der Arbeiter, sondern öffnete sich neuen Wählerschichten.

Der scharfe Gegensatz zwischen Unionsparteien und SPD verschwand, Koalitionen zwischen ihnen wurden denkbar. Allein die FDP konnte sich zwischen beiden Großparteien als „dritte Kraft" behaupten, getragen von ihrer Klientel aus Akademikern und Selbstständigen. In den Jahren 1949 bis 1956 und 1961 bis 1966 war die FDP als Partner der Union an der Regierung beteiligt.

Politisches Klima im Zeichen des Antikommunismus Unter Politikern und Bürgern war das Gefühl verbreitet, vom Sowjetkommunismus bedroht zu sein. Begründet war diese Einstellung zum einen in der erfolgreichen jahrelangen Propaganda der Nationalsozialisten vom „bolschewistischen Untermenschen". Hinzu kamen die Erfahrungen des Kriegsendes und der Nachkriegszeit: Plünderung und Vergewaltigung, Flucht und Vertreibung, Gefangenschaft in der Sowjetunion, sowjetische Reparationspolitik und die Unterdrückung durch die SED. Der *Antikommunismus* verband die meisten Parteien und gesellschaftlichen Gruppen in der Bundesrepublik und war auch im westlichen Ausland weit verbreitet. Er diente als Integrationsideologie für die noch kaum gefestigte Demokratie in Westdeutschland.

Von diesem Grundkonsens ausgenommen blieb die westdeutsche KPD. Sie war der verlängerte Arm der SED, von der sie weitgehend finanziert und gelenkt wurde. Obwohl zahlenmäßig unbedeutend, galt sie als eine Gefahr für die demokratische Ordnung. Deshalb ging die Bundesregierung gegen Kommunisten im öffentlichen Dienst vor; verschiedene der KPD nahe stehende Organisationen wurden für verfassungswidrig erklärt, ihre Mitglieder mit Billigung der Arbeitsgerichte aus dem öffentlichen Dienst entlassen, bis die Partei 1956 vom Bundesverfassungsgericht verboten wurde. Das Bundesverfassungsgericht hatte als erste Partei bereits 1952 die *Sozialistische Reichspartei* (SRP) als Nachfolgerin der NSDAP verboten.

Der Sozialstaat schafft Stabilität Als ein wichtiger Stützpfeiler der jungen Demokratie erwies sich ihre erfolgreiche Sozialpolitik. Das *Sozialstaatsgebot* des Grundgesetzes (Artikel 20, Absatz 1) legte den Staat auf eine Politik der sozialen Gerechtigkeit und sozialen Sicherheit fest. Die Freiheitsrechte des Menschen als Kernbestand der neuen Verfassung sollten auch für die sozial und wirtschaftlich Schwachen verwirklicht werden. Denn die Not weiter Teile der Bevölkerung am Ende der Weimarer Republik und deren Anfälligkeit für radikale Parteien waren noch in lebhafter Erinnerung. Ohne sozialen Frieden im Land würde der politische und wirtschaftliche Wiederaufbau nicht gelingen, die Demokratie keine Wurzeln schlagen – darin waren sich alle einig.

Zunächst ging es um die Bewältigung der unmittelbaren Kriegsfolgen. Es gelang in kurzer Zeit, diese außergewöhnliche Herausforderung rechtlich und materiell zu bewältigen. Auf die Kriegsopferversorgung (1950) für 4,5 Millionen Menschen folgten gesetzliche Maßnahmen zum Schutz und zur beruflichen Wiedereingliederung von Schwerbeschädigten (1953) und umfangreiche Hilfen für Vertriebene (Bundesvertriebenengesetz, 1953). Das Gesetz über den Lastenausgleich von 1952 gewährte Flüchtlingen und Vertriebenen aus den deutschen Ostgebieten und der SBZ Finanzhilfe zum Ausgleich ihrer Schäden und Verluste.

Für die vom NS-Regime in Deutschland aus rassischen, politischen und religiösen Gründen Verfolgten sah das Bundesentschädigungsgesetz (1953) Wiedergutmachungsleistungen in Form von Renten, Beihilfen u.Ä. vor (Gesamtaufwand bis 1999 umgerechnet etwa 53 Mrd. Euro). Auch die staatliche Förderung des Wohnungsbaus trug entscheidend dazu bei, die Not der Nachkriegszeit zu überwinden. Bis 1961 wurden sechs Millionen neue Wohnungen gebaut. Der Bauboom setzte sich bis Anfang der 1970er-Jahre fort.

Eine der wichtigsten sozialpolitischen Neuerungen der Nachkriegszeit brachte die **Rentenreform** von 1957. Die Renten wurden durchschnittlich um 60 Prozent erhöht und – das war neu – jährlich an die allgemeine Lohnentwicklung angepasst („dynamisiert"). Erstmals wurde der Zirkel von Alter und Armut durchbrochen.

Rentenreform: Grundprinzip der bundesdeutschen Rentenversicherung ist das Umlageverfahren, bei dem die ausgezahlten Renten durch die Beiträge von Arbeitgebern und Arbeitnehmern finanziert werden. Aus diesem Grund ist die Rede von einem „Generationenvertrag".

Das bundesdeutsche „Wirtschaftswunder" ■ Die Grundlage aller staatlichen Sozialleistungen war der unerwartet rasche wirtschaftliche Aufstieg. Das reale Bruttosozialprodukt nahm in den Fünfzigerjahren jährlich um acht Prozent zu, zwischen 1950 und 1970 verdreifachte es sich nahezu. Entsprechend wuchs das verfügbare Einkommen der Arbeitnehmer. Ab 1959 herrschte Vollbeschäftigung, ausländische Arbeitnehmer (damals „Gastarbeiter" genannt) wurden angeworben. Als geistiger Vater und Repräsentant des „Wirtschaftswunders" galt Wirtschaftsminister Ludwig Erhard. Der Erfolg seines Konzepts der „Sozialen Marktwirtschaft" war spätestens 1952 unübersehbar.

Der Aufschwung führte zu anhaltender Vollbeschäftigung und wachsendem Wohlstand. Die Entwicklung profitierte von mehreren Faktoren:

- Es gab genügend qualifizierte und motivierte Arbeitskräfte.
- Die Kriegsschäden waren geringer als befürchtet. Die Industrie konnte von einer gut ausgebauten Infrastruktur (Maschinen und Fabrikanlagen) ausgehen, die sich rasch modernisieren ließ.
- Dabei half auch eine zunächst bewusst zurückhaltende Tarifpolitik* der Gewerkschaften: Sie versetzte die Unternehmen in die Lage, ihre Gewinne für Investitionen zu verwenden (Selbstfinanzierung).
- Wegen des Wiederaufbaus gab es eine gewaltige Nachfrage nach Konsum- und Investitionsgütern aller Art sowie nach Wohnungen.
- In Engpasssektoren (Wohnungen, Grundnahrungsmittel und Energie) wurde die staatliche Verwaltungswirtschaft noch eine Zeitlang beibehalten, bis sich die Märkte normalisiert hatten.
- Der Güteraustausch mit Amerika erlaubte die Einfuhr moderner Technologie.
- Durch den Krieg in Korea 1950-1953 verlagerten die USA und viele westliche Industrien ihre Produktion auf Rüstungsgüter. Auf dem Weltmarkt entstand eine „Angebotslücke", die die bundesdeutsche Wirtschaft ausfüllte. Maschinen, Fahrzeuge, elektrische und chemische Erzeugnisse „made in Western Germany" fanden großen Absatz und machten die Bundesrepublik seither zur *Exportnation*.
- Seit 1957 sorgte die von Weisungen der Bundesregierung unabhängige Deutsche Bundesbank für die Stabilität einer „harten" D-Mark.
- Ab 1958 erfuhr der deutsche Außenhandel einen weiteren Impuls durch die Europäische Wirtschaftsgemeinschaft.
- Nicht zu unterschätzen ist die damalige Grundstimmung in der Bevölkerung, bei der Zukunftsvertrauen, Überlebenswille und die Sehnsucht nach Normalität vorherrschten.

▲ **„Erhard hält, was er verspricht."**
Plakat von 1957.
Im Bundestagswahlkampf 1957 setzt die CDU auf die Erfolge des Wirtschaftsministers Ludwig Erhard, „Vater des Wirtschaftswunders".

* Löhne und Arbeitsbedingungen werden von Arbeitgeber- und Arbeitnehmerverbänden vereinbart, ohne dass sich der Staat einmischt (Tarifautonomie).

▲ **„Samstags gehört Vati mir."**
Plakat des DGB zum 1. Mai 1956.

Von der Arbeits- zur Konsumgesellschaft Insgesamt wurde die Verbesserung der Lebensverhältnisse für die Masse der Bundesbürger erst gegen Ende der 1950er-Jahre spürbar. Der Aufschwung führte zunächst zu einem Anstieg der Arbeitszeiten. Bis Mitte des Jahrzehnts lag die durchschnittliche Wochenarbeitszeit in der Industrie bei über 49 Stunden an sechs Werktagen. Der Samstag wurde erstmals 1956 für die Metallarbeiter zum arbeitsfreien Tag, der Jahresurlaub betrug zwei bis drei Wochen. Bis Ende der 1950er-Jahre sank die Wochenarbeitszeit für Arbeiter wie Angestellte auf rund 44 Stunden. Unternehmer und Freiberufler konnten den Wohlstand wesentlich früher genießen als Arbeiter und Angestellte. Die Not der Kriegs- und unmittelbaren Nachkriegszeit blieb zwar noch in Erinnerung, wurde aber von einem grundsätzlichen Optimismus und Fortschrittsglauben abgelöst. Immer mehr Bedürfnisse konnten durch den Aufschwung befriedigt werden. Auf die „Fresswelle" der Anfangsjahre (Lebensmittel waren seit Beginn der 1950er-Jahre ausreichend vorhanden) folgte die „Kaufwelle" (deutsche Haushalte statteten sich mit langlebigen Gebrauchsgütern und Möbeln aus), die „Reisewelle" (Italien wurde zum Traumland der Deutschen) und schließlich die „Motorisierungswelle".

Bei den Einkommen und Vermögen kam es freilich nicht zu einer Angleichung zwischen den gesellschaftlichen Gruppen. Selbstständige verdienten drei Mal so viel wie ein Arbeitnehmer. Mitte der 1960er-Jahre besaßen 1,7 Prozent der Bundesbürger 74 Prozent des Produktivvermögens (Unternehmen, Aktien). Dagegen glichen sich die Lebensstile immer weiter an: Angehörige aller Schichten nahmen am allgemeinen Massenkonsum teil, besaßen ein eigenes Auto und unternahmen Urlaubsreisen.

Die wirtschaftliche Blüte hielt bis zur Mitte der 1960er-Jahre unverändert an. In der Bevölkerung war man stolz auf den erreichten materiellen Status. Das Ziel eines „Wohlstandes für alle" schien Realität zu werden.

Kurt Georg Kiesinger (1904-1988): im „Dritten Reich" Mitarbeiter des Auswärtigen Amtes und NSDAP-Mitglied; 1958-1966 Ministerpräsident von Baden-Württemberg, 1966-1969 Bundeskanzler

Franz Josef Strauß (1915-1988): Mitbegründer der CSU, 1956-1962 Verteidigungsminister, 1961-1988 CSU-Vorsitzender, 1966-1969 Bundesfinanzminister; 1978-1988 bayerischer Ministerpräsident

Die Große Koalition 1966-1969 Im Oktober 1963 trat der 87-jährige Gründungskanzler der Bundesrepublik zurück. Auf Adenauer folgte dessen populärer Wirtschaftsminister Ludwig Erhard als Regierungschef. Seine eher glücklose Amtszeit endete bereits im November 1966, als eine erste, vergleichsweise harmlose Wirtschaftsrezession kurzfristig die Arbeitslosigkeit ansteigen ließ. Sie bescherte der neu gegründeten rechtsradikalen *Nationaldemokratischen Partei Deutschlands* (NPD) in Hessen und Bayern kräftige Stimmengewinne.

Eine Große Koalition aus Unionsparteien und SPD bildete die neue Regierung unter Bundeskanzler **Kurt Georg Kiesinger** von der CDU und dem Parteichef der SPD, Willy Brandt, als Außenminister. Den 447 Abgeordneten des Regierungslagers stand im Deutschen Bundestag eine extrem kleine Opposition von 47 Abgeordneten der FDP gegenüber. Für zukunftsweisende Weichenstellungen in der Finanz- und Wirtschaftspolitik sorgten Finanzminister **Franz Josef Strauß** (CSU) und Wirtschaftsminister *Karl Schiller* (SPD). Vor allem mit dem Gesetz zur Förderung der Stabilität und des Wachstums der Wirtschaft (*Stabilitätsgesetz*) von 1967 wurden dem Staat Steuerungsaufgaben für die Sicherung von wirtschaftlichem Wachstum, Preisstabilität, Vollbeschäftigung und Gleichgewicht im Außenhandel („magisches Viereck") zugewiesen. Staatliche Konjunkturprogramme sollten bei wirtschaftlichen Abschwüngen die Nachfrage nach Gütern und Dienstleistungen sichern.

Ab 1967 setzte ein „Aufschwung nach Maß" (Schiller) ein: 1969 herrschte wieder Vollbeschäftigung, die Zahl der ausländischen Arbeitskräfte erreichte die Rekordmarke von 1,5 Millionen Menschen. Das Bruttosozialprodukt wuchs um 8,2 Prozent, die Inflationsrate sank, und in der Bevölkerung verbreitete sich wieder Zuversicht.

Beginn der Bildungsreformen Der Konjunktureinbruch 1966/67 war nicht das einzige Anzeichen gewesen, das Politiker und Bevölkerung alarmiert hatte, weil das erreichte Wohlstandsgefüge bedroht schien. Seit Beginn der 1960er-Jahre warnten Experten vor den völlig überholten Zuständen im bundesdeutschen Bildungswesen. Nach einer Studie der **OECD** von 1966 rangierte die Bundesrepublik weit hinter allen westlichen Industrieländern, was den Zugang von Mädchen sowie Kindern aus ärmeren Schichten zu weiterführenden Schulen und zum Hochschulstudium betraf. Dieser Missstand führe, so mahnten Kritiker, zu Fachkräftemangel und einer Senkung des Bildungsniveaus der nachwachsenden Generation.

OECD (Organization of Economic Cooperation and Development): Organisation für wirtschaftliche Zusammenarbeit und Entwicklung; koordiniert weltweit Wirtschaftsbeziehungen und berät zu Wirtschaft und Bildung

Beibehalten wurde das dreigliedrige Schulsystem aus Grund- und Hauptschule, Realschule und Gymnasium, das noch aus der Weimarer Republik stammte. Einschneidende Änderungen brachte die Bildungsreform Mitte der 1960er-Jahre. 1964 wurden die ländlichen „Zwergschulen“ abgeschafft, die alle Grundschüler in einem Klassenverband unterrichteten. Nach und nach verschwanden auch die Konfessionsschulen; sie wurden durch gemischtkonfessionelle Schulen ersetzt, in denen nur noch der Religionsunterricht getrennt war. Auch die Koedukation (gemeinsamer Unterricht für Mädchen und Jungen) wurde allgemein üblich. Ähnlich drängend war die Lage an den Hochschulen, wo die Zahl der Studierenden unaufhaltsam stieg. In den 1960er-Jahren begannen in allen Bundesländern der Bau neuer Hochschulen und die Vergrößerung des Lehrangebotes.

1968 beschlossen die Bundesländer, alle Fachschulen und Ingenieurschulen zu Fachhochschulen (FH) aufzuwerten. Der Bundestag ergänzte 1969 das Grundgesetz, wonach Bund und Länder künftig bei „Gemeinschaftsausgaben“ zusammenwirken konnten. Bund und Länder investierten nun gemeinsam in Bildung und Forschung. Die Reformanstrengungen wurden in den 1970er-Jahren unvermindert fortgesetzt.

▲ **Demonstration gegen die Notstandsgesetze.**
Foto vom 11. Mai 1968.

Notstandsgesetze und Außerparlamentarische Opposition Zu den zentralen innenpolitischen Fragen gehörte in den 1960-Jahren auch die Debatte über **Notstandsgesetze**. Die Befürworter argumentierten, ohne Notstandsgesetze gebe es keine Regeln für den Krisenfall, vielmehr würden die Kontrollrechte der Alliierten weiter gelten. Die Gegner fürchteten eine Aushöhlung der bürgerlichen Freiheiten (▸ M3).

Jahrelang hatte der Bundestag debattiert, ohne dass die erforderliche Zweidrittelmehrheit zur Änderung des Grundgesetzes zustande kam. Mit den Stimmen der Großen Koalition seit 1966 schien der Weg endlich frei für eine Verabschiedung. Nun verlagerte sich der Streit außerhalb des Bundestages. Intellektuelle, Studenten und Teile der Gewerkschaften bildeten landesweit eine *Außerparlamentarische Opposition* (APO). Sie protestierten gegen die geplanten Notstandsgesetze sowie gegen das Übergewicht der Großen Koalition im Bundestag. Ihrer Meinung nach gab es keine ausreichende demokratische Kontrolle der Regierung.

Notstandsgesetze: Sie sollten im Falle eines inneren und äußeren Notstandes die Handlungsfähigkeit der Regierung sichern, indem sie die Einschränkung von Grundrechten erlaubten, darunter das Brief-, Post- und Fernmeldegeheimnis sowie die Unverletzbarkeit der Wohnung.

Die Proteste der APO standen in engem Zusammenhang mit den damaligen Studentenunruhen. Im Mai 1968 verabschiedete der Bundestag die Notstandsgesetze. Die Regierungsparteien hatten sich durchgesetzt, doch der Vorwurf mangelnden Dialogs zwischen Politik und Bevölkerung blieb bestehen.

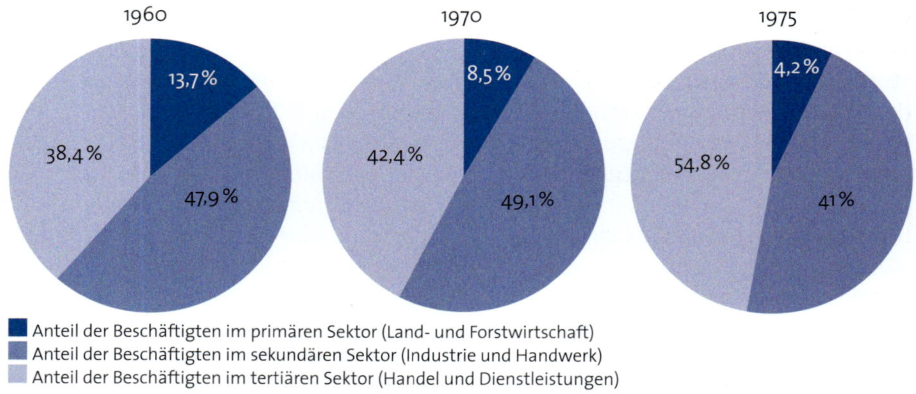

▲ **Strukturwandel der bundesdeutschen Wirtschaft.**
Nach: Axel Schildt, Die Sozialgeschichte der alten Bundesrepublik Deutschland bis 1989/90, München 2007, S. 19 und 56

Die Bundesrepublik Ende der 1960er-Jahre Die Große Koalition hatte die kurzzeitig einbrechende Wirtschaftskonjunktur erneut ankurbeln können. Der Wohlstand schien wieder gesichert. Das Wachstum hatte inzwischen die Wirtschaftsstruktur in Westdeutschland verändert. Die Landwirtschaft schrumpfte immer mehr, während zunächst Industrie und Handwerk zunahmen, ehe auch der Dienstleistungssektor anstieg und seit Mitte der 1970er-Jahre den größten Anteil der Volkswirtschaft ausmachte. Dieser *Strukturwandel* hatte sich bereits vor dem Zweiten Weltkrieg angekündigt und fand parallel in den westlichen Ländern statt. In Westdeutschland wurde er so vollzogen, dass es so gut wie keine Verlierer gab. Dafür sorgten Vollbeschäftigung, steigende Löhne, öffentliche Fördermaßnahmen und die Hilfen des Sozialstaates. Die Bundesrepublik schaffte – auf einem in der deutschen Geschichte bis dahin nicht erreichten Wohlstandsniveau – den Übergang in die *postindustrialisierte Gesellschaft*.

Die erfolgreiche Wirtschaftspolitik sorgte ebenso dafür, dass extremistischen Parteien der Boden entzogen wurde. Die NPD erreichte kurzzeitig Erfolge, etwa im April 1968 mit 9,8 Prozent bei Landtagswahlen in Baden-Württemberg. Mit nationalistischen, demokratie- und europafeindlichen Schlagworten sowie mit Kritik an der „Bewältigung" der NS-Vergangenheit (Auschwitz-Prozess 1960-1963 in Frankfurt am Main, Debatten im Bundestag über die Nichtverjährung von NS-Verbrechen 1965 und 1969) sprach die NPD Unzufriedene und Unbelehrbare an. Bei den Bundestagswahlen 1969 verfehlte sie jedoch den Einzug ins Parlament und verschwand einstweilen von der politischen Bildfläche. Daneben trat mit der 1968 neu gegründeten *Deutschen Kommunistischen Partei* (DKP) wieder eine linksextreme Partei in Erscheinung. Sie kam jedoch über den Status einer kleinen Splitterpartei nicht hinaus.

Die Regierung Kiesinger/Brandt führte auch umfangreiche Justizreformen durch – so wurden Ehebruch sowie Homosexualität nicht mehr unter Strafe gestellt und außereheliche Kinder den ehelichen rechtlich gleichgestellt.

Trotz vieler Reformen und Erfolge war das Bündnis zwischen Union und SPD zuletzt immer weniger populär, vor allem bei jüngeren Menschen. Sie vermissten die Mitsprache in der Politik und stellten ganz allgemein den Materialismus und die Selbstzufriedenheit der eigenen Gesellschaft infrage.

Die 68er-Bewegung Während die Mehrheit der Bevölkerung den wachsenden Wohlstand genoss, formierte sich in der westlichen Welt aus überwiegend studentischen Gruppen eine Protestbewegung gegen die Zustände in Staat und Gesellschaft. Vorbild war das Aufbegehren von Studenten in den USA gegen gesellschaftliche Missstände (Armut, Benachteiligung der schwarzen Bevölkerung) und den Vietnam-Krieg*. Hinzu kamen die Ablehnung der überkommenen Werte der Elterngeneration, Skepsis gegen die Industriegesellschaft und die Suche nach neuen Lebensstilen.

Leitbild der „Neuen Linken" waren die Politisierung und Demokratisierung aller Lebensbereiche und die Utopie von der herrschaftsfreien Gesellschaft, in der es keine Klassengegensätze und keine Ausbeutung mehr geben, in der Selbstbestimmung statt „Fremdbestimmung" herrschen sollte.

Die Protestbewegung der studentischen Jugend erfasste alle westlichen Länder. Besonders heftige Unruhen brachen in Frankreich im Mai 1968 aus. Dort protestierten die Studenten gegen die überfüllten Universitäten und die Staatsführung unter Präsident de Gaulle, errichteten Barrikaden und lieferten sich Straßenschlachten mit der Polizei. Im Gegensatz zu den USA oder der Bundesrepublik sympathisierten weite Kreise der Bevölkerung mit den rebellierenden Studenten.

Jugendproteste ganz anderer Art gab es damals in der kommunistisch beherrschten Tschechoslowakei. In den Zielen der Reformkommunisten um *Alexander Dubček* sahen viele den „Frühling" einer Entwicklung hin zu Meinungsfreiheit und politischer Liberalisierung. Der Einmarsch von Streitkräften der Warschauer Vertragsorganisation (auch Warschauer Pakt genannt) im August 1968 begrub diese Hoffnungen jedoch umgehend.

▲ **Demonstration in West-Berlin.**
Foto (Ausschnitt) vom 18. Februar 1968. Mit Plakaten und Postern ihrer Vorbilder protestierten die Studenten 1968 gegen den Krieg in Vietnam. Die Porträts zeigen (von links nach rechts) den nordvietnamesischen Revolutionsführer Ho Chi Minh, die sozialistische Politikerin und Theoretikerin Rosa Luxemburg, den kubanischen Revolutionär Che Guevara und den Begründer des Sowjetkommunismus Lenin.

In der Bundesrepublik blieb die Kritik an der bestehenden Gesellschaftsordnung zunächst auf universitäre Zirkel in West-Berlin und Frankfurt am Main begrenzt. Der *Sozialistische Deutsche Studentenbund* (SDS), von dem sich die SPD bereits 1960 getrennt hatte, bildete mit seinem Wortführer **Rudi Dutschke** zugleich den Kern der Außerparlamentarischen Opposition.

Mit den Mitteln der Provokation und des spielerischen, geistreichen Protestes (*Sit-ins*) stellte die Studentenbewegung zunächst die autoritären Strukturen an den Universitäten bloß. Bald verlagerte sich der zunehmend **neomarxistisch** beeinflusste Protest auch auf die Straße. Unterschiedliche Forderungen wurden laut:

- die Beendigung des Vietnam-Krieges,
- Widerstand gegen die Notstandsgesetzgebung der Großen Koalition,
- eine Reform der akademischen Ausbildung (mehr Studienplätze, mehr Mitsprache der Studierenden),
- ein offener Dialog mit der Generation der Eltern und Großeltern über die NS-Vergangenheit,
- Abschaffung des westlichen Gesellschaftssystems mit seiner angeblichen Verbindung von Imperialismus und Kapitalismus.

Die „Kinder des Wirtschaftswunders" wandten sich gegen das einseitige, unkritische Konsumdenken der Gesellschaft. Teile der Studentenschaft radikalisierten sich dabei so stark, dass sie die bestehende Gesellschaft grundsätzlich ablehnten und die „kapitalistischen Verhältnisse" durch „sozialistische" ersetzen wollten – notfalls mithilfe einer Revolution.

Rudi Dutschke (1940-1979): Soziologe, Führungsfigur der APO sowie der Studentenbewegung in der Bundesrepublik. Starb an den Spätfolgen eines 1968 auf ihn verübten Anschlages.

Neomarxismus: Sammelbegriff für alle kommunistischen Denkrichtungen, die vom Marxismus-Leninismus abweichen; hier: Weltanschauung, die den Kommunismus nicht durch die Arbeiterklasse, sondern durch Intellektuelle und Studenten aller Länder verwirklicht sehen will

* Siehe Seite 496 f.

Mohammad Reza Pahlavi (1919-1980): persischer Schah von 1941 bis 1979, dessen autoritäres Regime sich auf den Geheimdienst und das Militär stützte. 1979 wurde der Schah von Rebellen um Ayatollah Khomeini (1902-1989) gestürzt. An die Stelle der Monarchie trat die Islamische Republik Iran.

Filmtipp:
Der Baader Meinhof Komplex; Deutschland 2008, Regie: Uli Edel

Literaturtipps:
- *Norbert Frei, 1968: Jugendrevolte und globaler Protest, München 2008*
- *Ingrid Gilcher-Holtey, Die 68er Bewegung. Deutschland, Westeuropa, USA, München 2008*

Als Anfang Juni 1967 in Berlin bei einer Demonstration gegen Schah **Mohammad Reza Pahlavi** von Persien der Student *Benno Ohnesorg* von einem Polizisten erschossen wurde, kam es bundesweit zu gewaltsamen Ausschreitungen. Zeitungsredaktionen des konservativen Springer Verlages, der unaufhörlich gegen die Demonstranten hetzte, wurden belagert („Enteignet Springer"), Kaufhäuser in Brand gesetzt. Ihren Höhepunkt erreichten die Unruhen im April 1968 nach dem Mordanschlag eines Einzeltäters auf Rudi Dutschke in Berlin. Dutschke überlebte schwer verletzt, doch die Gewalt löste eine Welle von Demonstrationen in allen größeren Städten der Bundesrepublik aus. Insgesamt gab es über 400 Verletzte und zwei Tote.

Mit dem Ende der Großen Koalition nach den Bundestagswahlen 1969 zerfiel auch die APO. Ein großer Teil ihrer jugendlichen Anhänger fand eine politische Heimat in der SPD. Der harte Kern der Aktivisten spaltete sich in verschiedene linksradikale Gruppen und einen terroristischen Flügel, die *Rote Armee Fraktion* (RAF)*. Was blieb, war die Hoffnung, in einem „langen Marsch durch die Institutionen" in ferner Zukunft „das System zu überwinden". Neben den politischen Aktionen propagierten die verschiedenen Gruppen der Protestbewegung neue Lebensformen, die der bürgerlichen Moralvorstellung widersprachen. Wohngemeinschaften entstanden, die „repressive Sexualmoral" der Gesellschaft wurde kritisiert und Freizügigkeit proklamiert, ein Jugendlichkeitskult machte sich breit und prägte die Kleidung und das Auftreten weiter Teile der Bevölkerung. Eine antiautoritäre Erziehung der Kinder sollte die Gesellschaft zum Besseren hin verändern.

Die „68er-Bewegung", wie sie später genannt wurde, politisierte die bundesdeutsche Gesellschaft und prägte die Einstellungen und Wertüberzeugungen einer ganzen Generation. Selbstbestimmung, Selbstverwirklichung und Kritik an einer normierten Form der Lebensgestaltung waren Ziele und Schlagworte, die jenseits aller politischen Standpunkte das Lebensgefühl bestimmten. Eine Revolution des Lebensstils hatte stattgefunden, freilich auf der Grundlage gesicherter wirtschaftlicher und sozialer Verhältnisse.

* Siehe dazu auch Seite 432 f.

▲ **„Emma."**
Titelbild der ersten Ausgabe vom Januar/Februar 1977.

Emanzipation und Frauenbewegung In den 1960er-Jahren begann sich auch die Emanzipationsbewegung zu formieren. Sie hatte das Ziel, die Gleichberechtigung der Geschlechter in Arbeitswelt und Alltag durchzusetzen und damit die Abhängigkeiten und Benachteiligungen von Frauen zu beenden. Dieser Prozess vollzog sich auf mehreren Ebenen:

- Das Grundgesetz von 1949 garantierte Frauen und Männern gleiche Rechte als Staatsbürger. Das in der Bundesrepublik gültige Ehe- und Familienrecht stammte hingegen aus dem Kaiserreich und gewährte den Ehemännern noch immer einseitige Vorrechte. 1958 trat nach langen Debatten das „Gesetz über die Gleichberechtigung von Mann und Frau im Bereich des Bürgerlichen Rechts" in Kraft. Es beseitigte den bisherigen Anspruch des Ehemannes auf den Gehorsam seiner Frau, ebenso sein Letztentscheidungsrecht über das gemeinsam in die Ehe eingebrachte Vermögen. Eine Berufstätigkeit der Ehefrau hing nicht länger von der Zustimmung ihres Mannes ab.
- Dank des massiven Ausbaus des Bildungswesens in den 1960er-Jahren waren immer mehr Frauen gut ausgebildet und vielseitig qualifiziert. Der Anteil erwerbstätiger Frauen stieg kontinuierlich an, von 30,2 Prozent im Jahr 1950 auf 37,1 Prozent im Jahr 1989. Zunächst überwiegend in Dienstleistungsberufen wie Lehrerin, Verkäuferin oder Sekretärin tätig, die nach konservativer Vorstellung für Frauen

ausschließlich geeignet schienen, drängten sie allmählich in Berufe, die als Männerdomänen galten. Auch nahmen viele Frauen die Möglichkeit der Teilzeitarbeit in Anspruch, die seit 1972 gesetzlich geregelt war. Bis heute jedoch erhalten Frauen bei vergleichbarer Arbeit weniger Lohn.

- Die Rolle der Frau wurde in den 1960er-Jahren kontrovers diskutiert. Dem konservativen Vorurteil, eine berufliche Tätigkeit von Frauen führe zur Verwahrlosung der Kinder, zu Sittenverfall und fehlendem Nachwuchs, stand das Eintreten der Frauenbewegung für das Selbstbestimmungsrecht der Frau gegenüber. Zu den führenden Feministinnen gehörte **Alice Schwarzer**, die in Zeitschriften wie „Courage" oder „Emma" engagiert ihre Positionen vertrat. Das Recht, selbst über das eigene Leben entscheiden zu dürfen, sollte in allen Bereichen durchgesetzt werden. Besonders umstritten war dabei die Forderung, das Abtreibungsverbot (§ 218) aufzuheben.
  In den 1970er-Jahren rückten die Belange von Frauen stärker ins öffentliche Bewusstsein. In vielen Städten wurden Frauenzentren eingerichtet. Zahlreiche Frauenhäuser entstanden, das erste 1976 in West-Berlin. Sie sollten Müttern und ihren Kindern Zuflucht vor häuslicher Gewalt bieten. Die Wissenschaften setzten sich mit der Erforschung von Frauen- und Geschlechterrollen (*gender studies*) auseinander.
- Nur sehr langsam reagierte der Sozialstaat auf den gesellschaftlichen Wandel. Zwar bestand ein gesetzlicher Mutterschutz. Er stellte Schwangere sechs Wochen vor der Entbindung und bis zu vier Monate nach der Geburt von ihrer Erwerbstätigkeit frei und garantierte die Lohnfortzahlung und den Arbeitsplatz. Lange Zeit besuchte nur ein kleiner Teil der Drei- bis Sechsjährigen einen Kindergarten: Ende der 1970er-Jahre gab es Plätze nur für etwa ein Drittel, zehn Jahre später für 80 Prozent. Für Kinderkrippen und -horte, Kindergärten und Ganztagesschulen wurden nur geringe Finanzmittel bereitgestellt.

Alice Schwarzer (geb. 1942): deutsche Journalistin und Frauenrechtlerin

Politik der inneren Reformen Zum ersten „echten" Regierungswechsel in der Geschichte der Bundesrepublik kam es mit der Wahl Willy Brandts zum Bundeskanzler am 21. Oktober 1969 mit den Stimmen von SPD und FDP. Die Union war trotz Verlusten stärkste Partei (46,1%), doch die FDP unter ihrem neuen Vorsitzenden **Walter Scheel** wollte das Regierungsbündnis mit der SPD (42,7%). Mit Brandt stand zum ersten Mal seit 1930 ein Sozialdemokrat an der Spitze der Regierung, der zudem noch als Emigrant den Nationalsozialismus bekämpft hatte.

Die neue Regierung trat mit dem Anspruch umfassender innerer Reformen an und traf damit die Erwartungen vieler Bürger, insbesondere der jungen Generation. Dazu gehörten die Verbesserung der betrieblichen Mitbestimmung sowie der weitere Ausbau des Sozialstaates: Erhöhung des Rentenniveaus, Einbeziehen von Selbstständigen und nicht berufstätigen Frauen, flexibles Renteneintrittsalter. Der Etat für Sozialausgaben verdoppelte sich zwischen 1970 und 1975 auf umgerechnet 170 Milliarden Euro. 1970 wurde die Altersgrenze für das aktive Wahlrecht von 21 auf 18 Jahre, das passive Wahlrecht von 25 auf 21 Jahre herabgesetzt.

Walter Scheel (geb. 1919): FDP-Politiker; 1968-1974 FDP-Vorsitzender; 1969-1974 Bundesaußenminister und Vizekanzler; 1974-1979 Bundespräsident

Die sozial-liberale Koalition reformierte das Ehe- und Familienrecht. Die neuen Gesetze folgten dem Gedanken der Gleichberechtigung der Geschlechter sowie der Selbstbestimmung der Frau. 1974 trat an die Stelle des Abtreibungsverbotes eine Fristenlösung (straffreie Abtreibung bis zum dritten Schwangerschaftsmonat). Nach dem Einspruch des Bundesverfassungsgerichts wurde diese Regelung 1976 durch eine Indikationenlösung ersetzt: Eine Abtreibung blieb straffrei bei bestimmten Voraussetzungen und vorheriger Beratung.

Bildungsexpansion In den 1970er-Jahren erreichte der Ausbau des Bildungswesens in der Bundesrepublik seinen Höhepunkt. Die Regierung setzte den Reformkurs der 1960er-Jahre fort und intensivierte ihn. 1971 trat ein *Bundesausbildungsförderungsgesetz* (BAföG) in Kraft, das Schülern, Studierenden oder jugendlichen Auszubildenden finanzielle Unterstützung bot, wenn Bedürftigkeit vorlag.

Als Folge der vielfältigen und kostenintensiven Anstrengungen stieg zwischen 1960 und 1980 die Schülerzahl an Gymnasien um 230 Prozent, an Realschulen um 310 Prozent. Auch im Hochschulbereich machten sich die Investitionen bemerkbar. Von 1960 bis 1980 entstanden bundesweit 24 neue Universitäten und Technische Hochschulen. Die Zahl der Studierenden überschritt 1980/81 eine Million, 1988/89 lag sie bei 1,5 Millionen. Die Quote der Studentinnen lag 1970 bei 35 Prozent und stieg bis 1994 auf 52 Prozent. Auch die Fachhochschulen mit ihrer größeren Praxisnähe fanden großen Anklang: Von 1972 bis 1982 verdoppelte sich die Zahl der dort Studierenden auf eine Viertelmillion.

▲ Willy Brandts Kniefall am Mahnmal für die Opfer des Warschauer Ghettos.
Foto von Sven Simon (d.i. Axel Springer jr.) vom 7. Dezember 1970.
Mit dieser spontanen Geste während seines Staatsbesuches gedachte Brandt der polnischen Juden, die 1943 beim Aufstand im Warschauer Ghetto von Deutschen ermordet worden waren. Am selben Tag unterzeichnete Brandt den Warschauer Vertrag, in dem die Bundesrepublik die Oder-Neiße-Linie als Westgrenze Polens anerkannte.

Die Reformen waren ein Erfolg, was die Angleichung der Bildungschancen zwischen den Geschlechtern und die Anhebung des allgemeinen Bildungsniveaus betraf. Kinder aus Arbeiterfamilien besuchten zunehmend Realschulen und Gymnasien, blieben aber in diesen Schulzweigen unterrepräsentiert. Zwar stieg die Zahl der Studierenden, doch gab es immer mehr arbeitslose Akademiker. Nach wie vor lag die Quote der Studierenden unter derjenigen in den USA und anderen westlichen Ländern.

Soziale Ungleichheiten bestanden noch immer, als Bund und Länder Anfang der 1980er-Jahre mit Kürzungen der Bildungsetats begannen. Zudem blieben die Kinder von Zuwanderern vom Bildungsangebot in hohem Maße ausgeschlossen.

Die Neue Ostpolitik In einer Phase der internationalen Entspannung kam es unter Bundeskanzler Brandt zu einer folgenreichen Weichenstellung in der bundesdeutschen Ost- und Deutschlandpolitik. Brandt zielte auf ein Arrangement mit der Sowjetunion, das auf die Anerkennung des territorialen Status quo in Europa hinauslief: Anerkennung der polnischen Westgrenze und der DDR als zweiten deutschen Staat. Langfristig sollte ein „Wandel durch Annäherung" zur Überwindung der deutschen und europäischen Teilung beitragen. Diese Politik erschien vielen zunächst widersprüchlich und wurde von der oppositionellen CDU/CSU im Bundestag heftig kritisiert, da sie das Wiedervereinigungsgebot des Grundgesetzes verletzt sah. Ihr Nutzen für eine Annäherung an die DDR und andere Staaten des Ostblocks war jedoch spätestens seit dem Fall der Mauer 1989 und der deutschen Wiedervereinigung klar zu erkennen.

Der am 12. August 1970 unterzeichnete deutsch-sowjetische Vertrag (*Moskauer Vertrag*) verknüpfte den Verzicht beider Seiten auf Gewalt mit der Unverletzlichkeit der Grenzen aller Staaten in Europa einschließlich der Oder-Neiße-Linie und der innerdeutschen Grenze. In einem „Brief zur deutschen Einheit" an die Sowjetunion betonte die Bundesregierung das Recht des deutschen Volkes, „in freier Selbstbestimmung seine Einheit" wiederzuerlangen. Damit wurde dem Wiedervereinigungsgebot des Grundgesetzes Rechnung getragen.

Der Moskauer Vertrag wurde zum Vorbild für die nachfolgenden Verträge mit Polen (*Warschauer Vertrag*, Dezember 1970) und der Tschechoslowakei (Dezember 1973). In einem engen inneren Zusammenhang damit standen die gleichzeitig laufenden Verhandlungen der vier Mächte über den Status Berlins. Im *Viermächte-Abkommen über Berlin* vom 3. September 1971 einigten sich die Siegermächte darauf, dass West-Berlin zwar nicht Bestandteil der Bundesrepublik sei, aber enge „Bindungen" mit Westdeutschland pflegen dürfe und von Bonn diplomatisch vertreten werde. Die Sowjetunion hatte damit ihr Gesicht gewahrt, zugleich aber den ungestörten Transitverkehr von und nach West-Berlin durch die DDR garantiert. Die West-Berliner konnten aufatmen. *Leonid Breschnew** versprach sich von den Verträgen verbesserte Wirtschaftsbeziehungen mit der ökonomisch starken Bundesrepublik und die Garantie einer Vormachtstellung der UdSSR über Ostmitteleuropa.

Anerkennung der DDR im Rahmen besonderer Beziehungen Damit waren die Voraussetzungen für eine grundsätzliche Neugestaltung der innerdeutschen Beziehungen gegeben. Um die Trennung der in Ost- und Westdeutschland lebenden Menschen durch Besuchsreisen, vermehrte wirtschaftliche Zusammenarbeit und Kontakte aller Art erträglicher zu machen, erklärte sich Bundeskanzler Brandt dazu bereit, die DDR als zweiten deutschen Staat anzuerkennen. Er kam damit einem dringenden Wunsch der kommunistischen Führung in Ost-Berlin nach, die sich dadurch die Legitimation ihrer Herrschaft versprach, über die sie in der Bevölkerung mangels freier Wahlen niemals verfügte. Willy Brandt unterstrich jedoch von Anfang an, dass die Bundesregierung an der Einheit der deutschen Nation unverändert festhalte. Die Bundesrepublik und die DDR seien, so Brandt in seiner ersten Regierungserklärung im Oktober 1969, „füreinander nicht Ausland".

Zwei Treffen mit dem DDR-Ministerratsvorsitzenden **Willi Stoph** 1970 endeten erfolglos. Die Regierung in Ost-Berlin wollte eine völkerrechtliche Anerkennung und damit den Austausch von Botschaftern, was ihr Brandt und Scheel eindeutig verweigerten. Es sollte bei der mit den USA abgesprochenen Formel von den „zwei Staaten in Deutschland" bleiben, und dafür sollte die SED-Führung humanitäre Erleichterungen garantieren. Nach zähen Verhandlungen mit der DDR-Führung konnten Brandt und Scheel bis 1972 Vereinbarungen über den Transitverkehr erreichen. In dringenden Familienangelegenheiten konnten jetzt auch DDR-Bürger, die noch nicht im Rentenalter waren, in die Bundesrepublik reisen, umgekehrt wurden Touristenreisen in die DDR erleichtert. Die Mauer war etwas durchlässiger geworden.

Willi Stoph (1914-1999): Gründungsmitglied der SED, 1952-1955 DDR-Innenminister, 1956-1960 Verteidigungsminister; 1964-1973 und 1976-1989 Vorsitzender des DDR-Ministerrates, 1973-1976 DDR-Staatsratsvorsitzender

Der Grundlagenvertrag Mit dem *Grundlagenvertrag* vom Dezember 1972 gab die Bundesregierung ihren seit 1949 erhobenen Alleinvertretungsanspruch** auf und erkannte die Gleichberechtigung der DDR an, die sich ihrerseits bereit erklärte, „im Zuge der Normalisierung ihrer Beziehungen praktische und humanitäre Fragen zu regeln". Am Ziel der Wiedervereinigung hielt die Bundesregierung ausdrücklich fest und unterstrich die „besonderen Beziehungen" zwischen beiden deutschen Staaten durch die Einrich-

* Siehe Seite 497.
** Siehe Seite 418 und 437, M1.

tung von „Ständigen Vertretungen" anstelle von Botschaften. Außerdem beharrte sie auf dem Standpunkt, dass es für alle Deutschen nur eine Staatsangehörigkeit gebe.

Für die SED-Führung unter **Erich Honecker** brachte der Grundlagenvertrag nach der Aufnahme beider deutscher Staaten in die Vereinten Nationen (18. September 1973) die internationale Anerkennung der DDR.

Innenpolitisch führte die neue Ost- und Deutschlandpolitik der sozial-liberalen Koalition zu heftigen Auseinandersetzungen in der Öffentlichkeit und im Bundestag. Zwar scheiterte ein konstruktives Misstrauensvotum des Kanzlerkandidaten der CDU, *Rainer Barzel*, am 27. April 1972 nur äußerst knapp. Doch die Regierung Brandt/Scheel besaß keine Mehrheit mehr, weil mehrere Abgeordnete der Regierungsfraktionen aus Protest gegen die Ostpolitik zur CDU gewechselt waren. Neuwahlen waren unumgänglich. Die Popularität Willy Brandts und seiner Politik in der Bevölkerung sicherte der Koalition im November 1972 einen eindeutigen Wahlsieg. Erstmals wurde die SPD stärkste Partei (45,8 %). Die Mehrheit der Bevölkerung hatte sich für die neue Ost- und Deutschlandpolitik ausgesprochen.

Brandt konnte zwar die Wahlen gewinnen, er vermochte jedoch die Flügelkämpfe innerhalb seiner Partei nicht zu unterbinden. Die teuren inneren Reformen wurden nach der internationalen **Wirtschaftskrise von 1973** überwiegend negativ bewertet. Vor allem die wachsende Staatsverschuldung machte Sorgen. Zum auslösenden Moment für das Ende von Brandts Kanzlerschaft wurde die sogenannte Guillaume-Affäre: *Günter Guillaume*, ein langjähriger persönlicher Referent des Kanzlers, wurde als Geheimdienstagent der DDR enttarnt. Brandt erklärte daraufhin seinen Rücktritt, blieb allerdings Parteivorsitzender. Zu Brandts Nachfolger als Regierungschef wählte der Bundestag am 16. Mai 1974 den stellvertretenden Parteivorsitzenden der SPD, **Helmut Schmidt**.

Erich Honecker (1912-1994): kommunistischer Politiker, baute nach 1946 die Jugendorganisation der SED, die „Freie Deutsche Jugend", auf. 1961 organisierte er den Bau der Berliner Mauer. Ab 1971 Nachfolger Ulbrichts als SED-Chef; 1976-1989 Staatsratsvorsitzender der DDR.

Wirtschaftskrise von 1973: Nachdem die Wachstumsraten ohnehin rückläufig waren, belastete der „Ölpreisschock" die westliche Wirtschaft zusätzlich. Aus Protest gegen den Krieg Israels gegen Syrien und Ägypten verringerten oder stoppten arabische Staaten die Lieferung von Erdöl an die westlichen Verbündeten Israels.

Helmut Schmidt (1918-2015): 1961-1965 Polizei- bzw. Innensenator von Hamburg, 1967-1969 Vorsitzender der SPD-Bundestagsfraktion, 1969-1972 Verteidigungsminister, 1972-1974 Bundesfinanzminister, 1974-1982 Bundeskanzler; ab 1983 Mitherausgeber der Wochenzeitung „Die Zeit".

Herausforderung des Staates durch den Terrorismus Im April des Jahres 1968 setzten in Frankfurt linksrevolutionäre Aktivisten, die aus der APO-Bewegung hervorgegangen waren, zwei Kaufhäuser in Brand. Unter den Tätern befanden sich die späteren Hauptakteure des bundesdeutschen Terrorismus *Andreas Baader* und *Gudrun Ensslin*. Wenig später schloss sich ihnen die Journalistin *Ulrike Meinhof* an. Aus dem Untergrund baute die *Baader-Meinhof-Gruppe* die Rote Armee Fraktion (RAF) auf.

Die RAF-Terroristen verübten in der Bundesrepublik eine Serie von bewaffneten Banküberfällen und Attentaten, bei denen sie bis 1993 34 Menschen töteten und über 200 zum Teil schwer verletzten. Im Sommer 1972 konnte zwar der harte Kern der RAF verhaftet werden, doch aus den Reihen ihrer Sympathisanten rekrutierte sich alsbald eine zweite Generation von Terroristen. Mit spektakulären Entführungen und Überfällen (etwa auf die deutsche Botschaft in Stockholm 1975) versuchte die neue RAF die Freilassung der Inhaftierten zu erpressen, wobei sie vor dem brutalen Mord an Geiseln nicht zurückschreckte.

1977 töteten RAF-Mitglieder Generalbundesanwalt *Siegfried Buback* und den Vorstandsvorsitzenden der Dresdner Bank, *Jürgen Ponto*. Am 5. September 1977 wurden der Arbeitgeberpräsident *Hanns Martin Schleyer* entführt und vier seiner Begleiter erschossen. Die Gewalttäter forderten die Freilassung der elf prominentesten inhaftierten Terroristen.

Unterstützt wurde die Aktion der RAF durch vier palästinensische Terroristen, die ein Linienflugzeug der Lufthansa mit 91 Personen an Bord entführten und später den Piloten ermordeten. Im Krisenstab der Bundesregierung unter der Leitung von Bundeskanzler Schmidt herrschte Einigkeit, dass der Staat sich nicht erpressen lassen dürfe. Ein Antiterrorkommando des Bundesgrenzschutzes (GSG 9) befreite in Mogadischu

(Somalia) in der Nacht vom 17. auf den 18. Oktober die Geiseln. Wenige Stunden später begingen Ensslin, Baader und der ebenfalls inhaftierte *Jan-Carl Raspe* im Gefängnis Stuttgart-Stammheim Selbstmord. Tags darauf fand die Polizei den ermordeten Arbeitgeberpräsidenten Schleyer in einem Auto in Mülhausen im Elsass.

Während die Mehrheit der Bevölkerung das Krisenmanagement der Regierung begrüßte, erhoben einige linke Intellektuelle aus dem In- und Ausland den Vorwurf, die Bundesrepublik sei auf dem Weg in einen Polizeistaat.

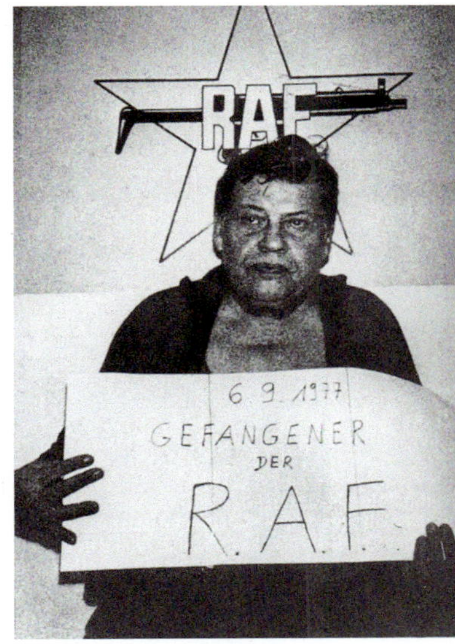

▲ **Der entführte Hanns Martin Schleyer.**
Dieses Foto des Arbeitgeberpräsidenten wurde von den Terroristen verbreitet.

Krisenbewusstsein und Umweltproblematik Die „Grenzen des Wachstums" wurden zum Signalwort der Siebziger- und Achtzigerjahre. So lautete der Titel eines vom „Club of Rome", einer internationalen Runde von Wissenschaftlern, 1972 veröffentlichten Buches. Verstärkt durch den „Ölpreisschock" von 1973, als sich schlagartig die Energiekosten und wichtige Rohstoffe auf dem Weltmarkt verteuerten, wurden die Begrenztheit von nicht erneuerbaren Ressourcen und deren globale Verschwendung öffentlich diskutiert. 1980 kam es zu einer weiteren Preisexplosion an den internationalen Ölmärkten, die in allen Industrieländern eine schwere wirtschaftliche Rezession auslöste. Erstaunlich schnell schlugen in der westlichen Öffentlichkeit Reformeuphorie und Fortschrittsgläubigkeit in Skepsis, Zivilisationskritik und Krisenbewusstsein um. Die Forderung nach einem effektiven Schutz der Umwelt verband sich mit der Kritik an der Nutzung der Kernenergie und dem Appell, sich mit einem bescheideneren Lebensstandard zufrieden zu geben.

Die fortschreitende Industrialisierung und die zunehmende Motorisierung belasteten auch die Umwelt immer stärker. Die Folgen dieser Entwicklung (etwa das **Waldsterben**) blieben lange Zeit unerkannt. Eine Art neues Umweltbewusstsein zeigte sich erstmals Anfang der Sechzigerjahre, als in Nordrhein-Westfalen das erste Umweltschutzgesetz auf Länderebene vom Landtag beschlossen wurde. Aber erst in den Siebzigerjahren gewann das Thema Umweltschutz großes öffentliches Interesse. Vor allem Angehörige der jüngeren Generation engagierten sich in der alternativ-ökologischen Bewegung, die an der Wende zu den Achtzigerjahren in die Gründung einer völlig neuen Partei mündete: *die Grünen* (▸ M4).

Waldsterben: Mitte der 1970er-Jahre wurde die Erkrankung großer Forstbestände in Mittel- und Nordeuropa festgestellt. Betroffen waren und sind alle Arten von Bäumen. Die Schäden haben vielfältige Ursachen wie Luftverschmutzung oder Klimaveränderungen. Trotz intensiver Bemühungen schreitet die Erkrankung der Bäume bis heute voran.

Nachrüstung und Friedensbewegung Zu einer der großen innenpolitischen Streitfragen wurde in den letzten Jahren der Regierung Helmut Schmidt die Sicherheitspolitik der NATO gegenüber der Sowjetunion. Die Warschauer Vertragsorganisation besaß bei konventionellen und Atomwaffen ein großes Übergewicht. Auf Betreiben Schmidts hatten die Mitgliedstaaten am 12. Dezember 1979 den sogenannten *NATO-Doppelbeschluss* gefasst: Angesichts der wachsenden Bedrohung Westeuropas durch die neuen sowjetischen SS-20-Mittelstreckenraketen sollten bis Ende 1983 in Westeuropa Pershing-II-Mittelstreckenraketen und bodengestützte Marschflugkörper (*Cruise Missiles*) aufgestellt werden, falls bis dahin Verhandlungen über den Abbau der sowjetischen Waffen ohne Erfolg blieben.

In der Bundesrepublik geriet Schmidt wegen des Nachrüstungsbeschlusses der NATO zunehmend unter Druck in Partei und Öffentlichkeit. Kritiker sahen die deutsch-sowjetischen Beziehungen bedroht und bestritten die Notwendigkeit einer Nachrüstung. Die sich neu etablierende Friedensbewegung gewann mit Demonstrationen und Appellen Teile der verunsicherten Öffentlichkeit für sich. Anstoß erregten die weltweiten Ausgaben von jährlich umgerechnet 510 Milliarden Euro für den Rüstungswettlauf zwischen Ost und West. Die Angst vor einem Atomkrieg, der die gesamte Menschheit auslöschen konnte, bestimmte das Denken und Handeln der ansonsten sehr heterogenen Gruppen innerhalb der Friedensbewegung. Dagegen hatte die Regierung mit ihren realpolitischen Erwägungen einer atomaren Abschreckungs- und Gleichgewichtspolitik einen schweren Stand.

Dauerproblem Arbeitslosigkeit Das Ende der Wiederaufbauphase nach dem Zweiten Weltkrieg, Ölkrisen, neue Technologien, aber auch häufig überzogene Ansprüche an die Wirtschaftskraft in den Industriestaaten beendeten Mitte der Siebzigerjahre die Periode der Vollbeschäftigung auf dem Arbeitsmarkt. Weltweit stiegen Inflation und Arbeitslosigkeit. In der Bundesrepublik sank das jährliche Wachstum der Volkswirtschaft auf durchschnittlich knapp zwei Prozent, und die Arbeitslosenquote schnellte von 2,6 Prozent im Jahr 1974 auf 9,3 Prozent im Jahr 1985. Obwohl die Zahl der Arbeitsplätze seit den Achtzigerjahren wieder deutlich wuchs, blieb im Auf und Ab der Konjunktur eine immer größere Zahl von Arbeitslosen zurück (*Sockelarbeitslosigkeit*).

Während die Bundesbank erfolgreich die Stabilität der Währung schützte, setzte sich Bundeskanzler Schmidt nachdrücklich für die Stärkung der Wachstumskräfte durch die staatliche Förderung der Nachfrage ein. Mittels Konjunkturprogammen half die Regierung dabei, dass sich die weltweite Krise in der Bundesrepublik weniger gravierend auswirkte als in anderen Industrieländern. Auf lange Sicht gesehen jedoch belastete das Ende der Sparpolitik den Staatshaushalt. Die Verschuldung stieg zwischen 1970 und 1982 von umgerechnet 24 auf 158 Milliarden Euro.

Hans-Dietrich Genscher (1927-2016): 1969-1974 Bundesminister des Innern, 1974-1985 FDP-Vorsitzender, 1974-1992 Bundesaußenminister und Vizekanzler

Die christlich-liberale Koalition unter Helmut Kohl Nach 13-jähriger sozialdemokratischer Kanzlerschaft kündigte 1982 die FDP unter ihrem Vorsitzenden und langjährigen Innen- und Außenminister **Hans-Dietrich Genscher** die Koalition mit der SPD auf, vor allem weil sie die kostspielige Haushalts- und Sozialpolitik nicht mehr mittragen wollte. Stattdessen ging sie – nach der Abwahl Helmut Schmidts durch ein konstruktives Misstrauensvotum am 1. Oktober 1982 – ein Regierungsbündnis mit der Union ein. Der CDU-Vorsitzende **Helmut Kohl** wurde neuer Bundeskanzler.

In der Außen- und Sicherheitspolitik setzten Bundeskanzler Kohl und Außenminister Genscher den bisherigen Kurs fort. Gegen heftige Proteste in der Öffentlichkeit stimmte die neue Regierungsmehrheit Ende 1983 der Stationierung von amerikanischen Mittelstreckenraketen in der Bundesrepublik zu.

Helmut Kohl (geb. 1930): Ministerpräsident von Rheinland-Pfalz 1969-1976, Bundesvorsitzender der CDU 1973-1998, 1982-1998 Bundeskanzler

Finanzkrise, Massenarbeitslosigkeit und Wachstumsschwäche bestimmten das Bild der Bundesrepublik der frühen 1980er-Jahre. Die Regierung Kohl/Genscher setzte auf die Stärkung der Marktkräfte zur Förderung eines wirtschaftlichen Aufschwungs. Die wesentlichen Programmpunkte waren Eigeninitiative und Wettbewerb, Steuerentlastung für die Unternehmen, weniger staatliche Eingriffe in die Wirtschaft und Leistungseinschränkungen im Sozialbereich. Die Wirtschaftpolitik war somit stärker angebotsorientiert. Diese Politik war erfolgreich, begünstigt durch den bald einsetzenden Preisverfall für Erdöl. Das Bruttosozialprodukt nahm wieder zu, die Inflation ging zurück. Erfolglos blieb die Regierung Kohl jedoch im Kampf gegen die Arbeitslosigkeit. Es wurden zwar Hunderttausende neuer Arbeitsplätze geschaffen. Gleichwohl nahm die Zahl der Arbeitslosen zu, da die geburtenstarken Jahrgänge (um 1955 bis 1970) inzwischen auf den Arbeitsmarkt drängten und die **Rationalisierung** im industriellen Sektor unablässig voranschritt.

Rationalisierung: Maßnahmen zur Senkung der Produktionskosten, oft verbunden mit dem Abbau von Arbeitsplätzen

Soziale Probleme Der Mangel an Arbeitsplätzen erwies sich – wie in den übrigen Industrieländern – als strukturelles Problem. Dabei stieg die Jugendarbeitslosigkeit besonders stark, von ca. 200 000 jugendlichen Erwerbslosen 1983 auf rund 480 000 im Jahr 1988.

Auch öffnete sich die Schere zwischen Arm und Reich immer weiter. Während die Einkommen von Spitzenverdienern überdurchschnittlich stiegen, wuchs der Anteil der Armen (d.h. Menschen, deren Verdienst unterhalb der Hälfte des Durchschnittseinkommens liegt) von 6,5 Prozent der Bevölkerung 1973 auf über zehn Prozent im Jahr 1992 (alte Bundesländer). Die Zahl der Sozialhilfeempfänger war von 1,5 Millionen im Jahr 1970 auf 2,1 Millionen 1980 angewachsen und erhöhte sich auf 2,6 Millionen am Ende der Neunzigerjahre. In erster Linie betraf dies alleinerziehende Mütter, Eltern kinderreicher Familien, Jugendliche und Langzeitarbeitslose.

Die Bundesrepublik wird Einwanderungsland In Westdeutschland hatte es noch im ersten Nachkriegsjahrzehnt einen Überschuss an Auswanderern gegeben. Zwischen 1946 und 1961 verließen 780 000 Deutsche ihr Land, 90 Prozent davon wanderten in die USA, nach Kanada oder Australien. In den 1950er-Jahren zog auch etwa eine halbe Million Menschen von West- nach Ostdeutschland, die meisten davon Rückwanderer. In den 60er- und 70er-Jahren wurde die Bundesrepublik faktisch zum Einwanderungsland. Obwohl der Zustrom von außen der beste Beweis für den Erfolg der Bonner Demokratie und ihrer Wirtschaftsordnung war, verlief die Massenzuwanderung nicht ohne Probleme. Die Einwanderer lassen sich in drei Gruppen einteilen:

1. *Ausländische Arbeitnehmer* (damals sogenannte „Gastarbeiter"): Zwischen 1955 und 1973 waren 14 Millionen Ausländer in der Bundesrepublik beschäftigt und hatten maßgeblichen Anteil am wirtschaftlichen Boom der Fünfziger- und Sechzigerjahre. Elf Millionen kehrten wieder in ihre Heimatländer zurück. Von den übrigen ließen viele ihre Familien nachkommen, bekamen Kinder in der Bundesrepublik und richteten sich auf Dauer hier ein.
2. *Aussiedler und Übersiedler*: Deutsche, deren Vorfahren bereits vor Generationen in die östlichen Teile Europas ausgewandert waren (Aussiedler), und Flüchtlinge aus der DDR (Übersiedler) verstärkten den Zuwandererstrom in die Bundesrepublik. Insgesamt wurden zwischen 1950 und Ende 1988 rund 1,6 Millionen Aussiedler, vor allem aus Polen, der Sowjetunion und Rumänien, aufgenommen. Nach dem Ende der kommunistischen Diktaturen in Europa 1989/90 wuchs die Zahl der Zuwanderer noch einmal stark an. So zogen von 1988 bis 1994 insgesamt 1,9 Millionen sogenannte „Spätaussiedler" in die Bundesrepublik.
3. *Flüchtlinge*: Bis 1970 kamen fast nur Flüchtlinge aus kommunistisch regierten Ländern Europas in die Bundesrepublik, seit Ende der Siebzigerjahre dann in wachsender Zahl aus Ländern der „Dritten Welt". Die seit 1989 deutlich ansteigende Zahl der Zuflucht suchenden Asylbewerber stellte Bund, Länder und Gemeinden bei der Unterbringung und Versorgung vor große Probleme. Die Gewährung des im Grundgesetz verankerten Asylrechts und sein wirklicher oder angeblicher Missbrauch wurden zu einem heftig diskutierten Thema. Fremdenangst und Ausländerfeindlichkeit eskalierten 1991/92 im wiedervereinigten Deutschland zu Gewalttaten und Mordanschlägen durch Rechtsextremisten. Dagegen protestierten jedoch Millionen eindrucksvoll.

▲ **„Gastarbeiter."**
Karikatur von Vangelis Pavlidis, 1983.

Der Deutsche Bundestag beschloss 1993 mit den Stimmen der sozialdemokratischen Opposition eine Reform des Grundrechts auf Asyl. Damit sollte die Zuwanderung nach Deutschland gesteuert und begrenzt werden. Politisch Verfolgte erhielten das Recht auf Asyl, wie vom Grundgesetz vorgesehen. Wer jedoch aus „sicheren Drittstaaten" nach Deutschland einreiste, konnte sich nicht mehr auf das Asylrecht berufen. Kriegs- und Bürgerkriegsflüchtlinge erhielten eine befristete Aufenthaltserlaubnis, wovon in den 1990er-Jahren mehrere Hunderttausend Menschen vor allem aus dem zerfallenden, in einem blutigen Krieg verwüsteten Jugoslawien Gebrauch machten. Seit Anfang 2000 erhalten in Deutschland geborene Kinder ausländischer Eltern automatisch die doppelte Staatsangehörigkeit, später müssen sie sich für eine Staatsangehörigkeit entscheiden (bis zum 23. Lebensjahr). Weitreichende Veränderungen brachte das *Zuwanderungsgesetz* von 2005. Nach jahrelangen Debatten im Deutschen Bundestag hat der Gesetzgeber Regelungen getroffen, die die Tatsache anerkennen, dass Deutschland ein Einwanderungsland ist, und die der Integration der Migranten einen hohen Stellenwert beimessen (▸ M5).

▲ **Plakat zur Europaparlamentswahl von 1979.**

Neue politische Strömungen Das politische Engagement in der Gesellschaft hatte seit den 1970er-Jahren deutlich zugenommen. Einerseits entstanden neue soziale Bewegungen, die sich für die Gleichstellung der Frauen einsetzten und die Abrüstung, Gewaltfreiheit und den Schutz von Umwelt und Natur propagierten, Verfolgte oder gesellschaftliche Minderheiten vertraten oder Hilfe für die „Dritte Welt" leisten wollten. Andererseits organisierten sich sogenannte *Bürgerinitiativen*. Sie widmeten sich konkreten Zielen aus dem unmittelbaren Lebensbereich, indem sie etwa bei Verkehrsprojekten, Industrieansiedlungen oder Städtebaumaßnahmen Einspruch erhoben. 1978 waren 1,8 Millionen Menschen in Bürgerinitiativen tätig.

Zur selben Zeit erhielten auch die politischen Parteien großen Zulauf. Davon profitierte insbesondere die Union. CDU und CSU waren noch in den 1960er-Jahren stark auf ihre Führungsfiguren (Adenauer, Erhard, Kiesinger, Strauß) zugeschnitten, manche hatten vom „Kanzlerwahlverein" gesprochen. Erst in den Jahren der Opposition im Bundestag (1969-1982) entwickelten sie sich zu „Mitgliederparteien" mit einer der SPD vergleichbaren organisierten Massenbasis.

Seit Beginn der 1980er-Jahre veränderte sich die Parteienlandschaft der Bundesrepublik. Die Volksparteien verloren Wähler an neue Gruppierungen am linken und rechten Rand des politischen Spektrums.

Die Grünen nahmen ihren Anfang in Niedersachsen, wo aus verschiedenen Bürgerinitiativen der Anti-Atomkraft-Bewegung 1977 die erste landesweite grüne Partei hervorging. Der Zusammenschluss zu einer Bundespartei erfolgte 1980. Die neue politische Kraft bekannte sich in erster Linie zu „postmateriellen" Werten (mehr Lebensqualität, Gleichgewicht zwischen Mensch und Natur). Nach ersten Wahlerfolgen auf kommunaler Ebene zog die *Grüne Liste Umweltschutz* (GLU) bei den Landtagswahlen 1982 mit elf Abgeordneten (6,5 Prozent der Stimmen) in den niedersächsischen Landtag ein. In Hessen beteiligte sie sich 1985 an einer Regierungskoalition.

Den Sprung in den Deutschen Bundestag schafften die Grünen erstmals bei den Wahlen 1983 mit 5,6 Prozent der Stimmen. Anfangs verstanden sie sich im Gegensatz zu den „etablierten" Parteien als **basisdemokratische** Alternative. In den folgenden Jahren konnten sie auch in die meisten Landesparlamente der Bundesrepublik einziehen und wurden damit zur vierten politischen Kraft im Parteienspektrum. Dabei rangen die Grünen noch lange mit der Frage, ob sie reine Oppositionspartei bleiben oder auch Regierungsverantwortung übernehmen sollten.

Basisdemokratie: Form der Demokratie, in der Entscheidungen nicht von gewählten Vertretern, sondern von den Stimmberechtigten direkt getroffen werden

M1 „Die Bundesrepublik ist allein befugt ..."

Nach der Gründung der DDR erklärt Bundeskanzler Adenauer am 21. Oktober 1949 vor dem Deutschen Bundestag:

Ich stelle Folgendes fest: In der Sowjetzone gibt es keinen freien Willen der deutschen Bevölkerung. Das, was jetzt dort geschieht, wird nicht von der Bevölkerung getragen und damit legitimiert. Die Bundesrepublik Deutschland stützt sich dagegen auf die Anerkennung durch den frei bekundeten Willen von rund 23 Millionen stimmberechtigter Deutscher. Die Bundesrepublik Deutschland ist somit bis zur Erreichung der deutschen Einheit insgesamt die alleinige legitimierte staatliche Organisation des deutschen Volkes. [...]
Die Bundesrepublik Deutschland fühlt sich auch verantwortlich für das Schicksal 18 Millionen Deutscher, die in der Sowjetzone leben. Sie versichert sie ihrer Treue und ihrer Sorge. Die Bundesrepublik Deutschland ist allein befugt, für das deutsche Volk zu sprechen. Sie erkennt Erklärungen der Sowjetzone nicht als verbindlich für das deutsche Volk an.

Zitiert nach: Merith Niehuss und Ulrike Lindner, Besatzungszeit, Bundesrepublik und DDR 1945-1969 (Deutsche Geschichte in Quellen, Bd. 10), Stuttgart 2007, S. 202-205

1. *Arbeiten Sie heraus, wie Adenauer die höhere Legitimität der Bundesrepublik im Vergleich zur DDR begründet.*
2. *Diskutieren Sie die Probleme, die damit auf künftige Bundesregierungen zukamen.*

M2 Würdigung der Pariser Verträge

In der ersten Lesung der Pariser Verträge im Bundestag gibt Bundeskanzler Konrad Adenauer am 15. Dezember 1954 eine Regierungserklärung ab:

Das Vertragswerk macht die Bundesrepublik erst fähig, die Spaltung Deutschlands zu beseitigen und die sich mit der Wiedervereinigung stellenden Aufgaben zu bewältigen. [...]
Die großen Mächte werden sich entsprechend ihren vertraglichen Verpflichtungen bei kommenden Verhandlungen für unsere Wiedervereinigung solidarisch einsetzen. [...] Sie erklären also, dass die Schaffung eines völlig freien und vereinigten Deutschlands durch friedliche Mittel ein grundlegendes Ziel ihrer Politik ist. Ich sehe nicht, meine Damen und Herren, wie heute eine bessere Basis für die Wiedervereinigung Deutschlands gewonnen werden könnte. [...]
Die sowjetische Propaganda versucht im Zusammenhang mit der jüngsten Konferenz der Ostblockstaaten den Eindruck zu erwecken, dass Sowjetrussland bedroht werde. Es kann aber kein Zweifel daran bestehen, meine Damen und Herren, dass die Westmächte mit ihren Verteidigungsanstrengungen erst begonnen haben, nachdem klar erwiesen war, dass die Sowjetunion nicht daran dachte, ihre hochgerüsteten Streitkräfte zu vermindern, und dass sie bereit war, diese Streitkräfte mindestens psychologisch für die Verfolgung ihrer unverändert expansiven Politik einzusetzen.
Es ist, meine Damen und Herren, eine alte Taktik des Kommunismus, den Angriff stets in der Sprache der Verteidigung zu führen. Das heißt, man bereitet den Angriff vor, und wenn der, dem dieser Angriff gelten soll, daraufhin seinerseits entsprechende, defensive Maßnahmen trifft, sagen die Kommunisten, man bedrohe sie.
Dieser Taktik folgend hat die Sowjetunion gegen Ende der Berliner Konferenz[1] und seitdem mehrmals Vorschläge für ein System kollektiver Sicherheit gemacht, das die Verteidigungsorganisation des Westens in Europa auflösen, die Vereinigten Staaten ausschalten, die militärische Einheit des Ostblocks aber aufrechterhalten und die Sowjetunion zur vorherrschenden Militärmacht eines ganz Europa umfassenden Systems machen würde. Ein derartiges System würde ihr nicht nur den lange angestrebten Einfluss auf ganz Deutschland, sondern auf die Dauer auch auf alle anderen freien Staaten Europas gewährleisten.

Der Politiker Erich Ollenhauer, seit dem Tod Kurt Schumachers 1952 Vorsitzender der SPD, antwortet folgendermaßen auf die Regierungserklärung Adenauers:

Wir waren und wir sind der Meinung, dass [...] ein neuer ernsthafter Versuch unternommen werden sollte, in Vier-Mächte-Verhandlungen die Möglichkeiten einer befriedigenden Lösung der deutschen Frage zu prüfen. (*Sehr gut! bei der SPD.*) [...] In Paris ist zwar nicht schriftlich, aber tatsächlich festgelegt worden, dass neue Verhandlungen mit der Sowjetunion über das Problem der deutschen Einheit erst nach der Ratifizierung der Verträge ins Auge gefasst werden sollen. Der Herr Bundeskanzler hat sich diese These wiederholt und ausdrücklich zu eigen gemacht, auch in seiner heutigen Rede. Damit ist eindeutig der Aufrüstung der Bundesrepublik der Vorrang vor der Wiedervereinigung gegeben worden. [...]
Diese Politik basiert auf der Annahme, dass ohne die Einheit des Westens erfolgreiche Verhandlungen mit der Sowjetunion nicht möglich seien und dass die Sowjetunion nach der Ratifizierung der Pariser Verträge eine größere Bereitwilligkeit zu Verhandlungen über eine für den Westen und für das deutsche Volk tragbare Lösung der europäischen und deutschen Probleme zeigen werde. [...]

[1] **Berliner Konferenz**: Treffen der Außenminister der Westmächte und der UdSSR im Januar/Februar 1954

Selbstverständlich verfolgt die Sowjetunion mit ihren letzten Noten seit dem Scheitern des EVG-Vertrages ein taktisches Ziel. Sie hat das Interesse, die Ratifizierung der Pariser Verträge zu verhindern, weil sie eine Aufrüstung der Bundesrepublik nicht wünscht. Die Interessen der Sowjetunion sind nicht identisch mit unseren deutschen Interessen, und ihre Argumente sind nicht unsere Argumente. Aber vergessen wir nie, die Sowjetunion ist eine der vier Besatzungsmächte, und ohne ihre Zustimmung und ohne ihre Mitwirkung ist eine Wiedervereinigung Deutschlands ebenso unmöglich wie ohne die Zustimmung und die Mitwirkung der Westmächte. (*Lebhafte Zustimmung bei der SPD.*) Es kann und darf uns daher nicht gleichgültig sein, welche Konsequenzen die Sowjetunion aus einer Einbeziehung der Bundesrepublik in die NATO im Hinblick auf ihre Deutschlandpolitik ziehen wird. [...] Aber die eindeutige Ankündigung, dass dann Verhandlungen über die deutsche Frage zwecklos sein werden, können und dürfen wir nicht ignorieren.

Erster und zweiter Text zitiert nach: Verhandlungen des Deutschen Bundestages, 2. Wahlperiode 1953-1957, Bd. 22, S. 3135 ff.

1. *Analysieren Sie, welche Bedeutung den Pariser Verträgen hinsichtlich einer möglichen Wiedervereinigung Deutschlands in den beiden Reden zugewiesen wird.*
2. *Stellen Sie die beiden Positionen in Form von Thesen gegenüber und diskutieren Sie diese im Plenum.*

M3 Innere Ordnung und Demokratie

In der Schlussdebatte des Bundestages zur Verabschiedung der Notstandsgesetze am 30. Mai 1968 macht sich Außenminister und Vizekanzler Willy Brandt für die Gesetzesvorlage stark:

Bisher hatten die Alliierten noch Rechte, die uns als Untermieter im eigenen Haus erscheinen ließen. Das soll jetzt geändert werden. Unsere Bundesrepublik ist erwachsen genug, um die Ordnung ihrer inneren Angelegenheiten ohne Einschränkung in die eigenen Hände zu nehmen. [...] An dem Tage, an dem eigene deutsche Gesetze zum Schutze unserer Demokratie in Notzeiten in Kraft treten, erlöschen die Rechte, die sich unsere Alliierten bis dahin vorbehalten haben. [...]
Wir wissen, meine Damen und Herren, dass manche unserer Mitbürger noch immer fragen, ob denn die Vorsorgegesetze [= Notstandsgesetze] überhaupt nötig seien. Hierzu hat nicht zuletzt der Bundesjustizminister, mein Kollege Dr. Heinemann, wiederholt darauf hingewiesen, dass der Verzicht auf ein im Grundgesetz verankertes Notstandsrecht unweigerlich das Wiederaufleben von Bemühungen um eine außerparlamentarische Notstandsvorsorge der Exekutive zur Folge hätte, die an die Schranken unserer Verfassung nicht gebunden wäre. [...]
Es gibt eine Kritik an der Notstandsgesetzgebung, die ich für reine Demagogie[1] halte. Diese stützt sich in der Bevölkerung zum Teil auf einen Mangel an Vertrautheit mit Tatsachen, und daran sind wir vielleicht nicht immer ganz schuldlos gewesen. Es gibt zugleich eine andere Kritik, die ich ernst nehme und respektiere. Ich meine zahlreiche Männer unseres geistigen und wissenschaftlichen Lebens, aus denen eine ehrliche Sorge spricht. Manche von ihnen meinen, es könnte sich quer durch die Parteien eine Art „Partei der Ordnung" im Sinne bloßer Beharrung bilden, die alle Unzulänglichkeiten des Bestehenden zementieren und in Versuchung geraten könnte, sich zu diesem Zweck auch der Vorsorgegesetze zu bedienen; eben damit würde sie einen tiefen Bruch im Volk, also einen Notstand hervorrufen. [...]
Wir sind [...] Zeugen einer erregenden, manchmal anstrengenden Unruhe der jungen Generation, die inzwischen über alle nationalen Grenzen hinausgewachsen ist. Sie findet in jedem Land andere Anlässe des Protestes. Zum Teil ist sie von dem Aufbegehren gegen das Gefühl getragen, der einzelne Mensch könnte zum manipulierten Rädchen in einer alles beherrschenden Technisierung unserer Welt werden. Sie lehnt ab, sich von Erfahrungen leiten zu lassen, die für sie Geschichte sind. Sie sucht nach Maßstäben und Werten, die über Wohlstandskategorien hinausgehen. Sie möchte Technik in den Dienst ihres noch unformulierten Willens stellen. Ich sympathisiere mit dieser Strömung in der jungen Generation. Das weiß man. Ich wünsche, dass sie ihren Idealen näher kommen möge, als andere imstande waren, im Laufe jüngerer deutscher Geschichte die Ideale ihrer Jugend zu verwirklichen. [...]
Die demokratische Empfindlichkeit vieler in unserem Volk hat sich als leicht ansprechbar erwiesen. Das ist auch gut. Doch gehöre ich zu denen, die meinen, dass wir uns fragen müssen, was in unserem Staat nicht stimmt, noch nicht stimmt, wenn zuweilen ganze Gruppen von tiefem Misstrauen erfüllt sind, wenn man dem Wort des anderen nicht mehr glaubt, wenn alle allen alles oder viele vielen vieles zutrauen. [...]
Dies und anderes hat mich [...] in der Überzeugung bestärkt, dass vieles doch noch notleidend ist im Verhältnis zwischen Staat und Teilen der geistigen Schichten, wohl auch der jungen Generation, wohl auch der Arbeiterschaft. Ich fürchte wirklich, dass uns weder die Bewältigung der Vergangenheit noch die Vorbereitung auf die Zukunft schon gut genug gelungen ist. [...]

[1] **Demagogie**: Aufwiegelung der öffentlichen Meinung, politische Hetze

Um die Vorsorgegesetze ist ein Kampf geführt worden, der Respekt verdient. Für Notzeiten, die hoffentlich niemals eintreten, ist das Menschenmögliche getan. Mein bescheidenes Votum [...] wäre nun, an die Arbeit zu gehen, um diesen Staat so zu gestalten, dass er der Mitarbeit aller seiner Bürger sicher sein kann.

Zitiert nach: Verhandlungen des Deutschen Bundestages, stenographische Berichte, Bd. 66, Bonn 1969, S. 9625-9631

1. *Fassen Sie die Kritikpunkte an der Notstandsgesetzgebung zusammen, auf die Brandt in seiner Rede eingeht. Welche Einwände weist er zurück, welchen begegnet er mit Anerkennung oder Selbstkritik?*

2. *Arbeiten Sie heraus, welches Bild Brandt von der Bundesrepublik um 1968 zeichnet. Welche bisherigen Leistungen in Staat und Gesellschaft spricht Brandt an, wo sieht er Mängel und Reformbedarf?*

3. **+** *Brandt wendet sich an eine „Strömung in der jungen Generation" (Zeile 44 f.) und hofft auf die Verwirklichung ihrer Ideale. Setzen Sie sich mit aktuellen Jugendprotesten in Europa auseinander und vergleichen Sie die Motive und Ziele.*

▲ **Ein Bundestagsabgeordneter der Grünen auf seinem „Dienstfahrrad".**
Foto von 1983.
Der Partei Die Grünen gelingt 1983 erstmals der Sprung in den Deutschen Bundestag. Durch ihren unkonventionellen Stil setzt sie sich bewusst von den etablierten Parteien ab.

M4 „Ein völliger Umbruch"

Aus dem ersten Bundesprogramm der Grünen vom März 1980:

Wir sind die Alternative zu den herkömmlichen Parteien. Hervorgegangen sind wir aus einem Zusammenschluss von grünen, bunten und alternativen Listen und Parteien. Wir fühlen uns verbunden mit all denen, die in der neuen demokratischen Bewegung mitarbeiten: den Lebens-, Natur- und Umweltschutzverbänden, den Bürgerinitiativen, der Arbeiterbewegung, christlichen Initiativen, der Friedens- und Menschenrechts-, der Frauen- und Dritte-Welt-Bewegung. Wir verstehen uns als Teil der grünen Bewegung in aller Welt. [...] Die ökologische Weltkrise verschärft sich von Tag zu Tag: Die Rohstoffe verknappen sich, Giftskandal reiht sich an Giftskandal, Tiergattungen werden ausgerottet, Pflanzenarten sterben aus, Flüsse und Weltmeere verwandeln sich in Kloaken, der Mensch droht inmitten einer späten Industrie- und Konsumgesellschaft geistig und seelisch zu verkümmern, wir bürden den nachfolgenden Generationen eine unheimliche Erbschaft auf.

Die Zerstörung der Lebens- und Arbeitsgrundlagen und der Abbau demokratischer Rechte haben ein so bedrohliches Ausmaß erreicht, dass es einer grundlegenden Alternative für Wirtschaft, Politik und Gesellschaft bedarf. Deshalb erhob sich spontan eine demokratische Bürgerbewegung. Es bildeten sich Tausende von Bürgerinitiativen, die in machtvollen Demonstrationen gegen den Bau von Atomkraftwerken antreten, weil deren Risiken nicht zu bewältigen sind und weil deren strahlende Abfälle nirgends deponiert werden können; sie stehen auf gegen die Verwüstung der Natur, gegen die Betonierung unserer Landschaft, gegen die Folgen und Ursachen einer Wegwerfgesellschaft, die lebensfeindlich geworden ist.

Ein völliger Umbruch unseres kurzfristig orientierten wirtschaftlichen Zweckdenkens ist notwendig. [...] Ausgehend von den Naturgesetzen und insbesondere von der Erkenntnis, dass in einem begrenzten System kein unbegrenztes Wachstum möglich ist, heißt ökologische Politik, uns selbst und unsere Umwelt als Teil der Natur zu begreifen. [...]

Unsere Politik ist eine Politik der aktiven Partnerschaft mit der Natur und dem Menschen. Sie gelingt am besten in selbstbestimmten und selbstversorgenden überschaubaren Wirtschafts- und Verwaltungseinheiten. [...] Es geht um eine

Gesellschaft, die demokratisch ist, in der die Beziehungen der Menschen untereinander und zur Natur zunehmend bewusster gehandhabt werden.

Zitiert nach: Irmgard Wilharm, Deutsche Geschichte 1962-1983, Bd. 2, Frankfurt am Main 1985, S. 226 f.

1. *Nennen Sie die Ziele der Grünen.*
2. *Erläutern Sie, was 1981 das Neue am Programm der Grünen im Vergleich zu den damals „etablierten" Parteien gewesen ist.*
3. *Weisen Sie eine programmatische Verbindung der Grünen mit politischen und sozialen Strömungen nach, die seit den Sechzigerjahren entstanden sind.*

M5 Deutschland als Einwanderungsland

Der Migrationsforscher Klaus Bade erläutert die Wahrnehmung und Praxis der deutschen Ausländerpolitik:

Die Ost-West-Migration hatte im späten 19. und frühen 20. Jahrhundert Millionen Auswanderer über den Atlantik und jährlich Hunderttausende von Arbeitswanderern nach Mittel- und Westeuropa geführt. Hinzu kam ein großer Teil der mehr als 20 Millionen Menschen, die vom Ende des Ersten Weltkrieges bis zum Ende der 1940er-Jahre von zwangsweisen Umsiedlungen nach Grenzverschiebungen und von Vertreibungen betroffen waren. Der Kalte Krieg bewirkte jahrzehntelang eine Drosselung der Ost-West-Migration und ließ im Westen auch die alten Ängste davor zurücktreten. [...] Als der Limes des Kalten Krieges Ende der 1980er-Jahre zerbrach, wurde deutlich, dass er auch eine Sperre gegen die Ost-West-Wanderung gewesen war. [...]
1989-92 wurde in Deutschland rund eine Million (1 008 684) Asylsuchende gezählt. Das Zusammentreffen der verschiedenen, stark wachsenden Zuwanderungen in Deutschland und die durch Migrationsszenarien und Wanderungsdrohungen gestützte Furcht vor deren weiterer Entfaltung ließen die Visionen von „Fluten" aus dem Osten in Deutschland scheinbar konkrete Gestalt annehmen. Vergeblich brachten Ausländerbeauftragte, Praktiker der Ausländerarbeit und kritische Wissenschaftler Hinweise darauf in die Debatte, dass viele Asylsuchende, Flüchtlinge und andere Ausländer Deutschland jährlich wieder verließen. Demografische Argumente vermochten gegen die alltägliche Erfahrung der de facto zunehmenden und von vielen als Bedrohung empfundenen Begegnungen mit stets neuen „Fremden" immer weniger auszurichten. [...] Die Anti-Asyl-Argumentation bewegte sich dabei oft in geschlossenen Kreisen: In der Regel wurden nur ca. 5 % der Antragsteller als im engeren Sinne „politisch verfolgt" anerkannt und deshalb für asylberechtigt erklärt. Von Politikern und Medien in Umlauf gebrachte Vorstellungen, die abgelehnten übrigen 95 % der Antragsteller seien „Wirtschaftsflüchtlinge", waren demagogisch. Sie blamierten sich regelmäßig angesichts der Tatsache, dass einem erheblichen Teil der Antragsteller und ihren Angehörigen trotz der Ablehnung im Asylverfahren aus verschiedenen Gründen Abschiebeschutz gewährt oder [...] ein Flüchtlingsstatus zugesprochen werden musste. [...] Das war der Hintergrund für die von wachsender Angst und Aggressivität getriebenen ausländer- und fremdenfeindlichen Ausschreitungen im vereinigten Deutschland der frühen 1990er-Jahre. Zur Vorgeschichte der Krise gehörten aber auch seit Langem ungeklärte Einwanderungs- und Eingliederungsfragen im Einwanderungsland wider Willen, das als nationaler Wohlfahrtsstaat pragmatisch die soziale Eingliederung von Zuwanderern gestaltete, appellativ aber in demonstrativer Erkenntnisverweigerung darauf beharrte, „kein Einwanderungsland" zu sein oder zu werden. Am Ende [...] wuchsen soziale Ängste, Irritationen und Frustrationen über die Abwesenheit von Politik in einer [...] alltäglich erlebbaren und doch politisch für nicht-existent erklärten Einwanderungssituation. Sie schlugen um in Aggression gegen „die Fremden" und solche, die dafür gehalten oder dazu erklärt wurden.

Klaus J. Bade, Europa in Bewegung. Migration vom späten 18. Jahrhundert bis zur Gegenwart, München 2000, S. 384 f. und 389 f.

1. *Zeigen Sie die Funktion auf, die der „Eiserne Vorhang" in der europäischen Migrationsgeschichte einnimmt.*
2. *Erläutern Sie die Vorwürfe, die Bade gegen die deutsche Ausländerpolitik der Neunzigerjahre erhebt.*
3. + *Überprüfen Sie, ob der Regierungswechsel von 1998 Veränderungen in der Zuwanderungspolitik gebracht hat.*

Die DDR 1949-1989

Aufbau nach sowjetischem Vorbild Ganz ähnlich wie in den übrigen Staaten des sowjetischen Machtbereiches in Osteuropa entstand in der DDR eine Diktatur, deren Führung sich zu keinem Zeitpunkt auf die freiwillige Zustimmung einer Mehrheit der Bevölkerung berufen konnte. Schon vor der Gründung der DDR im Oktober 1949 war die SED dem Beispiel der *Kommunistischen Partei der Sowjetunion* (KPdSU) gefolgt. Danach stand sie nicht in Konkurrenz zu anderen Gruppen im Staat, sondern sie übte – gemäß der Lehre des **Marxismus-Leninismus** – an der Spitze des „Arbeiter- und Bauernstaates" ein Machtmonopol aus (▸ M1). Die kommunistische Führungsgruppe der Partei beschritt bei der Durchsetzung ihres Machtmonopols mehrere Wege:

1. die innere Umgestaltung der SED zu einer „Partei neuen Typus"*,
2. die Umformung aller Parteien, Gewerkschaften und Verbände zu einem Instrument der SED,
3. die Lenkung der Justiz zur Absicherung der Diktatur und
4. der Einsatz der Geheimpolizei (*Ministerium für Staatssicherheit*, MfS) zur Überwachung der Bevölkerung und zur Unterdrückung jeder Opposition.

Die straffe hierarchische Parteistruktur gewährleistete, dass die Entscheidungen der SED-Führung auf allen nachgeordneten Ebenen umgesetzt wurden. Vorbild war die KPdSU.

Das *Zentralkomitee* war das höchste Organ der SED zwischen den Parteitagen. Die Zahl seiner Mitglieder wuchs ständig, da langjährige Mitglieder nicht abberufen wurden (1951: 51 Mitglieder; 1986: 165 Mitglieder). Die Zahl seiner Sitzungen verringerte sich im Lauf der Zeit, bis es etwa zweimal im Jahr tagte. De facto bestätigte das ZK lediglich die Vorgaben der ständigen Organe der SED (*Politbüro* und *Sekretariat des ZK*). Das Sekretariat bestand aus den zuständigen Sekretären für bestimmte Fachbereiche Das Politbüro war das oberste Führungsgremium und tagte mindestens einmal wöchentlich. Der Generalsekretär berief die Sitzungen des Politbüros sowie des Zentralkomitees ein und leitete sie. Da die Kompetenzen zwischen Politbüro und Sekretariat nicht genau geregelt waren, schwankte das Kräfteverhältnis zwischen den beiden Gremien.

Das Bekenntnis zu Stalin und zur „führenden Rolle" der Sowjetunion sowie den Kampf gegen „Spione und Agenten" und den „Sozialdemokratismus" erklärte der III. Parteitag der SED im Juli 1950 zur Pflicht für alle Mitglieder. Mit Unterstützung der sowjetischen Geheimpolizei ließ Walter Ulbricht, Erster Sekretär und mächtigster Mann der SED, missliebige Mitglieder aus der Partei ausschließen – allein 1950/51 waren es 150 000, darunter vor allem ehemalige Sozialdemokraten, aber auch viele Kommunisten. Selbst Mitglieder der Führungsgruppe wurden ihrer Funktionen enthoben oder verhaftet. In einer Atmosphäre der Angst entwickelte sich die SED zu einem monolithischen** Machtapparat, der von wenigen Spitzenfunktionären gelenkt wurde.

Durchsetzung des alleinigen Führungsanspruches der SED Neben der SED existierten seit 1945 die CDU (*Christlich-Demokratische Union Deutschlands*) und die LDPD (*Liberal-Demokratische Partei Deutschlands*) als „bürgerliche" Parteien in der Sowjetischen Besatzungszone. Um diese Parteien zu schwächen, rief die SED mit Zustimmung der Sowjetischen Militäradministration 1948 die *Demokratische Bauernpartei Deutschlands*

▲ **„Stalin, das ist der Frieden."** *DDR-Propagandaplakat von 1952, herausgegeben vom „Amt für Informationen".*

Marxismus-Leninismus: Gesellschaftstheorie nach den Lehren von Karl Marx (1818-1883) und Lenin (1870-1924). Ihr zufolge soll eine revolutionäre Partei die fortschrittlichen Kräfte eines Landes vereinen und der Arbeiterklasse zur Herrschaft verhelfen, notfalls mit Gewalt und Terror.

Literaturtipps:
- *Ilko-Sascha Kowalczuk, Die 101 wichtigsten Fragen – DDR, München 2009*
- *Ulrich Plenzdorf und Rüdiger Dammann (Hrsg.), Ein Land, genannt die DDR. Vom Alltag im anderen Deutschland, Frankfurt am Main 2011*
- *Stefan Wolle, Die DDR. Eine kurze Geschichte, Frankfurt am Main 2011*

* Siehe Seite 411.
** **monolithisch** (griech. „aus einem Stein bestehend"): festgefügt, einen einheitlichen Machtblock bildend

(DBD) und die *National-Demokratische Partei Deutschlands* (NDPD) ins Leben. Sie gehorchten den Weisungen der SED, sollten Zugang zu bäuerlichen und liberal-konservativen Kreisen gewinnen und die tatsächlichen Machtverhältnisse verschleiern.

Eine ähnliche Rolle wie den Parteien wies die SED-Spitze den großen Massenorganisationen zu, die zwischen 1945 und 1947 gegründet worden waren, vor allem dem *Freien Deutschen Gewerkschaftsbund* (FDGB), der *Freien Deutschen Jugend* (FDJ), dem *Demokratischen Frauenbund Deutschlands* (DFD), dem *Kulturbund* (KB) sowie der *Vereinigung der gegenseitigen Bauernhilfe* (VdgB). Sie sollten als „Transmissionsriemen" (Lenin) den Willen der kommunistischen Parteispitze auf die Gesellschaft übertragen. Gemeinsam mit den fünf zugelassenen Parteien bildeten sie den *Demokratischen Block der Parteien und Massenorganisationen*, der aus dem Antifaschistischen Block* hervorgegangen war. Der Demokratische Block sowie weitere Massenorganisationen, Vereine und Verbände wurden nach der Staatsgründung in der *Nationalen Front des demokratischen Deutschland* zusammengeschlossen. Da die maßgeblichen Stellen der Nationalen Front von SED-Funktionären eingenommen wurden, konnte die SED auf diesem Weg alle Parteien und Massenorganisationen steuern.

▲ **Plakat zur ersten Volkskammerwahl in der DDR am 15. Oktober 1950.**
Eine Einheitsliste der „Nationalen Front", die alle Parteien und Massenorganisationen vereinte und die Kandidaten festlegte, sicherte der SED die Macht.
- *Analysieren Sie den propagandistischen Inhalt des Plakates.*

Die Nationale Front bestimmte die Kandidaten zu den Landtagswahlen und zur Wahl der Volkskammer, dem Parlament der DDR. Im Oktober 1950 fanden die ersten Volkskammerwahlen statt. Die Bürger hatten keine Möglichkeit zur Auswahl, sondern konnten die Einheitsliste nur bestätigen. Für das zuvor festgelegte Ergebnis (98 Pro-zent Wahlbeteiligung, 99,7 Prozent Zustimmung) mussten die SED und ihre Geheimpolizei allerdings Druck auf die Bevölkerung ausüben und die Wahlergebnisse fälschen.

Seit Anfang der Fünfzigerjahre forcierte die SED die Unterordnung der bürgerlichen Parteien. Widerstandsbereite Persönlichkeiten wurden ihrer Ämter enthoben, verhaftet und zu Zuchthaus oder Zwangsarbeit in sowjetischen Straflagern verurteilt. Seit 1952/53 erkannten CDU und LDPD in ihren Satzungen „die führende Rolle der SED als der Partei der Arbeiterklasse" vorbehaltlos an. In der Bevölkerung galten alle von der SED abhängigen Parteien als „Blockparteien". Damit war nicht nur die Zugehörigkeit zum Demokratischen Block gemeint, sondern vor allem der Umstand, dass echte Parteienvielfalt unter dem Diktat der SED ausgeschlossen blieb.

Justiz im Parteiauftrag Die Entfernung ehemaliger Nationalsozialisten aus dem Justizapparat nutzte die Führung der SED, um an ihrer Stelle zuverlässige Kommunisten zu platzieren. Die SED verstand die Justiz als Mittel zur Belehrung über den Sozialismus sowie zur Erziehung des Volkes. Sie kontrollierte die gesamte Justiz. Im Gegensatz zum Wortlaut der Verfassung waren die Richter (Volksrichter) nicht unabhängig, sondern politische Funktionäre, angeleitet und gelenkt vom Obersten Gericht und den Parteiinstanzen. Auch Rechtsanwälte sollten als „Organe der sozialistischen Rechtspflege" helfen, die staatlichen Vorgaben durchzusetzen – wenn nötig gegen ihre Mandanten. Die Öffentlichkeit von Gerichtsverfahren beschränkte sich darauf, dass meist nur ausgewählte Personengruppen an Prozessen teilnehmen durften. Die Haftbedingungen in den Gefängnissen waren unmenschlich.

* Siehe Seite 411.

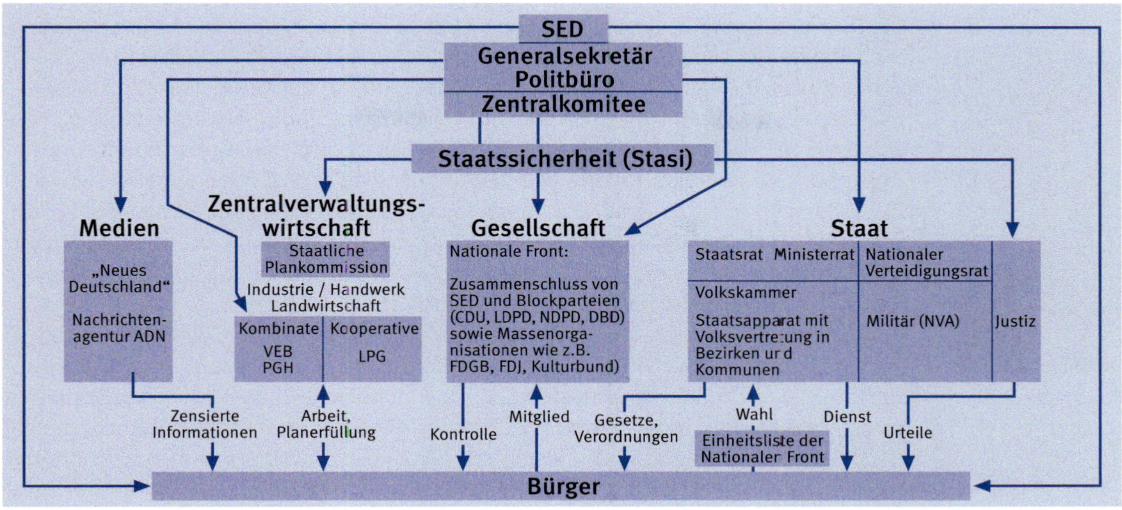

▲ **Die Verfassungswirklichkeit in der DDR.**
Grafik nach Eberhard Wilms.

Das Strafrecht diente somit als Instrument der Diktatur zur Bekämpfung ihrer Gegner. Als Straftatbestand diente häufig die Generalklausel des Artikels 6 der Verfassung von 1949 („Boykotthetze gegen demokratische Einrichtungen“). Bereits kritische Meinungsäußerungen über das Regime wurden mit hohen Freiheitsstrafen geahndet.

Schauprozesse zur Bekämpfung des sozialdemokratischen und bürgerlichen Widerstandes, aber auch der innerparteilichen Gegner Ulbrichts wurden vom Justizapparat der SED inszeniert und von den Gerichten ausgeführt. Das Politbüro betätigte sich in der Ära Ulbricht nicht selten als Ankläger, Richter und Gnadeninstanz. Heute wird die Zahl der politisch Verfolgten in 40 Jahren DDR auf 150 000 bis 200 000 geschätzt. Nicht weniger als 33 755 „politische Häftlinge“ kaufte die Bundesregierung zwischen 1963 und 1989 für umgerechnet 1,74 Milliarden Euro frei. Seit dem Untergang des SED-Regimes können die Opfer des Justizterrors ihre gerichtliche Rehabilitierung beantragen. Etwa 160 000 solcher Anträge sind bis 2001, der gesetzlichen Frist, gestellt worden; die meisten davon wurden mit positivem Ergebnis abgeschlossen.

Auch das Zivil-, Familien- und Arbeitsrecht nutzte der SED-Staat, um Andersdenkende, Kritiker oder Systemgegner einzuschüchtern. So wurden Schulabschlüsse, die Berufsausbildung, der berufliche Aufstieg von Menschen, die unliebsam aufgefallen waren, verhindert, die Wohnungszuteilung oder die Reiseerlaubnis versagt, der Personalausweis entzogen, der Arbeitsplatz gekündigt usw. Wegen der herrschenden Rechtsunsicherheit blieb für die Bürger das staatliche Handeln stets unberechenbar.

Filmtipp:
Ein Tag zählt wie ein Jahr – Die Frauen von Hoheneck. Eine Produktion von Kristin Derfler und Dietmar Klein von 2010. Der Film erinnert an das DDR-Frauengefängnis Hoheneck in Stollberg bei Chemnitz, in dem von 1950 bis 1989 tausende Frauen aus politischen Motiven inhaftiert waren.

Das Ministerium für Staatssicherheit Neben der Roten Armee gewährleistete insbesondere der Staatssicherheitsdienst den Machterhalt der SED. Er war eine Kopie des sowjetischen Geheimdienstes und mit diesem lange Zeit aufs Engste verflochten. Im Februar 1950 wurde das MfS gegründet, um „Saboteure, Agenten und Diversanten*“ zu bekämpfen. Der Staatssicherheitsdienst war politische Geheimpolizei, geheimer Nachrichtendienst und Organ strafrechtlicher Untersuchungen. Vor allem bei politischen „Delikten“ führte er die Ermittlungsverfahren durch. Vom ersten Tag seiner

* **Diversant**: im kommunistischen Sprachgebrauch Saboteur

Erich Mielke (1907-2000): Minister für Staatssicherheit 1957-1989, Mitglied des Politbüros 1976-1989; 1993 wegen Mordes verurteilt

Existenz an arbeitete der Staatssicherheitsdienst unter strengster Geheimhaltung. **Erich Mielke**, der den Staatssicherheitsdienst ab 1957 leitete, bezeichnete ihn als „Schild und Schwert der Partei" und erweiterte fortlaufend dessen Zuständigkeiten. Die *Stasi* – so die Kurzbezeichnung – unterstand nur dem Vorsitzenden des Verteidigungsrates und damit dem Generalsekretär der SED. Kein Gesetz oder Parlament schränkten ihre Ziele und Methoden ein. Im Lauf der Zeit entwickelte sich die Geheimpolizei der SED zu einem gigantischen Überwachungsapparat mit der Zentrale in Ost-Berlin und nachgeordneten Behörden auf Bezirks- und Kreisebene. Anfangs zählte das MfS 1000 hauptamtliche Mitarbeiter, Mitte der Fünfzigerjahre bereits 13000. 1989 waren es schließlich etwa 91000 hauptamtliche Mitarbeiter.

Um die vermuteten „feindlich-negativen" Personen, Handlungen und Meinungen flächendeckend aufzuspüren, bediente sich der Apparat eines zusätzlichen Netzes von Spitzeln, die ihre Führungsoffiziere über „staatsfeindliche" Gespräche oder Absichten im eigenen Freundeskreis, am Arbeitsplatz, in der Familie, in staatlichen und gesellschaftlichen Organisationen informierten. Die Überwachung von Bürgerinnen und Bürgern durch sogenannte *Inoffizielle Mitarbeiter* (IM) wurde bereits in den Fünfzigerjahren systematisch organisiert. Am Ende der SED-Diktatur (1989) verfügte das MfS über rund 189000 Zuträger. Im Durchschnitt kamen in der Endphase der DDR auf einen Inoffiziellen Mitarbeiter 120 Einwohner. Erst neuere Forschungen haben gezeigt, dass Ende der Achtzigerjahre auch 1553 Bundesbürger als aktive Inoffizielle Mitarbeiter beim DDR-Auslandsgeheimdienst des MfS registriert waren und weitere 1500 Bundesbürger für andere Abteilungen des MfS spionierten. Insgesamt arbeiteten während des 40-jährigen Bestehens der DDR rund 12000 Westdeutsche für die Stasi.

Literaturtipp:
Ilko-Sascha Kowalczuk, Stasi konkret. Überwachung und Repression in der DDR, München 2013

Von Anfang an nutzte das MfS die unterschiedlichsten Mittel, um Opponenten zu kriminalisieren und ihnen beruflich oder privat zu schaden (▸ M2). Dazu gehörten das Öffnen von Briefen, heimliche Wohnungsdurchsuchungen, der Einbau von Abhöranlagen, die Durchsicht von Bankunterlagen und Krankheitsberichten, permanente Beschattung verdächtiger Personen, willkürliche Festnahmen, Verhaftungen und Verhöre oder die systematische psychische „Zersetzung" von Zielpersonen.

Die DDR wird Teil des Ostblocks Die SED nahm für sich in Anspruch, mit der DDR den „Grundstein für ein einheitliches, demokratisches und friedliebendes Deutschland" (Stalin 1949) gelegt und ein Modell für ein zukünftiges Gesamtdeutschland unter kommunistischer Führung geschaffen zu haben. In der Praxis allerdings überwog stets das Ziel der Absicherung der eigenen Herrschaft durch Abgrenzung gegenüber der Bundesrepublik.

▸ **Geschichte In Clips:** Zur Wirtschaftsentwicklung in der Frühphase der DDR siehe Code 32019-29

Bereits seit Anfang 1950 war die DDR Mitglied des von Stalin ins Leben gerufenen Rates für Gegenseitige Wirtschaftshilfe*. Damit wurde die DDR in ein System der Arbeitsteilung und Spezialisierung eingebunden, das unter Führung der Sowjetunion die Volkswirtschaften der Ostblockstaaten miteinander verkoppelte. Die Außenwirtschaftskontakte zum Westen und zur Bundesrepublik (innerdeutscher Handel) gingen dementsprechend zurück.

1950 schloss die DDR mit Polen das *Görlitzer Abkommen*, worin sie die Oder-Neiße-Linie als Ostgrenze („Oder-Neiße-Friedensgrenze") anerkannte. Im selben Jahr verzichteten DDR und ČSSR in der Prager Deklaration auf gegenseitige Gebietsansprüche. Zugleich wurden die „Umsiedlungen" Deutscher aus der Tschechoslowakei seit dem Ende des Zweiten Weltkrieges für „endgültig" und „gerecht" erklärt. Die beiden Ver-

* Siehe Seite 413 und 488.

träge entstanden auf Druck der Sowjetunion. Einerseits verbesserten sie das Verhältnis der DDR zu den östlichen Nachbarn, andererseits vertieften sie die deutsche Spaltung. Denn weder die Bundesrepublik noch die westlichen Siegermächte waren in die Abmachungen einbezogen worden.

Trotz dieser Entwicklung war die deutsche Frage noch immer offen. DDR und Bundesrepublik standen weiterhin unter der Hoheit der Siegermächte. Während die Bundesregierung in Bonn jedoch die Westintegration aus freiem Entschluss vorantrieb, konnte die DDR-Führung nur reagieren: auf die Entscheidungen im Westen sowie auf die Weisungen der Sowjetunion. Die UdSSR unternahm im Frühjahr 1952 einen letzten Versuch, den Eintritt der Bundesrepublik in ein westliches Verteidigungsbündnis zu verhindern.* Als die Westmächte das Angebot zu einem vereinten, aber neutralen Deutschland ausschlugen, gab Stalin das Signal, auf das die Regierung in Ost-Berlin schon lange gewartet hatte: Der „Aufbau des Sozialismus“ in der DDR sollte nun stattfinden.

„Planmäßiger Aufbau des Sozialismus“ Nachdem die SED ihre Herrschaft gesichert hatte, beschloss sie auf einer Parteikonferenz im Juli 1952 den „planmäßigen Aufbau des Sozialismus“. Er sollte Wirtschaft und Gesellschaft der DDR grundlegend umformen. Das Programm sah vor:

- weitere Zentralisierung der Staatsmacht (Auflösung der Länder, Aufhebung der Selbstverwaltung der Kommunen), Ausbau von Partei und Sicherheitsorganen, massive Verbreitung der SED-Ideologie durch die Medien;
- Ausbau der „Volkseigenen Betriebe“ (VEB)**, deren Anteil an der industriellen Produktion bereits rund 80 Prozent betrug; Enteignung und politische Verfolgung der bürgerlichen Mittelschichten, die als private Unternehmer, kleine Handel- und Gewerbetreibende eine wichtige Stütze für die ostdeutsche Wirtschaft bildeten; durch eine extrem hohe Besteuerung und bürokratische Gängeleien wurde ihre berufliche Existenz vielfach vernichtet;
- einseitige Förderung der Schwerindustrie und der Rüstungsproduktion ohne Rücksicht auf die wachsenden Versorgungsengpässe für die Bevölkerung, dazu eine Erhöhung der geforderten Arbeitsleistung;
- forcierte Kollektivierung der Landwirtschaft; durch extrem hohe Ablieferungsverpflichtungen wurden selbstständige Bauern in „Landwirtschaftliche Produktionsgenossenschaften“ (LPG)*** gezwungen;
- rascher Aufbau von „nationalen Streitkräften“, finanziert durch Steuererhöhungen und Einsparungen im sozialen Bereich.

Die SED verstärkte auch den Druck auf die evangelische Kirche, die sie für eine weltanschauliche Konkurrenz hielt. Deren Nachwuchsorganisation *Junge Gemeinde* wurde als „politisch-ideologisch“ verboten. Der Religionsunterricht an den Schulen wurde abgeschafft. Nach der Entnazifizierung, der Bodenreform und der „Gleichschaltung“ der politischen Kräfte bedeuteten diese Maßnahmen einen weiteren, radikalen Eingriff in die gesellschaftlichen und wirtschaftlichen Strukturen.

▲ **„Von den Sowjetmenschen lernen heißt siegen lernen.“** *Propagandaplakat, um 1952. Das sowjetische Originalplakat zeigt den Stalinpreisträger A. Tschutkich.*

Die Krise von 1953 Im Jahr 1952 nahm das SED-Regime auf Anordnung Moskaus die Aufstellung regulärer DDR-Truppen vor. Mitte 1953 waren etwa 130 000 Soldaten einsatzbereit. Diese Militarisierung belastete die Wirtschaft enorm. Zwar gelang es in einigen Industriezweigen, das Vorkriegsniveau wieder zu erreichen und zu übertreffen;

* Siehe Seite 419.
** Siehe Seite 412.
*** Siehe Seite 412.

▲ **Erfolge des ersten Fünfjahresplanes.**
Plakat (84 x 59 cm), 1956.
Mit dem ersten Fünfjahresplan von 1951 bis 1955 sollten die Industrieproduktion verdoppelt und die Folgen von Kriegszerstörung, Demontage und Reparationen beseitigt werden. Die Planziele wurden – anders als bei späteren Plänen – im Wesentlichen erreicht und zur Propaganda genutzt.
Das Plakat stammt aus einer Serie über die „Bauten des Fünfjahresplanes", die vom ZK der SED herausgegeben wurde. Der Text unter dem Bild lautet: „Ein Titan unserer Schwerindustrie ist die 6 000-Tonnen-Schmiedepresse im Stahlwerk Gröditz, die in vorbildlicher kollektiver Arbeit der Werktätigen des VEB Schwermaschinenbau „Heinrich Rau", Wildau, und des VEB Stahl- und Walzwerk, Gröditz, konstruiert und gebaut wurde. Jeder ihrer Hammerschläge dient unserem sozialistischem Aufbau und dem Frieden!"

▸ **Geschichte In Clips:**
Zum Aufstand am 17. Juni 1953 siehe Code 32019-30

dennoch fiel die DDR wegen der einseitigen Konzentration auf den Rüstungssektor und die Schwerindustrie sowie der starren Strukturen in den Betrieben immer wieder hinter die Produktionsvorgaben zurück. Die SED-Führung machte hingegen sogenannte „Wirtschaftsverbrecher" für die Krise verantwortlich. Das „Gesetz zum Schutz des Volkseigentums" vom Oktober 1952 sollte dazu dienen, die Solidarität unter den Arbeitern zu zerstören. Nun wurde es dazu genutzt, Tausende wegen geringer Diebstähle zu verurteilen. Bestraft wurde auch, wer einen Diebstahl nicht anzeigte.

Selbstständige und Privateigentümer, circa zwei Millionen Menschen, bekamen keine Lebensmittelkarten mehr. Sie sollten in den staatlichen Läden zu höheren Preisen kaufen, wo es ebenso an Butter, Öl, Margarine oder Fleisch mangelte wie in den übrigen Geschäften. Während die gelenkte Presse von ständig neuen Produktionserfolgen berichtete, blieben die Lebensmittel rationiert. Es fehlte an frischem Gemüse, Obst, sogar die Versorgung mit Kartoffeln und Brot bereitete Schwierigkeiten. Immer mehr Menschen flüchteten nach West-Berlin und in die Bundesrepublik, im ersten Halbjahr 1953 allein 226 000 Personen. Die SED-Führung antwortete mit verschärfter Repression und einer großen Propagandakampagne zur freiwilligen Erhöhung der Arbeitsleistung bei unveränderten Löhnen. In einigen Betrieben kam es daraufhin zu Protesten. Obgleich dem Politbüro Berichte über die Stimmung in der Bevölkerung vorlagen, verschärfte Ulbricht den eingeschlagenen Kurs. Per Dekret wurden Mitte Mai 1953 die Arbeitsnormen um mindestens zehn Prozent erhöht. In mehreren Städten fanden erste Warnstreiks statt.

Der „Neue Kurs" – von Moskau verordnet ▬ Beunruhigt über die schlechte ökonomische Situation und Stimmungslage in der DDR, versuchte die neue sowjetische Führung – Stalin war am 5. März 1953 gestorben –, die Lage zu entschärfen. Anfang Juni 1953 befahl die Sowjetunion einen sofortigen Kurswechsel: Die privaten Produzenten sollten gefördert, geflüchtete Bauern und Selbstständige zurückgerufen, die „Wirtschaftsverbrecher" aus den Gefängnissen entlassen, das Gespräch mit den Kirchenleitungen gesucht werden.

Diesen „Neuen Kurs" verkündete das DDR-Regime am 11. Juni 1953, und offiziell wurden sogar schwerwiegende Fehler zugegeben. Doch ausgerechnet die Erhöhung der Arbeitsnormen wurde nicht zurückgenommen. Die Empörung in der Arbeiterschaft und weiten Kreisen der Bevölkerung wuchs weiter. Je nach politischer Grundeinstellung sahen die einen in der politischen Kehrtwende einen hoffnungsvollen Neuanfang, die anderen eine Bankrotterklärung der SED. Gerüchte über eine Auflösung der Partei machten die Runde. Meldungen der Staatssicherheit berichteten von Freudenfesten auf dem Land, wo bereits die Befreiung von der SED-Herrschaft gefeiert wurde; und viele glaubten sogar an eine nahe bevorstehende Wiedervereinigung, nachdem die SED alle Losungen mit dem Wort „Sozialismus" kurzfristig entfernen ließ. Auf Großbaustellen häuften sich spontane Streiks, Bauern traten wieder aus den LPG aus, vielerorts wurde vor Gefängnissen demonstriert.

Vom Arbeiterprotest zum Volksaufstand ▬ Am 16. Juni formierten sich die Bauarbeiter in der Ost-Berliner Stalinallee zu einem Protestmarsch gegen die Beibehaltung der Normenerhöhung. Fast alle Betriebe in Berlin schlossen sich an. Die Demonstranten verlangten den Rücktritt der Regierung sowie freie Wahlen und kündigten einen Generalstreik an. Erst jetzt entschied sich das Politbüro für die Zurücknahme der Normenerhöhung. Doch die Arbeiter ließen sich nicht mehr beschwichtigen. Innerhalb weniger

Stunden weitete sich am 17. Juni die Streikwelle zu einem landesweiten Aufstand der Bevölkerung gegen die SED aus. In über 700 Städten und Ortschaften beteiligten sich rund eine halbe Million Menschen an Demonstrationen, besetzten öffentliche Gebäude, Parteibüros und Dienststellen der Staatssicherheit, auch Gefängnisse wurden gestürmt und über 1300 Häftlinge befreit (▸ M3).

Die Unruhen riefen die Sowjetunion auf den Plan. Während die SED-Führung hilflos zusehen musste, verhängte die Besatzungsmacht im Lauf des 17. Juni den Ausnahmezustand über Ost-Berlin und weite Teile der DDR: Es galt das Kriegsrecht. Sowjetische Militärtribunale verhängten 18 Todesurteile gegen Aufständische, darunter mehrere Jugendliche. Hunderte wurden in Zwangsarbeitslager nach Sibirien verbracht. Da dem Aufstand jede überregionale Koordination fehlte, konnte das sowjetische Militär mit Panzern den Aufstand schnell niederschlagen. Dennoch flackerten bis in den Juli 1953 hinein immer wieder Streiks auf, und auf dem Land wollten viele Bauern nicht aufgeben. Etwa 1300 Mitglieder der SED traten aus Protest gegen die Führung aus der Partei aus.

In den Wochen und Monaten nach dem 17. Juni wurden rund 13 000 Menschen verhaftet, etwa 3 000 verurteilt, die meisten zu teilweise hohen Zuchthausstrafen, in zwei Fällen zum Tod. Mehr als die Hälfte der höheren Parteifunktionäre wurde ihrer Ämter enthoben. Dazu zählten auch die Gegner Ulbrichts im Politbüro, die einen langsameren Kurs beim Aufbau des Sozialismus gefordert hatten.

Obwohl die SED ihre Macht retten und weiter festigen konnte, blieb der angeblich vom Westen gesteuerte „faschistische Putsch" von nun an das Trauma der Parteiführung. Auf der anderen Seite hatte die Bevölkerung die bittere Erfahrung machen müssen, dass Widerstand gegen das Regime aussichtslos war, solange die Sowjetunion dessen Existenz garantierte. Bis zu den Ereignissen von 1989 fanden in der DDR keine landesweiten Proteste mehr statt.

Die Westmächte hätten in die Vorgänge nicht eingreifen können, ohne einen Krieg zu beginnen. Angesichts der Blockbildung in Europa würde der Westen auch künftig nur moralische Unterstützung leisten – auch diese Lehre zogen die Gegner des SED-Regimes. Der Deutsche Bundestag erklärte den 17. Juni zum *Tag der Deutschen Einheit*, der in der Bundesrepublik bis 1990 als nationaler Feiertag begangen wurde.

Extrablatt Kostenlos Extrablatt

Telegraf

UNABHÄNGIGE ZEITUNG FÜR DAS FREIE BERLIN

Kriegsrecht über Ostberlin

Sowjets schießen auf Arbeiter

Generalstreik gegen den Terror

Die sowjetischen Okkupationstruppen haben zu den Waffen gegriffen, um die freiheitliche Bewegung der gesamten Ostberliner Bevölkerung niederzuschlagen. Der sowjetische Stadtkommandant hat heute mittag den Ausnahmezustand verhängt. Er befahl: 1. Ab 13 Uhr wird im sowjetischen Sektor von Ostberlin der Ausnahmezustand verhängt. 2. Alle Demonstrationen und Versammlungen, Kundgebungen und sonstigen Menschenansammlungen über drei Personen sind auf Straßen und Plätzen wie auch in öffentlichen Gebäuden verboten. 3. Jeglicher Verkehr von Fußgängern und der Verkehr von Kraftfahrzeugen wird von 21 Uhr abends bis fünf Uhr morgens verboten. 4. Diejenigen, die gegen dieses Verbot verstoßen, werden nach dem Kriegsrecht bestraft.

Im Ostsektor ist heute vormittag der offene Aufruhr gegen das kommunistische System ausgebrochen. Alle Arbeiter in den Ostberliner Betrieben legten die Arbeit nieder und demonstrierten für Freiheit, gesamtdeutsche Wahlen und den Rücktritt der SED-Clique.

Standrecht ist keine Lösung

Panzer und Geschütze

▲ **Aufstand am 17. Juni.**
Extrablatt der Tageszeitung „Telegraf" (unabhängige Zeitung für das freie Berlin), 17. Juni 1953.
Die sowjetische Besatzungsmacht kam der SED zu Hilfe und setzte mit Panzern dem Aufstand ein Ende. Die Verunsicherung der SED-Führung nach den Ereignissen des 17. Juni saß tief. Ende November 1953 beschloss das Sekretariat des Zentralkomitees daher die Bewaffnung von SED-Funktionären mit Pistolen.

Vollendung der „Ostintegration" ▬ Mit dem Beitritt der Bundesrepublik zur NATO im Mai 1955 schien das Ringen der Großmächte um die deutsche Einheit beendet. Die Westintegration der Bundesrepublik war besiegelt, und mit ihr die deutsche Teilung. Denn parallel dazu kam die Integration der DDR in den sowjetisch beherrschten Ostblock zum Abschluss. Schon 1954 hatte die sowjetische Führung unter dem neuen Parteichef **Nikita Chruschtschow** verkündet, die „sozialistischen Errungenschaften" im östlichen Teil Deutschlands dürften nicht angetastet werden. Das war eine Bestandsgarantie für die DDR, die von Moskau als zweiter deutscher Staat angesehen wurde (*Zwei-Staaten-Theorie*) – im Gegensatz zur Haltung der Bundesrepublik, die die Alleinvertretung Deutschlands beanspruchte.*

Nikita Sergejewitsch Chruschtschow (1894-1971): 1958-1964 Regierungschef der Sowjetunion, schließlich vom Politbüro der KPdSU entmachtet

Als Reaktion auf den NATO-Beitritt der Bundesrepublik wurde am 14. Mai 1955 die Warschauer Vertragsorganisation gegründet, zu deren Unterzeichnerstaaten auch die DDR gehörte. Einen Tag später beschloss das Zentralkomitee der SED die Aufstellung bewaffneter Streitkräfte, die bereits in Gestalt der Kasernierten Volkspolizei existierten. Entsprechend rasch gingen die Aufstellung der *Nationalen Volksarmee* (NVA) und die Schaffung eines Ministeriums für nationale Verteidigung vor sich.

* Siehe Seite 418 und 437, M1.

▲ **„Klassenbrüder – Waffenbrüder."**
DDR-Werbeplakat für den Warschauer Pakt, um 1965.

Getreu der Zwei-Staaten-Theorie trat die UdSSR im Herbst 1955 mit beiden deutschen Regierungen offiziell in Kontakt. Bundeskanzler Adenauer reiste im September 1955 auf Einladung Moskaus in die Sowjetunion, wo die Aufnahme diplomatischer Beziehungen zwischen Bonn und Moskau vereinbart wurde. Auch erreichte der Kanzler die Freilassung der letzten deutschen Kriegsgefangenen, darunter viele, die nach Ostdeutschland zurückkehrten.

Unmittelbar nach dem Besuch Adenauers bekräftigte die sowjetische Führung in dem Vertrag über die Beziehungen zwischen der DDR und der UdSSR die Souveränität des ostdeutschen Staates. An die Stelle der sowjetischen Kontrollkommission in Ost-Berlin trat ein Botschafter. Von nun an verfolgte die Sowjetunion auch das Ziel der völkerrechtlichen Anerkennung der DDR durch den Westen.

Anfang 1956 beschlossen die Warschauer Vertragsstaaten, die Nationale Volksarmee in die Streitkräfte der Organisation aufzunehmen. Damit war die DDR auch militärisch voll in den Ostblock integriert. Als strategisch und ökonomisch wichtiger Eckpfeiler wurde das SED-Regime unter Walter Ulbricht zu einem zuverlässigen Partner im östlichen Bündnissystem.

Stabilisierung im Innern Seit 1954 verbesserten sich die Lebensverhältnisse in der DDR spürbar. Die Sowjetunion verzichtete auf weitere Reparationen und ließ viele Wissenschaftler und Techniker nach Ostdeutschland heimkehren, die bis dahin in der UdSSR hatten arbeiten müssen. Das SED-Regime selbst nahm Korrekturen in der Wirtschaftspolitik vor. So konnte die Industrie in die Produktion von chemischen Grundstoffen, Kunststoff- und Aluminiumerzeugnissen investieren („Plaste und Elaste"). Metallverarbeitung und Hochseeschiffbau wurden zu neuen Industriezweigen, die zumal im strukturschwachen Norden des Landes für Arbeitsplätze sorgten. Die Versorgung der Bevölkerung mit Konsumgütern machte erkennbare Fortschritte, Lohnerhöhungen wurden gewährt, die Lebensmittelkarten 1958 abgeschafft.

In den privaten Haushalten stieg die Zahl von Rundfunk- und TV-Geräten. 1955 besaß nur jeder hundertste Haushalt einen Fernseher; 1960 waren bereits 17 Prozent der Haushalte mit einem TV ausgestattet. In den Fünfzigerjahren verzehnfachte sich die Ausstattung mit Waschmaschinen, doch gab es nur für sechs Prozent der Haushalte einen Kühlschrank und nur für drei Prozent ein eigenes Auto.

Mit einer konsumfreundlicheren Wirtschaftspolitik als bislang erreichte die SED eine Konsolidierung des Regimes. Als unmittelbares Indiz nahm die Zahl der Flüchtlinge in den Westen ab. 1957 lag sie bei 260 000, 1959 ging sie auf 150 000 zurück, dem niedrigsten Stand seit Gründung der DDR. Die Staatsführung hofierte vor allem Ärzte, Professoren, Ingenieure und Facharbeiter, um sie im Land zu halten. Verdiente Arbeitskräfte wurden als „Helden der Arbeit" ausgezeichnet, erhielten Vergünstigungen und konnten die vom Staat kontrollierten Ferienanlagen an der Ostsee nutzen. Für die überwiegende Mehrheit gab es indes noch keine Möglichkeit für Reisen und Tourismus.

„Überholen ohne einzuholen" Die Spielräume, die der Aufschwung seit Mitte der Fünfzigerjahre schuf, waren bald wieder aufgebraucht, als das Ulbricht-Regime zu seiner Politik der Enteignung und Zentralisierung zurückkehrte. Um den „Aufbau des Sozialismus" zu beschleunigen, wurden seit 1959 alle bäuerlichen Betriebe in Landwirtschaftliche Produktionsgenossenschaften (LPG) gezwungen. Bei der Kollektivierung von Handels- und Handwerksbetrieben ging die SED-Führung nicht ganz so radikal vor, weshalb ein geringer Prozentsatz in privater Hand blieb.

Die SED gab auf dem V. Parteitag 1957 das Ziel aus, Lebensstandard und Konsum in der DDR sollten bis 1961 das Niveau Westdeutschlands erreichen und übertreffen. Die Bundesrepublik „überholen ohne einzuholen", lautete Ulbrichts Formel – das Modell sozialistischer **Planwirtschaft** sollte die Marktwirtschaft des Westens überbieten. Doch die Vorgaben erwiesen sich als Illusion. Als Folge der Kollektivierungen traten 1960 erneut Versorgungsprobleme auf, und die Mittel zur Stützung des Verbrauchs fehlten für weitere Investitionen. Die Wirtschaft stagnierte. Kritik der Beschäftigten nahm die Regierung nicht zur Kenntnis. Die Unzufriedenheit in der Bevölkerung wuchs, es kam zu Arbeitsniederlegungen, und immer mehr Menschen kehrten der DDR den Rücken.

▲ **Konsumgüterproduktion im Zeichen der Planwirtschaft.**
Plakat zum 10. Jahrestag der DDR, 1959.

Planwirtschaft: Wirtschaftsordnung, in der die Produktion von Gütern sowie deren Verteilung anders als in einer freien Marktwirtschaft nach staatlich festgelegten Plänen (z.B. Fünfjahrespläne) vorgenommen wird. Sie kennzeichnete die Wirtschaftspolitik der UdSSR und der von ihr abhängigen Staaten.

Die zweite Berlin-Krise 1958-1961 Ein weiterer Grund für die Massenflucht war die seit 1958 schwelende Berlin-Krise. Nach der Berlin-Blockade von 1948/49 stritten die alliierten Siegermächte abermals um den Status der Stadt. Am 27. November forderte der sowjetische Staats- und Parteichef Chruschtschow in einem Ultimatum den Abzug der alliierten Truppen aus West-Berlin und die Aufgabe der Besatzungsrechte. West-Berlin sollte zu einer „selbstständigen politischen Einheit" umgewandelt werden, unabhängig von Bundesrepublik und DDR (mit Ost-Berlin) sowie außerhalb des Schutzes der NATO. Der Sowjetunion schwebte eine Dreiteilung Deutschlands vor. Wenige Monate später drohte Moskau mit dem Abschluss eines separaten Friedensvertrages mit der DDR, der entgegen den geltenden Viermächte-Vereinbarungen der DDR die volle Souveränität gewährt hätte.

Das Verhalten der Sowjetunion hing mit den wachsenden Spannungen zwischen ihr und der Volksrepublik China zusammen. Seit Ende 1957 strebte Chinas kommunistische Führung nach wirtschaftlicher Unabhängigkeit von der UdSSR, was wenig später zum Bruch zwischen beiden Ländern führte. Mit einer aggressiven Haltung in der Deutschland- und Berlin-Frage wollte Moskau seine Führungsrolle in der kommunistischen Welt und in Osteuropa festigen.

Die vier Mächte kamen auf der Konferenz ihrer Außenminister in Genf (Mai bis August 1959) zu keiner Lösung. Im Juni 1961 trafen sich Chruschtschow und US-Päsident *John F. Kennedy** in Wien, wo Chruschtschow sein Ultimatum wiederholte. Die Welt befürchtete einen Atomkrieg angesichts des Streites. Kennedy formulierte in einer Fernsehansprache am 25. Juli 1961 drei für die Westalliierten unverzichtbare Bedingungen (drei „Essentials"): Sicherheit und Freiheit der West-Berliner, die Anwesenheit der drei Westmächte in West-Berlin sowie der freie Zugang nach West-Berlin würden unter allen Umständen gesichert bleiben. Die Schutzgarantie der USA für West-Berlin bedeutete unausgesprochen die Anerkennung des sowjetischen Machtbereiches in Ost-Berlin und der DDR. Chruschtschow hatte damit sein Ziel erreicht.

Viele unzufriedene, zumeist jüngere und gut qualifizierte DDR-Bürger befürchteten angesichts der internationalen Spannungen, der Fluchtweg über West-Berlin würde bald geschlossen. Seit Anfang Juni 1961 flohen täglich etwa tausend DDR-Bürger nach West-Berlin.

Exkursionstipps:

- *Gedenkstätte Deutsche Teilung Marienborn (www.sachsen-anhalt.de/index.php?id=31581)*
- *Grenzdokumentations-Stätte Lübeck-Schlutup (www.grenze-luebeck.de)*

Literaturtipps:

- *Thomas Henseler und Susanne Buddenberg, Tunnel 57. Eine Fluchtgeschichte als Comic, Berlin ²2014*
- *Manfred Wilke, Der Weg zur Mauer. Stationen der Teilungsgeschichte, Berlin 2011*

Ein Staat wird eingemauert Ulbricht war entschlossen, die Massenflucht zu stoppen. Auch Moskau akzeptierte nur die Schließung der innerdeutschen Grenze, um den wirtschaftlichen Kollaps der DDR und einen erneuten Volksaufstand zu verhindern. Vonseiten der USA gab es zwar formellen Protest, doch es drohte keine Konfrontation, da Präsident Kennedy lediglich die Freiheit West-Berlins militärisch garantierte.

* Siehe Seite 494.

▸ **Mauerbau.**
Foto vom August 1961.
Am 13. August 1961 riegelten Bautruppen der Nationalen Volksarmee mit Mauer, Stacheldraht und Panzersperren die Grenze nach West-Berlin ab.

▴ **Letzter Ausweg.**
Foto vom 24. September 1961.
Die 77-jährige Frieda Schulze flieht aus dem 1. Stock ihres Wohnhauses, das unmittelbar an der Grenze steht.

Imperialismus: Nach Auffassung des Marxismus-Leninismus ist der Imperialismus die fortgeschrittene Stufe des Kapitalismus, da die Industrieländer, um sich Rohstoffe und Absatzmärkte zu sichern, zur Unterwerfung und Ausbeutung anderer Staaten übergehen.

In der Nacht zum 13. August 1961 ließ die DDR-Regierung entlang der Sektorengrenze durch Berlin Stacheldrahtverhaue und Steinwälle hochziehen. Unter militärischer Bewachung errichteten Bautrupps eine Mauer quer durch die Wohngebiete der Stadt. In der Folgezeit wurden die Sperranlagen an der innerdeutschen Grenze (1400 km) und um West-Berlin herum (166 km) mit Beton, Stacheldraht, Minen und Selbstschussanlagen zu einem hermetischen Sicherungssystem ausgebaut (▸ M4).

Für Vorbereitung und Durchführung des Mauerbaus war Erich Honecker verantwortlich, damals Sekretär des Zentralkomitees der SED für Sicherheitsfragen. Er ordnete im September 1961 auch den Schusswaffengebrauch „gegen Verräter und Grenzverletzer“ an. Das DDR-Regime hat in der Öffentlichkeit stets geleugnet, dass es einen Schießbefehl gab. Die erhalten gebliebenen Dokumente belegen jedoch, dass führende Politiker und ranghohe Militärs der DDR Anweisungen erteilten, auf Flüchtlinge zu schießen und sie zu töten. Nach der Wiedervereinigung 1990 kam es daher zu Gerichtsverfahren und Verurteilungen.

Allein in den ersten Monaten nach dem Mauerbau kamen 32 Menschen ums Leben. Sie wurden bei Fluchtversuchen erschossen, ertranken oder stürzten beim Sprung aus grenznahen Häusern zu Tode. Bis 1989 verloren nach heutigen Erkenntnissen 765 Menschen bei der Flucht ihr Leben, Tausende wurden verletzt. Im Herbst 1961 wurden zur Sicherung der Grenzen und zur Einschüchterung der Bevölkerung über 3000 Menschen aus ihren grenznahen Heimatorten zwangsausgesiedelt („*Aktion Festigung*“).

Selbstverständnis der DDR In den Augen ihrer Machthaber war die DDR ein Vorposten gegen die westliche Welt und ihren angeblichen Versuch, die sozialistische Ordnung in den Ostblockstaaten zu gefährden. Der Hauptvorwurf richtete sich gegen die Bundesrepublik Deutschland. Die „BRD“ stehe in der Tradition des deutschen Kapitalismus und **Imperialismus**, der zu den beiden Weltkriegen und zur deutschen Teilung geführt habe. Für die deutsche Geschichte von 1933 bis 1945 sprach das SED-Regime nicht von „Nationalsozialismus“, sondern von „Faschismus“. Ihre eigene Position nannte sie „antifaschistisch“. Damit wurden die Existenz der DDR und die Herrschaft der SED in einen historischen Zusammenhang gestellt. Bereits die deutsche Arbeiterbewegung habe versucht, den Kapitalismus abzuschaffen, der in den Nationalsozialismus geführt habe. Durch die Errichtung eines „Arbeiter- und Bauernstaates" in Ostdeutschland sei diese Gefahr nun überwunden.

Ähnlich wie in Westdeutschland der Antikommunismus* diente der *„Antifaschismus"* in der DDR zur politischen Selbstbestimmung. Darüber hinaus aber sollte der „Antifaschismus" auch das Unrecht legitimieren, das das SED-Regime an allen beging, die ihm im Weg standen. Das ging so weit, dass auch die Berliner Mauer und die Grenzanlagen zu Westdeutschland zum „antifaschistischen Schutzwall" erklärt wurden. Die Propaganda der SED rechtfertigte damit nicht nur die Opfer der gewaltsamen Teilung, sondern verkehrte Sinn und Zweck der unmenschlichen Absperrmaßnahmen: Sie seien dazu da, die eigene Bevölkerung vor den Übergriffen des Kapitalismus zu bewahren. So könne eine Gesellschaft entstehen, in der es keine sozialen Gegensätze mehr gebe. Die DDR sei als Staats- und Gesellschaftsentwurf dem „Bonner Staat" überlegen, weil nur der Sozialismus für Frieden und Gerechtigkeit sorgen könne.

▸ **Geschichte In Clips:** Zum Mauerbau siehe Code 32019-31

Bemühen um internationale Anerkennung ■ Nicht erst durch den repressiven Kurs gegen die eigene Bevölkerung war die DDR international isoliert. Die Suche nach Anerkennung als selbstständiger deutscher Staat war das Hauptanliegen der Außenpolitik der DDR seit ihrer Gründung. Dem stand vor allem die Haltung der Bundesregierung entgegen, der es noch bis in die 1960er-Jahre gelang, diplomatische Beziehungen zwischen Ost-Berlin und Staaten außerhalb des Ostblocks zu verhindern.

Das Verhältnis zwischen der DDR und Israel war bis zum Ende der SED-Herrschaft gespannt. Obwohl die israelische Regierung und der **Jüdische Weltkongress** von Ost-Berlin Entschädigungen verlangten, lehnte die SED-Führung ab. 1955 verwies sie auf die geleisteten Reparationen, die alle Forderungen abdecken würden. Zudem habe die DDR-Regierung die „Opfer des Faschismus" im eigenen Land ausreichend entschädigt und sorge dafür, dass der Nationalsozialismus dort nie wieder Fuß fasse. Unter diesen Voraussetzungen kam es bis zum Ende der DDR zu keinen offiziellen Beziehungen mit dem jüdischen Staat. Die DDR folgte vielmehr der Sowjetunion, die im Nahost-Konflikt die arabischen Staaten gegen Israel unterstützte.

Jüdischer Weltkongress: 1936 gegründeter internationaler Verband der jüdischen Gemeinschaften und Organisationen

Die Beziehungen zu nichtkommunistischen Ländern blieben spärlich. Sport, Kultur, Verkehr und Nachrichtenwesen waren die Bereiche, in denen internationale Kontakte stattfanden – hier gelang der DDR vor allem der Austausch mit den Ländern Nordeuropas. Ebenso konnte die DDR in einigen Staaten Handelsvertretungen einrichten.

Bildungspolitik ■ Für das Regime der SED war das Bildungswesen ein Schlüssel zur Festigung seiner Macht und zur Durchsetzung des Sozialismus. Schulen und Hochschulen sollten ihre Schüler und Studenten auf die kommunistische Weltanschauung einschwören und der Wirtschaft qualifizierte Arbeitskräfte liefern.

▲ **Staatsflagge der DDR.**
Foto von 1987.
Ährenkranz, Hammer und Zirkel als Symbole des „Arbeiter- und Bauernstaates" wurden erst 1959 offiziell eingeführt. Bis dahin waren die Flaggen der Bundesrepublik und der DDR identisch.

Anders als in Westdeutschland hatte das Schulwesen von Beginn an eine radikale Umformung erfahren. Die meisten Lehrer aus der Vorkriegszeit hatte man entlassen und durch neue, kommunistisch geschulte „Junglehrer" ersetzt. Die Staatsführung errichtete ein Bildungsmonopol: Privatschulen wurden abgeschafft, der Religionsunterricht aus den Lehrplänen entfernt. Dabei überwogen anfangs reformpädagogische Ansätze – das Schulgeld entfiel, Angehörige sozial schwächerer Schichten

* Siehe Seite 422.

wurden gezielt gefördert und konnten sich in „Arbeiter- und Bauernfakultäten" auf ein Hochschulstudium vorbereiten. Bildung sollte kein „bürgerliches" Privileg mehr sein. Auch die Förderung von Frauen war ein vorrangiges Ziel.

Zwischen 1959 und 1965 fand eine umfassende Bildungsreform statt. Im Zentrum stand die zehnklassige *Polytechnische Oberschule* (POS), die alle Schulpflichtigen zu besuchen hatten. Dort lagen die Schwerpunkte auf technischen und mathematisch-naturwissenschaftlichen Fächern, auf der Staatsbürgerkunde (Marxismus-Leninismus) sowie auf einer intensiven Sportausbildung. Das Abitur wurde an sogenannten *Erweiterten Oberschulen* (EOS) abgelegt. Der Staat errichtete zudem ein dichtes Netz an Kinderkrippen, Kindergartenplätzen und Horten zur Vorschulerziehung. Für die berufliche Bildung gab es Ingenieur- und Fachschulen, Hochschulen, Akademien und Universitäten sowie Einrichtungen zur Weiterbildung der Beschäftigten.

Die Folgen des Bildungsausbaus waren bald zu spüren: Die Zahl der Kinder mit mehr als acht Jahren Schulzeit stieg von 16 Prozent 1951 auf 85 Prozent im Jahr 1970. Um 1970 waren fast die Hälfte der Studierenden an Fachschulen Frauen, an den Hochschulen und Universitäten stieg ihr Anteil jedoch nicht über 30 Prozent.

Eine großangelegte „Qualifizierungsoffensive" sorgte dafür, dass 1971 71 Prozent der Männer sowie 49 Prozent der Frauen eine abgeschlossene Berufsausbildung besaßen. Frauenarbeit, die in der DDR wegen des Arbeitskräftemangels von Beginn an sehr weit verbreitet war, wandelte sich dadurch von angelernter Beschäftigung zu qualifizierter Berufstätigkeit.

Planung, Zentralisierung und Kontrolle waren die Merkmale der Bildungspolitik in der DDR. Das integrierte Bildungssystem erlaubte dem Staat eine fast permanente Aufsicht über Kinder und Jugendliche, ergänzt durch die Organisation der Heranwachsenden in der Freien Deutschen Jugend. Bei der Förderung von Frauen in Bildung und Berufsleben ging es dem Staat weniger um Emanzipation als vielmehr um die Bereitstellung von Arbeitskräften. Die Bildungsinhalte folgten streng den Anforderungen der Wirtschaft, die ihrerseits der staatlichen Planung unterlag. Jugendliche erhielten selten den Studienplatz oder die Lehrstelle ihrer Wahl, sondern wurden nach Bedarf ausgebildet. Bildung war zwar kein Privileg bestimmter Schichten mehr, dafür hing sie nun vom Willen der Staatsführung ab. Vielen Angehörigen des Bildungsbürgertums verweigerte die Regierung das Studium, um stattdessen eine neue „sozialistische Intelligenz" zu fördern. Sie bestand aus Fachkräften und Akademikern, die das Regime zuverlässig unterstützten. Dazu gehörten insbesondere die „Kader", hochqualifizierte Gruppen in den Betrieben, in Verwaltung, Justiz, Militär und Partei, die unabhängig von ihrer sozialen Herkunft eine neue, staatstragende Elite bildeten.

Das SED-Regime nutzte das von ihm geschaffene Bildungssystem auch zur gezielten Einschwörung auf die eigene Weltanschauung: Schüler, Auszubildende und Studierende sollten zuverlässig mit den Lehren des Marxismus-Leninismus vertraut gemacht werden. Im Studium waren „Gesellschaftswissenschaften" Pflichtfach, im ersten Studienjahr auch das Erlernen der russischen Sprache.

Zudem trug das Bildungswesen in der DDR stark militaristische Züge. In allen Ländern der Warschauer Vertragsorganisation gab es wehrpolitischen Unterricht an den Schulen. 1978 führte die DDR das Fach „Wehrunterricht" für Jungen und Mädchen der 9. und 10. Jahrgangsstufe an Oberschulen ein. Es sah neben theoretischer Wehrkunde die Ausbildung an Waffen und technischen Geräten vor, ebenso Aufenthalte in Ferienlagern. Als Ausbilder fungierten Angehörige der Nationalen Volksarmee oder der „Gesellschaft für Sport und Technik", einer vormilitärischen Jugendorganisation. Der Wehrunterricht war als Vorstufe zum späteren Wehrdienst gedacht und half dabei, Freiwillige für die NVA, die Grenztruppen oder die Volkspolizei zu gewinnen.

▲ **Fischwerkerin Anni Paaz.**
Bronzestatue von 1971 (Höhe: 98 cm).
Anni Paaz gehörte zu den Erfolgreichsten im VEB Fischkombinat. Solche Denkmale im Stil des Realismus sollten Frauen im Arbeitsleben motivieren und das angestrebte Ideal werktätiger Frauen vermitteln.

▸ **Geschichte In Clips:**
Zur Jugend in der DDR siehe Code 32019-32

▲ **Robert Havemann und Wolf Biermann.**
Foto (Ausschnitt) vom 21. Januar 1972.
Der Chemiker Robert Havemann war zunächst Inoffizieller Mitarbeiter des Ministeriums für Staatssicherheit. Nach kritischen Äußerungen gegenüber dem SED-Regime wurde er 1964 aus der Partei ausgeschlossen, ein Jahr später wurde ein Berufsverbot gegen ihn erlassen. In einem vom westdeutschen Nachrichtenmagazin „Spiegel" veröffentlichten Brief an Honecker protestierte er 1976 gegen die Ausbürgerung von Wolf Biermann. Daraufhin wurde gegen ihn ein Hausarrest verhängt, der 1978 aufgehoben wurde. Havemann starb im Jahr 1982.

Reformen in den 1960er-Jahren ■ Die 1960er-Jahre waren für die DDR eine Zeit der Reformen und des gesellschaftlichen Wandels. Darin unterschied sich Ostdeutschland grundsätzlich weder von der Bundesrepublik noch vom übrigen Europa.

In der DDR wirkte der Bau der Mauer insofern „stabilisierend", als sich die Bevölkerung mit dem Verbleib im Land abfinden musste und die Hoffnung auf eine Wiedervereinigung mit Westdeutschland oder einen Systemwechsel begrub. Im Gegenzug lockerte auch das SED-Regime seine Haltung. 1962 war die allgemeine Wehrpflicht eingeführt worden. Bereits zwei Jahre später gab die Regierung den Forderungen der evangelischen Kirche nach und gestattete einen Wehrersatzdienst ohne Waffe („Bausoldaten"). Dank des *Passierscheinabkommens* von 1963 konnten West-Berliner nun ihre Angehörigen im Ostteil der Stadt besuchen. Seit Ende 1964 durften Rentner ihre Verwandten im Westen besuchen.

Die SED folgte der von der Sowjetunion seit Mitte der Fünfzigerjahre eingeleiteten „**Entstalinisierung**", indem sie Abweichler in den eigenen Reihen rehabilitierte und eine Amnestie für etwa 15 000 politische Gefangene gewährte. 1963 gab sich die SED erstmals ein eigenes Parteiprogramm. Der von Studenten, Schriftstellern und Intellektuellen wie **Ernst Bloch** oder **Robert Havemann** geforderte demokratische „menschliche Sozialismus" fand darin jedoch keinen Anklang.

Angesichts des nachlassenden Aufschwungs schlug das SED-Regime einen neuen Kurs in der Wirtschaftspolitik ein. Das 1963 verordnete *Neue Ökonomische System der Planung und Leitung* (NÖSPL) sah vor, den Staat durch Abbau von Subventionen zu entlasten und den Betrieben mehr Eigenverantwortung zu übertragen. Günstig hergestellte Produkte sollten sich auf dem Weltmarkt behaupten und **Devisen** ins Land bringen. Durch das neue System drohte die DDR-Führung jedoch ihre Lenkungsgewalt über die Wirtschaft zu verlieren. Als die Machthaber das erkannten, nahmen sie die Reformen zurück. 1965 wurde das abgewandelte *Neue Ökonomische System* (NÖS) auch auf Druck der Sowjetunion beschlossen, das die Wirtschaft der DDR wieder der strikten Planung durch die Staatsspitze unterwarf. **Erich Apel**, der Ideengeber der Reformen, nahm sich daraufhin das Leben.

Entstalinisierung: Abkehr der sowjetischen Führung von der Politik Stalins seit dessen Tod 1953. Unter dem neuen Parteichef Chruschtschow distanzierte sich die UdSSR von der Person Stalins, seiner Alleinherrschaft und seiner Wirtschaftspolitik. Kritiker kamen zu Wort, die Gefangenenlager (GULag) wurden aufgelöst, die Bevormundung der Ostblockstaaten ließ nach („Tauwetter"). Die Verbrechen der Stalin-Ära (1927-1953) durften erwähnt werden, wurden aber nicht aufgearbeitet.

Ernst Bloch (1885-1977): marxistischer Theoretiker, 1949-1957 Professor für Philosophie in Leipzig, emigrierte nach dem Bau der Mauer 1961 in die Bundesrepublik

Robert Havemann (1910-1982): kommunistischer Widerstandskämpfer gegen das „Dritte Reich", 1950-1964 Professor für Physikalische Chemie in Ost-Berlin. Er erhielt nach kritischen Äußerungen Berufsverbot und wurde bis zu seinem Tod überwacht.

Devisen: Zahlungsmittel in ausländischer Währung. Die DDR brauchte fremde Währungen aus dem Westen, weil sie für ihr eigenes Geld im westlichen Ausland keine gleichwertigen Waren und Dienstleistungen erhielt.

Erich Apel (1917-1965): SED-Funktionär und Mitglied des Politbüros, 1963-1965 Vorsitzender der Staatlichen Plankommission für die Wirtschaft der DDR

Neue Gesetze passten das Recht an die veränderten Verhältnisse an. 1966 trat das DDR-Familiengesetzbuch in Kraft, das Mann und Frau sowie eheliche und nichteheliche Kinder rechtlich vollständig gleichstellte – nicht zuletzt eine Reaktion auf den drastischen Anstieg der Ehescheidungen. Das neue Strafrecht der DDR stellte die Resozialisierung von Straffälligen in den Mittelpunkt. Zugleich erweiterte es das Spektrum politischer Straftaten wie „Republikflucht“ oder „Verbrechen gegen die Souveränität der DDR“. Weiterhin gab es die Todesstrafe. Sie wurde noch bis 1981 vollstreckt und erst 1987 abgeschafft.

Im Februar 1968 legte die Regierung den Entwurf zu einer neuen Verfassung vor. Nach einer „Volksaussprache“, in der die Bevölkerung Ergänzungen und Änderungen vorschlagen konnte, billigte ein Volksentscheid am 6. April 1968 die neue Verfassung. Sie hielt erstmals den Führungsanspruch der SED fest und beschrieb die DDR als „sozialistischen Staat deutscher Nation“. Besonderen Wert legte die Verfassung auf die sozialen Schutzrechte. Sie garantierten die „Freiheit von Ausbeutung, Unterdrückung und wirtschaftlicher Abhängigkeit“ ebenso wie ein „Recht auf Arbeit“ (▸ M5).

▲ **Glückwünsche zum Geburtstag eines „Kranken“.** *Foto vom 30. Juni 1971. Nachdem Erich Honecker (erste Reihe, zweiter von rechts) Ulbrichts Sturz im Politbüro durchgesetzt hatte, wurde Ulbricht vor die Wahl gestellt, sich entweder anlässlich seines Geburtstages als Kranker in Bademantel und Hausschuhen zu präsentieren oder aber noch seine letzte Funktion als Staatsratsvorsitzender zu verlieren. Ulbricht ließ sich demütigen und spielte bis zu seinem Tod am 1. August 1973 nur noch eine Nebenrolle.*

Die DDR als sozialistischer Modellstaat Der ostdeutsche Staat war inzwischen der wichtigste Partner der Sowjetunion innerhalb des Ostblocks. Der Lebensstandard war höher als in allen anderen Ostblockländern. Bei den Olympischen Sommerspielen 1968 in Mexico City trat erstmals eine eigene Mannschaft der DDR an. Die Athleten erreichten Platz drei in der Nationenwertung hinter den USA und der UdSSR.

Selbstbewusst hob die DDR-Führung unter Walter Ulbricht die eigenen Errungenschaften hervor. Erst die DDR habe den Nachweis erbracht, dass der Sozialismus in einem hochindustrialisierten Land verwirklicht werden könne. Die DDR sei daher ein Modell für alle Gesellschaften im Übergang vom Kapitalismus zum Kommunismus. Damit stellte Ost-Berlin indirekt das Vorbild und die Führungsrolle der Sowjetunion infrage. Seit dem Sturz Chruschtschows 1964 und der Machtübernahme durch Leonid Breschnew* wurde jedoch ein solcher Alleingang nicht länger hingenommen.

Ulbricht wird gestürzt Zum Bruch zwischen Ulbricht und der Sowjetführung kam es in der Frage der Deutschlandpolitik. Die deutsche Bundesregierung unter Kanzler Willy Brandt bemühte sich seit 1970 um eine Normalisierung der Beziehungen zu Moskau und Ost-Berlin.** Die UdSSR begrüßte die Entspannungspolitik und bestand wie Ulbricht auf der vollen Anerkennung der DDR. Allerdings wollte sie dessen Pläne, im Alleingang enge wirtschaftliche Beziehungen zur Bundesrepublik zu knüpfen, nicht dulden. Angesichts der Engpässe bei der Versorgung der Bevölkerung sowie der schlechten Wirtschaftslage verlor er auch den internen Rückhalt in der SED. In Absprache mit Moskau zwang die Parteiführung Ulbricht zum Rücktritt. Die treibende Kraft dieses Machtwechsels war Erich Honecker, der im Mai 1971 zum Ersten Sekretär (seit 1976 Generalsekretär) der SED gewählt wurde. Honecker war nun der mächtigste Mann im Staat, der bald alle wichtigen Ämter (Vorsitzender des Nationalen Sicherheitsrates, Staatsratsvorsitzender) auf sich vereinte.

* Siehe Seite 497.
** Siehe Seite 430 f.

Beginn der Ära Honecker Die Ablösung Ulbrichts durch Honecker an der Staats- und Parteispitze im Jahr 1971 war ein tiefer Einschnitt. Honecker revidierte die Politik seines Vorgängers und suchte die Absicherung nach außen und innen. Vorbehaltlos erkannte Ost-Berlin die Führungsrolle der Sowjetunion wieder an. Das Politbüro und der Ministerrat wurden weitgehend entmachtet. Gestützt auf Erich Mielke* (Leiter der Staatssicherheit) und **Günter Mittag** (Sekretär für Wirtschaftsfragen) sowie den bürokratischen Apparat an der Spitze der SED, behielt Honecker die alleinige Kontrolle über Partei, Staat und Verwaltung. Am umfassenden Machtanspruch der SED änderte sich nichts.

▸ **Geschichte In Clips:** Zur Ära Honecker siehe Code 32019-33

Günter Mittag (1926-1994): 1966-1989 Mitglied des Politbüros der SED, führender Wirtschaftsfunktionär der DDR

Deutsch-deutscher Grundlagenvertrag Die neue Regierung ging auf die Bonner Ostpolitik ein und unterzeichnete 1972 den „Vertrag über die Grundlagen der Beziehungen zwischen der Bundesrepublik Deutschland und der DDR" (Grundlagenvertrag**). Die beiden deutschen Staaten vereinbarten „gutnachbarliche Beziehungen". Die DDR erreichte damit das lang ersehnte Ziel, von Westdeutschland in ihren Grenzen und ihrer Souveränität anerkannt zu werden. Viele Staaten des Westens nahmen nun diplomatische Beziehungen zur DDR auf. Die Bundesrepublik blieb jedoch dabei, dass es nur eine deutsche Staatsbürgerschaft gebe. Nach wie vor konnte jeder Angehörige der DDR das Bürgerrecht der Bundesrepublik in Anspruch nehmen. Wegen dieser „besonderen Beziehungen" zwischen den beiden deutschen Staaten bestand die Bundesrepublik darauf, dass der höchste diplomatische Repräsentant nicht wie in einem ausländischen Staat „Botschafter" genannt wurde, sondern „Ständiger Vertreter".

▲ **„Gewiss nicht komfortabel, aber statt des Seils doch immerhin schon ein Brett!"**
Karikatur von Eckart Munz aus den „Stuttgarter Nachrichten", 11. November 1972.

- *Erklären Sie, wie der Karikaturist die neuen Grundlagen der innerdeutschen Beziehungen beurteilt.*

„Real existierender Sozialismus" Im August 1973 starb Walter Ulbricht. Seit dem Machtwechsel war er kaum noch offiziell aufgetreten. Nach seinem Tod erklärte ihn die Staatsführung zur „Unperson" und verwarf bis dahin geltende Lehren. Das bisherige Konzept einer „sozialistischen Menschengemeinschaft" sei falsch und stehe im Widerspruch zu den Vorstellungen der Sowjetunion. Die SED sprach jetzt vom „real existierenden Sozialismus", der in allen Staaten unter kommunistischer Führung erreicht sei. Damit beanspruchte die DDR keine Sonderstellung mehr. 1974 wurde eine geänderte Verfassung verabschiedet, worin der Begriff der „sozialistischen Menschengemeinschaft" nicht länger auftauchte. Ebenso wurden alle Hinweise auf eine mögliche deutsche Wiedervereinigung gestrichen.

„Einheit von Wirtschafts- und Sozialpolitik" Unter der Regierung Honecker blieb es bei der weltanschaulichen Abgrenzung vom Westen und von der Bundesrepublik. Der Sozialismus sei das bessere Gesellschaftssystem, er sei gerechter und menschlicher als der Kapitalismus. Die Menschen in der DDR nahmen aber weiterhin den Wohlstand der Bundesrepublik zum Maßstab, der innerhalb der Planwirtschaft in der DDR nicht zu erreichen war.

* Siehe Seite 444.
** Siehe Seite 431 f.

▲ **„Die Ausgezeichnete."**
Gemälde des Künstlers Wolfgang Mattheuer, 1973/74. Zusammen mit Werner Tübke, Willi Sitte und Bernhard Heisig prägte der Sachse die „Leipziger Schule".

- *Die Ausgezeichnete – eine „Heldin der Arbeit"? Recherchieren Sie zu diesem Gemälde Wolfgang Mattheuers und interpretieren Sie es mit Blick auf die gesellschaftliche und wirtschaftliche Entwicklung der 1970er-Jahre in der DDR.*

Dem SED-Regime war klar, dass sich der Rückhalt der Bevölkerung nicht allein durch Überwachung, Unterdrückung und Propaganda erzwingen ließ. Die Regierung setzte auf Sozialleistungen und Konsum. Schon 1971 hatte Honecker erklärt, die wichtigsten Aufgaben der Politik seien die Verbesserung des Lebensstandards und die Herstellung sozialer Gleichheit. Als vorrangige Ziele galten der Wohnungsbau, die Anhebung von Löhnen und Renten und eine bessere Versorgung mit Waren und Dienstleistungen. Die Regierung erhob die *Einheit von Wirtschafts- und Sozialpolitik* zum Programm: Ökonomisches Wachstum und technischer Fortschritt sollten den Ausbau des Sozialstaates und die Steigerung der Wirtschaftsleistung ermöglichen.

Das Konzept schien anfangs erfolgreich. Die Industrieproduktion stieg zwischen 1970 und 1974 um etwa 30 Prozent, die durchschnittlichen Löhne in der gleichen Zeit um 14 Prozent von 755 auf 860 Mark. Zahlreiche soziale Vergünstigungen kamen Frauen und Jugendlichen (nicht dagegen den Senioren) zugute, die Mieten und die Kosten für Grundnahrungsmittel sowie Gebrauchsgüter für das tägliche Leben blieben stabil. Immer mehr DDR-Haushalte verfügten seit Beginn der 1970er-Jahre über eine eigene Waschmaschine, einen Kühlschrank, ein Fernsehgerät und selbst ein Auto.

Gesetzesreformen in den 1970er-Jahren Die Umwandlung der Gesellschaft im Zeichen des „real existierenden Sozialismus" schritt weiter voran. Neue Gesetzeswerke sollten die veränderten Verhältnisse abbilden. 1975 trat das *Zivilgesetzbuch der DDR* an die Stelle des Bürgerlichen Gesetzbuches, das noch aus der Zeit vor der deutschen Teilung herrührte. Nach dem neuen Gesetz besaß Volkseigentum („sozialistisches Eigentum") Vorrang vor persönlichem Eigentum. Schon ab 1972 waren die verbliebenen Betriebe in privater Hand verstaatlicht worden. Die ehemaligen Besitzer erhielten bestenfalls eine geringe finanzielle Entschädigung.

Durch die neuen gesetzlichen Regelungen wurde die Bodenreform der späten 1940er-Jahre ebenso rechtlich gedeckt wie alle weiteren Enteignungen und Kollektivierungen. Als Folge dieser Maßnahmen verschwanden im Lauf der 1970er-Jahre der bäuerliche Mittelstand und das Wirtschaftsbürgertum aus der ostdeutschen Gesellschaft.

Seit 1977 gab es ein *Arbeitsgesetzbuch der DDR*. Es beseitigte das Streikrecht für Beschäftigte und hob die Tarifautonomie* auf – beides hatte bis dahin nur noch formal bestanden. Das Gesetzeswerk legte großen Wert auf die soziale Sicherheit. So bestand fast völliger Schutz vor Kündigung; Ausnahmen galten bei politischem Fehlverhalten, das zum Berufsverbot führen konnte. Einerseits sollte das Arbeitsrecht dem sozialen Frieden dienen (etwa durch Arbeitsplatzgarantie), andererseits hemmte es die Wirtschaft, da es weder Leistungsanreize noch betriebliche Mitbestimmung vorsah.

Öffnung gegenüber dem Westen: die KSZE Die DDR nahm seit 1972 an der *Konferenz über Sicherheit und Zusammenarbeit in Europa* (KSZE) teil. Sie unterzeichnete am 1. August 1975 im finnischen Helsinki die KSZE-Schlussakte, in der die Teilnehmer ihre

* Siehe Anmerkung auf Seite 423.

Gleichberechtigung, Souveränität und territoriale Unantastbarkeit anerkannten, auf Gewalt verzichteten und sich zur Achtung der Menschenrechte verpflichteten.

Ost-Berlin feierte dies als weiteren Schritt zur internationalen Anerkennung. Die DDR-Regierung wollte sich vor allem als Exportnation dem Westen öffnen, die Bevölkerung sollte dagegen von den Einflüssen des Kapitalismus und der Demokratie abgeschirmt bleiben (▸ M6). Diese Politik schlug jedoch fehl. Unter Berufung auf die KSZE-Schlussakte forderten viele DDR-Bürger mehr Freiheiten, allem voran Meinungs- und Pressefreiheit sowie die Möglichkeit zur Ausreise.

▲ **„Ich kenne keine Produkte, ich kenne nur Produktion."**
Karikatur von Heinz Behling, 1978.

■ *Analysieren Sie die Karikatur. Auf welche Probleme der DDR-Wirtschaft weist der Karikaturist hin?*

Niedergang der DDR-Wirtschaft ■ Gegen Ende der 1970er-Jahre brach die Konjunktur der DDR-Wirtschaft ein. Das entsprach zwar einer weltweiten Entwicklung. Doch während sich die westlichen Industrieländer davon wieder erholten, gelang das der DDR und den übrigen Ostblockstaaten nicht.

Der Niedergang der DDR-Wirtschaft während der 1980er-Jahre war das Ergebnis kurz- und langfristiger Ursachen:

- *Rohstoffknappheit*: Die DDR war auf Erdöl angewiesen, das vorwiegend aus der UdSSR stammte. Seit den Ölkrisen der 1970er-Jahre drosselte die Sowjetunion die Ölzufuhr. Die DDR verwendete das Öl für die Produktion von Exportwaren und musste für den übrigen Energiebedarf auf die heimische Braunkohle ausweichen. Die Umstellung war kostspielig und belastete die Wirtschaft schwer.
- *Unzureichende Modernisierung*: In den Industriebetrieben mangelte es an Rationalisierung und Investitionen. Um Arbeitslosigkeit zu vermeiden, waren viele Stellen überbelegt, Arbeitskräfte wurden nicht sinnvoll eingesetzt und mussten veraltete Geräte bedienen. Für neue Ausstattungen fehlte das Kapital. Um 1989 waren weniger als die Hälfte aller Industrieanlagen jünger als zehn Jahre (in der Bundesrepublik betrug die Quote damals rund 70 Prozent). In Schlüsseltechnologien wie der Mikroelektronik verpasste die DDR den internationalen Anschluss.
- *Exportschwäche, Devisenmangel und Verschuldung*: Die zahlreichen Produkte, die auf dem Weltmarkt nicht konkurrenzfähig waren, mussten mit enormen staatlichen Zuschüssen verbilligt werden. Ohne den Export fehlten die Devisen, mit denen Rohstoffe und Westwaren eingekauft werden konnten. Die DDR importierte weit mehr, als sie ausführte, und nahm dafür immer höhere Kredite auf.
- *Krise des Binnenmarktes*: Die schlecht ausgerüsteten Wirtschaftsbetriebe konnten auch nicht den Bedarf an Konsumgütern im Inland (z.B. Kfz, Baumaterial) decken (▸ M7). Daher nahm der Verbrauch weiter ab, obwohl die Nettolöhne stiegen. Die Menschen sparten das Geld, das nicht mehr in die Wirtschaft zurückfloss.
- *Verlangsamter Strukturwandel*: Der Wandel der DDR-Wirtschaft verlor immer mehr an Tempo. Im Zeitraum von 1950 bis 1989 sank der Anteil der Land- und Forstwirtschaft von 26 auf elf Prozent. Industrie- und Handwerk waren bis Anfang der 1980er-Jahre von 40 auf 51,5 Prozent angewachsen, machten aber bis 1989 weiterhin 50 Prozent der Gesamtwirtschaft aus. Dagegen erreichte der Handels- und Dienstleistungssektor bis Ende der 1980er-Jahre nur einen Anteil von knapp 40 Prozent. Dieses Zahlenverhältnis entsprach der Situation in der Bundesrepublik von 1965.
- *Planwirtschaft und Einbindung in den RGW*: Die DDR hielt unter Honecker an der staatlichen zentralen Lenkung der Wirtschaft fest. Die Betriebe konnten ohne die Zustimmung der Staates nichts unternehmen und nicht unmittelbar auf die Bedarfslage reagieren. Die Versorgung der Bevölkerung mit Gebrauchsgütern verschlechterte sich deshalb stetig. Für die Wirtschaft galt die Erfüllung von langfristigen Plänen, nicht die flexible Orientierung an Angebot und Nachfrage. Hinzu kam

Literaturtipp:
André Steiner, Von Plan zu Plan. Eine Wirtschaftsgeschichte der DDR, Berlin 2007

die internationale Dimension der Planwirtschaft in Gestalt des Rates für Gegenseitige Wirtschaftshilfe (RGW). Dieses Gremium unter Leitung der UdSSR regelte, welches Mitgliedsland welche Produkte herstellte und wohin abführte. Anstatt sich an den Weltmarkt anzupassen, blieb die DDR-Wirtschaft von den übrigen Volkswirtschaften des Ostblocks abhängig.

- *Personalmangel und Überalterung*: Seit Bestehen der DDR schrumpfte ihre Bevölkerung. Von 1946 bis 1964 nahm die Einwohnerzahl in Ostdeutschland von 18,4 auf 17 Millionen ab, sank bis 1981 auf 16,7 Millionen und fiel weiter. Vor allem in der jüngeren Generation war der Arbeits- und Fachkräftemangel dramatisch, da die DDR-Führung auch keine Fachkräfte aus dem Ausland anwarb.

Zu Beginn der 1980er-Jahre unternahm die Regierung den Versuch, die Ausfuhren massiv zu erhöhen. Die DDR setzte angesichts des hohen Weltmarktpreises für Erdöl auf die Verarbeitung von sowjetischem Öl und den Export von Treibstoffen, Heizmitteln, Chemiefasern und Kunstdünger (Erdölderivate). Eine Zeitlang wurden damit Gewinne erzielt und Schulden abgebaut. Als sich der Ölpreis Ende 1985 plötzlich halbierte, ging der Absatz der Produkte drastisch zurück. Der Aufschwung brach erneut zusammen. Unterdessen führten Ernteausfälle zu Versorgungsengpässen. 1982 hatten Polen und Rumänien, zu deren Gläubigern die DDR gehörte, ihre Zahlungsunfähigkeit erklärt. Der DDR drohte ihrerseits der Staatsbankrott.

Mindestumtausch („Zwangsumtausch"): Besucher der DDR und Ost-Berlins mussten täglich einen bestimmten Betrag in DDR-Mark umtauschen. Dies trug der Regierung Devisen ein.

1983 und 1984 gewährte die Bundesrepublik zinslose Milliardenkredite zur Stützung der DDR. Im Gegenzug wurden die Minenfelder und Selbstschussanlagen an der innerdeutschen Grenze entfernt, die DDR ließ politische Häftlinge frei und gewährte Reiseerleichterungen. Aber diese Transferleistungen reichten ebensowenig wie der **Mindestumtausch** aus, um die rasante Verschuldung der DDR aufzuhalten.

▲ **DDR-Subventionswirtschaft.** *Die Angaben in dem Schaubild stammen von 1989.*
- *Erläutern Sie anhand eines konkreten Beispiels die Folgen der Wirtschaftspolitik für die Bürger und den Staat.*

Propaganda statt Reformen Schon 1976 hatte sich die DDR mit umgerechnet 2,6 Milliarden Euro verschuldet, damals ein Staatsgeheimnis, das nur Honecker und einigen Vertrauten bekannt war. 1989 entsprach die Auslandsverschuldung von 25 Milliarden Euro bereits dem volkswirtschaftlichen Nettoprodukt eines Jahres. Der wirtschaftliche Zusammenbruch war nur eine Frage der Zeit.

Das Honecker-Regime war mit seiner „Einheit von Wirtschafts- und Sozialpolitik" gescheitert, änderte jedoch nichts an den viel zu hohen Ausgaben für den Sozialstaat. Die Regierung rührte weder an den subventionierten Mietpreisen noch an der Höhe der Löhne oder an den Arbeitsplätzen. Künstlich wurden damit Vollbeschäftigung und eine gute Versorgung aufrechterhalten. „Künstlich" bedeutete: „auf Pump" und unter Verschweigen der tatsächlichen Situation.

Die oberste Staats- und Parteispitze wiegte die breite Bevölkerung mit gefälschten Bilanzen und Durchhalteparolen in Sicherheit. So verkündete die SED-Führung im Oktober 1988 feierlich das Erreichen ihres Zieles, drei Millionen neue Wohnungen seit 1976 gebaut zu haben. Tatsächlich waren erst 1,9 Millionen Wohnungen fertiggestellt (mitgezählt wurden dabei auch Wohnheimplätze für Senioren und Studenten).

Die Propaganda übertönte jede Kritik, selbst innerhalb der SED. Sie wirkte nicht zuletzt im westlichen Ausland, wo man die Missstände kaum wahrnahm. Dabei halfen populäre Maßnahmen und Inszenierungen wie die Einweihung des modernen Sport- und Erholungszentrums in Ost-Berlin (1981) oder der Wiederaufbau der Semper-Oper in Dresden. Das Bild von der erfolgreichen DDR überdauerte damit die Wirklichkeit, vor allem in den Köpfen der Machthaber. Das DDR-Regime zeigte sich unfähig zu Reformen und wurde zum Opfer seiner eigenen Selbsttäuschung.

M1 „Vorhut der Arbeiterklasse“

Im Januar 1949 beschließt die Parteikonferenz, die SED zu einer „Partei neuen Typus“ zu entwickeln.

Die Kennzeichen einer Partei neuen Typus sind:
Die marxistisch-leninistische Partei ist die bewusste Vorhut der Arbeiterklasse. Das heißt, sie muss eine Arbeiterpartei sein, die in erster Linie die besten Elemente der Arbeiterklasse in ihren Reihen zählt, die ständig ihr Klassenbewusstsein erhöhen. Die Partei kann ihre führende Rolle als Vorhut des Proletariats nur erfüllen, wenn sie die marxistisch-leninistische Theorie beherrscht, die ihr die Einsicht in die gesellschaftlichen Entwicklungsgesetze vermittelt. Daher ist die erste Aufgabe zur Entwicklung der SED zu einer Partei neuen Typus die ideologisch-politische Erziehung der Parteimitglieder und besonders der Funktionäre im Geiste des Marxismus-Leninismus.
Die Rolle der Partei als Vorhut der Arbeiterklasse wird in der täglichen operativen Leitung der Parteiarbeit verwirklicht. Sie ermöglicht es, die gesamte Parteiarbeit auf den Gebieten des Staates, der Wirtschaft und des Kulturlebens allseitig zu leiten. Um dies zu erreichen, ist die Schaffung einer kollektiven operativen Führung der Partei durch die Wahl eines Politischen Büros (Politbüro) notwendig.
Die marxistisch-leninistische Partei ist die organisierte Vorhut der Arbeiterklasse. Alle Mitglieder müssen unbedingt Mitglied einer der Grundeinheiten der Partei sein. Die Partei stellt ein Organisationssystem dar, in dem sich alle Mitglieder den Beschlüssen unterordnen. Nur so kann die Partei die Einheit des Willens und die Einheit der Aktion der Arbeiterklasse sichern. [...]
Die marxistisch-leninistische Partei beruht auf dem Grundsatz des demokratischen Zentralismus. Dies bedeutet die strengste Einhaltung des Prinzips der Wählbarkeit der Leitungen und Funktionäre und der Rechnungslegung der Gewählten vor den Mitgliedern. Auf dieser innerparteilichen Demokratie beruht die straffe Parteidisziplin, die dem sozialistischen Bewusstsein der Mitglieder entspringt. Die Parteibeschlüsse haben ausnahmslos für alle Parteimitglieder Gültigkeit [...].
Demokratischer Zentralismus bedeutet die Entfaltung der Kritik und Selbstkritik in der Partei, die Kontrolle der konsequenten Durchführung der Beschlüsse durch die Leitungen und die Mitglieder. Die Duldung von Fraktionen und Gruppierungen innerhalb der Partei ist unvereinbar mit ihrem marxistisch-leninistischen Charakter.

Zitiert nach: Matthias Judt (Hrsg.), DDR-Geschichte in Dokumenten. Beschlüsse, Berichte, interne Materialien und Alltagszeugnisse, Berlin 1998, S. 46 f.

1. *Arbeiten Sie heraus, wie die SED ihren Führungsanspruch begründet sieht.*
2. *Skizzieren Sie in eigenen Worten, was die SED unter „demokratischem Zentralismus“ verstand.*
3. *Vergleichen Sie diesen Parteiaufbau mit der Organisation von Parteien in demokratisch-pluralistischen Gesellschaften.*

M2 Richtlinien für „Operative Vorgänge“

1976 werden im MfS folgende Richtlinien in Umlauf gebracht:

2.3.4 Das Herausbrechen von Personen [...]
Das Herausbrechen ist darauf zu richten, Personen aus feindlichen Gruppen für eine inoffizielle Zusammenarbeit zu werben, um dadurch in die Konspiration der Gruppe einzudringen und Informationen und Beweise über geplante, vorbereitete oder durchgeführte Handlungen sowie Mittel und Methoden ihres Vorgehens zu erarbeiten, Anknüpfungspunkte und Voraussetzungen für eine notwendige Paralysierung[1] und Einschränkung der feindlichen Handlungen bzw. zur Auflösung der Gruppen zu schaffen. [...]
2.6.1 Zielstellung und Anwendungsbereiche [...]
Maßnahmen der Zersetzung sind auf das Hervorrufen sowie die Ausnutzung und Verstärkung solcher Widersprüche bzw. Differenzen zwischen feindlich-negativen Kräften zu richten, durch die sie zersplittert, gelähmt, desorganisiert und isoliert und ihre Handlungen einschließlich deren Auswirkungen vorbeugend verhindert, wesentlich eingeschränkt oder gänzlich unterbunden werden. [...]
2.6.2 Formen, Mittel und Methoden [...]
Bewährte Formen sind:
- systematische Diskreditierung des öffentlichen Rufes, des Ansehens und des Prestiges [...];
- systematische Organisierung beruflicher und gesellschaftlicher Misserfolge zur Untergrabung des Selbstvertrauens einzelner Personen;
- zielstrebige Untergrabung von Überzeugungen [...];
- Erzeugen von Misstrauen und gegenseitigen Verdächtigungen innerhalb von Gruppen [...].

Zitiert nach: Matthias Judt (Hrsg.), DDR-Geschichte in Dokumenten, a.a.O., S. 471

1. *Erläutern Sie die Wirkung dieser Maßnahmen.*
2. *Finden Sie Beispiele für von der Staatssicherheit verfolgte Personen oder Gruppen. Prüfen Sie, inwieweit die genannten Methoden angewandt wurden.*

[1] **Paralysierung**: Lähmung

M3 Ein Augenzeuge über den 17. Juni 1953

Friedrich Schorn, 39-jähriger Rechnungsprüfer aus Halle, gehört zu den Sprechern der Arbeiter, die sich gegen die SED-Herrschaft erheben:

Während das Streikkomitee seine Beschlüsse fasste, setzte ich mich an die Spitze der 20 000 Betriebsangehörigen, und wir zogen nach Merseburg. Bauarbeiter, Straßenbahner, Fabrikarbeiter, Vopos[1], Hausfrauen und andere Zivilisten reihten sich noch ein. Voran ging eine Malerkolonne der Leuna-Werke, die in Blitzesschnelle die alten Parolen abriss und die Wände mit unseren Freiheitslosungen bestrich. Mehrfach wurden alle drei Strophen des Deutschlandliedes und Brüder zur Sonne zur Freiheit[2] gesungen. Als gerade die letzten Demonstranten der Buna-Werke den Uhlandplatz erreicht hatten, traf unser Zug mit seiner Spitze ein. Ein ungeheuerlicher Jubel setzte ein. Fremde Menschen, jung und alt, fielen einander in die Arme, und viele weinten. Es war ein Begrüßungstaumel, der nicht enden wollte.
Wir hatten auf dem Uhlandplatz drei Lautsprecherwagen und konnten verständlich zur ganzen Menge sprechen. Es waren etwa 100 000 Menschen. Zunächst sprach ein Mann von den Buna-Werken gegen die SED-Tyrannei. Anschließend gaben wir unter großem Beifall unsere Freiheitslosungen bekannt. Doch rief ich gleichzeitig zur Disziplin auf und forderte auf, nichts zu unternehmen, wodurch die sowjetische Besatzungsmacht sich provoziert sehen könnte. Zahllose Bürger traten an uns heran und baten um „Einsätze". Sie sagten dem Sinne nach: Ich bin zu allem bereit, sei es noch so gefährlich und koste es, was es wolle. Der Buna-Streikleiter schickte 200 – teilweise ausgesuchte – Männer zur Papierfabrik Königs-Mühle mit dem Auftrag, dort die von Vopos bewachten Arbeiter zu befreien. Kommandos zur Besetzung der Stadt- und der Kreisverwaltung wurden fortgeschickt. Später wurde uns gemeldet, dass alles gelang. [...]
Nun wurde mir gemeldet, dass sowjetische Truppen das Gefängnis, aus welchem wir die politischen Gefangenen befreit hatten, inzwischen besetzten und Neuverhaftete eingeliefert waren. [...]
Ich fuhr voraus in die Leuna-Werke [...]. Da kamen auch schon die ersten sowjetischen Lastwagen mit Fliegern in Infanterieausrüstung im Werk an. Die empörte Menge beschrie die Soldaten mit Pfuirufen. „Was wollt ihr hier, macht, dass ihr fortkommt!" „Nennt ihr das Demokratie?" Andere Betriebsangehörige riefen: „Lasst die armen Kerle, die wollen genauso frei sein wie wir. Was können die dafür, dass sie hier sein müssen." Die Soldaten waren zum Teil noch Kinder, waren ängstlich und eingeschüchtert. [...] Ein Offizier schien die Situation jedoch besser zu durchschauen und sagte: „Gut so, weitermachen, in einem Jahr sind wir in Russland auch soweit."

Zitiert nach: Ilse Spittmann und Karl Wilhelm Fricke (Hrsg.), 17. Juni 1953. Arbeiteraufstand in der DDR, Köln ^{2}1988, S. 141

[1] **Vopo**: Volkspolizist
[2] **Brüder zur Sonne zur Freiheit**: deutsche Nachdichtung eines russischen Arbeiterliedes

1. *Nennen Sie die Forderungen der Aufständischen.*
2. *Nennen Sie mögliche Gründe, die die sowjetische Führung zur gewaltsamen Niederschlagung des Aufstandes bewogen haben dürften.*
3. + *Gestalten Sie zu zweit ein Flugblatt, das die Kernforderungen der aufständischen Arbeiter zum Ausdruck bringt.*

M4 Das Urteil von 1997/99

Der Journalist Roman Grafe fasst Verlauf und Ergebnisse des Prozesses gegen führende DDR-Funktionäre zusammen. Dieser hat 1997 bis 1999 und damit nach dem Ende der DDR stattgefunden.

Am 25. August 1997 erging im Berliner Landgericht das Urteil in der Strafsache gegen Schabowski und andere [...]: Wegen Totschlags an DDR-Flüchtlingen erhielt Egon Krenz sechseinhalb Jahre Freiheitsentzug. Günter Schabowski und Günther Kleiber wurden zu jeweils drei Jahren Haft verurteilt.[1]
In seiner mündlichen Urteilsbegründung sagte der Vorsitzende Richter Josef Hoch, die Kammer bestreite nicht, dass die DDR in ihren Entscheidungen nicht souverän gewesen sei. Jedoch habe das strenge Grenzregime stets im Interesse der DDR-Führung gelegen. Bis zuletzt, so Hoch, seien Flüchtlinge erschossen worden, weil die SED-Führung am Grenzregime festgehalten habe. Das Politbüro sei faktisch die Organisationsspitze des Staates gewesen und habe somit auch die Verantwortung für das Grenzregime gehabt. Sämtliche Staatsorgane hätten sich dem Willen der SED-Führung beugen müssen.
Der Klassenauftrag der Parteiführung an die Grenztruppen – die Unverletzlichkeit der DDR-Grenze zu gewährleisten – sei tatsächlich ein ideologischer Schießbefehl gewesen. Die Beschlüsse des Politbüros zur Grenzsicherung hätten sich in

[1] **Egon Krenz**: geb. 1937, 1983 - 1989 Mitglied des Politbüros des Zentralkomitees der SED, wurde als Nachfolger Erich Honeckers im Oktober 1989 Regierungschef der DDR;
Günter Schabowski: 1929 - 2015, 1984 - 1989 Mitglied des Politbüros;
Günther Kleiber: 1931 - 2013, 1984 - 1989 Mitglied des Politbüros

den für die Tötungen an der Grenze maßgeblichen Befehlen wiedergefunden; teilweise waren die Beschlüsse in diesen Befehlen ausdrücklich erwähnt worden.
Wer die Herrschaft über Tötungen habe, sei als Täter dafür verantwortlich. Wenn die Tötungen an der Grenze auch nicht das Ziel der Angeklagten gewesen seien, so hätten sie die Todesfälle jedoch billigend in Kauf genommen, weil es ihnen darauf angekommen sei, die Grenze undurchlässig zu machen. [...]
Am 8. November 1999 bestätigte der BGH[2] das Urteil des Berliner Landgerichts im Politbüro-Prozess. [...]
Anfang Januar [2000] lehnte eine Kammer des Bundesverfassungsgerichts die Annahme der Verfassungsbeschwerde von Krenz ab.

Roman Grafe, „Die Politbüro-Beschlüsse waren Bedingungen der tödlichen Schüsse". Der Prozess gegen sechs Mitglieder des SED-Politbüros (1996-1999), in: Deutschland-Archiv, 33. Jg. 2000, Heft 1, S. 23-25

Günter Schabowski und Günther Kleiber werden im Herbst 2000 begnadigt. Im März 2001 verwirft der Europäische Gerichtshof für Menschenrechte in letzter Instanz die Beschwerden von Egon Krenz gegen seine Verurteilung. Krenz wird jedoch am 18. Dezember 2003 vorzeitig aus der Haft entlassen und der Rest seiner Strafe zur Bewährung ausgesetzt.

1. *Erläutern Sie Für und Wider der Gerichtsentscheidung.*
2. *Diskutieren Sie über die Angemessenheit der Strafen.*

M5 Aus der Verfassung der DDR von 1968

Seit 6. April 1968 gilt eine neue Verfassung für die DDR. Darin heißt es:

Artikel 1
Die Deutsche Demokratische Republik ist ein sozialistischer Staat deutscher Nation. Sie ist die politische Organisation der Werktätigen in Stadt und Land, die gemeinsam unter Führung der Arbeiterklasse und ihrer marxistisch-leninistischen Partei den Sozialismus verwirklichen.
Die Hauptstadt der Deutschen Demokratischen Republik ist Berlin. [...]
Artikel 2
(1) Alle politische Macht in der Deutschen Demokratischen Republik wird von den Werktätigen ausgeübt. Der Mensch steht im Mittelpunkt aller Bemühungen der sozialistischen Gesellschaft und ihres Staates. Das gesellschaftliche System des Sozialismus wird ständig vervollkommnet.
(2) Das feste Bündnis der Arbeiterklasse mit der Klasse der Genossenschaftsbauern, den Angehörigen der Intelligenz und den anderen Schichten des Volkes, das sozialistische Eigentum an Produktionsmitteln, die Planung und Leitung der gesellschaftlichen Entwicklung und die fortgeschrittensten Erkenntnisse der Wissenschaft bilden unantastbare Grundlagen der sozialistischen Gesellschaftsordnung.
(3) Die Ausbeutung des Menschen durch den Menschen ist für immer beseitigt. Was des Volkes Hände schaffen, ist des Volkes Eigen. Das sozialistische Prinzip „Jeder nach seinen Fähigkeiten, jedem nach seiner Leistung" wird verwirklicht.
(4) Die Übereinstimmung der politischen, materiellen und kulturellen Interessen der Werktätigen und ihrer Kollektive mit den gesellschaftlichen Erfordernissen ist die wichtigste Triebkraft der sozialistischen Gesellschaft. [...]
Artikel 24
(1) Jeder Bürger der Deutschen Demokratischen Republik hat das Recht auf Arbeit. Er hat das Recht auf einen Arbeitsplatz und dessen freie Wahl entsprechend den gesellschaftlichen Erfordernissen und der persönlichen Qualifikation. Er hat das Recht auf Lohn nach Qualität und Quantität der Arbeit. Mann und Frau, Erwachsene und Jugendliche haben das Recht auf gleichen Lohn bei gleicher Arbeitsleistung.
(2) Gesellschaftlich nützliche Tätigkeit ist eine ehrenvolle Pflicht für jeden arbeitsfähigen Bürger. Das Recht auf Arbeit und die Pflicht zur Arbeit bilden eine Einheit.
(3) Das Recht auf Arbeit wird gewährleistet durch das sozialistische Eigentum an den Produktionsmitteln; durch die sozialistische Planung und Leitung des gesellschaftlichen Reproduktionsprozesses; durch das stetige und planmäßige Wachstum der sozialistischen Produktivkräfte und der Arbeitsproduktivität; durch die konsequente Durchführung der wissenschaftlich-technischen Revolution; durch ständige Bildung und Weiterbildung der Bürger und durch das einheitliche sozialistische Arbeitsrecht.

Die Verfassung der Deutschen Demokratischen Republik, herausgegeben vom Gesamtdeutschen Institut, Bonn 1974, S. 433 f.

1. *Skizzieren Sie das Verhältnis von Arbeit und politischer Macht gemäß dem Verfassungstext.*
2. *Stellen Sie dar, wovon ein „Recht auf Arbeit" laut Verfassung der DDR abhing. Nennen Sie weitere Bedingungen, die Ihrer Meinung nach für eine allgemeine Arbeitsplatzgarantie erfüllt sein müssen.*
3. *Begründen Sie, weshalb das „Recht auf Arbeit" von den Menschen in der DDR als große Errungenschaft angesehen wurde. Erörtern Sie, warum ein solches Recht im Grundgesetz nicht auftaucht.*

[2] **BGH**: Bundesgerichtshof

▲ **KSZE-Schlusskonferenz.**
Foto vom 1. August 1975.
Bundeskanzler Helmut Schmidt (vorne rechts) spricht mit dem DDR-Staatsratsvorsitzenden Erich Honecker.

M6 Ost-Berlin schätzt die KSZE-Schlussakte ein

Das DDR-Außenministerium nimmt am 28. Juli 1975 eine Bewertung der KSZE-Schlussakte von Helsinki vor:

Der große Erfolg für die Staaten der sozialistischen Gemeinschaft ist die Ausarbeitung und Aufnahme des Prinzips der Unverletzlichkeit der Grenzen als selbstständiges Prinzip in den Prinzipienkatalog. [Es] enthält die klare Aussage, dass es nicht allein um den Ausschluss der Gewaltanwendung, sondern um jegliche Forderungen und Handlungen geht, die darauf gerichtet sind, Grenzen anderer Staaten zu verletzen oder sich des Territoriums anderer Staaten zu bemächtigen. Nicht verhindert werden konnte die Aufnahme eines Satzes über das Ändern von Grenzen. Die von diesem Satz ausgehende negative Wirkung konnte aber dadurch abgeschwächt werden, indem er nicht, wie von der BRD angestrebt, dem Prinzip über die Unverletzlichkeit der Grenzen zugeordnet wurde. Außerdem konnte bei den Verhandlungen über den deutschen Wortlaut dieses Satzes erreicht werden, dass die BRD zu keinem der Prinzipien eine interpretative Erklärung im Sinne des sogenannten Briefes zur Deutschen Einheit[1] abgibt.

Von weitreichender Bedeutung ist die klare Ausgestaltung des Prinzips der Nichteinmischung in die inneren und äußeren Angelegenheiten. In diesem Zusammenhang ist bedeutsam die Feststellung über die Rechte jedes Teilnehmerstaates, sein System und seine Gesetze und Verordnungen zu bestimmen. [...]

Die kapitalistischen Staaten sind mit sehr weitgehenden Forderungen insbesondere in den Fragen des Prinzipienkatalogs, der vertrauensfördernden Maßnahme und der „Freizügigkeit von Menschen und Ideen" in die Konferenz gegangen und haben diese hartnäckig verfolgt. Sie nutzten ihre Möglichkeiten und unser Interesse an einem erfolgreichen Abschluss der Konferenz aus, um insbesondere in den Prinzipien und den Bereichen Information und Kontakte einige detailliertere Aussagen durchzusetzen, als von uns ursprünglich beabsichtigt war. Diese Aussagen sind jedoch so abgesichert, um unmittelbar negative Auswirkungen auf unsere gesellschaftlichen Verhältnisse auszuschließen. [...]

Im Bereich der Kontakte, insbesondere bei familiären Begegnungen, Familienzusammenführungen, Eheschließungen und Reisen aus persönlichen und beruflichen Gründen wurde [aus westlichen Vorschlägen] die Verpflichtung übernommen, jeweilige Anträge „wohlwollend" zu behandeln. Das innerstaatliche Genehmigungsverfahren bleibt unberührt. [...] Alle westlichen Vorschläge, die auf eine „freie" Ein- und Ausreise ausländischer Bürger im Gastland abzielten, konnten zurückgewiesen werden. [...]

Im Bereich Kultur und Bildung konnten alle jene Elemente, die auf eine ideologische Diversion hinausliefen, wie die Einrichtung ausländischer Kinos, Lesesäle, Bibliotheken usw., ausgeschlossen werden.

Zitiert nach: Matthias Judt (Hrsg.), DDR-Geschichte in Dokumenten, a.a.O., S. 518 f.

1. *Zeigen Sie anhand des Textes auf, welche Festlegungen in dem KSZE-Abkommen der DDR-Staatsführung wichtig waren.*
2. *Erläutern Sie, was die DDR-Führung plante, um mögliche unerwünschte Folgen des Abkommens zu verhindern. Prüfen Sie, ob ihr das kurz- und langfristig gelungen ist.*

[1] **Brief zur Deutschen Einheit**: Dokument der Bundesregierung zur Ergänzung des Grundlagenvertrages von 1972. Darin stellte Bonn klar, dass die Vereinbarungen mit der DDR nichts am Auftrag des Grundgesetzes änderten, eine Wiedervereinigung Deutschlands in Frieden und Freiheit herbeizuführen.

◂ **Alltag in der Mangelwirtschaft.**
Foto aus Leipzig vom März 1989. Die DDR-Bürger mussten immer improvisieren, besonders wenn sie Ersatzteile für die Wartungsarbeiten ihres Pkw brauchten wie dieser Leipziger Bürger.

M7 „Wenn man da nicht Leute kannte ..."

Ein Betroffener berichtet nach 1989 darüber, wie man sich mit der Versorgung in der DDR arrangiert hat:

In der DDR kann ein Mann alleine nicht für den Unterhalt einer Familie sorgen. Wenn es ein guter Monat ist, dann verdiene ich so tausend Mark, wenn man Leistung macht. Da kommt es auf den Tag an. [...]
Wenn man in einen Gemüselader reinkommt und Schwein hat, dann liegen dort ein paar deutsche Zwiebeln. Die nimmt man raus aus der Steige, dann hat man schon die Pfoten voll Schmiere. Die Möhren sehen aus, wie man sie vom Acker runterholt. Die Radieschen auch. Die waren nicht gewaschen und nichts. Ich meine, das liegt auch ein bisschen an der Schlamperei der Leute. Wenn ich so einen Laden hätte, ich hätte sie wahrscheinlich in einem Eimer abgewaschen. Aber es ist nicht ihr Laden, es geht sie nichts an. Und da die Leute die Sachen brauchen, kaufen sie das eben. Also, das stimmt, Kraut gab es in den letzten Jahren in Hülle und Fülle. Anderes Gemüse aber nur zu der Jahreszeit. Und dann kriegt man das aber auch nicht jeden Tag. Da muss man Anfang der Woche Blumenkohl kaufen, wenn man den am Freitag essen will. Aber das ist nicht so schlimm. Der Blumenkohl hier hat doch schon meistens Flecken. Obst hat man kaum gesehen. Äpfel gab es, aber Kirschen oder Erdbeeren nur ganz selten. Wenn man da nicht Leute kannte, die einen Garten haben und verkauft haben, da hätte man so was nie gekriegt. [...] Mit Obst war es die Jahre ganz schlecht. Einmal im Jahr, vor Weihnachten, gab es Apfelsinen. [...]
Manche Lebensmittel bekommt man nicht: Tomatenmark, Ketch-up, solches Zeug. Ganz Seltenes kriegt man nur durch Beziehungen. Man muss in der DDR Beziehungen haben. Man muss viele Leute kennen, dann kriegt man mal was. [...]
Aber auf der anderen Seite wird das Geld zum Fenster rausgeschmissen. In den Neubaugebieten zum Beispiel, wo Fernheizung ist, die können das gar nicht regeln. Da ist kein Thermostat. Die machen die Fenster auf, damit die Wärme hinaus kann. Die rennen drinnen nur im Turnhemd rum. Die baden und versauen das Wasser. Die Kosten sind alle in der Miete enthalten. Die haben noch nicht einmal eine Wasseruhr. Es ist gleich, wie viel Wasser man verbraucht. [...]
Wer Grundeigentum hat, der darf nicht so ohne Weiteres drauf bauen. Da hat erst einmal der Staat das Vorrecht zum Bauen. Wenn jetzt auf den Dörfern oder auch hier in Saalfeld jemand bauen möchte, kriegt er in der Regel seine 500 Quadratmeter zugeteilt. Dann hat man so ein kleines bisschen Garten. Das Haus wird vorgeschrieben, der Typ, den man bauen darf. Aber das macht man erst seit den letzten Jahren. Das Haus wird Eigentum, aber der Grund und Boden nicht. [...] Wenn man so ein Haus baut, muss man sich eine Feierabendbrigade suchen, die einem das hochzieht. Das sind Bauarbeiter, die so was nach Feierabend machen oder im Urlaub oder auch sonnabends und sonntags. Es gibt auch keine Baufirmen. Hier baut man alles in Eigeninitiative. [...] Manches Material haben die auch nicht so gekriegt, wie die wollten. Oder sie mussten es irgendwie teuer bezahlen, weil sie auf normalem Weg nicht drangekommen sind. Das ist jetzt nicht so, wenn sie ihre Wasserleitung oder ihre Heizung legen wollen, dass sie da in die Märkte, wo das Material verteilt wird, fahren können, und sie alles bekommen, was sie haben wollen. Da gibt es manchmal nur ein Halbzoll-Rohr oder mal nur ein Viertelzoll-Rohr. Dann gibt es keine Winkel oder keinen Wasserhahn. Sie müssen da schon rennen.

Zitiert nach: Mike Dennis und Johannes-Dieter Steinert, Deutschland 1945-1990. Von der bedingungslosen Kapitulation zur Vereinigung, Schwalbach 2005, S. 213 f.

1. *Arbeiten Sie aus dem Text die Folgen einer Planwirtschaft heraus.*

2. *Charakterisieren Sie die Haltung des Berichterstatters. Diskutieren Sie die Auswirkungen dieser Haltung auf die Mentalität der Bevölkerung.*

Fotografien als historische Momentaufnahmen

Bilder prägen unsere Vorstellung von der jüngeren Vergangenheit mehr als jedes andere Medium. Dies gilt besonders für Fotografien, die über einen langen Zeitraum in Büchern, Zeitungen und Zeitschriften, auf Plakaten, in Filmen oder im Internet als Motiv verwendet werden. Diese Aufnahmen gelten als Symbole für historische Ereignisse und werden Ikonen oder auch Schlüsselbilder genannt. So symbolisiert das Bild vom Atompilz den Atombombenabwurf 1945 in Japan, das Bild vom Lagertor in Auschwitz-Birkenau den Holocaust oder die brennenden Türme des World Trade Centers in New York am 11. September 2001 den internationalen Terrorismus.

Schlüsselbilder interpretieren

Fotografien zeigen immer nur einen Bruchteil einer Sekunde und nie das, was vor und nach diesem Moment geschehen ist. Sie erzählen also keine Geschichte, sondern zeigen nur einen Ausschnitt aus der Vergangenheit. Schlüsselbilder erinnern als Symbol nicht nur an ein historisches Ereignis, sondern verbinden dieses Ereignis zugleich häufig mit einer kollektiv geteilten Interpretation.
Um die symbolische Bedeutung des Schlüsselbildes kritisch zu prüfen, muss die Fotografie erstens in den historischen Zusammenhang ihrer Entstehung gestellt werden. Was geschah unmittelbar vor dem gezeigten Moment, was unmittelbar danach? Dann muss zweitens auch das Bild selbst analysiert werden. Denn mit dem Fotoapparat wird kein objektives Abbild der Wirklichkeit hergestellt, sondern eine subjektive Interpretation des Fotografen. Er wählt ein Motiv, einen Bildausschnitt, ein Bildformat, eine Perspektive oder ein bestimmtes Objektiv. Insbesondere digitale Fotografien können auch bearbeitet werden. Außerdem muss die weitere Verwendung des Fotos recherchiert werden.

Beschreiben (Was kann man sehen?)
- Beschreiben Sie gründlich alles, was auf dem Foto wo abgebildet ist.
- Zeigen Sie, welche Darstellungsmittel verwendet werden (Perspektive, Komposition, Zoom ...).
- Untersuchen sie, ob eine Bildbearbeitung vorliegt.

Analysieren (Wie interpretiert die Fotografie das Dargestellte?)
- Begründen Sie, wie das Bild auf den Betrachter wirkt.
- Weisen Sie nach, wie die Fotografie den dargestellten Moment interpretiert.
- Arbeiten Sie heraus, welche Botschaft das Bildmotiv vermittelt.

Erzählen (Was passierte davor, danach? Eine Geschichte erzählen ...)
- Stellen Sie dar, wann und wo das Foto gemacht worden ist.
- Prüfen Sie, in welchem (engen/weiten) historischen Zusammenhang das Bild steht.
- Vergleichen Sie den Bildinhalt mit der Bildlegende, dem Begleittext.

Recherchieren (Welchen Verwendungszweck hat die Aufnahme?)
- Skizzieren Sie, wer das Foto in wessen Auftrag zu welchem Zweck gemacht hat.
- Nennen Sie den Veröffentlichungszeitpunkt und -ort.

Beurteilen (Für was ist die Aufnahme warum ein Symbol?)
- Erläutern Sie, welche „Geschichte“, welche „Botschaft“ mit dem Bild kollektiv verbunden wird.
- Nehmen Sie zu dieser Botschaft mit Argumenten Stellung.
- Begründen Sie, warum gerade dieses Bild mit dieser Botschaft verbunden wird. Untersuchen Sie, ob das Bildmotiv auch mit anderen Botschaften verbunden wird/werden kann.

Methoden-Aufgabe:

Interpretieren Sie das Foto im Kontext der Zeitungs-Titelseite.

Hauptmann Schäfer

Peter Fechter

Oberfeldwebel Wursel

Bildgeschichte: *Die Bergung eines leblosen Körpers ist ein Symbol in der christlichen Ikonografie: Kreuzabnahme oder Grablegung von Jesus Christus*

Stacheldraht: Symbol für Grenzen, (KZ-)Lager

Ort / Zeitpunkt: *Berlin-Kreuzberg, Zimmerstraße, nahe Kontrollpunkt Checkpoint Charlie am 17.8.1962*

Volkspolizeimeister Mularczyk

Gefreiter Lindenlaub

Bildgestaltung: *zentrale Diagonale als Fluchtlinie von der Schirmmütze des Hauptmanns links oben bis zur Umhängetasche des Gefreiten Lindenlaub*

Perspektive: *leichte Obersicht; halbnahe Einstellung / Zoom Empfinden der räumlichen Nähe und Dichte*

▲ **Der Tod von Peter Fechter.**
Fotografie vom 17. August 1962.

Lead-Text: „Vopo-Mörder ließen niedergeschossenen Flüchtling an der KZ-Mauer verbluten“

Wertende Wörter:
„Vopo-Mörder“
„KZ-Mauer“
„KZ-Schergen“

Der Marktanteil der Berliner Morgenpost betrug in Berlin 1962 ca. 38 Prozent. Verlegt wurde die Zeitung vom Axel C. Springer Verlag.

BERLINER MORGENPOST

„Helft mir doch, helft mir doch!“

Vopo-Mörder ließen niedergeschossenen Flüchtling an der KZ-Mauer verbluten

Ohnmächtige Erbitterung

So schleppten die Vopos ihr Opfer weg: Ohnmächtig, blutverschmiert, sterbend

Brandt: Autobahnkontrolle kommt

Der „Regierende“ sprach mit Adenauer und Clay

Zurück an den Absender

Immer wieder Fluchtversuche

Titel:
a) direkte Rede Peter Fechters
b) Perspektive des Opfers
c) (Handlungs-)Aufforderung an den Leser
d) Appell an sein (Mit-) Gefühl / emotionalisierende Sprache
e) Anklage der Täter
f) Aufforderung an die Politik zu handeln
g) (indirekte) Kritik an den US-Alliierten

Bildlegende: „So schleppten die Vopos ihr Opfer weg: ohnmächtig, blutverschmiert, sterbend ...“

▲ **Berliner Morgenpost vom 18. August 1962.**

Von der friedlichen Revolution zur Wiedervereinigung

Rainer Eppelmann (geb. 1943): evangelischer Pfarrer, 1989 Mitbegründer der Partei „Demokratischer Aufbruch" (DA), seit 1990 Mitglied der CDU, 1990 Minister für Verteidigung und Abrüstung in der letzten DDR-Regierung

Wachsende Kritik von Friedens- und Umweltgruppen in der DDR Die Krise der kommunistischen Herrschaft in der DDR entzündete sich nicht nur am Versagen der Ökonomie. Den Boden für den Massenprotest des Jahres 1989 bereiteten oppositionelle Gruppierungen, die seit den frühen 1980er-Jahren mit wachsendem Selbstbewusstsein das Regime herausforderten, aber auch viele einzelne Bürger, die unter Berufung auf die von der DDR 1975 unterschriebene KSZE-Schlussakte* ihre Menschenrechte einforderten.

▲ **„Schwerter zu Pflugscharen."**
Unter diesem Motto forderte die christliche Friedensbewegung zur Abrüstung auf. Trotz Betonung ihrer Friedensliebe verbot die SED-Führung jegliche Friedenssymbole und forderte die Bischöfe auf, die Friedensaktivisten zu bremsen. Sie erreichte damit das Gegenteil: Auf dem Kirchentag in Wittenberg 1983 wurde ein Schwert zur Pflugschar umgeschmiedet.

Anfangs waren es vor allem Friedens- und Umweltgruppen, die unter dem Schutz der Kirchen einen Freiraum von staatlicher Erziehung schufen und die ökologische Krise, die offiziell ignoriert wurde, zur Sprache brachten. Zunächst entstanden diese informellen Zusammenschlüsse von aufbegehrenden DDR-Bürgern aus der Empörung über konkrete Maßnahmen des SED-Staates. Die Einführung des „Wehrunterrichts" an allen Schulen seit 1978, die staatlich verordnete Militarisierung der Gesellschaft sowie die Aufrüstung in Ost und West entwickelten sich alsbald zu Plattformen für eine umfassendere Kritik. Eine wichtige Rolle spielte etwa der von Pfarrer **Rainer Eppelmann** und Robert Havemann** gemeinsam formulierte „Berliner Appell – Frieden schaffen ohne Waffen" (1982). Die Forderungen nach Toleranz und Anerkennung des Rechts auf freie Meinungsäußerung unterschrieben innerhalb weniger Monate Tausende.

In Friedensseminaren und Friedenswerkstätten fanden sich zumeist jugendliche Teilnehmer aus der ganzen DDR zusammen. Ihr gemeinsames Protestsymbol war ein Aufnäher mit der Aufschrift „Schwerter zu Pflugscharen". Die Staatsmacht reagierte mit Verhaftungen und Ausbürgerungen prominenter Oppositioneller und vor allem mit dem massiven Einsatz von Inoffiziellen Mitarbeitern der Staatssicherheit. Die beabsichtigte „Zersetzung" oppositioneller Gruppierungen ging so weit, dass manche Friedenskreise von Stasi-Spitzeln regelrecht unterwandert wurden.

Bärbel Bohley (1945-2010): Malerin, Friedensaktivistin und Politikerin, 1989 Mitbegründerin der Bürgerrechtsorganisation „Neues Forum" (NF)

Eine Bürgerrechtsbewegung entsteht 1985 gründeten Bürgerrechtler in Ost-Berlin – darunter **Bärbel Bohley**, *Ralph Hirsch*, *Gerd Poppe*, *Wolfgang Templin*, *Vera Wollenberger* – die *Initiative Frieden und Menschenrechte* (IFM). Die zunächst stark christlich-pazifistisch ausgerichtete Protestbewegung gewann eine neue Qualität. Erstmals erhoben ostdeutsche Oppositionelle Forderungen nach einer freiheitlichen Demokratie, wie sie die Bürgerrechtsbewegungen in Polen (*Solidarność*), Ungarn und der Tschechoslowakei (*Charta 77*) schon länger vertraten.***

Die Reformpolitik in der Sowjetunion unter Staats- und Parteichef Michail Gorbatschow**** machte den Oppositionellen Mut. Immer mehr Menschen solidarisierten sich mit jenen, die verhaftet, ausgebürgert oder auf andere Weise eingeschüchtert werden sollten. Zu den dauerhaft aktiven Regimegegnern zählten nur wenige hundert

* Siehe Seite 456 f. und 461.
** Siehe Seite 453.
*** Siehe Seite 499.
**** Siehe Seite 508.

Personen, die jedoch viele tausend Sympathisanten gewinnen konnten. Allmählich entstand ein landesweites Netzwerk durch im Untergrund gedruckte Zeitschriften und Flugblätter, Treffen und Protestaktionen.

Landesweite Aufmerksamkeit und wachsende Anerkennung in der Bevölkerung erhielten die Bürgerrechtler im Zusammenhang mit den Kommunalwahlen vom 7. Mai 1989. In mehreren Städten der DDR beobachteten Vertreter dieser Gruppen die Auszählung der Stimmen und protestierten anschließend gegen die festgestellten Wahlfälschungen.

Internettipps:
Zur Oppositionsbewegung in der DDR siehe Code 32019-34

Flucht vor der Staatsmacht ■ Immer mehr Bürger stellten einen Antrag auf Ausreise aus der DDR, obwohl sie in vielen Fällen deswegen jahrelang benachteiligt und schikaniert wurden. Im ersten Halbjahr 1989 gestattete die Regierung 46 343 Personen die Übersiedlung in die Bundesrepublik. Doch die Hoffnung der SED, auf diese Weise wieder Ruhe herstellen zu können, erfüllte sich nicht. Im Gegenteil: Im Sommer 1989 lagen bereits eine Viertelmillion weiterer Ausreiseanträge vor.

Nach und nach verloren die Drohgebärden der Machthaber ihre Wirkung, wenngleich niemand vorherzusagen wusste, wie die SED auf die wachsende Unruhe im Land reagieren würde (▸ M1). Immerhin wagten es die Bürgerrechtler im August/September 1989, sich in vier erstmals öffentlich auftretenden Vereinigungen (*Neues Forum*, *Demokratie Jetzt*, *Demokratischer Aufbruch*, *Sozialdemokratische Partei*) zusammenzuschließen und eine Reform der DDR an Haupt und Gliedern zu fordern.

Am 10./11. September erlaubte die reformkommunistische Regierung Ungarns, die bereits seit Mai ihre Grenzsperren nach Österreich abbaute, fluchtwilligen Urlaubern aus der DDR die Ausreise. Über 25 000 Menschen nutzten das neue Schlupfloch im bislang undurchlässigen „Eisernen Vorhang". Andere fanden Einlass in den diplomatischen Vertretungen der Bundesrepublik in Prag, Warschau und Ost-Berlin. Nach langwierigen Verhandlungen zwischen beiden deutschen Regierungen durften sie Anfang Oktober in den Westen übersiedeln.

▲ **Gedenken an die friedliche Revolution von 1989.**
Undatiertes Foto.
Auf dem Kirchhof der Nikolaikirche in Leipzig wurde 1999 eine mit Palmwedeln gekrönte Säule aus dem Kirchenschiff nachgebildet. Sie steht symbolisch für den Gedanken des Aufbruchs, der aus der Kirche hinausgetragen wird.

Massenprotest und friedliche Revolution ■ Seit Anfang September 1989 demonstrierten in Leipzig an jedem Montag nach Friedensgebeten in der Nikolaikirche immer mehr Menschen für Reisefreiheit statt Massenflucht. Rief die Menge anfangs noch „Wir wollen raus!", so hieß es bald „Wir bleiben hier!". In Ost-Berlin, Leipzig und Potsdam hielten Bürgerrechtler Mahnwachen für politische Gefangene. Das alles geschah unter den Augen der Stasi, die die Protestwelle mit Verhaftungen auflösen wollte. In den ersten Oktobertagen spitzte sich in vielen Städten die Situation gefährlich zu. Während die Machthaber den 40. Jahrestag der DDR am 6. und 7. Oktober vor den Kameras des In- und Auslandes und im Beisein des sowjetischen Staats- und Parteichefs Gorbatschow mit Pomp, Militärparaden und Aufmärschen begingen, versuchten sie gleichzeitig, mit einem Riesenaufgebot bewaffneter Sicherheitskräfte die Demonstranten einzuschüchtern.

Honecker weigerte sich, Reformen einzuleiten, zu denen ihm Gorbatschow dringend geraten hatte. Die große Montagsdemonstration am 9. Oktober in Leipzig brachte den Umschwung. 70 000 Menschen demonstrierten friedlich, im klaren Bewusstsein, dass es dabei zu einem Blutbad kommen könne. Ähnliches geschah in Ost-Berlin, wo am 4. November 1989 fast 500 000 Menschen für Meinungs-, Presse- und Versammlungsfreiheit demonstrierten. Obgleich die bewaffneten Kräfte in höchste Alarmbereitschaft versetzt waren, blieb der Befehl zur Zerschlagung der Demonstrationen

Egon Krenz (geb. 1937): deutscher Politiker, 1989 DDR-Staatsratsvorsitzender und Generalsekretär der SED. 1997 wegen Totschlags im Zusammenhang mit den Todesfällen an der innerdeutschen Grenze zu mehrjähriger Freiheitsstrafe verurteilt.

Hans Modrow (geb. 1928): SED-Politiker, 1989/90 Regierungschef der DDR (Vorsitzender des Ministerrates); 1990-1994 Abgeordneter der PDS im Bundestag; seit 2007 Mitglied der Partei „Die Linke“

aus (▸ M2). Honecker, der die Bürgerproteste nötigenfalls gewaltsam beenden lassen wollte, wurde am 18. Oktober 1989 von einer Gruppe im Politbüro um **Egon Krenz** abgesetzt. Krenz übernahm Honeckers Ämter. Die politische Führung versuchte jetzt, durch Gesprächsangebote an die Bevölkerung die Situation wieder in den Griff zu bekommen. Doch die Menschen wollten sich nicht mehr mit kleinen Korrekturen der bisherigen Politik zufriedengeben. „Wir sind das Volk!“, riefen sie selbstbewusst den Machthabern zu, und im November mischte sich darunter immer häufiger der Ruf „Wir sind ein Volk!“.

Das Ende der SED-Diktatur ■ Die anhaltende Massenflucht und der zunehmende Massenprotest im ganzen Land untergruben innerhalb weniger Wochen das brüchige Machtfundament der SED. Das Ende ihrer Herrschaft beschleunigte die Öffnung der Mauer und der Grenzübergänge nach West-Berlin und in die Bundesrepublik am 9. November 1989. Die Annahme der SED-Führung, mit der von den Demonstranten geforderten Reisefreiheit das Regime noch in letzter Minute stabilisieren zu können, erwies sich als Illusion. Nach dem Fall der Mauer besuchten Millionen den anderen Teil Deutschlands und entschieden sich gegen die DDR.

Unter dem Druck der Bevölkerung gab die SED ihre Vormachtstellung schrittweise auf. Im Dezember 1989 wurde ihre „führende Rolle“ aus der Verfassung gestrichen, das Ministerium für Staatssicherheit aufgelöst, Politbüro und Zentralkomitee traten geschlossen zurück, Staats- und Parteichef Krenz legte seine Ämter nieder. Die friedliche Revolution in der DDR hatte gesiegt, die SED-Diktatur war zusammengebrochen.

Seit Mitte November 1989 amtierte eine SED-Regierung unter Ministerpräsident **Hans Modrow**. Sie stand von Beginn an unter Erfolgszwang. Die Probleme der Wirtschaft, über die jetzt in aller Öffentlichkeit berichtet und diskutiert wurde, ließen sich von der DDR allein nicht mehr bewältigen. Zugleich hielt die Ausreisewelle an. Im November und Dezember 1989 kehrten 176 650 Menschen der DDR den Rücken. Anfang Dezember wurde ein „Runder Tisch“ eingeführt, wie ihn vorher die Reformer in Polen durchgesetzt hatten. Die Vertreter der SED und die wichtigsten Bürgerrechtsgruppen traten zu diesem Gesprächsforum zusammen. Somit bekamen Oppositionsgruppierungen erstmals Einfluss auf die Regierungspolitik.

Unter öffentlichem Druck stimmten die Regierung Modrow und die inzwischen neu formierte SED/PDS* den Forderungen des Runden Tisches nach baldigen Neuwahlen zu. Am 18. März 1990 fanden die ersten freien Wahlen zur DDR-Volkskammer statt. Während des Wahlkampfes war die Frage einer Vereinigung mit der Bundesrepublik eines der Hauptthemen. Bei den Wahlen wurde das Parteienbündnis *Allianz für Deutschland* aus CDU (Ost), Demokratischem Aufbruch (DA) und der Deutschen Sozialen Union (DSU) eindeutiger Sieger. Eine Mehrheit der Bürger hatte sich damit für eine schnelle deutsche Einheit ausgesprochen. Am 12. April

◂ **Umjubelter Grenzübertritt.**
Foto vom 9./10. November 1989.
In Berlin nutzten mehr als eine halbe Million Menschen die Grenzöffnung zu einem Kurzbesuch im Westteil der Stadt.

* **PDS**: Partei des Demokratischen Sozialismus, seit Dezember 1989 Rechtsnachfolgerin der SED

▶ **Der Zentrale Runde Tisch der DDR in Berlin-Niederschönhausen.**
Foto von 1989.
Um mit der Bürgerbewegung ins Gespräch zu kommen, richtete Ministerpräsident Hans Modrow am 7. Dezember 1989 nach polnischem Vorbild den Zentralen Runden Tisch ein, der die Bürgerrechtler in wichtige Entscheidungen einband. Gemeinsam vereinbarten SED-Regierung und Bürgerrechtler freie Volkskammerwahlen für den 18. März 1990 und arbeiteten einen Verfassungsentwurf sowie ein neues Wahlgesetz für die demokratische Umgestaltung der DDR aus. Währenddessen nahm die in der Bevölkerung geforderte Einheit Deutschlands immer mehr Gestalt an. Nach den Volkskammerwahlen im März 1990 und dem hohen Wahlsieg der Ost-CDU wurden die Bürgerrechtler schließlich von der politischen Bühne gedrängt und von den Ereignissen, die sie selbst angestoßen hatten, überrollt.

1990 wählte die Volkskammer **Lothar de Maizière** (Ost-CDU) zum Ministerpräsidenten und bestätigte sein Kabinett der Großen Koalition aus CDU, SPD, Liberalen, DA und DSU.

Auf dem Weg zur Einheit Bundeskanzler Helmut Kohl hatte Ende November 1989 mit einem „Zehn-Punkte-Programm zur Überwindung der Teilung Deutschlands und Europas" die Initiative ergriffen. Der Plan basierte auf der Überlegung, dass die Bundesregierung mit einer demokratisch legitimierten DDR-Regierung in einer „Vertragsgemeinschaft" behutsam die Vereinigung der beiden Staaten vorantreiben sollte, um den Menschen in der DDR eine Perspektive zu geben. Einen Zeitplan gab es nicht, denn noch wusste niemand, wie die Sowjetunion auf den Zerfall des SED-Regimes reagieren würde.

Doch die politische und wirtschaftliche Situation der DDR setzte die Regierenden in Ost und West unter Zugzwang: Nach einem starken Rückgang im Dezember 1989 stieg die Übersiedlerwelle der zumeist jungen und beruflich gut qualifizierten DDR-Bürger stieg im Januar 1990 auf 73729 Personen an. Weil der wirtschaftliche Zusammenbruch der DDR offenkundig nicht mehr aufzuhalten war und gute Beziehungen zu Deutschland im sowjetischen Interesse lagen, bestätigte Michail Gorbatschow im Februar 1990, keine Einwände gegen eine deutsche Vereinigung zu haben.

▶ **Geschichte In Clips:**
Zum Mauerfall und zur Wiedervereinigung siehe Code 32019-35

Lothar de Maizière (geb. 1940): Mitglied der CDU (Ost), von April bis Oktober 1990 letzter Regierungschef (ab August auch Außenminister) der DDR, trat kurz nach der Wiedervereinigung als Bundesminister wegen Stasi-Vorwürfen zurück

Der internationale Rahmen der Deutschen Einheit Ohne die Zustimmung der vier Siegermächte des Zweiten Weltkrieges, die sich im Potsdamer Abkommen 1945 ihre Zuständigkeit für „Deutschland als Ganzes" vorbehalten hatten, konnte es keine Wiedervereinigung geben. Ebenso mussten die Interessen der übrigen europäischen Staaten, insbesondere Polens, berücksichtigt und mögliche Befürchtungen vor allem vonseiten Großbritanniens und Frankreichs über ein größer und mächtiger werdendes Deutschland entkräftet werden. Die Bundesregierung entwickelte deshalb eine Strategie, die fünf Ziele umfasste:

- Einhegung der wirtschaftlichen und politischen Macht Deutschlands – gewährleistet durch eine verstärkte europäische Integration mit einer Wirtschafts- und Währungsunion
- Beschränkung der deutschen Streitkräfte, nuklearwaffenfreier Status Deutschlands, besondere Zusicherungen an die Sowjetunion

▲ **„March of the Fourth Reich."**
Karikatur von Bill Caldwell aus der britischen Zeitung „Daily Star" vom Februar 1990.

- *Erläutern Sie, was mit der Zeichnung ausgesagt werden soll.*

- grundlegende Erneuerung des Verhältnisses zwischen Deutschland und der Sowjetunion
- endgültige Anerkennung der Oder-Neiße-Linie als Westgrenze Polens
- Mitwirkung bei der Schaffung von neuen Formen und Mechanismen einer gesamteuropäischen Zusammenarbeit

Der Bundesrepublik kam dabei das große Vertrauen zugute, das sie sich durch die jahrzehntelange Zusammenarbeit mit den USA, im westlichen Bündnissystem und in der Europäischen Gemeinschaft, aber auch im Verhältnis zu den östlichen Staaten erworben hatte.

Im Februar 1990 begannen die sogenannten „Zwei-plus-Vier-Gespräche". Dabei verhandelten die Regierungen Frankreichs, Großbritanniens, der Sowjetunion, der USA sowie der DDR und der Bundesrepublik Deutschland über die endgültigen Grenzen, die Bündniszugehörigkeit Deutschlands, die Höchststärke einer gesamtdeutschen Armee und die deutsche Souveränität. Moskau gestand im Juni 1990 Gesamtdeutschland die Mitgliedschaft in der NATO zu. Dafür versprach der Bundeskanzler, Deutschland werde seine Streitkräfte reduzieren und auf ABC-Waffen* verzichten. Darüber hinaus sagte er der Sowjetunion umfangreiche wirtschaftliche Unterstützung zu.

Mit dem *Vertrag über die abschließende Regelung in Bezug auf Deutschland* vom 12. September 1990 (*Zwei-plus-Vier-Vertrag*), der die Funktion eines Friedensvertrages hatte, erhielt das wiedervereinigte Deutschland die volle staatliche Souveränität zuerkannt und damit auch das Recht, seine Bündniszugehörigkeit frei zu wählen. In einem weiteren Vertrag zwischen Deutschland und der Sowjetunion vom 9. November 1990 vereinbarten beide Staaten ihre umfassende Zusammenarbeit. Den Abschluss bildete der deutsch-polnische Grenzvertrag vom 14. November 1990, worin das wiedervereinigte Deutschland die Grenze zu Polen definitiv anerkannte. 45 Jahre nach dem Ende des Zweiten Weltkrieges war damit die „Nachkriegszeit" für Deutschland und Europa abgeschlossen.

Wirtschafts-, Währungs- und Sozialunion Um die Übersiedlerzahlen und den Einigungsprozess insgesamt unter Kontrolle zu bringen, beschloss die Bundesregierung schon im Februar 1990, die Wirtschafts- und Währungsunion so schnell wie möglich durchzuführen. Sie tat dies gegen die Empfehlung der meisten Wirtschaftsexperten und Politiker. So wurde, noch bevor die äußeren Voraussetzungen der staatlichen Vereinigung geklärt waren, durch die Einführung der D-Mark in der DDR die Einheit Deutschlands praktisch unumkehrbar. Um den Erwartungen der DDR-Bürger entgegenzukommen, einigte man sich auf für sie günstige Wechselkurse: Löhne, Renten und Mieten wurden im Verhältnis 1:1 umgestellt, ebenso Sparguthaben bis 6 000 Mark, für Beträge darüber galt der Umtausch im Verhältnis 2:1.

Der *Staatsvertrag zur Wirtschafts-, Währungs- und Sozialunion* zwischen der Bundesrepublik und der DDR trat am 1. Juli 1990 in Kraft. Am Tag darauf wurde die D-Mark als offizielle Währung in der DDR eingeführt. Was die in der DDR lebenden Menschen seit Jahrzehnten ersehnt hatten, war Wirklichkeit geworden: Mit „richtigem" Geld konnten sie die begehrten Westwaren kaufen. Sozusagen über Nacht wurde aber auch die gesamte Wirtschaft der DDR dem internationalen Wettbewerb ausgesetzt, dem die meisten Betriebe nicht gewachsen waren. Ein gewaltiger Modernisierungsschock erfasste Wirtschaft und Gesellschaft.

* **ABC-Waffen**: Sammelbezeichnung für atomare, biologische und chemische Waffen

Der Einigungsvertrag Anfang Juli 1990 begannen in Ost-Berlin die Verhandlungen der beiden deutschen Regierungen über den zweiten Staatsvertrag zur deutschen Einheit (*Einigungsvertrag*) unter der Leitung von Bundesinnenminister **Wolfgang Schäuble** und DDR-Staatssekretär *Günther Krause*.

Die Übernahme der bundesdeutschen Rechtsordnung in Ostdeutschland erforderte komplizierte Regelungen. Probleme bereiteten besonders die Fragen, wie die Einheit finanziert und wie die Rechtsansprüche all derer, die in der DDR enteignet worden waren (Grundsatz „Rückgabe vor Entschädigung“), geregelt werden sollten. Darüber hinaus musste geklärt werden, welche Verfassung im wiedervereinigten Deutschland gelten sollte. Denn das Grundgesetz sah zwei Wege vor: Artikel 23 ermöglichte den Beitritt „weiterer Teile Deutschlands“ zum Geltungsbereich des Grundgesetzes. Nach der (ursprünglichen) Präambel sowie laut Artikel 146 sollten die politischen Vertreter Deutschlands eine neue Verfassung erarbeiten, sobald die „Einheit und Freiheit Deutschlands“ vollendet seien.

In einer Sondersitzung der DDR-Volkskammer wurde am 23. August 1990 der Beitritt nach Artikel 23 des Grundgesetzes beschlossen. Über zwei Drittel der Abgeordneten stimmten dafür, die PDS als Nachfolgerin der SED sowie Bündnis 90 stimmten für die Ausarbeitung einer neuen Verfassung. Der Runde Tisch der DDR hatte sich noch am 12. März 1990 gegen einen Beitritt der DDR zum Grundgesetz ausgesprochen.

Am 31. August 1990 wurde der Einigungsvertrag in Ost-Berlin unterzeichnet und am 20. September von beiden Parlamenten, Volkskammer und Bundestag, mit großer Mehrheit verabschiedet. Die im Juli von der Volkskammer wieder ins Leben gerufenen (seit 1952 aufgelösten) Länder Brandenburg, Mecklenburg-Vorpommern, Sachsen, Sachsen-Anhalt und Thüringen sollten am 3. Oktober 1990 der Bundesrepublik beitreten. Auch Berlin würde nicht länger geteilt sein.

Der Einigungsvertrag von 1990 erklärte Berlin zur Hauptstadt. Er ließ jedoch offen, welches das politische Zentrum des neuen Deutschland sein sollte, ob Parlament und Regierung in Bonn blieben oder nach Berlin zogen. Quer durch alle Parteien gab es sowohl Befürworter für einen Verbleib in Bonn als auch für einen Umzug nach Berlin. Das Thema wurde in der Öffentlichkeit breit diskutiert. Am 20. Juni 1991 entschied der Bundestag nach einer leidenschaftlichen Debatte mit knapper Mehrheit, dass Berlin auch Regierungs- und Parlamentssitz werden sollte.

Wolfgang Schäuble (geb. 1942): deutscher Politiker, 1989-1991 sowie 2005-2009 Bundesminister des Innern, 1991-2000 Vorsitzender der CDU-Fraktion im Bundestag, 1998-2000 CDU-Parteichef, seit 2009 Bundesminister der Finanzen

Wiedervereinigung und gesamtdeutsche Wahlen Die vielen historischen Ereignisse des Jahres 1989/90 mündeten am 3. Oktober 1990, um Mitternacht, in die Wiedervereinigung Deutschlands durch den Beitritt der fünf ostdeutschen Länder zur Bundesrepublik Deutschland. Die DDR-Bürgerrechtler hatten sich mit ihrer Forderung nach einem eigenständigen Weg der DDR nicht durchsetzen können. Sowohl die ersten Landtagswahlen in den neuen Bundesländern am 14. Oktober als auch die erste gesamtdeutsche Bundestagswahl am 2. Dezember bestätigten die regierenden Parteien CDU/CSU und FDP und wurden von Bundeskanzler Kohl als Volksabstimmung über seine Politik der Deutschen Einheit gewertet. In vier von fünf ostdeutschen Ländern stellte die CDU den Ministerpräsidenten, in Brandenburg die SPD. In der herrschenden Euphorie honorierten die Wähler, dass Kohl und Genscher die Chance zur schnellen

▸ **Der Reichstag in Berlin, seit 1999 wieder Sitz des gesamtdeutschen Parlaments.**
Foto von 2011.

- *Die „Berliner Republik“ versteht sich als bürgernah, transparent, weltoffen, modern und geschichtsbewusst – dies soll auch durch die repräsentativen Regierungsbauten deutlich werden. Beurteilen Sie, ob und inwiefern die Architektur des Reichstages dieses Selbstverständnis wiedergibt.*

Herstellung der Einheit genutzt hatten. Insbesondere Kohls Versprechen einer raschen Angleichung der Lebensverhältnisse im Osten an den Standard des Westens überzeugte die neuen Bundesbürger. Die Haltung der Sozialdemokraten zur Wiedervereinigung war gespalten: Während ein Teil der SPD um Willy Brandt und **Hans-Jochen Vogel** die Einheit vorbehaltlos befürwortete, warnte der SPD-Kanzlerkandidat **Oskar Lafontaine** vor den Kosten und Problemen einer raschen Vereinigung.

Hans-Jochen Vogel (geb. 1926): 1960 - 1972 Oberbürgermeister von München, 1974 - 1981 Bundesminister der Justiz, 1981 Regierender Bürgermeister von Berlin, 1987 - 1991 Vorsitzender der SPD

Oskar Lafontaine (geb. 1943): 1985 - 1998 Ministerpräsident des Saarlandes, 1995 - 1999 Vorsitzender der SPD, 2007 - 2010 Vorsitzender der Linkspartei

Länderfinanzausgleich: im Grundgesetz verankerte Regelung. Danach leisten Bundesländer mit höheren Steuereinnahmen (Geberländer) Ausgleichszahlungen an Länder mit geringerem Steueraufkommen (Nehmerländer).

Wirtschaftlicher Umbau Die Folgen der vierzigjährigen kommunistischen Herrschaft waren schwerer zu bewältigen und benötigten mehr Zeit, als Politiker und Experten ursprünglich vermutet hatten (▸ M3). Die Transformation der ostdeutschen Planwirtschaft in eine Wettbewerbswirtschaft war eine Aufgabe, für die es bis dahin kein Vorbild gab. So erwiesen sich die meisten ehemaligen Staatsbetriebe als völlig veraltet und unproduktiv, ihre Produkte und Dienstleistungen als nicht konkurrenzfähig, zumal die Ostdeutschen zunächst nur Westwaren kauften und 1991 die bisherigen Märkte in Osteuropa völlig wegbrachen.

Die Volkskammer der DDR gründete 1990 die *Treuhandanstalt* in Berlin. Deren Aufgabe war unter anderem, die ehemaligen staatseigenen Betriebe der DDR nach marktwirtschaftlichen Gesichtspunkten zu privatisieren oder abzuwickeln. Sie übernahm etwa 8 500 Unternehmen mit etwa 45 000 Einzelbetrieben und 4,1 Millionen Beschäftigten sowie rund 60 Prozent der Fläche der DDR. Als sie im Winter 1994 ihre Tätigkeit beendete, hatte sie 3 700 Betriebe als nicht sanierungsfähig stillgelegt und über 15 000 Firmen mit 1,5 Millionen Arbeitsplätzen privatisiert. Die Folge war ein dramatischer Anstieg der Arbeitslosigkeit. Durch die Übernahme der Altschulden der früheren DDR-Betriebe und Finanzhilfen aller Art für private Investoren hinterließ die Treuhandanstalt umgerechnet 140 Milliarden Euro Schulden, die den Bundeshaushalt seither jährlich mit etwa 8,7 Milliarden Euro belasten. Der Strukturwandel der ostdeutschen Wirtschaft ist vorangekommen, aber es bleibt noch viel zu tun (▸ M4).

Finanzielle Lasten Der wirtschaftliche Umbau und die schrittweise Angleichung der Lebensverhältnisse an den westlichen Standard erforderten die Modernisierung der gesamten Infrastruktur in Ostdeutschland – Straßen, Autobahnen, Wohnungen und öffentliche Gebäude, Telekommunikation, Eisenbahn, Energieversorgung, Gesundheitswesen, Schulen, Hochschulen. Die dafür notwendigen Mittel wurden ganz überwiegend aus dem Bundeshaushalt aufgebracht.

An direkten Aufbauhilfen stellte zunächst der *Fonds Deutsche Einheit* von 1990 bis 1994 umgerechnet rund 82 Milliarden Euro für die ostdeutschen Länder und Kommunen zur Verfügung. Der *Solidarpakt I* von 1995 sorgte für die Aufnahme der neuen Bundesländer in den regulären **Länderfinanzausgleich**. Weiter erhielten die neuen Länder von 1995 bis 2001 Sonderleistungen des Bundes über umgerechnet 105 Milliarden Euro. Der *Solidarpakt II* sieht bis 2019 nochmals Sonderzahlungen von 105 Milliarden Euro für Infrastruktur und Unternehmensförderung vor. Hinzu kommen 51 Milliarden Euro an Investitionshilfen des Bundes und der EU.

Schätzungen über die bisherigen Gesamtkosten der Einheit geben an, dass zwischen 1990 und 2009 ein öffentlicher Finanztransfer über etwa 1, 6 Billionen Euro in die neuen Länder stattfand. Hierbei wurden Steuerzahlungen und Sozialbeiträge aus dem Osten abgezogen. Der weitaus größte Teil floss in Sozialausgaben (Renten, Arbeitslosenunterstützung, Arbeitsbeschaffungsmaßnahmen).

Lebensgefühl im Umbruch Für die neuen Bundesbürger brachte die Übernahme der westdeutschen Gesellschaftsordnung eine gewaltige Umstellung des gesamten Alltagslebens mit sich. Vom Kindergarten bis zur Altersversorgung änderte sich alles. Viele Bürger im Osten fühlten sich deklassiert und von den „Wessis" überrollt. Auf der anderen Seite sahen sich zahlreiche Bürger in der alten Bundesrepublik durch die Erwartungen ihrer Landsleute im Osten überfordert. Die Unterschiede in der Lebenserfahrung und im Lebensgefühl zwischen den Deutschen in Ost und West gingen tiefer, als die Menschen in den Monaten der Euphorie 1989/90 angenommen hatten. Manche reagierten auf den extrem hohen Anpassungsdruck mit einer Verklärung der DDR-Vergangenheit, was in Westdeutschland oft Unverständnis hervorrief.

▲ **„Daran müssen wir noch arbeiten."**
Karikatur von Rainer Schwalme, 1992.

Anstieg des Rechtsextremismus Ein großes Problem des wiedervereinigten Deutschland war der bald einsetzende Anstieg rechtsextremistisch und rassistisch motivierter Straftaten. Traurige „Höhepunkte" waren die Anschläge von Hoyerswerda (September 1991) und Rostock-Lichtenhagen (August 1992), bei denen Rechtsradikale unter dem Applaus der Anwohner Asylbewerber aus Mosambik, Vietnam und anderen Ländern angriffen. In Teilen Ostdeutschlands entstanden sogenannte „national befreite Zonen", in denen Ausländer bis heute massiv bedroht werden.

Die Ursachen werden kontrovers diskutiert: Einige Kommentatoren wollten darin eine bereits zu DDR-Zeiten vorhandene allgemeine Ausländerfeindlichkeit sehen. Diese sei vor dem Hintergrund der Asyldebatte seit 1990 und den wirtschaftlichen und sozialen Problemen, die die Menschen in den neuen Bundesländern zu tragen haben, noch verstärkt worden. Tatsache ist aber, dass fremdenfeindliche Einstellungen nicht unmittelbar mit dem tatsächlichen Bevölkerungsanteil von Ausländern zusammenhängen: In Bundesländern mit sehr geringem Ausländeranteil (z.B. Sachsen-Anhalt und Mecklenburg-Vorpommern) kam es zwischen 1992 und 1994 viel häufiger zu fremdenfeindlichen Vergehen als etwa in Nordrhein-Westfalen, Baden-Württemberg oder Bayern, die den Großteil der damaligen Asylbewerber aufnahmen. Neuere Studien ergeben zudem, dass es keinen engen Zusammenhang zwischen Arbeitslosigkeit und rechtsextremer bzw. fremdenfeindlicher Gewalt gibt.

Dagegen lässt sich das Bild eines typischen rechtsextremen Gewalttäters zeichnen, der männlich, meist unter 30 Jahre alt ist, seine Taten – oft unter Alkoholeinfluss – in der Gruppe verübt und oft einen niedrigen Bildungsgrad aufweist.

Der Rechtsextremismus ist kein ostdeutsches Phänomen. Jedoch trafen gerade hier rechtsextremistische und „völkische" Einstellungen auf breite Zustimmung in der Bevölkerung. Öffentliche Proteste gab es nur vereinzelt. Bei vergleichbaren Anschlägen in den alten Bundesländern, z.B. im Mai 1993 in Solingen, als bei einem Brandanschlag auf das Haus einer türkischen Familie zwei Frauen und drei Mädchen ums Leben kamen, verurteilte eine große Mehrheit der Bevölkerung die Tat scharf. Allerdings wurden rechtsextreme und gewaltbereite Vereinigungen in den neuen Bundesländern meist mit dem Personal und dem Geld der bestehenden westdeutschen Organisationen aufgebaut.

Filmtipp:
ZusammenWachsen – 20 Jahre Deutsche Einheit; Hamburg 2010, Eco Media im Auftrag des Bundesministerium des Innern

Gerhard Schröder (geb. 1944): 1990-1998 Ministerpräsident von Niedersachsen, 1998-2005 Bundeskanzler, 1999-2004 Vorsitzender der SPD

Joschka (Joseph Martin) Fischer (geb. 1948): Politiker der Grünen, 1985-1987 Umwelt- und Energieminister von Hessen, 1998-2005 Bundesaußenminister und Vizekanzler

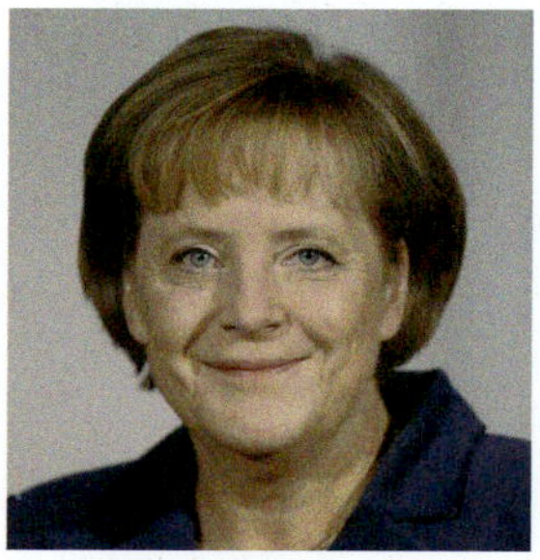

Angela Merkel (geb. 1954): 1990 Mitglied des DA, dann der CDU, 1991-1994 Bundesministerin für Frauen und Jugend, 1994-1998 Bundesumweltministerin, 1998-2000 Generalsekretärin der CDU, seit 2000 CDU-Vorsitzende, seit 2005 Bundeskanzlerin

Veränderte Parteienlandschaft Die deutsche Einheit führte auch zu einer Vereinigung von politischen Parteien. Bereits im August 1990 traten die liberalen Parteien der DDR den bundesdeutschen Freien Demokraten (FDP) bei. Die SDP, die im Oktober 1989 gegründet worden war, vereinigte sich mit den westdeutschen Sozialdemokraten im September 1990. Im Oktober 1990 fand die Vereinigung von CDU-Ost und -West statt. Die Grünen wurden 1993 zu einer gesamtdeutschen Partei *Bündnis 90/ Die Grünen*, nachdem beide Gruppierungen seit 1990 gemeinsam zu Wahlen angetreten waren.

1998 unterlag die CDU/CSU-FDP-Koalition unter Bundeskanzler Kohl bei den Wahlen zum Bundestag. Der neue Bundeskanzler **Gerhard Schröder** (SPD) schloss eine Koalition seiner Partei mit Bündnis 90/Die Grünen. Bundesaußenminister und Vizekanzler wurde der Grünen-Politiker **Joschka Fischer**. Das rot-grüne Bündnis regierte im Bund bis 2005. Mit **Angela Merkel**, geboren in Hamburg, aufgewachsen in Templin in Brandenburg, wurde im Jahr 2000 erstmals eine Frau aus den neuen Bundesländern CDU-Vorsitzende. 2005 übernahm sie als erste Kanzlerin der Bundesrepublik die Regierung in einer Großen Koalition aus CDU/CSU und SPD. 2009 wurde sie wiedergewählt und bildete eine Koalition aus Unionsparteien und FDP.

Parteien rechts und links der Mitte Am rechten Rand des Parteienspektrums kam es schon in den 1980er-Jahren in der Bundesrepublik zu Neugründungen extremistischer Gruppierungen, die als Sammelbecken für Unzufriedene mit nationalistischen, rassistischen und ausländerfeindlichen Parolen auf Stimmenfang gingen. Am bekanntesten wurde die 1983 in Bayern gegründete Protestpartei *Die Republikaner*, die u.a. in Landesparlamente in Baden-Württemberg und West-Berlin sowie ins Europaparlament gewählt wurden.

Nach der Wiedervereinigung 1990 konnte die rechtsextremistische, bereits 1971 gegründete *Deutsche Volksunion* (DVU) in einigen Bundesländern Erfolge erzielen, so vor allem in Sachsen-Anhalt, wo sie bei der Landtagswahl 1998 12,9 Prozent der Stimmen erhielt. Ebenfalls in den neuen Bundesländern entwickelte sich die lange Zeit in Vergessenheit geratene Nationaldemokratische Partei Deutschlands (NPD) zu einer militanten rechtsextremistischen Partei, die 2004 in den sächsischen Landtag und zwei Jahre später in den Landtag von Mecklenburg-Vorpommern einzog. Ein Antrag der Bundesregierung auf das Verbot der Partei war 2003 vom Bundesverfassungsgericht abgelehnt worden, denn mehrere Zeugen hatten für den Verfassungsschutz gearbeitet. Ihre Aussage konnte deshalb nicht zugelassen werden.

Am linken Rand des Parteienspektrums etablierte sich nach der Wiedervereinigung in Gestalt der SED-Nachfolgerin PDS eine Partei, die in den neuen Bundesländern und in Berlin rasch an Zulauf gewann. Dabei half ihr zunächst die erhalten gebliebene Verbandsstruktur der SED. Doch gewann die PDS ständig Zulauf, auch von Jüngeren. Bei der Bundestagswahl 2005 kam sie in den neuen Ländern auf über 25 Prozent der Wählerstimmen. Bei Landtagswahlen schnitt sie noch besser ab. Die PDS war zunächst nur in den neuen Bundesländern als sozialistische „Stimme des Ostens" erfolgreich. Im Juni 2007 schloss sie sich mit der *Wahlalternative Arbeit und Soziale Gerechtigkeit* (WASG) zusammen, einer Vereinigung aus westdeutschen Altkommunisten, Gewerkschaftsfunktionären und ehemaligen SPD-Mitgliedern. Die durch den Zusammenschluss gebildete Partei *Die Linke* zog 2009 als viertstärkste Kraft in den Bundestag ein (11,9 Prozent) und strebt nach einem festen Platz im gesamtdeutschen Parteiengefüge.

M1 Unzufriedenheit in der Bevölkerung

Aus einem Bericht der Stasi-Bezirksverwaltung Magdeburg vom 9. August 1989:

In allen Bevölkerungsgruppen mehren sich Diskussionen, in denen eine gewisse Resignation und Unzufriedenheit zum Ausdruck kommt. Auch unter politisch aktiven Bürgern [...] sind folgende Auffassungen verbreitet:

- „Als Funktionär darf man treu und brav seine Pflicht erfüllen, ansonsten hat man nur Nachteile gegenüber anderen Bürgern."
- „Funktionäre müssen auf Reisen in die BRD verzichten, aber auch auf Kontakte in die BRD, also auf Geschenke wie hochwertige Gebrauchs- und Genussmittel."
- „Wer gesellschaftlich aktiv ist, muss trotzdem jahrelang auf Pkw, Telefon oder Führerschein warten. Mit Westverbindungen schafft man das über Genex[1] in Wochen."
- „Wer BRD-Währung besitzt, hat keine Sorgen mit Handwerkern und anderen Dienstleistungen."

[...] Ein immer wieder diskutiertes Thema ist die Informationsbereitstellung durch unsere Medien. Von Angehörigen der unterschiedlichsten Bevölkerungsgruppen werden häufig Widersprüche zwischen Wort und Tat der Parteiführung konstruiert. Starke Zweifel bestehen an den Meldungen über erfüllte bzw. überbotene Pläne, weil sich das nicht im Warenangebot widerspiegele. Gleichfalls bemängelt wird das Verschweigen „heißer Eisen" wie z. B. steigende Zahlen von ständigen Ausreisen und ungesetzlichen Grenzübertritten. Die Entwicklung könne – so u. a. Werktätige des Karl-Marx-Werkes, des G.-Dimitroff-Werkes und der Stahlgießerei Magdeburg – doch nur aus einer wachsenden Unzufriedenheit eines Teils der Bürger resultieren. [...]

Offenbar saisonbedingt konzentrieren sich Diskussionen zu Versorgungsfragen gegenwärtig auf

- die mangelnde Versorgung mit Frischfleisch (meist durch urlaubsbedingte Schließung der Geschäfte begründet),
- allgemein unzureichendes Gemüseangebot (zu wenig Sorten, schlechte Qualität, hoher Verschmutzungsgrad),
- immer kritischer werdende Bereitstellung von Kfz-Ersatzteilen (z. B. fehlen in Schönebeck Lada- und Wartburg-Ersatzteile völlig; Pkw-Besitzer führen Ersatzteile nach Möglichkeit aus anderen sozialistischen Ländern ein, um ihr Auto im Urlaub nutzen zu können).

Zitiert nach: http://home.snafu.de/bstu/1989/tage/08/0908dok1.htm [30.04.2000]

[1] **Genex**: ostdeutsches Versandunternehmen („Geschenkdienst und Kleinexporte GmbH"), bei dem Bundesbürger seit 1957 Produkte aller Art für ihre Angehörigen in der DDR bestellen konnten

▲ **Montagsdemonstration in Leipzig.**
Foto vom 9. Oktober 1989.

1. *Ordnen Sie die Beschwerden der Bevölkerung nach bestimmten Kriterien, z. B. „Lebensstandard", „politische Rechte", „langfristige/kurzfristige Missstände" etc.*
2. *Analysieren Sie die Haltung des Verfassers gegenüber den Missständen.*
3. *Diskutieren Sie den Kenntnisstand der DDR-Führung über die Situation kurz vor der Wende.*

M2 Am Rande eines Bürgerkrieges

Ein Augenzeuge berichtet über die Montagsdemonstration vom 9. Oktober 1989 in Leipzig:

In Betrieben wurde davor gewarnt, nach 16 Uhr die Innenstadt zu betreten; Mütter sollten ihre Kinder bis 15 Uhr aus den Krippen und Kindergärten des Zentrums abholen; Schülern und Studenten wurde mit Relegation[1] für den Fall der Beteiligung an „Aktionen" gedroht. Gerüchte schwirrten durch die Stadt. Man munkelte von MG-Nestern auf zentralen Gebäuden, befürchtete den Einsatz von Fallschirmjägern [...]. In Krankenhäusern wurden Notbetten aufgestellt und vor allem die chirurgischen und Intensivstationen verstärkt besetzt. Tausende von zusätzlichen Blutkonserven standen bereit. [...]

Leipzig glich an diesem Tag einem Heerlager. Nach späteren Aussagen von Bereitschaftspolizisten war ihnen vormittags mitgeteilt worden, dass ein friedlicher Ausgang der Demonstration wenig wahrscheinlich sei und sie vorbereitet sein

[1] **Relegation**: Verweis von der Schule bzw. Hochschule

müssten, möglichen Gewalttätigkeiten zu begegnen. Dementsprechend trugen sie Kampfausrüstung [...]. Auf dem Hof der VP-Bezirksbehörde[2] standen „aufmunitionierte" Schützenpanzerwagen bereit, die tonnenschweren Stahlkolosse ausgerüstet mit Räumschilden, die Fahrer mit MPi und je sechzig Schuss Munition. Die Polizeitruppe zählte insgesamt dreitausend Mann, davon zwölfhundert zur Verstärkung aus den Bezirken Halle und Neubrandenburg herbeibeordert. Hinzu kamen noch fünf Hundertschaften von Betriebskampfgruppen sowie eine sicher vierstellige Anzahl von Einsatzkräften des Ministeriums für Staatssicherheit, dessen Arsenale nicht nur Handfeuerwaffen bargen. [...]
In der Nikolaikirche und in drei weiteren Gotteshäusern wurde während der Friedensgebete ein von sechs Persönlichkeiten der Stadt getragener Aufruf zur Besonnenheit verlesen: „Unsere gemeinsame Sorge und Verantwortung haben uns heute zusammengeführt. Wir sind von der Entwicklung in unserer Stadt betroffen und suchen nach einer Lösung. Wir alle brauchen einen freien Meinungsaustausch über die Weiterführung des Sozialismus in unserem Land. Deshalb versprechen die Genannten heute allen Bürgern, ihre ganze Kraft und Autorität dafür einzusetzen, dass dieser Dialog nicht nur im Bezirk Leipzig, sondern auch mit unserer Regierung geführt wird. Wir bitten Sie dringend um Besonnenheit, damit der friedliche Dialog möglich wird."
Dieser gemeinsame Appell des Kabarettisten Bernd-Lutz Lange, des Gewandhauskapellmeisters Kurt Masur und des Theologen Peter Zimmermann sowie der Sekretäre der SED-Bezirksleitung Kurt Meyer, Jochen Pommert und Roland Wötzel wurde um 18 Uhr auch vom Sender Leipzig und etwa eine Stunde später vom Stadtfunk ausgestrahlt. Die engagierte wie couragierte Wortmeldung hat unzweifelhaft beigetragen zum friedlichen Verlauf dieses Tages, ohne jedoch die voreilig bescheinigte entscheidende Rolle gespielt zu haben. Einzig die geballte Kraft der siebzigtausend angsterfüllten und dennoch nicht weichenden Menschen in der Innenstadt und auf dem Ring erzwang um 18:25 Uhr den endgültigen Rückzug der bewaffneten Einheiten. Jene Namenlosen meinte wohl Christoph Hein, als er vorschlug, Leipzig zur „Heldenstadt der DDR" zu ernennen.

Zitiert nach: Wolfgang Schneider, Leipziger Demontagebuch, Leipzig 1990, S. 71 f.

1. *Vergleichen Sie die Situation am 9. Oktober 1989 in Leipzig mit der vom 17. Juni 1953 (siehe Seite 446 f.).*
2. *Analysieren Sie verschiedene Gefahrenmomente im Verlauf des Tages.*
3. *Diskutieren Sie darüber, aus welchen Gründen die SED-Führung auf den Einsatz von Gewalt verzichtet hat.*
4. *Stellen Sie die mögliche Diskussion im DDR-Politbüro in einem Rollenspiel nach.*

[2] **VP**: Volkspolizei

M3 „Rote Zahlen vom roten Sozialismus"

Der Wirtschaftswissenschaftler Karl-Hans Hartwig fasst zwei Monate nach der Schaffung der Wirtschafts-, Währungs- und Sozialunion die ökonomischen Probleme der DDR zusammen:

Die DDR-Wirtschaft befindet sich gegenwärtig in einer tiefen Krise [...]. Auch die weiteren Aussichten sind zunächst düster. Arbeitslosenzahlen von 1,5 bis zwei Millionen oder 15 Prozent werden selbst von Optimisten nicht mehr als unrealistisch angesehen. [...] Die Marktwirtschaft und der mit ihr notwendig verbundene freie Informationsfluss bringen diese Altlasten der planwirtschaftlichen Vergangenheit an den Tag. Sie machen deutlich, dass vom roten Sozialismus vorwiegend rote Zahlen bleiben. Experten ist nicht erst seit dem 9. November bekannt, dass etwa 30 bis 40 Prozent der DDR-Betriebe nicht konkurrenzfähig sind und in Wirtschaft und Verwaltung schon immer eine große Anzahl von Arbeitskräften mitgeschleppt wurde, die ökonomisch nicht gerechtfertigt war. Produktivitätsrückstände bis zu 60 Prozent gegenüber westlichen Betrieben kommen ja nicht von ungefähr. D. h. aber, dass von den vorhandenen 9,3 Millionen Arbeitsplätzen in den ersten Jahren nach Einführung der Marktwirtschaft mehr als drei Millionen wahrscheinlich sowieso nicht zu halten wären. Sie durch neue wettbewerbsfähige Arbeitsplätze zu ersetzen, ist die vordringliche Aufgabe, und nicht irgendwelche Beschäftigungsgarantien zu geben. Das in den Köpfen der Menschen noch immer verankerte Recht auf Arbeit hat es ja faktisch auch in der DDR nie gegeben. Praktiziert wurden vielmehr ein Recht auf Lohn und der Zwang zur Beschäftigung an den falschen Stellen.

Das Parlament, 14. September 1990

1. *Arbeiten Sie die Probleme bei der Umwandlung der Planwirtschaft in eine Soziale Marktwirtschaft heraus.*
2. *Erläutern Sie, welche Aufgaben demokratisch gewählte Politiker in diesem Prozess haben.*
3. *Historiker sprechen angesichts der Vorgänge in der DDR seit Herbst 1989 von drei „Revolutionen": einer „liberalen", einer „nationalen" und einer „sozialen". Erörtern Sie, welche Gründe für oder gegen eine solche Einteilung sprechen.*

M4 Die „innere Einheit" – ein Traum?

Der Journalist Jens Bisky zieht 15 Jahre nach der Wiedervereinigung folgende Bilanz:

Der Irrglaube, dass es so etwas gäbe wie eine „innere Einheit", die alle Interessengegensätze und Konflikte überwölben könne, verhindert seit fünfzehn Jahren die freie Debatte über den richtigen Weg beim Aufbau Ost.
Das patriotische Tabu hat der Einheit mehr geschadet als alles andere. Da über die Unterschiede und die substanziell verschiedenen Interessen in Ost und West nicht mit zivilisierter Gelassenheit gestritten wird, da man verbissen versucht, die Existenz von Gegensätzen überhaupt zu leugnen und Unterschiede als bald überwunden marginalisiert, beschert uns beinahe jede Saison einen kurzen Ausbruch innerdeutschen Gezänks.
[...] Die Wirtschaftskraft des Ostens erreicht etwa zwei Drittel des westdeutschen Niveaus. Die Wertschöpfung[1] stagniert bei 63 Prozent des Westens, es fehlen etwa 3 000 mittelständische Unternehmen und 700 000 Beschäftigte, die vorhandenen Unternehmen sind zu klein und leiden unter geringer Eigenkapitalausstattung. Das Umsatzvolumen der einhundert umsatzstärksten Unternehmen in den neuen Ländern ist etwa so groß wie das Umsatzvolumen von RWE oder Metro allein. Jede fünfte Erwerbsperson hat keinen regulären Arbeitsplatz, die Abwanderung dauert an. Jeder dritte Euro, der im Osten ausgegeben wird, wurde nicht in den neuen Ländern erwirtschaftet. Anzeichen für eine wirtschaftliche Aufholjagd gibt es kaum.
Wer im Osten heranwächst, geht zur Jugendweihe, nicht zu Konfirmation oder Kommunion. In seiner Nachbarschaft leben deutlich weniger Ausländer als im Westen. Nach der Wende hat sich eine eigene ostdeutsche Identität herausgebildet, ein deutliches Bekenntnis, nicht dazuzugehören, anders zu sein. Zu ihr bekennen sich seit Jahren unverändert mehr als 70 Prozent der Ostdeutschen. Dem antworten auf der anderen Seite Desinteresse, Ignoranz und Umerziehungsfantasien. Nach einer Allensbach-Umfrage stehen die Brüder und Schwestern im anderen Landesteil Ost- wie Westdeutschen ebenso nah oder fern wie Österreicher. [...]
Das ist die Realität, vor der die Prediger der „inneren Einheit" gern die Augen verschließen. Selbstverständlich sind Ostdeutsche weder durch Geburt noch durch Erziehung oder Propaganda deformiert oder unfähig zum Leben in Freiheit. Die 2,4 Millionen von ihnen, die seit 1990 in den Westen gezogen sind, haben sich erfolgreich und weitgehend geräuschlos integriert. Die neuen Länder selber aber haben sich in dieser Zeit als eine unterentwickelte, randständige Region stabilisiert. [...]
Das unerfüllbare Versprechen von der „Angleichung der Lebensverhältnisse" ist noch immer nicht aus der Welt, obwohl es in weiten Teilen der neuen Länder darum geht, eine Abwärtsentwicklung zu verhindern und den Teufelskreis aus wirtschaftlicher Schwäche, Arbeitslosigkeit, Abwanderung, Überalterung und Transferbedarf zu durchbrechen.
Ein Neuanfang würde eine ehrliche Bilanz voraussetzen. Eben deshalb fällt er so schwer. Die staatliche Vereinigung war 1990 politisch richtig und ist gelungen, aber sie muss nicht mit Angleichung und widerspruchsfreiem Einverständnis einhergehen. Eingestehen müsste man, dass der Aufbau Ost, das ehrgeizigste Unternehmen der vergangenen fünfzehn Jahre, in das die Deutschen einen Großteil ihrer Energie und ihrer Mittel investiert haben, gescheitert ist und dass auch Momente kultureller Fremdheit nicht weichen. [...]
Ein radikaler Neuanfang fällt schwer, weil es eine gemeinsame Öffentlichkeit kaum gibt. Die stille Gesellschaft in den neuen Ländern verweigert sich überwiegend den überregionalen Medien. Nach der systematischen Entbürgerlichung in der DDR, nach der Ausschaltung der sozialistischen Funktionseliten und der anhaltenden Abwanderung fehlt es im Osten an einem Bürgertum, einem Mittelstand, an Eliten. Der soziale Raum zwischen Familie und Staat ist nur schwach besetzt. [...]
Zuverlässig rechnen können wir mit einer starken innerostdeutschen Differenzierung in wenige städtische Zentren und unterentwickelte ländliche Regionen, mit weiterer Abwanderung und rascher Überalterung, mit bleibenden Unterschieden bei Einkommen und Vermögen, mit anhaltendem Transferbedarf und einer Tradierung ostdeutscher Besonderheiten. Der Verteilungskonflikt um die Transfergelder dürfte sich nicht mehr lange durch Solidaritätsbeschwörungen verdrängen lassen.
So wird uns der Ost-West-Gegensatz noch Jahrzehnte begleiten. [...] Wer mag, kann weiter von „innerer Einheit" träumen und auf die nächste Ossi-Wessi-Hysterie warten.
Vernünftig wäre konfliktbewusste Gelassenheit. Sie setzte eine Kultur der Ungleichheit und der Unterschiede voraus. Im Osten wie im Westen ist darauf kaum einer vorbereitet.

Süddeutsche Zeitung vom 25. August 2005

[1] **Wertschöpfung**: Nettoproduktion einer Volkswirtschaft oder eines Wirtschaftszweiges. Sie ergibt sich aus dem Herstellungspreis von Waren und Dienstleistungen, wovon Abschreibungen, indirekte Steuern und staatliche Zuschüsse (Subventionen) abgezogen sind.

1. *Arbeiten Sie heraus, welche Bedingungen für die innere Einheit Deutschlands laut Bisky erfüllt sein müssten.*
2. *Der Autor fordert „konfliktbewusste Gelassenheit" (Zeile 82). Nehmen Sie dazu begründet Stellung.*

Geschichte kontrovers

Die DDR – ein Unrechtsstaat?

Seit der deutschen Wiedervereinigung flammt immer wieder die Diskussion auf, ob die DDR eindeutig als Unrechtsstaat zu bezeichnen sei. Der Einigungsvertrag 1990 charakterisierte sie klar als „SED-Unrechts-Regime“. Doch diese Auffassung wurde seitdem quer durch die Parteienlandschaft der Bundesrepublik und durch die politischen Grundeinstellungen von Juristen, Politikwissenschaftlern und Vertretern der Bundesregierung wie der politischen Opposition kontrovers diskutiert. Während die einen die zahlreichen Verstöße gegen die Menschenrechte betonen, argumentieren die anderen, dass alles, was in der der DDR im Namen des Rechts angeordnet wurde, nicht als Unrecht zu bezeichnen sei.

M1 „Moralischer Generalverdacht“

Gesine Schwan, Politikwissenschaftlerin und Präsidentin der Europa-Universität Viadrina in Frankfurt (Oder) von 1999 bis 2008, nimmt Stellung:

Wer die DDR einen „Unrechtsstaat“ nennt, stellt ihre ehemaligen Bürger unter einen moralischen Generalverdacht. [...] Deshalb wende ich mich gegen eine monopolistische Deutung der DDR als „Unrechtsstaat“. Dabei verstehe ich die Gründe, warum andere sie so bezeichnen, durchaus: fehlende Menschen- und Bürgerrechte, keine Gewaltenteilung, keine unabhängige Justiz, keine freien Wahlen. Ich habe das Regime der DDR selbst unzählige Male so oder ganz ähnlich kritisiert, die DDR als Diktatur bezeichnet und öffentlich hinzugefügt, dass deswegen zum Beispiel auch die „Errungenschaften“ im Kindergarten- oder Schulsystem immer unter diesem fundamental einschränkenden Vorzeichen gesehen werden müssen.

Dabei folge ich der berühmten Analyse, die der Politikwissenschaftler Ernst Fraenkel aus eigener Erfahrung über den NS-Staat vorgelegt hat. Er unterscheidet in seinem Buch über den Doppelstaat zwischen dem „Normenstaat“ und dem „Maßnahmenstaat“, dessen Dualität das „Dritte Reich“ geprägt hat. Während der „Normenstaat“ um des möglichst reibungslosen Funktionierens von Wirtschaft und Gesellschaft willen in vielen Bereichen die rechtsstaatliche Tradition der Weimarer Republik fortsetzte, konnte die NSDAP im „Maßnahmenstaat“ den „Normenstaat“ jederzeit willkürlich außer Kraft setzen. Auch die SED konnte jederzeit die rechtsförmigen Verfahren aussetzen und hat das mit ihrer marxistisch-leninistisch „legitimierten“ Avantgarderolle gerechtfertigt. Daher war und blieb die DDR nicht nur eine Diktatur, sondern auch ein Ort, an dem aus Mangel an Rechtsstaatlichkeit und Gewaltenteilung Willkür jederzeit praktiziert werden konnte und von der SED auch praktiziert wurde.

Wer nun über diese Qualifizierungen hinaus auf der totalisierenden Bezeichnung „Unrechtsstaat“ besteht, muss mehr wollen und schließt de facto auch mehr ein. Denn das totalisierende Wort „Unrechtsstaat“ verweist auf die Gestalt der gesamten ostdeutschen Lebenswirklichkeit. Während man sich der Mitgliedschaft in der herrschenden Einheitspartei SED, erst recht in der Stasi entziehen konnte, blieb der Staat der DDR das unvermeidbar umfassende politische Gehäuse aller Ostdeutschen. Der Staat ist keine separate Organisation innerhalb oder neben der Gesellschaft, sondern die Gesellschaft in ihrer politischen Verfasstheit. Wird der Staat pauschal zum „Unrechtsstaat“ gemacht, folgen daraus auch Wertungen für die Lebenswirklichkeit der Menschen. [...] Es macht also einen Unterschied aus, ob man den Menschen in der DDR, die seit dem Mauerbau Gefangene dieses Staates waren, pauschal unterstellt, dass sie sich als Staatsbürger in ihrem beruflichen wie privaten Leben an diesem Unrecht beteiligt haben, weil sie unvermeidbar involviert waren, oder ob man ihnen innerhalb des Staates der DDR die Möglichkeit rechtlichen Handelns einräumt. Entweder der DDR-Staat hat als „Unrechtsstaat“ 40 Jahre lang jede Schule, jeden Kindergarten, jedes Bauamt geprägt und die Menschen jederzeit in sein Unrecht gleichsam hineingezogen. Dann verliert die gegenwärtig gängige und „politisch korrekte“ Unterscheidung zwischen den Menschen und dem politischen System, unter dem sie leben mussten, jeden Sinn. Denn dann mussten sich alle kompromittieren. Oder man konzediert, dass es analog zu Fraenkels „Normenstaat“ Bereiche im Staat der DDR gab, in denen es trotz des Damoklesschwerts der SED-Willkür faktisch, wenn auch nie gesichert, auch rechtlich zuging. In denen die Menschen sich auch um Rechtlichkeit bemühten. Um diese Unterscheidung geht es mir in der Abwehr der totalisierenden Deutung des „Unrechtsstaates“. [...]

Die Diktatur wurde den Ostdeutschen auferlegt. Der totalisierende „Unrechtsstaat“ stellt sie flächendeckend moralisch unter Verdacht. In der rechtsstaatlichen Demokratie des vereinigten Deutschland gilt aber zunächst die Unschuldsvermutung für alle Bürger – nicht nur für die westdeutschen.

Gesine Schwan, In der Falle des Totalitarismus, in: DIE ZEIT, Nr. 27 vom 25. Juni 2009 (gekürzt)

M2 Der Staat als Räuber der Volksgewalt

Marianne Birthler, Bundesbeauftragte für die Unterlagen des Staatssicherheitsdienstes der ehemaligen DDR von 2000 bis 2011, die die Akten und Dokumente des Staatssicherheitsdienstes („Stasi") verwaltet und erforscht entgegnet:

Es wäre abwegig, Gesine Schwan vorzuwerfen, sie verharmlose die SED-Diktatur. Die streitbare Antikommunistin hat das politische System der DDR öffentlich und schonungslos bereits zu einer Zeit kritisiert, als dies vielen, auch in der SPD, noch sauer aufstieß. […] So weit, so einig. Aber warum dann dieser Streit um den Begriff „Unrechtsstaat"? […] Die DDR war eine Diktatur – und deren Wesen besteht ja gerade darin, dass die politische Macht des Staates nicht demokratisch durch das Volk legitimiert ist. Der Staat war allein das Instrument der Herrschaft der führenden Partei – ihr vollständig unterworfen. Das Volk hatte weder theoretisch noch praktisch die Möglichkeit, an diesem Machtverhältnis vorbei Einfluss auf staatliches Handeln zu nehmen. […]
Doch nur dort, wo das Volk als Souverän seine Macht in freier Entscheidung und auf Zeit auf den Staat übertragen hat, ist es auch mitverantwortlich für staatliches Handeln. In der DDR war der Staat kein Treuhänder der Volksgewalt, sondern ihr Räuber. Er stand nicht für die Gesamtheit seiner Staatsbürger ein, sondern er fürchtete sie. Deswegen hat er für seine Sicherheit einen Apparat aufgebaut, dessen Dimension – gemessen an der Bevölkerungszahl – größer war als die jeder anderen Geheimpolizei. Der Daseinszweck des Ministeriums für Staatssicherheit bestand darin, den Staat vor den eigenen Bürgern zu schützen. Dass sich die Staatssicherheit stolz „Schild und Schwert der Partei" nannte, entlarvt die eigentlichen Verhältnisse: Statt der proklamierten Einheit von Volk und Staat gab es in Wahrheit nur die Einheit von Staat und SED. […]
Doch die Rechtschaffenheit und die Selbstbehauptung vieler Menschen gegen SED und Staat, die wenigen Inseln der Angstfreiheit in den Kirchen, die immer stärker werdende Opposition – all das stellt nicht infrage, dass der Herrschaftsanspruch des SED-Staates totalitär war. Es beweist vielmehr, dass der Anspruch der SED, etwa ihr Ideal der „sozialistischen Persönlichkeit", nicht durchsetzbar war und durch den Eigen-Sinn der Menschen begrenzt wurde. […]
Bleibt die Frage, was genau der Begriff Unrechtsstaat meint. Deutschland ist nicht deshalb ein Rechtsstaat, weil es hierzulande nur Recht und kein Unrecht gäbe, sondern weil die Existenz des Staates, weil Regierung und Gesetzgeber an verbindliche Werte und Rechtsnormen gebunden sind und diese Bindung durch unabhängige Gerichte gesichert wird. Analog dazu ist auch die Bezeichnung Unrechtsstaat nicht davon abhängig, dass nur Unrecht geschieht. Zum einen meint der Begriff, dass die Prinzipien des Rechtsstaates keine Geltung haben und staatliche Macht nicht rechtmäßig begründet ist. In diesem Sinne war die DDR zweifellos ein Nicht-Rechtsstaat, ein Un-Rechtsstaat. Sie war aber auch ein Unrechts-Staat. Ein Staat, dessen Existenz schon auf Unrecht und auf der Verletzung von Menschenrechten beruhte, der seine Bürger staatlicher Willkür unterwarf und ihrer Rechte beraubte, der allein festlegte, was falsch und richtig war, der Schulen, Universitäten, Medien und Gewerkschaften gleichschaltete, der Menschen mit abweichendem Verhalten zu Feinden erklärte und verfolgte, der das eigene Volk einmauerte und Menschen, die vor ihm flüchten wollten, erschoss – und all dies, um die Macht der SED zu sichern. Die DDR ist ein Unrechtsstaat, und zwar nach allen denkbaren Definitionen.

▲ **„DDR war sozial besser!"**
Demonstration gegen die Reformen der „Hartz-Kommission" in Berlin. Foto vom Oktober 2004.
- *Analysieren Sie die Abbildung mit Blick auf die hier vorgestellte Kontroverse zum Thema „Die DDR – ein Unrechtsstaat?".*

Marianne Birthler, Liebe Ossiversteher! Die DDR keinen Unrechtsstaat nennen zu dürfen beleidigt den wachen Verstand, in: DIE ZEIT, Nr. 28 vom 2. Juli 2009 (gekürzt)

1. *Zeigen Sie anhand von M1 und M2 die Kontroverse auf.*
2. *Überprüfen Sie die Stellungnahmen M1 und M2 anhand der Informationen im Darstellungstext auf den Seiten 441-458 (Sachurteil).*
3. *Arbeiten Sie die Kriterien heraus, nach denen die Kontrahentinnen in M1 und M2 urteilen (Werturteil).*
4. *Die DDR – ein Unrechtsstaat? Nehmen Sie Stellung.*

Die Bundesrepublik 1949 - 1989

- Bundeskanzler Adenauer (1949 - 1963) verfolgte einen Kurs der **Westbindung**. Wichtige Etappen waren dabei die beginnende europäische Integration, der NATO-Beitritt 1955 und die dafür geforderte Wiederbewaffnung durch Einführung der Bundeswehr.
- Der Alleinvertretungsanspruch, 1955 in der „**Hallstein-Doktrin**" formuliert, sollte die diplomatische Anerkennung der DDR durch andere Staaten verhindern.
- Die **Stalin-Noten 1952** sollten die Westmächte dazu bewegen, einen Friedensvertrag mit dem Ziel eines gesamtdeutschen, neutralen Deutschland zu schließen. Dies lehnten sowohl die Westmächte als auch Adenauer als Versuch ab, das westliche Bündnis zu schwächen.
- Die **Pariser Verträge 1954** läuteten das Ende der Besatzungszeit ein.
- Der im Grundgesetz festgeschriebene **Sozialstaat** und das sogenannte „**Wirtschaftswunder**" mit Vollbeschäftigung ab 1959 schufen die Grundlage für eine stabile Demokratie.
- Die Große Koalition 1966 - 1969 hatte eine **Außerparlamentarische Opposition (APO)** zur Folge; im Zuge der 68er-Bewegung formierte sich eine neue Linke.
- Die **Neue Ostpolitik** der sozial-liberalen Regierung unter Willy Brandt unter dem Motto „Wandel durch Annäherung" führte zu einer Anerkennung des Status quo in Europa.
- 1972 gab die Bundesrepublik im **Grundlagenvertrag** mit der DDR den Alleinvertretungsanspruch auf.
- Der Kampf gegen den RAF-Terrorismus, die Umwelt- und Friedensbewegung prägten die Innenpolitik in den 1970er- und 80er-Jahren.
- Unter Kanzler Helmut Kohl wurde 1983 die **Nachrüstung** mit atomar bestückten US-Mittelstreckenraketen gegen große Widerstände in der Bevölkerung durchgesetzt.
- Mit Gründung der Partei **Die Grünen** auf Bundesebene 1980 wurde das Parteienspektrum erweitert.

Die DDR 1949 - 1989

- Machtkonzentration in der SED, Ausrichtung der übrigen „Blockparteien", der Einheitsgewerkschaft, der Justiz, der Medien und der Sicherheitsbehörden auf das sozialistische Regime und die Überwachung der Bevölkerung durch die Geheimpolizei (Stasi) kennzeichneten das politische System der DDR.
- **Demontagen** und **Militarisierung** belasteten die DDR-Wirtschaft und führten zu Lebensmittelrationierung sowie Normerhöhungen bei den Arbeitsleistungen.
- Der **Volksaufstand vom 17. Juni 1953** wurde mit sowjetischer Hilfe militärisch niedergeschlagen.
- Die DDR trat 1955 in den neu gegründeten **Warschauer Pakt** ein – als Antwort auf den NATO-Beitritt der Bundesrepublik – und begann mit dem Aufbau der Nationalen Volksarmee (NVA).
- Auf die Massenflucht aus der DDR im Zusammenhang mit der zweiten Berlin-Krise 1958 - 1961 reagierte die Staatsführung der DDR mit dem **Mauerbau 1961** in Berlin und der **Abriegelung der Grenzen zur Bundesrepublik**.
- 1975 unterzeichnete die DDR die **KSZE-Schlussakte** in Helsinki, um international anerkannt zu werden. Allerdings beriefen sich DDR-Bürger nun auf die von ihrer Führung zugesicherten Menschenrechte.
- Der **Niedergang der DDR-Wirtschaft** seit Ende der 1970er-Jahre und die Unfähigkeit zu inneren Reformen führten im November 1989 zum Ende des SED-Regimes.

Von der friedlichen Revolution zur Wiedervereinigung

- Friedliche Massenproteste in der DDR führten zur **Grenzöffnung am 9. November 1989** und in der Folge zum Rücktritt der SED-Führung.
- Bei den ersten freien Wahlen in der DDR gewann die konservative „Allianz für Deutschland", die für eine rasche Wiedervereinigung eintrat.
- Im „**Zwei-plus-Vier-Vertrag**" am 12. September 1990 erhielt Deutschland seine volle Souveränität zurück, nachdem die Regierung Kohl die Zustimmung aller vier Siegermächte des Zweiten Weltkrieges für die Wiedervereinigung Deutschlands, das Mitglied in der NATO bleiben sollte, erhalten hatte.
- Am 1. Juli 1990 trat die Währungs-, Wirtschafts- und Sozialunion in Kraft, ein **Einigungsvertrag** wurde zwischen BRD und DDR verhandelt. Am 23. August 1990 wurde von der DDR-Volkskammer der Beitritt zum Grundgesetz der Bundesrepublik beschlossen. Am **3. Oktober 1990** konnte die **Wiedervereinigung** vollzogen werden. Berlin wurde deutsche Hauptstadt.
- Die ersten gesamtdeutschen Wahlen am 2. Dezember 1990 gewann die Regierung Kohl aus CDU/CSU und FDP. Sie leitete Maßnahmen ein, um die marode Wirtschaft der ehemaligen DDR umzugestalten.

Von der „Stunde Null“ bis zur Gründung der beiden deutschen Staaten

Mai 1945: Zusammenbruch des Deutschen Reiches, Befreiung vom Hitler-Regime

↓

Flucht und Vertreibung von ca. 14 Mio. Deutschen, von denen 2,5 Mio. umkamen

↓

Integration der Vertriebenen (in Westdeutschland mithilfe des Lastenausgleichs)

↓

Aufteilung Deutschlands in vier Besatzungszonen

↓

Nürnberger Prozesse zur Verurteilung der NS-Kriegsverbrecher, Entnazifizierung

↓

Die Spaltung innerhalb der einstigen Anti-Hitler-Koalition vertieft sich zwischen den drei westlichen Siegermächten auf der einen Seite und der Sowjetunion auf der anderen Seite

SPD, CDU, CSU, FDP und KPD (1955 verboten) sind die wichtigsten Parteien; Aufbau einer parlamentarischen Demokratie nach westlichem Vorbild	Zwangsvereinigung von SPD und KPD zur SED. Die übrigen Parteien sind in dem Blockparteiensystem der SED untergeordnet.
Demontagen führen zu einer Modernisierung der Betriebe	Demontagen schwächen Wirtschaft
Marshall-Plan zum wirtschaftlichen Wiederaufbau Soziale Marktwirtschaft	Bodenreform, Enteignung und Verstaatlichung von Betrieben, Planwirtschaft
Währungsreform →	Berlin-Blockade (Verweigerung des Zugangs nach West-Berlin auf dem Landweg)
Trizone, Parlamentarischer Rat	
8. Mai 1949 Gründung der Bundesrepublik	**7. Oktober 1949 Gründung der DDR**

1. *Die Bezeichnung „Stunde Null“ ist sehr umstritten. Stellen Sie Argumente zusammen, die für bzw. gegen diese Bezeichnung sprechen. Entscheiden Sie dann, ob Sie den Begriff für angemessen halten bzw. diskutieren Sie andere Vorschläge.*
2. *Fassen Sie die Kennzeichen der sogenannten „68er-Bewegung“ zusammen. Bewerten Sie, wie sich ihre gesellschaftlichen und politischen Ziele in der weiteren geschichtlichen Entwicklung auswirkten.*
3. *Erörtern Sie, ob die Neue Ostpolitik der sozial-liberalen Koalition in den 1970er-Jahren eine Abkehr von den Grundpositionen Adenauers bedeutete.*
4. *Die Frage, ob Bonn oder Berlin der Regierungssitz des wiedervereinigten Deutschland werden sollte, war heftig umstritten. Nur eine knappe Mehrheit im Bundestag entschied für Berlin. Sammeln und ordnen Sie die Argumente der Debatte und nehmen Sie selbst Stellung.*

Mit der bedingungslosen Kapitulation des nationalsozialistischen Deutschland gegenüber den alliierten Siegermächten endete am 8. Mai 1945 in Europa der Zweite Weltkrieg. Die Solidarität der Siegermächte zerbrach aber schon bald und mündete im Ost-West-Konflikt, der sich zuspitzte und in den Kalten Krieg überging.

Im Sozialismus des Ostens herrschten Planwirtschaft und eine Diktatur der Parteielite, in den Demokratien des Westens entfalteten sich Marktwirtschaft und frei gewählte Staatsführungen. Nach der kurzen „Inkubationszeit des Kalten Krieges“ (Bernd Stöver) wurde der Gegensatz seit 1946/47 politisch ausgetragen. Er fand seinen Niederschlag im Wettrüsten, das die Menschheit über mehrere Jahrzehnte an den Rand einer nuklearen Katastrophe führte. Jedoch blieb es beim Kalten Krieg, beim „Gleichgewicht des Schreckens“. Ost und West, die Sowjetunion und die Vereinigten Staaten, waren nur in regionale Konflikte in Form von „Stellvertreterkriegen“ verwickelt, zu einem direkten Krieg der beiden Großmächte kam es nicht. Der Ost-West-Konflikt überlagerte andere Gegensätze – so zwischen den westlichen Demokratien und ihren ehemaligen Kolonien, zwischen reichen und armen Weltregionen (Nord-Süd-Konflikt), zwischen einer dem Individuum zugewandten Wertordnung des Westens und einer der Gemeinschaft zugewandten Wertordnung der islamischen Welt sowie des südöstlichen Asien.

Um 1990 brach der kommunistische Osten Europas zusammen – ohne dass auch nur ein Schuss gefallen wäre. Die Vorstellung, das westliche Modell von Demokratie und Menschenrechten würde sich nun global verbreiten, hat sich als Illusion erwiesen, neue Konfliktlinien mit zum Teil großen Flüchtlingsströmen bestimmen die Weltpolitik. Die NATO-Osterweiterung trifft auf den Widerstand Russlands. Regionale Konflikte wie jener im Nahen Osten erweisen sich als dauerhafte Krisenherde. In der multipolaren Weltordnung sind neue Mächte wie China auf den Plan getreten, die die USA als Supermacht zunehmend herausfordern.

Und auch der europäische Einigungsprozess ist schweren Belastungsproben ausgesetzt: Einst als Projekt für Frieden und Sicherheit in Europa begonnen, befindet er sich angesichts ökonomischer und politischer Spannungen in einer Legitimationskrise.

Die Welt nach 1945: Konfrontation, Kooperation und Neuordnung

Der Ost-West-Konflikt

◂ **La bombe.**
Gemälde des isländischen Künstlers Erró (Gudmundur Gudmundsson) von 1977.

Blockbildung und atomares Patt	**1945**	Die USA werfen zwei Atombomben auf Japan ab. 1949 wird auch die Sowjetunion Atommacht.
	1945-1948	Sowjetisierung Ostmitteleuropas. Die USA verstärken ihr Engagement in Westeuropa.
	1949	Die USA, Kanada und zehn westeuropäische Staaten gründen die NATO.
	1950-1953	Der Korea-Krieg endet mit der Teilung des Landes in einen prowestlichen und einen kommunistischen Staat.
	1955	„Vertrag über Freundschaft, Zusammenarbeit und gegenseitigen Beistand“ zwischen der Sowjetunion und ihren Satellitenstaaten („Warschauer Pakt“).
	1956	Chruschtschow verkündet das Prinzip der „friedlichen Koexistenz“.
Globale Rivalität	**1958-1961**	Die zweite Berlin-Krise führt zur faktischen Anerkennung des sowjetischen Machtbereiches in Deutschland durch die Westmächte. Berlin wird durch eine Mauer geteilt.
	1962	Die Kuba-Krise bringt die Welt an den Abgrund eines Atomkrieges.
	1965-1975	Die US-Politik scheitert im Vietnam-Krieg, ganz Vietnam wird kommunistisch.
	1968	In der ČSSR wird der „Prager Frühling“ von sowjetischen Truppen niedergeschlagen.
Entspannung und neue „Eiszeit“	**1968**	Der Atomwaffensperrvertrag soll die unkontrollierte Verbreitung von Kernwaffen verhindern.
	1972	Der SALT-I-Vertrag begrenzt das Wettrüsten zwischen den USA und der UdSSR.
	1975	Erste Konferenz über Sicherheit und Zusammenarbeit in Europa (KSZE).
	1979	NATO-Doppelbeschluss zur Nachrüstung von Mittelstreckenraketen in Europa. Die Sowjetunion marschiert in Afghanistan ein.
Zusammenbruch des Ostblocks, neue Weltordnung	**1985**	Michail Gorbatschow wird Staats- und Parteichef der Sowjetunion und beginnt seine Reformpolitik aus Glasnost und Perestroika.
	1986-1987	Abschluss der INF-Verhandlungen in Genf: Abbau von Raketen beschlossen.
	1989/90	Fall der Berliner Mauer, friedliche Revolutionen in Osteuropa.
	1991	Die Sowjetunion und die Warschauer Vertragsorganisation lösen sich auf.
	1999-2007	Die meisten Staaten Ostmitteleuropas treten der NATO sowie der EU bei.

Wer hatte Schuld am Ausbruch des Kalten Krieges? Der politische Gegensatz zwischen den Großmächten USA und Sowjetunion wurde während des Zweiten Weltkrieges durch die gemeinsame Frontstellung gegen das nationalsozialistische Deutsche Reich und dessen Verbündete überlagert. Schon wenige Jahre nach dem Sieg über Deutschland verschärfte sich die Rivalität der beiden Mächte. Die Welt schien in zwei gegnerische Lager zu zerfallen (Bipolarität), in den Osten unter Führung der UdSSR und den Westen mit den USA als Vormacht.

Als Reaktion auf die Sowjetisierung Ostmitteleuropas betrieben die Vereinigten Staaten eine Politik der Eindämmung des Kommunismus. Sie gewährten noch nicht kommunistischen Staaten wirtschaftliche, politische und militärische Unterstützung und betrieben die Gründung der NATO im Jahr 1949. Dabei wurde eine direkte Konfrontation vermieden – nicht zuletzt wegen der atomaren Bewaffnung von USA und UdSSR. Stattdessen bekämpften sich beide Mächte in den Jahrzehnten nach 1945 politisch, weltanschaulich und wirtschaftlich sowie durch Stellvertreterkriege. Das Zeitalter des „Kalten Krieges“ prägte die Weltpolitik. Die Trennlinie zwischen Ost und West, der „Eiserne Vorhang“, verlief dabei mitten durch Deutschland. Seit ihrer Einbindung in beide Machtblöcke standen sich auch Bundesrepublik und DDR feindlich gegenüber. 1961 wurde der Bau der Mauer quer durch Berlin zum Symbol des Kalten Krieges.

Bei der Frage nach der Ursache für die Spaltung der Welt in zwei Lager waren sich (vor allem amerikanische) Wissenschaftler in den 1950er-Jahren einig: Die aggressive Expansionspolitik der Sowjetunion und die Etablierung des „Ostblocks“ hätten eine weitere friedliche Kooperation zwischen West und Ost nach dem Krieg verhindert. In den 1960er- und 70er-Jahren wurde diese Sichtweise von Intellektuellen bezweifelt, die der amerikanischen Regierungspolitik aufgrund der Ereignisse in Vietnam kritisch gegenüberstanden. Nicht Moskau habe den Kalten Krieg verursacht, sondern Washington; der sich ausbreitende Wirtschaftsimperialismus der USA, der auch die Sowjetunion unterwerfen wollte, habe den Konflikt provoziert.

Als der Ost-West-Konflikt 1989/90 schließlich endete, wurde die Teilung Deutschlands und Europas überwunden und es eröffneten sich neue Perspektiven für die Politik in der Welt. Auch die Auseinandersetzungen um Ursachen und Triebkräfte des Kalten Krieges fanden einen moderateren Ton. Heute stehen Wissenschaftler auf dem Standpunkt, dass beide Seiten aus Angst vor der Hegemonie der jeweils anderen Supermacht handelten und dass dies zur Eskalation der politischen Konfrontation geführt habe. „Die westliche Politik der Kooperationsverweigerung [...]“, so resümiert zum Beispiel der Historiker Wilfried Loth, „provozierte die Abschließung und einheitliche Ausrichtung des Sowjetblocks, die die amerikanischen Dogmatiker schon zuvor behauptet hatten; die Monolithisierung [Blockbildung] Osteuropas und die Obstruktion [Verhinderung] des Marshall-Plans riefen die westliche Blockbildung hervor, gegen deren vermutete Folgen sie gerichtet waren; und beide Seiten fanden in der gegnerischen Blockbildung Anlass, die Überschätzung der Kräfte der Gegenseite bestätigt zu sehen.“

- *Warum kam es nach 1945 zu einer weltweiten Blockbildung und wodurch war diese gekennzeichnet?*
- *Was verursachte Krisen und Konflikte im Zeichen des Kalten Krieges, wie verliefen diese und wie wurden sie bewältigt?*
- *Welche Auswirkungen hatte die Entspannungspolitik auf die vorherrschenden Konflikte und wie trug diese zur Sicherung des Friedens bei?*
- *Welche Ursachen und Folgen hatte das Ende des Kalten Krieges und welche Möglichkeiten bestanden für die Neuordnung des internationalen Systems nach 1989/90?*

Blockbildung nach dem Zweiten Weltkrieg

▲ **„Ja, der hat's gut, der lebt unter einem besseren Himmel."**
Karikatur von Karl Holtz, 1946. Titelblatt einer Ausgabe der Satirezeitschrift „Ulenspiegel".
▪ *Erklären Sie die einzelnen Elemente der Karikatur.*

Wettstreit der Visionen Der Ost-West-Konflikt im 20. Jahrhundert war die globale Auseinandersetzung zwischen zwei politischen Weltanschauungen: dem Modell einer liberal-demokratisch und marktwirtschaftlich bestimmten Gesellschaft einerseits und dem einer sozialistischen Staats- und Gesellschaftsordnung nach den Lehren des Marxismus-Leninismus* andererseits.

Der Ursprung des Ost-West-Konfliktes lag in der russischen Oktoberrevolution von 1917, als die kommunistische Partei unter Wladimir Iljitsch Lenin** die Macht in Russland übernahm. An die Stelle des Zarenreiches trat die 1922 gegründete Union der Sozialistischen Sowjetrepubliken (UdSSR). Das Sowjetregime verkündete die Herrschaft der Arbeiterklasse im eigenen Land und ging davon aus, dass sich ihr Gesellschaftsmodell weltweit durchsetzen werde. Seither befürchteten die Menschen in den Industrieländern, die an der bisherigen Gesellschaftsordnung festhalten wollten oder um ihre Machtgrundlagen bangten, eine sozialistische Revolution.

Demgegenüber wurden vor allem die USA zum Vorreiter des Selbstbestimmungsrechts der Völker, der parlamentarischen Demokratie und eines reformierten Kapitalismus, der auch den sozial Schwachen ein menschenwürdiges Dasein sichern sollte. Dies waren die Antworten des „Westens" auf die Probleme des internationalen Friedens und der Sozialen Frage im Innern der Staaten. Hatten sich die USA nach dem Ende des Ersten Weltkrieges aus der europäischen Politik wieder zurückgezogen, so zwang sie der Zweite Weltkrieg, ihre isolationistische Haltung endgültig aufzugeben. Zusammen mit Großbritannien und der Sowjetunion unter Josef Stalin*** bildeten die USA ein Kriegsbündnis gegen ihre Angreifer, das Deutsche Reich (Anti-Hitler-Koalition)**** und Japan.

1945 war Europa vom Nationalsozialismus befreit und der Krieg in Ostasien beendet. Die UdSSR trat zwar 1945 den Vereinten Nationen (UNO) bei, die von den USA und Großbritannien als neue Weltfriedensorganisation gegründet wurden. Dennoch schufen die beiden Weltmächte USA und UdSSR – die übrigen Mächte waren bei Kriegsende entweder geschlagen oder allzu geschwächt – keine gemeinsame Weltfriedensordnung. Vielmehr führten sie die beiden entstehenden feindlichen Machtblöcke an und rangen weltweit um die Erweiterung ihres Einflussbereiches (*Bipolarität*). Sie bekämpften sich in den Jahrzehnten nach 1945 politisch, ideologisch und wirtschaftlich sowie durch **Stellvertreterkriege**, während eine direkte militärische Konfrontation unterblieb. Daher spricht man auch vom „Kalten Krieg" (▸ M1).

Stellvertreterkrieg: Staaten führen einen militärischen Konflikt nicht unmittelbar gegeneinander, sondern tragen ihn auf externem Gebiet oder gegen eine dritte Macht aus.

Die Anti-Hitler-Koalition zerfällt Angesichts ihrer unvereinbaren macht- und sicherheitspolitischen Interessen konnten sich die beiden Weltmächte nicht über die Probleme der Nachkriegszeit verständigen (▸ M2).

Das Kriegsende in Europa und Ostasien wurde zu einem Wettlauf um die Einflusszonen der Siegermächte. Bereits auf der Konferenz der Alliierten in Jalta am Schwarzen Meer (Februar 1945) hatten die USA, Großbritannien und die UdSSR ihre Interessen-

* Siehe Seite 441.
** Siehe Seite 279.
*** Siehe Seite 364.
**** Siehe Seite 369.

bereiche gegeneinander abgrenzen müssen. Auf der Potsdamer Konferenz*, die im Juli 1945 begann, wurde Deutschland in vier Besatzungszonen geteilt. Sowjetische Truppen standen in Berlin sowie im östlichen Teil Deutschlands, nachdem zuvor die Rote Armee schon ganz Osteuropa besetzt hatte.

Im Fernen Osten versuchte Stalin erfolglos, nach der Kapitulation Japans (2. September 1945) Einfluss auf die Kontrolle des Landes zu gewinnen. In Korea kam es im Dezember 1945 zur Teilung in einen sowjetisch beherrschten Norden und einen von den Amerikanern kontrollierten Süden. In China, das die USA traditionell zu ihren Verbündeten zählte, flammte 1946 der Bürgerkrieg zwischen den Kommunisten unter **Mao Zedong** und der Nationalregierung unter *Chiang Kai-shek* wieder auf. Er endete mit der Proklamation der Volksrepublik China durch Mao (1. Oktober 1949).

In Vorderasien weigerte sich die Sowjetunion zunächst, ihre Truppen vereinbarungsgemäß aus dem Iran zurückzuziehen. Außerdem forderte sie Küstengebiete der Türkei sowie die türkischen Meerengen. Die USA antworteten mit der demonstrativen Entsendung ihrer Flotte ins Mittelmeer. Auch die britische Regierung sah ihre Sicherheitsinteressen bedroht: In Griechenland, Ägypten, in der gesamten arabischen Welt, in Indien und in den fernöstlichen Kolonien förderte die Sowjetunion „nationale Befreiungsbewegungen". Ebenso wurde die Unterstützung der kommunistischen Parteien in Frankreich und Italien als Beleg dafür gewertet, dass Stalin das Nachkriegschaos für seine Zwecke nutzen wollte.

Mao Zedong (1893-1976): chinesischer Revolutionär; 1949-1959 erster Staatschef der Volksrepublik China

Die Sowjetisierung Ostmitteleuropas Entscheidend für das immer schlechtere Verhältnis zwischen den Siegermächten war die Sowjetisierung der Staaten Ostmitteleuropas. Im Gegensatz zu den Abmachungen von Jalta ließ die Rote Armee in Polen, Rumänien, Ungarn und Bulgarien keine freie, demokratische Entwicklung zu. Durch Einschüchterung der Bevölkerung, durch Schauprozesse und die Zwangsvereinigung der sozialdemokratischen mit den kommunistischen Parteien festigten die Kommunisten in diesen Ländern ihre Alleinherrschaft. Es folgten die Kollektivierung der Landwirtschaft sowie die Einbeziehung der zentral gesteuerten Volkswirtschaften in den sowjetischen Wirtschaftsbereich. Stalins Gefolgsleute sorgten durch die systematische Entfernung nationaler „Abweichler" dafür, dass der Machtanspruch Moskaus nicht infrage gestellt wurde.

Nach 1945 entwickelten sich die kommunistischen Parteien in diesen Ländern zu Massenparteien in der Hand einer kleinen Gruppe von Aktivisten. Deren bedingungslose Unterordnung unter den Willen Stalins war die Voraussetzung für ihr politisches Überleben. Als letztes Land wurde im Frühjahr 1948 die Tschechoslowakei durch einen kommunistischen Staatsstreich, den die Rote Armee möglich machte, in das politisch-ökonomische Herrschaftssystem der UdSSR einbezogen. Nur Jugoslawien unter **Tito** konnte sich der sowjetischen Kontrolle entziehen. Winston Churchill** sah diese Entwicklung schon früh und prägte 1946 den Begriff „*Eiserner Vorhang*", der sich auf Europa herabsenke und den sowjetischen Machtbereich vom Rest der Welt abriegle (▸ M3).

Literaturtipp:
Anne Applebaum, Der Eiserne Vorhang: die Unterdrückung Osteuropas 1944-1956, München 2013

Josip Broz, gen. Tito (1892-1980): Partisanenführer der jugoslawischen Kommunisten im Zweiten Weltkrieg; 1945 Ministerpräsident, 1953-1980 Staatspräsident Jugoslawiens

Die USA reagieren: Eindämmung und Wiederaufbau Die Vereinigten Staaten sahen sich gehalten, auf die Sowjetisierung zu antworten und die noch nicht unter kommunistischer Führung stehenden Länder wirtschaftlich, politisch und militärisch zu stabilisieren. US-Präsident Harry S. Truman*** erhob im März 1947 die „Eindämmung" (*containment*) des Kommunismus und der Sowjetunion zum Grundprinzip seiner Außenpolitik (*Truman-Doktrin*; ▸ M4). Als Antwort darauf gründete Stalin Ende Sep-

* Siehe Seite 400 (Jalta und Potsdam).
** Siehe Seite 367.
*** Siehe Seite 369.

▲ **Ausdehnung des sowjetischen Herrschaftsbereiches in Europa.**

tember 1947 das Kommunistische Informationsbüro (*Kominform*), das die weltweite Steuerung der kommunistischen Parteien unter Führung der Kommunistischen Partei der Sowjetunion (KPdSU) zur Aufgabe hatte (▸ M5).

Zur Stützung der nichtkommunistischen Länder in Europa rief die US-Regierung im Frühjahr 1948 das Europäische Wiederaufbauprogramm (*European Recovery Program*, ERP) ins Leben, nach seinem Initiator **George Marshall** auch *Marshall-Plan** genannt. Der Marshall-Plan bot den kriegszerstörten Ländern Europas wirtschaftliche Hilfe beim Wiederaufbau. Den Ländern in seinem Machtbereich verbot Stalin die Beteiligung an diesem Programm und bildete stattdessen den *Rat für Gegenseitige Wirtschaftshilfe* (RGW). Dieser leistete keine Aufbauhilfe in den Mitgliedstaaten.

George C. Marshall (1880-1959): General im Zweiten Weltkrieg, 1947-1951 US-Außenminister; erhielt 1953 den Friedensnobelpreis

Die Gründung der NATO ▬ Wegen des großen militärischen Übergewichts der Sowjetunion an Landstreitkräften in Europa gaben die britische und französische Regierung den Anstoß zu einem längerfristigen militärischen Engagement der USA in Europa. Nur ein gemeinsames Verteidigungssystem unter Mitwirkung der USA schien Westeuropa gegen die Sowjetunion schützen zu können. Die *Berlin-Blockade* von 1948/49** verstärkte das Gefühl der Bedrohung im Westen noch weiter.

* Siehe Seite 407 und 412 f.
** Siehe Seite 414.

Am 4. April 1949 gründeten zehn europäische Staaten sowie die USA und Kanada die **NATO**. Ihre Hauptaufgabe sollte der Schutz sämtlicher Mitglieder gegen einen bewaffneten Angriff sein. Mit der Gründung der NATO gewährten die USA den Staaten Westeuropas dauerhaft militärischen Beistand.

Die Sowjetunion hatte dagegen schon seit 1945 bilaterale (zweiseitige) Abkommen über Freundschaft, Zusammenarbeit und gegenseitigen Beistand mit allen Staaten ihres Machtbereiches geschlossen.

NATO (North Atlantic Treaty Organization): Die Zugehörigkeit verpflichtet nicht zum automatischen militärischen Beistand, sondern stellt die erforderlichen Maßnahmen in das Ermessen jedes Partners. Truppen der NATO wurden nach dem Ende des Kalten Krieges als Krisenreaktionskräfte auch zur Durchsetzung von Resolutionen der UNO eingesetzt.
Die NATO besteht nach wie vor, derzeit gehören ihr 28 Staaten an. Zu den zehn europäischen Gründungsmitgliedern gehören Belgien, Dänemark, Frankreich, Großbritannien, Island, Italien, Luxemburg, Niederlande, Norwegen und Portugal.

Blockbildung in Ost und West ■ Die Teilung Europas, der „Eiserne Vorhang", verlief unterdessen mitten durch das besiegte Deutschland. 1948 waren die Besatzungszonen der USA, Großbritanniens und Frankreichs zu einem gemeinsamen Wirtschaftsraum (*Trizone*) verschmolzen, im Mai 1949 wurde daraus die Bundesrepublik Deutschland als Staat mit eingeschränkter Souveränität. Im Oktober desselben Jahres erfolgte die Gründung der Deutschen Demokratischen Republik auf dem Boden der Sowjetischen Besatzungszone im Osten Deutschlands. Die DDR wurde wie ihre östlichen Nachbarn ein von der Sowjetunion abhängiger Satellitenstaat.

Als die Bundesrepublik Deutschland 1955 der NATO beitrat, unterzeichneten die UdSSR und ihre Verbündeten in Warschau den **Vertrag über Freundschaft, Zusammenarbeit und gegenseitigen Beistand**. Die beiden deutschen Teilstaaten waren seitdem vollständig in das westliche bzw. östliche Bündnissystem integriert.

Vertrag über Freundschaft, Zusammenarbeit und gegenseitigen Beistand: Militärbündnis, gegründet am 14. Mai 1955; im Westen Warschauer Pakt genannt. Ihm gehörten die UdSSR, Albanien (bis 1968), Bulgarien, ČSSR, DDR (bis 1990), Polen, Rumänien und Ungarn an. Ökonomisch waren die Staaten des Ostblocks bereits seit 1949 im Rat für Gegenseitige Wirtschaftshilfe organisiert.
Der Vertrag von 1955 wurde am 1. April 1991 aufgelöst.

„Friedliche Koexistenz" und atomares Gleichgewicht ■ Auf den Tod des Diktators Stalin im Jahr 1953 folgte eine neue Phase der Ost-West-Beziehungen. Der neue sowjetische Staats- und Parteichef Nikita Chruschtschow* verkündete 1956 die Doktrin von der „friedlichen Koexistenz". Die unterschiedlichen Gesellschaftssysteme in Ost und West sollten vorerst nebeneinander bestehen und auf einen Krieg verzichten.

Diese Forderung stand in der Tradition Lenins und Stalins, die ihre revolutionären Ziele nötigenfalls der politischen Entwicklung angepasst hatten. Sie war desto dringender, als beide Seiten inzwischen über Nuklearwaffen verfügten. Die USA waren seit 1945 zunächst der einzige Staat gewesen, der Atomwaffen besaß. Im August 1949 war auch der Sowjetunion die Zündung einer Atombombe gelungen. 1955 hatte die Sowjetunion mit den USA bei der Herstellung einer Wasserstoffbombe gleichgezogen. Am 4. Oktober 1957 sandte die Sowjetunion den ersten künstlichen Satelliten („Sputnik") in den Weltraum. Der „*Sputnik-Schock*" führte der westlichen Öffentlichkeit schlagartig die Fortschritte des Ostblocks in der Raketentechnik vor Augen. Bald darauf verfügte die Sowjetunion über Raketen, die direkt auf die USA zielen konnten. Die USA hatten ihre atomare Überlegenheit verloren und waren nun auf dem eigenen Territorium angreifbar. Zwischen den Weltmächten trat eine strategische Pattsituation ein.

Die Entwicklung der Raketen als Trägersysteme wurde vor allem durch die Weltraumfahrt vorangetrieben. Der Wettlauf um die Vorherrschaft im Weltraum, der u.a. zur ersten bemannten Mondlandung der Amerikaner am 21. Juli 1969 führte, war ein weiteres Feld, auf dem der Kalte Krieg ausgetragen wurde. Dabei diente der technologische Vorsprung als Indiz für die Überlegenheit des jeweiligen Gesellschaftssystems. Unterdessen wuchs das Atomwaffenarsenal auf beiden Seiten stetig an. Mit den vorhandenen Sprengköpfen konnte die Menschheit mehrfach ausgelöscht werden (*overkill capability*). Die Hochrüstung führte zu einem „*Gleichgewicht des Schreckens*".

* Siehe Seite 447.

M1 Erklärungsversuche zum Kalten Krieg

Der Historiker Bernd Stöver fasst Erklärungsversuche für die Entstehung des Kalten Krieges zusammen:

(1) Nach der *traditionellen Vorstellung*, der frühesten Erklärung, war aus westlicher Sicht für die Entstehung und Forcierung des Kalten Krieges die marxistisch-leninistische Ideologie mit ihrem Anspruch auf die Weltrevolution verantwortlich. Diese habe die Sowjetunion prinzipiell auf einen aggressiven Kurs gegenüber dem Westen festgelegt. Pragmatische Annäherungen in Entspannungsphasen seien zwar möglich gewesen, nicht jedoch eine Abschwächung des Expansionsdrangs. [...]

(2) [*Revisionistische Erklärung*] [...] Als der erste Band der revisionistischen Schule, William A. Williams' *The Tragedy of American Diplomacy*, 1959 erschien, befand sich die Welt nach der nur kurze Zeit zurückliegenden Doppelkrise um Ungarn und Suez[1] mit der Zweiten Berlin-Krise wieder auf Konfrontationskurs. Die Revisionisten [...] unterstrichen ausdrücklich die amerikanische Verantwortung für die Entstehung des Kalten Krieges. Die Sowjetunion sei aus dem Zweiten Weltkrieg geschwächt hervorgegangen und habe dem wirtschaftlich überlegenen Westen, insbesondere den USA und ihrer forcierten „Politik der Offenen Tür"[2], nahezu hilflos gegenübergestanden. Neben der ökonomischen Überlegenheit wurde hier ausdrücklich das amerikanische Atomwaffenmonopol der ersten Nachkriegsjahre als Argument für die amerikanische Verantwortung herangezogen. Stalins Politik sei weniger von imperialen Vorstellungen ausgegangen als von der Bewahrung und Sicherung des bestehenden Staates, der kontinuierlich gefährdet gewesen sei. [...]

(3) Beide Positionen näherten sich seit den Siebzigerjahren in der sogenannten *postrevisionistischen Interpretation* des Kalten Krieges an: Sie geht davon aus, dass gerade die angenommene Bedrohung durch die Gegenseite für die rasante Dynamik der Auseinandersetzung maßgeblich war. Kontinuierlich habe die verfehlte Wahrnehmung falsche Entscheidungen produziert. [...] Tatsächlich können die Postrevisionisten für sich verbuchen, dass vieles, was man nach der Öffnung bisher verschlossener Archive in den Jahren nach 1991 zutage förderte, in die Richtung wies, dass der Verlauf des Kalten Krieges nicht zuletzt durch massive Kommunikationsprobleme gefördert wurde. Gerade sein Ende – etwa der Wandel des Gorbatschow-Bildes im Westen – zeigt deutlich, wie stark die Überwindung von eingefahrenen Perzeptionsmustern[3] zur Beendigung des Kalten Krieges beitrug.

Dennoch stießen auch diese Interpretationen auf Kritik. Tatsächlich muss man sich natürlich fragen, ob die Einschätzungen der Gegenseite wirklich so konsequent falsch waren wie unterstellt. Schloss nicht schon der Universalanspruch der beiden Ordnungsentwürfe den jeweils anderen kategorisch aus? Wurde nicht trotz der Abrüstungsverhandlungen alles versucht, das gegnerische System weiterhin zu unterminieren[4], und zwar nicht nur im eigenen Machtbereich, sondern auch an den entlegensten Peripherien des Konfliktes? Wo konnte es eine Fehlinterpretation der jeweiligen gegnerischen Vorstellungen bei der gigantischen nuklearen Aufrüstung geben, die schließlich militärisch sinnvoll nicht mehr eingesetzt werden konnte und in der Lage war, nicht nur die gesamte Erdbevölkerung mehrfach zu vernichten, sondern die Erde auf Dauer unbewohnbar zu machen?

Alle drei Antworten auf die Frage, *warum* dieser Konflikt begann und mit aller Härte und vollem Einsatz der Kräfte bis zum Ende geführt wurde, blieben zeitgebundene Teilerklärungen. So wie die traditionelle und revisionistische Erklärung jeweils einseitige Schuldzuweisungen unternahmen, schloss der kommunikationstheoretische Ansatz des Postrevisionismus weitgehend die Möglichkeit aus, dass der Kalte Krieg ein klassischer Machtkonflikt war, der nicht aus Versehen oder aufgrund von Verständigungsproblemen, sondern bewusst und kalkuliert in Eskalationen und Deeskalationen geführt wurde, weil er ausgefochten und siegreich beendet werden sollte. Gerade für diese Annahme sprach jedoch immer vieles.

Bernd Stöver, Der Kalte Krieg 1947-1991. Geschichte eines radikalen Zeitalters, München 2007, S. 16-19

1. *Arbeiten Sie heraus, wie der Westen und der Ostblock den Kalten Krieg erklärten.*
2. *Erläutern Sie Stövers Feststellung, die drei Interpretationen seien jeweils „zeitgebundene Teilerklärungen" (Zeile 60 f.).*
3. *Nehmen Sie Stellung zu Stövers These, der Kalte Krieg sei ein „klassischer Machtkonflikt" (Zeile 65) gewesen.*

1 **Ungarn-Krise**: 1956 führte in Ungarn ein Volksaufstand zur Abschaffung der kommunistischen Einparteiendiktatur. Die sowjetische Armee beseitigte die neue Regierung und stellte die alten politischen Verhältnisse wieder her.
Suez-Krise: Ägypten hatte 1956 die Kontrolle über den Suezkanal übernommen, der bis dahin für die internationale Schifffahrt geöffnet war. Großbritannien und Frankreich griffen militärisch ein. Die USA und die Sowjetunion erreichten daraufhin den Rückzug der britischen und französischen Truppen.

2 **Politik der Offenen Tür**: Sie zielt darauf, dass keinem Land der freie Handel mit einem anderen Land verwehrt werden darf. Geprägt wurde der Begriff Ende des 19. Jh. im Zeitalter des Imperialismus.

3 **Perzeptionsmuster**: Wahrnehmungsmuster

4 **unterminieren**: untergraben

M2 „Drahtbericht aus Moskau“

Am 22. Februar 1946 schickt der Berater des US-Botschafters in Moskau, George F. Kennan, ein Telegramm nach Washington, das wesentliche Grundsätze der späteren amerikanischen Außenpolitik enthält:

Die UdSSR lebt immer noch inmitten feindseliger „kapitalistischer Einkreisung“, mit der es auf die Dauer keine friedliche Koexistenz geben kann. [...] Die Erfordernisse ihrer eigenen vergangenen und gegenwärtigen Position sind es, die die sowjetische Führung dazu zwingen, ein Dogma zu verkünden, nach dem die Außenwelt böse, feindselig und drohend, aber zugleich von einer schleichenden Krankheit befallen und dazu verurteilt ist, von immer stärker werdenden inneren Kämpfen zerrissen zu werden, bis sie schließlich von einer erstarkenden Macht des Sozialismus den Gnadenstoß erhält und einer neuen und besseren Welt weicht. Diese These liefert den Vorwand für das Anwachsen von Militär und Polizei im russischen Staat, für die Isolierung der russischen Bevölkerung von der Außenwelt und für die ständigen Versuche, die russische Polizeigewalt noch weiter auszuweiten, alles Dinge, die seit je den natürlichen Instinkten russischer Herrscher entsprechen. [...]

Wo es angezeigt und Erfolg versprechend scheint, wird man versuchen, die äußeren Grenzen der Sowjetmacht zu erweitern. [...]

Gegenüber Kolonialgebieten und rückständigen oder abhängigen Völkern wird die sowjetische Politik sogar auf amtlicher Ebene das Ziel verfolgen, Macht, Einfluss und Kontakte der hoch entwickelten westlichen Nationen zu schwächen, und zwar unter dem Gesichtspunkt, dass bei einem Erfolg dieser Politik ein Vakuum entstünde, das sowjetisch-kommunistisches Eindringen erleichtern müsste [...].

Alles in allem haben wir es mit einer politischen Kraft zu tun, die sich fanatisch zu dem Glauben bekennt, dass es mit Amerika keinen dauernden Modus Vivendi[1] geben kann, dass es wünschenswert und notwendig ist, die innere Harmonie unserer Gesellschaft, unsere traditionellen Lebensgewohnheiten und das internationale Ansehen unseres Staates zu zerstören, um der Sowjetmacht Sicherheit zu verschaffen [...]. Sie [die Sowjetunion] arbeitet nicht nach festgelegten Plänen. Sie geht keine unnötigen Risiken ein. Der Logik der Vernunft unzugänglich, ist sie der Logik der Macht in hohem Maße zugänglich. Daher kann sie sich ohne Weiteres zurückziehen – und tut das im Allgemeinen –, wenn sie irgendwo auf starken Widerstand stößt. Wenn also dem Gegner genügend Hilfsmittel zur Verfügung stehen und er die Bereitschaft zu erkennen gibt, sie auch einzusetzen, wird er das selten tun müssen. Wenn die Situation richtig gehandhabt wird, braucht es zu keiner das Prestige verletzenden Kraftprobe kommen. [...]

Ich bin überzeugt, dass es in unserem Lande heute viel weniger antisowjetische Hysterie gäbe, wenn unser Volk mit der Situation besser vertraut wäre. Nichts ist so gefährlich oder so schrecklich wie das Unbekannte [...].

Viel hängt von der Gesundheit und Kraft unserer eigenen Gesellschaft ab. Der Weltkommunismus ist wie ein bösartiger Parasit, der sich nur von erkranktem Gewebe nährt. Das ist der Punkt, in dem Innen- und Außenpolitik einander begegnen.

George F. Kennan, Memoiren eines Diplomaten, Bd. 1, Stuttgart 1968, S. 553 ff. (übersetzt von Heidi von Alten)

[1] **Modus Vivendi** (lat.): „Zustand erträglichen Zusammenlebens“

▶ Demonstration gegen das wegen sowjetischer Atomspionage angeklagte Ehepaar Rosenberg im März 1951.
Die USA bekämpften die „rote Gefahr“ auch im eigenen Land. 1951 befand ein Gericht den Elektroingenieur Julius Rosenberg und seine Frau Ethel für schuldig, im Krieg Atomgeheimnisse an die Sowjetunion weitergegeben zu haben. Beide wurden zum Tode verurteilt und am 19. Juni 1953 hingerichtet. Die Hysterie wurde Anfang der 1950er-Jahre noch durch die „Hexenjagd“ des republikanischen Senators Joseph McCarthy gegen vermeintliche Kommunisten in Politik und Öffentlichkeit gesteigert („McCarthyismus“).

1. *Arbeiten Sie heraus, worin Kennan den Unterschied zwischen „Logik der Vernunft“ und „Logik der Macht“ sieht.*
2. *Vergleichen Sie die im Text skizzierten Bilder, die die UdSSR und die USA voneinander entwerfen.*
3. *Entwickeln Sie Hypothesen zu möglichen außenpolitischen Konsequenzen der US-Regierung aus Kennans Analyse.*

▲ **„Churchill und seine Vorläufer."**
Karikatur aus der sowjetischen Zeitschrift „Krokodil", März 1946. Auf den Flaggen steht: „Eiserner Vorhang über Europa" und „Die Angelsachsen sollten die Welt beherrschen".

- *Identifizieren Sie die beiden Personen in Churchills Schatten.*
- *Erläutern Sie die Darstellung Churchills in dieser sowjetischen Karikatur.*

M3 Der „Eiserne Vorhang" in Europa

In Gegenwart und nach Absprache mit US-Präsident Truman spricht der Oppositionsführer im britischen Unterhaus, Winston Churchill, am 5. März 1946 über die sowjetische Politik in Osteuropa:

Ein Schatten ist auf die Erde gefallen, die erst vor Kurzem durch den Sieg der Alliierten hell erleuchtet worden ist. Niemand weiß, was Sowjetrussland und die kommunistische internationale Organisation in der nächsten Zukunft zu tun gedenken oder was für Grenzen ihren expansionistischen und Bekehrungstendenzen gesetzt sind, wenn ihnen überhaupt Grenzen gesetzt sind. [...] Von Stettin an der Ostsee bis hinunter nach Triest an der Adria ist ein „Eiserner Vorhang" über den Kontinent gezogen. [...] Die kommunistischen Parteien, die in allen diesen östlichen Staaten Europas bisher sehr klein waren, sind überall großgezogen worden, sie sind zu unverhältnismäßig hoher Macht gelangt und suchen jetzt überall die totalitäre Kontrolle an sich zu reißen. [...] Welches auch die Schlussfolgerungen sind, die aus diesen Tatsachen gezogen werden können, eines steht fest, das ist sicher nicht das befreite Europa, für dessen Aufbau wir gekämpft haben. Es ist nicht ein Europa, das die unerlässlichen Elemente eines dauernden Friedens enthält.

Ich glaube nicht, dass Sowjetrussland den Krieg will. Was es will, das sind die Früchte des Krieges und die unbeschränkte Ausdehnung seiner Macht und die Verbreitung seiner Doktrin. Was wir aber heute, solange noch Zeit vorhanden ist, in Erwägung ziehen müssen, das sind die Mittel zur dauernden Verhütung des Krieges und zur Schaffung von Freiheit und Demokratie in allen Ländern.

Keesings Archiv der Gegenwart 1946, S. 669 f.

1. *Skizzieren Sie, wie Churchill die internationale Lage bewertet. Welche Kurskorrekturen spricht er an?*
2. *Prüfen Sie, ob sich Churchills Einschätzung mit derjenigen Kennans (M2) deckt.*

M4 Die Truman-Doktrin

In seiner Rede vor dem amerikanischen Kongress am 12. März 1947 fordert Präsident Truman die Bereitstellung von 400 Millionen Dollar zur Unterstützung Griechenlands und der Türkei. Dadurch soll verhindert werden, dass kommunistische Kräfte im griechischen Bürgerkrieg die Macht an sich reißen. Truman führt aus:

Eins der ersten Ziele der Außenpolitik der Vereinigten Staaten ist es, Bedingungen zu schaffen, unter denen wir und andere Nationen uns ein Leben aufbauen können, das frei von Zwang ist. Das war ein grundlegender Faktor im Krieg gegen Deutschland und Japan. [...]
In einer Anzahl von Ländern waren den Völkern kürzlich gegen ihren Willen totalitäre Regimes aufgezwungen worden. Die Regierung der Vereinigten Staaten hat mehrfach gegen Zwang und Einschüchterung bei der Verletzung des Jalta-Abkommens in Polen, Rumänien und Bulgarien protestiert. Und weiter muss ich feststellen, dass in einer Anzahl anderer Staaten ähnliche Entwicklungen stattgefunden haben. Im gegenwärtigen Abschnitt der Weltgeschichte muss fast jede Nation ihre Wahl in Bezug auf ihre Lebensweise treffen. Nur allzu oft ist es keine freie Wahl. Die eine Lebensweise gründet sich auf den Willen der Mehrheit und zeichnet sich durch freie Einrichtungen, freie Wahlen, Garantie der individuellen Freiheit, Rede- und Religionsfreiheit und Freiheit vor politischer Unterdrückung aus. Die zweite Lebensweise gründet sich auf den Willen einer Minderheit, der der Mehrheit aufgezwungen wird. Terror und Unterdrückung, kontrollierte Presse und Rundfunk, fingierte Wahlen und Unterdrückung der persönlichen Freiheiten sind ihre Kennzeichen.
Ich bin der Ansicht, dass es die Politik der Vereinigten Staaten sein muss, die freien Völker zu unterstützen, die sich der

Unterwerfung durch bewaffnete Minderheiten oder durch Druck von außen widersetzen. Ich glaube, dass wir den freien Völkern helfen müssen, sich ihr eigenes Geschick nach ihrer eigenen Art zu gestalten. [...] Die Saat der totalitären Regimes gedeiht in Elend und Mangel. Sie verbreitet sich und wächst in dem schlechten Boden von Armut und Kampf. Sie wächst sich vollends aus, wenn in einem Volk die Hoffnung auf ein besseres Leben ganz erstirbt. Wir müssen diese Hoffnung am Leben erhalten. Die freien Völker der Erde blicken auf uns und erwarten, dass wir sie in der Erhaltung der Freiheit unterstützen.

Zitiert nach: Ernst Schräpler und Herbert Michaelis (Hrsg.), Ursachen und Folgen. Vom deutschen Zusammenbruch 1918 und 1945 bis zur staatlichen Neuordnung in der Gegenwart, Bd. 25, Berlin o. J., S. 148 ff.

1. *Stellen Sie dar, inwiefern die Rede eine fundamentale Neuorientierung der US-Außenpolitik anzeigt.*
2. *Die USA müssten nach Truman den freien Völkern helfen, „sich ihr eigenes Geschick nach ihrer eigenen Art zu gestalten" (Zeile 28 f.). Erörtern Sie, inwieweit diese Verpflichtung über den Grundsatz des Selbstbestimmungsrechts der Völker hinausgeht, den die USA bis dahin vertraten.*
3. *Diskutieren Sie den Anspruch von Großmächten, sich in die Belange „freier Völker" einzumischen.*

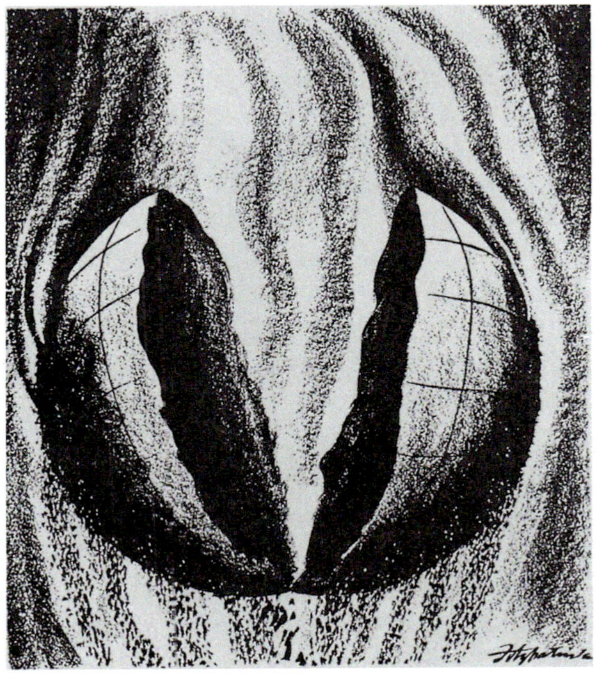

▲ **„One world?"**
Karikatur von Daniel R. Fitzpatrick aus dem „St. Louis Post-Dispatch" vom 12. März 1947.

M5 Die Welt ist in zwei Lager geteilt

Bei der Gründung der Kominform am 30. September 1947 entwickelt der sowjetische Delegierte Andrei Schdanow auf Veranlassung Stalins die folgende Theorie:

Die Sowjetunion und die demokratischen Länder betrachteten als Hauptziele des Krieges die Wiederherstellung und Festigung der demokratischen Systeme in Europa, die Liquidierung des Faschismus, Verhütung der Möglichkeit einer neuen Aggression Deutschlands und allseitige dauernde Zusammenarbeit der Völker Europas. Die USA, und in Übereinstimmung mit ihnen Großbritannien, setzten sich im Krieg ein anderes Ziel: Beseitigung ihrer Konkurrenten auf dem Weltmarkt (Deutschland und Japan) und Festigung ihrer eigenen Vormachtstellung. Die Meinungsverschiedenheiten in der Zielsetzung des Krieges und der Aufgaben der Nachkriegsgestaltung haben sich in der Nachkriegszeit vertieft. Es bildeten sich zwei einander entgegengesetzte politische Richtungen heraus: auf dem einen Pol die Politik der UdSSR und der demokratischen Länder, die auf Untergrabung des Imperialismus und Festigung der Demokratie gerichtet ist, auf dem anderen die Politik der USA und Großbritanniens, die auf Stärkung des Imperialismus und Drosselung der Demokratie abzielt. Da die UdSSR und die Länder der neuen Demokratie ein Hindernis bei der Durchführung der imperialistischen Pläne des Kampfes um die Weltherrschaft und der Zerschlagung der demokratischen Bewegung sind, wurde ein Kreuzzug gegen die UdSSR und die Länder der neuen Demokratie proklamiert, der auch durch Drohungen mit einem neuen Krieg vonseiten der besonders eifrigen imperialistischen Politiker der USA und Englands bestärkt wird. Auf diese Weise entstanden zwei Lager: das imperialistische, antidemokratische Lager, dessen Hauptziel die Weltherrschaft des amerikanischen Imperialismus und die Zerschlagung der Demokratie ist, und das antiimperialistische und demokratische Lager, dessen Hauptziel die Untergrabung des Imperialismus, die Festigung der Demokratie und die Liquidierung der Überreste des Faschismus ist.

Keesings Archiv der Gegenwart 1947, S. 1207 f.

1. *Erklären Sie, inwiefern Schdanows Ausführungen eine Antwort auf Truman-Doktrin (M4) und Marshall-Plan sind.*
2. *Erläutern Sie den sowjetischen Demokratie-Begriff.*
3. *Beurteilen Sie die Bedeutung der sogenannten Zwei-Lager-Theorie für das Verhältnis zwischen Moskau und den kommunistischen Parteien Osteuropas.*

Krisen und Konflikte im Zeichen des Kalten Krieges

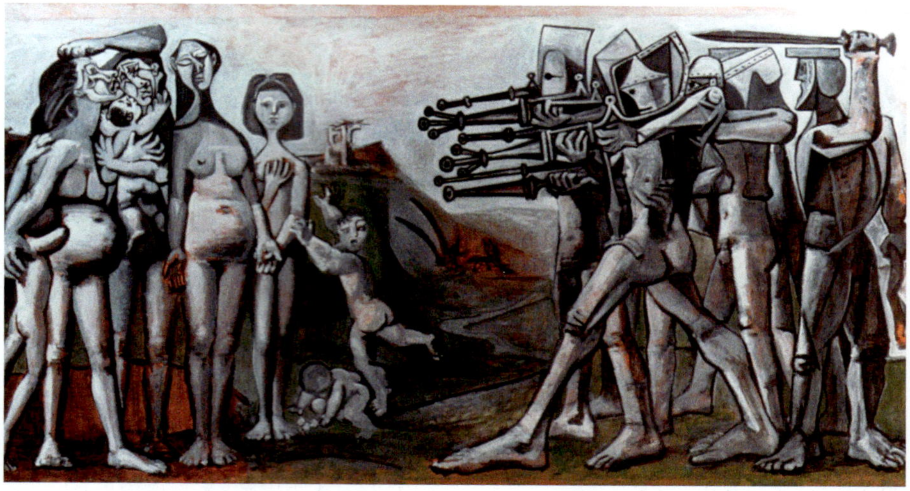

▲ **Massaker in Korea.**
Gemälde des spanischen Künstlers Pablo Picasso (1881-1973) von 1951, das zeigt, wie sehr der Krieg in Korea auch in Europa Beachtung fand.

Literaturtipps:
- *Rolf Steininger, Der vergessene Krieg: Korea 1950-1953, München ²2009*
- *Bernd Stöver, Geschichte des Koreakriegs. Schlachtfeld der Supermächte und ungelöster Konflikt, München 2013*

Von Korea nach Berlin ■ Das militärische Gleichgewicht bewahrte die USA und die Sowjetunion davor, gegeneinander Krieg zu führen. Dennoch hielten zahlreiche Krisen und Konflikte in den 1950er- und 60er-Jahren den Ost-West-Gegensatz wach.

Mit dem *Korea-Krieg* fand der erste Stellvertreterkrieg zwischen den Großmächten statt. Nach der Kapitulation Japans im September 1945 hatten sowjetische und amerikanische Truppen Korea besetzt, das Land war daraufhin in einen kommunistischen Norden und einen an Amerika angelehnten Süden geteilt worden. Als im Juni 1950 nordkoreanische Truppen mit Billigung Stalins Südkorea überfielen, beschloss der UN-Sicherheitsrat den Einsatz von Truppen unter amerikanischer Führung. Damit standen sich die beiden Blöcke in Korea erstmals in einem „heißen Krieg" gegenüber.

Zwischen 1950 und 1953 kämpften US-Truppen an der Seite Südkoreas gegen nordkoreanische Truppen, die mit Billigung Moskaus von China unterstützt wurden. Der Krieg endete mit einem Waffenstillstand, der die Teilung des Landes bestätigte und die Grenzen von 1945 wiederherstellte. Die Auseinandersetzungen hinterließen ein zerstörtes Land und Millionen von Kriegsopfern.

1953 wurde der *Arbeiter- und Volksaufstand gegen das DDR-Regime* mit dem Einsatz der in Ostdeutschland stationierten Roten Armee beendet. Die Westmächte griffen nicht ein, ebenso wenig wie 1956 beim *Aufstand der Ungarn* gegen das kommunistische Regime, der ebenfalls von den Sowjets niedergeschlagen wurde.

In der *Zweiten Berlin-Krise* 1958-1961 drängte der sowjetische Staats- und Parteichef Chruschtschow auf eine Neuregelung des Status von Berlin. Dabei wollte er den Abzug der westlichen Alliierten erreichen. Zudem drohte er mit einem separaten Friedensvertrag zwischen der Sowjetunion und der DDR – ein Verstoß gegen die Vereinbarungen der Siegermächte. Zusätzlich belastet wurde das Verhältnis zwischen Washington und Moskau durch den Abschuss eines amerikanischen Spionageflugzeugs über dem Gebiet der Sowjetunion. Beide Seiten konnten sich nicht einigen, auch ein Gipfeltreffen im Juni 1961 blieb erfolglos. Die Welt befürchtete einen Atomkrieg angesichts des Streits um Berlin. Die USA unter Präsident **John F. Kennedy** lenkten schließlich ein,

John F. (Fitzgerald) Kennedy (1917-1963): 1961-1963 US-Präsident (Demokrat); fiel 1963 einem Attentat zum Opfer

indem sie lediglich für West-Berlin eine Bestandsgarantie aussprachen. Damit erkannte der Westen auch offiziell die alleinige Vormacht der Sowjetunion über die DDR und Ost-Berlin an. Moskau gab daraufhin der DDR-Führung im August 1961 freie Hand für den Bau der Berliner Mauer. Sie wurde weltweit zum Symbol des Kalten Krieges.

▲ **Nikita Chruschtschow (rechts) und Fidel Castro bei dessen Moskau-Besuch im Mai 1963.**
Für Chruschtschow war Castro der Hoffnungsträger des Kommunismus. Castros Ziel war es, Kuba endgültig aus dem amerikanischen Machtkreis zu befreien. Er wurde zur weltweiten Symbolfigur des Antiamerikanismus und zum Feindbild für Washington. Dort befürchtete man nun, Kuba könne zum Einfallstor für die Ausdehnung des Kommunismus in Süd- und Mittelamerika werden. Ein US-Präsident nach dem anderen nahm sich vor, Castro zu stürzen; mehrfach versuchte der amerikanische Geheimdienst, ihn zu ermorden.

Die Kuba-Krise Das Zurückweichen der USA vor den sowjetischen Drohungen in der Berlin-Krise des Sommers 1961 veranlasste den sowjetischen Staats- und Parteichef Nikita Chruschtschow zur Fortsetzung seines Konfrontationskurses in unmittelbarer Nachbarschaft der amerikanischen Weltmacht. Nie wieder stand die Welt so nah am Rand eines dritten Weltkrieges wie in den dreizehn Tagen der *Kuba-Krise* vom 16. bis 28. Oktober 1962. Die Ereignisse fielen in den Beginn der Amtszeit von John F. Kennedy. Trotz der massiven Aufrüstung, die der US-Präsident nach seiner Wahl betrieb, war er überzeugt, den Kalten Krieg durch eine wirtschaftliche Stabilisierung der schwachen und für den Kommunismus anfälligen Länder gewinnen zu können. Für die Karibikinsel Kuba kam diese Politik allerdings zu spät.

Nach einem jahrelangen Guerillakrieg gegen das korrupte Regime des Diktators *Fulgencio Batista* hatte der kommunistische Revolutionär **Fidel Castro** 1959 die Macht in Havanna übernommen. Er erklärte Kuba zu einer sozialistischen Republik, führte eine Bodenreform durch und leitete die Verstaatlichung des gesamten US-Besitzes ein (Zucker- und Erdöl-Raffinerien, Banken, sonstige Unternehmen). Die USA reagierten darauf mit einem Handelsembargo und dem Abbruch der diplomatischen Beziehungen. Unterstützung fand Castro bei Chruschtschow, der im Sommer 1960 ein Militärabkommen mit Kuba schloss. Der sowjetische Parteichef wollte die Gelegenheit nutzen, um sich in Lateinamerika eine Operationsbasis in der westlichen Hemisphäre zu schaffen. Im April 1961 scheiterte eine von US-Präsident John F. Kennedy geförderte Invasion von Exilkubanern zur Entmachtung Castros, dessen Position dadurch erheblich gestärkt wurde.

Zu diesem Zeitpunkt verfügten die USA und die Sowjetunion über atomare Mittelstreckenraketen, die Nuklearsprengköpfe in wenigen Minuten mehrere tausend Kilometer weit transportieren konnten. Die Vereinigten Staaten besaßen jedoch einen strategischen Vorteil, da sie solche Raketen 1959 in den NATO-Staaten Italien und der Türkei stationiert hatten, von wo aus der Süden der UdSSR ohne wesentliche Vorwarnzeit erreichbar war. Demgegenüber konnte die Sowjetunion das Gebiet der USA nur mit Bombern oder Interkontinentalraketen erreichen, die durch eine ungleich längere Vorwarnzeit Abwehrmaßnahmen zuließen. Chruschtschow wollte nun die Gelegenheit nutzen, um das militärische Gleichgewicht zugunsten der Sowjetunion zu verschieben. Zudem bildete Kuba eine Basis für die Ausbreitung des Kommunismus in Lateinamerika, die er sich sichern wollte. 1961 begann die UdSSR deshalb, heimlich Atomraketen auf Kuba zu stationieren (▸ M1).

Seit Mitte Oktober 1962 hatte die US-Regierung durch Luftaufnahmen ihres Geheimdienstes den Beweis in den Händen, dass auf Kuba sowjetische Mittelstreckenraketen in Stellung gebracht wurden. Die USA waren nun unmittelbar bedroht. Nach mehreren Krisensitzungen ordnete Kennedy eine Seeblockade an, außerdem forderte er Chruschtschow zum sofortigen Abzug der Waffen auf. In einer Fernsehansprache

Fidel Castro (1926 - 2016): kubanischer Revolutionsführer und kommunistischer Diktator; von 1959 bis 2008 kubanischer Regierungs- und von 1976 bis 2008 zudem Staatspräsident

Literaturtipp:
Bernd Greiner, Die Kuba-Krise. Die Welt an der Schwelle zum Atomkrieg, München 2010

Filmtipp:
Thirteen Days; USA 2000, Regie: Roger Donaldson

▲ **Reichweite der sowjetischen Atomraketen auf Kuba und der amerikanischen Atomraketen in der Türkei.**

am 22. Oktober 1962 informierte er die Weltöffentlichkeit über die Existenz sowjetischer Raketen auf Kuba und über die Forderung seiner Regierung, diese wieder abzubauen. In einem geheimen Briefwechsel lenkten beide Staatschefs Ende Oktober 1962 schließlich ein. Chruschtschow befahl den Rücktransport der Raketen, während Kennedy auf alle Invasionspläne gegen Kuba verzichtete und die – wenngleich veralteten – US-Raketen in der Türkei abzog (▸ M2).

Krieg in Vietnam Der *Vietnam-Krieg* war ein weiterer Stellvertreterkrieg im Rahmen des Ost-West-Konfliktes. Er fiel in eine Phase, in der die Sowjetunion und die USA nach der Kuba-Krise bemüht waren, die militärische und scharfe machtpolitische Konfrontation abzubauen. Das globale Ringen um Einflusszonen aber hörte deshalb nicht auf.

Vietnam war 1954 auf einer internationalen Konferenz geteilt worden. Außerdem waren freie Wahlen beschlossen worden, die jedoch der diktatorisch regierende Präsident Südvietnams verhinderte. Die in Nordvietnam regierenden Kommunisten unterstützten die prokommunistischen Guerillakämpfer (**Vietcong**) in Südvietnam, die einen Großteil der ländlichen Gebiete Südvietnams kontrollierten. In Washington fürchtete man, bei einem Sieg des Kommunismus in Südvietnam würden auch die übrigen Staaten Südostasiens einer nach dem anderen unter kommunistische Herrschaft geraten („*Domino-Theorie*"). Daher entsandte die US-Regierung zunächst Waffen und Militärberater, ehe sie im August 1964 unter Präsident *Lyndon B. Johnson* (1908-1973) offiziell in den Krieg eintrat. Der Krieg dauerte elf Jahre, kostete über 58 000 Amerikaner das Leben und konnte nur unter größtem Einsatz der US-Militärmacht beendet werden.

Vietcong: Untergrundorganisation aus verschiedenen politischen Gruppen, die 1960 den bewaffneten Kampf gegen die Regierung Südvietnams aufnahm

▲ **„Hell no, we won't go!"**
Der Vietnam-Krieg politisierte die Jugend in den USA, später auch in Europa. Mit Buttons an der Kleidung gaben junge amerikanische Männer zu verstehen, dass sie sich ihrer Einberufung entziehen werden.

Der Vietcong verteidigte die Kontrolle über ländliche Gebiete Südvietnams und griff amerikanische Militärstützpunkte an. Er erhielt Nachschub an Waffen und Gerät, auch an bewaffneten Kämpfern und nordvietnamesischen Truppen über den nach dem nordvietnamesischen Präsidenten benannten *Ho-Chi-Minh-Pfad*, ein verzweigtes Netz von Dschungelwegen, das von Nordvietnam über Laos und Kambodscha Südvietnam erreichte. Auf diese Nachschubwege konzentrierten sich zunächst die Luftangriffe der amerikanischen Truppen, die zunehmend auch in Bodenkämpfe verwickelt wurden. Obwohl die US-Regierung chemische Kampfstoffe, mehr Bomben als im Zweiten Weltkrieg und bald auch mit 543 000 Mann (1968) doppelt so viele Soldaten wie Nordvietnam und der Vietcong einsetzte, gewann sie militärisch nicht die Oberhand.

Die Zivilbevölkerung Südvietnams litt unsäglich unter dem Bomben- und Dschungelkrieg. Bilder toter und verstümmelter Menschen gingen um die Welt. Flächenbombardements und chemische Kampfstoffe verwüsteten weite Landstriche. Etwa drei Millionen Vietnamesen kamen um, darunter eine Million Soldaten.

Die Berichte in den Medien steigerten die öffentliche Kritik und den Widerstand gegen den Krieg, vor allem in den USA selbst (▸ M3). Waffenstillstandsverhandlungen zogen sich jedoch in die Länge; obwohl bereits 1968 begonnen, wurden sie erst 1973 abgeschlossen. Die US-Truppen zogen sich daraufhin ganz zurück, sodass nordvietnamesische Truppen bis 1975 den Süden erobern konnten. 1976 folgte die Vereinigung zur Sozialistischen Republik Vietnam. Der Schaden für die US-Politik indes war enorm. Nach dem Rückzug kamen auch in Laos und Kambodscha kommunistische Regime an die Macht. Die amerikanische Bevölkerung war tief gespalten und traumatisiert angesichts der Verluste sowie der Kriegsgräuel, die in ihrem Namen verübt wurden. Auch büßten die USA viel Ansehen in der westlichen Öffentlichkeit ein.

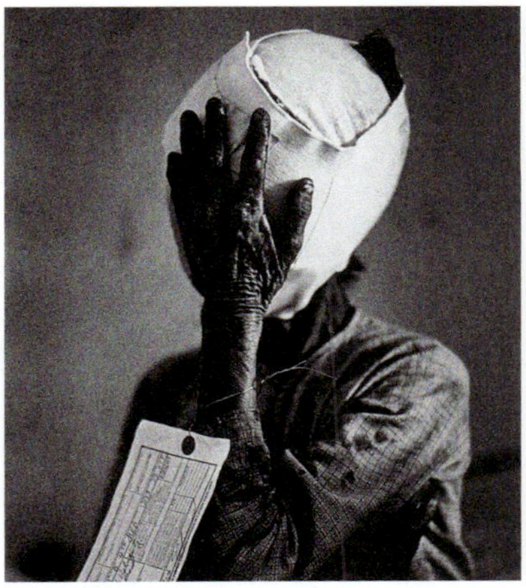

▲ Von Napalm verbrannte vietnamesische Frau.
Foto von 1965.

Die gewaltsame Unterdrückung des „Prager Frühlings" Auf der Gegenseite zeigte der Ostblock im *„Prager Frühling"* von 1968 erste Risse. In der Tschechoslowakei versuchte **Alexander Dubček** Anfang 1968, einen „Kommunismus mit menschlichem Antlitz" einzuführen. So sollten unter anderem die Einparteiendiktatur über alle Bereiche des gesellschaftlichen Lebens aufgehoben und oppositionelle Parteien zugelassen werden. Der Reformkurs wurde von der Bevölkerung begeistert aufgenommen. Der sowjetische Parteichef **Leonid Breschnew** fürchtete allerdings Auswirkungen auf andere Staaten des Ostblocks und sah die absolute Vorherrschaft seines Landes in Gefahr.

Alexander Dubček (1921 - 1992): 1968 Chef der tschechoslowakischen KP; wurde nach dem „Prager Frühling" von der Partei ausgeschlossen, 1989 rehabilitiert und zum Parlamentspräsidenten ernannt

Leonid Iljitsch Breschnew (1907 - 1982): 1964 - 1982 Chef der KPdSU; 1977 - 1982 sowjetischer Staatschef

▸ Niederschlagung des „Prager Frühlings" in Bratislava.
Foto von Ladislav Bielik vom 21. August 1968. Im Rahmen des „Prager Frühlings" gab es Massendemonstrationen nicht nur in der tschechoslowakischen Hauptstadt Prag, sondern auch in anderen großen Städten des Landes. Das Bild entstand nach dem Einmarsch der Truppen der Warschauer Vertragsorganisation in Bratislava. Ein Einzelner stellt sich vor einen sowjetischen Panzer und entblößt dabei seine Brust von seinem karierten Handwerkeranzug.

- *Oft wurde nur der markierte Ausschnitt gezeigt. Erläutern Sie, wie sich dadurch die Wirkung des Bildes verändert.*
- *Das Bild wurde zu einem Symbol für die „Macht der Ohnmächtigen". Stellen Sie dar, wodurch der Mann als unterdrückt und hilflos erscheint.*
- *Erörtern Sie, ob es angemessen ist, die Wirkung von Nachrichtenbildern durch Ausschnitte zu verändern.*

▲ **Wandzeichnung aus Prag von 1968.**

Als die tschechoslowakische Regierung trotz aller Einschüchterungsmaßnahmen ihre Demokratisierungspolitik fortsetzte, marschierten Truppen der Warschauer Vertragsorganisation am 20. August 1968 in die ČSSR ein. Die DDR unterstützte die Aktion propagandistisch. Die führenden Köpfe des „Prager Frühlings" wurden verhaftet, die Abhängigkeit der „sozialistischen Bruderrepublik" von Moskau wiederhergestellt. Breschnew rechtfertigte die Intervention im Nachhinein mit der sogenannten *Breschnew-Doktrin* (▸ M4). Danach sei die Sowjetunion berechtigt, Abweichungen vom „Weg des Sozialismus" notfalls mit militärischer Gewalt zu unterdrücken. Wie schon beim Aufstand in Ungarn 1956 nahmen die USA und ihre europäischen Verbündeten das Vorgehen der Sowjets in deren Einflussbereich tatenlos hin.

Versuche zur Annäherung Der Ost-West-Konflikt ließ freilich auch Raum für Verständigung. Schon nach der Kuba-Krise 1962 hatten das Weiße Haus und der Kreml eine direkte Fernschreiberverbindung („*Heißer Draht*") eingerichtet, die die Kommunikation in Konfliktfällen sicherstellte. Das „Gleichgewicht des Schreckens" hielt nicht nur den militärischen Rüstungswettlauf in Gang, sondern förderte im Lauf der Sechzigerjahre auch die Bereitschaft zu Rüstungskontrollverhandlungen. 1963 wurde das *Atomteststoppabkommen* unterzeichnet, das überirdische Kernwaffentests untersagte, um Mensch und Umwelt vor weiterer radioaktiver Verseuchung zu schützen. 1968 einigten sich die USA, die Sowjetunion, Großbritannien, Frankreich und China auf die Nichtverbreitung von Kernwaffen (*Atomwaffensperrvertrag*). Bis zum Jahr 2006 traten diesem Abkommen 189 Staaten bei.

Zu Beginn der Siebzigerjahre, mit dem Amtsantritt von US-Präsident *Richard Nixon* (1914-1994), standen die Zeichen auf Entspannung. Die Sowjetunion suchte die Kooperation mit Amerika, um das kostspielige Wettrüsten einzuschränken und an der fortschrittlichen Technologie des Westens teilzuhaben. Nicht zuletzt war Bewegung in die Ost-West-Beziehungen geraten, seit sich die USA und China erstmals annäherten.

Vor dem Hintergrund dieser Interessenlage schlossen Washington und Moskau eine Reihe von Verträgen zur Rüstungsbegrenzung und Rüstungskontrolle sowie zum wirtschaftlichen Austausch. Das Klima der Ost-West-Beziehungen schien sich zu bessern, insbesondere in Europa wuchs die Hoffnung auf einen gesicherten Frieden im Rahmen des Status quo.

SALT: Abkürzung für „Strategic Arms Limitation Talks"

Von besonderer Bedeutung war der 1972 abgeschlossene **SALT-I-Vertrag** über die Begrenzung der vorhandenen nuklearen Abwehr- und Angriffssysteme und über die Kontrolle des Rüstungswettlaufs. Der bizarren Logik der Rüstungsstrategen im Atomzeitalter folgend sollte sich aus der erstmals festgeschriebenen gegenseitigen Vergeltungsfähigkeit ein Zugewinn an globaler Sicherheit ergeben. Doch weder die Zahl noch die Zerstörungskraft der atomaren Sprengköpfe wurden festgelegt, und viele Bestimmungen waren bewusst vage gehalten. So war letztlich die Tatsache des Vertragsabschlusses wichtiger als dessen Inhalt. Auch der 1979 von US-Präsident *Jimmy Carter* (geb. 1924) und Breschnew in Wien unterzeichnete *SALT-II-Vertrag* schrieb lediglich eine Obergrenze für die Trägersysteme vor, ließ jedoch die Zahl der nuklearen Sprengköpfe und anderer Waffensystem (U-Boote) für beide Seiten offen.

Ein Höhepunkt der Ost-West-Entspannung war die *Konferenz über Sicherheit und Zusammenarbeit in Europa* (KSZE), zu der 35 Länder seit 1972 zusammengefunden hatten und die am 1. August 1975 mit der Unterzeichnung der sogenannten *Schlussakte von Helsinki* vorläufig endete (▸ M5). Die Unterzeichnerstaaten (die USA, Kanada und alle europäischen Länder außer Albanien) gingen damit die politisch-moralische Verpflichtung ein, ihre Beziehungen auf friedlicher Basis unter Verzicht auf Gewaltandrohung, im Rahmen der gegebenen Grenzen und bei Respektierung der Menschenrechte im Innern zu entwickeln. Die Sowjetunion erhielt mit der Anerkennung der Grenzen in Europa ihren Hegemonialanspruch im Ostblock bestätigt, die Westmächte pochten vor allem auf mehr Freiheitsrechten für die Menschen im sozialistischen Teil Europas. Seither mussten die kommunistischen Diktaturen Reiseerleichterungen und Familienzusammenführung gewähren und den Austausch von Informationen erleichtern. Auch wenn sie weiter Andersdenkende verfolgten, konnten sie nicht länger verhindern, dass sich Regimekritiker wie **Václav Havel** in der Tschechoslowakei (**Charta 77**) oder wie **Lech Walesa** in Polen (**Solidarność**) und später auch in der DDR Bürgerrechtler auf die Prinzipien von Helsinki beriefen. Bereits auf der ersten KSZE-Folgekonferenz in Belgrad (Oktober 1977 / März 1978) kam es zum Streit zwischen der Sowjetunion und US-Präsident Carter über die Umsetzung der Menschenrechte – ein Signal für die Krise, in welche die Ost-West-Beziehungen mittlerweile wieder geraten waren.

Rückfall in den Kalten Krieg Die Annäherung zwischen Ost und West kam Ende der 1970er-Jahre rasch an ihre Grenzen, als die UdSSR eine neue Phase massiver Aufrüstung einläutete. Mit einer aktuellen Generation von Interkontinentalraketen, zusätzlichen atomgetriebenen U-Booten und den neuen Mittelstreckenraketen SS-20 versuchte die Sowjetunion, ihre militärische Position, insbesondere in Europa, zu stärken. Auf Anraten des deutschen Bundeskanzlers Helmut Schmidt* einigte sich die NATO im Dezember 1979 auf den sogenannten *Nachrüstungsdoppelbeschluss* (NATO-Doppelbeschluss). Er sah die Aufrüstung im Bereich der Mittelstreckenraketen, zugleich aber Verhandlungen mit der Sowjetunion vor. In der amerikanischen Innenpolitik gewannen allerdings die Gegner der Verhandlungen wieder an Einfluss. Den SALT-II-Vertrag von 1979 über weitere Maßnahmen zur Rüstungskontrolle ließ der Senat scheitern, zudem kündigte US-Präsident Carter die Erhöhung des Verteidigungshaushaltes ab 1981 an.

Am 27. Dezember 1979 marschierten sowjetische Truppen in Afghanistan ein. Dort sollte die prokommunistische Regierung gegen eine islamisch-fundamentalistische Oppositionsbewegung geschützt werden. Der Westen befürchtete, Moskau werde die Ölvorkommen am Persischen Golf unter seine Kontrolle bringen. Die US-Regierung reagierte mit einer Reihe von Sanktionen (Stopp von Weizenlieferungen und Gütern der Hochtechnologie, Landeverbot für sowjetische Flugzeuge in den USA, Boykott der Olympischen Spiele 1980 in Moskau).

Noch entschiedener setzte seit Anfang 1981 der neue US-Präsident *Ronald Reagan* (1911-2004) auf eine *Politik der Stärke* gegenüber der Sowjetunion, die er öffentlich als „Reich des Bösen" bezeichnete. Mit einem gigantischen Rüstungsprogramm wollte er die Sowjetunion zu Verhandlungen zwingen (▸ M6). Entwickelt werden sollte dabei auch ein weltraumgestütztes Raketenabwehrsystem (*Strategic Defense Initiative*, SDI), das bald den Spottnamen „Krieg-der-Sterne-Programm" erhielt (▸ M7). Der US-Verteidigungshaushalt wuchs bis 1985 um 60 Prozent auf knapp 287 Milliarden Dollar an. Dieser Kurs, der einen neuen Tiefstand der amerikanisch-sowjetischen Beziehungen markierte, fand die Zustimmung eines Großteils der Amerikaner, die Ronald Reagan im November 1984 ein zweites Mal zum Präsidenten wählten.

▸ **Ohne Worte.**
Karikatur von Horst Haitzinger, April 1982.
▪ *Beschreiben Sie die Karikatur und charakterisieren Sie die Rolle der Beteiligten, wie der Karikaturist sie sieht.*

Václav Havel (1936-2011): tschechischer Schriftsteller und Bürgerrechtler, 1993-2003 Präsident der Tschechischen Republik

Charta 77: Petition gegen Menschenrechtsverletzungen, veröffentlicht im Januar 1977; gleichzeitig der Name für die in den 1970er- und 80er-Jahren aktive Bürgerrechtsbewegung in der Tschechoslowakei, die zum Zentrum der Opposition gegen das kommunistische Regime wurde

Lech Walesa (geb. 1943): polnischer Arbeiterführer und Bürgerrechtler, erhielt 1983 den Friedensnobelpreis, 1990-1995 Staatspräsident Polens

Solidarność (dt. „Solidarität"): Bezeichnung für eine polnische Gewerkschaft, die 1980 entstand und großen Einfluss auf die politische Wende von 1989 hatte

* Siehe Seite 432.

M1 Sowjetische Interessen auf Kuba

Die Historikerin Daniela Spenser, die in Mexiko City lehrt, erläutert die Gründe, die den sowjetischen Regierungschef Nikita Chruschtschow dazu bewogen haben, ab 1961 Nuklearwaffen auf Kuba zu stationieren:

Als Chruschtschow die Entscheidung traf, Nuklearwaffen auf Kuba zu stationieren, hatte er nicht die Absicht, einen Weltkrieg zu entfesseln. In seinen Memoiren schreibt er: „Wir wollten, dass Kuba revolutionär und sozialistisch bleibt, und wir wussten, dass es dazu Hilfe benötigte [...]. Um den Kubanern gegen die Bedrohung durch die US-Amerikaner beizustehen, hatten wir keine andere Möglichkeit, als unsere Raketen auf der Insel zu stationieren, die aggressiven Kräfte der Vereinigten Staaten vor ein Dilemma zu stellen: Wenn ihr in Kuba einmarschiert, müsst ihr mit einem atomaren Angriff auf eure Städte rechnen." [...]
Chruschtschow glaubte fest an die Überlegenheit der UdSSR über den Westen und den unaufhaltsamen Vormarsch des Kommunismus. Entspannungspolitik zur Stabilisierung der Ost-West-Beziehungen hielt er zwar für ebenso notwendig wie Aufrüstung, doch vor allem meinte er, dass der Sozialismus auf dem Weg sei, die USA militärisch, politisch und ökonomisch zu überholen [...].
Darüber hinaus handelte Chruschtschow in dem Bewusstsein, dass die UdSSR zu einer nuklearen Supermacht geworden war und damit die USA auf militärischer Ebene offenbar eingeholt hätte. Diese veränderte Realität veranlasste ihn, Revolution, Sozialismus und internationale Beziehungen neu zu durchdenken. Wenn die Drohung mit Nuklearwaffen den USA zur Eindämmung des Kommunismus diente, warum sollte sie dann nicht umgekehrt der Sowjetunion dazu dienen, den US-Imperialismus einzudämmen, befreundete Staaten in der kolonialen Welt vor der Bedrohung mit einem Atomkrieg zu schützen und den Kapitalismus zum Rückzug zu zwingen? Mittels atomarer Aufrüstung wollte Chruschtschow erreichen, dass die USA die UdSSR als ebenbürtigen weltpolitischen Gegenspieler anerkannten; der nukleare Gleichstand sollte die Sowjetunion in den Stand versetzen, nationale Befreiungsbewegungen vor Interventionen der USA und der europäischen Kolonialmächte zu schützen.

Daniela Spenser, Die Kubakrise 1962 und ihre Folgen für das kubanisch-sowjetische Verhältnis, in: Bernd Greiner, Christian Th. Müller und Dierk Walter (Hrsg.), Krisen im Kalten Krieg. Studien zum Kalten Krieg, Bd. 2, Bonn 2009, S. 298 f.

1. *Fassen Sie Chruschtschows Beweggründe zusammen.*
2. *Bewerten Sie Chruschtschows Aussage im Gesamtkontext. Berücksichtigen Sie, dass es sich um persönliche Erinnerungen handelt.*

M2 Krisenmanagement um Kuba

Als die UdSSR ihre Mittelstreckenraketen auf Kuba in Stellung bringt, verhängen die USA eine Seeblockade. Daraufhin schreibt der sowjetische Staatschef Chruschtschow am 26. Oktober 1962 an US-Präsident Kennedy:

Wie können Sie [...] diese völlig falsche Interpretation geben, die Sie jetzt verbreiten, dass einige Waffen in Kuba Offensivwaffen sind, wie Sie sagen? Alle Waffen dort – das versichere ich Ihnen – sind defensiver Art; sie sind ausschließlich zu Verteidigungszwecken in Kuba gedacht, und wir haben sie auf Bitten der kubanischen Regierung nach Kuba entsandt. Und Sie behaupten, es seien Offensivwaffen. [...]
Sie haben nun piratenhafte Maßnahmen der Art angekündigt, die man im Mittelalter praktiziert hat, als man Schiffe überfiel, die internationale Gewässer befuhren; und Sie haben das eine „Quarantäne" um Kuba genannt. Unsere Schiffe werden wahrscheinlich bald die Zone erreichen, in der Ihre Kriegsmarine patrouilliert. Ich versichere Ihnen, dass die Schiffe, die gegenwärtig nach Kuba unterwegs sind, die harmlosesten, friedlichsten Ladungen an Bord haben. [...]
Lassen Sie uns deshalb vernünftig sein, Herr Präsident. Ich versichere Ihnen, dass die Schiffe, die nach Kuba unterwegs sind, keinerlei Rüstungsgüter an Bord haben. Die Waffen, die zur Verteidigung Kubas notwendig sind, sind bereits dort. Ich will nicht behaupten, dass es überhaupt keine Waffenlieferungen gegeben hat. Nein, es hat solche Lieferungen gegeben. Aber nun hat Kuba die notwendigen Verteidigungswaffen bereits erhalten. [...]
Wenn der Präsident und die Regierung der Vereinigten Staaten zusichern würden, dass die Vereinigten Staaten sich selbst nicht an einem Angriff auf Kuba beteiligen werden und andere von einem solchen Vorgehen abhalten; wenn Sie Ihre Kriegsmarine zurückrufen würden – das würde sofort alles ändern. Ich spreche nicht für Fidel Castro, aber ich glaube, er und die Regierung Kubas würden vermutlich eine Demobilisierung verkünden und würden das kubanische Volk aufrufen, ihre friedliche Arbeit aufzunehmen. Dann würde sich auch die Frage der Waffen erübrigen; denn wo keine Bedrohung ist, stellen Waffen für jedes Volk nur eine Belastung dar. [...]
Lassen Sie uns deshalb staatsmännische Klugheit beweisen. Ich schlage vor: Wir erklären unsererseits, dass unsere Schiffe mit Kurs auf Kuba keine Waffen an Bord haben. Sie erklären, dass die Vereinigten Staaten weder mit eigenen Truppen eine Invasion in Kuba durchführen werden noch andere Truppen unterstützen werden, die eine Invasion in Kuba planen könnten. Damit hätte sich die Präsenz unserer Militärexperten in Kuba erübrigt.

Kennedys Antwort vom 27. Oktober 1962:

Sehr geehrter Herr Vorsitzender,

ich […] begrüße Ihre Absichtserklärung, eine sofortige Lösung des Problems anzustreben. Was jedoch als Erstes getan werden muss, ist, die Arbeit an den offensiven Raketenstützpunkten in Kuba einzustellen und alle Waffensysteme in Kuba, die sich offensiv einsetzen lassen, zu entschärfen, und dies unter angemessenen Vorkehrungen der Vereinten Nationen.

[…] Wie ich Ihren Brief verstanden habe, enthalten Ihre Vorschläge […] folgende Schlüsselelemente:

1) Sie würden sich bereit erklären, diese Waffensysteme unter angemessener Beobachtung und Überwachung der Vereinten Nationen abzuziehen, und sich verpflichten, geeignete Sicherheitsvorkehrungen vorausgesetzt, die weitere Einfuhr solcher Waffensysteme nach Kuba zu unterbinden.

2) Wir unsererseits würden uns bereit erklären – nachdem die Vereinten Nationen geeignete Vorkehrungen getroffen haben, die Erfüllung und Einhaltung dieser Verpflichtungen sicherzustellen –,

a) die Quarantäne-Anordnungen, die derzeit gelten, umgehend aufzuheben; und

b) Garantien gegen eine Invasion Kubas zu geben. Ich bin zuversichtlich, dass andere Länder der westlichen Hemisphäre bereit wären, das Gleiche zu tun.

Wenn Sie Ihren Vertretern entsprechende Anweisungen erteilen, gibt es keinen Grund, weshalb wir nicht in der Lage sein sollten, diese Vereinbarungen innerhalb einiger Tage zustande zu bringen und sie der Welt bekannt zu geben. Die Wirkung, die eine solche Klärung für den Abbau der Spannungen in der Welt hätte, würde es uns ermöglichen, auf eine umfassendere Vereinbarung über „andere Rüstungen" hinzuarbeiten, wie Sie es in Ihrem zweiten Brief vorschlagen, den Sie veröffentlicht haben. Ich möchte noch einmal erklären, dass die Vereinigten Staaten sehr daran interessiert sind, die Spannungen abzubauen und den Rüstungswettlauf zu beenden; und sollte Ihr Brief signalisieren, dass Sie bereit sind, Gespräche über eine Entspannung bezüglich der NATO und des Warschauer Paktes zu führen, sind wir gerne bereit, mit unseren Verbündeten über jeden sachdienlichen Vorschlag nachzudenken. Doch der erste wesentliche Schritt – lassen Sie mich dies betonen – ist die Einstellung der Arbeiten an den Raketenstützpunkten in Kuba und das Einleiten von Maßnahmen, diese Waffen zu entschärfen, und zwar unter wirksamen internationalen Garantien.

Zitiert nach: Bernd Greiner, Kuba-Krise. 13 Tage im Oktober, Nördlingen 1988, S. 319 ff. und 382 f.

1. *Nennen Sie die Formulierungen, mit denen die sowjetische Seite ein Nachgeben andeutet.*

2. *Arbeiten Sie heraus, welche Strategien US-Präsident Kennedy verfolgt, um die Situation zu entschärfen.*

▸ Ohne Worte. *Karikatur von Leslie G. Illingworth aus der britischen Zeitung „Daily Mail" vom 29. Oktober 1962; Wiederabdruck in „Der Spiegel" vom 7. November 1962. Das „H" auf den Bomben ist das Zeichen für Wasserstoff. Der Karikatur wurde später der Titel „Einverstanden, Herr Präsident, wir reden miteinander" gegeben.*

M3 Mit Gott auf unserer Seite?

Bob Dylan (geboren 1941 als Robert Allen Zimmermann) ist Sänger und Liedermacher. Mit seinen politischen und sozialkritischen Songs findet er in den Sechzigerjahren den Ton, den große Teile der Jugend, die sich gegen das Establishment auflehnen, suchen. „With God on Our Side" schreibt er 1963.

Oh mein Name hat nichts zu bedeuten
Mein Alter können wir vergessen
Das Land, aus dem ich komme
Nennt man den Mittelwesten
Dort wuchs ich auf und lernte beizeiten
Ich hätte das Gesetz zu achten
Und das Land, in dem ich lebe
Hätte Gott auf seiner Seite.

Oh die Geschichtsbücher sagen es
Sie formulieren es so gut
Die Kavallerie griff an
Die Indianer waren tot
Die Kavallerie brauchte nur
In sie rein zu reiten
Oh das Land war jung
Und hatte Gott auf seiner Seite. [...]

Als der Zweite Weltkrieg
Zu Ende war
Vergaben wir den Deutschen
Und wurden Freunde sogar
Obwohl sie sechs Millionen
In den Öfen verheizten
Haben jetzt auch die Deutschen
Gott auf ihrer Seite?

Den Hass auf die Russen hat man mir
Eingehämmert mein ganzes Leben
Wenn's wieder mal'n Krieg gibt
Müssen wir's denen geben
Ich muss sie hassen und fürchten
Ich muss kämpfen und leiden
Und alles tapfer erdulden
Mit Gott auf meiner Seite.

Und jetzt haben wir Waffen
Die versprühen chemischen Staub
Doch wenn's drauf und dran geht
Ist auch das erlaubt
Ein Druck auf den Knopf
Und die Welt ist ein weißes Blatt
Aber man stellt keine Fragen
Wenn man Gott auf seiner Seite hat. [...]

Und damit bin ich am Ende
Mein Kummer ist groß
Und die Verwirrung, die ich fühle
Ist grenzenlos
Etwas geht mir durch den Kopf
Und kommt immer wieder zurück:
Wenn Gott auf unserer Seite ist
Verhindert er den nächsten Krieg.

Bob Dylan, Songtexte 1962-1985, Frankfurt am Main 1998, S. 247ff.

1. *Erläutern Sie Dylans politische Kritikpunkte.*
2. *Arbeiten Sie das amerikanische Geschichtsbild heraus, das Dylan angreift.*

M4 Breschnew-Doktrin

Der sowjetische Parteichef Leonid Breschnew definiert nach der Beendigung des kommunistischen Reformkurses in der Tschechoslowakei („Prager Frühling") durch sowjetische Truppen 1968 das Verhältnis der UdSSR zu den übrigen Staaten der Warschauer Vertragsorganisation. Die wesentlichen Inhalte sind am 26. September 1968 in der „Prawda" (Parteizeitung der KPdSU) zusammengefasst:

Die von der Sowjetunion gemeinsam mit den anderen sozialistischen Ländern zum Schutz der sozialistischen Errungenschaften des tschechoslowakischen Volkes ergriffenen Maßnahmen haben für die Festigung der sozialistischen Gemeinschaft, die Haupterrungenschaft der internationalen Arbeiterklasse, eine große Bedeutung.
Dabei kann man jedoch nicht die hier und da auftauchenden Behauptungen, dass die Aktionen der fünf sozialistischen Länder[1] angeblich dem marxistisch-leninistischen Prinzip der Souveränität und des Rechts der Völker auf Selbstbestimmung widersprächen, unbeachtet lassen.
Die Haltlosigkeit dieser Behauptungen besteht vor allem darin, dass sie auf einem abstrakten, nicht klassenmäßigen Herangehen an die Fragen der Souveränität und des Rechts der Völker auf Selbstbestimmung beruhen. Die Völker der sozialistischen Länder, die kommunistischen Parteien haben ihre uneingeschränkte Freiheit, und sie müssen sie haben, die Entwicklungswege ihres Landes zu bestimmen. Jedoch darf keine Entscheidung von ihrer Seite entweder dem Sozialismus in ihrem Land oder den Grundinteressen der anderen

[1] Sowjetunion, Bulgarien, DDR, Polen und Ungarn

sozialistischen Länder, der ganzen internationalen Arbeiterbewegung, die den Kampf für den Sozialismus führt, Schaden zufügen. Das bedeutet, dass jede kommunistische Partei vor ihrem Volk und auch vor den sozialistischen Ländern, vor der ganzen sozialistischen Bewegung verantwortlich ist. Wer das vergisst, wer nur die Selbstständigkeit und Unabhängigkeit der kommunistischen Parteien hervorhebt, verfällt in Einseitigkeit und weicht seinen internationalen Pflichten aus.

Die marxistische Dialektik fordert, jede Erscheinung konkret, in ihrem allseitigen Zusammenhang mit anderen Erscheinungen und Prozessen und nicht einseitig zu betrachten. Wie, nach den Worten W.I. Lenins, ein Mensch, der in der Gesellschaft lebt, nicht von dieser Gesellschaft frei sein kann, so kann auch ein Staat im System anderer Staaten, die die sozialistische Gemeinschaft bilden, nicht frei sein von den gemeinsamen Interessen dieser Gemeinschaft. Man kann die Souveränität einzelner sozialistischer Länder nicht den Interessen des Weltsozialismus, der revolutionären Bewegung der Welt entgegenstellen. [...]

Man muss unterstreichen, dass, selbst wenn ein sozialistisches Land danach strebt, eine „nichtblockgebundene" Position einzunehmen, es allein dank der Stärke der sozialistischen Gemeinschaft und vor allem seiner Hauptkraft, der Sowjetunion, dank der Macht ihrer bewaffneten Kräfte, tatsächlich seine nationale Unabhängigkeit bewahren kann. [...]

Getreu ihrer internationalen Pflicht gegenüber den Brudervölkern der Tschechoslowakei und zum Schutz ihrer eigenen sozialistischen Errungenschaften sind die Sowjetunion und andere sozialistische Staaten entschieden gegen die antisozialistischen Kräfte in der Tschechoslowakei aufgetreten. [...]

Die Kommunisten der Bruderländer konnten natürlich nicht zulassen, dass im Namen einer abstrakt verstandenen Souveränität die sozialistischen Staaten tatenlos zusehen, wie ein Land der Gefahr einer antisozialistischen Umwälzung ausgesetzt wird.

Zitiert nach: Boris Meissner, Die „Breshnew-Doktrin". Das Prinzip des „proletarisch-sozialistischen Internationalismus" und die Theorie von den „verschiedenen Wegen zum Sozialismus". Dokumentation, Köln 1969, S. 64 ff.

1. *Fassen Sie zusammen, wie das Eingreifen der Sowjetunion in der Tschechoslowakei gerechtfertigt wird.*

2. *Erläutern Sie, was Breschnew unter einem „klassenmäßigen Herangehen an die Fragen der Souveränität und des Rechts der Völker" (Zeile 13-15) versteht.*

▲ **Propaganda für den „großen Bruder".**
Sonderbriefmarke anlässlich des 25-jährigen Bestehens der Deutsch-Sowjetischen Freundschaft (DSF), 1972.
Links im Bild Leonid Breschnew, rechts Erich Honecker, seit 1971 Erster Sekretär des Zentralkomitees der SED.

3. ✚ *Vergleichen Sie die Vorstellungen Breschnews mit den westlichen Vorstellungen von Souveränität. Welche Grenzen sind der Souveränität eines Landes jeweils gesetzt?*

4. *Weisen Sie nach, in welchen Textpassagen die Führungsrolle der Sowjetunion deutlich wird.*

M5 KSZE-Schlussakte von Helsinki

Die Schlussakte vom 1. August 1975 stellt ausdrücklich kein völkerrechtlich verbindliches Abkommen, sondern eine Absichtserklärung dar:

I. Souveräne Gleichheit, Achtung der der Souveränität innewohnenden Rechte

Die Teilnehmerstaaten werden gegenseitig ihre souveräne Gleichheit und Individualität sowie alle ihrer Souveränität innewohnenden und von ihr umschlossenen Rechte achten, einschließlich insbesondere des Rechts eines jeden Staates auf rechtliche Gleichheit, auf territoriale Integrität sowie auf Freiheit und politische Unabhängigkeit. Sie werden ebenfalls das Recht jedes anderen Teilnehmerstaates achten, sein politisches, soziales, wirtschaftliches und kulturelles System frei zu wählen und zu entwickeln sowie sein Recht, seine Gesetze und Verordnungen zu bestimmen. [...]

◄ **„Helsinki und die Folgen."**
Karikatur aus dem „Deutschen Allgemeinen Sonntagsblatt" vom 19. Oktober 1975.

1. *Stellen Sie in Partnerarbeit gegenüber: Welche Teile des Dokuments entsprechen vorwiegend den sowjetischen, welche den westlichen Interessen?*

2. *Begründen Sie, warum die KSZE-Schlussakte große Bedeutung für die Oppositionsbewegung in den osteuropäischen Staaten hatte.*

II. Enthaltung von der Androhung oder Anwendung von Gewalt

Die Teilnehmerstaaten werden sich in ihren gegenseitigen Beziehungen sowie in ihren internationalen Beziehungen im Allgemeinen der Androhung oder Anwendung von Gewalt, die gegen die territoriale Integrität oder politische Unabhängigkeit irgendeines Staates gerichtet oder auf irgendeine andere Weise mit den Zielen der Vereinten Nationen und mit der vorliegenden Erklärung unvereinbar ist, enthalten. [...]

III. Unverletzlichkeit der Grenzen

Die Teilnehmerstaaten betrachten gegenseitig alle ihre Grenzen sowie die Grenzen aller Staaten in Europa als unverletzlich und werden deshalb jetzt und in der Zukunft keinen Anschlag auf diese Grenzen verüben. [...]

V. Friedliche Regelung von Streitfällen

Die Teilnehmerstaaten werden Streitfälle zwischen ihnen mit friedlichen Mitteln auf solche Weise regeln, dass der internationale Frieden und die internationale Sicherheit sowie die Gerechtigkeit nicht gefährdet werden. [...]

VI. Nichteinmischung in innere Angelegenheiten

Die Teilnehmerstaaten werden sich ungeachtet ihrer gegenseitigen Beziehungen jeder direkten oder indirekten, individuellen oder kollektiven Einmischung in die inneren oder äußeren Angelegenheiten enthalten, die in die innerstaatliche Zuständigkeit eines anderen Teilnehmerstaates fallen. [...]

VII. Achtung der Menschenrechte und Grundfreiheiten

Die Teilnehmerstaaten werden die Menschenrechte und Grundfreiheiten, einschließlich der Gedanken-, Gewissens-, Religions- oder Überzeugungsfreiheit für alle ohne Unterschied der Rasse, des Geschlechts, der Sprache oder der Religion achten.

Zitiert nach: Helmut Krause und Karlheinz Reif (Bearb.), Die Welt seit 1945 (Geschichte in Quellen, Bd. 6), München 1980, S. 691 ff.

M6 Ronald Reagan und die Politik der Stärke

US-Präsident Ronald Reagan rechtfertigt im Januar 1984 seine Politik in einer Fernsehansprache:

Die Geschichte lehrt uns, dass Kriege beginnen, wenn Regierungen glauben, dass der Preis einer Aggression niedrig ist. Um den Frieden zu erhalten, müssen wir und unsere Verbündeten stark genug sein, jeden potenziellen Aggressor überzeugen zu können, dass Krieg keinen Vorteil, sondern nur die Katastrophe bringen würde. [...]
Die Abschreckung ist von entscheidender Bedeutung für die Erhaltung des Friedens und den Schutz unserer Lebensform, aber die Abschreckung ist nicht Anfang und Ende unserer Politik gegenüber der Sowjetunion. Wir müssen und werden die Sowjets in einen Dialog einbinden, der so ernsthaft und konstruktiv wie möglich ist und der der Förderung des Friedens in den Unruhegebieten der Welt dienen, den Stand der Rüstungen verringern und ein konstruktives Arbeitsverhältnis schaffen wird. [...] Stärke und Dialog gehen Hand in Hand.

Zitiert nach: Europa-Archiv, 39. Jahrgang (1984), S. D 109 ff.

Untersuchen Sie, weshalb die außen- und militärpolitische Strategie Reagans unter den NATO-Mitgliedern umstritten war.

M7 „Krieg der Sterne“ – das SDI-Programm

In seinen Lebenserinnerungen betrachtet Ronald Reagan die Hintergründe des satellitengestützten Raketenabwehrprogramms:

Die 1983 von mir verkündete Strategische Verteidigungsinitiative [*Strategic Defense Initiative*, SDI] zur Entwicklung eines Abwehrschirms gab Anlass zu einer gewissen Legendenbildung. Das Programm [ein weltraumgestütztes Raketenabwehrsystem] stammte in seinen Grundzügen nicht von Wissenschaftlern; sie stießen erst im späteren Verlauf zu uns und leisteten einen wesentlichen Beitrag zu dessen Erfolg. Bei meinem Amtsantritt hegte ich einen entschiedenen Vorbehalt gegen unsere stillschweigende Übereinkunft mit der Sowjetunion in Fragen der Atomrüstung. Ich spreche über die „MAD-Politik“ [*Mutual Assured Destruction*, gegenseitige Vernichtungsgarantie], das Konzept der Abschreckung, das so lange für Sicherheit sorgt, wie beide Seiten die Fähigkeit besitzen, einen atomaren Erstschlag mit einem nicht minder vernichtenden Raketenangriff zu beantworten. Dieser Zustand schien mir nicht dazu angetan, einen auf Dauer ruhig schlafen zu lassen. Er kam mir vor wie zwei Westernhelden im Saloon, die ununterbrochen ihre Pistolen auf den Kopf des Gegners gerichtet haben. Es musste eine bessere Lösung geben.

Schon bald nach Beginn meiner ersten Amtszeit berief ich eine Sitzung des Vereinigten Generalstabes – der militärischen Führungsspitze des Landes – ein und sagte Folgendes: bisher hat noch jede Angriffswaffe, die der Mensch erfunden hat, zur Erfindung entsprechender Defensivwaffen geführt. Sind wir in unserem technologischen Zeitalter nicht imstande, eine Abwehrwaffe zu entwickeln, die Atomwaffen gleich nach dem Start aus ihren Silos abfangen und zerstören kann? Die Herren warfen sich gegenseitig bedeutungsvolle Blicke zu und baten um eine kurze Beratungspause. Schon nach kurzer Zeit teilten sie mir das Ergebnis ihrer Beratung mit: Ja, meinten sie, diese Idee sei es durchaus wert, weiter verfolgt zu werden. Meine Antwort darauf: „Packen wir's an.“ Das war die Geburtsstunde von SDI, jenem Programm, das wenig später von einigen Mitgliedern des Kongresses und in der Presse als „Krieg der Sterne“ [*Star Wars*] bezeichnet werden sollte. Die Legenden schossen wie Pilze aus dem Boden. Eine von ihnen besagte, mein Vorschlag sei nur ein Verhandlungskniff, um die Sowjets zur Abrüstung zu bewegen. Daraufhin musste ich den Sowjets mindestens hundertmal versichern, dass es mir bei SDI nicht um einen Kuhhandel ging. Ich sagte ihnen, jedes andere Land, das gewillt sei, seine Atomraketen aufzugeben, könne meinetwegen an dem Programm teilhaben. Raketen bauen könnten wir schließlich alle. Aber eines Tages wird ein Verrückter auftauchen, der uns mit Atomraketen erpresst – was allerdings folgenlos wäre, wenn wir uns dagegen verteidigen könnten. Ich beendete meine Ausführungen mit dem Satz: „Gemeinsam haben wir im Jahr 1925 die Verwendung von Giftgas geächtet. Aber unsere Gasmasken haben wir behalten.“ Es mag Leute geben, die anderer Ansicht sind – doch wenn man mich fragen würde, worin in den folgenden fünf Jahren auf amerikanischer Seite der Hauptanlass für den historischen Durchbruch bei der Suche nach Frieden sowie bei den Bemühungen um eine Verbesserung unserer Beziehungen zur Sowjetunion lag, so lautet meine Antwort: in der Strategischen Verteidigungsinitiative im Verbund mit der allgemeinen Modernisierung unserer Streitkräfte.

▲ **Ronald Reagan (1911-2004): 1981-1989 US-Präsident.**

Ronald Reagan, Erinnerungen. An American Life, übersetzt von Till R. Lohmeyer, Berlin 1990, S. 571 f.

1. *Recherchieren Sie zum SDI-Programm und entwerfen Sie eine vereinfachte Skizze zur Funktionsweise des Raketenabwehrprogramms.*
2. *Erläutern Sie die Strategie, die Reagan mit dem Programm verknüpft, das die USA bis 1989 mehr als 17 Mrd. US-Dollar kosten sollte.*
3. *Beurteilen Sie Reagans Darstellung der eigenen Rolle. Berücksichtigen Sie dabei, dass es sich um eine Autobiografie handelt.*

Karikaturen als zugespitzte Geschichte

Karikaturen finden sich in Zeitungen, Zeitschriften und anderen Medien. Sie spiegeln in überspitzter Form eine Meinung zu einem zumeist aktuellen Sachverhalt wider, die durch besondere Gestaltungsmittel zum Ausdruck gebracht wird. Ein Element steht oft stellvertretend für ein größeres Ganzes, etwa der deutsche Michel für „die Deutschen" oder die Figur der Marianne für Frankreich. Kritik übt der Karikaturist dadurch, dass er einem von ihm erkannten Missstand mit Spott oder zumindest Ironie begegnet. Im 19. Jahrhundert erlebte die Karikatur mit den auflagenstarken Zeitungen und Satirezeitschriften (z.B. „Punch" in London, „Kladderadatsch" in Berlin) eine Blüte. Oft beinhaltet eine Karikatur eine Pointe, die es zu entschlüsseln gilt. Dazu ist die Kenntnis des historischen Kontextes erforderlich.

Historische Karikaturen interpretieren

Formale Kennzeichen

- Wer hat die Karikatur geschaffen oder in Auftrag gegeben?
- Wann und wo ist sie entstanden und veröffentlicht worden?

Inhalt

- Wen oder was zeigt die Karikatur?
- Was wird thematisiert?
- Welche Elemente beinhaltet die Karikatur? Achten Sie auf folgende Aspekte: Beziehung von Text und Bild, zeichnerische Gestaltungsmittel, Entschlüsselung zentraler Symbole, Übertreibungen, Komik, Pointe.

Historischer Kontext

- Auf welches Ereignis, welchen Sachverhalt oder welche Person bezieht sich die Karikatur?
- Was ist der Anlass für die Veröffentlichung?

Intention und Wirkung

- An wen wendet sich die Karikatur?
- Wer oder was wird kritisiert? Welche Zuspitzungen bzw. Übertreibungen erfolgen?
- Welche Aussageabsicht verfolgt der Künstler bzw. Auftraggeber?
- Welche Wirkung soll die Karikatur beim zeitgenössischen Betrachter erzielen?
- Wie ist die Aussage im Rückblick – also aus heutiger Sicht – zu bewerten?

Methoden-Aufgabe:

Interpretieren Sie die Karikatur mit dem Titel „Over the Garden Wall“ aus der englischen Zeitschrift „Punch“ vom 17. Oktober 1962.

OVER THE GARDEN WALL

Weit in den östlichen Teil ragen dicke Äste. Sie tragen die Bezeichnungen von Ländern, die für den sowjetischen Machtbereich besonders bedrohlich waren.

Beide lesen ein Buch, dessen Titel ins Deutsche übersetzt heißt „Hinweise zum Zurechtstutzen“.

Kuba, das mit der Sowjetunion verbündet war, war den USA ein besonders großer Dorn im Auge.

Das Ende der Bipolarität

Wende in der Sowjetunion Warum ging die Sowjetunion unter und warum endete der Kalte Krieg? Diese Fragen sind in der Forschung seit einigen Jahren umstritten, noch lässt sich darauf keine eindeutige Antwort geben. Historiker betonen, dafür habe es „interne" und „externe" Gründe gegeben (Bernd Stöver). So habe sich die Sowjetunion bereits seit Ende der 1960er-Jahre in einer politischen Krise befunden, und auch wirtschaftlich sei es ihr nicht möglich gewesen, mit den USA Schritt zu halten. Außerdem hätten der immer wieder befeuerte Rüstungswettlauf, der den Staat an den Rand des Zusammenbruchs gebracht habe, sowie diverse Nationalitätenkonflikte im Vielvölkerreich zum Untergang beigetragen. Historiker, die die „externen" Gründe für das Ende des Kalten Krieges verantwortlich machen, heben vor allem die „unbeugsame Haltung" des Westens heraus. Der Ostblock sei quasi gezwungen gewesen nachzugeben; diese These wurde auch gern von US-Präsidenten wie Ronald Reagan und *George Bush* bemüht. Letztlich gibt es noch eine dritte Richtung, die vor allem die Rolle des Reformers **Michail Gorbatschow** betont. So habe es bis zu seinem Antritt keine Krise in der Sowjetunion gegeben. Zwar habe die Wirtschaft am Boden gelegen und die Rüstung habe unglaublich viel Geld benötigt, doch sei zumindest dies in den USA auch nicht anders gewesen. Erst der neue Generalsekretär der KPdSU – diese Position hatte Gorbatschow seit März 1985 inne – habe solch grundlegende Veränderungen am gesamten System des Staates vorgenommen, dass der Zusammenbruch einem „Selbstmord" gleichgekommen sei.

Gorbatschows Reformen im Innern wollten den Sozialismus keineswegs abschaffen, sondern ihn menschlicher und leistungsfähiger machen. Mit seiner Politik der „Offenheit" (*Glasnost*) und der „Umgestaltung" (*Perestroika*) versuchte er, der ökonomischen Krise seines Landes Herr zu werden. Er ordnete Wahlen zum *Kongress der Volksdeputierten* an (März 1989). Erstmals seit 1917 konnten die Bürger zwischen mehreren Kandidaten frei und geheim entscheiden. Im März 1990 wurde Gorbatschow in das neu geschaffene Amt eines Präsidenten der UdSSR gewählt. Die Freiheit zur öffentlichen Kritik an den Missständen im Land und an der Kommunistischen Partei entwickelte nun eine Dynamik, die das Machtmonopol der KPdSU binnen Kurzem beendete.

▲ **„I can't believe my eyes!"**
Karikatur, USA 1991.
Auf dem Sargdeckel steht „communism".

- *Identifizieren Sie die gezeigten Personen und interpretieren Sie anschließend die Aussage der Karikatur.*

Michail Sergejewitsch Gorbatschow (geb. 1931): studierter Jurist, ab 1978 Sekretär des Zentralkomitees für Landwirtschaft, 1985-1991 letzter sowjetischer Staats- und Parteichef, erhielt 1990 den Friedensnobelpreis

Abkehr von der Weltmachtpolitik Auch in der Außenpolitik verkündete Gorbatschow seit 1985 ein „neues Denken". Es führte zu einem völligen Bruch mit der bisherigen Militär- und Sicherheitspolitik der Sowjetunion. Gorbatschow machte eine Reihe von Vorschlägen zur Beendigung des Wettrüstens, betonte den Gedanken der „gemeinsamen Sicherheit" und forderte die einvernehmliche Ausgestaltung des „europäischen Hauses".

Innerhalb weniger Jahre wandelten sich die sowjetisch-amerikanischen Beziehungen tief greifend. Nach mehreren Gipfeltreffen Gorbatschows mit US-Präsident Reagan unterzeichneten beide in Washington am 8. Dezember 1987 den **INF-Vertrag**. Erstmals wurde ein wirklicher Abrüstungserfolg erzielt. Die Sowjetunion musste 1500, die USA 500 Systeme verschrotten. Moskau stellte zudem seine Unterstützung sozialistischer Regime in der Karibik, in Afrika und Asien ein (1986), zog seine Streitkräfte aus Afghanistan ab (1988/89) und kündigte vor der UNO einseitige Truppenverringerungen an (1989). Der wichtigste Schritt war jedoch die Anerkennung der nationalen Unabhängigkeit der bisherigen Ostblockstaaten (1987/88). Der neuen sowjetischen Führung war es ernst mit ihrem Wunsch, ihr Land politisch und wirtschaftlich in die Weltgemeinschaft zu integrieren.

INF-Vertrag (intermediate range nuclear forces): Abkommen der Supermächte über die Beseitigung aller Mittelstreckenraketen mit einer Reichweite zwischen 500 und 5500 km

Erfolgreiche Abrüstungsverhandlungen Nach dem Sieg der Reformkräfte in den Ostblockstaaten unterzeichneten die NATO-Staaten und die Staaten der Warschauer Vertragsorganisation am 19. November 1990 anlässlich der KSZE-Folgekonferenz in Paris den *Vertrag über konventionelle Streitkräfte in Europa* (*KSE-Vertrag*). Vereinbart wurden ein drastischer Waffenabbau sowie ein detailliertes Überprüfungssystem. Außerdem wurden für die einzelnen Regionen zwischen Atlantik und Ural verbindliche Rüstungsobergrenzen festgelegt.

Im Juli 1991 einigten sich die Sowjetunion und die USA nach neunjähriger Verhandlungszeit auf eine Reduzierung ihrer interkontinentalen Atomraketen um knapp 40 Prozent (**START**-*I-Vertrag*). Einen weiteren einschneidenden Abbau der atomaren Vernichtungswaffen sollte schließlich der im Januar 1993 unterzeichnete *START-II-Vertrag* bringen, der die Beseitigung von etwa zwei Dritteln aller Nuklearwaffen bis zum Jahr 2003 festschrieb. Damit wäre in etwa der Stand der späten Fünfzigerjahre wieder erreicht worden. Allerdings trat der Vertrag nicht in Kraft.

So wurde der Rüstungswettlauf zwischen den beiden Supermächten und ihren Verbündeten beendet. Die Ära des Ost-West-Konfliktes war damit zu Ende (▸ M1).

Internettipp:
Auf den Seiten der Bundeszentrale für politische Bildung informiert der renommierte Historiker Manfred Görtemaker über die demokratische Revolution in Osteuropa. Siehe Code 32019-36

START: Abkürzung für „Strategic Arms Reduction Talks"

Von der Sowjetunion zur Gemeinschaft Unabhängiger Staaten In der Sowjetunion verstand es Gorbatschow zunächst virtuos, sich an die Spitze der inneren Demokratisierungsprozesse zu stellen und dafür auch den Beifall der westlichen Öffentlichkeit zu erhalten. Allerdings verfügte er über kein Konzept für den dringend notwendigen Umbau der sowjetischen Planwirtschaft.

Der Zerfall des Landes war nicht länger aufzuhalten. Zahlreiche Sowjetrepubliken, darunter die **baltischen Staaten**, die Ukraine und Moldawien, lösten sich von Moskau. Die Kommunistische Partei wurde verboten. Am 21. Dezember 1991 gründeten 15 nunmehr unabhängige Republiken die *Gemeinschaft Unabhängiger Staaten* (GUS) und erklärten die UdSSR für aufgelöst. Russland als bedeutendstes Mitglied der GUS übernahm deren Sitz in der UNO. Fünf Tage später trat Gorbatschow als Präsident der Sowjetunion zurück (▸ M2).

Baltische Staaten: Estland, Lettland und Litauen, seit 1918 unabhängig, 1940 von der Sowjetunion annektiert. 1991 erklärten sie ihre Unabhängigkeit und traten aus dem Staatsverband der UdSSR aus.

Der Ostblock löst sich auf Die von Moskau ausgehenden Reformanstöße ab Mitte der 1980er-Jahre stärkten auch die oppositionellen *Bürgerrechtsbewegungen* in den Mitgliedstaaten der Warschauer Vertragsorganisation. Als die sowjetische Außenpolitik ab 1989 die Entwicklung wieder bremsen wollte, war es bereits zu spät: Das Ende der kommunistischen Parteidiktaturen war nicht mehr aufzuhalten.

Vorreiter waren Polen und Ungarn, wo unter Mitwirkung kommunistischer Reformkräfte 1989 bzw. 1990 freie Wahlen stattfanden. Auch die DDR, die Tschechoslowakei, Bulgarien, Rumänien und Albanien befreiten sich meist friedlich von ihren kommunistischen Regierungen. Im Juni und Juli 1991 wurden der Rat für Gegenseitige Wirtschaftshilfe und das Militärbündnis der Warschauer Vertragsorganisation aufgelöst. Seit 1999 sind Polen, Ungarn und die Tschechische Republik, seit 2004 die baltischen Staaten, Bulgarien, Rumänien, die Slowakei und Slowenien Mitglieder der NATO und seit 2004 bzw. 2007 auch Mitglieder der Europäischen Union. Sie und weitere Länder Ostmitteleuropas unternahmen in den 1990er-Jahren erhebliche Anstrengungen beim Aufbau von Rechtsstaat, Demokratie und Marktwirtschaft.

▲ **Das Ende der Sowjetunion.**
Titelbild des „Spiegel", 2. September 1991.

▲ „Obsolete warheads" („Veraltete Sprengköpfe").
Karikatur von Kevin Kallaugher vom 1. August 1991.
Der Abbau der Atomwaffen im ehemaligen Ostblock galt lange als Sicherheitsrisiko. Im Westen befürchtete man, dass sich in der politisch instabilen Situation nach dem Untergang des Kommunismus Unbefugte der Waffen bemächtigen könnten.

- *Erklären Sie die Doppeldeutigkeit des Titels der Karikatur.*

M1 „Wir sind nicht länger mehr Gegner"

Anfang 1992 unterzeichnen der amerikanische Präsident George Bush und der russische Präsident Jelzin eine gemeinsame Erklärung:

Zum Abschluss dieses historischen Treffens zwischen einem amerikanischen Präsidenten und dem Präsidenten eines neuen und demokratischen Russland stimmen wir – die Führer von zwei großen Völkern und Nationen – überein, dass eine Reihe von Prinzipien die Beziehungen zwischen Russland und Amerika leiten sollten:

Erstens, dass Russland und die Vereinigten Staaten sich nicht länger als potenzielle Gegner betrachten. Von heute an wird ihre Beziehung durch Freundschaft und Partnerschaft charakterisiert sein, die auf gegenseitigem Vertrauen und Respekt und einer gemeinsamen Verpflichtung zu Demokratie und wirtschaftlicher Freiheit beruht.

Zweitens, dass wir daran arbeiten werden, irgendwelche Überreste von Kalter-Kriegs-Feindseligkeit zu beseitigen, eingeschlossen Schritte zur Verringerung unserer strategischen Arsenale.

Drittens, dass wir alles in unserer Macht Stehende tun werden, um gegenseitiges Wohlbefinden unserer Völker zu fördern und die Bindungen so weit als möglich auszubauen, die unsere Völker jetzt vereinen. Offenheit und Toleranz sollten das Markenzeichen der Beziehungen zwischen unseren Völkern und Regierungen sein.

Viertens, dass wir aktiv freien Handel, Investitionen und wirtschaftliche Zusammenarbeit zwischen unseren beiden Ländern fördern.

Fünftens, dass wir jede Anstrengung unternehmen, die Förderung der von uns geteilten Werte der Demokratie, der Herrschaft des Rechts, der Respektierung der Menschenrechte einschließlich der Rechte von Minderheiten, der Respektierung von Grenzen und der friedlichen Veränderung weltweit zu unterstützen.

Sechstens, dass wir aktiv zusammenarbeiten, – die Ausbreitung von Massenvernichtungswaffen und dazugehöriger Technologie zu verhindern und die Ausbreitung von konventionellen Waffen auf der Grundlage von zu vereinbarenden Prinzipien zu beschränken; – regionale Konflikte friedlich beizulegen und – Terrorismus entgegenzutreten, Rauschgifthandel zu stoppen und der Umweltschädigung vorzubeugen.

Mit der Annahme dieser Prinzipien beginnen die Vereinigten Staaten und Russland heute eine neue Ära in ihren Beziehungen. In dieser neuen Ära streben wir nach Frieden, einem anhaltenden Frieden, der auf dauerhaften gemeinsamen Werten beruht. Dies kann ein Zeitalter von Frieden und Freundschaft sein, das nicht nur unseren Völkern, sondern Völkern in der ganzen Welt Hoffnung bringt. Denn während unser Konflikt die Welt für Generationen teilen half, können wir nun, in Zusammenarbeit mit anderen und zwischen uns, die Welt durch unsere Freundschaft vereinigen – eine neue Allianz von Partnern, die gegen die gemeinsamen Gefahren arbeitet, vor denen wir stehen.

Süddeutsche Zeitung vom 3. Februar 1992, S. 27

1. *Nennen Sie die wichtigsten Gründe für das Ende des Kalten Krieges zwischen den beiden Weltmächten.*
2. *Analysieren Sie, ob sich in der Erklärung überwiegend westliche Vorstellungen finden.*
3. *Gegenwärtig bedrohen neue Konflikte den Frieden in Europa und in der Welt. Nennen Sie dafür die Ursachen.*

   \+ *Diskutieren Sie, inwiefern eine Verständigung zwischen den USA und Russland wirksam ist gegen diese Gefahren für den Frieden.*

M2 Das Ende der Sowjetunion

Der anhaltende Demokratisierungsprozess in der Sowjetunion lässt Anfang der 1990er-Jahre nicht mehr darüber hinwegtäuschen, dass das Land vor enormen Problemen steht. Die beharrenden Kräfte erweisen sich stärker als das geforderte „neue Denken". Im August 1991 putscht eine Gruppe orthodox-kommunistischer Politiker, die strikt gegen Gorbatschows Reformen ist, gegen den amtierenden Staatschef. Unter Federführung des sowjetischen Geheimdienstes KGB setzen die Verschwörer den Präsidenten gefangen und verhängen den Ausnahmezustand über das Land. Doch schon nach zwei Tagen geben die Putschisten auf. Mittlerweile ist die Versorgungslage der Bevölkerung jedoch so schlecht, dass auch Streiks und Demonstrationen zunehmend für Unruhe im Land sorgen. Der Widerstand der Bevölkerung wird von Boris Jelzin (1931 - 2007) angeführt, dem kurz zuvor gewählten Präsidenten der Russischen Föderation, dem Kernland der Sowjetunion. Nach unruhigen Monaten tritt Gorbatschow am 25. Dezember 1991, einen Tag nach seiner Abschiedsrede, zurück. In der Rede heißt es:

Das Schicksal hat es so gefügt, dass es sich bereits bei meiner Amtsübernahme zeigte, dass es im Land Probleme gab. Gott hat uns viel geschenkt: Land, Erdöl, Gas und andere Naturreichtümer. Und auch viele talentierte und kluge Menschen. Und dabei leben unsere Menschen schlechter als in den anderen entwickelten Ländern. Wir bleiben sogar immer weiter hinter ihnen zurück. Der Grund dafür war schon zu sehen – die Gesellschaft befand sich in der Schlinge eines bürokratischen Kommandosystems. Die Gesellschaft musste der Ideologie dienen und dabei die furchtbare Last des Wettrüstens tragen. [...] Alle Versuche von halbherzigen Reformen [...] scheiterten nacheinander. Das Land verlor immer mehr an Perspektive. So konnte man nicht weiterleben. Es musste alles grundlegend verändert werden. [...]
Mir war klar, dass die Einleitung von solchen großen Reformen in einer solchen Gesellschaft wie der unseren eine äußerst schwere und auch in bestimmter Hinsicht eine riskante Sache ist. Und auch heute bin ich noch von der historischen Richtigkeit der demokratischen Reformen überzeugt, die im Frühjahr 1985 eingeleitet wurden.
Der Prozess der Erneuerung des Landes und der grundlegenden Veränderungen in der Weltgemeinschaft hat sich komplizierter erwiesen, als man voraussagen konnte. Trotzdem muss man das Vollbrachte gebührend einschätzen. Die Gesellschaft wurde frei. Und das in politischer und geistiger Hinsicht. Und das ist die größte Errungenschaft. [...] Es wurde ein totalitäres System beseitigt, das ein weiteres Aufblühen und Wohlergehen des Landes verhinderte. Es wurde ein Durchbruch zu demokratischen Veränderungen vollzogen. Freie Wahlen, eine freie Presse, Religionsfreiheit, wirkliche Machtorgane und ein Mehrparteiensystem wurden zur Realität. Die Menschenrechte wurden als oberstes Prinzip anerkannt. Es wurde mit dem Übergang zu einer vielseitigen Wirtschaft begonnen. Alle Formen des Eigentums werden als gleichberechtigt anerkannt, im Rahmen der Bodenreform ist die Bauernschaft wiedererstanden. Farmen wurden gegründet, Millionen Hektar Land werden an Land- und Stadtbewohner übergeben. Die wirtschaftliche Freiheit des Produzenten wurde gesetzlich verankert. Das Unternehmertum, die Gründung von Aktiengesellschaften und die Privatisierung gewannen immer mehr an Kraft. Es muss daran erinnert werden, dass der Übergang zur Marktwirtschaft im Interesse des Menschen erfolgt. [...]
Wir leben in einer anderen Welt: Der „Kalte Krieg" ist vorbei. Das Wettrüsten wurde gestoppt. Die wahnsinnige Militarisierung unseres Landes, die unsere Wirtschaft, das gesellschaftliche Bewusstsein und die Moral zugrunde richtete, wurde beendet. Die Gefahr eines Weltkrieges wurde beseitigt. [...] Wir öffneten uns der Welt und verzichteten auf die Einmischung in fremde Angelegenheiten sowie auf den Einsatz von Truppen außerhalb unseres Landes. Und man antwortete uns mit Vertrauen, Solidarität und Respekt. Wir wurden zu einer der wichtigsten Stützen bei der Umgestaltung der modernen Zivilisation auf friedlicher und demokratischer Basis. Die Völker und Nationen haben die reale Freiheit erhalten, den Weg ihrer Entwicklung selbst zu bestimmen. Die Suche nach einer demokratischen Reformierung unseres Vielvölkerstaates führte uns an die Schwelle eines neuen Unionsvertrages.
Ich möchte von ganzem Herzen all jenen danken, die in all diesen Jahren mit mir für die gerechte und gute Sache eingetreten sind. Sicherlich war eine Reihe von Fehlern vermeidbar. Vieles hätte man besser machen können. Aber ich bin überzeugt, dass unsere Völker in einer aufblühenden und demokratischen Gesellschaft leben werden.

Zitiert nach: Die Sowjetunion 1953 - 1991, herausgegeben von der Bundeszentrale für politische Bildung (Informationen zur politischen Bildung, Heft 236), Bonn 1992, S. 38

1. *Arbeiten Sie heraus, welche schwierigen Bedingungen und Probleme in der Sowjetunion Gorbatschow nennt.*
2. *Fassen Sie Gorbatschows Kritikpunkte am Zustand der Sowjetunion zusammen. Welche innen- und außenpolitischen Ziele und Grundsätze verfolgten die Reformen?*
3. *Prüfen Sie, ob sich aus dieser Bilanz neue politische*
+ *Visionen ableiten lassen.*
4. *Untersuchen Sie, welche Kritikpunkte an Gorbatschows Kurs aus marxistisch-leninistischer Sicht vorgebracht werden können.*

Geschichte kontrovers

Das Ende des Kalten Krieges – Ergebnis des Niederrüstens?

Das Ende des Kalten Krieges wurde im Jahr 1990 gleich von mehreren Seiten offiziell erklärt. Damit endete auch der scharfe Ost-West-Konflikt, der in seiner radikalsten Phase die Welt beinahe in den Abgrund gestürzt hätte.

Am 25. Dezember 1991 wurde auf dem Kreml in Moskau die rote Fahne der Sowjetunion durch die weiß-blau-rote Fahne Russlands ersetzt; zahlreiche Staaten in Osteuropa hatten zu diesem Zeitpunkt bereits ihre Unabhängigkeit erklärt, nachdem freie Wahlen stattgefunden hatten. In der Geschichts- und Politikwissenschaft ist umstritten, warum dieser auf politischer, wirtschaftlicher und weltanschaulicher Ebene so massiv geführte Kalte Krieg mit dem Untergang der Sowjetunion endete. War dieser Zusammenbruch – gemessen an westlichem Fortschrittsdenken, das sich an Demokratie und Marktwirtschaft orientiert – eine von der Sowjetunion selbst verschuldete Krise oder Ergebnis eines Drucks massiver Aufrüstung seitens der USA? Oder erodierte die Sowjetunion langsam durch die westliche Entspannungspolitik und durch die Infiltration westlicher Ideen und Vorbilder?

M1 „Den amerikanischen Anstrengungen nicht gewachsen"

Zbigniew Brzeziński, ehemaliger Sicherheitsberater verschiedener amerikanischer Regierungen und Dozent an amerikanischen Universitäten, nimmt Stellung:

Der Kalte Krieg endete tatsächlich mit dem Sieg auf der einen und der Niederlage auf der anderen Seite. Diese Realität kann nicht bestritten werden – trotz der verständlichen Empfindlichkeiten, die eine solche Schlussfolgerung unter den Weichherzigen im Westen und einigen früheren Führern der besiegten Seite hervorruft. [...]
Die globale sowjetische Offensive dauerte unvermindert bis in die zweite Hälfte der 70er-Jahre an. Nicht länger durch die strategische amerikanische Stärke politisch gehindert, wurden sowjetische Truppen in Vietnam, Äthiopien, Jemen, Kuba, ganz zu schweigen von dem geopolitisch wichtigen Mittleren Osten, eingesetzt, während sowjetische militärische Stellvertreter in Mosambik, Angola und anderswo aktiv waren. [...] Das Ergebnis war die letzte Phase des Kalten Krieges ungefähr von 1979-1991. Sie war gekennzeichnet durch die graduelle Wiederaufnahme der ideologischen Initiative des Westens, durch den Ausbruch einer weltanschaulichen und politischen Krise im Lager des Gegners und durch den letzten und entscheidenden Stoß der USA im Rüstungswettlauf. Diese Phase dauerte ein Jahrzehnt. Ihr Ergebnis war Sieg. [...]
Die massive US-Verteidigung, die in den frühen Achtzigern aufgebaut wurde und die auch die Entscheidung einschloss, mit der Strategic Defense Initiative fortzufahren – beides schockte die Sowjets und strapazierte ihre Ressourcen. Ihre Größe, ihre Wucht und ihr technologischer Wagemut waren in Moskau vollkommen unerwartet gewesen. 1983 entwickelte sich eine echte Kriegsangst im Kreml und die USA wurden vielleicht eingeschätzt, sogar eine militärische Lösung anzustreben. Und dann, in der Mitte des Jahrzehnts, dämmerte es den sowjetischen Führern, dass sie weder mit den amerikanischen Anstrengungen gleichziehen konnten noch ihnen gewachsen waren. [...] Der Rüstungswettkampf erschöpfte die sowjetische Volkswirtschaft und widerlegte somit die eigenen ideologischen Erwartungen. [...]
Die reformorientierte Gorbatschow-Führung, umschmeichelt, umworben, sogar verführt durch den Westen und in seiner letzten Phase geschickt beeinflusst durch Präsident Bush und den deutschen Kanzler Helmut Kohl, wählte den zweiten Weg. Das Ergebnis war ein Chaos im östlich-zentralen Europa und dann Kapitulation. [...] Während des ganzen Kalten Krieges war es Amerika, das die meiste Last trug und seinen stärksten Willen demonstrierte durchzuhalten. Die Alliierten Amerikas waren im Allgemeinen standhaft in kritischen Augenblicken, aber auf der anderen Seite neigten sie mehr zu Kompromissen. [...] Es war Amerika, das die ganze Zeit des Kalten Krieges die sowjetische Machtausübung mit einer Haltung und Führung aufhielt, die im Gesamten bemerkenswert konsistent war.

Zbigniew Brzeziński, The Cold War and its Aftermath, in: Foreign Affairs 71/1992, S. 31-49, hier S. 31-46 (übersetzt von Rolf Schulte)

M2 Die Attraktivität des Westens

Hat der Westen den Sieg im Kalten Krieg davongetragen? Historiker und Politologen widersprechen solchen Auffassungen, wie sie etwa von Zbigniew Brzeziński vertreten werden.

Archie Brown, Professor für Politikwissenschaft an der Universität Oxford, kommentiert:

Die Beerdigung des Kalten Krieges war ein Sieg des Westens in dem Sinn, dass demokratische politische Systeme sich als attraktiver als die eigenen politischen Systeme für die Bürger des kommunistischen Europas erwiesen und dass sich die Marktwirtschaften als effizienter als die Planwirtschaften nach Sowjetstil herausgestellt hatten. Das ist etwas gänzlich anderes als die populäre Übervereinfachung, dass es der Druck der Reagan-Regierung oder die amerikanische Waffenüberlegenheit war, welche die sowjetische Führung in die Situation brachte, nichts anderes als die Niederlage einzugestehen. [...] Während Gorbatschow eventuell gute persönliche Beziehungen mit Reagan und Bush pflegte, war er ideell mehr mit europäischen sozialdemokratischen Staatmännern wie Brandt (obwohl er während der Perestroika-Periode nicht mehr deutscher Bundeskanzler war) und González[1] verbunden. [...] Obwohl wir eine Grenze der Entwicklung von Gorbatschows Ansichten in eine bestimmte Richtung erkennen müssen, war diese Richtung sozialdemokratisch, eine Fusion liberaler und sozialistischer Traditionen.

Und John W. Young, Professor für internationale Geschichte an der Universität Nottingham/Großbritannien, äußert sich folgendermaßen:

Wenn der Zusammenbruch des Sowjetsystems als Ergebnis eines langzeitigen Versagens des Kommunismus gegenüber der freien Marktwirtschaft gesehen werden kann, dann war der Erfolg der Westeuropäer durch den Aufbau stabiler, blühender demokratischer Systeme, die ökonomischen Erfolg mit sozialer Gerechtigkeit verbanden, eine wichtige Komponente des Siegs des Westens im Kalten Krieg. Die Tagesordnung der NATO im Helsinki-Prozess wurde tatsächlich eingelöst. Die Sowjets mögen Anerkennung für ihre territorialen Nachkriegsgrenzen erzielt haben, aber nur auf Kosten, westliche Güter und Ideen in einem zunehmend altersschwachen marxistischen System zu erlauben. Für die Satellitenstaaten Osteuropas stellten die Freiheit und der Reichtum der westeuropäischen Nachbarn einen Magnet dar, der diese von Moskau wegzog und die Fundamente des Systems unterspülte, das in den späten 1989ern so spektakulär auseinanderbrach. [...]
Es war auch bedeutsam, dass dieses elastische System [Westeuropas] sich an der Haustür der Sowjetunion befand. Von hier aus konnten die Westeuropäer ihre Kredite an Osteuropa gewähren, Druck auf die Respektierung von Menschenrechten ausüben und Gorbatschows Glasnost-Politik nutzen. [...]
Der entscheidende Beitrag für das Ende des Kalten Krieges zu freiheitlichen Bedingungen war die Demonstration, dass die Vorteile einer Marktwirtschaft mit politischer Demokratie, Wohlfahrtsmaßnahmen und sozialer Gerechtigkeit verbunden werden konnten.

Erster Text: Archie Brown, The Gorbatchev revolution and the end of the Cold War, in: Melvyn P. Leffler; Odd Arne Westad (Hrsg.), The Cambridge History of the Cold War, Vol. III, Cambridge 2010, S. 244-266, hier S. 264 f. (übersetzt von Rolf Schulte)
Zweiter Text: John W. Young, Western Europe and the end of the Cold War, 1979-1989, in: ebenda, S. 289-310, hier S. 289 ff., 309 f. (übersetzt von Rolf Schulte)

[1] **Felipe González**: sozialdemokratischer Ministerpräsident Spaniens von 1982 bis 1996

▲ **Handschlag zwischen Ost und West.**
Foto vom 19. November 1985.
Der sowjetische Parteichef Michail Gorbatschow (links) und US-Präsident Ronald Reagan begegnen sich im November 1985 bei der ersten ihrer fünf Gipfelkonferenzen.

1. *Zeigen Sie anhand von M1 und M2 die Kontroverse mit ihren jeweiligen Begründungen auf.*
2. *Überprüfen Sie die Stellungnahmen in M1 und M2 anhand der Informationen im Darstellungstext auf den Seiten 508 f. (Sachurteil).*
3. *Das Ende des Kalten Krieges – Ergebnis des Niederrüstens der Sowjetunion? Nehmen Sie Stellung.*

Blockbildung nach dem Zweiten Weltkrieg

- Die Anti-Hitler-Koalition, deren Interessengegensätze bereits auf der Konferenz von Jalta im Februar 1945 offensichtlich wurden, zerfiel 1945, ein Ring von sowjetischen **Satellitenstaaten** in Ostmitteleuropa wurde bis 1948 geschaffen.
- Infolge der **Truman-Doktrin** (1947) betrieben die USA eine **Eindämmungspolitik** (Containment). Sie ging einher mit der finanziellen und militärischen Unterstützung von Ländern, die kommunistisch zu werden drohten, wie Griechenland und die Türkei.
- Der **Marshall-Plan**, ein Wiederaufbauprogramm der USA für vom Krieg zerstörte Länder, trug zur wirtschaftlichen Erholung in den nicht kommunistischen Staaten Europas bei.
- Mit Gründung der beiden deutschen Staaten 1949 und den beiden Verteidigungsbündnissen **NATO** (1949) und **Warschauer Pakt** (1955) bildeten sich zwei ideologisch getrennte Blöcke um die beiden Supermächte USA und Sowjetunion.
- Unter Chruschtschow begann eine Phase der „**friedlichen Koexistenz**", die in die Phase des „Kalten Krieges" überging, die von **Wettrüsten** und einem „Gleichgewicht des Schreckens" geprägt war.

Krisen und Konflikte im Zeichen des Kalten Krieges

- Mit dem **Korea-Krieg** begann 1950 eine Reihe von **Stellvertreterkriegen**.
- In der DDR (1953) sowie in Polen und Ungarn (1956) wurden **Volksaufstände gegen das kommunistische Regime** mithilfe sowjetischer Truppen niedergeschlagen.
- 1961 während der **Zweiten Berlin-Krise** um den Status von Berlin und 1962 im Zuge der **Kuba-Krise** stand die Welt am Rande eines atomaren Krieges.
- Angesichts der Befürchtung, es könne einen Dominoeffekt kommunistischer Herrschaftsübernahmen in Südostasien geben, begannen die USA 1964 den **Vietnam-Krieg**, der bis 1975 dauerte und angesichts der Kriegsführung und der hohen Opfer auch in der Zivilbevölkerung in den USA und der Weltöffentlichkeit zu massiven Protesten führte.
- Der Ostblock erlebte 1968 mit dem „Prager Frühling" einen weiteren Volksaufstand, aus dem die **Breschnew-Doktrin** resultierte: Die UdSSR sah sich ihr zufolge als berechtigt an, Abweichungen vom Weg des Kommunismus mit militärischer Gewalt zu unterbinden.
- Abrüstungsverhandlungen, Rüstungskontrolle und der KSZE-Prozess über Sicherheit und Zusammenarbeit in Europa waren Signale der **Entspannung** zwischen den verfeindeten Blöcken.
- Eine neue Spirale der Aufrüstung begann Ende der 1970er-Jahre. Auf die Stationierung sowjetischer SS-20 antwortete das westliche Bündnis mit dem **NATO-Doppelbeschluss** und der anschließenden Nachrüstung mit amerikanischen Pershing II-Mittelstreckenraketen.
- Unter US-Präsident Reagan, der eine **Politik der Stärke** betrieb, wurden die Verteidigungsausgaben massiv erhöht, nicht zuletzt wegen des weltraumgestützten Raketenabwehrsystems SDI.

Das Ende der Bipolarität

- Durch die **Politik von Glasnost (Offenheit) und Perestroika (Umgestaltung)** des sowjetischen Regierungschefs Gorbatschow wurde 1987 mit dem INF-Vertrag ein erster grundlegender Abrüstungserfolg möglich, dem weitere folgten.
- Eine Abkehr von der Breschnew-Doktrin ermöglichte die **Unabhängigkeit der Ostblockstaaten**. Im Innern beschleunigte Gorbatschows Politik den **Zerfall der Sowjetunion**.
- Der **Auflösung des Warschauer Paktes 1991** folgte der Beitritt zahlreicher ehemaliger Ostblockstaaten in die NATO und in die EU.

1. *Interpretieren Sie die Grafik auf der rechten Seite:*
a) Erläutern Sie den Verlauf der Ost-West-Beziehungen anhand der Grafik.
b) Bewerten Sie, ob der Verlauf der „Kurve" zutreffend ist.
c) Bilden Sie Gruppen: Einigen Sie sich darauf, wie die Grafik für die Zeit bis 1991 weiterzuführen ist. Diskutieren Sie anschließend im Kurs die Ergebnisse.

2. *Stellen Sie dar, inwiefern die Geschichte des Ost-West-Gegensatzes für das Verständnis der aktuellen politischen Lage und das politische Handeln wichtig ist.*

Fieberkurve der Ost-West-Beziehungen

Die Schärfe der Konfrontation und der Grad der Entspannung werden von dem Politikwissenschaftler Karl Dietrich Bracher in eine Skala von –10 bis +10 eingeteilt. Im Mittelpunkt seiner Wertungen stehen die amerikanisch-sowjetischen Beziehungen:

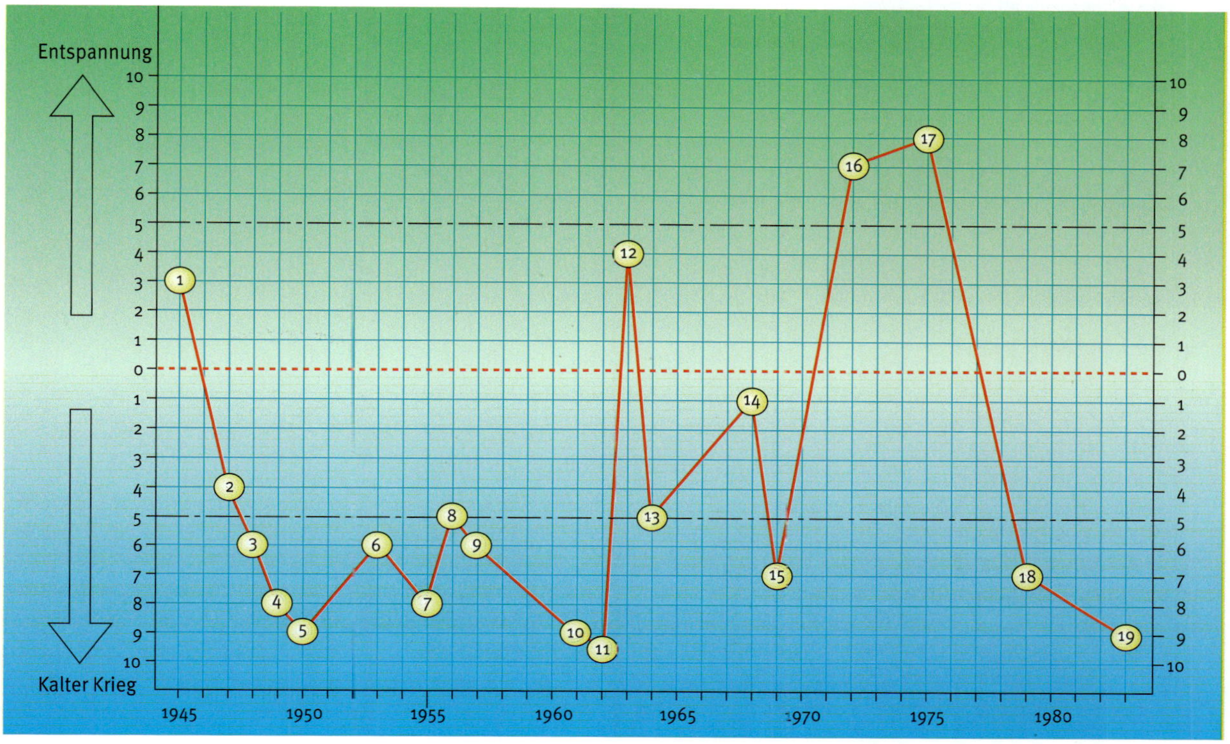

Grafik nach einer Idee von: Karl Dietrich Bracher, Die Krise Europas 1917-1975, Frankfurt am Main 1976, S. 443

1	1945	Ende des Zweiten Weltkrieges; Gründung der UNO
2	1947	Truman-Doktrin; Marshall-Plan; Zwei-Lager-Theorie
3	1948	Kommunistischer Umsturz in der Tschechoslowakei; Beginn der sowjetischen Blockade Berlins
4	1949	Gründung der NATO; kommunistische Staatsgründungen in China und der DDR
5	1950	Ausbruch des Korea-Krieges
6	1953	Tod Stalins; Volksaufstand in der DDR; Waffenstillstand in Korea
7	1955	Bundesrepublik wird NATO-Mitglied; Gründung der Warschauer Vertragsorganisation
8	1956	Aufstände in Polen und Ungarn; Suez-Krise[1]
9	1957	„Sputnik"-Erfolg der Sowjetunion
10	1961	Bau der Berliner Mauer
11	1962	Kuba-Krise
12	1963	Vertrag über den Stopp von Atomtests; „Heißer Draht" zwischen der amerikanischen und sowjetischen Führung
13	1964	Die USA erhöhen ihren militärischen Einsatz in Vietnam
14	1968	Kernwaffensperrvertrag; Ende des „Prager Frühlings"
15	1969	Mondlandung der Amerikaner
16	1972	SALT-I-Abkommen begrenzt die Zahl nuklearer Angriffswaffen zwischen den USA und der UdSSR
17	1975	Schlussakte der KSZE in Helsinki
18	1979	NATO-Doppelbeschluss; sowjetischer Einmarsch in Afghanistan
19	1983	Abbruch aller Rüstungskontrollverhandlungen

[1] **Suez-Krise**: auch Sinai-Krieg genannt; siehe Seite 490, Anm. 1

Die europäische Integration

◂ **Europa und der Stier – oder: Europa – Vision 3000 – Ein Kontinent ohne nationale Grenzen.**
Gemälde von Curt Stenvert, 1987.
Das Bild nimmt Bezug auf den antiken Europa-Mythos. In ihm verliebt sich der griechische Göttervater Zeus in die Königstochter Europa (aus Phönikien, heute Libanon) und entführt sie auf die Insel Kreta. Diesen Mythos verbindet das Bild mit der Gegenwart und einer Zukunftsvision der europäischen Integration.
Am rechten unteren Bildrand ist der antike Palast von Knossos (Kreta) dargestellt, in dem der Sohn von Zeus und Europa als König residierte. Die auf dem Stier stehende Figur trägt die von der europäischen Raumfahrtorganisation entwickelte Europarakete. Der im rechten oberen Bildrand abgebildete „Mystische Kristall" ist ein Symbol, das auf den göttlichen Ursprung aller Dinge verweist.

Europa-Initiativen nach den Weltkriegen

- **1929** – Der französische Außenminister Aristide Briand schlägt im „Europa-Plan" eine föderative Ordnung der europäischen Staaten vor.
- **1948** – 16 westeuropäische Staaten bilden die Organization for European Economic Cooperation (OEEC) zur wirtschaftlichen Zusammenarbeit.
- **1949** – Der Europarat wird gegründet, um Kooperation und Demokratie in Europa zu fördern.

Erste Schritte zur europäischen Einigung

- **1951** – Die Benelux-Staaten, die Bundesrepublik, Frankreich und Italien gründen die Europäische Gemeinschaft für Kohle und Stahl (EGKS).
- **1954** – Die Gründung einer europäischen Verteidigungsgemeinschaft (EVG) scheitert an der Ablehnung durch das französische Parlament.
- **1957** – Die EGKS-Staaten gründen die Europäische Wirtschaftsgemeinschaft (EWG) und die Europäische Atomgemeinschaft (Euratom).
- **1963** – In einem Kooperationsvertrag (Élysée-Vertrag) vereinbaren Frankreich und Deutschland eine enge Abstimmung in wichtigen Bereichen von Politik, Wirtschaft und Kultur

Die Europäischen Gemeinschaften (EG) und die wirtschaftliche Integration

- **1967** – EGKS, EWG und Euratom werden als Europäische Gemeinschaften (EG) zum Zweck der weiteren wirtschaftlichen Integration vereinigt.
- **1973 - 1986** – Mit dem Beitritt von Großbritannien, Dänemark und Irland sowie von Griechenland, Spanien und Portugal gelingt die Nord- bzw. Süderweiterung der EG.
- **1985** – Das Schengener Übereinkommen leitet den Verzicht auf Grenzkontrollen ein.
- **1986** – Die Einheitliche Europäische Akte (EEA) veranlasst ein vorwiegend wirtschaftliches Reformprogramm.

Die Europäische Union (EU) und die politische Integration

- **1993** – Der Maastrichter Vertrag begründet die Europäische Union (EU) und vertieft die politische Kooperation.
- **1995 - 2007** – Die EU wächst vor allem durch die Osterweiterung von zwölf auf 27 Mitgliedstaaten.
- **2002** – Der Euro löst in elf EU-Staaten als Bargeld die nationalen Währungen ab.
- **2004** – Der Vertrag über eine Verfassung für Europa wird unterzeichnet, erlangt jedoch wegen gescheiterter Referenden keine Rechtskraft.
- **2009** – Der Vertrag von Lissabon tritt in Kraft, der die Handlungsfähigkeit der EU stärkt.
- **2013** – Kroatien tritt der EU als 28. Mitgliedstaat bei.
- **2016** – Bei einer Volksabstimmung entscheidet sich die Mehrheit der Wählerinnen und Wähler für den Austritt Großbritanniens aus der EU („Brexit").

Welchen Weg nimmt die EU? Der Zusammenschluss von Staaten prägte die Geschichte Westeuropas seit dem Zweiten Weltkrieg und seit dem weltpolitischen Umbruch um 1990 die Geschichte ganz Europas. Im Lauf der Neuzeit hatten sich in Europa trotz vieler Unterschiede auch Gemeinsamkeiten in Kultur, Politik und Wirtschaft entwickelt. Dazu gehörten das Erbe der Antike und das Christentum ebenso wie die Freiheit des Handels und die Unabhängigkeit der Völker. Dabei versuchten die europäischen Staaten bis zum 20. Jahrhundert nicht, sich politisch zusammenzuschließen. Dies änderte sich in der Notlage nach den beiden Weltkriegen. Der erste Zusammenschluss war der Europarat 1949, in dem zunächst zehn Staaten politische Vereinbarungen trafen. Er hat mit seinen heute 47 Mitgliedern viel für Menschenrechte und Demokratie bewirkt, jedoch blieb er eine intergouvernementale Vereinigung. Die Staaten verhandeln miteinander, haben aber noch keine Souveränitätsrechte abgetreten.

Die erste supranationale Institution, der Hoheitsrechte übertragen wurden, war die 1951 gegründete Europäische Gemeinschaft für Kohle und Stahl (EGKS). In ihr vereinigten sich die Benelux-Staaten (Belgien, Luxemburg, Niederlande), die Bundesrepublik, Frankreich und Italien. Die EGKS traf auf dem Feld der Kohle- und Stahlpolitik Entscheidungen, die für die sechs Staaten rechtsverbindlich waren. Diesem supranationalen Integrationskern wurden andere Wirtschafts-, dann Politikbereiche und weitere Staaten angegliedert. So begründete die EKGS 1957 die Europäische Wirtschaftsgemeinschaft (EWG), die einen gemeinsamen Markt schuf. Staaten Nord- und Südeuropas schlossen sich an. Der Binnenmarkt war 1993 weitgehend verwirklicht. Die wirtschaftliche Integration setzte sich mit der Osterweiterung der Europäischen Union (EU) fort; als EU werden die Gemeinschaften seit der Neuordnung 1993 bezeichnet. Zugleich begründete ein Teil der EU eine Währungsunion, die mit der Einführung des Euro-Bargelds 2002 vollendet war.

Die 28 Staaten der EU (Stand seit 2013) ringen bis heute um ein wirkungsvolleres Handeln nach innen und außen. Denn Europa hat global bisher nicht das Gewicht, das seiner Wirtschaftskraft entspricht. Die supranationalen Organe der EU, vor allem das Europäische Parlament, fordern mehr Entscheidungsbefugnisse, um die politische Einheit Europas zu stärken. Jedoch bestimmen noch immer die Einzelstaaten das Tempo der Einigung, indem sie wichtige Entscheidungen zur weiteren Integration nur einstimmig treffen.

Die Integration wird auch auf anderen Ebenen vorangetrieben. So intensivieren beispielsweise europäische Forschungseinrichtungen, Kooperationen europäischer Firmen und Bildungsprogramme die Zusammenarbeit jenseits nationaler Grenzen und fördern die Verständigung.

Die EURO-Rettungspolitik im Zuge der Griechenland-Krise seit 2010 sowie die Flüchtlingsströme, die infolge des Bürgerkrieges in Syrien Europa seit dem Sommer 2015 erreichten, legten aber auch Konfliktlinien innerhalb der EU bloß und werden die Staatengemeinschaft weiterhin vor eine Probe stellen.

- *Welche Entwicklungsstufen und Triebkräfte steuerten die europäische Integration?*
- *Wie lassen sich Entscheidungsstrukturen der Europäischen Union in Vergangenheit und Gegenwart beurteilen?*
- *Vor welchen Herausforderungen steht der europäische Einigungsprozess heute?*

Der Weg zur europäischen Integration

Grundlagen europäischer Identität in der Neuzeit Die Geschichte Europas seit dem Mittelalter fasziniert durch ihre Vielfalt trotz aller Gemeinsamkeiten. Zwar bevorzugten jedes Land und jede Region eigene Formen in Kultur, Politik und Wirtschaft. Auch verließen die Bauern und einfachen Bürger ihr unmittelbares Umfeld größtenteils nicht. Aber die Könige, Adligen und Kaufleute hatten Kontakt, sie konnten Veränderungen beobachten und lernten voneinander. Dabei bewahrten sie die **Identität** ihrer Länder und Regionen. Ebenso gab es freilich europäische Gemeinsamkeiten in Kultur, Politik und Wirtschaft, die im Lauf der Neuzeit nicht verlorengingen.

Identität (lat. idem: „derselbe"): das Individuelle, Unverwechselbare

Kulturell blieb das Christentum trotz aller konfessionellen Spaltungen – die Konfessionen unterschieden sich nach Glaubenssätzen und äußeren Kirchenformen – das tragende Fundament. Und obwohl sich die Europäer in Eroberungs- und Glaubenskriegen bekämpften, fühlten sie sich doch stets einer gemeinsamen Kultur zugehörig. Neben dem Christentum prägte das gemeinsame Erbe der griechischen und römischen Antike die Werte und das Denken der europäischen Nationen.

Integration (lat.): „Erneuerung", „Herstellung eines Ganzen"

In der Politik bildete dieses kulturelle Erbe die Voraussetzung für die Achtung der Menschenrechte und das Entstehen der Demokratie. Große Bedeutung gewann der Gedanke der Friedenssicherung, weil die politische Vielfalt Europas immer wieder zu verheerenden Kriegen führte. Der Friedensgedanke kam in glänzender Weise zum Ausdruck bei den großen europäischen Kongressen, erstmals bei den Verhandlungen zum Westfälischen Frieden (1645-1648), die den Dreißigjährigen Krieg beendeten.

▲ **Europa als Königin.**
Kupferstich von Matthäus Merian, 1643.
Im Zug der wissenschaftlichen Auseinandersetzung mit den nicht europäischen Weltteilen ab dem 17. Jh. wurde Europa immer mehr als geografisch-kulturelle Einheit gesehen. Die weitverbreitete allegorische Darstellung der Europa als Königin drückt das Überlegenheitsgefühl gegenüber den Bewohnern anderer Kontinente aus.

In der Wirtschaft galt während der gesamten Neuzeit die Freiheit von Handel und Verkehr. Der Niederländer *Hugo Grotius* (1583-1645) begründete dies im 17. Jahrhundert in einer Abhandlung zum „Mare liberum" (Das freie Meer) erstmals in theoretischer Form. Seine Argumentation, die schließlich das internationale Recht (*Völkerrecht*) prägte, lautete: Die Meere sind internationale Gewässer, deshalb müssten sie für den Handel aller Nationen offen sein. Auch der Binnenhandel war stets frei, obwohl ihn unter anderem Zölle behinderten.

Bei aller Vielfalt waren das die Wesenszüge der europäischen Identität in der Neuzeit: die Werte des Christentums und der antiken Philosophie, das Streben nach Frieden und die Freiheit von Handel und Verkehr. Dies waren nach dem Zweiten Weltkrieg auch Wesenszüge der europäischen **Integration**. Jedoch gehörte zu dieser Identität ebenso das Bewusstsein, anderen Kulturen überlegen zu sein und sie beherrschen zu können. Der Kolonialismus, der daraus erwuchs, endete erst nach den Katastrophen der beiden Weltkriege. Sie führten zur Einsicht, dass nur ein geeintes Europa neben den Weltmächten USA und UdSSR bestehen konnte. Die europäische Integrationsidee war somit das Ergebnis eines schmerzvollen Lernprozesses.

Europa-Pläne nach dem Ersten Weltkrieg Im 19. Jahrhundert verstärkten sich die Gegensätze der europäischen Nationalstaaten. Für sie war es noch immer selbstverständlich, im Innern und nach außen rigoros die eigenen Interessen durchzusetzen. Dazu schien ihnen auch ein Krieg gerechtfertigt. *Souveränität*, also staatliche Unabhängigkeit und Handlungsfreiheit, war das oberste Prinzip ihres Handelns. Erst die Katastrophe des Ersten Weltkrieges (1914-1918) stellte dieses Denken infrage.

Der Versailler Vertrag* (1919) orientierte sich grundsätzlich am Selbstbestimmungsrecht der Völker und betonte die Eigenständigkeit der Nationen. Dennoch

* Siehe Seite 300 f.

entwickelten sich in der Folge zum ersten Mal in der europäischen Geschichte Initiativen zur europäischen Integration. Politisch begünstigt wurden sie durch den Völkerbund*, der 1919 ins Leben trat. Er verstand sich als Organisation der freien Völker in der Welt und machte es sich zur Aufgabe, kollektiv den Frieden zu sichern und die internationale Zusammenarbeit zu fördern.

Die Initiativen zur europäischen Einigung finden sich in drei Bereichen: in der Publizistik, in der politischen Planung und in europapolitischen Vereinigungen. In Zeitungen und Hunderten von Artikeln und Büchern wurde die Integration Europas immer wieder thematisiert.

Der bedeutendste Plan stammt vom französischen Außenminister Aristide Briand. Er schlug bei einer Völkerbundversammlung 1929 eine **föderative** Verbindung der europäischen Staaten vor. Sie sollten ihre Unabhängigkeit bewahren, aber einen festen Rahmen für die politische und wirtschaftliche Zusammenarbeit schaffen. Der *Europa-Plan* Briands hatte im Kern ein sicherheitspolitisches Ziel. Er sollte den Frieden nach dem Ersten Weltkrieg stabilisieren und hätte vor allem Deutschland im neuen europäischen Verbund verpflichten können, die Bedingungen des Versailler Vertrages einzuhalten. Jedoch entzogen sich Deutschland wie die übrigen Mächte dem Plan Briands. Die Initiative des französischen Staatsmannes war trotz des Scheiterns das Beispiel für den späteren Start der europäischen Integration um 1950. Auch nach dem Zweiten Weltkrieg war es ein Ziel, Deutschland international einzubinden, damit von ihm nach einem Wiedererstarken keine Gefahr mehr ausgehen konnte.

Unter den europapolitischen Vereinigungen hatte die **Paneuropa-Union**, die der Österreicher *Richard Graf von Coudenhove-Kalergi* 1922 gründete, die meisten Mitglieder in verschiedenen Staaten.

Pläne für eine rein wirtschaftliche Kooperation, mit der nach dem Zweiten Weltkrieg der Integrationsprozess tatsächlich in Gang kam, gab es bereits 1925. Dabei sollte ein europäischer Zollverein für den Abbau von Zollschranken und einen gemeinsamen Markt eintreten.

Chancen für Europa-Projekte am Ende des Zweiten Weltkrieges Der Zweite Weltkrieg festigte die weltpolitische Lage, die sich nach dem Ersten Weltkrieg bereits abgezeichnet hatte. Die USA und die Sowjetunion beendeten den Krieg 1945 als Weltmächte und behielten in der Zeit danach ihre militärische, wirtschaftliche und politische Überlegenheit bei. Sie bestimmten die Neuordnung Deutschlands und Europas, während die beiden anderen Siegermächte Großbritannien und Frankreich, geschwächt infolge der Kriege und wirtschaftlichen Krisen, ihren weltpolitischen Vorrang unwiederbringlich einbüßten. Deutschland hatte den selbst verursachten Krieg militärisch verloren. Politisch verlor ganz Europa an Bedeutung. Was weitsichtige Staatsmänner, Publizisten und wachsame Bürger schon länger vorausgesehen hatten, war mit dem Verlauf und Ende des Zweiten Weltkrieges für jedermann offenkundig.

Führende Vertreter von Exilregierungen hatten daher schon vor 1945 die Chancen für eine Gemeinschaftsbildung ost- und westeuropäischer Staaten erwogen. Der Belgier **Paul-Henri Spaak**, später ein führender Europapolitiker, setzte sich für einen Zusammenschluss der Benelux-Länder mit Frankreich ein. General Charles de Gaulle, später französischer Staatspräsident, beschäftigte sich im Londoner Exil 1943 mit einer Föderation des westlichen Europa. Diese Projekte zeigten den grundlegenden Wandel des politischen Denkens. Um zu einem Staatenverbund zu gelangen, durfte das Prinzip

* Siehe Seite 300.

▲ **Briand fordert die Einigung Europas.**
Karikatur aus der satirischen Zeitschrift „Kladderadatsch" vom 15. Juni 1930.

Föderation (lat. foedus: „Bündnis", „Vertrag"): Bezeichnung für einen Staatenverbund, in dem Einzelstaaten Rechte an den Verbund abtreten

Paneuropa-Union: Ziel waren die „Vereinigten Staaten von Europa". Die Paneuropa-Union vertraute darauf, dass eine Verständigung von Persönlichkeiten aus unterschiedlichen Bereichen eine staatliche Einigung anstoßen könne. Dabei sollten Freiheit und Wohlstand der Europäer gegen die aufstrebenden Mächte, die Sowjetunion und die USA, bewahrt werden. In Deutschland wurde die Union 1933 von den Nationalsozialisten verboten.

Paul-Henri Spaak (1899-1972): belgischer Politiker; mehrfach Ministerpräsident und Außenminister; bekleidete bedeutende Ämter bei internationalen und europäischen Organisationen

Hoheitsrechte/Souveränitätsrechte: Sie ermöglichen einem souveränen Staat, seine Aufgaben wahrzunehmen. Die wichtigsten sind: Gesetzgebung, Finanzhoheit, Gerichtsbarkeit, Polizei- und Militärgewalt.

Splendid isolation (engl.: „großartige Abtrennung"): Prinzip der britischen Außenpolitik. Demnach sollte sich der Inselstaat in europäische Angelegenheiten lediglich als übergeordneter Schiedsrichter einmischen.

Europarat: 1949 als erste europäische Staatenorganisation gegründet. Er sieht seine Aufgabe vorwiegend in der Förderung der Demokratie und dem Schutz der Menschenrechte. Von den über 200 von ihm verabschiedeten Abkommen und Konventionen ist die bedeutendste die Europäische Menschenrechtskonvention (1950). Der Europarat zählt mittlerweile 47 Mitglieder. Er ist keine Institution der EU.

OEEC (Organization for European Economic Cooperation): 1948 gegründete Organisation; Mitglieder waren 16 (später 18) Teilnehmerstaaten. Die OEEC koordinierte den Wiederaufbau und förderte die wirtschaftliche und politische Zusammenarbeit Europas. Nachfolgeorganisation ist seit 1960 die OECD (Organization for Economic Cooperation and Development), die sich nicht mehr auf Europa beschränkt. Sie berät und informiert zu Wirtschaft und Bildung; siehe Seite 425.

der Souveränität nicht mehr absolut gelten. Vielmehr sollten alle Partner **Hoheitsrechte** an eine Föderation abgeben, d.h. wenigstens zum Teil auf uneingeschränkte Handlungsfreiheit verzichten. Davon waren auch die maßgebenden Programme nach 1945, wie etwa das *Hertensteiner Programm*, geprägt.

Die weltpolitische Entwicklung ließ zunächst jedoch keinen Raum für solche Pläne. Noch während des Krieges bereitete der amerikanische Präsident Franklin D. Roosevelt die Gründung der Vereinten Nationen (UNO) vor, die 1945 als weltumspannende Organisation zur Friedenssicherung geschaffen wurde.* Er lehnte westeuropäische Zusammenschlüsse ab, weil er eine Spaltung der westlichen Demokratien fürchtete. Zudem wurde Osteuropa schrittweise dem kommunistischen Diktat der Sowjetunion unterworfen. Im Westen Europas wollte die einflussreichste Macht, Großbritannien, die „**Splendid isolation**" des Inselstaates bewahren.

Europa-Initiativen in der Nachkriegszeit Winston Churchill, bis 1945 Premierminister Großbritanniens, setzte nach Ende des Zweiten Weltkrieges ein erstes wichtiges Signal für die europäische Integration, indem er in seiner berühmten Züricher Rede (1946) eine „Struktur der Vereinigten Staaten von Europa" entwarf (▸ M1). Frankreich und Deutschland sollten den Kern bilden, dabei alle großen und kleinen Nationen politisches Gewicht haben und friedlich den Wiederaufbau des Kontinents leisten.

Churchills Appell fand zunächst keine Resonanz in der Politik, beflügelte aber die Initiativen und privaten Vereinigungen in vielen Nationen. Sie propagierten eine europäische Föderation. Die nun erwachende Europabewegung forderte anders als Churchill, die Staaten sollten auf zentrale Souveränitätsrechte verzichten. Auf einem *Europa-Kongress* in Den Haag, der im Mai 1948 etwa tausend Delegierte aus Parlamenten, Verbänden und Kirchen von 19 Staaten zusammenführte, wurden die Europa-Konzeptionen vorgetragen. Diese hätten zu einem Souveränitätsverlust der föderierten Staaten geführt. Der Kongress, ein Höhepunkt der Europabewegung in der Nachkriegszeit, beschäftigte Rundfunk und Presse. Die Politik musste reagieren.

Den Visionen wurden durch die Realität enge Grenzen gesetzt. Kein maßgebender Politiker trat dafür ein, die Souveränität seines Staates einzuschränken. Unter diesen Voraussetzungen gründeten zehn Staaten 1949 den **Europarat**. Er war die erste politische Organisation Europas, die freilich nur allgemeine Fragen des Kontinents beriet. Eine „Versammlung" des Europarates unter dem Vorsitz Graf Coudenhove-Kalergis erarbeitete 1951 den „Entwurf einer europäischen Bundesverfassung", der die „Vereinigten Staaten von Europa" vorbereiten sollte. Er hatte aber praktisch keine Folgen.

Die wichtigsten Herausforderungen waren die Bedrohungen des Kalten Krieges und der wirtschaftliche Wiederaufbau. Die unumgängliche Wirtschaftskooperation konnte der Europarat nicht organisieren. Den entscheidenden Impuls, um die westeuropäischen Staaten in Wirtschaftsfragen an einen Tisch zu bringen, gab der Marshall-Plan.** Nach seinen Vorgaben stellten die USA für die Wirtschaft Mittel zur Verfügung, die von den Europäern selbst untereinander verteilt wurden. Seit 1948 bestand dafür die *Organisation für Europäische Wirtschaftliche Zusammenarbeit* (**OEEC**).

Bis 1949 existierten als Einrichtungen folglich der Europarat und die OEEC. Sie berieten über europäische Fragen und verteilten die Gelder aus dem Marshall-Plan. Dabei trafen die Verhandlungspartner gemeinsame Entscheidungen. Eigene Rechte gegenüber den Mitgliedstaaten hatten weder der Europarat noch die OEEC.

* Siehe Seite 486.
** Siehe Seite 407, 412 f. und 488.

Die historischen Grundlagen des Einigungsprozesses Um den wirtschaftlichen Wiederaufbau Europas einzuleiten, wurde mit der OEEC 1948 eine erste wirtschaftliche Hilfsorganisation für die Staaten des alten Kontinents gegründet. Die Wirtschaft sollte zur treibenden Kraft der Integration werden. Unmittelbar nach 1950 war allerdings noch offen, ob nicht doch ein Zusammenschluss auf politischer Ebene vorrangig sein sollte.

Die folgenden *historischen Grundlagen* bestimmten um 1950 den Einigungsprozess:

1. Politisch herrschte der Wunsch vor, dauerhaft Frieden herzustellen.
2. Daraus folgte, dass die europäischen Völker den Nationalismus eindämmen mussten, der sie in zwei Weltkriege gestürzt hatte. Weltanschaulich hatten die führenden Nachkriegspolitiker, die den Einigungsprozess Europas in Gang brachten, jetzt eine andere Plattform: das Christentum.
3. Das drängende Problem nach dem Krieg war die wirtschaftliche Not, die noch einmal in der Geschichte Europas Hungerkrisen auslöste. Die Wirtschaft aufzubauen und den Lebensstandard zu heben, erzeugte kurz- und mittelfristig den größten Handlungsdruck.
4. Eine Lösung konnte nicht national, sondern nur im internationalen, freien Personen- und Warenverkehr gesucht werden.
5. Die langfristige Perspektive der Akteure war die machtpolitische Aufwertung Europas. Die Einigung sollte bewirken, dass Europa in der Weltpolitik wieder Gewicht hatte.

Diese Grundlagen wirken im Einigungsprozess Europas größtenteils bis heute. Umstritten war, auf welcher Grundlage gemeinsame Vereinbarungen getroffen werden sollten. Staaten, die möglichst wenig Hoheitsrechte abgeben wollten, bevorzugten die Verständigung zwischen den nationalen Regierungen. Man nannte das die *intergouvernementale* Ebene. Die Anhänger einer *supranationalen* Einigung hingegen wollten, dass die Einzelstaaten möglichst viele Hoheitsrechte an gemeinsame europäische Organe abgaben, die dann für alle entschieden. Die Auseinandersetzung um die unterschiedlichen Lösungen zieht sich durch die Geschichte der europäischen Gemeinschaften.

▲ **Coopération Intereuropéenne.**
Plakat, 1950.
Das Plakat entstand im Rahmen eines Wettbewerbs des European Recovery Program (Marshall-Plan).

Begründung und Gründerväter der europäischen Einigung Die politische Einigung, wie sie beispielsweise Churchills Plan von den „Vereinigten Staaten von Europa" vorsah, schien nach 1945 angesichts der Spaltung in Ost und West die wünschenswerte Option. Denn das westliche Europa sah sich von der sowjetischen Militärmacht bedroht und vom Schutz der amerikanischen Truppen abhängig. Der 1949 ins Leben gerufene Europarat konnte nur in sehr beschränktem Ausmaß Wirkung entfalten.

Zum *Integrationskern* wurde aber letztendlich die *wirtschaftliche Kooperation*. Im Mai 1950 veröffentlichte der französische Außenminister **Robert Schuman** den Plan, die Stahl- und Kohleproduktion in Frankreich und der Bundesrepublik Deutschland einer übernationalen Behörde zu unterstellen. Dieser Organisation sollten andere europäische Staaten beitreten können.

Schuman sowie sein Mitarbeiter **Jean Monnet**, der Architekt des Plans, beendeten damit die Politik, Deutschland dauerhaft zu schwächen. Gegen die USA, die nach Beginn des Kalten Krieges die Bundesrepublik als starken Verbündeten wollten, war dies ohnehin nicht durchzusetzen. Stattdessen suchte Frankreich die Kooperation, auch um von der deutschen Montanindustrie* zu profitieren und sie zugleich zu kontrollieren. Die franzö-

Robert Schuman (1886-1963): französischer Politiker; geboren im damals deutschen Reichsprotektorat Elsass-Lothringen; besaß bis 1918 die deutsche Staatsbürgerschaft, danach die französische. Der Christdemokrat war 1948 bis 1952 französischer Außenminister und setzte sich früh für eine Aussöhnung mit Deutschland ein.

Jean Monnet (1888-1979): französischer Unternehmer; 1946-1950 Leiter des französischen Planungsamtes; enger Mitarbeiter des französischen Außenministers Schuman

* **Montanindustrie**: zusammenfassende Bezeichnung für Bergbau (hier: Kohle, Eisen), Eisen- und Stahlindustrie

sische Stahlindustrie war angewiesen auf Kohle aus Deutschland. Monnet schrieb, wenn man „bei uns die Furcht vor einer deutschen industriellen Vorherrschaft beseitigen könnte“, sei „das größte Hindernis für die Einigung Europas weggeräumt“. Der Nutzen für Frankreich deckte sich mit dem Gewinn für Europa. Die Verweigerung Großbritanniens gegenüber einer wirtschaftlichen Kooperation mit Frankreich sowie das Drängen der USA, Deutschland auf europäischer Ebene einzubinden, begünstigten den Plan.

Diese Politik musste aber auf alte Feindbilder verzichten. Sie ergab sich aus der Erfahrung zweier Weltkriege und der Einsicht, dass alles für eine westeuropäische Kooperation sprach. Neben Schuman gelten zwei weitere Persönlichkeiten als Gründerväter der europäischen Einigung: Bundeskanzler Konrad Adenauer hegte als Rheinländer seit jeher Sympathien für Frankreich. Der italienische Ministerpräsident **Alcide De Gasperi** war im österreichischen Trient aufgewachsen, das 1919 zu Italien kam. Adenauer und De Gasperi machten sich den Schuman-Plan zu eigen. Adenauer soll Monnet versichert haben, Europa sei „die wichtigste Aufgabe, die vor mir steht“. Für Deutschland lag der politische Nutzen in der Rückkehr zur Gemeinschaft der Völker. Für alle Beteiligten bedeutete der Schuman-Plan den ersten realpolitischen Schritt, sich der Verwirklichung der europäischen Vision zu nähern.

Alcide De Gasperi (1881-1954): italienischer Politiker. Der überzeugte Antifaschist war einer der Mitbegründer der italienischen Christdemokratischen Partei; 1945-1953 Ministerpräsident.

▲ **„Die EVG bedroht den Frieden.“**
DDR-Plakat von 1954.
- *Beschreiben und analysieren Sie das Plakat.*
- *Stellen Sie die Aussage des Plakates den Zielen der EVG gegenüber.*

Erste Schritte zur wirtschaftlichen und politischen Integration Der Plan wurde verwirklicht im Vertrag über die Gründung der *Europäischen Gemeinschaft für Kohle und Stahl* (EGKS) vom 18. April 1951. Sie war die erste supranationale Organisation Europas, vereinbart zwischen Belgien, der Bundesrepublik Deutschland, Frankreich, Italien, Luxemburg und den Niederlanden. Nachdem die Mitgliedstaaten Hoheitsrechte an die Gemeinschaft abgegeben hatten, konnte diese im vorgegebenen Rahmen verbindlich Entscheidungen auch gegen den Willen der Mitgliedstaaten treffen.

Die Gemeinschaft hatte Organe mit Vorbildcharakter für den gesamten Einigungsprozess: die Hohe Behörde (später Kommission), den Ministerrat mit Vertretern der Mitgliedstaaten, einen Gerichtshof und eine Parlamentarische Versammlung (später Europäisches Parlament). Die Rechtsakte der Hohen Behörde hatten unmittelbare Wirkung („Durchgriffswirkung“) für einzelne Unternehmen in den sechs Staaten. Die Präambel des EGKS-Vertrages, der 1952 in Kraft trat, sprach aber nicht nur von Marktregelung, sondern vom „ersten Grundstein“ für die europäische Völkergemeinschaft, die „lange Zeit durch blutige Auseinandersetzungen entzweit“ gewesen war.

Der zweite Grundstein, ein politischer, sollte zur selben Zeit gelegt werden. Der französische Premierminister *René Pleven* plante seit 1950 eine *Europäische Verteidigungsgemeinschaft* (EVG). Wie bei der wirtschaftlichen war auch bei der militärischen Kooperation das französische Interesse maßgebend. Die USA drängten auf die Wiederbewaffnung Deutschlands. Sie erschien Pleven jedoch nur im Rahmen einer europäischen Armee unter einem einheitlichen Oberbefehl akzeptabel. 1952 unterzeichneten demzufolge die EGKS-Staaten einen Vertrag zur Bildung der Europäischen Verteidigungsgemeinschaft. Er wurde allerdings von der französischen Nationalversammlung 1954 nicht ratifiziert*, ja nicht einmal debattiert. Das Parlament wollte die Selbstbestimmung Frankreichs über seine Streitkräfte nicht infrage stellen. Eine parallel verhandelte politische Union scheiterte damit ebenfalls und wurde auf unbestimmte Zeit verschoben.

* **Ratifikation**: völkerrechtlich verbindlicher Akt, um einen internationalen Vertrag zu beglaubigen

Die Römischen Verträge 1957 Die sechs EGKS-Staaten setzten den wirtschaftlichen Einigungsprozess fort. Sie schlossen am 25. März 1957 auf dem Kapitol in Rom zwei Verträge zur Gründung der *Europäischen Wirtschaftsgemeinschaft* (EWG) und der *Europäischen Atomgemeinschaft* (Euratom). Ihr Sitz wurde die belgische Hauptstadt Brüssel. Die beiden Organisationen traten neben die EGKS und nahmen am 1. Januar 1958 ihre Tätigkeit auf. Sie hatten das Ziel, einen gemeinsamen Markt zu schaffen und die Atomenergie zu nutzen. Letzteres sollte helfen, die Energieknappheit zu überwinden. Die Europäische Wirtschaftsgemeinschaft bildete im Kern eine Zollunion, deren Binnenzölle tatsächlich nach etwa einem Jahrzehnt entfielen. Außerdem entschlossen sich die Gründerstaaten zu einer *Gemeinsamen Agrarpolitik* (GAP). Dafür öffnete sich die EWG Staaten mit einem stärker gewerblich-industriellen Profil. Die Gemeinsame Agrarpolitik sollte der Einstieg in die gemeinsame Wirtschaftspolitik und den gemeinsamen Binnenmarkt sein. Dieser Ausgleich politisch-wirtschaftlicher Interessen war bedeutsam. Das Fundament war der Ausgleich zwischen Frankreich und Deutschland, der wenige Jahre später im **Élysée-Vertrag** seinen Niederschlag fand. Das Einvernehmen der beiden großen EU-Staaten ist noch heute der Motor der europäischen Integration.

Die Organe der EWG wurden den Organen der EGKS nachgebildet mit dem Ministerrat, der Europäischen Kommission* und der „Versammlung" (später: Europäisches Parlament). Der Gerichtshof der EGKS wurde als Europäischer Gerichtshof (EuGH) neu gegründet. Die Organe bestehen in der Grundform bis heute.

Der Ministerrat vereinigte Vertreter der nationalen Regierungen. Er traf die Entscheidungen und setzte Gemeinschaftsrecht, zunächst allerdings nur bei Einstimmigkeit. Die Kommission, in die jeder Staat je nach Größe ein oder zwei Mitglieder schickte, überwachte den vereinbarten Fortgang der Integration. Die „Versammlung" (Sitz seit 1952 in Straßburg, Aufenthalt auch in Luxemburg und Brüssel) setzte sich aus Abgeordneten der nationalen Parlamente zusammen. Sie hatte zunächst nur beratende, nicht gesetzgebende Funktion. Dem Gerichtshof (Sitz in Luxemburg) gehörte jeweils ein unabhängiger Richter pro Mitgliedstaat an. Er urteilte bei Streitigkeiten zwischen Organen und Staaten, aber auch bei Klagen natürlicher oder juristischer Personen gegen einen Rechtsakt der Gemeinschaften.

Bedeutung und Hindernisse des Integrationsprozesses in den 1960er-Jahren Die Römischen Verträge schufen 1957 eine neue supranationale Organisation, aber nur für die sechs Staaten, die sich schon 1951 zusammengeschlossen hatten.

Im Rückblick ist besonders erstaunlich, wie spät die Bedeutung der Römischen Verträge erkannt wurde. Denn die Kompetenzen der vier Organe wuchsen stetig und erlangten für immer mehr europäische Staaten Bedeutung. Die Verträge begründeten zugleich eine europäische Rechtsordnung. Das Gemeinschaftsrecht galt nämlich unmittelbar in jedem Staat und war schließlich nationalem Recht übergeordnet (▸ M2).

Aber auch Schwierigkeiten und Rückschläge begleiteten den Integrationsprozess. So regelte die Gemeinsame Agrarpolitik marktwidrig die Preise und gewährte den Landwirten Absatzgarantien für ihre Produkte. Die Subventionen drohten deshalb in den 1960er-Jahren ins Unermessliche zu steigen.

Die negative Entwicklung kennzeichnet auch, dass die Erweiterung der drei Gemeinschaften EGKS, EWG und Euratom nicht glückte. Die Verhandlungen mit Großbritannien über einen Beitritt wurden 1963 und 1967 ergebnislos vertagt. Frankreich versagte einer britischen Mitgliedschaft die Zustimmung, da es fundamentale politische und wirtschaftliche Veränderungen der Gemeinschaft befürchtete sowie einen wachsenden Einfluss der USA, dem wichtigsten Verbündeten Großbritanniens.

▲ **Rückseite der 2013 ausgegebenen 2-Euro-Münze „50 Jahre Élysée-Vertrag".**

Élysée-Vertrag: deutsch-französischer Kooperationsvertrag von 1963. Beide Staaten vereinbarten darin regelmäßige Gespräche auf Regierungsebene und halbjährliche Treffen der Staats- und Regierungschefs zu Fragen der Außen-, Sicherheits- und Bildungspolitik sowie Maßnahmen auf dem Gebiet des Jugendaustausches. Der Vertrag war ein positiver Meilenstein im deutsch-französischen Verhältnis, denn mit ihm gehörte die sogenannte „Erbfeindschaft" endgültig der Geschichte an. Eine neue Ära der Partnerschaft und Zusammenarbeit wurde eingeläutet, welche die Amtszeit ihrer beiden Begründer bis in die Gegenwart überdauerte und die weitere Entwicklung der europäischen Integration prägte.

* **Europäische Kommission**: bis zum Vertrag von Maastricht (Seite 527) „EG-Kommission"

M1 Churchills Rede am 19. September 1946 in Zürich

Winston Churchill, 1946 Oppositionsführer im britischen Unterhaus, erkennt die Chancen für ein „Wiederaufleben Europas" früh. Seine Rede am 19. September 1946 an der Universität Zürich ist von Aristide Briands Plan einer Föderation der europäischen Staaten im Jahr 1929 inspiriert, formuliert aber eine eigene Vision:

Der erste Schritt bei der Neugründung der europäischen Familie muss eine Partnerschaft zwischen Frankreich und Deutschland sein. Nur auf diese Weise kann Frankreich die moralische Führung Europas wiedererlangen. Es gibt kein Wiederaufleben Europas ohne ein geistig großes Frankreich und ein geistig großes Deutschland. Die Struktur der Vereinigten Staaten von Europa, wenn sie gut und echt errichtet wird, muss so sein, dass die materielle Stärke eines einzelnen Staates von weniger großer Bedeutung ist. Kleine Nationen zählen ebenso viel wie große und erwerben sich ihre Ehre durch ihren Beitrag zu der gemeinsamen Sache. Die alten Staaten und Fürstentümer Deutschlands, frei vereint aus Gründen gegenseitiger Zweckmäßigkeit in einem Bundessystem, können alle ihren individuellen Platz in den Vereinigten Staaten von Europa einnehmen.
Ich versuche nicht, ein ausführliches Programm zu entwerfen für Hunderte von Millionen Menschen, die glücklich und frei sein wollen, zufrieden und sicher, die die vier Freiheiten[1], von denen der große Präsident Roosevelt sprach, genießen und nach den in der Atlantik-Charta verankerten Grundsätzen[2] leben wollen. Ist dies ihr Wunsch, so müssen sie es nur sagen, und gewiss finden sich Mittel und Möglichkeiten, um diesen Wunsch Wirklichkeit werden zu lassen.
Ich muss Sie aber auch warnen. Die Zeit ist vielleicht knapp. Gegenwärtig haben wir eine Atempause. Die Geschütze schweigen. Der Kampf hat aufgehört, aber nicht die Gefahren. Wenn es uns gelingen soll, die Vereinigten Staaten von Europa oder welchen Namen auch immer sie tragen werden zu errichten, müssen wir jetzt damit beginnen.

Zitiert nach: Curt Gasteyger, Europa zwischen Spaltung und Einigung. Darstellung und Dokumentation 1945-2005, Bonn 2005, S. 47 f.

1. *Zeigen Sie auf, welche Struktur sich Churchill bezüglich der Vereinigten Staaten Europas und welche bezüglich Deutschland vorstellt.*
2. *Analysieren Sie Churchills These, dass nur in der Partnerschaft mit Deutschland Frankreich „die moralische Führung Europas wiedererlangen" kann.*
3. *Ordnen Sie Churchills Überlegungen in die Nachkriegssituation ein.*
4. *Erörtern Sie, was der Realisierung der „Vereinigten Staaten von Europa" entgegenstand, und berücksichtigen Sie dabei besonders das Verhältnis zwischen Frankreich und Deutschland.*

[1] Freiheit der Meinung, Freiheit der Religion, Freiheit von Not und Freiheit von Furcht

[2] **Atlantik-Charta**: Erklärung der USA (Roosevelt) und Großbritanniens (Churchill) von 1941. Grundsätze waren u. a. Selbstbestimmungsrecht, Gewaltverzicht, Verzicht auf territoriale Expansion.

M2 Erinnerungen an die Römischen Verträge

Jürgen Habermas, ein vor allem in Frankreich hochgeschätzter deutscher Philosoph, beschreibt im Rückblick, wie er die Gründung der EWG 1957 wahrgenommen hat:

Als vor 50 Jahren die Gründung der Europäischen Wirtschaftsgemeinschaft feierlich beschlossen wurde, stand die innenpolitische Frage der atomaren Ausrüstung der Bundeswehr weit mehr im Zentrum nicht nur meiner Aufmerksamkeit. Wie viele andere habe auch ich damals nicht begriffen, dass diese Zollunion bereits mit verfassungsähnlichen Institutionen ausgestattet wurde und damit die Perspektive auf eine Europäische Gemeinschaft, also eine politische Vereinigung der Länder Westeuropas, eröffnete.
Andererseits standen die pazifistischen Motive, die damals die Anhänger der Friedensbewegung im nationalen Rahmen bewegten, im Einklang mit den Motiven, welche die sechs Gründungsstaaten und die Hauptakteure Adenauer, De Gasperi und Schuman angetrieben haben: Nie wieder Krieg zwischen den Nationalstaaten, die sich in zwei Weltkriegen zerfleischt hatten, natürlich die Einbindung Deutschlands, das den Krieg angezettelt hatte und mit dem monströsen Verbrechen der Judenvernichtung belastet war.

Jürgen Habermas, Europa: Vision und Votum, in: Blätter für deutsche und internationale Politik 2007, S. 517-520, hier S. 517

1. *Prüfen Sie die Aussage, dass die „Zollunion" „verfassungsähnliche Institutionen" besaß.*
2. *Erklären Sie, warum Habermas wie andere Zeitgenossen die historische Bedeutung der EWG bei ihrer Gründung nicht erkannt hat.*

Von der Wirtschaftsgemeinschaft zum Binnenmarkt

Die nationalen Regierungen schieben an Die Entscheidungsstrukturen der supranationalen europäischen Organe waren schwerfällig. Kommission und Parlamentarische Versammlung hatten nur einen engen Gestaltungsspielraum. Der beinahe hundertköpfige Ministerrat musste seine Beschlüsse in den wichtigen Sachfragen einstimmig fassen. Entscheidungen fielen in erster Linie bei den regelmäßigen Treffen der Regierungschefs und ihrer Vertreter; solche Treffen waren in den Verträgen eigentlich nicht vorgesehen. Neben der supranationalen Ebene der Einigung, die von den Organen der EWG verkörpert wurde, bekam nun die intergouvernementale größeres Gewicht. Die Regierungen verhandelten direkt miteinander, zunächst informell, später in einer institutionellen Verfestigung, dem **Europäischen Rat**, den die Medien heute oft „EU-Gipfel" nennen. Die Regierungen beschränkten die Autonomie der supranationalen Organe. Nach den Krisen der 1960er-Jahre brachten sie die Europäische Einigung weiter voran, wenn auch nur schleppend. Die Arbeit der Organe wurde beeinträchtigt, weil Beschlüsse nur bei Einstimmigkeit zustande kamen. Die Fortentwicklung des gemeinsamen Marktes stagnierte. Aber die Europäischen Gemeinschaften wurden besser vernetzt. Seit 1967 waren nicht nur Parlament und Gerichtshof gemeinsame Einrichtungen von EGKS, EWG und Euratom, sondern auch Ministerrat und Kommission. Offiziell firmierten sie nun unter dem Titel *Europäische Gemeinschaften* (EG).

Europäischer Rat: unter dieser Bezeichnung 1974 vereinbarte regelmäßige Konferenz der Staats- und Regierungschefs der EG und späteren EU. Sie fand alle drei bis sechs Monate statt. Der Vorsitz wechselt bis heute, jedes halbe Jahr übernimmt ein anderer Mitgliedstaat den Vorsitz.
Der Rat wurde 1986 in die Einheitliche Europäische Akte der EG aufgenommen. Diese bestätigte seine Aufgabe, die gemeinsame Politik zu steuern. Jedoch wurde der Europäische Rat kein Organ der EG oder der EU.

EFTA (European Free Trade Association): Europäische Freihandelsvereinigung, 1959 gegründet; Gründungsmitglieder waren Österreich, Dänemark, Portugal, Schweden, die Schweiz und Großbritannien; später traten Finnland und Island bei; 1994 Bildung eines Europäischen Wirtschaftsraums von Staaten der EFTA und der EU.

Fortschritte in der Wirtschafts-, Währungs- und Erweiterungspolitik Mit der Regierungszeit Schmidts (1974-1982) fallen Fortschritte in der Wirtschafts- und Währungspolitik der Gemeinschaft zusammen. Abkommen mit 58 afrikanischen Staaten (1975) und der *Europäischen Freihandelsassoziation* (**EFTA**, 1977) erleichterten den Außenhandel. In der EFTA hatten sich 1960 sieben Staaten zusammengeschlossen, um ein Gegengewicht zur Gemeinschaft aufzubauen, was nicht gelang. Mit Ausnahme Norwegens und der Schweiz traten diese Staaten später der Gemeinschaft bei. Den Einstieg in die Währungseinheit markierte 1978 die Gründung des europäischen Währungssystems mit dem *ECU* (*European Currency Unit*). Der ECU diente als Rechnungseinheit. Er stabilisierte bis zur Einführung des Euro die Wechselkurse zwischen den nationalen Währungen und machte dadurch internationale Geschäfte berechenbarer.

Zwischen 1970 und 1986 gelangen die *Nord-* und die *Süderweiterung*. 1970 begannen die Beitrittsverhandlungen mit Großbritannien, Dänemark, Irland und Norwegen. Die Schwierigkeiten um einen Beitritt Großbritanniens wurden überwunden. Der Inselstaat hielt Distanz, weil er sich auf dem Kontinent nicht binden wollte und sich dem Commonwealth und den USA verpflichtet sah. Norwegen entschied sich 1972 per Volksentscheid gegen Europa, aber Großbritannien, Dänemark und Irland traten mit Wirkung vom 1. Januar 1973 den Europäischen Gemeinschaften der nunmehr Neun bei. Irland zog wirtschaftlich daraus den größten Gewinn. Einen ähnlichen Aufschwung erlebten später Griechenland als zehntes EG-Mitglied ab 1981 sowie Spanien und Portugal ab 1986.

Der Aufbruch zu Reformen Schon vor der Erweiterung auf zwölf Mitglieder hatte sich der Reformdruck auf die vertragliche Grundlage der Gemeinschaft verstärkt. Zwei Entwicklungen spielten eine Rolle:

Erstens erwies sich seit etwa 1970 eine *Koordination der Außenpolitik* als immer dringlicher. Die wirtschaftlichen Krisen der 1970er-Jahre erforderten gemeinsame

Reaktionen, noch mehr die politischen, etwa der Einmarsch sowjetischer Truppen in Afghanistan 1979.* Um die Politik abzustimmen, bildete sich ein Stab von Beamten in einer Organisation der *Europäischen Politischen Zusammenarbeit* (EPZ). Die EPZ vernetzte zwar die Außenministerien der EG-Staaten, aber international fehlte ihr die machtpolitische Durchsetzungsfähigkeit. Der amerikanische Außenminister *Henry Kissinger* kommentierte bissig, er wisse keine Nummer, um mit „Europa" zu telefonieren. Aber die EPZ wurde zum Vorläufer eines europäischen Außenministeriums, dessen Aufbau 2009 begann. Wie so oft im Einigungsprozess war der Beginn unscheinbar.

François Mitterrand (1916 - 1996): französischer Politiker; Minister in insgesamt elf Regierungen; 1981 - 1995 Staatspräsident

Zweitens erkannten maßgebliche Politiker, dass die supranationalen Organe mehr Eigenverantwortung erhalten mussten. Bundesaußenminister Hans-Dietrich Genscher legte 1981 mit seinem italienischen Kollegen *Emilio Colombo* eine *Europäische Akte* zur Intensivierung der Arbeit der Organe vor. Später steigerten die Regierungschefs Frankreichs und der Bundesrepublik, **François Mitterrand** und Helmut Kohl, das europapolitische Engagement. Kohl erstrebte einen engeren politischen Zusammenschluss im Sinne von „Vereinigten Staaten von Europa". Für Mitterrand und andere Regierungschefs war das vordringliche Ziel, in einem „Europa der Bürger" den Alltag der Menschen zu verbessern.

Die beiden Entwicklungen erforderten Lösungen, zum einen mehr politische Koordination, zum anderen eine bürgernähere Arbeit der Organe.

Die Einheitliche Europäische Akte Die *Einheitliche Europäische Akte* (EEA), 1986 von den zwölf EG-Staaten unterzeichnet und am 1. Juli 1987 in Kraft getreten, trug dem Reformdruck Rechnung. Mit ihr setzte eine neue Phase des Einigungsprozesses ein, die bis heute andauert.

Die EEA verbesserte die Koordination. Sie verknüpfte einerseits die Europäische Politische Zusammenarbeit vertragsrechtlich mit den Europäischen Gemeinschaften; deshalb wurde der Vertrag „einheitliche" Akte genannt. Endlich war nun die *politische Integration* Europas vertraglich begründet. Die wirtschaftliche setzte sich intensiviert fort, weil die EEA nun den Fahrplan für die „Vollendung" des Binnenmarktes festlegte.

Andererseits stärkte die EEA die supranationalen Organe, ohne indessen Bürgernähe zu erreichen. Der Ministerrat sollte mit Mehrheit jene Maßnahmen beschließen können, die zur Vollendung des Binnenmarktes nötig waren. Es ging nun darum, die Behinderungen für den freien Verkehr von Personen, Waren, Kapital usw. bis Ende 2002 abzustellen.

Margaret Thatcher (1925 - 2013): konservative britische Politikerin; 1979 - 1990 Premierministerin. Sie setzte den sogenannten „Britenrabatt" durch. Großbritannien zahlt seitdem bis heute weniger Beiträge als andere an die EU, da es von der Gemeinsamen Agrarpolitik kaum profitiert.

Europäische Integration im weltpolitischen Umbruch Entscheidend für den Fortgang wurde freilich der weltpolitische Umbruch. Der Fall des „Eisernen Vorhangs" veränderte das Gesicht Europas radikal. Zudem stand ab November 1989 die Frage der deutschen Einheit auf der Tagesordnung. Helmut Kohl besaß die Unterstützung des amerikanischen Präsidenten *George H. W. Bush* und ebenso des sowjetischen Präsidenten Michail Gorbatschow. Aber die europäischen Partner verhielten sich reserviert gegenüber einer Wiedervereinigung der beiden deutschen Staaten. Mitterrand war dafür, während die britische Regierungschefin **Margaret Thatcher** zunächst schroff ablehnend reagierte. Helmut Kohl wollte die Ängste der Nachbarn durch ein dezidiertes Entgegenkommen auf europäischem Feld verringern. Die neue Lage beschleunigte den Einigungsprozess, der seit Mitte der 1980er-Jahre in Gang gekommen war.

* Siehe Seite 499.

Der Vertrag von Maastricht Der im niederländischen Maastricht verabschiedete Vertrag von 1992, der am 1. November 1993 in Kraft trat, begründete die *Europäische Union*. Unter dem Namen „Union" wurden die bestehenden Verträge vereinigt. Das neue politische Gebilde verglich man gern mit einer dreisäuligen griechischen Tempelfront. Unter dem Dach der Europäischen Union bilden die Regelungswerke der EWG und Euratom die erste Säule; der EGKS-Vertrag lief 2002 aus. Die zweite Säule umfasste die *Gemeinsame Außen- und Sicherheitspolitik* (GASP), die „Verteidigungspolitik" sollte später hinzugenommen werden. Die dritte Säule bezog sich auf die Zusammenarbeit der Polizei und der Justiz. Da Grenzkontrollen zwischen den EU-Staaten entfallen sollten, waren Kooperationen bei Polizei und Grenzschutz, der Zollfahndung wie der Einwanderungspolitik vorzusehen (▸ M1).

Die erste Säule blieb als einzige supranational. Sie war insofern die wichtigste, als sie die „Kohärenz" und Fortentwicklung der beiden anderen Säulen mittragen sollte, die auf der Stufe der intergouvernementalen Kooperation verharrten. Die EU-Staaten traten somit auf den politischen Feldern keine Hoheitsrechte an gemeinsame Organe ab (▸ M2).

Auf den ersten Blick scheint Maastricht nur eine Umgruppierung komplizierter europäischer Regelungen zu sein. Aber es wurde rasch klar, dass der Vertrag die Lebenswelt der EU-Bürger wie noch kein anderer zuvor verändern konnte. Des entfachte lebhafte Diskussionen. Der freie Personenverkehr beunruhigte, weil er die Konkurrenz um Arbeitsplätze verschärfte. Jeder Bürger eines EU-Staates erhielt jetzt zusätzlich die Unionsbürgerschaft, sodass er im gesamten Unionsgebiet seinen Wohnsitz nehmen konnte. Angesichts der Öffnung der Grenzen war vermeintlich auch die Kriminalität grenzenlos. Die gemeinsame Währung, die „Euro" genannt wurde, verunsicherte am meisten. Vor allem die Deutschen trennten sich ungern von der D-Mark und befürchteten Inflation und Nachteile für die deutsche Wirtschaft.

Medien und Bürger kritisierten scharf, dass derart weitgehende Maßnahmen ohne ausreichende demokratische Legitimation getroffen wurden. Sie waren nur von Regierungen abgesprochen, nicht durch ein europäisches Parlament beschlossen worden. Das „Demokratie-Defizit" der EU zu beheben, wurde demzufolge zur Aufgabe, die nun ernster genommen wurde als zuvor.

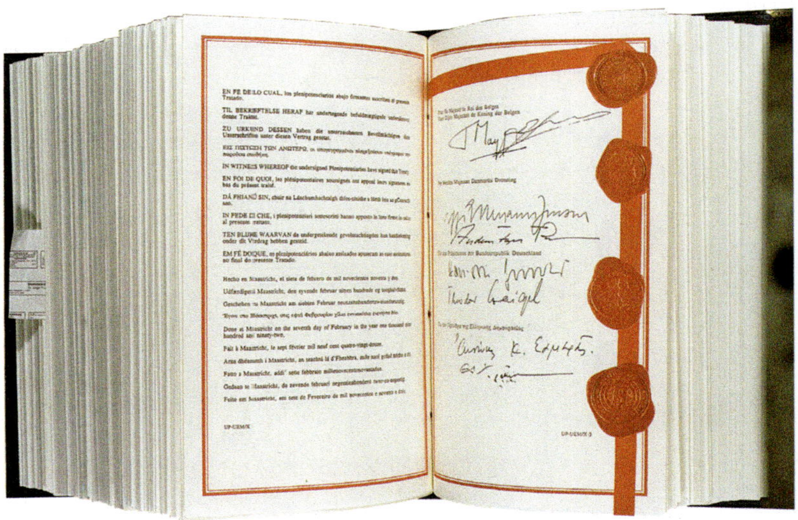

▲ Der Vertrag von Maastricht vom 7. Februar 1993.

M1 Die Ziele der EU im Maastrichter Vertrag

Im Artikel B des Vertrages über die Europäische Union vom 7. Februar 1992 werden die allgemeinen Ziele und Prinzipien der Abmachungen genannt:

Die Union setzt sich folgende Ziele:

- Die Förderung eines ausgewogenen und dauerhaften wirtschaftlichen und sozialen Fortschritts, insbesondere durch Schaffung eines Raumes ohne Binnengrenzen, durch Stärkung des wirtschaftlichen und sozialen Zusammenhalts und durch Errichtung einer Wirtschafts- und Währungsunion, die auf längere Sicht auch eine einheitliche Währung nach Maßgabe dieses Vertrages umfasst;
- die Behauptung ihrer Identität auf internationaler Ebene, insbesondere durch eine gemeinsame Außen- und Sicherheitspolitik, wozu auf längere Sicht auch die Festlegung einer gemeinsamen Verteidigungspolitik gehört, die zu gegebener Zeit zu einer gemeinsamen Verteidigung führen könnte;
- die Stärkung des Schutzes der Rechte und Interessen der Angehörigen ihrer Mitgliedstaaten durch Einführung einer Unionsbürgerschaft;
- die Entwicklung einer engen Zusammenarbeit in den Bereichen Justiz und Inneres;
- die volle Wahrung des gemeinschaftlichen Besitzstandes und seine Weiterentwicklung, wobei [...] geprüft wird, inwieweit die durch diesen Vertrag eingeführten Politiken und Formen der Zusammenarbeit mit dem Ziel zu revidieren sind, die Wirksamkeit der Mechanismen und Organe der Gemeinschaften sicherzustellen.

Die Ziele der Union werden nach Maßgabe dieses Vertrages entsprechend den darin enthaltenen Bedingungen und der darin vorgesehenen Zeitfolge unter Beachtung des Subsidiaritätsprinzips[1], wie es in Artikel 3b des Vertrages zur Gründung der Europäischen Gemeinschaft bestimmt ist, verwirklicht.

Presse- und Informationsamt der Bundesregierung (Hrsg.), Bulletin Nr. 16, 12. Februar 1992, S. 114

1. *Untersuchen Sie, welche Ziele neu sind und welche Ziele bestehende Zielsetzungen weiterführen. Die Beantwortung schließt ein Sowohl-als-auch ein.*
2. *Nehmen Sie Stellung dazu, inwiefern die genannten Ziele die Umsetzung von moralischen Vorstellungen widerspiegeln.*
3. *Überlegen Sie, welche mögliche Gefahr mit den jeweiligen Zielsetzungen verbunden ist, und wägen Sie Vor- und Nachteile ab.*
4. *Diskutieren Sie Chancen und Grenzen des Subsidiaritätsprinzips anhand eines in der Gruppe erstellten Plakates.*

[1] Auf die EU bezogen bedeutet das **Subsidiaritätsprinzip**, dass die EU nur tätig wird, wenn ein Ziel auf europäischer Ebene besser erreicht werden kann als auf der Ebene der einzelnen Mitgliedstaaten.

M2 François Mitterrand über die Bedeutung Europas für Frankreich

Nach der Unterzeichnung des Maastrichter Vertrages hält der französische Staatspräsident François Mitterrand am 5. Juni 1992 eine leidenschaftliche Rede. Anlass ist das französische Referendum über den Maastrichter Vertrag:

Von einer Generation zur nächsten haben wir gelernt, dass Frankreich Erbfeinde hatte; es waren allerdings nie dieselben! Frankreich hatte ungefähr ganz Europa zum Erbfeind. Die Zeit Englands ist wohlbekannt, aber die Spaniens ist auch noch nicht so lange her, und das österreichisch-ungarische Reich, Preußen, die Sowjetunion und Deutschland, oder sagen wir das Reich, das macht eine Menge Erbfeinde, und sogar ein paar zu viele, wenn man sich darin zurechtfinden will. Ich erinnere mich, sie gezählt zu haben: In Wirklichkeit gibt es in Europa nur ein einziges Land, mit dem wir nie im Krieg waren. Das einzige Land, mit dem wir niemals Krieg geführt haben – es ist angelegen, daran zu erinnern, aber wir werden es nicht tun – das ist Dänemark. Kurz, Frankreich war die meiste Zeit ein unangenehmer Nachbar. [...]
Schließlich die letzte Alternative, diejenige, die ohne Zweifel die Debatte der nächsten Monate beherrschen wird: das Vaterland oder Europa? Handelt es sich um gegensätzliche Begriffe? Ist derjenige, der sich als Gemeinschaftseuropäer versteht, ein schlechter Patriot? Gibt derjenige sein Vaterland auf, der aus Patriotismus Frankreich, und nur Frankreich wählt – ohne die Nützlichkeit bestimmter Abkommen zu leugnen, aber ohne ein strukturell entscheidendes Abkommen, wie das von Maastricht, zu unterstützen? Ist er deshalb ein schlechter Europäer? Ich werde mich nicht auf diese Art von Diskusion einlassen. Ich habe einmal versucht, dies auszudrücken, indem ich sagte: „Frankreich ist unsere Heimat, aber Europa ist unsere Zukunft."

François Mitterrand, Auszug aus seiner Rede vor Studierenden und Lehrenden des Institut d'Études Politiques anlässlich des französischen Referendums über den Maastrichter Vertrag (1992), in: Themenportal Europäische Geschichte (2009), www.europa.clio-online.de/2009/Article=423 [10.02.2012]

Nennen Sie die Aspekte, die sich aus dem Spannungsfeld zwischen nationalstaatlicher und europäischer Identität ergeben, und diskutieren Sie diese.

Erweiterung und Herausforderungen der Europäischen Union

Die Erweiterungen 1990 - 2010 Trotz der vorausgehenden Nord- und Süderweiterungen wuchs die europäische Staatengemeinschaft zwischen 1990 und 2010 noch einmal von zwölf auf 27 Staaten. Der weltpolitische Umbruch um 1990 öffnete vor allem den Osteuropäern das Tor zur Mitgliedschaft. Sie wünschten den Beitritt wegen des Binnenmarktes und der wirtschaftlichen Hilfen, aber die EU bot auch politischen Schutz und Sicherheit. Gerade gegenüber Russland hegten die osteuropäischen Staaten großes Misstrauen.

Die Erweiterungen waren eine große Herausforderung für die europäische Integration. Das Wirtschaftsgefälle innerhalb der EU-Staaten verdoppelte sich und erzeugte einen härteren Verteilungskampf um knappere Finanzmittel. Die Politikstile und -traditionen der West- und Osteuropäer lagen weit auseinander, ebenso die außenpolitischen Orientierungen. Zu Russland etwa hatten die Deutschen traditionell gute, osteuropäische Staaten hingegen sehr gespannte Beziehungen.

Die erste Erweiterung vollzog sich mit der deutschen Wiedervereinigung am 3. Oktober 1990; die neuen Bundesländer gehörten nun ebenso zur Europäischen Gemeinschaft. Um Zugang zum europäischen Wirtschaftsraum zu erhalten, beantragten um 1990 Finnland, Norwegen, Österreich und Schweden den Beitritt. Sie wollten ebenfalls an den EU-Gesetzen zu Handel und Wirtschaft mitwirken, die sie sonst als Partner der EU in der Regel akzeptieren mussten. 1995 wurden sie Mitglieder, mit Ausnahme Norwegens, dessen Bürger wie schon 1972 mit Nein stimmten.

Weitaus schwieriger gestaltete sich die „Osterweiterung". In der Mitte der 1990er-Jahre stellten Polen, Ungarn, die Tschechische Republik, die Slowakei, Slowenien, Rumänien, Bulgarien, Lettland, Estland und Litauen Anträge für eine Aufnahme in die EU. Für sie wie für Malta und Zypern wurde dem Beitritt eine Phase vorgeschaltet, in der die Neumitglieder wirtschaftlich und politisch an die EU herangeführt wurden. Um 2000 lag das Pro-Kopf-Einkommen in den Staaten der Kandidaten bei rund 50 Prozent des EU-Durchschnitts. Während der Heranführung erhielten sie schon Förderungen in Höhe von 30 Milliarden Euro, um sich dem Standard der EU anzunähern. Zugleich hatten sie für eine „demokratische und rechtsstaatliche Ordnung" zu sorgen, wozu die Achtung der Menschenrechte und der Schutz von Minderheiten gehörten.

Am Ende befürworteten der Europäische Rat, die Kommission und das Europäische Parlament den Beitritt der geförderten Kandidaten. Zehn von ihnen wurden 2004 Vollmitglieder der EU. Bulgarien und Rumänien folgten 2007, obwohl die Zweifel an ihrer EU-Reife nicht ausgeräumt waren; diese bestanden aufgrund der dortigen Korruption, der strukturschwachen Wirtschaft und des hohen Staatsdefizits. Seit etwa 2000 wurden auch Kroatien, Mazedonien, die Türkei, neuerdings Albanien und weitere Staaten Kandidaten; Kroatien trat der EU im Jahr 2013 schließlich bei. Der geplante Beitritt der Türkei spaltete die Meinungen innerhalb der EU (▸ M1). Die Türkei ihrerseits zögerte, die politischen Bedingungen zu erfüllen.

Die historische Tragweite der Erweiterungen Die Bewertung der Erweiterungen aus der Distanz weniger Jahre muss zuerst den Gewinn hervorheben. Einerseits wurde ein riesiger Raum von Skandinavien bis zum Schwarzen Meer der EU angegliedert und politisch stabilisiert. Immer wieder wird der Friedensaspekt hervorgehoben. Seit der Neuordnung Osteuropas 1919 war die Geschichte der dortigen Staaten von deutscher und sowjetischer Gewalt- und Fremdherrschaft geprägt. Die Integration in die EU lässt auf eine Zukunft in Selbstbestimmung, Frieden und Wohlstand hoffen. Andererseits hat die Erweiterung historischen Rang, weil der Einigungsprozess jetzt erst über Westeuropa hinauswuchs und gesamteuropäisch wurde.

Die Kritik lässt sich in der Frage zusammenfassen, ob die EU die Ausdehnung politisch verkraftet. Der frühere Bundeskanzler Helmut Schmidt befürchtete beispielsweise eine „führungslose Agglomeration* von Staaten". Dies lasse die EU weltpolitisch nicht zur Geltung kommen und gegenüber den USA und China zurückfallen.

Die Verträge von Amsterdam und Nizza Die Erweiterung machte es unumgänglich, im Europäischen Rat und im Verfahren der Organe mehr Handlungsfähigkeit zu gewinnen. Noch in Maastricht 1992 wurde diesem Ziel Vorrang eingeräumt. Die richtige Methode schien, die Mehrheitsentscheidungen der Organe auszuweiten, auch auf politische Felder.

Die Beratungen dazu wurden im *Amsterdamer Vertrag* 1997 zusammengeführt, der am 1. Mai 1999 in Kraft trat. Er ließ jedoch das Problem der Handlungsfähigkeit ungelöst. Die kleineren Staaten verzichteten nicht auf Vetorechte, die größeren erhielten kein Stimmengewicht, das ihrer Bevölkerungszahl angemessen war. Beim anderen Ziel der Erweiterungsphase, der Demokratisierung der EU, erreichte der Amsterdamer Vertrag indessen Fortschritte. Das Europäische Parlament, nun auf 700 Abgeordnete begrenzt, wurde als Gesetzgeber dem Ministerrat nahezu gleichgestellt.

Valéry Giscard d'Estaing (geb. 1926): französischer Politiker; 1974-1981 Staatspräsident; 2002 Vorsitzender des EU-Verfassungskonvents

Das Amsterdamer „Left-over", Überbleibsel, wie man es beschönigend nannte, war also immer noch die Frage der Entscheidungsfähigkeit. Dazu sollte der Europäische Rat in Nizza im Jahr 2000 eine Lösung finden. Doch auch in einem Verhandlungsmarathon von 108 Stunden konnten die Interessen der Fünfzehn nicht zum Ausgleich gebracht werden. Der Vertrag, der am 1. Februar 2003 in Kraft trat, sah nur in wenigen Nebenfeldern, etwa der Einwanderungspolitik, Mehrheitsentscheidungen vor. Immerhin verabschiedete der EU-Gipfel von Nizza eine Grundrechtecharta. Sie enthielt eine Sammlung von Grundrechten, die aber nicht in die EU-Verträge aufgenommen wurde und vorläufig „Dekorationsstück" blieb. Nizza stürzte die EU in eine Krise.

▼ **„Das böse Wort."**
Karikatur von Klaus Stuttmann, 2007.
Dargestellt sind von links der EU-Kommissionspräsident Barroso, Bundeskanzlerin Merkel, der britische Premierminister Blair, der polnische Staatspräsident Kaczynski, der französische Staatspräsident Chirac und der italienische Ministerpräsident Prodi.

Die Transformation des Verfassungsprozesses Deshalb arbeitete ein Konvent unter Leitung des ehemaligen französischen Staatschefs **Valéry Giscard d'Estaing** eine „Verfassung" aus. Sie sollte alle seit 1951 geschlossenen, mittlerweile kaum noch überschaubaren Verträge in einem Text komprimieren und den nötigen Reformen anpassen. Dem Konvent war ebenso aufgegeben, das Demokratie- und Entscheidungsdefizit abzubauen. Nach entsprechenden Änderungen wurde die Verfassung 2004 in Brüssel unterzeichnet, trat aber nicht in Kraft, weil sich Volksabstimmungen in Frankreich und den Niederlanden 2006 dagegen aussprachen.

* **Agglomeration**: Anhäufung, Zusammenballung

Der Schock über das Scheitern lähmte die Akteure nur für kurze Zeit. Die rund 500-seitige „Verfassung“ wurde zum „Vertrag“ umgeschrieben, der nahezu 90 Prozent der Verfassungsbestimmungen aufnahm. Er machte die EU handlungsfähiger und demokratischer. Die EU erhielt mehr Kompetenzen in der Außenpolitik, der Verteidigungs- und der Sozialpolitik. Ein *Hoher Vertreter für die Außen- und Sicherheitspolitik*, faktisch ein Außenminister, sollte die Gemeinschaft künftig gegenüber Nicht-EU-Ländern vertreten. Mehr Demokratie wurde erreicht, insofern dem Parlament weitergehende Mitsprache, besonders in der Haushaltspolitik, eingeräumt wurde.

Für eine mehrjährige Übergangszeit wurde ein Ausgleich zwischen größeren und kleineren Staaten bei der Stimmenverteilung im Ministerrat gefunden. Künftig soll das *Prinzip der doppelten Mehrheit* das Zustandekommen von Beschlüssen erleichtern (Mehrheit der Staaten, die zugleich 65 Prozent der EU-Bevölkerung repräsentieren).

Der Vertrag wurde 2007 in Lissabon unterzeichnet. Obwohl er die Handlungsfähigkeit der Union stärkte und die Rechte des Europäischen Parlaments erweiterte, stieß er auf verbreitete Ablehnung in der Öffentlichkeit; die Bürger Irlands stimmten erst bei einem zweiten Referendum zu.

Der Binnenmarkt wird zum Binnenraum Parallel zu den Erweiterungen und Reformen öffnete sich der Binnenmarkt der EU zum Binnenraum, aber in Form einer *differenzierten Integration*. Differenziert bedeutet, dass nicht alle EU-Staaten weitere Schritte zur Integration sofort mitgingen, sondern erst später nachfolgten. Beispiele sind der Wegfall der Grenzkontrollen und die Einführung des Euro.

Das *Schengener Übereinkommen* 1985 plante den Verzicht auf Grenzkontrollen (zwischen den Benelux-Staaten, der Bundesrepublik und Frankreich). Zehn Jahre später fielen tatsächlich die Schlagbäume dieser Staaten, zugleich auch Portugals und Spaniens. Die übrigen EU-Staaten wurden erst später zu „Schengen-Staaten“ mit Ausnahme Großbritanniens, Irlands und Zyperns.

Als vorrangiges wirtschaftspolitisches Ziel hatte der Maastrichter Vertrag die *Währungsunion* angestrebt. Wer beitreten wollte, musste „Konvergenzkriterien“ erfüllen, vor allem Preisstabilität und gesunde Staatsfinanzen. Darauf hatte am meisten die Bundesregierung gedrängt. Das Projekt schien aufgrund der strengen Kriterien zu scheitern, aber 1998 bescheinigte der Europäische Rat elf Ländern die „Euro-Reife“. Die großzügige Prüfung der Zahlen nahm den Kriterien die Schärfe, nicht zuletzt bei Griechenland, das als zwölftes Land 2001 hinzukam. 1999 wurde der Euro an den Devisenmärkten eingeführt. Ab 1. Januar 2002 bezahlten die Bürger in der Euro-Zone nicht mehr mit der nationalen, sondern mit der europäischen Währung. Bis 2011 waren es Bürger von 17 EU-Staaten.

Der Euro war und ist historisch beispiellos. Erstmals in der neuesten Geschichte kam eine Währung in Umlauf, die nicht durch einen zentralen politischen Willen und eine zentrale Wirtschaftspolitik abgesichert war. Der Euro hatte zunächst bei den Bürgern als „Teuro“ und als labile Währung wenig Ansehen. Aber selbst die skeptischen Deutschen mussten zugeben: Die Inflationsraten lagen niedriger als zu Zeiten der D-Mark, und der Außenwert des Euro stieg. Sogar während der *Weltfinanzkrise* 2008/09 zeigte sich der Euro stabiler als der Dollar. Jedoch wurde die Schuldenkrise Griechenlands 2010 zum Belastungstest. Nur die späte Einigung, für die Schulden Griechenlands gemeinsam zu bürgen, rettete die Euro-Zone bei der ersten Existenzkrise vor schweren Verwerfungen.

1 Freier Personenverkehr

- Wegfall von Grenzkontrollen
- Harmonisierung der Einreise-, Asyl-, Waffen-, Drogengesetze
- Niederlassungs- und Beschäftigungsfreiheit für EU-Bürger
- Verstärkte Außenkontrolle

2 Freier Dienstleistungsverkehr

- Liberalisierung der Finanzdienste
- Harmonisierung der Banken- und Versicherungsaufsicht
- Öffnung der Transport- und Telekommunikationsmärkte

3 Freier Warenverkehr

- Wegfall von Grenzkontrollen
- Harmonisierung oder gegenseitige Anerkennung von Normen und Vorschriften
- Steuerharmonisierung

4 Freier Kapitalverkehr

- Größere Freizügigkeit für Geld- und Kapitalbewegungen
- Schritte zu einem gemeinsamen Markt für Finanzleistungen
- Liberalisierung des Wertpapierverkehrs

▲ Die vier Freiheiten im Binnenmarkt der EU (Stand: 2008).
Quelle: Bergmoser + Höller Verlag (Zahlenbild 715320)

▲ **Europaflagge.**
Die Fahne wurde am 26. Mai 1986 in Brüssel als übergeordnetes Emblem für alle Institutionen der Europäischen Gemeinschaften (und später der Europäischen Union) offiziell eingeweiht.

Ratspräsidentschaft: Nach einem festgelegten Turnus übernehmen die einzelnen Mitgliedsländer jeweils für ein halbes Jahr den Vorsitz im Ministerrat. Dabei leiten sie die Sitzungen und arbeiten ggf. Kompromisse aus.

Auf dem Weg zu einem demokratischen Bundesstaat? Die EU hat kein Vorbild in der Geschichte. Deshalb ist die Antwort nicht leicht, wenn man nach der künftig denkbaren Staatsform fragt. Die Europa-Aktivisten wollen möglichst einen EU-Bundesstaat. Ist er erreichbar? Das Bundesverfassungsgericht gestattete 2009 zwar die Übertragung substanzieller nationaler Rechte auf die EU, aber nicht die Übertragung der „Verfassungsidentität" der Bundesrepublik Deutschland, also der Souveränität. Das Gericht verneinte damit einen Bundesstaat EU, bejahte aber den Einigungsprozess.

Der Fortgang der Einigung ist darüber hinaus prinzipiell wegen der politischen Grundhaltungen der Bürger schwierig: erstens aufgrund ihrer verbreiteten Vorbehalte gegenüber der EU, zweitens aufgrund ihrer starken nationalen Bindung. Noch immer haben die nationalen Staats- und Regierungschefs und ihre Minister ein entscheidendes Gewicht. Bei Gipfeltreffen oder im Rahmen der **Ratspräsidentschaft** bietet ihre Doppelfunktion Chancen und Risiken. Ein Einsatz für die Union eröffnet die Möglichkeit, sich international zu profilieren. Im eigenen Land jedoch kann dieser Einsatz zu Ansehensverlust führen, wenn die Bürger europakritisch sind.

Die Vorbehalte gegen Europa lauten, dass die EU bürokratisch und bürgerfeindlich sei. Sprichwörtlich für die Regulierungswut der Brüsseler Beamten sind die Bananen- oder die Gurkenverordnung, die deren Krümmung und Länge vorschreiben. Vergessen wird demgegenüber, dass EU-Vorschriften den Verbraucher auch schützen. Schwerer wiegt der Vorwurf, die EU sei bürgerfeindlich und unzureichend demokratisch legitimiert. Die Rechte des Europäischen Parlaments wurden zwar gestärkt. Aber immer noch erfahren die Bürger Europa als bürokratisches Handlungsfeld, nicht als Forum der Demokratie. Die Beamten, nicht das Parlament erscheinen als das eigentliche Machtzentrum der EU.

Neben der Europa-Skepsis ist die nationale Bindung ein noch größeres Hindernis. Die meisten Europäer verstanden sich in den Jahrhunderten der Neuzeit als Angehörige einer Nation. In der neuesten Geschichte waren sie bereit, ihr Leben für ihre Nation einzusetzen. Diese historische Tiefenstruktur ist nicht verschwunden. Vor allem aber ist die Identifizierung jedes Einzelnen mit der Nation als Schicksals- und Lebensgemeinschaft weiterhin sehr stark.

Wegen der Vorbehalte verfügt die EU über zu wenig *Legitimation* (Berechtigung), um ein Bundesstaat für die Europäer zu werden. Wegen der nationalen Bindungen haben die Bürger zu wenig europäische *Identität*, um sich einem europäischen Staat zugehörig zu fühlen.

Erneut deutlich wurde die Anziehungskraft des Nationalen nach dem Zusammenbruch des Ostblocks. Er führte in den 1990er-Jahren zu einer Renaissance des Nationalstaates, insbesondere in Ostmitteleuropa. Der Kommunismus hatte das Nationalgefühl unterdrückt, das sich nun umso stärker entfaltete. Das Bedürfnis, die eigene Geschichte und Sprache zu pflegen und sich von den Nachbarn zu unterscheiden, erfasste aber nicht nur die Balkanvölker, sondern ebenso die Flamen und Wallonen* in Belgien.

Ein Europa der unterschiedlichen Geschwindigkeiten? Trotz ihrer regionalen Bindungen identifizieren sich Politiker und Bürger der EU in der Regel mit dem Nationalstaat. Dabei gibt es Unterschiede. Die Briten hielten seit Jahrhunderten ihre Distanz zum

* **Flamen und Wallonen**: Volksgruppen in Belgien mit niederländischer bzw. französischer Sprache und Tradition

Kontinent. Sie verfielen außerdem nie in einen blinden Chauvinismus*, der das hässliche Gesicht der Nation gezeigt hätte. Bei den Deutschen ist das anders. Sie vergaßen nicht, dass ihr schrankenloser Nationalismus die Katastrophe des Zweiten Weltkrieges heraufbeschworen hatte. Nach 1989 wussten ihre Politiker deshalb sehr wohl, dass ein starkes Deutschland in der Mitte Europas das Einvernehmen der Nachbarn gewinnen musste.

Weil die EU-Staaten sich in ihrer Bereitschaft zur Integration unterscheiden, wird das *Konzept eines Europa der unterschiedlichen oder der zwei Geschwindigkeiten* praktiziert. Gemeint ist ein Einigungsprozess, den einige EU-Staaten rascher, andere langsamer vollziehen. Die *innere Differenzierung* der Gemeinschaft begann mit der Umsetzung der Einheitlichen Europäischen Akte nach 1986. Die von den Kritikern befürchtete Spaltung der Einigung blieb aus. Dies war auch der Fall beim Schengener Abkommen, dem sich mittlerweile auch Nicht-EU-Staaten angeschlossen haben, und bei der Erweiterung der Euro-Zone.

Bei den unterschiedlichen Geschwindigkeiten kristallisierte sich ein „Kerneuropa" mit einer rascheren Integration heraus, zu dem die Sechs der Römischen Verträge gehören. Demgegenüber steht die verzögerte Integration der „äußeren", vor allem osteuropäischen EU-Staaten. Außerhalb der EU finden wir weitere Abstufungen. So arbeiten die Kandidaten für einen Beitritt schon vor der Aufnahme mit der EU zusammen. Einige Nachbarn der EU schließen sich auch ohne Mitgliedschaft dem Wirtschafts- oder Schengen-Raum an (u.a. Norwegen, Island, Liechtenstein).

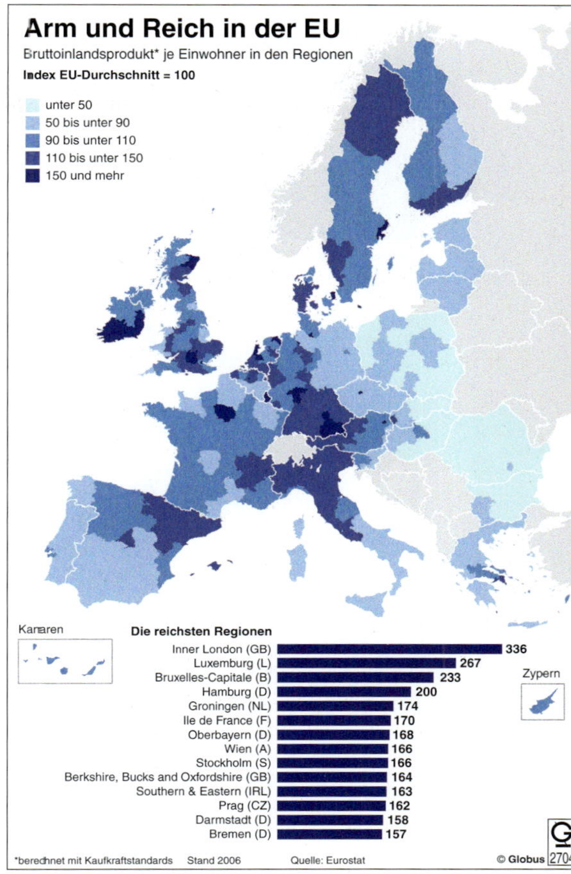

▲ Die Wirtschaftskraft der EU-Länder im Jahr 2009.

- *Nennen Sie die Länder mit dem geringsten und die Regionen mit dem höchsten Bruttoinlandsprodukt.*
- *Diskutieren Sie, ob sich die wirtschaftliche Leistung in der Stimmengewichtung für die jeweiligen Länder niederschlagen sollte.*

Wohin mit dem Geld? Der EU-Haushalt Die Einnahmen der EU stammen zu zwei Dritteln aus den *Zuweisungen* der Mitgliedstaaten. Das letzte Drittel kommt aus Zolleinnahmen und aus der nationalen Mehrwertsteuer (maximal 0,3 Prozent). Jedoch darf der Etat 1,24 Prozent des Bruttonationaleinkommens der EU nicht übersteigen; demgemäß werden die Zuweisungen angepasst.

Unter den Ausgaben machen die *Struktur- und Entwicklungshilfen* fast die Hälfte aus. Sie fließen überwiegend an Regionen, deren Bruttosozialprodukt weniger als 75 Prozent des EU-Durchschnitts beträgt. Die Subventionen aus der gemeinsamen Agrarpolitik betragen immer noch rund 30 Prozent, die Verwaltungsausgaben sechs Prozent der Gesamtausgaben.

Jeder Staat bezahlt für den EU-Haushalt und bekommt daraus Hilfen. Dabei unterscheidet man *Nettozahler und Nettoempfänger*, je nachdem, ob die erhaltenen Fördergelder oder die gezahlten Beiträge höher sind. Zu den Nettoempfängern gehören vor allem wirtschaftsschwache Süd- und Ostländer. Die Bundesrepublik (wie auch die Niederlande, Österreich oder Schweden) ist Nettozahler. Als Exportnation profitiert sie jedoch indirekt sehr vom intensiven Handel innerhalb des Binnenmarktes.

Zukünftige Reformen sollen die Akzeptanz bei den Bürgern erhöhen und das Prinzip der Solidarität festigen. Folgende Überlegungen sind von Bedeutung: Bei den Einnahmen könnte eine allgemeine EU-Steuer die Zuweisungen ersetzen; allerdings, so wird gefordert, sollten die Einnahmen der EU dadurch nicht steigen. Bei den Ausgaben

* **Chauvinismus**: übersteigerter Nationalismus, der die eigene Nation für überlegen hält

▲ Sonderbriefmarke der Deutschen Post, Januar 2002.

erschwert das noch maßgebende Prinzip der Einstimmigkeit Reformen. EU-Staaten, die sehr stark von den Struktur- und Agrarhilfen profitieren, können Veränderungen blockieren. Für andere Bereiche wie Wissenschaft und Forschung stehen bisher nicht ausreichend Fördergelder zur Verfügung.

Welche Richtung nimmt der Binnenmarkt? Die Währung als Problem Der Einigungsprozess war um 1950 zunächst als politisches Projekt gedacht. Sein Motor wurde dann doch der Binnenmarkt. Es gelang, ihn zu „vollenden", als er weitgehend den freien Verkehr von Waren, Personen, Dienstleistungen und Kapital gewährleistete. Jedoch bedarf er des fortgesetzten Ausbaus, wie auch die Währungsunion, die nach dem Maastrichter Vertrag 1993 verwirklicht wurde.

Dem Binnenmarkt stellen sich drei Herausforderungen: Erstens soll eine *Energiepolitik* den Ausbau erneuerbarer Energien und die Energieeffizienz fördern. Die größere Herausforderung ist zweitens die Koordinierung der *Sozialpolitik*, die im Amsterdamer Vertrag 1999 als Aufgabe formuliert wurde. Bisher ist die Sozialpolitik immer noch ein nationales Politikfeld, das in Wahlkämpfen eine bedeutende Rolle spielt. Die Wähler erwarten allerdings auch ein Engagement der EU. Drittens muss der weite Abstand zwischen reichen und armen EU-Staaten verringert werden.

Die Währungsunion galt den einen als Krönung des Binnenmarktes, den anderen als Union des Währungsverfalls. Die meisten Experten freilich versichern heute, dass sich der Euro in einer Weise bewährt hat, wie man es nicht erwarten konnte. Sie bestätigen aber auch die Bedenken, dass die *Stabilität* des Euro stets gefährdet ist, sobald Einzelstaaten in wirtschaftliche und finanzielle Schieflage geraten.

Außerdem verlangt die Währungsunion „Konvergenzkriterien", d.h. als Bedingung für ihre Mitglieder eine Haushalts- und Preisstabilität. Die Staaten dürfen sich jährlich nicht höher verschulden als um drei Prozent, insgesamt nicht höher als mit 60 Prozent ihres Bruttosozialproduktes. Die Verstöße gegen diese Kriterien sind zahlreich. Die Preisstabilität der Euro-Zone wurde von der Europäischen Zentralbank in Frankfurt erfolgreich überwacht. Jedoch erwies sich in der Schuldenkrise Griechenlands 2010, dass die Europäische Zentralbank nicht anders als die Nationalbanken der USA und Großbritanniens gegen die eherne Regel verstieß, keine Staatsanleihen anzukaufen. Letztlich erweitert das den Geldumlauf und kann inflationäre Entwicklungen auslösen. Dabei wies das gemeinsame, obschon späte Handeln der EU-Staaten in der Schuldenkrise in die Zukunft. So wollen die Mitgliedsländer ihre Finanz- und Wirtschaftspolitik künftig stärker miteinander abstimmen und Einzelstaaten gemeinsam notfalls mit Krediten und der Übernahme von Schulden vor der Zahlungsunfähigkeit bewahren.

Europa – eine Weltmacht? Der Einsatz des europäischen Potenzials Wirtschaftlich ist die EU eine Weltmacht, politisch und militärisch nicht. In den 1970er-Jahren begann die Europäische Politische Zusammenarbeit die Politik zu koordinieren. Als erster EU-Vertrag stellte die Einheitliche Europäische Akte 1986 die Weichen für eine Gemeinsame Außen- und Sicherheitspolitik (GASP), die der Maastrichter Vertrag formulierte.

Tatsächlich aber sprach Europa in allen darauf folgenden Krisen mit nationalen Stimmen. Erst der Lissaboner Vertrag etablierte 2009 einen Hohen Vertreter für die Außen- und Sicherheitspolitik der EU und einen Europäischen Auswärtigen Dienst. Gegner kritisieren die 2010 in Gang gekommene Besetzung des Dienstes als zu kostspielig und überflüssig. Aber Skepsis begleitete den Einigungsprozess in allen fünf Jahrzehnten, in denen er trotzdem stetig voranschritt.

Soll und kann Europa eine Gemeinsame Außen- und Sicherheitspolitik betreiben, letztlich eine *Weltpolitik*, die seinem Potenzial entspricht? Es gibt Argumente dafür. Im Zeitalter der Globalisierung versteht sich die EU nicht in erster Linie als Binnenmarkt. Vielmehr will sie ihre Kräfte bündeln, da sich der politische Einfluss ihrer Einzelstaaten verringert. Zudem erwarten die Partner weltweit ein stärkeres Engagement Europas. Die EU wird das freilich nicht in einem eng verstandenen Vorteilsdenken tun können. Der Friede, den sie auf dem eigenen Kontinent stabilisiert, ist abhängig vom Frieden außerhalb. Daher muss die EU ihr wirtschaftliches und militärisches Potenzial künftig stärker für den Frieden in der Welt einsetzen (▸ M2).

Um auch in der Hochtechnologie als konkurrenzfähige „global player" zu agieren, arbeiten Unternehmen, Banken und Staaten aus verschiedenen europäischen Ländern in Konsortien* und Organisationen zusammen. Beispiele dafür sind die EADS (*European Aeronautic Defence and Space Company*) mit dem Luftfahrtunternehmen Airbus und die europäische Weltraumorganisation ESA (*European Space Agency*). Teure Projekte dienen zum Teil dem Prestige der europäischen Staaten und lassen die europäische Wirtschaft von technologischen Entwicklungen profitieren.

Gibt es eine Wertegemeinschaft? Europäische Identität Die EU hat im Lauf der Jahrzehnte eine *Identität* entwickelt. Die Reden der führenden Staatsmänner erinnern nicht mehr so häufig wie um 1950 an die Werte des Christentums und der Antike. Friede und Freiheit sind jedoch Kernbegriffe der Wertegemeinschaft geblieben. Darüber hinaus werden Werte genannt, die europäisch und westlich-atlantisch zugleich sind: die Vernunft (Rationalität, Rationalismus), die Säkularisierung (Trennung von Kirche und Staat) sowie die Demokratie (Herrschaft des Volkes) als Garant der Menschenrechte und des Rechts.

Die Frage, ob diese Orientierungen in der Politik zum Tragen kommen, stellt sich in jedem Einzelfall. Ein Beispiel ist die Integration der arabischen und türkischen Minderheiten. Sie kommen aus einer anderen Wertewelt, in der die Religion weit mehr gilt als rein weltliche Vernunftgründe, in der auch die Demokratie keine vergleichbare Tradition hat und anders verstanden wird als in Europa. Die Herausforderung für Europa ist, die schwierige Integration der Zuwanderer zu bewältigen, ohne die eigenen Werte des Friedens, der Freiheit und der Demokratie zu missachten. Aber die Herausforderung, die in Reden beschworenen Werte in unmittelbare Politik umzusetzen, betrifft jedes Handlungsfeld, auch die demokratischen Ordnungen der Europäer selbst.

Stiftet die gemeinsame Kultur und Akzeptanz der Werte auch eine Identität bei den Bürgern, verstanden als Übereinstimmung, *Identifizierung* mit Europa? Eine Umfrage im Jahr 2004 brachte folgendes Ergebnis: 86 Prozent der Befragten waren stolz auf ihre Nationalität, 68 Prozent waren stolz darauf, Europäer zu sein.

Noch kann keine Rede davon sein, dass sich eine gemeinsame europäische Öffentlichkeit gebildet hat. Deshalb konzentrieren sich – abgesehen von Eliten in Politik, Wirtschaft und Kultur – die Diskussionen über europäische Fragen noch immer auf den nationalen Raum. Europäische oder länderübergreifende Medien spielen somit nur eine sehr untergeordnete Rolle. Um den Austausch zwischen den Ländern zu erweitern und zu vertiefen, ermöglichen europäische Bildungsprogramme wie **SOKRATES** und **ERASMUS** jungen Menschen für längere Zeit in anderen europäischen Ländern zu leben und helfen Sprachbarrieren sowie Vorurteile abzubauen.

* **Konsortium**: Zusammenschluss von Unternehmen und Banken zur Durchführung eines größeren Geschäftes

▲ Lena Meyer-Landrut, die Gewinnerin des Eurovision Song Contest 2010.
Der Eurovision Song Contest (früher Grand Prix Eurovision de la Chanson) ist ein Liederwettbewerb der Europäischen Rundfunkunion (EBU), in der 57 Länder aus Europa, Asien und Nordafrika vertreten sind. Er wird seit 1956 jährlich ausgetragen. Beim Finale entscheiden die Zuschauer der teilnehmenden Länder das Ergebnis mit.

- *Erörtern Sie, ob die Veranstaltung die europäische Identität stärkt oder ob der Konkurrenzgedanke im Vordergrund steht.*
- *Nennen Sie weitere europäische Organisationen aus unterschiedlichen gesellschaftlichen Bereichen (z.B. Sport, Kultur). Informieren Sie sich über die beteiligten Mitgliedsländer. Diskutieren Sie, welche Bedeutung sie für Europa haben.*

SOKRATES: Aktionsprogramm der EU zur Förderung der transnationalen Zusammenarbeit im Bildungsbereich; 2006 abgelöst durch das „Programm für lebenslanges Lernen"

ERASMUS: Teil des Programms SOKRATES und dann des „Programms für lebenslanges Lernen"; gegründet 1997, um die Zusammenarbeit der europäischen Hochschulen und vor allem die Mobilität der Studenten zu fördern

▲ **„Aber bitte – schön artig!"**
Karikatur von Burkhard Mohr/Baaske Cartoons, 1995.
■ *Erläutern Sie, worauf die Karikatur anspielt.*

M1 Überdehnungsschmerzen

Der Politikwissenschaftler Heinz Theisen zeigt sich äußerst skeptisch bezüglich einer weiteren Ausdehnung des EU-Raums:

Statt um Vertiefung und Erweiterung geht es jetzt um Differenzierung und Abstufung. Um der Union zu einer handlungsfähigen Selbstbehauptung zu verhelfen, muss sie sich in der politischen Zusammenarbeit auf ihren engeren Integrationsraum konzentrieren. In einem weiteren Raum würde es nicht mehr um eine auf politischen Gemeinsamkeiten beruhende Integration, sondern nur um eine auf ökonomischen Interessen beruhende Kooperation gehen. Dies gilt vor allem hinsichtlich der nur relativ gleichen Länder des orthodoxen Osteuropa. Im Raum der Koexistenz mit der islamischen Welt ginge es primär um die gegenseitige Organisation von Distanz. [...]

Mit der Türkei als Vollmitglied würde die Europäische Union zu einem Anrainer des Nahen Ostens und des Kaukasus. Mit einem muslimischen Mitgliedstaat würde die Union zwischen alle kulturellen Fronten und Konflikte geraten und als neutraler Vermittler etwa im Nahen Osten ausfallen. Die angestrebte Gemeinsame Außen- und Sicherheitspolitik der EU hätte keine Chance mehr. Eine nicht dezidiert westliche Europäische Union wäre gewissermaßen ein transkulturelles Gebilde und daher kein Beitrag zu einer neuen Weltordnung der Kulturen, die sich in der entstehenden Multipolarität abzeichnet. Sowohl die zunehmende Islamisierung als auch die erstarkende Wirtschaft der Türkei verringert die dortige Begeisterung für Europa. Die Türkei ist eine Macht aus eigenem Recht und könnte darüber zum wichtigsten Kooperationspartner der EU im östlichen Mittelmeer werden. [...]

Die Türkei ist längst stark genug, um eine eigene Führungsrolle in der Region zu übernehmen. Da eine politische Integration in die EU diese behindern würde, liegt ein Beitritt nur noch im wirtschaftlichen Interesse der Türkei. Die EU fände sich auf die Rolle reduziert, anatolische Armutsregionen zu subventionieren, und würde dem türkischen Staat eine Konzentration auf seine Machtobjekte erleichtern. [...]

Das Ziel einer gesamteuropäischen Union ist irreal. Möglich ist eine differenzierte Integration, in der nicht Gemeinsamkeiten, sondern Gegenseitigkeiten die Maßstäbe sind für eine Differenzierung nach Räumen der politischen Integration, der ökonomischen Kooperation und der kulturellen Koexistenz. Für den Wiederaufbau eines handlungsfähigen Kerns sind die Ein- und Ausgrenzungen in Zukunft nach realpolitischen Kriterien des Möglichen zu treffen. Allerdings müsste dafür auch unser Realitätsverständnis erweitert werden. Kulturen, dies haben Spätsozialisten und Neoliberale noch zu lernen, sind eine wesentliche Voraussetzung für das Funktionieren von Währungszonen, politischen Strukturen und Märkten.

Heinz Theisen, Überdehnungsschmerzen. Die EU muss ihre Grenzen definieren, in: Merkur 64 (2010), S. 1059-1067, hier S. 1064-1067

1. *Nehmen Sie Stellung zu den Prinzipien, die Theisen für eine weitere Integration der EU formuliert.*
2. *Bewerten Sie die Argumente, die aus seiner Sicht gegen einen Beitritt der Türkei zur EU sprechen.*
3. ✚ *Erörtern Sie grundsätzlich das Pro und Kontra eines Beitritts der Türkei. Sammeln Sie dazu selbstständig Gesichtspunkte (über die im Text genannten hinaus) und diskutieren Sie in der Form eines Podiumsgesprächs. Jeweils zwei Mitschüler sollten die Argumente für bzw. gegen einen Beitritt vortragen, woran sich eine allgemeine Diskussion anschließt.*
4. *Diskutieren Sie die Schlussthese von Theisen, dass Kulturen eine wesentliche Voraussetzung für das Funktionieren von Währungszonen, politischen Strukturen und Märkten seien. Klären Sie dabei, wie der Begriff „Kultur" definiert werden kann, den Theisen nicht näher kennzeichnet.*

◂ **EUPOL.**
Foto vom 28. März 2010.
Zur Gemeinsamen Außen- und Sicherheitspolitik der EU gehören auch friedenserhaltende oder -schaffende Maßnahmen. Bei der Mehrzahl der EU-Missionen, die es im Zeitraum zwischen 1992 und 2009 gab, handelte es sich um zivile Einsätze.
In Afghanistan unterstützt die EU den Aufbau einer Polizei. Das Bild zeigt einen Ausbildungsleiter aus Schleswig-Holstein (rechts).

M2 Die weltpolitische Herausforderung der EU

Der Politikwissenschaftler Herfried Münkler erläutert 2005 in seinem Buch über „Imperien" (vom antiken Rom bis zu den USA) auch die weltpolitische Lage Europas:

Europa ist durch die veränderten Konstellationen nach dem Ende des Ost-West-Gegensatzes und dem Zusammenbruch der Sowjetunion erheblich stärker herausgefordert, als man sich dies Anfang der 1990er-Jahre vorstellen konnte und wollte. Zunächst wurde das Ende des weltpolitischen Gegensatzes als Chance begriffen, die Teilung des Kontinents in zwei konträre politische Lager zu überwinden und den in Westeuropa begonnenen Prozess einer die Nationalstaaten übergreifenden wirtschaftlichen und politischen Integration schrittweise auf Mittel- und Osteuropa auszudehnen. Rückblickend zeigt sich, dass man den befürchteten Widerstand Russlands überschätzt, während man die dabei auftretenden wirtschaftlichen und sozialen Probleme unterschätzt hat. Dass sich mit der „Wiedervereinigung Europas" auch dessen politisches Gewicht verändern und es weltpolitisch eine gewichtigere Rolle spielen werde, ist von einigen Beobachtern vorausgesagt worden, wobei die Erwartungen bezüglich der Rolle, die den Europäern dabei zufallen werde, in der Regel weit überzogen waren. [...]
Tatsächlich bestand und besteht die Herausforderung der Europäischen Union darin, dass sie auf der einen Seite mit einem postimperialen Raum konfrontiert war, in dem sich mit großer Geschwindigkeit alle die Konflikte und Instabilitäten entwickelten, die für postimperiale Räume typisch sind, während sich auf der anderen Seite die bislang als wohlwollender Hegemon[1] agierende westliche Führungsmacht zunehmend in einen imperialen Akteur verwandelte, der auf die Wünsche und Vorstellungen seiner Verbündeten kaum noch Rücksicht nahm. Die meisten europäischen Politiker sind von diesen Entwicklungen auch deswegen überrascht worden, weil sie die Handlungslogik eines Imperiums nicht auf ihrer Rechnung hatten: Sie dachten in der politischen Recheneinheit Staat – und wurden mit postimperialen Räumen auf der einen und einem imperialen Akteur auf der anderen Seite konfrontiert. Die Irritationen begannen bei der Frage, welche Reaktion auf die jugoslawischen Zerfallskriege angemessen sei, und steigerten sich bis zu den politischen Zerwürfnissen im Vorfeld des Irak-Krieges. Hat nun, wie einige meinen, Europa an Bedeutung und Einfluss gewonnen? Oder hat es, wie andere dagegenhalten, an beidem verloren?

Herfried Münkler, Imperien. Die Logik der Weltherrschaft – vom Alten Rom bis zu den Vereinigten Staaten, Berlin 2005, S. 245 f.

1. *Erläutern Sie die „Wiedervereinigung Europas" durch die EU. Was ist mit postimperialem Raum gemeint?*
2. *Analysieren Sie das politische Verhalten der EU-Staaten im Rahmen der Jugoslawien-Kriege und des Irak-Krieges, die Münkler nennt.*
3. *Überprüfen Sie, welche Antwort auf die beiden Schlussfragen Münklers angemessen ist.*

[1] **Hegemon** (griech.): „Vorherrscher", „Vormacht"

Plakate als historisches Massenmedium

Plakate sind öffentliche Aushänge oder Anschläge, die informieren, werben oder zu Aktionen aufrufen. Um möglichst viele Menschen anzusprechen, werden sie überwiegend an stark frequentierten Standorten platziert. Ihr Ziel ist es, durch „plakative", also auffällige gestalterische Mittel und Schlagworte (Slogans) auf den ersten Blick zu wirken und durch eine meist suggestive, an das Unterbewusstsein gerichtete Botschaft in Erinnerung zu bleiben.

Politische Plakate analysieren

Politische Plakate gibt es – ob als Bekanntmachung der Regierung, als Protest gegen soziale Missstände oder zur Verteufelung des Kriegsgegners – in Deutschland seit Anfang des 19. Jahrhunderts. Bedeutung als Massenmedium erreichten sie jedoch erst in der Weimarer Republik. Da es nun zwar Pressefreiheit, aber noch kein Fernsehen und zunächst auch kein Radio gab, nutzten die Parteien Plakate als schlagkräftige Agitations- und Propagandamittel im Kampf um Wählerstimmen. Wahlplakate geben keine Auskunft über das Wählerverhalten. Sie spiegeln jedoch in Wort und Bild die politischen Auseinandersetzungen und Ziele der Parteien sowie den Alltag, die Probleme und Grundhaltungen der Zeit. Auch nach dem Zweiten Weltkrieg spielten Plakate eine große Rolle im öffentlichen Raum für flächendeckende Bekanntmachungen und Kampagnen sowie in der Werbung.

Formale Kennzeichen

- Um welche Art von Plakat handelt es sich?
- Wer hat das Plakat geschaffen oder in Auftrag gegeben?
- Wann und wo ist es entstanden und veröffentlicht worden?

Plakatinhalt

- Wen oder was zeigt das Plakat auf welche Weise?
- Was wird thematisiert?
- Wie ist das Plakat aufgebaut? Achten Sie auf folgende Gestaltungsmittel: Verhältnis von Text und Bild, Perspektive, Haltung der Figuren, Schriftgröße und -art, Farben, Symbole, Übertreibungen, Verwendung bestimmter Stilmittel.
- Was bedeuten die Gestaltungsmittel?

Historischer Kontext

- Auf welches Ereignis, welchen Sachverhalt oder welche Person bezieht sich das Plakat?
- Was ist der Anlass für die Veröffentlichung?

Intention und Wirkung

- An wen wendet sich das Plakat?
- Ist es gegen jemanden gerichtet? Werden Feindbilder dargestellt?
- Welche Aussageabsicht verfolgt der Künstler bzw. Auftraggeber?
- Welche Wirkung soll das Plakat beim zeitgenössischen Betrachter erzielen?

Methoden-Aufgabe:

Analysieren Sie das Plakat zur EU-Erweiterung.

▲ **Plakat der Europäischen Kommission zur EU-Erweiterung am 1. Mai 2004.**

Der Lastkraftwagen des deutschen Automobilherstellers Mercedes-Benz repräsentiert die deutsche Wirtschaft. Die Aufschrift EXPORT weist darauf hin, dass die Ausfuhr deutscher Produkte für den Wohlstand des Landes grundlegend ist.

Das Parlamentsgebäude in Budapest ist ein bekanntes Wahrzeichen der ungarischen Hauptstadt

Der populäre Schauspieler Heinz Hoenig wirbt für die Erweiterung der EU. Das Hochkrempeln der Hemdsärmel steht für Entschlossenheit und Tatkraft.

Der Kranz von goldenen fünfzackigen Sternen auf blauem Grund ist das Symbol der EU und auf der Europaflagge abgebildet. Die Zahl 12 steht symbolisch für Vollständigkeit, Vollkommenheit und Einheit.

Dem Sternenkranz zugeordnet sind die Namen der zehn Staaten, die seit dem 1. Mai 2004 (was zugleich der Erscheinungstermin des Plakates ist) Mitglieder der EU sind.

Geschichte kontrovers

Die Europäische Union – eine Erfolgsgeschichte?

Aus zwei Weltkriegen geht Europa geteilt und zerstört hervor. Die Hauptgegner der Vergangenheit, Deutschland und Frankreich, liegen in Schutt und Asche oder haben ihre globale Bedeutung verloren. Frieden in Sicherheit und Freiheit wird zur neuen Grundidee der beiden ehemaligen Feindstaaten. Ab 1951 entstehen in Westeuropa zunächst ein ökonomischer (EGKS und EWG) und dann ein politischer Zusammenschluss (EG, EU). 2012 erhält die EU den Friedensnobelpreis. Dieses Projekt hatte und hat aber immer auch seine Schattenseiten, seine ungeklärten Probleme. Eine wichtige Frage stellt sich daher: Ist die Geschichte der EU eine Erfolgsgeschichte?

M1 Das europäische Erfolgsmodell ist kein Gespenst von vorgestern, sondern Realität von heute

Paul Nolte lehrt Geschichte mit Schwerpunkt Zeitgeschichte an der Freien Universität Berlin:

Europa, das war nach dem Zweiten Weltkrieg eine Geschichte von Frieden und Wohlstand. Deutschland und Frankreich, die alten Feinde, reichten sich die Hand. Nach der Nazi-Diktatur fand die Bundesrepublik auf der europäischen Straße in die Völkergemeinschaft zurück. Überall, wo in Europa Diktaturen stürzten und die Menschen Freiheit erlangten, strebten sie nach Europa: in Spanien, Portugal und Griechenland seit den 70er-Jahren, und nach dem Fall des Kommunismus in ganz Mittel- und Osteuropa. Jetzt, inmitten der Krise, will Serbien Mitglied der Europäischen Union werden. Das europäische Erfolgsmodell ist kein Gespenst von vorgestern, sondern Realität von heute. [...]

Zugleich steckt Europa in der tiefsten Krise seiner Geschichte. Aber Griechenland aufgeben, einfach rausschmeißen? Das scheitert nicht nur an Verträgen und rechtlichen Verpflichtungen. Es scheitert vor allem an unserer inneren Verpflichtung zu europäischer Solidarität. Jetzt wird die Situation in Griechenland gerne mit der am Ende der DDR verglichen: eine marode Wirtschaft, ein kaputter Staat, beides international nicht wettbewerbsfähig. In Griechenland muss sich sehr viel ändern, wenn es weiter auf unsere Hilfsbereitschaft rechnen will. Das zu fordern ist keine deutsche Arroganz, sondern drückt das Gefühl der Zusammengehörigkeit aus. Die DDR war ein Teil Deutschlands. Griechenland ist ein Teil Europas. [...] Meine Vision heißt deshalb: Europa muss wieder ein politisches Projekt werden. Als Geldverteilungsmaschine, als Löcherstopf-Apparat hat es keine Zukunft. Die Politiker müssen besser erklären, wofür Europa gut ist.

Mit dem Hinweis auf den Zweiten Weltkrieg ist es nicht mehr getan. Denn selbst die meisten Großeltern können ihren Enkeln davon nicht mehr berichten. Aber sie können erklären, dass die Zugehörigkeit zu Europa viel mehr ist als ein unverständlicher Rettungsschirm. Es ist der Schutz von Freiheit und Menschenrechten. Es ist die Bewegungsfreiheit über Grenzen, die erst zwei Jahrzehnte offen stehen. Es ist, gerade in Deutschland, Grundlage unseres Wohlergehens, auch im privaten Leben, vom Arbeitsplatz bis zu Reisen und Konsum.

Daran müssen alle Generationen mitwirken. [...] Die mittlere Generation, die jetzt Verantwortung trägt, muss klarer von Europa sprechen statt nur emsig, aber ohne Kompass eine Krise zu bewältigen. Und die Jüngeren, zum Beispiel die Zwanzig-, Dreißigjährigen: Für sie ist Europa längst Alltag – der Kollege am Arbeitsplatz, der günstige Flug nach Spanien, ohne Pass und Geldumtausch. Sie müssen den europäischen Staffelstab weitertragen. Wir müssen kein schlechtes Gewissen haben, die alltäglichen Vorzüge eines geeinten Europa zu genießen. Aber wir müssen wissen, dass es sie ohne politischen Willen und ohne europäische Solidarität nicht gibt.

Interview mit Paul Nolte vom 3. März 2012 (www.bild.de/politik/inland/europaeische-union/historiker-paul-nolte-beurteilt-euro-krise-22945040.bild.html; 27.08.2013)

M2 „Der Kontinent steht politisch wie militärisch nicht auf eigenen Füßen"

Der Historiker Walter Laqueur leitet lange Zeit das Institut für Zeitgeschichte in London und arbeitet später am Center for Strategic and International Studies in Washington. In einem Interview äußert er sich im Jahr 2013 zur Situation der EU:

Spiegel: Herr Laqueur, Sie haben Europa und die Europäer in den besten wie in den schlechtesten Zeiten erlebt. [...] Wie fällt die Bilanz aus [...]?

Laqueur: Als Wirtschaftsmacht und Handelspartner wird Europa wohl auch künftig Einfluss behalten. Aber bis heute steht der Kontinent politisch und militärisch nicht auf eigenen Füßen. Das wäre nicht so wichtig, wenn Machtpolitik keine Rolle mehr spielen würde und Konflikte friedlich durch die Vereinten Nationen oder den Internationalen Gerichtshof geregelt worden wären. Die Konflikte sind jedoch nicht zurückgegangen, der Fanatismus und die Leidenschaften in ihnen brennen weiter [...]

Spiegel: Warum sollte die EU nicht der Champion der „soft power“, der sanften Macht, sein können?

Laqueur: Freiheit, Menschenrechte, soziale Gerechtigkeit – wunderbar, ich will die Errungenschaften der europäischen Gesellschaften auf diesen Feldern nicht schmälern. Aber ein Vorbild? Europa ist viel zu schwach, um eine zivilisierende oder moralische Rolle in der Weltpolitik zu spielen. Schöne Reden und wohlmeinende Ermahnungen haben wenig Gewicht, wenn sie aus einer Position der Schwäche heraus vorgetragen werden. [...] Ich fürchte, Europa hat seinen moralischen Kredit weitgehend verspielt. Es scheut sich, Sanktionen zu verhängen; es tut sich unendlich schwer, in Krisen außerhalb Europas zu intervenieren. [...]

Spiegel: Der Euro-Optimismus ging damals so weit, dass sogar in den USA in Büchern, Vorträgen und Essays vorausgesagt wurde, das 21. Jahrhundert werde das Jahrhundert Europas werden.

Laqueur: Um die Jahrtausendwende zeigten sich die europäischen Staats- und Regierungschefs auf ihren Gipfeltreffen überzeugt, dass Europa dabei sei, ein leuchtendes Beispiel zu werden, ein Vorbild für die Nationen, mit seinen internationalen Tugenden, seinen gemeinsamen Werten, seinem Sozialstaatsmodell und dem System der zwischenstaatlichen Beziehungen. [...] Diese Euphorie hatte wahrscheinlich mehr mit einer Enttäuschung über Amerika [...] zu tun als mit den wahren Umständen in Europa.

Der SPIEGEL, 30/2013, S. 108-110

M3 Politische Enteignung der Bürger

Hans Magnus Enzensberger, deutscher Dichter, der sich leidenschaftlich immer wieder Zeitfragen zuwendet, kritisiert unter dem Titel „Wehrt euch gegen die Bananenbürokratie!“ 2010 in der „Frankfurter Allgemeinen Zeitung“ die Europäische Union:

Meine Lobrede auf die Europäische Union ist kurz. In der Geschichte unseres Erdteils gibt es nur wenige Jahrzehnte, in denen der Friede geherrscht hat. Zwischen den Staaten, die diesem Bund angehören, ist es seit 1945 zu keinem einzigen bewaffneten Konflikt mehr gekommen. Das ist eine Anomalie, auf die Europa stolz sein kann.

Auch über eine Reihe von anderen Annehmlichkeiten können wir uns freuen. Sie sind inzwischen so selbstverständlich geworden, dass sie uns kaum noch auffallen. Ich bin aber alt genug, um mich daran zu erinnern, wie mühsam es nach dem Zweiten Weltkrieg war, ein benachbartes Land zu betreten. [...]

Schon seit der Gründung der Europäischen Gemeinschaften haben Ministerrat und Kommission dafür gesorgt, dass die Bevölkerung bei ihren Beschlüssen nichts mitzureden hat. Als hätte es die Verfassungskämpfe des neunzehnten und zwanzigsten Jahrhunderts nie gegeben, haben sie sich von Anfang an auf eine Kabinettspolitik verständigt, die alles Wesentliche im Hinterzimmer aushandelt. Dass dieser Rückfall in vorkonstitutionelle[1] Zustände durch kosmetische Korrekturen zu heilen wäre, glaubt inzwischen niemand mehr. Das viel beschworene demokratische Defizit ist also nichts weiter als ein vornehmer Ausdruck für die politische Enteignung der Bürger.

Damit befinden sich die Akteure in einer äußerst komfortablen Situation. Anders als in einem klassischen Rechtsstaat gibt es im Regime der Europäischen Union keine richtige Gewaltenteilung. [...] Die Kommission hat praktisch ein Monopol für die Gesetzesinitiative. Sie verhandelt und entwirft ihre Richtlinien hinter geschlossenen Türen. Die Kontrolle durch das Europaparlament ist schwach. Es kann nur über etwa vierzig Prozent des Budgets entscheiden. Die klassische Regel „No taxation without representation“ hat hier keine Gültigkeit. Die über fünfzehntausend Lobbyisten, die in Brüssel tätig sind, haben mehr Einfluss auf die Entscheidungen der Kommission als alle Abgeordneten. [...]

Was aber die Bewohner unseres Erdteils am meisten nervt, ist der Regelungswahn der Brüsseler Behörden. [...] Es gibt einen schönen Satz des deutschen Philosophen Odo Marquard, den man der Eurokratie gerne hinter die Ohren schreiben möchte: „Es kommt nicht darauf an, die Welt zu verändern, sondern sie zu verschonen.“ Leider folgt man in Brüssel lieber einer anderen Maxime. Sie lautet: Augen zu und durch. Nun fällt es den Angehörigen einer jeden politischen Klasse natürlich schwer einzusehen, dass sie nicht unsere Herren, sondern unsere Diener sind.

Hans Magnus Enzensberger, Wehrt euch gegen die Bananenbürokratie!, in: FAZ vom 3. Februar 2010, Nr. 28, S. 27

1. *Untersuchen Sie für M1 bis M3, welche Argumente die Autoren anführen, die für oder gegen das „Erfolgsmodell Europa“ sprechen.*
2. *Arbeiten Sie die Kriterien, nach denen die Autoren urteilen, heraus. Auf welche Bereiche beziehen sich die positiven und die negativen Aussagen jeweils? Stellen Sie Ihre Ergebnisse in einer Mindmap dar.*
3. *Überprüfen Sie die hier präsentierten Argumente anhand der Informationen im Darstellungstext auf Seite 518-535.*
4. *Die EU – eine Erfolgsgeschichte? Nehmen Sie Stellung.*

[1] **vorkonstitutionell:** bevor es Verfassungen gab

Der Weg zur Europäischen Integration

- Grundlage für den europäischen Einigungsprozess waren folgende Ziele: Friedenssicherung (u.a. durch eine gemeinsame Kontrolle der Kohle- und Stahlindustrie), Aufbau einer tragfähigen Wirtschaftsordnung zur Erhöhung des Lebensstandards, freier Personen- und Warenverkehr, geopolitische Aufwertung Europas.
- Mit dem **Schuman-Plan** 1950 wurde der erste Schritt hin zur Wirtschaftsunion gegangen, dem Zusammenschluss von Belgien, Frankreich, Italien, Luxemburg, den Niederlanden und der Bundesrepublik zur Europäischen Gemeinschaft für Kohle und Stahl (EGKS) 1952.
- In den **Römischen Verträgen** 1957 wurden die Europäische Wirtschaftsgemeinschaft (EWG) mit Ministerrat, Kommission und Parlament sowie die Europäische Atomgemeinschaft (Euratom) ins Leben gerufen.
- Der **Élysée-Vertrag** 1963 zwischen Frankreich und der Bundesrepublik bekräftigte den Willen zum Ausgleich der einstigen Erbfeinde.

Von der Wirtschaftsgemeinschaft zum Markt ohne Grenzen

- Im **Europäischen Rat** („EU-Gipfel") verhandel(te)n die nationalen Regierungen direkt miteinander.
- Zwischen 1970 und 1980 erfolgte die **Nord- und Süderweiterung**: 1973 traten Großbritannien, Dänemark und Irland den Europäischen Gemeinschaften bei, es folgten Griechenland (1981) sowie Spanien und Portugal (1986).
- Mit der **Einheitlichen Europäischen Akte (EEA)**, die 1987 in Kraft trat, begann mit der Festschreibung der politischen Integration eine neue Phase des Einigungsprozesses.
- Mit der **deutschen Wiedervereinigung** wurde die Diskussion um die Zukunft Europas und des Einigungsprozesses intensiviert.
- Die **Europäische Union (EU)** gründet sich auf dem **Vertrag von Maastricht** von 1993, in dem neben der Fortführung der Wirtschaftsunion und einer gemeinsamen Außen- und Sicherheitspolitik der freie Personenverkehr sowie eine gemeinsame Währung (Euro) als Ziele formuliert wurden.

Weltmacht Europa?

- Bis 2013 wuchs die EU von zwölf auf 28 Staaten an, nicht zuletzt durch den Zusammenbruch des Ostblocks und das Streben ehemaliger Satellitenstaaten der Sowjetunion nach Westen. 1995 traten Finnland, Österreich und Schweden der EU bei, bevor im Zuge der **Osterweiterung** Estland, Lettland, Litauen, Malta, Polen, die Slowakei, Slowenien, Tschechien, Ungarn und Zypern (2004) sowie Rumänien, Bulgarien (2008) und Kroatien (2013) aufgenommen wurden.
- Durch den gemeinsamen **Binnenmarkt** wurde ein starker Wirtschaftsraum geschaffen, und die EU trug zur politischen Stabilisierung in den osteuropäischen Staaten bei. Andererseits geriet die politische Integration an ihre Grenzen, unterschiedliche Interessen lähmten beim gültigen **Einstimmigkeitsprinzip** die Handlungsfähigkeit der EU.
- Mit Umsetzung des **Schengener Abkommens** im Jahr 1995 entfielen die Grenzkontrollen innerhalb der EU.
- In den **Verträgen von Amsterdam** (1999) und **Nizza** (2000) konnte keine Lösung in der Frage der Entscheidungsfähigkeit erzielt werden, die **EU-Verfassung** von 2004 scheiterte in Volksabstimmungen in Frankreich und den Niederlanden.
- Mit dem **Lissaboner Vertrag**, der wesentliche Inhalte der gescheiterten Verfassung enthielt, wurde 2007 die Entscheidungsfindung erleichtert, die EU erhielt umfangreichere Kompetenzen in der Außen-, Verteidigungs- und Sozialpolitik. Ein **EU-Außenbeauftragter** erfüllt seitdem die Rolle eines EU-Außenministers.
- Am 1. Januar 2002 wurde der **Euro als Gemeinschaftswährung** eingeführt.
- Die **Schuldenkrise Griechenlands** seit 2010 erweist sich als ernste Belastungsprobe für die Euro-Zone.
- 2016 entschied sich mit Großbritannien erstmals ein Mitgliedstaat mittels Volksabstimmung für den **Austritt aus der EU**.

Wie geht es weiter mit Europa? – Szenarien

Titanic: Das Titanic-Szenario beschreibt eine wesentliche Gefährdung bis hin zur Auflösung der europäischen Integration. Die Europäische Union ist nach diesem Szenario nicht fähig, den inneren und äußeren Herausforderungen gerecht zu werden. Innerhalb der Union nehmen die Interessenunterschiede und die Leistungsunterschiede der Mitgliedstaaten insbesondere durch die Erweiterungen immer weiter zu. Die Verteilungskämpfe werden schärfer und die Wertvorstellungen der einzelnen Mitgliedstaaten scheinen unüberbrückbar. Die bestehenden Strukturen und Institutionen der EU erweisen sich als ungeeignet für die große Zahl von Mitgliedstaaten. Das Modell der EU ist gescheitert.

Offener Gravitationsraum: Wesentliches Merkmal dieses Szenarios ist eine Gruppe von Mitgliedstaaten, die sich dem Ziel einer kontinuierlichen Integrationsvertiefung verpflichtet hat. Die ganzheitlichen Reformbemühungen scheitern an den unterschiedlichen Interessen der Mitgliedstaaten. Dennoch hält eine Mehrheit der Mitgliedstaaten am grundsätzlichen Ziel der Fortentwicklung der EU in Richtung einer politischen Union fest. Sie wählt mit Duldung der anderen Mitgliedstaaten den Weg weiter vertiefter Kooperation, jedoch wird den anderen Mitgliedstaaten die Möglichkeit der Teilnahme an der vertieften Zusammenarbeit zu einem späteren Zeitpunkt gegeben.

Kerneuropa: Dieses Szenario basiert auf der Annahme, dass die Mitgliedstaaten sich nicht mehr auf neue gemeinsame Ziele hinsichtlich der zukünftigen Entwicklung der Europäischen Union einigen können. Der Gedanke einer großen, föderativen politischen Union aller Mitgliedstaaten geht verloren. In einigen Staaten nehmen Nation und Region in ihrer identitätsstiftenden Bedeutung wieder zu. Diese blockieren aufgrund ihres Mitspracherechts in den europäischen Institutionen eine weitergehende Integration. Letztlich entschließt sich eine überzeugte Gruppe von Mitgliedstaaten zur Zusammenarbeit außerhalb der Strukturen der Europäischen Union.

Supermacht Europa: Die Staaten sind bereit, der EU immer weiterreichende Kompetenzen in zentralen Politikbereichen zu übertragen (Innen-, Außen-, Verteidigungs-, Wirtschafts- und Sozialpolitik), weil sie davon ausgehen, dass sich die Nationalstaaten nur über den Zusammenschluss in der EU im internationalen Wettbewerb behaupten können. Wirtschaftliche Leistungsfähigkeit, Rechtsstaatlichkeit, ein Wertesystem mit großer internationaler Ausstrahlungs- und Anziehungskraft und erweiterte militärische Fähigkeiten verschaffen der EU eine beachtliche Handlungsbasis. Auf der Grundlage eines sich immer stärker ausprägenden „Wir-Gefühls" entwickelt sich die EU in Richtung eines europäischen Bundesstaates mit eigener Staatsqualität.

Methode Monnet: Dieses Szenario schreibt das Muster des Einigungsprozesses der vergangenen Jahre fort. Nach dem Scheitern der Verfassung erweist sich die ständige Suche nach einem kleinsten gemeinsamen Nenner als das beherrschende Prinzip des Integrationsprozesses, der flickenhaft und unvollständig bleibt. Trotz ihrer institutionellen Schwächen und der unterschiedlichen Interessen der Mitgliedstaaten zerfällt die Union nicht. Die bisherigen Erfolge (Frieden, Binnenmarkt, Schengen-Region) halten die Union so zusammen, dass immer wieder Kompromisse und kleine Fortschritte möglich sind.

Nach: Franco Algieri u.a., Centrum für angewandte Politikforschung, München

1. *Stellen Sie die Gemeinsamkeiten und Unterschiede im Aufbau der EU heute und der EWG bei ihrer Gründung 1957 dar. Erläutern Sie, was die Gründe für die strukturellen Änderungen sind und was diese Änderungen erschwert.*
2. *Bilden Sie Gruppen. Lesen Sie die Szenarien zur Zukunft der Europäischen Union aufmerksam durch. Einigen Sie sich dann in der Gruppe auf*
   – ein Szenario, das Sie für wünschenswert für die zukünftige Entwicklung der EU halten;
   – ein Szenario, das Sie für wahrscheinlich für die zukünftige Entwicklung der EU halten.
   Begründen Sie Ihre Entscheidungen ausführlich. Lassen Sie darin auch relevante Aspekte aus der Geschichte der europäischen Integration einfließen.

Globale Krisen und Herausforderungen des 21. Jahrhunderts

◂ **Weltkugel mit Flaggen.**
Computeranimation.

Die Welt und Europa nach dem Kalten Krieg	**1945-1946**	Die Vereinten Nationen werden gegründet; der Völkerbund löst sich auf.
	ab 1945	Der starke Abbau von Handelshemmnissen ist eine Voraussetzung für die zunehmende Globalisierung.
	1945-1970	Die meisten Kolonien erlangen die Unabhängigkeit.
	1995	Die Welthandelsorganisation WTO wird gegründet.
Der Nahe Osten – Palästina	**n. 1000 v. Chr.**	Nach biblischer Überlieferung siegt David, der König von Juda, über die Philister; Jerusalem wird zum Mittelpunkt des Reiches.
	66-73 n. Chr.	Der große jüdische Aufstand gegen Rom wird niedergeschlagen und der Tempel in Jerusalem zerstört; die jüdische Diaspora beginnt.
	bis 641	Muslimische Araber erobern Palästina.
	1099-1204	Kreuzzüge: Ritter aus Europa erobern Palästina. Ihre Staaten werden um 1300 von islamischen Eroberern aufgelöst.
	1896	Theodor Herzl verfasst das Buch „Der Judenstaat" und gründet die schnell wachsende Bewegung des Zionismus, die einen jüdischen Nationalstaat in Palästina errichten will.
	1948	Der Staat Israel wird proklamiert.
	1948-49/56/67	Israel behauptet sich in den Arabisch-Israelischen Kriegen und besetzt weitere Gebiete.
	1993-1995	Oslo-Abkommen: gegenseitige Anerkennung von Israel und den Palästinensern; Zwei-Staaten-Lösung; neuer Teilungsplan.
	2000-2005	Nach einem weiteren Aufstand der Palästinenser („Intifada") kommt der palästinensische Autonomieprozess zum Stillstand.
China	**1840-1842**	Im ersten Opiumkrieg unterliegt China der britischen Flotte. Es beginnt die Zwangsöffnung Chinas und die Serie „ungleicher Verträge" mit den imperialistischen Mächten.
	1895	Niederlage Chinas gegen Japan; es beginnt ein Wettlauf der imperialistischen Mächte um die Kontrolle von Gebieten in China.
	1949	Der Vorsitzende der Kommunistischen Partei Chinas (KPCh), Mao Zedong, proklamiert die Volksrepublik China (VR China).
	1976	Nach dem Tod Mao Zedongs wird ein Reformkurs eingeleitet.
	4.6.1989	Die Demokratiebewegung wird in Peking blutig niedergeschlagen.
	1993	In der Verfassung wird der Begriff „Planwirtschaft" durch „sozialistische Marktwirtschaft" ersetzt.
	2014	China löst Deutschland als „Exportweltmeister" ab.

Die Globalisierung – eine Welt ohne Weltordnung? Nach Ende des Ost-West-Konfliktes hegten Politiker und Wissenschaftler die Hoffnung, mit dem „Ende der Geschichte" (Francis Fukuyama) werde sich das westliche Gesellschaftsmodell über den gesamten Erdball ausbreiten. Demokratie und Menschenrechte, so dachte man, würden sich durchsetzen und damit ein Zeitalter des globalen Friedens und Wohlstandes einläuten. Heute wissen wir, dass dies nicht zutraf. Nach der bipolaren Weltordnung mit dem „Gleichgewicht des Schreckens" entstanden regionale Krisen, in denen sich Konflikte zwischen konkurrierenden Regionalmächten entluden. Die Rezepte der Vergangenheit halfen nicht, um diese Krisen – begrenzte Kriege, Bürgerkriege, Terrorismus – zu bewältigen. Mit der herkömmlichen Kriegsführung stießen die Vereinigten Staaten nach dem 11. September 2001 an die Grenzen ihrer Interventionspolitik. Ob im Irak oder in Afghanistan – es gelang der Weltmacht nicht, eine stabile Gesellschaftsordnung nach dem „Krieg gegen den Terror" aufzubauen und die jeweiligen Länder in eine tragfähige Unabhängigkeit zu entlassen.

Zugleich strebten Schwellenländer nach vorn, die im Zuge einer rasanten wirtschaftlichen Entwicklung auch nach politischer Geltung verlangten. Dies führte vor allem im Nahen und Mittleren Osten sowie in Asien zu Konflikten, die weltpolitische Bedeutung erlangten. Vor allem war dies der Konflikt um das Atomprogramm des Iran, der nach dem Sturz des Schah in einen islamischen Gottesstaat umgewandelt worden war. 2015 spitzte sich der Konflikt zwischen dem Iran und Saudi-Arabien im Zuge des Syrien-Krieges zu. Beide Mächte wetteifern um die Vorherrschaft im arabischen Raum und sind wichtige Erdöl exportierende Länder. Längerfristig schwelt in der Region der Nahost-Konflikt zwischen Israel und den Palästinensern. Viele sehen in seiner Lösung den Schlüssel für dauerhaften Frieden in der Region. Nachdem im Zuge des sogenannten Arabischen Frühlings 2011 die Regime in Tunesien, Libyen und Ägypten gestürzt worden waren, versanken Nordafrika und der Nahe Osten allerdings zunehmend in Anarchie, geschwächt durch islamistischen Terrorismus und Perspektivlosigkeit der Bevölkerung. Der Syrien-Krieg trieb umfangreiche Flüchtlingswellen Richtung Europa und stellte den alten Kontinent vor erhebliche innen- und außenpolitische Probleme.

Im asiatischen Raum wuchs die chinesische Wirtschaft in einem Tempo, das manche Beobachter zu der Prognose führte, China werde die USA als Supermacht in Kürze überholt haben. Doch auch hier zeigte sich, dass das Wirtschaftswachstum Grenzen hat und innere und äußere Probleme von der Führung in Peking gelöst werden müssen, um das Reich der Mitte in eine Gesellschaft zu führen, in der breite Schichten vom Wohlstand profitieren. Inwieweit dies auch eine politische Öffnung mit sich bringt, ist zurzeit ungewiss.

Der Westen agiert angesichts der zunehmenden Krisen ratlos, eine gemeinsame Weltordnung nach westlichen Prinzipien scheint in weite Ferne gerückt zu sein.

- *Welchen Weg nahmen die ehemaligen Kolonien nach 1945 im Zeichen von Entwicklungspolitik und Globalisierung?*
- *Wie wirkt sich die Digitalisierung auf die Lebens- und Arbeitswelt der Menschen aus?*
- *Welche Konfliktlösungsstrategien für den Nahen Osten legt die Analyse der historischen Entwicklung nahe?*
- *Wohin steuert die neue Weltmacht China, und wie ist dies historisch zu erklären?*

Die Welt und Europa nach dem Kalten Krieg

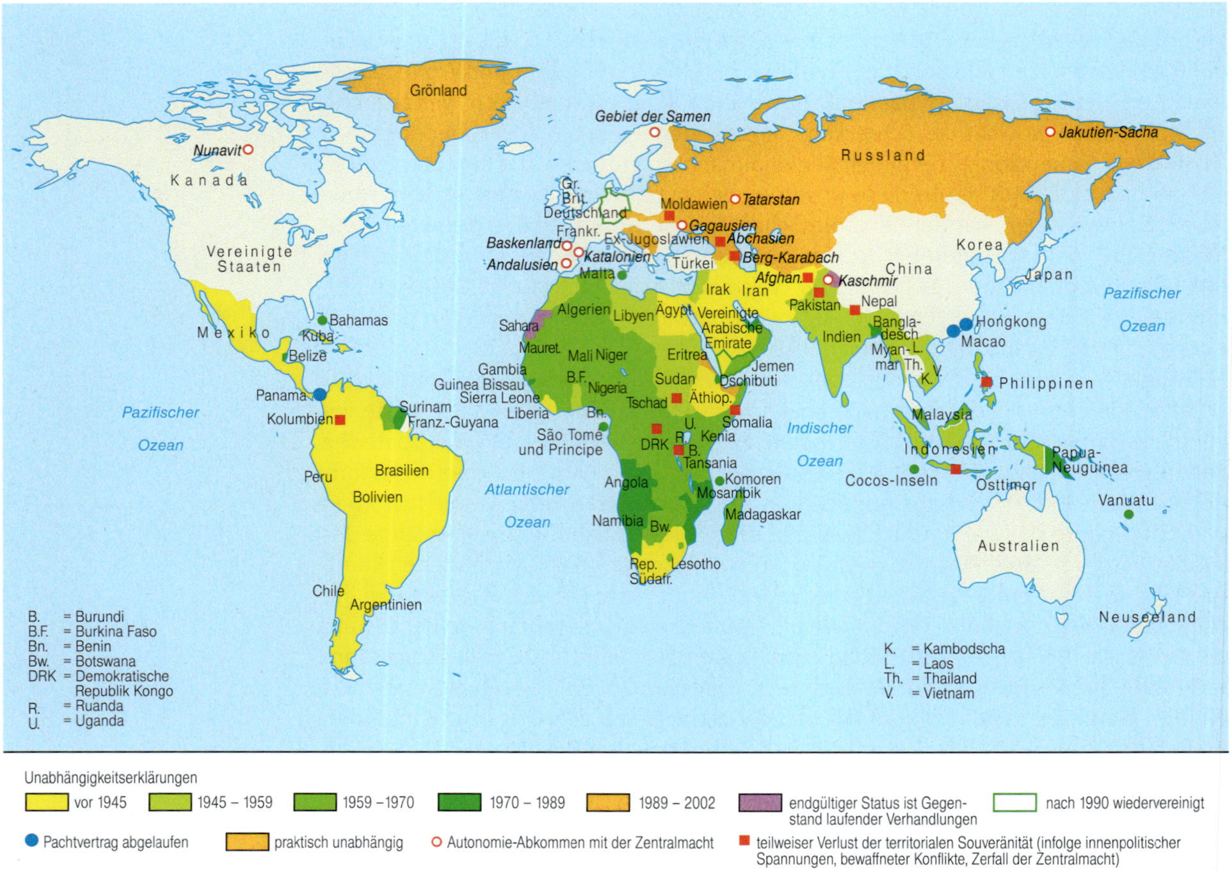

▲ **Die Auflösung der Kolonialreiche.**
Le Monde diplomatique (Hrsg.), Atlas der Globalisierung, Berlin 2003, S. 83 (überarbeitet)

Nord-Süd-Konflikt: Der Begriff bezeichnet das Konfliktverhältnis zwischen Entwicklungs- und Industrieländern, das sich aus den unterschiedlichen wirtschaftlichen, sozialen und politischen Entwicklungschancen beider Ländergruppen ergibt.

Literaturtipp:
Jan C. Jansen und Jürgen Osterhammel, Dekolonisation. Das Ende der Imperien, München 2013

Dekolonisation: die Weltherrschaft Europas endet Der sogenannte **Nord-Süd-Konflikt** ist eine Folge des Ausgreifens der Europäer über alle Kontinente seit der frühen Neuzeit. Die Errichtung von Kolonien, vor allem in Asien und Afrika, erreichte ihren Höhepunkt im 19. Jahrhundert. Bereits damals leisteten die einheimischen Bevölkerungen vereinzelt Widerstand. Die weit verbreitete öffentliche Kritik am Kolonialismus weckte schließlich in den vom Zweiten Weltkrieg erschöpften europäischen Ländern die Bereitschaft zum Rückzug.

Unterstützung fanden die immer zahlreicher werdenden Unabhängigkeitsbewegungen bei der 1945 gegründeten UNO. Unter Berufung auf das Selbstbestimmungsrecht der Völker (Artikel 73 der UN-Charta) setzte sie sich mit Nachdruck für eine *Dekolonisation* ein. Die meisten Kolonien erlangten zwischen 1945 und 1970 ihre Selbstständigkeit (▶ M1). Erbitterte Befreiungskriege fanden vor allem in Indochina (1946-1954) und Algerien (1954-1962) gegen die französische Kolonialherrschaft statt. Am längsten wehrten sich Spanien und Portugal gegen den Verlust ihres außereuropäischen Besitzes. In einigen britischen Kolonien hielten sich nach der Unabhängigkeit zunächst weiße Minderheitsregimes an der Macht. In Rhodesien/Simbabwe übernahm die schwarze Mehrheit schließlich nach einem blutigen siebenjährigen Bürgerkrieg 1980 die Regierung. Der ehemalige Guerillaführer *Robert Mugabe* (geb. 1924) bemühte sich zunächst um die Einrichtung einer *multiracial society*. In den letzten Jahren entwickelte er sich jedoch vom Hoffnungsträger zum rücksichtslosen Autokraten. Bei den Parlamentswahlen vom April 2002 behauptete Mugabe nur durch Wahlfälschungen seine Macht. In Südafrika endete die Politik der Rassentrennung (*Apartheid*) erst mit freien Wahlen im Jahr 1994. Als erster Schwarzer wurde Friedensnobelpreisträger *Nelson Mandela* (1918-2013) Präsident des Landes (bis 1999).

Unterschiedliche Interessen der Entwicklungsländer Die Staaten der „Dritten Welt" betonen häufig ihren Zusammenhalt und ihre Solidarität, vor allem, um ihren Forderungen gegenüber den westlichen Industrieländern mehr Nachdruck zu verleihen. Dies kann allerdings nicht die wachsende Diskrepanz innerhalb der Entwicklungsländer verbergen.

Beispielsweise zählt zu ihnen die Gruppe der am wenigsten entwickelten Länder (*Least Developed Countries* = LDC). Kennzeichnend für diese Länder sind besonders niedrige Einkommen, kaum vorhandene Industrialisierung und eine extrem hohe Quote an Analphabeten. 2010 zählten 49 Staaten zu diesen ärmsten Ländern der Erde (die meisten davon in Afrika), in denen über 500 Millionen Menschen, also etwa zehn Prozent der Weltbevölkerung, leben.

Im Gegensatz zur „Unterschicht" der ökonomisch besonders benachteiligten Länder stellen die Schwellenländer die „Oberschicht". Dank ihrer ökonomischen Eigendynamik stehen sie bereits an der Schwelle zum Industriestaat. Zu dieser Gruppe zählen beispielsweise die europäischen Staaten Griechenland und Portugal, die Türkei, die südostasiatischen Staaten Hongkong, Singapur, Südkorea und Taiwan sowie in Lateinamerika Brasilien und Mexiko.* Der wirtschaftliche Fortschritt dieser Länder kommt aber keineswegs allen Teilen der Bevölkerung zugute und eilt häufig einer demokratischen und soziokulturellen Entwicklung weit voraus.

Die Sonderrolle der OPEC Eine Sonderrolle innerhalb der „Dritten Welt" nimmt die *OPEC* (*Organization of the Petroleum Exporting Countries*) ein. Mitglied dieses 1960 gegründeten Kartells** können nur Staaten werden, die ganz überwiegend auf den Export von Rohöl angewiesen sind. Die zwölf OPEC-Mitglieder (Stand: 2010) setzten in harten Auseinandersetzungen mit den multinationalen Ölkonzernen nach und nach ihre eigenen Interessen durch. Mit der Kontrolle über das Erdöl verfügten sie – anders als die meisten Länder der „Dritten Welt" – über einen natürlichen Reichtum, der ihnen die Möglichkeit gab, die westlichen Industrienationen unter Druck zu setzen. Davon machten die OPEC-Mitglieder aus dem Vorderen Orient und Nordafrika mit einer konsequent gegen Israel gerichteten Politik Gebrauch. Als sich Israel 1973 im *Jom-Kippur-Krieg* ein weiteres Mal gegen seine arabischen Nachbarn behaupten konnte, setzten die arabischen OPEC-Staaten erstmals das Erdöl als politische Waffe ein: Sie verhängten einen Lieferboykott gegen die USA und den europäischen Umschlagstandort Niederlande. Der Preis für Rohöl vervierfachte sich auf 10,70 Dollar pro Barrel***. Dieser massive Eingriff in die internationale Wirtschaftsordnung schürte Inflationstendenzen in den westlichen Industrieländern und trug zu einer allgemeinen Wirtschaftskrise bei.

* Auflistung nach der OECD (Organization for Economic Cooperation and Development; Organisation für wirtschaftliche Zusammenarbeit und Entwicklung)

** **Kartell**: Zusammenschluss selbstständig bleibender Wirtschaftseinheiten (Staaten oder Unternehmen), die den Wettbewerb untereinander beschränken wollen

*** **Barrell**: Internationale Maßeinheit für Öl (159 Liter)

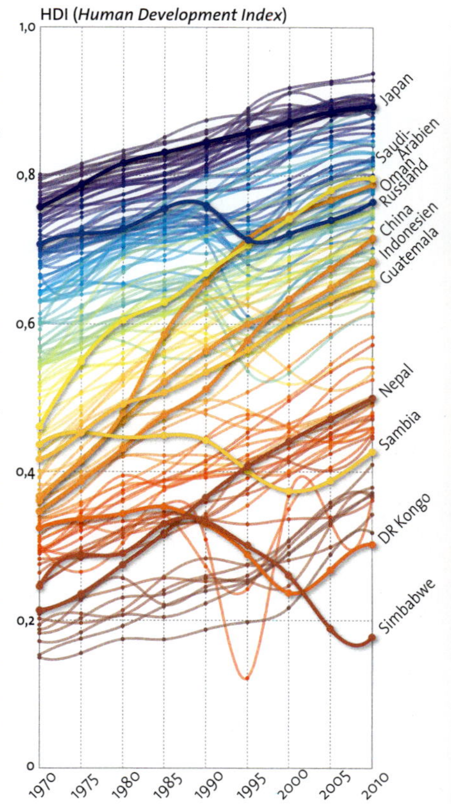

▲ Weltweite Entwicklung 1970 bis 2010 in Zahlen.
Der „Human Development Index" (HDI) ist ein Zahlenwert zwischen 0 und 1, der die Entwicklung und den Wohlstand der Bevölkerung eines Landes ausdrückt. Er wird jährlich von der UNO ermittelt und berücksichtigt das Einkommen, die Lebenserwartung und die Bildungssituation. Die Grafik zeigt die Entwicklung des HDI für alle Staaten; hervorgehoben sind elf ausgewählte Länder.

- *Informieren Sie sich über die Berechnung des HDI und seine Aussagekraft.*
- *Begründen Sie den unterschiedlichen Verlauf des Entwicklungsgrades der ausgewählten Länder.*

Allerdings löste er auch einen Denkprozess in den hoch industrialisierten Staaten aus. Sie suchen seither nach Wegen zur Energieeinsparung oder zur Nutzung „alternativer" Energien, um die Abhängigkeit von dem Rohstoff Öl zu lockern.

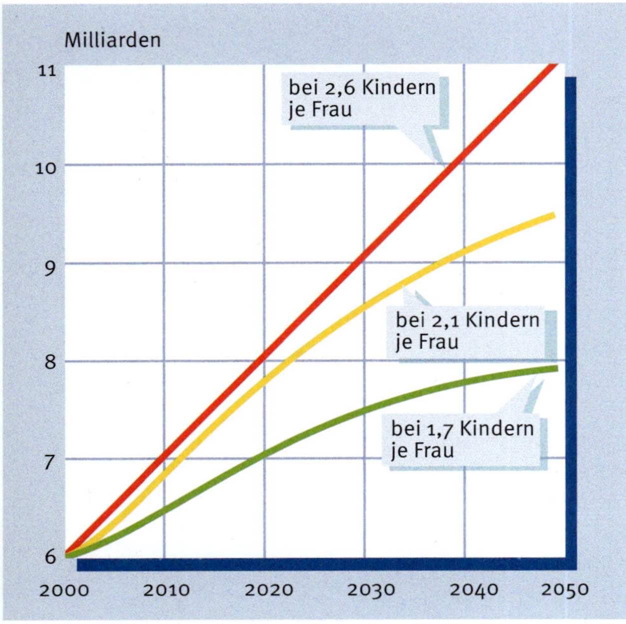

▲ **Weltbevölkerung 2000 bis 2050: drei Varianten.** *Frankfurter Allgemeine Zeitung vom 8. November 2001.*

Die Situation der Entwicklungsländer verschlechtert sich Anders als die OPEC-Mitglieder sind die meisten Staaten der „Dritten Welt" in einen Teufelskreis der Armut geraten, aus dem kein Entrinnen möglich scheint. 2005 lebten mehr als 80 Prozent der Menschheit in Ländern, die gerade 22 Prozent der Weltwirtschaftsleistung produzierten. Ein durchschnittlicher Bevölkerungszuwachs von 2,2 Prozent jährlich und eine gewaltige Auslandsverschuldung gelten heute als die Hauptprobleme der Entwicklungsländer. 2006 beliefen sich die Auslandsschulden der Entwicklungsländer zusammen genommen auf 2800 Milliarden Dollar (1980: 610 Mrd. Dollar). Für diese krisenhaft angewachsene neue Abhängigkeit gibt es externe und interne Gründe. Während die Exportgüter der Entwicklungsländer, in erster Linie Rohstoffe und landwirtschaftliche Erzeugnisse, aufgrund des Überangebotes auf dem Weltmarkt immer weniger Erlöse brachten, stiegen die Preise für die notwendigen Importe aus den Industriestaaten. Zu einem wesentlichen Teil schlug auch die Preisexplosion des Erdöls zu Buche.

Mitverantwortlich für die Probleme sind aber ebenso Missbräuche bei der Verwendung von Krediten sowie Fehlinvestitionen. Vielfach werden die internationalen Darlehen nicht für den wirtschaftlichen Aufbau verwendet, sondern fließen über den Rüstungskauf wieder in die Industrieländer und nach China zurück. Erst seit 1992 ist – parallel zu einem allgemeinen Trend – ein deutlicher Rückgang der Waffeneinfuhren festzustellen.

Kriege und Bürgerkriege sind denn auch eine weitere Geißel für die Bevölkerung in vielen Ländern der „Dritten Welt". Die meist aus sozialen oder religiösen Gründen ausbrechenden Kämpfe sind zum Teil noch ein Erbe der Kolonialzeit, als die Europäer willkürliche Grenzen zogen, ohne ethnische Aspekte zu berücksichtigen.

Die Neue Weltwirtschaftsordnung und die Rolle der UNO Vonseiten der Entwicklungsländer wird das bestehende Weltwirtschaftssystem als eigentliche Ursache ihres unzureichenden Lebensstandards angesehen. Ungleiche ökonomische und politische Machtverhältnisse verhinderten ein effektives Funktionieren ihrer Volkswirtschaften. Daraus ergab sich die gemeinsam vorgetragene Forderung nach einer *Neuen Weltwirtschaftsordnung* (NWWO).

Die Diskussion über die Neue Weltwirtschaftsordnung wurde vor allem in den Vereinten Nationen und deren Sonderorganisationen geführt. Neben der *UN-Konferenz für Handel und Entwicklung* (UNCTAD) zählen dazu der *Internationale Währungsfonds* (IWF) und die *Weltbank*. Allein die Weltbank hat 2006 zur Behebung vorübergehender Zahlungsschwierigkeiten, zur Bekämpfung von Armut oder zur Förderung von Privatwirtschaft, Industrie und Umweltschutz Kredite in Höhe von 23,6 Milliarden Dollar an Entwicklungsländer vergeben. Allerdings knüpfen Weltbank und Währungsfonds ihre Unterstützung an die Zusage von marktwirtschaftlichen Reformen oder Sparmaßnahmen zur Bekämpfung der Inflation. Die Folge sind häufig Kürzungen von

Sozialausgaben in den Staatshaushalten der Entwicklungsländer. Seit einigen Jahren wird daher der Ruf nach einer Entschuldungskampagne für die Entwicklungsländer immer lauter, ohne dass sich die beteiligten Organisationen bisher auf konkrete Maßnahmen einigen konnten. Die Kritik von *Nichtregierungsorganisationen* (NGOs) und anderen Globalisierungsgegnern richtet sich seit ihrer Gründung 1995 vor allem gegen die *Welthandelsorganisation* (*World Trade Organization* = WTO), die als Unterorganisation der Vereinten Nationen zurzeit 158 Mitglieder hat (Stand: 2013).

Entwicklungspolitik: Hilfe zur Selbsthilfe In erster Linie bestimmen humanitäre, außenpolitische und wirtschaftspolitische Motive die Entwicklungspolitik. Zwischen 1960 und 1980 verfolgte die internationale Entwicklungspolitik primär die Strategie der nachholenden Entwicklung und Modernisierung in den Ländern der „Dritten Welt". Entwicklung wurde fast ausschließlich mit wirtschaftlichem Wachstum gleichgesetzt, in der Annahme, das Wachstum würde nach unten durchsickern und schließlich die ärmeren Bevölkerungsschichten erreichen. Die erwarteten Erfolge traten jedoch bei der Mehrzahl der Entwicklungsländer nicht ein.

Seit Beginn der Siebzigerjahre diskutierten Geber- und Nehmerländer deshalb eine grundsätzliche Neuorientierung der Entwicklungspolitik. Ausgangspunkt hierfür war die Erkenntnis, dass wirtschaftliches Wachstum allein noch keine umfassende Entwicklung einleiten kann, da es weder Verteilungsprobleme zu lösen noch die sozialen Folgen vorherzusehen vermag. Damit einher ging die Einsicht, dass ein stark steigender Energie- und Rohstoffverbrauch in den Ländern der „Dritten Welt" eine zusätzliche Bedrohung der Umwelt nach sich ziehen würde. In Abkehr von globalen Entwicklungshilfekonzepten lautete die neue Strategie: „Hilfe zur Selbsthilfe durch angepasste Entwicklung". Damit sollen einerseits die jeweiligen soziokulturellen und ökologischen Gegebenheiten berücksichtigt und andererseits Menschenrechte und Demokratisierung gefördert werden.

Parallel zu diesem Umdenkprozess der Industrienationen setzte in den Ländern der „Dritten Welt" eine verstärkte Rückbesinnung auf die eigenen Traditionen und kulturellen Werte ein. Es entstand ein neues Vertrauen auf die eigene Kraft (*Self-Reliance*) als selbstbewusste Gegenposition zu der bis dahin fast kritiklosen Übernahme westlicher Zivilisation. Am deutlichsten tritt diese Abkehr von westlichen Lebensformen heute in der islamischen Welt zutage.

In Zeiten der Globalisierung nehmen ökonomische und politische Entwicklungen in einem Teil der Welt zunehmend Einfluss auf Politik und Wirtschaft in anderen Teilen. In diesem Zusammenhang sieht sich auch die Entwicklungspolitik vor neuen Herausforderungen:

Die Vergangenheit hat gezeigt, dass externe Faktoren wie Geld, Expertise und Personal Entwicklung allenfalls unterstützen, aber nicht herbeiführen können. Die Entwicklungspolitik muss also Lösungen für weltumspannende Probleme erarbeiten, indem sie den Partnerländern hilft, eigenständige Kapazitäten aufzubauen (▸ M2). Dabei müssen die südlichen Staaten in die Lage versetzt werden, eine aktive Rolle in der sich bildenden *Global Governance* zu spielen. Dies wird nicht ohne die Zusammenarbeit der staatlichen bzw. überstaatlichen Institutionen mit weltweit operierenden Unternehmen und den zunehmend transnational organisierten NGOs zu bewerkstelligen sein.

Das weltweite Flüchtlingsproblem stellt eine weitere Herausforderung für die Entwicklungspolitik dar: Kriege und politische Verfolgung, Hunger, Armut und Umweltzerstörungen sind die Ursachen für die jährlich steigende Zahl von Flüchtlingen. Man schätzt, dass schon in wenigen Jahren 80-100 Millionen Menschen ihre angestammte

▲ **Flüchtlinge aus Tunesien landen auf der italienischen Mittelmeerinsel Lampedusa.**
Foto vom März 2011.
Im Jahr 2011 erreichten mehr als 58 000 Flüchtlinge Europa auf dem Seeweg (Angaben nach: UNHCR). Italien zählt neben Spanien und Malta zu den Hauptaufnahmeländern für Flüchtlinge aus Afrika. Weitere 55 000 Flüchtlinge kamen im Jahr 2011 auf dem Landweg über die Türkei nach Griechenland und damit in die EU.

Heimat verlassen haben werden. Die meisten von ihnen verbleiben in der „Dritten Welt". Dennoch müssen die nordamerikanischen und europäischen Regierungen nach politischen und wirtschaftlichen Mitteln und Wegen suchen, Flucht- und Migrationsbewegungen nicht allein als Problem zu behandeln, sondern auch als Chance (etwa für die einheimischen Arbeitsmärkte) zu sehen.

Globalisierung Zu den folgenreichsten Veränderungen der internationalen Beziehungen in den letzten Jahrzehnten zählt die *Globalisierung der Weltwirtschaft* und deren Auswirkungen auf die Rolle der Nationalstaaten und ihre Gesellschaften. In einem engeren Sinn auf die Liberalisierung und Internationalisierung des Handels bezogen, begann das Zeitalter der wirtschaftlichen Globalisierung jedoch bereits im ausgehenden 19. Jahrhundert, als die damals bedeutendsten Industrie- und Handelsnationen bereits weltweit agierten. Allerdings war der Begriff „Globalisierung" noch nicht geprägt. Stattdessen sprach man vom Welthandel, der damals einen gewaltigen Aufschwung nahm und die Länder in und außerhalb Europas eng miteinander verband. In der Folge des Ersten Weltkrieges, der Weltwirtschaftskrise der 1930er-Jahre und des Zweiten Weltkrieges wurde diese Entwicklung immer wieder unterbrochen. Doch bereits in der Schlussphase des Krieges und vor allem nach 1945 wurden unter Führung der neuen Weltmacht USA die Weichen für einen umfassenden Abbau internationaler Handelshemmnisse gestellt. So sollten der aus dem Lot geratene Welthandel wieder in Gang gesetzt und die Märkte für die Produzenten geöffnet werden (u.a. durch den Internationalen Währungsfonds, die Weltbank, den Marshall-Plan, das *Allgemeine Zoll- und Handelsabkommen GATT*, als dessen Nachfolgeorganisation seit 1995 die Welthandelsorganisation WTO fungiert). Das hatte zur Folge, dass sich der Güteraustausch zwischen den großen Industriestaaten von 1960 und 2002 verzehnfachte und den daran beteiligten Ländern historisch einmalige Wohlstandsgewinne bescherte.

Die gegenwärtige Globalisierung der Wirtschaft zeichnet sich jedoch nicht allein durch die *gewaltige Zunahme des Handelsvolumens zwischen den Staaten* aus. Eng damit verbunden bzw. deren Voraussetzung ist die ebenfalls historisch einmalige *Ausweitung der internationalen Arbeitsteilung bei der Produktion und dem Austausch von Gütern*. Grundlage dafür sind neue Technologien im Kommunikations- (Mikroelektronik, Internet) und Transportwesen. Staatliche Grenzen und geografische Entfernungen stellen immer weniger ein Hemmnis dar. So arbeiten zum Beispiel die Automobilhersteller mit Zulieferbetrieben auf der ganzen Welt zusammen, um möglichst kostengünstig produzieren zu können.

Schätzungsweise 65 000 transnationale Konzerne und multinational agierende Firmen verleihen auf diese Weise dem Prozess der ökonomischen Globalisierung seine Dynamik und führen zu einer immer intensiveren Verflechtung der davon betroffenen Volkswirtschaften. Allerdings profitiert bislang nur etwa ein knappes Drittel der Weltbevölkerung von dieser Entwicklung – nämlich die OECD-Staaten, von denen die meisten Industrieländer sind, und die asiatischen Schwellenländer wie zum Beispiel China und Indien.

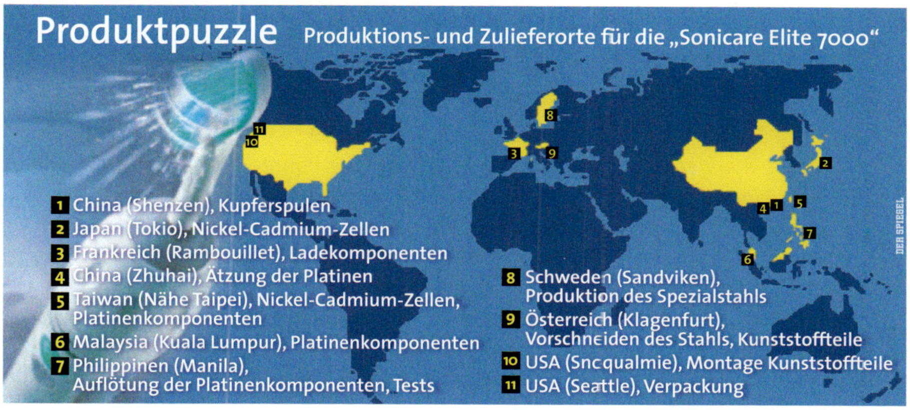

◂ Die „Weltbürste“.
Ein internationaler Elektronikkonzern produziert u.a. elektrische Zahnbürsten. Die Karte zeigt, wie viele Staaten an der Fertigung der 38 Komponenten beteiligt sind.

- *Erläutern Sie die Gründe für die weltweite Teilefertigung.*
- *Beurteilen Sie Chancen und Risiken einer derart globalisierten Produktion.*

Neben dem Zusammenwachsen von Produktionsstandorten und dem Anwachsen des Welthandels von Waren und Dienstleistungen gehören zur wirtschaftlichen Globalisierung der Gegenwart vor allem auch die freien Finanzmärkte für Wertpapiere, Kredite, Geld- und Devisengeschäfte. Kapitalanleger agieren weltweit, um die besten Renditen zu erreichen. Ob dies der Realwirtschaft der Firmen und Unternehmen und natürlich auch den Arbeitnehmern und Konsumenten immer nützt, ist keineswegs unumstritten. Ungeklärt bleibt bislang auch, ob und wie die Nationalstaaten diesen historisch neuen Prozess der Freisetzung wirtschaftlicher Dynamik steuern können bzw. sollen und welcher neuer, überstaatlicher Institutionen es bedarf, damit weltweit Finanzinvestoren an international gültige Regeln gebunden und der Missbrauch wirtschaftlicher Macht verhindert werden kann.

Digitale Revolution und Zukunftsfragen In jüngster Zeit machen sich die Folgen der digitalen Revolution bemerkbar, die zu einer bisher nicht gekannten Vernetzung in der Arbeitswelt, aber auch im privaten Bereich geführt hat. Digitalisierung und Mikroelektronik haben nahezu alle gesellschaftlichen Bereiche wie Industrieproduktion, Dienstleistungen, Kapitalmärkte, Warenhandel, Baugewerbe oder eben die sozialen Netzwerke wie Facebook oder Twitter erobert. Kommunikation per Smartphone in Echtzeit, unabhängig vom jeweiligen Ort, hat die Lebensgewohnheiten der Menschen in weiten Teilen der Welt grundlegend verändert (▸ M3).

Literaturtipp:
Andreas Rödder, 21.0: Eine kurze Geschichte der Gegenwart, München 2015

Umweltprobleme werden verstärkt auch von den Schwellenländern in den Blick genommen, der Klimawandel rückt als Zukunftsfrage der Staatengemeinschaft in den Fokus internationaler Vereinbarungen. Flüchtlingsströme aus Konfliktherden, aber auch aus wirtschaftlich schwachen Regionen in Richtung Zentral- und Westeuropa bedeuten eine gewaltige Herausforderung für die westlichen Wohlfahrtsstaaten. Die unterschiedliche Entwicklung der Bevölkerungszahlen in den entwickelten Staaten des Nordens auf der einen und Afrikas sowie Asiens auf der anderen Seite wird gravierende politische, wirtschaftliche und soziale Folgen mit sich bringen. Eine Grundfrage dabei wird sein, ob sich trotz unterschiedlicher nationaler Interessen und politischer Ideologien Wege zur Lösung dieser Zukunftsfragen eröffnen. Dies gilt auch für die Lösung regionaler Konflikte, die neben der Destabilisierung in den betreffenden Regionen auch internationale Auswirkungen haben, etwa die Förderung des islamistischen Terrorismus und Migrationsströme infolge von Krieg und Bürgerkrieg.

M1 Abschied vom weißen Mann

Vor allem im Süden und Osten Afrikas haben sich im Zeitalter des Kolonialismus viele Europäer angesiedelt, im Westen hingegen nur wenige. Die Freigabe der Kolonien in die Unabhängigkeit ist hier deshalb weit weniger gewaltsam verlaufen. Ein Beispiel liefert Ghana, das sich 1957 als erstes schwarzafrikanisches Land von Großbritannien löst. Der schwarze Führer der Convention People's Party, Kwame Nkrumah (1909-1972), erlebt die ersten Wahlen am 8. Februar 1951 im Gefängnis. Er berichtet darüber:

Ursprünglich war es nicht meine Absicht, mich für die Wahl aufstellen zu lassen, bis ich einsah, dass es wohl schwerfallen dürfte, meine Entlassung zu erwirken, bevor ich nicht meine Strafe verbüßt hätte. Wenn ich dagegen die Wahl gewänne, müsste es andererseits den Behörden schwerfallen, mich weiterhin im Gefängnis zu halten.

So bestand ich also zunächst darauf, dass mein Name auf die Wahlliste gesetzt wurde. Hiergegen erhob sich viel Widerspruch, ich blieb jedoch hartnäckig, denn das Gesetz gab mir in dieser Beziehung Recht. Kein Mensch konnte es mir verbieten zu kandidieren. [...]

Als meine Aufstellung für die Wahl bekannt wurde, erhob sich größter Jubel im ganzen Land, denn die Regierung würde – so glaubte man allgemein – gezwungen sein, meine Kollegen und mich unter dem Druck der öffentlichen Meinung zu entlassen, sofern ich gewählt werden würde. Für die Nacht, die auf die Wahl folgte, wurden von der Gefängnisverwaltung besondere Vorkehrungen getroffen, denn es ging ein Gerücht um, ganz Accra[1] werde sich auf den Weg machen, um mich aus dem Gefängnis zu befreien. Es blieb jedoch alles ruhig.

Der Direktor des Gefängnisses hatte angeordnet, dass man mir die Wahlergebnisse stündlich mitteilen solle. Ungefähr um vier Uhr morgens kam die Nachricht durch, ich sei im Bezirk Zentral-Accra gewählt worden. Aber nicht nur das, ich hatte die höchste Stimmenzahl erhalten [...], nämlich 22780 von 23122 möglichen Stimmen. [...]

Am Morgen des 12. Februar zwischen elf und zwölf Uhr ließ mich der Gefängnisdirektor holen und teilte mir mit, ich solle mich bereit machen, das Gefängnis innerhalb der nächsten Stunde zu verlassen. [...] Als sich um ein Uhr die Tore des Gefängnisses hinter mir schlossen, wurde mir klar, warum sich die Regierung bemüht hatte, die Nachricht meiner Entlassung so geheim zu halten. Ich glaube kaum, dass ich jemals zuvor in meinem Leben eine derart zusammengeballte Menschenmenge gesehen habe. [...]

Dies war der größte Tag meines Daseins, mein Tag des Sieges, und die Menschen um mich waren meine Krieger. Kein General hätte stolzer sein können auf seine Armee als ich, und keine Armee hätte ihrem Führer mehr Anhänglichkeit bewahren können.

Vom James-Fort-Gefängnis bahnte sich die Prozession ihren Weg zum Stadion, und zur Bewältigung dieser Entfernung, die man normalerweise in fünfzehn Minuten zurücklegt, benötigten wir zwei Stunden. Im Stadion, dem Geburtsort meiner Partei, wurde das übliche Sühneopfer vorgenommen. Man opferte ein Schaf, und ich musste siebenmal mit nackten Füßen durch das Blut schreiten, um mich von der Befleckung durch das Gefängnis zu reinigen ...

Am Tage nach meiner Entlassung wurde ich vom Gouverneur eingeladen, ihn morgens um neun Uhr aufzusuchen. [...] Er hieß mich willkommen und fragte mich, wie es mir ginge. Als wir beide Platz nahmen, hatte ich das Gefühl, dass er mir gegenüber wohl ebenso vorsichtig und misstrauisch sein mochte wie ich ihm gegenüber. Wir verloren jedoch keine Zeit, sondern kamen gleich zum Wesentlichen [...].

Ich verließ das Schloss mit dem Auftrag des Gouverneurs, die Regierung zu bilden. Als ich die Stufen hinabschritt, kam es mir vor, als wäre das Ganze ein Traum, aus dem ich bald erwachen würde, um mich im Gefängnis wiederzufinden – auf dem Boden kauernd und einen Topf mit Reisbrei verzehrend.

Zitiert nach: Peter Alter und Erhard Rumpf (Hrsg.), Afrika. Geschichte – Politik – Gesellschaft, Stuttgart 1988, S. 37 ff.

[1] **Accra**: Hauptstadt Ghanas

1. *Beschreiben Sie das Verhältnis zwischen der britischen Kolonialverwaltung und dem Führer der Unabhängigkeitspartei.*

2. *Nicht überall verlief der Unabhängigkeitsprozess so friedlich. Informieren Sie sich in Arbeitsgruppen, beispielsweise über den Freiheitskampf in Algerien oder Kenia und berichten Sie darüber.*

M2 Warum sind wir reich? Warum sind die anderen arm?

Gerhard Drekonja-Kornat (geb. 1939), Professor für außereuropäische Geschichte, zieht 2002 Bilanz über Theorien zur Ungleichheit in der Welt:

Die Frage, warum wir in den reifen Industriestaaten reich sind, während eine ganze Reihe von Gesellschaften in Afrika, Asien und Lateinamerika arm bleiben, kann jetzt nicht mehr mit der These von der imperialistischen Ausbeutung der Dritten Welt bequem beantwortet werden. Stattdessen ist vielschichtig zu argumentieren. [...]

Warum also sind wir reich? Vom lieben Gott kommt das „europäische Wunder" bestimmt nicht [...]: Seit rund eintausend Jahren war die jüdisch-christliche Denkweise, welche die westliche Zivilisation gebar, die treibende Kraft auf dem Kontinent, dank ihres geradlinigen Vorwärtsdenkens [...], dem technische, institutionelle und geistige Errungenschaften entsprangen. [...] Unterm Strich: Geografie ist nützlich; Ressourcen helfen; jedoch entscheidend ins Gewicht fällt die Kulturökonomie einer Gesellschaft, die erzieht, ausbildet, Freiräume für Kritik gewährt, ein Minimum an Gleichheit garantiert und Bürokratie und Korruption unter Kontrolle hält. [...] Zwischen 20 000 und 30 000 Dollar beträgt heute das Pro-Kopf-Einkommen in den reifen Industriestaaten, während die erfolgsarmen Teilstücke der Dritten Welt bei 4 000 und weniger dahindümpeln. Dritte-Welt-Staaten blieben arm, weil sie (Hypothek des Kolonialismus) Nachzügler waren, Bürgerkriege ausfochten, Caudillos[1] und Diktatoren ausgeliefert blieben, der Korruption nie Herr wurden, kein unternehmerisches Bürgertum entwickelten, bei der Ausbildung versagten, die Gleichheit vergaßen, keine autonome Wissenskultur aufbauten. Daher konnten auch vier Dekaden mit Entwicklungshilfe nichts ausrichten, weil gute Gaben keine effiziente Modernität herbeizaubern können. Erst die Eigenanstrengung bringt qualitative Sprünge. Solche Einsichten stechen besonders ins Auge, wenn man bedenkt, dass einige starke Leistungen in der Dritten Welt nicht etwa mit Entwicklungshilfe, sondern ohne sie oder gar gegen den Widerstand aus den Metropolen gelangen, nämlich bei Raketentechnologie oder Atomrüstung, wie die Beispiele des Irak, Argentiniens und Brasiliens und neuerdings auch von Indien und Pakistan bezeugen: In diesen verbotenen Bereichen wurden Kräfte konzentriert, Wissen gebündelt, vorwärtsschauend gehandelt – und plötzlich sind Hochleistungen auch in der Dritten Welt möglich! [...]

▲ **US-amerikanische Reklame an einer Bushaltestelle in Ho-Chi-Minh-Stadt in Vietnam.**
Foto von Philip Jones Griffiths, 2002.

Nach fünfhundert Jahren Modernitätsschöpfung, die auf Kosten der Peripherie geht, gibt es massiven Hass. Und erstmals Gegenschläge aus dem fundamentalistischen Islam. [...] Jetzt wird die Entscheidung fällig: Entweder wir „Westler" wehren uns entschieden, igeln uns ein [...]; oder wir bemühen uns ernsthaft um European values und versuchen, im Rahmen ernsthafter postkolonialer Politik die besten Elemente unseres Erbes – Freiheit, Gleichheit, Brüderlichkeit – allen zugänglich zu machen. Angesichts des grimmigen Hasses auf unsere säkulare Modernität mag es für die zweite Möglichkeit allerdings schon zu spät sein [...].

Blätter für deutsche und internationale Politik, Heft 1, 2002, S. 85 ff.

1. *Auf dem G8-Gipfel vom Juni 2002 in Kanada wurde von den Regierungschefs der größten Industriestaaten ein „Aktionsplan für Afrika" verabschiedet, der eine Ausweitung der Entwicklungshilfe und den Ausbau rechtsstaatlicher Strukturen in den afrikanischen Staaten vorsieht. Afrikanische und Nichtregierungsorganisationen kritisieren diesen Plan als „karitativen Symbolismus". Informieren Sie sich über Einzelheiten dieses Plans und bewerten Sie die Maßnahmen vor dem Hintergrund von Drekonja-Kornats Ausführungen.*
2. *Erörtern Sie, welche politischen und ökonomischen Konsequenzen für eine Entwicklungspolitik aus M2 abgeleitet werden können.*

[1] **Caudillo**: spanischer Begriff für Diktator

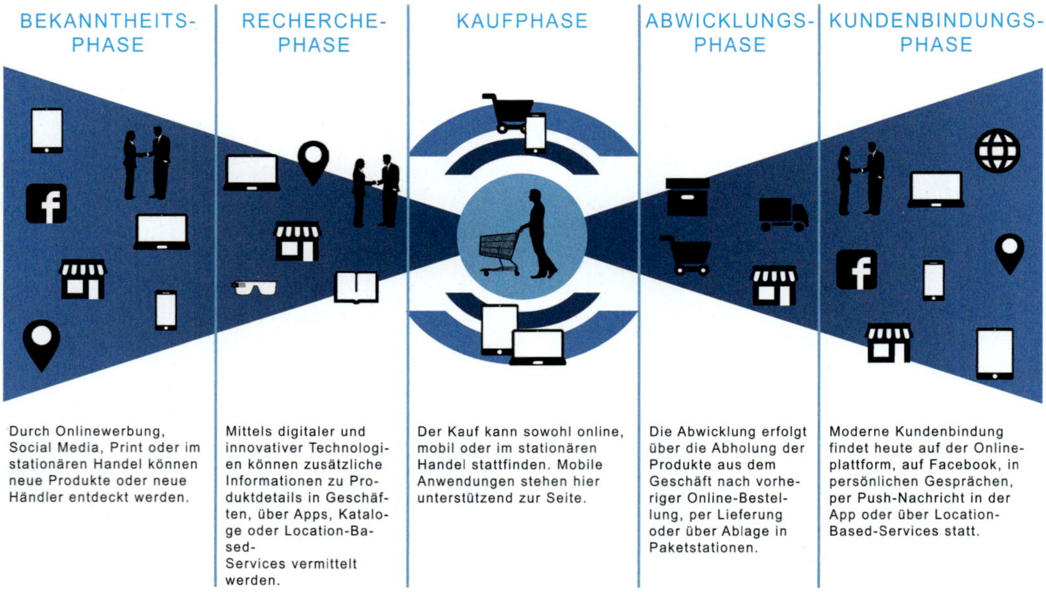

▲ **Digitalisierung und Innovation im Handel.**

M3 Digitalisierung – schneller, höher, stärker

Der Historiker Andreas Rödder (geb. 1967) beleuchtet die Erscheinungsformen der „Welt 3.0", der digitalen Welt im 21. Jahrhundert:

In der digitalen Welt ist es jederzeit möglich, sich die Fernsehübertragung des Endspiels der Fußball-Weltmeisterschaft von 1974 anzusehen. Im Vergleich des legendären Münchener Finales mit einem durchschnittlichen Bundesligaspiel von 2015 wird sofort erkennbar, dass das Spiel unvergleichlich viel schneller geworden ist. Der Soziologe Hartmut Rosa hat die Steigerung des Lebenstempos allgemein als Kombination von Beschleunigung und Steigerungslogik interpretiert. Pro Zeiteinheit wird eine höhere Menge an Informationen verarbeitet oder an Tätigkeiten verrichtet. Die Erfindung der Waschmaschine machte die aufwändige Arbeit am Waschbrett und den Waschtag überflüssig. Eigentlich müsste ihre Anschaffung zu mehr freier Zeit geführt haben, wenn Familienmitglieder nun weniger sorgfältig mit ihrer Kleidung umgingen oder die Sauberkeitsanforderungen stiegen. Dem entgegen steht die allgemeine Erfahrung, dass trotz Zeitersparnis weniger freie Zeit bleibt. Dieses Beschleunigungsparadox erklärt Rosa durch den Umstand, dass die Mengenwachstumsraten die Zeitersparnis übertrafen, weil die Menge exponentiell, der Zeitgewinn aber nur linear wuchs.

Beschleunigung fand auf mehreren Ebenen statt. Technische Beschleunigung sorgte dafür, Stoffe und Energien rascher umzuwandeln, Güter zügiger herzustellen oder Menschen, Güter und Informationen schneller zu bewegen. Sie erfolgte durch die Rationalisierung von Organisations-, Entscheidungs- und Kontrollprozessen, insbesondere durch die digitale Revolution. Dass darüber die Halbwertszeit von Wissen und relevanten Kulturtechniken zurückging, zum Beispiel in der Bedienung von technischen Geräten oder Computerprogrammen, bezeichnete Hermann Lübbe als „Gegenwartsschrumpfung". Menschen müssen sich in immer kürzeren Zeiten immer wieder neue Mittel zur Gegenwartsbewältigung aneignen; eine Ausbildung reicht nicht mehr für ein ganzes Berufsleben, vielmehr ist permanente Weiterbildung erforderlich. Zur Beschleunigung des sozialen und kulturellen Wandels gehörten auch die abnehmende Stabilität von Beschäftigung und Familien bis hin zu schnelleren Kameraeinstellungen und Schnittfolgen in Film und Fernsehen. Effizientere Zeitorganisation und „Multitasking" veränderten die Zeitrhythmen des Alltags. Angehörige hoch industrialisierter und individualisierter Gesellschaften fühlen sich in besonderem Maße unter Zeitdruck.

Andreas Rödder, 21.0: Eine kurze Geschichte der Gegenwart, München 2015, S. 32 f.

1. *Gestalten Sie zu zweit oder in der Gruppe ein Plakat: Nennen Sie darauf positive und negative Folgen der Digitalisierung und formulieren Sie eine These zu Ihren eigenen Erfahrungen mit dem „Beschleunigungsparadox" (Zeile 17 f.).*
2. *Erläutern Sie das Schaubild anhand eines von Ihnen gekauften Artikels.*

China auf dem Weg zur Weltmacht

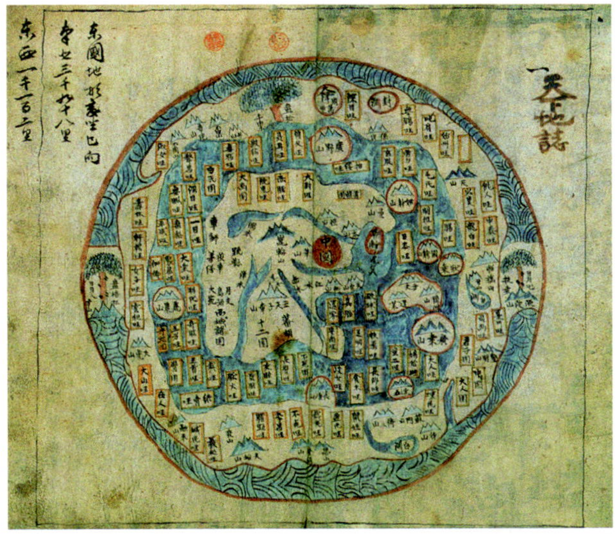

▲ **Chinesische Weltkarte in einem koreanischen Atlas, um 1700.**
Hier ist China – das „Reich der Mitte" – inmitten seiner Nachbarländer Korea, Japan und Annam (Vietnam) sowie einiger mythischer Reiche dargestellt.

Das Reich der Mitte gerät unter Druck Das chinesische Reich war jahrhundertelang ein abgeschlossenes Herrschaftssystem. Beziehungen nach außen dienten in beschränktem Maße dem Handel, nicht aber als Impuls zu innerer Entwicklung oder Reform. Seit 1644 hatte in China die Qing-Dynastie geherrscht und das Reich zu einer Blüte um das Jahr 1800 geführt. Die Bevölkerung hatte sich innerhalb eines Jahrhunderts auf 300 Millionen verdoppelt, China erlebte zugleich eine wirtschaftliche und kulturelle Glanzzeit. Das Bewusstsein, allen anderen Ländern überlegen zu sein, gründete nicht zuletzt in der Tatsache, dass China außerhalb seiner Grenzen nur tributpflichtige Vasallen oder schlicht „Barbaren" kannte, wozu auch die Europäer gerechnet wurden. Vom Meer aus war China noch nie bedroht worden und in Zentralasien hatte es die feindlichen Nomadenvölker von Tibet bis zur Mongolei unterworfen. Erst im 19. Jahrhundert setzte ein Veränderungsprozess ein, der bis heute fortwirkt.

Neben Naturkatastrophen war es vor allem die Konkurrenz durch die imperialistischen Mächte Europas, allen voran die Briten, die China schwächten.* Während China kaum Bedarf an ausländischen Produkten hatte, waren umgekehrt vor allem Tee, aber

* Zum Imperialismus siehe Seite 264 ff.

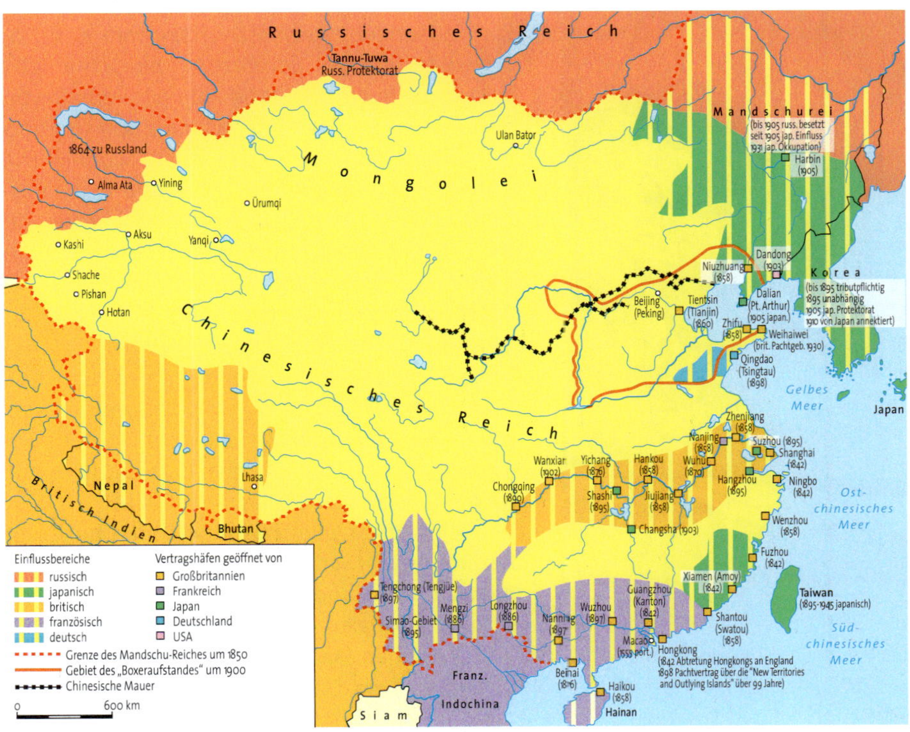

◄ **China von der Mitte des 19. bis zum Anfang des 20. Jahrhunderts.**
▪ *Arbeiten Sie aus der Karte heraus, mit welchen Mitteln die Kolonialmächte in die Souveränität des Chinesischen Reiches eingriffen.*

auch Seide, Baumwolle und Porzellan aus China begehrt. Das dadurch entstandene große Handelsdefizit wollten die Briten ausgleichen, indem sie seit dem Ende des 18. Jahrhunderts in immer größeren Mengen Opium aus Indien illegal nach China einführten. Nicht zuletzt wegen der steigenden Zahl an Rauschgiftsüchtigen ging die chinesische Regierung rigoros gegen den Import von Opium vor und setzte dessen Verbot durch.

Großbritannien, das Vorreiter war für einen weltweiten Freihandel, erzwang schließlich die Öffnung Chinas für den Handel der Europäer sowie die Abtretung Hongkongs im Zuge des *Ersten Opiumkrieges* (1839-1842). Die Folgen für die chinesische Monarchie waren verheerend. Nicht nur das chinesische Überlegenheitsgefühl und der Ruf der Qing-Dynastie wurden empfindlich getroffen, sondern auch die Abschottung gegenüber Einflüssen von außen wurde aufgebrochen. Chinas Hegemonialstellung in Asien wich dem Status einer informellen Herrschaft imperialistischer Mächte. Die inneren Spannungen in China nahmen zu, zumal die rückständige Landwirtschaft die stark gestiegene Bevölkerung nicht versorgen konnte. Hungerkrisen waren die Folge.

▲ **Die imperialistischen Mächte und China.**
Karikatur aus der französischen Zeitschrift „Le Petit Journal" von 1898.

Die Monarchie zerfällt Die Monarchie erwies sich als weitgehend reformunfähig angesichts von Bevölkerungswachstum, Missernten, steigender Steuerbelastung und um sich greifender Korruption. Die Spannungen entluden sich in dem *Taiping-Aufstand* (1851-1864), dem mit mehr als 20 Millionen Opfern blutigsten Bürgerkrieg der Menschheitsgeschichte. Er wurde von ethnischen Minderheiten gegen die zunehmend verhasste Zentralregierung unter der Qing-Dynastie und das herrschende Gesellschaftssystem geführt, das weite Teile der Bevölkerung benachteiligte. Aus einem Provinzaufstand wurde innerhalb von zwei Jahren eine Massenbewegung von 500 000 Mann. Nach der Eroberung der Stadt Nanjing 1853 etablierte die Bewegung unter ihrem „Himmlischen König" *Hong Xiuquan* eine Monarchie, die weite Teile Chinas kontrollierte. Diese rief eine klassenlose Gesellschaft aus, schaffte das Privateigentum ab und wollte die Wirtschaft modernisieren (u.a. Bau von Straßen, Eisenbahnen und Dampfschiffen sowie Gründung von Banken). Doch Zerwürfnisse im Machtzirkel und ein Vertrauensverlust bei der Mittelschicht führten zum Niedergang der Taiping-Herrschaft, die 1864 mit der militärischen Zerschlagung endete.

Der *Zweite Opiumkrieg* zwischen China und den imperialistischen Mächten England, Frankreich und Russland erzwang erneut militärisch die Öffnung weiterer Seehäfen für den internationalen Handel. Die Schwäche Chinas befeuerte die Begehrlichkeiten der imperialistischen Mächte. Es setzte der sogenannte *„Scramble for China"* (engl. scramble: „Rauferei") ein. Dabei wollten sich die imperialistischen Mächte möglichst große Teile des chinesischen „Kuchens" sichern. Zu ihnen zählte Ende des 19. Jahrhunderts auch Japan, das bis dahin immer im Schatten seines Nachbarn gestanden hatte. Deshalb bedeutete die Niederlage im *Ersten Japanisch-Chinesischen Krieg* (1894/95) um Korea eine besonders bittere Schmach für China. Die Ausweitung des Chinesischen Reiches im 19. Jahrhundert hatte zudem alle Probleme eines Vielvölkerstaates mit sich gebracht. Diese entluden sich im Zuge einer *Muslim-Rebellion* im Nordwesten Chinas (1862-1868) mit etwa zehn Millionen Toten.

Die inneren und äußeren Spannungen führten letztlich zum Zusammenbruch der alten monarchischen Ordnung. Erste Stimmen wurden laut, die nach einer Modernisierung von Staat und Gesellschaft verlangten. 1900 erhoben sich nach einer Dürrekatastrophe im *Boxeraufstand* Chinesen gewaltsam gegen den wachsenden Einfluss der Kolonialmächte. Gemeinsam schlugen die ausländischen Mächte die Erhebung nieder, führten Strafexpeditionen durch und zwangen China zu hohen Kriegsentschädigungen.

Die schwache Republik Der Sturz der letzten chinesischen Dynastie erfolgte 1911 durch eine Revolution, die deren Führungsfigur *Sun Yat-sen* bereits im japanischen Exil vorbereitet hatte und die nun mit Unterstützung des Generals *Yuan Shikai* militärisch durchgesetzt wurde. Zwar wurde China 1912 formal eine Republik. Doch es fehlte eine demokratische Tradition mit einem Parteiensystem. Der General Yuan Shikai riss die Macht an sich und wollte damit auch einen Bürgerkrieg verhindern, starb aber bereits 1916. In der Folgezeit geriet China bis 1928 unter den Einfluss diverser Kriegsführer (*Warlords*). Der Historiker Helwig Schmidt-Glintzer spricht vom Zustand eines „unorganisierten Feudalismus von Militärbefehlshabern".

1917 nahm China indirekt am Ersten Weltkrieg teil, indem es die französische Kriegswirtschaft mit Vertragsarbeitern unterstützte und so versuchte, sich vor dem japanischen Imperialismus zu schützen. In der zweiten Hälfte der 1920er-Jahre gelang es dem republikanischen General *Chiang Kai-shek*, eine nationale Regierung in Nanjing zu errichten, während weite ländliche Teile Chinas in der Hand der Kommunisten waren, die 1921 die *Kommunistische Partei Chinas* (KPCh) gegründet hatten.

Unter dem Eindruck der äußeren Bedrohung im *Zweiten Japanisch-Chinesischen Krieg* (1937-1945) bildete sich eine Einheitsfront aus Republikanern und Kommunisten. Letztere konnten sich auf diese Weise als Verteidiger der chinesischen Identität profilieren und mit einer immensen Militarisierung der Bevölkerung die Voraussetzungen für eine spätere Machtübernahme schaffen. China bezahlte den Zweiten Weltkrieg mit rund 20 Millionen toten Zivilisten und Soldaten sowie der Zerstörung seines Agrarsektors. Nach der japanischen Niederlage im Zweiten Weltkrieg rangen die Nationalisten (*Kuomintang*) und Kommunisten in einem zähen Bürgerkrieg um die zukünftige Gesellschaftsform.

Die Volksrepublik China unter Mao Letztlich war die Rote Armee der Kommunisten siegreich, nicht zuletzt weil sie sich in einem moralischen Vorteil befand: Die Bauernschaft, aus der sie sich großenteils rekrutierte, hatte die Unterstützung der Bevölkerung auf ihrer Seite. Denn der Großteil hoffte, von der von den Kommunisten angekündigten Bodenreform zu profitieren. Dass sich die Nationalisten noch bis 1949 wehren konnten, lag an der Unterstützung durch die USA, die im Zuge der Eindämmungspolitik (containment)* ein kommunistisches Regime in China zu verhindern suchten. Chiang Kai-

▸ **Geschichte In Clips:** Zum chinesischen Bürgerkrieg und zur Gründung der Volksrepublik China siehe Code 32019-37

* Siehe Seite 487 f.

▲ **Ostasien heute.**

▲▲ Flagge der Volksrepublik China.

▲ Flagge der Republik China auf Taiwan.
Die Regierung der Republik China auf Taiwan vertrat auch nach Gründung der VR China von 1949 bis 1971 ganz China bei den Vereinten Nationen und war bis dahin ständiges Mitglied des UN-Sicherheitsrates. Diesen Anspruch und diese Funktion musste sie aufgeben, nachdem viele Staaten infolge der „Ein-China-Politik" der Volksrepublik die diplomatischen Beziehungen zu Taiwan abgebrochen hatten.

shek floh mit seinen Gefolgsleuten nach Taiwan, während der Kommunistenführer Mao Zedong* am 1. Oktober 1949 in Peking die Volksrepublik ausrief. Die Machtübernahme der Kommunistischen Partei Chinas (KPCh) brachte eine tief greifende Änderung des politischen Systems und der bestehenden Wirtschafts- und Sozialstrukturen mit sich. Dominierende Schichten wie Grundbesitzer und Kaufleute wurden durch eine Bodenreform, die Kollektivierung der Landwirtschaft sowie die Verstaatlichung der Industrien enteignet. Ab 1953 herrschte Mao unangefochten mithilfe äußerster Brutalität. Nachdem die Sowjetunion den industriellen Aufbau der Volksrepublik China zunächst unterstützt hatte, kam es 1959/60 wegen ideologischer und ökonomischer Differenzen und Grenzstreitigkeiten zum Bruch zwischen beiden Staaten. Die chinesische Führung bestritt den Führungsanspruch der sowjetischen KPdSU und setzte fortan auf wirtschaftliche, ideologische und militärische Autarkie.

Der *„Große Sprung nach vorn"* sollte in erster Linie den industriellen Ausbau des Landes, vor allem der Schwerindustrie beschleunigen. Allerdings waren die Produkte der neu gebildeten Betriebseinheiten („Kommunen"), die aus jeweils etwa 25 000 Menschen bestanden, unbrauchbar. Der Agrarsektor wurde zentralisiert. Wegen des schlagartig neuen Kurses erlebte das Land Anfang der 1960er-Jahre Versorgungskrisen, die zum Hungertod von etwa 30 Millionen Chinesen führten. Daraufhin änderte Peking den Kurs und besann sich auf die Landwirtschaft als ökonomische Basis.

* Siehe Seite 487.

Innenpolitisch erfolgte eine groß angelegte Umerziehungskampagne, die den „sozialistischen Menschen" hervorbringen sollte. Um Kritik am Kurs und eine Rückbesinnung auf traditionelle Errungenschaften im Keim zu ersticken, brach Mao im Zuge der *„Kulturrevolution"* mit der chinesischen Kultur und Geschichte. Schulen und Universitäten blieben mehrere Jahre geschlossen, Kulturgüter wie Tempel, Statuen und Bilder wurden zerstört (▶ M1). Kritische Künstler und Intellektuelle wurden verfolgt, nicht selten in Straflager deportiert oder gar hingerichtet. Die Repressionsmaßnahmen bezahlten mehr als zehn Millionen Chinesen mit ihrem Leben. Zur „Kulturrevolution" gehörte auch ein wachsender, oft euphorischer Personenkult um Mao.

▶ **Geschichte In Clips:**
Zu den Kampagnen Mao Zedongs siehe Code 32019-38

◀ **Ehrentor in einem Pekinger Park mit einem Porträt Mao Zedongs.**
Foto von 1966.

Reformen nach Maos Tod Nach Maos Tod 1976 und der Ausschaltung seiner engsten Vertrauten leitete der neue Parteiführer *Deng Xiaoping* (1904-1997) umfangreiche Reformen ein. Eine Politik der „kontrollierten Liberalisierung" sollte China aus dem Anfangsstadium des Sozialismus führen und den Lebensstandard der Bevölkerung erhöhen. Diese Öffnung betraf aber lediglich die Wirtschaft. Der Alleinherrschaftsanspruch der Kommunistischen Partei wurde nicht angetastet und auch weiterhin drastisch verteidigt.

Folgende Richtlinien für Reformen wurden beschlossen: Bauern erhielten kleine Anteile am Ackerland zur privaten Nutzung, um den Ertrag zu erhöhen; die Konsumgüterindustrie sollte gefördert und die Schwerindustrie mithilfe ausländischer Investitionen aufgebaut werden; Leistungsdenken statt ideologischer Schulung sollte das Niveau im Bildungswesen heben; neue Waffentechnik aus dem Ausland sollte die Schlagkraft der Armee erhöhen. Dabei bestand die Herausforderung für China darin, auf planwirtschaftlicher Grundlage mehr und mehr marktwirtschaftliche Elemente zuzulassen, die die Wirtschaft durch kontrollierte Privatisierung für den Export öffneten. So erfolgte eine kontinuierliche Integration Chinas in den Weltmarkt, die 2001 in der Mitgliedschaft in der Welthandelsorganisation (WTO) mündete.

Die Strategie zeitigte erkennbare Erfolge. Durch zweistellige Zuwachsraten beim Bruttoinlandsprodukt und hohe Kapitalinvestitionen erreichte China zwischen 1975 und 1995 eine Verzwanzigfachung seines Außenhandelsvolumens. 2009 war China die größte Exportnation der Welt (▸ M2). Vorwürfe der Industriespionage, der Produktpiraterie und mangelnden Patentschutzes wurden allerdings regelmäßig laut und schadeten dem Ansehen der Wirtschaftsmacht China. Im Innern zahlte die Gesellschaft einen hohen Preis in Form von wachsenden Umweltbelastungen und sozialen Verwerfungen, da dem Wachstum in den großen Städten oft große Not sowie Perspektivlosigkeit auf dem Lande gegenüberstehen. Währenddessen nutzen Amtsträger in der Partei, der Verwaltung und im Militär ihre Stellung, um auch wirtschaftlichen Einfluss zu gewinnen und materiellen Reichtum anzuhäufen („*Kaderkapitalismus*"). Zudem büßen die Staatsbetriebe zunehmend ihre Wettbewerbsfähigkeit ein und müssen Mitarbeiter entlassen, denen in der Arbeitslosigkeit ein tragfähiges staatliches Sozialsystem fehlt. Ca. zehn Prozent der Chinesen leben weiterhin unterhalb des Existenzminimums (Stand: 2016).

▲ US-Präsident Nixon mit Mao bei seinem Besuch in Peking am 22. Februar 1972.

Außenpolitische Stärke und innenpolitische Spannungen ■ 1950 hatte der unterlegene Gegenspieler Maos, Chiang Kai-shek, von Taiwan aus eine nationale chinesische Regierung gebildet, die den Anspruch erhob, das gesamte chinesische Volk zu vertreten. Zunächst erhielt Taiwan Chinas ständigen Sitz im UN-Sicherheitsrat, da die Volksrepublik von den westlichen Staaten mit einer parlamentarischen Demokratie (bzw. Monarchie) nicht anerkannt wurde. Nachdem die VR China nach dem Bruch mit Moskau 1964 Atommacht geworden war, konnte sie die diplomatische Isolation überwinden und wurde 1971 in die UNO aufgenommen – bei gleichzeitigem Ausschluss Taiwans. Der letzte Schritt zur Integration ins internationale System war der Besuch des US-Präsidenten Richard Nixon in Peking 1972.

1983 tauschten die VR China und Indien wieder Botschafter aus, nachdem diese seit den Grenzstreitigkeiten von 1968 zurückgezogen worden waren. Zu Südkorea nahm man 1992 diplomatische Beziehungen auf. 1997 erfolgte die Rückgabe Hongkongs durch Großbritannien, 1999 Macaus durch Portugal. Auf lange Sicht ist auch die Integration Taiwans ein Ziel der chinesischen Außenpolitik. Der Streit um Inselgruppen im Südchinesischen Meer zwischen China auf der einen und Japan, Vietnam und den Philippinen auf der anderen Seite zeigt den geopolitischen Anspruch der Volksrepublik, die ihre Hegemonialstellung in der Region ausbauen und Energievorräte unter dem Meeresgrund sichern will. In Afrika engagiert sich die VR China, um Bodenschätze für die eigene Industrie zu sichern (▸ M3).

Innenpolitisch versucht die Führung in Peking unter Präsident *Xi Jinping* (seit 2012) zwar, der um sich greifenden Korruption Herr zu werden, ansonsten aber das politische System nicht anzutasten. Während die Staaten des ehemaligen Ostblocks im Zuge des Zusammenbruchs der Sowjetunion eine demokratische Öffnung vollzogen, blieb diese in China aus. Bei einem Besuch Michail Gorbatschows im Mai 1989 demonstrierten eine Million Menschen friedlich in der Hauptstadt Peking für mehr Demokratie. Auslöser war der Tod des reformerischen Parteichefs *Hu Yaobang*, der zwei Jahre zuvor abgesetzt worden war. Die Staats- und Parteiführung reagierte kompromisslos: Sie verhängte den Ausnahmezustand und ließ die Proteste gewaltsam niederschlagen. Der „Platz des Himmlischen Friedens" wurde vom 3. auf den 4. Juni 1989 mit Panzern geräumt, Hunderte Demonstranten wurden dabei getötet. In der Folge ließ das Regime Zehntausende verhaften, die zu langjährigen Haftstrafen oder gar zum Tode verurteilt wurden. Die internationale Gemeinschaft reagierte zunächst mit diplomatischen und wirtschaftlichen Sanktionen, hob diese aber kurze Zeit später wieder auf.

Tibet Etwa 6,2 Millionen Menschen zählen zur nationalen Minderheit der Tibeter, die nicht nur im autonomen Gebiet Tibet leben, sondern auch in den angrenzenden Provinzen. Für China ist Tibet als Grenzregion zu Indien nicht nur aus militärstrategischer Sicht von großer Bedeutung, sondern auch aufgrund seines Rohstoffreichtums. In einer Zeit knapper werdenden Trinkwassers hat sich Tibet zudem zum Frischwasserreservoir des Landes entwickelt.

Während der **Dalai Lama** als geistiges Oberhaupt der mehrheitlich buddhistischen Tibeter die Autonomie der Region fordert, zeigt sich die Volksrepublik fest entschlossen, das Gebiet zu verteidigen und weiter zu erschließen. Seit Jahrzehnten wird die Ansiedlung von Han-Chinesen, die in der Volksrepublik die dominierende Bevölkerungsmehrheit bilden, in Tibet gefördert, während gleichzeitig Aufstände der Tibeter gewaltsam unterdrückt werden. Auch die freie Religionsausübung der Buddhisten wird vielfältig eingeschränkt. Vor und während der Olympischen Sommerspiele von 2008 kam es zu massiven Unruhen in Tibet. Sie wurden gewaltsam niedergeschlagen. Dagegen protestierten Tibeter mit Selbstverbrennungen. All das vergrößerte die internationale Kritik an dem Austragungsort Peking.

▸ **Geschichte In Clips:** Zur Besetzung Tibets und zum tibetischen Volksaufstand siehe Code 32019-39

Dalai Lama: Bezeichnung für das politische und religiöse Oberhaupt des tibetischen Buddhismus. Der 14. Dalai Lama (Tenzin Gyatso, geb. 1935) befindet sich seit der Besetzung Tibets durch China 1959 im indischen Exil. 1989 erhielt er den Friedensnobelpreis.

Die Frage der Menschenrechte Bis heute gehören Menschenrechtsverletzungen zu den konflikträchtigsten Fragen im Verhältnis zwischen dem Westen und China. Einerseits ist China gerade für Staaten wie die Bundesrepublik Deutschland, deren Wirtschaft zum großen Teil für den Export produziert, ein großer und wichtiger Absatzmarkt. Andererseits fühlen sich die Staatsführungen der westlichen Staaten zur Kritik an Menschenrechtsverletzungen in China verpflichtet.

Unter Verweis auf eine Tradition, die kollektive vor individuelle Interessen stellt, bekennt sich die Volksrepublik China formell zur Einhaltung der Menschenrechte, lehnt jedoch deren nach ihrer Ansicht westliche Auslegung ab. Die heute gültige Verfassung von 1982 stellt die aufgeführten Grundrechte unter den Vorbehalt der „Interessen des Staates, der Gesellschaft und des Kollektivs" (Artikel 51). Eine unabhängige Instanz zur Entscheidung von Interessenkonflikten – wie das Bundesverfassungsgericht in Deutschland – besteht nicht. Das letzte Wort haben Staats- und Parteiführung (▸ M4).

Die Todesstrafe wird nirgendwo so häufig angewendet wie in China. Die Menschenrechtsorganisation *amnesty international* geht jährlich von einer vierstelligen Zahl an Hinrichtungen aus. Tausende Menschen sind willkürlich, ohne ordentliches Gerichtsverfahren in Haft, oft weil sie in friedlicher Weise ihre Rechte auf Versammlungs-, Meinungs- und Religionsfreiheit wahrgenommen haben. Misshandlungen und Folter sind in den Gefängnissen weit verbreitet.

M1 Die „Große Proletarische Kulturrevolution" will einen „neuen Menschen" schaffen

Studenten der Universität Beijing (Peking) bilden im August 1966 eine „Rote Garde" und verbreiten am 23. September 1966 folgendes Programm in der offiziellen Presseagentur der Regierung, „Xinhua" („Neues China"):

1. Jeder Bürger soll manuelle Arbeit verrichten.
2. In allen Kinos, Theatern, Buchhandlungen, Omnibussen usw. müssen Bilder Mao Zedongs aufgehängt werden.
3. Überall müssen Zitate Mao Zedongs anstelle der bisherigen Neonreklamen angebracht werden.
4. Die alten Gewohnheiten müssen verschwinden.
5. Die Handelsunternehmungen müssen reorganisiert werden, um den Arbeitern, Bauern und Soldaten zu dienen.
6. Eine eventuelle Opposition muss rücksichtslos beseitigt werden.
7. Luxusrestaurants und Taxis haben zu verschwinden.
8. Die privaten finanziellen Gewinne sowie die Mieten müssen dem Staat abgegeben werden.
9. Die Politik hat vor allem den Vorrang.
10. Slogans müssen einen kommunistischen Charakter aufweisen.
11. Die revisionistischen Titel haben zu verschwinden.
12. In allen Straßen sollen Lautsprecher aufgestellt werden, um der Bevölkerung Verhaltensmaßregeln zu vermitteln.
13. Die Lehre Mao Zedongs muss schon im Kindergarten verbreitet werden.
14. Die Intellektuellen sollen in Dörfern arbeiten.
15. Die Bankzinsen müssen abgeschafft werden.
16. Die Mahlzeiten sollen gemeinsam eingenommen werden, und es soll zu den Sitten der ersten Volkskommunen im Jahr 1958 zurückgekehrt werden.
17. Auf Parfüms, Schmuckstücke, Kosmetik und nichtproletarische Kleidungsstücke und Schuhe muss verzichtet werden.
18. Die Erste Klasse bei den Eisenbahnen und luxuriöse Autos müssen verschwinden.
19. Die Verbreitung von Fotografien von sogenannten hübschen Mädchen soll eingestellt werden.
20. Die Namen von Straßen und Monumenten müssen geändert werden.
21. Die alte Malerei, die nicht politische Themen zum Gegenstand hat, muss verschwinden.
22. Es kann nicht geduldet werden, dass Bilder verbreitet werden, die nicht dem Denken Mao Zedongs entsprechen.
23. Bücher, die nicht das Denken Mao Zedongs wiedergeben, müssen verbrannt werden.

Zitiert nach: Rüdiger Machetzki und Oskar Weggel, Die Volksrepublik China, hrsg. von der Bundeszentrale für politische Bildung, Bonn 1983, S. 15

1. *Arbeiten Sie heraus, gegen wen und was sich dieses Programm richtet.*
2. *Bewerten Sie die Methoden auf der Basis vorher definierter Bewertungskriterien.*

M2 Wirtschaftsleistung im Vergleich: USA und China

Das Bruttoinlandsprodukt (BIP) bezeichnet den Gesamtwert aller Waren und Dienstleistungen, die im betreffenden Jahr innerhalb der Landesgrenzen hergestellt worden sind und dem Endverbrauch dienen. Es gilt als wichtiger Indikator für die Wirtschaftskraft eines Landes.

Die Handelsbilanz zwischen Staaten wird ermittelt, indem man alle Exporte mit den Importen gegenrechet, sodass ein Handelsbilanzüberschuss oder -defizit zu verzeichnen ist.

BIP pro Kopf in US-Dollar:
(Zum Vergleich: In Deutschland betrug im Jahr 2015 das BIP pro Kopf 41267 US-Dollar.)

Jahr	USA	China
2006	46352	2077
2007	47954	2667
2008	48302	3433
2009	46909	3791
2010	48309	4504
2011	49725	5561
2012	51384	6249
2013	52608	6975
2014	54370	7572
2015	55904	8280

Wachstum des BIP in Prozent:

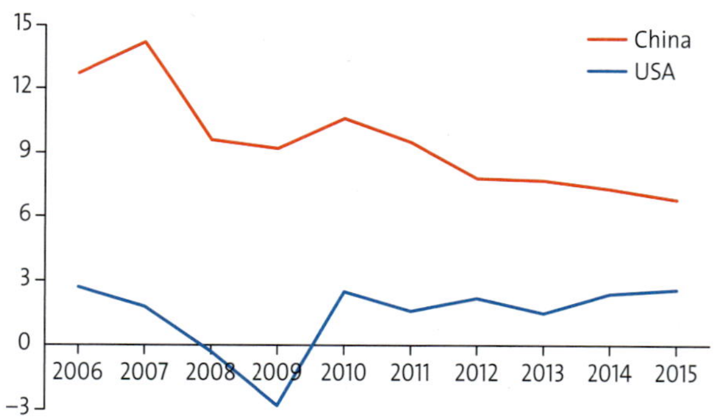

Tabelle und Grafik nach:
http://de.statista.com/statistik/daten/studie/14558/umfrage/wachstum-des-bruttoinlandsprodukts-in-den-usa [17.09.2016]
http://de.statista.com/statistik/daten/studie/14560/umfrage/wachstum-des-bruttoinlandsprodukts-in-china [17.09.2016]

Handelsbilanzdefizit der USA mit China in Mrd. US-Dollar, gerundet:

Jahr	Exporte nach China	Importe aus China	Bilanz
2006	53,7	287,8	-234,1
2007	62,9	321,4	-258,5
2008	69,7	337,8	-268,1
2009	69,5	296,4	-226,9
2010	91,9	365,0	-273,1
2011	104,1	399,4	-295,3
2012	110,5	425,6	-315,1
2013	121,7	440,4	-318,7
2014	123,7	466,8	-343,1
2015	116,2	481,9	-365,7

Nach: www.census.gov/foreign-trade/balance/c5700.html [17.09.2016]

1. *Erläutern Sie, welches Bild sich von der Wirtschaftsleistung Chinas ergibt.*
2. *Recherchieren Sie im Internet nach Vergleichszahlen für Deutschland. Analysieren Sie die Ergebnisse.*
3. *Diskutieren Sie, welche politischen Folgen sich aus der wirtschaftlichen Entwicklung Chinas ergeben.*

M3 China als Kolonialmacht in Afrika?

Bartholomäus Grill schreibt in der Wochenzeitung „Die Zeit" am 20. September 2006:

Was wird hier gebaut? Der Arbeiter reagiert nicht. Scheu hält er den Kopf gesenkt und beschleunigt seinen Schritt. Er versteht die Frage nicht, er kommt aus dem Fernen Osten. Und wenn er sie verstünde, so dürfte er nicht antworten. Die Befragung des nächsten Arbeiters beendet ein Wachsoldat mit vorgehaltener Kalaschnikow. „Verlassen Sie sofort das Gelände!". Das Gelände ist eine Baustelle von den Dimensionen eines Weltraumbahnhofs. „Umkehren!", bellt der Soldat. Hier oben, hoch über der Hauptstadt Windhuk, entsteht das neue State House für den neuen Präsidenten von Namibia. Es wird so prächtig und teuer sein, dass die kleine Volkswirtschaft mit ihren 1,9 Millionen Einwohnern es sich eigentlich gar nicht leisten kann. Aber die Regierung hat einen großen Bruder: China. Der zahlt nicht nur einen generösen Zuschuss für den Präsidentenpalast, sondern entsandte auch die Brigaden der Bauarbeiter.

Diese unangenehme Begegnung hätte sich in vielen anderen Hauptstädten Afrikas genau so zutragen können. In Algier zum Beispiel, im hypermodernen Flughafenterminal. Oder vor der feschen Burma-Kaserne in Accra, Ghana. Oder in Kigali, Ruanda, wo ein schlüsselfertiges Außenministerium übergeben wurde. Oder in Libreville, Gabun, dort freut sich Präsident Omar Bongo über einen neuen Amtssitz. Oder am Lumley Beach in Freetown, Sierra Leone. Dort wächst ein gewaltiger Freizeitkomplex aus den Ruinen des Bürgerkriegs, mit Luxushotels, Strandpromenade, Golfplatz und Kongresszentrum.

All diese Bauten sind die sichtbaren Zeichen einer neuen Macht, die sich seit der Jahrtausendwende still und leise in Afrika ausbreitet: China.

Im Gegenzug für die pompösen Geschenke zeigen sich die afrikanischen Regierungschefs aufgeschlossen für die Interessen der Chinesen. Es geht um langfristige Handelsabkommen, Bergbaukontrakte, Infrastrukturprojekte. Vor allem aber geht es um Öl und Erdgas. Auf einer Energiekonferenz in Kapstadt war das deutlich zu sehen: Der Petro-Atlas des Erdteils war übersät mit roten Fähnlein.

Der „Einfall" Chinas in Afrika sei „die dramatischste und wichtigste Veränderung in den Außenbeziehungen des Kontinents seit dem Ende des Kalten Krieges", sagt Christopher Clapham vom Centre for African Studies in Cambridge. Das schnelle Wachstum macht den asiatischen Riesen so hungrig auf Rohstoffe und Absatzmärkte, dass manche Beobachter von einer Neuauflage jenes „Wettlaufs um Afrika" raunen, den sich die europäischen Kolonialmächte im 19. Jahrhundert geliefert hatten. [...]

Jenseits der regierenden Eliten verfolgen viele Afrikaner diesen Ansturm der Chinesen mit unguten Gefühlen, man hat mit fremden Mächten nicht die besten Erfahrungen gemacht. In Leserbriefen und Internet-Foren wird vor einer neuen Invasion gewarnt. Man spricht sogar von yellow masters, von gelben Kolonialherren. [...]

In der Tat lesen sich die Sätze in den sino-afrikanischen Strategiepapieren so nett und großmütig wie die Absichtserklärungen des Kinderhilfswerks der Vereinten Nationen. Zwischen den Zeilen aber verströmen sie jenen Geist, der einst die europäischen Eroberer beflügelte. Von einer neuen Ära ist da zu lesen und von unbegrenzten Möglichkeiten auf einem vernachlässigten Kontinent. Die Chinesen bewerten Afrika als einen Kontinent der Zukunft. Das Handelsministerium in Peking nennt es eine der wichtigsten Wachstumsregionen. Riesige Landmasse, unermessliche Ressourcen, ein potenzieller Markt mit 800 Millionen Konsumenten und einer Reservearmee von billigen Arbeitskräften – dies ist ein idealer Expansionsraum für China auf dem beschleunigten Marsch zur Weltmacht.

Es gibt allerdings einen erheblichen Unterschied zum Stil der einstigen Kolonialmächte aus Europa. Die Chinesen treten nicht großmächtig auf, nicht als imperiale Herrenmenschen, sondern geben sich als Partner in einer Süd-Süd-Kooperation. Devise: Genossen, als größtes Entwicklungsland der Welt kennen wir eure Sorgen und Nöte, wir ziehen am gleichen Strang! [...]

Den bedrängten afrikanischen Despoten, die nach dem Ende des Kalten Krieges nicht mehr von ihren Mentoren aus Paris, London, Washington oder Moskau alimentiert werden, hätte gar nichts Besseres passieren können. Den Chinesen ist es nämlich egal, wer regiert und wie er es tut. Sie mischen sich grundsätzlich nicht in die inneren Angelegenheiten ihrer Partner ein und knüpfen die Zusammenarbeit nicht an die strengen Konditionen westlicher Geberländer, die in Afrika oft als Erpressung empfunden werden. Die Forderungen, demokratische Regeln zu befolgen und die Menschenrechte zu achten, würden niemals aus dem Munde der chinesischen Unterhändler kommen, allein schon deshalb nicht, weil derartige Werte daheim auch nicht viel zählen. Ihre einzige politische Auflage ist, das winzige Taiwan nicht anzuerkennen.

Die Entwicklungsgeschenke dienen natürlich dem eigentlichen Interesse der Chinesen. Sie sind quasi die Eintrittsgebühr, um an die Schätze Afrikas zu kommen: Öl aus Algerien, Eisenerz aus Südafrika, Kupfer aus Sambia, Diamanten und Koltan aus dem Kongo, Tropenholz aus Gabun. Dabei scheut Peking kein Risiko.

Bartholomäus Grill, Die neuen Kolonialherren, in: DIE ZEIT vom 20. September 2006; zitiert nach: www.zeit.de/2006/38/China-Afrika [11.04.2016]

1. *Skizzieren Sie die Beziehungen zwischen China und den afrikanischen Staaten in einem Schaubild.*
2. *Spielen Sie die Verhandlungen zwischen einem der im Text genannten afrikanischen Staaten und einer chinesischen Delegation in einem Rollenspiel nach. Überlegen Sie vorher, welche Standpunkte durch Rollen vertreten werden sollten, und fertigen Sie in einem ersten Schritt in Gruppenarbeit Rollenkarten an. Werten Sie das Rollenspiel nach der ca. 5- bis 10-minütigen Aufführung inhaltlich und methodisch aus.*

▲ **The Tank Man.**
Foto vom 4. Juni 1989 von Jeff Widener.
Ein Mann stellt sich mit Einkaufstaschen bepackt einer Panzerkolonne in den Weg. Seine Identität und sein weiteres Schicksal sind bis heute unbekannt.

- *Stellen Sie begründete Vermutungen an, warum das Bild in kurzer Zeit weltweit populär wurde.*
- *Nehmen Sie dazu Stellung, ob das Bild ausdrücken kann, dass sich die Niederschlagung der Proteste in einen moralischen Sieg verwandelt hat.*

M4 China verstehen

Tim Marshall, ein britischer Publizist, widmet sich in seinem 2015 erschienenen Buch der Frage nach den Koordinaten der chinesischen Gesellschaft:

Für Peking haben Einheit und wirtschaftlicher Fortschritt weit höhere Priorität als demokratische Prinzipien.

Die Chinesen sehen die Gesellschaft völlig anders als der Westen. Die westliche Denkweise kreist um die Rechte des Einzelnen, die chinesische stellt die Gemeinschaft über das Individuum. Was der Westen als Menschenrechte betrachtet, ist für die chinesische Führung eine gefährliche Theorie, die die Mehrheit bedroht, und die Bevölkerung akzeptiert, dass – mindestens – die erweiterte Familie vor dem Individuum kommt.

Ich habe einmal einen chinesischen Botschafter in London in ein nobles französisches Lokal eingeladen, weil ich hoffte, die Wiederholung einer viel zitierten Antwort des chinesischen Premierministers Zhou Enlai zu hören zu bekommen. Damals

hatte dieser Richard Nixon [US-Präsident 1969-1974] auf die Frage, welche Auswirkungen die Französische Revolution habe, geantwortet: „Das zu sagen, ist noch zu früh." Leider erfüllte sich meine Hoffnung nicht. Stattdessen erhielt ich eine strenge Lektion darüber, wieso die uneingeschränkte Einführung dessen, „was Sie Menschenrechte nennen", in China zu flächendeckender Gewalt und zahllosen Toten führen würde, und wurde abschließend gefragt: „Wieso meinen Sie, Ihre Werte würden in einer Kultur funktionieren, die Sie nicht verstehen?"
Die Abmachung zwischen der Parteiführung und dem Volk lautet seit mittlerweile einer Generation: „Wir sorgen für mehr Wohlstand – ihr folgt unseren Befehlen." Solange die Wirtschaft weiter wächst, kann das große Abkommen fortbestehen. Stoppt das Wachstum oder kehrt es sich um, ist es damit vorbei. Das gegenwärtige Ausmaß an Demonstrationen und Wut über Korruption und Ineffizienz bezeugt, was passieren würde, wenn das Geschäft zerbricht.
Ein anderes wachsendes Problem für die Partei ist, ob das Land seine Bevölkerung ernähren kann. Über 40 Prozent des urbanen Landes in China sind dem Agrarministerium zufolge heute verseucht.
China steckt damit in einer Zwickmühle. Für die Modernisierung und Anhebung des Lebensstandards muss es die Industrialisierung vorantreiben, aber genau dieser Prozess bedroht die Produktion von Nahrungsmitteln. Kann es dieses Problem nicht lösen, stehen Unruhen bevor.
Insgesamt finden im gesamten Land heute pro Tag rund 500 in der Mehrzahl friedliche Protestaktionen zu einer Vielzahl von Angelegenheiten statt. Kommt es aber zu Massenarbeitslosigkeit oder Hungersnöten, wird sowohl ihre Zahl als auch das Ausmaß der auf beiden Seiten eingesetzter Gewalt explodieren.
Auf der ökonomischen Seite hat China daher ein großes Abkommen mit der Welt: „Wir produzieren das Zeug billig – ihr kauft es in Massen."

Tim Marshall, Die Macht der Geographie, übersetzt von Birgit Brandau, München 2015, S. 62 f.

▲ **Eine Gesellschaft der kleinen Prinzen?**
Foto von Alain Buu, Peking 2007.
In einem Park nahe dem alten Kaiserpalast fotografiert ein Elternpaar seinen einzigen Sohn. Er trägt ein Kostüm aus der Kaiserzeit. 1979 wurde in der Volksrepublik China wegen des starken Bevölkerungswachstums die Ein-Kind-Politik eingeführt, wonach Ehepaare nur ein Kind bekommen dürfen.
2016 trat die neue Zwei-Kind-Politik in Kraft. Ein zentraler Grund für diese Reform war, dass wegen der höheren Wertschätzung von Jungen sehr viele Mädchen abgetrieben oder nach der Geburt getötet wurden.

1. *Fassen Sie zusammen, wie der Autor Chinas gegenwärtige Situation und zukünftige Herausforderungen einschätzt.*
2. *Zeigen Sie die Rolle Chinas in der Globalisierung auf.*
3. *Gestalten Sie in Kleingruppen ein Plakat, das die Missstände in der chinesischen Gesellschaft beinhaltet. Diskutieren Sie nach der Präsentation mögliche Reaktionen staatlicher Stellen, würde das Plakat in China öffentlich gezeigt.*

Geschichte kontrovers

Menschenrechte – weltweit gültig oder exklusiv für den Westen?

Immer wieder wird in der Öffentlichkeit darüber gestritten, wie westliche Politiker mit Vertretern von Diktaturen und anderen Regierungen umgehen sollen, in denen Demokratie und Menschenrechte nicht unverzichtbare Grundlage des Staatswesens sind. Zunächst glaubten viele nach dem Zusammenbruch des Ostblocks an einen weltweiten Siegeszug des westlichen Modells von Demokratie und Menschenrechten. Besonders nach dem Scheitern des „Demokratie-Exports" in den Irak und nach Afghanistan gibt es vermehrt Zweifel daran, ob die Errungenschaften der europäischen Aufklärung diesen weltweiten Siegeszug jemals antreten – oder ob diese doch nicht vereinbar sind mit Traditionen in anderen Kulturkreisen. Soll aus diesem Befund eine Realpolitik abgeleitet werden, die ausschließlich die politischen und wirtschaftlichen Interessen westlicher Staaten durchzusetzen versucht? Oder haben wir auch eine moralische Verpflichtung gegenüber Menschen außerhalb unserer westlichen Welt?

M1 „Die Menschenrechte sind eine westliche Erfindung"

Ex-Bundeskanzler Helmut Schmidt (1919 - 2016) im Interview mit dem Journalisten Giovanni di Lorenzo:

di Lorenzo: Würden Sie Frau Merkel auch zum Vorwurf machen, dass sie eine wertegebundene Außenpolitik verfolgt?

Schmidt: Ich würde diesen Vorwurf nicht erheben, aber ich halte eine „wertegebundene Außenpolitik" grundsätzlich für abwegig. Dann könnten wir unsere Beziehung zum Beispiel mit den Russen ganz auf Eis legen.

di Lorenzo: Mit den von Ihnen geliebten Chinesen auch!

Schmidt: Mit den Chinesen auch, natürlich. Und mit den Pakistanern oder den Indonesiern. Das führt in jenes Feld, wo wir beide verschiedener Meinung sind ...

di Lorenzo: ... das stimmt ...

Schmidt: ... das Feld der Menschenrechte. Ich würde für die Menschenrechte in meinem eigenen Staat notfalls auf die Barrikaden gehen, aber ich habe nicht das Recht, anderen Leuten öffentlich Ratschläge zu geben, wie sie die Menschenrechte verwirklichen.

di Lorenzo: Was macht für Sie stattdessen eine gute Außenpolitik aus?

Schmidt: Sie soll nicht wertegebunden sein, sondern sie soll am Frieden orientiert sein.

di Lorenzo: Ist es nicht wesentlich für den Erhalt des Friedens, dass die Menschen gut behandelt werden?

Schmidt: Aufstände und Revolutionen gab es schon lange vor Christi Geburt. Schon vor Konfuzius. Davor seit den alten Persern und den alten Ägyptern. Es hat sie immer gegeben, und es wird sie auch in Zukunft geben. Deswegen ist die Orientierung am Frieden viel wichtiger als die Orientierung am Recht, das sich ständig verändert. Die Menschenrechte etwa kommen zum kleinen Teil in der Bibel vor und zum Teil überhaupt nicht.

di Lorenzo: Die Menschenrechte waren eine der Folgen der Aufklärung und traten dann ihren Siegeszug in der ganzen Welt an.

Schmidt: Ja, aber sie waren damals nicht international. Die Menschenrechte sind eine westliche Erfindung, im Wesentlichen zuerst formuliert Ende des 18. Jahrhunderts in der amerikanischen Verfassung.

di Lorenzo: Aber sie sind international geworden, spätestens durch die Allgemeine Erklärung der Menschenrechte der Vereinten Nationen, im Dezember 1948.

Schmidt: Ja, vor Begründung der kommunistischen Volksrepublik haben auch die Chinesen mitgemacht; im Wesentlichen sind die Menschenrechte damals von Eleanor Roosevelt[1] betrieben worden. Aber die Amerikaner haben sich selber nicht an die Menschenrechte gehalten.

[...]

di Lorenzo: Kann es denn allen Ernstes eine vernünftige Außenpolitik geben, in der die Menschenrechte überhaupt keine Rolle spielen?

Schmidt: Nein, kann es nicht geben. Aber ich bin dagegen, dass Außenpolitik darin besteht, die Besuche von Ministern aus einem anderen Land dafür zu benutzen, eine menschenrechtsgeneigte Rede zu halten, die in Wirklichkeit an

[1] **Eleanor Roosevelt**: Frau des US-Präsidenten Franklin D. Roosevelt, der 1933 - 1945 im Amt war

das eigene Publikum gerichtet ist. Wenn ich das Thema mit einem Politiker eines anderen Landes erörtern wollte, dann täte ich das jedenfalls nicht öffentlich.

di Lorenzo: In vielen Fällen ist die Intervention von außen die einzige Chance für Menschen, denen schreiendes Unrecht angetan wird.

Schmidt: Das ist ein Irrtum. Ob es sich um den Iran des Schahs handelt oder den heutigen Iran, ob es sich um den Irak von Saddam Hussein handelt oder den heutigen Irak, ob es sich um China oder um die ehemalige Sowjetunion gehandelt hat: Die Reden, die westliche Minister an deren scheinbare Adresse halten, spielen für die Entwicklung in diesen Staaten keine Rolle – das können sie auch nicht.

Zeit Magazin 3/2014

▲ **Verleihung des Friedensnobelpreises.**
Dem chinesischen Schriftsteller und Menschenrechtsaktivisten Liu Xiaobo wurde 2010 der Friedensnobelpreis verliehen. Da die Regierung der Volksrepublik China den Preisträger in Haft hielt, konnte er die Auszeichnung nicht persönlich entgegennehmen.

M2 „Universelle Geltung der Menschenrechte"

In dem Beitrag der Wochenzeitung „Die Zeit" vom 20. Juni 2014 äußert sich der Historiker Heinrich August Winkler (geb. 1938) in der Debatte zu der Gültigkeit der Menschenrechte:

Manche neueren Einlassungen zum Thema Menschenrechte in nichtwestlichen Staaten, namentlich in Russland und China, lesen sich so, als seien die Erklärungen [der Vereinten Nationen] von 1945, 1948 und 1993 nicht das Papier wert, auf dem sie gedruckt wurden. Zwar können die UN deren Einhaltung nicht erzwingen. Aber daraus folgt noch nicht, dass die westlichen Demokratien sie als nicht verbindlich betrachten dürften. Es war ein säkularer Fortschritt, als die Vereinten Nationen den normativen Ertrag der atlantischen Revolutionen von 1776 und 1789 in den Rang von Menschheitsnormen erhoben. Auf diesen nachgerade revolutionären Akt können sich seitdem Menschenrechtsaktivisten in aller Welt berufen, und sie haben dies immer wieder getan: von den Verfassern der Charta 77, des Manifests der tschechoslowakischen Dissidenten um Václav Havel, bis zu den Autoren der Charta 08, die von über 5 000 chinesischen Intellektuellen und Bürgerrechtsaktivisten unterzeichnet wurde, obenan dem Hauptautor und Friedensnobelpreisträger des Jahres 2010, Liu Xiaobo, dem das Engagement für Menschenrechte, Rechtsstaat und Demokratie eine elfjährige Haftstrafe einbrachte.

Vor diesem Hintergrund verbietet es sich, die universelle Geltung der Menschenrechte mit dem kulturrelativistischen, besonders engagiert von Helmut Schmidt vertretenen Argument zu bestreiten, weil die Menschenrechte ein Produkt des Westens seien, hätten nur diejenigen Menschen Anspruch auf ihre Einhaltung, die in westlichen Demokratien lebten, während andere Kulturkreise, darunter der chinesische, gewissermaßen strukturell nicht auf die Menschenrechte hin angelegt seien. Der Westen hat in seiner Praxis über die Jahrhunderte hinweg immer wieder gegen die von ihm propagierten Ideen der einen Menschheit und der Gleichheit alles dessen, was Menschenantlitz trägt, verstoßen, aber er hat sie nicht zu zerstören vermocht. Sie sind das Beste, was er je hervorgebracht hat. Der Westen verlöre seine Glaubwürdigkeit, ja er gäbe sich selbst auf, wenn er sich von dieser Selbstverpflichtung lossagen und auf den universellen Geltungsanspruch der Menschenrechte verzichten würde.

Die Zeit, 20. Juni 2014

1. *Fassen Sie die Positionen von Schmidt und Winkler jeweils in einer These zusammen.*
2. *Führen Sie eine Pro- und Kontra-Debatte zu der Frage der universalen Gültigkeit der Menschenrechte.*
3. *Schreiben Sie einen Leserbrief an die „Zeit", in dem Sie zu der Debatte Stellung nehmen.*

Der Nahost-Konflikt

▲ **Der Nahe Osten.**

■ *Erklären Sie, worum es sich bei den braunen Flecken auf der Karte handelt.*

Der Nahe Osten Das Land zwischen Mittelmeer und Jordan hat eine wechselvolle Geschichte hinter sich. Eine besondere Bedeutung hatte es als Nahtstelle zwischen Orient und Okzident. Seit dem 2. Jahrtausend v. Chr. konkurrierten mehrere Stämme um die Vorherrschaft. Ab 1300 v. Chr. siedelten israelitische Nomaden in Palästina und konkurrierten dort mit dem Stamm der Philister, von dem der Name der Region abgeleitet wurde. Wenig später gerieten sie ins Kräftefeld der überlegenen benachbarten Großreiche der Ägypter, Hethiter, Assyrer und Babylonier, später der Perser, *Alexanders des Großen* und seiner hellenistischen Nachfolger, die das Land beherrschten. Im 1. Jahrhundert v. Chr. geriet es in den Blick des Römischen Reiches, das sein Imperium rund ums Mittelmeer errichtete. Der römische Feldherr Pompeius beendete 63 v. Chr. die Selbstständigkeit des jüdischen Staates Judäa. Die Römer teilten das Gebiet in mehrere Reiche. Nur mit römischer Billigung durften Vasallenkönige wie der aus der Weihnachtsgeschichte bekannte *Herodes* regieren. Nach einem jüdischen Aufstand plünderten die Römer im Jahr 70 n. Chr. nach mehrmonatiger Belagerung Jerusalem und zerstörten den Tempel. Die Klagemauer ist ein Überrest des Tempelbezirks. Der Aufstand wurde erst durch die Eroberung der Festung Masada 73 n. Chr. endgültig niedergeschlagen. Nachdem die Juden mit dem Tempel ihr religiöses und kulturelles Zentrum verloren hatten, setzte sich die sogenannte *Diaspora*, die „Verstreutheit", fort. Nun lebten endgültig mehr Juden versprengt in fremden Ländern als im „gelobten" Land.

Nach der Teilung des Römischen Reiches 395 stand das Gebiet unter der Herrschaft der byzantinischen Kaiser in Konstantinopel. Zu dieser Zeit erhielt es den Namen Pa-

▸ **Geschichte In Clips:**
Zu Palästina als osmanischer Provinz siehe Code 32019-40

Zu Palästina als britischem Mandatsgebiet siehe Code 32019-41

Zur Entwicklung Palästinas vom britischen Mandat bis zum Staat Israel siehe Code 32019-42

▲ **Sultan Saladin, Gegenspieler der christlichen Kreuzfahrer, erobert 1187 Jerusalem.**
Französische Buchmalerei, um 1400.
Saladin, arabisch Salah ad-Din, war Sultan von Ägypten und Damaskus (Mesopotamien). Nach seinem Sieg in der Schlacht bei Hattin im Juli 1187, der größten Niederlage der Kreuzfahrer, eroberte er mit seinen Truppen am 2. Oktober 1187 Jerusalem und beendete damit die über 80 Jahre dauernde christliche Herrschaft über die Stadt. Als Gegenleistung für die Kapitulation Jerusalems wurde ein friedlicher Abzug der eingeschlossenen Christen gegen Lösegeld vereinbart. Bis 1189 eroberte Saladin weitere Teile der Kreuzfahrerstaaten Jerusalem, Tripolis und Antiochia. Erst die Niederlagen im Dritten Kreuzzug (1189 - 1192), den König Philipp II. von Frankreich, Richard I. (Löwenherz) von England und Kaiser Friedrich I. Barbarossa zur Rückeroberung Jerusalems anführten, hinderten Saladin daran, die Kreuzfahrerstaaten vollständig zu vernichten. 1192 schlossen Richard und Saladin einen Waffenstillstand. Christen durften bald wieder die Wallfahrtsorte besuchen und Juden war es erlaubt, eigene Gemeinden zu gründen.

lästina. Muslimische Araber eroberten Palästina 636. In den ab 1096 beginnenden Kreuzzügen versuchten Christen, das „Heilige Land" in ihre Gewalt zu bringen, und gründeten *Kreuzfahrerstaaten*. 1291 fiel der letzte Stützpunkt der christlichen Kreuzfahrer. Vierhundert Jahre lang, von 1517 bis 1917, gehörte Palästina dann zum Osmanischen Reich.

Enttäuschte Hoffnungen schüren den Konflikt Um 1900 begann eine Phase, in der sich ein arabischer Nationalismus entwickelte, der sich gegen die 400-jährige Fremdherrschaft der Osmanen richtete. Er hatte allerdings nicht einheitliche Ziele. Während die einen ein arabisches Großreich anstrebten, wollten andere wie zum Beispiel die Palästinenser unabhängige Teilstaaten für ihre Völker errichten. Das Osmanische Reich, das als „kranker Mann am Bosporus" bezeichnet wurde und beständig Staatsgebiet verlor, konnte die zentrifugalen Kräfte im Innern immer weniger bändigen. Zudem wollten Großbritannien, Frankreich und Russland die Kontrolle im strategisch wichtigen Nahen Osten gewinnen. 1915 – während des Ersten Weltkrieges, in dem das Osmanische Reich auf der Seite der Mittelmächte Deutschland und Österreich-Ungarn kämpfte –, gab der britische Hochkommissar in Ägypten *Henry McMahon* die Zusage an den Sherif* Hussein von Mekka, dass im Falle eines Sieges über die Osmanen ein großarabisches Reich auf der arabischen Halbinsel gegründet werden könne – ausgenommen ein kleiner Streifen an der Küste des östlichen Mittelmeeres. Arabische

* **Sherif** ist der religiöse Herrscher in der Nachfolge des Propheten Mohammed.

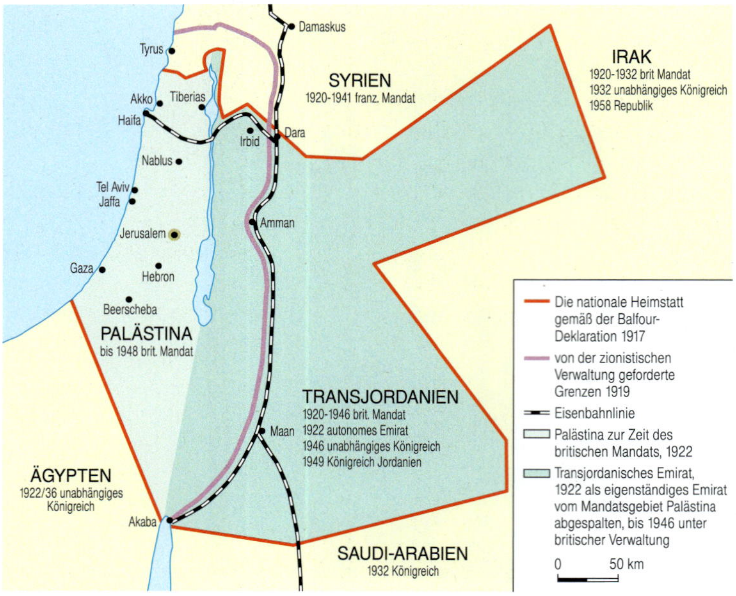

▲ **Die jüdische nationale Heimstatt, 1917 - 1922.**

Stämme beteiligten sich daraufhin am britischen Kampf gegen die osmanischen Südprovinzen, der von *Thomas E. Lawrence*, auch als „Lawrence von Arabien" bekannt, angeführt wurde.

Vor allem dank der militärischen Stärke der Briten wurde im Ersten Weltkrieg das Osmanische Reich besiegt. Britische Truppen zogen 1917 in Jerusalem ein. Doch die Hoffnungen der Araber wurden enttäuscht. Im geheimen *Sykes-Picot-Abkommen*, das schon 1916 zustande gekommen war, hatten Großbritannien und Frankreich ihre Einflusssphären geregelt. Statt die Schaffung eines arabischen Großstaates zu unterstützen, gewährten Briten und Franzosen bestimmten Herrscherfamilien autonome Territorien. Unterdessen übertrug der Völkerbund den beiden Kolonialmächten Frankreich (mit Syrien und dem späteren Libanon) sowie Großbritannien (mit Palästina und dem Irak) Mandate, die alle in der Zukunft in innere Konflikte münden sollten.

Jahr	jüdische Bevölkerung	arabische Bevölkerung	Gesamtzahl der Bewohner
1882	ca. 24 000	ca. 426 000	ca. 450 000
1914	ca. 85 000	ca. 600 000	ca. 685 000
1918	ca. 56 000	ca. 600 000	ca. 656 000
1922	84 000	668 000	752 000
1931	175 000	859 000	1 033 000
1935	355 000	953 000	1 308 000
1940	464 000	1 081 000	1 545 000
1945	554 000	1 256 000	1 810 000

▲ **Der Anteil der jüdischen und arabischen Bevölkerung Palästinas im Vergleich.**

Nach: Michael Wolffsohn, Israel. Geschichte, Politik, Gesellschaft, Wirtschaft, Wiesbaden 72007, S. 260

Einwanderung von Juden 1881 lebten nicht einmal eine halbe Million Menschen in Palästina; der Anteil der jüdischen Bevölkerung lag bei etwa fünf Prozent. Bis 1945 stieg ihr Anteil auf 33 Prozent an. Zunächst kamen die meisten jüdischen Einwanderer aus Russland. Denn dort hatten sich die alten antisemitischen Vorurteile in mehreren Pogromen entladen. Anlässe waren ein Attentat auf den Zaren 1881 und die vorherrschende revolutionäre Stimmung im Land.

Angesichts des fortwährenden Antisemitismus verstärkte sich die Einwanderung von Juden nach Palästina. Ihre politisch-nationalstaatliche Ausprägung erhielt sie durch den *Zionismus*, eine Bewegung mit dem Ziel der Gründung eines jüdischen Staates in dem Land der Vorfahren. Propagiert wurde sie unter anderem von dem Publizisten *Theodor Herzl* (▸ M1). Die Briten förderten diese Idee in der *Balfour-Deklaration* 1917, in der der Außenminister die Gründung eines eigenen jüdischen Staates positiv einschätzte. Aufstände von Arabern wegen der jüdischen Einwanderung schlugen britische Soldaten blutig nieder. Die Briten befürworteten auch, dass sich nach dem Ersten Weltkrieg in Jerusalem eine „Zionistische Kommission" bildete (▸ M2, M3). Diese betrieb zielstrebig die Vorbereitung nationalstaatlicher jüdischer Einrichtungen in Palästina und erwarb bis 1947 etwa 25 Prozent des bewohnbaren palästinensischen Landes. Die Auswanderungswelle von Juden aus Europa erreichte im Zuge der Verfolgung während des „Dritten Reiches" einen vorläufigen Höhepunkt.

Der Konflikt in Palästina wurde durch die nicht eingelösten Versprechungen der Briten an Araber und Juden geschürt. Denn die Briten wollten sich die Kontrolle über das Gebiet nicht nehmen lassen. Zwar lotete eine britische Kommission 1939 die Möglichkeit einer Teilung Palästinas aus, doch bis zur Rückgabe des britischen Mandats 1947 war kein Ergebnis zu verzeichnen.

Eine Lösung der Palästinafrage wurde durch den Zweiten Weltkrieg sowohl verzögert als auch beschleunigt: verzögert, weil die Mandatsmächte mit der Niederwerfung Hitler-Deutschlands beschäftigt waren, und beschleunigt, weil sich durch die Shoa die Frage nach dem Schicksal der überlebenden Juden umso dringlicher stellte.

Während des Krieges hatte Großbritannien die Einwanderung von Juden nach Palästina eingeschränkt. Allerdings organisierten jüdische Einrichtungen illegale Einwanderungen. Nach dem Krieg ließ die Mandatsmacht auf Druck der USA wieder Zuwanderung zu, vor allem der aus den Konzentrationslagern Befreiten.

David Ben-Gurion, gebürtig David Grün (1886-1973): 1906 Auswanderung von Polen nach Palästina, 1947 Leiter des israelischen Unabhängigkeitskampfes, 1948-1953 und 1955-1963 israelischer Ministerpräsident

Gründung Israels und erster Nahost-Krieg Die UNO beschloss 1947 in einer Resolution die Teilung Palästinas in einen jüdischen und einen arabischen Teil. Jerusalem sollte einen Sonderstatus erhalten. Die Juden akzeptierten den Plan. Die Araber lehnten ihn ab, denn sie sprachen Israel ein Existenzrecht ab. Zudem waren sie der Ansicht, dass fruchtbares Land zu ihren Ungunsten verteilt werde. Für den 15. Mai 1948 hatte Großbritannien den Abzug seiner Truppen angekündigt. Einen Tag zuvor, am 14. Mai, rief **David Ben-Gurion**, der Präsident des Großzionistischen Weltverbandes, den Staat Israel aus. Einen Tag später brach der *Erste Israelisch-Arabische Krieg* aus.

Mit vereinten militärischen Kräften glaubten die arabischen Staaten der Region – Ägypten, Jordanien, Syrien, der Libanon, der Irak und Saudi-Arabien, allesamt Gründungsmitglieder der *Arabischen Liga* – Israel besiegen und die jüdische Bevölkerung aus Palästina vertreiben zu können. Doch die israelische Armee war so schlagkräftig, dass sie das israelisch kontrollierte Gebiet beträchtlich ausweiten konnte, auch dank Waffenlieferungen aus Europa und finanzieller Unterstützung seitens der USA. Den Waffenstillstand 1949 vermittelte die UNO. Ca. 730 000 Palästinenser flüchteten hauptsächlich ins *Westjordanland*, das von Jordanien kontrolliert wurde, und den von Ägypten beherrschten *Gazastreifen*. Der sogenannte erste Nahost-Krieg blieb bei den Palästinensern als *Nakba* („Katastrophe“) in Erinnerung. Die Erfahrung von Schwäche, Ohnmacht und Demütigung einte seither und schürte bei ihnen und den Arabern insgesamt Hass auf Israel. Zugleich stärkte dies das Sicherheitsbedürfnis der Israelis.

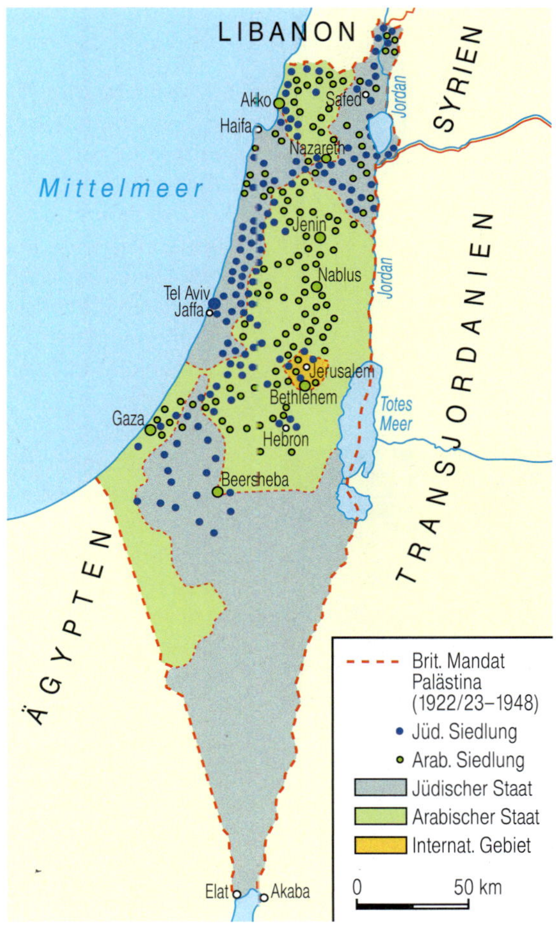

▲ **Israel nach dem UN-Teilungsplan von 1947.**

Konflikte mit Ägypten unter Nasser Erneut spitzte sich die Lage im Nahen Osten nach dem Putsch General *Gamal Abdel Nassers* in Ägypten 1952 zu. Er avancierte zur charismatischen Führungspersönlichkeit des einflussreichsten Landes der arabischen Welt und forderte Israel und die Anteilseigner des für die internationale Schifffahrt so wichtigen Suezkanals, Großbritannien und Frankreich, heraus. Er sperrte für israelische Schiffe die Straße von Tiran und damit die Verbindung zum Roten Meer.

Den Suezkanal verstaatlichte Nasser kurzerhand. Zusammen mit israelischen Truppen versuchten Großbritannien und Frankreich, den Kanal zu sichern und Nasser zu stürzen. Die Sowjetunion als Verbündeter Ägyptens drohte mit atomaren Schlägen. Die USA missbilligten ebenfalls das Vorgehen ihrer NATO-Verbündeten. Mithilfe der UNO wiederum wurde die Krise zwar entschärft, doch die Folge war der Rückzug von Briten und Franzosen aus der gesamten Region. Allerdings erreichte Israel, dass UN-Truppen seine Grenze und das Durchfahrtsrecht durch die Straße von Tiran sicherten.

Nasser, der 1966 ein gegen Israel gerichtetes Bündnis mit Syrien schloss, drohte damit, „die Juden ins Meer zu treiben". Die Lage spitzte sich im Frühjahr 1967 zu und mündete im *Sechstagekrieg*, einem Präventivschlag der israelischen Luftwaffe gegen die feindlichen arabischen Armeen. Israel vergrößerte sein Gebiet um das Dreifache, erweiterte damit die Pufferzone zu seinem Kernland und sicherte seine Wasserversorgung – ein weiterer zentraler Konfliktpunkt im Nahost-Konflikt. Die Altstadt von Jerusalem, die Golanhöhen, die vormals von Jordanien kontrollierte Westbank und Gebiete auf der Sinai-Halbinsel standen nun unter israelischer Kontrolle (▸ M4). Hunderttausende palästinensischer Araber wohnten nun auf israelischem Gebiet, ca. 500 000 hatten sich auf die Flucht begeben.

Stellvertreterkrieg Nach ihrem Eingreifen aufseiten Nassers im Suez-Krieg verstärkte die Sowjetunion ihr Engagement im Nahen Osten im Sinne der „kommunistischen Weltrevolution". Nach dem Sechstagekrieg wurde sie endgültig ein Gegner Israels und unterstützte antiwestliche und antiisraelische Staaten finanziell und militärisch.

Mit dem Auftreten der UdSSR hatte sich die Auseinandersetzung um Palästina zum Stellvertreterkrieg der beiden Supermächte und Blocksysteme im Kalten Krieg entwickelt, denn auch die USA betrieben dort eine Interessenpolitik. Als Vormacht des westlichen Bündnisses war es ihr Ziel, den sowjetischen Einfluss in der Region einzudämmen und die Ölversorgung aus dem arabischen Raum zu sichern. Die USA übernahmen die Rolle der Schutzmacht Israels, die sie bis heute ausüben.

Jassir Arafat (1929 - 2004): palästinensischer Freiheitskämpfer und Politiker; Mitbegründer und Führer der Fatah, seit 1969 auch Vorsitzender der PLO, seit den späten 1980er-Jahren Abkehr vom Terrorismus und Anerkennung Israels; 1994 Friedensnobelpreis; 1996 - 2004 Präsident der „Palästinensischen Autonomiegebiete"

Die Palästinensische Befreiungsorganisation (PLO) Die Arabische Liga lehnte auch nach der schweren Niederlage im Sechstagekrieg übereinstimmend das Existenzrecht Israels ab und kämpfte für einen unabhängigen palästinensischen Staat. Darüber hinaus entstanden eigene Widerstandsorganisationen der Palästinenser. Die 1964 von der Arabischen Liga gegründete *Palästinensische Befreiungsorganisation* (PLO) unter **Jassir Arafat** sollte die offizielle Vertretung aller Palästinenser sein und wurde von der UNO 1974 als einzige Vertretung des palästinensischen Volkes anerkannt. Die PLO war die Dachorganisation mehrerer Widerstandsgruppen, darunter die ebenfalls von Arafat gegründete *Fatah-Bewegung*, und wurde von Ägypten aus gesteuert. Dabei herrschten unterschiedliche Ansichten darüber, wie weitreichend die Ziele sein sollten. Während einige Widerstandsgruppen eine Befreiung ganz Palästinas und damit die Zerstörung Israels anstrebten, warb Arafat für die Errichtung eines palästinensischen Staates, der die von Israel besetzten Gebiete Westjordanland und Gazastreifen umfassen und Ost-Jerusalem als Hauptstadt haben sollte. Die PLO versuchte zunächst, einen palästinensischen „Volkskrieg" gegen Israel zu entfachen. Nach dem Scheitern dieser Strategie wurden Terroraktionen gegen israelische Staatbürger und Einrichtungen im Ausland das Mittel zur Durchsetzung der eigenen Ziele. Im Juni 1982 marschierte die israelische Armee in den Süden des Libanon ein, nachdem die PLO von dort aus regelmäßig Raketenangriffe auf Israel unternommen hatte. Die Israelis zerschlugen die Strukturen der

PLO im Südlibanon weitgehend und bombardierten West-Beirut, was Tausende ziviler Opfer zur Folge hatte. Auch kam es unter den Augen der israelischen Armee zu Massakern von christlichen libanesischen Milizen an palästinensischen Flüchtlingen.

Der Jom-Kippur-Krieg 1973 1973 hatten ägyptische und syrische Truppen am jüdischen „Versöhnungstag" (Jom Kippur) einen Überraschungsangriff auf Israel gestartet und große Teile der von Israel besetzten Gebiete unter ihre Kontrolle gebracht. Im Zuge einer Materialschlacht gelang es den israelischen Verbänden, das Blatt zu wenden und bis vor die Hauptstädte der Gegner vorzudringen. Die Supermächte USA (als Schutzmacht Israels) und UdSSR (als Verbündete Syriens und Ägyptens) bewegten beide Konfliktparteien zu einem Waffenstillstand unter Aufsicht der UNO.

Landesausbau Israels Der Sicherung des Existenzrechts Israels diente ein auf verschiedenen Ebenen vorangetriebener Landesausbau. Durch die Proklamation Israels erschien es möglich, im „gelobten Land" einen Staat aufzubauen, der an die biblischen Wurzeln des Volkes Israel anknüpfen konnte. Israel sollte in Anlehnung an Theodor Herzls Vision von einem jüdischen Musterstaat ein blühendes Land werden. Dazu gehörte der Aufbau der Landwirtschaft und – dank künstlicher Bewässerung – die Errichtung umfangreicher Plantagen zur Ernährung der durch weitere Einwanderung wachsenden Bevölkerung. Dem Landesausbau dienten auch die Förderung moderner Städte und industrieller Zentren sowie die Gründung jüdischer Siedlungen im ganzen Land, auch in den Palästinensergebieten. Archäologische Grabungsprogramme sollten die Überreste der antiken Ursprünge und die historische Identität Israels zum Vorschein bringen und so den historischen und biblischen Anspruch des jüdischen Volkes auf diesen Landstrich untermauern.

Einigkeit und Konflikte unter den Arabern Im Nahen Osten befinden sich einige der bedeutendsten Erdölexporteure der Welt. Der Verkauf dieses Rohstoffs verschaffte vor allem den Eliten dieser Staaten immense Einkommen. Im Jom-Kippur-Krieg setzten die arabischen Staaten erstmals Erdöl, das für die Energieversorgung und die Industrie in den westlichen Staaten ein unverzichtbarer Rohstoff war, als politische Waffe ein: Sie verhängten ein Embargo gegenüber westlichen Staaten wie den USA und drosselten die Ölausfuhr. Damit übten sie Druck auf die mit Israel verbündeten Staaten aus.*

1977 verließ der ägyptische Präsident *Mohammed Anwar as-Sadat* den Grundsatz der arabischen Staaten, nicht mit Israel zu verhandeln. In seiner Friedensinitiative berücksichtigte er Israels Sicherheitsinteresse. Zwei Jahre später unterzeichneten Sadat und der israelische Ministerpräsident *Menachem Begin* den ersten Friedensvertrag zwischen einem arabischen Land und Israel. Er sah auch eine nicht näher definierte „Autonomie" für Gaza und das Westjordanland vor. Sadat und Begin erhielten den Friedensnobelpreis.

Es wurde deutlich, dass die Arabische Liga, der heute 21 Staaten und Palästina angehören, kein geschlossener Block ist. Auch wenn immer wieder die Einheit der „arabischen Nation" und das Recht der Palästinenser auf eine Heimat in Palästina beschworen werden, vertritt doch jedes Mitglied seine nationalen Interessen. Die Anlehnung an rivalisierende Bündnispartner wurde ebenso ein Grund für Uneinigkeit wie eine gegensätzliche Position zum Existenzrecht Israels oder die Haltung zu Organisationen wie der PLO.

* Siehe Seite 432.

▸ **Die jüdische Siedlung Ariel im Westjordanland.**

Nachdem auch Arafat von seiner unversöhnlichen Haltung 1982 abgerückt war und seine Bereitschaft signalisiert hatte, unter bestimmten Bedingungen das Existenzrecht Israels anzuerkennen, spaltete sich die PLO in einen gemäßigten und einen radikalen Flügel.

Der religiöse Radikalismus, der Staat und Gesellschaft nach islamistischen Grundsätzen umgestalten wollte, erhielt immer stärkeren Auftrieb und erschwerte zusätzlich eine dauerhafte Lösung des Nahost-Konfliktes. Die Rivalität und sogar unversöhnliche Feindschaft nicht nur zwischen den Religionen, sondern auch zwischen den muslimischen Konfessionen der *Sunniten* und *Schiiten* sorgte für zusätzlichen Sprengstoff zwischen Regierungen arabischer Staaten, aber auch innerhalb der Staaten. 1981 fiel Sadat einem Mordanschlag der *Muslimbrüder*, einer radikalen islamistischen Organisation, zum Opfer.

Die 1985 gegründete radikale libanesische Organisation *Hisbollah* (arab.: „Partei Gottes") und die 1987 gegründete *Hamas* (arab.: „religiöser Eifer"), eine palästinensische Terrororganisation, verweigerten Arafat die Gefolgschaft. Die PLO verlor an Einfluss.

Die erste Intifada Die nächste Gewaltwelle löste sich 1987 im Zuge der sogenannten *Intifada*, einer gewaltsamen Erhebung der Palästinenser mit dem Ziel, die Besatzung zu überwinden.

Die radikal-islamische Hamas-Bewegung machte der PLO nun die Führungsrolle im Lager der Palästinenser erstmals streitig. Zu ihren Mitteln zählten neben der Aufwiegelung zumeist jugendlicher Palästinenser auch Sprengstoffanschläge und später Selbstmordattentate. Auch in Israel kam es zu einer gesellschaftlichen Spaltung zwischen orthodox-nationalistischen Gruppen und der Friedensbewegung, die die Losung „Land für Frieden" ausgab. Streitpunkt dabei waren die jüdischen Siedlungen, die in den besetzten Gebieten, vor allem im Westjordanland, errichtet wurden.

Unterdessen erfolgte ein wichtiger Schritt zur Schaffung eines Palästinenserstaates. König *Hussein von Jordanien* verzichtete 1988 auf seine Ansprüche auf das Westjordanland. Daraufhin rief der Palästinensische Nationalrat, die Abgeordnetenvertretung der PLO, am 15. November 1988 in Algier (Algerien) den Staat Palästina aus. Gleichzeitig erkannte er das Existenzrecht Israels an. Der PLO-Vorsitzende Arafat wurde zum Präsidenten gewählt. Palästina wurde allerdings nur von den Ostblockstaaten und Staaten der „Dritten Welt" anerkannt.

Indirekt wurde der Nahost-Konflikt 1990 durch den zweiten Golfkrieg infolge des Überfalls *Saddam Husseins* auf Kuwait angefacht. Weil Saddam den Abzug der irakischen Truppen an den Abzug der Israelis aus den besetzten Gebieten knüpfte, wurden zahlreiche palästinensische Gastarbeiter aus den Staaten um den Persischen Golf ausgewiesen, während vereinzelt irakische Raketen in Israel einschlugen.

▲ **Palästinensische Jugendliche werfen in Rafah im Gazastreifen Steine auf israelische Soldaten.**
Foto vom 13. Januar 1988.

Der zähe Friedensprozess Nach dem Ende des Kalten Krieges schienen die Chancen für eine friedliche Lösung des Nahost-Konfliktes zu steigen (▸ M5). Im Oktober 1991 fand in Madrid eine Friedenskonferenz statt, bei der Israel mit Syrien, Jordanien und dem Libanon verhandelte. Die Palästinenser waren in der jordanischen Delegation vertreten. Doch erst im Jahr darauf erzielte man greifbare Ergebnisse: Die PLO gab im Gegenzug für die Anerkennung als alleiniger Verhandlungspartner eine Existenzgarantie für den Staat Israel.

1993 unterzeichnete man in Washington eine „Prinzipienerklärung", in der eine langfristige Lösung des Konfliktes angebahnt werden sollte (▸ M6). Neben dem Rückzug der israelischen Armee sah sie die Aufteilung des Westjordanlandes in drei Zonen mit unterschiedlicher Verwaltungshoheit vor (zwischen palästinensischer und israelischer Zivil- und Sicherheitsverwaltung).

Wie schwierig die Verhandlungen und die Lösung des Konfliktes waren, zeigt sich in der Tatsache, dass die heikelsten Streitpunkte ausgeklammert wurden: das Rückkehrrecht der Flüchtlinge, die Frage, was mit den jüdischen Siedlungen in den besetzten Gebieten geschehen soll, die Wasserversorgung und die Zukunft von Ost-Jerusalem.

1994 schloss Israel mit Jordanien Frieden, 1995 begann Israel mit dem schrittweisen Abzug seiner Truppen aus der Westbank. Aus den Präsidentschaftswahlen in den autonomen Palästinensergebieten ging 1996 Arafat als Sieger hervor.

Für die Umsetzung der palästinensischen Souveränität waren fünf Jahre geplant. Doch Widerstand auf beiden Seiten verhinderte diese. Radikale Palästinenserorganisationen wie auch radikale jüdische Siedler stoppten den Friedensprozess durch zahlreiche Attentate. Der israelische Ministerpräsident *Jitzchak Rabin* wurde 1995 von einem jüdischen Fanatiker erschossen, und Selbstmordanschläge der Hamas und des Islamischen Dschihad in Israel verzögerten den Abzug des israelischen Militärs aus den besetzten Gebieten. 1998 verpflichteten sich beide Seiten zu deeskalierenden Maßnahmen: Die *Palästinensische Autonomiebehörde* verpflichtete sich zu wirksamen Maßnahmen gegen Gewalt, die von Palästinensern ausgeht. Die israelische Armee zog sich im Gegenzug weiter aus dem Westjordanland zurück. Nachdem sie auch aus den seit 1982 besetzten Gebieten im Südlibanon abgezogen war, übernahm dort die militante Schiitenorganisation Hisbollah, die vom Iran unterstützt wird, die Kontrolle.

Unter der Vermittlung des US-Präsidenten *Bill Clinton* unternahmen Arafat und Rabins Nachfolger *Ehud Barak* im Jahr 2000 einen Versuch, den Friedensprozess zu vollenden und dabei gerade über zentrale Konfliktpunkte zu verhandeln. Die Gespräche scheiterten. Hinsichtlich des Grenzverlaufs zwischen einem palästinensischen Staat, der Kontrolle über Ost-Jerusalem und des von den Palästinensern geforderten Rückkehrrechts der 3,6 Millionen Flüchtlinge wurde keine Einigkeit erzielt.

▲ **Jitzchak Rabin, US-Präsident Bill Clinton und Jassir Arafat 1993 in Washington.**

▸ Bei einem Selbstmordattentat gesprengter Bus in Jerusalem.
Foto von Juni 2002. Selbstmordattentate radikaler palästinensischer Organisationen gab es bereits in den 1990er-Jahren. Nie zuvor kam es jedoch zu so vielen Anschlägen wie während der zweiten Intifada.

Der Nahost-Konflikt im neuen Jahrtausend Die Enttäuschung über den Misserfolg der Verhandlungen in Camp David und die angestaute Unzufriedenheit über das Elend in den Palästinensergebieten entluden sich im Herbst 2000 in der *zweiten Intifada*. Sie wurde von beiden Seiten noch härter ausgefochten als die erste.

Anlass war der Besuch des damaligen konservativen Oppositionsführers und späteren Ministerpräsidenten *Ariel Scharon* in Begleitung von rund 1000 Soldaten, Polizisten und Journalisten auf dem Tempelberg. Die Palästinenser behaupteten, dass der Besuch des früheren Ministers für „Nationale Infrastruktur", der den israelischen Siedlungsbau in den palästinensischen Gebieten trotz Friedensverhandlungen gefördert hatte, eine kalkulierte Provokation gewesen sei, um die israelischen Herrschaftsansprüche auch auf den Tempelberg zu verdeutlichen. Auf israelischer Seite wurde hingegen der PLO und ihrem Vorsitzenden Jassir Arafat vorgeworfen, die Gewalttätigkeiten möglicherweise lange geplant zu haben. Ariel Scharons Gang auf den auch für Juden heiligen Tempelberg sei hingegen als Ort für einen Besuch angemeldet und daher völlig ordnungsgemäß gewesen. Demgegenüber müsse die Intifada als Terrorismus konsequent bekämpft werden.

Viele Selbstmordanschläge gegen die israelische Zivilbevölkerung, die mit der radikal-islamischen Hamas im Gazastreifen in Verbindung gebracht wurden, und israelische Luftangriffe mit zivilen Opfern prägten die Auseinandersetzung (▸ M7, M8). Um das Eindringen von Selbstmordattentätern zu unterbinden, errichtete Israel im Juni 2002 Sperranlangen zwischen dem Westjordanland und Israel.

Roadmap Im April 2003 erarbeitete das *Nahost-Quartett* aus UNO, USA, EU und Russland die sogenannte *Roadmap*, also einen Fahrplan für eine dauerhafte Friedensregelung. Alle offenen Fragen wurden aufgelistet. In der abschließenden Phase sollten bis 2005 die Konfliktparteien feste Grenzen vereinbart und einen Friedensvertrag geschlossen haben. Ende 2003 folgte eine Vereinbarung zwischen Israelis und Palästinensern.

2005 vollzogen sich der Abzug der israelischen Truppen aus dem Gazastreifen und die Räumung der dortigen jüdischen Siedlungen. Doch aufseiten der Palästinenser erfolgte eine zunehmende Radikalisierung nach Arafats Tod 2005. Die Macht der durch Korruption geschwächten Fatah-Bewegung, der wichtigsten Gruppierung innerhalb der PLO, schwand unter Arafats Nachfolger *Mahmud Abbas*. Die Hamas erzielte Anfang 2006 einen Wahlerfolg in den Palästinensergebieten. Das führte zum Abbruch der Verhandlungen mit Israel, denn die Hamas lehnte die zentralen Forderungen Gewaltverzicht, Anerkennung des Staates Israel und den Inhalt der bisherigen Vereinbarungen ab. Es kam zu einem Zerwürfnis aufseiten der Palästinenser, das auch mit Gewalt ausgetragen wurde. Nur durch Vermittlung Saudi-Arabiens konnte eine Einheitsregierung für eine Übergangsphase gebildet werden.

▲ **Israelische Sperrmauer bei Jerusalem.**
Foto von Jim Hollander, Juli 2004.
Zum Schutz vor Heckenschützen und Selbstmordattentaten baut Israel seit 2002 an einem fast 760 Kilometer langen „Anti-Terror-Zaun". Er trennt Israel vom palästinensischen Westjordanland. Die Anlage besteht zum größten Teil aus einem elektronisch gesicherten Zaun mit einem Graben. In besiedelten Gebieten und an belebten Kreuzungen wurde eine bis zu neun Meter hohe Betonmauer errichtet. Die Sperranlage verläuft zum Teil durch palästinensisches Siedlungsgebiet und behindert Hunderttausende auf dem Weg zu Arbeitsplätzen, Feldern, Krankenhäusern und Schulen. Im Juli 2004 erklärte der Internationale Gerichtshof in Den Haag die Sperranlage für völkerrechtswidrig. Unabhängig davon: Der palästinensische Terror ließ nach der Errichtung der Grenzanlagen nach.

Rückschläge und neue Konflikte Raketenangriffe der Hisbollah aus dem Südlibanon und die Entführung von zwei israelischen Soldaten lösten den *zweiten Libanon-Krieg* im Juli 2006 aus, der die Zerschlagung der Hisbollah-Strukturen im Südlibanon zum Ziel hatte. Die Einheitsregierung in den autonomen Palästinensergebieten zerbrach im April 2007 infolge von Streitigkeiten, die einen Bürgerkrieg zur Folge hatten. Konsequenz war die Vertreibung der PLO aus dem Gazastreifen mit seinen 1,4 Millionen Einwohnern, der fortan von der Hamas verwaltet wurde. Die Fatah kontrollierte nur noch das Westjordanland mit 3,4 Millionen Bewohnern. Während der Westen die gemäßigtere Fatah finanziell unterstützte, griff Israel im Dezember 2008 die Hamas im Gazastreifen an. Der UN-Bericht, der nach Beendigung der Kampfhandlungen im Januar 2009 erstellt wurde, wies beiden Konfliktparteien Kriegsverbrechen, namentlich Angriffe gegen die Zivilbevölkerung, nach.

Neue Konflikte, deren langfristige Folgen noch nicht abzusehen sind, überlagerten ab 2010 die Spannungen zwischen Israel und den Palästinensern und trafen regionale Mächte, die den Nahost-Konflikt mit geprägt hatten.

Volksaufstände im sogenannten *Arabischen Frühling* erschütterten ab 2011 mehrere Länder in Nordafrika und im Nahen Osten und führten zum Sturz von autoritären Regimen. Die Opposition hatte dabei unterschiedliche Ziele, die von der Errichtung von Demokratien nach westlichem Vorbild bis zu einer islamistischen Umgestaltung von Politik und Gesellschaft reichten. Ägypten, das zuvor im Konflikt zwischen Israelis und Palästinensern vermittelte, geriet erst unter die Kontrolle der islamistischen Muslimbrüder, danach erlangte das Militär mit seinem General *Sisi* im Zuge eines Putsches die Macht. In Syrien unter dem Diktator *Baschar al-Assad* entbrannte ein erbittert geführter Bürgerkrieg. Während westliche Staaten den Sturz des Regimes betrieben, griff Russland, das von der Sowjetunion die Rolle einer Schutzmacht übernommen hatte, aufseiten des Regimes durch Luftschläge gegen die Opposition ein. Der *Islamische Staat*, eine terroristische sunnitische Miliz, brachte weite Teile des Irak und Syriens unter seine Kontrolle und bedrohte auch das NATO-Mitglied Türkei. Ihn bekämpften auch westliche Staaten mit Luftangriffen. Der Iran, ein schiitischer „Gottesstaat", der die Hisbollah-Miliz im Libanon und andere schiitische Gruppierungen mit Waffen und Geld unterstützt und Israel immer wieder mit Gewaltaktionen drohte, verzichtete auf sein Atomprogramm. Zuvor hatten die UN vor allem auf Druck des Westens und Israels, die eine weitere Destabilisierung des Nahen Ostens und eine weitere Eskalation der Gewalt befürchteten, deshalb umfassende Sanktionen verhängt. Wie sich diese Entwicklungen auf den Nahost-Konflikt auswirken, ist völlig ungewiss. Eine dauerhafte Lösung ist weiterhin nicht in Sicht.

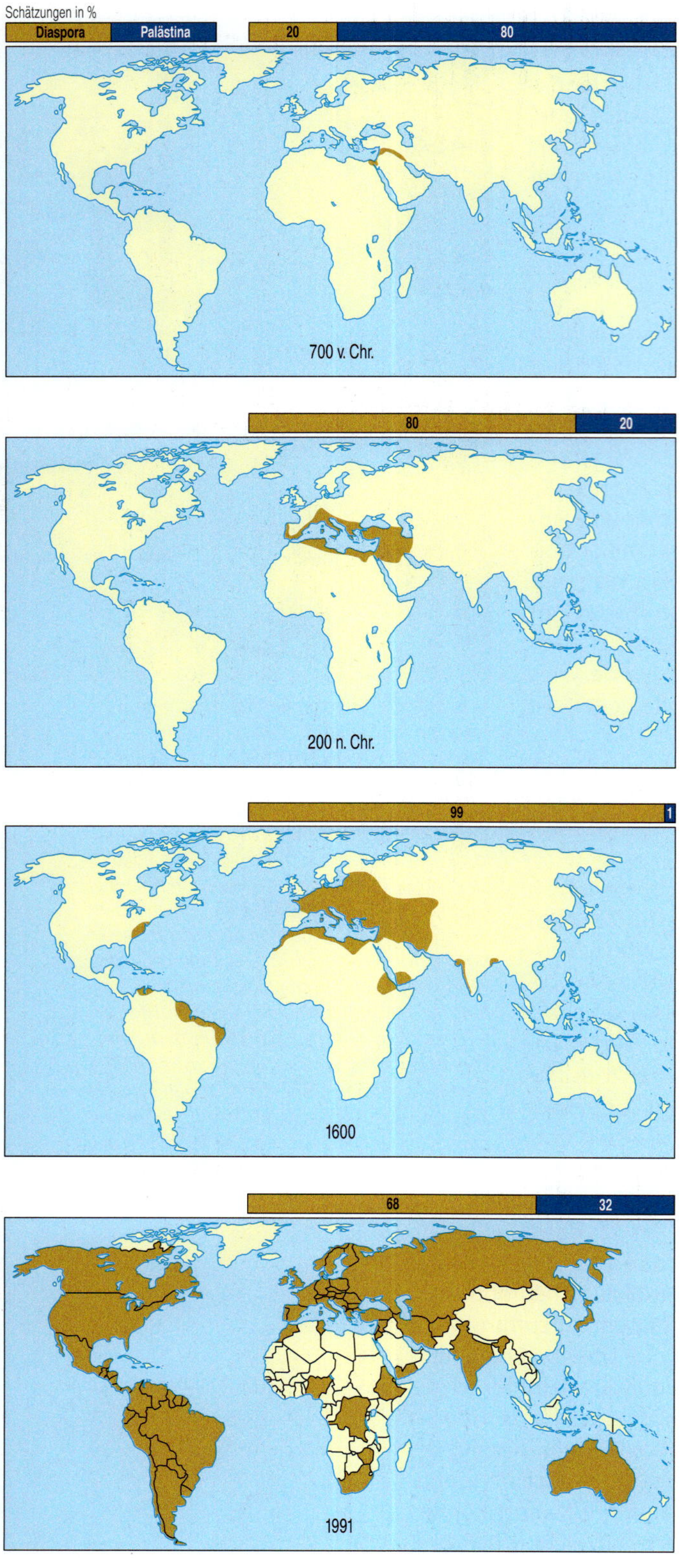

◄ **Siedlungsgebiete von Juden 700 v. Chr. - 1991.**
Aus: Eli Barnavi (Hrsg.), Universalgeschichte der Juden. Von den Ursprüngen bis zur Gegenwart. Ein historischer Atlas, München 2004, S. XII/I

M1 Theodor Herzl: Der Judenstaat (1896)

Der Autor, ein österreichisch-ungarischer Schriftsteller jüdischer Herkunft, gilt als Vordenker des Zionismus, also einer Bewegung, die die Gründung und den Schutz eines jüdischen Staates zum Ziel hat.

Die Judenfrage besteht. Es wäre töricht, sie zu leugnen. Sie ist ein verschlepptes Stück Mittelalter, mit dem die Kulturvölker auch heute beim besten Willen noch nicht fertig werden konnten. Den großmütigen Willen zeigten sie ja, als sie uns emanzipierten. Die Judenfrage besteht überall, wo Juden in merklicher Anzahl leben. Wo sie nicht ist, da wird sie durch hin wandernde Juden eingeschleppt. Wir ziehen natürlich da hin, wo man uns nicht verfolgt; durch unser Erscheinen entsteht dann die Verfolgung. Das ist wahr, muss wahr bleiben, überall, selbst in hoch entwickelten Ländern – Beweis Frankreich –, solange die Judenfrage nicht politisch gelöst ist. Die armen Juden tragen jetzt den Antisemitismus nach England, sie haben ihn schon nach Amerika gebracht.
Ich glaube den Antisemitismus, der eine vielfach komplizierte Bewegung ist, zu verstehen. Ich betrachte diese Bewegung als Jude, aber ohne Hass und Furcht. Ich glaube zu erkennen, was im Antisemitismus roher Scherz, gemeiner Brotneid, angeerbtes Vorurteil, religiöse Unduldsamkeit – aber auch, was darin vermeintliche Notwehr ist. Ich halte die Judenfrage weder für eine soziale noch für eine religiöse, wenn sie sich auch noch so und anders färbt. Sie ist eine nationale Frage, und um sie zu lösen, müssen wir sie vor allem zu einer politischen Weltfrage machen, die im Rate der Kulturvölker zu regeln sein wird.
Wir sind ein Volk, ein Volk.
Wir haben überall ehrlich versucht, in der uns umgebenden Volksgemeinschaft unterzugehen und nur den Glauben unserer Väter zu bewahren. Man lässt es nicht zu. Vergebens sind wir treue und an manchen Orten sogar überschwängliche Patrioten, vergebens bringen wir dieselben Opfer an Gut und Blut wie unsere Mitbürger, vergebens bemühen wir uns, den Ruhm unserer Vaterländer in Künsten und Wissenschaften, ihren Reichtum durch Handel und Verkehr zu erhöhen. In unseren Vaterländern, in denen wir ja auch schon seit Jahrhunderten wohnen, werden wir als Fremdlinge ausgeschrien [...]. Wir sind ein Volk – der Feind macht uns ohne unseren Willen dazu, wie das immer in der Geschichte so war. In der Bedrängnis stehen wir zusammen, und da entdecken wir plötzlich unsere Kraft. Ja, wir haben die Kraft, einen Staat, und zwar

einen Musterstaat zu bilden. Wir haben alle menschlichen und sachlichen Mittel, die dazu nötig sind.

[...]

Der ganze Plan ist in seiner Grundform unendlich einfach und muss es ja auch sein, wenn er von allen Menschen verstanden werden soll.

Man gebe uns die Souveränität eines für unsere gerechten Volksbedürfnisse genügenden Stückes der Erdoberfläche, alles andere werden wir selbst besorgen.

Theodor Herzl, Der Judenstaat, Berlin [8]1920, S. 12 f. und 38

1. *Fassen Sie Herzls Kernaussagen in Thesen zusammen.*
2. *Erläutern Sie die Argumentationsstruktur des Textes.*
3. *Diskutieren Sie die Folgen, die die Gründung eines jüdischen Staates nach sich ziehen.*

M2 Balfour-Deklaration (1917)

Es handelt sich um ein Schreiben des britischen Außenministers Arthur James Balfour an den Vizepräsidenten der britischen Vereinigung jüdischer Gemeinden:

Mein lieber Lord Rothschild!

Zu meiner großen Genugtuung übermittle ich Ihnen namens S.M.[1] Regierung die folgende Sympathie-Erklärung mit den jüdisch-zionistischen Bestrebungen, die vom Kabinett geprüft und gebilligt worden ist:

Seiner Majestät Regierung betrachtet die Schaffung einer nationalen Heimstätte in Palästina für das jüdische Volk mit Wohlwollen und wird die größten Anstrengungen machen, um die Erreichung dieses Zieles zu erleichtern, wobei klar verstanden wird, dass nichts getan werden soll, was die bürgerlichen und religiösen Rechte bestehender nichtjüdischer Gemeinschaften in Palästina oder die Rechte und die politische Stellung der Juden in irgendeinem anderen Lande beeinträchtigen könnte.

Ich bitte Sie, diese Erklärung zur Kenntnis der zionistischen Föderation zu bringen.

gez.: James Balfour

Zitiert nach: Kinan Jaeger und Rolf Tophoven (Hrsg.), Der Nahost-Konflikt. Dokumente, Kommentare, Meinungen, Bonn 2011, S. 45 f.

[1] **S.M.**: Abkürzung für „Seiner Majestät" (gemeint ist der britische König)

▲ **Der Felsendom.**
Foto, um 2000.
Der Felsendom auf dem Tempelberg ist neben der al-Aqsa-Moschee eines der Hauptheiligtümer des Islam und der älteste erhaltene muslimische Sakralbau überhaupt. Er wurde 691 über dem Felsen errichtet, wo die Himmelfahrt Mohammeds stattgefunden haben soll. Er birgt zudem den Stein, auf dem nach biblischer Überlieferung Abraham seinen Sohn Isaak als Beweis für seinen Gehorsam gegenüber Gott opfern wollte, bevor ein Engel dies verhinderte.

M3 „Geburtsfehler" des Zionismus

Der Autor Shalom Ben-Chorin (1913 - 1999) ist ein deutsch-israelischer Journalist und Religionswissenschaftler, der sich für den jüdisch-christlichen Dialog einsetzt.

Der Zionismus litt an einem Geburtsfehler. Er verstand sich als die Freiheitsbewegung des jüdischen Volkes unter dem Motto: Für das Volk ohne Land, das Land ohne Volk.

Das war klar und eingängig – aber falsch. In der Tat war das jüdische Volk ein Volk ohne Land, aber Palästina war nicht ein Land ohne Volk. Freilich war es überaus dünn besiedelt, aber leer war es nicht. Es gibt wahrscheinlich keine leeren Länder, wenn man von den Weiten der Wüste absieht. Die Bevölkerung Palästinas aber litt – und das bis heute – an einem Mangel an „Adresse". Die Fellachen [Bauern] und Beduinen in den Gründerjahren des Zionismus hatten keine Organisation aufzuweisen, die als Partner der Zionistischen Weltorganisation ansprechbar gewesen wäre. Reiche Effendis [Grund-

▲ **Der Tempelberg in Jerusalem.**
Foto, um 2000.
Jerusalem ist die Hauptstadt Israels und einer der wichtigsten Wallfahrtsorte der drei Weltreligionen Judentum, Christentum und Islam. Einige Stätten sind allen drei Religionen heilig, wie der im 7. Jahrhundert von den Muslimen errichtete Felsendom (siehe Seite 579). Ebenso heilig wie der Felsendom ist den Juden der benachbarte Ort des zerstörten zweiten Tempels, den König Herodes (37-4 v. Chr.) erbauen ließ und der 70 n. Chr. durch die Römer zerstört wurde. Die „Klagemauer", von den Juden „Westmauer" genannt, ist der einzige Überrest. Sie ist Ort der Klage und Stätte des Gebets. Die bedeutendste christliche Pilgerstätte ist die Grabeskirche. Sie steht dort, wo sich das Grab Jesu befunden haben soll.

besitzer] verkauften ihre Ländereien an den Jüdischen Nationalfonds – und landlos gewordene Fellachen waren das Opfer. [...]
Jahrhundertelang gab es keine palästinensische Identität. Die Araber empfanden sich als Araber, nicht als Palästinenser, da Palästina, inklusive dem heutigen Jordanien, mit Syrien eine geopolitische Einheit bildete. Sie hatten nie einen eigenen Staat, denn das Land war immer fremden Mächten und Reichen untertan.

Zitiert nach: Roswitha von Benda, Dieses Land pack' ich nicht. Junge Deutsche in Israel und der Westbank, München 1991, S. 139

1. *Fassen Sie die Problematik um die Schaffung eines jüdischen Staates, die in M2 und M3 deutlich wird, zusammen.*
2. *Beurteilen Sie die Verantwortung, die die ehemalige Kolonialmacht Großbritannien im Nahost-Konflikt trägt.*

M4 Die israelische Einnahme Jerusalems: Segen oder Fluch?

Der israelische Journalist Gil Yaron schreibt 2007 über die Einnahme Jerusalems durch das israelische Militär 1967:

Spielte die Klagemauer vor dem Sechstagekrieg im israelischen Alltag nur eine Nebenrolle, erfolgte 1967 ein tiefer Wandel. Am 7.6.1967 eroberten israelische Truppen Ost-Jerusalem. Der Verteidigungsminister Mosche Dayan ging mit den anderen Siegern, Generalstabschef Jitzchak Rabin (1922-1995) und dem lokalen Befehlshaber Motta Gur zur Klagemauer und erklärte feierlich: „Jerusalem ist befreit. Wir haben Jerusalem, die geteilte Hauptstadt Israels, vereint. Wir sind an unsere heiligen Plätze zurückgekehrt, um uns niemals wieder von ihnen zu trennen." In Israel brach eine begeisterte Stimmung aus. Die Dauer des Krieges wurde der biblischen Erschaffung der Welt gleichgestellt. Gläubige Juden sahen in dem erfolgreichen Feldzug ein Zeichen Gottes. Nicht alle Israelis labten sich an dem berauschenden Sieg. Eine Anekdote besagt, dass der israelische Premier Levy Eschkol kurz nach der Eroberung Ost-Jerusalems von seinen Beratern zur Klagemauer gebracht wurde. Euphorisch betrat er die Altstadt. Doch auf seinem Weg zum jüdischen Heiligtum verdüsterte sich sein Gesichtsausdruck. Hunderte schweigende Araber säumten seinen Weg und betrachteten die israelischen Eroberer mit einer Mischung aus Angst und Hass. An der Klagemauer angekommen, begrüßten ihn die Israelis mit stürmischem Beifall. Eschkol erhob seine linke Hand und machte mit zwei Fingern das „V"-Zeichen. Sein Berater fragte ihn: „Ist das ein V für ‚victory'?" „Nein", flüsterte Eschkol in Jiddisch zurück: „Das ist für: ‚Wie kriechen wir hier wieder raus?'" So hatte Eschkol, der wie fast alle Akteure des Sechstagekrieges gegen seinen Willen aufgrund einer Reihe von Fehlern in den Krieg hineingezogen worden war, schon kurz danach trotz der hysterischen Euphorie um ihn herum den militärischen Sieg als politische Niederlage erkannt. Mit den eroberten Gebieten hatte Israel das Palästinenserproblem „geschluckt": Anstatt an ihren Grenzen befanden sich die Araber nun inmitten des jüdischen Staates. [...] Doch die Mehrheit reagierte ekstatisch auf die „Befreiung" ganz Jerusalems. Schon wenige Stunden nach der Eroberung ließ der neu gewählte Bürgermeister Teddy Kollek das Mughrabi-Viertel vor der Klagemauer planieren. Insgesamt 135 arabische Häuser wurden dem Erdboden gleichgemacht, 650 Palästinenser zwangsweise umgesiedelt. Vor der Klagemauer entstand der große Platz, an dem sich heute Tausende zum Gebet einfinden können.

Gil Yaron, Jerusalem. Ein historisch-politischer Stadtführer, München 2007, S. 160 f.

1. *Der Sechstagekrieg von 1967 wird aus israelischer Sicht oft als nationaler Triumph angesehen. Arbeiten Sie Aspekte dieses „Triumphes“ heraus.*

2. *Nehmen Sie Stellung, ob Geschichte und Religion instrumentalisiert wurden.*

3. *Erläutern Sie, worin sich die Ambivalenz des Geschehens zeigt.*

4. *Diskutieren Sie, welche Alternativen es von israelischer oder amerikanischer Seite 1967 im Umgang mit der Klagemauer gegeben hätte.*

5. *Erörtern Sie am Beispiel der Klagemauer die Ansicht, dass Jerusalem der Kulminationspunkt des Nahost-Konfliktes sei.*

6. **+** *Entwerfen Sie Handlungsstrategien der palästinensischen Seite nach dem Krieg von 1967 sowohl gegenüber den arabischen Ländern als auch gegenüber Israel.*

M5 Die Entwicklung des israelisch-arabischen Konfliktes von 1948 bis 1995

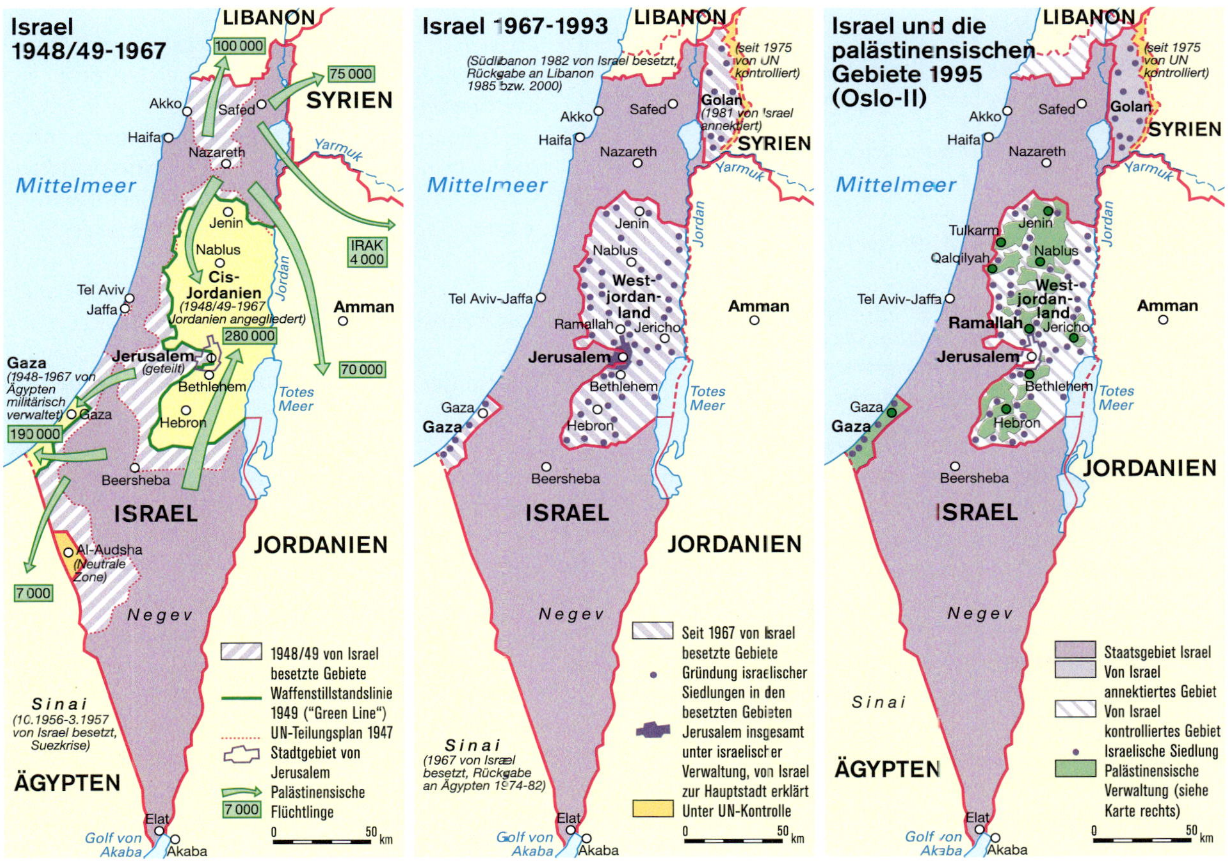

1. *Arbeiten Sie anhand der Karten die Gebietsentwicklungen von 1948 bis 1995 a) aus israelischer, b) aus arabischer und c) aus palästinensischer Sicht für das gesamte Konfliktgebiet sowie für Jerusalem heraus. Ziehen Sie den Verfassertext hinzu.*

2. *Bewerten Sie die Ergebnisse.*

3. *Arbeiten Sie die außenpolitischen Grundsätze Israels heraus. Lassen sich Möglichkeiten für eine palästinensische Friedenslösung erkennen?*

▲ **Krieg der Bilder: Ein palästinensischer Junge stellt sich nach einer Demonstration in Hebron einem israelischen Soldaten in den Weg.**

- *Fotos wie diese wecken beim Betrachter Emotionen und können dessen Einstellung beeinflussen. Diskutieren Sie mögliche Wirkungen des Bildes.*
- *Beurteilen Sie, welche dieser Wirkungen vom reinen Bildinhalt gedeckt sind.*

M6 Anerkennung und Friedensversprechen

In einem Briefwechsel zwischen Jassir Arafat und Jitzchak Rabin werden Probleme ausgeräumt, die der „Prinzipienerklärung über die vorübergehende Selbstverwaltung" (1993) zwischen Israel und der PLO im Wege stehen.

a) Brief Jassir Arafats an Jitzchak Rabin vom 9.9.1993:
Herr Premierminister, die Unterzeichnung der Prinzipienerklärung markiert eine neue Ära in der Geschichte des Nahen Ostens. Davon fest überzeugt, möchte ich die folgenden Verpflichtungen der PLO bekräftigen:
Die PLO anerkennt das Recht des Staates Israel, in Frieden und Sicherheit zu existieren. [...]
Die PLO ist dem Nahost-Friedensprozess und einer friedlichen Lösung des Konfliktes zwischen den beiden Seiten verpflichtet und erklärt, dass alle weiteren Fragen [...] durch Verhandlungen gelöst werden.
Die PLO [...] lehnt Terrorismus und andere Gewaltakte ab und wird die Verantwortung über alle Gruppen und das Personal der PLO übernehmen, um deren Zustimmung sicherzustellen, Gewalttätigkeiten zu verhindern und diejenigen zu disziplinieren, die Vereinbarungen brechen.
Mit Blick auf die Verheißung einer neuen Ära und die Unterzeichnung der Prinzipienerklärung [...] bekräftigt die PLO, dass jene Artikel der Palästinensischen Charta, die das Existenzrecht Israels bestreiten, und jene Klauseln der Charta, die nicht mit den Verpflichtungen dieses Briefes übereinstimmen, jetzt unwirksam und nicht länger gültig sind. Als Konsequenz daraus verpflichtet sich die PLO, dem Palästinensischen Nationalrat die notwendigen Änderungen mit Blick auf die Palästinensische Charta zur Zustimmung zu unterbreiten.

b) Brief von Jitzchak Rabin an Jassir Arafat vom 9.9.1993:
Herr Vorsitzender, in Beantwortung Ihres Briefes vom 9. September 1993 möchte ich Ihnen bestätigen, dass im Lichte der in Ihrem Brief enthaltenen Verpflichtungen der PLO die Regierung Israels beschlossen hat, die PLO als Repräsentantin des palästinensischen Volkes anzuerkennen und Verhandlungen mit der PLO im Rahmen des Nahost-Friedensprozesses aufzunehmen.

Zitiert nach: Dokumente zum Friedensprozess im Nahen Osten, in: Blätter für deutsche und internationale Politik, Heft 10, 1993, S. 1280-1285

1. *Arbeiten Sie die Zugeständnisse heraus, die beide Seiten vor dem Abkommen machen. Beurteilen Sie, ob sie gleichwertig sind.*
2. *Erörtern Sie, warum beide Verhandlungsführer zur Klärung der Probleme die Form des Briefwechsels wählten.*
3. *Verfassen Sie mögliche Argumente der Friedensgegner in beiden Lagern. Bewerten Sie deren Berechtigung.*

M7 Die Nahost-Politik der USA

Der Autor Volker Perthes ist Politikwissenschaftler und seit 2005 Direktor der Stiftung Wissenschaft und Politik. Im September 2015 wird er im Syrien-Krieg von den UNO als Vermittler zwischen dem Assad-Regime und gemäßigten Rebellengruppen entsandt.

Neben der pro-israelischen Haltung sind für die USA im Nahen Osten ihre globalen Interessen bestimmend. Diese betreffen vor allem die Frage der Beherrschung des östlichen Mittelmeeres, des Persisch-Arabischen Golfs und des Zugangs zum Indischen Ozean (Suezkanal). Von besonderer Bedeutung ist darüber hinaus die Frage der Sicherung der Erdölvorräte am Persisch-Arabischen Golf. Als neue Determinante der US-Nahostpolitik ist seit 2001 zusätzlich noch der Kampf gegen den internationalen Terrorismus zu nennen [...]. Tatsächlich ist das Vertrauen aller arabischen Parteien in die USA gering. Vertrauen ist allerdings auch nicht notwendig, um die USA in ihre Position als Makler im Konflikt zu bringen. Denn die arabischen Parteien, hierbei vor allem Syrien und Palästina, wollten die USA gerade wegen ihres Einflusses auf und ihrer Sonderbeziehung zu Israel in den Friedensprozess involvieren. Die USA sind von dieser Warte die einzige Macht, die Einfluss auf Israel hat und damit eine Vertragstreue Israels „garantieren" kann. Auch der Einfluss der USA im Nahen Osten sollte nicht überschätzt werden: Zwar sind die USA als Weltmacht tatsächlich auf einzigartige Weise in der Lage, Macht, besonders militärische, in die Region zu projizieren; weiterhin üben sie erheblichen Einfluss auf die internationalen Finanzinstitutionen wie die Weltbank oder den IWF aus, und sie sind dazu noch größter bilateraler Geldgeber in der Region. Aber auch diese Einflussmittel haben begrenzte Wirkung. Qua Machtprojektion können die USA zwar bilateralen Einfluss über Staaten wie Kuwait oder Saudi-Arabien gewinnen, und sie sind in der Lage, einzelne Akteure wie den Irak zu zerstören. Sie können damit aber keine regionalen Strukturen aufbauen oder aktiv regionale Dynamiken steuern. [...] Was bleibt, ist, dass die USA den Nahen Osten zwar nicht unbedingt „verstehen", dies aber auch nicht unbedingt müssen. Qua Weltmachtrolle werden sie auch ohne ein solches Verständnis ohnehin als Vermittler gefragt sein.

Volker Perthes, Die Nahostpolitik der USA: Klare Interessen, unklare Politik?, in: Uta Klein und Dietrich Thränhardt (Hg.), Gewaltspirale ohne Ende?, Schwalbach / Ts. 2002, S. 77 f.

1. *Geben Sie die Einschätzung des Autors zur Nahost-Politik der USA in einer These wieder.*
2. *Erörtern Sie, welche Konsequenzen sich für die Lösung des Nahost-Konfliktes ergeben.*

M8 Unterschiedliche Perspektiven

a) Abdallah Frangi: Perspektive eines Palästinensers
Der Autor ist 1993 bis 2005 Generaldelegierter der Palästinensischen Autonomiebehörde in Deutschland. Er nimmt Bezug auf die zwischen Israel und dem Westjordanland seit Juni 2002 errichteten Grenzsperranlagen:

Es ist dringend nötig, dass die Menschen in Israel und Palästina endlich ein Leben ohne Angst und Not führen. Dies kann nur erreicht werden, wenn die Palästinenser einen lebensfähigen und gleichberechtigten Staat neben Israel gründen können und die israelischen Streitkräfte sich auch von den 1967 besetzten Gebieten in Syrien und dem Libanon zurückziehen.
Nach acht Jahren „Friedensprozess" ist von unseren Hoffnungen und Träumen nichts geblieben. Israel hat es versäumt, die historische Chance zu nutzen und einen gerechten Frieden mit dem palästinensischen Volk zu schließen und sich zugleich in den Nahen Osten als Partner zu integrieren. Die gesamte arabische Welt hat dem Land – in Form des Plans des saudi-arabischen Kronprinzen Abdallah auf dem Arabischen Gipfeltreffen von Beirut Ende März 2002 – die Hand zur Aussöhnung gereicht. Stattdessen setzt Israel weiter auf Hegemonie, Dominanz und Unterdrückung des palästinensischen Volkes. Ministerpräsident Scharon hat Israel in keinen Hort des Friedens verwandelt, sondern mit dem Mauerbau nach dem abschreckenden Beispiel der Berliner Mauer den Grundstein für weitere Trennung und Gewalt gelegt.

b) Avi Primor: Perspektive eines Israelis
Der Autor ist israelischer Botschafter in Deutschland von 1993 bis 1999:

Klar ist, dass es keine Lösung geben wird, auch nicht für die Israelis, solange die Palästinenser im Elend und ohne Würde leben. Die Israelis werden in keiner glaubwürdigen und endgültigen Art und Weise Ruhe und Sicherheit erzielen können, solange ihre Nachbarbevölkerung unter ihrer Besatzung lebt und deren Kinder nicht dieselben Zukunftschancen bekommen, die ihre eigenen Kinder haben. Klar ist aber auch, dass weder die Palästinenser noch die Israelis ihr Ziel durch Gewalt erreichen können. Die Palästinenser sind nicht mächtig genug, die Israelis zu vertreiben, und die Israelis sind nicht mächtig genug, langfristig über eine andere Bevölkerung zu herrschen. Napoleon sagte einmal, man könne mit Bajonetten vieles erreichen, nur auf ihnen sitzen könne man nicht. Wir sitzen schon allzu lange auf Bajonetten und brauchten dringend eine Leiter, um herunterzuklettern. Diese Leiter können wir aber nur von unseren Nachbarn bekommen.

Erster Text: Abdallah Frangi, Der Osloer Friedensprozess als ein Weg zum Frieden?, in: Aus Politik und Zeitgeschichte 35/36 (2002), S. 24
Zweiter Text: Avi Primor, Keine Lösung durch Gewalt, in: Aus Politik und Zeitgeschichte 35/36 (2002), S. 15

1. *Fassen Sie beide Positionen jeweils kurz zusammen.*
2. *Vergleichen Sie die beiden Standpunkte.*
3. *Diskutieren Sie Primors Bild von der Leiter, die „wir aber nur von unseren Nachbarn bekommen" können (Zeile 36 f.).*

Informationsmedien als Vermittler von Nachrichten und Interessen

Im Internetzeitalter spielen neben den Printmedien und dem Fernsehen soziale Netzwerke wie Facebook eine sehr große Rolle bei der Verbreitung von Nachrichten und Stimmungen. Dies hat sich beispielsweise beim sogenannten „Arabischen Frühling" ab 2010 gezeigt, bei dem Social media auch zur Organisation der Proteste gedient hatten, aber auch in öffentlichen Debatten in Deutschland. Traditionelle Medien werden zum Teil heftig wegen einer angeblich selektiven Berichterstattung kritisiert. Auch die Darstellung des historisch gewachsenen Nahost-Konfliktes zwischen Israelis und Palästinensern in den Medien polarisiert. Dabei prägen auch die Medien unser politisches und historisches Bewusstsein, sodass es wichtig ist, sich kritisch mit veröffentlichter Meinung und den vermittelten Bildern vergangener und aktueller Geschehnisse auseinanderzusetzen.

Informationsmedien und Geschichtsbewusstsein

Die digitale Revolution, die um die Jahrtausendwende einsetzte, hat zu einer nie gekannten Verfügbarkeit von Informationen und Meinungen geführt. Milliarden Menschen können auf das Internet zugreifen und damit an globalen Kommunikationsprozessen teilnehmen. Smartphones machen die digitalen Informationen überall abrufbar. Doch eine Frage bleibt: Welchen Informationen ist zu trauen, wie recherchiere ich in der Flut der Angebote und auf welcher Basis bilde ich mir meine eigene Meinung? Es empfiehlt sich, mehrere Quellen zu Rate zu ziehen, sich nicht nur auf die schnellsten Meldungen zu verlassen, sondern auch gründlich recherchierte Hintergrundberichte zu verfolgen und Einschätzungen aus unterschiedlichen Perspektiven zu berücksichtigen. Dies gilt für historische Darstellungen genauso wie für die Berichterstattung zur Tagespolitik.

Formale Aspekte

- Um welches Medium handelt es sich, wo ist der Beitrag verfügbar?
- Welcher Verlag, Sender oder Besitzer steht hinter dem Medium?
- Welches sind die Leitlinien des Unternehmens oder der Rundfunkanstalt?
- Wann und zu welchem Anlass erfolgte die Berichterstattung?
- Um welche Art der Aussage handelt es sich (Bericht, Kommentar, Reportage, Satire usw.)?

Inhaltliche Aspekte

- Was ist das Thema des Beitrages?
- Wie ist der Beitrag aufgebaut?
- Welche stilistischen Merkmale kennzeichnen ihn?

Historischer Kontext

- Auf welchen historischen Zeitraum und welchen Sachverhalt bezieht sich der Beitrag?
- In welchem Bezug steht der Verfasser zu der Thematik (Beobachter, Beteiligter)?

Intention und Wirkung

- Welche Absichten verfolgt der Autor, welcher Standpunkt ist erkennbar?
- Welche grundsätzliche Wirkung soll mit dem Beitrag erzielt werden?

Einordnung und Bewertung

- Wie lässt sich der Beitrag in das Spektrum der Berichterstattung einordnen?
- Welche alternativen Quellen können zu dem Sachverhalt zu Rate gezogen werden?
- Wie überzeugend ist Ihrer Meinung nach die vorliegende Einschätzung?

Methoden-Aufgabe:

Überprüfen Sie die Position des Autors anhand des Gliederungsschemas.

Matti Friedman: Was die Medien an Israel nicht verstehen wollen

Während des letzten Gaza-Krieges wurde deutlich, dass einer der wichtigsten Aspekte des mediengesättigten Konfliktes zwischen Juden und Arabern am wenigsten thematisiert wird: die Rolle der Medien selbst. Die westliche Presse ist weniger Beobachter als Teilnehmer des Konfliktes. Das hat Konsequenzen für Millionen Menschen, die sich bemühen, die Ereignisse zu verstehen; auch für die Politiker, die sich auf journalistische Berichte verlassen, um eine Region zu verstehen, in die sie sich ständig, wenn auch ergebnislos, einmischen.
Die Medien haben eine grob vereinfachte Geschichte geschaffen – eine moderne Moritat[1], in der Israels Juden als Exempel moralischen Versagens hingestellt werden. Dieses Muster hat tiefe Wurzeln in der westlichen Kultur.
Es gibt banale Erklärungen für fehlerhafte Berichterstattung. Reporter haben es eilig, Redakteure sind überarbeitet und abgelenkt. Übertreibungen und Auslassungen, heißt es, seien nicht zu vermeiden, wenn man aus einer schwierigen und zuweilen gefährlichen Gegend berichtet. Das habe ich zunächst auch geglaubt. Nach einigen Jahren bei der Associated Press (AP) habe ich meine Meinung geändert. Solche Ausreden können nicht erklären, warum es immer die gleichen Übertreibungen sind, immer die gleichen Auslassungen, in allen internationalen Medien, und warum die „Israel-Story" dieser Medien jedem Menschen fremd vorkommt, der den historischen und regionalen Kontext der Ereignisse kennt. [...]
Ausländische Aktivisten sind ein wichtiger Teil der politischen Landschaft. Internationale NGOs und die verschiedenen Unterabteilungen der Vereinten Nationen sind mächtige Spieler, die über Milliarden Dollar und Zigtausend ausländische und örtliche Beschäftigte verfügen. Ihre SUVs dominieren ganze Viertel in Ost-Jerusalem, ihre Spesenrechnungen halten Ramallah über Wasser. Den Journalisten bieten sie soziale Kontakte, Liebespartner und berufliche Alternativen – was heute wichtiger ist als je zuvor, da sich viele Zeitungen auflösen und ihre Internet-Nachfolger mit Peanuts auskommen müssen. [...]
In diesen Kreisen ist eine Abneigung gegen Israel nicht nur akzeptabel, sondern so etwas wie eine Voraussetzung für eine Mitgliedschaft. Damit meine ich nicht eine kritische Betrachtung israelischer Politik oder der unfähigen Regierung, die gegenwärtig das Land regiert. Ich meine den Glauben, dass die Juden Israels irgendwie alle Übel dieser Welt symbolisieren – insbesondere den Nationalismus, den Militarismus, den Kolonialismus und den Rassismus. [...]
Viele ausländische Journalisten wollen nicht nur beschreiben und erklären, was an sich schon schwer ist, sondern „helfen". Und da wird's haarig, denn „helfen" ist immer eine zwielichtige, subjektive und politische Angelegenheit, zumal wenn man weder die Sprachen noch die Geschichte des Landes kennt. [...]
Die Strategie der Hamas besteht darin, hinter einem Schutzschild palästinensischer Zivilisten Israel anzugreifen, wodurch israelische Gegenangriffe provoziert werden, die Zivilisten töten. Die Opfer werden dann von einem der größten Pressekontingente der Welt gefilmt. Hamas weiß, dass die Empörung im Ausland Israel die Hände bindet. Diese Strategie ist so brutal wie effektiv. Sie funktioniert aber nur, weil die Journalisten mitmachen. Dies wirft Fragen auf: Wie ist die Beziehung zwischen Hamas und den Medien? Hat diese Beziehung die Medien korrumpiert? [...]
Westliche Nachrichtenorganisationen sehen anscheinend keine ethische Notwendigkeit, ihre Leser über Einschränkungen der Pressefreiheit in gefährlichen Gebieten oder repressiven Staaten zu informieren.

Die Welt vom 23. Dezember 2014, aus dem Englischen übersetzt von Alan Posener
www.welt.de/kultur/medien/article135689017/Was-die-Medien-an-Israel-nicht-verstehen-wollen.html [17.09.2016]

[1] **Moritat**: in Liedform vorgetragene, moralisierende Schauergeschichte

Die Welt und Europa nach dem Kalten Krieg

- Nach dem Zweiten Weltkrieg und der Gründung der UNO 1945 setzte ein Prozess der **Dekolonisation** ein.
- Ausbeutung von Rohstoffen durch Industriestaaten, Nachteile beim Handel, Kriege, Bürgerkriege und Korruption sind Hauptgründe für die sich verschlechternde Situation vieler **Entwicklungsländer**.
- Forderungen nach einer neuen **Weltwirtschaftsordnung** jenseits der Welthandelsorganisation (WTO) werden vonseiten der Entwicklungsländer erhoben.
- Die Vereinigung Erdöl exportierender Länder (**OPEC**) setzte den Ölpreis als politische Waffe ein. Als Folge suchen immer mehr Industriestaaten Wege, um sich von der Abhängigkeit vom Öl zu befreien.
- Die wachsenden **Flüchtlingsströme** angesichts von Kriegen und schlechten Lebensbedingungen belasten die Entwicklungspolitik zusätzlich.
- Von der **Globalisierung** der Wirtschaft, dem Abbau von Handelshemmnissen und der Zunahme des Handelsvolumens profitiert nur ca. ein Drittel der Weltbevölkerung.
- Die **Digitalisierung** beschleunigt den Prozess der Globalisierung und hat einschneidende Folgen für die Lebens- und Arbeitswelt der Menschen.

China auf dem Weg zur Weltmacht

- Die **selbstgewählte Isolation des Chinesischen Reiches** endete mit dem Imperialismus im 19. Jahrhundert Großbritannien setzte den **Freihandel** und die **Abtretung Hongkongs** durch.
- Innere Spannungen führten zum **Taiping-Aufstand** (1851-1864), der religiöse und sozialrevolutionäre Ziele hatte und über 20 Millionen Opfer forderte, 1864 aber militärisch niedergeschlagen wurde.
- Eine **Revolution** mithilfe des Militärs führte 1911 zum **Sturz der letzten chinesischen Dynastie**. Bis 1928 übten Militärbefehlshaber die Macht aus.
- Nach dem Zweiten Weltkrieg kämpften Nationalisten (Kuomintang) und Kommunisten in einem **Bürgerkrieg** um die Macht.
- **Mao Zedong** rief 1949 die **Volksrepublik China** aus und setzte eine Bodenreform, die Kollektivierung der Landwirtschaft und die Verstaatlichung der Industrien durch.
- **Hungerkrisen** und die **Kulturrevolution** kosteten in den 1960er- und 70er-Jahren rund 40 Millionen Chinesen das Leben.
- Eine **„kontrollierte Liberalisierung“ der Wirtschaft** unter Deng Xiaoping sollte den Lebensstandard der Bevölkerung ab 1976 erhöhen. 2009 wurde China größte Exportnation der Erde, allerdings auf Kosten der Umwelt und um den Preis sozialer Spannungen.
- Außenpolitisch erlangte China nach dem **Bruch mit Moskau**, der **atomaren Aufrüstung** 1964 sowie der **Aufnahme in die UNO** 1971 diplomatische Anerkennung. Heute erhebt China den Anspruch einer **Hegemonialmacht im pazifischen Raum**, was zu Spannungen auch mit den USA führt.
- Innenpolitisch wurden **Reformbestrebungen unterdrückt**, nicht zuletzt während der gewaltsamen Niederschlagung der Proteste 1989 in Peking. Die Beachtung der **Menschenrechte** wird von der chinesischen Führung bis heute verweigert.

Der Nahost-Konflikt

- Gemäß dem Ziel der **zionistischen Bewegung** um Theodor Herzl wurde nach Etappen wie der Balfour-Deklaration 1917 und dem Teilungsplan der UNO am 14. Mai 1948 der **Staat Israel gegründet**, worauf der **Erste Arabisch-Israelische Krieg** begann. Dieser hatte eine Welle palästinensischer Flüchtlinge ins Westjordanland und den Gazastreifen zur Folge.
- Auch im **Sechstagekrieg 1967** und im **Jom-Kippur-Krieg 1973** konnten die arabischen Staaten Israel militärisch nicht bezwingen. Trotz der **Annäherung zwischen Israel und Ägypten 1979** gelang kein dauerhafter Frieden in Nahost.
- 1993 wurde eine **Prinzipienerklärung zur langfristigen Lösung des Konfliktes** unterzeichnet. Sie sah den Rückzug der israelischen Armee aus den besetzten Gebieten und die Aufteilung des Westjordanlandes in drei Verwaltungszonen vor. Widerstand auf beiden Seiten verhinderte die Umsetzung.
- Mit der **Roadmap** im April 2003 vereinbarten die UNO, die USA, Russland und die EU einen Fahrplan für eine dauerhafte Friedensregelung, die von Israelis und Palästinensern akzeptiert wurde. Innere Konflikte aufseiten der Palästinenser nach Arafats Tod 2005 machten die Hoffnungen auf einen baldigen Frieden aber zunichte.
- Im Spannungsfeld von **Anschlägen und Raketenangriffen** durch palästinensische Gruppen sowie **israelischen Vergeltungsmaßnahmen** und der umstrittenen israelischen **Siedlungspolitik** ist eine Lösung des Konfliktes nicht in Sicht.

Aporien des Nahost-Konfliktes

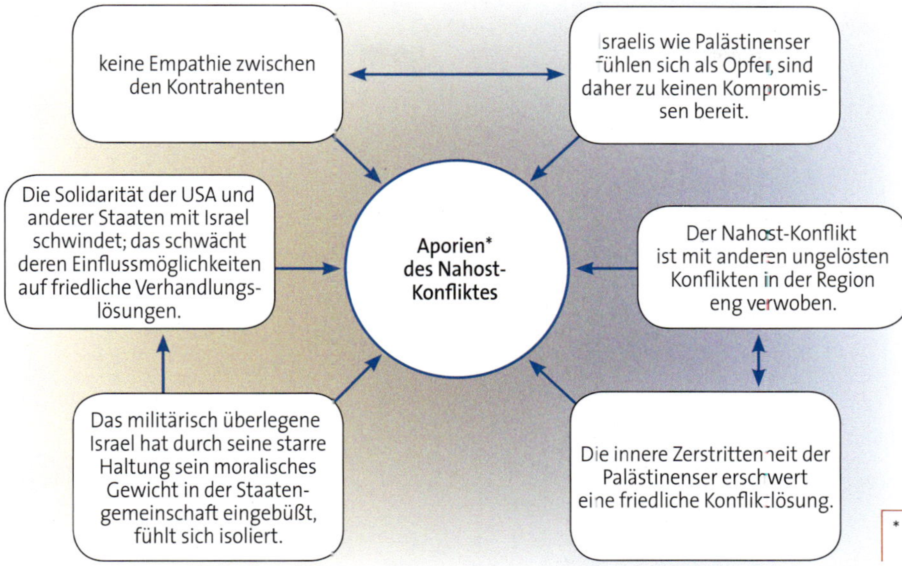

* **Aporie**: unlösbares Problem

Wie kann Deutschland mitwirken bei der Bewältigung internationaler Konflikte?

Deutschland in internationalen Organisationen

Beispiele für die Einbindung der Bundesrepublik Deutschland

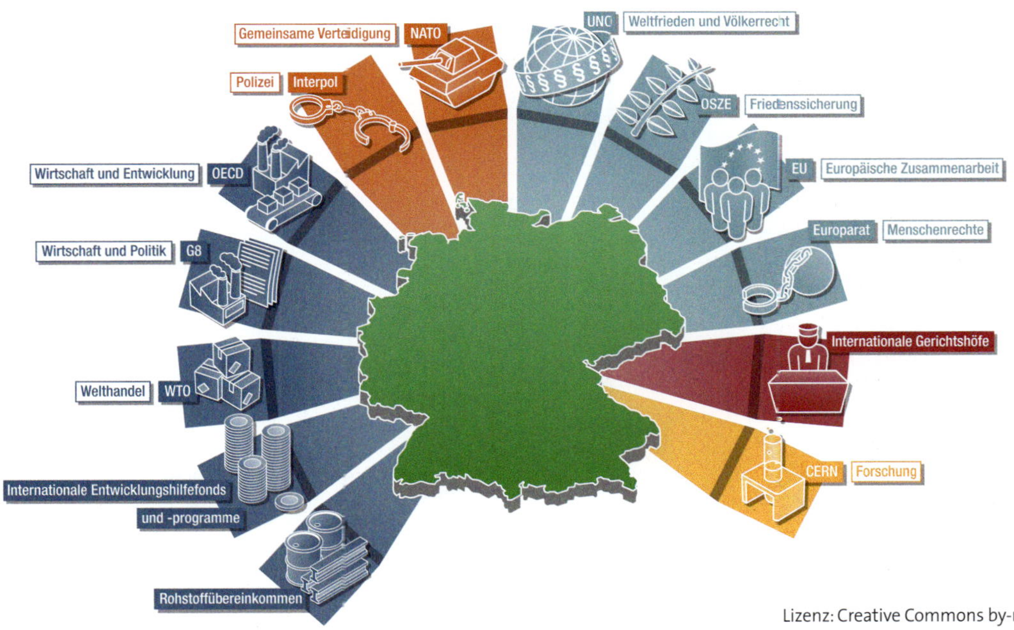

1. *Recherchieren Sie zur aktuellen Situation im Nahost-Konflikt: Welche Staaten mischen sich ein, welche Probleme ergeben sich daraus?*

2. *Erörtern Sie anhand von konkreten Beispielen, welche Möglichkeiten und Grenzen die Bundesrepublik Deutschland bei der Bewältigung internationaler Konflikte hat.*

Die hervorgehobenen Seitenzahlen verweisen auf die Begriffserläuterungen.

▸ Ein erweitertes Personenregister finden Sie unter Code 32019-43

▶ Ein erweitertes Sachregister finden Sie unter Code 32019-44

© VG Bild-Kunst, Bonn 2017 – S. 273;
Agentur Focus / Magnum Photos, Elliot Erwitt, Hamburg – S. 491; Akademie der Künste, Berlin; © The Heartfield Community of Heirs / VG Bild-Kunst, Bonn 2017 – S. 325; akg- mages, Berlin; © VG Bild-Kunst, Bonn 2017 – S. 270, 283, 327, 456, 482/483, 484; akg-images, Berlin – S. 9, 18, 21, 35, 50, 53, 62, 78, 105, 110, 124, 128, 129, 139, 141, 145, 157, 165, 169, 181, 202, 209, 217, 233, 266, 291, 316, 317, 322, 357, 387, 418, 429, 559, 569; - / AP – S. 564; - / Ladislav Bielik – S. 497; - / De Agostini Picture Library – S. 23; - / Erich Lessing – S. 130; - / Erich Lessing, Berlin; © VG Bild-Kunst, Bonn 2017 – S. 293; - / Nimatallan – S. 59; - / North Wind Picture Archives – S. 138; - / Curt Stenvert; © VG Bild-Kunst, Bonn 2017 – S. 483, 516; - / Universitätsbibliothek Heidelberg – S. 65; - / Visioars – S. 226; Alimdi.net / Thomas Müller, Deisenhofen – S. 468; AP, Frankfurt/Main – S. 580; Archiv der christlich-demokratischen Politik der Konrad-Adenauer-Stiftung, St. Augustin – S. 422; Archiv der sozialen Demokratie der Friedrich-Ebert-Stiftung, Bonn – S. 447;
Baaske Cartoons / Burkhard Mohr, Müllheim – S. 536; Badische Landesbibliothek, Karlsruhe – S. 186; Bayer Archiv, Leverkusen – S. 191, 192; Heinz Behling, Berlin – S. 457; Biblioteca Apostolica Vaticana, Rom – S. 49;
Bibliothèque nationale de France, Paris – S. 556; Bischöfliches Dom- und Diözesanmuseum, Mainz – S. 48;
bpk-Bildagentur, Berlin; © VG Bild-Kunst, Bonn 2017 – S. 302; bpk-Bildagentur, Berlin – S. 77, 193, 209, 213, 243, 250, 252, 268, 295, 320, 346, 355, 555; - / Atelier Gottheil – S. 203; - / Hermann Buresch – S. 230; - / Geheimes Staatsarchiv – S. 207, 249; - / Gemäldegalerie / Jörg Peters – S. 86; - / Herbert Hensky – S. 408; - / Heinrich Hoffmann – S. 324; - / Dietmar Katz – S. 103; - / Musée du Louvre, Dist. RMN – Grand Palais / Angèle Dequier – S. 225; - / Nationalgalerie, SMB, Jörg P. Anders, Berlin – S. 8/9, 10; Bridgeman Art Library Ltd., Berlin – S. 126; - / Giraudon – S. 162; British Museum, London – S. 137; Bundesarchiv / Signatur: Bild 183-S51620 / Bestand: Allg. Dt. Nachrichtendienst – ZB, Koblenz – S. 277; - / Signatur: Bild 146-1990-009-13, Fotograf: o. Ang., Koblenz – S. 462; - / Signatur: Bild 183-G0218-0040-001, Fotograf: Hubert Link, Koblenz – S. 427; - / Signatur: Bild 183-K0630-0001-027, Fotograf: Anders, Koblenz – S. 454; Bundeszentrale für politische Bildung, Bonn – S. 587; Bündnis 90/Die Grünen, Bundesgeschäftsstelle, Berlin – S. 436, 439;
Charité: Berliner Medizinhistorisches Museum, Humboldt-Universität: HZK, Habel, Berlin – S. 280;
David King Collection, London – S. 492; Demag, Duisburg – S. 9, 178; DER SPIEGEL 36/1991 – S. 509;
Deutsches Historisches Museum, Berlin; © VG Bild-Kunst, Bonn 2017 – S. 220/221, 288, 340; Deutsches Historisches Museum, Berlin – S. 106, 229, 272, 310, 311, 321, 346 (2), 359, 412 (2), 413, 417, 420, 441, 449, 452, 521, 522; - / S. Ahlers – S. 256; - / I. Desnica – S. 539; Deutsches Museum, München – S. 180;
DIZ München GmbH – S. 221, 332, 353, 411, 450; - / Scherl, München – S. 259; - / Süddeutscher Verlag, Bilderdienst – S. 303, 349, 361; dpa Infografik / Globus – S. 533;
dpa Picture Alliance, Frankfurt/Main – S. 311, 322, 425, 450, 458, 472, 475; - / 91050 / United_Archives / TopFoto – S. 376; - / ADN – S. 211; - / AFP – S. 575; - / akg-images – S. 36, 54, 344, 362, 364, 406, 421, 424, 445; - / Arco Images GmbH / Kiedrowski, R. – S. 208; - / Artcolor / A. Koch – S. 265; - / Wolfgang Bera – S. 465; - / Butler – Press Association – S. 572; - / Jörg Carstensen – S. 535; - / CSU Archives / Everett Collection – S. 367; - / dpa-Bildarchiv – S. 453; - / dpa-Report / Ingo Wagner – S. 87; - / EPA / Jim Hollander – S. 577; - / Imagno – S. 322, 324; - / Mary Evans Picture Library – S. 323; - / Mary Evans Picture Library; © VG Bild-Kunst, Bonn 2017 – S. 309; - / Can Merey – S. 537; - / RIA Nowosti – S. 401; - / Rohwedder – S. 424; - / SCANPIX NORWAY / Heiko Junge – S. 567; - / The Print Collector / Heritage I / Art Media; © Succession Picasso / VG Bild-Kunst, Bonn 2017 – S. 494; - / United Archives / TopFoto – S. 487; - / ZB / Klaus Franke – S. 472; - / ZB / Wolfgang Weihs, Waltraud Grubitzsch – S. 463; Günther Drommer, Gleichgeschaltet. Alltag unterm Hakenkreuz 1993-1945. Ein Fotobuch, Schwartzkopf Buchwerke, Berlin 2004, S. 216 – S. 376; dtv Verlagsgesellschaft mbH & Co. KG München – S. 41;
Doreen Eschinger, Berlin – S. 221, 349, 351, 378, 384, 391, 398, 471;
Focus, Hamburg – S. 497; Forschungs- und Gedenkstätte Normannenstraße, ASTAK e.V. Berlin – S. 466;
Fotolia / © Hannes Damke – S. 532; - / ktsdesign – S. 483, 544; Fürstlich Oettingen-Wallersteinsches Archiv, Harburg – S. 84;
Imanuel Geis, Chronik des 19. Jahrhunderts, Dortmund 1993, S. 688 – S. 194; Germanisches Nationalmuseum, Nürnberg – S. 104, 222; Geschichtsbilder. Historisches Lernen mit Bildern und Karikaturen. Handreichung für den Geschichtsunterricht am Gymnasium, hrsg. vom Staatsinstitut für Schulpädagogik und Bildungsforschung, Donauwörth 2001, S. 43 – S. 63;
Getty Images, München – S. 142; - / AFP – S. 411, 415, 560; - / Ulrich Baumgarten – S. 432, 474 (2); - / David Silverman – S. 576; - / De Agostini Picture Library – S. 248; - / Gamma-Rapho / Patrick AVENTURIER – S. 526; - / General Photographic Agency – S. 277; - / Giorgio Cosulich – S. 550; - / Hazem Bader – S. 582; - / Hulton Archive – S. 15, 410, 421, 495, 526; - / Hulton Archive / Evening Standard – S. 363; - / Hulton Archive / Fred Ramage – S. 403; - / Hulton Archive / Imagno – S. 363; - / Images Group / Hulton, Fine Art – S. 89; - / Imagno – S. 149; - / Keystone – S. 434; - / Keystone-France – S. 341; - / Photothek / Thomas Imo – S. 434, 471; - / Popperfoto – S. 349, 375, 406; - / Robert Abbott Sengstacke – S. 369; - / Sean Gallup – S. 468; - / Time & Life Pictures – S. 513; - / Universal Images Group – S. 13, 431, 432, 444, 487; - / WireImage – S. 429;
Gidal Bildarchiv im Steinheim-Institut, Duisburg – S. 68; Graphische Sammlung, München – S. 143, 144;
Philip Jones Griffiths – S. 553; Grosvenor Park Productions / Kobal Collection – S. 388; Gründerzeit 1848-1871. Industrie & Le-

bensräume zwischen Vormärz und Kaiserreich, Dresden 2008, S. 32 – S. 185; Bella Guttermann und Avner Shalev (Hrsg.), Zeugnisse des Holocaust. Gedenken an Yad Vashem, Wallstein Verlag, Göttingen 2006, S. 196 – S. 383;
Horst Haitzinger, München – S. 499; M. Halford, Laughton, Essex – S. 131; Haus der Geschichte der Bundesrepublik Deutschland, Bonn – S. 448; - / Michael Jensch, Axel Thünker, Berlin – S. 402, 423; Historisches Museum der Stadt Frankfurt/Main – S. 220/221, 222; Historisches Museum der Stadt Ratingen – S. 190; Hochschule der Künste, Berlin – S. 315;
Imperial War Museum, London – S. 277, 282; - / Horace Nicholls – S. 278; Institut für Zeitgeschichte, München – S. 345; Institut für Zeitungsforschung, Dortmund – S. 455, 504; Interfoto München; © Estate of George Grosz, Princeton, N.J. / VG Bild-Kunst, Bonn 2017 – S. 314; IPON / Stefan Boness, Berlin – S. 479; iStockphoto / © EdStock – S. 474;
Jüdisches Museum, Frankfurt – S. 71;
Kevin Kallaugher – S. 510; Dietmar Katz, Berlin – S. 307; Königliche Bibliothek, Brüssel – S. 66; Kunsthistorisches Museum, Wien – S. 47;
Lachania, Rhodos – S. 435; LAIF / Alain Buu, Polaris, Köln – S. 565; Landschaftsverband Rheinland / Rheinisches Landesmuseum, Bonn – S. 69; Linga-Bibliothek, Hamburg – S. 115;
Martin-von-Wagner-Museum, Würzburg – S. 21; Münchner Stadtmuseum – S. 336; Musée Carnavalet, Paris – S. 164, 166; Musée de Châtillon-sur-Seine / © Alfredo Dagli Orti, Paris – S. 22; Musée National de Versailles et des Trianous, Château de Versailles, Paris – S. 127; Museum of Art Gallery, Birmingham – S. 136;
National Gallery of Scotland, Edinburgh – S. 136; National Gallery, London – S. 196; Nationalmuseum Beirut – S. 12; Niedersächsische Staats- und Universitätsbibliothek, Göttingen – S. 64; Nordische Rundschau vom 8. August 1935, aus: Topografie des Terrors – Gestapo, SS und Reichssicherheitshauptamt in der Wilhelm- und Prinz-Albrecht-Straße. Eine Dokumentation. Katalogband zur gleichnamigen Präsentation, Ausstellungshalle Niederkirchnerstraße 8, Berlin 2010, S. 36 – S. 350; S. Nuseibeh / O. Grabar – S. 579;
Österreichische Nationalbibliothek, Wien – S. 518; Österreichisches Staatsarchiv, Wien – S. 234;
Photo Scala, Florenz – S. 32; Alexander Pinker, Marketing- und Innovationsberater, Medialist Group (www.medialist.group) – S. 554; Politisches Archiv des Auswärtigen Amtes, Berlin – S. 527; Punch Photoshelter, Norman Mansbridge – S. 507;
Quellen zur Geschichte der Stadt Köln, Band 1: Antike und Mittelalter. Von den Anfängen bis 1396/97, hrsg. im Auftrag Wolfgang Rosen und Stefan Wunsch, J.P. Bachem Verlag, Köln 1999 – S. 79;
Rheinisches Industriemuseum, Oberhausen – S. 280;
Sammlung Albrecht Schreiber, Rauderfehn – S. 354; Sammlung Karl Stehle, München – S. 201, 339; Schiller-Nationalmuseum, Marbach – S. 146; Andreas Schölz, Berlin – S. 469; Rainer Schwalme, Groß-Wasserburg – S. 473; John C. Shield (Ed.), The Collected Works of Phillis Wheatly, N.Y. Oxford – S. 155; St. Servatius, Siegburg – S. 48; Staatliche Antikensammlung, München – S. 20; Staatsarchiv München – S. 325; Staatsbibliothek Bamberg – S. 309, 486; Staatsbibliothek Bamberg; © VG Bild-Kunst, Bonn 2017 – S. 305;
Staatsbibliothek Nürnberg – S. 67; Staatsgalerie Stuttgart – S. 112; Stadtarchiv Butzbach – S. 240;
Stadtarchiv Landeshauptstadt Mainz – S. 350; Stadtarchiv Mannheim – Institut für Stadtgeschichte / Plakatsammlung, Nr. 463 und Nr. 467 – S. 407; Stadtarchiv Freiburg – S. 81; Städtisches Museum, Göttingen – S. 235; Stichting Rijksmuseum, Amsterdam – S. 117; Stiftung Maximilianeum, München – S. 52; Ceija Stojka, Wir leben im Verborgenen, Aufzeichnungen einer Romni zwischen den Welten, Picus Verlag, Wien – S. 353;
Klaus Stuttmann, Berlin – S. 530;
Thinkstock / iStockphoto / klug-photo – Einband; Wolfgang Trees, Charles Whiting and Thomas Omansen, Drei Jahre nach Null. Geschichte der Britischen Besatzungszone 1945-1948. Ein Bild- / Textband, Düsseldorf 1978, S. 395 – S. 404;
ullstein bild, Berlin – S. 296; - / AISA – S. 114; - / AP – S. 575; - / imageBROKER / Fabian von Poser – Einband; - / imagebroker.net / Michael Nitzschke, Berlin – S. 467; - / REUTERS – S. 574; - / Sven Simon – S. 430; - / The Granger Collection – S. 158; - / TopFoto – S. 156; United Nations Development Programme (UNDP) – S. 547; United States Holocaust Museum, Washington – S. 380; Universitätsbibliothek Heidelberg – S. 338; Universitätsbibliothek Würzburg – S. 140; US Army Center, Military History, Washington – S. 334;
Verwaltung der staatlichen Schlösser und Gärten, Schloss Charlottenburg, Berlin – S. 152;
Richard von Dülmen und Sina Rauschenbach, Macht des Wissens. Die Entstehung der modernen Wissensgesellschaft, Köln/Weimar/Wien 2004, S. 90 – S. 101; Dieter Vorsteher (Hrsg.), Parteiauftrag: Ein neues Deutschland. Bilder, Rituale und Symbole der frühen DDR, Berlin 1996, S. 352 – S. 446;
Westfälisches Freilichtmuseum technischer Kulturdenkmale, Hagen – S. 88; Stefanie Witt, Bamberg – S. 503;
www.bundesfinanzministerium.de – S. 523; www.emma.de – S. 428; www.lucnix.be – S. 100; www.wikimedia.org – S. 8/9, 94, 97, 150, 158, 227, 255, 279, 494, 505; - / Gryffindor / cc-by-sa 3.0 – S. 25; - / Rico Heil / cc-by-sa 3.0 – S. 98; - / Henrik Plötz / cc-by-sa 3.0 – S. 469; - / James Steakley – S. 75; www.wikipaintings.org – S. 163;
Yale University Art Gallery, New Haven – S. 160;
ZDF, „Die Deutschen", Mainz 2010 – S. 9, 44